NADE
MAXINE

L'odyssée du jazz

Du même auteur

Romans, nouvelles :
La musique adoucit les meurtres, Liana Levi, 1987. Réédition *La musique adoucit les meurtres - Face A* et *La musique adoucit les meurtres - Face B,* Mille et Une Nuits, 2001.
Soledad, Calmann-Lévy, 1992.
Séville : balades gitanes (illus. J.-M. Payet), Albin Michel, 1994.
La Planche à frissons, Mille et Une Nuits, 2002.
Les Fleurs du bal, Fayard, 2007.
Les Mystères du vin : petite enquête sur le sang des vignes, Transboréal, 2014.
La mort d'un chien… in *Livres secrets,* Le Castor Astral, 2014.
De la musique avant toute chose… in *Lignes de cœur,* Le Castor Astral, 2016.
Mingus Erectus, Le Castor Astral (+ CD), 2016.

Biographies, documents :
Les Grandes Voix du jazz, Éditions de l'Instant-Jazz Hot, 1989.
Charles Trenet, Éditions du Rocher, 1992 et 2001. Edition définitive France-Empire, 2013.
Billie Holiday, corps et âme, Mille et Une Nuits/Arte Éditions, 2000.
Miles Davis, l'ange noir, Mille et Une Nuits/Arte Éditions, 2001.
Histoire du Negro Spirituals et du Gospel, Fayard, 2001.
Django Reinhardt, le génie vagabond, Éditions du Rocher, 2003. Nouvelle édition, 2015.
Música Cubana, Fayard, 2006.
Ma Nuit avec Neil Young, Le Castor Astral, 2013.
Chet Baker, le clair-obscur, Le Castor Astral, 2016.

Série romanesque :
« Le Sang de la vigne », avec Jean-Pierre Alaux, Fayard, 2004-2016.
Mission à Haut-Brion. Noces d'or à Yquem. Pour qui sonne l'Angélus ? Cauchemar dans lesCôtes de Nuits. Question d'eau-de-vie… ou de mort. Sous la robe de Margaux. Le dernier coup de Jarnac. Les veuves soyeuses. Saint Pétrus et le saigneur. Ne tirez pas sur le caviste ! Le vin nouveau n'arrivera pas. Vengeances tardives en Alsace. Flagrant délit à la Romanée-Conti. Boire et déboires en Val de Loire. Buveurs en série. Une bouteille entre deux mers. Coup de tonnerre dans les Corbières. Nuits d'ivresse en Castille. On achève bien les tonneaux. Médoc sur ordonnance. Massacre à la sulfateuse. Crise aigüe dans les Graves. Un coup de rosé bien frappé. Raisin et sentiments. La mort du nouveau nez

Série romanesque :
« Crimes gourmands », avec Vanessa Barrot, Fayard, 2014-2016.
Petits meurtres à l'étouffée. La crème était presque parfaite. Un cadavre en toque. Mortelle fricassée. Coquillages et macchabées. Mort sur le gril.

Noël Balen

L'odyssée du jazz

LIANA LEVI piccolo

www.lianalevi.fr

À Maurice « Prez » Cullaz,
pour la foi…

À Philippe Adler,
qui m'a tout de suite « pigé »…

À Pilar,
qui a supporté…

« La vérité du jazz n'est pas une vue personnelle, elle est la vérité collective d'une race… La critique ne peut être plus absolue que n'est l'art lui-même. »

Charles Delaunay. Octobre 1947

« Au commencement était le rythme, et le rythme s'est fait chair. »

Blaise Cendrars

« Je crois que dans "l'Odyssée" on lit que les dieux donnent des malheurs aux hommes pour que les générations suivantes aient quelque chose à chanter. »

Jorge Luis Borges

Remerciements

À des titres divers, ils ont été nombreux à me suivre dans cette longue et périlleuse odyssée du jazz, à me soutenir dans l'écriture du livre, dans la réalisation de l'exposition et du disque qui l'accompagnent. Qu'ils en soient tous ici remerciés :
Didier Pinot, par qui tout a commencé.
René Colin, dont les connaissances discographiques n'ont jamais cessé de me surprendre et dont les conseils ont toujours été précieux.
Philippe Cibille, le « troisième œil », avec qui j'ai eu la joie de commettre quelques reportages et interviews rocambolesques.
Catherine Balance, pour sa collaboration efficace au montage de l'exposition.
Pierre de Chocqueuse et François Lacharme, en souvenir des heures carrées et des bouclages houleux du faubourg Saint-Antoine, quand le jazz était *hot*.
André Francis, qui, un jour ou l'autre, nous a tous embarqués sur les ondes de Radio France.
Alain Gerber, pour son exemple et Lucien Malson, pour les mêmes raisons.
Jean-Michel Proust, qui, avec abnégation, continue d'animer la danse des fidèles du jazz.
Jean-Pierre Peyrebelle, pianiste émérite et universitaire encore trop discret. En souvenir des heures toulousaines.
Alain Tomas, qui m'a ouvert la voie du rhythm'n blues et guidé dans le dédale vidéographique.
Bernard Rabiller, un lecteur exigeant et qui a raison de l'être.
La direction culturelle de la FNAC, toujours prête à provoquer l'événement.
Ainsi que Gérard Badini, Philippe Baudouin, Franck Bergerot, Olivier Cachin, Gérard Conte, Philippe Etheldrède, Philippe Fréchet, Pierre-Jean Gaucher, Roger-Daniel Henry, Bernard Maury, Philippe Meunier et Pierre Sigaud, qui, au cours de certaines discussions, m'ont livré des éclairages nouveaux et des avis souvent pertinents et fructueux.
Sans oublier Jean-Pierre MacGarcia de l'agence Argos Graphique, qui a miraculeusement sauvé deux cents pages perdues dans la jungle des logiciels informatiques.
Mercedes Déambrosis, pour son clavier miraculeux et Esteban Royo, pour son blues à plein volume.
L'agence littéraire d'Isabelle Gugnon, pour le moral, la cuisine raffinée et la passion du tango.
Le « Sound Brother » Philippe Cuillerier, qui connaît la musique...
Nicole et Vanessa Barrot, pour l'énergie.
Et bien sûr, Liana Levi, Sylvie Mouchès, Valérie Venet et Zoé Bellée pour leur patience...

Également, toute ma reconnaissance au docteur Bloch, au professeur Sicard et au docteur Blanche, ainsi qu'au personnel du service du pavillon Achard 3 de l'hôpital Cochin, pour la virtuosité du diagnostic, la vigueur et le tempo effréné de leurs soins attentifs.

Certains artistes ont déjà été traités par l'auteur dans des articles de journaux. Quelques-uns de ces textes initialement conçus pour la presse ont été remaniés, abrégés ou augmentés, pour les besoins du présent ouvrage.

Avant-propos

Des premiers esclaves africains jusqu'aux fulgurances électriques d'aujourd'hui, en passant par les pionniers de La Nouvelle-Orléans, les soirées folles de Harlem ou les hors-la-loi de Newport, ces pages sont une invitation au voyage à travers les décennies qui ont marqué la fabuleuse odyssée du jazz. Cet ouvrage d'initiation et de vulgarisation n'a d'autre prétention que de proposer un journal de bord, dessiné à grands traits et simplement balisé, où s'inscrivent les repères essentiels de la grande saga des musiciens afro-américains. Les lecteurs néophytes pourront y prendre leurs marques et suivre le fil conducteur d'une histoire toujours en mouvement. Les amateurs éclairés sauront y retrouver un détail enfoui dans leur mémoire, des repères biographiques ou des références discographiques restés obscurs. Bien sûr, il se trouvera toujours des spécialistes pointilleux, quelques exégètes partisans pour reprocher telle évocation trop rapide ou telle appréciation trop subjective.

Certes, chacun a ses époques et ses musiciens de prédilection. Quiconque décide de parler du jazz n'échappe pas à ses élans spontanés de romantisme, d'affection ou de mépris, d'admiration ou d'irrespect. Il ne saurait en être autrement dès qu'il s'agit de passion. Mais le propos de ma démarche est avant tout de dresser un panorama large, dans un souci d'impartialité parfois difficile à garder. Quelques traits de lyrisme ou des pointes acérées ne tromperont pas le lecteur sur mes options esthétiques, sur la tendresse particulière que je voue à certains artistes ou sur l'indifférence que m'inspirent certains autres. Cependant, l'option didactique est toujours franchement avouée et respectée : souci de la chronologie, découpage des chapitres selon les styles musicaux déterminants, ébauche de la situation économique et sociologique de chaque période, portraits des personnages qui ont dominé leur époque, analyse concise des filiations et des ruptures stylistiques, discographie et vidéographie sélectives, lexique d'approche, bibliographie complémentaire.

Et pourtant... Combien de héros obscurs, de partenaires oubliés, de seconds couteaux dans l'ombre des premières lames, d'artisans consciencieux et de bâtisseurs discrets, combien de musiciens qui ne seront pas cités ou se verront à peine mentionnés dans les pages suivantes ? Il ne pouvait malheureusement en être autrement sous peine d'assener une somme encyclopédique et fastidieuse. La clarté et la simplicité étaient au prix de cette injustice.

Mais tous les lecteurs qui découvriront les grandes étoiles du jazz, les éternelles comme les filantes, sauront dénicher les satellites et les météores dans le sillage lumineux des enregistrements, sur la face cachée des pochettes. Selon ses goûts et son humeur, chacun pourra emprunter sa voie lactée, et pour peu que l'on fasse l'effort de regarder à travers le prisme des Compact Disc, apparaîtront aussitôt une myriade d'astres ou de comètes fugitives tout d'abord invisibles à l'œil nu.

Il y a des escales plus longues que d'autres, des ports d'attache où l'on revient sans cesse avec le même plaisir, le même besoin de retrouver une source familière et des racines régénératrices. Le blues et le gospel sont des territoires sans cesse revisités, le swing des années 30 et plus tard le bop, dans les années 40, font partie de ces étapes brillantes, riches d'événements marquants, d'hommes aguerris et de femmes troublantes. Au-delà des dates d'enregistrement, des plans de carrière, des contrats ou des esprits de chapelle, cette musique est avant tout l'expression même de la vie. Une vie qui jaillit à gros bouillons, qui se déverse sans retenue et se moque bien souvent des classifications, des archives, des critiques et des historiens. Certains musiciens ont évolué sans se soucier des genres, empruntant aux nouvelles écoles, mûrissant tout en gardant la marque de leur formation initiale ou de leur première inspiration. Beaucoup d'entre eux sont des voyageurs irréductibles. On les retrouve à différentes époques, cités parfois dans les chapitres qui suivent leur naissance artistique. D'autres sont tout simplement inclassables, trop originaux pour être fondus dans leur époque. Il y a aussi les passeurs, les hommes charnières qui se situent entre deux courants. Le jazz est une musique trop fébrile pour que l'on puisse en retenir aisément le souffle et en saisir le mouvement. Une eau pétillante, un courant d'air, un chaud et froid qui vous filent entre les doigts.

Chacun d'entre nous se crée sa mythologie de poche, bâtit son propre Panthéon, construit sa petite boîte à musique, feuillette son album de souvenirs et ses disques de chevet. Nul n'y échappe. Je me souviendrai toujours de ma révélation de Billie Holiday dans un été orageux des Pyrénées, mon premier frisson radiophonique en écoutant un très vieux Count Basie, les soirées tièdes en duo dans les volutes de John Coltrane, un appartement meublé par les arpèges de Thelonious Monk, les années passées dans l'ombre intimidante de Charlie Mingus ou le fracas de Gato Barbieri, les disques échangés entre amis et des discussions interminables pour défendre le génie de Bill Evans. Et puis, soudain propulsé dans ce curieux emploi de chroniqueur, j'ai pu miraculeusement rencontrer certains de mes héros, effaré de croiser le regard métallique de Miles Davis lorsqu'il me disait à bout de souffle, en se laissant tomber sur le siège arrière d'une berline, prêt à s'enfuir alors que son groupe finissait le concert sans lui : « Je suis fatigué, mec… je suis vieux, trop vieux », et cette œillade canaille de Sarah Vaughan, sa carrure impériale et claudiquante dans le sillage entêtant d'un parfum trop lourd à porter, et la modestie paisible de Chick Corea devant l'arrogance ostentatoire des jeunes musiciens qui l'accompagnaient, un petit déjeuner crispé avec un Cab Calloway de méchante humeur, la discrétion et l'intelligence toujours amusée de Martial Solal, le comportement touchant des membres du MJQ posant sagement devant les photographes comme quatre collégiens endimanchés, l'angoisse de Michael Brecker avant de rentrer sur scène alors qu'on le croyait si décontracté, la gentillesse de Stan Getz qui souffrait en silence, les propos caustiques de George Russell, les éclats de rire de Celia Cruz et les mains calleuses de Tito Puente, les souvenirs espiègles de Stéphane Grappelli entre deux verres de champagne… Tous ces hommes et ces femmes qui passaient là, simplement, sans savoir qu'ils étaient les personnages héroïques d'une invraisemblable odyssée.

N. B.

Les mots suivis d'un astérisque sont définis dans le lexique en fin d'ouvrage.

Abréviations

Accordéon : (acc)
Arrangeur : (arr)
Banjo : (bjo)
Basse électrique : (elb)
Batterie *(drums)* : (dms)
Bugle *(fluegelhorn)* : (flh)
Chant *(vocal)* : (voc)
Clarinette : (cl)
Clarinette basse : (bcl)
Claviers *(keyboards)* : (keyb)
Compositeur : (comp)
Contrebasse : (b)
Cor *(french horn)* : (frh)
Cornet : (cnt)
Flûte : (fl)
Guitare : (g)
Guitare électrique : (elg)
Harmonica : (hca)
Percussions : (perc)
Piano : (p)
Piano électrique : (elp)
Producteur : (prod)
Programmation : (prog)
Saxophone alto : (as)
Saxophone baryton : (bs)
Saxophone soprano : (ss)
Saxophone ténor : (ts)
Synthétiseurs : (synth)
Trombone : (tb)
Trompette : (tp)
Vibraphone : (vib)
Violon : (v)
Washboard : (wb)
Xylophone : (xylo)

Negro spiritual et gospel song

« Ma mère, il faut absolument que je fasse un disque de gospel et que je dise à Jésus que je ne puis plus sentir, seule, ce lourd fardeau sur mes épaules. »
Aretha Franklin s'adressant à Mahalia Jackson

Tout commence dans l'abomination. Quatre siècles d'horreur méthodique et de souffrance étouffée, quatre siècles traversés d'épouvante et de honte, tout un cortège de misères et d'infamies, quatre siècles de drame qui verront s'entasser dans le Nouveau Monde une population de quinze millions d'esclaves noirs, arrachés à leur terre d'Afrique, et dont près de deux millions mourront en cours de route.

La grande blessure

La découverte des Indes par Christophe Colomb en 1492 a bouleversé l'ordre de la vieille Europe. Les Espagnols et les Portugais ont bâti au XVe siècle un vaste et puissant empire colonial. La Grande-Bretagne, la France et la Hollande suivront vite le mouvement et s'engageront dans la même politique mercantile : investir les terres encore vierges, établir des comptoirs, piller les matières premières, écouler sur le Nouveau Continent les produits fabriqués en Europe. Le besoin de main-d'œuvre devient urgent. Il faut trouver des hommes à l'entretien peu coûteux et à la rentabilité immédiate. Une marchandise humaine, à la fois moteur actif et monnaie d'échange de la nouvelle politique économique.

Les maquignons, les rabatteurs et les marchands d'esclaves s'organisent rapidement pour puiser dans le réservoir de l'Ouest africain. Mandingues, Wolofs, Coromantins, Mendé, Soussou, Fon,

Yorouba… vont constituer le stock d'hommes nécessaire au remplacement d'une population indienne décimée par les batailles de conquête, le travail forcé et les maladies.

Dès 1503, on voit arriver sur l'île d'Hispaniola (aujourd'hui Haïti) les premières cargaisons de ce que l'on appellera pudiquement : « bois d'ébène ». Sur les recommandations de Bartolomé de Las Casas, évêque soucieux du sort réservé aux Indiens mais beaucoup moins scrupuleux lorsqu'il s'agit d'hommes noirs, le monarque espagnol Charles Quint cède une patente à un négociant flamand, accordant ainsi l'autorisation d'importer 4 000 esclaves par an dans les territoires fraîchement conquis.

Le commerce triangulaire devient florissant et s'accélère davantage chaque année. Venus d'Europe à bord de navires spécialement aménagés pour la traite des esclaves, les négriers approchent les côtes occidentales de l'Afrique avec une cargaison de pacotille (perles de verre, poudre et fusils, eau de vie et laine…) qu'ils échangent contre des esclaves, la plupart du temps recelés par des chefs de tribus africains eux-mêmes. Les prisonniers acheminés en long troupeau par des marchands noirs ou arabes sont capturés au cours de razzias et de battues organisées parfois très loin des côtes. Après les tractations d'usage, souvent assez longues, les courtiers et les capitaines anglais, danois, français, espagnols ou portugais embarquent le bétail humain, préalablement examiné et jaugé avec minutie pour éviter les imperfections et affections susceptibles de gâcher la marchandise. Ensuite, les esclaves sont jetés sans ménagement à fond de cale, les hommes à l'avant, les plus coriaces enchaînés deux par deux, les femmes et les enfants isolés à l'arrière. Commence alors la deuxième étape du voyage du triangle négrier, les conditions de traversée sont effroyables. Dépouillés de leurs vêtements, marqués au fer rouge, les esclaves sont entassés dans des compartiments de planches extrêmement exigus. La nourriture est indigente, les tentatives de révoltes matées dans le sang et les châtiments sont expéditifs pour les fauteurs de troubles. Après plusieurs mois de calvaire, les esclaves sont débarqués à l'autre bout de l'océan et cédés contre des lettres de change ou des produits tropicaux que les marchands négriers s'empressent d'écouler dans un troisième temps sur le marché européen. Café, sucre, chocolat, tabac et épices sont devenus des produits à la mode fort recherchés. Chaque voyage, qui dure en moyenne dix-huit mois, est une affaire hautement rentable.

La plupart des Africains sont envoyés au Brésil, dans tout l'archipel des Antilles et dans l'empire continental espagnol (Mexique, Pérou, Colombie, Vénézuela...). Il faut attendre l'année 1619 pour voir arriver le premier chargement d'esclaves en Virginie. Un négrier hollandais les vend aux planteurs de tabac qui démarrent ainsi l'institution esclavagiste dans les colonies britanniques. Plus tard, dans le traité d'Utrecht (1713-1715), l'*Asiento,* qui donne droit à l'importation aux Indes de 4 800 esclaves noirs par an, est accordé à l'Angleterre pour une durée de trente ans. Philippe V, alors roi d'Espagne, contestera ce privilège et contraindra l'Angleterre à lui déclarer la guerre.

En 1750, on compte déjà 236 000 esclaves noirs dans les colonies britanniques de l'Amérique du Nord, dont 200 000 répartis dans les plantations du Sud. Le besoin des propriétaires se fait de plus en plus pressant. Les exploitations s'agrandissent, le rendement augmente, la consommation européenne exige toujours plus de produits exotiques et l'esclavage se développe davantage. La terre d'Afrique continue d'être saignée à vif pour que fleurissent les champs d'Amérique et que s'engraissent les ventres du Vieux Continent.

Certes, les esprits de l'Occident marquèrent quelques « inquiétudes ». Montaigne s'était ému en son temps, tout comme certains philanthropes anglais. Voltaire, dans *Candide,* ne voulut pas manquer à son idéal éclairé en ventant les vertus du « bon sauvage ». Cependant, les philosophes des Lumières cultivèrent quelques zones d'ombre. Et les prétentions humanistes affichées par les penseurs français du XVIIIe siècle prêteraient plutôt à sourire aujourd'hui, si le sujet n'était aussi douloureux.

Pour preuve, la curieuse définition relevée dans le fameux dictionnaire encyclopédique de Diderot et d'Alembert. « *Nègres :* Considérés comme esclaves dans les colonies de l'Amérique. L'excessive chaleur de la zone torride, le changement de nourriture et la faiblesse des hommes blancs, ne leur permettent pas de résister dans ce climat à des travaux pénibles. Les terres de l'Amérique, occupées par les Européens, seraient encore incultes, sans le secours des Nègres, que l'on y a fait passer de presque toutes les parties de la Guinée. Ces hommes noirs très vigoureux et accoutumés à une nourriture grossière, trouvent en Amérique les douceurs qui rendent la vie animale bien meilleure que dans leur pays. Ce changement en bien les met en état de résister au travail et de se multiplier abondamment. »

Montesquieu, pour sa part, préférera jouer du mode ironique pour ne pas avouer son incapacité à l'indignation. Son raisonnement anti-esclavagiste est fondé essentiellement sur ses préoccupations politiques, juridiques et économiques. Par un jeu de l'esprit assez pervers, ce philosophe brillant mais compassé, préfère construire son raisonnement sur des principes racistes dont il connaît trop intimement les ressorts pour ne pouvoir les traiter que par une ironie qui l'amende. Il écrira en 1748 dans son livre *De l'esprit des lois,* des choses assez édifiantes pour mériter d'être rappelées ici : « [...] Ceux dont il s'agit sont noirs depuis les pieds jusqu'à la tête ; et ils ont le nez si écrasé qu'il est presque impossible de les plaindre. On ne peut se mettre dans l'idée que Dieu, qui est un être très sage, ait mis une âme, surtout une âme bonne, dans un corps tout noir [...] Une preuve que les nègres n'ont pas le sens commun, c'est qu'ils font plus de cas d'un collier de verre que de l'or, qui, chez les nations policées, est d'une si grande conséquence. Il est impossible que nous supposions que ces gens-là soient des hommes ; parce que, si nous les supposions des hommes, on commencerait à croire que nous ne sommes pas nous-mêmes chrétiens [...]. » Heureusement, Condorcet dans ses *Réflexions sur l'esclavage des Nègres* (1781) saura élever le débat en faisant preuve d'une plus saine clairvoyance et d'une capacité à raisonner sans louvoyer.

En 1794, deux ans après le Danemark, la France, alors sous la Convention, abolit l'esclavage grâce aux arguments de l'abbé Grégoire. Mais le commerce, qui dans ce pays somnole plus qu'il ne s'endort, se réveillera à nouveau en 1799 avec Bonaparte qui rétablit un trafic trop lucratif pour être si tôt abandonné. Officiellement, les États-Unis s'opposeront à l'importation d'esclaves africains le 2 mars 1807. Une pieuse décision qui s'avérera très rapidement inutile. D'autres pays se donneront bonne conscience : la Suède (1813), la Hollande (1814), l'Espagne (1820), le Portugal (1830) et enfin la France (1848). Mais tous ces décrets entraveront peu le commerce négrier qui se poursuivra malgré tout au XIXe siècle sous des formes plus pernicieuses.

Le chant de la douleur

Au moment de débarquer, le « cheptel » africain est soigneusement trié. Ceux qui ont présenté quelques signes de faiblesse ou de maladie lors de la traversée ont été jetés vivants par-dessus bord. Avant d'accoster, les rescapés du voyage subissent l'épreuve du « blanchissement ». Le chirurgien du navire s'emploie à maquiller certains défauts physiques. On enduit le corps des esclaves d'huile de palme, on améliore la nourriture, on distribue des légumes et des fruits, on coupe les barbes et l'on rafraîchit les chevelures. La « marchandise » doit être en bon état pour satisfaire les exigences des planteurs. Les femmes enceintes accompagnées de bébés ou de jeunes enfants valent souvent plus cher que les hommes. Les acheteurs sont vigilants et inspectent minutieusement chaque esclave. La plupart du temps, les capitaines vendent leur cargaison aux enchères par lots, appelés « pièces d'Indes ». Ce qui leur permet de se débarrasser de sujets jugés médiocres dans un lot dominé par un « morceau de choix ». Les yeux, les dents, la peau, les articulations sont examinés avec vigilance avant de conclure tout marché.

Les Noirs que l'on vient d'acquérir sont marqués au fer sur la poitrine ou sur l'épaule, estampillés pour toujours aux initiales de leur maître. Puis ils sont conduits à la plantation où les attend un labeur harassant, du matin au soir, sous la surveillance brutale de gardiens et de régisseurs préoccupés exclusivement par le rendement. Entre 1815 et 1861, la production du coton dans le sud des États-Unis passera de 80 000 tonnes à 1 150 000 tonnes. Les cadences de travail sont infernales et il n'est pas rare de voir des esclaves peiner jusqu'au milieu de la nuit, après avoir commencé aux premières lueurs du jour. Certains meurent peu de temps après leur arrivée et la natalité est plutôt faible. Les Noirs hésitent à mettre au monde des enfants qui seront voués à l'esclavage. En

Virginie et Caroline du Nord, au Kentucky, Tennessee, Maryland et Missouri, des planteurs décident d'en faire « l'élevage » pour accroître leur capital. On sélectionne les « étalons » et les « reproductrices » et, dans quelques plantations, les femmes sont obligées d'avoir un enfant par an. Dès l'âge de douze ans, un jeune esclave est jugé apte au travail ou peut être vendu à une autre plantation. Les familles sont parfois organisées selon le bon vouloir du maître et le mariage entre esclaves n'est pas reconnu par la loi. Les propriétaires blancs vivent dans la hantise permanente d'une révolte. Les ethnies sont mélangées afin d'anéantir leur système d'organisation tribale, de limiter les tentatives d'insurrection ou les suicides collectifs. Dans cette même perspective de démantèlement culturel, les couples mariés venus d'Afrique sont séparés.

Les *Black Codes* (Codes noirs) édictés par les planteurs du Sud, veulent effacer toutes les traces de la culture traditionnelle africaine et limiter le contact des esclaves avec le monde extérieur. Les règlements interdisent aux esclaves de se battre entre eux, de jurer, de posséder de l'alcool et de vendre une quelconque marchandise. L'anglais est la seule langue tolérée, les parures, les religions et les coutumes ancestrales sont bannies et l'usage des instruments de musique est cruellement réprimé. Les cabanes des esclaves sont périodiquement fouillées dans le but d'y trouver d'hypothétiques caches d'armes, d'éventuels objets dérobés mais surtout des flûtes et des tambours fabriqués clandestinement. L'utilisation des instruments d'origine africaine est d'autant plus réprimée qu'elle peut constituer une menace de rébellion en propageant des messages de ralliement. Le seul instrument de percussion admis est le fouet qui rythme la vie des Noirs en claquant et s'abattant sur leur dos à longueur de journée. Les colonies hispaniques et portugaises ne connaîtront toutefois pas de lois aussi inflexibles et l'emploi des percussions subsistera dans les Caraïbes, dans de nombreux pays latino-américains, notamment au Brésil, forgeant ainsi une musique populaire dominée par la polyryhtmie.

Cependant, malgré tous les interdits en vigueur dans le sud des États-Unis, les *work songs** (chants de travail) permettent aux esclaves de préserver leur sens musical, de rassembler la collectivité à l'insu des Blancs et de maintenir une des manifestations les plus exemplaires de leur culture. Essentiellement chantés dans les champs de coton, sur les chantiers des voies ferrées ou dans les prisons, ces *work songs* se développent a capella* dans un échange d'appels et de réponses. Un soliste lance une phrase, aussitôt reprise en chœur par le groupe, contribuant ainsi à soutenir l'effort ou à alléger la peine. Dépouillé de tout habillage instrumental, interprété avec ferveur et scandé sur un rythme âpre, répétitif et puissant, le *work song* est la forme la plus proche des musiques africaines originelles. Cette pureté et cette intensité d'émotion nous sont parvenues à travers quelques disques récents enregistrés dans des pénitenciers où les repris de justice ont maintenu ces mélopées jusqu'à la fin des années 60.

Une autre forme vocale est couramment employée par les esclaves lors des travaux : le *holler*. Plus concis, violents et brefs que le *work song*, les *field hollers* (dans les champs) et les *street hollers* (dans la rue) sont le plus souvent des cris de ralliement, des messages codés ou simplement de courts fragments mélodiques révélant l'identité de celui qui les entonne. Braillements exutoires ou expressions d'un désarroi solitaire, les *hollers* peuvent être repris par d'autres travailleurs et propagés à travers toute la plantation. Les enterrements sont également l'occasion de célébrer la mémoire du défunt au cours de cérémonies festives où la danse et le chant jouent un rôle essentiel.

Dès 1750, un grand mouvement religieux, *The Great Awakening* (le grand réveil), s'étend dans toutes les colonies américaines. Près d'un demi-siècle auparavant, le pasteur et médecin anglais Isaac Watts a introduit des recueils d'hymnes et de psaumes en Nouvelle-Angleterre. La publication de ces ouvrages rencontre un certain écho auprès des esclaves pour la plupart évangélisés par leurs maîtres protestants. Profondément religieux, familiarisés avec les manifestations surnaturelles et habités par le sens du divin, les Noirs adaptent (plus qu'ils ne l'adoptent) la religion chrétienne à leurs conceptions animistes et aux dieux de la terre africaine. Cependant, dans les premiers temps de l'esclavage, l'austérité protestante, l'absence de manifestations fétichistes (contrairement à la liturgie catholique en usage aux Caraïbes et dans le sud du continent) et les frontières raciales freinent l'extension de la pratique religieuse dans la population noire. Il faudra attendre le *Second Awakening* (second réveil), phénomène de *revival* (renaissance) qui domine la vie religieuse entre 1780 et 1850, pour voir s'amplifier un mouvement mystique qui rassemble d'impressionnantes foules lors de *camp meetings* entièrement dédiés à la prière. Classes populaires blanches et communautés noires se retrouvent réunis pendant plusieurs jours, le plus fréquemment dans des forêts ou sous d'immenses tentes appelées *tabernacles*, pour participer à des services religieux, écouter les sermons de *preachers* (prédicateurs) méthodistes et, surtout, chanter en chœur la gloire du Seigneur. Après avoir assisté à un *camp meeting* en Géorgie, la romancière suédoise Fredrika Bremer témoigne : « Quel chœur magnifique ! Cela venait très probablement de la partie noire de l'assemblée, car elle était trois fois plus nombreuse que celle des Blancs et leurs voix sont naturellement si belles et si pures. » La plupart du temps, le chant collectif des esclaves domine la manifestation. Ils utilisent peu les textes des livres de cantique, ils interprètent des mélodies de leur propre cru, inventent des déclarations ferventes et créent des prières spontanées, assemblées à des fragments d'hymnes ou intercalées avec des refrains de l'Écriture, obéissant ainsi à une tradition séculaire d'improvisation et de lyrisme poétique. Les souffrances quotidiennes, les déceptions, les déchirures morales se trouvent ainsi mêlées à des courts passages d'hymnes officielles et enrichies par des exhortations enflammées à l'adresse du *preacher*.

Lors des *camp meetings*, les esclaves se réunissent également après les offices pour prendre part aux *ring shouts*, sorte de danse sacrée où l'assistance se divise en deux groupes. D'une part les *shouters*, danseurs réunis en cercle, évoluant selon une technique de pas très codée (*shuffle**) et d'autre part les chanteurs, souvent moins nombreux, qui ponctuent la danse en n'interprétant que des *spirituals*. La véhémence des chants et la ferveur religieuse, conjuguées à la gestuelle hypnotique, souvent d'une virtuosité frénétique, créent un état d'extase religieuse où il n'est pas rare de voir un des participants tituber sous l'emprise de l'Esprit-Saint qui vient l'habiter. Cette transposition des traditions africaines sur le sol américain donne naissance à un répertoire religieux spécifiquement noir que des pasteurs collecteront et éditeront largement au sein de la communauté. Longtemps relégués dans une partie réservée de l'église de leurs maîtres, les esclaves ont peu à peu édifié des paroisses indépendantes. Le premier évêque noir, Richard Allen (1760-1831), créateur de l'African Methodist Episcopal Church, publie un recueil de negro spirituals* qui est abondamment diffusé dans les églises noires indépendantes. De nombreux autres pasteurs et musiciens noirs s'attachent à retravailler l'hymnologie protestante classique. Notamment Charles Albert Tindley (1856-1933), né de parents esclaves, *preacher* d'une église méthodiste de Philadelphie, qui écrit dès 1901 une musique imprégnée de blues*, de spirituals et d'hymnes traditionnelles tout en y associant une imagerie contemporaine issue de la culture noire américaine. Son influence marquera Lucie Eddi Campbell Williams (1885-1963), directrice de la musique pour la National Baptist Convention, dont le morceau *In the Upper Room with Jesus* reste encore aujourd'hui un grand classique de ce que l'on appelle le *gospel* song,* la forme moderne du chant évangélique.

When the saints...

Une idée souvent répandue tend à différencier le negro spiritual du gospel par la simple dissociation entre les textes issus de l'Ancien Testament ou du Nouveau Testament. Cette explication quelque peu réductrice demande à être affinée. S'il est vrai que de nombreux spirituals authentiques font référence aux images bibliques de l'Ancien Testament, certains en revanche mentionnent le nom de Jésus-Christ dont on sait évidemment qu'il n'apparaît que dans le Nouveau Testament. À y regarder de plus près, comme a pu le faire Jacques B. Hess, un éminent spécialiste chargé de cours à la Sorbonne, les paroles des spirituals ne font pas grand cas des concepts de la religion protestante pratiquée par les Blancs. Il ne s'agit nullement d'une déformation naïve et maladroite des chorales protestantes, mais plutôt d'une greffe culturelle d'éléments bibliques sur des vieux *work songs* destinés à lancer des messages subtilement codés. Rapidement, le peuple noir s'identifie aux Hébreux captifs des Égyptiens. Leur servitude leur semble analogue. Le mot Canaan, la terre promise des Juifs, est assimilé au Canada, une terre où l'esclavage n'existe pas. Certains esclaves voient même dans Moïse un héros de la révolution américaine, annonciateur de leur libération prochaine. Cette confusion, alimentée par l'espoir et la souffrance, s'explique facilement si l'on tient compte de l'environnement. La population noire est alors victime de l'illettrisme et d'une déculturation sciemment entretenue par les maîtres blancs. Bien plus tard, le pasteur Martin Luther King ne manquera jamais de le rappeler : « Nos negro spirituals, aujourd'hui si admirés dans le monde entier, étaient souvent des codes. Nous chantions le « Ciel » qui nous attendait et les maîtres d'esclaves écoutaient en toute ignorance, sans se douter que nous ne parlions pas de l'au-delà. Le mot « Ciel » désignait le Canada… »

S'agissant du gospel, on retrouve ce même état d'esprit clairement évoqué sous la plume de l'immense écrivain noir James Baldwin dans son roman *Harlem Quartet :* « Les Nègres peuvent chanter le gospel comme nul autre parce qu'ils ne chantent pas le gospel, si vous voyez ce que je veux dire. Quand un Nègre cite l'Évangile, il ne cite pas : il vous raconte ce qui lui est arrivé le jour même et ce qui va certainement lui arriver demain : il est possible que cela vous soit déjà arrivé et que vous, pauvre âme, ne le sachiez pas. Auquel cas, *Seigneur, ayez pitié !* notre souffrance est notre passerelle de l'un à l'autre. Chacun doit la traverser ou bien mourir alors qu'il continue de survivre – mais cela n'est pas une conception politique et encore moins populaire. […] Il ne chantait pas un voyage en Égypte il y a deux mille ans, mais sa mère, son père et lui-même, et ces rues juste là dehors, mon frère, ces rues devant chaque porte, ces rues que nous arpentons, toi et moi, et que nous continuerons d'arpenter… »

Cependant, si l'on s'en tient aux origines sémantiques, le discours du gospel présente moins d'éléments codés. Certes, le symbolisme y reste très présent : sentiment de révolte, dénonciations sociales, connotations sexuelles, actualité tragique ou situations ironiques de l'existence, etc. Mais, sa différence essentielle avec les spirituals originels réside dans la forme musicale. L'expressivité mélodique, la puissance rythmique et les structures harmoniques du gospel sont caractéristiques d'une culture strictement afro-américaine, forgée sur un nouveau continent et déjà éloignée des traits musicaux et des formes vocales de l'Afrique occidentale que l'on retrouve souvent intacts dans nombre de spirituals.

Au cours d'entretiens avec les plus grands musiciens de jazz, de rhythm'n blues ou même de rock, il est fréquent que l'influence des spirituals et du gospel soit mentionnée. Beaucoup d'artistes de renom témoignent de leur attachement au répertoire religieux, se souviennent des offices de leur enfance et avouent, souvent avec fierté et émotion, avoir forgé leurs premières armes musicales au sein de l'Église, rappelant ainsi que le gospel est la source même de toute la musique négro-américaine.

Aujourd'hui encore, les services religieux constituent un terreau fertile pour les jeunes talents et la tradition demeure vivace dans un rituel à la fois immuable et mouvant. L'improvisation vient se greffer dans un cadre fixe, sur une liturgie connue de tous, mais il y a des prêcheurs plus talentueux que d'autres, des sermons plus ou moins réussis, des célébrations d'importances diverses et des atmosphères particulièrement propices. À mi-chemin entre les sentiments absolus de la foi et un goût prononcé du spectacle, l'office débute par des chants accompagnés d'un orchestre (orgue, guitare, batterie, basse, tambourins...). De temps à autre, un des participants intervient, clame quelques mesures d'un spiritual que les fidèles reprennent ensemble. Certains quittent leur banc pour raconter un épisode de leur vie, obéissant à un irrépressible besoin d'expression, espérant que leurs vœux seront exaucés. La tension monte entre les bancs, les fidèles se précipitent pour soutenir celui qui a été visité par l'Esprit, des larmes coulent, des murmures circulent, on rejoint sa place, rasséréné, calmé et serein, d'autres surgissent dans les travées, invoquant à leur tour un moment tragique ou une situation mystérieuse connue d'eux-seuls. Le service se poursuit, le *preacher* évoque un passage de la Bible ou des Évangiles, un événement politique ou un fait divers. Sa carrure imposante, sa voix percutante et son élocution forcent le respect, les fidèles l'écoutent et répondent par de brèves exclamations, le discours du pasteur s'anime, sa voix devient haletante, scandée et rauque, les images évoquées sont de plus en plus dramatiques, puissantes et majestueuses, parfois violentes, les cris de l'auditoire l'accompagnent, hommes et femmes sont réunis au summum de l'inspiration extatique et s'expriment «en langues», utilisant des idiomes imaginaires, dans un phénomène de glossolalie qui fait écho aux Actes des Apôtres (II, 1-4) : «Et comme le jour de la Pentecôte s'accomplissait, ils étaient tous ensemble dans un même lieu. Et il se fit tout à coup du ciel un son, comme d'un souffle violent et impétueux, et il remplit toute la maison où ils étaient assis. Et il leur apparut des langues divisées, comme de feu ; et elles se posèrent sur chacun d'eux. Et ils furent tous remplis de l'Esprit-Saint, et commencèrent à parler d'autres langues, selon que l'Esprit leur donnait de s'énoncer.»

Mais mieux encore, écoutons un témoignage vécu de l'intérieur et laissons la parole à la chanteuse Nina Simone rendant hommage aux cérémonies religieuses qui contribuèrent à sa formation musicale :

«L'église était remplie à craquer par les dames de la paroisse et les "saintes", qui toutes s'éventaient furieusement, pimpantes et immaculées dans leurs robes, leurs bas et leurs souliers blancs. Le pasteur commençait son prêche, et le poursuivait au milieu des "Amen !" et des "Oui, Seigneur". Et puis quelqu'un commençait son témoignage de foi, à grand renfort de cris et de gesticulations, parlant en langues, tandis que les éventails s'agitaient frénétiquement alentour, que des gens couraient tout le long de l'allée centrale, comme ça, spontanément, que d'autres criaient, louaient le Seigneur, et que le pasteur recueillait toute cette énergie spirituelle pour la renvoyer décuplée vers les fidèles. Parfois il fallait emmener des femmes à l'hôpital, victimes de leurs transports.

»Pendant ce temps, moi je jouais des gospels au piano. Un rythme répétitif, qui faisait partie de l'ambiance. Quelqu'un entonnait un chant, et je le reprenais en l'accompagnant. Parfois la personne commençait à entrer en transe, et mon rôle était de soutenir le rythme, de l'appuyer, pour entretenir l'ambiance. C'était dur, des fois, de ne pas lâcher le clavier pour aller courir moi aussi dans l'allée.

»Après ces réunions, je rentrais chez moi à pied, la tête dans les nuages, grisée, enivrée par les cris, la danse, les chants. J'arrivais à la maison, je dormais comme une souche, et à mon réveil le lendemain matin, ma première pensée était de recommencer le soir même.»

Une scène de ce genre peut paraître caricaturale à tout esprit occidental non initié mais le *preaching* hiératique, la fièvre des fidèles, les réponses bouleversées des chœurs et l'apothéose musicale de ces offices ne sont jamais parodiques. Il s'agit avant tout de l'expression d'un peuple fier et meurtri qui, à force de subir l'injustice et la violence, a su développer une culture d'extraversion et de solidarité spirituelle, sans jamais renier les racines de sa culture et clamant, à qui veut l'entendre, son appartenance à la masse anonyme des exclus auxquels le Christ a ouvert la voie du salut.

Les apôtres du gospel

Dès la fin du XIXe siècle, les universités noires fondées après l'émancipation vont lancer un mouvement de divulgation de leur patrimoine musical. Les *jubilee singers* de la Fisk University ou du Hampton Institute donnent une version de l'art vocal noir assez sophistiquée, rythmiquement édulcorée mais richement harmonisée, destinée à séduire un public blanc néophyte. Dans le sillage de ce nouveau courant, les negro spirituals s'organisent peu à peu sous la forme de cantiques à quatre parties et donnent naissance à une multitude de quartets vocaux parmi lesquels il faut retenir : The Spirit of Memphis, Golden Gate Quartet (voir plus loin), The Bells of Joy, The Dixie Humming Birds, The Five Blind Boys of Alabama, The Five Blind Boys of Mississippi, The Soul Stirrers, The Harmonizing Four, The Sensational Nightingales, The Swan Silverstones, The Delta Rhythm Boys…

Le style de ces groupes, essentiellement masculins, se caractérise le plus souvent par la présence de trois voix (basse, baryton et deuxième ténor) chargées de soutenir un ténor leader qui développe les variations du thème* en utilisant une voix de tête et des effets de *falsetto* pour ornementer la ligne mélodique. Au sein de ces quartets, s'épanouiront des solistes de renom aux personnalités aussi diverses que Earl Malone, O.V. Wright, Leo Watson, Joe Hinton, Sam Cooke, Julius Cheeks, Thomas Johnson, Robert Blair, Wilson Pickett, Lou Rawls, Little Richard ou Al Green. Certains de ces chanteurs dévieront parfois vers la musique profane, le rhythm'n blues* ou la soul music*, sans toutefois se départir de leurs premières influences.

Des groupes féminins s'imposent également dans la saga du gospel. Dans les années 30, Roberta Martin développe des arrangements* qui tendent à alléger l'effet choral en privilégiant le timbre de chaque voix. De même, les célèbres Ward Singers, sous la direction de Gertrude Ward, mettent en valeur deux vocalistes exceptionnelles : l'exubérante Clara Ward, brillante alto capable de s'accompagner au piano, et la magistrale Marion Williams, qui fondera plus tard les Stars of Faith, un groupe d'envergure toujours en activité sous la houlette de Frances Steadman. À retenir également : les Staple Singers, les Caravans, les Barrett Sisters et les Clarck Sisters dont les traces enregistrées donnent, sans concessions commerciales, un superbe témoignage de l'expressionnisme sanctifié. Certaines chanteuses, après avoir fréquenté des chœurs réputés, ont préféré développer des carrières plus individuelles : Bessie Griffin, Dorothy Love Coates, Willie Mae Ford Smith auront un rôle important dans la communauté mais, au-delà du succès d'estime et du respect qui les entourent, elles n'imposeront pas leur talent vocal avec la même force que la détonnante Sister Rosetta Tharpe (voir plus loin) dont l'existence tumultueuse défraiera plus d'une fois la chronique.

Un homme au parcours singulier a marqué de son empreinte le répertoire religieux. Né vers 1900 à Atlanta, Thomas A. Dorsey est considéré généralement comme un des pères fondateurs du gospel moderne. Après s'être fait connaître comme chanteur de blues sous le nom de Georgia Tom, il se consacre exclusivement au chant religieux dans les années 30. Cet auteur de chansons plutôt osées et caustiques, voire salaces, qui a enregistré avec d'authentiques interprètes de blues tels Ma Rainey (1925), Tampa Red, Blind Lemon Jefferson et Charlie Spand (1930), change subitement de registre sous l'effet de la Révélation. Il écrit des œuvres d'inspiration religieuse, dans la meilleure veine baptiste, en y mêlant avec un superbe naturel les éléments du blues et du jazz. *He Knows How Much You Can Bear, I'm Going to Live the Life I Sing about in my Soul* ou *Precious Lord, Take my Hand* sont des monuments du gospel dont il assurera la diffusion en créant la Gospel Singers

Convention, chargée de mettre en place un important réseau de distribution et de vente de partitions. De nombreux interprètes utiliseront ce matériau thématique (plus de mille titres répertoriés lorsqu'il meurt le 23 janvier 1993), notamment Willie Mae Ford Smith, Roberta Martin et surtout la sublime diva, Mahalia Jackson dont les ventes exceptionnelles imposeront le genre sacré à l'échelle planétaire (voir plus loin).

Au début des années 60, un autre homme suit le chemin de son aîné Thomas A. Dorsey : le pianiste et chanteur James Cleveland, révérend et homme d'affaires efficace, qui modernisera à son tour les mélodies en y intégrant des éléments du jazz et de la soul music tout en dirigeant de nombreux ensembles de renom parmi lesquels The Angelic Choir, The Cleveland Singers, The Voices of Tabernacle, etc. Au cours des deux décennies suivantes, une nouvelle génération d'excellents solistes apporte encore des innovations et régénère avec panache la tradition : Al Green, Jessy Dixon, Shirley Caesar, DeNiece Williams, Tramaine Hawkins, F.C. Barnes, Janice Brown et, bien entendu, Aretha Franklin dont les rares mais précieux enregistrements religieux suffisent à la placer parmi les plus belles voix du gospel (voir plus loin).

Il serait intéressant de dresser en détail le portrait de chacune de ces personnalités attachantes, emportées dans le mouvement d'une vie exaltée et dont les trajectoires se sont souvent croisées. Mais une liste exhaustive demanderait plusieurs volumes et nous ne retiendrons ici que quelques artistes dont la popularité internationale a contribué à développer l'image des musiques sacrées afro-américaines.

Mahalia Jackson : Et la lumière fut…

Un port de tête majestueux, une noblesse de traits que l'on pourrait qualifier de pharaonique, une stature superbement épanouie, une dignité exemplaire et une générosité exaltée, Mahalia Jackson est l'incarnation même de l'âme noire américaine et des sortilèges divins du gospel. Née le 26 octobre 1921 à La Nouvelle-Orléans, cette fille de prêcheur fréquente très tôt l'église paternelle.

Dès l'âge de cinq ans, elle écoute les chanteuses de blues Bessie Smith, Mamie Smith ou Ida Cox qui marqueront fortement sa sensibilité. Cependant, malgré son goût non dissimulé pour le répertoire profane, elle se consacrera essentiellement à la musique d'inspiration religieuse. En 1927, elle quitte le Sud profond pour s'installer à Chicago où elle tient les parties solistes dans les chœurs de la Greater Salem Baptist Church. Dix ans plus tard, elle confie à la cire ses premiers enregistrements pour Decca : *God's Gonna Separate the Wheat from the Tare* et *Weep Me Every Day.* Elle travaille également avec Thomas A. Dorsey, qui contribue à la faire largement connaître dans la communauté noire. Elle ne retourne en studio qu'en 1946 pour graver chez Apollo une série de disques impressionnants d'émotion et de maîtrise technique. Son répertoire est alors constitué de standards religieux puisés dans la grande tradition du gospel, notamment des compositions du Docteur Watts. Mahalia Jackson s'impose rapidement comme la grande chanteuse charismatique du gospel moderne. Elle effectue sa première tournée européenne dès 1950, signe un nouveau contrat avec la firme Columbia en 1954 et commence à animer son propre programme de gospel sur la chaîne de télévision CBS. Malgré son attachement respectueux à l'orthodoxie du chant religieux, son tour de chant présente cependant quelques concessions commerciales destinées à séduire un public blanc de plus en plus large. En 1958, Duke Ellington lui propose d'intervenir sur deux compositions de sa fameuse suite *Black, Brown and Beige.* Le témoignage discographique de cette rencontre au sommet est une des pièces les plus poignantes et abouties de la culture musicale afro-américaine. Cette même année, elle obtient un triomphe retentissant au festival de Newport. Dès lors, elle ne cesse de remplir les salles les plus prestigieuses et de se faire acclamer sur les scènes du monde entier. Cette femme simple à la beauté rayonnante, plus encline à parler de ses talents culinaires ou à défendre ses amis qu'à épiloguer sur sa somptueuse trajectoire, a toujours su garder un sens aigu des réalités. Sincèrement charitable, animée d'une foi ardente, préoccupée par le devenir des hommes et toujours consciente des conditions difficiles de ses frères de sang, Mahalia Jackson a entretenu une amitié fidèle avec Martin Luther King dont elle a chanté le service funèbre. Malgré la maladie qui la frappe en 1964, elle continue de propager ses espérances et son recueillement flamboyant avant de s'éteindre le 27 janvier 1972. La parole des sages est éternelle et les murs des temples doivent encore vibrer des inflexions sensuelles, chaleureuses et lumineusement inspirées de Mahalia Jackson.

Sister Rosetta Tharpe : l'âme sœur

Cette enfant précoce et surdouée, née le 20 mars 1921 à Cotton Plant, Arkansas, marche et parle avant même d'avoir un an, et joue de la guitare à six ans. Initiée par sa mère, Katie Bell Nubin, au monde musical religieux dans une *sanctified church* de Chicago, Rosetta acquiert très vite une solide réputation de chanteuse de gospel. Après avoir très tôt divorcé de son premier mari, le pasteur Thorpe, dont elle garde le patronyme à peine transformé, Rosetta Tharpe est engagée dans l'orchestre de Cab Calloway en 1938, se produit sur les planches du Cotton Club de Harlem, s'acoquine avec le danseur de music-hall Bill Bojangles Robinson, enregistre avec Lucky Millinder en 1941, côtoie la formation d'Andy Kirk, fréquente les clubs de Broadway et mène grand train dans la société artistique new-yorkaise, dans l'éclat des paillettes, des limousines et des couvertures de magazine, faisant ainsi figure de renégate aux yeux du milieu religieux qui juge ces incartades « stylistiques » avec une pieuse sévérité. Durant la guerre, elle grave des *gospel songs* sur les V-Discs (*Victory Discs* : disques de la victoire) destinés aux divertissements des militaires américains, apportant ainsi la bonne parole aux troupes mobilisées. Après un retentissant triomphe commercial en 1944 avec le pianiste Sammy Price, elle retrouve dès 1947 un chemin plus « orthodoxe » en formant un duo avec Mary Knight, une chanteuse sanctifiée de Newark. Leur premier 78 tours (*Up Above My Head*) occupe aussitôt la première place des classements. D'autres œuvres remarquables suivront : *Beams of Heaven* (1947), *He Watches Me* (1948), etc. Celle que l'on baptise désormais Sister Rosetta Tharpe mène une carrière évangélique fervente et très inspirée, sans toutefois se départir de son naturel bouillonnant. Elle se remarie une troisième fois en 1951 avec un faste ostentatoire et part à la conquête de l'Europe où elle assoit davantage son prestige. Elle se lance dans de nombreuses tournées aux États-Unis, se produit à l'Apollo avec les Caravans et James Cleveland, revient en Europe avec le bluesman Muddy Waters, participe à plusieurs festivals prestigieux, apparaît dans le film *L'Aventure du jazz* d'Hugues Panassié (1969) et ne cesse de donner des récitals exclusivement dédiés au chant sacré avant de s'éteindre le 9 septembre 1973 à Philadelphie. Son énergie stimulante, sa maîtrise rythmique, son art subtil de la syncope, l'ampleur émouvante de sa voix, son dynamisme scénique et son talent de guitariste ont fait d'elle une des figures les plus charismatiques du gospel. Si ses jeunes années furent «hérétiques» et singulièrement profanes, Sister Rosetta Tharpe a toujours su garder la foi, sans jamais vendre son âme aux sirènes du show business.

Aretha Franklin : la fille du révérend

Si curieux que cela puisse paraître, Aretha Franklin, généralement considérée par le grand public comme la diva du rhythm'n blues et de la soul music, est avant tout une sublime chanteuse de gospel dans la plus pure tradition de l'Église baptiste. Elle naît le 25 mars 1942 à Memphis, Tennessee, dans une famille totalement intégrée dans le monde religieux puisque son père n'est autre que le très respecté Révérend L. C. Franklin. Mahalia Jackson, Marion Williams, Clara Ward ou Sam Cooke sont des amis intimes de la famille Franklin et la petite Aretha apprend le piano avec James Cleveland tout en assistant très tôt aux prédications paternelles. Dès neuf ans, elle chante en compagnie de ses sœurs Carolyn et Erma, parcourt le pays avec la Franklin Gospel Caravan et devient la vedette du chœur à l'âge de douze ans. En 1956, elle enregistre à Detroit ses premiers disques de chant sacré et dérive peu à peu vers un mélange de gospel, de jazz et de pop, sur les conseils de Sam Cooke. Alors qu'elle a tout juste dix-huit ans, le producteur John Hammond l'engage à signer chez Columbia et Aretha grave une série de disques profanes sans pour autant renier l'héritage familial. Après être passée chez Atlantic, elle obtient la consécration en

1966 avec *I Never Loved a Man (The Way I Love You)* dont elle vend plus d'un million d'exemplaires. Les succès s'enchaînent à une allure vertigineuse. En 1968, le titre *Respect* devient un véritable mot d'ordre dans la société noire américaine, Aretha est baptisée « Lady Soul ». Elle enregistre en duo avec Ray Charles, obtient les honneurs du magazine *Time,* s'associe à King Curtis, chante au Philharmonic Hall de New York. C'est en 1972 qu'elle produit le chef-d'œuvre de sa carrière discographique. L'album *Amazing Grace* est un monument du gospel, magnifiquement enregistré à Los Angeles sous la direction du révérend James Cleveland avec la participation du Southern Californian Community Choir et surtout les prêches telluriques du révérend L. C. Franklin en personne. Dès lors, Aretha n'aura de cesse d'alterner musique profane et religieuse, installée à la croisée des chemins sans aucune ambiguïté ni scrupules stylistiques. Quel que soit l'environnement, Aretha Franklin séduit par l'étendue des registres, sa voix chaude, tantôt caressante ou violente, coulée ou heurtée, murmurée ou fracassante, pudique ou extravertie, mêle avec un égal bonheur toute la palette des sentiments humains, mariant l'érotisme au genre sacré, unissant le corps à l'esprit sans jamais empiéter sur l'expression purement religieuse. Des collaborateurs aussi différents que Quincy Jones, Curtis Mayfield, Lamont Dozier, Eric Clapton ou George Benson ont prêté leurs talents à Aretha Franklin dans des domaines très éloignés des premiers émois qu'elle rencontra très jeune au sein de la New Bethel Church de Detroit, mais l'on perçoit toujours cette petite flamme ardente, fidèle et sensuellement mystique, ce feu sacré qui continue de briller à la mémoire des siens, cette lueur secrète et vivace qui n'est pas prête de s'éteindre.

Golden Gate Quartet : aux quatre coins

Du 78 tours grésillant au Compact Disc irisé, les « Quatre Copains de la Porte d'Or » ont traversé plus de cinq décennies sans vraiment s'inquiéter des rides. Tout a débuté en 1934 au lycée Booker T. Washington à Norfolk lorsque quatre camarades de classe se réunissent pour chanter a capella. Ainsi naît le groupe originel sous le nom des Golden Gate Jubilee Singers avec William Langford, Henry Owens, Willie Johnson et Orlandus Wilson. Quelques concerts dans les églises du coin et une tournée sous l'égide de plusieurs émissions de radio leur ouvrent les portes de la maison de disque Victor pour laquelle ils gravent leurs premières faces (sorties en 78 tours sous étiquette Bluebird). Remarqué par des producteurs new-yorkais (dont le fameux John Hammond), le quartet se produit au Café Society et participe au célèbre concert « Spirituals to Swing » du Carnegie Hall. Dès lors, l'ascension est fulgurante, on retrouve le quartet jouant son propre rôle dans de nombreux films hollywoodiens comme *Star Spangled Rhythm, Hollywood Canteen, Bring on the Girls*, etc. En 1955, ils effectuent leur première tournée européenne. Les connaissant déjà de réputation, le Vieux Continent les accueille chaleureusement. Tant et si bien qu'ils s'y installent en 1959. De ce nouveau point de chute, ils étendront davantage la diffusion de leur art et ne cesseront de sillonner le globe d'est en ouest et du nord au sud pour répandre la bonne parole des spirituals. Après divers changements, le personnel du Golden Gate Quartet se stabilise et se compose, au début des années 90, de Orlandus Wilson (leader, voix de basse et unique rescapé de l'époque héroïque), Paul Brembly, Clyde Riddick et Clyde Wright. Si aujourd'hui, leur répertoire penche plutôt vers la variété « jazzée » et fait la part belle à quelques facilités racoleuses, il n'en reste pas moins que le Golden Gate Quartet fut le premier groupe vocal à chanter des chants religieux et des textes bibliques (dès 1938) dans le cadre de cabarets et de lieux profanes.

Le gospel aujourd'hui : la survivance de la foi

Comme nous l'avons vu précédemment, ils sont légion ceux qui, aujourd'hui encore, déclarent avoir connu leurs premières émotions musicales dans la chaleur des temples. Chaque génération apporte sa touche personnelle sans négliger les fondements mêmes du patrimoine, et tant que restera vivante la foi, les spirituals et le gospel continueront de se perpétuer, de se développer et de se renouveler. Le gospel, s'il constitue la racine musicale afro-américaine, ne doit pas être considéré comme de l'histoire ancienne tant qu'il restera des artistes capables d'alimenter la ferveur. Shirley Caesar, une excellente chanteuse qui se consacre uniquement à l'art religieux, a déclaré : « N'avez-vous pas entendu, parfois, cette énormité, Dieu est mort. Alors ayez la gentillesse de répondre à mes trois questions : Qui l'a tué ? Qui a procédé à ses funérailles ? Comment n'en ai-je pas été avisée puisque je suis sa fille et qu'il est mon père ? » Beaucoup de musiciens pensent ainsi, même après avoir quitté le giron de l'Église pour aller célébrer des valeurs moins spirituelles. Parmi ceux qui comptent aujourd'hui, on peut citer : Shirley Caesar, Jessy Dixon, Al Green, La Velle, Liz MacComb, Gregg Hunter, Jerome Van Jones, Clem Ashford, Kenny Moore, Andrae Crouch, Clay Evans, Bishop Paul Sylvester Morton, The Winans, Vanessa Bell Armstrong, Yolanda Adams, Kirk Franklin, William Becton, Donald Lawrence, Hezekiah Walker ; ainsi que plusieurs chœurs célèbres, au personnel toujours renouvelé : Barrett Sisters, Stars of Faith, Sensational Nightingales, The Cosmopolitan Church of Prayer Choir, The Sounds of Blackness, Commisioned, etc.

Mais la très grande révélation (au sens le plus plein du terme) de ces dernières années est assurément le groupe vocal Take 6 dont chaque membre mérite d'être cité personnellement : Claude V. MacKnight, Mark Kibble, Mervin Warren, Cedric Dent, David Thomas et Alvin Chea. Issue du collège catholique d'Oakwood, Alabama, cette formation révolutionne le genre, non pas sur le fond qui reste solidement ancré dans les références bibliques, mais plutôt dans la mise en forme et la prodigieuse orchestration des voix. Bénéficiant des dernières sophistications de l'enregistrement digital et maîtrisant parfaitement la technologie du studio, Take 6 enrichit le chant a capella classique, en intégrant des lignes de basse et des éléments percussifs reproduits par la voix humaine. Les compositions personnelles sont d'une facture admirable, sans crainte de déparer avec les hymnes traditionnelles, l'harmonisation est luxuriante, la mise en place rythmique précise et rigoureuse, l'interprétation souple et le message généreux. Pour divulguer leur art et ne pas rester enfermés dans un ghetto musical, les membres de Take 6 ont choisi de suivre les circuits habituels du marché discographique mais chaque pochette d'album est prétexte à remercier Dieu, à louer la grandeur du Christ, à mettre en garde contre l'usage des drogues et de l'alcool, à prêcher la fraternité, à revendiquer les liens fraternels qui unissent les hommes et à donner une image propre, rassurante et irréprochable des jeunes représentants de la culture noire américaine. Avec de tels porte-parole, la gospel music a encore de belles années à vivre. Un groupe du niveau de Take 6 apporte une consécration inespérée à un genre parfois jugé lointain, vieillot et démodé par certains amateurs de jazz, et dont James Baldwin disait : « Il n'est pas de musique qui égale cette musique. Il n'est pas d'action dramatique qui égale celle des « Saints » qui exultent et celle des prêcheurs qui se lamentent et, quand toutes ces voix, ces cris, s'unissent pour célébrer la sainteté du Créateur, je n'ai jamais rien vu qui puisse égaler le feu et l'élan qui, parfois imprévisibles, font brusquement, comme le chanteur de blues Leadbelly et tant d'autres l'ont rapporté, véritablement tanguer les murs de l'église. Rien ne m'est arrivé depuis qui puisse égaler la sensation de pouvoir et de gloire que j'ai ressentie quand l'église et moi-même ne faisions qu'un… »

Blues

Cette petite chanson que je vous chante
Vous savez, bonnes gens, qu'elle est vraie [...]
Ils disent « si vous êtes blanc, vous êtes bien
Si vous êtes brun, passe encore
Mais comme tu es noir
Mmm, Mmm, vieux frère, va-t-en, va-t-en. »
Big Bill Broonzy
(extrait du blues *Black, Brown and White*)

Le blues est le chef-d'œuvre obscur du XXe siècle, l'œuvre au noir qu'aucun alchimiste ne peut vraiment décrypter. Cristallisation lente, amalgame secret et fonte bouillante, alliage musical savant et fruste, subtil et tellurique, entre l'art du griot africain et le répertoire blanc européen. Cris des cueilleurs de coton et gavottes françaises, appels des chantiers et berceuses allemandes, chants de labeur et ballades irlandaises, mélopées de douleur et polkas lointaines, tout un brassage d'influences, toute une combustion de matières musicales, une décoction de comptines mélancoliques, de terre sanglante, de valses entraînantes et d'amours impossibles, d'hymnes sacrées, de mémoire bafouée, de quadrilles légers, de misère et de solitude. La transmutation des sons blancs et noirs en or bleu. Un mystère.

Les faux frères

Un des phénomènes les plus symboliques et les plus aberrants de la condition noire aux États-Unis est l'apparition des *minstrels* shows,* qui déferlent dans tout le pays au début du XIXe siècle. En 1827, un chanteur blanc du nom de George Washington Dixon se maquille en noir et se donne en spectacle sous les traits d'un esclave du Sud, imitant vulgairement les chants des plantations. Cette formule qui se prétend humoristique connaît aussitôt un vif succès auprès du public blanc. L'année suivante, Thomas « Daddy » Rice, un autre Blanc, propose une chanson baptisée *Jim Crow* où il donne une peinture grossière et caricaturale d'un garçon d'écurie noir et boiteux. Ce morceau cynique et sinistrement célèbre garde encore aujourd'hui tout son sens, comme l'expression « Jim Crow » reste synonyme de « raciste ». En 1843, les musiciens blancs de la troupe des Virginia Minstrels se barbouillent le visage de cirage noir, reproduisent une version grotesque et abâtardie de la musique noire et rencontrent la faveur du public new-yorkais. Apparaît bientôt une multitude de spectacles dont la mise en scène est invariablement identique. Les comédiens et les musiciens blancs se griment de façon outrageuse, utilisent abondamment peinture noire, bouchon brûlé et rouge à lèvres épais, roulent exagérément les yeux, emploient des expressions simplettes et maladroites, prennent des attitudes de paresse et de naïveté burlesque et manient la dérision paternaliste avec une férocité condescendante et soi-disant comique : os primitifs, tambourins rudimentaires, décors exotiques, sketches balourds, danses approximatives et musiques maladroites. Jusque vers le Sud, ou plus loin encore vers l'Ouest californien, les *minstrels shows,* que l'on appelle aussi « chanteurs éthiopiens », remportent des triomphes et donnent naissance à un phénomène encore plus extravagant et pervers. Pour accéder au monde du spectacle et gagner leur accession à la reconnaissance publique, les musiciens noirs sont contraints à leur tour de se peinturlurer à la manière des minstrels blancs, mettant ainsi en scène la caricature de leur propre culture. Cependant, leur arrivée a des effets insidieux. Les *minstrels shows* composés d'interprètes de couleur présentent un programme d'une qualité musicale supérieure, les instrumentistes sont souvent virtuoses, les chanteurs authentiques et les plans scéniques ne jouent pas sur le même registre de l'humour. Les anecdotes et les blagues qui ponctuent l'attraction font plus appel à un comique de situation, sans tomber forcément dans l'autodérision systématique attendue par les auditeurs blancs.

Le constat est cruel. Il faudra une fois de plus que la population noire subisse toutes les humiliations et les outrages. Cette situation absurde et affligeante se représentera bien plus tard, en 1927, lorsque l'acteur Al Jolson utilisera le même procédé de maquillage et d'imitation vulgaire, orchestré par l'industrie d'Hollywood à l'occasion du premier film parlant du cinéma : *The Jazz Singer.* L'histoire est un perpétuel et impitoyable recommencement.

Les cordes sensibles

Lors des bals, des fêtes privées, des pique-niques, des manifestations locales et autres festivités, les maîtres des plantations ont coutume d'utiliser les talents de musiciens de certains esclaves. Au XIXe siècle, les morceaux en vogue sont d'une grande variété : quadrilles, polkas, airs d'opérette, chansons des *minstrels*, ballades, etc. Les Noirs utilisent principalement des instruments à cordes occidentaux (souvent reconstitués avec les moyens du bord) pour interpréter le répertoire blanc : violon, mandoline, guitare, quelquefois le violoncelle et la contrebasse, et surtout le banjo, instrument hybride dont l'ancêtre africain s'appelait le *bania* ou *banjar.* Les réceptions sont ainsi animées par des *string bands* (orchestres à cordes) où les musiciens, endimanchés pour la circonstance, jouent pour satisfaire le désir d'exotisme des propriétaires blancs. Au cours de ces fêtes campagnardes, les Noirs ridiculisent souvent à leur insu la chorégraphie affectée des Blancs en exagérant les mouvements et en exécutant des figures naturellement syncopées, déhanchées et audacieuses. Ainsi naît le *cake walk* (nom donné en raison du gâteau qui était remis au couple le plus performant, à la fin du bal), une danse dont la vogue dépassera rapidement le cadre limité des plantations, pour se répandre dans les grandes cités de la côte Est, jusque dans les soirées mondaines des classes élevées. Une fois de plus, l'infiltration des traditions noires est inexorable, l'héritage africain ancestral ressurgit de façon sourde mais irrépressible dans des danses occidentales que la société blanche perpétue à l'aide d'orchestres à cordes de fortune dont la pulsation et la chaleur démonstrative sont déjà fort éloignées de la vieille Europe.

Sur la route

Vers 1860, à la veille de la guerre de Sécession, près de quatre millions et demi de Noirs résident sur le sol américain. Plus de 30 % de cette population d'esclaves se trouvent dans les États du Sud. Après les terribles combats qui ravagent le pays entre 1861 et 1865, la capitulation du Sud et l'occupation des troupes nordistes entraînent un démantèlement des vastes exploitations. Mais les généreuses promesses des *yankees* ne se concrétisent pas pour tous ces Noirs désormais émancipés qui attendent les « 40 acres et la mule pour chaque esclave » dont les politiciens parlaient pendant les hostilités. La plupart du temps, l'accession à la propriété reste un rêve inabordable pour les anciens esclaves. Leur condition s'améliore peu. Certes, ils sont affranchis mais ils restent désemparés et, sans aucune ressource, ils ne peuvent racheter la terre que leur proposent des spéculateurs et fraudeurs venus du Nord. S'ils sont libérés, les Noirs ne sont pas libres pour autant.

Lorsque les troupes *yankees* mettent fin à leur tentative de reconstruction du Sud et évacuent le dernier État occupé (Louisiane), les anciens esclaves se retrouvent à la merci de l'esprit revanchard des petits Blancs sudistes. Le Ku Klux Klan agit dans l'ombre, s'acharne avec violence sur ces nouveaux « sous-citoyens » et fait régner la terreur. En 1871, 297 Noirs sont lynchés en un seul mois à La Nouvelle-Orléans, 200 autres sont assassinés en une semaine de 1874 dans le Mississippi, 832 sont pendus en 1883 dans le comté de Tallahatchie et plus de 1 100 de leurs frères périront entre 1900 et 1914 dans le sud des États-Unis.

Des lois ségrégationnistes s'installent et séparent les races dans les lieux publics (écoles, salles de spectacles et de danse, hôpitaux, églises, transports). Les droits politiques des Noirs sont effacés d'un trait de plume et totalement niés dans les États du Sud. De plus, la crise économique des années 1890 ne fait qu'aggraver leur condition et leur insertion sociale n'est plus qu'une vague utopie. Beaucoup d'entre eux partiront dans un exode massif vers le mirage industriel des grandes villes du Nord et de l'Est où ils connaîtront le chômage et la promiscuité miséreuse des ghettos. Méprisés, écrasés, rejetés par les Blancs, ils développent parallèlement à leur vie religieuse intense une culture profane originale, engendrée dans l'isolement et l'exclusion.

Dans ces circonstances historiques, naîtra le blues. Chant d'errance douloureuse, colporté par des musiciens itinérants, des pianistes de tripots clandestins ou des guitaristes vagabonds, des fermiers solitaires criant des *hollers* au milieu des champs, des détenus croupissant dans les pénitenciers, des forçats de *chain gangs* (groupes enchaînés) entonnant leur peine sur les chantiers, des ouvriers de voies ferrées scandant leurs efforts à coups de marteau, des travailleurs forestiers et des bateliers rongés par la misère. Quel que soit l'environnement, les lamentations des *songsters* (chanteurs de blues) répondent toujours en écho à l'art du griot africain.

Plusieurs sortes de bleu

Il est généralement convenu de traduire le terme *blues* par « cafard », « spleen » ou « déprime ». L'équivalence reste cependant très approximative. Si, effectivement, « avoir le blues » signifie « avoir le bourdon », il est difficile de restituer toute la palette des sentiments exprimés et des sujets abordés : amour déçu ou trahi, insinuations érotiques ou paillardes, misère sexuelle, alcoolisme, maladies, problèmes économiques, fatigue du labeur ou manque de travail, mauvaise humeur d'un patron, jolie fille entr'aperçue, souvenirs pénibles, pertes au jeu, rencontres de hasard, magie, dénonciations raciales et relations d'événements quotidiens, mais aussi incantations au blues lui-même, telles ces paroles de Little Brother Montgomery dans un titre célèbre : *First Time I Met the Blues.*

« La première fois que j'ai rencontré le blues, il marchait à travers les bois/ Il frappa à ma porte et me fit le plus de mal qu'il pût/ Maintenant, le blues m'en veut et me poursuit d'arbre en arbre/ Tu aurais dû m'entendre implorer : “M. Blues, ne m'assassine pas”/ Bonjour, M. Blues, que fais-tu ici si tôt ?/ Tu es avec moi dès le matin, mais aussi chaque nuit et chaque après-midi. »

Le blues devient souvent un sentiment obsédant qui accompagne le chanteur sur son chemin, un compagnon de mélancolie que l'on transporte avec soi comme un fardeau. Si l'on voulait rendre toute la dimension poétique et dramatique de cette musique, « avoir le blues » ce pourrait être « avoir des bleus à l'âme », à force de coups et d'humiliations.

Sans verser dans des explications trop techniques, le blues a généralement une structure de douze mesures découpée en une séquence harmonique de type AAB, répartie en trois phrases de quatre mesures et organisée le plus souvent autour de trois accords (tonique, sous-dominante, dominante). L'introduction de *blue notes** (notes bleues) donne au blues un climat émotionnel particulier, empreint d'une mélancolie troublante. Les troisièmes et septièmes degrés de la gamme diatonique* sont altérés et cette hésitation de la gamme entre mode* majeur et mode mineur n'est pas sans rappeler les gammes pentatoniques africaines. L'intonation mélodique s'en trouve ainsi infléchie.

Le blues s'est déplacé le long des routes, des fleuves et des rails de chemin de fer. Son histoire est lente, se développe peu à peu, s'installe ici pour mieux ressurgir là-bas. Une histoire où il faut toujours tenir compte de la géographie. Les mouvements migratoires des Noirs, le plus souvent à partir des zones rurales du Sud en direction des villes de l'Est et du Nord, créent des styles musicaux différents mais conscients d'avoir une identité commune. Né dans le delta du Mississippi, le blues s'est propagé sur le territoire américain et s'est développé avec le siècle dans une multitude de courants dont les frontières sont parfois floues. Si ce phénomène de stratification stylistique ou de superposition en couches successives nous amène souvent à présenter des classifications simplificatrices, il ne faut cependant jamais oublier que le blues est une musique de solitaires. La personnalité de chaque artiste jouera donc un rôle essentiel dans l'évolution d'un style issu d'un terroir déterminé et d'un environnement économique et social particulier. La dimension humaine, les échanges, la communication et l'entraide, les facultés de renouvellement ont toujours raison des découpages stylistiques trop codifiés.

Les classic blues singers

Avant d'aborder les sources mêmes du blues, il faut mentionner une période brève mais fondamentale de cette musique, animée par des chanteuses de talent qui ont ouvert la voie de l'enregistrement. Souvent issues de milieux populaires noirs ou du monde des cabarets, imprégnées parfois de blues rural authentique, elles développent néanmoins leur art dans le contexte maniéré des vaudevilles, des spectacles itinérants et des music-halls.

À la fin de la Première Guerre mondiale, l'industrie discographique connaît un essor rapide et développe bientôt les *race records*, productions exclusivement consacrées à la musique négro-américaine et destinées aux publics noirs du Sud et des grandes villes. La popularité des chanteuses de music-hall interprétant des blues devient impressionnante et leur train de vie est aussi fastueux et agité qu'éphémère et meurtri. Elles sont généralement accompagnées par des orchestres composés de cuivres et d'une section* rythmique avec piano, contrebasse, guitare ou banjo. Une formule plus apte à séduire des auditeurs citadins habitués à fréquenter les théâtres et les salles de spectacle. Parmi ces chanteuses de blues dites classiques, il faut citer bien entendu Mamie Smith, qui a gravé le premier disque de l'histoire du blues, mais aussi la brillante Ma Rainey et l'inégalable Bessie Smith, sans oublier de mentionner les noms d'Ethel Waters, Alberta Hunter, Victoria Spivey, Ida Cox, Edith Wilson, Rosa Henderson, Clara Smith, Sippie Wallace et Lucille Hegamin.

Mamie Smith : la première galette

Née à Cincinnati en 1883, elle se produit dès l'âge de dix ans dans des troupes de danse et participe à vingt-neuf ans aux tournées de la revue « The Smart Set ». Arrivée à Harlem en 1913 avec son mari William Smith, elle chante dans de nombreux clubs et participe à la revue « Made in Harlem ». Le 10 août 1920, elle enregistre *Crazy Blues* pour la marque Okeh et, sous la direction musicale de Perry Bradford (p, voc, comp), Mamie Smith entre de plain-pied dans la légende en proposant au public le tout premier disque de blues. Il se vendra à 75 000 exemplaires en une semaine et atteindra le seuil du million en à peine six mois. Elle chante ensuite dans diverses tournées et est accompagnée par Buster Bailey (cl, s), Coleman Hawkins (s), Joe Smith (tp), Johnny Dunn (tp), Bubber Miley (cnt), mais aussi par le Harlem Trio composé de Sidney Bechet (cl), Clarence Williams (p) et Buddy Christian (banjo, g), ainsi que les orchestres de Fats Pichon (p) et Andy Kirk (s, b). Elle monte aussi la formation des Beale Street Boys en 1936 et participe à quelques films dans les années 40. Gravement malade, flouée par son manager et financièrement démunie, la première grande vedette du disque meurt le 30 octobre 1946 dans une chambre meublée de Harlem.

Ma Rainey : la mère du blues

Cette femme d'apparence gaillarde et au franc-parler dévastateur, grande consommatrice d'hommes et d'alcool, est originaire de Géorgie où elle est née le 26 avril 1886 sous le nom de Gertrude Pridgett. Ses précoces dispositions au chant et son goût naturel pour le spectacle la conduisent sur les planches des *minstrels shows,* et parfois sur des pistes de cirque, dès l'âge de quatorze ans. Dès 1915, elle participe à des tournées avec les Florida Cotton Blossoms, le Musical Extravaganza et une jeune débutante prometteuse, Bessie Smith. Puis Ma Rainey fonde sa propre formation au début des années 20 : le Georgia Jazz Band. Sa réputation s'accroît essentiellement dans le Sud où son timbre de voix austère, ses gémissements rugueux et la pureté de son *feeling** sont unanimement appréciés. Elle grave une magnifique série de disques pour Paramount entre 1923 et 1928 et elle choisit toujours avec pertinence ses compagnons de studio parmi lesquels on retrouve : Lovie Austin, Tommy Ladnier en 1923, Louis Armstrong en 1925, les solistes de Fletcher Henderson en 1926, ainsi que Tampa Red et Tom Dorsey en 1928. Après avoir vécu intensément sa vie d'artiste et de femme, celle que l'on surnomme « The Mother of The Blues » reste suffisamment prudente et avisée pour se retirer de la scène en

1935 et gérer ses deux théâtres en Géorgie, avant de s'éteindre le 22 décembre 1939.

Bessie Smith : l'impératrice

L'enseignement de Ma Rainey fut certainement décisif et fructueux pour la jeune Bessie Smith lors des *minstrels shows* auxquels elle participa pendant ses années de formation. Née le 15 avril 1898 à Chattanooga dans une famille pauvre du Tennessee et orpheline à huit ans, elle débute sa carrière de chanteuse dans les rues avant de se produire dans le théâtre local. Elle se joint au circuit de la TOBA (Theatre Owners Booking Association) où, durant de longues et harassantes tournées, elle s'octroie les faveurs du public du sud et de l'est des États-Unis. Baptisée « Impératrice du Blues » par ses nombreux admirateurs, elle enregistre à partir de 1923, à New York, pour la firme Columbia. Fabuleuses séances d'enregistrement où se mêlent les meilleurs instrumentistes de l'époque : Louis Armstrong (tp), Joe Smith (cnt), Tommy Ladnier (tp), Fletcher Henderson (p), Clarence Williams (p), James P. Johnson (p), Charlie Green (tb), Buster Bailey (cl,s), Don Redman (cl,s) ou… Benny Goodman (cl). Ces faces historiques gravées dans l'urgence donnent à entendre un blues souplement balancé, poignant et enjôleur, acide et voluptueux à la fois, à l'image même de son interprète. Bessie Smith n'hésite pas à chanter des textes réalistes, crus et rageurs, où sont dépeintes avec force les misères de l'existence, les souffrances amoureuses, les catastrophes climatiques et les ivresses de la boisson. Cette femme élégante et d'une beauté épanouie, au caractère emporté et à la vie sentimentale houleuse, éprise de liberté et volontiers bagarreuse, connaîtra un déclin prématuré après la Grande Crise. Un divorce tumultueux et l'abus d'alcool contribuent davantage à plonger dans l'oubli cette impératrice que nulle n'a pu détrôner. Malgré de splendides séances d'enregistrement produites par John Hammond en 1933, elle ne parvient pas à refaire surface. Bessie Smith est alors contrainte de chanter dans des spectacles qui ne méritent pas la présence d'un tel génie vocal. Elle finit ses jours en nomade du blues et meurt le 26 septembre 1937 dans des circonstances troubles. Transportée dans un hôpital réservé aux Blancs à la suite d'un accident de la route qui lui a presque sectionné le bras, elle succombe à une hémorragie. Selon des témoignages concordants, Bessie Smith a été victime de la ségrégation, abandonnée à son sort sans avoir été soignée.

Ils furent nombreux à pleurer sa disparition. Le clarinettiste Mezz Mezzrow, dans sa poignante autobiographie *La Rage de vivre,* raconte sa douleur : « Pour moi et pour un tas d'autres types, elle était à la fois une mère, une sœur, une amie et une amante. C'est elle qui nous avait appris à peu près tout ce que nous savions et qui nous donnait le courage de rester fidèles à notre musique. Et ils l'avaient reprise et assassinée, là-bas, dans le Sud, assassinée froidement parce que, comme elle le chantait, elle n'était pas claire de peau, mais plutôt brune, et plus femme que ne pouvaient l'admettre tous ces empafés de Blancs menés par Jim Crow. »

Le blues du Delta

Le berceau du blues se situe dans une vaste région où la population noire a terriblement souffert dans des exploitations agricoles souvent isolées et dans des conditions de subsistance pénibles. Le delta du fleuve Mississippi s'étend sur un immense territoire comprenant plusieurs états : le Mississippi, l'Arkansas, le sud du Tennessee, l'Alabama et une partie de la Louisiane.

Essentiellement acoustique, le blues du Delta se caractérise par un chant âpre et serré, lancinant et récitatif, des riffs répétitifs, un rythme tourmenté et obsédant, dont l'expression déchirante est renforcée par l'usage du bottle neck* sur les cordes de la guitare. On peut observer dans ce type de blues quelques traces estompées de la musique africaine, conservées et cultivées en circuit fermé par des musiciens du terroir (guitaristes, violonistes, harmonicistes) qui vivent au contact d'un public constitué d'ouvriers agricoles et qui devront attendre l'année 1925 avant de réaliser leurs premiers disques, faisant ainsi concurrence aux ventes des *classic blues singers.*

Charley Patton (1887?-1934)

Reconnu comme le père fondateur du Delta blues, ce fils d'ancien esclave commence à jouer très jeune dans des pique-niques et des fêtes campagnardes pour gagner quelques sous. Malgré le flou qui entoure la date exacte de sa naissance, on sait qu'il subit l'influence de Henry Sloan, un obscur musicien qui lui apprend les formes archaïques du blues et avec qui il parcourt le pays, écumant toutes les tavernes et les *parties* entre 1921 et 1929. Il a passé la quarantaine lorsqu'il enregistre son premier disque. Il laissera le témoignage de son jeu de guitare véhément et heurté, de sa voix grave et chaude et de son répertoire éclectique, oscillant entre blues, ragtime* et ballades* traditionnelles, sur plus de soixante faces. Il se produira dans le Mississippi jusqu'à l'année de sa mort survenue dans la petite ville de Holly Ridge. Son authenticité musicale, la rudesse de sa technique et les inflexions gémissantes de son chant influenceront plusieurs générations d'interprètes.

Tommy Johnson (1896-1956)

Peut-être le bluesman le plus archétypique du Delta. Une voix tragique et haletante à l'extrême, qui fait constamment appel à la technique du *falsetto,* admirablement combinée à des parties de guitare syncopées, riches en lignes de basse. Ses compositions font désormais partie du patrimoine commun de tous les musiciens de blues. Après avoir connu la prison et l'alcoolisme, Tommy Johnson meurt dans l'anonymat et la pauvreté.

Son House (1902-1988)

Cet enfant du Delta ne commence à s'intéresser au blues qu'en 1926. Avec Willie Wilson, il étudie la technique du bottle neck dont il sera un des meilleurs spécialistes. Sa voix puissante et torturée, ses glissandos rageurs lui confèrent une place à part dans la musique du Delta. Il est le maître avoué de Muddy Waters et Robert Johnson. Il grave peu de disques dans les années 30, mais sa discographie s'accroît considérablement lorsque la Library of Congress le redécouvre, lui permettant ainsi d'enregistrer quelques chefs-d'œuvre et de bénéficier d'une seconde carrière inespérée avant de prendre sa retraite musicale.

Skip James (1902-1969)

Originaire de Bentonia, ce musicien a donné naissance à un style très singu lier. Après avoir joué du piano, il s'oriente vers la guitare qu'il accorde en mineur pour obtenir des teintes sonores très originales. La curiosité de sa voix haut perchée et un peu étranglée, la morosité de son répertoire et la retenue de son interprétation font de Skip James un des personnages les plus attachants du blues.

Big Joe Williams (1903-1982)

Cet incessant voyageur a inventé une surprenante guitare à neuf cordes lui permettant de doubler les basses. Big Joe Williams n'a cessé de parcourir le pays comme un infatigable troubadour du blues. Bars, tripots, chantiers, fêtes champêtres ont été ses théâtres de prédilection, ce qui ne l'a pas empêché d'enregistrer un nombre impressionnant de disques, parmi lesquels le thème *Baby Please Don't Go* est devenu un classique.

Bukka White (1909-1977)

Après être tombé dans l'oubli, cet interprète a lui aussi été exhumé dans les années 60. Célébré tardivement, il a néanmoins pu divulguer quelques thèmes émouvants, inspirés par ses expériences de la prison et de l'errance.

Robert Johnson (1914-1938)

Personnage historique du Delta, il a vécu trop peu de temps pour laisser derrière lui une discographie révélatrice de toutes ses possibilités. *Sweet Home Chicago, Love in Vain, Crossroad Blues, Rambli'on My Mind...* et bien d'autres titres chargés de poésie seront repris plus tard par des artistes de folk ou de rock tels Bob Dylan, Jimi Hendrix et les Rolling Stones. La richesse et la complexité de son jeu de guitare, marqué par la présence permanente d'une basse roulante, sont la préfiguration du blues électrique de l'après-guerre.

Howlin'Wolf (1910-1976)

Chester Burnett, que l'on connaît plutôt sous le nom de « loup hurlant », a puisé ses sources dans le répertoire de Charley Patton et de Tommy Johnson. Toujours à la limite de la saturation et de la discordance, il électrifie l'esprit du Delta avec une violence inouïe, jusqu'au paroxysme sonore. Installé à Chicago en 1952, il ne renie pas pour autant ses premières influences du Mississippi. Ce chanteur extraverti, agressif et félin, parfois menaçant, mérite amplement son surnom.

Elmore James (1910-1963)

Définitivement marqué par sa rencontre avec Robert Johnson, ce disciple inspiré et spécialiste du bottle neck connaît la célébrité en réutilisant les thèmes de son maître sous une forme électrique particulièrement accrocheuse. Partagé entre sa région natale, Memphis, New York et Chicago, cet homme à la santé chancelante, aussi timide dans la vie qu'il peut être sauvage sur scène, a influencé de nombreux musiciens sans vraiment chercher à faire école.

Le blues du Sud-Est

Moins fruste, dramatique et tendu que dans le Delta, le blues de la côte s'est développé dans la région des Appalaches qui comprend la Caroline, la Virginie, le Kentucky, l'est du Tennessee et la Géorgie. L'histoire de cette zone géographique est plus clémente pour les Noirs, les avatars du racisme et de la ségrégation y sont moins présents et moins durs que dans le Sud profond. Cette situation particulière, sans être toutefois exempte de problèmes raciaux, donne un répertoire musical dominé par deux caractéristiques déterminantes. Premièrement, le blues est joué avec davantage de décontraction, de légèreté et parfois de virtuosité, alors que les structures harmoniques ne changent pas de forme. Deuxièmement, les musiciens noirs et blancs partagent souvent un même répertoire issu du blues et du country qui se développe naturellement dans le registre de ballades mélancoliques où le thème dominant est toujours l'expression de l'amour déçu. L'originalité du style *ragtime guitar* contribue également à la spécificité régionale de ce blues nonchalant et souple, marqué par la présence de plusieurs instrumentistes aveugles.

Blind Blake (1890?-1935)

Malgré une voix bien placée et des thèmes solides, on retient surtout de ce précurseur de la guitare ragtime, une magnifique virtuosité instrumentale due à un jeu de main droite exceptionnel. Ses enregistrements réalisés entre 1926 et 1932 sont encore des références majeures pour la plupart des guitaristes.

Blind Willie McTell (1898-1959)

Ce musicien aveugle et solitaire, spécialiste de la guitare à douze cordes, a arpenté les rues, les marchés et les lieux publics de la ville d'Atlanta dont il s'est fort peu éloigné, pour mieux prêcher sa passion du blues. Les nombreux disques gravés entre 1927 et 1956 prouvent que sa dextérité sur douze cordes reste encore aujourd'hui un modèle du genre.

Blind Gary Davis (1896-1972)

Atteint de cécité à la suite d'un accident, ce guitariste marqué par la religion a fait rayonner un blues fervent et incantatoire dans les rues sombres de New York. Guitare flamboyante, déclamations fougueuses, le révérend Gary Davis a incarné la lutte pour les droits civiques des Noirs.

Blind Boy Fuller (1903-1940)

Son influence est très importante sur la côte est, et notamment en Virginie et en Caroline. Infatigable voyageur, il a traîné avec lui un blues plein d'humour et de cocasseries, joué avec simplicité et efficacité en accentuant fortement les basses.

Josh White (1908-1969)

Issu du gospel et excellent technicien de la guitare ragtime, il a réalisé ses meilleurs disques essentiellement entre 1932 et 1936. Après la Seconde Guerre mondiale, il édulcore quelque peu son répertoire et devient une vedette très populaire de la scène new-yorkaise.

Blind Sonny Terry (1901-1986)

Autre musicien aveugle profondément ancré dans la tradition des Appalaches. Chanteur et harmoniciste, il fait le pont entre la musique blanche et la musique noire de la côte est. Après avoir accompagné Blind Gary Davis et Blind Boy Fuller, il crée un duo qui deviendra extrêmement réputé, en associant sa voix éraillée à celle, beaucoup plus douce, de Brownie Mac Ghee. Les duettistes enregistreront énormément mais de façon inégale, privilégiant parfois la quantité à la qualité.

Le blues du Texas

Le vaste État du Texas a développé des traditions particulières qui ont influencé également l'Oklahoma, le sud-ouest de l'Arkansas et l'ouest de la Louisiane. Malgré un certain isolement géographique, le Texas est ouvert aux influences hispanisantes du

Mexique, que l'on retrouve dans un jeu de piano ou de guitare richement arpégé et dans la trame rythmique des lignes de basse. Contrairement aux incantations parfois énigmatiques du Delta, les textes sont l'occasion de développer des histoires construites avec imagination et pétries d'un humour souvent caustique.

Au début du XXe siècle, le désastre des récoltes de coton et la crise agricole qui s'ensuit vont contraindre les petits fermiers ou métayers, blancs et noirs confondus, à s'amasser dans les grandes villes pour tenter de subsister. Rapidement, les ghettos de Dallas, Houston, San Antonio voient s'agglutiner toute une population de sous-prolétaires qui transformeront singulièrement le blues rural pratiqué avant l'exode.

Blind Lemon Jefferson (1897 ?-1930)

Figure marquante du blues texan avec plus de quatre-vingts thèmes enregistrés pour Paramount, cet aveugle de naissance s'est forgé une technique de guitare très personnelle et facilement identifiable. Fidèle aux *work songs* et aux spirituals de ses jeunes années, il exprime l'amertume, la misère et la dureté d'une existence ambulante qui l'a conduit dans tous les coins chauds de sa région. Son influence a largement dépassé les frontières du blues et reste encore très présente.

Texas Alexander (1890 ?-1955)

Exclusivement chanteur, il a eu recours à l'accompagnement de nombreux guitaristes : Little Hat Jones, Willie Red, Lowell Fulson, Lightnin'Hopkins, Lonnie Johnson… La plupart d'entre eux ont subi l'influence de sa très forte personnalité. Son chant est proche de certaines formes archaïques du blues, déclamé à l'arraché, fait de répétitions et pétri d'une éloquence sauvage.

Leadbelly (1885-1949)

Un itinéraire extravagant a fait de Huddie Ledbetter, *alias* Leadbelly, l'une des figures les plus mythiques du blues. Condamné aux travaux forcés pendant de nombreuses années, il sort du bagne grâce à l'intervention du musicologue Alan Lomax qui découvre sa voix impressionnante en venant enregistrer des chanteurs de *chain gangs*. Leadbelly se retrouve à New York en 1934, enregistre pour Lomax et chante pour le public intellectuel de Greenwich Village. Une voix puissante et véhémente, une technique de guitare à douze cordes plutôt abrupte et musclée, Leadbelly diffuse un art rudimentaire et coloré qui puise dans un répertoire souvent antérieur à la naissance du blues.

Lightnin'Hopkins (1912-1982)

Après s'être formé au contact de Texas Alexander, il part dans le ghetto noir de Houston où sa popularité deviendra considérable. Guitariste solide, particulièrement inspiré dans les blues lents, profondément marqué par Blind Lemon Jefferson et utilisant l'amplification avec goût, chanteur au grain chaleureux, compositeur aux accents pathétiques teintés d'ironie, Lightnin'Hopkins a bâti une carrière exceptionnelle en régénérant le blues rural sans en trahir l'esprit.

La Nouvelle-Orléans : entre jazz et blues

La situation géographique du port cosmopolite de La Nouvelle-Orléans n'a pas contribué à la fixation d'un style de blues particulier. Les vagues de migrants noirs qui ont fui leur campagne ont souvent été englouties dans un brassage culturel hétéroclite où se mêle tout un flot bouillonnant de musiques d'influences françaises, espagnoles, caribéennes ou anglo-saxonnes. De plus, le trafic économique et l'essor du commerce portuaire ont contribué au développement social de certaines communautés noires. Si le blues rural ne survit pas dans un tel contexte, les musiciens de La Nouvelle-Orléans ont su en revanche l'accueillir et en digérer les composantes pour donner plus tard naissance à ce qu'il convient d'appeler le jazz. Cependant, un personnage étonnant de La Nouvelle-Orléans a réussi à tendre un fil entre ces deux genres issus pourtant de la même culture.

Lonnie Johnson (1889?-1970)

Né dans une famille de musiciens, Alonzo Johnson apprend le violon et la guitare, puis participe très tôt à l'orchestre de son père, avec son frère James. Entre 1917 et 1919, il se retrouve à Londres pour jouer dans une revue. De retour à La Nouvelle-Orléans, il apprend qu'une épidémie de grippe a frappé la ville et que toute sa famille est morte. En 1921, il va travailler comme violoniste dans des orchestres locaux de Saint Louis. Après avoir abandonné quelque temps la musique pour un emploi d'ouvrier dans une fonderie, il remporte un concours organisé par la maison de disques Okeh. Devenu un des musiciens attitrés de la firme, il enregistre avec Louis Armstrong, Duke Ellington, Eddie Lang, Victoria Spivey, Johnny Dodds… Dans les années 40, il se fait surtout remarquer comme chanteur soliste et s'accompagne lui-même à la guitare. Sa maîtrise instrumentale est superbe : volubilité des solos joués note à note avec médiator, sonorité sophistiquée, phrasé* fluide et agrémenté de *blue notes*. Son titre *Tomorrow Night* remporte un énorme succès en 1948, mais les années 50 le laisseront échoué dans un emploi aux cuisines d'un hôtel de Philadelphie. On devra sa résurgence à l'American Folk Blues Festival en 1963, qui lui permet de reprendre la route et de renouer avec le public. Il s'installe ensuite à Toronto en 1965 et meurt des suites d'un accident de la circulation, quelques mois après avoir donné son dernier concert au Massey Hall. Jazz ou blues urbain, le rôle de Lonnie Johnson dans l'évolution de la guitare moderne est fondamental. Pionnier de l'électrification et précurseur dans la fonction soliste de l'instrument, il a marqué des hommes aussi importants que Charlie Christian, T. Bone Walker ou B. B. King, qui ont reconnu en lui une influence incontestable.

Le blues de Memphis

Capitale du coton et point convergent des États du Sud, Memphis doit sa forte population noire à sa situation particulière sur le Mississippi. Le fleuve constitue un axe de circulation naturel pour tous les anciens esclaves qui échappent à la misère des plantations. Le quartier noir installé autour des docks offre une variété de lieux de plaisir à tous ceux qui ont gagné quelques dollars en déchargeant ou en vendant le coton : salles de jeux, bars, clubs, dancings et maisons closes. Memphis est la ville où il est possible de trouver du travail et des distractions, autant pour les employés du port que pour les ouvriers agricoles qui s'y rendent à l'occasion. Ainsi, le Delta blues se trouve transformé par un climat sociologique bien spécifique. Préoccupations citadines, goût prononcé pour la danse et les divertissements vont profondément transformer le blues rural.

À Memphis se développe une formule orchestrale originale : le *jug-band*. Orchestre à cordes (guitare, violon, mandoline, banjo et contrebasse) auquel s'adjoint le *jug*, un cruchon vide dans lequel on souffle tout en fredonnant. L'utilisation de cet instrument archaïque donne un son d'ensemble très particulier, souvent renforcé par la présence d'un *kazoo* (mirliton). Ainsi le blues orchestral de Memphis, entièrement voué à la danse et aux réjouissances, régularise peu à peu les cadences rythmiques et discipline les mélodies, contrairement aux musiciens solistes des campagnes dont les structures sont plus libres et mouvantes. Parmi de nombreuses formations, se détache le Memphis Jug Band dirigé par Will Shade (1894-1966), qui a enregistré abondamment entre 1927 et 1934 et reste l'un des meilleurs exemples de ce style.

W.C. Handy (1873-1958)

L'essentiel des activités musicales de ce cornettiste futé et un tantinet roublard n'est autre que la diffusion et la publication de chants noirs traditionnels déposés sous son propre nom dans sa propre maison d'édition. Ce qui lui vaut la réputation usurpée d'être l'auteur de thèmes classiques comme *Saint Louis Blues*, *Memphis Blues* ou *Beale Street Blues*... Il joue cependant avec Jelly Roll Morton (1926), Clarence Davis (1932) et Billy Butler (1936). Il a aussi le mérite d'avoir animé la première émission de radio à destination du public noir et d'avoir organisé de nombreux concerts représentant tout l'éclectisme de la musique négro-américaine.

Frank Stokes (1887-1955)

Considéré, peut-être exagérément, comme le créateur du Memphis blues, ce guitariste et compositeur aussi talentueux que prolifique a emprunté aux *work songs* et aux spirituals pour créer une musique caractéristique de sa ville. Il a beaucoup travaillé avec le guitariste Dan Sane et, ensemble, ils ont enregistré une trentaine de faces sous le nom de groupe « Beale Street Sheiks ».

Furry Lewis (1893-1981)

Avant tout, un spécialiste du bottle neck qui excelle dans l'association des effets légers et aériens du *slide** avec un battement rythmique appuyé très régulièrement. Sa grande expérience des *medicine shows* où, durant de longues années, il a joué sur une estrade entre deux camelots vantant des potions miraculeuses, lui donne tous les atouts d'un homme de scène.

Memphis Minnie (1896-1973)

À partir des années 30, Lizzie Douglas dite Memphis Minnie a bâti sa carrière de chanteuse-guitariste à Chicago, mais c'est dans le creuset de Memphis qu'elle a puisé tout son art. Disciple de Frank Stokes puis de Lonnie Johnson, elle a eu un rôle capital dans les échanges musicaux entre le blues de Memphis et celui de Chicago. En outre, elle a énormément enregistré entre 1929 et 1954.

Sleepy John Estes (1904-1977)

Le créateur du Brownsville blues, du nom d'un faubourg de Memphis, se situe en marge du blues pratiqué dans sa ville. Son jeu de guitare est rudimentaire mais les sanglots plaintifs de sa voix s'unissent à merveille avec l'harmonica gémissant de son ami Hammie Nixon. Musicien légendaire, Sleepy John Estes a maintenu ce duo pendant plus de trente ans, obtenant un succès international retentissant.

Le blues de Saint Louis

Ville charnière entre le Sud et le Nord, stratégiquement implantée au confluent du Mississippi et du Missouri, carrefour actif de routes et de voies ferrées, Saint Louis est le siège d'une activité musicale fébrile. Un blues exclusivement urbain, totalement coupé de ses racines campagnardes, s'y développe dans les cabarets de la chaude Morgan Street et dans des quartiers noirs défavorisés dont celui d'East Saint Louis, théâtre de sanglantes émeutes raciales : en 1917, une quarantaine de Noirs périssent lors d'affrontements à la suite d'un conflit social. Subsisteront une sourde haine raciale et une tension hostile entre Blancs et Noirs, toujours en éveil malgré la promiscuité et le côté volontiers débonnaire des quartiers de plaisir. La scène locale du blues est particulièremebnt vivante dans les boîtes de nuit, tripots, maisons de plaisirs où se côtoient musiciens noirs issus de milieux déshérités, filles de joie déclassées, buveurs invétérés et clients blancs encanaillés. Le piano s'impose vite comme l'instrument-phare du Saint Louis blues grâce à la commodité de son volume sonore. Par conséquent, la guitare ne tiendra pas son rôle prépondérant d'accompagnement et servira surtout à tracer des lignes mélodiques sous forme de riffs ou de chorus* aventureux. La tradition du blues s'en trouve modifiée. De plus, le pont est déjà jeté vers la prochaine étape de l'évolution musicale puisque la plupart des bluesmen vont émigrer vers le Nord pour graver leurs disques. Saint Louis ne possède pas de structure d'enregistrement et les artistes, qu'ils soient migrants incertains ou sédentaires établis, n'hésitent pas à franchir le pas qui les sépare de Chicago, la grande métropole industrielle de l'Illinois.

Roosevelt Sykes (1906-1983)

Son jeu de piano où dominent les roulements de basse continue est symbolique du Saint Louis blues. Installé dans cette ville en 1928, il se fait rapidement connaître en animant les chantiers forains de sa voix tonitruante et gouailleuse. Après avoir joué avec Lonnie Johnson et participé à de nombreuses séances, il s'installe à Chicago où plusieurs disciples suivront sa voie, notamment Memphis Slim, qui contribue à le divulguer. Il finit ses jours à La Nouvelle-Orléans sans avoir jamais cessé de travailler.

Leroy Carr (1905-1935)

Ce pianiste originaire de Nashville forme un duo avec le guitariste Scrapper Blackwell. Les titres enregistrés par les deux compères sont devenus des classiques (*Prison Bound, How Long Blues, Mean Mistreater Mama, In the Evening...*). L'existence de Leroy Carr, courte mais rocambolesque, a été semée d'embûches, de succès fulgurants et de déceptions amères. La détresse de sa voix, la simplicité de son jeu de piano et la complicité fraternelle des cordes de Blackwell témoignent de l'époque faste des pionniers de Saint Louis.

Le blues de Chigago

La main-d'œuvre affamée du Sud a rapidement répondu à l'appel des industriels de Chicago. Troisième ville des États-Unis, premier port intérieur sur les rivages du lac Michigan, la *Windy City* (cité des Vents) a pris une place mythologique dans la culture négro-américaine. La perspective d'une embauche, la présence attractive de studios d'enregistrement et une atmosphère raciale un petit peu plus libérale ont conduit une multitude d'artistes noirs jusqu'à Chicago, le terminus de la voie ferrée en provenance du Delta.

De 1920 à 1930, la population noire de Chicago a plus que doublé. Des immigrants pleins d'espoir s'entassent dans des quartiers désastreux et tentent de s'acclimater au froid de la région, au fond de logements sinistres. La nostalgie de la musique du Sud se fera nettement sentir parmi ces hommes et ces femmes déracinés qui constitueront vite un public averti pour tous les musiciens de blues. De plus, l'émergence de bons studios d'enregistrement et de quelques maisons de disques attirera, comme nous l'avons déjà vu, des bluesmen de toutes les régions. Parmi les compagnies spécialisées dans les *race records,* le label Bluebird dirigé par Lester Melrose pour le compte de la firme RCA, proposera, dès les années 30, un catalogue exclusivement consacré au blues. Le rôle de ce producteur blanc, également éditeur de musiciens de jazz dont Jelly Roll Morton et King Oliver, est déterminant. Ces disques répondent à une esthétique commune où les interventions des solistes sont soigneusement calibrées, sans jamais en trahir la lettre, la section rythmique toujours très swinguante avec une section basse-batterie savamment dosée. Le *Bluebird sound* adoucit l'expression du blues sans l'aseptiser, se prête aisément à la danse et mise sur l'efficacité pour faciliter la compréhension immédiate du public. Une légion de très bons bluesmen a travaillé pour le compte de Lester Melrose. Outre ceux que nous avons déjà cités et qui viennent des régions du *Deep South**, il convient d'ajouter aux noms des musiciens de Chicago déclinés plus loin trois noms d'artistes d'envergure, dont le propos de cet ouvrage nous empêche de développer davantage la biographie. Ainsi, le magnifique guitariste Tampa Red (1903-1981), mais encore Washboard Sam (voc, wb, 1910-1966) et Jazz Gillum (voc, hca, 1904-1964).

Une seconde période bouleverse en profondeur le blues de Chicago. Au début des années 40, l'effort de guerre des Américains augmente massivement la production industrielle. Beaucoup de Noirs sont mobilisés dans les forces armées mais vont surtout être utilisés pour grossir la main-d'œuvre des usines militaires. Ils arrivent en masse du Sud et trouvent leur place dans les ghettos insalubres des quartiers Southside et Westside, assemblages de bidonvilles misérables et de bâtiments délabrés, sans commodités, sans hôpitaux ni écoles. Au milieu de cités de béton sordides et de bouges sommaires, les Noirs jouent, dès 1945, un blues rageur, très électrifié, lancinant et déclamatoire, proche du Delta mais endurci par leurs nouvelles conditions de vie et l'utilisation rude de l'amplification. Ce bouleversement musico-sociologique, né une fois de plus dans l'exclusion et l'indigence matérielle, promu par les compagnies indépendantes Chess et Vee-Jay, va donner naissance à l'une des époques les plus fastes du blues, et que les spécialistes considèrent comme « l'âge d'or ».

Big Bill Broonzy (1893-1958)

Vingt et unième enfant d'une famille de paysans, William Lee Conley Broonzy ne tarde pas à animer au banjo et au violon les pique-niques et les fêtes champêtres de son Mississippi natal. Après avoir travaillé comme mineur, il échoue à Chicago et se met à la guitare. Il monte les Famous Hokum Boys avec Tampa Red et Tom Dorsey, fréquente les meilleurs bluesmen de sa génération, enregistre énormément pour divers labels et devient très populaire auprès du public blanc qui voit en lui un gardien de l'héritage folk et des thèmes traditionnels. Sa technique instrumentale est d'une grande richesse, particulièrement brillante dans le style de la guitare ragtime. Sa voix a un grain facilement reconnaissable, tour à tour violente et accablée, tendre et sarcastique, terrienne et urbaine. Après avoir pris ses distances avec le métier en 1950, il devient concierge d'une université, en profite pour apprendre à lire et rédige de savoureux mémoires. On le voit réapparaître vers la fin des années 50 sur quelques scènes européennes.

Sonny Boy Williamson (1904-1948)

Ce musicien venu de l'Arkansas est un des héros du label Bluebird, pour lequel il enregistre dès 1937. Sa technique époustouflante à l'harmonica lui a permis de promouvoir l'instrument au rang le plus haut. Également guitariste et chanteur, cet homme ouvert et convivial, capable d'écrire des paroles sensibles et généreuses, préfigure le Chicago blues électrique d'après-guerre.

Big Maceo (1905-1953)

Sûrement le meilleur pianiste de blues de son époque, Major Merriweather surnommé Big Maceo est aussi un chanteur au timbre chaud. Il a su tirer parti de son extraordinaire main gauche pour faire jaillir des basses ambulantes très puissantes, proches du boogie-woogie*. Ses thèmes *Worried Life Blues* ou *Chicago Breakdown* sont devenus des références pour de nombreux pianistes.

Rice Miller (1901-1965)
Héritier de Sonny Boy Williamson dont il va jusqu'à revendiquer le patronyme, cet harmoniciste a dû beaucoup voyager avant de s'imposer comme un des géants de l'instrument. Animateur d'une émission de radio dans l'Arkansas, avec les guitaristes Robert Jr Lockwood et Robert Nighthawk, il enregistre enfin ses premiers disques dans les années 50, pour Chess à Memphis puis à Chicago. Il accomplit, peu avant sa mort, une tournée européenne retentissante. Ses principaux émules ont pour nom : James Cotton, Sammy Myers, Junior Parker et Sonny Blake.

Muddy Waters (1915-1983)
Le jeune Mac Kinley Morganfield doit son surnom à sa grand-mère, qui en avait assez de le voir se rouler dans les « eaux fangeuses » du fleuve Mississippi. Fortement influencé par Son House et Robert Johnson, il transportera sa guitare jusqu'à Chicago en 1943. Parrainé par Big Bill Broonzy et Sonny Boy Williamson, il se taille un franc succès et devient un héros du ghetto grâce à son électrification du blues rural, qu'il adapte à l'urbanité brutale de Chicago. Dès 1947, il enregistre pour Chess. Sa guitare hurlante ou murmurante sous la pression du bottle neck, sa voix grave et déclamatoire, oscillant entre le parler et le chant, des titres aussi puissants que *Rollin'Stone, Hoochie-Coochie Man, Mannish Boy, Got my Mojo Working* ou *Can't be Satisfied,* lui valent la vénération de tous, y compris des jeunes musiciens de rock blanc qui voient dans ce musicien charismatique, le « père du blues ».

Little Walter (1931-1968)
Révélé dans l'orchestre de Muddy Waters, cet harmoniciste a révolutionné l'instrument par son art subtil d'utiliser toutes les possibilités de l'amplification. Ses longs solos intelligemment mis en forme et véritablement « électrisés » ont fait école et comptent parmi les chefs-d'œuvre du blues.

Willie Dixon (1915-1992)
Chanteur et contrebassiste performant, il s'est avant tout illustré en tant que producteur, compositeur et découvreur de talent. Le Chicago blues d'après-

guerre lui doit des thèmes aussi nombreux qu'efficaces, des séances d'enregistrement mémorables et quelques disques personnels de la meilleure veine.

Jimmy Reed (1925-1976)

Il arrive du Mississippi pendant la guerre et devient assez rapidement une des vedettes les plus célébrées sur tout le territoire américain. Une guitare languide, jouée avec simplicité, une voix traînante et le soutien de partenaires solides tel Eddie Taylor (elg) lui ont permis d'accéder au panthéon du blues, malgré une carrière chaotique, malheureusement ruinée par l'instabilité et l'alcool.

Otis Rush (1935)

Magnifique représentant du climat oppressant et souvent désespéré du Westside, ce guitariste au son électrique très expressif est doué d'une voix émouvante, toute en déclamations et *falsetto.*

Buddy Guy (1936)

Un chant tendu, aux vibrations parfois tragiques, une technique de guitare élaborée, Buddy Guy a su dépasser les frontières du ghetto dans lequel le Westside Sound se maintient, pour s'adapter parfois aux exigences d'un marché plus large.

Magic Sam (1937-1969)

Autre représentant de la tendance Westside, ce guitariste au style pugnace, particulièrement à l'aise sur le mode mineur et les tempos hachés, s'est tu trop tôt pour pouvoir donner sa pleine mesure.

Trois inclassables

Comme nous venons de l'observer, la carrière et l'option stylistique des musiciens sont toujours fonction de l'histoire locale, des coutumes musicales en usage dans une zone géographique déterminée, de l'évolution économique, des avancées technologiques, des progressions ou régressions sociales, des influences de leurs aînés, de leurs expériences personnelles vécues sur le terrain et de leurs propres dispositions au commerce.

Cependant, certains ont des trajectoires singulières et des univers personnels qui ne permettent pas de les rattacher directement à une école précise. Certes, ils ont entendu leurs prédécesseurs, ils ont subi quelques influences lors des années de formation, ils sont également nés dans des régions spécifiques et fortement enracinées, mais leur personnalité, leur goût de la liberté et parfois le hasard leur ont donné une place difficilement repérable dans la saga du blues. Les trois hommes qui suivent sont tout simplement hors norme.

T. Bone Walker (1910-1975)

L'enfance de ce texan né à Linden est l'exemple même de ces trajectoires initiatiques que partagent les messagers du blues. Très jeune il joue dans des *string bands* locaux, puis fait son apprentissage de guitariste dans le sillage de Blind Lemon Jefferson et de Texas Alexander. Au début des années 20, il accompagne Ida Cox et Ma Rainey dans des tournées de vaudeville et de *medecine shows.* À la fin des années 30, il s'installe à Los Angeles et il s'intègre aux grandes formations jazz de Cab Calloway et de Les Hite. Il enregistre avec ce dernier *T. Bone Blues* dont le succès lui permet de s'imposer comme l'un des novateurs du blues et surtout comme l'explorateur de la guitare électrique. Sa fascination pour les expériences de Lonnie Johnson et sa rivalité amicale avec Charlie Christian, l'autre guitariste électrique qui innove dans le jazz, vont pousser T. Bone Walker à affirmer son originalité dans un jeu de scène particulièrement expressif. Entouré de sa propre formation avec section de cuivres, rythmique puissante et piano, T. Bone Walker impose bien au-delà du milieu californien son image de *guitar hero.* Il vend énormément de disques dans les années 40, obtient un succès critique sans précédent et est régulièrement invité à participer à des festivals de jazz. De nombreux guitaristes revendiqueront leur filiation : Pee Wee Crayton, Clarence « Gatemouth » Brown, Lowell Fulson, Johnny « Guitar » Watson, mais aussi B. B. King, Jeff Beck ou Johnny Winter. Son tempo* impeccable, sa mise en place rigoureuse, l'invention de ses compositions, la fluidité sinueuse de ses chorus et sa sonorité chaleureuse, en parfaite adéquation avec l'indolence feutrée de sa voix, ont fait école chez tous les guitaristes du monde entier.

John Lee Hooker (1917-2001)

Originaire de Clarksdale dans le Mississippi, John Lee Hooker est imprégné très tôt de blues et de gospel. Il chante dans des chorales, découvre la guitare à douze ans et croise des personnages légendaires tels Charley Patton ou Blind Lemon Jefferson. Adolescent, il se rend à Memphis, effectue un passage obligé par Beale Street et obtient un emploi de portier. Puis, il reprend la route, occupe divers emplois d'ouvrier, anime des bals avec sa guitare et, en 1943, il s'installe finalement à Detroit où il travaille dans un atelier de fonderie de chez Ford. Semi-professionnel pendant cinq ans, il obtient un succès miraculeux avec son disque *Boogie Chillen,* qui se vend à un million d'exemplaires, lui assure une notoriété nationale et change radicalement sa vie. Le succès se confirme à plusieurs reprises avec *Hobo Blues, Dimples* et bien d'autres titres. À tel point qu'entre 1948 et 1960, John Lee Hooker est obligé d'enregistrer sous des noms d'emprunt (Delta John ou Texas Slim) pour déjouer les contrats des maisons de disques. Dans les années 60, il se produit dans les clubs blancs, participe à la tournée de l'American Folk Blues Festival et influence fortement la scène rock anglaise avec son fameux *Shake it Baby.* John Lee Hooker est un guitariste à la technique limitée qui aime rester sur un accord* et répéter à l'infini des riffs* hypnotiques. Il transcende cette économie de moyens et accentue l'accompagnement obsessionnel de sa guitare en martelant la scène avec des chaussures cloutées et en chantant d'une voix sombre, rude, envoûtante et angoissante à force de dépouillement. Généralement, John Lee Hooker écrit peu ou pas ses textes, il les improvise au long de ses performances en puisant dans son histoire personnelle, sans souci de la rime ou d'une structure conventionnelle. La formidable intensité émotionnelle qui émane de toutes ses prestations connaît peu d'équivalents.

B. B. King (1925-2015)

Né Riley Ben King à Itta Bena, Mississippi, il devient orphelin à l'âge de neuf ans. Il travaille alors comme ouvrier agricole dans les plantations et partage son temps entre la cueillette, la conduite des tracteurs et le chant du dimanche à la chorale de l'église. Mais le travail épuisant de la terre pour un salaire ridicule le pousse à partir pour Memphis où il s'initie à la guitare en écoutant T. Bone Walker, les sonorités jazzy* de Lonnie Johnson et les chorus précurseurs de Charlie Christian à la guitare électrique. Contrairement à son cousin Bukka White, il tourne le dos à la tradition du Delta blues. Dès lors, il hante Beale Street, chante aux coins des rues et déniche un emploi d'animateur de radio sur WDIA sous le nom de Blues Boy King. Il grave alors ses premiers disques et obtient aussitôt une énorme popularité dans toute la communauté noire. Homme de terrain inépuisable, B. B. King ne cesse de tourner et de fréquenter les studios. Sa carrière est époustouflante, il traverse plusieurs centaines de villes par an et collectionne les hits discographiques. Son statut de star le propulse en tête d'affiche à l'Apollo de Harlem et sur les scènes du monde entier. À partir des années 70, il s'installe quelque temps à Las Vegas, visite l'Europe, l'Afrique et le Japon. La surabondance de sa production et la fréquence de ses parutions publiques donnent parfois un côté routinier à ses prestations, mais il sait toujours retrouver la flamme du blues et nous gratifier de quelques traits de génie au moment où l'on s'y attend le moins. Formé dans les églises baptistes, B. B. King chante avec les élans lyriques du *preacher* en état de grâce. Sa voix est toute en nuance, tantôt plaintive ou hurleuse, confidentielle ou dramatique, et dans un jeu d'appel et de réponse, elle se mêle intimement aux accords fulgurants d'une guitare tendue, aussitôt recueillie dans un balbutiement de notes feutrées pour mieux repartir dans un râle douloureux. Si le dialogue avec sa guitare *Lucille* lui permet la vocalisation de l'instrument, c'est avant tout le moyen de communiquer et d'établir une complicité sans retenue avec le public.

Le blues aujourd'hui

Aucune des musiques du XXe siècle n'a pu ignorer le blues en tant que première forme culturelle spécifiquement noire-américaine. Des eaux boueuses du Mississippi jusqu'au Delta de béton de Chicago en passant par les cabarets des Appalaches, le blues a eu son histoire spécifique et une évolution autonome. Mais son influence directe ou indirecte, avouée ou masquée, a bouleversé les normes de la musique occidentale et a constitué la source dominante de toutes les musiques nord-américaines : jazz, country, rythm'n blues, soul, disco, rock, pop, rap et variétés diverses. Si la musique noire a mis du temps avant de devenir américaine, on peut affirmer aujourd'hui, sans crainte de contredit, que la musique américaine est essentiellement noire.

Nous verrons plus tard l'importance du blues dans la naissance et l'évolution du jazz. Si beaucoup de musiciens noirs ont cherché de nouveaux langages, parfois très éloignés et fort savants, aucun n'a oublié, et encore moins renié, l'héritage du blues. Le jazz n'a jamais perdu de vue ses origines. Rappelons seulement une déclaration de Count Basie : « J'essaie seulement de jouer le blues. J'ai fait ça toute ma vie » ou Dizzy Gillespie disant : « J'aimais entendre Dinah Washington chanter le blues. Elle me rappelait mon enfance, les congrégations… » Il serait fastidieux d'énumérer ces professions de foi à la gloire du blues qu'énoncèrent les plus grands musiciens de jazz, mais le dernier mot pourrait être laissé à B. B. King lui-même pour son généreux et clairvoyant prosélytisme : « Je pense que le blues est la racine. Le jazz est une extension. Les meilleurs musiciens de jazz sont les plus grands interprètes de blues. Et nous, bluesmen, apprenons beaucoup des jazzmen. Ils maîtrisent davantage de rythmes et d'accords. Cela enrichit notre style. »

Dans ce XXe siècle dominé par l'hégémonie politique, technologique et culturelle des États-Unis, il est indéniable que la création spontanée du peuple noir américain s'est infiltrée, propagée et imposée comme un idiome universel. Loin de se replier sur lui-même, le blues s'est ouvert au monde, dans un esprit plus communautaire qu'ethnique, plus communicatif qu'introspectif. Il a trouvé un formidable écho chez les musiciens du monde entier et auprès de tous les publics, sans distinction de race. L'engouement du public blanc, déjà fortement initié dans les années 60, ne cesse de s'accroître, notamment en Europe. Cependant, un danger d'amnésie musicale semble guetter aujourd'hui la jeune population noire américaine. La reconnaissance progressive de leur identité, le désir toujours plus grand d'intégration, la soif de réussite financière et de respectabilité les éloignent de plus en plus des formes historiques du blues. On veut bien encore se laisser aller aux débordements religieux des offices mais on ne veut plus entendre parler d'une musique qui rappelle trop la misère, les préjugés raciaux, l'analphabétisme et les lieux honteux de sa formation. Bien que la pauvreté continue de régner dans les ghettos de Los Angeles, de New York ou d'ailleurs, les adolescents préfèrent négliger le blues, né dans des conditions dégradantes, pour se tourner vers une musique de synthèse et de compromis où la souplesse de la pulsation originelle est désormais remplacée par le martèlement mécanique.

Malgré l'amertume d'un tel constat, il reste cependant un terreau vivace dans quelques quartiers noirs de Chicago et plusieurs localités reculées du Deep South qui entretiennent un répertoire traditionnel revisité parfois par les accents de la musique soul ou du funk*. De plus, certains jeunes bourgeois, intellectuels ou chercheurs noirs commencent à redécouvrir les racines de leurs ancêtres, apportant ainsi une reconnaissance morale et officielle aux traditions négro-américaines. S'il n'est plus un art de l'urgence, engendré dans l'isolement et développé hors des circuits sociaux établis, le blues est en passe de devenir une tradition musicale locale que les autorités culturelles s'attachent à protéger et à revitaliser. Les légendes du blues s'éteignent peu à peu mais de nouveaux artistes reprennent le flambeau et viennent à leur tour alimenter les bacs des disquaires. Certes, leurs ventes sont souvent confidentielles et n'atteignent jamais les records phénoménaux des vedettes de la variété funky* ou de la dance music. Leur volonté de sauvegarder l'authenticité de cette musique correspond davantage à un choix esthétique farouchement déterminé et à une option musicale délibérément choisie puisque le processus de création ne s'effectue plus dans les conditions de leurs aînés.

Le blues n'est pas prêt de baisser les armes et de mourir tant qu'il restera des nouveaux musiciens capables de ranimer la flamme. Parmi les témoignages discographiques du blues actuel, on peut écouter ceux de Chicago Beau, Eddie Clearwater, Michael Coleman, Albert Collins, Johnny Copeland, Grady Gaines, Johnny Heartsman, Kenny Neal, Son Seals, Byther Smith, Troy Turner, Maurice John Vaughn, Joe Louis Walker, Katie Webster, Lucky Peterson, Larry Garner…

On retrouve également ce même mouvement d'intérêt pour le blues chez des musiciens blancs dont la sincérité ne peut être mise en doute. Leur expérience est nettement éloignée du parcours tragique et des problèmes personnels de la plupart des bluesmen noirs, mais ces interprètes blancs, s'ils apparaissent mineurs dans l'histoire du blues, n'en ont pas moins contribué à la reconnaissance d'un art populaire noir par l'Amérique yankee. Quoique souvent assimilés à la scène du rock, certains sont brillants et méritent d'avoir leur nom cité aux côtés des héros qui les ont inspirés : John Mayall, Paul Butterfield, Rory Gallagher, Eric Clapton, Johnny Winter, Mike Bloomfield, Al Kooper, John Hammond, Stevie Ray Vaughan, Sugar Ray, Ry Cooder…

De même, signalons la musique zydeco*, le versant noir de la musique cajun, qui a conservé le français comme langue usuelle. La tradition est encore aujourd'hui farouchement défendue dans le même esprit de fête et de nostalgie que les accordéonistes-chanteurs Rockin'Dopsee, Fernest Arcenaux et surtout, Clifton Chenier (1925-1987) ont entretenu des années durant. Washboard*, triangle, guitare, saxophone et accordéon suffisent à installer un climat aux expressions éminemment blues, unissant les ballades et danses acadiennes au *feeling* épicé et torride de la population noire de langue française.

Dresser un bilan exact du blues et envisager les perspectives qui s'offrent aujourd'hui à ses défenseurs est une longue tâche qui demanderait plus de place et dont nous laissons le soin aux spécialistes. Cependant, la difficulté persistante de certaines carrières que l'on croyait prometteuses, les talents inconnus qui continuent de jouer incognito, la réduction des espaces scéniques malgré l'effort de certains clubs et festivals, la prudence des compagnies de disques excepté de petits labels courageux, une uniformisation générale des productions et la carence notoire des médias, peuvent laisser un doute sur le rayonnement à venir du blues. Sans verser dans le pessimisme, on se demande si les choses ont vraiment changé et l'on ne peut s'empêcher de penser à ce que disait autrefois Big Bill Broonzy : « Tous ces chanteurs de blues dont je vous ai parlé, et je veux dire tous ceux qui ne sont pas encore décédés, se réjouiraient fort si quelque chose de chouette était fait pour eux maintenant, de leur vivant. Pourquoi attendre leur mort pour le faire ? Est-ce parce qu'un mort ne peut plus parler ou demander de l'argent ? Il faut comprendre que beaucoup d'entre eux se découragent en voyant que leurs disques rapportent beaucoup et qu'ils sont à peine payés. Ils doivent même exercer un autre métier pour avoir de quoi vivre, et souvent on agit avec eux comme on le fait avec une mule qui devient trop vieille pour tirer une charrue ou un chariot – on la met dans une prairie où elle crèvera de faim, ou on la descend d'un coup de fusil pour s'en débarasser. Oui, les chanteurs de blues attendent patiemment le grand jour, qui ne vient jamais. Ils continuent d'espérer, de chanter et jouer le blues… »

Ragtime, stride et boogie-woogie

« Tout le monde vint faire cercle autour du piano en me regardant. Quand j'eus fini, Joplin me dit : "C'est un bon rag... un vrai rag noir." C'est tout ce que je voulais entendre. »
Joseph Lamb

L'histoire s'est montrée bienveillante avec les musicologues en laissant s'éteindre le pianiste Eubie Blake, le 12 février 1983, cinq jours après avoir fêté son centième anniversaire. Il a joué jusqu'à la dernière heure et heureusement beaucoup parlé, gardant toujours en mémoire ce siècle de musique inauguré dans une maison close de Baltimore : « À cette époque-là, un Noir qui voulait gagner sa vie dans la musique n'avait que quatre issues possibles : l'église – ce qui rapportait peu –, les *medecine shows,* les bordels et les dancings. Quand je rentrais du travail, le soir, ma mère me disait : "Pose tes chaussures et enlève cette sciure que tu traînes, je ne veux pas qu'elle entre dans ma maison !" À cette époque-là, je jouais dans les bas-fonds. Parfois dans des endroits où il n'y avait que des clochards, des épaves ! » Ainsi parlait Eubie Blake à la fin de sa longue vie, lorsque le monde entier honorait sans ironie ce fils d'esclave, sanctifié par le temps, soudain respecté et traité comme une légende vivante, ultime dépositaire d'une musique désormais académique, le ragtime.

Louis Moreau Gottschalk : le croisé

Avant d'aborder la brève mais lumineuse existence du ragtime, cette nouvelle étape fondamentale de la lente cristallisation du jazz, il convient de rappeler le parcours original de Louis Moreau

Gottschalk, un homme trop souvent oublié et dont l'œuvre écrite représente aujourd'hui un document exceptionnel pour mieux comprendre les premiers balbutiements et la gestation du piano ragtime.

Présenté généralement comme un compositeur américain, L.M. Gottschalk est avant tout le fruit d'un métissage culturel. Né le 8 mai 1829 à La Nouvelle-Orléans, d'un père anglais d'origine espagnole et d'éducation allemande et d'une mère créole haïtienne issue d'une famille aristocratique française, il fait preuve très tôt, dès l'âge de quatre ans, d'un talent pianistique exceptionnel. Le jeune prodige remplace son maître à l'orgue de la cathédrale Saint-Louis alors qu'il n'a que sept ans. En 1842, il est envoyé à Paris pour parfaire son éducation musicale au Conservatoire. Il donne bientôt son premier récital à la salle Pleyel et est vivement félicité par Chopin. À cette même époque, Hector Berlioz et Théophile Gautier le remarquent et saluent sa technique accomplie. Parmi les œuvres composées par Gottschalk, se trouvent plusieurs pièces pour piano qui traduisent clairement – sans jeu de mots – les chansons et les danses noires ou créoles qu'il a entendues dans la grande cité louisianaise : *Bamboula, danse de nègres; La Savane, ballade créole; Le Bananier, chanson nègre* et *Le Mancenillier, sérénade antillaise* – écrites entre 1846 et 1849 – ainsi que d'autres morceaux inspirés par les effets rythmiques et les syncopes des tambours de Congo Square, ce quartier de La Nouvelle-Orléans où les esclaves noirs se réunissent pour danser et chanter, et où l'on retrouve transcrites les lignes mélodiques syncopées, imitées du jeu de banjo. Avant de mourir à Rio de Janeiro le 18 décembre 1869, il voyage énormément en Suisse, Espagne, Amérique latine, Caraïbes et connaît une renommée internationale. Nul doute que les compositions pour piano de cet homme fasciné par la musique noire de sa ville natale ont ouvert la voie aux futurs pionniers du ragtime.

Le temps déchiré

Contrairement aux autre formes musicales que nous avons étudiées tels les *work songs*, le gospel et le blues, créés à l'état brut dans les conditions pénibles de l'esclavage, le ragtime est une musique sophistiquée, élaborée par une toute petite partie de la communauté noire qui a eu accès à une culture de base, souvent citadine, qui lit, écrit et connaît la musique, une frange certes très minoritaire de la population de couleur mais qui peu à peu se développe en s'appropriant les instruments européens comme le saxophone et la trompette dans les fanfares, et parfois le piano des salons de la bourgeoisie blanche.

Mais avant d'accéder aux salons, les pianistes de ragtime ont longtemps joué aux saloons, payés aux pourboires dans des boîtes de nuit et toutes sortes de lieux de divertissement ou de débauche. Car malgré sa réussite auprès de la société dominante et son effort pour être reconnue sous des aspects rigoureux et formels, le ragtime est une musique qui a dû s'extraire lentement de sa marginalité, toujours baignée dans la tradition polyrythmique noire. Les souvenirs d'Eubie Blake sont là pour nous le rappeler : « Je ne prononce jamais le mot *jazz* devant une dame, c'est un mot très sale. Ma musique c'est du ragtime. Un jour que ma mère travaillait – elle lavait le linge et faisait le ménage chez des Blancs –, j'étais à la maison et je jouais. Elle était très religieuse. Elle est rentrée à l'improviste et a hurlé : "Pas de ragtime chez moi !" C'était la première fois que j'entendais ce mot. C'était alors une musique de lieux mal famés, de bordels, d'arrière-salles de bar. »

L'étymologie du mot « ragtime » est suffisamment explicite. Formé à partir de *ragged* (déchiré en lambeaux) et *time* (temps), il est évident que ceux qui pratiquent cette musique s'attachent avant tout à « mettre le temps en lambeaux ». Cependant, cette traduction révèle quelques ambiguïtés. Le ragtime n'est en aucun cas une simple destructuration désordonnée de formes musicales préexistantes. Si son répertoire s'appuie à l'origine sur des airs folkloriques noirs, le piano ragtime bouleverse essentiellement le jeu mélodique de la main droite en syncopant, en déplaçant les accents et en décalant le rythme, mais sans toutefois marquer de syncope à la main gauche, conservant ainsi une « pompe » de basses régulières à 2/4. À noter aussi que le ragtime n'est certainement pas apparu spontanément, par le fait du hasard. Dès la période de l'esclavage, il existe une tradition rurale du banjo et de folk rags que l'on joue selon une accentuation* irrégulière entre le pouce et les autres doigts de la main droite et qui préfigure déjà l'anatomie du piano ragtime.

On sait que Scott Joplin, personnage emblématique du ragtime, a entendu dans sa jeunesse sa mère jouer du banjo alors qu'il étudiait lui-même les compositeurs romantiques Liszt ou Chopin. L'idée de cette rencontre des genres est trop symbolique pour échapper à quiconque. Cakewalks, blues, mélopées des spirituals, valses européennes, quadrilles, musiques militaires, chansons de *minstrels* et ballades se fondent harmonieusement dans le creuset des compositeurs de la fin du XIXe siècle.

Mais une fois de plus, faisons appel à la précieuse mémoire du pianiste Eubie Blake : « Avant Scott Joplin, en tout cas, on considérait le ragtime comme une simple corruption de la "vraie" musique. La main gauche, c'est ça qui fait le ragtime. Vous connaissez la *Rhapsodie hongroise* de Liszt? Eh bien, comme je le dis souvent, même si on ne le reconnaît pas, c'est du ragtime. Dès qu'on syncope la mélodie de la main droite et qu'on joue le rythme de l'autre, c'est du rag. »

Les brass bands

Conjointement à l'éclosion du piano ragtime, il faut signaler un autre phénomène qui ne sera pas sans incidence sur les balbutiements du jazz. En effet, des fanfares apparaissent dès la fin du XIXe siècle avec notamment la formation de John Philip Sousa (1854-1932). Après avoir composé de nombreuses marches pour l'armée américaine, ce musicien blanc fonde son propre orchestre et contribue à populariser le *brass band* (orchestre de cuivres) et le *marching band* (orchestre de défilé). Parallèlement au répertoire de cérémonies militaires, d'opéras ou d'opérettes, il introduit dans ses compositions des cakewalks et des formes primitives de ragtime. Il a de plus circulé en Europe dès 1900 pour faire connaître à un large public les premières musiques de cuivres syncopées. Tout comme son tromboniste, Arthur Pryor (1870-1942), qui prend la succession de l'orchestre, et qui écrit une multitude de rags instrumentaux et de cakewalks.

Dans le sillage de ces prédécesseurs blancs captivés par l'expression musicale noire, on voit surgir bientôt de grandes fanfares noires, parmi lesquelles celle de James Reese Europe (1881-1919) qui s'illustre particulièrement. Envoyé en France pendant la Première Guerre mondiale, le *brass band* de James Europe compte les meilleurs musiciens noirs de son époque qui diffuseront les prémices d'un jazz orchestral encore rudimentaire, notamment dans des pièces comme *Castle House Rag*.

Les écoles du ragtime

Après avoir beaucoup voyagé dans le Texas, la Louisiane et d'autres États riverains du Mississippi comme le Missouri, l'Arkansas et le Kansas, les pionniers du ragtime se sont fixés dans des centres urbains. À la suite de l'initiateur Scott Joplin, on trouve plusieurs berceaux du rag, qui correspondent à autant de phases de son évolution.

L'école de Sedalia est surtout représentée par la figure mythique de Scott Joplin dont nous ne possédons d'autres traces que l'enregistrement de ses rouleaux de piano perforés. Parmi les disciples de Joplin, on compte Arthur Marshall, Scott Hayden, Brun Campbell…

L'école de Saint Louis se réunit autour de l'éditeur Johnny Stark qui a publié de nombreux compositeurs dont, bien sûr, l'indispensable Scott Joplin, mais aussi des musiciens noirs et blancs qui ont pour nom : James Scott, Joseph Lamb, Tom Turpin, Louis Chauvin, Artie Matthews, Charles L. Johnson, Percy Weinrich, Charles Hunter…

L'école de La Nouvelle-Orléans est sensiblement différente. Deux hommes dominent ce courant qui annonce déjà le jazz. Tony Jackson et surtout Jelly Roll Morton, qui fait ses débuts dans le rag avant de jouer un rôle charnière dans le jazz de La Nouvelle-Orléans.

L'école de Harlem, qui apporte un changement radical de l'interprétation du ragtime en donnant naissance au *stride**, un jeu pianistique extrêmement virtuose, basé sur la syncope de la main gauche, les tempos très rapides, les riffs répétitifs et les passages chromatiques. Avec le piano stride, des premières joutes instrumentales des années 20 jusqu'à l'accomplissement magistral d'Art Tatum, nous entrons déjà dans l'histoire du piano jazz.

Avant de nous intéresser aux représentants des deux dernières écoles, nous étudierons d'abord trois musiciens primordiaux (issus des écoles de Sedalia et de Saint Louis) et que les spécialistes du ragtime classique ont coutume de réunir sous l'appellation sacrée de *The Magnificent Trinity* (La Trinité Magnifique) composée de Scott Joplin, le père fondateur, James Scott, le fils spirituel et Joseph Lamb, l'apôtre blanc du Saint-Esprit.

Scott Joplin : le Père

La naissance du fameux Scott Joplin est annoncée le 24 novembre 1868 à Texarkana, juste à la frontière du Texas et de l'Arkansas. Ses parents sont deux esclaves affranchis qui pratiquent la musique en amateurs et le jeune Scott s'initie tout d'abord à la guitare et au clairon. Il découvre le piano chez un voisin qui remarque aussitôt la précocité de ses dons. Le père, probablement cheminot ou ouvrier agricole, réunit ses économies pour lui offrir un piano d'occasion et un professeur allemand de la ville, intrigué par les prodiges du petit Joplin, n'hésite pas à lui donner des cours gratuits. Études des doigtés et de l'harmonie, lecture du solfège, travail du répertoire classique et des compositeurs romantiques, Scott Joplin acquiert une solide technique et décide de devenir musicien contre le gré de son père, qui envisage de le diriger vers un métier plus sérieux. À quatorze ans, Scott Joplin quitte la maison et part sur les routes à la découverte du monde.

Il arpente les localités fiévreuses du Sud, joue dans tous les cabarets, saloons, salles de billards et bordels qui se présentent à lui, va au hasard des rencontres en apprenant des airs nouveaux d'origines noire ou blanche, anglo-saxonne ou espagnole. À dix-sept ans, il se fixe à Saint Louis et prend ses quartiers au Silver Dollar Saloon, le terrain de confrontation des meilleurs pianistes du moment. Il se produit pendant une dizaine d'années dans la région, crée des ensembles vocaux, joue du cornet dans des orchestres de danse, perfectionne sa technique pianistique et compose ses premières pièces, qu'il exécute en public pendant ses tournées. Puis il s'installe à Sedalia, une ville du Missouri, en 1895 et joue dans les quartiers de plaisir tout en menant paradoxalement une existence plutôt rangée, voire très respectable. En 1897, il écrit son premier chef-d'œuvre : *Maple Leaf Rag*. La maison d'édition Perry and Sons refuse de le publier. L'année suivante, Scott Joplin édite tout de même son premier recueil intitulé *Original Rags*, chez un éditeur du Kansas. Mais *Maple Leaf Rag* est encore refusé. Il lui faudra attendre la rencontre avec John Stiwell Stark en 1898 pour que ce morceau soit enfin édité. John Stark est un fermier blanc de cinquante-huit ans devenu marchand de pianos par amour de la musique. Son goût est sûr et son flair commercial aiguisé. En septembre 1899, *Maple Leaf Rag* est finalement imprimé et se vend à 75 000 exemplaires en six mois, devenant du même coup le premier grand tube de l'histoire du jazz. Scott Joplin est débarrassé de ses soucis matériels avec ce thème remarquablement construit, d'une cohérence indiscutable et d'un entrain jamais frivole. Il tient là son premier véritable chef-d'œuvre et, dès lors, il se consacre à la composition et à l'enseignement. Ses ambitions ne s'arrêtent pas en si bon chemin. Il se lance dans l'écriture d'un opéra intitulé *A Guest of Honor* et d'un ballet, *The Ragtime Dance*. Entre temps, Stark a déménagé à Saint Louis et Joplin l'a suivi. Le pianiste compose de nouveaux ragtimes sans pour autant tomber dans la facilité de sa nouvelle gloire, sans jamais se laisser tenter par la surproduction. En vingt ans, il n'aura édité que trente-trois ragtimes, mais tous d'une facture exemplaire, les uns plus ingénieux et subtils que les autres, parmi lesquels *Peacherine Rag*, *Sunflower Slow Drag*, *Searchlight Rag*, *Gladiolus Rag*, *Rose Leaf Rag* et bien sûr, *The Entertainer*, le thème inoubliable repris dans le film *L'Arnaque* en 1974.

Scott Joplin part vivre à New York en 1907, publie à ses frais un manuel d'apprentissage, *School of Ragtime, 6 Exercises for Piano,* et se lance dans la composition d'un nouvel opéra, malgré l'échec public de sa première tentative. *Treemonisha,* vaste fresque sur la condition noire et les problèmes d'intégration, est présenté dans une salle de Harlem en 1915, une nouvelle fois aux frais de l'auteur puisque personne n'ose le produire. Interprété sans décor, sans costumes et sans orchestre, avec le seul soutien du piano de Joplin, le spectacle est un échec si retentissant que le compositeur en perdra la santé. Abattu, épuisé et découragé, financièrement démuni, Scott Joplin tombe dans un état dépressif tellement profond qu'il est conduit dans un asile d'aliénés de Manhattan où il meurt le 1er avril 1917. Point d'orgue tragique pour le premier compositeur de l'histoire du jazz dont la modernité du répertoire n'est pas encore prête d'être épuisée.

James Scott : le Fils

Celui que les spécialistes s'accordent à considérer comme le fils spirituel de Scott Joplin commence sa carrière sensiblement sous les mêmes augures que son maître. Né en 1886 de parents qui ont connu l'esclavage en Caroline du Nord, James Scott entend très tôt des mélodies de plantations, des blues et des spirituals chantés par sa mère qui joue également du piano en autodidacte. Il n'y a cependant pas d'instrument dans la famille et le jeune Scott s'initie chez des voisins qui ont la chance d'en avoir un. Un bon pianiste de la région, John Coleman, remarque les dons de l'enfant et lui donne des cours. Les facilités du jeune James sont surprenantes, il a l'oreille absolue et peut reproduire sans faute un accord qu'il n'a pourtant entendu qu'une seule fois. À l'âge de quinze ans, il occupe un emploi de cireur de chaussures chez un coiffeur tout en continuant d'étudier les pièces de Bach, Chopin et Brahms. Il se produit parfois dans des jardins publics et des boîtes, avant d'obtenir un travail de démonstrateur chez un marchand de musique et d'instruments. Il publie son premier ragtime en 1903, *A Summer Breeze,* puis se rend à Saint Louis. Sa rencontre avec Scott Joplin en 1906 est décisive. Ses compositions s'enrichissent, se structurent davantage et sont désormais publiées par l'éditeur John Stark : *Frog Legs Rag, Great Scott Rag, Princess Rag, Ragtime Oriole, Dixie Dimples Rag,* etc. En 1920, il se marie, s'installe à Kansas City et joue dans les fosses d'orchestre des cinémas pour accompagner les films muets, mais aussi des artistes de passage comme Bessie Smith ou

Ma Rainey. Frappé d'arthrite au début des années 30, il cesse progressivement de jouer, compose encore quelques morceaux d'une grande complexité technique et meurt dans l'oubli le 30 août 1938.

Joseph Lamb : le Saint-Esprit

Le troisième personnage de la *Magnificent Trinity* est né en 1887 dans une famille blanche, prouvant ainsi la reconnaissance universelle du ragtime et l'impact d'une musique d'origine noire sur des musiciens qui sont au départ complètement étrangers au milieu. Originaire du New Jersey et élevé au Canada avant de revenir à New York, Joseph Lamb en est l'exemple le plus convaincant. Sa rencontre avec Scott Joplin, à New York en 1907, chez l'éditeur John Stark, sera déterminante pour la suite de sa carrière. En effet, c'est grâce au soutien et aux recommandations du maître que le jeune Lamb parvient à faire publier son premier rag, *Sensation*. Quelques conseils d'arrangement et la caution morale de Joplin lui ouvrent donc la route du professionnalisme. S'il se sert abondamment des expériences de Joplin et des trouvailles de Scott, il ne se contente pas pour autant d'un rôle d'imitateur ou de simple propagateur du ragtime. Il écrit des thèmes comme *Ethiopia*, *Excelsior* ou le très réussi *American Beauty*, dans lesquels il arrive à exprimer une sensibilité très personnelle, en développant des lignes mélodiques enjouées et précises, souvent plus longues que chez Scott et Joplin, mais sans toutefois atteindre l'aisance rythmique de ses modèles. Après avoir travaillé comme compositeur dans l'industrie de variétés de Tin Pan Alley et après avoir été redécouvert à la fin des années 40 par les musicologues Rudi Blesh et Harriet Janis, il meurt à New York en 1960.

Tony Jackson : la danse nue

On sait peu de choses sur ce pianiste né à La Nouvelle-Orléans le 5 juin 1876 et que l'on associe toujours à l'école du ragtime qui fleurit dans sa ville. Après avoir animé des soirées et joué avec plusieurs orchestres locaux, il travaille quelque temps à Louisville dans le Kentucky pendant l'année 1904 avant de rejoindre La Nouvelle-Orléans où il devient l'un des plus célèbres pianistes de bordels. En 1912, il quitte sa région pour s'installer à Chicago où il participe activement à la vie nocturne. Chanteur boute-en-train, pianiste véloce et spectaculaire, compositeur audacieux, il mène une existence haute en couleur, ruinée par les excès d'alcool et des crises d'épilepsie, et demeure extravagant jusqu'à la fin puisqu'il meurt d'une crise de hoquet le 20 avril 1921. Nous ne possédons malheureusement aucun enregistrement de Tony Jackson mais conservons seulement des partitions de ragtimes tels *Pretty Baby* ou le fameux *Naked Dance* (danse nue) que Jelly Roll Morton jouera en hommage à celui dont il s'est toujours considéré l'héritier.

Jelly Roll Morton : la race des seigneurs

Ce personnage insolite, héros picaresque et mystificateur de génie, fabuleux meneur d'hommes et solitaire excentrique, nous éloigne déjà du ragtime originel. Sa vie seule suffit à donner une idée de l'aventure épique des pionniers de La Nouvelle-Orléans. Un pied dans le rag et un autre dans le jazz balbutiant, une destinée émaillée de jours glorieux et de lendemains « déchantants », il existe une légende Jelly Roll Morton faite d'un peu de mensonge, de beaucoup de rêves et de nombreuses péripéties, mais toujours pleine d'invention, d'impertinence et de passion.

Pour mieux brouiller les cartes, un doute persiste sur les origines de son nom de baptême, déformé vraisemblablement par quelques transcriptions hasardeuses sur les registres d'état civil. Né à Gulfport, en Louisiane, le 20 septembre 1885 (ou 1890 selon d'autres sources), Ferdinand Joseph Lamenthe ou Lamothe, devenu par la suite Lamott, est un créole d'ascendance française et fait partie de ces nombreux métis louisianais, à la peau claire et aux traits légèrement négroïdes, partagés à la fois entre la fierté de leur culture noire et leur désir d'intégration dans le monde blanc. Issu de la petite bourgeoisie créole de La Nouvelle-Orléans, il apprend très jeune quelques rudiments d'harmonica et de guitare, joue dans des petits orchestres amateurs avant de se dédier au piano. Adolescent, il hante les somptueux bordels du quartier chaud de Storyville et devient un des musiciens les plus pittoresques de la ville. On lui attribue (ou peut-être se l'est-il attribué lui-même par simple vantardise) le surnom de «Jelly Roll», en référence à un gâteau roulé à la confiture dont l'aspect plus qu'évocateur et la connotation sexuelle n'échappent à personne. Mais Morton ne reste pas indéfiniment à La Nouvelle-Orléans. Il ne tient pas en place et mène une vie itinérante agitée, partagée entre le poker, le billard professionnel et la musique. Jelly Roll est un flambeur notoire, il exhibe un diamant incrusté dans une incisive, porte des fixe-chaussettes ornés de brillants, mène grand train, souvent hâbleur, un tantinet proxénète, il consomme les femmes autant qu'il les consume. Aussi virtuose à la séduction et à la triche qu'au piano, il traverse ainsi les États-Unis : Mobile, Saint Louis, Chicago, Memphis, Kansas City, Los Angeles, San Francisco, Houston, sans oublier le Canada avant de revenir s'installer à Chicago en 1923 pour former les Red Hot Peppers, un orchestre dont il est le pianiste leader. Entouré de musiciens louisianais qui ont quitté La Nouvelle-Orléans pour travailler à Chicago, Jelly Roll Morton dirige des orchestrations collectives, arrangées oralement ou par écrit, laissant toute latitude d'intervention à ses partenaires, développant ainsi une musique structurée sans toutefois étouffer la spontanéité et l'épanouissement des instrumentistes. Il grave de nombreux 78 tours avec cette formation mais également des pièces solo où l'on peut apprécier pleinement sa technique sinueuse et déliée, déjà débarrassée de la rigueur rythmique du ragtime à la main gauche et d'une richesse mélodique inventive qui annonce le jeu polyphonique de ses suiveurs.

Frappé par la Grande Crise, il passe les années 30 dans l'indigence, l'anonymat et une certaine aigreur, distribuant volontiers ses cartes de visite où s'affiche une paranoïa plutôt émouvante : «Jelly Roll Morton, inventeur du jazz, du stomp* et du swing*… Plus grand compositeur du monde de morceaux *hot**… » Il survit en occupant un emploi de pianiste au Jungle Club de Washington, une obscure boîte de seconde zone où il est redécouvert en 1938 par le musicologue Alan Lomax, qui l'enregistre et le fait abondamment parler de sa carrière et de l'évolution historique du ragtime vers le jazz. Ce document extrêmement précieux est le dernier témoignage qu'il laisse à la postérité avant de mourir à Los Angeles le 10 juillet 1941. S'il n'est certes pas l'inventeur du jazz, Jelly Roll Morton en est du moins le codificateur essentiel, l'homme-charnière et le passeur stylistique. Conscient de son talent et de son ascendant, il n'avait sûrement pas tort lorsqu'il affirmait à qui voulait l'entendre : « Écoute, mon vieux, quoi que ce soit que tu puisses jouer sur ton instrument, tu joues du Jelly Roll. »

L'école de Harlem : le stride

Stade ultime de la modernisation du ragtime, le stride se développe à New York, et particulièrement dans le Harlem des années 20 et 30. Le verbe *to stride* signifie marcher à grandes enjambées, faisant ainsi allusion au mouvement de la main gauche chargée de marquer une basse sur les premier et troisième temps de la mesure, à laquelle répondent à l'octave supérieure ou encore plus haut, des accords plaqués, fournis et complexes, sur les deuxième et quatrième temps. Le balancement rythmique est d'autant plus ample que l'écart entre la basse et l'accord est éloigné. De plus, apparaît peu à peu une conception ternaire* du rythme qui remplace le binaire* en usage dans le ragtime. La plupart des pianistes de stride sont d'une vélocité étonnante et leurs prestations ressemblent parfois à de vraies performances physiques.

Après la Première Guerre mondiale, il n'est pas rare de voir des affrontements de pianistes dans les *rent parties* (soirées organisées pour payer le loyer) ou les *jam sessions** de Harlem. Les meilleurs d'entre eux se livrent un duel sans merci au cours de *cutting contests* redoutables où l'on se défie en improvisant sur un même thème et en utilisant le tempo le plus rapide possible sans jamais perdre la netteté de l'attaque. Parmi les plus redoutables, il faut compter le brillantissime James P. Johnson qui s'impose pendant de nombreuses années auprès d'autres pianistes de grands talents comme Eubie Blake, Lucky Roberts, Willie « The Lion » Smith, Donald Lambert, Cliff Jackson, Abba Labba. Nous n'en retiendrons que trois parmi les plus archétypiques de cette période, sans oublier le brillant Fats Waller qui régénérera le genre avant d'influencer à son tour le plus transcendant et vertigineux pianiste de toute l'histoire du jazz : Art Tatum, que nous aborderons plus loin dans le chapitre consacré à l'ère du swing.

Eubie Blake : le chêne

Lorsqu'il naît à Baltimore le 7 février 1883, le *Maple Leaf Rag* de Scott Joplin n'a pas encore été édité et ne le sera que seize ans plus tard. Cent ans après, il tire sa révérence, le 12 février 1983, l'année où le pianiste Keith Jarrett publie deux albums de référence intitulés *Standards.* C'est dire l'importance historique d'Eubie Blake qui, à lui seul, représente un siècle complet de légendes pianistiques.

Originaire du Maryland, il n'a aucune racine dans le Deep South et toute sa carrière s'inscrira dans le contexte urbain de la côte est. À cinq ans, il tapote l'orgue que sa mère, très croyante, a acheté à crédit. Malgré une éducation pieuse et quelques remontrances familiales au sujet de ses goûts musicaux, il va jouer dès l'adolescence dans les boîtes des quartiers les plus mal famés. Il y interprète un ragtime tonique, robuste et efficace, destiné à distraire la clientèle et il en profite également pour s'initier à la lecture et à la composition. Après un long engagement au Goldfield Hotel de Baltimore, il rencontre en 1915 le chanteur Noble Sissle (1889-1975) avec lequel il monte un duo qui devient célèbre, notamment pour la création des premières revues noires de Broadway. Ils présentent ainsi plusieurs spectacles à succès, « Shuffle Along » (1921) avec Florence Mills et la jeune Josephine Baker, « Chocolate Dandies » (1924), etc. En 1926, le duo se produit en Europe puis Eubie Blake écrit d'autres revues : « Blackbirds of 1930 » avec la chanteuse Ethel Waters et « Swing it » en 1937 avant de rejoindre à nouveau Noble Sissle pour animer le théâtre aux armées pendant la Seconde Guerre mondiale. À l'aube des années 50, Eubie Blake freine un peu ses activités mais continue quand même d'enregistrer et de se produire en public, souvent lors de festivals prestigieux, entretenant avec panache le patrimoine du ragtime, jusqu'au dernier souffle.

James P. Johnson : the King of Stride

Issu de la côte est comme Eubie Blake, qui lui a inculqué ses premiers rudiments de ragtime, James Price Johnson a été formé à l'étude classique du piano. Né le 1er février 1894 dans une famille possédant un piano, il apprend à jouer avec sa mère puis développe ses connaissances plus sérieusement lorsque ses parents déménagent pour New York en 1908. À dix-huit ans, il obtient ses premiers emplois de musicien dans des boîtes de New York et d'Atlantic City, fait quelques tournées avec des spectacles musicaux, et, en 1919, se fixe un moment dans l'Ohio. Puis il revient à New York dès 1921 et entre enfin en studio pour graver ses premiers disques. Des pièces maîtresses comme *The Harlem Strut, Keep off the Grass* et le très impressionnant *Carolina Shout* le placent aussitôt en tête des pianistes de stride. Liberté rythmique, volubilité contrôlée de la main droite, incursions improvisées, toucher subtil, utilisation nuancée de la pédale et virtuosité sans faille, James P. Johnson est vite considéré par ses pairs comme le *King of Stride.* En 1923, il tourne en Europe avec la revue « Plantation Days » et présente son premier spectacle musical intitulé « Runnin'Wild ». Il compose un concerto pour piano et orchestre en 1927, accompagne aussi des chanteuses : Ethel Waters, Bessie Smith, Rosetta Crawford et Ida Cox, puis participe au film *Saint Louis Blues* en 1929. Dès le début des années 30, il se lance dans l'écriture : *Harlem Symphony*; *Symphony in Brown*; un autre concerto intitulé *Jassamine,* mais également un opéra blues, *De Organizer* sur un livret de Langston Hughes, ainsi que des revues dont « Sugar Hill » dirigée en Californie, en 1949. Parallèlement à ses activités de compositeur, il continue de se produire au piano, mais de façon plus sporadique, jusqu'à l'année 1951 où une attaque cardiaque le laisse paralysé. James P. Johnson meurt à New York le 17 novembre 1955.

Willie Smith : le lion

William Henry Joseph Bonaparte Bertholoff, plus connu sous le nom de Willie Smith, est né à New York le 25 novembre 1897. Sa mère lui enseigne l'orgue et le piano dès l'âge de six ans. En 1912, Willie débute comme pianiste dans des bars de New York et d'Atlantic City. À dix-neuf ans, il répond à la mobilisation, traverse l'océan et part se battre dans les tranchées françaises. Ses actes de bravoure et ses charges rugissantes dans les tranchées lui valent un surnom mérité qu'il gardera toute sa vie : « The Lion ». De retour aux États-Unis, il reprend le métier, joue en clubs et participe à de nombreuses séances de studio avec Mamie Smith, Thomas Morris, le Blue Rythm Orchestra, le Seven Gallon Jug Band, Clarence Williams, Sidney Bechet, etc. Il grave ses premiers 78 tours sous son nom en 1934 et se démarque sensiblement des autres adeptes du stride par des références aux musiques classiques européennes dont il ornemente ses morceaux, une sophistication mélodique presque impressionniste, sans toutefois négliger sa main gauche qu'il frappe énergiquement avec un swing communicatif. Ses compositions de 1939 comme *Passionnette* ou *Echoes of Spring*, ainsi que sa version stride de la grande *Polonaise* de Chopin qu'il enregistre à soixante-huit ans en sont les démonstrations les plus évidentes. Avant de mourir à New York, le 18 avril 1973, Willie « The Lion » Smith s'est également produit en duo avec un benjamin du stride, le pianiste Don Ewell (1916-1983), autre émule de James P. Johnson.

Fats Waller : le bateleur

En plein cœur de la communauté religieuse de Harlem, Thomas Waller est né le 21 mai 1904. Son père est prédicateur et, dès l'âge de six ans, le jeune garçon le suit dans les rues pour accompagner les prêches sur un petit harmonium. Il joue également du piano dans l'orchestre de son école et décroche un prix dans un tournoi d'amateurs. En 1919, il occupe une place de pianiste-organiste dans un cinéma où James P. Johnson le découvre et le prend sous sa tutelle pour lui transmettre son savoir. Thomas Waller participe bientôt à des *rent parties*, côtoie également Willie « The Lion » Smith, accompagne des revues ou des chanteuses telles Alberta Hunter, Anna Jones, Sara Martin et Bessie Smith. Celui que l'on appelle désormais Fats Waller, en raison de son embonpoint rayonnant, s'associe avec le parolier Andy Razaf, qui lui ouvre les portes de la célébrité. Ils écrivent ensemble des titres qui deviendront des standards incontournables du jazz : *Blue Turning Grey over You, Honeysuckle Rose, Ain't Misbehavin'*... En 1927, Fats Waller fait un passage à Chicago dans l'orchestre de Erskine Tate (1895-1978) et, en 1929, il participe au succès de la revue « Hot Chocolate » dont la vedette est Louis Armstrong. Cette même année, il enregistre des albums de piano solo qui l'installent sans conteste dans le panthéon du clavier. Après un voyage à Londres et à Paris, il intensifie ses activités en 1934 et monte un sextette qui remporte un triomphe auprès du grand public. Le groupe « Fats Waller and His Rhythm » tourne énormément, enregistre de nombreux disques et collabore aux émissions de radio les plus populaires du pays. Pendant neuf ans le groupe verra défiler différents musiciens sans que la formule en souffre : Herman Autrey, John Hamilton, Bill Coleman (tp) ; Ben Whittet, Gene Sedric, Rudy Powell (s) ; Al Casey, John Smith (g) ; Charlie Turner, Cedric Wallace, Billy Taylor (b) ; Arnold Bolden, Slick Jones, Harry Dial (dms).

En 1938, Fats Waller se rend à Londres où il compose et enregistre sa *London Suite*. Il reste quelque temps en Europe et, de retour à New York, il passe à l'Apollo et au Carnegie Hall où il connaît de somptueux triomphes avec son orchestre. Tournées incessantes, séances d'enregistrements pléthoriques, excès de nourriture et d'alcool, tournage de plusieurs films dont *Stormy Weather* (1943), finiront par abattre cette force de la nature que beaucoup crurent invulnérable. Il meurt d'une pneumonie dans un train le 15 décembre 1943, alors qu'il revient de Los Angeles. Sa disparition laisse un grand vide dans la communauté artistique. Sa jovialité proverbiale, son humour décapant et son appétit gargantuesque ont contribué à créer une légende autour de Fats Waller. Pianiste et organiste fabuleux, particulièrement pour son jeu de main gauche pétri de swing, Fats Waller est surtout apprécié comme chanteur et amuseur. Mieux que quiconque, il a su se moquer des paroles insipides des rengaines à la mode, glissant çà et là, au détour d'un couplet, sans avoir l'air d'y toucher, une plaisanterie parlée ou chantée. Son sens réel de la comédie et du show, la gouaille de ses interventions, son à-propos naturel cachent malheureusement un talent musical supérieur. Fats

Waller aurait pu obtenir une consécration plus nette s'il n'avait été trop souvent utilisé comme un bouffon facétieux, un bateleur certes génial qui sut toujours éviter la vulgarité et le grotesque, mais que l'industrie du spectacle a exploité jusqu'à épuisement.

Boogie-woogie

Conjointement au développement du stride, un autre genre pianistique naît dans le Chicago des années 20 sous le nom de boogie-woogie. Ce style, dont le terme est probablement inspiré d'une onomatopée ferroviaire, n'est autre qu'une dérive urbaine de ce que l'on appelé au début du XXe siècle, le *barrelhouse piano* ou le *honky-tonk piano,* nés tous deux sur les claviers misérables des tripots du Sud et des bars de campagne. Fondé sur les trames harmoniques du blues, le boogie-woogie accentue des lignes de basses roulantes, répétitives, souvent construites sur un cycle de huit croches par mesure et puissamment jouées *ostinato* par la main gauche. Le rôle de la main droite consiste surtout à ornementer le thème par une succession de riffs toniques, de phrases nerveuses et de traits mélodiques brillants, en parfaite indépendance avec la *walking bass** régulière de la main gauche. Agrémenté à toutes les sauces musicales, le boogie-woogie a largement inspiré les arrangeurs des orchestres swing ainsi que les premiers groupes de rhythm'n blues (voir chapitres correspondants). Plus tard, de nombreux musiciens de rock'n roll ne se gêneront pas pour piller allègrement le rythme *shuffle* du boogie, alors que le style continuera d'exister et de se perpétuer sous sa forme originelle. Voici quelques noms parmi les grands spécialistes du boogie dont la virtuosité rivalise souvent avec une énergie hors du commun.

Jimmy Blythe (1900-1931)

Ce pionnier du genre, né dans le Kentucky mais très vite fixé à Chicago, a accompagné plusieurs *classic blues singers* dont Ma Rainey, Priscilla Stewart ou Bertha Chippie Hill. Ses nombreuses séances d'enregistrement dans les années 20 permettent d'entendre un pianiste particulièrement efficace et animé lorsque souffle l'esprit du blues.

Jimmy Yancey (1898-1951)

Originaire de Chicago, il se produit dès six ans dans des troupes de vaudeville en qualité de... danseur de claquettes. Il ne commence à étudier le piano avec son frère qu'en 1915, après avoir dansé dans de nombreuses revues. Il anime des *rent parties* sans pour autant négliger sa passion pour le base-ball et accompagne sa jeune épouse, la chanteuse Estella Harris. Il « raccroche » en 1925 et passe près d'un quart de siècle à travailler comme gardien d'un stade de base-ball. Il réapparaît en 1939, grave ses premiers disques à l'âge de quarante et un ans et devient le pianiste régulier du Bee Hive Club de Chicago, qu'il abandonne en 1950 à la suite de problèmes de santé. Son style de boogie est des plus épurés, ses basses rudimentaires, sans être simplistes, sont des modèles de sobriété et de sensibilité.

Pine Top Smith (1904-1929)

Le premier morceau où apparaît le mot *boogie-woogie* est gravé par Pine Top Smith en 1928. Le superbe *Pine Top's Boogie Woogie* est encore aujourd'hui un titre de référence pour tous ceux qui s'essaient au genre. Pianiste précis, souple, inventif et nuancé, Pine Top Smith influencera considérablement les musiciens de boogie, malgré sa très courte carrière. Danseur de claquettes, animateur de revues, chanteur à la voix aigrelette mais irrésistiblement comique, comédien occasionnel, il tourne essentiellement dans le Sud avant de s'installer à Chicago en 1928. Mais malheureusement, cet excellent technicien fréquentera trop peu les studios puisqu'il est assassiné l'année suivante d'un tir de revolver pendant une rixe dans un club, à la veille d'une séance d'enregistrement.

Meade Lux Lewis (1905-1964)

Né à Chicago, ce fils de cheminot commence à jouer du piano après avoir entendu Jimmy Yancey dont il sera longtemps un fidèle admirateur. En 1924, il est chauffeur de taxi dans une compagnie qui emploie également le pianiste Albert Ammons. Les deux collègues se produisent en duo amateur dans les *rent parties* et les bars de la ville. Trois ans plus tard, Meade Lux Lewis enregistre son premier chef-d'œuvre, un morceau d'inspiration ferroviaire : *Honky Tonk Train Blues*. Le disque ne rencontre aucun écho et Lewis devient ouvrier terrassier dans le programme WPA de lutte contre le chômage. La crise des années 30 est terrible et il pratique plusieurs petits métiers, travaille de nouveau pour une société de taxi avant d'être embauché dans un garage comme laveur de voitures. À la fin de l'année 1935, le producteur John Hammond le retrouve grâce à l'aide d'Albert Ammons et le fait rentrer en studio où il grave un nouveau chef-d'œuvre : *Yancey Special,* en hommage à celui qu'il considère toujours comme son maître. En 1938, il apparaît au Carnegie Hall dans le célèbre concert « From Spirituals to Swing ». L'année suivante, il fait partie du Boogie Woogie Trio avec Albert Ammons et Pete Johnson. Le succès est enfin au rendez-vous. Dès 1941, il s'installe à Los Angeles, joue pour le cinéma (le film *New Orleans,* 1944) et se produit souvent à la télévision. Les concerts « Piano Parade » organisés en 1952 le consacrent aux côtés de Pete Johnson, Erroll Garner et Art Tatum. Ses compositions deviennent des classiques du boogie repris par de nombreux artistes, il joue et enregistre régulièrement avant de périr dans un accident de voiture, lors d'une tournée. Meade Lux Lewis reste une référence majeure du boogie par la qualité de ses compositions mais surtout par sa technique musclée, volontiers grinçante et *dirty** privilégiant les jeux d'octaves et très enracinée dans la tradition du *honky-tonk.*

Pete Johnson (1904-1967)

Sa jeunesse passée dans les clubs de Kansas City aura une influence déterminante sur son style de piano boogie. Pete Johnson n'est jamais très éloigné de la mouvance swing de la ville et sa fréquentation des musiciens de Count Basie va infléchir le côté obsessionnel du boogie, en y apportant une souplesse d'interprétation et des riffs superbement enrichis. Après avoir passé son enfance dans un orphelinat, Pete Johnson joue de la batterie dans des groupes locaux tout en pratiquant plusieurs petits métiers. En même temps, il étudie le piano avec un oncle et débute sa véritable carrière de pianiste en 1926 dans l'orchestre de Clarence Love avant de se produire dans tous les clubs de la ville. Il devient l'accompagnateur du chanteur Big Joe Turner et le suit à New York où il participe au concert « From Spirituals to Swing ». Le trio de pianos boogie formé avec ses alter ego Meade Lux Lewis et Albert Ammons remporte un triomphe. Mais au début des années 50, il est de nouveau obligé de pratiquer plusieurs métiers d'appoint pour pouvoir survivre. Parallèlement, il fait des tournées épisodiques, enregistre avec Big Joe Turner et Jimmy Rushing, participe à quelques festivals avant que sa santé déclinante ne le contraigne à réduire ses activités. Il meurt à New York après avoir joué dans un autre concert « From Spirituals to Swing ».

Albert Ammons (1907-1949)

Troisième homme de la trinité boogie-woogie, Albert Ammons a eu lui aussi un parcours assez chaotique. Chauffeur de taxi jusqu'en 1929, il est ensuite engagé dans divers orchestres de Chicago avant de monter son propre groupe en 1934. Il se fait remarquer au Carnegie Hall de New York en 1938 et s'associe avec Meade Lux Lewis et Pete Johnson. Le trio va jouer dans tout le pays et obtenir une consécration aussi impressionnante que brève, avant de devenir un duo avec seulement Ammons et Johnson. Malheureusement, des problèmes de santé vont sérieusement entraver la carrière d'Albert Ammons. En 1941, il se coupe malencontreusement un doigt en préparant un hamburger. Il reprend cependant sa collaboration avec Johnson, continue de travailler en clubs malgré une nouvelle malédiction qui le frappe d'une paralysie intermittente des deux mains. Pianiste purement boogie, mais capable d'exceller dans le stride, Albert Ammons se caractérise avant tout par un jeu de basse ambulante dynamique, pétri d'un swing enthousiaste et sans faille.

Sammy Price (1908-1992)

Ce pianiste très imprégné de blues texan s'est illustré par un bel éclectisme et une ouverture d'esprit qui n'ont cependant jamais effacé son originalité stylistique. Influencé par Jimmy Blythe et Jelly Roll Morton, son jeu se singularise par une symbiose réussie entre les différentes écoles de piano (blues, rag, new orleans*, boogie et swing). Il obtient son premier emploi dans un magasin de musique de Dallas et accompagne des chanteuses de blues dans les clubs entre 1925 et 1927. Peu à peu, sa renommée s'installe, il grave quelques disques, participe à des émissions de radio avant de quitter Dallas pour se rendre à Kansas City, puis à Chicago et à Detroit. En 1937, il est engagé par la compagnie Decca en qualité de directeur artistique et de pianiste maison. Sammy Price en profite pour diriger des séances de nombreux artistes noirs. Au cours des années 40 et 50, il se produit à New York à la tête de son groupe, tout en s'associant à des musiciens de new orleans ou d'autres obédiences, tels Mezz Mezzrow, Sidney Bechet, Emmett Berry ou Red Allen. Dans les décennies suivantes, il participe à une foule de festivals tant européens qu'américains et reste un des derniers dinosaures vivants du blues et du boogie-woogie.

Lloyd Glenn (1909-1985)

Dans le même esprit que Sammy Price, ce texan suivra plusieurs voies parallèles, au gré des aiguillages d'une carrière professionnelle chargée, mais sans jamais cesser de faire ronfler un boogie-woogie audacieux et chauffé à blanc. Élevé dans une famille de musiciens doués, il commence à jouer à treize ans dans des *rent parties* et des fêtes de quartier. Dès sa sortie du lycée, il est engagé par Thomas «Peaches» Lee, tourne dans le Texas, l'Oklahoma, l'Arkansas, le Kansas... Entre 1933 et 1938, il travaille dans l'orchestre du trompettiste Don Albert avec lequel il fait ses premiers enregistrements. Émigré en Californie, Lloyd Glenn se produit en trio avec Billy Hadnott (b) et Bob Harvey (dms), et accompagne le bluesman T. Bone Walker. De 1949 à 1953, il est souvent sollicité pour des séances de studio, tout en s'associant avec le tromboniste Kid Ory. Jusqu'au jour de sa mort, survenue à l'âge de soixante-seize ans à Los Angeles, Lloyd Glenn fréquente des musiciens aussi variés que Dave «Fathead» Newman (s), Lowell Fulson (g), Big Joe Turner (voc) ou Sarah Vaughan (voc). Sa virtuosité surprenante, faite de renversements harmoniques, d'explorations sonores et de vélocité étincelante, lui a permis d'être un des meilleurs représentants du boogie, sans jamais craindre de se frotter à des domaines parfois éloignés.

New orleans

> *« Je veux vous dire aussi que, quel que soit l'endroit où je joue, mon âme est toujours à La Nouvelle-Orléans. Toute ma vie est là-bas… »*
> Louis Armstrong

Partagée entre vice et vertu, entre Nouveau Continent et vieille Europe, archaïsme et modernité, drame et joie de vivre, exotisme et romantisme, La Nouvelle-Orléans est tout à la fois unique et multiple, bouillonnante de passions, parfumée d'épices et baignée des eaux lentes du Mississippi, une ville de brique, de plantes vertes, de balcons et de fer forgé, plantée au bord de l'Amérique dans les terres fertiles de la Louisiane. La *Crescent City* (cité du Croissant) se niche près de la boucle du grand fleuve pour mieux s'ouvrir au monde et accueillir des flots de migrants débarqués de tous les horizons. Dès le XIXe siècle, La Nouvelle-Orléans a connu un brassage culturel sans précédent : Français, Espagnols, Italiens, Grecs, Hollandais, Anglais, Irlandais, Slaves, Allemands, Caribéens, Acadiens en fuite et esclaves noirs se sont entassés sur les rives animées de ce port fluvial pour former une des populations les plus bigarrées et fécondes des États-Unis.

Bamboula au Congo Square

Créée vers 1720 par Jean-Baptiste le Moyne de Bienville, La Nouvelle-Orléans a longtemps vécu sous domination française avant de passer momentanément aux mains des Espagnols en 1762, pour redevenir possession française à la fin du XVIIIe siècle. Il faudra attendre le 2 mai 1803 pour que la Louisiane soit définitivement américaine, lorsque Bonaparte la revend à son tour pour quinze millions de dollars. Cependant, le pays reste quelque temps marqué par le catholicisme et la culture latine, certains milieux tentent de maintenir l'usage du français et n'oublient pas complètement les idées de la Révolution de 1789. Malgré l'arrivée d'aristocrates en fuite, la présence de planteurs réactionnaires et l'immigration massive d'Anglo-Saxons protestants, les Noirs connaissent des conditions d'esclavage légèrement plus souples que dans les États voisins du Nord. Dès l'acquisition de la Louisiane par les États-Unis et son entrée effective dans l'Union en 1812, les esclaves se réunissent chaque dimanche au Congo Square, dans les terrains vagues qui s'étendent au nord-ouest de la ville, à l'emplacement de l'ancien fort espagnol Saint-Ferdinand, pour danser, chanter et exalter les souvenirs de la terre africaine. Cette tolérance des maîtres blancs n'est pas, à proprement parler, un acte de compréhension ou de clémence et l'histoire particulière de la ville fournit plusieurs explications de ce phénomène. Trait d'union entre les Antilles et l'Amérique du Nord, La Nouvelle-Orléans subit nettement l'influence du culte vaudou lorsque les esclaves haïtiens arrivent en masse après la Révolution, apportant avec eux un mélange de pratiques magiques, de sorcellerie et d'éléments empruntés à la religion chrétienne. À ces rites effervescents, souvent nocturnes et secrets, s'ajoutent les idées égalitaires de la Révolution française qui circulent dans la communauté noire et provoquent certains remous. En autorisant les réunions du Congo Square et en laissant ainsi un exutoire salutaire aux esclaves, les nouveaux maîtres anglo-saxons peuvent mieux canaliser et endiguer les menaces de rébellion.

Les chroniques de l'époque et quelques gravures nous ont laissé des descriptions suffisamment détaillées pour que nous puissions imaginer facilement les cérémonies du Congo Square, les acrobaties des danseurs ou les pas lascifs des femmes, les chants a capella ponctués par des claquements de mains, le martèlement sauvage et lancinant des tam-tams fabriqués avec des troncs d'arbres creux, le vacarme percussif provoqué par les calebasses, les accessoires de métal et les ossements frottés, frappés et raclés, au milieu des tambours cylindriques, confectionnés à partir de bambou et qui donneront leur nom au style chorégraphique du Congo

Square : la bamboula. Le déchaînement dominical des esclaves devient une telle institution que les autorités de la ville édictent un arrêté municipal en 1817 afin d'en contrôler les éventuelles déviations : « Les assemblées d'esclaves ayant pour objet la danse ou autres réjouissances ne peuvent avoir lieu que le dimanche, et seulement dans des lieux ouverts et publics tels que définis par le maire, et aucune de ces assemblées ne devra continuer au-delà du coucher du soleil et tous les esclaves qui seront découverts assemblés en tout autre jour que le dimanche ou, ce même jour, continuant leurs danses après le coucher du soleil, seront arrêtés par les officiers de police, constables, gardiens et autres personnes de race blanche, et détenus en prison où ils recevront dix à vingt-cinq coups de fouet. »

Congo Square disparaîtra vers 1880, au lendemain de la guerre de Sécession, après les changements sociaux provoqués par le départ de nombreux Noirs vers les villes du Nord et à la suite des transformations de l'architecture urbaine. Partagé en plusieurs lots de terrains, le site est rebaptisé Beauregard Square, situé non loin des dancings, clubs et cabarets qui commencent à se développer dans l'animation fébrile du quartier de Storyville.

Nuits chaudes à Storyville

Les tambours de Congo Square n'ont pas complètement cessé de résonner dans l'esprit des musiciens orléanais de la fin du XIXe siècle. S'ils ne s'adressent plus directement aux dieux Shango ou Damballah du rite vaudou, ils conservent néanmoins cette disposition aussi naturelle que culturelle à la polyrythmie*, aux ondulations des corps et à l'expression des sentiments profonds de l'âme à travers l'incantation vocale ou les inflexions mélodiques. Il n'est pas exagéré d'affirmer que l'art africain exsude à La Nouvelle-Orléans, plus que partout ailleurs.

Au-delà de cette transgression du Code noir, savamment entretenue par les Blancs pour des raisons de politique sécuritaire, la Louisiane connaît également une certaine promiscuité entre les races. Au cours du traditionnel « bal des Quarteronnes », les aristocrates blancs ont pour habitude de choisir leurs concubines parmi les plus belles filles mulâtres de la ville. Les couples ainsi formés pour une ou plusieurs années, donnent naissance à des enfants octavons dont le père assure généralement l'éducation. Très tôt dans l'histoire de La Nouvelle-Orléans, il n'est pas rare de voir des propriétaires blancs, de gros planteurs ainsi que leurs régisseurs et leurs gardiens, choisir des femmes de couleur avec lesquelles ils vivent parfois au grand jour et dont ils reconnaissent la progéniture.

Ce mélange racial n'empêche pas la société orléanaise d'être divisée en castes bien distinctes et d'entretenir des rapports aussi harmonieux que conflictuels. Malgré les échanges et un climat propice aux rencontres, les différentes populations sont distribuées dans la ville selon les couleurs de peau mais aussi selon les origines sociales. Les Métis, que la langue anglaise désigne sous le nom de « Créoles », vivent souvent entre eux, à la recherche d'une identité que l'ambiguïté de leur situation ne permet pas toujours de résoudre. Souvent fiers de leur ascendance blanche, notamment française et espagnole, les Créoles ont aussi conscience d'appartenir au monde noir, surtout au sortir de la guerre de Sécession lorsqu'on ne manque pas de leur rappeler l'impossibilité d'une intégration complète. Ils ont beau constituer une petite bourgeoisie de commerçants et d'artisans, d'enseignants parfois, organiser des salons littéraires et des soirées musicales, construire des églises et des écoles, publier leurs propres journaux, ils n'en restent pas moins une population inférieure aux yeux des aristocrates blancs et des hommes d'affaires anglo-saxons qui occupent les postes les plus élevés et forment la haute société louisianaise. De leur côté, les Noirs sont relégués aux emplois subalternes, employés dans les plantations, sur les docks ou dans les ouvrages pénibles de l'industrie naissante. De plus, ils habitent les quartiers déclassés, situés Uptown, sur les hauteurs à l'ouest de La Nouvelle-Orléans. Il existe bien entendu des Blancs dans les classes pauvres, des portefaix, des journaliers et des ouvriers aussi misérables que les anciens esclaves récemment affranchis. Bien souvent, ces Blancs sont plus proches des Noirs que ne le sont les Créoles du quartier Downtown, regroupés dans le French Quarter, et préoccupés par le désir d'assimilation au monde blanc.

En toute logique, ces répartitions sociales et raciales entraîneront une topographie musicale très originale. La rivalité entre Créoles et Noirs se retrouvera dans le milieu des musiciens mais sous des aspects plus policés. Les Créoles qui ont eu accès à l'éducation savent souvent lire la musique, connaissent le répertoire classique, perpétuent la tradition occidentale et maîtrisent parfaitement la technique instrumentale. Ils s'adonnent volontiers à l'opéra et à la musique de chambre académique mais ils sont nombreux à se lancer dans des expressions plus populaires, particulièrement au sein des *string bands,* des fanfares et des orphéons. Les occasions de jouer sont multiples et variées : clubs, cabarets, cérémonies de funérailles, théâtres, pique-niques, soirées privées, etc. En revanche, le prolétariat noir qui a longtemps joué au sein de *spasm bands,* sur des instruments de fortune bricolés avec des matériaux de récupération (violons confectionnés à partir de boîtes de cigares ou de fromage, valises pour les caisses de résonance, bassines, manches à balais et cordes à linge pour les contrebasses, cruches, planches à laver…), commence seulement à posséder de véritables instruments lorsqu'il parvient à récupérer les reliquats des anciennes fanfares de régiments nordistes. Autodidactes pour la plupart, les Noirs apprennent rapidement à se servir des cornets, trompettes, trombones et autres clarinettes, utilisant le répertoire traditionnel des *brass bands* créoles avec une interprétation plus expressionniste, à la polyphonie* certes rudimentaire mais traitée avec densité et enrichie des teintes du blues, privilégiant des figures rythmiques rustiques mais puissamment onduleuses, imposant naturellement un langage original qui ne tardera pas à provoquer l'admiration des meilleurs musiciens créoles. De cette opposition fructueuse des genres, naîtra une nouvelle musique que Jelly Roll Morton a résumé plus tard en quelques mots : « C'est la formule maîtresse du jazz, le savoir des Mulâtres mûri par le chagrin des Noirs. » À la fin du XIXe siècle, s'il ne s'agit pas encore de jazz, on peut parler d'une véritable musique négro-américaine. Ce brassage culturel ne s'est certes pas déroulé dans l'unique ville de La Nouvelle-Orléans – pour preuve, l'éclosion du ragtime à Sedalia et à Saint Louis, qui en est un autre aspect – mais il est incontestable que la situation particulière de la cité du

Croissant a permis de cristalliser tous les ingrédients et en a fait un point de focalisation exemplaire.

Les quartiers de plaisir de Storyville vont constituer des lieux de convergence. Cocktail explosif de danse, de sexe et de musique, Storyville regroupe tous les bordels, dancings, cabarets et bars louches susceptibles d'accueillir un pianiste ou un orchestre tout entier. Les tenanciers de boîtes vont solliciter la présence des musiciens noirs dont la renommée croissante dépasse rapidement le cercle réduit des tripots sordides d'Uptown. Des orchestres composés de Créoles et de Noirs vont peu à peu se former. Les maîtres de l'époque dont les noms nous sont parvenus, mais qu'aucun enregistrement ne pourra restituer, sont Buddy Bolden ou Manuel Perez (cnt). D'autres pionniers tels Alphonse Picou, Lorenzo Tio, George Baquet, Louis Nelson (cl) ont pu graver, sur la fin de leurs jours, quelques rares disques qui n'ont malheureusement pas été réalisés au moment de leur maturité et de leur pleine forme physique. Nous n'avons donc qu'un aperçu flou de leur talent et il faut se reporter souvent aux témoignages de leurs collègues, faire appel à des souvenirs épars et procéder à des recoupements pour pouvoir imaginer la musique orléanaise du début du siècle.

En dehors des salles de danses et des lieux de plaisir, les musiciens s'affrontent régulièrement sur des chars lors des parades du mardi gras ou à l'occasion des nombreux défilés qui animent la ville. Il n'est pas rare non plus qu'un orchestre s'installe dans la rue et commence à jouer pour provoquer la formation qui officie à l'intérieur d'un club. Ces batailles musicales sont souvent suivies par la *second line*, constituée par un cortège de sympathisants qui dansent, chantent et poussent les musiciens à se surpasser en manifestant leur enthousiasme pour les meilleurs solistes. Située sur les côtés ou derrière le défilé, la population exalte et soutient la *front line** (première ligne) qui est composée des instrumentistes de *brass bands*. Le cornet est l'instrument roi, celui qui imprime la mélodie, mène l'ensemble, s'envole puissamment en détournant plus ou moins le thème selon l'imagination du soliste. La clarinette tisse des réponses sinueuses et des contrepoints ajourés pendant que le trombone se glisse en force dans la trame mélodique. Le banjo ou la guitare marquent une cadence régulière et s'appuient sur le tuba, qui roule des sons de gorge pour soutenir les temps forts de la batterie. Aujourd'hui encore, cette tradition des *marching bands* reste vivace à La Nouvelle-Orléans et accompagne toujours les processions d'enterrement, comme aux heures glorieuses du Tuxedo Brass Band ou de l'Onward Brass Band qui voyaient s'affronter Mutt Carey et King Oliver (cnt). Tous les grands musiciens du new orleans, que nous aborderons en détail plus loin, ont connu cette étape de formation. Buddy Bolden, Manuel Perez, Bunk Johnson, Freddie Keppard, King Oliver, Louis Armstrong, Sidney Bechet, Kid Ory, Jimmie Noone, Johnny Dodds, Zutty Singleton, John St Cyr, Pops Foster, Red Allen, etc. ont forgé leurs premières armes dans le dédale tourbillonnant des défilés et dans l'ambiance extravagante des bouges de Storyville.

Welcome in Chicago

Pendant l'hiver 1917, le secrétariat d'État à la Marine ferme le quartier de Storyville pour éliminer la prostitution, le jeu, l'alcool et la débauche dans une cité désormais réservée aux rigueurs militaires. L'armée américaine est rentrée dans le conflit qui ravage le Vieux Continent et la zone portuaire est réquisitionnée pour les bateaux de guerre. Les musiciens sont contraints de s'expatrier à Chicago et suivent un mouvement déjà amorcé par l'essor industriel du Nord et l'attraction des studios d'enregistrement. Ils emportent avec eux toute l'âme de La Nouvelle-Orléans, la musique de Storyville, les valeurs de leur communauté artistique et les innombrables souvenirs d'une vie du Sud dont il garderont toujours la nostalgie. Vieilles locomotives fumantes, cornets ferraillants, pianos bringuebalants, tripots torrides, forêts de pins et marais bourbeux, terre de poussière et mélasse de sorgho, aubes écumantes des bateaux-bordels, ragoûts pimentés et serpents venimeux, camelots rusés et tord-boyaux, ouragan de trombones et *jug-bands* loufoques… Toute la mythologie du Sud monte à l'assaut des grandes cités du Nord, dans le vent de Chicago ou parfois, les cornes de brume de New York. Toute La Nouvelle-Orléans, gorgée de maïs doré et baignée de musique, va s'infiltrer dans la vie artistique des métropoles industrielles. Le blues y suintera à chaque coin de rue, blessé, sanguinolent. Le gospel y transpirera son goutte à goutte pernicieux entre les murs du Royal Garden Café ou du Dreamland. Partout le ragtime cuivré des *brass bands* viendra imprégner, inonder et submerger les quartiers nocturnes de Chicago ou de Harlem.

Le dépaysement est douloureux. Loin de la douceur de vivre orléanaise, de la décontraction coutumière et des rencontres musicales dans les parades et les *honky tonks* (établissements de bas étage) de Storyville, les musiciens débarquent dans l'Illinois, au milieu d'une métropole besogneuse, au climat rude et froid, aux visages fermés. Louis Armstrong a raconté son arrivée dans la cité des Vents et avoué sa candide innocence et sa déconvenue de provincial devant un tel contraste : « En arrivant à la gare de Chicago, je ne vis pas Joe Oliver. Je vis un million de gens mais pas Mister Oliver et je me foutais de ceux qui étaient là. Je n'avais jamais vu de ville aussi grande. Tous ces grands immeubles ! Je croyais que c'étaient des universités. Je pensais que ce n'était pas une bonne ville. Je m'apprêtais à reprendre le premier train qui retournait chez moi. »

L'année 1917 est une date importante. Si elle marque la fin d'une époque et la migration de la musique new orleans vers les métropoles du Nord, elle est aussi l'étape décisive du premier enregistrement de cette nouvelle musique. En effet, c'est le 26 février 1917 que l'Original Dixieland Jass Band (répertorié aussi sous l'abréviation ODJB) grave à New York les deux titres *Livery Stable Blues* et *Dixieland Jass Band One Step* pour la compagnie Victor. Conduit par le cornettiste Nick La Rocca (1889-1961), cet orchestre blanc propose au grand public une mouture assez aseptisée, imprécise et rigide de la musique orléanaise mais ces disques permettront tout de même une large diffusion du genre jusqu'en Europe. Fidèle à l'école du batteur « Papa Jack » Laine (1873-1966), un des premiers Blancs louisianais à avoir monté des orchestres de ragtime professionnels, l'ODJB ne conserve aujourd'hui d'autre titre de gloire que d'avoir été le premier *jazzband* à rentrer en studio.

Les origines du mot *jazz* ont donné lieu à de nombreuses controverses. Si nous ne savons rien sur l'étymologie exacte du terme, on peut toujours rêver aux quelques hypothèses qui ont été avancées. Écrit *jass* au début de l'ODJB (qui d'ailleurs l'a assez rapidement transformé en *jazz)*, le mot dériverait soi-disant de *jasm* et *gism,* américanismes argotiques traduisant la sensation de force, de vitesse, d'énergie mais signifiant également le sperme. Tom Brown, un musicien blanc, a contesté la paternité de l'appellation aux musiciens de l'ODJB en prétextant avoir employé le mot en public bien avant eux. Allégation contestable à son tour quand on sait qu'un article publié à San Francisco en 1913 utilise déjà le mot. Une autre théorie tend à le rapprocher d'une figure de cake-walk baptisée *chasse beau* qui aurait fourni le mot *jasbo* pour surnommer les musiciens. L'hypothèse suivante parle d'un emploi dérivé du verbe français *jaser*, utilisé en patois par les Créoles d'ascendance française. Dans la même veine, on parle de l'argot cajun désignant les prostituées de La Nouvelle-Orléans sous le mot de *jazz-belles*, en référence au personnage biblique de Jézabel. Une des dernières possibilités a été avancée par le trompettiste Dizzy Gillespie qui va chercher les origines en Afrique en citant le mot *jasi*, expression dialectale signifiant le fait de vivre à une cadence soutenue. Quelle que soit la vérité, le mot *jazz* reste empreint de connotations sexuelles, d'allusions festives et d'une certaine imagerie de la vitalité, du mouvement et de la force physique.

Une fois de plus, les Noirs américains ne se débarrassent pas facilement des préjugés moraux de l'*establishment.* Le puritanisme ambiant, renforcé par la prohibition votée le 29 janvier 1919, va accentuer ce caractère honteux et sacrilège du jazz balbutiant. Si le verbe *to jazz* veut bien dire pratiquer un coït, il est aussi associé à la transgression de la loi interdisant la consommation d'alcool. Mais loin de refréner la soif des Américains, la prohibition est surtout à l'origine d'un banditisme organisé et de profits illicites considérables. La pègre urbaine contrôle la contrebande, ouvre des boîtes de nuit, des cabarets, des débits de boissons clandestins et répand ses activités illégales sur tout le territoire. Un réseau de complicités avec des représentants de la police et des hommes politiques permet bientôt d'installer un système parallèle dont l'efficacité n'a d'égale que l'hypocrisie. Al Capone règne en maître sur la cité des Vents et déclare avec un cynisme fort pertinent : «Je m'enrichis en satisfaisant la demande générale pour un certain produit. Si je viole la loi, mes clients, qui par centaines appartiennent à la meilleure société, sont aussi coupables que moi [...] Quand je vends de l'alcool, c'est de la contrebande. Quand mes clients le servent sur un plateau dans leurs maisons du Lake Shore Drive, cela s'appelle de l'hospitalité.» En toute logique, les musiciens de jazz obtiennent leurs emplois dans le circuit des *speakeasies* (bars où l'on vend illégalement de l'alcool) et autres clubs nocturnes. Boissons prohibées et musique new orleans vont représenter désormais l'attrait des choses défendues. Le public vient nombreux pour déguster quelques verres ou s'imbiber de plaisirs interdits tout en écoutant des dizaines d'orchestres orléanais chargés d'animer les soirées jusque tard dans la nuit. Le Dreamland, le Sunset Café, le Royal Gardens, le Kelly's Stable, le Panama, le Pekin Gardens, le Vendome Theatre, l'Elite Number One, le Monogram et un nombre invraisemblable d'autres lieux interlopes ou davantage huppés accueilleront les représentants les plus prestigieux du jazz *hot,* baptisé ainsi pour son interprétation bouillante, ses envolées incandescentes, propres à chauffer et à enflammer l'auditoire. Une musique de braise jalousement couvée à La Nouvelle-Orléans, furieusement attisée par les vents de Chicago et propagée comme une traînée de poudre dans la ronde folle des 78 tours.

Nuits blanches

Dans l'ombre des musiciens noirs de La Nouvelle-Orléans, se glisse une jeune génération de Blancs marginaux et fougueusement désabusés, en rupture avec leur milieu d'origine et qui ne cachent pas leur fascination pour la musique de jazz. Parmi cette jeunesse bohème et sincèrement touchée par la grâce du new orleans se détache un authentique personnage de légende : Bix Beiderbecke, garçon tourmenté et dandy réservé, dévoré par un absolu de perfection et victime de son propre mythe (voir plus loin). Ce trompettiste surdoué, sans pouvoir toutefois rivaliser avec l'impérial Louis Armstrong, a permis aux jazzmen blancs de conquérir quelques lettres de noblesse. Tous les condisciples de Beiderbecke n'ont pas la même destinée tragique, ni même son talent, mais on ne peut nier leur réel engouement et leur honnêteté d'intention lorsqu'ils osent présenter au grand jour leur première version d'un jazz new orleans soigneusement calqué sur les maîtres noirs. Le clarinettiste blanc Mezz Mezzrow (1899-1972), qui a gravité dans tous les milieux du jazz traditionnel, sans distinction de races, et dont la piquante autobiographie *(La Rage de vivre)* vaut davantage que ses modestes talents de musiciens, porte témoignage sur ce courant musical : « Une révolution couvait à Chicago, fomentée par un groupe de jeunes étudiants aux joues poupines [...] Cette présomptueuse marmaille était connue sous le nom de « Austin High Gang » [...] Ils en voulaient ces petits; ils s'efforçaient d'ouvrir la voie à cette inondation du delta du Mississippi et de la mener à la gloire éternelle [...] Ces jeunes transfuges des quartiers rupins étaient fougueux, ardents, risque-tout et frétillants comme un troupeau de pouliches, avec tout de même un côté terriblement sérieux et sincère. Voués corps et âmes à l'évangile du jazz, ils formèrent le noyau d'une incomparable équipe de musiciens qui sont entrés dans l'histoire sous le nom de Chicagoans. »

Ainsi, dans le Chicago du début des années 20, un groupe d'élèves de l'Austin High School monte un orchestre. Jimmy McPartland (cnt), Bud Freeman (ts), Frank Teschemacher (cl, as), Dick McPartland (bjo, g), Jim Lanigan (b), Floyd O'Brien (tb) se lancent dans la mouvance des orchestres blancs tels l'ODJB de Nick LaRocca et les New Orleans Rhythm Kings de George Brunis (tb), Leon Rappolo (cl) et Paul Mares (tp), qui ont suscité quelques vocations. Autour de ce noyau de collégiens irréductibles, viennent se greffer des rejetons d'une excellente tenue parmi lesquels on peut retenir : Frankie Trumbauer (s), Muggsy Spanier (cnt, tp), Marty Marsala (tp, dms), Jack Teagarden (tb, voc), Joe Sullivan (p), Eddie Condon (bjo, g, voc), Eddie Lang (g), Joe Venuti (v), Don Murray (cl, s, v), Billy Rank (tb).

Tous ces musiciens feront de belles carrières et côtoieront parfois les héros d'une musique orléanaise noire dont ils ont studieusement assimilé la lettre sans pour autant en négliger l'esprit. Par souci de commodité, un distinguo simplificateur tend à séparer le style blanc, baptisé *dixieland**, du pur style noir new orleans. Mais les frontières entre les deux genres sont d'autant plus floues et perméables que la pratique de l'improvisation collective à trois voix (trompette, clarinette, trombone) reste commune, au même titre que le répertoire partagé entre marches, blues et ragtimes. L'évolution musicale se manifestera peu ou prou de la même façon et les interprètes blancs ou noirs suivront une trajectoire sensiblement similaire que l'on peut schématiser ainsi : tout d'abord, l'archaïsme festif de la fin du XIXe siècle (Buddy Bolden/ Papa Jack Laine) qui donnera lieu à une phase « pré-classique » privilégiant l'expression collective (King Oliver/ ODJB), pour aboutir enfin à une période dite « classique » (Louis Armstrong/ Bix Beiderbecke) où les solistes finiront par s'imposer en se détachant du jeu d'ensemble. La seule différence notable entre le dixieland et le new orleans réside surtout dans les subtilités d'interprétation. Le jeu des musiciens blancs est généralement servi par une excellente technique individuelle et un art raffiné de développer les structures harmoniques. Élégants, véloces, mais souvent un peu rigides sous prétexte de rigueur, les musiciens de dixieland n'ont cependant pas la fougue, la sinuosité, la rugosité chaleureuse et l'éclat flamboyant des musiciens de couleur, tous ces éléments impalpables du new orleans qui, à tout seigneur tout honneur, feront la force des interprètes noirs ou créoles.

À partir des années 40, apparaîtra un mouvement désigné sous le terme de *new orleans revival* dont le but sera essentiellement de susciter un regain d'intérêt pour le dixieland. En effet, le raz de marée du swing puis du be bop*, que nous aborderons prochainement, va reléguer au second plan certains musiciens de la première époque. Excepté Louis Armstrong, dont le génie charismatique traversera sans encombre toutes les décennies, quelques musiciens profiteront largement de cette résurrection savamment orchestrée par quelques critiques nostalgiques. Pendant le *new orleans revival*, on retrouve pêle-mêle des vétérans pittoresques et des anciens maîtres qui ont peu – ou parfois jamais – enregistré, mais également quelques imitateurs bon teint et des marchands d'ersatz dont nous aurons la générosité de taire les noms.

Buddy Bolden : le mystère

Nous ne possédons de Buddy Bolden qu'une vieille photo fanée et piquetée, datant de 1905, où il pose avec son cornet à la main, au milieu des membres de son orchestre : Jimmy Johnson (b), Willie Cornish (tb pistons), William Warner (cl), Jefferson Mumford (g) et Frank Lewis (cl). Il se tient debout, le corps très légèrement incliné, le regard fixe et les lèvres serrées, l'expression impassible, sans rien délivrer de son mystère. Aucun enregistrement ne nous permet de parler de sa sonorité ou de sa technique et nous devons nous contenter des nombreux témoignages de ses contemporains qui ont tous reconnu en lui le premier « King » d'une dynastie qui comprendra quelques monarques de plus ou moins grande envergure. Les récents travaux d'enquête de Donald M. Marquis (1978) ont cependant permis de rassembler les fragments de la vie légendaire de Charles Joseph Buddy Bolden. Né à La Nouvelle-Orléans le 6 septembre 1877, il semblerait qu'il ait excercé l'activité de barbier avant de s'occuper du *Cricket*, une gazette à scandales spécialisée dans le ragot. Vers 1895, il se produit comme cornettiste dans des dancings, parades, pique-niques, bars mal famés et autres endroits accessibles à un musicien noir. Tous les souvenirs recueillis concordent pour le placer en tête de tous les instrumentistes de La Nouvelle-Orléans. La nostalgie admirative de ces témoins mentionne toujours l'extraordinaire puissance du son, l'inspiration de ses interventions et la personnalité extravagante de Bolden. La vie nocturne et les heures de mauvais sommeil, les cohortes de femmes et les litres d'alcool, finissent par détraquer sa santé physique et mentale. Des comportements incohérents et des maux de tête persistants se manifestent dès 1906. Il est interné définitivement en 1907 dans un asile psychiatrique de Louisiane, à Jackson, où l'on diagnostique une démence précoce de type paranoïaque. Il y reste près d'un quart de siècle et meurt le 4 novembre 1931, oublié de presque tous, sans jamais recouvrer la raison et sans même se souvenir qu'il avait été le musicien le plus adulé et le plus respecté de sa génération. À en croire les propos exaltés de Jelly Roll Morton : « Depuis Gabriel, personne n'avait eu autant de souffle que lui. On prétend qu'il est devenu fou parce que sa cervelle est partie avec son souffle par la trompette. »

Manuel Perez : en marche

Un visage poupin, un costume impeccable et des bottines à boutons bien cirées, ce Créole raffiné qui naquit en 1873 d'un père espagnol et d'une mère noire s'est consacré professionnellement à la musique dès son adolescence. De Manuel Perez, nous ne possédons également que des témoignages laudatifs et ces images sépia à l'élégance un peu compassée. Il doit son immense popularité à la force de son jeu de cornet, à ses facilités d'éxécution dans le registre aigu et surtout à ses capacités de meneur d'hommes au sein des fanfares qu'il anime. Spécialisé dans la musique de parade, il dirige des orchestres tels que l'Imperial Orchestra et l'Onward Brass Band avec lesquels il participe à des *cutting contests* dont il ressort généralement vainqueur. Pour l'essentiel, la musique que développe Manuel Perez est écrite, ancrée dans la tradition créole et annonce les premiers élans du jazz par son expressivité fougueuse et ses intonations exubérantes. Les propos respectueux que Perez inspire aux musiciens de jazz qui le suivent et qui l'ont connu dans sa période faste permettent d'affirmer qu'il joue un rôle déterminant dans la lente gestation de la musique orléanaise. Après avoir tenté ses chances à Chicago entre 1915 et 1918, il rentrera dans sa ville pour y survivre après la fermeture de Storyville. D'après les souvenirs de Sidney Bechet, nous savons qu'il se consacre un certain temps à la fabrication artisanale de cigares et qu'il meurt d'une façon pitoyable en 1946, atteint probablement d'une sénilité précoce et sans avoir pu profiter du mouvement revivaliste qui verra quelques-uns des premiers pionniers émerger miraculeusement.

Bunk Johnson : échec au roi

Cet enfant de La Nouvelle-Orléans, né le 27 décembre 1889 d'un ancien esclave et d'une Indienne, étudie le cornet dès sa huitième année avec son professeur William Cutchey et se retrouve professionnel à quatorze ans dans l'orchestre d'Adam Olivier. Il ne tarde pas à être engagé comme second cornettiste dans la formation de Buddy Bolden et joue ensuite avec une multitude de groupes locaux : Eagle Band, Superior Band, Old Excelsior, Allen's

Brass Band. Il traverse la Louisiane de part en part avec des orchestres de cirque et des troupes de *minstrels*, et à l'aube des années 30, il collabore aux orchestres de Dee Johnson ou de Sammy Price sans jamais s'aventurer au-delà du Texas ou de Kansas City. En 1917, il ne suivra pas le mouvement des musiciens qui émigrent à Chicago et préfèrera rester dans son fief louisianais, particulièrement dans la ville de New Iberia où il finit par s'installer pour y donner des cours de trompette tout en pratiquant divers petits métiers. À la faveur du mouvement du *new orleans revival*, l'historien William Russell le retrouve en 1937 sur les dires d'anciens admirateurs tels Clarence Williams, Tommy Ladnier ou Louis Armstrong qui n'ont pas oublié la place importante occupée par Bunk Johnson à la grande époque des pionniers. Armstrong lui-même déclarera : « Des trois – Buddy Bolden, King Oliver et Bunk Johnson – c'est Bunk Johnson qui avait la plus belle sonorité. J'irai même jusqu'à dire qu'il avait peut-être plus d'imagination, un phrasé plus moelleux si vous voulez. » Arraché de sa torpeur, de son isolement et d'une vie désormais léthargique, il enregistre son premier disque en 1942 avec une poignée de vétérans ressurgis de l'époque héroïque : Edgard Mosley (dms), Chester Zardis (b), Lawrence Marrero (bjo), Walter Decou (p), George Lewis (cl) et Albert Warner (tb). Sans donner une idée exacte des qualités qui, trente ans auparavant, avaient fait de Bunk Johnson un des maîtres de La Nouvelle-Orléans, ces séances donnent tout de même un aperçu de la charge émotionnelle de son jeu de trompette. Quoique fatigué et vieilli, il nous renvoie un reflet émouvant de la première musique orléanaise, jouée dans l'effervescence enthousiaste et l'échange collectif. Après s'être produit entre 1943 et 1947 sur la côte ouest puis à New York, Bunk Johnson retournera de nouveau à New Iberia pour y mourir le 7 juillet 1949. Un manque de pugnacité, une certaine fragilité de caractère aggravée par un net penchant pour l'alcool, les craintes de se couper des racines et de quitter le refuge de La Nouvelle-Orléans, ont contribué à éloigner Bunk Johnson d'un destin plus glorieux. S'il fut unanimement couronné par ses pairs, Bunk Johnson n'a jamais prétendu s'installer sur un trône qui lui semblait malheureusement inaccessible.

Freddie Keppard : le régent

Outre son indéniable talent de cornettiste, Freddie Keppard reste surtout célèbre dans l'histoire du jazz pour avoir refusé d'enregistrer le premier disque de jazz noir en 1916, soit un an avant que l'ODJB n'entre en studio pour donner sa version blanche du new orleans. Erreur fatale qui, selon la légende, n'aurait d'autres raisons que la méfiance de Freddie Keppard et sa peur d'être copié par des musiciens rivaux. Né à La Nouvelle-Orléans le 27 février 1890, il s'initie au cornet à l'âge de seize ans après s'être essayé à l'accordéon, à la mandoline et au violon. Avec son frère Louis (g, tuba, 1888-1986) et Alphonse Picou, il crée l'Olympia Orchestra aux alentours de 1906 et se produit généralement pour le public créole dans les dancings et les clubs de La Nouvelle-Orléans. Il quitte sa ville natale en 1912 pour aller former l'Original Creole Orchestra en Californie avec le bassiste Bill Johnson (1872-1972). Le groupe tourne à Los Angeles mais se rend également à Chicago et à New York dans le circuit itinérant de l'Orpheum Theatre. Les membres de l'orchestre se séparent en 1918 et Freddie Keppard se fixe à Chicago où il joue avec les formations de King Oliver, Jimmie Noone, Doc Cooke ou Erskine Tate jusqu'en 1928. Puis il tourne dans l'Illinois avec son propre groupe et travaille quelque temps à New York avec Charlie Elgar. Freddie Keppard meurt au Cook County Hospital de Chicago le 15 juillet 1933, rongé par une tuberculose latente et un alcoolisme chronique. Déclinant et prématurément usé par l'existence, celui que l'histoire aurait pu retenir comme le pionnier de l'enregistrement ne laisse derrière lui qu'un pâle reflet discographique de ce qu'il avait dû être au début du siècle. Héritier fugace de Buddy Bolden, ce souverain indécis n'aura brillé que peu de temps à la tête des trompettistes de La Nouvelle-Orléans, avant d'être rapidement destitué par King Oliver.

King Oliver : le monarque déchu

Joseph Oliver n'a pas usurpé son titre de « King », conquis très tôt dans les clubs de La Nouvelle-Orléans, après avoir affronté

Freddie Keppard et Manuel Perez en combat singulier. Si l'on en croit les innombrables fables de la cité du Croissant, il a réussi, un soir de lassitude, à attirer vers lui le public de ses deux maîtres en interprétant un blues suffisamment poignant pour débaucher toute la clientèle des bars avoisinants. Ce musicien précoce, né le 11 mai 1885 à La Nouvelle-Orléans, a fait son apprentissage dans les principaux *brass bands* de la ville : Melrose Brass Band, Eagle Band, Onward Brass Band, Magnolia Band, Olympia Band, etc. En 1912, il joue dans l'orchestre de Richard M. Jones puis passe chez Kid Ory en 1917 avant de tenter sa chance à Chicago. Précédé par son excellente réputation, il est aussitôt engagé dans les meilleures boîtes de la Windy City : Royal Garden, Deluxe Café, Dreamland, etc. Puis King Oliver ne tarde pas à former son propre groupe en 1921. Le Creole Jazz Band est une étape décisive dans sa carrière et dans l'histoire du jazz puisqu'il met en œuvre la structuration des improvisations collectives et développe une homogénéité à la fois libre et rigoureuse des interventions instrumentales. Formule échafaudée sensiblement dans le même esprit que le pianiste Jelly Roll Morton, avec lequel King Oliver gravera d'ailleurs quelques faces mythiques, lors d'une tournée californienne. Le premier Creole Jazz Band comporte dans ses rangs Ed Garland (b), Minor Hall (dms) bientôt remplacé par Baby Dodds, Johnny Dodds (cl), Honoré Dutrey (tb) et Lil Hardin (p), future épouse de Louis Armstrong lorsque celui-ci, convoqué en 1922 par King Oliver, montera à Chicago pour s'intégrer au groupe. Durant deux années, King Oliver enregistrera des disques somptueux avant que les membres de son orchestre ne décident de voler de leurs propres ailes. Les frères Dodds et Honoré Dutrey préfèrent rester à Chicago plutôt que de le suivre en tournée et Louis Armstrong, sur les conseils avisés de Lil Hardin, va tenter sa chance à New York avec Fletcher Henderson. King Oliver se retrouve donc seul et rentre dans le Symphonic Syncopator de Dave Peyton, formation qu'il dirigera bientôt lui-même sous le nom de King Oliver's Dixie Syncopators. En 1927, il essaye de remonter un nouveau groupe à New York, les Savannah Syncopators avec Barney Bigard, Darnell Howard et Albert Nicholas. Malgré quelques prestations en clubs, des séances épisodiques dont certaines avec Clarence Williams en

1927, des engagements ponctuels, d'autres nombreux orchestres reformés dans le désarroi et la course aux cachets, King Oliver ne peut résister à la crise des années 30, d'autant plus qu'il commet l'erreur de refuser la place offerte par le Cotton Club, une opportunité que saura saisir un jeune pianiste qui s'appelle Duke Ellington. Il finit par échouer en Géorgie, dans la ville de Savannah, où malade, misérable et oublié, souffrant d'infections et ayant perdu toutes ses dents, il meurt le 8 avril 1938.

Chef d'orchestre déterminant dans l'élaboration du discours collectif typique de la musique néo-orléanaise, compositeur fécond avec des standards* tels *West End Blues, Dippermouth Blues, Doctor Jazz, Camp Meeting Blues* ou *Canal Street Blues,* King Oliver est aussi l'inventeur de l'effet wa-wa*, tout comme le signale Jelly Roll Morton : « Les sourdines* entrèrent en scène avec King Oliver qui fut le premier à fourrer des bouteilles dans sa trompette pour jouer plus doucement, et qui se mit ensuite à employer toutes sortes d'autres objets pour donner à son instrument des sons variés. » Son jeu épuré, sobre et sensible, solidement installé sur le temps, ainsi que sa sonorité puissante et chaude ont inspiré tous les cornettistes et les trompettistes de son époque, notamment celui qu'il a toujours considéré comme son fils spirituel et dont il a très vite deviné la supériorité : Louis Armstrong.

Louis Armstrong : le règne de Satchmo

Jusqu'aux récentes recherches du biographe Gary Giddins, qui établit la naissance de Louis Armstrong le 4 août 1901, on a longtemps hésité entre les années 1898 et 1900 pour situer la date précise à laquelle le trompettiste le plus vénéré de l'histoire du jazz a vu le jour. Selon Giddins, qui s'est sérieusement penché sur les fonds baptismaux du maître, la date ainsi avancée pour des raisons d'ordre professionnel aurait permis au jeune Armstrong de pénétrer les lieux mal famés de Storyville alors qu'il n'en avait pas encore l'âge.

Très tôt, il connaît le même sort que tous les jeunes garçons noirs de son âge, désœuvrés et sans un sou, livrés à eux mêmes dans le quartier misérable d'Uptown. Elevé par sa grand-mère Joséphine, qui s'échine à blanchir le linge des Blancs, et par sa mère Mayann, qui offre volontiers ses charmes aux hommes de passage, le petit Louis fréquente peu l'école et fait l'essentiel de son apprentissage dans la rue. Vendeur de journaux, joueur de dés ou de cartes, livreur de charbon, chiffonnier, il exerce divers petits métiers tout en ouvrant ses oreilles lors des parades musicales de la ville. « C'est ainsi que je parvins à piger les différences entre Buddy Bolden, King Oliver et Bunk Johnson. » Attiré par la musique, il participe à un jeune quatuor vocal qui se produit dans les fêtes de quartier mais doit vite interrompre ses vocalises le soir du 31 décembre 1913. L'enfant dérobe un revolver trouvé dans les affaires familiales et s'amuse à tirer en l'air afin d'animer la nuit de liesse de la Saint-Sylvestre. Après avoir vidé deux chargeurs pour égayer le nouvel an, il se retrouve dans une maison de correction. Dans ce foyer d'enfants abandonnés du Waif's Home, il se joint à la chorale et apprend rapidement à jouer du clairon puis du cornet à pistons avec Peter Davis, un éducateur qui décèle aussitôt un talent rare chez ce jeune garnement plein de vie. Louis en ressort un an plus tard avec suffisamment de rudiments musicaux pour participer aux défilés et aux enterrements qui sillonnent La Nouvelle-Orléans. Il profite également des cours de King Oliver, qui le prend sous sa protection et lui donne de précieux conseils en échange de quelques courses pour Mme Oliver. Peu de temps avant que Storyville ne soit fermé, il se produit au hasard dans des clubs, jusqu'au jour où il se fait remarquer par Kid Ory, qui l'engage dans son groupe en 1918. Puis il embarque avec l'orchestre de Fate Marable sur les *riverboats,* ces gros bateaux à aubes qui glissent lentement sur les eaux du Mississippi dans la vapeur cuivrée des *brass bands.* Le tromboniste Jack Teagarden a parlé avec émotion de cette époque lointaine où il se promenait à la pointe du jour sur les quais de La Nouvelle-Orléans : « Je ne voyais rien, sauf un bateau d'excursion qui glissait dans le brouillard, vers le port. Puis la mélodie m'arriva plus distinctement, bien que le bateau fût encore à distance, assez proche pourtant pour me permettre de distinguer, à l'avant, un Noir debout dans le vent, sa trompette pointée en l'air, et soufflant les plus belles notes que j'aie jamais entendues. C'était du jazz, c'était ce que j'avais tant espéré entendre pendant toute la nuit. Je ne me souviens pas si c'était *Tiger Rag* ou *Panama*, mais je me souviens que c'était Louis Armstrong, descendu du ciel comme un dieu. »

Les trois années passées sur les *riverboats* lui donnent une solide expérience en le familiarisant avec le solfège et la théorie. À La Nouvelle-Orléans, sa réputation est croissante et sa présence est vivement recherchée par les musiciens de la ville. Le chef d'orchestre Fletcher Henderson, de passage à la Crescent City lui propose de venir à New York mais le jeune Armstrong décline l'invitation pour ne pas se séparer de son compagnon, le batteur Zutty Singleton. Pendant l'été 1922, King Oliver lui envoie un télégramme et lui demande de le rejoindre à Chicago. Louis n'hésite pas un instant et part aussitôt rejoindre celui qu'il considère autant comme son mentor que comme son ami le plus fidèle. À peine arrivé dans la cité des Vents, le jeune homme se joint à l'orchestre qui l'accueille à bras ouverts et il y tient la place de second cornet à côté de son idole. Le 5 avril 1923, Louis Armstrong rentre pour la première fois en studio avec le Creole Jazz Band. C'est le début de deux années de collaboration avec King Oliver, deux superbes années de rapports passionnels intenses, faits de brouilles passagères et de retrouvailles chaleureuses, mais avant tout d'une admiration mutuelle et indéfectible. Assez rapidement, le public et le milieu musical de Chicago, les membres du Creole Jazz Band et Oliver en personne, réalisent la supériorité instrumentale et le troublant charisme du jeune Louis Armstrong que tout le monde appelle désormais « Satchmo », surnom dérivé de *satchel mouth* (littéralement : bouche en forme de bourse), ou parfois « Pops », selon une expression affectueuse utilisée dans le sens de « papa » et qu'Armstrong lui-même emploie couramment dans les années 20.

Satchmo savoure ses premiers triomphes et endosse aisément son nouveau rôle de chef de file. Désormais sa vie intime et la musique ne font plus qu'un. Le 5 février 1924, il épouse Lil Hardin, la pianiste de l'orchestre d'Oliver. Honnête musicienne et femme de caractère, Lil Hardin a une influence capitale sur la carrière du trompettiste. On ne dira jamais assez toute l'importance de ses décisions et sa détermination lorsqu'elle pousse son mari à quitter le nid du Creole Jazz Band pour se rendre à New York dans la formation de Fletcher Henderson. Son arrivée sur la scène new-yorkaise va créer une vraie révolution dans toute la communauté du jazz. La puissance de ses attaques, l'ampleur de sa sonorité, la justesse et l'invention permanentes de ses solos, son apparente facilité technique vont vite le porter au rang de héros. Il enregistre abondamment avec Fletcher Henderson, bien entendu, mais aussi avec les orchestres de Clarence Williams ou Perry Bradford, ainsi qu'avec des chanteuses de blues renommées : Bessie Smith, Ma Rainey, Clara ou Trixie Smith. Au bout de treize mois, il a conquis tout le milieu et s'est imposé incontestablement comme le nouveau maître, mais sans toutefois avoir pleinement conscience de son extraordinaire valeur. Heureusement, Lil Hardin continue de veiller : « Je constatais que Fletcher n'annonçait aucun autre nom que le sien sur la publicité, je me dis que ce n'était pas la place de Louis non plus. Je ne pensais qu'à lui faire un NOM. Je retournai donc à Chicago et discutai avec Bill Bottoms afin qu'il me confiât la direction d'un orchestre au Dreamland Café. Fletcher payait Louis 55 dollars par semaine. J'obtins 75 dollars pour lui de Bottoms. » Satchmo décide donc de suivre les conseils de sa femme et de retourner à Chicago où il a la surprise de se voir annoncé sur les affiches comme *The World's Greatest Trumpet Player* (le plus grand trompettiste du monde). La voie royale est ouverte.

Satchmo se joint aux Dreamland Syncopators de Lil Hardin-Armstrong et est aussitôt engagé dans les studios d'enregistrements. Il travaille avec les chanteuses Chippie Hill et Blanche Calloway, et grave son premier disque personnel le 12 novembre 1925 à la tête du Hot Five composé de Lil Hardin (p), Kid Ory (tb), Johnny Dodds (cl) et John Saint Cyr (bjo). Une séance historique qui sera suivie d'une multitude d'autres enregistrements prodigieux, autant de pièces indispensables à une discothèque digne de ce nom. La rupture avec la collective traditionnelle du new orleans est définitivement engagée. Le soliste s'envole très haut au-dessus de l'ensemble et affirme « le triomphe de l'individu sur le groupe », selon la pertinente formule du musicologue André Hodeir.

Après plusieurs engagements dans les orchestres d'Erskine Tate, Carroll Dickerson et Clarence Jones, Armstrong monte les Hot Seven en ajoutant la batterie de Baby Dodds et le tuba de Pete

Briggs. Il a délaissé le cornet pour se consacrer pleinement à la trompette et la série d'enregistrements réalisée en 1927 est une des plus éclatantes de sa carrière. L'année suivante, il s'adjoint les services du pianiste Earl Hines (voir chapitre Swing) et du batteur Zutty Singleton, le compagnon de longue date. Cette seconde mouture des Hot Seven est tout aussi brillante, peut-être davantage si l'on tient compte de la complicité de Satchmo avec Hines. Armstrong domine de plusieurs coudées ses partenaires, il construit des solos d'une vigueur et d'une clarté stupéfiantes qui écrasent son entourage. Bien au-delà de la technique pure, les interventions de Louis Armstrong sont surtout chargées d'une générosité, d'une tendresse, d'une force d'âme sans commune mesure. Seul Earl Hines parviendra à se hisser non loin de son leader, mais sans toutefois l'égaler complètement. Car il y a chez Armstrong un mystère non élucidé, une originalité distincte sans être tout a fait descriptible, une transcendance de chaque note et de chaque silence, un lyrisme à la fois brut et raffiné qu'il est difficile d'expliquer. Le génie d'Armstrong – et le mot n'est pas galvaudé – laisse des traces à jamais gravées dans l'histoire musicale du peuple afro-américain. Après lui, il ne sera plus possible d'aborder le jazz autrement. L'avènement de Satchmo ouvre l'ère des solistes et désormais chaque instrumentiste conscient de sa valeur n'aura cesse de vouloir se détacher du lot et d'affirmer sa singularité.

En 1929, les Hot Five et les Hot Seven ont fini d'exister avec le nouveau départ de Satchmo pour New York. Il devient le trompettiste vedette de l'orchestre de Luis Russell, puis participe à la revue de Broadway « Hot Chocolate » où il se produit avec Fats Waller, avant de tourner comme soliste invité dans les groupes de Les Hite, Carrol Dickerson ou Leon Elkins. Louis Armstrong vit dans l'euphorie, il tourne dans tous les États-Unis à la proue d'un grand orchestre et s'impose également en tant que chanteur dans un répertoire de morceaux populaires qu'il sait métamorphoser et transposer avec grâce. S'il n'est pas toujours suivi des meilleurs accompagnateurs et doit parfois forcer son talent en maltraitant la santé de ses lèvres pour compenser le soutien fragile des *sidemen*, Louis Armstrong connaît cependant une extraordinaire ascension professionnelle. Sa réputation va bientôt dépasser les frontières américaines. Après avoir divorcé d'avec Lil Hardin en 1931, il part conquérir l'Europe et le public de Londres lui réserve un accueil triomphal. À son retour, il se fixe un temps à New York pour participer à une nouvelle version de la revue « Hot Chocolate » avec l'orchestre de Chick Webb et retraverse l'Atlantique pour une autre tournée européenne. Sa prestation parisienne à la Salle Pleyel en 1934 est une nouvelle étape victorieuse. À partir de 1935, il est contraint de se reposer et de prendre un certain recul. Ses lèvres sont abîmées par sa propension à vouloir franchir certaines limites dans le registre suraigu. De fait, son goût pour le spectaculaire s'atténuera sensiblement au profit d'un jeu plus serein et d'un son plus ouaté sans que l'attaque en soit modifiée. Entre 1936 et 1945, il tourne à Hollywood dans pas moins de sept films *(Pennies from Heaven* avec Bing Crosby, *Artists and Models, Doctor Rhythm-Every Day's a Holiday* avec Mae West, *Goin'Places, Cabin in the Sky…),* ainsi que plusieurs courts métrages qui lui sont consacrés. Son statut de star lui permet de gérer intelligemment ses apparitions et d'alterner les salles, les tournées, les réalisateurs, les enregistrements et les expériences de toutes sortes, aidé en cela par son imprésario Joe Glaser. En 1940, il est à Broadway dans la revue « Swinging the Dream » et grave aussi quelques magnifiques faces avec Sidney Bechet, dans la meilleure veine orléanaise. Il apparaît en 1944 sur la scène du Metropolitan Opera pour une soirée exceptionnelle dont il est le héros en compagnie de Roy Eldridge (tp), Jack Teagarden (tb), Coleman Hawkins (ts), Barney Bigard (cl), Art Tatum (p), Big Sid Catlett (dms), Lionel Hampton (vib)… Il tourne à Hollywood le film *New Orleans,* une œuvre de 1946 signée par Arthur Lubin où jouent également Billie Holiday et Woody Herman. L'année suivante, il forme son *all stars** avec des musiciens renommés tels que Jack Teagarden, Barney Bigard, Earl Hines, Big Sid Catlett et le bassiste Arvel Shaw. Pendant les vingt dernières années de sa carrière, il maintiendra la tradition du new orleans avec ce sextette dont le personnel sera assez mouvant. Mais malheureusement, Satchmo ne présentera pas toujours un *all stars* aussi brillamment constellé que la première formule et s'entourera de successeurs aux qualités inégales parmi lesquels on peut citer entre autres : Trummy Young, Big Chief Russel Moore, Tyree Glenn (tb),

Dick Cary, Billy Kyle, Marty Napoleon (p), Edmund Hall, Buster Bailey, Joe Darensbourg (cl), Mort Herbert (b), Barett Deems, Danny Barcelona (dms), Velma Middleton (voc)…

En 1949, après avoir été célébré par sa ville natale qui le sacre « roi des Zoulous », titre décerné pendant les fêtes du mardi gras qui enfièvrent La Nouvelle-Orléans, Satchmo repart à la conquête du globe. Au cours des années 50-60, il parcourt le Japon, l'Australie, l'Europe, les Caraïbes, l'Amérique latine, l'Afrique et l'URSS, gagnant à chaque fois les faveurs du public et les honneurs de la presse internationale. Il se retrouve aussi plusieurs fois devant les caméras d'Hollywood : *La Route du bonheur, Glenn Miller Story, High Society* avec Grace Kelly, Frank Sinatra et Bing Crosby, *Five Pennies* avec Danny Kaye, *The Beat Generation, Paris Blues, A Man Called Adam,* etc. Conjointement à ses nombreuses activités, il produira des disques importants hors du cadre un peu restrictif de son groupe habituel. Tout d'abord, un magistral *Ella and Louis* (1957) avec la chanteuse Ella Fitzgerald, puis un magnifique recueil de negro spirituals, *The Good Book* (1958), et une rencontre avec Duke Ellington fort justement intitulée *The Great Reunion* (1961). Le disque *Hello Dolly* (1964) remporte également un énorme succès et deviendra un film, réalisé quatre ans plus tard avec Barbra Streisand.

Si, durant les dernières années de sa vie, Satchmo conserve toute sa majesté et son élégante supériorité, ses admirateurs lui font souvent le reproche de se laisser aller à quelques facilités scéniques, de trop accentuer son côté bonhomme et de se prêter à des exhibitions complaisantes. Il inspirera chez les jeunes musiciens un curieux et trouble sentiment d'admiration teintée d'agacement. Certes, un héritier comme Miles Davis ne niera jamais les apports de son aîné : « Dès qu'on souffle dans un instrument, on sait qu'on ne pourra rien en sortir que Louis n'ait déjà fait. » Mais il ne se privera pas d'ajouter : « Je l'aimais, mais je ne supportais pas son cirque. » Dizzy Gillespie tiendra un certain temps le même discours : « Louis Armstrong a fait plus que n'importe qui pour populariser la trompette. C'est l'homme qui a su "vendre" cet instrument auprès du grand public […] Ce que notre génération emprunte actuellement à Louis Armstrong c'est l'âme *(soul)* de son jeu. J'ai en revanche critiqué Louis pour d'autres choses, comme son côté "bon Noir de plantations" qui ne nous plaisait guère. Quand on me demandait ce que je pensais de son image pour le public, avec son grand mouchoir et son large sourire face au racisme blanc, je n'ai jamais hésité à répondre que je n'étais pas d'accord. Je ne voulais pas que l'homme blanc m'imaginât prêt à accepter de lui ce que Louis avait accepté. Après tout, j'avais ma manière à moi de leur jouer *La Case de l'oncle Tom.* Chaque génération de Noirs a dû trouver la sienne, pour s'adapter à une situation foncièrement injuste [...] Plus tard, j'ai compris que mon interprétation du sourire débonnaire de Louis était erronée. Il exprimait un refus total de laisser quoi que ce soit, y compris la colère due aux frustations raciales, le priver de sa joie de vivre et en effacer l'extraordinaire reflet sur son visage. Appartenant à une génération plus jeune, je l'ai mal jugé. »

Mais cet « oncletomisme » et cet aspect bon enfant un peu forcé s'accompagnent toujours d'une rigueur impeccable et d'une parfaite exigence professionnelle. Jusqu'au jour de sa mort, le 6 juillet 1971, Satchmo mettra un point d'honneur à donner le meilleur de lui-même. Articulation, accentuations et décalages du phrasé, tempo sans faille, vibrato* gorgé d'émotion, raucité généreuse de la voix et clarté lumineuse de la trompette, décontraction sauvage et attaques moelleuses, révélations surprenantes et paraphrases délicates, on trouve chez Satchmo toute la substance du jazz, la pureté, la limpidité et la solidité du swing, la pâte bouillante et malléable qu'il faut savoir souffler patiemment pour la transformer en cristal pur, ce sentiment de métamorphose de la matière première qu'on ne saurait faire comprendre à qui ne l'a point éprouvé. Tous les musiciens qui le suivront ont su saisir la transparence de son art, et parmi eux, le batteur Gene Krupa a dit ce que chacun, sans exception, a pu ressentir face aux cascades vertigineuses du Maître : « Il n'est pas un musicien de jazz, quel que soit son style, qui puisse jouer de son instrument pendant trente-deux mesures sans payer son tribut musical à Louis Armstrong. C'est Louis qui a tout fait... et tout fait le premier. »

Sidney Bechet : l'ambassadeur

Cadet d'une famille créole de sept enfants, Joseph Sidney Bechet voit le jour à La Nouvelle-Orléans, le 14 mai 1897. Le jeune garçon s'entraîne en secret sur la clarinette de son grand frère Léonard et son talent étonne des hommes aussi chevronnés que George Baquet, Lorenzo Tio, Louis « Big Eye » Nelson et Alphonse Picou qui lui proposent une éducation musicale plus formelle. Peine perdue, le petit Sidney préfère tâtonner seul sans soutien pédagogique et sans heures de solfège. Son attitude se démarque déjà fortement des comportements habituels de la société créole, dont l'un des principaux apanages est justement le raffinement de son enseignement musical imprégné de culture française. Dès 1905, Sidney Bechet se produit avec l'orchestre familial, le Silver Bell, puis il joue entre 1909 et 1912 avec les formations réputées de Buddy Petit, John Robichaux ou Bunk Johnson. En 1914, il sillonne le Texas avec Louis Wade et Clarence Williams, revient à La Nouvelle-Orléans l'année suivante pour collaborer aux meilleures formations du moment, notamment celles de Papa Mutt Carey, Kid Ory et King Oliver. Il repart en voyage durant l'été 1917 avec la troupe de music-hall The Bruce And Bruce Stock Company, puis il s'installe un moment à Chicago, joue avec le clarinettiste Lawrence Dewey au De Luxe Café, se retrouve à l'affiche du Dreamland Café et du Royal Garden avec King Oliver, anime les soirées du Pekin Café aux côtés du pianiste Tony Jackson, tout en faisant ses premières tentatives au saxophone soprano.

Sidney Bechet se rend à New York en mai 1919 pour honorer un engagement à Brighton Beach (Coney Island). Repéré par le violoniste et chef d'orchestre Will Marion Cook (1869-1944), Sidney se joint au Southern Syncopated Orchestra, qui embarque pour une tournée européenne. La saison londonienne est triomphale et le jeune Sidney a droit aux éloges enflammés du musicologue Ernest Ansermet, qui écrira un article aussi dithyrambique qu'historique considéré encore aujourd'hui comme le premier papier véritablement sérieux sur le jazz. Ansermet y parle magnifiquement du génie et de la brillance de Bechet « qui ne sait rien dire de son art, sinon qu'il suit son *own way* (sa propre voie), et quand on pense que cet *own way* c'est peut-être la grande route où le monde s'engouffrera demain… » Sidney Bechet suivra ainsi son chemin jusqu'à Paris, qu'il visitera avec le batteur Bennie Peyton, enregistrant vraisemblablement avec les Jazz Kings du Batteur Louis Mitchell avant de retourner à Londres d'où il sera expulsé à la fin de l'année 1922, à la suite d'une rixe pendant laquelle il malmène un tant soit peu une jeune fille aux mœurs plutôt lègères. À peine débarqué à New York, il participe à la revue « How Come » où il fait office de figurant et de musicien dans un rôle de… cuisinier chinois. L'année suivante, il entre dans l'écurie discographique de Okeh sous la houlette de son ami Clarence Williams, qui lui donne l'occasion d'enregistrer de superbes faces pendant deux années consécutives, derrière les chanteuses Sara Martin, Eva Taylor, Rosetta Crawford, Margaret Johnson, Mamie Smith, Virginia Liston, Sippie Wallace ou Alberta Hunter, ainsi que dans des formations réduites montées au hasard des séances. Sidney Bechet n'a que vingt-six ans mais il possède déjà un fameux palmarès et une belle assurance. Son style fougueux, avec parfois quelques pointes de véhémence, son vibrato parfaitement tenu, ses phrasés inventifs et, surtout, son lyrisme écorché, habilement contrôlé dans des contrechants vertigineux, font de lui le clarinettiste et sopraniste le plus doué de son époque. La séance du 17 octobre 1924, au cours de laquelle il grave *Texas Moaner Blues* avec Louis Armstrong dans le Clarence Williams'Blue Five, prouve bien la place prépondérante qu'il occupe désormais parmi les grands solistes. Il travaille quelques mois avec James P. Johnson, les Washingtonians de Duke Ellington et tente de monter son propre établissement, le Basha Club. Mais le démon du voyage le reprend en septembre 1925 et il s'embarque une nouvelle fois pour la France avec la Revue Nègre de la sublime et trémoussante Joséphine Baker. À Paris, Bruxelles et Berlin, la troupe défraie la chronique et remporte un triomphe considérable. Lorsque la revue se disperse au début de l'année 1926, Sidney Bechet suit l'orchestre de Frank Withers en URSS et dès lors, il traversera les frontières avec un égal succès : Turquie, Égypte, Espagne, Portugal, Allemagne et à nouveau Paris où il se fait embaucher par le groupe de Noble Sissle pour jouer aux Ambassadeurs, un cabaret fort justement nommé. Paris vit dans la frénésie nocturne du jazz et Sidney Bechet en devient le héros et le porte-parole le plus flamboyant. Malheureusement, une algarade avec le banjoïste Gilbert McKendrick lui crée de sérieux ennuis. À la suite d'un différend que l'on suppose dû à une rivalité amoureuse, Sidney tire quelques coups de feu sur McKendrick et se retrouve onze mois en prison. Après avoir purgé sa peine, il est expulsé de France, passe une brève période à Berlin, puis en Italie, avant de rejoindre les États-Unis en décembre 1930. Avec Tommy Ladnier (voir plus loin), il fonde les New Orleans Feetwarmers mais l'orchestre rencontre peu d'audience et s'éparpille dans le marasme de la crise des années 30. Ladnier et Bechet abandonnent provisoirement la musique pour ouvrir « The Southern Tailor Shop », une boutique de vêtements d'occasion qui fait également laverie, mais Sidney réapparaît dès 1934 dans la formation de Noble Sissle, avec qui il se produit jusqu'en 1938. À la faveur du *new orleans revival* et grâce au soutien de Hugues Panassié, il revient enfin sur le devant de la scène. Pendant les années 40, il tourne et enregistre sans discontinuer avec Mezz Mezzrow, Tommy Ladnier, Trixie Smith, Eddie Condon, Jelly Roll Morton, Louis Armstrong, Big Sid Catlett, Baby Dodds, Rex Stewart, Earl Hines, Albert Nicholas… Au printemps de 1949, il retourne en France pour participer au Festival de Paris, partageant l'affiche avec des musiciens de la tendance bop comme Charlie Parker et Miles Davis. Sa prestation est un tel triomphe qu'il n'hésite pas à prendre une décision qui lui procurera une stabilité qu'il n'a jamais connue jusqu'alors. À l'automne 1950, il s'installe définitivement à Paris, se fait accompagner par les groupes de Claude Luter et André Reweliotty au Vieux-Colombier, et se fait adopter au point de devenir une véritable célébrité nationale. Son mariage en 1951 est fêté sur la Côte avec une exubérance digne des meilleurs défilés du carnaval orléanais, ses productions battent les records de ventes et le concert qui honore son disque d'or en 1955 est un événement considérable, il est invité dans des tournées prestigieuses aux États-Unis, en Grande-Bretagne, en Argentine et au Chili, joue sa musique et la comédie dans une dizaine de films français, écrit une autobiographie *(Treat It Gentle)* fort édifiante sur sa trajectoire mouvementée et s'éteint à l'apogée de sa gloire dans une maison de la banlieue parisienne, le 14 mai 1959, soit soixante-deux ans, jour pour jour, après être né sur les bords du Mississippi. Si les enregistrements réalisés en France sur la fin de sa vie glissent parfois vers des concessions commerciales flattant trop facilement la fibre populaire *(Petite Fleur, Les Oignons, Dans les rues d'Antibes...)*, Sidney Bechet conservera cependant toute sa sensibilité lyrique, les ornementations mélodiques si révélatrices de sa culture créole, une technique infaillible et cette sonorité large, savoureuse et chaudement piquante qui le distingue entre tous. Sa disparition a profondément marqué le milieu musical et plus tard, de nombreux jeunes musiciens sauront lui rendre hommage en s'inspirant de son talent. Peu de temps après le décès de Bechet, le grand critique musical américain Leonard Feather a rédigé quelques lignes qui dénoncent la reconnaissance si mystérieusement tardive de celui que l'on peut considérer aujourd'hui comme le premier et peut-être le meilleur des sopranistes : « Cette mort souligne amèrement quelques-uns des paradoxes de l'histoire du jazz. Pendant de nombreuses années, Sidney fut confiné dans des engagements obscurs, indignes de son talent; ce n'est que sur le tard, et plus particulièrement en France, qu'il obtint la consécration qu'il n'avait pas reçue de son propre pays. »

Bix Beiderbecke : le jeune prince

Leon Beiderbecke, plus connu sous le nom de Bix Beiderbecke, doit son prénom d'artiste à ses origines allemandes et au diminutif de Bismarck, le prénom de son père. Né le 10 mars 1903 au sein d'une famille bourgeoise de Davenport dans l'État de l'Iowa, Bix chante dans la chorale d'une église luthérienne et égrène ses premières notes sur le piano du salon. Il refuse tout enseignement académique et, au grand dam de ses professeurs, il préfère interpréter le répertoire classique avec des rajouts insolites et des déformations personnelles qui annoncent déjà une imagination précoce et un caractère singulièrement indépendant. Il néglige la lecture du solfège et est capable de reproduire toutes les mélodies d'oreille, sans se soucier de l'orthodoxie. Il ne se plie à aucune contrainte et sa scolarité est également très perturbée. Essentiellement passionné par le base-ball et le tennis, le jeune Bix considère la musique comme un passe-temps agréable avant de s'y consacrer plus sérieusement en 1919, lorsqu'il achète un cornet d'occasion à l'age de seize ans. L'été de cette même année, il rôde sur les berges du Mississippi et s'imprègne de la musique des orchestres de *riverboats* dont celui de Fate Marable avec le jeune Louis Armstrong. En 1920, Bix joue du cornet dans des bals scolaires et dans l'orchestre de Neal Buckley. Comme à son habitude, il apprend l'instrument sans s'embarrasser des académismes. Il crée ses propres doigtés et s'invente une technique personnelle en s'inspirant d'Emmett Hardy (1903-1925), un trompettiste blanc à la destinée aussi courte que tragique, qui influencera profondément le jeune Bix Beiderbecke lors d'une tournée à Davenport.

En envoyant leur fils étudier à l'académie militaire de Lake Forest pour l'assagir et le remettre dans le droit chemin, les parents de Bix ne savent pas qu'ils contribuent à développer davantage son goût pour le jazz. Située à une soixantaine de kilomètres de Chicago, l'école de Lake Forest est une aubaine pour l'adolescent qui ne manque jamais une occasion d'aller écouter les New Orleans Rhythm Kings de Paul Mares et les orchestres du club Friar's Inn. M. et Mme Beiderbecke comprennent qu'ils ne pourront plus espérer un métier honorable pour leur rejeton lorsque celui-ci se fait renvoyer du collège militaire le 22 mai 1922. Dès ce moment-là, il bourlinguera entre Davenport et Chicago, jouant du piano dans des bars, du cornet dans des orchestres de danse, travaillant avec Eddie Condon dans un cabaret ou passant la saison d'été sur les *riverboats*. En octobre de l'année 1923, il entre dans les Wolverines, un orchestre d'étudiants dont il devient très rapidement la vedette. Après une tournée dans des casinos, des universités et des dancings, les Wolverines enregistrent leur premier disque le 18 février 1924 à Richmond (Indiana). La technique du groupe est encore rudimentaire et seul le cornettiste parvient à donner un certain relief aux productions. À cette même époque, Bix se lie d'amitié avec deux garçons de sa génération qui partagent ses conceptions musicales : le jeune pianiste Hoagy Carmichael (1899-1981), qui deviendra un des grands compositeurs de standards jazzy du music-hall américain et le saxophoniste Frankie Trumbauer (voir plus loin), avec qui il établit une étroite complicité professionnelle. Lorsqu'il arrive à New York, Bix participe à une séance d'enregistrement des Sioux City Six, dont Trumbauer est un des principaux solistes, puis il quitte les Wolverines qui le remplacent par Jimmy McPartland. Il entre alors dans l'orchestre du pianiste Jean Goldkette (1899-1962), y reste peu de temps et finit par trouver une place régulière à Chicago chez Charlie Straight. Mais Bix rencontre quelques difficultés, il doit retenir d'oreille les arrangements d'un répertoire essentiellement écrit et ses piètres qualités de lecteur ne lui permettent pas de s'exprimer pleinement. Il décide de quitter l'orchestre de Straight, obtient quelques engagements alimentaires et occasionnels, tout en travaillant sa technique de piano. Mais c'est en tant que trompettiste leader qu'il grave son premier disque à Richmond le 26 janvier 1925, sous le nom de Bix Beiderbecke and His Rhythm Jugglers. L'année suivante, il se fait engager une nouvelle fois dans la formation de Goldkette en même temps que Frankie Trumbauer. Désormais, les deux complices resteront associés contre vents et marées, malgré les aléas du métier et la précarité des emplois. Ils fondent le Bix Beiderbecke's Gang, en alternance avec le Frankie Trumbauer Orchestra, et gravent ensemble quelques disques, réunissant derrière eux les meilleurs musiciens de Jean Goldkette. À l'automne 1927, ils font une brève escapade dans la formation du poly-instrumentiste Adrian Rollini et rejoignent tous deux la grande usine orchestrale de Paul Whiteman. Bix y restera jusqu'à la fin de ses jours, enregistrant abondamment au sein d'une formation commerciale étouffante, glissant quelques chorus étincelants dans des rengaines à la mode sans grand intérêt, essayant plusieurs fois de soigner son alcoolisme chronique dans des cures de désintoxication aussi inutiles qu'épuisantes. Il meurt d'une pneumonie à l'aube du 7 août 1931, dans la solitude d'un appartement new-yorkais.

En vingt-huit années d'une existence chaotique, ruiné par l'alcool, ballotté par la course aux contrats et rongé par le désespoir de ne pouvoir exprimer toute sa sensibilité dans des contextes musicaux trop contraignants, Bix Beiderbecke est devenu une légende digne de ces héros sombres du romancier Scott Fizgerald. Marginal nonchalant et oiseau de nuit, bien que buveur invétéré, Bix a toujours eu, selon les témoignages de ses collègues et amis, l'attitude d'un gentleman assez réservé, charmant et bien élevé. Préoccupé par les recherches harmoniques de compositeurs comme Wagner, Debussy, Ravel, Stravinsky ou Schœnberg, il tenta plusieurs fois de travailler le piano pour pouvoir exprimer ses conceptions avant-gardistes. Ses compositions impressionnistes pour piano, *In a Mist* et *In the Dark*, sont autant de chefs-d'œuvre aboutis qui témoignent de ses capacités d'écriture. Cependant, frustré par son manque de technique pianistique, inhibé par un environnement artistique trop mercantile, Bix ne s'est jamais totalement satisfait de ses seuls succès de trompettiste. C'est pourtant dans le giron d'orchestres assez frelatés qu'il parvint à imposer sa flamme romantique, due certainement à ses origines germaniques. Sophistications mélancoliques, sonorité tendrement pudique, swing évanescent et phrasé précis teintés de spontanéité poétique symbolisent la détresse existentielle de ce jeune prince qui poursuivit des chimères, éternel rêveur candide qui trébucha souvent sur les tristes réalités, sans vraiment s'apercevoir qu'il courait vers un but illusoire et inaccessible.

Quelques Chicagoans

Les musiciens blancs qui se sont engagés dans la mouvance de Bix Beiderbecke et de l'Austin High School apprennent l'essentiel de leur art au contact des quartiers noirs et à l'écoute des Orléanais de couleur nouvellement expatriés à Chicago. Le clarinettiste et saxophoniste Bud Freeman ne l'a jamais caché : « Les Noirs n'avaient pas le droit de venir chez nous, mais quand nous allions chez eux, ils nous traitaient merveilleusement bien. C'est là-bas que j'ai réalisé que, plus qu'une nouvelle forme d'art, c'était une nouvelle façon de vivre qui naissait [...] Les Noirs jouaient pour eux, mais si des Blancs venaient écouter, ça ne posait aucun problème. » Un sens du partage et une volonté d'échange que nous retrouvons dans les propos de Louis Armstrong : « Nos trucs étaient si populaires que, rapidement, tous les musiciens blancs qui jouaient dans le centre ville prirent l'habitude de venir nous écouter après leur travail, restant jusqu'à la fermeture. Quelquefois, ils rejoignaient l'orchestre pour prendre leur pied. » Certains Chicagoans, après une période de polyphonie un peu brouillonne, finiront par offrir un jazz de bonne facture, certes moins chargé de dramaturgie ou de magnificence que celui des Noirs, mais toujours soucieux d'une sophistication harmonique. Plus tard, nombre d'entre eux feront les beaux jours des grandes formations blanches de l'ère swing et influenceront fortement des chefs d'orchestre comme Paul Whiteman, Benny Goodman ou Glenn Miller (voir chapitre Swing).

Le clarinettiste blanc Mezz Mezzrow, que nous avons déjà cité, a écrit sans détour ce qu'il pensait de la tendance chicago face à l'école du pur new orleans ; des propos qui dénotent une belle franchise, une humilité et un discernement dont il faut lui savoir gré : « Au point culminant de notre carrière de Chicagoans, nous étions encore un groupement inégal, hétéroclite et fantaisiste – sans blague –, des types très doués peut-être, mais pas un groupe défini et homogène, à beaucoup près [...] Nous avons pris aux musiciens noirs quelques trucs (la montée en glissando, l'explosion, le *shuffle rhythm*, le *break**) que nous exécutions quelquefois bien. Mais par endroits, on s'écartait du modèle et tout s'effondrait. Le style chicago n'était que le tournant de la route, le relais de l'étape, en somme un truc ni lard ni cochon. Jouez ces disques, jouez ensuite des Armstrong, des Noone, des Bechet et jugez vous-même. »

Frankie Trumbauer (1901-1956)

Beiderbecke a trouvé son alter ego dans la personnalité de Frankie Trumbauer, surnommé « Tram » par ses amis musiciens. Après avoir touché à toutes sortes d'instruments, Tram se décide pour le saxophone en ut et monte son premier groupe à dix-sept ans. Installé à Chicago en 1922, il fréquente différents orchestres avant de devenir le directeur musical d'une des nombreuses formations gérées par Jean Goldkette. Il rencontre Bix à l'Arcadia Ballroom de Saint Louis et le fait embaucher chez Goldkette. Une fois à New York, il enregistre sous son nom et avec le gang de Bix, pour qui il a obtenu un contrat discographique chez la compagnie Okeh. Les deux amis traversent ensemble l'orchestre d'Adrian Rollini et s'installent dans les pupitres de Paul

Whiteman. Après la mort de Bix, Frankie Trumbauer restera six ans de plus dans l'orchestre de Whiteman, mais parallèlement, il gravera plusieurs disques sous son nom. En 1937, il crée son propre orchestre mais quitte la musique deux ans plus tard pour se fixer à Kansas City où il trouve un emploi dans l'aéronautique. Durant la Seconde Guerre mondiale, il est pilote d'essai puis, entre 1945 et 1946, il reprend son saxophone pour participer à ses dernières séances de studio et à quelques émissions radiophoniques sur NBC. Ensuite, il raccroche définitivement son instrument et travaille une dizaine d'années dans l'aviation civile, avant de mourir à Kansas City. L'une des principales caractéristiques de Tram est sans aucun doute la très grande pureté de sa sonorité. Aérées, veloutées et onduleuses, ses lignes mélodiques sont aisément identifiables et influenceront fortement les musiciens *cool** des années 50, non sans avoir marqué auparavant le fabuleux saxophoniste Lester Young (voir chapitre « Swing »), qui s'est longtemps déclaré comme son héritier direct...

Jack Teagarden (1905-1964)

Ce musicien blanc d'origine texane commence l'apprentissage du trombone à dix ans et aiguise sa sensibilité à l'écoute des blues et des spirituals interprétés par la communauté noire de sa région. Il devient professionnel à l'âge de quinze ans et, jusqu'en 1927, il joue successivement dans les orchestres de Peck Kelly, Willard Robinson, Doc Ross, Johnny Johnson et Roger Wolfe Khan. Il entre en 1928 chez Ben Pollack (1903-1971), avec qui il restera cinq ans, tout en se joignant à des séances d'enregistrement occasionnelles aux côtés de Benny Goodman, Louis Armstrong, Eddie Condon, Red Nichols, etc. De 1933 à 1938, il joue dans l'orchestre à succès de Paul Whiteman puis il dirige son propre big band* jusqu'en 1946, enregistrant abondamment pour diverses marques de disques. Élu meilleur tromboniste de l'année 1944 par les critiques du magazine *Esquire*, il participe au fameux concert du Metropolitan Opera avec Louis Armstrong, Coleman Hawkins, Art Tatum, Roy Eldridge, etc. Enfin, en 1947, il est engagé dans le *all stars* de son idole Satchmo, participe à de nombreuses tournées internationales et apparaît dans plusieurs films dont le *Glory Alley* en compagnie d'Armstrong. Dans les années 50, Jack Teagarden dirige encore quelques orchestres personnels avec lesquels il parcourt le monde entier avant que son cœur ne lâche lors d'un concert à La Nouvelle-Orléans. Surnommé « Mr. T. », Jack Teagarden a marqué l'histoire du trombone par ses capacités de soliste, ses longs développements improvisés, sa sonorité chaude et moelleuse, sa science des sourdines et sa fidélité à l'esprit du blues. Crooner langoureux à la voix ample et négligemment décontractée, il s'est également illustré dans le registre des ballades, allant parfois jusqu'à donner la réplique à Satchmo, pour qui il avait une profonde admiration.

Muggsy Spanier (1906-1967)

Francis Joseph Spanier, alias « Muggsy », est un autre admirateur de Louis Armstrong, sans en être toutefois un simple et pâle imitateur. Cornettiste et trompettiste originaire de Chicago, il s'intéresse très tôt aux musiciens noirs du Sud profond. King Oliver, Louis Armstrong et Tommy Ladnier sont pour lui des modèles dont il essaiera de s'approcher tout au long d'une carrière honnêtement remplie. Après avoir débuté dans les orchestres de Sig Meyer, Charlie Pierce et Charlie Straight, il grave ses premiers disques à dix-huit ans avec les Bucktown Five. En 1928, il se produit avec la formation de Ray Miller, puis il est engagé l'année suivante par Ted Lewis, avec qui il tournera énormément et enregistrera jusqu'en 1936. Avant de fonder son propre groupe en 1939, le Ragtime Band, Muggsy Spanier passe deux ans chez Ben Pollack. Mais c'est au sein du mouvement revivaliste des années 40 qu'il mettra à profit ses talents de musicien. Durant les décennies suivantes et jusqu'à sa mort, il dirige diverses formations, anime des émissions de radio, se produit dans plusieurs festivals de renom et fréquente même le groupe d'Earl Hines à San Francisco. Très à l'aise dans l'utilisation de la sourdine, Muggsy Spanier est un trompettiste intéressant qui a su trouver une approche personnelle de l'instrument en privilégiant la souplesse et la sinuosité d'un phrasé sensible dont la logique harmonique n'est jamais prise en défaut.

Joe Venuti (1894-1978)

Giuseppe Venuti, dit « Joe », est né en Italie à Malgrate Di Lecco. Émigré avec sa famille, il apprend à jouer du violon très jeune et rencontre à l'école son ami Eddie Lang (voir notice suivante), autre Italo-Américain avec lequel il sera souvent associé. Ils décident de se lancer ensemble dans la profession, en 1921, à Atlantic City. Trois ans après, Joe Venuti va jouer dans un des orchestres new-yorkais du très affairiste Jean Goldkette. Le violon de Venuti est alors sollicité pour d'innombrables séances d'enregistrement et les disques auxquels il participe se comptent par centaines, à tel point qu'il est aujourd'hui difficile d'évaluer avec certitude sa discographie pléthorique. En 1929, il joue chez Paul Whiteman mais n'y reste qu'une année. En revanche, son tandem avec Eddie

Lang remportera de nombreux succès et durera jusqu'en 1933, date du décès de ce dernier. L'année suivante, Venuti part tourner en Europe. Il forme ensuite son orchestre, qu'il dirige jusqu'en 1943, avant de se rendre en Californie pour travailler avec la MGM. Dans les années 50, il collabore essentiellement à des émissions radiophoniques à Los Angeles tout en se produisant comme soliste. Les dernières années de son existence sont partagées entre divers concerts et tournées qui le mènent de Los Angeles vers l'Europe en passant par Las Vegas, New York et la ville de Seattle où il s'éteint à l'âge de quatre-vingt-quatre ans. Personnage extravagant, cocasse et débordant de fantaisie, il a longtemps mystifié la critique sur ses origines et les méandres de sa carrière. Amateur de plaisanteries et de canulars énormes, ce boute-en-train infatigable est avant tout un musicien généreux. S'il lève le coude avec autant de facilité pour tenir son archet que pour vider une bonne bouteille de whisky, Joe Venuti est cependant un professionnel rigoureux. Une technique irréprochable, issue d'une sérieuse formation classique, un sens de l'improvisation très développé, une sonorité élégante et robuste lui ont permis de devenir le premier violoniste important de l'histoire du jazz et ont certainement influencé le jeune Stéphane Grappelli (voir chapitre Swing) qui le détrônera bientôt pour s'imposer à son tour comme le maître incontestable du violon.

Eddie Lang (1902-1933)

De son vrai nom Salvatore Massaro, le brillant guitariste Eddie Lang a eu une carrière brève mais intense. Comme son ami d'enfance Joe Venuti, il débute au violon dans un orchestre scolaire tout en étudiant le banjo et la guitare. Dès le début des années 20, on le trouve chez Charles Kerr, puis Carl Kress, les Scranton Sirens, les frères Dorsey et Red McKensie. De 1926 à 1933, Eddie Lang s'associera régulièrement à Joe Venuti, tout en côtoyant des formations et des musiciens qui comptent parmi les plus réputés de son époque : Don Woorhe, Roger Wolfe Kahn, Paul Whiteman, Bing Crosby, Miff Mole, Red Nichols, Jean Goldkette, Frankie Trumbauer, Clarence Williams, King Oliver, Texas Alexander, Bessie Smith, Phil Napoleon, Louis Armstrong, Benny Goodman, Seger Ellis et Adrian Rollini. Outre sa complicité avec Venuti, il s'associe également avec le guitariste Lonnie Johnson et apparaît dans le duo sous le pseudonyme de Blind Willie Dunn. En un peu plus d'une dizaine d'années, Eddie Lang a participé à suffisamment de séances pour pouvoir nous laisser un témoignage de sa technique originale où alternent *single notes* et accords dans des improvisations subtilement dosées. La main droite indifféremment jouée aux doigts ou au médiator lui permet également d'afficher une belle aisance rythmique, en juste équilibre avec les interventions mélodiques.

Eddie Condon (1905-1973)

Dans une toute autre veine qu'Eddie Lang, Eddie Condon est un guitariste pour le moins discret, pour ne pas dire effacé. Il faut savoir porter une oreille attentive à son travail de soutien rythmique pour en apprécier toute l'efficacité. Loué par ses partenaires en raison de son abattage quasi métronomique et de ses tempos tirés au cordeau, Eddie Condon illustre parfaitement les conceptions des Chicagoans. Son parcours est classique : Bix Beiderbecke, Austin High School Gang, Charlie Pierce, Red McKenzie, Red Nichols, Joe Marsala, Bud Freeman, mais aussi des maîtres tels que Louis Armstrong et Fats Waller en 1928, ce qui prouve les réelles capacités de ce musicien de l'ombre. Également chanteur, chef d'orchestre et patron de son propre club (entre 1945 et 1967), Eddie Condon s'est produit avec des musiciens aussi divers que Bobby Hackett, Roy Eldridge, Kai Winding ou Jim Hall et n'a cessé de jouer jusqu'au dernier jour, malgré de graves problèmes de santé.

Bud Freeman (1906-1991)

Bien que sa vie artistique débute dans les parages de l'Austin High School Gang en compagnie de Franck Teschemacher, Jimmy McPartland ou Dave Tough, le saxophoniste Bud Freeman s'éloignera peu à peu du giron des Chicagoans pour s'envoler vers d'autres horizons. Il passe les années 20 à Chicago avant de rejoindre New York, où il partage ses activités entre le jazz et des musiques plus alimentaires. De 1935 à 1939, il apparaît dans les grandes formations de Ray Noble, de Tommy Dorsey et de Benny Goodman. Il enregistre également en 1939 à la tête de son orchestre, le Summa Cum Laude Orchestra, mais il doit bientôt répondre à l'appel des drapeaux. Lorsqu'il revient de la guerre, il mène une carrière de soliste indépendant, puis il séjourne quelque temps en Amérique latine avant de reprendre du service au sein de diverses petites formations ou du World's Greatest Jazz Band, dont il est un des membres fondateurs. On a souvent considéré Bud Freeman comme un des saxophonistes qui auraient influencé Lester Young mais ce dernier préférait évoquer Trumbauer. Certes leur jeu présente des similitudes, dans cette volonté de modeler le timbre sans exagérer les vibratos ni accentuer la fougue expressionniste, mais le style de Bud Freeman est cependant plus heurté et moins inventif que celui de son supposé héritier.

Pee Wee Russell (1906-1969)

Charles Elsworth Russell, connu sous le drôle de nom d'oiseau de « Pee Wee », présente certainement le parcours le plus singulier de tous les musiciens habituellement catalogués dans le dixieland. Il débute à Saint Louis en 1920 et joue de la clarinette sur les *riverboats*. En 1924, il s'installe à Chicago, fréquente Bix Beiderbecke, Franck Trumbauer et enregistre avec Red Nichols en 1927, puis il circule d'un orchestre à l'autre durant les années 30, de Louis Prima à Bobby Hackett, en passant par Adrian Rollini, Red McKenzie ou Eddie Condon. La décennie suivante, Pee Wee Russell se produit à New York avec Miff Mole (tb), George Brunis (tb) ou Vic Berton (dms), et accompagne la chanteuse Lee Wiley. Clarinettiste de premier plan, il passe les années 50 et 60 à voyager en Europe, en Océanie, au Japon, il participe à de nombreux festivals dont plusieurs éditions du Newport Jazz Festival organisées par George Wein. Marginal entre les marginaux, Pee Wee Russell n'a eu aucune difficulté à donner la réplique à des musiciens au premier abord très éloignés de l'école dixieland tels Jimmy Giuffre ou Thelonious Monk. Sans renier ses origines musicales, il a manifesté une ouverture d'esprit étonnante, peut-être favorisée par son statut déjà très original dans le milieu du jazz traditionnel. En effet, le son volontairement *dirty* de l'instrument, les envolées en soubresauts rageurs, allant du grave profond aux aigus écorchés, ses ponctuations frissonnantes et ses archaïsmes malicieusement entretenus lui donnent cette place ambiguë et très particulière de celui qui vole à distance, plonge en piqué et se hausse aussitôt dans les sphères, pour ne pas dévoiler toute son envergure et pour échapper ainsi aux filets des oiseleurs.

Red Nichols (1905-1965)

Ernest Loring Nichols est devenu « Red » à cause de sa chevelure rousse. Fils d'un professeur de musique, il a amélioré sa technique de trompette à la Culver Military Academy, avant d'enregistrer ses premières cires en 1921 au sein des Syncopating Five. Instrumentiste sérieux et excellent lecteur, il participe à une foule de séances dont beaucoup ne sont pas toujours de la meilleure veine mais qui dénotent toujours un savoir-faire nuancé et une bonne connaissance du jazz. En 1928, il monte son propre orchestre, qui comptera dans ses rangs quelques jeunes recrues qui iront loin comme Benny Goodman, Max Kaminsky, les frères Teagarden, Glenn Miller, etc. Il ne cessera de travailler durant les décennies suivantes, en particulier en Californie pour la radio, la télévision et le cinéma. Un film consacré à sa vie *(Five Pennies)* sera d'ailleurs tourné en 1959 par la Paramount. Souvent jugé avec sévérité et considéré comme une version édulcorée de Bix Beiderbecke, dont il a toujours revendiqué la filiation, Red Nichols vaut peut-être mieux que cette exclusion au purgatoire habituellement réservée à des renégats moins sensibles et nuancés que ce témoin toujours fidèle à la tradition du dixieland.

Quelques hérauts du new orleans

De nombreux *sidemen* noirs et créoles ont gravité autour des grands maîtres du new orleans (King Oliver, Louis Armstrong, Sidney Bechet). Ces musiciens prototypes de la sensibilité orléanaise ont suivi les leaders dans leur évolution, et certains d'entre eux ont souvent tenté avec bonheur des carrières individuelles. Au gré des contrats, au hasard des tournées et au fil d'une vie souvent mouvementée, beaucoup se sont croisés, quittés et recroisés encore, pour se quitter à nouveau. Simples accompagnateurs ou solistes moins consacrés, il ne faut surtout pas considérer ces interprètes comme des faire-valoir ou des intervenants de deuxième main, ils sont avant tout les porte-drapeaux et les messagers d'une musique qu'ils ont alimenté de leur verve, de leur souffrance, de leur technique authentique et de leur solide énergie. Si certains ont flirté avec les grands orchestres des années 30 et ont subi d'autres influences en traversant plusieurs décennies, leur style marque cependant une allégeance constante à la grande famille de La Nouvelle-Orléans.

Alphonse Picou (1878-1961)

Clarinettiste de légende, Florestan Alphonse Picou a cependant débuté à la guitare avant d'adopter définitivement la clarinette à l'âge de quinze ans. Membre de l'Excelsior Brass Band, de l'Olympia Orchestra et du groupe de Buddy Bolden, il a écumé tous les lieux de La Nouvelle-Orléans où l'on pouvait s'abreuver de musique. En 1915, il fait un court séjour à Chicago dans la formation de Manuel Perez, mais il revient vite dans sa région natale pour se frotter aux musiciens élégants et un peu guindés de l'orchestre créole de John Robichaux. Jusqu'en 1932, il promène sa clarinette aérienne, son vibrato gracile, sa sonorité claire et sa technique accomplie au sein de divers orchestres tels que le Camelia Orchestra, le Golden Leaf Orchestra ou le Tuxedo Brass Band. Malgré une longue période d'inactivité musicale pendant laquelle il retrouvera son premier métier d'étameur, il reprend le chemin des planches en 1940 grâce au *new orleans revival.* Dès lors, il enregistre avec Kid Rena (tp,1898-1949) et Papa Célestin (tp, 1884-1954), collabore à l'Eureka Brass Band, forme son propre orchestre au Paddock Lounge de Bourbon Street, puis il diminue progressivement ses activités artistiques à partir du milieu des années 50. Une foule gigantesque, où l'on comptera près de 25 000 personnes, l'accompagnera en musique jusqu'à sa dernière demeure.

Kid Ory (1886-1973)

Né le jour de Noël à La Place, une bourgade de Louisiane située à une trentaine de miles de La Nouvelle-Orléans, ce cadet d'une famille de cinq enfants commence par jouer du banjo dans un *string band.* À quinze ans, il s'initie au trombone et atterrit en 1913 à La Nouvelle-Orléans avec l'orchestre de Lewis Mathews. Ce dernier quitte le groupe l'année suivante et Edward Kid Ory en prend la direction avec le trompettiste Mutt Carey (1891-1948). Ils emploient les meilleurs instrumentistes du moment, notamment Johnny Dodds, King Oliver et Louis Armstrong. Mais en 1919, Kid Ory et Mutt Carey quittent la Louisiane et gagnent la Californie. Après quelques enregistrements, Kid Ory décide de rejoindre Chicago en 1925, s'intègre au Hot Five de Louis Armstrong, retrouve Johnny Dodds, King Oliver et quelques autres compagnons de la première heure avec lesquels il grave des disques importants. Son jeu de trombone est apprécié essentiellement pour des raisons d'efficacité et pour ses qualités de soutien. Il sait compenser sa technique limitée par une gouaille communicative et une puissance débonnaire, grâce à l'utilisation du style *tailgate :* terme désignant le hayon arrière d'un véhicule, une plateforme sur laquelle, lors des parades, on installe le tromboniste pour qu'il puisse donner libre cours à ses glissandos sans être gêné par le mouvement de la coulisse. L'emploi constant des contrepoints en amples glissandos est une des caractéristiques de Kid Ory, ainsi que sa bonne connaissance du blues. En 1930, il rejoindra son complice Mutt Carey à Los Angeles puis abandonnera provisoirement la musique pour se consacrer à l'élevage de poneys, avant d'être employé aux chemins de fer. Il ressurgit en 1942, pendant le *new orleans revival,* au sein de groupes plus ou moins performants et dans de curieux emplois de saxophoniste alto ou de contrebassiste. Sur la demande d'Orson Welles, il reprend du service au trombone, invite Jimmie Noone à le rejoindre et participe aux émissions de radio de Welles, qui remportent un énorme succès. Fêté et célébré sur la côte ouest, il retrouve également les studios d'enregistrement, apparaît dans plusieurs films hollywoodiens, sort quelques disques sous son nom, effectue des tournées internationales tout au long des années 50 et termine sa carrière au club « On The Levee », établissement dont il est le propriétaire. En 1966, il prend une retraite bien méritée aux îles Hawaii, participe çà et là à quelques festivals prestigieux et s'éteint à quatre-vingt-sept ans dans la douceur d'Honolulu.

Bud Scott (1890-1949)

Ses études précoces de la guitare et du violon lui ont permis de travailler dès l'âge de quatorze ans avec des musiciens aussi chevronnés que Buddy Bolden, Freddie Keppard et John Robichaux. En 1913, Bud Scott part de La Nouvelle-Orléans, bien avant la cessation des activités de Storyville. Il arrive à New York en 1915 avec le Billy King Travelling Show, se joint à des spectacles de *minstrels* et en 1919, il officie comme chanteur au Carnegie Hall avec le Clef Club Orchestra. Puis, Bud Scott décide de se ruer vers l'ouest, où, en 1924, King Oliver, alors en tournée, l'engage cette fois-ci comme banjoïste. Il reste avec le cornettiste jusqu'en 1926, avant de filer à Chicago dans les orchestres d'Erskine Tate, Dave Peyton et Jimmie Noone. Il revient en Californie au début des années 30, collabore aux formations de Mutt Carey et Leon Herriford avant de monter son propre trio. Il mène une carrière en demi teinte jusqu'à l'effervescence providentielle du *new orleans revival*. Il remet le pied à l'étrier avec Kid Ory (1944-1949), apparaît dans le film *New Orleans* et enregistre avec Louis Armstrong en 1946, trois ans avant de décéder à Los Angeles. Durant toute sa carrière, Bud Scott a été recherché essentiellement pour la fermeté de son accompagnement et la régularité de son tempo. Davantage sollicité pour ses qualités de rythmicien que pour ses improvisations solistes, il n'en reste pas moins touchant dans ses traits mélodiques à la fraîcheur naïve et désuète.

Johnny Saint Cyr (1890-1966)

Plus connu que Bud Scott puisque doté d'un palmarès plus complet, John Alexander Saint Cyr est lui-aussi un enfant de La Nouvelle-Orléans. Il étudie le banjo et la guitare avec son père avant de former un petit *string band* à l'âge de quinze ans. Plâtrier le jour et musicien la nuit, il vit ainsi pendant quatre ans avant de travailler à plein temps, de 1909 à 1916, dans les orchestres du violoniste Armand Piron, du clarinettiste Martin Gabriel et dans le Tuxedo Jazz Band de Kid Ory. Entre 1917 et 1922, il est successivement engagé sur les *riverboats* par Fate Marable, puis Ed Allen et Charlie Creath. Il joue ensuite une saison dans l'orchestre de Manuel Perez et part pour Chicago en 1923. Durant les huit années qu'il passe dans la cité des Vents, Johnny Saint Cyr est sollicité par les meilleures formations du moment : King Oliver, Jimmie Noone, Doc Cooke, Hot Five et Hot Seven de Louis Armstrong, Red Hot Peppers de Jelly Roll Morton... Mais, un beau jour de 1930, il décide de rentrer chez lui et reprend son métier de plâtrier à La Nouvelle-Orléans pendant près d'un quart de siècle. Il ne réapparaît sur une scène qu'en 1955, sur la côte ouest, aux côtés de l'excellent Paul Barbarin (dms, 1899-1969). Il se fixe à Los Angeles et dès lors, il se produit dans le début des années 60 avec le New Orleans Creole Jazz Band ainsi qu'avec les Young Men of New Orleans, et grave quelques disques avec Kid Ory avant de mourir des suites d'une leucémie. Malgré une assez longue éclipse, Johnny Saint Cyr reste encore aujourd'hui le représentant le plus symbolique de la rythmique new orleans. Que ce soit au banjo, dont il sait utiliser toutes les possibilités harmoniques ou à la guitare, dont il maîtrise parfaitement le jeu d'accords, il apporte une assise et un tempo d'une belle fermeté, que ses partenaires ont toujours recherchés.

Pops Foster (1892-1969)

George Murphy Foster naît entre les cordes. Son frère gratte le banjo, sa sœur taquine la mandoline et c'est tout naturellement qu'il joue de la contrebasse à dix ans dans un *string band* local. Jusqu'en 1917, il connaît la trajectoire classique des orchestres orléanais : Magnolia Orchestra, Kid Ory, Tuxedo Orchestra, Armand Piron, King Oliver. Puis il part en croisière avec Fate Marable, remonte le Mississippi jusqu'à Saint Louis où il joue avec Charlie Creath (tp, s, 1890-1951) et Dewey Jackson (tp, 1900). On le retrouve en 1923 à Los Angeles en compagnie de Kid Ory, puis de Mutt Carey. Il collabore aussi à l'orchestre du pianiste Luis Russell à New York, mais il devient surtout le pilier de la formation d'Armstrong jusqu'en 1940. Après un bref intermède chez Teddy Wilson et Happy Caldwell, Pops Foster quitte soudainement le métier de musicien en 1942 et trouve un emploi dans le métro new-yorkais. On le voit cependant émerger à nouveau au fameux festival de Nice avec Mezz Mezzrow en 1948. Il reviendra plusieurs fois en Europe et traversera tranquillement les années 50/60 avec des musiciens aussi différents que Jimmy Archey (tb, 1902-1967), Papa Celestin, Sammy Price, Earl Hines, Eddie Smith ou Elmer Snowden (bjo, g, 1900-1973). Auteur d'une autobiographie, il a laissé un témoignage passionnant sur la vie des musiciens new orleans. Avec le prestigieux et très énergique contrebassiste Wellman Braud (1891-1966), Pops Foster est un des grands spécialistes du *slap**. Aucunement gêné par les tempos soutenus, assurant avec détermination une présence acoustique à la fois souple et puissante, nuançant avec subtilité la pulsation des lignes de basse traditionnelles, il a su substituer la contrebasse à cordes au tuba sans que le niveau sonore des graves en soit altéré. Défi d'autant plus difficile à relever que les moyens d'enregistrement et de retransmission de l'époque étaient souvent rudimentaires.

Johnny Dodds (1892-1940)

Après avoir étudié sérieusement la clarinette avec le très distingué et vénéré Lorenzo Tio (1884-1933), le jeune Johnny Dodds débute en 1911 dans l'ensemble de Kid Ory. Il y reste sept ans avant de tenter une courte aventure sur le *riverboat Capitol* avec l'orchestre de Fate Marable. Il revient chez Kid Ory en 1919 puis part pour Chicago l'année suivante afin de jouer avec King Oliver en personne. En 1924, il est engagé dans la jeune formation d'Honoré Dutrey (tb, 1894-1935) avant de rejoindre le Hot Five de Louis Armstrong, avec qui il tournera et enregistrera abondamment entre 1925 et 1927. Parallèlement à ses activités aux côtés de Satchmo, il accompagne une multitude de musiciens comme Kid Ory, Lovie Austin (p, 1887-1972), Jimmy Bertrand (xylo, wb, 1900-1960), Jelly Roll Morton, ainsi que de nombreuses chanteuses de blues. Dans les années 30, il reste fixé à Chicago, où il dirige des formations réduites dans les principaux clubs de la ville. En 1938, il est de passage à New York, enregistre quelques faces et retourne à Chicago où il meurt des suites d'une attaque cardiaque. Tout au long de sa carrière, Johnny Dodds s'est exprimé avec la même aisance dans les répertoires du blues et du new orleans. Son sens du contrepoint, son attaque incisive, souvent dure, l'émission parfois un peu étranglée de son phrasé font de lui un des clarinettistes les plus originaux du style orléanais. Sa science magistrale du placement dans le jeu collectif lui a également permis de se glisser avantageusement dans les méandres des parties de trompette.

Jimmie Noone (1895-1944)

Cet autre élève de Lorenzo Tio et de l'école créole se démarque de son confrère Johnny Dodds par un jeu chantant, une sonorité boisée et un vibrato volatil, que certains jugent parfois trop roucoulant. Technicien irréprochable et clarinettiste lyrique, le jeune Jimmie Noone subit également l'influence de Sidney Bechet, avec qui il fait ses premières classes dès l'âge de quinze ans. En 1913, il rentre dans l'orchestre de Freddie Keppard mais décide rapidement de monter son propre orchestre, le Young Olympia Band. À l'occasion, il lui arrive de jouer avec Kid Ory et Papa Célestin jusqu'au jour où il part à son tour pour Chicago, après la fermeture de Storyville. Il y retrouve Freddie Keppard, avec qui il se produit dans l'Original Creole Band. À l'automne 1918, il côtoie King Oliver et Bill Johnson au Royal Garden, loue ponctuellement ses services dans différentes formations et s'installe six années durant dans l'orchestre de Doc Cooke. En 1926, il forme, avec le pianiste Earl Hines, un groupe qui tiendra brillamment l'affiche de l'Apex Club jusqu'en 1928. Le groupe durera encore trois années et se produira dans d'autres salles importantes de Chicago. Pendant toutes les années 30, Jimmie Noone va tourner inlassablement entre New York, Chicago et La Nouvelle-Orléans, constituant divers orchestres, animant les soirées de nombreux clubs, fréquentant des partenaires de plus ou moins grande importance. En 1943, il se rend en Californie, où Kid Ory l'engage pour enregistrer et participer aux programmes radiophoniques d'Orson Welles. Mais Jimmie Noone profitera peu de cette étape qui promet enfin une stabilité apaisante dans cette carrière déjà très remplie, ballottée par des tournées incessantes et des activités tous azimuts. Foudroyé par une crise cardiaque en avril de l'année suivante, il repose à Los Angeles, loin du grand Delta, dont il est un des fils prodigues.

Warren « baby » Dodds (1898- 1959)

Dernier-né d'une famille de six enfants et frère cadet du clarinettiste Johnny Dodds, celui que l'on surnomme familièrement « baby » est l'un des plus grands batteurs du new orleans. Il apprend très jeune la batterie avec différents professeurs du cru : Dave Perkins, Louis Cottrell et Walter Brundy. Il fait sa première incursion professionnelle dans le *brass band* de Bunk Johnson avant de jouer avec les orchestres de Papa Celestin, Frankie Dunsen, Roy Palmer… Entre 1918 et 1921, il va voguer à son tour sur les *riverboats* chaloupés de Fate Marable et, comme les autres, il subira l'appel du Nord. À Chicago, il fait partie du groupe de King Oliver jusqu'en 1922, puis il travaille avec Honoré Dutrey, Freddie Keppard, et son frère Johnny. De 1925 à 1940, il joue avec de nombreux orchestres, se produit avec les musiciens en vogue de son époque sans jamais s'éloigner longtemps du groupe de son frère, dont il tiendra fidèlement les tambours jusqu'au décès de Johnny. Il passe ensuite chez Jimmie Noone, fonde un quartette et, en 1944, il rejoint Bunk Johnson, qui connaît un regain d'intérêt à la faveur du *new orleans revival*. Il participe au festival historique de Nice en 1948, aux côtés de Mezz Mezzrow, mais à son retour aux États-Unis il est frappé par une crise cardiaque qui le laisse partiellement paralysé. Malgré la précarité de sa santé, il continue néanmoins de se produire en club de manière intermittente. Warren « baby » Dodds est le batteur archétypique du new orleans. La modulation* de ses roulements, la place privilégiée des fûts, son emploi forcené des *wood-blocks* (morceaux de bois) et des *cow-bells* (cloches de vache), sa pulsation régulière sur la grande cymbale et ses breaks intempestifs l'ont placé parmi les premiers percussionnistes de sa génération, à mi chemin entre la tradition ancestrale africaine et l'exploration urbaine des pionniers orléanais.

Zutty Singleton (1898-1975)

Arthur James Singleton commence à frapper ses tambours louisianais au Rosebud Theatre en 1915. Les principaux orchestres locaux ne tardent pas à faire appel à ses services : Papa Celestin, Big Eye Louis Nelson, Luis Russell, John Robichaux, Charlie Creath et, bien entendu, l'inévitable Fate Marable… Dès 1924, celui que l'on surnomme désormais « Zutty » Singleton s'intègre dans le milieu musical de Chicago et travaille abondamment avec Doc Cooke, Dave Peyton, Jimmie Noone, ainsi qu'avec les groupes de Clarence Jones et de Carroll Dickerson, où il est engagé en même temps que Louis Armstrong, son compagnon de la première heure dans la cité du Croissant. Satchmo et Zutty se retrouveront souvent le long de leur carrière et collaboreront à des enregistrements de première importance. Arrivé à New York, Zutty Singleton devient l'un des batteurs les plus recherchés de sa génération. Jusqu'à la fin des années 60, il tourne et enregistre sans relâche avec des musiciens de toutes obédiences : Fats Waller, Jelly Roll Morton, Jimmie Noone, Bubber Miley, Tommy Ladnier, Bill Robinson, Roy Eldridge, Henry Allen, Mezz Mezzrow, Sidney Bechet, T. Bone Walker, Slim Gaillard, Eddie Condon, Joe Marsala, Art Hodes, Bobby Hackett, Hot Lips Page, Bill Coleman, Wilbur DeParis, Tony Parenti, Alberta Hunter… et bien entendu Louis Armstrong, qu'il ne perdra jamais de vue. Il a également dirigé sa propre formation en Californie et a participé lui-aussi aux shows radiophoniques d'Orson Welles, ainsi qu'à des films hollywoodiens tels que *Stormy Weather* (1943), *New Orleans* (1946) ou *Turned-Up* (1949). L'éclectisme de

Zutty Singleton et la multiplicité de ses emplois s'expliquent par l'attention aiguë qu'il a toujours su porter à ses partenaires. Trait d'union entre la tradition orléanaise et le développement moderne de la batterie, il sait moduler ses interventions au service des solistes sans jamais défaillir dans la régularité du tempo. Soliste et improvisateur efficace en même temps qu'accompagnateur indéfectible, Singleton se débarassera peu à peu des accessoires percussifs de La Nouvelle-Orléans pour développer essentiellement un jeu de grosse caisse puissant et métronomique, une caisse claire très nuancée et une cymbale cloutée éblouissante de souplesse. Chez Singleton, la fidélité aux traditions est toujours compatible avec un souci d'évolution.

Tommy Ladnier (1900-1939)

Le parcours de ce globe-trotter démarre en Louisiane sous la protection de Bunk Johnson, qui lui donne ses premières leçons de trompette. En 1917, il part pour Chicago et joue avec Ollie Powers (dms), Milton Vassar (v), Fate Marable et King Oliver, après avoir fréquenté Charlie Creath au cours d'une halte à Saint Louis. Puis il embarque pour l'Europe en 1925 et va rejoindre Sam Wooding (p, 1895-1983). L'année suivante, il quitte la formation à Berlin et part en Pologne puis en URSS au sein d'une revue de music-hall. En 1926, il retourne aux États-Unis, travaille à Baltimore et à New York avec Billy Fowler (s) avant de rentrer dans l'orchestre de Fletcher Henderson. Dès 1928, il refait ses bagages pour le Vieux Continent, rejoint Wooding puis est engagé en France chez Bennie Peyton avant de se rendre en Espagne avec le groupe de Herb Flemming (tb, 1898-1976). En 1930, il se retrouve dans l'orchestre de Noble Sissle et effectue une longue tournée de deux ans : Paris, Londres, New York, Paris, en passant par de nombreuses escales. Il finit par retourner à New York en 1932 et forme les New Orleans Feetwarmers avec Sidney Bechet, son ancien compagnon de route rencontré en URSS quelques années auparavant. Cependant, la crise des années 30 contraint les deux compères à tenir une échoppe de vêtements d'occasion. Tommy Ladnier ne réapparaîtra qu'en 1937. Il enregistre avec Sidney Bechet et Mezz Mezzrow grâce à Hugues Panassié (prod), participe au concert « From Spirituals to Swing » (1938), accompagne Rosetta Crawford (voc) et meurt d'une crise cardiaque alors qu'il n'a pas encore quarante ans. Excellent musicien de blues, souvent recherché par les *classic blues singers,* Tommy Ladnier se caractérise avant tout par un jeu dépouillé, parfois d'une extrême austérité, à l'expression profonde et sombre. Les faces gravées avec l'orchestre de Fletcher

Henderson ou avec son ami Bechet donnent une idée magistrale de ses solos où l'ascèse rivalise avec la mélancolie.

Albert Nicholas (1900-1973)

Ce clarinettiste créole a lui aussi parcouru bien des territoires. Il commence à jouer de la clarinette à dix ans, se perfectionne avec Lorenzo Tio et se forme au contact de musiciens locaux. Après trois ans de service militaire dans la marine, entre 1916 et 1919, il se lance dans le métier en jouant dans divers orchestres de La Nouvelle-Orléans et en créant sa propre formation pour animer les nuits du Tom Anderson's Cabaret. En 1924, il se retrouve à Chicago dans l'écurie de King Oliver et trois ans plus tard, il prend le large pour Shanghai avec l'orchestre de Jack Carter. En 1927, il se produit en Égypte dans des clubs du Caire et d'Alexandrie, puis fait une pause rapide dans une revue parisienne au théâtre de la Porte-Saint-Martin, avant de retourner aux États-Unis. De 1928 à 1941, Albert Nicholas promène sa clarinette chez Luis Russell, Chick Webb, Sam Wooding, Red Allen, Jelly Roll Morton, John Kirby, Louis Armstrong, Zutty Singleton, Bob Burnet. Il quitte soudainement le milieu musical pour un emploi de vigile dans le métro de New York. Attiré par les sirènes du *revival,* il repart en balade vers la fin de l'année 1945 avec Art Hodes, Bunk Johnson, Kid Ory ou Ralph Sutton. Entre 1949 et 1953, il dirige sa propre formation sur la côte ouest, puis il passe brièvement à Boston, chez Rex Stewart, avant de s'envoler pour la France. Il tourne en clubs, se produit dans les festivals européens en tant que soliste et finit paisiblement ses jours en Suisse, dans la ville de Bâle. Partagé entre le style orléanais et le swing, Albert Nicholas s'est débarassé de l'influence de Jimmie Noone, qui l'a fortement inspiré, pour se forger progressivement un style personnel original. Sonorité limpide, phrases fluides, envols dans l'aigu, sens du contraste, imagination raffinée, il est assurément l'un des grands jongleurs de clarinette de La Nouvelle-Orléans.

Jimmy Harrison (1900-1931)

James Henry Harrison est né au Kentucky et fait partie de ces héros du new orleans qui n'ont jamais mis les pieds à La Nouvelle-Orléans, n'ont jamais emprunté les bateaux à aubes, ni fait le voyage initiatique vers Chicago, mais qui pourtant ont imposé leur talent à force de travail et d'invention. Il commence à étudier le trombone à l'âge de quinze ans, se passionne pour le base-ball, au point de le pratiquer en semi-professionnel, tout en chantant dans une troupe de *minstrels.* En 1919, il forme un premier orchestre à San Francisco. On le retrouve à Detroit chez Charlie Johnson, Sam Wooding et Hank Duncan, puis à Toledo avec June Clark et James P. Johnson. En 1924, il est à New York en compagnie des saxophonistes Fess Williams et Charlie Smith et, dès 1927, dans l'orchestre de Fletcher Henderson, avec qui il enregistre des faces superbes. Il reste très peu de temps chez Duke Ellington, revient chez Henderson et arrive en 1931 dans le big band de Chick Webb, juste avant de mourir des suites d'un ulcère gastrique. Malgré une courte existence, Jimmy Harrison est un tromboniste de premier plan qui a su extraire l'instrument de la masse collective pour en faire une voix soliste à part entière. On raconte qu'au hasard d'une tournée il eut la révélation du jazz new orleans à Chicago, en écoutant Louis Armstrong avec King Oliver. L'histoire est suffisamment symbolique pour que l'on puisse y croire. On sent effectivement, dans l'équilibre de son phrasé, la qualité du son et les trouvailles mélodiques, comme une tentative aboutie d'adapter le brio d'Armstrong sur un instrument qui fut longtemps ingrat et tenu dans l'ombre des trompettistes.

Red Allen (1908-1967)

Né dans les faubourgs de La Nouvelle-Orléans, Henry Allen, Jr fait ses débuts de trompettiste précoce dans l'Excelsior Band, de son père, le fameux chef d'orchestre Henry Allen, Sr (1877-1952). Dès seize ans, cet enfant de la balle ira voir d'autres horizons chez Sam Morgan, George Lewis, John Handy et sur les *riverboats* avec Sidney Desvignes. En 1927, il est engagé à Saint Louis par King Oliver, qui l'entraîne avec lui à New York. Après avoir fait ses premiers pas en studio, Henry « Red » Allen revient à La Nouvelle-Orléans et joue de nouveau sur les *riverboats* avec l'orchestre de Fate Marable. Mais en 1929, il refait ses valises pour New York, commence à enregistrer sous son nom et refuse un engagement chez Duke Ellington pour pouvoir retrouver ses amis orléanais dans la formation de Luis Russell. Entre 1932 et 1934, Red Allen joue chez Fletcher Henderson, puis passe trois ans dans le Mills Blue Rhythm Band où il obtient son premier succès discographique avec sa composition *Ride Red Ride.* En 1937, après deux brèves apparitions dans les orchestres de Duke Ellington et d'Eddie Condon-Joe Marsala, il est employé comme accompagnateur de Louis Armstrong, dont il est un fervent disciple. En 1940, il prend son autonomie et fonde son propre orchestre qu'il mènera de New York à San Francisco en passant par Boston, Chicago ou Londres, pendant près d'un quart de siècle. Il meurt d'un cancer à New York, quelques semaines après avoir effectué une prestigieuse tournée anglaise, et laisse derrière lui une abondante production discographique, que ce soit sous son nom ou aux côtés de Fats Waller, Billie Holiday, Coleman Hawkins, Louis Armstrong, Fletcher Henderson, Don Redman, Luis Russell, Teddy Wilson, Lionel Hampton, Kid Ory… Longtemps considéré comme un simple épigone de Satchmo, il a su cependant se démarquer en privilégiant le murmure feutré, un tendre lyrisme entrecoupé parfois de stridulences pour mieux revenir à une teinte adoucie, en utilisant des figures rythmiques asymétriques sans pour autant négliger le swing et en maîtrisant toujours avec audace des conceptions harmoniques très avancées.

Jabbo Smith (1908-1991)

Un autre trompettiste de poids que l'on a trop souvent cantonné dans un rôle de suiveur ou d'imitateur d'Armstrong. Et pourtant Jabbo Smith est un de ces *musician's musicians* (musiciens pour musiciens) qui fait figure de précuseur et de référence aux yeux de plusieurs générations de trompettistes. À la mort de son père, il apprend la musique dès l'âge de dix ans dans un orphelinat de Caroline du Sud. À quatorze ans, il fait une fugue pour aller jouer en Floride dans l'orchestre d'Eagle Eye Shields. Il revient cependant dans l'établissement, qu'il quittera définitivement en 1924 pour se joindre aux formations de Harry Marsh, Gus Aiken et Charlie Johnson. En 1927, il souffle dans l'orchestre de Duke Ellington et enregistre notamment *Black and Tan Fantasy*. L'année suivante, il suit James P. Johnson en tournée, rentre en studio avec Fats Waller et s'installe à Chicago. Entre 1928 et 1936, Jabbo Smith loue ses services à une multitude d'orchestres : Carroll Dickerson, Earl Hines, Erskine Tate, Charlie Elgar, Bernie Young, Fess Williams, tout en s'occupant de son propre groupe. Puis il passe deux ans chez Claude Hopkins, s'associe avec Sidney Bechet en 1939 et se fixe jusqu'en 1944 à l'Alcazar, un club de Newark, dans le New Jersey. Il joue ensuite à Milwaukee avec son sextette composé de musiciens locaux. À la fin des années 50, il réduit sensiblement ses activités, sans toutefois abandonner la composition et en acceptant de temps à autre de se produire dans des festivals (Newport-1975), de participer aux tournées du show « One Mo'Time » ou de venir en Europe pour y donner quelques concerts (1978, 1982). De regrettables et trop fréquentes tendances à vouloir rejoindre les sphères d'Armstrong – dont il ne pouvait décemment pas être le rival – ont malheureusement tenu Jabbo Smith à l'écart d'une popularité qui aurait pu être éclatante. S'il est exagéré de le considérer comme l'annonciateur d'un Dizzy Gillespie, il n'en reste pas moins vrai que son sens du swing, ses contrepoints décapants et la fraîche innovation de ses solos le situent davantage comme un mutant inspiré qui essaierait de s'extraire de la gangue néo-orléanaise.

Swing

« It don't mean a thing if it ain't got that swing. »
(Ça ne veut rien dire si ça ne balance pas.)
Titre de Duke Ellington

La Grande Guerre a largement contribué à accélérer le processus d'industrialisation de l'Amérique du Nord. Soudés autour d'une cause commune, les États-Unis ont su profiter du développement des usines d'armement et de construction automobile, aussitôt reconverties après le conflit dans la fabrication d'objets de confort. Les *bootleggers* ont bâti leur empire dans les vapeurs de l'alcool de contrebande, le président Hoover exhibe un sourire rassurant, l'économie du pays semble prospère, la population consomme à crédit, les spéculations financières vont bon train et les banquiers se frottent les mains. Mais le 29 octobre 1929, le krach boursier sonne le glas des années 20 et efface soudain les mirages de l'*american way of life*. Quelques hommes d'affaires se défenestrent avec grâce, d'autres tentent de sauver la face. L'Amérique tout entière découvre soudain le marasme économique et la misère urbaine, que l'on feignait d'ignorer jusqu'alors. Pas moins de douze millions de chômeurs viennent grossir les files d'attente des bureaux d'emploi. Le malaise social est terrible et le monde du spectacle n'échappe pas à la crise. De profondes mutations vont bouleverser le milieu musical qui, paradoxalement, saura se ressaisir rapidement en profitant des effets pervers de la crise et de l'Amérique meurtrie. Les cabarets exigent des paillettes, du mouvement et du bruit, le public désire s'étourdir dans le mirage d'une prospérité d'apparat, dans l'ivresse de la danse et les artifices du luxe pour mieux bercer ses désillusions et tenter d'oublier la récession. On veut effacer le stress dans une profusion de strass et secouer son spleen dans les convulsions du swing.

L'ère swing

Face à la crise économique et à la montée du chômage, le président Franklin Delano Roosevelt, élu en 1932, n'hésite pas à abandonner les vertueux interdits de l'Amérique puritaine. La possibilité de créer des emplois dans une industrie légalisée de boissons alcooliques balaie toute idée de moralisme qu'une société en perdition ne peut plus soutenir. En février 1933, le Congrès approuve donc une proposition d'amendement constitutionnel en vue d'abroger la prohibition. Moins d'une année plus tard, le 21e amendement est adopté et l'alcool est de nouveau autorisé. Cette résolution n'est pas sans conséquence douloureuse. La pègre se reconvertit avec succès dans le trafic de stupéfiants, en utilisant tous les moyens pour stimuler la demande. Un autre fléau, certainement plus dangereux que l'alcool, s'abat sur la société américaine et l'utilisation des drogues dures aura malheureusement de lourdes incidences sur la carrière de certains artistes.

Cependant, il ne faut pas attendre le désastre du krach de 1929 et le rétablissement de la consommation légale d'alcool pour que s'opère la mutation progressive du jazz. Il serait trop simple de considérer ces fractures sociales comme les seuls éléments de la métamorphose des formules orchestrales. Certes, l'institutionnalisation des big bands spectaculaires au cours des années 30 représentera l'image d'un luxe illusoire et facilement accessible, un prodigieux soutien aux couples de danseurs et un moyen de résoudre le chômage des musiciens, mais l'arrangement polyphonique et le traitement des masses sonores ont déjà vu le jour dans le courant des années 20.

Nous avons observé que l'expression collective du jazz archaïque d'inspiration orléanaise a cédé du terrain sous la pression intempestive des solistes, notamment de Louis Armstrong ou de Sidney Bechet. De même, dès 1923-1924, la structuration polyphonique initiée par la formation de Fletcher Henderson (voir plus loin) ainsi que les tentatives de « jazz symphonique » lancées par Paul Whiteman (voir plus loin) ont amené progressivement les chefs d'orchestre à augmenter le volume des orchestres. Entre 1925 et 1929, dans cette période encore florissante, qui baigne dans les profits de l'alcool clandestin, les liquidités ne manquent pas, la main-d'œuvre musicale est plutôt bon marché et, de fait, les grosses formations s'avèrent très rentables dans les shows à succès de Broadway. Les événements politiques et les chamboulements socio-économiques du début des années 30 vont seulement amplifier cette tendance, cristallisant ainsi la formule du grand orchestre et permettant son succès dans l'industrie du spectacle. La plupart des interprètes des styles new orleans ou chicago* subiront de plein fouet ce changement soudain des mentalités et des conditions de vie. Certains seront assez habiles pour s'adapter aux nouvelles exigences du public mais la plupart des pionniers quitteront le métier au cours des années 30 et devront se reconvertir dans d'autres activités. Ainsi, la nouvelle décennie va vivre dans la folie des cabarets et le tourbillon des dancings, la clarté zébrée des néons de Broadway et la lueur vacillante des premiers postes de radio. Désormais, les Américains répondront à ce nouveau mot d'ordre du jazz : le swing. Ils se jetteront en chœur dans la furieuse mêlée du swing, parleront et chanteront swing, travailleront, s'aimeront et rêveront swing. Point de salut hors du swing triomphant.

La définition même du mot « swing » entraîne toujours des développements hasardeux et provoque chez les critiques ou les auditeurs des discussions interminables dont personne ne ressort jamais vraiment satisfait. Tout d'abord, l'ambiguité du terme réside dans son double sens. Premièrement, le swing est un style musical qui voit son apogée entre 1935 et 1945, et que l'on baptise également *middle jazz** (jazz du milieu) ou *mainstream** (courant principal). Secondement, et peut-être essentiellement, le swing est la vertu rythmique qui définit souvent l'essence d'un morceau de jazz. Le musicologue André Hodeir, qui a beaucoup écrit – et fort intelligemment – sur les problèmes du jazz, a abordé la question avec circonspection : « Il est presque impossible d'analyser un élément aussi peu palpable que le swing. Cette notion, qu'on ne peut expliquer valablement, qu'on ne peut noter sur le papier, ce phénomène, qui ne préexiste en aucune façon à une œuvre dont il arrive pourtant qu'il soit la vertu majeure, semble se dérober à toute tentative de rationalisation. Nous savons que swinguer est un acte ; mais cet acte n'est pleinement saisi que par la sensibilité du sujet qui en perçoit l'effet. » Au risque de se fourvoyer dans un domaine inextricable, on peut tout de même tenter quelques approches qui, sans être jamais complètes ni suffisamment explicites, peuvent fournir un éclairage d'ordre intuitif.

La notion de swing implique plusieurs composantes, à la fois objectives et subjectives, que l'on peut décliner ainsi : respect de la régularité du tempo, mise en place des syncopes, articulation des phrasés, accentuation flottante sur les temps faibles et glissements fugaces sur les temps forts, opposition entre tension et détente, souplesse de l'énoncé et pulsation fondamentale. Autant de facteurs sur lesquels viennent se greffer l'habileté instrumentale, la chaleur expressive, la décontraction naturelle, la maîtrise de l'improvisation* et le pouvoir d'imagination. L'effet de balancement propre au swing s'appuie autant sur des éléments techniques que sur des manifestations comportementales. Si l'improvisateur requiert souvent le soutien d'une section rythmique homogène, il peut néanmoins broder son intervention à contre-courant, en opposition à l'infrastructure du morceau, pour imprimer des contrastes, des retenues ou des rebonds qui étirent ou syncopent la mélodie, mais il peut également choisir de calibrer ses phrases en adéquation avec le tempo, respectueux de la vitesse et des accentuations métriques du thème tout en infléchissant imperceptiblement la mise en place par sa propre respiration intérieure et la plus ou moins grande vitalité qui l'anime. En ce sens, au sein d'un même ensemble et face à un thème identique, il n'y a pas un musicien de jazz qui swingue de façon semblable à un autre. Au-delà des caractères spécifiquement techniques, il y a une part d'indicible dans l'apparition ou l'absence de swing. Le solfège n'aide en rien à la compréhension du swing, et les mots pas davantage. Interrogés sur la question, les musiciens se contentent souvent de hausser les épaules, éventuellement de claquer des doigts ou de fredonner, car leur perception du swing ne relève jamais d'un processus intellectuel. Il s'agit pour eux d'une respiration intime, d'une conception personnelle de la flexibilité du temps et de l'espace, une sensation cénesthésique impossible à fixer, un sentiment jubilatoire de délivrance qui ne passe pas forcément par l'exubérance mais plutôt par une oscillation vitale entre tension et décontraction, entre le temps mesuré et le temps vécu.

Aujourd'hui encore, le mot swing est employé à tort et à travers dans des domaines invraisemblables, galvaudé par des publicitaires en manque d'imagination et abusivement colporté par des musiciens qui en sont tout à fait dépourvus. Jusqu'à cette définition cocasse du *Petit Robert,* devant laquelle on ne peut que ricaner : « Manière de danser sur une musique très rythmée, inspirée du jazz américain, à la mode entre 1940 et 1945. Musique de jazz plus ou moins abâtardie. » Erreur de date et de jugement, le mot se dilue dans un fatras d'appréciations oiseuses et finit par perdre tout son sens.

Il n'est pas étonnant que le terme swing soit pleinement revendiqué dans les années 30 et historiquement associé à l'apogée des grands orchestres. Les jazzmen des années 20 ont peu à peu abandonné le rythme sautillant, et parfois cahotant, des marches orléanaises à deux temps pour faire place à la mesure à quatre temps, dont le flux rythmique est plus propice à la danse et à la fluidité du discours instrumental. La mesure à 4/4 a subi des fluctuations et s'est assouplie à son tour en développant une sorte de conflit rythmique à l'intérieur de la mesure et dont la marque essentielle est l'accentuation des temps faibles (deuxième et quatrième temps) soulignés par la cymbale charleston* dans le jeu de batterie. Dans le sens de cette évolution, le phrasé ternaire est lié à la notion de swing. Il s'agit d'une décomposition de chaque temps d'une mesure en triolet de croches, par opposition au jeu binaire, qui dissocie chaque temps en deux croches égales. Pour faciliter l'écriture, les thèmes sont souvent écrits en binaire mais par convention, ils doivent se lire en ternaire. Selon les tempos utilisés, la découpe des croches est plus ou moins marquée. Le jeu ternaire est davantage privilégié sur les tempos lents ou medium et a souvent tendance à s'estomper lorsque le tempo est très rapide. De fait, le choix du tempo est primordial pour que s'épanouisse le swing de chaque interprète.

Ainsi, le swing est tributaire de cette alchimie impalpable entre la technique musicale et des éléments irrationnels tels que le profil psychologique de l'instrumentiste et sa perception biologique du rythme. Le swing des big bands des années 30 sera fonction de l'abandon partiel des différentes conceptions individuelles au profit d'une unité au sein de l'orchestre. Cependant, comme le souligne le critique américain Nat Hentoff : « La faculté de swinguer doit être d'abord chez chaque musicien prise en particulier. Un musicien qui aurait besoin, pour swinguer, de la section rythmique serait dans la situation d'un prétendant évincé qui ne comprendrait pas que, pour recevoir de l'amour, il faut d'abord être capable d'en donner. » Davantage que le partage eucharistique d'un swing transcendantal, il s'agit donc de donner sa parcelle de swing intérieur au service d'un projet communautaire. Le talent des grands orchestres des années 30 s'est souvent forgé à ce prix : l'abnégation volontaire de chacun pour la consécration de l'ensemble.

Curieusement, le swing, qui au départ est une des composantes vitales des musiciens noirs, s'est progressivement dégagé, affirmé et développé au cours de l'histoire du jazz *mainstream* sur un répertoire d'inspiration blanche, issu de la comédie musicale. Les jazzmen noirs ne manqueront certes pas d'écrire des thèmes originaux mais il est indéniable que la plupart des grands orchestres swing ont connu leur apothéose en puisant souvent dans les chansons de variétés de la 28e Rue de New York, plus connue sous le nom de Tin Pan Alley. Les compositions de George Gershwin et de son frère cadet Ira, de Cole Porter, Jerome Kern, Irving Berlin, Richard Rodgers, Harold Arlen, Vernon Duke, Hoagy Carmichael, etc, viendront alimenter les pupitres des big bands de Fletcher Henderson, Duke Ellington, Count Basie ou Jimmie Lunceford. Ces canevas harmoniques limités et ces formules mélodiques conventionnelles, reposant le plus souvent sur une structure de trente-deux mesures, répartie selon un schéma AABA, ont fourni un nombre important de standards. Remodelés, relus, ranimés et réinventés, ces rengaines de Broadway ont trouvé une nouvelle existence dans le cœur du quartier de Harlem, situé au nord de l'île de Manhattan. Une enclave tumultueuse et colorée, nichée au-delà de la 110e Rue et de Central Park, longée au nord par la 158e Rue, bordée à l'est par l'East River et à l'ouest par Amsterdam Avenue.

Harlem Renaissance

Avant de devenir le ghetto noir le plus symbolique des États-Unis, le quartier de Harlem est, au début du siècle, un havre de paix, verdoyant et assez résidentiel, habité par des classes aisées blanches, constituées d'immigrants juifs, irlandais, allemands et italiens. À partir des années 20, et surtout avec la grande dépression, Harlem devient la plus importante agglomération noire du pays. Les promesses économiques de la mégapole new-yorkaise ont fait affluer les migrants partis du *Deep South* à la recherche d'un travail. Selon un processus inexorable, le quartier se vide rapidement de sa population blanche. Pour des raisons de spéculation foncière et en l'absence de métro à l'est de Lenox Avenue – détail bizarrement oublié par les promoteurs – Harlem est livré à l'abandon, sans que les infrastructures en soient améliorées. Peu à peu, les immeubles et les résidences libérés par les Blancs sont subdivisés en petites unités de logement et se dégradent sensiblement faute de moyens suffisants. Le gangstérisme s'y installe progressivement, les maquereaux et les prostituées y croisent les pasteurs de l'Église baptiste abyssienne et les familles de la bourgeoisie noire dans une atmosphère hétéroclite et bouillonnante où se mêlent les universitaires et les ouvriers, les opulents et les démunis, les baptêmes et les funérailles, la danse et la prière, le sommeil respectable des uns et l'insomnie marginale des autres ; un îlot de contrastes que nous retrouvons sous la plume éclatante et intarissable de l'écrivain Chester Himes : « Voici Harlem, USA, une cité de contradictions. Une ville de Nègres, isolée dans le centre de New York City. Une cité d'une pauvreté incroyable côtoyant d'énormes fortunes. Une cité d'humbles et de violents. Une cité pleine de bordels, de bars et d'églises. Voici la partie nommée Sugar Hill (colline de Sucre), où vivent les nantis, les chefs, les professionnels, les patrons des jeux. Voici l'endroit nommé The Valley (la Vallée) où ceux qui ont faim gagnent une maigre pitance et s'épient mutuellement. The Valley est une mer emplie de poissons cannibales. Mettez votre main dedans et vous en retirerez un moignon. »

Harlem a été, durant les années 20, le théâtre d'une activité intellectuelle remarquable, avant de devenir ce ghetto insalubre, totalement abandonné par les autorités, ce quartier de violence et de misère que l'on connaît aujourd'hui. Surnommé « La Mecque de la bohème noire », Harlem connaît, entre 1924 et 1930, une des périodes les plus fastes de la culture afro-américaine avec ce qu'il est convenu d'appeler la « Black Renaissance », marquée par l'apparition de poètes et d'écrivains noirs de premier plan tels le fabuleux Langston Hughes, mais aussi James Weldon Johnson, Paul Laurence Dunbar, Claude McKay, Countee Cullen ou le photographe visionnaire James Van der Zee. Si le terme de « renaissance » peut sembler exagéré, il s'agit néanmoins d'un nouvel élan du peuple noir vers l'affirmation de sa culture et de sa modernité au sein de l'hostilité urbaine. Bien entendu, les musiciens de jazz occuperont une place prépondérante dans ce mouvement. Notamment avec l'émergence des cabarets et des dancings, qui fleurissent sur le pavé harlémite dans des effets de lumières et de miroirs toujours plus spectaculaires. Parmi ces night-clubs étincelants, souvent groupés aux alentours de la 133e Rue entre Lenox et la 7e Avenue – un secteur désigné sous le nom de Beale street – on peut citer Le Banville Club, l'Exclusive Club, le Clam House, le Plantation, le Lafayette, le Connie's Inn, le Small's Paradise, etc., mais surtout trois lieux mythiques qui ont énormément marqué l'histoire du jazz : le Cotton Club, le Savoy Ballroom et l'Apollo Theatre.

Le Cotton Club est inauguré en automne 1923 par le gangster Owney Madden, qui a racheté l'ancien Club Deluxe pour l'aménager en cabaret afin d'écouler son alcool de contrebande. Situé à l'angle de la 142e Rue et de Lenox Avenue, le Cotton Club propose des spectacles brillants dans la tradition des revues noires de Broadway. La capacité de la salle a été portée à sept cents places, réparties en fer à cheval sur deux niveaux. Les décors y sont luxuriants, peuplés de palmiers artificiels et d'évocations hétéroclites d'une jungle originelle, fastueusement kitsch. Au menu : plusieurs plats chinois, mexicains ou typiquement harlémites (poulet frit et travers de porc), des breuvages illicites, des danseuses savamment dénudées, des contorsions scandaleuses, des refrains à double sens, un service d'ordre élégant et draconien, des tarifs prohibitifs et… les meilleurs orchestres swing du moment. Les artistes sont invariablement noirs alors que le public à la recherche de frissons exotiques est essentiellement blanc. La plupart du temps, on recrute pour le ballet des Cotton Girls une nuée de jeunes filles métisses à la peau claire afin de rassurer le bourgeois en goguette. La politique raciale est extrêmement rigoureuse, autant dans la salle que dans les coulisses. La première danseuse à la peau réellement noire sera embauchée seulement en 1932 et s'appellera Lucille Wilson avant de devenir Mme Louis Armstrong. Mais malgré ces conditions difficiles, le succès du club est tel que tous les meilleurs orchestres noirs s'y succèdent : Duke Ellington, Cab Calloway, Jimmie Lunceford, Andy Kirk. La fin de la Prohibition en 1933 est un coup dur pour le club. Des règlements de comptes sanglants entre gangs rivaux, des émeutes raciales dans le cœur de Harlem amènent le Cotton Club à fermer ses portes pour emménager plus loin dans le quartier blanc de la Great White Way, au croisement de Broadway et de la 7ᵉ Avenue. La seconde version du Cotton Club présente des revues tout aussi somptueuses. Ellington et Calloway s'y croisent de nouveau, les claquettes du *tap dancer** Bill « Bojangles » Robinson survoltent le public, les chanteuses Ethel Waters et Sister Rosetta Tharpe connaissent des triomphes ainsi que Louis Armstrong, qui est engagé à l'automne 1939. Satchmo, jusque-là considéré par la direction comme *a little too negro* (un petit peu trop nègre), remporte un gros succès, mais les shows du type Ziegfeld Follies n'attirent plus les foules, la concurrence des orchestres blancs qui produisent une musique plus simple se fait durement sentir, de gros problèmes fiscaux surgissent et le Cotton Club ferme le 10 juin 1940, marquant ainsi la fin d'une époque.

Le Savoy Ballroom, surnommé « le plus beau dancing du monde », a été ouvert le 12 mars 1926. Contrairement à d'autres cabarets tels que le Cotton Club ou le Connie's Inn, qui se consacrent davantage aux revues, le Savoy privilégie la danse et propose aux amateurs de charleston, black-bottom, lindy hop, jitterbug et big apple, une vaste piste en parquet d'environ mille mètres carrés. Deux orchestres alternent en permanence et des batailles sont souvent organisées entre les deux big bands qui animent la soirée. Pour la formation qui remporte les suffrages du public, c'est souvent l'occasion d'asseoir solidement sa réputation. Le Savoy est le grand laboratoire musical de l'époque, les enjeux sont vivifiants et chacun a la volonté de s'imposer dans ce temple dédié à la gloire du swing. Count Basie en a toujours conservé un souvenir ému : « On avait un trac terrible parce que le Savoy, c'était vraiment quelque chose. C'était une salle à part. Tous les plus grands orchestres de swing des États-Unis rêvaient d'y jouer pour se mesurer à ses danseurs et à son public [...] Nous jouions exactement ce que nous voulions. Personne ne venait jamais nous dire ce qu'il fallait jouer, aucun directeur ne venait jamais nous faire remarquer que l'orchestre jouait trop vite ou trop lent ou trop fort. Quand on travaillait au Savoy, on jouait ce qu'on savait jouer, parce qu'on avait été engagé pour ça. Cela faisait une grande différence, et l'on se sentait comme chez soi. » Parmi quelques uns des héros du Savoy Ballroom, on compte King Oliver, Duke Ellington, Cab Calloway, Louis Armstrong, Jimmie Lunceford, les Savoy Sultans, Benny Carter, Count Basie et le fracassant Chick Webb, longtemps considéré comme le roi du Savoy, lieu qu'il a su populariser avec sa version du morceau *Stompin'at the Savoy* en 1934. Avant d'être démoli en octobre 1958, Le Savoy Ballroom accueille encore les orchestres de Lucky Millinder, Andy Kirk et Nat Pierce, sans pouvoir toutefois endiguer la désaffection du public pour les orchestres swing et incapable de faire face à la montée triomphante et révolutionnaire du bop après la Seconde Guerre mondiale.

L'Apollo, situé sur la 125e Rue et que l'on considère toujours comme le panthéon de la musique noire, a pourtant démarré ses activités en 1910 dans un Harlem exclusivement habité par une population blanche. C'est à partir des années 30, avec l'expansion de la population noire, que l'Apollo commence à accueillir des artistes de couleur. L'établissement devient rapidement un lieu de passage obligé pour toutes les étoiles du jazz. De Louis Armstrong à John Coltrane, en passant par Chick Webb, Duke Ellington, Count Basie, Fletcher Henderson, Bessie Smith, Dizzy Gillespie, B. B. King et une multitude d'autres noms tout aussi prestigieux, l'Apollo a suivi l'évolution du jazz, mais aussi du gospel et du blues. À partir des années 60, le jazz s'y fait plus rare et laisse la place au rhythm'n blues, à la soul et à la musique funk (voir chapitre correspondant). La turbulence et l'exigence du public y sont toujours légendaires et les musiciens qui viennent tenter leur chance dans les concours d'amateurs redoutent le jugement parfois cruel de l'applaudimètre. Fermé temporairement en 1978, l'Apollo rouvre en 1984 et reste aujourd'hui une étape indispensable pour toutes les vedettes montantes ou confirmées de la musique populaire noire.

L'âge d'or des big bands

On considère généralement le big band comme un mastodonte ferraillant aux proportions gigantesques. Pourtant, aucun seuil numérique ne peut être fixé avec exactitude. S'il est vrai que la plupart des big bands présentent entre quinze et vingt membres, le nombre d'intervenants évolue au fil de l'histoire du jazz selon les besoins des chefs d'orchestre, la qualité d'écriture des arrangeurs*, la disponibilité des musiciens, les exigences des patrons de clubs et surtout l'évolution des recherches polyphoniques. La formation de type classique le plus couramment employée se compose d'une section rythmique (piano, basse, batterie, et parfois guitare) à laquelle viennent s'ajouter trois sections instrumentales (saxophones, trombones et trompettes). Chaque section mélodique comporte un nombre plus ou moins défini d'instruments. Par exemple, les anches se répartissent souvent de la façon suivante : deux altos, deux ténors et un baryton.

Avant d'arriver à cette formule « idéale » des premières grandes formations emblématiques de l'époque swing, l'ossature du big band s'est étoffée graduellement. On considère généralement Fletcher Henderson (voir notice plus loin) comme le précurseur dans l'utilisation des sections instrumentales. À partir d'un combo* de taille moyenne qu'il a agrandi par étapes, il a su mettre en forme une collaboration organique entre familles d'instruments afin d'obtenir un son d'ensemble compact, sans toutefois brider la liberté d'improvisation de ses musiciens. Cette évolution sensible, par rapport aux premiers arrangements new orleans de Jelly Roll Morton, sera prolongée et affinée par des chefs d'orchestre-arrangeurs tels Don Redman et Benny Carter (voir plus loin). Les musiciens blancs, favorisés par la ségrégation raciale et propulsés à grand renfort de publicité, sauront s'engouffrer dans cette brèche. De nombreux orchestres comme le Casa Loma Orchestra, de Glen Gray ou ceux de Benny Goodman, d'Artie Shaw, de Glenn Miller et des frères Dorsey profiteront de la mode du swing en utilisant les formules d'arrangements du pionnier Henderson.

Cependant, deux hommes vont irrémédiablement marquer de leur sceau toute l'ère du swing : Edward Ellington et William Basie, le Duke et le Count, les deux seigneurs et maîtres qui se partageront sans aucun conteste les fiefs du swing. De 1935 jusqu'à la fin des années 40, les tendances de New York et de Kansas City vont constituer les deux fondements du style classique (voir notices correspondantes). Dès le début des années 30, Duke Ellington, ainsi que Cab Calloway, Al Cooper ou Chick Webb vont enflammer les dancings de Harlem, alors que simultanément Count Basie, Bennie Moten, Harlan Leonard, Andy Kirk ou Jay McShann vont s'affronter dans les lieux de plaisir de Kansas City à coups de riffs obstinés, imprégnés de blues et propulsés par des sections rythmiques torrides. Un troisième larron viendra perturber les échauffourées du Count et du Duke : Jimmie Lunceford (voir plus loin), seul rival possible, artisan du *bounce* (rebond) et de thèmes sensuellement effrontés, mais dont l'orchestre ne pourra vraiment s'épanouir puisqu'il meurt soudainement en 1947.

L'engouement toujours croissant du public pour la musique de danse et l'apparition du câble radio, qui permet, dès 1927, la diffusion d'émissions en direct du Cotton Club d'une côte de l'Amérique jusqu'à l'autre *(Coast to Coast),* ont fortement accéléré le développement des grosses machines à swinguer. Dans un pays qui compte déjà dans les années 30 plusieurs milliers d'orchestres de jazz, il est impossible de mentionner la multitude de big bands qui traversent les États-Unis de part en part. Parfois sédentaires et solidement affiliés à des clubs de renom, les big bands ont dû souvent circuler pour divulguer leur art de l'*entertainement,* mais aussi pour survivre face à la concurrence toujours plus âpre des formations rivales. Un soir dans un casino sordide, le lendemain dans un hôtel de luxe, un autre jour dans un grand restaurant ou dans un dancing minable, les musiciens sont ballotés de ville en ville, attachés au bus comme à une galère, épuisés par les longues distances, le manque de sommeil, les problèmes de ségrégation dans les États du Sud et la discipline implacable qu'imposent le chef et l'imprésario. Les salaires assurent tout juste la couverture des frais pour le logement et la nourriture, des amendes de plusieurs dizaines de dollars pleuvent pour la moindre tache de graisse sur un uniforme, un instrument qui ne brille pas assez, un retard de quelques minutes… Les conditions de vie sont harassantes et la promiscuité constante est souvent insupportable. Il faudra beaucoup de courage et d'abnégation à tous ces galériens du swing pour se donner chaque soir en spectacle avec la même passion. Billie Holiday a gardé des souvenirs pénibles de ses déambulations avec l'orchestre de Count Basie : « Nous étions épuisés par ces trajets de milliers de kilomètres, sans sommeil, sans répétition ni préparation, et malgré ce, on exigeait toujours de nous la grande classe […] Chaque soir, c'est Lester qui le disait, on arrive dans une ville, on paye deux ou quatre dollars une chambre, on se rase et on jette un long regard au lit ; on va jouer, on rentre, on jette de nouveau un long regard au lit, et on remonte dans le car. »

Tout peut s'arranger

L'histoire des big bands ne peut être dissociée des grands arrangeurs qui ont su mettre leur personnalité au service des leaders. Mais bien avant de devenir une science de haute technicité et cet art accompli de la notation écrite, il faut rappeler que des embryons d'arrangements préexistent durant toute la période new orleans et dixieland sous la forme de conventions verbales, appelées *head arrangement* (arrangement oral). Comme nous l'avons déjà vu, les chefs de *brass bands* tels John Philip Sousa, Arthur Pryor ou James Europe, et plus tard les orchestres de King Oliver, Clarence Williams ou Jelly Roll Morton ont utilisé l'alternance entre passages libres et séquences fixes. Séquences le plus souvent mémorisées, définies de façon tacite, prévues à l'avance lors des répétitions et distribuées avec une relative précision entre les musiciens. Jelly Roll Morton, qui fut le premier à tenter des ébauches d'écriture, avait coutume de dire à ses coéquipiers : « Vous me feriez bien plaisir si vous vouliez jouer uniquement les petites taches noires que j'ai marquées sur le papier. Jouez ce qui est écrit. Pas la peine de vous fatiguer et d'improviser. »

Nous retrouverons cette notion d'*head arrangement* chez Fletcher Henderson et dans la première période de Count Basie où les sections jouent d'oreille ou de mémoire les riffs et les unissons, sans avoir besoin de lire les partitions. Toutefois, si la parenté entre improvisation et arrangement est toujours en vigueur dans les années 20, la codification écrite ne tarde pas à discipliner les sections en répartissant les tâches de chaque instrument avec plus de rigueur. Les *scores** tendent à unifier le groupe et à lui donner sa couleur d'ensemble, sans jamais oublier de laisser les ouvertures nécessaires à l'expression des solistes. Le rôle de l'arrangeur consiste donc à choisir le bon tempo, l'agencement des parties instrumentales, le jeu des questions-réponses entre sections, les mises en place de breaks, l'espace des chorus, la teinte harmonique ou certaines retouches rythmiques. À partir d'une fadaise commerciale ou d'une bluette à la mode, un véritable orchestrateur peut faire œuvre de créateur en modelant et en restructurant le morceau au point de le « recomposer ». En ce sens, il « arrange » vraiment un thème qui au départ présentait peu d'intérêt. De nombreux *stock arrangements* (arrangements passe-partout) ont été publiés par des maisons d'éditions qui voulurent promouvoir les titres de leur catalogue en les destinant à la musique de danse. Par facilité ou poussés par l'urgence, certains big bands renommés se sont parfois servis de ces *scores* tout préparés, prêts à l'emploi, sans saveur particulière mais sans toutefois être trop indigestes, et adaptables à toutes les sauces orchestrales.

Beaucoup de chefs d'orchestre sont des arrangeurs de premier plan, à l'image de Fletcher Henderson et Duke Ellington. Et s'ils sollicitent le concours d'arrangeurs extérieurs à l'orchestre ou directement issus des pupitres, ils n'en continuent pas moins de contrôler la couleur d'ensemble. D'autre part, il n'est pas rare de voir un arrangeur passer à l'acte en montant sa propre formation pour expérimenter *in vivo,* améliorer ses recherches et obtenir enfin une consécration publique dont le prive toujours son travail souterrain d'écriture.

Parmi les grands orchestrateurs de l'époque classique, nous retiendrons des musiciens qui, soit pour leur efficacité populaire, soit pour leur esthétisme raffiné, ont excellé dans la profession d'arrangeur. Certains comme Benny Carter, Billy Strayhorn, Buck Clayton, Mary Lou Williams ou Milt Buckner seront abordés plus loin en tant qu'instrumentistes ou membres influents d'orchestres. Évidemment, la liste d'arrangeurs qui va suivre n'est en rien exhaustive et nous pourrions citer aussi : Charlie Dixon, John Nesbitt, Alex Hill, Edgar Battle, Chappie Willett, Dick Vance, Nat Pierce, Buster Harding, Tab Smith, Skip Martin, Edwin Wilcox, Will Hudson, Bill Finegan, Billy May, Ernie Wilkins, etc. Autant de noms que l'on a tendance à oublier ou que l'on voit apparaître en petits caractères au dos des pochettes de disques, sans toujours bien réaliser leur déterminante besogne.

Don Redman (1900-1964)

Excellent multi-instrumentiste (p, as, ss, cl, voc), celui que l'on surnomme «The Little Giant of Jazz» en raison de sa petite taille et de sa haute stature artistique a poursuivi des études musicales très poussées dans plusieurs conservatoires. Dès 1924, il entre dans l'orchestre de Fletcher Henderson pour qui il signe des *scores* remarquables d'invention et de clairvoyance, n'hésitant jamais à utiliser le potentiel – et parfois le génie – des musiciens qu'il rencontre et déclarant humblement : «J'ai modifié ma façon de faire les arrangements depuis que j'ai entendu Armstrong.» Il enregistre également avec les chanteuses Bessie Smith, Ethel Waters et Ma Rainey, avant de quitter Henderson en 1927. L'année suivante, il prend la direction des McKinney's Cotton Pickers et, à partir de l'expérience acquise chez Henderson, il peaufine des orchestrations d'une subtile souplesse et innove dans sa conception moderne du big band à trois sections mélodiques. *Breaks*, réponses, codas*, *ad lib**, *chase**..., il utilise tous les procédés d'écriture qui permettent de traiter les instruments comme autant de voix singulières, sans nuire à l'homogénéité. De 1931 à 1940, il dirige son propre orchestre, avec lequel il obtient de beaux succès, tout en arrangeant pour Paul Whiteman, Ben Pollack, Isham Jones... Il participe également à des séances d'enregistrement avec Bing Crosby, Fats Waller, Billie Holiday... Lorsque son orchestre est dissout, il devient arrangeur indépendant pour Count Basie, Jimmie Lunceford, Cab Calloway, Jimmy Dorsey... Par intermittences, il se produit à la tête de nouveaux orchestres, mais il consacre surtout les dernières années de sa vie à la radio, à la télévision et à la direction artistique, sans jamais abandonner ses activités d'arrangeur free lance.

Glenn Miller (1904-1944)

Pour le grand public, voici l'homme qui personnifie le mieux les langueurs brûlantes et chaloupées de l'époque swing. De 1926 à 1935, Glenn Miller mène une carrière de tromboniste et d'arrangeur auprès de Ben Pollack, Red Nichols, Benny Goodman, les frères Dorsey et Ray Noble. Il joue énormément dans les spectacles de Broadway, enregistre sans discontinuer, se joint à plusieurs tournées, et au printemps 1935, il monte sa première formation sans toutefois arrêter d'arranger pour des orchestres de radio menés par Glenn Gray, Ozzie Nelson ou Freddie Rich. En 1938, son big band profite d'une bonne politique promotionnelle sur les radios et devient soudainement célèbre sur tout le territoire américain. En septembre 1942, Glenn Miller s'engage dans l'aviation où il dirige The Army Air Force Band. Il reçoit le grade de capitaine, puis de major et contribue à la propagande musicale des USA en assénant un jazz simple, frais, massif et foncièrement optimiste sur les ondes souvent perturbées par les brouillages allemands. Il se rend au Royaume-Uni en 1944 et, le 15 décembre, il s'apprête à rejoindre Paris, nouvellement libéré, mais n'atteindra jamais sa destination. Son avion s'abîme dans la Manche et disparaît dans des conditions jamais élucidées, qui ont laissé libre cours aux suppositions les plus fantaisistes, contribuant ainsi à renforcer la légende de ce héros au swing calibré et raisonnablement débonnaire. Uniforme galonné, casquette d'officier, petites lunettes strictes et batterie de tubes explosifs *(Moonlight Serenade, In the Mood...)*, le major Glenn Miller est le symbole d'une Amérique victorieuse, festive et libératrice qui étourdira des millions de danseurs à la recherche d'un oubli collectif et d'une innocence enfin retrouvée.

Eddie Durham (1906-1987)

Count Basie n'a jamais oublié ce qu'il devait à ce tromboniste texan : « Même au début, quand je dictais des arrangements à Eddie Durham pour l'orchestre de Bennie Moten, je pouvais entendre dans ma tête l'orchestre jouer les passages sur lesquels nous étions en train de travailler. Et Eddie écrivait l'arrangement comme je le voulais, comme je l'entendais. Il pouvait harmoniser chaque section juste comme je le désirais. » L'hommage du Count aurait pu être repris par Glenn Miller, Jimmie Lunceford, Artie Shaw ou d'autres, tant ce brillant arrangeur a su prêter sa plume à des contextes variés sans jamais trahir l'esprit de ses commanditaires. Tromboniste puissant et concis, mais également guitariste au jeu fluide et au tempo infaillible, servi par l'électrification de l'instrument dont il est un des premiers pionniers au point d'influencer Floyd Smith et Charlie Christian (voir plus loin), il s'illustre particulièrement dans sa science de l'écriture orchestrale, créant un style vite identifiable, souvent luxurieusement façonné et ponctué d'un certain humour. Le parcours d'Eddie Durham s'étend sur une longue période qui débute dans les orchestres de parades des années 20 pour finir à New York dans le Harlem Blues and Jazz Band, en passant par les formations de Cab Calloway, Walter Page, Bennie Moten, Andy Kirk, Jimmie Lunceford, Harry James, Count Basie, les Sweethearts of Rhythm, sans oublier de mentionner un passage chez les Kansas City Five, aux côtés de Lester Young.

Jimmy Mundy (1907-1973)

Saxophoniste et violoniste, formé très tôt au sein d'un orchestre évangéliste, il joue à Chicago avec Erskine Tate et Carroll Dickerson avant d'écrire pour Claude Hopkins et Earl Hines au début des années 30. Sa réputation d'arrangeur se confirme surtout durant les décennies suivantes avec Benny Goodman, Count Basie, Gene Krupa, Tommy Dorsey, Paul Whiteman, Bob Crosby et Glen Gray. Durant la guerre, il dirigera un orchestre de recrues sur la côte ouest avant de poursuivre sa carrière d'orchestrateur au gré des commandes, s'installant même quelque temps en France pour assurer les fonctions de directeur artistique chez Barclay en 1959. Fidèle à l'art de Don Redman, son écriture se caractérise souvent par une organisation harmonique relativement « tassée », la hauteur du registre des trompettes, des unissons de saxophones et de trombones, de courtes ponctuations de batterie et une impression d'ensemble percutante, dont nous retrouvons toute la spécificité dans les thèmes *John's Idea, Shorty George, Cherokee* ou *Super Chief*, qu'il arrangea avec brio pour l'orchestre de Basie entre 1937 et 1940.

Edgar Sampson (1907-1973)

Cet autre saxophoniste-violoniste a développé un style d'arrangement nettement différent de celui de Jimmy Mundy. Efficaces, sobres, dépouillées, valorisant les lignes mélodiques essentielles et les interventions solistes, les orchestrations d'Edgar Sampson doivent beaucoup au maître Fletcher Henderson. Après être passé fugacement chez Duke Ellington, Sampson joue avec les orchestres de Bingie Madison, Billy Fowler et Charlie Johnson. En 1931, il arrive chez Henderson, dont il gardera toujours la marque de fabrique, puis en 1934, il s'installe chez Chick Webb pour qui il travaillera énormément : compositions, arrangements et direction musicale lorsque Ella Fitzgerald reprend l'orchestre après la mort de Webb en 1939. Pendant toute l'ère swing, il produit une multitude de *scores* pour Benny Goodman, Artie Shaw, Teddy Hill, Lionel Hampton. Au début des années 50, le percussionniste Tito Puente fait appel à ses services et Edgar Sampson participe à des arrangements de jazz latin pour de nombreuses formations afro-cubaines. Victime d'une maladie qui nécessitera l'amputation d'une jambe, il quitte la scène musicale à la fin des années 60.

Sy Oliver (1910-1988)

Melvin James Oliver fait sûrement partie des plus estimables arrangeurs de l'histoire. Il est très tôt surnommé « Sy » (diminutif de *psychologist*) en raison de sa grande timidité lorsqu'il débute tout jeune dans les orchestres de Zack Whyte puis d'Alphonso Trent. En 1933, il entre chez Jimmie Lunceford, dont il infléchira fortement le style jusqu'en 1939. Tommy Dorsey ne tarde pas à lui passer commande pour sa formation et Sy Oliver en deviendra l'arrangeur en titre. Entre 1943 et 1945, il dirige un orchestre dans l'armée, et dès la fin des hostilités, il monte son propre big band. Trompettiste correct, intéressant lorsqu'il emploie la sourdine wa-wa, Sy Oliver est avant tout un formidable alchimiste sonore et Jimmie Lunceford lui doit énormément. Il a su fondre les sections dans un savant souci d'harmonie entre la puissance des saxophones, l'attaque des trompettes et les glissandos élastiques des trombones, marquant avec précision le *two beat**, accentuant allégrement les temps pairs, poussant le raffinement jusqu'à agrémenter parfois ses arrangement d'un trio vocal. Il meurt d'une crise cardiaque à soixante-dix-huit ans, après avoir occupé la fonction de directeur musical dans différentes compagnies de disques, écrit énormément d'arrangements pour le compte d'orchestres très différents et dirigé de nouveau son propre big band en 1970.

Neal Hefti (1922-2008)

Ce trompettiste-pianiste dépasse le cadre historique du swing, mais nous tiendrons compte surtout de son travail pour Count Basie, avec lequel il a pu créer, pendant plus de trente années prolifiques, quelques chefs-d'œuvre dont certains sont aujourd'hui des classiques du répertoire de big band. Neal Hefti écrit ses premières partitions à l'âge de quinze ans. Après avoir joué dans des orchestres de rumba à Cuba ainsi que dans les grands orchestres de Charlie Barnet, Earl Hines et Harry James, il connaît ses premiers succès avec Woody Herman (voir chapitre «Cool») en 1944. Sa collaboration avec Basie confirme son talent et lui permet d'exprimer son sens aigu de la ligne mélodique, sa subtile maîtrise des timbres, mais avant tout une économie de moyens qui laisse libre cours à la dynamique des interventions solistes. Auteur de nombreux thèmes *(Lil'Darling, Girl Talk, Lolly Pop, Why Not, Two for the Blues, Little Pony, Ain't That Right...)*, il composera et arrangera beaucoup pour la télévision *(Batman)*, le cinéma et les spectacles de variétés (Sinatra). Il est l'un des plus habiles professionnels du show business californien.

Frank Foster (1928-2011)

Au début des années 50, ce saxophoniste ténor au son musclé et à l'attaque fougueuse rentre dans l'artillerie de Count Basie, que le producteur-imprésario Norman Granz a solidement régénérée. Frank Foster ne fait certes pas corps avec la génération des fondateurs du swing mais en rentrant dans le big band de Basie, il perpétue, consolide et enrichit l'édifice du Count par des arrangements rigoureux, clairs et enlevés. Entre 1952 et 1964, Frank Foster est régulièrement opposé au ténor languide de Frank Wess au sein de la section, prolongeant ainsi la tradition du duel Lester Young - Herschel Evans, qui fit rage dans les années 30. Deux ans après la mort de Basie (1984), Frank Foster succède au trompettiste Thad Jones à la tête du Count Basie Orchestra et se porte toujours garant d'un swing aux vertus revitalisantes que n'aurait certes pas reniées son ancien employeur.

Paul Whiteman : faux coupable

Nous nous attarderons peu sur la trajectoire de ce musicien, né le 28 mars 1890 à Denver (Colorado). Ici, il ne s'agit pas de jazz mais plutôt d'une musique de variété «jazzifiée», lourdement soutenue par l'industrie du spectacle et assenée avec une raideur toute mécanique par le plus important représentant de la musique populaire américaine blanche. La polémique est toujours vive à propos du trop bien nommé Whiteman. Son orchestre n'est pas totalement exécrable (il y a parfois quelques bonnes surprises, sûrement involontaires) mais il y a sans cesse maldonne sur le genre. S'il a su mettre intelligemment à profit son titre abusif de « King of Jazz », Paul Whiteman n'est cependant pas entièrement responsable de cette supercherie promotionnelle alimentée par les décideurs du show business. Il faut reconnaître qu'il a au moins eu le mérite d'employer et de faire vivre certains musiciens de qualité au sein d'une formation éléphantesque de presque trente instrumentistes, auxquels il convient d'ajouter les chanteurs, les arrangeurs de service, le manager et bien entendu le Big Boss en personne, qui supervise les déplacements, les engagements et le versement des salaires. On sait, par exemple, qu'en 1927, la paie hebdomadaire de l'orchestre s'élève presque à 10 000 dollars de l'époque (1 dollar d'avant le krach de 1929 correspond environ à 9 dollars des années 90). Somme rondelette qui permettait à Bix Beiderbecke de gagner 200 dollars par semaine et de toucher 67,5 dollars par morceau enregistré en studio. On comprend donc aisément que l'usine de Whiteman ait compté dans ses pupitres quelques musiciens aussi aguerris que Bix Beiderbecke, Red Nichols, Frankie Trumbauer, Tommy et Jimmy Dorsey, Bill Rank, Jack Teagarden, Red Norvo, Joe Venuti, Eddie Lang, Bunny Berigan… Personnage replet et bienveillant, Paul Whiteman a été loué pour sa grande humanité, son honnêteté et sa générosité par les nombreux musiciens qui l'ont connu, noirs et blancs confondus, de Fats Waller à Jack Teagarden, en passant par Louis Armstrong, Slim Gaillard, Bing Crosby et même Dizzy Gillespie. Outre ses apparitions spectaculaires dans les revues fastueuses de Florenz Siegfeld ou les galas huppés de la bonne société, le principal titre de « gloire » de Paul Whiteman aura été la présentation de la *Rhapsodie in Blue* de George Gershwin à L'Aeolian Hall de New York le 24 février 1924. Le disque sera enregistré en juin suivant et laissera les traces expérimentales du « jazz symphonique », formule hybride, pour ne pas dire bâtarde, et foisonnante, pour ne pas dire enflée, qui tentera de métamorphoser le jazz en musique de concert respectable. L'enfer est souvent pavé des meilleures intentions.

Alors que reste-t-il aujourd'hui de Paul Whiteman ? Sûrement peu de chose. L'image à la fois rassurante et dérisoire d'une Amérique bien portante et gominée, celle des calandres chromées, des robes longues, des smokings amidonnés et d'un rêve déjà effacé.

Fletcher Henderson : vrai témoin

Le premier grand architecte du big band est né à Cuthbert (Georgie) le 18 décembre 1898. Tout en poursuivant de sérieuses études de chimie au Morehouse College d'Atlanta, il pianote modestement à ses heures perdues. En 1920, il se rend à New York pour perfectionner ses études mais bifurque vite vers la musique. L'année suivante, il commence par accompagner au piano la chanteuse Ethel Waters avec les Black Swan Troubadours, ainsi que Bessie Smith, Ma Rainey et Clara Smith. Dès 1923, il constitue son tout premier orchestre au Roseland Ballroom de New York avec deux trompettes, trois saxophones, un trombone et une section rythmique. À l'automne 1924, il fait venir Louis Armstrong de Chicago et la présence du trompettiste contribue à l'ascension rapide de l'orchestre. Dès 1927, Henderson ajoute une trompette et un trombone, sépare peu à peu le rôle de chaque section et trouve le juste point d'équilibre d'une formule orchestrale qui fera désormais école. Ce diplômé en chimie et en mathématiques a cependant un sens du dosage instrumental et des paramètres harmoniques plutôt libre, et parfois même désinvolte. Quoique l'ensemble puisse paraître fluctuant, la cohésion n'est jamais prise en défaut. La personnalité même du leader contribue à cette sensation de flottement unitaire et de fraîche spontanéité. De nature tolérante, modeste et conviviale, Fletcher Henderson n'a jamais imposé de diktat à ses interprètes. Peu intéressé par les contraintes financières et élégamment détaché des problèmes matériels, il considère davantage ses musiciens comme des amis que comme des employés. Son attitude est plus fraternelle que paternelle, il ne cherche pas à canaliser leur turbulence ni à brimer leur souci d'indépendance, contrairement à Duke Ellington, qui saura mener sa barque avec plus de poigne. De cet état d'esprit indulgent et de cette décontraction à l'égard des affaires naîtront souvent des déboires qui nuiront à sa carrière : changements fréquents de personnel, dépassements d'horaire pendant les séances de studio, difficultés d'intendance, dissolutions et reconstitutions de l'orchestre... Paradoxalement, Fletcher Henderson conserve une forte image de leader par la seule grâce de sa présence et de son talent. Mieux que quiconque, il sait flairer les tendances à la mode pour leur donner une consistance nouvelle, il sait aussi dénicher et rassembler les meilleurs instrumentistes de son époque : Joe Smith, Tommy Ladnier, Rex Stewart, Red Allen, Roy Eldridge (tp) ; Buster Bailey, Don Redman, Russell Procope, Benny Carter, Coleman Hawkins, Ben Webster, Chu Berry (s, cl) ; Jimmy Harrison, Charlie Green, Benny Morton, Claude Jones, Dicky Wells (tb) ; Bernard Addison (g) ; John Kirby, Israel Crosby (b) ; Kaiser Marshall, Cozy Cole, Big Sid Catlett, Art Blakey (dms). Mais plus encore, Fletcher Henderson a su innover dans la transposition du discours polyphonique orléanais, par l'édification des riffs et du *background**, mais aussi par l'accroissement structurel du big band tout en mettant à contribution la personnalité et les dons de chaque soliste, et en installant un jeu question-réponse entre sections. Aidé dans son entreprise par les arrangements de Don Redman et de Benny Carter, mais également de son frère Horace Henderson (né en 1904), qui tiendra souvent le piano de l'orchestre, Henderson a résolument fixé les cadres du swing. Enfermé à ses débuts dans un répertoire assez commercial pour tenter de rivaliser avec les produits de consommation de Paul Whiteman, il a réussi à affirmer son originalité sans toutefois atteindre la gloire qui lui revenait de droit. Largement imité, et parfois pillé, il n'a pu vraiment recueillir les fruits de son travail. Dès les années 30, il fournit des arrangements à de nombreux orchestres : le Casa Loma Orchestra, les frères Dorsey et, surtout, Benny Goodman, qui saura utiliser une formule orchestrale qui a fait recette pendant la vogue des grandes formations de swing blanc. Par manque de goût pour les problèmes de gestion et en raison de son absence d'autorité avec ses musiciens, Fletcher Henderson a dû souvent se contenter d'être le témoin de la réussite de ses principaux « clients ». Après une première dissolution de son orchestre en 1934, liée au départ du saxophoniste Coleman Hawkins, qui œuvra chez Henderson pendant douze années de bons et loyaux services, il se voue essentiellement à l'orchestration. Puis il retente l'aventure à Chicago en 1936 avant d'être à nouveau contraint d'abandonner son big band en 1939 et de se faire embaucher comme pianiste-arrangeur chez... Benny Goodman. Entre 1941 et 1947, Fletcher Henderson ne cessera de former des big bands avec un acharnement qui frôle le désespoir. En 1948, il se retrouve accompagnateur de la chanteuse Ethel Waters, fait encore quelques tentatives en sextette (Café Society de New York), avant d'être frappé en 1950 d'une congestion cérébrale qui le laisse paralysé et cloué à l'hôpital où il meurt le 28 décembre 1952.

Duke Ellington : l'homme-orchestre

Le 29 avril 1899, lorsque Daisy et James Edward Kennedy Ellington annoncent la naissance de leur fils Edward, Jr à la petite bourgeoisie noire de leur quartier, Washington n'est alors qu'une modeste ville de province malgré son statut de capitale politique des États-Unis. La ségrégation raciale y est forte et relègue la population de couleur dans des zones réservées, mais la famille Ellington s'attache à vivre avec une distinction toute aristocratique et une élégance stylée que lui confère la position sociale du père, maître d'hôtel dans les maisons bourgeoises de la haute société blanche de Washington. Le petit Edward, Jr a droit a des leçons de piano avec une certaine Miss Clinkscales, qui lui enseigne les rudiments de l'instrument. L'enfant n'est abolument pas prodige, contrairement aux légendes en vigueur. Il s'intéresse davantage aux sports, et particulièrement au base-ball, dont il est un excellent praticien. Dorloté, choyé et élevé dans une certaine aisance, l'adolescent passe une jeunesse sans souci, entouré par des camarades d'école pour qui les bonnes manières et un langage correct sont une manière d'imposer le respect du peuple noir : « Je me souviens d'un copain à l'école qui avait de grandes ambitions sociales et soignait particulièrement sa mise. Un type épatant... Pour me montrer plus digne de sa fréquentation, je me devais de porter un titre. Il me donna celui de "Duke". »

Le garçon montre des dons évidents pour le dessin et la peinture. Lauréat d'un concours de la NAACP (National Association for the Advancement of Coloured People), une association pour la promotion des gens de couleur, Duke Ellington se destine aux Arts décoratifs en 1915 mais le démon de la musique ne tarde pas à resurgir. Il passe ses soirées à écouter le pianiste Doc Perry, dont il apprécie autant le dandysme que le talent instrumental. Le jeune homme a trouvé son maître. Il gagne sa vie comme barman et étudie sérieusement la technique *stride* avec Doc Perry, ainsi que l'harmonie avec un professeur de collège qui répond au nom de Henry Grant. Duke met à profit cet enseignement marginal, il retrouve vite les gammes de son enfance, retient aisément les structures musicales et passe de nombreuses heures à écouter ses aînés. Il travaille inlassablement le ragtime et le *stride,* compose quelques pièces dont le *Soda Fountain Rag* (probablement en rapport avec son emploi de barman), participe aussi aux nombreuses rencontres musicales de la ville et il est vivement encouragé par le légendaire James P. Johnson, qui l'entend jouer son *Carolina Shout.* Dès 1918, Duke Ellington monte son premier orchestre, The Washingtonians, avec Otto Wardwick (as), Elmer Snowden (bjo), Arthur Whetsol (tp) et Sonny Greer (dms). Cette même année, il se marie et son fils Mercer naîtra le 3 novembre 1919. Après s'être produit dans des clubs de Washington, le groupe part à la conquête de New York en 1922, mais l'échec est cuisant. L'essai tourne court et les Washingtonians rentrent au bercail au bout de six mois. Duke Ellington reprend la direction de l'orchestre, jusque-là plus ou moins tenue par Elmer Snowden, et ne s'avoue pas vaincu. Il repart à l'assaut de New York. L'aventure ne fait que commencer pour cet homme-orchestre dont la vie et l'œuvre peuvent être schématiquement interprétées en quatre mouvements.

Premier mouvement : 1924-1939

Les Washingtonians, dès l'automne 1923, sont engagés au Barron's, puis au Kentucky Club. Pendant quatre ans le groupe va errer d'un établissement à l'autre, jouant des nuits entières pour créer un répertoire toujours très empreint de l'esprit d'Henderson. Avec l'arrivée du trompettiste Bubber Miley en novembre 1924, les événements ont cependant pris une autre tournure. Arthur Whetsol, compagnon de la première heure, est rentré à

Philadelphie pour terminer ses études. Le personnel évolue avec le rajout du Trombone Charlie Irvis et le remplacement de Snowden par George Francis. Les premiers enregistrement voient le jour mais la mise en place fait parfois défaut et ces quelques cires ne permettent pas encore de déceler une force de caractère foncièrement originale, malgré les premières ébauches de ce que l'on appellera le style « jungle* ». À cette même période, le Duke affronte jusqu'aux premières lueurs de l'aube les surdoués du *stride* tels James P. Johnson, Willie « The Lion » Smith, Fats Waller et Lucky Roberts, dont il imite la technique. Le matin venu, il court les éditeurs pour vendre ses compositions. Un jour de 1925, le parolier Jo Trent ramène une commande urgente de comédie musicale et *Chocolate Kiddies* est écrit en une nuit par le Duke. Le spectacle, qui ne sera jamais joué aux États-Unis, aura une brillante réussite à l'exportation, notamment à Berlin où la revue tient l'affiche pendant deux ans. Jusqu'aux derniers mois de 1926, les balbutiements de Duke Ellington et de son orchestre sont donc assez difficiles, voire laborieux, prouvant la véracité d'un trait d'esprit attribué à Buffon, selon lequel « le génie est une longue patience ».

La situation se débloque soudain en 1927 lorsque l'imprésario Irving Mills obtient un engagement au Cotton Club. King Oliver a trouvé le cachet insuffisant et a refusé la place, alors que les artistes du club sont les mieux payés de Harlem. Duke Ellington n'hésitera pas un instant. L'effectif de l'orchestre est porté à onze musiciens et le compositeur possède enfin un format orchestral à la dimension de ses ambitions. Désormais, les murs du Cotton Club vont trembler et résonner aux sons d'une jungle fantastique – ou fantasmagorique – évoquée à grand renfort de batterie scandée et de tambours obsédants, de saxophones aux sonorités sensuelles, de clarinettes serpentines, de trombones bouchés et de trompettes à sourdine dont l'expressionnisme palpitant et tragique contribue à renforcer ce climat de forêt vierge, épaisse, énigmatique, toute en creux et en reliefs, pleine de sortilèges et accablée d'une chaleur moite. La réussite collective du style « jungle » est due en grande partie à la savante utilisation de chaque soliste. Ellington est maître dans la mise en valeur de ses coéquipiers : l'âpreté tragique de Bubber Miley et de Tricky Sam Nanton dans *Black and Tan Fantasy*, la raucité aérienne de la chanteuse Adelaïde Hall dans *Creole Love Call*, les sorcelleries mélancoliques de Johnny Hodges dans *The Mooche*. Le style «jungle», ultime avatar du mythe primitif de la forêt vierge et de la sauvagerie, fait frissonner les bourgeois blancs en recherche d'exotisme, oubliant souvent qu'ils se trouvent dans une jungle plus féroce encore : celle de Harlem. Gaillardement entouré de musiciens fidèles, en parfaite symbiose avec ses recherches, le Duke se permet quelques audaces : travail sur les accords de quinte, utilisation de la voix humaine comme instrument, emploi contrôlé des dissonances, multiples combinaisons de timbres, etc. Son orchestre s'agrandit dans les années 30 et devient un laboratoire musical incroyablement fertile, sans jamais se départir de sa fonction première, qui somme toute reste l'attraction, l'accompagnement des ballets et la danse du public. Ellington ne l'oublie jamais : «Il fut un temps où j'étais bon danseur. Je pense qu'il est très important qu'un musicien sache danser [...] C'est chouette de jouer pour des gens qui savent vraiment se remuer et swinguer [...] Vous vous mettez à jouer, les danseurs se mettent à danser, et ils ont un rythme si extraordinaire qu'il suffit de suivre ! On exigeait autrefois une grande variété de tempos, tant aux concerts que dans les salles de danse. Il y a des années, les danseurs se trémoussaient sur un rythme ultrarapide, mais ils pouvaient également danser sur un rythme très, très lent. Les valses étaient très lentes, mais le *two-step* et le *one-step* pouvaient être très rapides. Les appellations ont changé ensuite. Le *lindy-hop* était une course, rappelez-vous [...] Un des premiers morceaux que j'ai composés après mon arrivée à New York était une valse jazzée intitulée *Come Back to Me*. Cela a été un succès immédiat.»

Sous son nom, ou parfois sous des appellations d'emprunt pour se glisser entre les contrats et déjouer l'exclusivité des maisons de disques, Ellington va abondamment enregistrer. Son orchestre, contrairement à beaucoup d'autres à cette même époque, affiche une belle stabilité. Des renforts de première main viennent grossir les rangs : Barney Bigard (cl), Harry Carney (bs), Juan Tizol (tb), Lawrence Brown (tb), Cootie Williams (tp), Rex Stewart (tp), Johnny Hodges (as), Billy Taylor (b), Ivie Anderson (voc), etc. Loin de se satisfaire de ce succès croissant et de freiner ses ambitions musicales, Duke Ellington va se lancer dans des formules concertantes qui permettent à ses solistes de s'épanouir. En 1936, il écrit *Trumpet in Spades* pour Rex Stewart, *Clarinet Lament* pour Barney Bigard, et surtout le magnifique *Echoes of Harlem,* où s'illustre la trompette de Cootie Williams. L'année suivante, en collaboration avec le Portoricain Juan Tizol, le Duke compose *Caravan,* titre largement inspiré des voluptés caribéennes et précurseur du latin jazz, dont le succès sera retentissant.

Duke Ellington aime à varier les effets et à exploiter toute la palette sonore de son big band : « Parfois, les sons se transforment en couleur. Et j'aime voir les longues flammes jaunes se tordre dans l'ombre vacillante, se faire plus courtes et n'être plus bientôt qu'une vibrante lueur rouge. » Cependant, malgré une grande variété de colorations allant du *stomp* le plus appuyé *(Cotton Club Stomp, Showboat Shuffle, Harmony in Harlem...)* jusqu'aux morceaux vaporeux, tout en pastel et nuance *(Saddest tale, Dusk on the Desert, Mood Indigo, Solitude...),* en passant par les touches vives du « jungle », quelques pochades superbement commerciales et les grandes fresques concertantes, le Duke souffre curieusement de la comparaison avec Jimmie Lunceford et Count Basie, dont le swing frénétique, souvent euphorique et plus directement accessible, supplante les orchestres de l'époque.

Deuxième mouvement : 1939-1945

L'arrivée de nouveaux membres au sein de l'orchestre va régénérer le dynamisme du Duke, qui ne mettra pas longtemps à rétablir sa supériorité. Il découvre à Harlem un jeune pianiste-arrangeur de vingt-quatre ans qui se nomme Billy Strayhorn. Les deux hommes vont admirablement s'entendre. À tel point qu'il sera difficile désormais de démêler la part de chacun dans les orchestrations. Cependant, si l'on prête l'oreille avec attention, on constate que le Duke conserve la spécificité de ses timbres et sa perfection rythmique alors que Strayhorn imprime aux *scores* une marque impressionniste assez reconnaissable. Ils étudient ensemble les compositions de Ravel, Debussy, Delius, Stravinsky, Grieg et Tchaïkovski, dont Strayhorn connaît toutes les subtilités. Ellington a trouvé son alter ego et ne cachera jamais l'importance de celui que l'on surnomme aussi « Swee'Pea » : « Je lui suis redevable d'une grande part de mon courage depuis 1939. Il fut mon "oreille", mon juge le plus digne de confiance. »

Au travail de Strayhorn, s'ajoutent des musiciens récemment embarqués, dont le talent contribuera à développer davantage les innovations orchestrales. Ben Webster vient réchauffer les rangs avec la sonorité pulpeuse de son saxophone ténor, Jimmy Blanton va donner un bain de jouvence à la contrebasse au point de faire oublier l'embonpoint de cette respectable grand-mère qui auparavant ronronnait dans les cordes. Frappé par les traits fulgurants de son jeune contrebassiste, Ellington enregistrera en duo avec Blanton au cours de l'année 1941. De leur côté, les trompettistes Cat Anderson et Taft Jordan essaieront de faire oublier le brillantissime Cootie Williams, parti en 1940. Autant de musiciens remarquables auxquels il faut ajouter quelques vocalistes aujourd'hui effacés des mémoires et qui ont pour noms : Joya Sherrill, Betty Roché, Al Hibbler et Herb Jeffries.

Jusqu'à la fin de la guerre, les enregistrements – dont de nombreux *live** en raison de la grève qui paralyse les studios de 1942 à 1944 – vont marquer cet élan renouvelé vers un swing souple et tonique, capable de lutter avec les big bands voués exclusivement à la danse. *Take the A Train* devient l'indicatif de l'orchestre, à la place du déjà ancien *East Saint Louis Toodle-Oo.* D'autres chefs-d'œuvre s'amoncellent dans des registres sans cesse renouvelés : *Ko-Ko, Jack the Bear, Conga Brava, Perdido, Cotton Tail, Dusk, Main Stem, Bojangles, In a Mellotone, C Jam Blues, Harlem Air-Shaft, I Got it Bad, Warm Valley,* mais aussi le *Concerto for Cootie,* magistrale pièce concertante dédiée au trompettiste Cootie Williams, ainsi que la première grande suite ellingtonienne : *Black, Brown and Beige.* Une belle et vaste fresque allégorique sur l'histoire du peuple noir américain, qui reçoit l'accueil mitigé du Carnegie Hall, le 23 janvier 1943.

Troisième mouvement : 1945-1954

Après la guerre, l'orchestre ira soutenir le moral des troupes basées dans le monde. Désormais, Duke Ellington est une institution, il est propulsé sur le devant de la scène internationale et unanimement considéré comme l'ambassadeur itinérant de la culture afro-américaine. Le big band du Duke rencontre de beaux succès et gère finement ses acquis. En bon orpailleur, Ellington saura une fois encore tiré le maximum de ses interprètes et provoquer l'étincelle chez chacun d'eux. Entre 1945 et 1951, il creuse cette nouvelle veine des suites orchestrales de longue durée : *Perfume Suite, New World a-comin', Deep South Suite, Liberian Suite* (commandé par le gouvernement du Libéria en 1947), *The Tatooed Bride, Controversial Suite, A Tone Parallel to Harlem*... La conception de la suite chez Ellington ne correspond pas aux critères astreignants de la musique classique. Même s'il utilise le principe cyclique des thèmes et des motifs pour donner une unité aux œuvres, il affectionne surtout la juxtaposition et les effets de miroirs entre des pièces de caractères différents, aux tempos variés et aux tonalités contrastées. Souvent brillantes, parfois emphatiques, les grandes suites ellingtoniennes imposent définitivement le génie d'un compositeur dont les ambitions dépassent le strict cadre du jazz tel qu'on l'entend jusqu'alors.

Cependant, au début des années 50, le grand orchestre traverse une crise majeure. Un phénomène qui touche d'ailleurs toutes les grosses formations de l'époque, lorsque l'ivresse du swing tombe soudain en désuétude. À cette même époque, Count Basie dissoudra son orchestre. Les temps changent et le personnel aussi. Jimmy Blanton est mort en 1942, « Tricky Sam » Nanton en 1946. Cootie Williams, Barney Bigard, Ben Webster, Juan Tizol, Rex Stewart, Sonny Greer, Johnny Hodges sont allés voir ailleurs, mais le Duke cultive une nouvelle pépinière de talents : Ray Nance (v), Harold Baker (tp), Clark Terry (tp), Russell Procope (as), Paul Gonsalves (ts), Al Sears (ts), Tyree Glenn (tb), Quentin Jackson (tb), Jimmy Hamilton (cl), Oscar Pettiford (b), Wendell Marshall (b), Louie Bellson (dms)... Quant à Billy Strayhorn, il reste à bord, vigilant et toujours fidèle au poste.

Au plus creux de la vague, Ellington continue de tenir fermement la barre malgré un répertoire qui sombre parfois dans la facilité pour garder la tête hors de l'eau. Entre quelques écueils, il s'arrime au bastingage de son piano, enregistre à quatre mains avec Strayhorn (1950) et grave *Piano Reflections* en trio (1953), une méditation introspective sur les aventures passées qui annonce pourtant un changement de cap et ce désir typiquement ellingtonien de se risquer toujours vers des territoires inexplorés.

Quatrième mouvement : 1955-1974

Dès le milieu des années 50, Duke Ellington dresse le bilan de son œuvre pour reprendre un nouvel élan. Le superbe et retentissant triomphe obtenu au Festival de Newport en 1956 ne lui laisse aucun doute sur son énorme popularité et sur ce respect teinté de vénération qu'il continue d'inspirer à ses pairs. Il apporte ainsi un démenti implacable à tous ceux qui annoncent son déclin prématuré. Certains vétérans vont revenir dans l'orchestre : Johnny Hodges, Cootie Williams et Lawrence Brown. Le fabuleux batteur Sam Woodyard mènera tout ce beau monde à la baguette, épaulé par Jimmy Woode (b), puis Aaron Bell (b). Durant deux décennies, la structure de l'orchestre se stabilise et ne souffre pas des quelques défections de personnel qui le privent de Clark Terry, Harold Baker, Ray Nance, Quentin Jackson, etc. Les retrouvailles avec les anciens compagnons compensent souvent – et largement – le départ de ceux qui veulent naviguer ailleurs.

Le Duke va donner une nouvelle série de grandes œuvres, notamment l'exceptionnelle suite *Such Sweet Thunder* (1957), inspirée par les personnages et les thèmes shakespeariens, et commandée à l'occasion du Festival Shakespeare de Stratford (Ontario). Au cours de cette période, la production est intarissable : un somptueux *Portrait of Ella Fitzgerald* (1957) en compagnie de l'interessée elle-même, une nouvelle version de *Black, Brown and Beige* avec Mahalia Jackson (1958), la bande-son du film *Anatomy of a Murder* d'Otto Preminger (1959), la très aboutie *Suite Thursday* écrite en collaboration avec Strayhorn (1960), les interprétations de *Peer Gynt* de Grieg et du *Casse-Noisette* de Tchaïkovski (1960), la création de *Night Creature* et de *Non Violent Integration* (1963), sans compter les innombrables déplacements dans toutes les salles du globe, et deux associations remarquées avec Louis Armstrong et l'orchestre de Count Basie.

Pour ajouter à cette boulimie créative, Ellington se tournera de plus en plus fréquemment vers son clavier, rappelant au passage qu'il compte parmi les pianistes influents de l'histoire du jazz.

Après une séance en petite formation avec Johnny Hodges (1959), le Duke entre en studio, le 17 septembre 1962, avec Max Roach (dms) et Charles Mingus (dms), deux chefs de file de leur génération, et il leur explique ceci : « Nous sommes au centre d'une jungle où, à trois cents kilomètres à la ronde, aucun homme n'a jamais pénétré. Au centre de cette jungle dans la mousse épaisse et sur quelques kilomètres carrés poussent de petites fleurs : rien d'aussi fragile n'a jamais fleuri. Je commence à jouer et nous poursuivons sans interruption jusqu'à la fin. » Ainsi naît *Money Jungle*, un des disques les plus poignants et mystérieusement sauvages de toute sa discographie. Cette même année, il grave aussi un album en quartette avec le saxophoniste John Coltrane. Duke n'est pas effrayé par la modernité des jeunes musiciens : « J'ai l'impression que Coltrane peut "coller" avec n'importe qui. Si je puis me permettre une comparaison, nous avons agi comme des peintres qui n'auraient qu'une quantité limitée de couleurs sur leurs palettes mais essaieraient de peindre comme tout le monde, normalement, en inventant, en créant au fur et à mesure de leurs besoins. C'est vraiment ce que j'appelle du "primitive art", cette recherche enthousiasmante pour s'adapter l'un à l'autre. Et je dois, pour l'histoire, avouer que ça s'est fait sans heurt. »

À partir du milieu des années 60, Duke Ellington va progressivement verser dans la religion et donner plusieurs témoignages musicaux de sa foi : « J'aurais peur de me trouver dans une maison avec des gens qui ne croient pas en Dieu : j'aurais peur que la maison ne s'écroule. » Cet être emporté dans le tourbillon d'une carrière mouvementée, décoré par toutes sortes de distinctions honorifiques, partagé entre les mondanités et la gloire populaire, montrant un goût prononcé pour la sensualité et les plaisirs de la vie, met avec ferveur toute son habileté diabolique d'arrangeur au service de Dieu. Des cathédrales de New York ou de San Francisco jusqu'à l'Abbaye de Westminster de Londres, en passant par l'église Saint-Sulpice de Paris et de nombreux temples américains, Duke Ellington va présenter des concerts de musique sacrée où, fidèle à la tradition œcuménique de son peuple, il mêle intimement des bribes d'éléments profanes, mais jamais profanateurs, aux manifestations de la foi la plus ardente.

D'autres recueils de suites naîtront dans les dernières années de sa carrière : *Far East Suite* (1966), *And His Mother Called Him Bill* (1967) en guise d'hommage après la mort de Strayhorn, *New Orleans Suite* (1970), *Goutelas Suite* (1971), *The Uwis Suite* (1972). De récentes recrues fraîchement embauchées tels Joe Benjamin (b), Harold Ashby (s), etc. s'unissent à la vieille garde ducale pour voyager de façon incessante en Europe, Asie, Océanie ou dans les pays de l'Est. Mais malgré une santé robuste et une étonnante énergie qui lui permettent d'affronter toujours les feux de la rampe, Duke Ellington marque brusquement une certaine fatigue et passe son soixante-quinzième anniversaire dans un hôpital new-yorkais où il meurt d'une pneumonie le 24 mai 1974. Soit dix jours après le décès de Paul Gonsalves, et peu avant Harry Carney, le plus vieux compagnon de l'orchestre, qui ne lui survivra que quelques mois.

Après sa disparition, son fils Mercer (1919-1996) tentera de reprendre les rênes et de repartir sur la route avec le big band, en érigeant une sorte de mémorial ambulant à la gloire du Duke. Mais comme l'a dit si justement Dizzy Gillespie : « Duke avait réalisé l'unité parfaite de son orchestre, et il en obtenait une exécution impeccable à n'importe quel moment [...] Personne ne peut reprendre le flambeau parce que personne ne sait comment il procédait. »

Les hommes du Duke

Certains membres de l'équipage ellingtonien ne sont pas restés en permanence dans l'ombre écrasante du chef. Certains ont suivi leur propre route et traversé d'autres eaux, mais nombreux ont suivi le grand paquebot swing du Duke pour effectuer un voyage au long cours et y révéler tout leur savoir-faire. Un passage dans l'orchestre d'Ellington a toujours transfiguré un interprète. Phénomène que nous retrouvons évoqué sous l'humour provocateur de Boris Vian : « Lorsqu'un musicien entre chez Duke, ses enregistrements le présentent bien souvent sous un jour extraordinaire et au bout de peu de temps, s'il n'atteint pas la célébrité, c'est vraiment qu'il le fait exprès. » De son côté, Ellington préférait manier l'art de l'ellipse et du sous-entendu : « Quand tu engages un musicien, tu dois savoir comment il joue au poker. »

Parmi les principaux musiciens du Duke présentés ici, selon leur date de naissance et non par ordre d'importance, n'apparaîtront pas Johnny Hodges et Ben Webster qui sont abordés plus loin avec les grands solistes de l'époque swing.

Wellman Braud (1891-1966)

Contrebassiste originaire de Louisiane. Il monte à Chicago en 1917 où il loue ses talents à diverses formations avant d'être engagé par Duke Ellington en 1927. Instrumentiste solide et puissant, au *slap** vigoureux, il a sobrement stimulé la section d'Ellington jusqu'en 1935. Avant de mourir à Los Angeles, il a énormément travaillé et enregistré avec ses compatriotes du Sud tels Jimmie Noone, Sidney Bechet ou Kid Ory. Il est un parfait et spectaculaire exemple du passage de la tradition orléanaise vers l'efficacité rythmique du swing.

Juan Tizol (1900-1984)

Tromboniste, mais aussi arrangeur et compositeur, il est né à Porto-Rico avant d'émigrer à New York en 1920. Après un long séjour chez Duke Ellington entre 1929 et 1944, il va collaborer à l'orchestre de Harry James jusqu'en 1951, mais il revient au bercail ellingtonien pour une dizaine d'années avant de se retirer en Californie au tout début des années 60. Essentiellement cantonné dans un rôle de musicien de pupitre, Juan Tizol a apporté ses colorations latino-américaines dans des titres tels que *Caravan, Conga Brava ou Perdido,* tous dus à sa plume. Son utilisation du trombone à pistons, dont il est un des rares spécialistes, a contribué à la singularité sonore de la section des vents.

Sonny Greer (1903-1982)

Batteur de l'orchestre dès 1920, William Alexander Greer est surnommé « Little Willie from Long Branch », en raison de sa naissance dans ce patelin du New Jersey. Compagnon des premières heures, des virées du Kentucky Club aux tournées internationales en passant par les tropiques en carton pâte du Cotton Club, il est resté trente et un ans au service du Duke, avant d'aller jouer avec les groupes de Johnny Hodges, Red Allen et quelques autres. À la fin des années 60, on le voit également diriger sa propre formation au Garden Café de New York. S'il n'est pas un soliste de l'instrument, il maintient un *drive* assuré et excelle surtout dans un travail d'illustration percussive particulièrement nuancé et flottant, enrichi d'une multitudes d'accessoires et de dégradés de clochettes qui ont permis à Ellington de doser avec goût certains climats aux couleurs troubles.

Bubber Miley (1903-1932)

Trompettiste et pièce maîtresse du style « jungle », James Wesley Miley rentre dans les Washingtonians en 1923 après avoir travaillé avec les Carolina Five, joué dans l'orchestre de Willie Gant (p), accompagné la chanteuse Mamie Smith, tourné avec la revue « Sunny Youth » et traîné dans quelques clubs new-yorkais. Parcimonieux dans le choix de ses notes, il atteint une intensité dramatique et des effets de contrastes saisissants dans l'utilisation de la sourdine *plunger mute* (débouche-évier en caoutchouc) dont il est un grand spécialiste. La raucité plaintive du style wa-wa de Bubber Miley est un des éléments fondamentaux de la « jungle » ellingtonnienne. En 1929, il quitte l'orchestre du Duke pour aller jouer en France avec Noble Sissle. Puis il collabore quelque temps avec Zutty Singleton, le clarinettiste Allie Ross et le groupe blanc du violoniste Leo Reisman, avec lequel il est obligé de jouer derrière un rideau pour échapper à la ségrégation raciale. Dévoré par la tuberculose, il meurt dans un hôpital de New York à vingt-neuf ans après avoir tenté sa chance dans les revues « Sweet and Low » et « Harlem Scandals ».

Joe « Tricky Sam » Nanton (1904-1946)

Ce tromboniste est un autre grand créateur du style wa-wa pendant l'époque « jungle ». Tout à fait complémentaire de Bubber Miley, Joe « Tricky Sam » Nanton se plaît à évoquer la voix humaine dans de longs glissandos plaintifs et des effets de coulisse gémissants, étirés jusqu'au sanglot par le baillement de la sourdine *plunger mute.* Dans les tempos plus rapides, il est aussi capable d'attaques intempestives, parfois mordantes et tendues, mais toujours imbibées d'un swing torride. « Tricky Sam » est resté dans l'orchestre d'Ellington de 1926 jusqu'à sa mort. Son fantôme a continué de planer longtemps après son départ lorsque les jeunes souffleurs tels que Clarence Brown, Tyree Glenn ou Quentin Jackson ont dû assurer la relève.

Barney Bigard (1906-1980)

Clarinettiste élevé dans le giron du maître néo-orléanais Lorenzo Tio, mais également très influencé par Jimmie Noone ou Buster Bailey, il a su s'échapper du genre louisianais grâce à sa collaboration active au sein du big band d'Ellington. Après de nombreux engagements à La Nouvelle-Orléans, Chicago, Saint Louis puis New York dans les formations d'Albert Nicholas, Luis Russell, King Oliver, Charlie Elgar, etc., il rejoint en décembre 1927 l'orchestre du Duke, dans lequel il restera jusqu'en juin 1942. Une quinzaine d'années à tisser des entrelacs souples, des arabesques vibrantes et des frises aux sonorités boisées, à déverser des trémolos profonds, des pointes aiguisées ou des bouffées de joie fulgurantes, avec pour seul désir de porter au sommet l'esprit vertigineux du swing. Lorsqu'il quitte Ellington, il retrouve ses amis Kid Ory, Louis Armstrong, Johnny St Cyr, Muggsy Spanier, Rex Stewart, Eddie Condon… Fixé en Californie, il dirige quelques groupes, collabore à de nombreux films, enregistre fréquemment, mais il voyage aussi beaucoup dans les festivals européens, unanimement apprécié par la critique et fidèlement célébré par le public, jusqu'à la fin de ses jours.

Rex Stewart (1907-1967)

Cornettiste de caractère, formé sur les *Potomac riverboats* et rapidement intégré au milieu musical new-yorkais. Il passe d'un orchestre à l'autre jusqu'au milieu des années 30 : Elmer Snowden, Horace et Fletcher Henderson, McKinney's Cotton Pickers, Fess Williams, Luis Russell, avant de se fixer sérieusement chez Duke Ellington de 1934 à 1946. Largement inspiré par Louis Armstrong et Bix Beiderbecke à ses débuts, Rex Stewart a trouvé sa propre voie chez le Duke. Traitement particulier des pistons, qu'il abaisse de moitié, phrasé tout à la fois moelleux et serré, parsemé de notes fiévreuses, fidélité au langage ellingtonien feront de Rex Stewart un des éléments-clés de l'orchestre. Vers la fin de sa vie, il se consacre au journalisme, rédige de nombreux articles pour des magazines de renom, tout en se produisant de façon éparse en Californie, à la tête de formations ponctuelles.

Russell Procope (1908-1981)

Héritier de Barney Bigard, ce clarinettiste-saxophoniste entre dans l'orchestre d'Ellington en 1946 et y restera jusqu'à la mort du boss. Soit une trentaine d'années à occuper la fonction délicate de leader de la section des anches, tout en mettant en valeur ses solos bien structurés, au vibrato finement marqué et au swing pétillant, plein de vie et de bonne humeur. Auparavant, entre 1926 et 1946, il a appris son métier avec, entre autres, les groupes de Jelly Roll Morton, Benny Carter, Chick Webb, Fletcher Henderson, Teddy Hill ou John Kirby… Un parcours sans faute pour ce *sideman* accompli.

Harry Carney (1910-1974)

Près d'un demi-siècle passé aux côtés de Duke Ellington font de Harry Carney le plus solide pilier de l'orchestre. De 1927 jusqu'à sa mort, il souffle dans son saxophone baryton et s'affirme rapidement comme le meilleur spécialiste de cet instrument encombrant, jusqu'alors sous-estimé et considéré avec ingratitude. Harry Carney donnera toute sa noblesse au baryton grâce à une technique parfaitement maîtrisée, une sonorité chaleureuse, moelleuse, presque mousseuse, de brillantes et aériennes improvisations, un sens achevé de la mélodie et une limpidité rythmique hors du commun. Tous ceux qui choisiront plus tard le baryton doivent sûrement leur vocation à cet extraordinaire musicien dont les épures gracieuses ont enrichi le décor ellingtonien.

Cootie Williams (1910-1985)

Lorsqu'il entre dans l'orchestre d'Ellington en 1929, le trompettiste Cootie Williams a la difficile tâche de succéder à Bubber Miley. Mais son expérience acquise auprès de nombreuses formations dont celles de Chick Webb et de Fletcher Henderson, lui permet d'affirmer rapidement son rôle d'instrumentiste vedette dans les pupitres du Duke. Souvent mis en vedette, Cootie Williams travaille les effets de sourdine et les raclements sonores avec brio, il aime à traduire l'expressivité rageuse et sensuelle du blues vocal par le truchement d'une trompette toujours émouvante, haletante et à la raucité déchirante. En 1940, il déserte les troupes ducales pour jouer avec Benny Goodman où il côtoie Charlie Christian et pour monter, deux ans plus tard, son big band, qui lui permet d'animer les nuits du Savoy Ballroom et d'embaucher de fantastiques musiciens comme Bud Powell (p) ou Eddie Vinson (as). Cependant, il rejoint la bannière d'Ellington en 1962 et, après la mort du maître en 1974, il participera à la reconstitution du big band sous la direction de Mercer Ellington.

Ray Nance (1913-1976)

Violoniste, mais également trompettiste, chanteur et danseur, Ray Nance est avant toute chose un homme de spectacle, un *entertainer* efficace et pétri de swing qu'Ellington a su habilement mettre en valeur sur scène. La participation de Ray Nance à l'orchestre du Duke a été une succession d'allers et retours. Après avoir joué avec Earl Hines et Horace Henderson entre 1937 et 1940, il entre chez Duke Ellington, le quitte en 1944, monte un petit groupe éphémère, revient chez le Duke l'année suivante et y reste jusqu'en 1963, il repart diriger un nouveau groupe, atterrit encore dans la troupe ellingtonienne en 1965, puis poursuit sa route en solitaire dès 1967, avec Henri Chaix (p) ou Sol Yaged (cl), tout en maintenant toujours des liens étroits avec Ellington, dont il est l'invité au Festival de Newport, au début des années 70.

Billy Strayhorn (1915-1967)

Après de sérieuses études au collège de Pittsburgh où il reçoit une formation classique, Bill Strayhorn travaille comme barman dans un drugstore de New York avant d'entrer en contact avec Duke Ellington. Dès l'automne 1939, il fait office d'arrangeur et de second pianiste, mais la complicité musicale avec son patron se transforme vite en une amitié indéfectible. La communion d'esprit entre les deux hommes est particulièrement fructueuse. De nombreux thèmes, plus ellingtoniens que nature, naissent sous la plume de Strayhorn, qui jusqu'au dernier jour, restera l'alter ego du Duke. Il est souvent difficile de les différencier lorsque les deux sont au piano. Au cours d'un même morceau, il leur est arrivé de changer de place et de rôle, tour à tour chefs d'orchestre ou pianistes, mais malgré son allégeance à l'univers du Duke, Billy Strayhorn reste identifiable grâce à un toucher casilleux, un goût pour les accords arpégés et une délicatesse proche de la sensibilité impressionniste.

Cat Anderson (1916-1981)

William Alonzo Anderson est un trompettiste éclatant d'ardeur, volontiers paroxystique dans le registre suraigu, et c'est peut-être cette promptitude à jaillir toutes griffes dehors qui lui a valu son surnom de « Cat ». Après avoir passé sa jeunesse dans un orphelinat, il débute à l'aube des années 30 dans les Carolina Cotton Pickers, puis joue avec le Sunset Royal Orchestra, de 1936 à 1941. Lionel Hampton l'engage en 1942, mais deux ans plus tard, Cat Anderson file chez Duke Ellington, qui lui peaufine des partitions particulièrement propices à la fougue cinglante de sa trompette. En 1947, Cat Anderson part diriger sa propre formation mais retrouve le Duke dès 1950. Il passera la décennie dans l'orchestre avant de s'en aller définitivement pour faire étinceler sa trompette sous d'autres cieux.

Wild Bill Davis (1918-1995)

Tout d'abord arrangeur pour Earl Hines puis pianiste chez Louis Jordan, Wild Bill Davis se consacre pleinement à l'orgue électrique dès 1948. Ses capacités d'orchestrateur lui permettent d'exploiter toute la richesse polyphonique de l'instrument et il est souvent capable de reproduire toute la masse orchestrale sur son seul orgue. Le trio formé avec Bill Jennings (g) et Christopher Columbus (dms) lui laisse toute la place nécessaire pour développer son expression élégante, gorgée de swing et de chatoiements harmoniques. Très ami avec Duke, il participe à de nombreux enregistrements aux côtés d'ellingtoniens tels que Johnny Hodges, Lawrence Brown ou Paul Gonsalves, avant de se frotter plus directement à l'orchestre d'Ellington en 1969 lors d'une tournée européenne et à l'occasion de concerts de musique sacrée. Il participera au grand œuvre du Duke jusqu'à la mort de ce dernier.

Jimmy Blanton (1918-1942)

Le révolutionnaire de la contrebasse a eu peu de temps pour exprimer toutes ses immenses possibilités. Né dans le Tennessee, il étudie le violon et la théorie musicale avec sa mère et l'un de ses oncles. Il se perfectionne au collège, où il touche pour la première fois une contrebasse. Après quelques virées sur les *riverboats* avec Fate Marable, il se produit dans un groupe de Saint Louis où Duke Ellington, de passage dans la ville, le repère et l'engage sans tarder. En deux ans, Jimmy Blanton émancipe la contrebasse et la porte aussitôt au rang d'instrument soliste, à jeu égal avec les autres partenaires du big band. Attaques rondes et sonorité pleine, soutien omniprésent, dons mélodiques hors du commun, fluidité des improvisations, souplesse de l'archet et mordant des pizzicatos, Jimmy Blanton crée véritablement une autre manière d'aborder l'instrument, une technique radicalement novatrice dont tous les contrebassistes lui seront plus tard redevables. À la fin de l'année 1941, il est hospitalisé à Los Angeles pour une tuberculose dont il mourra quelques mois plus tard, à l'âge de vingt-quatre ans.

Paul Gonsalves (1920-1974)

Il semble qu'il ait obtenu sa place en 1950 chez Duke Ellington lorsque celui-ci entendit le jeune saxophoniste reproduire note par note les solos de Ben Webster. C'est dire l'influence irréfutable que dut subir Paul Gonsalves. Après un passage de trois ans chez Count Basie entre 1946 et 1949, et un bref intermède chez Dizzy Gillespie, Gonsalves entre dans la confrérie du Duke pour y rester près d'un quart de siècle. Saxophoniste tonique, au lyrisme volubile et au swing bouillonnant, il est entré dans la légende lors du Festival de Newport de 1946, en prenant pas moins de vingt-sept chorus échevelés sur le thème *Diminuendo and Crescendo in Blue.* Fidèle à l'orchestre jusqu'au dernier souffle,

Paul Gonsalves meurt à Londres dix jours avant que ne s'éteigne à son tour son patron et ami, comme s'il s'était agi d'annoncer tout là-haut la prochaine arrivée du Duke parmi les anges du jazz.

Louie Bellson (1924)

Batteur révélé très jeune lors d'un concours présidé par Gene Krupa, il est engagé à dix-huit ans dans un orchestre de danse avant d'aller rouler ses tambours chez Benny Goodman, Tommy Dorsey et Harry James. Duke Ellington l'embauche en 1951 pour remplacer Sonny Greer. La perfection technique et l'énergie démonstrative de cet exceptionnel batteur revitalise une fois de plus l'orchestre, qui jouera d'ailleurs certaines compositions de Bellson – dont les talents d'arrangeur sont aussi à signaler. Il quitte l'orchestre au début de l'année 1953 pour accompagner la chanteuse Pearl Bailey, qu'il vient d'épouser. À partir de ce moment, il se consacre davantage à l'écriture (symphonie, ballet...), à l'arrangement, à l'enseignement et à la divulgation de ses méthodes de batterie. Durant quatre décennies, ses apparitions seront assez décousues : JATP en 1954, Tommy Dorsey en 1956, une tournée suédoise avec Count Basie en 1962, Harry James en 1966, plusieurs directions de combos et de grands orchestres, non sans être repassé par le big band de Duke Ellington entre juillet 1965 et janvier 1966, pour collaborer au premier concert de musique sacrée.

Aaron Bell (1922-2003)

Après son engagement chez Andy Kirk en 1947, le contrebassiste Aaron Bell connaît tellement d'orchestres qu'il serait fastidieux de tous les citer. En 1960, après avoir joué dans des contextes extrêmement différents, il succède à l'excellent Jimmy Woode (né en 1928) dans l'orchestre d'Ellington. Il y reste trois ans, puis se tourne vers la composition et l'enseignement, enregistrant çà et là avec quelques compagnons du Duke. Accompagnateur sûr, sécurisant pourrait-on dire, il fait preuve d'une grande intelligence musicale dans sa conception économe et sobre de la contrebasse, assumant avec une certaine force tranquille son rôle de pilier rythmique.

Sam Woodyard (1925-1988)

Lorsqu'il embarque à bord de la nef du Duke en 1955, Sam Woodyard a la tâche difficile de succéder à Sonny Greer et à Louie Bellson. Il relève le défi et s'acquitte de son devoir avec un splendide à-propos, au point de devenir le batteur exemplaire de l'art ellingtonnien. Entre 1950 et 1955, il a joué avec les groupes de Paul Gayten (s), Joe Holiday (s), Roy Eldridge (tp) ou Milt Buckner (p). Après s'être forgé une technique personnelle de pur autodidacte, son style est un heureux compromis entre la coloration percussive d'un Greer et le *drive* inaltérable d'un Bellson. L'attention qu'il porte aux solistes, l'*after beat** impeccablement appuyé et un swing toujours généreux, la profusion luminescente des cymbales, la puissance de la grosse caisse et les fûts effleurés parfois à mains nues ont galvanisé l'orchestre du Duke jusqu'en 1966. Il disparaît de la scène musicale américaine vers 1968, mais l'excellent saxophoniste français Gérard Badini le retrouve à New York dans un état physique très critique et décide de le ramener avec lui à Paris. Sam Woodyard fait alors partie de la Swing Machine de Badini avec Raymond Fol (p) et Michel Gaudry (b), puis il fraternise avec d'autres musiciens de l'Hexagone tels Marcel Zanini (s), Guy Lafitte (s) ou François Biensan (tp). À partir de 1985, sa santé décline, et une longue et douloureuse maladie l'oblige à restreindre ses activités. Sa perte fut cruellement ressentie par tous les musiciens qui eurent la chance de le côtoyer.

Count Basie : l'As du Kansas

Il faut d'abord dissiper tout malentendu sur la féroce rivalité qui aurait soit-disant opposé Count Basie à Duke Ellington. Certes, les deux hommes ont bâti des formules orchestrales différentes et lutté aux mêmes époques pour conquérir le public, mais ils se sont toujours côtoyés avec un grand respect. Pour preuve, cette déclaration de Count Basie : « Personnellement, j'ai toujours été fasciné par le spectacle de Duke jouant sa musique. Rien qu'à le voir, on comprenait d'où venait cette musique et comment il la faisait naître en allant et venant sur la scène [...] Il était unique, il était pittoresque. Que j'aime cet homme ! Et quel homme extraordinaire il était ! Au cours des ans, je suis souvent allé l'écouter, et je savais exactement ce qu'il voulait dire, parce que je le sentais. Ellington jouait une musique différente, une musique spéciale [...] C'était toujours comme un livre d'histoires, avec une histoire spéciale pour chaque soliste. Duke était un homme remarquable. »

Né à Red Bank (New Jersey), le 21 août 1904, Count Basie passe son enfance dans un milieu très modeste. Fils d'un gardien de prison et d'une blanchisseuse, il apprend la musique sur le piano de la maison familiale. Durant l'adolescence, il accompagne des films muets dans les salles de cinémas de Red Bank. Dès 1924, il part à l'aventure et explore les clubs new-yorkais où se produisent les grosses « pointures » du piano *stride* : Willie « The Lion » Smith, James P. Johnson, Fats Waller, Lucky Roberts. Il trouve un engagement dans le spectacle « Hippity Hop », où il joue derrière la chanteuse Katie Krippen, lors d'une tournée burlesque organisée par Columbia. Puis il repart sur les routes avec un show ambulant de la TOBA, où il accompagne la chanteuse Gonzelle White. En 1927, la troupe se retrouve sur le pavé et Basie sans travail, en plein Kansas City. Il trouve quelques emplois de pianiste-organiste dans les cinémas et est bientôt engagé dans les Blues Devils, de Walter Page. « Quoi qu'il en soit, les Blue Devils furent le premier grand orchestre que j'ai eu l'occasion de connaître et d'entendre de près, et c'était ce que j'avais entendu de plus formidable. Je n'avais jamais entendu jouer le blues ainsi. » Basie s'intègre complètement à la vie artistique de Kansas City, qui constitue, dans les années 20, un des principaux pôles de création musicale, au même titre que Chicago ou New York. La capitale du Kansas, située presque au centre des États-Unis, entre Chicago, New York et La Nouvelle-Orléans, est une zone d'échange commercial et d'intense trafic ferroviaire. Une vingtaine de lignes de chemin de fer s'y croisent, ainsi que de nombreuses voies routières. Installée entre deux fleuves, le Kansas et le Missouri, la ville a un important port fluvial qui s'est développé grâce au commerce de la viande. Élevage, abattage et distribution sont les grandes activités de cette région rurale qui a profité de l'arrivée massive d'environ 40 000 Noirs, tous débarqués des États du Sud pour satisfaire le besoin de main-d'œuvre. La concentration d'une population de couleur ne sera pas sans incidence sur l'explosion du jazz dans la cité. De même, la politique du maire Tom Pendergast contribuera à l'ouverture de plusieurs cabarets où se produiront d'excellents orchestres. En pleine prohibition, Pendergast ne respecte pas l'interdiction de vente d'alcool et, comme à Chicago, la corruption et la mainmise des gangsters sur le marché de la boisson va permettre aux nombreux musiciens du cru, ou de passage, de se produire devant un large public venu essentiellement là pour consommer. La position géographique de Kansas City donnera un jazz d'une facture particulière qui séduira le jeune Count Basie : « C'était surtout une région de blues, et moi c'est vraiment ce qui m'intéressait. Si je suis tombé amoureux de Kansas City, c'est parce que j'y ai trouvé le véritable blues… C'était merveilleux, et je serais bien en peine de décrire cette époque. Je ne sais pas comment c'est arrivé, mais à peu près au même moment plusieurs gars de la région ont commencé à se développer : Pete Johnson, Joe Turner, Jay McShann, Jimmy Rushing… » En 1929, il est embauché dans le grand orchestre de Bennie Moten (1894-1935) et entre pour la première fois en studio, le 23 octobre 1929. Tout d'abord sollicité comme second pianiste, en alternance avec le chef, William Basie apporte bientôt des idées nouvelles dans les arrangements, en compagnie de l'excellent Eddie Durham. Le big band compte dans ses rangs une quinzaine de membres, parmi lesquels : « Hot Lips » Page (tp), Ben Webster (ts), Walter Page (b), Jimmy Rushing (voc)… La cohésion du groupe est très au point. Riffs collectifs, rythmiques accentuant le *four beat* de façon égale, roulis boogie, cuivres surchauffés, chants âpres à la manière des *shouters**, le swing de Kansas City exulte du coucher du soleil jusqu'à l'aube, au cours de nuits mémorables où les joutes instrumentales s'organisent spontanément tout au long de morceaux marathons. L'orchestre accroît sa réputation, étoffe ses arrangements et circule, bien au-delà du Kansas, dans des tournées plus ou moins lucratives, aussi inconfortables qu'harassantes. Les séances d'enregistrement qui témoignent de cette période donnent à entendre un juste reflet du style kansas city. Mais, au mois d'avril 1935, Bennie Moten meurt en plein succès, à la suite d'une erreur chirurgicale pour une simple ablation des amygdales. À partir du noyau principal de l'orchestre, William Basie, annobli et pourvu du titre de « Count » par un speaker de la radio, montera sa propre formation et commencera à se produire au Reno Club : « Le Reno n'était pas une de ces grandes boîtes luxueuses auxquelles on accède en descendant un escalier. C'était plutôt comme un bar donnant de plain-pied sur la rue. Mais une fois qu'on était entré, on s'apercevait que c'était un cabaret, avec un petit podium pour l'orchestre, un petit espace pour le *floor-show*, un bar à l'entrée et même un petit balcon. Il y avait aussi des taxi girls. C'était un endroit agréable pour travailler, et j'en aimais l'ambiance. L'endroit était très animé, car il y avait au moins quatre autres cabarets dans le voisinage immédiat, tous avec des orchestres et des heures tardives. » L'orchestre, jusque-là installé dans sa renommée locale, voit son destin soudainement transformé par la voie des ondes. Tout bascule et prend une autre dimension grâce à la curiosité aiguisée du jeune producteur John Hammond qui gardera toujours en mémoire cette curieuse rencontre avec les troupes de Basie : « J'allais à ma voiture, sans trop savoir où j'irais. Il faisait froid comme il peut faire froid à Chicago en janvier. J'allumai la radio. Comme il était 1 heure du matin, toutes les radios locales avaient cessé d'émettre. La seule musique que je pouvais trouver était située à l'autre bout du cadran, retransmise par WXBY, une radio expérimentale de Kansas City. La retransmission de l'orchestre de Count Basie au Reno Club venait de commencer. » John Hammond démarre aussitôt, rallie les cinq cents kilomètres qui le séparent de Kansas City et convainc le Count de se rendre dans des métropoles à la dimension de son talent. L'aide et les conseils d'Hammond sont providentiels. Premiers engagements au Grand Terrace Café, de Chicago, accueil plus ou moins désastreux, séances d'enregistrement en octobre 1936, puis prestations tièdement remarquées au Roseland Ballroom de New York, enfin en 1938, triomphe au Savoy Ballroom, face au redoutable big band du batteur Chick Webb. En trois ans, le Count Basie Orchestra a définitivement pris ses marques dans le monde professionnel de la côte est et a réussi à imposer patiemment sa singularité. La section rythmique composée de Freddie Green (g), Walter Page (b), Jo Jones (dms), respire à la même cadence. Les solistes Buck Clayton (tp), Harry Edison (tp), Earle Warren (as), Herschel Evans (ts), Chu Berry (s), Buddy Tate (s, cl), Benny Morton (tb), Dicky Wells (tb) et surtout le magistral saxophoniste ténor Lester Young (voir notice plus loin), évoluent avec aisance sur des orchestrations souplement articulées, où la répétition des riffs est finement dosée et les effets de puissance parfaitement contrôlés. Le Count bénéficie aussi de la présence de magnifiques vocalistes avec le rugissant Jimmy Rushing, la dynamique Helen Humes, et plus brièvement, l'insurpassable Billie Holiday. L'orchestre va graver beaucoup de faces splendides, s'épuiser dans des tournées interminables et obtiendra plus de gloire que d'argent. « Il y avait toujours du boulot, mais on se tapait tellement de kilomètres entre chaque affaire qu'on ne gagnait pratiquement pas un rond. » En 1939, Herschel Evans meurt d'une crise cardiaque au cours d'une tournée et sa perte est durement ressentie par tous. Au début des années 40, beaucoup de musiciens quittent l'orchestre pour retrouver une certaine liberté, d'autres pour voler de leurs propres ailes ou pour rejoindre les drapeaux. Count Basie voit ainsi partir Lester Young avec tristesse, tout comme Helen Humes, exténuée par les tournées. Jusqu'en 1950, l'orchestre voit défiler de nombreux remplaçants : Don Byas (ts), Paul Gonsalves (ts), Lucky Thompson (ts), Illinois Jacquet (ts), Tab Smith (as), Joe Newman (tp), Emmett Berry (tp), Vic Dickenson (tb), Jay Jay Johnson (tb)... Les arrangements sont savamment écrits, moins simples que les *head arrangements* qui ont prévalu jusqu'ici, privilégiant davantage l'éclat et la brillance de la masse orchestrale. Walter Page et Jo Jones ont également été remplacés mais la section rythmique ne s'en trouve pas altérée, grâce au soutien indéfectible du guitariste Freddie Green.

À partir de 1950, la conjoncture est extrêmement difficile pour les grands orchestres, les affaires sont mauvaises et il est impossible de continuer à faire vivre un personnel aussi important. Les patrons d'établissements préfèrent employer des groupes plus réduits. Sous la poussée du bop et bientôt du mouvement cool, la vie du jazz se trouvera bouleversée et amorcera une mutation. Héros emblématique de l'ère swing, Count Basie est contraint de démanteler son big band. De son côté, Duke Ellington tente de résister et fait quelques concessions au répertoire pour « sauver les meubles ». Le Count préfère se consacrer à un combo (sextette ou octette selon les besoins) où l'on retrouve, outre l'inébranlable pilier Freddie Green, des musiciens tels que Serge Chaloff (bs), Buddy DeFranco (cl), Wardell Gray (ts), Gus Johnson (dms), Jimmy Lewis (b), Buddy Rich (dms), Charlie Rouse (ts), Marshall Royal (tp), Rudy Rutheford (s), Clark Terry (tp). Cependant, deux ans plus tard, le producteur-imprésario Norman Granz offre au Count la possibilité de prendre un nouveau départ à la tête d'une grosse machine. Apparaissent de nouveaux musiciens : Thad Jones (tp), Eddie Davis (s), Frank Foster (s), Frank Wess (s), Paul Quinichette (s), Benny Powell (tb), Sonny Payne (dms), Gene Ramey (b)… Les arrangements sont signés par certains membres de la formation, mais aussi par des intervenants extérieurs comme Neal Hefti, Sy Oliver, Nat Pierce, Johnny Mandel… En 1954, l'arrivée du vocaliste Joe Williams finit d'asseoir un orchestre qui a retrouvé assez rapidement sa position. Le titre *Every Day,* chanté par Williams, obtient un impressionnant succès populaire. En 1957, le très explosif album *Atomic Mr Basie* fait l'effet d'une bombe dont les retombées ne tarderont pas à se manifester : tournées en Europe, au Japon et en Amérique du Sud, animations régulières des croisières du paquebot *Queen Elizabeth,* séances de studio prolifiques… Le Count Basie Orchestra fait désormais figure de référence et de garant de la tradition du big band, comme le définit avec sagacité une critique parue à cette même époque dans le magazine *Metronome :* « C'est sans doute la sonorité que devrait avoir un big band ; avec une attaque égale, un ensemble de solistes excellents, le sens du tempo et un répertoire d'arrangements permettant aux solistes et aux sections de préserver toujours le rythme… Ce n'est pas l'incubateur du jazz de demain, comme le premier orchestre de Basie. Il est peu probable qu'un Prez [surnom de Lester Young] émerge de ce groupe pour ouvrir la voie à une ère de jazz nouvelle. C'est plutôt un orchestre qui réalise une synthèse, qui montre comment on joue ce qui était bon et ce qui est toujours bon dans le jazz d'il y a vingt ans et d'aujourd'hui. Ce sont toujours, dans les autres arts, ceux qui réalisent une synthèse, qui révèlent ce qu'il y a de durable dans le passé et dans le présent, qui font les grands artistes. »

Désormais dégagé de tout souci financier, porté au rang d'institution, sollicité par les festivals de renom, habitué des studios d'enregistrement et des émissions de télévision, l'orchestre va accompagner sur disques ou en concerts quelques-uns des plus grands vocalistes : Ella Fitzgerald, Frank Sinatra, Billy Eckstine, Sammy Davis Jr, Bing Crosby, Sarah Vaughan, Theresa Brewer, les

Mills Brothers… De plus en plus, il s'agit de construire un jeu d'ensemble vigoureusement architecturé et soigneusement ciselé, où les solistes vont s'exprimer dans la seule perspective de mettre en valeur le travail d'orchestration et la domination des sections. Le tout surveillé attentivement par la guitare de l'indestructible Freddie Green et les relances économes du Count. Parallèlement, Basie enregistrera avec des petites formations, démontrant qu'il peut être un instrumentiste beaucoup plus pertinent qu'il ne veut bien l'avouer : «Je n'ai jamais été un très bon pianiste, je me suis toujours contenté de jouer quelques petites choses au début pour lancer l'orchestre et, parfois, de faire le même genre de petites choses au milieu d'un morceau.» Pourtant, les disques gravés en groupes réduits avec Roy Eldridge, Dizzy Gillespie, Milt Jackson, Zoot Sims, Clark Terry, et les duos de piano avec Oscar Peterson, donnent à entendre un Count Basie toujours inspiré, adroit, volontiers rusé, d'une sobre tonicité et toujours capable de tirer son épingle du jeu dans des contextes parfois périlleux.

Jusqu'en août 1976, le parcours de Basie sera sans nuage. Malheureusement une première crise cardiaque l'oblige à prendre du recul et à confier la direction orchestrale à Clark Terry, Joe Williams ou Nat Pierce (p). En janvier 1977, il reprend les affaires en main et voyage toujours autant, tout en ayant la sagesse de se ménager des moments de repos. En avril 1983, il subit le choc de la mort de sa femme Catherine, une danseuse des Whitman Sisters, rencontrée lors d'une tournée avec Bennie Moten et qui fut son épouse pendant plus de quarante ans. La santé du Count devient de plus en plus précaire et il s'éteint en Floride, le 26 avril 1984.

Après son décès, Thad Jones puis Frank Foster tenteront de maintenir l'institution, mais l'élan n'y est plus. Il manque l'âme de l'orchestre, la présence discrètement chaleureuse de celui dont la chanteuse Lena Horne disait : «Count Basie est plus qu'un homme, plus même qu'un orchestre : c'est un art de vivre.» Il suffit d'écouter un seul disque parmi les centaines d'enregistrements en circulation, pour mieux saisir toute l'élégance naturelle du Count, pour comprendre cette sensation de force et de fraîcheur, pour percevoir l'apaisement qui cherche à poindre sous le déluge fastueux. Ça fonce et fracasse, ça ondule et ondoie, ça claque, ça s'époumone, ça claque-poumone et ça pulse et ça swingue. Et soudain ça cesse sur trois notes graciles, insolentes et rassurantes, signées du bout des doigts. Comme trois petites gouttes de pluie, après l'orage…

Les hommes du Count

Il est impossible d'évoquer tous les musiciens qui ont été hébergés dans la demeure du Count. La composition du big band a varié selon les événements mais, comme tout leader exigeant, Basie a su trouver à chaque fois l'interprète qui convenait le mieux aux besoins de l'orchestre. Selon le principe utilisé précédemment pour les hommes du Duke, voici une sélection par ordre de naissance des principaux représentants de l'école basienne. Nous retrouverons le « Président » Lester Young, plus loin, avec les grands solistes de l'ère swing.

Walter Page (1900-1957)

Contrebassiste largement influencé par Wellman Braud, il est le parfait exemple de la régularité d'interprétation des quatre temps, sans que son jeu ne s'en trouve jamais figé. Très nuancées et d'une mobilité flexible, ses lignes de basse ont toujours soutenu avec efficacité les rythmiques du Count. Engagé en 1918 par Bennie Moten, il forme les Blue Devils en 1923, retourne chez Moten en 1931, et passe sous le commandement de Basie de 1936 à 1942. Après une courte interruption, il revient dans l'orchestre en 1946. Trois ans plus tard il s'en va jouer avec Hot Lips Page, puis Jimmy Rushing, Ruby Braff ou Roy Eldridge. Du Kansas à New York, son nom reste résolument attaché à l'œuvre du Count.

Jimmy Rushing (1903-1972)

Surnommé « Mister Five by Five », en raison d'une taille et d'une épaisseur égales, cet homme aussi large que haut se situe à la lisière du blues et du middle jazz. Fantastique *blues shouter,* à l'amplitude généreuse, au coffre puissant et aux inflexions émouvantes, Jimmy Rushing a d'abord fréquenté les Blue Devils de Walter Page avant de trouver sa place chez Basie en 1935. Il y passe une quinzaine d'années, pendant lesquelles il installe un rituel de communication toujours renouvelé, alternant répertoire à succès et blues authentiques, il fait preuve d'un solide éclectisme qui lui permet de toucher plusieurs publics. Libéré de l'emprise du Count dans les années 50, il enregistre sous son nom puis avec Earl Hines. La réédition miraculeuse du double Compact Disc réunissant les séances gravées pour le label Vanguard, suffit à restituer ce chant vibrant et volumineux qui ne s'est jamais départi de ses origines terriennes.

Dicky Wells (1907-1985)

Ce tromboniste-chanteur a sûrement fait le tour des principaux grands orchestres, excepté ceux d'Ellington ou de Goodman. Entre 1926 et 1938, il se fait engager par Cecil Scott, Elmer Snowden, Benny Carter, Charlie Johnson, Fletcher Henderson, Chick Webb et Teddy Hill, avant de rejoindre le Count Basie Orchestra. Il y reste jusqu'en 1950, puis il s'en va accompagner Jimmy Rushing, travaille en Europe avec Bill Coleman (tp), joue avec les formations de Lucky Millinder, Earl Hines, Buck Clayton, collabore avec Ray Charles entre 1961 et 1963 et se produit finalement en tant que soliste jusqu'à la fin de ses jours. Instrumentiste complet, adepte du glissando, improvisateur décontracté à la sonorité pulpeuse, capable cependant de quelques accentuations bien placées, Dicky Wells a connu chez Basie une stabilité fructueuse, une sorte de parenthèse paisible dans une carrière pour le moins mouvementée.

Herschel Evans (1909-1939)

Dès 1934, il joue à Kansas City avec Bennie Moten et Hot Lips Page. Après un court séjour californien dans les formations de Lionel Hampton et Buck Clayton, il est engagé avec ce dernier dans le big band de Basie. Il y demeurera jusqu'à sa mort, à la suite d'une crise cardiaque à l'âge de trente ans. Le Count s'est toujours plu à opposer le ténor véhément et lyriquement tendu d'Hershel Evans avec les langueurs voilées de Lester Young. Le contraste entre les deux ténors a été une merveilleuse opportunité pour entretenir la dynamique à l'intérieur de la section. La brutale disparition d'Evans, qui s'effondre sur l'estrade, en plein concert à Hartford (Connecticut), avant de succomber quelques jours plus tard dans un hôpital new-yorkais, a considérablement traumatisé les membres de l'orchestre, tout comme en témoigne ce souvenir de Basie : « La perte de Herschel frappait donc tout le monde très durement, mais il ne manquait à personne autant qu'à Lester. Pendant un moment, Lester ne voulait plus continuer [...] C'était dur, et, naturellement, tout le reste de l'orchestre comprenait ce qu'il ressentait. »

Freddie Green (1911-1987)

La clé de voûte de l'édifice rythmique est assurément ce singulier guitariste qui, pendant un demi-siècle, est resté là, imperturbable, sagement assis près du piano du Count, tricotant sa six cordes sans lever les yeux, une maille à l'envers, une maille à l'endroit. Jusqu'à sa mort, Freddie Green a travaillé avec l'orchestre de Count Basie, alors qu'il avait été présenté en 1937 par John Hammond : « Quand John Hammond a amené le nouveau guitariste, je lui ai dit : "Jouons quelque chose", et nous avons joué un seul morceau, pas plus de deux chorus, je crois, et ça m'a suffi. Il était inutile de continuer. Si je devais prendre une guitare, ce serait celle-là, parce que c'était exactement ce que je voulais entendre. Et c'est ainsi que j'ai connu Freddie Green. » Le Count avait vu juste, sans savoir toutefois qu'il rencontrait là son plus fidèle compagnon. Freddie Green enregistrera à l'occasion avec Mildred Bailey (voc), Lionel Hampton (vib), Billie Holiday (voc), Teddy Wilson (p), Jimmy Rushing (voc), Benny Carter (as), Lester Young (ts), Benny Goodman (cl), Stan Getz (ts), Gerry Mulligan (bs) et quantité d'autres solistes renommés. Alors qu'il ne s'adonne pour ainsi dire jamais aux solos, ce guitariste est unanimement considéré comme un des grands représentants de l'instrument. Une pulsation implacable sans être mécanique, une sonorité discrète sans être effacée, des suites d'accords retenus sans être étouffés, Freddie Green est un magnifique mystère qu'il ne faut surtout pas chercher à élucider. La magie du swing est souvent insondable.

Jo Jones (1911-1985)

Après avoir été chanteur et danseur de claquettes dans des spectacles ambulants, Jonathan Jones se retrouve à Kansas City en 1930 et apprend la batterie aux côtés de Walter Page. En 1933, il joue dans la formation de Tommy Douglas et rentre, dès la fin de 1935, dans le big band de Count Basie. Pendant une douzaine d'années, Jo Jones sera le grand jongleur de percussions de l'orchestre. Baguettes, mailloches ou balais, il sait tout utiliser avec la grâce et l'aisance des prestidigitateurs conscients de la perfection de leurs gestes. Batteur révolutionnaire dans son utilisation de la cymbale de tempo *(ride)* et de la charleston, qui se substituent peu à peu au battement de la grosse caisse, Jo jones est avant tout un musicien à part entière, toujours très spectaculaire dans ses relances et son écoute attentive des partenaires. Kenny Clarke et Max Roach reconnaîtront toujours son influence déterminante dans l'histoire de la percussion et les batteurs se plairont à le surnommer « Pa Jones » pour bien marquer leur filiation. Après son long séjour chez Basie, il sera sollicité par le *who's who* du jazz : Lester Young, Ben Webster, Buck Clayton, Benny Goodman, Teddy Wilson, Coleman Hawkins, Milt Buckner, Jimmy Rushing, Benny Carter, Duke Ellington, Johnny Hodges, Lionel Hampton, Art Tatum, etc. Soit pas moins de 1 500 disques éparpillés dans la nature. Seul, malade et éprouvé par un incendie qui ravage son appartement en 1982, il finit sa vie dans des conditions pénibles, mais ses confrères et amis se mobilisent pour l'aider et le soutenir jusqu'au dernier jour.

Buck Clayton (1911-1991)

Cet enfant du Texas apprend la trompette avec son père et commence à jouer dans des orchestres de danse. En 1934, il se voit confier la direction de l'ensemble Earl Dancer et il fait une grande tournée qui le mène jusqu'à Shanghai. De retour en 1936, il revient à Kansas City, où Count Basie l'engage pour remplacer Hot Lips Page. Il y restera jusqu'en 1943. Après trois ans de service militaire passés dans les fanfares, il est engagé dans les tournées du JATP (Jazz At The Philharmonic). De 1949 jusqu'à la fin des années 60, il circule entre les États-Unis et l'Europe, avec quelques escapades vers l'Australie et le Japon, en compagnie de formations ou de leaders très variés : Jimmy Rushing, Mezz Mezzrow, Sidney Bechet, Benny Goodman, Dicky Wells, Buddy Tate, Jimmy Witherspoon, Eddie Condon… En 1972, l'état de ses lèvres lui interdit de jouer et il se consacre désormais à l'arrangement et à la direction d'orchestre. Trompettiste velouté, sobre et volontiers laconique, au vibrato tendrement lyrique et à la sensibilité raffinée, Buck Clayton a été assurément un des plus brillants solistes de Count Basie.

Helen Humes (1913-1981)

Dotée d'une voix claire, souple et dynamique, Helen Humes interprète avec beaucoup de sensibilité un répertoire varié où voisinent blues, standards et ballades. Elle commence très jeune à pratiquer le piano, la trompette, la clarinette et le chant. Douée pour la musique, elle se lance dans la carrière, malgré les fortes réticences de sa mère, et enregistre dès l'âge de quatorze ans avec le guitariste Lonnie Johnson. Après avoir fait partie du groupe d'Al Sears (ts), elle a la difficile tâche de remplacer Billie Holiday, en 1938, au sein du big band de Count Basie. En alternance avec Jimmy Rushing, elle tient le devant de la scène et contribue à l'animation des spectacles par la maîtrise d'un art vocal essentiellement nourri aux racines du blues. Elle quitte l'orchestre en 1942, enregistre pour John Hammond, travaille dans les clubs new-yorkais et, devenue une chanteuse accomplie, elle va s'installer en Californie. Elle grave *Ee-Baba-Leba* en 1945, son premier gros succès, suivi en 1950 par *Million Dollar Secret*, qui grimpe allégrement au sommet des meilleures ventes. Pendant les années 50 et 60, son activité devient irrégulière et se résume à des tournées australiennes et européennes, à une collaboration avec l'orchestre de Red Norvo et à quelques enregistrements sur lesquels il vaut mieux ne pas insister. En 1967, elle décide de mettre un terme à sa carrière et retourne dans sa région de Louisville (Kentucky) où on la retrouve employée dans une usine. Grâce à l'insistance du critique Stanley Dance, elle revient sous les sunlights en 1973, pour le Festival de Newport avec… le Count Basie Orchestra. Dès lors, elle connaît un net regain de popularité, signe chez Columbia, se produit dans les Festivals de Montreux, Nice et Monterey, etc., avant de décéder à Santa Monica (Californie).

Gus Johnson (1913-2000)

Successeur de Jo Jones en 1948, Gus Johnson est déjà un musicien accompli lorsqu'il rejoint le Count pour une période de six ans. Il a auparavant joué avec les groupes locaux de Kansas City, dont celui de Jay McShann, et il a également accompagné Eddie Vinson (s), Tab Smith (s), Earl Hines (p) et Cootie Williams (tp). Parfait rythmicien et technicien complet, répondant aux moindres exigences de ses employeurs, il travaillera ensuite avec Ella Fitzgerald, Oscar Peterson, Woody Herman, Stan Getz, Zoot Sims, Gerry Mulligan, etc. Mais ses qualités de batteur émérite ne l'empêchent pas de manquer parfois de travail et de se retrouver par intermittence dans un curieux emploi de policier auxiliaire au 47 Precinct de New York. Installé à Denver à partir de 1974, il poursuivra ses activités essentiellement dans les studios d'enregistrement.

Buddy Tate (1914-2001)

Lorsque le saxophoniste Herschel Evans disparaît, Count Basie recherche un suppléant au jeu généreux, concis et chaleureusement véhément. S'il est impossible de remplacer un homme tel qu'Evans, il trouve néanmoins un bon instrumentiste dans la personne de George Holmes Tate, dit « Buddy ».

Musicien chevronné et très efficace, Buddy Tate a déjà fréquenté le premier orchestre du Count en 1934 à Kansas City, et s'est produit ensuite avec Lucky Millinder avant de retrouver les compagnons de Basie en 1939. Il tiendra son poste pendant dix ans et poursuivra son chemin avec Hot Lips Page, Jimmy Rushing, Buck Clayton ou à la tête de son propre groupe.

Harry « Sweets » Edison (1915-1999)

Dans les pupitres du Count de 1938 à 1950, Harry Edison a été le trompettiste archétypique d'une certaine concision, précise et retenue, propre à l'univers basien. Son surnom « Sweets » correspond sûrement aux douceurs de sa sonorité, à ce souci constant de se fondre dans la ligne mélodique, de s'enrober dans la masse orchestrale. Cependant, les douceurs d'Edison ne sont jamais sirupeuses, pas plus qu'elles ne sont artificiellement édulcorées, elles sont plutôt hypocaloriques et très allégées, *light* dirait-on aujourd'hui. Lorsqu'il quitte Count Basie, il devient un des musiciens de studio les plus recherchés de la côte ouest, se produit avec Shorty Rogers (tp), Quincy Jones (tp, arr), Frank Sinatra (voc), Nat King Cole (voc), Jimmy Giuffre (cl), Johnny Hodges (s), Duke Ellington... Au cours des années 70, il retrouvera l'orchestre de Basie de façon ponctuelle, sans cesser de s'intégrer à des entreprises diverses : Louie Bellson, Benny Carter... Sur le tard, il a quelque peu durci et épaissi un jeu dont la suave et légendaire sobriété frôlait parfois l'indigence, à force d'économie.

Joe Williams (1918-1999)

Pour ce chanteur né en Georgie, l'histoire retiendra surtout ses prestations de crooner bluesy* qui firent les beaux jours du big band de Count Basie. Il a fallu beaucoup de talent et de constance à Joe Williams pour oser prendre la succession de Jimmy Rushing. Engagé de manière sporadique entre 1950 et 1954, il devient ensuite le vocaliste attitré de l'orchestre jusqu'en 1961. Période pendant laquelle aucun concert du Count ne peut s'achever sans l'interprétation vibrante de Joe Williams sur son standard favori : *Everyday I Met the Blues,* signé par Memphis Slim. Après son départ, il apparaît toujours de façon épisodique dans la production de Basie, mais il se lance dans une carrière free lance qui oscille entre le jazz pur et la chanson de variété. Cependant ses albums sur les labels RCA ou Verve le présentent toujours sous un jour assez radieux. Notamment, une belle trace enregistrée au Festival de Newport avec un All Stars composé de Clark Terry (tp), Howard

McGhee (tp), Zoots Sims (s), Coleman Hawkins (s) et Junior Mance (p). Il est à noter également qu'il a fait ses débuts aux côtés de Jimmie Noone, Lionel Hampton, Andy Kirk et les pianistes de boogie Albert Ammons et Pete Johnson.

Paul Quinichette (1921-1983)

S'il n'a passé que peu de temps chez Basie, le saxophoniste Paul Quinichette est fortement attaché à cette école, d'où son surnom de « vice-président » tant il s'est appliqué à copier le style de Lester Young. Il a obtenu son premier engagement d'importance à Kansas City, dans la formation de Jay McShann en 1942. Jusqu'en 1951, il se produit avec Johnny Otis, Louis Jordan, Lucky Millinder ou Hot Lips Page, avant d'accéder enfin aux pupitres de Count Basie. Il s'y illustre pendant trois années, avant de se lancer dans une carrière indépendante. En 1958, il disparaît de la scène du jazz et ne resurgit qu'en 1974, dans des clubs new-yorkais, où l'on peut apprécier sa sensibilité de soliste, en compagnie de Sammy Price (p) et Buddy Tate. Cependant, la maladie le contraint à ralentir à nouveau ses activités, vers la fin des années 70. Le problème de ce musicien talentueux aura toujours été d'accepter son statut d'épigone de Lester Young, alors qu'il aurait préféré en être le clone.

Eddie « Lockjaw » Davis (1922-1986)

Un parcours sans faute pour cet autodidacte du saxophone ténor. Premier enrôlement à vingt ans dans l'orchestre de Benny Carter, puis engagement chez Cootie Williams et dans les troupes de Lucky Millinder et d'Andy Kirk, grandes manœuvres avec les petits combos de Big Sid Catlett et de Louis Armstrong, avant d'acquérir ses galons sous l'étendard du Count, en 1952. Ses chorus font preuve d'une belle autorité, le son est puissant sur les tempos rapides et sensuellement feutré sur les ballades, l'attaque toujours fluide et le lyrisme déferlant. Mais Eddie « Lockjaw » Davis, surnommé aussi *The Fox* (le Renard), a l'esprit fugueur et repart jouer en franc-tireur dès 1953. Il dirige des orchestres de danse dans des cabarets de New York, revient en 1957 chez Count Basie pour une tournée européenne et quelques disques. En 1960, il s'associe à Johnny Griffin (ts), mais trois ans plus tard, il raccroche son ténor pour devenir agent artistique. Basie le rappelle en 1965 et Eddie « Lockjaw » Davis retourne au feu avec enthousiasme, puisqu'il reste dans l'orchestre jusqu'en 1973. Les dix dernières années de sa vie seront ensuite ponctuées de nombreux concerts à travers le monde, de duos avec Harry Edison et de disques gravés sous son nom.

Frank Wess (1922-2013)

Count Basie doit à ce saxophoniste alto quelques arrangements finement écrits et l'apparition de la flûte dans la coloration orchestrale. Ce dernier apport fut une révélation pour le Count, qui pendant longtemps est resté dans l'ignorance des talents de flûtiste de Frank Wess. « C'est Don Redman qui m'avait mis au parfum [...] Alors un jour qu'on faisait une *jam* au Savoy, j'ai dit à Frank, "Et si tu prenais un ou deux chorus à la flûte ? Est-ce que tu l'as apportée ?" [...] Il est allé chercher sa flûte, il a joué et a cassé la baraque. Dès que je l'ai entendu, j'ai compris qu'on avait un nouveau truc pour notre prochain passage au Birdland. » Frank Wess est entré chez le Count en 1953 et n'en est ressorti qu'en 1964. Auparavant, il a appris son métier tout au long des années 40 dans les formations de Blanche Calloway, Billy Eckstine, Lucky Millinder, etc. En 1986, il prendra en charge la destinée du Count Basie Orchestra, dans le seul but d'honorer la mémoire de son ancien patron et ami.

Al Grey (1925-2000)

Ce tromboniste n'a pas attendu d'être intégré au big band de Count Basie pour se faire un nom. Après avoir fait ses premières classes dans un orchestre de l'US Navy pendant la Seconde Guerre mondiale, il travaille en 1944 chez Benny Carter, puis de 1946 à 1956, il va jouer chez Jimmie Lunceford, Lucky Millinder, Lionel Hampton, Sy Oliver, Arnett Cobb et Dizzy Gillespie. Cependant, c'est son entrée chez le Count, en 1957, qui lui permet de se couvrir de lauriers. Grâce à l'utilisation de la sourdine *plunger mute*, il peut atténuer la sécheresse un peu abrupte de son phrasé et donner un peu de moelleux à un instrument qu'il préfère travailler par saccades. Parallèlement à sa longue collaboration avec Count Basie, il a aussi copieusement enregistré avec Louis Armstrong, Johnny Hodges (s) ou Randy Weston (p), et a gravé un album remarqué lors d'une rencontre avec son éminent confrère, Jay Jay Johnson, tromboniste d'une tout autre envergure.

Sonny Payne (1926-1979)

Percival Payne, probablement surnommé « Sonny » à cause de son père adoptif, le batteur Chris Columbus, a débuté chez Hot Lips Page en 1944. Continuateur de l'œuvre du grand Jo Jones, et influencé dans une moindre mesure par Gus Johnson, il a développé un style de batterie très aérien, un swing léger et tonique, toujours très allègre, qui s'est particulièrement épanoui dans l'orchestre de Count Basie. Titulaire des tambours pendant dix ans, entre 1955 et 1965, il reviendra chez le Count en 1973, avant de tenter une carrière autonome qui le conduira en Europe, peu de temps avant d'aller ranger définitivement ses tambours en Californie.

Jimmie Lunceford : le rebond

En aurait-il été autrement du sort d'Ellington et de Basie, si Lunceford avait eu assez de temps pour imposer son big band ? Sans trop risquer de se tromper, on peut penser que, malgré son énorme succès durant l'ère swing, Jimmie Lunceford n'aurait sûrement pu résister à la vague qui balaya les grands orchestres, au sortir de l'après-guerre. Son sort est trop lié à celui de l'arrangeur Sy Oliver pour que l'on puisse imaginer un Lunceford totalement autonome, maître de son destin et suffisament pugnace pour assumer seul la régénérescence de ses troupes.

Né le 6 juin 1902 à Fulton, dans l'état du Missouri, James Melvin Lunceford fait ses études dans une High School du Colorado, obtient un diplôme de Bachelor of Music à la Fisk University, en 1926, et enseigne quelque temps la musique dans une école de Memphis. Là, il regroupe ses meilleurs élèves pour former un big band, qu'il baptise : The Chickasaw Syncopators. La formation se produit localement, obtient un succès d'estime mais n'a pas encore trouvé son style personnel. En 1933, l'arrivée de Sy Oliver va tout bouleverser. Trompettiste, mais avant tout arrangeur remarquable, Oliver, qui répond au prénom de Melvin James – comme un curieux effet de miroir au prénom de Lunceford –, va donner un nouveau lustre à l'orchestre en reflétant les ambitions musicales de son leader. Engagé au Cotton Club, l'année suivante, pour remplacer la formation de Cab Calloway, le big band s'impose sans problème auprès d'un public essentiellement préoccupé par la danse. Parmi les morceaux de choix du big band, certains titres ne laissent aucune ambiguïté sur le propos : *Rhythm is our business, For dancers only...* Autant de devises que s'acharneront à défendre d'excellents solistes tels que Willie Smith (as), Joe Thomas (ts), Eddie Tompkins (tp), Paul Webster (tp), Snooky Young (tp),

Trummy Young (tb), Eddie Durham (tb), et la section rythmique, constituée d'Edwin Wilcox (p), James Crawford (dms), Al Norris (g), Moses Allen (b). Les arrangements de Sy Oliver, auxquels on peut ajouter aussi les *scores* de Willie Smith, Edwin Wilcox et Eddie Durham, répondent aux exigences pointilleuses de Jimmie Lunceford. Mise en valeur du *two beat* dans l'accentuation élastique des temps pairs, effets de roulis, tempos medium, échange de chants et contre-chants entre les sections, contrastes surprenants et variations* parfaitement réglées, l'orchestre de Lunceford-Oliver avance par rebonds souples et successifs, et marque le swing de sa griffe en créant ainsi le style *bounce*. L'intervention d'un trio vocal, composé de Willie Smith, Sy Oliver et Al Norris, donnera également une coloration sophistiquée à l'ensemble.

Malheureusement, en 1939, Sy Oliver s'en va rejoindre la formation de Tommy Dorsey, et ce départ va sonner le glas d'une belle aventure. La fracture est irrémédiablement ouverte et le déclin s'avère rapide. Si Jimmie Lunceford reste le chef de chantier et le promoteur de l'orchestre, il a cependant perdu l'essentiel en laissant filer son maître-d'œuvre. Des solistes s'en vont à leur tour et, en 1942, Lunceford est obligé de s'installer dans la section de saxophones pour grossir les rangs. Le big band essaie de résister au marasme, Jimmie Lunceford persévère désespérément, tente de rebondir une nouvelle fois, espérant un *bounce* miraculeux, mais son cœur lâche soudain, le 12 juillet 1947.

Chick Webb : les tambours du Savoy

Il faut beaucoup de courage et de volonté au jeune William Henry Webb, alias « Chick » pour affronter une existence que la nature n'a pas épargnée. Nain, bossu et torturé par une maladie des os, il naît le 10 février 1909 à Baltimore. Dès l'âge de neuf ans, il arpente les rues pour vendre des journaux à la criée afin de se payer les éléments de sa première batterie. Il participe à des fanfares et joue bientôt dans le Jazzola Band de John Trueheart (g). À quinze ans, il arrive à New York et monte un petit groupe avec Johnny Hodges (as) et Bobby Stark (tp), aidé en cela par les encouragements de Duke Ellington. Il se produit dans plusieurs clubs, puis, dès 1930, il monte un imposant big band, avec lequel il investit le Savoy Ballroom, le dancing le plus prisé de Harlem, dont il devient rapidement la vedette incontestée. Avec de solides « pointures » tels que Mario Bauza (tp), Taft Jordan (tp), Hilton Jefferson (s), Louis Jordan (s), Edgar Sampson (s, cl), Wayman Carver (s, f), Sandy Williams (tb), Claude Jones (tb), John Kirby (b), John Trueheart (g), le grand orchestre de Chick Webb va rapidement effrayer tous ses concurrents. Malgré son infirmité, Chick Webb n'a pas son pareil pour propulser, soutenir, relancer et piloter la masse cuivrée de ses coéquipiers. Dominant l'orchestre du haut de ses tambours, il installe un tempo carré, une cadence souplement articulée, stimulant les interventions solistes et développant une assise confortable, pour que les arrangements s'épanouissent dans un vigoureux optimisme. Lorsqu'en 1934 arrive la toute jeune chanteuse Ella Fitzgerald, la formation est déjà réputée. Chick Webb recueille l'orpheline, lui procure une tenue décente, l'adopte officiellement et lui donne les conseils nécessaires pour affronter le public. Le succès ne se fait pas attendre et atteindra son point culminant avec *A Tisket, a Tasket* dont les ventes dépasseront largement le milieu du jazz. Au cours des nombreuses batailles d'orchestres du Savoy Ballroom, Chick Webb remportera souvent des triomphes considérables, au point d'inspirer une certaine terreur aux formations rivales. Comme beaucoup d'autres, Count Basie aura à en découdre avec le big band de Webb. Toute sa vie, le Count a gardé un souvenir ému de cette épreuve vécue un soir de 1938 : « Pour dire la vérité, j'ai trouvé Chick Webb fantastique. Il avait un sacré orchestre, avec des montagnes d'arrangements écrits par Edgar Sampson, Charlie Dixon, Van Alexander et d'autres, et tous ses musiciens s'en donnaient à cœur joie pour tirer le meilleur de chaque morceau, avec Chick perché là-haut derrière sa batterie et Ella qui assurait les parties vocales [...] Ceux qui n'ont pas eu la chance d'écouter cet orchestre en chair et en os ont raté quelque chose [...] Bien sûr, je ne fais que me rappeler des impressions personnelles du moment. Mais je crois aussi que mes musiciens étaient trop cinglés ou trop inexpérimentés pour être aussi intimidés que nous aurions dû l'être. Ils n'avaient pas l'air le moins du monde impressionnés d'avoir à se mesurer au grand Chick Webb.» Et Count Basie, après avoir relaté son périple, rajoute en soupirant de soulagement : «Au moins ne nous sommes-nous pas fait démolir, mais je suis toujours bien content que nous n'ayons pas eu à nous frotter une autre fois à ces cocos-là.»

Malgré toute sa pugnacité et son énergie, Chick Webb finira par succomber à la tuberculose osseuse qui le ronge depuis des années et dont il cache les souffrances sous un entrain et une bonne humeur d'autant plus admirables qu'il se sait condamné. Le soir du 16 juin 1939, il s'éteint à l'hôpital de Baltimore, sous les yeux de sa mère, de sa femme et de la jeune Ella, qui le veillent depuis plusieurs jours, leur adressant très lentement ces dernières paroles : «Désolé, il faut que je m'en aille !»

Cab Calloway : Mister Hi-De-Ho

Ratelier d'incisives rutilantes, mêche rebelle flottant sur le front, *zoot suits* satinés et chaîne de montre interminable, Cab Calloway promène sa longue carcasse extravagante et dégingandée sur les planches du music-hall depuis le début des années 30. Né à Rochester le 25 décembre 1907, Cab Calloway commence sa carrière à Chicago puis à New York dans les ensembles The Missourians et The Alabamians. À l'âge de vingt ans, il est déjà un showman accompli. Ses années de jeunesse, passées en compagnie de sa sœur Blanche (elle-même chanteuse et chef d'orchestre, 1905-1978), lui ont permis de développer ses talents innés de vocaliste, batteur, danseur et de boute-en-train infatigable. Après avoir participé à la revue «Hot Chocolate», d'Irving Mills, on le retrouve au Savoy de Harlem en 1929, puis à l'affiche du Cotton Club, où sa formation est chargée de remplacer l'orchestre de Duke Ellington. En 1931, il signe un premier tube fracassant avec *Minnie the Moocher*. Sa carrière prend une dimension internationale et son big band compte parmi les plus brillants. De nombreux solistes de grande envergure travaillent avec lui : Dizzy Gillespie (tp), Doc Cheatham (tp), Ben Webster (ts), Chu Berry (ts), Milt Hinton (b), Cosy Cole (dms), JC Heard (dms), Ike Quebec (ts), Panama

Francis (dms), etc. Dans les années 40, « Mister Hi-De-Hi-De-Ho » devient une légende et un symbole de liberté pour les zazous du Vieux Continent face à l'obscurantisme des occupants allemands. Ses délires scéniques et vestimentaires, ses gestes amples et désarticulés, ses incantations redondantes et la qualité explosive de son orchestre en font un précurseur, un innovateur et un personnage phare du music-hall américain. En outre, Cab Calloway apparaît dans de nombreuses productions cinématographiques : *Stormy Weather* (1943), *The Singing Kid* (1936), *Blues Brothers* (1980), etc. Il ne cessera jamais de travailler, tiendra le rôle de Sportin'Life dans *Porgy and Bess* de 1952 à 1954 et fera diverses apparitions au sein de comédies musicales. Malgré son grand âge, il poursuit inlassablement ses tournées à travers le monde, mais un sourire de façade et une bonne humeur contrainte font quelque peu regretter le jeune homme bondissant et survolté qu'il fut avant-guerre. Cependant, les années 70-80 le remettent au goût du jour, sursaut et sursis inespérés pour ce vieux monsieur un peu cabotin qui continuera de triompher jusqu'à l'âge de quatre-vingt-sept ans en utilisant les mêmes procédés qui le consacrèrent plus d'un demi-siècle auparavant.

Benny Goodman : le bien nommé

Les grands orchestres blancs ont attentivement écouté et habilement exploité les recherches – les trouvailles, devrions-nous dire – de Duke Ellington, Count Basie, Jimmie Lunceford ou Chick Webb. Soutenus par les managers de l'industrie du spectacle et les façonniers de Tin Pan Alley, particulièrement bien promus par les stations de radios, bénéficiant de l'accès aux salles les plus huppées, les musiciens blancs ont profité beaucoup plus rapidement de la mode du swing. Tout comme Paul Whiteman fut sacré « King of jazz » dans les années 20, Benny Goodman se voit à son tour élu « King of swing », au milieu des années 30. Ces titres, dont le côté dérisoire pourrait seulement prêter à sourire, révèlent cependant une injustice flagrante et inlassablement répétée à l'égard des créateurs noirs, une fois de plus pillés, imités, édulcorés, et, bien sûr, privés des retombées économiques. Pour exemple : lorsqu'en 1930, le chef d'un orchestre blanc célèbre accorde à ses solistes entre 250 et 350 dollars par semaine, il faut savoir qu'un leader de big band noir de meilleure qualité ne peut généralement donner plus de 35 dollars par semaine à ses musiciens. Nul besoin d'argumenter davantage, les chiffres parlent d'eux-mêmes.

Un homme va cependant contribuer au rapprochement de ces deux communautés musicales. Né à Chicago, le 30 mai 1909, dans une famille nombreuse et pauvre, le jeune Benjamin David Goodman fait ses débuts de clarinettiste dans la synagogue Kehelah Jacob, tout en suivant les leçons d'un certain Franz Schoepp, qui lui fait étudier le répertoire de Mozart. Mais ce garçon, visiblement doué, va rencontrer ses vrais professeurs dans les cabarets de la Windy City où se produisent Johnny Dodds, Jimmie Noone, Buster Bailey, mais aussi Bix Beiderbecke ou Jimmy McPartland. À douze ans, Benny Goodman s'inscrit au syndicat des musiciens et commence à fréquenter sérieusement les clubs de la ville et les *riverboats* qui sillonnent la région des Grands Lacs. Dès 1925, il est embauché dans l'orchestre de Ben Pollack et part pour une longue tournée qui le conduit de la Californie jusqu'à New York. En 1929, il travaille avec Red Nichols, tout en répondant aux nombreuses sollicitations des revues de Broadway, de la radio aux côtés de Paul Whiteman, et des studios d'enregistrement en compagnie d'Eddie Lang, Joe Venuti ou Ben Polack... Sa réputation de clarinettiste virtuose lui permet de créer bientôt son propre grand orchestre, dès 1934. Il n'obtient sa première grande tournée qu'au milieu de l'année 1935 et ses concerts au Paloma Balroom de Los Angeles lui réservent soudain un accueil triomphal dont il saura rapidement tirer profit. Avec le concours d'arrangeurs de la trempe d'Eddie Durham, Edgar Sampson, Mary Lou Williams, Benny Carter, Jimmy Mundy, et surtout Fletcher Henderson, il popularise le jazz noir auprès d'un auditoire essentiellement blanc et, d'une certaine manière, contribue à sortir de leur ghetto le blues, le gospel et le dixieland, dont il est fortement et sincèrement imprégné. De plus, Benny Goodman ose défier les mœurs en usage en embauchant des solistes noirs tels que Teddy Wilson (p), Lionel Hampton (vib), Cootie Williams (tp) et Charlie Christian (g), qu'il met particulièrement en valeur et avec lesquels il se produit en petites formations lors des intermèdes pendant les spectacles du grand orchestre. Par pur opportunisme disent certains, mais nous préférons croire qu'il s'agit ici d'un véritable élan de solidarité, de partage et de passion, dans le seul souci de décloisonner le monde musical et de balayer les discriminations raciales. Les témoignages des musiciens de couleur qui ont côtoyé Goodman à cette période-clé ne laissent pas de doute sur la sincérité de ses actes. Billie Holiday, qui fut sensible au charme de ce jeune homme bien élevé et séducteur, raconte : « Tous les matins après le travail, il y avait toujours une *jam session* monstre quelque part. Des musiciens comme Benny Goodman et Harry James y venaient après leurs séances de studio avec les grands orchestres de radio. Ils faisaient le bœuf* avec les plus grands noms du moment : Roy Eldridge, Lester Young, Bennie Webster. Ils étaient tous mes amis; mais parmi tous ceux que je fréquentais, Benny Goodman mérite une mention spéciale. Nous nous voyions régulièrement toutes les semaines à ces *jam sessions* et passions un moment ensemble. Ce n'était évidemment pas facile parce que ma mère était stricte et ne me laissait pas sortir avec des copains blancs. De plus, la sœur de Benny, Ethel, qui était aussi son manager, ne voyait pas d'un bon œil le fait qu'il se compromette en se montrant avec une fille noire. »

Intelligemment soutenu par le producteur John Hammond, dont il deviendra le beau-frère, Benny Goodman est le plus gros vendeur de disques de son époque. En janvier 1938, il est officiellement couronné « King of Swing » au Carnegie Hall de New York. Peu après cet événement, Goodman doit accepter à regret le départ de son tonitruant batteur Gene Krupa, qui a occupé, jusque-là, une place de choix dans l'orchestre en déployant de longs solos-exhibitions, qui font les délices de la foule et la fortune de l'orchestre. Tout le long des années 40, la formation évolue au gré des engagements. Benny Goodman se produit soit en big band, soit en combo. Pour faire face au raz de marée des courants modernistes, il s'adapte et recrute des musiciens comme Wardell Gray (s) et Fats Navarro (tp). De même, Zoot Sims (s) et Roy Eldridge (tp) participeront à son sextette lors d'une virée européenne de 1950. Disques, concerts, galas prestigieux et radios s'enchaînent sans problème. En 1955, Hollywood tourne un film dédié à sa gloire : *The*

Benny Goodman Story. Il joue en 1958 à l'Exposition internationale de Bruxelles. En 1962, il s'envole pour l'URSS et triomphe à Moscou. Le voyage est considéré comme un événement et l'on reste rêveur à l'idée de ce que dut être cette prestation d'un musicien juif défendant les couleurs américaines à deux pas du Kremlin. Le clarinettiste est unanimement plébiscité. L'enregistrement, en 1965, de l'*Ebony Concerto,* de Stravinsky, consacrera la réputation d'un musicien qui n'oublie pas sa formation classique et qui aime retrouver les œuvres de Mozart, Bartok ou Poulenc. Une sonorité légère et fluide, un discours flexueux et volubile, une technique irréprochable, presque trop propre, qui ne se départ jamais d'un certain maniérisme volontiers flatteur, Benny Goodman regroupe tous les atouts qui permettent de séduire le plus large public possible. Jusqu'au jour de sa mort, le 13 juin 1986, il conservera ce statut enviable, et souvent envié, de monument historique. Il est vrai que son exemple a fortement marqué les orchestres blancs, qui tenteront de suivre sa voie avec conviction. Parmi les leaders qui relèvent de cette école, on peut citer le clarinettiste Artie Shaw, musicien doué, personnage fantasque et haut en couleur, dont Billie Holiday dira : « Artie était quelqu'un qui ignorait radicalement la distinction entre Noirs et Blancs. » Mais aussi, Glenn Miller, que nous avons déjà mentionné parmi les arrangeurs ; quelques anciens solistes de Goodman comme Gene Krupa et Harry James, qui se lanceront à leur tour à la tête de grosses formations ; sans oublier Bob Crosby, le frère du crooner Bing Crosby, qui subit quelque peu l'influence de Goodman lorsqu'il adapte et modernise le répertoire dixieland du Casa Loma Orchestra de Glen Gray. Mais parmi tous les orchestres blancs, c'est encore celui de Tommy Dorsey qui répondra le plus aux critères de cette école dont l'élégance policée et les joliesses sont parfois trop « hygiénées ».

Tommy Dorsey : le frère de Jimmy

Comme son frère aîné Jimmy (cl, as, tp, comp, né le 29 janvier 1904), le jeune Tommy Dorsey (tb, tp, cl, comp, né le 19 novembre

1905) apprend la musique avec son père. Tout d'abord intéressé par la trompette, il se tourne rapidement vers le trombone et, dès le début des années 20, monte le groupe Dorsey's Wild Canaries avec son frère. Il travaille pour la radio dans la région de Baltimore, puis participe à une quantité impressionnante de séances avec des formations de plus ou moins bonne tenue : Jean Goldkette, Paul Whiteman, Vincent Lopez, Ray Miller, Henry Thies, etc. Ensemble ou séparément, les frères Dorsey travailleront ainsi sans relâche pendant une dizaine d'années avant que le Dorsey Brother's Orchestra, formé en 1928 et jusqu'alors convoqué de façon épisodique, devienne enfin un groupe régulier au printemps 1934. Le big band réunit quelques-uns des meilleurs instrumentistes blancs du moment. Mais au bout d'une quinzaine de mois, les deux frères sont en désaccord, se disputent violemment et se séparent. Jimmy reprend la direction de l'orchestre alors que Tommy en refonde aussitôt un nouveau. Ce dernier aura plus de chance, ou sûrement plus de flair, dans le recrutement de son personnel. Avec des musiciens tels que Bunny Berigan (tp), Bud Freeman (ts), Dave Tough (dms), Max Kaminsky (tp), Pee Wee Erwin (tp), Sy Oliver (tp), Buddy Rich (dms), Charlie Shavers (tp), Louie Bellson (dms), Jo Staford (voc) et un jeune crooner débutant du nom de Frank Sinatra, l'orchestre de Tommy Dorsey supplante celui de Jimmy par une utilisation plus originale des orchestrations, dont la plupart sont signées par Paul Weston, Sy Oliver, Dick Jones ou Dean Kincaide. De plus, Tommy, que l'on surnomme « The sentimental gentleman of the trombone », s'impose comme l'un des meilleurs trombonistes de l'école blanche. Sa sonorité moelleuse, son phrasé coulé et sa belle technique du legato effaceront souvent les qualités de son frère, qui utilise pourtant son saxophone alto avec tout autant d'aisance et d'inspiration mélodique. Cependant, les deux « frères ennemis » se réconcilieront en 1947, à l'occasion d'un film hollywoodien réalisé en leur honneur : *The Fabulous Dorseys*. Dès 1953, ils retravailleront la main dans la main à la tête d'un orchestre commun, partageront à nouveau le succès mais ces heureuses retrouvailles dureront peu de temps. Tommy meurt d'une intoxication alimentaire le 26 novembre 1956 et son frère Jimmy le suit dans la tombe moins d'un an après, emporté par un cancer, le 12 juin 1957.

John Kirby : format de poche

Armé d'un encombrant tuba, cet orphelin de Baltimore arrive à New York à l'âge de dix-sept ans. Après le vol de son instrument, il est contraint de pratiquer toutes sortes de petits métiers d'appoint pour pouvoir s'en acheter un autre. Enfin, dès 1928, il peut se faire embaucher par l'orchestre des Brownies, avant d'entrer chez Fletcher Henderson en 1930. Là, il abandonne peu à peu l'usage du tuba au profit de la contrebasse à cordes, qu'il étudie avec Pops Foster et Wellman Braud. En 1934, il rejoint le big band de Chick Webb. Deux ans plus tard, il revient chez Henderson, puis passe rapidement chez Lucky Millinder, avant de monter en 1937 son propre sextette. En pleine ère swing, la formule est osée. Surnommé « le plus grand petit orchestre du pays », le combo obtient un succès rapide grâce à l'adaptation du répertoire classique (Beethoven, Grieg…) et aux arrangements de standards ingénieusement tissés par le trompettiste Charlie Shavers, qui prend la succession de Frankie Newton (tp) dès les premiers mois. John Kirby est entouré de musiciens expérimentés : Billy Kyle (p), O'Neil Spencer (dms), Buster Bailey (cl, s) et Russell Procope (s) en remplacement de Pete Brown (as, ts). La cohésion et le dynamisme équilibré de ce petit groupe soutenu par des orchestrations subtiles, d'une grande efficacité rythmique et d'une recherche harmonique poussée, vont indéniablement marquer tous les esprits et contribuer à la réhabilitation des structures numériquement réduites. De plus, John Kirby brille particulièrement au sein de cette formation aérée qui lui laisse toute latitude pour développer un jeu de basse vif et précis, toujours puissant sans oublier d'être élégant. Le sextette se produit énormément, visite tous les clubs du pays et accompagne l'épouse du leader, la chanteuse Maxine Sullivan (1911-1987), vocaliste gracile et attachante. Il est à noter que la renommée et la stabilité du sextette durent le temps du mariage de John et Maxine, entre 1937 et 1941. Coïncidences ou conséquences ? Toujours est-il que John Kirby dissout son combo en 1942, après le départ de Charlie Shavers. Il reconstituera la formation en 1946 pour accompagner Sarah Vaughan, puis refera une tentative en quartette (1950) pour un concert exceptionnel dans un Carnegie Hall un peu déserté. Après avoir joué avec Red Allen, Benny Carter, Buck Clayton… et essayé d'exhumer une dernière fois son sextette de légende, John Kirby meurt d'une complication diabétique le 14 juin 1952.

Sweethearts of Rhythm : belles de jazz

Dans un milieu musical souvent dominé par les hommes et poliment misogyne, on peut rappeler l'existence d'un tonitruant big band féminin qui enthousiasma les États-Unis entre 1937 et 1949. Exclusivement composé de jeunes filles noires ou métisses de l'Institut de Piney Wood, un orphelinat du Mississippi, l'International Sweethearts of Rhythm présente dix-sept adolescentes âgées de quatorze à dix-sept ans qui commenceront par se produire dans leur territoire d'origine avant de se lancer dans des tournées plus ambitieuses, loin du Sud profond. Sur la trace du big band féminin – et exclusivement blanc – d'Ina Ray Hutton, les Sweethearts of Rhythm proposent un jazz d'excellente facture, chaleureux, jovial et sans complexe, digne de figurer aux côtés des orchestres professionnels masculins. Après le départ de nombreux musiciens pour l'armée, les collégiennes swingueuses profitent de la place laissée quelque peu vacante par les pointures masculines (à cette même époque, de nombreuses femmes sont également embauchées dans les usines d'armement). Aidé par les précieux conseils de l'arrangeur Eddie Durham, l'orchestre va, à partir de 1940, sillonner tout le territoire : Chicago, Detroit, Atlantic City, Cincinnati, Los Angeles, New York… Viennent s'ajouter à l'effectif de nouvelles recrues étrangères à l'orphelinat, dont certaines sont blanches. Ce qui ne sera pas sans poser quelques problèmes avec les réflexes ségrégationnistes de certaines régions. Parmi les vedettes de l'orchestre, il faut citer la ravissante Anna Mae Winburn (voc), la pétulante Tiny Davis (tp), l'envoûtante Vi Burnside (ts) et la pimpante Pauline Brady (dms), qui n'ont pas à rougir de la comparaison avec les meilleurs *sidemen* d'orchestres masculins plus prestigieux. En 1945, les Sweethearts of Rhythm partent jouer en Europe pour les soldats américains, mais les petites orphelines du

Mississippi finiront par se séparer deux ans plus tard. Les hommes sont rentrés de la guerre et reprennent les choses en main. Certaines solistes essaieront de poursuivre leur carrière en instrumentistes indépendantes et les autres trouveront un mari. Tout rentre dans l'ordre…

Les grands solistes

Si la manifestation la plus évidente de l'ère swing reste le fracas ondulant et rutilant des big bands, il n'en demeure pas moins qu'à cette même période, surgit une multitude de solistes qui imprègnent à jamais l'histoire du jazz. Issus pour la plupart de grandes formations prestigieuses, ces musiciens d'exception ont su quitter le rang et abandonner l'ombre des pupitres pour bâtir des carrières autonomes et imposer un style personnel. Par courtoisie, nous commencerons par les grandes dames qui marquent cette époque fastueuse. Quatre chanteuses hors du commun : tout d'abord, Billie Holiday, la diva entre toutes les divas, le catalyseur occulte de l'enchantement et la quintessence même de la dramaturgie vocale ; puis, Ella Fitzgerald, la plus spectaculaire, dont les brillantes envolées, le swing magistral et le métier accompli ont traversé les décennies et les continents ; sans oublier la remarquable Ethel Waters, et la trop méconnue Mildred Bailey, qui eut une tâche difficile et ingrate en tentant de concurrencer les trois monstres sacrés qui l'ont toujours précédée.

Une autre femme de qualité se détache singulièrement parmi les solistes de renom, la pianiste Mary Lou Williams, qui poursuit bien au-delà des années 30 sa somptueuse trajectoire. Puis, défileront des hommes aux histoires mouvementées dont les fils s'entrelacent parfois, tout un faisceau de carrières et de tranches de vies, certaines fragiles et houleuses, d'autres tranquilles et radieuses, qui ont contribué à écrire les plus belles pages d'une musique toujours intimement mêlée à sa propre mythologie. À commencer par les maîtres du piano : Earl Hines, le père ; Art Tatum, le démon ; Nat King Cole, l'enchanteur ; Teddy Wilson, prince de l'équilibre et Erroll Garner, trop souvent incompris. Parmi les saxophonistes, alto et ténor confondus, nous parlerons du pilier Coleman Hawkins, du ténébreux Lester Young, du bondissant Johnny Hodges, du savant Benny Carter, du voluptueux et fougueux Ben Webster. Le trompettiste Roy Eldridge émergera entre les souffleurs de cuivre, le vibraphoniste Lionel Hampton jonglera avec ses mailloches, le batteur Gene Krupa assènera ses arguments percutants, alors que le guitariste Charlie Christian traversera trop vite un paysage où il laissera des traces aussi fugaces qu'éternelles. Après avoir rendu justice au producteur John Hammond, sans qui beaucoup de choses n'auraient peut-être pas eu lieu, nous trouverons les *sidemen*, souvent cachés dans l'ombre des grands maîtres et qui, malgré un moindre rayonnement, ont apporté leur pierre de taille à l'édifice. Enfin nous ne terminerons pas cette époque dorée du swing sans évoquer son émergence en Europe, et plus particulièrement en France, où le jazz a rapidement forcé le respect et donné naissance à quelques-uns des plus beaux fleurons de la scène internationale.

Billie Holiday : la dame aux gardénias

La chanteuse christique du peuple noir, la sublime et incomparable énigme du jazz, commence sa vie comme sa carrière sous les cieux obscurs de la misère, de l'abandon et du drame. Née Eleanora Holiday le 7 avril 1915 à Baltimore (son prénom d'emprunt tient à l'admiration de sa mère pour l'actrice Billie Dove), elle est placée très jeune comme domestique dans une maison close. Sa mère ayant quitté Baltimore pour New York à la recherche d'un emploi, les parents chargés de s'en occuper exigent que la jeune Billie paye son tribut en petites besognes. Maltraitée, violée sur les lieux mêmes de son travail, elle finit par rejoindre sa mère vers l'âge de 13 ans. Pour subvenir à ses besoins, Billie se prostitue et est aussitôt arrêtée. Après quatre mois de prison, dont elle sort démunie, elle débute comme chanteuse dans différents clubs de Harlem. Des cachets ridicules, parfois au pourboire, des scènes exiguës, Billie apprend son métier au contact du public, jusqu'au jour (1933) où John Hammond l'entend pour la première fois. Subjugué par sa nouvelle découverte, le producteur organise aussitôt une séance d'enregistrement avec Benny Goodman. Billie travaille désormais dans des clubs plus prestigieux et grave des faces historiques avec l'orchestre de Teddy Wilson, où elle côtoie Ben Webster (ts), Roy Eldridge (tp), Johnny Hodges (ts), mais surtout Lester Young (ts), alter ego et frère de douleur, dont le ténor âpre et languide s'allie parfaitement à sa voix dans un troublant jeu de miroir. C'est en 1936, qu'elle enregistre sous son propre nom, puis elle chante dans les orchestres de Jimmie Lunceford et de Fletcher Henderson, passe l'année 1937 chez Count Basie et atterrit chez Artie Shaw en 1938. Harassée et découragée par de pénibles conditions de tournées, elle s'installe un temps au Café Society de New York et poursuit ses enregistrements. En compagnie de Teddy Wilson, Benny Goodman, Frankie Newton, Benny Carter..., Billie Holiday réalise dans la pénombre des studios une série de titres à succès : *Lover Man, God Bless the Child* et le déchirant *Strange Fruit.* Au début des années 40, malgré une gloire qui ne cesse de s'affirmer, sa vie sentimentale est une succession d'échecs et Lady Day sombre peu à peu dans la drogue. Néanmoins, elle continue de tourner avec le gotha des instrumentistes et apparaît dans le film *New Orleans* avec Louis Armstrong, dans un rôle de soubrette qui la laissera déçue et écœurée par le milieu du cinéma. Arrêtée en 1947 pour usage de stupéfiants, elle passe plusieurs mois en maison spécialisée. À sa sortie, elle poursuit inlassablement son ascension en dépit d'une voix fatiguée par les excès et marquée par une existence tragique. On la retrouve sur la scène du Carnegie Hall (1948), en séance avec Red Norvo (1949), dans des émissions de télévision, à nouveau avec le big band de Count Basie (1950), au Storyville aux côtés de Stan Getz (1951). Son parcours est interrompu une deuxième fois en 1952 pour un séjour dans un autre établissement spécialisé, le Belmont Sanatorium. Elle en ressort usée mais tourne en Europe, signe avec Norman Granz pour le label Verve. Elle s'installe en Californie vers 1957, enregistre abondamment (avec Harry Edison, Jimmy Rowles, Barney Kessel...), et publie un livre autobiographique, *Lady Sings the Blues.* Quelques concerts avec Mal Waldron (p) viendront ponctuer une fin de carrière brisée par l'alcool, les stupéfiants, la pression de l'*establishment* et le poids des condamnations qui ne cesseront de l'assaillir (jusque sur son lit de mort, le 17 juillet 1959).

Billie Holiday laisse derrière elle une œuvre magistrale et inégalée, et ne trouvera jamais de concurrentes ou d'émules capables de suivre et de prolonger son art. Elle n'est certes pas la chanteuse la plus impressionnante d'un point de vue purement technique. Elle n'eut pas recours au scat* ni aux prouesses habituellement en usage chez les grandes vocalistes. Chez elle, tout se passe dans le registre de l'émotion épidermique, dans l'alchimie secrète de la tension et de la souplesse. Il sera difficile de percer un jour le mystère de ce souffle, de connaître les arcanes de cette petite vibration arrachée au creux du ventre, de ce feulement extirpé du fond de la gorge, de ces roucoulements plaintifs, à peine feutrés, de ces râles bondissant en cascade, de ces soupirs alanguis, lourds de promesses… Billie Holiday, perdue dans le parfum sombre des gardénias, jeune fille aux joues lisses de porcelaine, ou femme blessée, les yeux gonflés comme des piqûres d'abeilles, demeurera insaisissable. Tout simplement ailleurs…

Ella Fitzgerald : l'éclat du cristal

Il était une fois une jeune fille qui croyait ingénument aux contes de fée et qui avait raison d'y croire. La petite Ella, née en Virginie le 25 avril 1918, remporte en toute innocence le concours de chant amateur organisé par l'Opera House de Harlem. Elle vient d'avoir seize ans et sort à peine de l'orphelinat. Aussitôt remarquée et engagée par le batteur Chick Webb, qui pressent intelligemment les qualités naturelles de son chant, Ella Fitzgerald devient rapidement la vedette de l'orchestre. Auprès du leader et des musiciens, elle trouve enfin la famille chaleureuse et la cellule affective qui lui ont tant fait défaut dans sa prime jeunesse. Dès 1934, les succès s'enchaînent à une allure vertigineuse. Ella chante essentiellement des chansons à la mode et parvient à transfigurer des titres souvent indigents grâce à sa technique déjà très solide et une personnalité attachante. En 1938, son enregistrement de *A Tisket, a Tasket* bat les records de vente. L'écrivain Jacques Réda a dit d'Ella Fitzgerald qu'elle était « timide comme une bergère et délurée comme une arpète ; émue comme une communiante et résolue comme un fondé de pouvoir ». On ne saurait mieux dire. En effet, à l'âge de vingt et un ans, elle s'émancipe singulièrement en prenant la direction du big band de Chick Webb après la mort de celui-ci. Cette jeune vedette à peine éclose mène déjà sa carrière avec une assurance et un sens des réalités dont elle ne se départira jamais. Elle mène le Chick Webb Orchestra durant deux années d'intense activité, puis elle se fait accompagner par des groupes vocaux : Delta Rhythm Boys, Ink Spots et Four Keys. Après une courte escapade avec Louis Jordan (s, voc, voir chapitre Rhythm'n Blues), avec lequel elle obtient un beau succès populaire grâce au titre *Stone Cold Dead in the Market* (1945), elle rentre dans l'écurie de l'imprésario Norman Granz, participe aux fameuses tournées du Jazz At The Philharmonic et épouse, en 1948, le contrebassiste Ray Brown. Entre temps, Ella Fitzgerald a subi l'influence des boppers*, notamment de Dizzy Gillespie, et elle développe sa technique du scat, dont la parfaite maîtrise lui permettra d'affronter les meilleurs instrumentistes du mouvement. Dès lors, elle oscille avec beaucoup d'équilibre entre un jazz de facture classique et des expériences modernistes plus risquées. À la tête de trios intimistes et de grandes formations de studio où se retrouve tout le gratin du jazz, elle grave un répertoire de référence composé souvent de chansons signées par George et Ira Gershwin, Cole Porter, Jerome Kern, Irving Berlin, Rodgers et Hart, Harold Arlen, etc. La quantité impressionnante de ses enregistrements n'a jamais altéré la qualité de productions pourtant éclectiques, pour ne pas dire hétéroclites. En compagnie de Count Basie ou de Duke Ellington, aux côtés de Louis Armstrong (un superbe *Porgy & Bess* en 1957), avec la complicité du guitariste Joe Pass, solidement soutenue par des pianistes aussi complets qu'Oscar Peterson, Ellis Larkins, Hank Jones, Don Abney, Paul Smith, Lou Levy, Tommy Flanagan, Ray Bryant ou Jimmy Rowles, il n'est pas exagéré d'affirmer qu'Ella Fitzgerald a fréquenté tous les studios de son époque et les salles de spectacle du monde entier. Sa renommée l'a conduite aux quatre coins de la planète dans d'incessantes tournées où elle a su, devant un public toujours plus nombreux, générer le mythe simplifié de la chanteuse de jazz exemplaire : timbre clair et facilité rythmique, puissance et virtuosité, humour et vitalité, improvisations scat et sens de la nuance. Avant de devenir cette vieille dame respectable et respectée, capable de briser le cristal par le seul éclat de sa voix, Ella Fitzgerald a été certainement la chanteuse la plus connue et reconnue de toute l'histoire du jazz. Atteinte de cécité, usée par des problèmes cardiaques, cette icône vénérée et vénérable va progressivement se retirer du monde avant de rendre l'âme le 15 juin 1996.

Ethel Waters : sauvée par la foi

Ethel Waters est ce que l'on appelle une « enfant de la haine ». Neuf mois avant sa naissance le 31 octobre 1896, sa mère Louise Anderson a été violée sous la menace d'un couteau, par un certain John Waters, dans une ruelle misérable de Chester (Pennsylvanie). « Je n'ai jamais été une enfant, je n'ai jamais été élevée, gâtée, ou vraiment aimée, ni même comprise par les membres de ma famille. J'ai vécu tour à tour avec deux de mes tantes, un de mes oncles et d'autres membres de ma famille et l'on m'a trimbalée, sans trêve ni repos, de Camden à Chester et de Chester à Philadelphie. » La petite Ethel ne connaît dans son entourage que la délinquance et la violence, mais elle trouve refuge dans l'Église où elle chante dès son plus jeune âge et trouve le réconfort dans une foi profonde et salutaire. Sa voix est déjà bien placée et elle débute dans d'invraisemblables tripots sous le nom de « Baby Star », puis dans des vaudevilles sous celui de « Sweet Mama Stringbean ». Après deux mariages successivement malheureux et des tournées organisées par des escrocs notoires, elle se retrouve à New York en 1921 et grave quelques faces pour la compagnie Black Swan, la première maison de disques à être gérée par des Noirs. Sa réputation s'installe rapidement auprès de la population de couleur et Ethel Waters engage la pianiste Pearl Wright, avec laquelle, en pleine amitié, elle travaille inlassablement ses chansons. En 1930, elle part pour une tournée européenne et, à son retour, elle est la vedette des revues *Blackbirds* (1930) et *Rhapsody in Black* (1931). L'année suivante, elle enregistre avec Duke Ellington, mais c'est en 1933 qu'elle obtient enfin la consécration avec la création de *Stormy Weather* sur la scène du Cotton Club. Dans la foulée, Irving Berlin lui offre un rôle important à Broadway dans *As Thousands Cheer* puis dans *At Home Abroad.* À cette même époque, elle est également la première artiste noire à figurer, en vedette pendant dix-huit semaines d'affilée, dans une émission de radio programmée tous les dimanches, sur la principale chaîne américaine. Fêtée dans les cabarets les plus huppés, filmée pour la télévision, célébrée à Hollywood, où elle joue dans les films *Cabin' the Sky, Tales of Manhattan* et *Pinky,* reçue à la Maison Blanche en 1971 par Richard Nixon, devant qui elle chante, Ethel Waters a cependant observé une grande méfiance à l'égard de l'*establishment* blanc durant toute sa vie. À la fin des années 50, elle a abandonné, soudainement et de son plein gré, sa prodigieuse carrière de vocaliste et de comédienne pour se consacrer exclusivement au service de Dieu et s'adonner à une intense activité de militante religieuse, sous l'égide du fameux Billy Graham. Elle meurt le 1er septembre 1977, réconciliée avec elle-même et en paix avec le monde entier.

Mildred Bailey : Rockin'Chair Lady

Sans conteste possible, Mildred Bailey a bien droit de cité dans la famille des vocalistes. Dans la droite lignée d'une Bessie Smith ou d'une Ethel Waters, elle a su trouver une personnalité propre, aidée en cela par une grande facilité technique. Métisse de races indienne et blanche, Mildred Bailey naît à Tekoa (Washington) le 27 février 1907. Elle est engagée à l'âge de vingt-deux ans par Paul Whiteman, après avoir fait ses premières armes à la radio californienne ou dans diverses revues musicales. En 1933, elle épouse un musicien du grand orchestre de Whiteman : le vibraphoniste Red Norvo. Le couple, que l'on surnomme « Mr and Mrs Swing », travaille de 1936 à 1939 dans le cadre d'un ensemble de douze exécutants (souvent sur des arrangements d'Eddie Sauter). Mais entretemps Mildred Bailey collabore avec d'autres formations comme celles de Ben Bernie, de Willard Robinson ou de Benny Goodman jusqu'en 1940, date à laquelle ses activités s'amenuisent, à la suite de graves problèmes de santé. Elle se sépare de Red Norvo en 1945, continue de se produire de façon intermittente en public (Blue Note et Café Society) et meurt en pleine maturité le 12 décembre 1951. Celle qui fut baptisée «The Rockin'Chair Lady», après avoir interprété le célèbre *Rockin'Chair* signé par Hoagy Carmichael, a été une chanteuse extrêmement populaire tout au long des années 30, rivalisant dans les référendums avec la jeune Ella Fitzgerald ou la grande Billie Holiday. Le chant sophistiqué, aérien, bondissant et sans aucune tricherie de Mildred Bailey est à retenir dans la grande saga vocale.

Mary Lou Williams : Little Piano Girl

La petite Mary Elfrieda Scruggs, née le 8 mai 1910 à Atlanta, étudie le piano dès quatre ans et commence à se produire très tôt sur scène, sous le surnom de «Little Piano Girl», pour un public à chaque fois impressionné par ses talents de jeune pianiste prodige. Toujours précoce, elle se marie à seize ans avec le saxophoniste John Williams, qu'elle a rencontré lors d'un spectacle. En 1929, elle rejoint son époux dans l'orchestre d'Andy Kirk et ses arrangements contribuent à donner une véritable identité aux Twelve Clouds of Joy. Elle y reste jusqu'en 1942 tout en écrivant pour Jimmie Lunceford, Louis Armstrong, Earl Hines, Tommy Dorsey et Benny Goodman. Puis elle crée son propre groupe avec le trompettiste Harold Baker, son second mari, qu'elle accompagne chez Duke Ellington, pour qui elle arrangera également quelques titres de référence. À partir des années 40, Mary Lou Williams travaille sous son nom. Un orchestre symphonique joue sa composition *Zodiac Suite,* au Carnegie Hall en 1946. Elle fonde un ensemble féminin avec lequel elle tourne beaucoup et n'hésite pas à s'associer avec des jeunes boppers new-yorkais tels que Bud Powell, Dizzy Gillespie, Thelonious Monk ou Tadd Dameron. Dans les années 50, elle se tourne vers la religion, participe à des œuvres de charité et compose quelques pièces de musique sacrée, dont trois messes. Pianiste subtile, à la technique souvent renversante, maniant le sens de l'allusion, ciselant avec la même aisance le stride, le boogie, les thèmes bop ou les ballades languides, Mary Lou Williams a enregistré de superbes faces en trio et un étonnant duo avec le pianiste Cecil Taylor, avant de mourir d'un cancer le 28 mai 1981, à la Duke University (Caroline du Nord), où elle était résidente permanente depuis 1977. Combien faudra-t-il de temps pour que cette immense pianiste obtienne toute la reconnaissance et la considération qu'elle mérite ? Trop modeste, trop discrète, cette artiste fine et généreuse, qui permit bien souvent à Barry Harris (p) de jouer en public dans les années 60 lorsque celui-ci avait des difficultés d'emploi, a rarement dépassé la notoriété feutrée et distinguée, propre au *musician's musician.*

Earl Hines : « Fatha »

L'influence d'Earl Kenneth Hines sur l'histoire du piano jazz est fondamentale. Surnommé « Fatha » (trad. : « Père », de *father*), avec une révérence toute familière, il a donné naissance à plusieurs générations de pianistes qui ont toujours reconnu son héritage et revendiqué la filiation. Il voit le jour à Duquesne (Pennsylvanie) le 28 décembre 1903 dans une famille de musiciens. Les leçons de cornet que lui donne son père ne sont certainement pas étrangères à son approche du piano. « J'ai créé un style de piano, le *trumpet style.* C'était avant l'époque des amplificateurs et c'était le seul style possible pour ne pas être étouffé par l'orchestre. Le seul qui me permettait de me faire entendre [...] Et dès que j'ai été en mesure de jouer comme je le souhaitais, j'ai commencé à jouer du piano à la façon d'une trompette. » La légende veut qu'il ait initié ce principe en fréquentant et écoutant Louis Armstrong. Mais Earl Hines a toujours contesté cette idée, affirmant que son « piano-trompette » est déjà en gestation lorsqu'il arrive dans l'atmosphère surchauffée du Chicago de 1924. Après quelques tournées avec Carroll Dickerson et Erskine Tate, il participe aux soirées du Sunset Café avec le groupe d'Armstrong. Les faces enregistrées avec le Hot Five prouvent jusqu'à quel point sa brillante technique pianistique peut se marier avec bonheur aux éclats de Satchmo. Syncopes appuyées de la main gauche, toucher percutant, richesse et précision des traits, trémolos virulents, surprises des ruptures rythmiques, Earl Hines possède tous les atouts explosifs, foisonnants et souvent imprévisibles qui lui permettent de rejoindre les hauteurs de Satchmo.

Cependant, les effervescences du pianiste ne doivent pas occulter le travail du chef d'orchestre et de l'animateur. Dès 1928, il monte un grand orchestre au Grand Terrace Ballroom de Chicago. Aidé par les arrangements de Jimmy Mundy et de Budd Johnson, il maintiendra ce big band à bout de bras pendant vingt ans. Le personnel en sera très mouvant, parfois irrégulier, mais au cours des années 40, Earl Hines engage avec pertinence les jeunes loups du bop que sont Charlie Parker (s), Dizzy Gillespie (tp), Sarah Vaughan (voc) et Billy Eckstine (voc, tp, tb). À partir de 1948, Earl Hines retrouve le All Stars d'Armstrong, avec lequel il se produit au Festival de Nice. Trois ans plus tard, il s'installe en Californie et redéploie sa virtuosité de pianiste, légèrement mise sous le boisseau pendant ces deux décennies à diriger le grand orchestre. En solo, trio, quartette ou à la tête d'une petite formation, il se produit sur tous les continents mais, entre deux escales, il revient tranquillement se fixer en club sur la côte ouest. Avec un brio peut-être plus contrôlé qu'à ses débuts, il enregistre de magnifiques opus et continue de rappeler toute la prépondérance historique de son style pianistique, dont il diffuse toute l'urgente complexité, avant de s'éteindre à Oakland, le 28 décembre 1983.

Art Tatum : la nuit étoilée

Voilà un homme dont le génie a terrorisé plus d'un musicien. Arthur Tatum, dont Jean Cocteau disait qu'il était un « Chopin fou », a médusé, effaré, bouleversé, hanté et souvent écœuré, bon nombre de pianistes. Il serait trop long de citer tous les meilleurs représentants du clavier qui, un jour ou l'autre, ont reçu le terrible choc d'un arpège* de Tatum. Mais pour le plaisir, rappelons cette anecdote extraite des mémoires de Count Basie :

« On était en train de jouer un morceau sur lequel tout le monde s'amusait bien, et quelqu'un me tape sur l'épaule :

— Hé, Base, en quel ton vous jouez ça ?

Je lève les yeux et qui vois-je ? Le miracle du piano en personne, Art Tatum.

— Rien à foutre dans quel ton on joue ; pas question que tu fasses le bœuf. Alors tu ferais mieux de descendre tout de suite de l'estrade. Allez, barre-toi !

Je l'ai carrément viré. Je n'allais tout de même pas laisser ce mec prendre ma place et me couvrir de honte. Il le savait bien, et il ne lui restait plus qu'à en rigoler. »

Effectivement, à chaque fois qu'il entre dans un établissement, Art Tatum est toujours conscient de son énorme réputation et du chemin parcouru depuis sa naissance à Toledo (Ohio), le 13 octobre 1909. Quasiment aveugle, l'enfant étudiera très tôt le piano dans un institut de Columbus et commencera à se produire dans des clubs locaux. En 1928, il joue dans l'orchestre de « Speed » Webb (dms, voc) puis accompagne la chanteuse Adelaide Hall à New York. En 1933, il enregistre ses premières faces en solo pour la marque Brunswick, dont une étourdissante version de *Tiger Rag*. À l'écoute de ce disque, le violoniste Stéphane Grappelli aura du mal à croire qu'un seul pianiste soit capable de jouer ainsi, et pense qu'il s'agit d'une partie à quatre mains : « J'étais si étonné et troublé par son génie que j'ai temporairement perdu mon enthousiasme pour le piano et que j'ai décidé de me centrer sur le violon [...] Entendre Tatum m'a aidé à jouer avec Django. » Durant les années 30, la renommée d'Art Tatum se répand comme un feu de poudre tout au long de ses incessantes tournées entre Cleveland, Chicago, Hollywood, New York et Londres. Les deux hommes qui l'ont influencé, Fats Waller et Earl Hines, sont à leur tour subjugués par le talent dévastateur d'un disciple qui a désormais dépassé ses maîtres. Lors de l'arrivée impromptue de Tatum dans un club, Fats Waller avouera toute sa fascination au public : « Mesdames et Messieurs, c'est moi qui tiens le piano, mais cette nuit Dieu est dans la maison... » Même son de cloche avec le contrebassiste Charles Mingus : « Qui n'avait entendu parler de ce merveilleux pianiste aveugle venu de Toledo, Ohio, qui avait fait sensation auprès des musiciens lorsqu'il était passé à l'Onyx Club de New York, dans la 52e Rue, et au Three Deuces de Chicago ? À trente et un ans, il était entré dans la légende. » Et le même Mingus de déclarer lors d'une répétition avec Tatum : « Oh, Art ! Toi !... Comment dire ? Il y a Jésus, Bouddha, Moïse, Duke, Bird et Art ! »

Adulé, vénéré et inégalé, Art Tatum poursuit tranquillement son chemin. Suivant l'exemple de Nat King Cole (voir notice suivante), il monte un trio avec Slam Stewart (b) et Tiny Grimes (g) ou Everett Barksdale (g). Il est célébré chaque soir dans les clubs new-yorkais et triomphe héroïquement lors d'un mémorable concert au Metropolitan Opera House, le 18 janvier 1944. À partir de ce moment, son œuvre enregistrée – durant un peu plus d'une décennie – est absolument monumentale. Art Tatum apparaît aux côtés de Benny Carter (as), Roy Eldridge (tp), Lionel Hampton (vib), Ben Webster (ts) ou en trio avec Red Callender (b) et Jo Jones (dms). Entre 1953 et 1955, il met sur bande cent vingt et un titres, soit plus de huit heures de musique en solo, pour la marque Verve. Séances de studio et concerts alternent sans répit, avant qu'il ne meure d'une crise d'urémie le 5 novembre 1956, au Queen of Angel Hospital de Los Angeles, juste à la veille de son départ pour une grande tournée européenne.

La prodigalité mélodique, l'excessive perfection et la verve insatiable d'Art Tatum n'ont pas été surpassées jusqu'à ce jour. Il reste pour tous une référence majeure. Des concertistes classiques aussi prestigieux que Vladimir Horowitz ou Samson François ont unanimement reconnu leur stupéfaction. Cataractes d'arpèges lumineux, gerbes de notes, éblouissements rythmiques, implosions harmoniques, l'Art de Tatum touche au divin. Le miracle d'un démiurge audacieux, artificier resplendissant, sublime créateur d'astres, sculpteur de comètes scintillantes pour mieux éclairer sa solitude nocturne.

Nat King Cole : crooner pur style

Premier artiste noir à présenter sa propre émission de radio hebdomadaire et considéré comme un des meilleurs pianistes de son époque, Nat King Cole s'est imposé avant tout comme un grand artiste de classe internationale en exploitant ses seules qualités de chanteur de charme. Ce fils de pasteur, né en Alabama le 17 mai 1917 sous le nom de Nathaniel Adams Cole, débute sa carrière de pianiste dans les Solid Swingers, l'orchestre de son frère Eddie (b). Après avoir dirigé la formation qui accompagne la revue *Shuffle Along* en 1936, il s'installe en Californie, où il monte un trio constitué initialement d'Oscar Moore (g) et Wesley Prince (b). Une formule qui va avoir une importance historique prépondérante puisque des pianistes comme Art Tatum, puis plus tard Oscar Peterson et Ahmad Jamal, adopteront ce type de trio. Influencé par Earl Hines, et dans une certaine mesure par Teddy Wilson, Nat King Cole démontre rapidement sa maîtrise pianistique en enregistrant aux côtés de Lionel Hampton (*Jack the Bell Boy,* 1940) et de Lester Young (*Indiana, Body and Soul,* 1942). Mais Nat King Cole va devenir plus célèbre encore grâce à ses talents de crooner, déjà perceptible dans *Sweet Lorraine* (1940). Sa voix aux inflexions suaves et souples, la grande pureté de sa diction alliée à la perfection du phrasé apparaîtront comme autant d'atouts pour accéder à la fois aux publics noir et blanc. Dans les années 40, des succès populaires tels que *Straighten up and Fly* ou *Route 66* contribueront à éclipser l'activité du pianiste pour privilégier essentiellement les performances du séducteur vocal. Ondulations gominées, costume tiré à quatre épingles et fume-cigarette distingué, Nat King Cole est le parfait dandy du jazz. Certes, le répertoire n'évite pas certaines concessions commerciales mais il est toujours exécuté avec beaucoup de style et de rigueur professionnelle. Délaissant son trio pour se produire exclusivement comme chanteur, Nat King Cole deviendra une énorme vedette, enregistrera pour le label Capitol et participera à plusieurs films hollywoodiens avant de décéder, le 15 février 1965, d'un cancer de la gorge.

Teddy Wilson : l'équilibriste

Le pianiste Theodore Wilson, né au Texas le 24 novembre 1912, a deux prédécesseurs de haute volée dont il subit quelque peu les influences avant de forger sa propre conception de l'instrument. Au début des années 30, il remplace Art Tatum dans un orchestre de Toledo, puis il part jouer à Chicago et se produit, sur les traces encore fraîches d'Earl Hines, avec Louis Armstrong et Jimmie Noone en 1933. Il s'en va ensuite à New York pour travailler avec les orchestres de Benny Carter et de Willie Bryant. Rompant avec le *stride* luxurieusement entretenu par Art Tatum et s'éloignant peu à peu des conceptions éclatantes d'Earl Hines, il va créer un style plus allégé, au toucher clair et raffiné, composé d'harmonies rigoureusement aérées et d'arpèges irréprochables. Homme d'équilibre et de synthèse, perfectionniste de l'épure, Teddy Wilson parvient à condenser les éléments basiques de Waller, Tatum et Hines pour en extraire et en filtrer toute la limpidité minérale et la finesse organique. Dès 1935, le producteur John Hammond le remarque et lui propose de monter plusieurs groupes ponctuels pour des séances de studio. Réunissant des intrumentistes d'Ellington, de Basie ou de Calloway, Teddy Wilson enregistre fréquemment, notamment des pièces somptueuses avec Billie Holiday. Il ne tarde pas à être embauché par Benny Goodman, qui trouve en lui un de ses partenaires les plus précieux dans les prestations en trio, quartette ou quintette. Pendant quatre ans, Teddy Wilson contribuera au succès musical et commercial des petites formations de Goodman. Cependant, en 1939, il décide de créer son grand orchestre. Pour lui, c'est l'occasion de faire preuve de ses talents d'arrangeur, rarement mentionnés mais magistralement révélés sur les deux titres : *Sweet Lorraine* et *Liza*. Malheureusement, l'aventure tourne court et s'arrête dès avril 1940. Teddy Wilson se consolera avec des formules plus réduites, ne dépassant pas le sextette, et avec lesquelles il trouvera le juste volume favorable aux sophistications de son piano. En 1946, il devient un des musiciens les plus demandés par la radio, la télévision et les studios d'enregistrement. Il enseigne également à la fameuse Juilliard School de New York, apparaît dans le film *The Benny Goodman Story* en 1956, collabore assez fréquemment avec le clarinettiste, autant sur disque qu'en concert, et notamment lors de la tournée soviétique de 1962. Teddy Wilson passera les dernières décennies de sa carrière à tourner sans lassitude, de l'Europe au Japon en passant par l'Australie. Le plus souvent en trio, parfois en solo, il continuera de divulguer son art jusqu'au jour de sa mort, survenue à New Britain (Connecticut) le

1er août 1986. Il laisse derrière lui une discographie impressionnante où l'on retrouve, outre les noms cités ci-dessus, toute une pléiade de grands créateurs, parmi lesquels on peut retenir : Roy Eldridge (tp), Lester Young (ts), Johnny Hodges (as), Coleman Hawkins (ts), Cozy Cole (dms)...

Erroll Garner : le grand écart

Curieusement, l'énorme succès international d'Erroll Garner reflète assez peu la place qui lui est généralement accordée dans le monde du jazz. Certes, sa réussite personnelle a toujours été reconnue, sa technique jamais discutée et sa carrière souvent citée en exemple, mais cet instrumentiste solitaire, isolé devrions-nous dire, reste un cas bien particulier dans l'histoire du piano. Né dans une famille de musiciens, le 15 juin 1921 à Pittsburgh (Pennsylvanie), Erroll Garner révèle rapidement des dons étonnants d'écoute et de mémoire. Il apprend le piano seul en jetant quelques regards par-dessus l'épaule du professeur de piano de la famille et, dès l'âge de dix ans, on le retrouve dans les Kan-D-Kids, un orchestre d'enfants qui se produit à la radio. En 1944, il s'installe à New York et, après s'être fait remarquer dans quelques clubs, il accepte de succéder à Art Tatum au sein du trio du contrebassiste Slam Stewart. Défi redoutable qu'Erroll Garner relève avec une ingénuité d'autant plus désarmante qu'il se sent déjà armé d'un solide bagage et d'une personnalité singulière. Il trouve dans la formule du trio, l'écrin idéal où il pourra loger tout un chapelet de techniques finement ciselées : *stride,* blues, boogie, *block chords** et constructions harmoniques complexes. Il ne tarde pas à se produire et à enregistrer sous son nom. En 1947, il accompagne sur disque Charlie Parker, puis participe à des festivals et des tournées de prestige où il partage l'affiche avec les plus grands. Peu enclin au travail de *sideman,* Erroll Garner s'imposera surtout en soliste ou à la tête de ses propres trios. Au début des années 50, il écrit le thème *Misty* dont la célébrité dépassera rapidement le cadre réservé aux standards de jazz. Son « Concert by the Sea », enregistré lors du Festival de Carmel en 1955, sera un exceptionnel succès commercial, consacré disque d'or en 1958 et préfigurant une carrière qui sera désormais jalonnée de multiples reconnaisances (prix divers, classements dans les palmarès, records de vente, etc.). À cheval entre la tradition du piano et les novations de son époque, Erroll Garner parvient à réunir et à fondre des styles que l'on croit, souvent à tort, contradictoires. Son style éminemment personnel englobe toute l'histoire de l'instrument mais s'attache à garder constamment l'esprit même d'un swing jubilatoire et bon enfant, agrémenté d'humour et de références, volontiers porté vers la séduction sans toutefois s'édulcorer. Souvent imprévisible, alternant les tensions tragiques et les relâchements euphoriques, tour à tour malicieux ou sévère, il possède une étonnante main gauche, qui marque les quatre temps de l'accord, alors que la main droite interprète la mélodie avec un troublant et léger retard, subtil décalage rythmique entretenu par un sens aigu de la facétie, du paradoxe et des sinuosités harmoniques. Malgré les apparences d'un jeu riche en méandres et circonvolutions, le swing reste la donnée infaillible qui se veut accessible à tous. Un swing irréprochable que certains ont bizarrement qualifié de racoleur alors qu'il n'y a aucune compromission chez ce pianiste intègre, jamais attiré par les effets gratuits. Tout au long de son parcours, Erroll Garner a conservé l'enthousiasme inaltérable de ceux qui, malgré la réussite, gardent intactes leurs premières émotions. Après plus de trente années d'intenses activités, il meurt d'un cancer aux poumons, le 2 janvier 1977 à Los Angeles.

Coleman Hawkins : corps et âme

Dans la vaste saga des saxophonistes, il est juste d'accorder la première place à Coleman Hawkins, dont l'influence historique, outre sa prépondérance chronologique, s'est développée sur plusieurs décennies. Né à Saint Louis le 8 mars 1901, il accomplit de sérieuses études musicales dans un collège de Kansas City, puis à Chicago. Il joue tout d'abord du piano et du violoncelle, avant d'adopter le saxophone ténor à l'âge de neuf ans. Il fait ses débuts professionnels dans la région de Kansas City et accompagne notamment la chanteuse Mamie Smith. En 1922, il arrive à New York et est aussitôt engagé dans le grand orchestre de Fletcher Henderson. Il y restera pas moins d'une douzaine d'années. Surnommé *Bean* (Haricot) ou *Hawk* (Faucon, d'après une contraction de son nom), Coleman Hawkins s'attache à hausser le saxophone au niveau de la trompette et de la clarinette, jusque-là prédominantes dans le courant new orleans. Quelques musiciens blancs de chez Jean Goldkette ou Paul Whiteman s'y sont employés, et l'on pense au travail de Frankie Trumbauer. Cependant Hawkins imposera l'utilisation soliste du saxophone ténor avec davantage de force, de charisme et d'invention. Au sein des pupitres d'Henderson, la gestation sera lente. Tout d'abord porté vers un phrasé staccato, une sonorité épaisse et des développements harmoniques limités, compensés par un expressionnisme ardent, le *Bean* évolue peu à peu vers un discours où alternent les breaks et les liaisons, les hoquets et les roulades, pour atteindre enfin, au début des années 30, un sens aigu de l'équilibre, où se mêlent, dans un discours legato parfaitement cohérent, des envolées lumineusement enchaînées et des inflexions volontiers *dirty,* chargées d'enrichir le timbre et d'en approfondir l'expressivité. Lorsque Coleman Hawkins quitte les rangs d'Henderson en 1934, sa réputation est immense. Il tient désormais l'un des premiers rôles sur la scène du jazz et tous les jeunes saxophonistes d'alors ont à cœur de suivre ses traces. Ben Webster, Herschel Evans, Don Byas, Lucky Thompson ou Chu Berry, pour ne citer que les plus connus, l'imiteront avec un respect dévoué, avant de s'émanciper à leur tour. Mais loin de vivre sur ses acquis et sa position de père spirituel, Hawkins part en Europe pour une période de cinq années au cours de laquelle il ne souffrira pas de son escapade, loin du creuset bouillonnant de New York, grâce aux rencontres fructueuses avec des musiciens français de la trempe de Django Reinhardt (g), Stéphane Grappelli (v), André Ekyan (as), Alix Combelle (ts, cl), Michel Warlop (v), etc. Lors de ce long séjour, il enregistre abondamment et, outre ses prestations parisiennes, il se produit également dans d'autres pays européens (Hollande, Grande-Bretagne...). Lorsqu'en 1939 il décide de retourner au pays, il s'aperçoit que son influence n'a pas été oubliée et que cette absence prolongée ne l'a pas desservi. Il monte alors un grand orchestre qui se produira dans les clubs et les dancings les plus fréquentés du moment, et avec lequel il gravera, le 11 octobre 1939, son plus grand chef-d'œuvre, ou du moins le titre emblématique de son art : *Body and Soul,* interprétation au lyrisme virulent, improvisation agile et sensuelle, aux inflexions larges et sinueuses, aux enjolivures mélodiques intensément lovées dans des accords de passage à l'architecture subtile. Une fois encore, le *Bean* assène un grand coup dont beaucoup de saxophonistes auront du mal à se relever, déclarant plus tard sans forfanterie : « Je ne saurai jamais pourquoi cet enregistrement devint, pour ainsi dire, un "classique". Je me suis contenté de jouer comme je joue n'importe quoi d'autre. » L'état de grâce se renouvellera souvent : *The Man I Love* (1943), *Yesterdays* (1944), *Picasso* (1947)... Autant de titres qui viennent jalonner la carrière désormais consacrée d'un Hawkins rayonnant, respecté et qui ne craint pas de fréquenter les jeunes révolutionnaires du bop tels que Dizzy Gillespie, Thelonious Monk, Miles Davis, Howard McGhee, Fats Navarro, Milt Jackson, Max Roach, tout en continuant de côtoyer des anciens compagnons comme Roy Eldridge, Teddy Wilson, Rex Stewart, Cootie Williams, Buck Clayton, Cozy Cole ou Charlie Shavers. En 1946, il participera à une tournée du Jazz At The Philharmonic, organisée par Norman Granz, puis il se rendra plusieurs fois en Europe, en tête d'affiche de nombreux festivals, dirigera à New York des combos en compagnie du trompettiste Roy Eldridge, rentrera en studio avec Duke Ellington en 1962 et avec Sonny Rollins (ts) l'année suivante. Éclectique, prolixe, maniant avec autant de bonheur la ballade dramatique ou les tempos véhéments, ouvert aux changements et prêt à mordre dans tous les festins musicaux, Coleman Hawkins ne s'est pas contenté de gérer sa gloire et a souvent fait preuve d'une dissidence salutaire. Très profondément marqué par Louis Armstrong lors de ses débuts chez Fletcher Henderson, il gardera tout au long de sa vie un attrait évident pour la puissance et l'effusion du jeu, mais sa connaissance des constructions harmoniques classiques (Bach, Beethoven, Debussy, Stravinski...), qu'il ne cessera jamais d'étudier et d'interpréter en privé au piano, lui permettra d'élaborer des improvisations complexes, de risquer ses acquis et de remettre en jeu sa suprématie instrumentale. Le *Bean* ne cessera de germer, de se développer et de cultiver son goût du risque jusqu'au dernier jour, le 19 mai 1969 à New York.

Lester Young : le Président

« Quand j'ai eu l'idée de donner un surnom à Lester, j'ai cherché tout de suite quelque chose qui indique qu'il était le plus grand. Or, dans notre pays, roi, comte ou duc, ça ne veut pas dire grand-chose. L'homme le plus important du moment, c'était Franklin D. Roosevelt, le président. J'en ai fait Prez, un surnom qui dit bien ce qu'il veut dire et qui est mon avis : Lester est le plus grand homme du pays. » Ainsi s'exprimait Billie Holiday, dont l'existence et la carrière artistique sont intimement mêlées aux déambulations de Lester Young. Rarement le mariage musical entre une voix et un saxophone ne fut aussi abouti. Lady Day et Prez, unis dans le même souffle désespéré, ont gravé quelques-unes des pages les plus romantiquement tragiques de l'histoire du jazz. « Pour moi, Lester était le plus grand musicien du monde. J'adorais sa musique et mes disques préférés sont ceux où Lester joue ses admirables solos. Je me rappelle combien le regretté Herschel Evans me détestait. Chaque fois que Basie travaillait un arrangement pour moi, je lui disais que je voulais Lester en solo derrière moi. Herschel la trouvait saumâtre. Ce n'est pas que je n'aimais pas son jeu, mais je préférais de beaucoup celui de Lester. Il chante avec son sax ; quand vous l'écoutez, c'est tout juste si vous n'entendez pas les paroles. » Avant qu'il ne rencontre Billie Holiday, Lester Young a passé son enfance dans le Sud, où il est né le 27 août 1909. Il joue de la batterie dans l'orchestre de son père, Willis Handy Young, mais son indolence le pousse à abandonner cet instrument trop encombrant. « J'ai laissé tomber la batterie parce que c'était trop difficile à transporter et que j'avais la flemme de tout ranger. Je regardais les filles après le spectacle, mais le temps que je range mes accessoires, elles s'étaient toutes tirées. » Il préfère donc se consacrer au saxophone, tout d'abord à l'alto, puis au baryton, avant de se fixer sur le ténor lorsqu'il est engagé par les Bostonians, d'Art Bronson, en 1928. Jusqu'en 1935, une disposition à l'errance et une certaine instabilité amènent Lester Young à traverser une dizaine d'orchestres dont ceux de Walter Page, Bennie Moten, King Oliver, Fletcher Henderson ou Andy Kirk. En 1936, il se fixe chez Count Basie, qu'il a déjà rencontré lors d'un séjour à Kansas City. L'arrivée de Lester Young dans le big band du Count est déterminante dans l'histoire du jazz. Le Prez se démarque radicalement de l'esthétique fougueuse imposée en puissance par Coleman Hawkins chez Fletcher Henderson. Alors qu'au début des années 30, tous les saxophonistes du moment cultivent à l'envi l'énergie des attaques et la sonorité incandescente, il préfèrera entretenir sa nonchalance naturelle et une sonorité retenue, une pudeur blessée, un désarroi qui joue la décontraction, une sensualité détachée et un mouvement faussement immobile. Il avouera avoir subi la double influence de Frankie Trumbauer et de Jimmy Dorsey, et niera clairement celle de Bud Freeman, dont on a toujours voulu l'affubler. « Trumbauer racontait toujours une petite histoire. Et j'aimais sa manière de lier les notes… L'avez-vous déjà entendu jouer *Singing the Blues* ? Je me suis laissé séduire, alors, et c'est cette direction que j'ai suivie. » Sensation de « flottement » sonore, murmure suave et déchirure soudaine d'une note, inflexions discrètes et fermeté des lignes mélodiques, tous les atouts révolutionnaires du Président résident dans l'alchimie entre la délicatesse aérienne du ton et la complexité harmonique, qui reste pourtant discrète et ne se révèle jamais à la première écoute, comme une politesse à l'égard de l'auditeur. Les faces gravées avec Count Basie, malgré l'environnement contraignant du jeu orchestral, donnent à entendre quelques-uns des solos les plus foudroyants de Lester Young. Mais parallèlement, il a l'occasion d'enregistrer dans des contextes plus réduits où il peut davantage valoriser sa transparente délicatesse. Sans avoir à lutter contre le poids des sections de cuivres, il exploite toute l'intimité de son timbre, ses minutieuses modulations et sa décontraction instinctive dans de magnifiques séances avec les Kansas City Six et les Kansas City Seven (où l'on retrouve la section rythmique du Count) ainsi que dans de nombreux disques avec Teddy Wilson et Billie Holiday. En décembre 1940, Lester Young quitte l'orchestre du Count pour des raisons encore aujourd'hui très obscures. Pour Basie, le départ du

Président est un coup dur : « Bien sûr, personne ne pouvait vraiment remplacer Lester dans cet orchestre, parce qu'il n'existait personne comme lui au monde. »

Dès lors, Lester Young dirige un combo de six musiciens dans un club new-yorkais, le Kelly's Stables. Cependant, les propositions d'enregistrement se raréfient et, en mai 1941, il fait ses bagages pour la Californie, où il rejoint le groupe de son frère, le batteur Lee Young (né en 1917). Musicien médiocre mais homme d'affaires avisé et meneur d'hommes incontesté, Lee diffère en tout point de son aîné, mais les deux frères parviennent à s'entendre et se produisent ensemble au Club Capri de Los Angeles. Un an plus tard, Lester entre à nouveau en studio avec Nat King Cole (p) et Red Callender (b), puis il revient à New York, joue quelque temps dans le groupe d'Al Sears (ts) et retourne bientôt chez Basie, fin 1943. Cette seconde période dans l'orchestre du Count, quoique assez brève, marque un net changement de style, déjà perceptible dans la séance Cole-Callender. Le phrasé est un peu plus laconique et la sonorité vaporeuse. Le jeu de Prez se fait encore plus déchirant, peut-être davantage dans sa vulnérabilité souvent perceptible et cette angoisse constante qui l'accable. Les enregistrements sont nombreux et un film de dix minutes *(Jammin'the Blues)* est tourné par la Warner Bros, gardant les traces inestimables d'un Lester Young désormais mythique. Car il existe bel et bien une mythologie attachée à l'image de Lester Young, Président des déclassés et des vagabonds de nuit. Le personnage fascinera – et fascine encore – tous les saxophonistes, qui, au-delà de l'énorme influence musicale, prendront soin de calquer certaines attitudes d'un Lester réservé, au geste lent et au langage codé, à l'attitude pudique et à l'humour caustique, la paupière lourde mais attentive, la tête coiffée de son fameux chapeau mou, auréolée de fumée et légèrement penchée sur le côté, le bec du saxophone incliné à 45 degrés. Tous les jeunes saxophonistes des années 50 rechercheront les mêmes effets pâles et obliques, usant de cette émouvante expression désabusée, et lui voueront un respect qui touchera souvent à la dévotion.

Peu de temps après le tournage et l'enregistrement de *Jamming the Blues,* il est convoqué par l'armée en septembre 1944. Homme fragile et d'une sensibilité douloureuse, extrêmement timide malgré les excentricités de son comportement, le 2e classe Lester Young, matricule 39729502, se retrouve enfermé en camp disciplinaire. Sommairement jugé par le médecin-psychologue de la caserne comme un être… « dans un état psychopathique consitutionnel rendu manifeste par la dépendance à la drogue (marijuana, barbituriques), l'alcoolisme chronique et le nomadisme… », Lester Young passe là plusieurs mois de détention terribles qui ne feront qu'aggraver sa souffrance et son désarroi face à la vie. Le dénouement de la guerre mettra fin à son internement. Revenu au monde civil, il rejoint l'écurie du producteur Norman Granz (voir chapitre suivant) et participe aux tournées du Jazz At The Philharmonic, en compagnie de Charlie Parker (as), Dizzy Gillespie (tp), Coleman Hawkins (ts), Buddy Rich (dms), Roy Eldridge (tp), Benny Carter (as), Ray Brown (b), Oscar Peterson (p), Barney Kessel (g), et une multitude d'autres superbes instrumentistes réunis sous la houlette de Granz. Dès lors, la carrière de Lester Young suivra trois axes distincts tout au long des années 50 : les tournées prestigieuses avec le JATP, la direction de son groupe et les prestations solistes dans les clubs en tant qu'invité. Les jeunes accompagnateurs de son quartette ne sont pas toujours à la hauteur de son talent, et encore moins en adéquation avec la personnalité d'un leader torturé par les aléas de la vie. La détention militaire a encore accentué la suspicion du Prez vis-à-vis des étrangers, sa timidité maladive se meut progressivement en un retrait total du monde extérieur, un détachement chronique accentué par la consommation de gin et de drogue. Lester Young se retire profondément en lui-même, se protégeant derrière une excentricité singulière, tout à la fois immobile et silencieuse. Pendant les dernières années de sa vie, la production discographique s'en ressent, alternant les hauts et les bas, minée par l'abus d'alcool et la maladie. Entre les dépressions nerveuses et les périodes de rémission, les états de grande fatigue et quelques sursauts d'énergie, Lester Young grave de nombreux disques où défilent les étapes meurtries de son histoire. Sa prestation publique au Festival de Newport de juillet 1957 avec le Count Basie Orchestra révèle son manque de souffle et d'énergie, alors qu'une séance de février 1958 avec Roy Eldridge et Harry Edison nous donne un aperçu intact de son génie. Épuisé, physiquement délabré, toujours plus isolé, Lester Young accepte la proposition d'une saison de huit semaines à Paris. Il s'y rend en février 1959, joue au Blue Note avec René Urtreger (p), Pierre Michelot (b), Christian Garros (dms), Kenny Clarke (dms), Jimmy Gourley (g) et enregistre un dernier album le 4 mars. Sa fatigue est telle qu'il décide de rentrer au bout de trois semaines de séjour, il souffre d'une hémorragie œsophagienne dans l'avion et il meurt le 15 mars 1959, dans une chambre du Alvin Hôtel de New York. Désespérément seul, avec son saxophone ténor pour unique compagnon, à deux pas des clubs de la « Grosse Pomme », quatre mois avant que ne s'éteigne à son tour Lady Day, qui autrefois lui avait dit : « Attends, tu verras – dans quelque temps tout le monde te copiera, toi ! »

Johnny Hodges : le lapin buissonnier

Comme nous l'avons déjà signalé, le saxophoniste John Cornelius Hodges, plus connu sous le nom de Johnny Hodges ou sous l'appellation familière de *Rabbit* (Lapin), aurait dû logiquement prendre place parmi les figures de proue du navire de Duke Ellington. Cependant, son importante contribution au langage du saxophone alto le situe hors du strict cadre orchestral ellingtonien, dans lequel il s'est pourtant exprimé pendant plus de quarante ans. Né le 25 juillet 1906 dans le Massachusetts, il touche son premier instrument à quatorze ans. Sidney Bechet le remarque, lui donne quelques leçons et lui offre un soprano. Fort de ce parrainage illustre, le jeune Hodges commence à travailler dans les formations de Bobby Sawyer (1925), Lloyd Scott (1926) et Chick Webb (1927), avant de jeter son dévolu sur l'alto et d'entrer dans le big band du Duke en 1928. Jusqu'au jour de sa mort, le 11 août 1970, il prêtera allégeance à l'esthétique d'Ellington et suivra l'orchestre jusque dans ses moindres remous, excepté une courte infédélité entre 1951 et 1955, durant laquelle Johnny Hodges montera sa propre formation. Altiste sophistiqué, à la sonorité ronde, claire et finement aérée, au phrasé fluide, à la justesse irréprochable, aux solos fermement construits, aux élans chaleureux, tendres et lyriques, Hodges fait preuve d'un panache, d'une noblesse de ton et d'un sens des proportions qui touche souvent à la perfection. Sans s'éloigner trop longtemps du gîte ellingtonien, Johnny *Rabbit* Hodges s'est plu à musarder et à gambader en solitaire. Sans vraiment courir plusieurs lièvres à la fois, ni emprunter des chemins trop tortueux, il s'est tout de même offert le plaisir d'enregistrer de nombreuses faces sous son nom avec des transfuges ellingtoniens tels que Lawrence Brown, Cootie Williams, Harry Carney, Ben Webster, Al Sears, Harold Baker... Parmi le nombre incroyable d'interventions solistes de Hodges, on peut citer quelques standards parfaitement révélateurs de son art: *The Mooche, Accent on Youth, Never no Lament, The Mood to be Wooed, The Jeep is Jumpin', Come Sunday, Duke's Blues, ainsi que The Sunny Side of the Street et Whoa Babe,* enregistrés aux côtés de Lionel Hampton. Autant de pièces d'orfèvre somptueusement gravées, qu'il convient de ranger précieusement dans le sanctuaire des joyaux de facture classique.

Benny Carter : l'érudit

Avec Johnny Hodges, le très savant Benny Carter est considéré comme l'autre maître du saxophone alto. Déjà mentionné avec les arrangeurs et les chefs d'orchestre, dont il est incontestablement l'un des plus doués, il mérite cependant une place de choix parmi les grands solistes de son époque, ou de ses époques devrions-nous dire, tant sont grandes ses capacités d'ouverture et ses facultés d'imprégnation. Il voit le jour à New York, le 8 août 1907, et profite de l'environnement musical particulièrement fertile de sa famille pour acquérir des bases solides et s'essayer à plusieurs instruments. Clarinette, trompette, piano, il se décide finalement pour le saxophone alto, qu'il commence à pratiquer professionnellement en 1924 dans l'orchestre de June Clark. Il se produit ensuite avec d'autres formations, dont celles d'Earl Hines et d'Horace Henderson, collabore avec James P. Johnson, Duke Ellington et Fletcher Henderson, avant de former son propre groupe en 1928. Il revient chez Fletcher Henderson, trois ans plus tard, et dès lors, sa carrière sera un incessant va-et-vient entre sa participation aux pupitres de divers big bands, l'écriture de *scores* et la direction musicale. Ainsi, il sera tour à tour saxophoniste chez Chick Webb et trompettiste chez Willie Bryant, arrangeur pour Duke Ellington, Teddy Hill ou Benny Goodman, leader des McKinney's Cotton Pickers et des Chocolate Dandies. Sa réputation de luxueux factotum auprès des grands orchestres swing est croissante et largement plebiscitée lorsqu'il décide de partir pour le Vieux Continent en 1936. Arrangeur pour la BBC à Londres, mais également très sollicité en Scandinavie et aux Pays-Bas, c'est cependant en France que Benny Carter laisse les traces les plus convaincantes de son séjour européen. Chef d'orchestre au fameux Bœuf sur le Toit, il fréquente tout le gratin musical de Paris, dont bien entendu l'étincelant Django Reinhardt, et enregistrera pour la marque Swing quelques quatuors de saxophones avec Coleman Hawkins, André Ekyan et Alix Combelle, séances dont il sera l'instigateur avisé et l'arrangeur éclairé. En 1938, il retourne aux États-Unis, prend la direction de l'orchestre du Savoy Ballroom, tente d'imposer son big band entre 1939 et 1941 et réunit divers groupes où se croisent des musiciens de toutes générations: Dizzy Gillespie (tp), Max Roach (dms), Jay Jay Johnson (tb), Shorty Rogers (tp), Dexter Gordon (ts), Don Byas (ts), Bill Coleman (tp), Vic Dickenson (tb), Roy Eldridge (tp), etc.

De toute évidence, Benny Carter traverse les révolutions stylistiques sans aucun souci, et avec un égal bonheur. Cet élégant novateur est trop savant et cultivé pour se laisser submerger par les raz de marée du bop, du cool et du hard bop*. Dès 1943, il s'installe en Californie, monte un de ses plus remarquables big bands, qui, une fois de plus et fort malheureusement, ne résistera pas plus de deux années. Cependant les sollicitations ne manquent pas, il travaille énormément pour la télévision, la radio et le cinéma, aparaissant dans des films de Vincente Minnelli, Fritz Lang, Henry King, John Cassavetes. Il se produit en free lance dans les meilleurs clubs de la côte ouest, enseigne la théorie musicale dans plusieurs universités, voyage à travers le monde avec la troupe du JATP, est invité comme soliste par de nombreux festivals japonais ou européens, écrit des arrangements pour des vedettes de premier ordre comme Sarah Vaughan ou Count Basie, enregistre sous son nom avec le raffinement parcimonieux des véritables gourmets. Benny Carter, s'il fait toujours figure de musicien lettré, érudit et esthétisant, est avant tout un instrumentiste novateur dont la rigoureuse et souple mise en place, la fermeté gracieuse de la sonorité, la netteté des attaques, la maîtrise d'un swing inaltérable, la liberté des articulations harmoniques et la richesse pondérée du travail tonal, ont profondément changé le langage du saxophone alto au cours des années 30 et ont fait autorité durant les décennies suivantes. Lorsque Benny Carter meurt le 12 juillet 2003, le monde du jazz sait qu'il perd l'un des derniers héros de l'ère swing, l'un des ultimes souffles dont le parfum d'éternité nous enveloppera longtemps encore.

Ben Webster : Dr Benjamin & Mr Webster

Il y a deux personnages chez ce musicien tantôt suave, tantôt rageur, innocent et madré, limpide et sombre, grand manipulateur d'évidences et de secrets. Benjamin Francis Webster, né à Kansas City le 27 mars 1909, débute comme pianiste dans des orchestres locaux. Il prend ses premières leçons de saxophone avec Budd Johnson (s, cl, arr, voc, 1910-1984), puis joue, tout au long des années 30, avec une pléthore d'orchestres : Willis Handy Young (le père de Lester), Gene McCoy, Jap Allen, Blanche Calloway, Bennie Moten, Andy Kirk, Benny Carter, Willie Bryant, Cab Calloway, Duke Ellington (un bref passage), Fletcher Henderson, Teddy Wilson, mais aussi quelques courtes échappées avec Stuff Smith (v) et Roy Eldridge (tp). Il se stabilise enfin dans les rangs de Duke Ellington en 1939, pour y rester jusqu'en 1943. Chez le Duke, il imposera son saxophone ténor comme une des voix majeures de l'orchestre et gravera des titres *(Cotton Tail, All to Soon, Chelsea Bridge…)* parfaitement révélateurs de sa virulence et de son efficacité, propres à cette école incandescente de Kansas City, dont il est issu. Après son départ du big band d'Ellington, qu'il retrouvera cependant pour un intermède entre 1948 et 1949, la carrière de Ben Webster sera placée sous le double signe de la disponibilité et de l'indépendance. Il louera encore ses services à Big Sid Catlett, John Kirby, Red Allen, Jay McShann, Count Basie, mais gravera également de nombreux disques sous son nom, des rencontres historiques avec Coleman Hawkins, et surtout Art Tatum *(September Song et All the Things You Are)*, en quartette avec

Oscar Peterson, soutenu par un quatuor à cordes, en compagnie d'anciens tels que Benny Carter et Harry Edison, ou de plus jeunes comme Art Farmer et Thad Jones. En 1965, il quitte les États-Unis et s'installe en Europe, où il continue de se produire avec la même constance jusqu'au 20 septembre 1973, date de sa mort à Amsterdam. Touché par la grâce de la mélodie, Ben Webster sussurre avec une sensualité troublante ou hurle avec une rage étourdissante qui ne laisse de surprendre l'auditeur, tant le dualisme d'inspiration est intelligemment mesuré. Durant les dernières années de sa carrière, il a su jouer de l'apaisement et du drame avec une maîtrise généreusement rusée, selon un rituel infaillible. Jovial et placide, Webster s'approche à pas lent du micro, crachouille quelques notes de bienvenue, frustre l'écoute, s'installe dans une vapeur langoureuse, prend ses marques, puis il allume la mèche, s'arrache soudain du sol et vous colle au mur sans vous laisser le temps de souffler. Alors, au bout de plusieurs titres, et là seulement, il repose lentement son ténor, et sourit goguenard devant son public pantelant et comblé.

Roy Eldridge : Little Jazz

Le grand trompettiste de l'époque swing est assurément David Roy Eldridge, né à Pittsburgh le 30 janvier 1911. Alors que l'on voit émerger de nombreux saxophonistes et s'éteindre peu à peu l'ascendant des clarinettistes, la présence toujours vive de Louis Armstrong continue d'irradier les décennies qui suivent l'apogée du new orleans. Il est difficile, et même parfois périlleux pour tous les jeunes trompettistes de trouver une place à côté du géant Satchmo. Red Allen trouve un compromis entre le style ancien et le swing classique, Jabbo Smith y parvient aussi dans une autre mesure, Bubber Miley, Rex Stewart et Cootie Williams profiteront de l'univers ellingtonien pour bâtir leur discours, tout comme Harry Edison et Buck Clayton chez Basie, mais c'est avec Roy Eldridge qu'apparaît enfin un trompettiste novateur, capable de relever la tête devant la position impériale d'Armstrong.

À dix-sept ans, Roy Eldridge commence à travailler avec Horace Henderson et Speed Webb, puis il va s'installer à New York.

Contrairement aux jeunes trompettistes de son âge qui marchent sur les pas d'Armstrong, il aborde l'instrument à travers l'influence des saxophonistes Coleman Hawkins et Benny Carter. Son jeu s'en ressent nettement, l'articulation du phrasé est incisive et il s'en dégage une qualité sonore dont l'originalité et la brillance lui permettent de se singulariser vis-à-vis de souffleurs de renom tels Red Allen, Rex Stewart et, bien entendu, Louis Armstrong. Virtuosité volontiers nerveuse, non exempte d'une certaine fébrilité, attaques véhémentes, parfois rageuses et risquées, prolixité du débit et grande étendue du registre, Roy Eldridge aime exhiber ses surprenantes et exubérantes facilités techniques, tout autant que les chefs d'orchestre qui l'emploient, en vue d'obtenir quelques prestations spectaculaires. Après avoir partagé la direction d'un groupe avec son frère Joe Eldridge (s), Roy, que l'on surnomme *Little Jazz* (sûrement à cause de sa petite taille) va se produire avec les McKinney's Cotton Pickers, Teddy Hill, Fletcher Henderson, avant de jouer sous son propre nom, dès 1937, dans les dancings et les clubs new-yorkais les plus en vogue de l'ère swing. Dès lors, parallèlement à sa carrière personnelle, il apparaîtra au sein d'autres formations avec ce statut enviable d'invité soliste. Mentionner en détail les nombreuses étapes de son parcours relèverait du travail de bénédictin, mais l'on peut retenir quelques noms et faits essentiels qui ont marqué sa carrière : Gene Krupa, entre 1941 et 1943, Artie Shaw en 1944, une tournée avec Benny Goodman en 1950, de nombreux concerts avec le JATP, un quintette codirigé avec Coleman Hawkins en 1952, accompagnement régulier d'Ella Fitzgerald entre 1963 et 1965, l'été 1966 avec l'orchestre de Count Basie, un combo avec le saxophoniste ténor Richie Kamuca (1930-1977) et plusieurs apparitions dans des festivals du monde entier.

S'il s'apparente logiquement aux représentants du jazz dit classique, Roy Eldridge aura l'honneur de figurer bientôt parmi les héros de la jeune génération bop, qui revendiqueront son héritage. Soucieux de ne pas couper les ponts, ce musicien-charnière n'a pas voulu se tenir à l'écart du mouvement moderniste des années 40-50. Arroseur arrosé, il subit à son tour les effets du bop et s'appliquera à maintenir sa réputation dans des joutes épiques avec des boppers d'envergure, utilisant parfois jusqu'à l'excès, et à la limite de la rupture, les procédés qui l'ont consacré quelques années auparavant : recherche de la vélocité, recours au legato et sollicitation du suraigu. Malgré un accident cardiaque survenu au début des années 80, il continue de se produire occasionnellement jusqu'à sa mort, le 26 février 1989 à New York. Dizzy Gillespie, qui lui succéda en 1937 chez Teddy Hill et qui ne nia jamais la paternité spirituelle de Little Jazz, déclarera maintes fois : « Durant mes années de formation, le style swing était le seul à me plaire et le seul que je jouais. Roy Eldridge était mon idole. »

Lionel Hampton : bonnes vibrations

Après le décès prématuré de son père, le jeune Lionel Hampton, originaire de Louisville (Kentucky), où il est né le 12 avril 1909, se rend avec sa mère à Chicago alors qu'il n'a que sept ans. Inscrit à la Saint Elizabeth School de la Windy City, il apprend quelques rudiments de batterie et fait partie du Chicago Defender Newsboy's Band, un orchestre d'enfants noirs promu par le plus grand journal quotidien de la communauté de couleur. À cette même époque, il fait également connaissance des batteurs Jasper Taylor (1894-1964) et Jimmy Bertrand (1900-1960), qui lui donnent des leçons de perfectionnement à la batterie, mais lui permettent aussi de s'essayer au xylophone et au marimba. Ne trouvant guère de travail à Chicago, Lionel Hampton part pour la Californie, où il retrouve Les Hite (as), un ancien compagnon des orchestres d'enfants. Après quelques engagements ponctuels dans divers groupes locaux, Lionel Hampton intègre les Quality Serenaders, du saxophoniste Paul Howard, rentre pour la première fois en studio le 28 avril 1929 et participe aux enregistrements de l'orchestre en tant que batteur et vocaliste, et à l'occasion, comme pianiste. Il ne tarde pas à rejoindre son ami Les Hite, qui vient de monter une formation que le destin placera miraculeusement sur la route de Louis Armstrong, alors en tournée dans l'Ouest. Satchmo recrute le Les Hite's Orchestra afin de graver quelques cires pour le compte du label Okeh, et le 16 octobre 1930, le jeune Lionel Hampton entre dans la légende en enregistrant le premier solo de vibraphone sur *Memories of You,* un titre de Eubie Blake : « Il y avait un vibraphone dans le studio et Louis a demandé si quelqu'un savait en jouer… et j'ai dit : moi. À l'époque, le vibraphone était tout nouveau, je n'en avais jamais vu. Armstrong m'a dit d'en jouer devant lui et j'ai joué un de ses propres solos, note pour note ! J'ai transposé sur l'instrument ce que j'avais appris du clavier, du xylophone et de la batterie. » Révélée par « accident », la technique du vibraphoniste n'est certes pas encore très maîtrisée mais désormais, Hampton se passionnera pour les mailloches au point de quitter l'orchestre de Les Hite pour gagner son autonomie, jouer librement de ce nouvel instrument et l'imposer dans le monde du jazz. Il forme son propre groupe en engageant de solides gaillards tels que Buck Clayton (tp), Marshall Royal (as), Herschel Evans (ts), Tyree Glenn (tb), Eddie Barefield (cl, s), Don Byas (ts)…, obtient un engagement très enviable au fameux Paradise Café, où défile tout le gratin d'Hollywood, tourne abondamment pendant cinq années, sans toutefois enregistrer un seul disque. Il ne retrouvera les studios qu'en 1936 lorsque Benny Goodman, venu en Californie pour la réalisation d'un film, le remarque et lui demande de participer à une séance en petite formation. Séduit et impressionné, le clarinettiste décide d'adjoindre le vibraphone à son trio, avec Gene Krupa (dms) et Teddy Wilson (p). Désormais, Hampton va étroitement collaborer au travail de Goodman, obtenant la consécration lors du fameux concert de 1938 au Carnegie Hall, désormais légendaire dans les annales du swing. Vigoureux, percutant, fantaisiste, inventif, éloquent, Lionel Hampton est vite sollicité pour enregistrer sous son nom, parallèlement à ses prestations avec l'équipe de Goodman. Pour graver ses premiers disques en tant que leader, il ne se prive pas de recourir aux meilleurs solistes issus des rangs d'Ellington, Basie, Lunceford, Goodman, Hines ou Calloway. Ainsi apparaissent, à ses côtés, Coleman Hawkins, Ben Webster, Johnny Hodges, Benny Carter, Cootie Williams, John Kirby, Nat King Cole, Cozy Cole, Charlie Christian et le tout jeune Dizzy Gillespie… En 1940, Hampton quitte Benny Goodman et met sur pied un big band explosif qui survivra plusieurs décennies et dans lequel défileront quelques-uns des meilleurs instrumentistes, toutes générations confondues :

Clifford Brown (tp), Quincy Jones (tp), Art Farmer (tp), Joe Newman (tp), Cat Anderson (tp), Illinois Jacquet (ts), Johnny Griffin (ts), Wes Montgomery (g), Arnett Cobb (ts), Dexter Gordon (ts), Marshall Royal (as), Gigi Gryce (as), Milt Buckner (p), Charles Mingus (b), etc., ainsi que le très fidèle Billy Mackel (g) et la grande chanteuse Dinah Washington (voir chapitre « Rhythm'n blues »). Enclin à l'exubérance et aux flamboiements, irrépressiblement porté par un désir de séduction et de conquête, au point de se laisser aller parfois à certaines lourdeurs spectaculaires, Hampton utilise d'abondance les riffs paroxystiques du rhythm'n blues et les roulis du boogie-woogie. Pour la plus grande joie des danseurs, il a imposé un style orchestral qui, sans être tout à fait dénué de raffinements, privilégie surtout la tension rythmique et les déploiements massifs. Qu'il soit derrière les fûts brûlants de sa batterie ou penché sur la braise de son vibraphone, il se plaît à attiser le feu et à souffler sur la forge, jetant aux vents des brassées de notes incandescentes comme autant d'esquilles grésillantes et périlleuses, avec ce plaisir sans cesse renouvelé des enfants qui craquent des allumettes devant leurs yeux innocents. Animé du feu sacré, il parcourt pendant plusieurs décennies les scènes les plus illustres de la planète, enregistre avec le gotha du jazz, participe activement à la vie sociale et politique de son pays, soutenant certains candidats à la présidence et créant une fondation (baptisée de son nom) vouée au développement de la construction d'immeubles dans Harlem. S'il abuse parfois de son génie de *showman,* au détriment de ses superbes qualités d'instrumentiste, Lionel Hampton n'a jamais eu à souffrir des nouvelles vagues qui auraient pu le submerger et éteindre ses gerbes bouillantes, crépitantes et pailletantes de swing. Alors que l'on finissait par le croire éternel, ce géant du vibraphone fera ses adieux aux lames le 31 août 2002.

Gene Krupa : la force de frappe

Il ne s'agit certes pas du batteur le plus raffiné de l'histoire du jazz, et c'est le moins que l'on puisse dire. Mais le batteur blanc Gene Krupa, qui sut se hisser à la force des poignets dans un univers de la percussion largement dominé par les rythmiciens noirs, a eu au moins le mérite de propulser les tambours sur le devant de la scène dans d'extravagantes exhibitions où le spectaculaire fut volontairement privilégié, au détriment parfois de l'esprit de groupe. Cependant, ce musicien né à Chicago le 15 janvier 1909 ne peut être soupçonné du moindre opportunisme. Dès son adolescence, sa passion pour le jazz est d'une authenticité viscérale. Il fait ses premiers essais dans un orchestre de collégiens, puis étudie très sérieusement la batterie vers seize ans et, deux années plus tard, grave ses premiers disques avec Eddie Condon et Red McKenzie (voc). Dès lors, il fréquente assidûment les studios et les clubs avec des chicagoans comme Frank Teschemacher, Bix Beiderbecke, Adrian Rollini ou Red Nichols. En 1935, Benny Goodman l'engage dans son grand orchestre et en fait un de ses solistes majeurs, n'hésitant pas à l'exhiber comme une sorte de phénomène d'attraction. Krupa saura habilement tirer partie de cette situation quelque peu ambiguë. Il déploie à satiété de longs solos exubérants, aux tempos soutenus, riches en cymbales, scandés et martelés sur les toms avec une profusion d'effets démonstratifs. Excellent technicien, sa musicalité, son écoute attentive et son sens de l'équilibre se révèlent davantage dans le contexte réduit des trios et quartettes de Goodman, ainsi qu'au sein des propres formations qu'il monte après avoir quitté le clarinettiste en 1938. Avec Roy Eldridge et Anita O'Day, Gene Krupa connaît quelques succès personnels qui conforteront sa notoriété auprès du grand public, puis en 1943, il refait un passage rapide chez Goodman et chez Dorsey, avant de recréer un orchestre dans lequel apparaîtront des musiciens de la nouvelle génération, dont la plupart sont marqués par les tendances modernistes : Red Rodney (tp), Gerry Mulligan (bs), Dave Lambert (voc), Charlie Ventura (ts)… Jusqu'en 1951, Gene Krupa présente un des meilleurs grands orchestres de la scène américaine, satisfaisant autant le désir de distraction de l'auditoire que les exigences des spécialistes. Il passera ensuite une vingtaine d'années à gérer sa gloire en déployant une activité débordante sur tous les terrains. Plusieurs prestations avec le JATP au cours desquelles il affrontera les batteurs Louie Bellson et Buddy Rich en combat singulier, la création d'un trio avec Dave McKenna (p) et

Charlie Ventura, la direction d'une école de batterie new-yorkaise aux côtés de Cozy Cole (dms), deux tournages de films (*The Benny Goodman Story* en 1955, *The Gene Krupa Story* en 1959), de nombreux enregistrements dont un célèbre et magnifique album dédié aux arrangements de Gerry Mulligan, des tournées internationales et, enfin, une période d'accalmie pendant laquelle il dirige un orchestre à Disneyland, à la suite d'une attaque cardiaque qui l'obligera à ralentir sérieusement un rythme de vie jusque-là plutôt soutenu. Après une ultime apparition au Festival de Newport en compagnie de Benny Goodman, il repose définitivement ses baguettes le 16 septembre 1973 à New York.

Charlie Christian : guitare éclectique

En moins de vingt-six ans, cette étoile filante a traversé les sphères du jazz. Né à Dallas le 29 juillet 1916, il touche tous les instrument que met à sa disposition une famille passionnée de musique (trompette, saxophone, piano, contrebasse). Vers l'âge de dix-huit ans, Charlie Christian se décide pour la guitare, dont il apprend les bases avec son père. Après avoir affûté ses premières armes dans des petits groupes du Middle West, il joue, en 1937, dans l'orchestre d'Alphonso Trent, avec lequel il avait débuté à la contrebasse quatre ans auparavant. Attiré et influencé par les pionniers de la guitare électrique que sont Eddie Durham, Lonnie Johnson et Floyd Smith, il ne tarde pas à électrifier sa guitare, exploite avec intelligence et hardiesse tous les registres de l'amplification pour développer un jeu capable de rivaliser avec la puissance des cuivres. Sur les recommandations de Mary Lou Williams, le producteur John Hammond écoute le jeune guitariste et, fort impressionné par son brio, il le fait aussitôt engager par Benny Goodman en septembre 1939. Attaques tranchantes et sonorité ronde, phrasé fluide et mélodies risquées, swing rigoureux et imagination fertile, Charlie Christian accompagne et improvise avec une facilité qui déconcerte et laisse souvent ses pairs médusés. Sa renommée va bien au-delà du strict milieu musical et son nom ne tarde pas à être cité en tête des référendums. Profitant de la vitrine médiatique que représente l'orchestre de Benny Goodman, Charlie Christian révolutionne les conceptions de la guitare électrique en lui donnant irréversiblement un rôle d'instrument leader. L'essentiel de ses précieux enregistrements est réalisé avec les quintettes, sextettes ou big bands de Goodman, auxquel il restera fidèle jusqu'à la fin. Mais en trois ans de carrière fulgurante, Charlie Christian ne se contentera pas seulement d'émanciper la guitare électrique au sein du mouvement swing, où il croise les plus grands (Count Basie, Lester Young, Lionel Hampton…), lors de séances ou de concerts exceptionnels tels que le désormais mythique « From Spiritual to Swing », mis sur pied par John Hammond au Carnegie Hall de New York. Fiévreusement immergé dans son art, poussé par une curiosité aiguë et l'urgence d'une existence dont il devine peut-être l'issue tragique, Charlie Christian trouvera un prolongement à ses audaces techniques et à ses trouvailles harmoniques dans la fréquentation des jeunes boppers qui révolutionnent les clubs de la 52e Rue de New York. Il participe activement à l'éclosion du courant moderne lors de *jam sessions* qui se déroulent toujours *after hours**. Les quelques rares disques posthumes qui témoignent de ses heures passées au Minton's Playhouse de Harlem donnent un aperçu de son génie visionnaire et de ses recherches personnelles, déjà bien éloignées du classicisme *mainstream.* Son état de fatigue devient malheureusement alarmant dès l'été 1941. Il entre à l'hôpital pour soigner une tuberculose que l'on croit curable, mais sa santé empire et il meurt, le 2 mars 1942, dans un sanatorium de Staten Island, laissant un grand vide dans toute la communauté musicale new-yorkaise, profondément choquée par sa soudaine disparition.

John Hammond : l'éminence grise

Il convient de rendre hommage à un homme qui, sans avoir touché un instrument, est devenu un des maillons indispensables de l'histoire du jazz. Né le 15 décembre 1910 dans une des familles les plus riches des États-Unis (il était un Vanderbilt par sa mère), il abandonne l'université de Yale en 1931 pour se consacrer corps et âme à sa passion du blues et du jazz. Il écrit dans divers journaux américains ainsi que pour le *Melody Maker* anglais, organise des spectacles avec Fletcher Henderson, qu'il fait également signer chez Columbia. Il se lie d'amitié avec Benny Goodman, qui d'ailleurs épousera en 1941 sa sœur Alice. Il organise les premiers concerts radiophoniques d'Art Tatum, Benny Carter, Chu Berry, Dicky Wells, Joe Sullivan… À l'affût de tout ce qui peut frémir dans le monde de la musique afro-américaine, il découvre de nombreux artistes qui, sans son aide, n'auraient sûrement pas eu les carrières que l'on sait : Billie Holiday, Teddy Wilson, Count Basie, Charlie Christian, etc. Il est aussi à l'origine de nombreuses rencontres discographiques et d'expériences musicales fructueuses, bravant avec détermination la ségrégation raciale et luttant pour imposer le mélange des musiciens noirs et blancs. C'est avec son soutien que Benny Goodman monte ses petites formations où il met sur le devant de la scène des hommes tels que Teddy Wilson, Lionel Hampton, Charlie Christian ou Cootie Williams. Dans les années 30, il promeut le style boogie-woogie et redécouvre Meade Lux Lewis qu'il présente aux célèbres concerts « From Spirituals to Swing ». Malgré ses responsabilités importantes dans plusieurs maisons de disque (Columbia, Keynote, Majestic, Mercury, Vanguard), il se bat contre les réticences des firmes pour signer ses nouvelles découvertes : Aretha Franklin, Ray Bryant, Denny Zeitlin, Adam Makowicz, Friedrich Gulda, George Benson, Bob Dylan, Bruce Springsteen… Sans se soucier de leur éventuelle valeur marchande, John Hammond a toujours pris des risques en leur offrant l'accès aux studios d'enregistrement. Cet homme de l'ombre, en qui la musique noire a trouvé son meilleur défenseur, meurt à New York le 11 juillet 1987 en écoutant un disque de Billie Holiday avec Lester Young, une séance qu'il avait lui-même supervisée en 1941.

Petits leaders et grands sidemen

On ne peut passer sous silence une multitude de musiciens que l'on catalogue souvent trop cruellement parmi les « petits maîtres ». Appellation parfois justifiée au regard de l'histoire, mais assez injuste dans sa connotation péjorative si l'on considère leur apport quotidien au monde du spectacle, leur professionnalisme rompu à toute épreuve, leur sens de l'*entertainement* et leur indéfectible souci de trouver une voie personnelle et originale entre les grands personnages du jazz. Parmi les hommes qui vont suivre et auxquels nous consacrerons des notices biographiques plus sommaires, auraient pu figurer d'autres musiciens, que l'on retrouve souvent avec plaisir et intérêt lorsqu'on se penche avec attention sur l'abondante production discographique de toute cette génération. Mais, sous peine d'infliger au lecteur une énumération trop fastidieuse, nous nous contenterons seulement de citer les noms de certains, en engageant les auditeurs les plus curieux à prêter une oreille attentive à ces artisans d'un swing impeccable. Il en va ainsi pour Emmett Berry (tp, 1915-1993), Charlie Shavers (tp, voc, 1917-1971), Earle Warren (as, 1914-1994), Arnett Cobb (ts, 1918-1989), Illinois Jacquet (ts, 1922-2004), Mel Powell (p, 1923-1998), Nat Pierce (p, 1925-1992), Panama Francis (dms, 1918-2001), Les Hite (as, p, 1903-1962), Marshall Royal (cl, as, 1912-1995), Ernie Royal (tp, 1921-1983), Ike Quebec (ts, 1918-1963), Trummy Young (tb, 1912-1984), Stuff Smith (v, 1909-1965), Taft Jordan (tp, 1915-1981), Flip Philips (cl, as, ts, 1915-2001), Clark Terry (tp, 1920-2015), Ernie Wilkins (as, ts, ss, 1922-1999), Pete Brown (as, ts, 1906-1963), Joe Newman (tp, 1922-1992), Sir Charles Thompson (p, 1918-2016), Benny Morton (tb, 1907-1985), Rudy Powell (cl, as, 1907-1976), et bien d'autres encore…

Bill Coleman (1904-1981)

Souvent considéré comme le plus français des Américains (à moins que ce ne soit le contraire), le trompettiste Bill Coleman n'a cessé de circuler entre les États-Unis et le Vieux Continent, où il finira par s'installer à partir des années 40. Il grave ses premiers disques à vingt-cinq ans et travaille avec quelques-uns des meilleurs orchestres de Harlem : Lucky Millinder, Benny Carter, Teddy Hill, Fats Waller… Lorsqu'il arrive pour la première fois en France, en 1935 avec la formation de Freddy Taylor, il enregistre en compagnie de Django Reinhardt et du Quintette du Hot Club de France (voir plus loin), anime les soirées des cabarets parisiens, sillonne la Belgique et la Hollande, puis part en Inde en 1936 et revient à Paris l'année d'après. À la suite d'une tournée qui le conduit jusqu'en Égypte, il rentre à New York et joue avec Benny Carter, Teddy Wilson, Sidney Bechet, Andy Kirk, Fats Waller, Noble Sissle, Roy

Eldridge, Coleman Hawkins, Lester Young, Dicky Wells, Mary Lou Williams, John Kirby... Démobilisé en 1946 après une longue tournée en Extrême-Orient avec un orchestre militaire, il repart pour l'Europe où sa popularité est sérieusement installée. D'une élégance naturelle et sans la moindre afféterie, Bill Coleman est un trompettiste au registre complet, capable de puissance et de délicatesse, à la fois retenu et chaleureux, très attaché à l'esthétique du swing et à la souplesse du phrasé. Il fait également preuve d'une rare authenticité lorsqu'il se met à chanter le blues, le gospel et les standards. Nombreux sont les musiciens français qui ont eu la chance de le fréquenter et d'enregistrer à ses côtés, avant qu'il n'aille reposer dans un petit village du Gers où il avait trouvé une chaleureuse terre d'asile.

Vic Dickenson (1906-1984)

Ce tromboniste à l'éclectisme forcené présente un des plus beaux palmarès de *sideman* qui soit. Il attendra les années 50-60 pour se produire en leader. La liste exacte des orchestres qu'il a fréquentés pour des périodes de plus ou moins longue durée, est trop longue à établir. De ses débuts dans des orchestres locaux de l'Ohio jusqu'aux groupes constitués à l'occasion de la Grande Parade de Nice, dont il sera un des habitués, Vic Dickenson a joué, entre autres, avec les formations de Speed Webb, Luis Russell, Blanche Calloway, Claude Hopkins, Benny Carter, Count Basie, Sidney Bechet, Hot Lips Page, Louis Armstrong, Eddie Heywood, Frank Newton, Bobby Hackett, Red Allen, Eddie Condon... Les récentes rééditions de ses séances de leader pour le label Vanguard sont là pour prouver toutes les indéniables qualités de son jeu de trombone, à mi-chemin entre la tradition new orleans et le swing. Volontiers porté vers le blues, il se laisse aller à des effets de *growl** qui, malgré certaines pointes de malice, ne manquent jamais de distinction. Facilement identifiable, Vic Dickenson possède une sonorité large et pleine qui enrobe harmonieusement la brièveté tonifiante de son phrasé.

Hot Lips Page (1908-1954)

Musicien d'origine texane, Oran Thaddeus Page, dit *Hot Lips* (Lèvres chaudes), tâte de la clarinette et du saxophone avant de jeter son dévolu sur la trompette. Il commence par accompagner des chanteuses comme Ma Rainey, Bessie Smith et Ida Cox, puis entre dans les Blue Devils, fondés par Walter Page. Entre 1930 et 1942, il joue chez Bennie Moten, puis Count Basie, Louis Metcalf, Bud Freeman et Artie Shaw, avant de diriger ses propres formations. En 1946, il accompagne Ethel Waters, tourne en Europe et ne cesse de jouer jusqu'à ce qu'une attaque cardiaque le fasse échouer au Harlem Hospital. Trompettiste impétueux, bouillant d'énergie, plein d'ardeur et d'une passion contagieuse, Hot Lips a toujours fait honneur à son surnom.

Red Norvo (1908-1999)

Avec (et après) Lionel Hampton, le très raffiné Red Norvo est sûrement un des meilleurs pionniers du vibraphone. Tout d'abord, il adopte le xylophone et les marimbas dans le giron très industrieux de Paul Whiteman, où il passe près d'une dizaine d'années. Puis, en 1936, il monte un orchestre de douze musiciens pour accompagner son épouse Mildred Bailey. C'est en 1943 qu'il décide enfin de se consacrer entièrement au vibraphone. Deux ans plus tard, il est engagé par Benny Goodman puis, l'année suivante, il rejoint Woody Herman. Dès lors, il se fixe en Californie, où se déroulera la plus grande partie de sa carrière, excepté quelques trios montés sur la côte est avec des partenaires tels que Charles Mingus (b), Red Mitchell (b), Tal Farlow (elg) ou Jimmy Raney (elg). Musicien sophistiqué, plus à son aise dans les formules intimistes que dans la masse orchestrale, Red Norvo est un virtuose accompli qui ne se laisse jamais aller aux facilités démonstratives que pourrait lui permettre sa remarquable technique. Il préfère exceller dans le registre du dépouillement et de la subtilité harmonique, divulgant un swing de chambre convivial et distingué, au risque de paraître parfois fragile.

Cozy Cole (1909-1981)

Une éducation musicale avec un musicien de l'orchestre philharmonique de New York et quelques cours à la très académique Juilliard School vont donner à William Randolph Cole, dit « Cozy », un sérieux bagage de percussionniste. Recherché pour ses qualités de mise en place, son tempo irréprochable, ses roulements incisifs et ramassés, son jeu de cymbales à la complexité scintillante et ses interventions pertinentes au service des solistes, Cozy Cole a loué son talent à des leaders de toutes obédiences : Jelly Roll Morton, Blanche Calloway, Benny Carter, Stuff Smith, Lionel Hampton, Cab Calloway, Benny Goodman, Louis Armstrong, Jack Teagarden, Earl Hines… Il a aussi dirigé une école de batterie avec Gene Krupa, participé à de nombreux shows télévisés et des revues de Broadway. Avec Jo Jones et Big Sid Catlett (voir notice suivante), Cozy Cole est généralement considéré comme un des batteurs archétypiques du middle jazz.

Big Sid Catlett (1910-1951)

Aussi imposant par la taille que par le talent, Sidney Catlett a toujours revendiqué son surnom avec panache. Après avoir appris la batterie dans la fanfare de son école et débuté sa carrière dans le Chicago de la fin des années 20, Big Sid s'installe à New York en 1931 et va caresser ses peaux, pendant deux décennies, avec toute l'élite du jazz : Benny Carter, Rex Stewart, Eddie Condon, les McKinney's Cotton Pickers, Fletcher Henderson, Don Redman, Louis Armstrong, Roy Eldridge, Benny Goodman, Lester Young, Coleman Hawkins, Teddy Wilson, Sidney Bechet, Charlie Parker, Dizzy Gillespie... Sa production discographique est impressionnante et reflète bien ses étonnantes capacités d'adaptation sans que jamais sa personnalité en soit effacée. Du new orleans jusqu'au be bop, il a toujours su asseoir des tempos indestructibles, ponctués par des solos harmonieusement architecturés où alternent des points de rupture inspirés, des ornementations rythmiques sans surcharge et des teintes sonores particulièrement travaillées. Ce colosse de la batterie s'écroulera dans les coulisses de l'Opera House de Chicago, sûrement victime des élans trop généreux de son grand cœur.

Chu Berry (1910-1941)

Cet autre météore de l'époque swing n'eut que peu de temps pour s'exprimer. Si l'écoute de Coleman Hawkins est déterminante dans son choix du saxophone ténor, il se démarque cependant de son modèle par un jeu moins large, une sonorité plus ramassée et un goût marqué pour les courses échevelées. Les orchestres de Benny Carter, Charlie Johnson, Teddy Hill, Fletcher Henderson, et surtout Cab Calloway entre 1937 et 1941, ont pu profiter de sa fougue bondissante, de sa volubilité véhémente et de son énergie dévastatrice. Leon Berry que l'on appelait plutôt « Chu » ou « Chew » (mâcher), en raison d'une tendance avouée à la mastication et à la boulimie, rencontre son destin dans un banal accident de la route, après avoir croqué la vie à pleines dents et fait preuve d'un insatiable appétit musical.

Willie Smith (1910-1967)

S'il ne faut pas faire de confusion avec son homonyme, le pianiste *stride* Willie « The Lion » Smith, le saxophoniste alto Willie Smith fait cependant lui aussi partie de cette race de musiciens félins, prêts à bondir et à rugir dans la grande mêlée du jazz. Sa virtuosité sur les tempos rapides, sa sonorité volontiers mordante en ont fait un des solistes fondamentaux du big band de

Jimmie Lunceford, entre 1929 et 1942. Il jouera ensuite chez Harry James, Duke Ellington, Billy May, Benny Goodman, Charlie Barnet, tiendra les rênes de sa propre formation en Californie et succombera des suites d'un cancer à Los Angeles. Souvent occulté par Benny Carter et Johnny Hodges, l'alto de Willie Smith a influencé de nombreux saxophonistes, parmi lesquels il faut signaler Earl Bostic.

Don Byas (1912-1972)

Wesley Carlos Byas aurait pu figurer parmi les hommes du Count puisqu'il a joué dans l'orchestre pendant trois ans mais, poussé par une nature indépendante, il a préféré se faire une particule au contact d'autres musiciens. Le saxophoniste ténor Don Byas est l'exemple même de l'instrumentiste qui se plaît à échapper aux critères stylistiques. Certains critiques le mentionnent parmi les boppers en raison de sa participation historique aux balbutiements discographiques du mouvement. Cependant, tout son jeu est empreint de l'influence conjuguée de Coleman Hawkins et de Lester Young, dont il possède tout à la fois la volubilité et le lyrisme. Son parcours dans la *Swing Era* est exemplaire : Bennie Moten, Blue Devils de Walter Page, Lionel Hampton, Buck Clayton, Ethel Waters, Don Redman, Lucky Millinder, Andy Kirk, Benny Carter et enfin Count Basie de 1941 à 1943. À partir de 1944, il fréquente assidûment les rénovateurs du jazz que sont Dizzy Gillespie, Max Roach ou Oscar Pettiford (voir chapitre suivant). Puis il embarque pour l'Europe nouvellement libérée, s'acclimate merveilleusement à la France au point de devenir l'un des héros de la scène parisienne. Après un court séjour en Espagne, il s'installe aux Pays-Bas en 1955 et y finit paisiblement ses jours, alternant les séances d'enregistrements, les concerts et les tournées où il retrouve parfois ses anciens compagnons de route américains. Grand spécialiste de la ballade, Don Byas est magistral lorsqu'il maîtrise une émotion retenue jusqu'au bord de la rupture, particulièrement dans les blues lents et mélancoliques, où son ténor soupire un râle lancinant, une plainte désespérée comme une corne de brume dans la nuit.

Slam Stewart (1914-1987)

Contrebassiste robuste, au swing souple et vigoureux, Slam Stewart est aisément identifiable dans sa manière étonnante de doubler à la voix (à l'octave supérieure) toutes ses improvisations à l'archet. Un procédé qu'il utilisera d'ailleurs un peu trop systématiquement, mais dont l'efficacité lui a permis de mener une carrière de soliste. Entre la quantité imposante de disques enregistrés (Fats Waller, Lester Young, Cozy Cole, Coleman Hawkins, Don Byas, Red Norvo, Dizzy Gillespie, Benny Goodman, Hot Lips Page, Lionel Hampton, Milt Buckner, etc.), il faut avant tout retenir le superbe travail effectué aux côtés d'Art Tatum, ainsi que le croustillant succès *The Flat Foot Floogie,* gravé au sein du célèbre duo Slim and Slam, qu'il forme avec Slim Gaillard entre 1937 et 1943 (voir plus loin).

Milt Buckner (1915-1977)

Constamment cité pour son fameux style de piano *block chords** dont il est effectivement l'inventeur et, par conséquent, l'éminent spécialiste, Milton Buckner est également un organiste de tempérament. Peut-être ses premières fonctions de pianiste-arrangeur chez les McKinney's Cotton Pickers l'ont-elles aidé à développer un genre pianistique plutôt orchestral ? Pour compenser l'étroitesse d'écart de ses mains, Milt Buckner a su créer une technique puissante et efficace, grâce à un jeu d'accords compacts et harmonisés, transposant ainsi les riffs des sections de trompettes et saxophones sur son seul clavier, tout en doublant la mélodie à l'octave inférieure à l'aide de sa main gauche impeccablement synchronisée. Milt Buckner a travaillé avec Lionel Hampton entre 1941 et 1948, puis il s'est produit avec ses propres combos ou big bands, avant de revenir passer deux autres années chez Hampton. À partir des années 50, il monte des trios (avec des compagnons tels que Jo Jones [dms] ou Illinois Jacquet [ts]) et circule sans relâche aux États-Unis et en Europe pour défendre l'idée d'un swing virulent et allègre, jamais très éloigné de l'esprit du blues de Saint Louis, dont il est issu.

Slim Gaillard (1916-1991)

Saltimbanque loufoque à la mine enjouée et aux facéties scéniques particulièrement cocasses, Slim Gaillard est un multi-instrumentiste étonnant. Guitariste, pianiste, joueur de bongos et vibraphoniste, mais aussi compositeur et parolier, il commence sa carrière en se produisant seul avec sa guitare et un numéro de claquettes. En 1937, il monte le duo Slim and Slam, avec le contrebassiste Slam Stewart. Les deux compères séviront ensemble jusqu'en 1943. Entre-temps, Slim s'est intéressé de près au cinéma puisqu'on le retrouve dans de nombreux films hollywoodiens dont *Hellzapoppin* (1941). À partir des années 60, il met sa carrière musicale en veilleuse, devient gérant d'un motel à San Diego, puis s'occupe d'une orangeraie de Seattle dont il est propriétaire. Néanmoins, il continuera de se produire çà et là dans des festivals (Monterey, Nice, Paris, Londres...), apparaîtra dans le film *Too Late Blues* de John Cassavetes, le feuilleton de télévision *Roots 2* et retrouvera son vieux compagnon Slam Stewart à diverses occasions. À l'image de son précurseur Leo Watson (voc, dms, tb, 1898-1950), Slim Gaillard a toujours travaillé dans cette veine comique et burlesque qui caractérise les grands *entertainers* du music-hall, jouant du langage avec virtuosité, maniant l'absurde avec provocation, créant un univers inimitable où les onomatopées, les dialectes et les néologismes se télescopent dans un feu d'artifice ininterrompu. Slim et ses gaillardises ont largement contribué à la grande fête du jazz.

Major Holley (1924-1990)
Il suffit d'entendre, une fraction de seconde, cette voix caverneuse épouser les sons graves et profonds de la contrebasse, pour reconnaître aussitôt le tonitruant Major Holley. Dans la lignée de Slam Stewart, il utilise le chant pour renforcer son jeu d'archet mais appuiera l'effet en vocalisant à l'octave inférieure. À cheval sur plusieurs écoles dont les options esthétiques peuvent parfois sembler éloignées (Dexter Gordon-Wardell Gray, Oscar Peterson, Woody Herman, Zoot Sims, mais aussi Coleman Hawkins, Duke Ellington, Roy Eldridge, Helen Humes...), Major Holley se caractérise cependant par une fidélité à l'esprit d'un swing naturel et festif, souvent agrémenté de fantaisies et porteur d'un bel entrain communicatif.

Swing sur Seine

Très tôt, le jazz a su trouver sur le vieux continent une estime et une reconnaissance que les États-Unis lui ont parfois refusées. Débarqués en France en 1917, avec l'entrée en guerre des États-Unis, les orchestres noirs américains des forces armées (notamment Jim Europe and his Hell Fighters) animent le moral des troupes avec une musique de *brass band* plus proche du ragtime new-yorkais que de l'esprit orléanais. Après l'armistice, les années folles se jetteront dans le tourbillon du jazz pour oublier le grand massacre. On danse et on s'étourdit au rythme des orchestres métalliques de Louis Mitchell (dms) ou de Marion Cook (v). Paris s'enthousiasme pour la « Revue nègre » des Folies-Bergère (1925), où Joséphine Baker révolutionne le music-hall avec un spectacle sulfureux où l'exotisme et l'érotisme font bon ménage. Quelques orchestres franco-américains se constituent progressivement et embrasent tous les lieux de divertissement de la capitale : l'orchestre de Harry Pollard avec les frères Allier, celui de Lud Gluskin avec Léo Vauchant, de Léo Poll avec Alex Renard, les formations de Ray Ventura et ses Collégiens ou de Grégor et ses Grégoriens. L'intelligentsia française suit le mouvement avec curiosité et enthousiasme, les cubistes et certains surréalistes se laissent séduire, Jean Cocteau joue de la batterie au Bœuf sur le Toit et enregistre deux poèmes avec l'orchestre de Dan Parrish. Des musiciens classiques comme Ravel, Honneger ou Milhaud s'intéressent de près aux accents d'un jazz qui, peu à peu, cesse d'être un simple phénomène de mode pour devenir un art musical à part entière. Grâce aux formations de Noble Sissle, Sam Wooding et Eddie South, un jazz noir plus authentique viendra enrichir une musique jusque-là cantonnée dans un rôle d'attraction ou d'accompagnement. Il faudra attendre le début des années 30 pour que surgissent les premières analyses de la critique française, la création en 1932 du Hot Club de France par Hugues Panassié, auquel se joindra bientôt Charles Delaunay, et l'apparition, en 1935, du journal *Jazz Hot,* pionnier de la presse spécialisée. C'est aussi durant cette période qu'émergent les premiers grands solistes français dignes de se confronter aux musiciens américains : André Ekyan (s), Alix Combelle (s), Philippe Brun (tp), Guy Paquinet (tb), Michel Warlop (v)… et surtout le Quintette du Hot Club de France.

QHCF : ces quatre initiales résonnent dans tous les esprits comme le symbole glorieux de la naissance d'un jazz authentiquement européen. Ce groupe, qui a fonctionné sans interruption jusqu'à la Seconde Guerre mondiale (une tentative de reconstitution fut cependant amorcée à la Libération de 1946 à 1948), est le premier à proposer une formule constituée uniquement de cordes. Cette particularité liée à un traitement révolutionnaire des instruments à cordes imposera vite son style. Attaque incisive de la guitare soliste, fermeté sinueuse de l'archet, décalages syncopés, improvisations libres dans chaque solo, absence de batterie, l'élément rythmique étant dévolu à deux instruments à vocation harmonique (basse et guitare). Autant de facteurs qui contribuent à installer une image nouvelle, une couleur sonore et une conception du timbre extrêmement originale. Le répertoire du QHCF – issu principalement du jazz noir américain, en particulier de La Nouvelle-Orléans –, son traitement novateur et son énergie communicative trouvent vite un public enthousiaste dans cette cohorte de jeunes gens exaltés, curieux et avides de nouveautés que sont les *jazz hot fans* de l'entre-deux-guerres. Une époque unique dans l'histoire de cette musique encore jeune, animée par des pionniers passionnés d'où émergeront sans conteste possible les deux solistes du QHCF, deux interprètes exceptionnels qui ont pour nom : Django Reinhardt et Stéphane Grappelli.

Django Reinhardt : le génie vagabond

Le petit Jean-Baptiste Reinhardt, dit « Django » (trad. : « je réveille ») pousse ses premiers cris le 23 janvier 1910 dans la roulotte familiale de sa tribu qui vient de faire escale à Liverchies, un petit village de Belgique. Les pérégrinations de sa communauté gitane le conduisent en France, en Italie et en Algérie (1915) avant qu'on ne retrouve sa trace en 1922 dans les bals des faubourgs parisiens en compagnie des accordéonistes Guérino, Fredo Gardoni ou Maurice Alexander. En 1928, Django est très gravement brûlé dans l'incendie accidentel de sa roulotte. Il se rééduque avec acharnement et retrouve peu à peu l'usage de sa main gauche dont il ne reste que trois doigts valides (médium, index et pouce). Malgré ce terrible handicap, il parvient à se forger une technique singulière dont la virtuosité phénoménale et l'exceptionnelle fluidité ne laissent pas d'intriguer tous les musiciens qui le côtoient. Django travaille un certain temps dans des clubs et des grands hôtels de la Côte d'Azur, où il découvre les disques de Louis Armstrong, Duke Ellington ou Eddie Lang (v). La révélation du jazz américain est pour lui un véritable choc esthétique qui déterminera toute la suite de sa carrière. Sans jamais abandonner sa spécificité gitane et son passé culturel, il réussit à fondre la brillance du patrimoine tzigane et les élans délicats du musette au discours syncopé et aux constructions harmoniques du jazz des années 30. De retour à Paris, il est remarqué par Jean Cocteau et par Mistinguett, fréquente assidûment des jazzmen tels André Ekyan (as,cl), Michel Emer (p) ou Alix Combelle (ts,cl) et accompagne de nombreux chanteurs de variétés comme Jean Sablon et Eliane de Creus. En 1934, il est engagé par Louis Vola (b) pour jouer au Claridge des Champs-Élysées où il rencontre Stéphane Grappelli. Les deux hommes se lient d'amitié, improvisent dans les coulisses et leur communion musicale est telle qu'il décide de fonder un groupe auquel viennent se joindre Joseph Reinhardt, frère de Django, et Roger Chaput aux guitares d'accompagnement ainsi que Louis Vola à la contrebasse. Le Quintette du Hot Club de France est né. Les disques du groupe deviennent rapidement des pièces de référence. Pour Stéphane Grappelli, la confrontation fraternelle avec la fulgurance mélodique, l'improvisation effervescente, le bouillonnement d'idées et le brassage stylistique de Django, constitue une expérience capitale. « Django a été le summum de tout ce que j'ai eu dans ma vie... Il avait une telle personnalité qu'il fallait attendre qu'il dise ce qu'il avait à dire », déclarera plus tard le violoniste. En effet, malgré un fonctionnement bicéphale, puisqu'il s'agit plutôt d'un trio rythmique accompagnant deux musiciens vedettes, le génie du guitariste envahit miraculeusement l'espace. On peut penser que durant ces années de complicité, Grappelli subit quelque peu l'empreinte de Django, que ce charisme magnétique du gitan nuit à l'épanouissement du violoniste au sein même du QHCF. Les années à venir le prouveront et dévoileront davantage le lyrisme, la fraîcheur et la spontanéité débordante d'un jeu de violon longtemps tenu dans l'ombre tutélaire du manouche, dont la concision tranchante et les mélodies implacables restaient souvent inégalables. Tout en poursuivant sa route avec le QHCF, Django Reinhardt se produit sur scène et enregistre abondamment avec des musiciens américains de passage en France : Coleman Hawkins (ts), Arthur Briggs (tp), Benny Carter (as), Bill Coleman (tp), Rex Stewart (tp), Barney Bigard (cl), Dicky Wells (tb), Eddie South (v) et Fletcher Allen (s, cl). Loin de s'éteindre pendant les heures sombres de l'Occupation, la popularité de Django s'accroit. Il profite de l'engouement des Français pour le swing et son titre *Nuages* (octobre 1940) est un énorme succés. Grappelli est resté en Angleterre et Reinhardt monte un nouveau quintette avec notamment Hubert Rostaing (cl) et Pierre Fouad (dms). En 1946, la reconstitution du QHCF avec Grappelli s'avère peu convaincante malgré un concert légendaire donné à la salle Pleyel en 1947. Entretemps, Django a subi une autre déception. Invité aux États-Unis par Duke Ellington, il se conforme peu aux exigences du monde du spectacle américain et n'obtient pas la reconnaissance escomptée. Puis il tente de s'adapter à la guitare électrique et rencontre quelques problèmes inhérents à l'amplification, sa sonorité perd un peu de cette moelleuse attaque qui le caractérisait mais gagne en audaces novatrices lorsqu'il se frotte en 1950 à la jeune génération des boppers : Pierre Michelot (b), Maurice Vander (p), Roger Guérin (tp), Martial Solal (p)... Cependant, Django ralentit ses activités et s'isole peu à peu du milieu musical, il se consacre à la peinture et à la pêche dans sa retraite de Samois-sur-Seine. Il meurt le 16 mai 1953 d'une congestion cérébrale et laisse derrière lui un héritage sans commune mesure. Les guitaristes du monde entier voient toujours en lui une référence incontournable et inimitable, une source d'inspiration féconde et un modèle d'exigence esthétique. Quelques-uns essaieront d'imiter son jeu mais nul ne pourra vraiment suivre les traces de cet homme prodigieux et secret dont Jean Cocteau disait : « Son âme était ambulante et sainte... »

Stéphane Grappelli : l'âme du violon

La vie du plus grand violoniste de jazz commence comme le premier chapitre des meilleurs romans populistes du début du siècle. Né le 26 janvier 1908 à l'hôpital Lariboisière, Stéphane Grappelli passe sa prime jeunesse dans le vieux quartier parisien du 10e arrondissement. Il perd sa mère à l'âge de quatre ans et cet événement tragique sera déterminant. Lorsque le conflit de 1914-1918 éclate, son père part au front et le petit Stéphane se retrouve en orphelinat. Les années de pension sont amères et douloureuses. La guerre prend fin et son père revient. Ils s'installent tous deux dans une maison vétuste et les temps sont terriblement difficiles. Très tôt, Stéphane fait toutes sortes de petits métiers pour améliorer l'ordinaire. Un soir de 1921, son père lui offre son premier violon d'occasion, qu'il étudie seul, faute de moyens. L'enfant a des dons musicaux exceptionnels et parvient à jouer très rapidement sans aucun autre soutien que les quelques rudiments de solfège inculqués par son père. Puis il part à la rencontre de son premier public, dans les cours d'immeuble ou les restaurants. Il se retrouve bientôt dans l'obscurité des cinémas où il accompagne des films muets et apprend aussi à jouer du piano en autodidacte. Parallèlement à ses nombreuses prestations dans les bals d'étudiants, les fêtes de mariages ou les brasseries des boulevards, il découvre, sur un vieil appareil à sous, les orchestres de Bix Beiderbecke, Frankie Trumbauer, Eddie Lang, Louis Armstrong… et le jazz envahit son existence de façon naturelle. En 1931, Alain Romans, alors pianiste et chef d'orchestre au Poste parisien, remarque le jeune violoniste et l'engage dans un cabaret de Montparnasse. Stéphane côtoie des musiciens de sa génération tout aussi pétris de jazz que lui : Philippe Brun, André Ekyan et un jeune manouche du nom de Django Reinhardt. La rencontre avec le guitariste gitan sera déterminante pour Stéphane Grappelli. Dès lors, les deux hommes suivront la même route glorieuse jusqu'en 1939 (voir la notice biographique sur Django Reinhardt). Lors d'une tournée, le violoniste est hospitalisé à Londres alors que le conflit éclate sur le continent. Il décide de rester en Angleterre, où il passe cinq années d'exil précaire mais néanmoins créatif. Il participe à un « orchestre de guerre » constitué par Arthur Young, forme un duo avec le jeune et brillant pianiste-accordéoniste George Shearing (né le 12 août 1919), grave quelques disques pour les marques Decca et BBC Records en tant que *sideman,* ou sous son propre nom à la tête de formations assez réduites. En janvier 1946, Django et Charles Delaunay viennent le retrouver à Londres pour lui proposer de reconstituer le QHCF. Le groupe se reforme jusqu'en 1949, date à laquelle Django se retire plus ou moins de la scène musicale. Stéphane Grappelli s'engage alors pleinement dans sa carrière personnelle. Sa notoriété est immense, ses compétences techniques incontestables et sa sonorité incomparable. Il collabore ainsi avec les personnalités les plus illustres : Duke Ellington, Oscar Peterson (p), Baden Powell (g),

Barney Kessel (elg)... Il s'acoquine plus tard avec la jeune génération : Gary Burton (vib), Larry Coryell (elg), Steve Swallow (elb), Marc Fosset (g), Patrice Caratini (b)... Il joue sur toutes les grandes scènes du monde, promène son violon tendre, à la fois preste et mélancolique, cajoleur et bohème, sa silhouette à l'innocence ingénue dans un cheminement sans failles, sans faux pas, sans jamais se laisser aller à la facilité. Sa discographie est une des plus impressionnantes de l'histoire du jazz et l'un de ses titres de gloire aura été d'enregistrer cinq albums avec le grand violoniste Yehudi Menuhin. Un visage radieux, un sourire clair et espiègle, rayonnant avec éclat, Stéphane Grappelli n'a cessé de vouloir se perfectionner alors qu'il aurait pu se reposer sur des lauriers depuis longtemps tressés. Il s'éteindra à l'âge de quatre-vingt-neuf ans, sans avoir jamais reposé son violon, surprenant le monde du jazz qui finissait par le croire éternel.

Be-bop

« Pour moi, ce mouvement a été, est encore et sera sans doute le plus intelligent dans l'histoire de notre musique. »
Kenny Clarke

La Seconde Guerre mondiale apporte peu de changements substantiels pour les Noirs américains, si ce n'est l'éternelle rengaine de la haine ordinaire à toutes les échelles de la société et l'application d'une pointilleuse ségrégation raciale au sein même de l'armée. La seule modification notable sera l'abandon de cette formule largement usitée à l'encontre des hommes de couleur, durant les années de crise et la politique du *New Deal :* « Les derniers à être embauchés, les premiers à perdre leur travail. » Comme ce fut le cas lors du premier conflit, les industries d'armement nécessitent une main-d'œuvre importante et les troupes réclament leur lot de chair à canon. Une fois de plus, on se souvient soudain de la présence des Noirs pour trimer dans les fabriques et monter au front. Pourtant, la victoire finale des Alliés sur le racisme hitlérien – victoire à laquelle contribuèrent donc des ouvriers et des soldats noirs – inspirera peu les dirigeants américains, toujours enclins à se gargariser de théories libérales, à prêcher les droits humanitaires, et cependant si prompts à l'amnésie lorsqu'on leur rappelle le fonctionnement raciste de leur exemplaire démocratie.

La déflagration

À l'aube du 7 décembre 1941, les avions japonais attaquent par surprise la base américaine de Pearl Harbor, installée dans l'île d'Hawaii. Surprise au mouillage, l'escadre navale subit des dommages considérables et les pourparlers qui, depuis plusieurs mois, permettent aux États-Unis de se maintenir dans une neutralité aussi illusoire que précaire sont soudain interrompus. Le lendemain, l'Allemagne déclare à son tour la guerre et l'Amérique toute entière se retrouve soudée derrière le président Roosevelt, qui honore son troisième mandat. Jetés dans le combat par la volonté de l'ennemi, les Américains vont réagir aux agressions et se plier spontanément aux efforts de l'économie de guerre. Pendant quatre ans, l'histoire du peuple va se confondre avec les exigences qu'imposent le conflit et les réglementations militaires. Dès le 6 janvier 1942, l'ampleur de la tâche et les objectifs sont clairement fixés par Franklin Delano Roosevelt. Fort de son passé politique et de ses réussites lors du *New Deal,* le président prévoit de fabriquer en une seule année : 60 000 avions, 45 000 chars, 20 000 canons de DCA, 18 millions de tonnes de navires. Le pari semble impossible mais le programme sera exécuté en temps et en heure.

Cet énorme effort de guerre amène les Noirs à prendre davantage conscience de l'injustice de leur situation. Venus en masse dans les plus gros pôles industriels et urbains, ils s'entassent dans des ghettos déjà surpeuplés et, pour beaucoup, la vie citadine et les emplois procurés par le conflit sont loin d'améliorer leur situation : discrimination dans l'embauche, perpétuelle tension raciale, différence des salaires, habitations sordides, promesses égalitaires non tenues et aucune perspective d'amélioration… Des troubles sociaux ne tardent pas à surgir. À New York, en août 1943, des émeutes éclatent à la suite d'un incident mineur. Des établissements blancs – bars, restaurants et magasins – sont mis à sac dans Harlem. Les affrontements avec la police blanche sont violents, les rues disparaissent sous les déchets, les voitures brûlent. Des troubles ont également lieu dans des villes comme Chicago, Newark et surtout Detroit, capitale de l'automobile, où l'on dénombre 34 morts et près de 500 blessés à la suite de manifestations.

Comme toujours, les membres de la communauté artistique, et particulièrement les musiciens, prendront le relais de ces revendications et leur attitude reflétera le profond état de malaise de leurs frères de couleur. Les jeunes musiciens se rebellent contre l'aspect désormais un peu figé du répertoire swing et le caractère routinier des big bands, dont ils savent bien qu'ils ne pourront égaler la perfection formelle ni dépasser les tournures d'orchestration des meilleurs arrangeurs tels qu'Ellington ou Basie. Si les nouveaux venus reconnaissent le génie et la sophistication harmoniques de leurs aînés, ils leur reprochent néanmoins de s'être laissés aller à un certain embourgeoisement et à la flatterie commerciale, d'avoir accepté que les orchestres blancs accaparent, absorbent, affadissent, et finalement paralysent l'art le plus créateur du peuple noir. En effet, après avoir longtemps considéré le jazz comme une musique de Nègres incultes et de beuglants, la société blanche a peu à peu phagocyté, aseptisé, banalisé, récupéré et fait fructifier cette musique à son profit, en utilisant ses ingrédients dans la mélasse sirupeuse des productions de variétés, de music-hall et de cinéma. Les jeunes revendiquent volontiers la filiation avec leurs héros, Lester Young, Coleman Hawkins ou Roy Eldridge, mais ils refusent la frustration inhérente au cadre rigide des grands orchestres, ils veulent s'exprimer librement en dehors des plages de chorus qui leur sont rigoureusement imparties, affirmer leurs aspirations à la reconnaissance et prendre la parole dans un pays qui maintient sans vergogne ses inégalités sociales et raciales tout en se donnant une image de libérateur des peuples opprimés. À cette même époque, le jeune trompettiste Gillespie, convoqué au conseil de révision, répondra aux autorités militaires : « Écoutez, qui est-ce qui m'a fait chier, qui m'a emmerdé jusqu'au cou dans ce pays depuis toujours, hein ? Les Blancs, personne d'autre. Vous venez me parler de l'ennemi, les Allemands. Moi, je veux bien, mais personnellement je n'en ai jamais rencontré un seul. Alors si vous m'envoyez au front avec un fusil entre les mains et l'ordre de tirer sur l'ennemi, je suis bien capable de faire un transfert d'identité en ce qui concerne la cible. » Déjà, la rébellion gronde de façon souterraine, prête à tout balayer. Les revendications des jeunes musiciens contribuent à amorcer une bombe à retardement qui, bientôt, ne tardera pas à exploser.

La rue qui ne s'endort jamais

Conjointement à l'état de tension engendré par l'entrée en guerre des États-Unis, deux événements inattendus vont ajouter au trouble du milieu musical. En 1941, l'ASCAP, la société américaine des auteurs, compositeurs et éditeurs (l'équivalent de la SACEM), décrète une grève interdisant toute diffusion radiophonique des titres déposés sur son catalogue. Les stations de radio ne perdent pas de temps à réagir et créent aussitôt la BMI (Broadcasting Music, Inc.), qui suscitera la création de nouveaux morceaux de remplacement, tuant ainsi le répertoire traditionnel au profit d'œuvres mineures, médiocrement ficelées dans la précipitation et inspirées de la variété. Pour accroître le malaise, James Caesar Petrillo, président de l'American Federation of Musicians (syndicat national des musiciens), décide un arrêt total des enregistrements pour protester contre la prolifération du juke-box et l'utilisation envahissante des disques, qui se substituent au travail des musiciens sur les ondes. La grève durera d'août 1942 à novembre 1944, retardant l'explosion discographique du jeune mouvement bop. Cependant, par un heureux paradoxe, le débrayage des musiciens énergiquement imposé par Petrillo aura quelques retombées bénéfiques. Les principales firmes, Bluebird, Decca et Vocalion, auront des difficultés pour maintenir leur suprématie et de petits labels indépendants vont venir jouer les trouble-fête sur un marché jusque-là dominé par les grosses compagnies. De ce fait, les *Indies (INDependant record companIES)* vont se développer, parmi lesquelles les marques Atlantic ou Chess prendront de l'ampleur et deviendront à leur tour de florissantes sociétés. Mais une des conséquences les plus positives de la grève engagée par Petrillo est avant tout le maintien d'un certain secret autour de la naissance du be-bop, qui mûrira dans un milieu relativement protégé, à l'abri de toute exploitation commerciale immédiate.

Loin d'être mort, le style swing continue de produire des œuvres de qualité, certes moins créatives et novatrices, mais superbement défendues par des maîtres tels qu'Ellington, Basie, Tatum, Hawkins, Young… et même Armstrong, dont la renommée ne faiblit pas. Cependant, dès le début des années 40, une cohorte de jeunes vient bouleverser les conventions en se réunissant *after hours* dans les clubs de Harlem, notamment le Monroe's Uptown House et le Minton's Playhouse, où ils viennent expérimenter une musique complexe, faite de virtuosité instrumentale et de recherches harmoniques, sans se soucier des danseurs et s'adressant à un public averti, souvent composé de musiciens. Dans le local exigu du Minton's, situé dans la 118ᵉ Rue Est, au sud de Harlem, toute la faune musicale se réunit après avoir honoré quelque engagement alimentaire et passe le reste de la nuit à jouer en *jam sessions*. Henry Minton, le propriétaire du lieu, ancien saxophoniste et délégué du syndicat des musiciens de Harlem, a confié la direction artistique de son club au chef d'orchestre Teddy Hill, qui, grand connaisseur du milieu musical, sollicite aussitôt les services du jeune batteur Kenny Clarke : « Teddy me donna carte blanche pour former un petit groupe de quatre ou cinq musiciens. Il en avait marre des grands orchestres et avait accepté de devenir manager du Minton's pour ne pas laisser passer une situation stable et parfaitement dans ses cordes, dans laquelle il pourrait mettre à profit ses nombreuses relations dans le monde du jazz. J'avais choisi pour faire mon ouverture un petit groupe composé de Thelonious Monk, qui avait tout juste vingt ans et dont les idées allaient dans ma direction, puis un trompettiste, Joe Guy, un ami du temps de l'orchestre de Teddy Hill, et enfin un bassiste, Nick Fenton. J'avais pensé que c'était là une petite formation bien agréable pour servir d'accompagnement aux nombreux musiciens qui ne manqueraient pas de venir faire le bœuf après le travail… »

Tous les clubs de la 52ᵉ Rue vont s'engouffrer dans la brèche. Protégée entre la 5ᵉ et la 6ᵉ Avenue de New York, l'artère détient déjà une forte réputation de laboratoire nocturne pour tous les musiciens de jazz. Dès la fin de la prohibition, chaque *speakeasy* s'est vite reconverti en club légal. La 52ᵉ Rue, également baptisée *The Street* (La Rue), a été le théâtre des luminescences du swing avant de devenir, avec le bop, le lieu de tous les déchirements. Jeune acteur de cette époque agitée, Miles Davis a toujours gardé en mémoire l'ambiance exaltée de « la rue qui ne s'endort jamais » : « Vers 1945, beaucoup de Noirs jouaient dans la 52ᵉ Rue, à cause de l'argent et des retombées médiatiques. C'est à cette époque que les clubs de la 52ᵉ Rue, Three Deuces, Onyx, Downbeat Club, Kelly's Stable et autres, sont devenus plus importants pour les musiciens que les clubs de Harlem. Mais beaucoup de Blancs n'aimaient pas ce qui se passait dans la 52ᵉ Rue. Ils ne comprenaient pas ce qui arrivait à la musique. Ils pensaient être envahis par les Nègres de Harlem. Il y avait une forte tension raciale autour du be-bop [...] Ce qui n'empêchait pas le public de s'entasser dans les clubs pour les entendre, ni le groupe de Dizzy et Bird au Three Deuces d'être l'attraction la plus *hot* de tout New York. »

Avant d'aller plus avant dans une explication du phénomène be-bop, de ses expérimentations et de ses apports révolutionnaires, il convient de préciser que le terme même de be-bop ou plus simplement bop (appelé aussi rebop, ou re-bop, mais le mot fut vite abandonné) trouve probablement ses origines dans une onomatopée, issue d'une figure rythmique ou de la traduction d'un chant *scat* caractéristique du mouvement. Bien évidemment, l'explication étymologique proposée ici ne peut être qu'hasardeuse, compte tenu de la confusion et de l'effervescence qui ont présidé à la naissance de cette nouvelle forme musicale. Selon Kenny Clarke : « Le mot “be-bop” est une étiquette que certains journalistes ont collée à notre musique, pas nous. Pour nous, “moderne” aurait suffi ; mais, en fait, il n'y a pas besoin de qualificatif, c'était de la musique, tout simplement. » Le batteur Max Roach marquera la même réticence : « Je trouve assez méprisant et condescendant d'avoir appelé notre style “be-bop”, mais nous l'avons accepté [...] Il serait normal que revienne aux créateurs le soin de baptiser leurs œuvres, ou de trouver un qualificatif à leur apport. C'est un moyen de garder en main les rênes de sa destinée. » Autre son de cloche plus revendicateur chez le grand poète Langston Hughes : « Le bop est issu de la police qui cogne sur la tête des Noirs. Chaque fois qu'un flic frappe un Noir avec sa matraque, ce sacré bâton dit : “Bop Bop ! Be-bop !” » Et Dizzy Gillespie de résumer, en quelques mots bien sentis, le message que le bop veut transmettre aux Noirs : « Magnez-vous le cul, sortez-vous de ce merdier ! » Avant de donner une explication plus précise, et certainement plausible : « Le be-bop ? Mais c'est le public qui le nomma ainsi. Nous jouions alors à l'Onyx, dans la 52ᵉ Rue. Nous n'avions pas encore trouvé de titres pour nos nouveaux morceaux.

Au lieu de “tra la la” ou de “tra la la la”, nous avions ainsi un morceau dont les deux premières mesures étaient suggérées par “bebop”. Lorsque les clients nous demandaient le titre, nous leur répondions : “be-bop”. Ainsi les familiers de la 52e Rue commencèrent à appeler nos morceaux “be-bop”. » Une explication que semblent confirmer les souvenirs d’Ella Fitzgerald : « Quand les musiciens allaient *jammer* quelque part après le concert, je suivais Dizzy parce que je voulais l’entendre jouer son be-bop, et c’est comme ça que je me suis mise à ce qu’on appelle maintenant le bop. Il me disait toujours : “Allez, viens au micro chanter avec les copains…” C’est lui qui a fait mon éducation. On chantait *Ooo-bop-sha-bam-a-look-a-mop,* un des premiers thèmes dont je me rappelle, et aussi *She-bop-a-da-ool-ya, She-bop-a-da-ool-ya-coo.* Je trouvais ça fascinant. Quand j’ai senti que je pouvais chanter dans ce style, j’ai eu l’impression d’être vraiment dans le coup. »

Le grand chambardement

Né en dehors des schémas courants de l’industrie du spectacle et à l’extérieur des cadres établis par le swing institutionnel, le bebop couve donc essentiellement dans la moiteur obscure des clubs new-yorkais et mûrit à l’abri de toute exposition discographique qui pourrait en dénaturer l’esprit. Un peu dans ce même élan festif et communautaire des monstrueuses *rent parties,* qui échauffèrent, dès les années 20, les immeubles harlémites, le be-bop est une affaire de noctambules, de marginaux, de provocateurs, de jeunes musiciens exaltés et imaginatifs dont les excentricités, tout au moins au début du mouvement, ont parfois masqué les apports savants, complexes et subtils de leur art.

Les aspects les plus visibles et immédiats – donc plus anecdotiques – du bop sont avant tout les manifestations comportementales de ses protagonistes. Une mode vestimentaire très codée, des rites particuliers et un langage hermétique, voire ésotérique, s’installeront rapidement dans le milieu pour cultiver une certaine différence et entretenir la marginalisation. Les tenues extravagantes du trompettiste Dizzy Gillespie vont contribuer à lancer une mode que s'empresseront de suivre tous les jeunes musiciens des années 40 : veston ample, pantalon large rétréci à la cheville, grosses lunettes rondes cerclées d'écaille, béret basque, barbiche à l'impériale ou mouche sous la lèvre inférieure. Les disciples de ces nouveaux maîtres poussent le mimétisme jusqu'à se laisser pousser une barbiche ou une mouche pour acquérir la sonorité de Gillespie. L'identification prendra des dimensions alarmantes lorsque certains saxophonistes auront recours aux drogues dures pour tenter d'atteindre les sphères de Charlie Parker, dont la réputation de toxicomane défraie autant la chronique que son génie mystérieux. À cet égard, il faut préciser que Parker lui-même démentira toujours la relation de cause à effet entre l'emploi de drogue et la qualité de la création musicale. Il découragera aussi les jeunes prêts à le suivre dans cette voie périlleuse, déclarant lors d'une période de rémission : « Tout musicien qui prétend jouer mieux lorsqu'il a consommé de l'herbe, lorsqu'il s'est piqué ou soûlé à mort est un menteur. Lorsque j'ai trop éclusé, je n'arrive même plus à faire bouger mes doigts, et encore moins à aligner des idées décentes. Et au temps où je me droguais, je croyais peut-être que je jouais mieux, mais quand j'écoute certains de mes disques, je sais que c'est faux. »

Pour se démarquer plus nettement du monde blanc, mais également de la bourgeoisie noire, les boppers vont utiliser des expressions argotiques et un langage extrêmement codé. C'est aussi une façon de se décaler par rapport au *jive,* déjà pratiqué par leurs aînés du courant *mainstream.* Le milieu musical a toujours engendré une langue particulièrement riche, colorée, faite d'allusions, d'extrapolations et de signes de ralliement, mais les boppers vont la transformer à tel point que certains interprètes du middle jazz vont se retrouver exclus des nouveaux codes linguistiques. Il faut désormais être *hip**, dans le coup, branché et non conformiste, en opposition au *square** qui, lui, respecte les conventions et les valeurs dominantes. En outre, le *hipster* accompagnera le plus souvent son langage elliptique d'une attitude volontairement détachée, d'une gestuelle un peu distante, un tantinet méprisante et pleine de sang-froid, pour renforcer son image d'homme flegmatique, maître de ses émotions, au dessus des contingences et apte à transcender l'abjection du monde environnant.

Mais, bien au-delà de ces signes extérieurs, le be-bop est avant tout un renouvellement radical de l'idiome musical. Une révolution majeure, toute entière contenue en ces quelques mots de Dizzy Gillespie : « Le trait le plus important de notre musique était bien entendu le style ; l'enchaînement, l'articulation des notes, le phrasé, et une conception nouvelle tant sur le plan harmonique que rythmique. C'est fondamental. Jouées différemment, les mêmes notes ne contiennent plus le même message, et ce n'est plus du be-bop. »

Évidemment, ces divers éléments s'imbriquent de façon parfaitement homogène et l'on risque souvent d'en donner une idée désincarnée, à trop dissocier ces composantes et à les analyser d'une manière clinique. Cependant, il convient de souligner en premier lieu toute l'importance de la conception rythmique des boppers. Contrairement au swing, qui, malgré des nuances et des différences de pulsation entre les orchestres, marque toujours avec régularité les quatre temps de la mesure, le be-bop s'attachera à bousculer cette conception en désarticulant les ponctuations et en répartissant différemment les rôles au sein de la section rythmique. En règle générale, le batteur ne se contente plus d'assurer le battement régulier du *four beat,* il préfère marquer systématiquement les accents syncopés à la grosse caisse tout en soulignant et stimulant la ligne mélodique sur la caisse claire, au point d'infléchir souvent le discours du soliste en anticipant, en répondant, en orientant et en suivant la voix *lead** du bout des baguettes. Le seul élément de continuité qui maintient le tempo contre vents et marées est la grande cymbale *(ride),* dont le scintillement tonique enveloppe inexorablement le travail des fûts. À ses côtés, le contrebassiste garde sa fonction métronomique et assure un tempo soutenu sans perdre la qualité du volume sonore. Le bop nécessite la présence d'un bassiste à la fois souple et vigoureux, capable d'autorité rythmique mais aussi d'intuition harmonique et de vélocité, compte tenu de la rapidité d'exécution de nombreux thèmes. Le rôle du pianiste va aussi se modifier sensiblement. Loin de la « pompe » habituellement utilisée en swing, il préfère plaquer, sur le premier temps de la mesure, un accord basique souvent très élaboré et sophistiqué, auquel répondent des accords en syncopes qui élargissent la palette harmonique et se mêlent à l'improvisation du soliste. La place occupée d'habitude par la guitare rythmique, qui jusqu'ici a inexorablement marqué les quatre temps, n'a plus de raison d'être. Trop calquée sur le jeu de piano ou incompatible avec les renversements d'accords du clavier, la guitare disparaît donc de la section, et seuls émergeront quelques guitaristes solistes qui mettront à profit l'électrification de l'instrument pour rivaliser avec la puissance des anches ou des cuivres.

Cette nouvelle conception rythmique ne naît pas du hasard. Le rythme alimente la mélodie et l'harmonie, autant qu'il se nourrit de ces deux éléments. L'un des apports fondamentaux du be-bop est assurément le stupéfiant bouleversement des grilles d'accords. Sans que jamais la continuité rythmique en pâtisse, les boppers ont revitalisé la structure harmonique des standards en y intégrant des accords de passage chargés d'enrichir le canevas et de retarder l'arrivée parfois trop attendue d'un accord. Une trouvaille à propos de laquelle Dizzy Gillespie s'explique simplement : « Tout ce mouvement a tendu vers une recherche et un approfondissement dans toutes les directions, la technique, les idées, les harmonies. Par exemple, au lieu de jouer sur un seul accord, on essayait d'en glisser deux, et pour passer de *si* bémol septième à *mi* bémol, on intercalait *si* mineur septième et *mi.* » Mais l'explication modeste de Dizzy occulte les chausse-trapes d'un tel procédé, qui nécessite toujours une parfaite connaissance des structures d'accords, ainsi qu'une maîtrise aboutie des montées et des descentes, diatoniques ou chromatiques*. La révolution du bop est avant tout l'œuvre d'instrumentistes cultivés qui se servent autant de la réflexion que de l'intuition, conciliant souvent un esprit spéculatif avec une connaissance sensitive. En ce sens, les propos de Charlie Parker sont révélateurs : « C'était en décembre 1939. Je commençais à en avoir assez des harmonies stéréotypées qu'on utilisait à l'époque, sempiternellement, et je ne cessais de me dire qu'il y avait sans doute autre chose à faire. Cette autre chose, je la sentais, je l'entendais, mais je ne pouvais arriver à la jouer. Bref, cette nuit-là, tandis que j'improvisais sur *Cherokee,* je m'aperçus qu'en me servant des superstructures des accords comme d'une ligne mélodique, et à condition de lui fournir un cadre harmonique convenable, je pouvais jouer le genre de musique que je pressentais. Ce fut comme si je renaissais. » Cette extension des accords aura des répercussions déterminantes. Auparavant, des pianistes tels que Tatum, Hines ou Ellington se sont risqués sur des accords de neuvième (*do-mi-sol-si* bémol-*ré*), mais les boppers iront plus loin dans l'accumulation de tierces superposées au-delà de l'octave. Le défrichage harmonique amènera souvent à un difficile déchiffrage d'accords de onzième ou de treizième, parfois eux-mêmes altérés en accords de onzième et de treizième augmentées ou mineures. Dans cette trame d'accords étendus, auxquels se mêlent également des accords de substitution qui jouent sur un déplacement des dominantes et des toniques, la mélodie se trouvera inévitablement modifiée. Ainsi reconstruits, rénovés et rafraîchis, les morceaux du répertoire traditionnel deviennent vite méconnaissables. L'enchaînement rapide, fluide et complexe des accords entraîne les improvisateurs à jouer des traits d'une rapidité fulgurante, en doublant ou triplant la cadence. Ainsi, le refus du confort esthétique, de la facilité et de la mièvrerie, la volonté d'éclater les logiques préexistantes vont créer des lignes mélodiques brusquement heurtées, des motifs aux découpes vives, des thèmes sous forme de riffs et des effets dissonants qui dérouteront souvent le public non musicien, soudain incapable de reconnaître le thème de départ. Dizzy Gillespie donne d'ailleurs quelques précisions sur ce sujet : « À partir de standards ou de succès populaires, notre démarche consistait à créer de nouvelles mélodies et des accords plus élaborés, ce qui nous faisait connaître les procédés des compositeurs par l'analyse de leurs morceaux [...] Dans la paraphrase d'un standard, nous ajoutions ou modifions tellement d'accords que l'auditeur moyen ne reconnaissait pas la mélodie initiale [...] Dans *Whispering,* au lieu du *mi* bémol et du *ré* septième respectifs de la première et deuxième mesure (dédoublées), on avait étoffé la seconde en *la* mineur, *mi* augmenté, *la* mineur septième et *ré* septième. Après quoi, j'ai composé *Groovin'High* sur ces accords plus élaborés [...] Il ne s'agissait nullement de plagiat. Quand on avait décidé de modifier les accords d'un de ces standards, il fallait bien créer une autre mélodie qui "collait" mieux. Et dans la mesure où le thème était nouveau, il était normal de le signer et de le déposer. C'est ce que nous faisions, et aucun éditeur ne nous a attaqués. » Une multitude de bluettes sont ainsi portées sur les fonts baptismaux de la 52ᵉ Rue pour y retrouver une seconde vie : *Cherokee* se métamorphose en *Koko, All The Things You Are* se transforme en *Bird of Paradise, Indiana* en *Donna Lee, Whispering* en *Groovin'High,* alors que *How High The Moon* devient *Ornithology,* et avec une pointe d'ironie, *Just You, Just Me* se change en *Evidence,* et *What Is This Thing Called Love* en *Hot House*…

Mais le procédé ne devient pas systématique pour autant. De nombreuses compositions originales naîtront sans avoir recours à la transformation sophistiquée des standards et les boppers se révéleront des compositeurs puissamment inspirés, créant des mélodies originales, richement volubiles, et ne craignant jamais d'entretenir des figures rythmiques risquées et périlleuses à exécuter. Cependant, si les traits caractéristiques du bop peuvent être ainsi répertoriés et mis en lumière, il n'en reste pas moins que cet art ne se fond pas dans un seul moule esthétique formel et s'enrichit avant tout des apports de chaque individualité. Les échanges, les longues discussions, les réflexions et les confrontations théoriques, les ateliers de mise en pratique au sein des clubs, les joutes libératrices, le partage des connaissances et la transmission des découvertes ont unifié un discours sans jamais occulter la singularité de chacun des acteurs. En bop, la médiocrité n'est pas de mise, et tout musicien accepté dans la communauté vient apporter, tailler et polir sa pierre pour participer à la construction de l'édifice.

To be or not to bop

« Les virtuoses eurent soudain la vedette et, du coup, tout le monde travaillait avec acharnement pour améliorer sa technique, car il n'y avait pas de place pour les débutants […] Comme il s'agissait surtout de petites formations, trios, quartettes, quintettes, le volume devenait un problème et il fallait travailler plus à fond l'ampleur et l'homogénéité du son. Il était également indispensable de donner une plus large place aux improvisations. Bref, autant de détails qui exigeaient des efforts personnels constants, que ce fût dans les clubs ou dans les studios d'enregistrement. » Cette déclaration de Max Roach reflète parfaitement l'atmosphère particulière du New York des années 40. Provocation, expérimentation et compétition sont les maîtres mots d'une génération de jeunes instrumentistes qui se préoccupent davantage d'acquérir leur notoriété auprès des autres musiciens, plutôt que de satisfaire quelques danseurs vite déroutés. Cependant, un jeune public attentif et averti adhérera dès la première heure, assez rapidement grossi par de nouveaux convertis, curieux d'assister aux joutes musclées qui voient s'affronter (ou plutôt se confronter) les meilleurs artisans du bop. Mais si la préoccupation essentielle des instrumentistes consiste à marquer les limites d'un territoire musical que seuls quelques disciples acharnés pourront franchir, il faut préciser que les joutes du Monroe's, du Minton's et autre clubs, vont au-delà du simple affrontement. Il s'agit avant tout d'un acte de partage où l'on s'oppose côte à côte plutôt que face-à-face. La communion d'esprit prédomine et celui qui parvient à vaincre ses compagnons au bout d'une série de chorus dont la virulence et l'invention ont laissé tout le monde ébahi, celui-là même obtiendra le respect sans toutefois en tirer une gloire trop ostentatoire, car il sait qu'il se trouvera demain un autre musicien pour le mettre en danger et le pousser dans ses retranchements. Les souvenirs de Miles Davis en témoignent : « Autrefois, tous les grands trompettistes comme Fat Girl (Navarro), Dizzy et nous tous, on faisait le bœuf. Mais ces temps-là sont révolus, nous avons changé d'époque. Oui, nous rivalisions, mais nous nous connaissions, et il y avait beaucoup d'amour entre nous. Même cette fois où Kenny Dorham était venu au Café Bohemia, m'avait balayé le premier soir et s'était fait liquider le second. Il y avait beaucoup de respect et d'amour dans ces compétitions. »

Loin de communiquer en vase clos, les boppers acceptent en leur sein les représentants de l'ancienne génération, et il n'est pas rare d'assister à des *jams sessions* où Coleman Hawkins, Roy Eldridge et Lester Young viennent jouer avec les jeunes Charlie Parker et Dizzy Gillespie. Même si Kenny Clarke n'a pas caché plus tard certaines complicités en avouant que « pour décourager les bœufeurs éventuels on montait des thèmes bizarres, par exemple on jouait les deux couplets de *I Got Rhyhm* mais on empruntait le pont* à *Honeysuckle Rose,* et les mecs de l'époque swing se plantaient à tous les coups et devaient s'arrêter», il faut cependant rappeler que l'expérience des anciens et les expérimentations des nouveaux venus font souvent bon ménage et s'échangent, malgré quelques susceptibilités froissées et quelques heurts compréhensibles. Ainsi la légendaire «haine cordiale» entre Roy Eldridge et le jeune Gillespie, racontée plus tard par Dizzy lui-même : «Il m'arrivait de le croiser devant le Three Deuces et de lui dire : "Salut, Roy !". Mais il faisait semblant de ne pas m'entendre. Il m'ignorait, et pourtant tous les jeunes trompettistes essayaient déjà de jouer comme moi, pas comme lui. Roy Eldridge a l'esprit de compétition le plus acharné que j'aie jamais rencontré. S'il embouche sa trompette en présence d'un confrère dans une *jam,* il faut qu'il essaie de l'écraser à tout prix. Moi, je n'ai jamais agi ainsi. Je jouais. Je jouais comme je le sentais, c'est tout. Dans ces *jams,* tout le monde transpirait, se donnait à fond, moi le premier, mais jamais avec l'idée de scier quelqu'un. Roy, lui, venait dans un club et nous voyait sur le podium en train de *jammer* civilement entre nous, les trompettistes de la jeune génération. Depuis l'entrée de la salle, il embouchait son biniou et soufflait un contre *si* bémol, enchaînait sur un chorus en avançant vers l'estrade, et tous les regards se tournaient vers lui. Voilà, ça c'était Roy. Il montait sur scène en jouant et en interrompant n'importe qui.»

Le producteur Norman Granz saura mettre à profit le fossé des générations, sans chercher à le combler, mais plutôt en avivant certaines aspérités. Malgré ses grandes qualités de rassembleur, ses nombreuses réalisations discographiques et son absence de préjugés raciaux, cet homme réellement passionné par la musique, féru de jazz *mainstream* mais ouvert au be-bop, organisera les fameux concerts du JATP (*Jazz At The Philharmonic,* du nom du Philharmonic Auditorium de Los Angeles, où eut lieu la première représentation) qui consistaient à monter de toutes pièces des rencontres de musiciens d'horizons différents pour qu'ils s'affrontent dans l'esprit des *jam sessions.* Si, dès 1944, les tournées du JATP ont largement aidé à la reconnaissance des solistes bop, elles auront aussi le défaut de trop insister sur la dichotomie stylistique entre les participants, d'exacerber le côté spectaculaire des chorus lors de longues et brûlantes échauffourées. Autant de complaisances que l'on retrouve dans les documents enregistrés lors de ces nombreuses prestations du JATP, mais qui peuvent bien entendu donner un aperçu des bouillonnements de l'époque.

Cette lutte entre anciens et modernes – cas de figure ordinaire dès qu'apparaît un nouveau mouvement – prend parfois des allures de règlements de comptes, de violentes scissions et de cabales vengeresses à l'intérieur des organes de presse spécialisés. Si les musiciens s'accommodent plus ou moins de ce nouvel état des lieux et vivent cette révolution avec une passion suffisamment distanciée ; les journalistes, quant à eux, rentreront de plain-pied dans une bataille d'articles assassins. Une situation rappelée sans ménagement par Miles Davis : « Une poignée de critiques musicaux blancs, dont Leonard Feather et Barry Ulanov, corédacteurs en chef du magazine musical *Metronome,* comprirent ce que représentait le bebop, l'aimèrent et écrivirent de bonnes choses. Mais les autres enfoirés de critiques blancs avaient horreur de ce que nous faisions. Ils ne comprenaient pas la musique. Ils ne comprenaient pas les musiciens, ils les haïssaient. » Ce schisme sera particulièrement illustré en France par une mémorable (et durable) « bataille d'Hernani » qui secouera les rédactions, opposant l'humour frondeur et l'écriture boppisante de Boris Vian, chroniqueur dans les colonnes de *Jazz Hot,* à l'intolérance amère d'Hugues Panassié, pontife sectaire et passéiste du *Bulletin du Hot Club de France.*

Contre vents et marées, le be-bop balaiera les *a priori,* prendra peu à peu ses marques dans le paysage du jazz et gagnera un public plus large, grâce au soutien infaillible d'intellectuels avisés, d'initiés inconditionnels et de mécènes éclairés. Parmi ceux-là, la baronne Pannonica de Kœnigswarter s'illustre particulièrement par son dévouement et son courage. Née Rothschild et épouse d'un diplomate français en poste à New York, cette femme de goût, intelligente, élégante et d'une rare discrétion, apportera un soutien infatigable aux musiciens dont elle devient l'amie. Luttant à leurs côtés, prenant fait et cause contre la ségrégation, ne ménageant ni son temps ni sa fortune lorsque Thelonious Monk et Art Blakey eurent affaire à la justice, protégeant Charlie Parker dans les moments les plus pénibles, hébergeant Barry Harris ou Bud Powell, la très distinguée Nica de Kœnigswarter fait partie de ces personnages de l'ombre qui, jusqu'aux derniers jours, ont passé leur vie à aider les créateurs noirs de l'après-guerre, que les préjugés de la société américaine n'ont pas épargnés.

La vie d'un musicien nous éclaire souvent davantage sur la gestation et l'évolution de sa musique. Ce n'est jamais aussi vrai que pour les héros du be-bop dont les trajectoires sont souvent le reflet d'existences tour à tour chaotiques et victorieuses, et dont les fils s'entremêlent de façon parfois inextricable. À travers les vicissitudes de Charlie Parker, les combats de Dizzy Gillespie, les errements de Bud Powell, les rigueurs fantaisistes de Thelonious Monk, les orages de Kenny Clarke, les rébellions de Max Roach, les urgences de Clifford Brown, les drames de Fats Navarro, et les tribulations de tant d'autres, nous tenterons de dérouler le vaste panorama d'un mouvement musical qui s'étendra bien au-delà des années 40, et après lequel rien ne sera plus jamais comme avant.

Au risque de surprendre, trois immenses personnalités émergées avec l'avènement du be-bop n'apparaîtront pas dans les notices biographiques suivantes, pour mieux se révéler dans les chapitres à venir. Il s'agit du batteur Art Blakey, mentor du hard-bop et grand découvreur de talents, du trompettiste Miles Davis, dont les débuts sont certes indissociables du bop, mais que l'on verra littéralement « imploser » à l'aube des années 50. Quant au contrebassiste Charles Mingus, sa trajectoire kaléidoscopique et mouvementée le situe parmi « les inclassables », aux côtés d'autres hommes singuliers tels que George Russell et John Coltrane, qui eux-mêmes ne sont pas totalement étrangers à l'univers du bop.

Charlie Parker : l'oiseau rare

S'il était possible d'adopter un ton léger et virevoltant, on pourrait dire que Charles Christopher Parker sort de l'œuf à Kansas City le 29 août 1920, et qu'après avoir gazouillé ses premiers chorus au sein des meilleurs orchestres de la ville, dont celui de Jay McShann, il quitte rapidement le nid familial et part voler de ses propres ailes à New York. Mais la réalité doit se lire autrement et il nous faut bien constater que, dès l'adolescence, Charlie Parker a rencontré de nombreux problèmes dont certains le poursuivront toute sa vie. Élevé par sa mère dans le ghetto de Kansas City, à quelques pas du Reno Club, il se passionne très tôt pour les *jams sessions* qui embrasent la ville. Kansas City est alors le haut lieu des cabarets, honky-tonks, dancings, saloons et autre night-clubs où une faune musicale s'affronte jusqu'à l'aube avec l'assentiment de la pègre locale, chapeautée par le puissant Tom Pendergast. Le jeune Charlie Parker est précoce et, malgré ses culottes courtes, il paraît déjà plus vieux que son âge. Mais il doit cependant se contenter de fréquenter ses héros de loin et de les entendre souvent sur le pas de la porte. Parmi eux se trouve Lester Young, entouré par les membres du Count Basie Orchestra, que Charlie ne se lasse pas d'entendre et d'observer. Alors qu'il n'a que treize ans, sa mère dépense ses quelques sous d'économies pour lui offrir un saxophone alto d'occasion. Il embouche l'instrument et se jette à l'eau avec une généreuse inconscience en fréquentant des orchestres de collégiens et des petits groupes locaux. À cette même époque, la consommation de marijuana et d'alcool ainsi que les inhalations de benzédrine lui deviennent familières. Le garçon quitte l'école à quatorze ans et prétend en avoir dix-huit pour pouvoir s'inscrire au syndicat des musiciens. Les débuts ne sont pas brillants, il tente de participer à une *jam session* au Hi-Hat Club mais il doit repartir honteux sous les quolibets de la salle et des musiciens. «J'avais appris les huit premières mesures de *Lazy River* et je connaissais *Honeysuckle Rose* en entier. Je ne me suis jamais arrêté pour penser à un autre type de tonalité ou quoi que ce soit du genre… Ils ont commencé à jouer *Body And Soul,* et moi, je me suis lancé dans ma version de *Honeysuckle Rose* et ils m'ont chassé de la scène; ils riaient tellement que j'ai dû quitter le club.» Au printemps 1937, lors d'une *jam session* au Reno, il s'empêtre dans un enchaînement harmonique, reçoit à ses pieds une cymbale que l'intraitable Jo Jones lui a envoyée avec fracas et, de nouveau, le jeune Charlie est la risée de l'orchestre et de l'auditoire. Blessé dans son orgueil, Charlie Parker étudie seul ou profite des conseils de quelques musiciens locaux. Avec acharnement, il apprend les gammes, les tonalités et les accords, essaie d'améliorer sa sonorité en utilisant des anches toujours plus dures et s'entraîne à reproduire par cœur les chorus enregistrés par Lester Young. Après une tournée d'été en 1937, au sein d'un orchestre de danse mené par le chanteur George E. Lee, il obtient un engagement dans le septette de Jay McShann. Mais bientôt les orchestres de la ville pâtissent du déclin de la mafia politique de Kansas City et trouvent de moins en moins de clubs pour les accueillir. Charlie Parker, qui s'est marié l'année précédente et a déjà un fils, décide de tenter sa chance plus au nord. Il met son saxophone en gage (une pratique qu'il répétera tout le long de sa vie) et embarque clandestinement dans un train de marchandises à destination de Chicago. Là, il se fait prêter un instrument, participe à quelques *jams* où il impressionne ses partenaires, comme en témoignent les propos du chanteur Billy Eckstine : « Ce gars était incroyable, il faisait sortir l'enfer de son instrument. » Mais Charlie Parker disparaît soudain de Chicago et resurgit peu après à New York. Le règlement du syndicat des musiciens veut qu'un nouveau venu attende six mois avant de transférer son affiliation au bureau de New York. Charlie trouve un emploi de plongeur au Jimmy's Chicken Shack. Ce sera le seul travail non musical de sa vie, mais la place est une des plus stratégiques de la ville. Le pianiste Art Tatum est l'attraction vedette du restaurant et, depuis les cuisines, le jeune Charlie peut profiter des stupéfiantes cascades du maître, dont le contact quotidien ne sera pas sans laisser quelques traces capitales. De retour à Kansas City, à la fin de l'année 1939, pour assister aux funérailles de son père, qu'il a d'ailleurs fort peu connu, Charlie Parker joue quelques semaines dans la formation d'Harlan Leonard, puis il se fait engager par Jay McShann, qui monte un nouvel orchestre. Pendant deux ans, Charlie mène la section des anches, écrit quelques compositions, tourne dans les États du Sud et grave ses premiers solos dans un studio de Dallas en avril 1941. Désormais baptisé *Yardbird* (Volaille de basse-cour, mais aussi "bleusaille" dans l'argot militaire), un surnom peut-être dû à son goût immodéré pour le poulet ou tout simplement à cause de sa condition de plus jeune membre du groupe, Charlie Parker profite largement des débuts triomphants du Jay McShann Orchestra à New York, notamment au Savoy Ballroom. Il mène désormais une double vie : l'une dans l'environnement plus formel de McShann, l'autre dans les *jam sessions* de Harlem. Dès 1942, il participe aux nuits du Monroe's ou du Minton's, et ne s'accorde aucun repos pour se confronter aux musiciens new-yorkais. Faute de repas réguliers et de sommeil, il compense en se retranchant davantage dans la drogue, et sa santé s'en trouve sensiblement altérée. Cependant, sa résistance physique, bien au dessus de la moyenne, lui permet une singulière tolérance à l'usage massif d'héroïne et à l'absorption conjuguée d'alcool. Errant dans New York, sans domicile fixe, ni argent, il survit grâce au soutien des musiciens du Minton's qui restent tous stupéfaits et admiratifs devant les chorus fracassants de cet altiste venu du Missouri et pourtant si proche de leurs préoccupations. Charlie Parker se lie d'amitié avec le pianiste Thelonious Monk, le trompettiste Dizzy Gillespie et le batteur Kenny Clarke. Ce dernier n'oubliera jamais ses impressions à la première écoute de celui que tous appellent désormais *Bird* (oiseau), une version moins péjorative et surtout plus aérienne que *Yardbird :* « Bird jouait des choses que je n'avais jamais entendues. Il suivait des schémas rythmiques que moi j'avais découverts à la batterie. Il avait deux fois plus de virtuosité que Lester mais surtout abordait tout un univers harmonique dans lequel Lester n'avait jamais fait d'incursion. Bird suivait en fait le même chemin que nous, mais il nous précédait déjà de quelques longueurs. » La communauté musicale est en émoi et partage une admiration mêlée d'effroi, un respect quelque peu tétanisé devant ce nouvel oiseau tombé du ciel ou d'on ne sait où, que l'on vient écouter avec une dévotion qui touche rapidement au culte divin. Charlie Parker est beaucoup plus qu'un nouveau héros du jazz, il apparaît auréolé d'une gloire prophétique. Sonorité tellurique, articulation implacable, développements mélodiques complexes, vélocité ahurissante, le Bird fait figure d'extra-terrestre.

En 1943, Charlie Parker est engagé dans l'orchestre d'Earl Hines en qualité de… ténor. Au sein des pupitres se trouvent quelques jeunes représentants modernistes tels que Benny Harris (tp), Shorty McDonnel (tp), Gail Brockman (tp) ou Benny Green (tb), mais aussi les vocalistes Billy Eckstine et Sarah Vaughan. Le Bird y restera assez peu de temps mais durant cette période, son amitié et sa connivence fraternelle avec Dizzy Gillespie se renforceront. Ils passent leur temps libre à échanger leurs idées et leurs méthodes de travail, à exercer leur virtuosité sur des phrases toujours plus audacieuses. La complicité entre les deux hommes devient vite proverbiale. Cependant, l'attitude de Parker est pour le moins fantasque. Peu motivé par le travail orchestral, la place résiduelle laissée aux solos et ses fonctions de ténor, il s'absente souvent, s'endort parfois sur scène et finit par quitter une formation où les salaires sont indigents et l'atmosphère peu à peu minée par les luttes intestines entre modernes et anciens, ainsi que par les défections d'Eckstine, Vaughan et Gillespie. Lorsque l'année suivante, Billy Eckstine a l'opportunité de monter son propre orchestre, il fait appel à Dizzy pour s'occuper de la direction musicale et Parker est contacté pour mener la section de saxophones. Entre-temps, Charlie a traîné quelques semaines à Chicago avec le pianiste Sir Charles Thompson et la formation « vieux style » de Noble Sissle. Essentiellement composé de boppers voués aux conceptions progressistes, le grand orchestre de Billy Eckstine est une aubaine. On y croise des transfuges de chez Earl Hines, dont la rayonnante Sarah Vaughan, mais aussi le tout jeune Miles Davis (tp) en remplacement de Buddy Anderson (tp). Néanmoins, au bout de quelques mois, lassé par le travail de section et désorienté par une dépendance à la drogue qui le rend toujours plus instable et imprévisible, Charlie Parker s'en va jouer dans la 52e Rue, où il travaille tout d'abord avec Tiny Grimes (g) et Clyde Hart (p), avant de s'associer avec Dizzy Gillespie, venu le rejoindre au Three Deuces au début de l'année 1945. Le tandem devient l'attraction la plus recherchée et controversée de La Rue, les tempos hallucinants de rapidité, les traits cinglants et les flamboiements harmoniques de leurs solos défraient les chroniques des revues musicales (le plus souvent assassines et rarement clairvoyantes). Ils entrent en studio au mois de février pour graver *Groovin'High, All The Things You Are, Dizzy Atmosphere,* accompagnés par une rythmique encore sagement traditionnelle avec Clyde Hart (p), Remo Palmieri (g), Slam Stewart (b), Cozy Cole (dms). La première séance d'importance historique aura lieu le 15 mai, avec Al Haig (p), Curley Russell (b) et Sid Catlett (dms), offrant *Hot House* et *Salt Peanuts,* deux titres emblématiques de la nouvelle ère. Malgré la présence d'un batteur étranger à l'idiome du bop, Parker et Gillespie posent les bases discographiques de leur mouvement. Ce jour-là, deux titres sont également enregistrés derrière Sarah Vaughan : *Shaw Nuff* et un superbe *Lover Man.* Dès lors, Charlie Parker va offrir au courant bop plusieurs disques majeurs. À commencer par la somptueuse séance du 26 novembre où sont gravés *Now's The Time, Billie's Bounce* et *Koko,* avec Max Roach à la batterie. Au mois de décembre 1945, le quintette Parker-Gillespie, avec Al Haig (p), Stan Levey (dms), Ray Brown (b), augmenté du vibraphoniste Milt Jackson, prend la route de la côte ouest et va tenter de convaincre le public de Los Angeles. Au bout d'une semaine, le saxophoniste Lucky Thompson est engagé par le patron du club pour pallier les absences et les frasques irresponsables du Bird. Les ambassadeurs du bop new-yorkais sont plus ou moins bien accueillis mais les musiciens locaux sont curieux et enthousiastes. Les concerts sont diffusés à la radio, Parker enregistre pour la marque Dial et se produit également dans les premiers JATP de Norman Granz où il retrouve et affronte l'idole de sa jeunesse : Lester Young. Parker est de plus en plus accroché à l'héroïne, son comportement est souvent incohérent et sa santé se dégrade progressivement. Lorsque le groupe décide de repartir pour New York, Bird n'est pas au rendez-vous à l'aéroport. Il a revendu son billet d'avion pour s'approvisionner en drogue et se retrouve seul en Californie, sans travail et sans argent. Il décroche des contrats en club et grave encore quelques faces (notamment avec les trompettistes Miles Davis et Howard McGhee), mais il perd le contrôle de la situation, sombre davantage dans la drogue et dans l'alcool. Après avoir mis le feu à sa chambre d'hôtel, il est durement arrêté par la police et se retrouve finalement interné pendant six mois à l'hôpital psychiatrique de Camarillo. Il en sort en février 1947, reposé et relativement serein, tout à la fois soulagé et anxieux à l'idée de recommencer à jouer. Il participe donc à une *session** d'adieu pour la marque Dial et rejoint la côte est où, durant son absence, Dizzy Gillespie est devenu une importante vedette. Charlie Parker compte bien retrouver sa place parmi l'élite, celle qu'il mérite et qu'il sait être la sienne. Il s'installe au Three Deuces avec Miles Davis (tp), Max Roach (dms), Tommy Potter (b) et Duke Jordan (p). Le lieu devient vite un point de ralliement pour tous les hipsters new-yorkais et l'envergure de Bird se déploie d'autant plus largement que les séances d'enregistrement des années 1947-1948 sont d'un niveau exceptionnel. Parker est entouré de musiciens réguliers tels que les pianistes Duke Jordan, John Lewis et Bud Powell, les contrebassistes Tommy Potter, Nelson Boyd ou Curley Russell, ainsi que des deux jeunes piliers sur lesquels il peut s'appuyer avec assurance : l'éblouissant Max Roach et le pertinent Miles Davis, qui déclare à cette même époque : « Avec Bird, on a toujours l'impression de mesurer trente centimètres ! ». L'art de Parker est alors à son apogée, les solos fusent à une allure vertigineuse, l'élocution est ponctuée de silences brefs pour mieux relancer des flambées de notes enchaînées d'une seule traite, édifiée avec une exceptionnelle maîtrise des accords de passage, des extensions de tonalité, des oppositions entre diatonisme et chromatisme, des ruptures mélodiques et des frottements harmoniques, aussi aisée sur les tempos ultra rapides que sur les ballades tranquilles puisées dans le terroir du blues. Si la construction du discours est incomparable, fondée sur une mobilité et un sens des contrastes sans commune mesure, une puissance d'inspiration tumultueuse et une respiration tendue, la sonorité est en revanche exempte de toutes flatteries et de chatoiements racoleurs, s'attachant à resserrer l'émission, à contraindre le vibrato et à travailler une coloration ascétique, souvent d'une pureté inquiétante, au seul service de la tension dramatique.

Malheureusement, le génie visionnaire et la gloire enfin unanimement reconnue de l'Oiseau sont entachés de nombreux problèmes humains, toujours liés à l'absorption suicidaire de drogues dures. Le comportement de Charlie Parker est chaque jour plus incohérent, provocateur, capricieux, difficilement supportable pour ses amis musiciens parmi lesquels certains (Max Roach, Miles Davis) ne tarderont pas, après avoir connu quelques difficiles prises de bec, à voler de leurs propres ailes. L'année 1949 sera cependant une année faste. Invité au Festival de Paris, Parker y est accueilli chaleureusement et envisage même de s'installer quelque temps en France pour s'y ressourcer, la revue *Metronome* le sacre dans son référendum et, en décembre, il inaugure un nouveau club de New York : le Birdland, baptisé ainsi en son honneur. Sous la férule du producteur Norman Granz, Charlie Parker va orienter sa carrière vers des tentatives discographiques plus « commerciales », sans que sa singularité en soit toutefois modifiée ou édulcorée. Il enregistrera plusieurs fois avec des ensembles à cordes, mais aussi avec l'orchestre afro-cubain du percussionniste Machito, retrouvera en studio ses vieux complices Thelonious Monk et Dizzy Gillespie, tournera dans les États du Sud avec Red Rodney (tp) et Roy Haynes (dms), avant de se rendre en Scandinavie pour quelques concerts mémorables dont il reviendra cependant usé, en raison de graves ulcères avivés par l'abus d'alcool et de drogues. Sempiternel chaos qui le conduit à l'hôpital sur les recommandations de son médecin, qui ne lui donne pourtant que peu de temps à vivre. Mais la constitution physique de Parker semble presque surhumaine, il se relève une fois encore du désastre et repart sur la route avec un orchestre à cordes dont les arrangements formalistes marquent les limites d'une telle formule, souvent peu propice aux débordements improvisés. Désormais, Bird va poursuivre son vol de détresse sous des cieux sombres et chargés de menaces. Sa carte de travail lui est retirée pour comportement instable et consommation illégale de stupéfiants, son compagnon Red Rodney (tp) est arrêté pour détention de drogue et sa petite fille Pree, née d'un troisième mariage, meurt à l'âge de deux ans. Sur tous les plans, professionnels et personnels, Parker est désemparé. Il ne bénéficie plus du soutien d'un agent régulier, il survit à peine entre des engagements éphémères en clubs et des séances épisodiques, entre des courtes périodes de rémission et des plongées en abîme pathétiques qui le déstabilisent davantage et terrorisent son entourage. Il est conscient que sa réputation de toxicomane supplante maintenant son prestige musical : « Les gens qui viennent prétendument pour m'entendre ne sont là que pour voir l'un des plus célèbres drogués du monde. » Entré de son vivant dans la légende, il vivra ses derniers mois dans un sentiment d'échec, d'amertume et de perdition. Malgré des retrouvailles exceptionnelles en mais 1953, au Massey Hall de Toronto, avec son compère Dizzy Gillespie, mais aussi Bud Powell (p), Max Roach (dms) et Charles Mingus (b), il erre entre la côte ouest, Boston, Chicago, Philadelphie et New York dans des emplois éphémères où son attitude désordonnée, ses frasques et ses absences inexpliquées l'éloignent irrémédiablement des réalités du métier. En septembre 1954, il tente de se suicider en avalant de l'iode et il est admis au Bellevue Hospital. Lorsqu'il en ressort, son désir d'autodestruction reste le même : « Vous ne voulez pas que je me tue, mais, quoi que vous puissiez faire, il faut que je disparaisse. » Il n'a pas encore trente-cinq ans et en paraît le double. Son dernier concert aura lieu au Birdland, début mars 1955, avec un quintette composé de Kenny Dorham (tp), Bud Powell (p), Art Blakey (dms) et Charles Mingus (b) ; mais la soirée se solde par une altercation pitoyable avec le pianiste, dont l'état de délabrement physique et psychique n'a rien à envier au désarroi du saxophoniste. Complètement laminé et au bout de l'épuisement, Parker va trouver un ultime asile chez son amie, la baronne Nica de Kœnigswater. Il refuse d'être hospitalisé et, le 12 mars 1955, il succombe à une hémorragie en regardant un show de Tommy Dorsey à la télévision. Nica déclarera : « À l'instant même où il mourait, il y eut un coup de tonnerre assourdissant. Je n'y ai pas fait très attention sur le moment, mais j'y ai souvent repensé depuis. C'était vraiment étrange. » L'annonce du décès ébranla fortement toute la communauté musicale, qui, sur l'initiative de Dizzy Gillespie terriblement meurtri, se cotisa pour enterrer dignement le Bird. Pour mieux masquer son chagrin, Charles Mingus réagit avec une virulente amertume qui, aujourd'hui encore, garde son poids de vérité : « Eh bien, maintenant, tous les musiciens du Birdland seront obligés d'imiter quelqu'un d'autre. » Quant à Miles Davis, son commentaire fut aussi laconique que douloureusement pudique : « Sans Bird, New York n'est plus New York. »

Oiseau de feu, oiseau de nuit, oiseau rare, Charlie Parker s'est toujours envolé au-dessus de la mêlée. Mythe et martyr, Bird est souvent considéré comme le plus grand improvisateur de toute l'histoire du jazz. Mais souscrire à une telle affirmation serait faire peu de cas de Louis Armstrong, Lester Young, Dizzy Gillespie et d'autres grands solistes des générations postérieures tels Miles Davis ou John Coltrane. Il est toutefois indéniable que l'onde de choc parkérienne continue de produire ses effets bien au-delà de l'époque be-bop, tout comme ses compositions *(Donna Lee, Billie's Bounce, Scrapple From The Apple, Relaxin'At Camarillo, Yardbird Suite,*

Confirmation...) figurent parmi les pièces emblématiques d'une modernité éternellement vive, intacte et jamais dépassée.

Dizzy Gillespie : le trapéziste

John Birks Gillespie voit le jour le 21 octobre 1917 dans une famille modeste de Caroline du Sud. Très tôt, il s'intéresse à la musique en essayant tous les instruments qu'une société musicale a entreposés dans le grenier familial. Mais il apprend aussi à connaître la discrimination raciale et toutes les humiliations que rencontre un Noir dans les États du Sud. L'adolescent comprend vite qu'il lui faudra parfois emprunter des chemins parallèles : « Je me souviens qu'une fois, en sortant d'un café où je m'étais arrêté pour manger, un Blanc m'attendait un pistolet à la main. "Dis donc, sale Nègre, tu sais danser ?". Et comme je ne répondais pas, il a tiré par terre près de mes pieds. » En 1933, lorsqu'on lui offre la possibilité d'étudier à l'Institut de Laurinburg, il ne laisse pas passer sa chance et travaille très sérieusement la trompette, l'harmonie et la théorie musicale. Après quelques engagements de courte durée à Philadelphie, il entre en 1937 dans le grand orchestre de Teddy Hill, qui dira plus tard : « Certains de mes musiciens ont menacé de me quitter si je prenais le fou avec moi. Le fou, c'était le jeune Gillespie, qui, en dépit de ses excentricités et de ses plaisanteries continuelles, était le musicien le plus sérieux et le plus sûr de tout l'orchestre. » Car cette réputation d'extravagant et de fantaisiste le précède déjà (et le suivra souvent). Désormais John Birks s'appelera « Dizzy » : le farfelu, l'étourdi, le vertigineux. Après une tournée européenne avec la formation de Teddy Hill, qui le conduira jusqu'au Moulin-Rouge de Paris, il va s'installer dans les pupitres de Cab Calloway. De 1939 à 1941, il tâche de se plier à la discipline du big band jusqu'au jour où il est renvoyé pour avoir lancé des boulettes de papier sur le chef pendant un concert. Mais la véritable cause de son licenciement semble plutôt ses audaces harmoniques, que Calloway qualifie, sans aucun discernement, de « notes chinoises ». L'année suivante, le turbulent Gillespie va se retrouver dans les rangs de la formation d'Earl Hines aux côtés de

Charlie Parker, Sarah Vaughan et Billy Eckstine. Quand ce dernier va monter son propre big band en 1944, Dizzy le suivra et l'épaulera pour imposer une ligne musicale plus moderniste, tout en prenant le temps d'écrire quelques arrangements pour Jimmy Dorsey et de participer à quelques concerts avec l'ensemble de Duke Ellington. Boute-en-train et maître à penser de la 52e Rue, Dizzy Gillespie va embraser tous les clubs où la génération montante s'escrime à détrôner les jazzmen établis. Tout d'abord à l'Onyx Club avec Oscar Pettiford (b), puis au Three Deuces avec Bud Powell (p), Ray Brown (b), Max Roach (dms), Milt Jackson (vib) et surtout Charlie Parker, son alter ego, frère d'armes et compagnon des nuits sauvages. Les mois de février, mai et novembre 1945 sont des étapes capitales pour Dizzy et Bird qui gravent ensemble les faces historiques et fondatrices du bop, avant de se rendre à Los Angeles pour divulguer leur art avec audace et générosité. Le grand public est déconcerté mais les musiciens du cru s'intéressent de près aux nouveaux héros du jazz. Lorsque le groupe quitte la côte ouest, Bird manque à l'appel et Dizzy poursuit seul sa destinée. Dès 1946, il monte un big band explosif, dédié à l'idiome du bop sans pour autant négliger les valeurs pures du swing, qu'il a appris à maîtriser lors de ses années de maturation avec Hill, Calloway, Hines ou Eckstine. Bénéficiant d'arrangeurs chevronnés tels que Tadd Dameron, Walter Fuller, John Lewis, Chico O'Farrill ou George Russell, disposant du concours d'instrumentistes aussi brillants que Thelonious Monk (p), John Lewis (p), Ray Brown (b), Kenny Clarke (dms), Howard Johnson (as), Milt Jackson (vib), Chano Pozo (perc), James Moody (as, ts), Cecil Payne (as, bs), Al McKibbon (b), Benny Bailey (tp), John Coltrane (ts), Paul Gonsalves (s), Budd Johnson (s, cl), etc., le chef d'orchestre Dizzy Gillespie va faire preuve de vraies qualités de meneur d'hommes. Cet ancien chahuteur mènera toute sa troupe avec une belle rigueur mâtinée d'humour, à travers les États-Unis, mais aussi en Suède, en Belgique et, notamment, en France, où un concert légendaire fera chavirer les murs de la respectable salle Pleyel en février 1948. Propagateur impénitent du langage bop, Gillespie développe également une synthèse très aboutie entre jazz et musique afro-cubaine avec le soutien du redoutable cubain Chano

Pozo, qui contribuera à « éclater » singulièrement les formules rythmiques. Mais l'entreprise du big band est lourde à gérer et les problèmes financiers contraignent Dizzy à abandonner sa grosse machine expérimentale en 1950. Loin de perdre son énergie, il va continuer son chemin en petites formations, le plus souvent à la tête de quintettes où défileront des personnages de toutes tendances : John Coltrane (ts), Stuff Smith (v), Percy Heath (b), Joe Carroll (voc), Milt Jackson (vib), Sonny Stitt (ts, as), Dexter Gordon (ts), Al Haig (p), Ray Brown (b), Kenny Clarke (dms), Kenny Burrell (g)... Ouvert à toutes les aventures, Dizzy Gillespie va traverser les décennies dans des environnements extrêmement variés, toujours prêt à relever les défis et à se remetre en cause, sans que jamais sa discographie prolifique en souffre. Que ce soit aux côtés de Roy Eldridge (tp), Benny Golson (s), Benny Carter, Stan Getz (ts), Sonny Rollins (ts), Gunther Schuller (frh, comp), Duke Ellington (p, comp), Oscar Peterson (p), Count Basie (p, comp), Toots Thielemans (hca), Lalo Schifrin (p, comp), Mongo Santamaria (perc), Ray Barretto (perc), Arturo Sandoval (tp), Candido (perc), Joe Pass (g), et quantité d'autres musiciens de renom, Dizzy va se promener avec un égal bonheur et une qualité artistique jamais prise en défaut. Technicien hors pair, particulièrement casse-cou dans les phrases véloces et pourtant capable de chaleureuse retenue dans les ballades, minutieusement attentif aux schémas harmoniques, inventif dans sa manière toute alchimique de fondre des mélodies inattendues à des trames rythmiques complexes, compositeur fécond *(Night in Tunisia, The Champ, Kush, etc.)*, chanteur réjouissant et désopilant, scatteur spectaculaire, Gillespie le drolatique a souvent été opposé à Parker le pathétique, alors que la comparaison n'a pas lieu d'être tant leur communion spirituelle a su lier étroitement leurs différences comportementales. Plutôt que de miser sur la brièveté, la dilapidation et la fulgurance, Gillespie a préféré la longévité, la gestion et la patience. Les choix des deux hommes sont radicalement différents : Parker n'aime pas suffisamment la vie pour la prendre au sérieux et, de son côté, Dizzy aime trop la vie pour se prendre au sérieux. L'un abuse des faux-semblants pour ne plus souffrir tandis que l'autre s'amuse et fait semblant de ne pas souffrir. En cela, il savent tous deux de quoi il retourne sous les masques de scène et de quelle matière incandescente sont faites leurs personnalités complémentaires, plus communes qu'il n'y paraît au premier abord. Seuls les moyens divergent. Dizzy Gillespie cultivera l'ambivalence avec une rare intelligence. Il y a plusieurs personnages dans cet homme, à la fois virtuose exigeant et chanteur délirant, innovateur rigoureux et farceur malicieux. Lorsqu'il apparaît, on ne sait jamais vraiment si l'on écoute un clown ou un philosophe, un bateleur ou un chercheur. Et derrière ses joues gonflées comme une grenouille de Tex Avery, sa légendaire trompette coudée dirigée vers le ciel comme une lunette d'astronome, sa petite mouche mutine sous la lèvre inférieure, ses grimaces et ses silences, on devine qu'il se cache des secrets, des blessures et des triomphes, des enthousiasmes et quelques déceptions. Toute une vie gagnée de haute lutte et qu'il a fallu mener pendant trois quarts de siècle dans une Amérique parfois ingrate.

Au-delà de sa somptueuse carrière de jazzman-showman-gagman, Dizzy Gillespie est avant tout un homme à la sensibilité écorchée, un homme révolté par l'injustice et la discrimination, fidèle en amitié, conscient de ses origines et préoccupé par l'avenir du monde. Il faut lire son autobiographie (*To be or not to bop* – Presses de la Renaissance) pour comprendre ce combat mené jusqu'au dernier souffle : ses deux candidatures à la présidence des États-Unis (1963 et 1972), sa croyance dans la foi Baha'i, son humilité face à ses pères spirituels, Armstrong et Eldridge, sa fierté d'être devenu maître à son tour, son rôle d'ambassadeur musical en Amérique du Sud, au Proche-Orient et en Europe, les reconstitutions fiévreuses et épisodiques de son big band, sa tentative avortée de maison de disques indépendante (Dee Gee), ses innombrables voyages et ses extravagances tendrement freinées par sa femme Lorraine, qui œuvra dans l'ombre pour préserver son succès. On le disait « dizzy », drôle de zèbre soit disant cinglé, trapéziste du bop, musicien zélé et zazou farceur, amuseur explosif et trompettiste au zénith, Gillespie s'est éclipsé dans l'azur le 6 janvier 1993, des suites d'un cancer au pancréas. Depuis son départ, l'atmosphère du jazz n'est plus tout à fait la même.

Thelonious Monk : la quadrature du cercle

« Prophète » révolutionnaire et « grand prêtre » énigmatique, le pianiste Thelonious Sphere Monk est le musicien le plus déroutant du bop, sinon du jazz. Né en Caroline du Nord le 10 octobre 1917, il passera la plus grande partie de sa jeunesse à New York, où sa famille s'installe dès 1924. Il pianote dès l'âge de cinq ans et prendra plus tard quelques cours dont il se lassera vite : « J'ai été tout de suite attiré par la musique, et je me souviens très bien d'avoir, tout gosse, essayé de retrouver des mélodies au piano. En fait, je n'ai jamais eu besoin d'apprendre à jouer : j'étais doué. Il me semble que j'ai toujours su lire les notes et les traduire en sons. Ma sœur aînée prenait des leçons de solfège ; moi, je lisais par dessus son épaule. Lorsque j'ai pris des leçons à mon tour, je n'ai pas eu à apprendre, j'en savais suffisamment pour pouvoir me débrouiller. » Thelonious Monk ne revendiquera que l'influence des offices religieux dans l'église baptiste où sa mère très croyante le conduisait régulièrement, ainsi que sa filiation stylistique avec le pianiste *stride* James P. Johnson, dont le proche voisinage a certainement dû l'inspirer. Après quelques expériences formatrices durant les années 30 qui l'amènent à jouer dans une tournée évangélique ; à l'Apollo, où il gagne un concours amateur ; à Kansas City, où il fait la connaissance de Mary Lou Williams et à la Juilliard School, où il ne fait qu'entrer et sortir, Thelonious Monk va prendre place dans le cœur de New York pour animer les *jams sessions* du Minton's Playhouse avec le batteur Kenny Clarke. Sa technique de piano peu orthodoxe fait vite sensation, et Dizzy Gillespie ainsi que le pianiste Bud Powell subiront nettement son influence révolutionnaire. Dissonances harmoniques, structures inusitées et discontinuité rythmique, brisure apparente du discours mais sens aigu de la mélodie (notamment dans les ballades), citations caustiques, « erreurs » volontaires et phrasé chaotique peaufiné jusqu'à la perfection, chahutage transcendé des standards, dilatation du temps et de l'espace, sonorité ramassée ou aérée, technique sobrement extravagante, tradition insolite et modernité inquiétante, Monk cultive l'art du détour anguleux, de l'arête saillante, du va-et-vient entre hyperbole et parabole, entre complexité cérébrale et simplicité minérale. Il s'immerge dans son art avec la foi rigoureuse, l'invention méthodique et la maîtrise du hasard, de ceux qui, animés d'une perception et d'une intuition hors du commun, cherchent à résoudre les énigmes impossibles, veulent atteindre la pureté originelle et déceler tous les tenants de la création après en avoir étudié les aboutissants. Thelonious (mystique) Sphere (géométrique) Monk (ascétique) est un pianiste de l'extrême qui ne fait aucun compromis avec son intégrité pour parvenir à la reconnaissance : « On m'a souvent dit que ma façon de jouer ne ressemblait à aucune autre et c'est, je crois, parce que j'ai toujours fait ce qui me semblait bon, sans me soucier de ce qu'on voulait que je joue. Ma musique semble souvent ne suivre aucune règle : elle est moi-même, avant tout. » La mystérieuse singularité de son jeu et l'ésotérisme de ses conceptions ne l'empêchent nullement de trouver des engagements dans des contextes aussi éclectiques que les groupes de Cootie Williams (tp) ou Skippy Williams (s) en 1945, le big band de Gillespie en 1946, avant qu'il n'enregistre enfin ses premiers disques sous son nom, en 1947, pour la marque Blue Note. En 1951, il est arrêté avec son ami Bud Powell pour détention et usage de stupéfiants et purge une peine de deux mois de prison. À sa sortie, on lui retire sa carte de travail et on lui interdit l'accès des clubs de New York pendant six ans. Soutenu moralement et financièrement par son amie, la baronne Nica de Kœnigswarter, il ne se croisera pas les bras pour autant. En 1954, il enregistre ses premiers solos pour Vogue lors d'un passage à Paris et, cette même année, il entre en studio avec Sonny Rollins (ts) et comme *sideman* derrière Miles Davis. En 1955, il grave un magnifique disque en hommage à Duke Ellington, collabore également à une séance de Gigi Gryce et, l'année suivante, il participe à une émission de télévision. Quoiqu'il n'obéisse souvent qu'à ses propres lois harmoniques et ne veuille façonner les thèmes qu'à sa propre image, les leaders font appel à sa science de l'imprévisible et n'hésitent pas à courir le risque d'abandonner une part de leur identité au profit de l'univers monkien. Une idée d'ingérence toujours redoutée alors que le pianiste lui-même s'en défend : « Lorsque j'accompagne, je passe mon temps à écouter le soliste. C'est lui qui conditionne mon jeu. Une des caractéristiques de mon accompagnement, c'est justement cette ponctuation – et c'est cela qui est intéressant : trouver les notes qui collent avec le jeu du soliste... » Cependant la marginalité de Monk n'est pas du goût de tous. Lorsqu'il entre en studio, le soir de Noël 1954, avec Miles Davis, Milt Jackson (vib), Percy Heath (b) et Kenny Clarke (dms) pour graver le disque *Miles Davis and the Modern Jazz Giants* à paraître sur le label Prestige, Monk entre de plain-pied dans la légende avec une version pour le moins troublante et troublée de *The Man I Love*. Le fameux « trou » de Monk sur lequel tout le monde a épilogué et échafaudé diverses théories selon quoi Miles exaspéré aurait contraint Thelonious au silence après une altercation ou, mieux encore, Monk versatile se serait simplement absenté et replié dans le mutisme, laissant Davis au bord du vide, seul avec sa trompette. Dans son autobiographie, Mile Davis préférera désamorcer une polémique entretenue et colportée pendant plusieurs décennies : « On a raconté beaucoup de choses sur cette séance, sur la tension ou la colère qu'il y aurait eu entre Thelonious et moi. Pour l'essentiel, c'est des conneries, des rumeurs que les gens ont répandues jusqu'à ce qu'elles deviennent des faits. Ce qui s'est *vraiment* passé ce jour-là, c'est qu'on a tous fait de la grande musique. Mais je tiens à éclaircir une fois pour toutes ce qui s'est passé entre moi et Monk. Je lui avais simplement demandé de rester à l'écart, de ne pas jouer derrière moi, sauf sur *Bemsha Swing*, qu'il avait écrit. Si je lui avais dit ça, c'est parce que Monk n'a jamais su accompagner un souffleur. (Les seuls qui aient bien sonné avec lui, ce sont John Coltrane, Sonny Rollins et Charlie Rouse.) Monk ne savait pas très bien jouer avec les trompettistes en particulier. Il n'y a pas beaucoup de notes sur une trompette, il faut donc pousser la section rythmique, et c'était pas le truc de Monk [...] Je lui ai dit simplement de rester en retrait pendant que je jouais, le *voicing** de sa grille me mettant mal à l'aise. J'étais le seul souffleur de la séance. Je voulais entendre la section rythmique tourner sans le piano. Je voulais de l'espace dans la musique [...] Sur ce disque, le jeu de Monk sonne bien, naturel, tel que je le voulais. Je lui ai simplement dit ce que je voulais entendre, il allait donc jouer de toute façon. Mais qu'il n'intervienne qu'un peu après que j'ai joué. Et il l'a fait. Il n'y a eu aucune dispute. Je ne sais pas comment on en est venu à raconter que nous nous étions tellement engueulés qu'on en était venu aux mains.» Silence imposé ou volontaire, toujours est-il que cette séance, devenue désormais mythique, laisse une étrange sensation de flottement et de passion indécise, une subite suspension du temps, comme si une terre meuble s'ouvrait soudain sous les pas.

Lorsqu'en 1957 Thelonious Monk est à nouveau autorisé à jouer dans les clubs new-yorkais, il fait une rentrée fracassante au Five Spot avec John Coltrane (ts). Triomphe réitéré peu de temps après avec Johnny Griffin (ts) et Roy Haynes (dms), avant qu'une autre altercation survenue en 1958 avec la police ne le voit encore interdit de carte de travail pendant deux ans. L'année d'après, commence son association avec le saxophoniste Charlie Rouse (voir notice plus loin), un partenaire dédié à la cause monkienne et dont la fidélité sera sans défaut jusqu'en 1970, soit onze années de loyaux et précieux services, le plus souvent en quartette. Dès lors, le rayonnement de Thelonious Monk ne cessera de s'élargir. Mis à part quelques concerts en big band (au Town Hall en 1959, au Philharmonic Hall en 1963, au Festival de Monterey en 1964), le pianiste va sillonner l'Europe et le Japon, enregistrer pour Columbia, apparaître en couverture du magazine *Time* (1964), participer à une tournée européenne avec un *all stars* baptisé Giants of Jazz (1971). Cette même année, il grave ses derniers disques pour la marque Black Lion («The London Collection»), trois superbes volumes en solo ou trio, avant d'aller se réfugier définitivement dans le silence et la prostration chez son amie Nica de Kœnigswarter. Celui que l'on peut, sans exagération aucune, considérer comme l'un des plus grands compositeurs du XXe siècle, et à qui l'on doit plusieurs chefs-d'œuvre impérissables et universellement réemployés *(Round Midnight, Crepuscule With Nellie, Monk's Mood, Misterioso, Reflections, Ruby My Dear, Blue Monk, Little Rootie Tootie, Straight no Chaser, Blue Sphere, Pannonica, etc.)*, s'enferme dans la solitude, passe les dix dernières années de sa vie dans une immobilité et une réserve contemplatives, avant de mourir le 17 février 1982, auréolé d'un épais mystère et enveloppé de secrets dont nous ne percerons jamais qu'une infime parcelle.

Bud Powell : le fabuleux

Contrairement à Thelonious Monk, qui n'aura pas d'héritiers directs en raison d'une marginalité sans concession, le pianiste Bud Powell sera l'un des musiciens les plus emblématiques de l'école bop, et par conséquent l'un des plus suivis, des plus imités et des plus revendiqués. Né Earl Rudolph Powell, le 27 septembre 1924 à New York, il évolue tout jeune dans un milieu familial baigné de musique, et c'est à quinze ans qu'il décide de quitter l'école pour devenir tout naturellement musicien de jazz. Il commence par accompagner la chanteuse Valaida Snow, avant d'aller participer aux fameuses *jam sessions* du Minton's, où il fréquente le gotha du bop. Il y rencontre Thelonious Monk, avec lequel il se lie d'amitié et partage les mêmes idées novatrices. Entre 1942 et 1944, il travaille dans l'orchestre de Cootie Williams et se révèle vite un pianiste phénoménal. À tel point qu'Art Tatum dira avec une ironie admirative : « Le gosse joue plus vite que moi mais ne lui dites pas. » Virtuosité fabuleuse, phrasé hallucinant de précision et d'émotion contrôlée, mélodies foisonnantes, intensité lyrique, attaques stupéfiantes de puissance, découpes rythmiques implacables, complexité lumineuse des accords de passage, indépendance impeccable des deux mains, les prodiges techniques de Bud Powell sont davantage que l'extension du génie de Parker ou la simple transposition pianistique des phrasés de saxophone ou de trompette de ses premiers mentors. D'emblée, Bud Powell se situe dans la stratosphère du jazz, dans la course astrale de tous ceux qui touchent au divin et n'ont vraiment rien à voir avec le commun des mortels. Dès 1945, il est unanimement considéré comme le pianiste le plus représentatif de l'esthétique bop. Il fait partie des formations de John Kirby, Don Byas, Dizzy Gillespie, s'associe à divers groupes bop de la 52e Rue, participe à des séances d'enregistrement pour le label Savoy et réalise enfin ses premiers disques personnels en 1947. Mais le personnage est fragile, ou plutôt fragilisé par un environnement social violent et aussi, probablement, par un insondable désarroi affectif. Victime en 1945 de brutalités policières, il souffrira de migraines douloureuses que ne pourront soulager aucun des traitements aléatoires qui lui sont infligés. Hospitalisé pour de nombreuses dépressions liées à l'usage de narcotiques et de graves problèmes de dépendance à l'alcool, Bud Powell ne cessera de fréquenter les services psychiatriques et sa carrière sera régulièrement interrompue par les tracasseries policières et administratives. Sa carrière heurtée, tourmentée, brisée puis ressuscitée maintes fois, se déroulera donc par brusques intermittences avec des périodes plus ou moins longues d'accalmie ou d'état de crise. Des enregistrements d'importance avec Charlie Parker, Jay Jay Johnson (tb), Dexter Gordon (ts), Sonny Stitt (s), Fats Navarro (tp), Sonny Rollins (ts), de nombreuses faces gravées en trio ou en quintette sous son nom, ainsi qu'une participation au légendaire concert de Massey Hall en mai 1953, vont marquer la première moitié des années 50. Après une première tournée européenne en 1956, il retourne en France en 1959 et s'y s'établit pendant cinq ans. Soutenu par l'amitié dévouée de Francis Paudras, Bud Powell va retrouver un équilibre, certes précaire mais suffisamment important pour qu'il puisse continuer à jouer. Il se produit régulièrement au Blue Note de Paris avec une section rythmique constituée de Pierre Michelot (b) et de Kenny Clarke (dms), se rend en 1962 en Scandinavie, et les rares traces enregistrées à cette époque laissent entendre un pianiste à l'émotion fébrile et à la tension dramatique exacerbée, au bord de la rupture. Atteint de tuberculose en 1963, il est guéri l'année suivante et décide de retourner aux États-Unis malgré une certaine appréhension. À nouveau plongé dans la jungle new-yorkaise, privé du soutien affectueux de ses amis parisiens et de la protection de Francis Paudras, Bud Powell va à nouveau sombrer dans des crises dépressives importantes. Il joue quelque temps au Birdland, mais affaibli, amaigri et amoindri, il doit interrompre ses activités musicales. Le 1er août 1966, l'auteur des purs chefs-d'œuvre poétiques que sont *Parisian Thoroughfare, Bouncing With Bud, Celia, Dance of The Infidels, Un Poco Loco, Glass Enclosure* ou *Hallucinations* finit par s'éteindre dans la solitude et la détresse morale, au Kings County Hospital de New York. Tous les pianistes qui le suivront revendiqueront en chœur l'influence déterminante de Bud Powell et ne pourront nier le poids écrasant de sa personnalité sur toute l'histoire du clavier à compter des années 50, mais c'est un saxophoniste (Cannonball Adderley) qui lui rendra encore le plus bel hommage en déclarant : « Je remercie Dieu que Bud Powell ait existé. »

Kenny Clarke : Mister Klook

Un nom claquant comme une frappe de tambour et un surnom (Klook) sonnant comme un coup de grosse caisse, le grand sorcier de la batterie be-bop a bouleversé le rôle fondamental de la section rythmique, dès le début des années 40. Prolongeant la voie déjà amorcée par Jo Jones, Kenny Clarke va modifier le geste traditionnel du batteur en aérant le marquage du temps, libérant ainsi le champ d'action de la contrebasse. Le tempo, que l'on jouait avant lui sur la caisse claire ou la charleston, est désormais assuré par la cymbale *ride*, alors que les fûts sont utilisés, dans une liberté totale, pour mieux souligner l'élocution des solistes. Avec Kenny « Klook » Clarke, la batterie va devenir un instrument à part entière et s'intégrera pleinement aux arrangements, aux riffs et aux solos. Une vraie révolution !

C'est dans la ville de Pittsburgh en Pennsylvanie que Kenneth Spearman Clarke naît un 9 janvier 1914. Initié très jeune aux rudiments musicaux par sa mère, il apprend tout d'abord le piano, puis le trombone, le saxophone, la trompette, le vibraphone et la batterie. À quatorze ans, il entre dans l'orchestre de son école, puis fait son apprentissage, trois ans plus tard, auprès d'un certain George Hornsby, avant de faire partie d'un orchestre de music-hall, dirigé par Leroy Bradley et pour lequel il travaille durant trois années. En 1935, on le retrouve à Saint Louis, où il joue dans l'orchestre Jeter-Pillars. L'année suivante, il débarque à New York, se fait engager par Edgar Hayes et effectue sa première tournée européenne en 1938. Dès son retour, il rejoint les ensembles de Claude Hopkins, puis de Sidney Bechet et de Teddy Hill, chez qui il fait la connaissance de Dizzy Gillespie. En 1940, il occupe les fonctions de batteur titulaire à l'Apollo de Harlem et se produit parallèlement avec Louis Armstrong et Billie Holiday. Mais c'est en 1941 qu'il se fait remarquer par son style radicalement novateur, lors des nombreuses *jam sessions* du Minton's Playhouse, où il rencontre également la chanteuse Carmen McRae, dont il sera le premier époux. Avec Thelonious Monk (p), Dizzy Gillespie (tp), Charlie Parker (as), Nick Fenton (b) et Charlie Christian (elg), il va bousculer les règles du jazz traditionnel et imposer un déploiement percussif jusque-là inusité. Selon les termes mêmes de son complice Dizzy Gillespie, Kenny Clarke réussit à dialoguer sur un pied d'égalité avec les instrumentistes solistes : « Tout le monde a joué un rôle, et le sien a été aussi important que le mien, ou que celui de Charlie Parker et de Monk. Sa contribution se place au même niveau que celle des autres. Pas de prééminence particulière. Il y avait une collaboration très étroite entre nous tous. Par exemple, si j'avais une idée, je l'exposais à Klook au piano, et lui à la batterie cherchait à l'encadrer ou à la mettre en valeur par des figures rythmiques; et, ce faisant, il me suggérait dix autres idées ! ».

L'ascension de Kenny Clarke est interrompue par une longue période de service militaire qui l'immobilise de 1943 à 1946. Lorsqu'il revient, il reprend contact avec le métier en accompagnant les chanteuses Billie Holiday et Sarah Vaughan, et rejoint rapidement le tonitruant big band de Dizzy Gillespie. Tout en enregistrant pour Milt Jackson (vib), Sister Rosetta Tharpe (voc), Tadd Dameron (p) ou Sarah Vaughan (voc), il restera dans la machine de guerre gillespienne jusqu'en 1948 et participera au mémorable concert de la salle Pleyel lors d'une tournée européenne pendant laquelle il goûtera une certaine saveur de vivre sur le Vieux Continent. Il se fixe quelques mois à Paris, se produit ici et là avec des musiciens français et américains, donne des cours de batterie, côtoie le compositeur Darius Milhaud et participe, en 1949, au Festival international de jazz de Paris. De retour aux États-Unis, il retrouve Tadd Dameron au Royal Roost et accompagne, en 1951, Billy Eckstine. L'année suivante, il fonde, avec John Lewis et Milt Jackson, le Modern Jazz Quartet (voir chapitre suivant). Mais en 1955, une mésentente avec John Lewis l'oblige à quitter une équipe qui est, à son goût, beaucoup trop formaliste. Il cède donc sa place au batteur Connie Kay et se consacre essentiellement au travail de studio. Devenu directeur artistique pour la firme Savoy, il enregistre abondamment avec Thelonious Monk (p), Miles Davis (tp), Cannonball Adderley (s), Hank Jones (p), Horace Silver (p), Oscar

Pettiford (b), Lee Konitz (as), Phineas Newborn (p), Hank Mobley (p), Tommy Flanagan (p), Jay Jay Johnson (tb), etc. En 1956, il retourne à Paris, joue dans le grand orchestre de Jacques Hélian et décide de s'installer définitivement dans l'Hexagone. Il devient alors le batteur de la capitale, sollicité de toutes parts, d'abord au club Saint-Germain puis au sein de la rythmique du club Blue Note, dont il constitue la principale pièce de soutènement entre 1959 et 1966. Loin de somnoler, la carrière de Kenny Clarke est incroyablement prolifique. Que ce soit sur scène ou en studio, il va jouer avec les meilleurs musiciens français tels que Martial Solal (p), Pierre Michelot (b), Roger Guérin (tp), Barney Wilen (s), Henri Renaud (p), Stéphane Grappelli (v), Maurice Vander (p), ainsi qu'avec les musiciens américains de passage en France et parmi lesquels il compte quelques amis. La liste serait très longue à dresser mais on peut mentionner, entre autres, Stan Getz (ts), Chet Baker (tp), Zoot Sims (as), Lester Young (ts), Bud Powell (p), Don Byas (ts), Lou Bennett (org), Dexter Gordon (ts), Johnny Griffin (ts), Roland Kirk (s), Sonny Stitt (s), Art Farmer (tp), Oscar Peterson (p), Kenny Drew (p), Dizzy Gillespie (tp), Hampton Hawes (p), etc. Il collabore également aux musiques des films *Ascenseur pour l'échafaud* (Louis Malle-1957) avec Miles Davis, et *Un témoin dans la ville* (Edouard Molinaro-1959) aux côtés de Barney Wilen. En 1960, il s'associe avec le pianiste et arrangeur Francy Boland afin de fonder un big band, qui demeurera plus ou moins régulier jusqu'en 1971. À partir de 1967, Kenny Clarke crée aussi plusieurs écoles de batterie avec Dante Agostini, sans pour autant interrompre sa carrière de free-lance. En 1976, il retourne aux États-Unis après plus de vingt ans d'absence, et y séjourne pendant dix-huit mois sur l'invitation de l'université de Pittsburgh, ville dont il est originaire. Il revient en France, auprès de sa famille, et ne se produit plus que très épisodiquement jusqu'à sa disparition le 26 janvier 1985. Homme de cœur, d'une modestie non feinte et d'une générosité exemplaire, Kenny Clarke qui aimait à dire : « La beauté réside toujours dans les choses simples », est le père incontesté de tous les percussionnistes de l'ère moderne du jazz. Sans son immense contribution à l'évolution technique de la batterie et la reconnaissance de sa fonction soliste, ses héritiers n'auraient probablement pas pu accéder au statut de leaders. En vrai pionnier aventureux, Kenny Clarke leur a déblayé le chemin et s'est sereinement écarté pour leur donner accès à la voie royale.

Max Roach : le rebelle

Jeune new-yorkais nourri au jazz de l'Apollo et élevé dans le giron d'une mère chanteuse de spirituals, Maxwell Roach, né le 10 janvier 1925, va suivre conjointement les cours de la très officielle Manhattan School of Music (dont il sort diplômé ès-percussions en 1942) et les enseignements des clubs tapageurs enfumés de la 52e Rue. À la fois dans le prolongement des styles classiques et dans le mouvement novateur du bop, il prendra modèle sur le swing d'un Chick Webb, d'un Big Sid Catlett ou d'un Jo Jones, tout en s'intéressant de très près aux avancées polyrythmiques de Kenny Clarke. Les souvenirs amusés de ce dernier en disent long sur l'impatience du jeune Max, sa boulimie d'apprentissage et sa candeur frénétique : « Un jour, j'allais entendre Charlie Parker dans un endroit qui s'appelait Monroe's Uptown House et je me souviens du petit Max Roach, qui me disait : "Oui, je joue de la batterie, je commence et je voudrais vous demander quelques trucs." Ce soir-là, j'entendis Max nous faire une drôle de démonstration : il jouait et sifflait en même temps ce qui lui passait par la tête, avec l'air de se moquer pas mal de ce que faisait Parker. Il se servait seulement des balais et, comme je lui demandais pourquoi il n'utilisait pas les baguettes, il me répondit : "Parce que je n'ai pas encore appris." » Max Roach apprendra vite, étonnamment vite. Il réunira tous les atouts techniques que l'on exige régulièrement d'un batteur, en y ajoutant une recherche sur les timbres et des inventions mélodiques ébouriffantes qui le démarqueront aussitôt du lot et contribueront à rendre son jeu aussitôt identifiable. Utilisant tout le potentiel de l'instrument, entrelaçant des lignes rythmiques complexes, mettant en valeur le moindre silence, les harmoniques des fûts, le grain des peaux, le scintillement des cymbales, il va porter la musicalité de ses tambours vers un point culminant, que peu de batteurs pourront atteindre par la suite. Les disques emblématiques du be-bop ont été enregistrés avec la collaboration rigoureusement raffinée de Max Roach. Il participera aux séances historiques de 1944 avec Dizzy Gillespie et Oscar Pettiford, celles de l'automne 1945 avec le quintette de Charlie Parker où jouent également Dizzy et Miles Davis. Entre 1946 et 1950, il apparaîtra dans différentes formations dirigées par le Bird et entrera souvent en studio pour la marque Dial. Toujours au rendez-vous avec l'histoire, il sera là, en 1949, lors de la déterminante séance « Birth Of The Cool » avec Miles Davis (voir chapitre suivant). En décembre 1952, il gravera un disque avec Thelonious Monk et créera aussi un petit label (Debut) avec le contrebassiste Charlie Mingus. L'expérience durera peu de temps mais permettra tout de même de publier le souvenir du concert mythique du 15 mai 1953, à Toronto, réunissant Parker, Gillespie, Powell, Roach et Mingus. C'est un an plus tard, après une tournée californienne qui le conduit au Lighthouse aux côtés de Howard Rumsey (b), qu'il décide de partager la direction d'un quintette avec le trompettiste Clifford Brown. En compagnie d'Harold Land (ts), Richie Powell (p) et George Morrow (b), les deux leaders vont enregistrer quelques-uns des manifestes les plus accomplis du hard bop (voir chapitre suivant). Sonny Rollins vient remplacer Harold Land au début de l'année 1956, peu de temps avant que Clifford Brown et Richie Powell (1931-1956, frère cadet du pianiste Bud Powell) ne succombent dans un terrible accident de voiture. Traumatisé par la mort de son jumeau musical, Max Roach tente de poursuivre l'aventure avec Kenny Dorham (tp) et Ray Bryant (p) en gravant *Max Roach Plus Four* à l'automne 1956, mais il reprend bientôt ses activités en free lance. Il entre tout d'abord en studio pour réaliser un album somptueux consacré à des valses *(Jazz In 3/4 Time)*, puis joue derrière Charles Mingus, Thelonious Monk ou, à nouveau, Sonny Rollins *(Freedom Suite)*. En juin 1958, il s'associe avec le fougueux trompettiste Booker Little (1938-1961) comme s'il s'agissait de rattraper désespérément le fantôme obsessionnel de Clifford Brown. Mais la carrière de Booker Little sera tout aussi courte, il n'aura que trois ans pour s'exprimer avant d'être fauché à son tour par une crise d'urémie.

À l'aube des années 60, Max Roach va s'élancer dans une voie musicale où les préoccupations politiques et les revendications liées à la ségrégation et à la condition sociale des Noirs américains vont jouer une part prépondérante. Musicien engagé, en ce sens qu'il ne cherche jamais à se dégager des préoccupations de sa communauté, Max Roach joue les artificiers et les jeteurs de troubles en enregistrant *We Insist, Freedom Now Suite,* pour la compagnie Candid. Avec sa femme, Abbey Lincoln, mais aussi avec l'aide du vieux briscard Coleman Hawkins, du jeune Booker Little et les textes écrits par Oscar Brown Jr (voc, comp – né en 1926), il va rouler ses tambours dans une suite musicale élaborée en hommage aux mouvements étudiants noirs et aux racines africaines. Cette même année 1960, il rejoint Charles Mingus, Roy Eldridge, Eric Dolphy (s) et Jo Jones pour enregistrer *Newport Rebels,* brûlot discographique en opposition à la programmation officielle du Festival de Newport. S'il s'associe souvent aux exhortations libertaires du free jazz* (voir chapitre correspondant), Max Roach ne se détache pas pour autant de l'esthétique be-bop. Il conserve intactes ses racines stylistiques et cherche seulement à en prolonger les plus infimes ramifications. Dès lors, sa carrière progresse dans un va-et-vient continu entre l'esthétique basique du bop et de nombreuses recherches d'ouverture vers des territoires encore inexplorés. Quintettes sans cesse renouvelés, retrouvailles épisodiques avec le terreau africain dans l'ensemble M'Boom Re Percussion, dialogues au sommet avec Duke Ellington et Charles Mingus dans *Money Jungle* (1962), utilisation de chœurs, chassé-croisé entre un quartette de jazz et un quatuor à cordes, duos étincelants aux côtés d'Archie Shepp (ts), Anthony Braxton (s), Dollar Brand (p), Cecil Taylor (p) ou Dizzy Gillespie (tp), écriture de musiques pour le théâtre, composition d'une suite en cinq mouvements pour batterie et orchestre de chambre, participation à un concert pour la libération du leader sud-africain Nelson Mandela, enseignement à l'université du Massachusetts, le bouillonnant Max Roach refuse de se répéter. Jusqu'au 15 août 2007, il frappe, caresse, cogne, effleure, cajole et fait frémir le bois, la peau et le métal avec la tendresse révoltée des indomptables et des insoumis. La mémoire toujours à vif, il n'oublie jamais les premières impressions de son audacieux voyage inauguré dans les trépidations new-yorkaises: « Quand je faisais le trajet Brooklyn-Manhattan School of Music en métro, beaucoup d'idées me venaient en entendant les ferraillements des roues du train. C'est incroyable les rythmes que peut créer un métro, quand on s'intéresse aux percussions… »

Dexter Gordon : la chasse au ténor

Il faudra attendre le film *Autour de minuit* (1986), œuvre contestable mais touchante de Bertrand Tavernier, pour que Dexter Gordon obtienne enfin la reconnaissance d'un très large public. Sa dégaine nonchalante, sa grande carcasse, sa voix éraillée et son regard meurtri resteront gravés pour toujours dans la mémoire des cinéphiles, tout comme ses chaleureuses et généreuses inflexions de saxophone languide, distillées sur une bande-son par ailleurs fort bien réalisée.

Né le 27 février 1923 et fils d'un médecin de Los Angeles qui compte Duke Ellington et Lionel Hampton parmi ses patients, Dexter Gordon va étudier la théorie musicale dès l'âge de treize ans et adopter le saxophone ténor quatre ans plus tard, après s'être essayé quelque temps à la clarinette et à l'alto. Il débute comme professionnel dans l'orchestre d'Hampton entre 1940 et 1943, puis il passe six mois dans le big band de Louis Armstrong avant d'être embauché par Billy Eckstine, chez qui il aura l'occasion d'enregistrer son premier solo. Totalement plongé dans le courant be-bop, il va devenir le saxophoniste ténor de référence, capable de transposer le discours de Parker, sans jamais oublier toutefois les influences conjuguées de Lester Young et de Coleman Hawkins. Partagé entre ses fréquents séjours sur la côte est et ses nombreux contacts à Los Angeles, ce Californien d'origine va rapidement s'adapter au milieu new-yorkais au point d'incarner le trait d'union symbolique entre deux cultures que l'on croit trop abusivement antinomiques dans le monde du jazz. Jusqu'en 1949, Dexter Gordon enregistrera abondamment, notamment avec Charlie Parker, Dizzy Gillespie, Fats Navarro, Howard McGhee, Red Norvo, Jay Jay Johnson et Tadd Dameron. Parmi les disques qui contribuent à le populariser, il faut mentionner les joutes houleuses et les courses-poursuites spectaculaires qui l'opposent en duel au saxophoniste ténor Wardell Gray (voir notice plus loin) et qui sont représentatives du jeu puissant et pertinemment élaboré de Gordon (voir *The Chase*, gravé en 1947 puis en1952). Souvent considéré comme un spécialiste de la ballade, qu'il traite souvent dans le registre vibrant, ample et retenu, il est aussi capable de longues envolées fougueuses, menées au paroxysme grâce à un sens aigu du crescendo. Malheureusement perturbée par les éternels « problèmes de santé » liés à la drogue, la carrière de Dexter Gordon deviendra assez sinueuse à partir des années 50. Entre des périodes d'incarcération, de traitement ou d'accalmie, il va peu enregistrer et ne resurgira qu'en 1960 dans la pièce de théâtre *The Connection*, pour laquelle il compose la musique et se prête à sa première performance d'acteur. En 1962, il décide de s'installer au Danemark, où il mène une existence relativement apaisée aux côtés de musiciens locaux et enregistre fréquemment sous son nom, à la fois pour des labels européens et pour des maisons de disques américaines (en particulier Blue Note). Dès lors, Dexter va promener ses 1,93 m de solitude dans un infatigable va-et-vient qui le conduit d'un continent à l'autre (ponctué par un retour triomphal au Village Vanguard en 1976), lui permettant d'exprimer jusqu'au dernier moment (concerts, disques et cinéma) toute sa lucide anxiété et sa détresse teintée d'humour. Lorsqu'il s'éteint à New York en juin 1990, un vibrant hommage lui est rendu à Harlem par tous ses amis musiciens, alors que ses cendres s'éparpillent sur l'East River et que sa voix d'outre-tombe, inoubliable et impérissable, ne cesse de voltiger entre Queens et Manhattan.

Oscar Pettiford : premier de cordée

Dans la droite ligne de son prédécesseur Jimmy Blanton, à qui il voue une profonde admiration, le contrebassiste Oscar Pettiford va faire autorité dans le milieu du bop. Ses inventions mélodiques, le raffinement de ses développements harmoniques, son tempo rigoureux, ses relances intuitives et sa sonorité richement boisée présentent toutes les caractéristiques du bassiste irréprochable. Né le 30 septembre 1922 dans l'Oklahoma, ce musicien d'origine amérindienne aura pourtant peu de temps pour s'exprimer. Après avoir travaillé dès l'âge de vingt ans avec les orchestres de Charlie Barnet,

Lionel Hampton, Lucky Millinder et Roy Eldridge, il s'associe à Dizzy Gillespie pour monter en 1944 l'un des premiers combos be-bop. Il dirigera bientôt son propre groupe et suivra Coleman Hawkins en Californie. Il passe ensuite trois années dans le big band de Duke Ellington. En 1948, il est à la tête de son trio à Los Angeles et collabore également à la formation de Woody Herman. À cette même époque, il s'initie au violoncelle, qu'il intègre subtilement au jazz avec une étonnante agilité, notamment dans son jeu de pizzicato. Extrêmement recherché, que ce soit en musicien free-lance ou en tant que leader à la tête de petites formations et de big bands, Oscar Pettiford va mener une carrière très active tout le long des années 50. Tournées internationales, nombreuses prestations en clubs, enregistrements avec Thelonious Monk, Miles Davis, Sonny Rollins, Earl Hines, Johnny Hodges, Sammy Price..., il répond à toutes les sollicitations et il n'y a pas un seul domaine du jazz qui ne soit dans ses cordes. Lorsqu'en 1958, il décide de parcourir l'Europe, il travaille en France et en Allemagne aux côtés de Stan Getz (ts) et Bud Powell avant d'aller s'installer au Danemark. Il ne profitera malheureusement pas de cette terre d'asile où il vient d'élire domicile. Le 8 septembre 1960, une infection virale le foudroie alors qu'il n'a que trente-huit ans. Pour tous les contrebassistes en mal d'altitude, les pièces écrites par Oscar Pettiford, telles que *Laverne Walk* ou *Tricotism,* représentent encore aujourd'hui autant d'ascensions périlleuses dont on ne peut atteindre le sommet qu'à la seule condition d'être arrimé à une technique infaillible.

Milt Jackson : le gentleman

Après Lionel Hampton, beaucoup ont pensé que le vibraphone avait atteint son point de maturité. Milt Jackson, né à Detroit le 1er janvier 1923, viendra relever le défi de succéder à celui qui fut l'incontestable pionnier des mailloches. Élevé dans le giron de l'Église, où il s'imprégne très tôt de chant gospel, le jeune Jackson suit une formation musicale théorique au Michigan State College tout en pratiquant divers instruments dont le piano, la guitare, la contrebasse et... le vibraphone, auquel il décide de se consacrer sérieusement. A l'écoute des premiers balbutiements discographiques du bop, il échappe progressivement à l'influence d'Hampton en adaptant sa technique déjà solide au discours de Parker-Gillespie. Repéré par Dizzy, il arrive à New York en 1945 et fréquente le « gratin » de la 52e Rue. C'est pourtant à Los Angeles qu'il enregistrera son premier disque derrière la chanteuse de blues et rhythm'n blues Dinah Washington. Il lui faut attendre 1947 pour jouer et enregistrer avec les combos ou le grand orchestre de son protecteur, Dizzy Gillespie. À cette même époque il côtoie, sur scène ou en studio, Coleman Hawkins (ts), Nat King Cole (voc, p), Lucky Thompson (ts), Illinois Jacquet (ts), Charlie Parker (as), Thelonious Monk (p), Tadd Dameron (p, arr), Howard McGhee (tp), Fats Navarro (tp), les big bands de Machito (perc), Gil Fuller et Woody Herman, ainsi que les excellents John Lewis (p), Kenny Clarke (dms) et Ray Brown (b), trois musiciens qui s'avéreront déterminants pour la suite de sa carrière. Aguerri par ses multiples expériences freelance, Milt Jackson décide de fonder le MJQ dès 1951 (le Milt Jackson Quartet, qui deviendra le Modern Jazz Quartet dès la fin 1952). Tout d'abord composé de John Lewis, Kenny Clarke et Ray Brown, ce dernier bientôt remplacé par Percy Heath (b), le groupe trouvera sa forme définitive en 1955 lorsque Connie Kaye (dms, 1927-1994) se substituera à Clarke. Le sort musical de Milt Jackson sera désormais intimement lié au devenir de ce quartette de chambre dont la notoriété mondiale ira croissante pendant près de trois décennies (voir chapitre suivant). Cependant, si son parcours se confond avec l'itinéraire glorieux du MJQ, Milt Jackson ne cessera de fréquenter d'autres univers et de prêter son concours à diverses expériences. On le retrouve ainsi en compagnie de Miles Davis (tp), Sonny Rollins (ts), Henri Renaud (p), Ben Webster (ts), Horace Silver (p), Ray Charles (voc, p), John Coltrane (ts), Oscar Peterson (p), etc.

Avant d'obtenir cette coloration vaporeuse et déliée, aussitôt identifiable, Milt Jackson a sensiblement évolué au cours des dix premières années de sa carrière. Métallique et incisive à l'origine, la sonorité s'est peu à peu adoucie et aérée. Utilisant un réglage ralenti du moteur qui actionne les ailettes dans les résonateurs du vibraphone, Milt Jackson a assoupli, allégé et fluidifié le discours d'un instrument qu'il caresse ou fouette avec une égale maîtrise.

Revendiquant constamment l'influence majeure du gospel et du blues, bien entendu enrichi par les digressions harmoniques du bop, Milt Jackson est un musicien équilibré et nuancé, tout à la fois prolixe en effets gracieux et capable d'effusions rythmiques parfaitement contrôlées. Toujours préoccupé par la logique des enchaînements d'accords qu'il manie avec une aisance d'autant plus étonnante qu'il ne se départ jamais de sa décontraction naturelle, Milt Jackson est particulièrement brillant dans le registre languissant des ballades qu'il développe avec la classe raffinée d'un gentleman dont le flegme distant cache souvent une pudique ferveur. Ce joaillier de l'harmonie, ciseleur de croches et tailleur de soupirs, repose définitivement ses mailloches le 9 octobre 1999. Juste quelques gouttes de cristal pur avant le grand silence…

Jay Jay Johnson : les coulisses du bop

Tout comme Milt Jackson est le principal représentant du bop sur le vibraphone, au même titre que Buddy DeFranco à la clarinette et Barney Kessel à la guitare (voir notices plus loin), le mystérieux Jay Jay Johnson va être la première figure marquante du trombone moderne. Né à Indianapolis le 22 janvier 1924, il décide de devenir musicien professionnel à l'âge de dix-sept ans. Tout d'abord influencé par des trombonistes de l'ère swing tels que Trummy Young et Dicky Wells, il apprend son métier, entre 1941 et 1946, dans les orchestres de Clarence Love, Snookum Russell, Earl Coleman, Benny Carter et Count Basie, avant de fréquenter les boppers de la 52e Rue. Conjointement à une collaboration avec le groupe du fougueux Illinois Jacquet (ts) qui durera jusqu'en 1949, Jay Jay Johnson va se frotter aux novations du be-bop, qui infléchiront radicalement son jeu. Adoptant un habile compromis entre les fulgurances legato de Parker et les cadences staccato de Gillespie, il s'immergera pleinement dans le mouvement bop et révolutionnera l'histoire de son instrument en négligeant les effets de glissando qui pourraient gêner l'attaque mordante de ses solos. Incisif, mais jamais agressif, Jay Jay Johnson sait en outre préserver la plénitude et la rondeur du son, souvent moelleux dans le registre grave, et une élégance soyeuse qui trouve toute sa densité dans les tempos lents. Parfaitement intégré dans le milieu musical new-yorkais, il va enregistrer avec des partenaires d'envergure, notamment Bud Powell et Sonny Stitt, ainsi que Charlie Parker, qui fait appel à ses services, le 17 décembre 1947, pour une séance en sextette réunissant Miles Davis (tp), Tommy Potter (b), Max Roach (dms) et Duke Jordan (p). Il va ensuite travailler avec les formations de Woody Herman et de Dizzy Gillespie entre 1949 et 1951, avant de partir en tournée pour l'Extrême-Orient aux côtés d'Oscar Pettiford. À son retour, en 1952, il trouve peu d'engagements et se voit contraint de travailler comme contrôleur dans une usine. Il réapparaît en 1954 dans un duo détonant avec son collègue Kai Winding (1922-1983), tromboniste moins retenu et moins velouté mais cependant très proche de ses conceptions. À la tête du Jay and Kai Quintet, les deux partenaires seront les ambassadeurs du trombone bop pendant deux années de succès ininterrompu. Après la dissolution du groupe, ils se retrouveront de façon ponctuelle pour des enregistrements (en 1958 puis 1960 et 1968) et quelques tournées de prestige (en 1982 au Japon). Entre-temps, Jay Jay Johnson travaillera à la tête de ses propres quintettes ou sextettes, mais aussi avec Miles Davis (tp), Sonny Stitt (ts, as), et d'autres trombonistes tels que le frissonnant Bobby Jaspar (1926-1963) ou avec le puissant Curtis Fuller (né en 1934). De 1970 à 1987, Jay Jay Johnson va déserter la scène du jazz pour se consacrer à la composition et à l'arrangement, en particulier pour le cinéma et la télévision, dont la fameuse série *Starsky et Hutch*. Sans toutefois abandonner complètement sa production discographique qu'il distille avec parcimonie, il préfère rester dans les coulisses de l'histoire, se réfugier dans l'ombre des studios et se consacrer à l'écriture pendant dix-sept années. Lorsqu'il refait surface à l'automne 1987, avec un quintette où officient Cedar Walton (p), Rufus Reid (b), Victor Lewis (dms) et Tom Gullion (ts), le héros du trombone n'a rien perdu de sa pureté et de son autorité. Parvenu très tôt au summum de l'inspiration, et peut-être vite dérouté par sa réussite précoce et ses facilités instrumentales, Jay Jay Johnson a su se jouer du temps parce qu'il savait bien que le temps jouait pour lui. Il s'éteint discrètement le 4 février 2001 dans la ville qui l'avait vu naître.

Fats Navarro : le poids des notes

Le destin tragique du trompettiste Theodore « Fats » Navarro est certainement l'un des plus désespérants de l'histoire du jazz. Enfant d'origines africaine, chinoise et caribéenne, né à Key West (Floride), le 24 septembre 1923, il commence sa carrière professionnelle à l'âge de seize ans, en tant que saxophoniste ténor dans l'orchestre de Walter Johnson. Mais en 1941, on le retrouve trompettiste dans la formation de Snookum Russell. Il passe ensuite deux années (1943-1944) dans le big band d'Andy Kirk, où il fait la connaissance du trompettiste Howard McGhee (voir notice plus loin), un musicien déjà confirmé auprès de qui (et grâce à qui) Fats Navarro peut affirmer son talent et révéler toutes ses possibilités techniques. Vite repéré par Billy Eckstine, il rejoint le grand orchestre de celui-ci pour remplacer Dizzy Gillespie. La tâche est périlleuse mais Fats Navarro relève le défi avec panache et ne manque pas d'étonner le milieu musical de la côte est. Dès lors, celui que l'on surnommera bientôt *Fat Girl* (Grosse Fille), en raison d'un embonpoint lunaire, d'une voix douce et de manières délicatement féminines, va hanter les clubs de la 52ᵉ Rue et se frotter au gotha du be-bop. Entre 1947 et 1948, Fats Navarro va traverser les formations d'Illinois Jacquet, Tommy Reynolds, Lionel Hampton et Coleman Hawkins, avant de collaborer au travail du pianiste et compositeur Tadd Dameron (voir notice plus loin). Les deux hommes se comprennent à merveille et enregistrent quelques-unes des pièces majeures du bop entre 1948 et 1949. Entre-temps, Fat Girl va retrouver également Howard McGhee, un de ses premiers compagnons de route, et il croisera aussi les troupes du JATP de Norman Granz. Trompettiste fin, précis et véloce, Fats Navarro est avant tout un musicien qui se refuse à tout verbiage inutile. Solennel et presque hiératique, il possède une sonorité cinglante et cependant jamais agressive, une science de la construction harmonique, une invention mélodique proche de l'état de grâce et un sens du dosage qui touche souvent à la « perfection ». Mais au bout de cinq années d'urgence musicale, cinq années aussi brèves qu'intenses, cinq années ruinées par la tuberculose et la consommation effrénée de drogues dures qui le conduisent à une déchéance physique désastreuse, Navarro n'apparaît bientôt plus que comme l'ombre de ce qu'il fut. L'imposant Fat Girl, qui dominait la scène du haut de ses 159 kg ne pèse plus désormais que 50 kg. Il erre sur les planches du Café Society avec Charlie Parker, Bud Powell et Max Roach. Sublime et ultime vertige, il trouve encore la force de lever sa trompette aux côtés du Bird le 30 juin 1950, fantomatique, blessé à mort mais lucide, avant de s'éteindre une semaine plus tard, le 7 juillet au Metropolitan Hospital de New York. S'il n'avait eu ce comportement suicidaire dicté par une profonde détresse existentielle, Fats Navarro aurait certainement été un redoutable rival pour tous les trompettistes de son temps et aurait sûrement modifié l'histoire de l'instrument. Lors d'une dernière et poignante conversation avec son ami, le contrebassiste Charles Mingus, Fats Navarro s'inquiétait du « sens de l'univers », du « poids de Dieu » et des « mystères de la création » : « Je commence à croire que cette terre elle-même serait plus qu'il n'en faut à l'homme, si seulement il aimait son frère [...] J'ai donné ma part d'amour jusqu'à ce qu'ils me tuent... »

Clifford Brown : le météore

Né le 30 octobre 1930 dans le Delaware, Clifford Brown reçoit en cadeau sa première trompette à l'âge de quinze ans. Pendant quelques années, il suivra de sérieuses études de théorie musicale et de pratique instrumentale. Il n'a que dix-huit ans lorsqu'il fait la connaissance, à Philadelphie, de Miles Davis et de Fats Navarro, l'épure et la fièvre, la concision et l'incandescence. Deux rencontres déterminantes avant d'aller s'installer pour peu de temps dans le big band de Gillespie, en remplacement de Benny Harris (tp, 1919-1975). Immobilisé pendant deux ans à la suite d'un accident de voiture, Clifford Brown réapparaît sur la scène musicale en 1952, en tant que trompettiste et... pianiste dans le groupe de rythm'n blues de Chris Powell (voc, perc), avec lequel il entre pour la première fois en studio. L'année suivante, il est remarqué par le très clairvoyant Tadd Dameron, et tout comme Navarro a succédé jadis à Gillespie dans l'orchestre d'Eckstine, Clifford Brown va succéder à Navarro dans l'orchestre de Dameron en 1953. Il y reste peu de temps et passe en août de la même année dans les rangs du big band de Lionel Hampton, où il va tenir le rôle de soliste vedette, aux côtés d'Art Farmer. Entre-temps, Clifford Brown a enregistré sous son propre nom pour la marque Blue Note avec des partenaires aussi solides que Charlie Rouse (ts), Gigi Gryce (as), Art Blakey (dms) et Percy Heath (b). Profitant d'une tournée européenne avec l'orchestre d'Hampton, il va traverser la Scandinavie et la France, et fréquenter les meilleurs musiciens locaux avec lesquels il gravera plusieurs séries d'enregistrements. De retour à New York en 1954, Clifford Brown rejoint les Jazz Messengers d'Art Blakey. Une trace discographique enregistrée au Birdland permet de révéler à un large public les traits étincelants d'un jeune trompettiste désormais consacré par la distinction de « new star » dans le magazine *Down Beat.* Émotion à fleur de cuivre, sonorité large et ronde, parfois grasseyante, pureté et fraîcheur mélodique, longues phrases rigoureusement enrubannées, complexité des articulations, tempo vif-argent et netteté d'interprétation, Clifford Brown franchira une étape décisive dans le courant de l'année 1954, lorsque le batteur Max Roach lui demande de rejoindre son quintette dévolu aux turbulences énergiques du hard-bop (voir chapitre suivant). Leur collaboration, remarquable d'équilibre et inaugurée au Tiffany Club de Hollywood, durera deux années pendant lesquelles Clifford participera également à plusieurs séances avec Zoot Sims (ts, as, ss), Bob Gordon (bs), Shelly Manne (dms), Herb Geller (as), Kenny Drew (p)… En quelques mois, les enregistrements se succéderont à une cadence soutenue : Sarah Vaughan (voc) ; Helen Merrill (voc) ; orchestre à cordes arrangé par Neal Hefti ; Roach et Dameron ; Sonny Rollins (ts). Autant de notes jetées d'un seul souffle et de séances vécues dans l'urgence, comme s'il s'agissait de ne pas gaspiller une minute, de traquer les choses éphémères et de remplir chaque instant de vie, de rattraper le temps perdu ou le temps qu'il n'aura jamais l'occasion de dépenser. Le 26 juin 1956, son parcours s'achève brusquement dans un autre accident de circulation, sur la route qui le conduit dans l'Indiana, où il comptait s'acheter une nouvelle trompette.

Sarah Vaughan : la divine

Star somptueuse et sensuelle scateuse, muse swingante et séductrice susurrante, Sarah Vaughan, dite Sassy la Divine, est certainement la plus irréprochable des chanteuses de jazz. Technicienne exceptionnelle, elle n'a cependant jamais atteint au mythe comme ses aînées Bessie Smith et Billie Holiday (ou, dans une certaine mesure, Ella Fitzgerald), dont les parcours plus ou moins cahoteux et la dimension tragique ont souvent créé une image légendaire. Certains ont reproché parfois à Sarah Vaughan de ne pas s'immerger suffisamment dans les textes et d'en atténuer le sens au travers d'interprétations trop subtilement distanciées. Peut-être fut-elle « trop douée, trop heureuse, trop charmante... », selon la pertinente formule du journaliste Franck Bergerot. Mais derrière cette légèreté d'apparence et cette coquetterie, Sarah Vaughan n'a pas son pareil pour extraire la quintessence harmonique d'un morceau et en investir profondément le son, ne craignant jamais de rivaliser d'égal à égal avec les instrumentistes les plus virtuoses du bop. Née dans une famille modeste du New Jersey, un 27 mars 1924, elle prend des leçons de piano dès l'âge de sept ans et, poussée par une famille qui souhaiterait la destiner à une carrière de concertiste, elle travaille l'instrument avec sérieux au point d'acquérir une très appréciable technique. Conjointement, elle chante à l'église baptiste de Newark, accompagnant le chœur au piano ou se produisant en chanteuse soliste. En 1943, elle se présente à un concours amateur de l'Apollo de Harlem et son destin s'en trouvera bouleversé. Sarah gagne l'épreuve, empoche une récompense de dix dollars, bénéficie des conseils de son aînée Ella Fitzgerald et de l'appui du chanteur Billy Eckstine, qui la recommande à Earl Hines. Elle n'a que dix-neuf ans et se retrouve soudain chanteuse et seconde pianiste dans le big band d'Hines, où elle côtoie Charlie Parker et Dizzy Gillespie. Lorsqu'en 1944, Billy Eckstine décide de monter son propre orchestre, elle suit toute l'équipe avec, entre autres, Dizzy Gillespie, Dexter Gordon, Gene Ammons (ts) ou Art Blakey (dms). Cette même année, elle enregistre quatre titres avec un septette dirigé par Gillespie. En contact étroit avec l'élite des boppers, elle partage leurs préoccupations et se fait remarquer en 1945 par une version de *Lover Man,* gravée en compagnie de Parker et de Gillespie. Vibrato troublant, grain de voix légèrement voilé, amplitude stupéfiante de la tessiture, allant du baryton au soprano, modulation sophistiquée du volume sonore, Sarah Vaughan devient vite la diva sublime et désarmante du be-bop. Ses connaissances pianistiques lui permettent de porter sa voix sur le terrain instrumental, de pousser ses qualités naturelles grâce à sa parfaite maîtrise des suggestions harmoniques et des figures rythmiques. Avec Carmen McRae, une chanteuse moins spécifiquement bop mais tout aussi accomplie sur le plan musical, Sarah Vaughan dominera tout le monde vocal de l'après-guerre. Les instrumentistes ne s'y tromperont pas et marqueront toujours leur estime respectueuse à cette femme qui, au-delà de son avantageuse plastique, connaît parfaitement la musique. Comme le prouvent les propos de Dizzy Gillespie : « Sarah Vaughan est la “chanteuse des musiciens”, ainsi que Carmen McRae, avec leur interprétation très élaborée d'un thème. Toutes deux jouent du piano et sont capables de s'accompagner. La quinte diminuée n'a pas de secret pour elles, non plus que les enchaînement d'accords les plus audacieux sur lesquels elles sont aussi très à l'aise. »

Après un rapide passage dans le sextette de John Kirby, Sarah Vaughan devient autonome dès 1946 et accède rapidement au rang de vedette. Elle sera épaulée par des trios efficaces où l'on retrouve, entre autres, les pianistes John Malachi, Jimmy Jones, Ronnell Bright, les bassistes Joe Benjamin, Richard Davis, les batteurs Roy Haynes et Jimmy Cobb. Parmi les musiciens qui l'ont accompagnée on peut noter également Miles Davis (tp), Clifford Brown (tp), Herbie Mann (fl), Paul Quinichette (ts), Jay Jay Johnson (tb), Kai Winding (tb), Cannonball Adderley (as)... Elle profitera aussi du soutien de grandes formations menées par Count Basie, Benny Carter ou Quincy Jones, ainsi que de nombreux orchestres philharmoniques. Alternant un répertoire de standards purement jazz avec des chansons plus commerciales et luxueusement enrobées de violons, Sarah Vaughan ne trahira pas pour autant son propos de chanteuse de jazz et d'habile improvisatrice. Avant de s'éteindre le 3 avril 1990, à New York, la divine Sassy a connu les fastes d'une carrière exemplaire : concerts et festivals prestigieux, tournées internationales, radios, télévisions, premières places des référendums, ainsi qu'une multitude de succès discographiques dont le charme raffiné, la souveraine agilité et la grâce malicieuse n'ont pas fini de nous troubler.

Quelques boppers

Comme toujours, au cœur d'un même courant musical, il apparaît des musiciens chevronnés dont le talent est souvent étouffé par les monstres sacrés. Il va de soi que pour le be-bop, le phénomène est semblable aux autres genres. Peut-être même davantage si l'on tient compte de la personnalité envahissante des grands leaders « culte » qui ont initié le style et ont exercé une forte fascination auprès d'adeptes disciplinés que l'on qualifie volontiers – et faute de mieux – de parkériens, gillespiens ou monkiens, etc. selon qu'ils participent directement et activement de la démarche des maîtres, ou qu'ils s'inscrivent simplement dans leur lignage stylistique. Choisir de traiter certains musiciens au détriment d'autres tout aussi performants est la gageure imposée par le propos non exhaustif de cet ouvrage. Il est donc entendu que la liste de noms suivante, établie par ordre de naissance, présente des artistes aussi importants que ceux dont nous dressons plus loin les notices biographiques. Le principe peut paraître arbitraire mais est souvent légitimé par la singularité musicale et la dimension humaine des personnages. Un choix qui ne nous permettra donc pas de nous attarder plus longuement sur Budd Johnson (s, cl, arr, 1910-1984), Clyde Hart (p, arr, 1910-1945), Charlie Ventura (s, 1916), Curley Russell (b, 1917-1986), Tommy Potter (b, 1918-1988), Al McKibbon (b, 1919), Joe Carroll (voc, 1919-1981), Bill DeArango (elg, 1921), Duke Jordan (p, comp, 1922), Kai Winding (tb, 1922-1983), Cecil Payne (bs, 1922), Benny Green (tb, 1923-1977), Al Haig (p, 1924-1982), George Wallington (p, 1924-1993), James Moody (as, ts, fl, 1925), Dodo Marmarosa (p, 1925), Gene Ammons (ts, 1925-1974), Sahib Shihab (bs, as, 1925), Kenny Hagood (voc, 1926), Allen Eager (as, ts, bs, 1927), Red Rodney (tp, 1927), Gigi Gryce (as,

1927-1983), Frankie Dunlop (dms, perc, 1928), Johnny Griffin (ts, 1928-2008), Kenny Drew (p, 1928-1993), Barry Harris (p, 1929), Art Taylor (dms, 1929-1995), Sonny Clark (p, 1931-1963), Frank Morgan (as, 1933), Charles McPherson (as, ts, 1939)… et tant d'autres encore.

Billy Eckstine (1914-1993)

Né William Clarence Eckstein, celui que l'on connaît davantage sous le nom de « Mr B » s'est essentiellement illustré dans le registre du charme et l'*entertainement.* Après avoir chanté dans les cabarets de Detroit, Buffalo, Chicago et Washington, comme maître de cérémonie et crooner, il est engagé en 1939 dans le grand orchestre d'Earl Hines où il restera un peu plus de quatre ans. Là, il apprend la trompette et se passionne pour la toute nouvelle génération des boppers. Sur ses conseils, Earl Hines fera entrer dans son big band des personnalités aussi audacieuses que Wardell Gray, Charlie Parker, Dizzy Gillespie ou Sarah Vaughan. En 1944, Billy Eckstine décide de monter sa propre formation, dans laquelle on retrouve, outre les noms cités plus haut, des musiciens tels que Gene Ammons, Sonny Stitt, Oscar Pettiford, Fats Navarro, Miles Davis, Art Blakey… Pour des raisons économiques, « Mr B » est contraint de dissoudre l'ensemble en 1947, et entame une carrière de chanteur populaire qui l'éloignera peu à peu de la scène du jazz. Lié à la firme MGM, il connaît d'énormes succès, entrecoupés parfois de quelques éclipses, notamment dans les années 60-70. Avant de s'éteindre dans sa ville natale de Pittsburgh, il continue de se produire occasionnellement, tour à tour acteur ou attraction vocale, dans les clubs de Las Vegas, enregistre même un album jazz en 1987 avec la présence d'Helen Merrill (voc), mais il reste essentiellement inscrit dans l'histoire pour la fabuleuse formation qu'il eut le courage de soutenir pendant trois ans et dont Miles Davis se souviendra toujours avec émotion : « Jouer dans l'orchestre de "Mr B", je n'ai de ma vie connu une expérience musicale plus excitante. »

Chano Pozo (1915-1948)

Personnage haut en couleur, le percussionniste Chano Pozo, né à La Havane, frappe très tôt ses percussions (dès l'âge de trois ans) avec une fougue et un entrain qui l'amèneront aussi à faire le coup de poing dans tous les lieux chauds de Cuba. En 1947, il vient s'installer à New York, se produit dans un club (El Barrio) où il fait office de chanteur, danseur et percussionniste. Spécialiste de la petite conga, appelée *quinto,* il est recommandé par Mario

Bauza auprès de Dizzy Gillespie, qui l'associe aussitôt à son orchestre. Auteur de superbes thèmes dont *Manteca, Tin Tin Deo* ou *Guarachi Guaro,* Chano Pozo a indéniablement enrichi le répertoire bop en y apportant une notion de polyrythmie plus africaine qu'afro-américaine. Selon Gillespie : « Chano a été le premier joueur de congas intégré dans un orchestre de jazz, et il avait parfois une curieuse notion de notre musique dont certaines particularités lui échappaient [...] Il nous a appris la superposition des rythmes. C'était lui le maître [...] Les joueurs de congas qui lui ont succédé n'ont rien apporté de vraiment neuf, et ne se sont pas dégagés de son influence. Bien sûr, ils ont quelques petites idées, par-ci par-là, mais tout repose sur les bases édifiées par Chano Pozo. » Malheureusement, la collaboration ne durera que quelques mois après les premiers enregistrements. Sa réputation de bagarreur et de flambeur finira dans les rues de New York. Un épisode tragique que Miles Davis raconte avec une crudité digne des meilleurs thrillers américains : « C'était un cubain noir et le meilleur joueur de congas de l'époque. Une vraie brute. Il prenait de la drogue et ne la payait pas. On avait peur de lui parce que c'était un putain de boxeur, qui te foutait une raclée en un tournemain. Il était grand, méchant, et avait toujours un grand couteau. Il terrorisait les gens de Harlem. Il s'est fait tuer en 1948, après avoir tapé sur la gueule d'un dealer de coke latino, à Harlem, au Rio Café, sur Lenox Avenue, vers la 112e ou la 113e Rue. Le type a réclamé l'argent que Chano lui devait. Chano lui en a balancé un dans la gueule. Le dealer a sorti son pistolet et l'a descendu. Qu'il meure comme ça, ça a remué tout le monde. »

Tadd Dameron (1917-1965)

Sans jamais renier ses premiers maîtres, Sy Oliver et Duke Ellington, le pianiste Tadd Dameron s'est magnifiquement illustré dans le domaine de l'arrangement pour les orchestres bop. Instrumentiste autodidacte, il s'est peu à peu imposé comme arrangeur auprès des formations de Jimmie Lunceford, Count Basie, Georgie Auld, puis pour Billy Eckstine et Sarah Vaughan. Au début des années 40, Tadd Dameron fréquente les *jams* du Minton's Playhouse et écrit quelques thèmes pour Parker et Gillespie, dont le fameux *Hot House,* ainsi que de remarquables partitions telles que *Good Bait, Cool Breeze, Our Delight,* pour le grand orchestre de Dizzy. Orchestrateur brillant, mélodiste foisonnant et harmoniste sophistiqué, Tadd Dameron adapte les recherches et les perfectionnements formels du bop à la luxuriance des big bands. Il n'aura que peu l'occasion de diriger ses propres groupes, mais son quintette de 1948 avec Fats

Navarro et Allen Eager, son nonette de 1953 avec Clifford Brown, Benny Golson et Philly Jo Jones, ainsi que quelques formations créées pour des tournées internationales, lui permettront d'exploiter un talent trop souvent offert au service des autres, à force de modestie, d'humilité et sûrement d'un goût modéré pour le vedettariat. À la fin des années 50, il subit quelques déboires avec la justice pour consommation de drogue. Il ne réapparaîtra qu'en 1961, toujours comme arrangeur pour Milt Jackson (vib), Chet Baker (tp), Sonny Stitt (ts)... À la suite de problèmes de santé qui entraîneront une hospitalisation, un concert est donné à son profit en 1964, au Five Spot, où il fera sa dernière apparition publique. L'estime et l'admiration que lui porte toute la communauté musicale dont il fut un des guides expérimentés, se retrouvent dans le disque-hommage *To Tadd With Love* de Philly Jo Jones, entièrement consacré à ses travaux d'arrangeur.

Howard McGhee (1918-1987)

Tout d'abord attiré par l'apprentissage de la clarinette, Howard McGhee n'étudiera la trompette que vers l'âge de dix-sept ans, certainement poussé par sa fascination pour Louis Armstrong. Il commence à travailler avec des formations de facture classique, entre autres celles de Lionel Hampton, Andy Kirk, Charlie Barnet, et joue essentiellement – et logiquement – sous l'influence de Roy Eldridge. Lorsqu'au début des années 40, il rentre en contact avec les boppers, notamment Thelonious Monk et Dizzy Gillespie, son jeu gagne en expression et sa sonorité en aigu, mais dans la mesure où ses découpages rythmiques sont toujours un peu contraints, Howard McGhee reste légèrement en marge de ce que l'on pourrait appeler le noyau dur du be-bop. Malgré ses longues tirades au phrasé complexe et à la verve prégnante, il conserve toujours quelques traces de la syntaxe swing. Comme s'il ne voulait jamais tout à fait pratiquer l'idiome des modernistes, il ne cherche pas à rompre définitivement les fils de sa propre histoire et les souvenirs de ses amours anciennes. Installé en Californie, il aura la chance historique de participer à la mythique séance de 1946 pendant laquelle Charlie Parker grave son *Lover Man.* Ensuite, il croisera la route du JATP, tournera en France et en Extrême-Orient à la tête de sa formation, avant que les sempiternels problèmes de santé liés à l'abus de drogue viennent entraver le développement de sa carrière. Quelques passages aussi brefs que ponctuels dans l'orchestre de Duke Ellington et une poignée d'engagements épisodiques lui permettent de ne pas se faire totalement oublier dans les années 60 et 70. Mais c'est dans la plus grande solitude et la plus pitoyable indigence qu'il meurt à New York à l'âge de soixante-neuf ans.

Eddie Jefferson (1918-1979)

Sur les conseils de son père, qui est artiste de music-hall, le jeune Edgar Jefferson, alias Eddie, entreprend l'apprentissage de la guitare, de la batterie, du tuba et de la trompette basse. Dès sa prime enfance il se produit comme chanteur, danseur et fantaisiste. En 1939, il débute aux côtés de Coleman Hawkins et, très impressionné par le groupe des Spirits of Rhythm et plus particulièrement par le chanteur Leo Watson, il met au point un nouveau mode d'expression vocale, reproduisant par le chant quelques grands chorus instrumentaux. Eddie Jefferson n'est certes pas un vocaliste exceptionnel, sa justesse a certaines limites mais il excelle dans la flexibilité du phrasé et sa faculté à paraphraser les solos bop. Dès 1949, il grave ses premiers disques, remplace Babs Gonzales au sein de l'orchestre de James Moody en 1953, devient organisateur de tournées, continue de danser pour divers spectacles entre 1968 et 1973, travaille dans le groupe Artistic Truth de Roy Brooks (dms) puis collabore au combo de Richie Cole (as, ts, bs) jusqu'au soir où il est abattu par plusieurs coups de feu devant un club de Detroit, dans des conditions demeurées fort troubles.

Babs Gonzales (1919-1980)

C'est dans la région du New Jersey que le chanteur Babs Gonzales apprend les rudiments du piano et de la batterie. Jusqu'en 1941, il se produit avec divers groupes d'amateurs avant de se retrouver dans les formations de Charlie Barnet, Benny Carter, Lionel Hampton et Ray McKinley. Il crée ensuite sa propre équipe, singulièrement baptisée Babs'Three Bips and a Bop. Avec Tadd Dameron (as) et des partenaires de moindre calibre, il commence à chanter dans les clubs de la 52ᵉ Rue et se met à enregistrer pour la marque Blue Note. En janvier 1949, Babs Gonzales offre à Sonny Rollins (ts) sa première séance pour le label Capitol. Ses multiples orchestres verront défiler J. J. Johnson (tb), Benny Green (tb), Wynton Kelly (p), James Moody (ts, as), Roy Haynes (dms)... Par deux fois, en 1951 puis en 1953, il se fixe sur le Vieux Continent, notamment en France, et participe à de nombreux festivals. Chanteur, humoriste, animateur, producteur, disc-jockey, imprésario et écrivain (deux volumes autobiographiques), Babs Gonzales représente à lui seul l'idiome du be-bop dans l'histoire du jazz chanté. Scateur d'exception, il est l'un des premiers à harmoniser ses propres textes sur des chorus instrumentaux connus. Il meurt à soixante et onze ans, dans une indifférence quasi générale, laissant derrière lui l'un des grands standards du bop, *Oop-Pop-A-Da,* que Dizzy Gillespie popularisera avec toute la faconde que l'on sait.

Wardell Gray (1921-1955)

L'évolution de ce saxophoniste ténor est exemplaire de l'inexorable empreinte du bop sur des musiciens dont l'influence initiale est pourtant puisée chez les meilleurs représentants swing. Wardell Gray est tout d'abord engagé par Earl Hines en 1943, puis il passe chez Benny Carter et Billy Eckstine, se produit avec Dexter Gordon avant de travailler, entre 1948 et 1951, avec Benny Goodman, Tadd Dameron et, surtout, le sextette de Count Basie. Ses accentuations souples et flexibles, sa sonorité sensiblement ouatée, largement inspirées de Lester Young, se transforment radicalement à l'aube des années 50 et deviennent plus tranchantes, mobiles, incisives et endurcies. En cela, les deux versions de *The Chase,* enregistrées consécutivement en 1947 puis en 1952, en compagnie de Dexter Gordon, sont caractéristiques de cette évolution qui juxtapose (ou superpose) les styles harmonieusement conjugués du Président et de l'Oiseau. Alors qu'il entame une carrière indépendante aux côtés de Hampton Hawes (p), Frank Morgan (as), Sonny Clark (p), etc., on le retrouve assassiné sur le bord d'une route désertique du Nevada. Cette mort mystérieuse, et encore non élucidée, a donné cours aux rumeurs les plus fantaisistes et disparates (dettes de jeu, crime raciste, overdose...). Pourtant, selon les témoignages de ses confrères et amis, Wardell Gray était un des rares musiciens de sa génération à avoir mené sa carrière sans avoir recours aux stupéfiants.

Barney Kessel (1923-2004)

Nettement inféodé à l'esthétique du précurseur Charlie Christian, le phrasé parfaitement détaché de Barney Kessel ne s'embarrasse d'aucunes fioritures inutiles et intègre les déferlements harmoniques parkériens sans renier pour autant l'élégance confortable du swing. Seul guitariste véritablement marquant de la période bop, il a enregistré avec le Bird (*Relaxin'At Camarillo,* 1947) et abondamment tourné avec la troupe du JATP. Auparavant, il a fréquenté Harry Edison, Lester Young, les bigs bands de Charlie Barnet, Artie Shaw et Benny Goodman. Plus tard, au début des années 50, on le retrouve dans le trio du pianiste Oscar Peterson. Ses premières places dans tous les référendums et sa notoriété croissante l'amènent à enseigner dans des séminaires internationaux, à publier de nombreuses méthodes de guitare et à participer à une multitude de séances d'enregistrement (Louis Armstrong, Benny Carter, Nat King Cole, Roy Eldridge, Ben Webster, Billie Holiday, Buddy DeFranco...). Il s'est également associé avec Ray Brown (b) et Shelly Manne (dms) pour fonder les Poll Winners (Lauréats des référendums) et, plus tard, avec ses collègues Charlie Byrd et Herb Ellis au sein des Great Guitars

Buddy DeFranco (1923-2014)

Premier et unique représentant de la clarinette be-bop, Boniface Ferdinand Leonardo DeFranco, dit « Buddy », a su renouveler le langage d'un instrument tombé en disgrâce avec l'extinction du swing. Adaptant et transposant le phrasé parkérien, il joue une musique virtuose, harmoniquement risquée et mélodiquement sinueuse, sans toutefois se laisser emporter par la virulence ou l'impétuosité. Buddy DeFranco garde une parfaite maîtrise et une élégance raffinée dont les atouts essentiels sont la justesse, la décontraction et la fluidité. De formation plutôt académique, il a commencé de se produire avec Tommy Dorsey (chez qui il fera de fréquents passages), Gene Krupa et Charlie Barnet, avant de se lancer dans une voie plus moderniste en compagnie de Dodo Marmarosa (p), Kenny Drew (p), Art Taylor (dms), Art Blakey (dms), Dizzy Gillespie (tp), ainsi que Jimmy Rowles (p), Art Tatum (p), Barney Kessel (elg) ou Oscar Peterson (p)... Malgré un parcours varié, marqué par un bel éclectisme et une longévité qui lui permet de traverser plusieurs tendances, Buddy DeFranco garde une place historique à l'intérieur même du mouvement bop pour ses audaces innovantes et sa défense d'un instrument soudain relégué au rang de charmante relique par toute une brillante génération de saxophonistes et de trompettistes. Il faut également signaler que Buddy DeFranco a une réelle stature de chef d'orchestre (il a notamment repris la direction du Glenn Miller Orchestra), qu'il a participé à plusieurs programmes de télévisions, obtenu la première place des clarinettistes à de nombreux référendums, écrit un ouvrage théorique sur l'improvisation et signé des enregistrements personnels dont la qualité n'est jamais prise en défaut.

Sonny Stitt (1924-1982)

Aussi à l'aise sur le ténor que sur l'alto (avec quelques brèves incursions sur le baryton), le saxophoniste Edward « Sonny » Stitt fait partie de ces musiciens dont on aime retrouver les disques tout en sachant bien qu'ils ne comptent pas parmi les chefs-d'œuvre absolus. Pourtant l'homme a son importance dans l'histoire et il ne s'agit certes pas d'un hasard si Charlie Parker lui voua toujours beaucoup d'estime. Quel que soit l'environnement orchestral, il y a toujours chez Stitt un magnifique élan de générosité, une sincérité d'émotion et un sérieux qui suffisent à le maintenir dans le peloton de tête des indispensables « petits leaders ». Il a eu la chance de beaucoup enregistrer, notamment pour le label Verve, en compagnie des plus importants représentants du jazz et sa carrière est pour le moins foisonnante. Installé à New York en 1945, il côtoie le gotha du bop, calque son style sur le modèle parkérien et, pendant quarante ans, il travaillera sans discontinuer. Il joue en club, en studio ou en tournée avec Dizzy Gillespie, Kenny Clarke, Bud Powell, Bird, Milt Jackson, Billy Eckstine, Gene Ammons (ts), Roy Eldridge, Sonny Rollins (ts), Miles Davis, Stan Getz (ts), Oscar Peterson (p), Jimmy Giuffre (cl), Don Paterson (org), Zoot Sims (as, ts, ss), Paul Gonsalves, Jay Jay Johnson, Kai Winding (tb), Thelonious Monk, Art Blakey et une multitude d'autres musiciens. Vivacité et finesse des mélodies, alacrité du phrasé et sonorité dense sont les qualités essentielles que Sonny Stitt a su préserver avec une louable régularité malgré ses participations pléthoriques au JATP, l'abondance de sa production et l'éclectisme de ses rencontres.

Charlie Rouse (1924-1988)

Un peu plus de dix années passées sous la tutelle de Thelonious Monk (de 1959 à 1970) ont marqué à jamais l'image d'un saxophoniste ténor qui n'a pourtant pas attendu l'arrivée (ou le départ) du maître pour pouvoir s'exprimer. Si Charlie Rouse est de toute évidence un authentique bopper, il s'est permis quelques incursions dans les orchestres d'Ellington et de Basie, au début des années 50, juste après avoir vécu les débordements de la côte est aux côtés de Billy Eckstine, Dizzy Gillespie, Fats Navarro, Tadd Dameron, etc. Saxophoniste à l'élocution généreuse, à la sonorité dense et serrée, il servira la musique de Monk avec dévouement et abnégation jusqu'à ce qu'il décide d'étudier l'art dramatique au début des années 70. Il reviendra cependant au jazz pour participer au groupe Sphere – avec Kenny Barron (p), Buster Williams (b), Ben Riley (dms)–, qui tentera de réanimer et de promouvoir, autant sur scène que sur disques, l'univers de Monk dont l'ombre ne cessera jamais de planer au-dessus de ses fidèles disciples.

Roy Haynes (1925)

«Je suis ce qu'on peut appeler un batteur "naturel". J'ai toujours eu un feeling pour la batterie, aussi loin que je remonte dans mes souvenirs [...] J'ai étudié brièvement plusieurs fois, mais c'est sur scène que j'ai appris l'essentiel, avec des musiciens.» Roy Haynes semble d'une grande clairvoyance sur la singularité spontanée de son propre jeu et l'authenticité de ses interventions. Batteur enraciné dans le be-bop mais sachant déployer son énergie dans toutes les ramifications du jazz, il a traversé, depuis 1945, le paysage le plus largement panoramique qu'il est possible de rencontrer pour un musicien de sa génération. Luis Russell (p), Lester Young (ts), Kai Winding (tb), Charlie Parker (as), Thelonious Monk (p), Stan Getz (ts), Jacky McLean (as), Eric Dolphy (as, fl), Sonny Rollins (ts), John Coltrane (ts), Phineas Newborn (p), George Adams (ts, as), Ralph Moore (ts), David Kikoski (p), Chick Corea (p), Michel Petrucciani (p), Pat Metheny (elg)..., les tambours de Roy Haynes ont crépité pendant un demi-siècle sans crainte des frontières et sans souci des générations. Caisse claire mate, sans excès de timbre ou de résonance, cymbales généreusement frissonnantes, élaboration contrastée des solos, écoute rigoureuse des partenaires, Roy Haynes véhicule l'héritage du bop dans une veine toute personnelle.

Ray Brown (1926-2002)

Il serait préférable de dresser la liste de tous ceux qu'il n'a pas accompagnés pour avoir une idée de la discographie exceptionnelle de cet immense contrebassiste. Pilier indestructible des meilleures sections rythmiques, soliste précis et souple, Ray Brown se caractérise par un swing et une mise en place au cordeau, un son plein et rondement boisé, une *walking bass* superbement façonnée et un tempo en acier galvanisé. Ce maître d'œuvre de la basse moderne a fréquenté les ateliers bop de la 52e Rue dès l'âge de vingt ans, en compagnie de Dizzy Gillespie, Charlie Parker, Bud Powell, Max Roach. «Ils ont fait de moi ce que je suis devenu», dira-t-il plus tard. Membre du combo et du premier big band de Gillespie jusqu'en 1948, il décide ensuite de monter son trio avec Hank Jones (p) et Charlie Smith (dms). À cette même époque, il épouse Ella Fitzgerald et l'accompagne en tournée. Personnage stable et solide, Ray Brown rentre dans le trio d'Oscar Peterson en 1951 et n'en partira que quinze ans après. Pendant près de vingt ans, il participera également aux festivités du JATP et, à plusieurs occasions, il enregistrera avec les Poll Winners en compagnie de Shelly Manne (dms) et Barney Kessel (elg). À partir de 1966, il se fixe en Californie, travaille pour le cinéma et la télévision, participe à des centaines de séances en tant que musicien indépendant, occupe les fonctions de directeur musical du Festival de Monterey, organise des concerts au Hollywood Bowl, écrit une méthode de contrebasse, crée le groupe LA Four, dans lequel on retrouve Shelly Manne (dms), Laurindo Almeida (g) et Bud Shank (as, bs, fl). Au début des années 80, il forme un quintette avec Milt Jackson, poursuit ses activités en trio avec le pianiste Monty Alexander, tourne inlassablement dans le monde entier. Il a également enregistré avec le jeune contrebassiste français Pierre Boussaguet, en qui il a trouvé l'un de ses plus fidèles et brillants héritiers.

Dans la foulée du bop

Les apports du mouvement bop sont considérables et laisseront des empreintes souvent indélébiles. Certains musiciens en garderont les traces inaltérables jusqu'à devenir parfois les copies conformes de ce qu'ils furent à leur début, d'autres s'inspireront largement de la démarche initiale pour la transporter sous d'autres latitudes. Nous le constaterons dans les étapes suivantes ; le cool et le hard bop ne seront que l'extension ou la réduction des effets du bop, la réaction des initiateurs du free jazz trouvera ses racines dans les exigences esthétiques et la rigueur même du langage bop. Jusqu'à nos jours, il ne se trouve pas un seul musicien digne de ce nom qui ait pu faire l'impasse sur la cohérence harmonique et la pureté fondatrice du bop. Un demi-siècle après son avènement, le bop reste curieusement un discours dominant sur lequel viennent se greffer de nouvelles approches qui ne peuvent cependant en dénaturer les fondements. Grâce ou à cause du bop, les courants qui suivront se modèleront en accord avec ses acquis ou en réaction contre sa perfection autant formelle que conceptuelle. Interrogé sur la disparition du bop, Max Roach répond sans détour : « Pour commencer, je ne comprends pas que l'on parle de la mort de quelque chose. On vit dans une société où il faut chaque année avoir absolument le dernier modèle de voiture, ou d'autre chose. C'est un ordre, un impératif. Quand ils veulent lancer une nouvelle mode, sans s'occuper de la précédente, ils lui collent une étiquette quelconque qu'ils font sauter un peu plus tard. Je n'ai jamais ressenti que la musique des années 40 fût morte. Pour moi, elle est toujours vivante, bien plus même qu'à cette époque où elle était encore au stade embryonnaire. Elle a représenté le point de départ de l'admiration mondiale pour la créativité et la virtuosité des Noirs, à travers les grands noms qui l'ont fait naître et évoluer comme Art Tatum, Dizzy Gillespie, Charlie Parker et Bud Powell... »

Ainsi le bop vient grossir et élargir le long fleuve du jazz, au même titre que d'autres affluents fondamentaux tels que le blues, le gospel, le *stride*, le new orleans ou le swing. Parmi les musiciens qui suivent, on trouve autant les disciples fidèles, étroitement attachés au bop, que d'autres artistes, en principe moins portés vers l'élocution boppisante mais malgré tout perméables à ses effets d'imprégnation. Certains vont donc se situer entre tradition et modernité, à cheval sur plusieurs tendances et démontrant une inspiration éclectique. Sans que l'on puisse les placer davantage dans les courants purement cool et hard bop, ils n'en reste pas moins que leurs carrières ont été construites dans la foulée du bop...

Hank Jones (1918-2010)

Frère aîné de la famille Jones qui a beaucoup fait pour la patrie du jazz, puisque Thad (1923-1986) joue de la trompette et Elvin (1927) de la batterie, le pianiste Hank Jones fait partie de ces musiciens que l'on aime retrouver au dos des pochettes de disques tant sa technique irréprochable est devenue un label de garantie. Lorsqu'un homme de sa trempe tient le piano dans une séance, si routinière soit-elle, on est assuré d'y retrouver la qualité d'un phrasé limpide, d'un jeu équilibré entre la volubilité et l'intimisme, d'un placement rythmique jamais pris en défaut et d'un compromis subtil entre le classicisme swing et la modernité bop. Comme beaucoup, il a subi les influences d'Art Tatum et de Bud Powell mais, davantage que quiconque il a su en extraire un discours original où les références deviennent jubilatoires et ne souffrent pas de la comparaison. En dehors de son modeste mais mirifique travail de *sideman* avec Hot Lips Page, Andy Kirk, Coleman Hawkins, Ella Fitzgerald, Benny Goodman, Charlie Parker..., Hank Jones a dirigé ses propres trios (dont le Great Jazz Trio au début des années 80) avec des rythmiciens de tout premier ordre : Tony Williams (dms) et Ron Carter (b), Eddie Gomez (b) et Jimmy Cobb (dms), Dave Holland (b) et Billy Higgins (dms)... Tout un florilège.

Anita O'Day (1919-2006)

Voici une chanteuse que l'on ne peut certes pas rattacher directement à l'école du bop mais qui mérite d'être citée derrière une référence telle que Sarah Vaughan. Anita O'Day fit souvent figure de marginale dans la production américaine. Oubliée ou délaissée pour d'autres artistes éphémères, Anita O'Day n'en a pas moins été la plus grande coqueluche des années 40, avec plus d'un million et demi de *And Her Tears Flowed Like Wine* vendus en 1944, en compagnie du Stan Kenton Band. Elle commence à chanter très jeune dans des spectacles de danse et, complètement autodidacte, elle devient professionnelle à l'âge de vingt ans en s'intégrant au quartette du pianiste Max Miller. Elle obtient rapidement quelques succès retentissants au Three Deuces, dans l'orchestre de Gene Krupa, avec lequel elle grave un chapelet de tubes scat et lance des réparties cinglantes à la trompette de Roy Eldridge. La carrière d'Anita O'Day fut, pendant cinq décennies, ponctuée de rencontres fructueuses et d'expériences toujours risquées. Celle qui fut surnommée « The Jezebel of Jazz » s'est frottée aux plus grands : Oscar Peterson, Buddy DeFranco, Herb Hellis, Woody Herman, Hank Jones, Chet Baker... Influencée par Mildred Bailey et Billie Holiday, elle a su trouver un style personnel empreint d'humour, nuancé, pétri de swing, un phrasé où l'émotion prime sur la technique. Anita brune, Anita blonde, Anita juvénile, Anita vieillissante, peu importe. Elle reste confondue dans la même image, élancée et naturellement distinguée. Elle fut probablement la seule chanteuse blanche à pouvoir rivaliser avec les grandes vocalistes noires.

Carmen McRae (1922-1995)

Moins célèbre que Sarah Vaughan, la vibrante Carmen McRae n'en est pas moins une vocaliste exceptionnelle. En 1943, elle débute comme pianiste et chanteuse dans les cabarets new-yorkais et c'est dans le haut lieu historique du Minton's Playhouse qu'elle rencontre le batteur Kenny Clarke, dont elle devient l'épouse en 1944. Par l'intermédiaire de son mari, elle entre dans l'orchestre de Benny Carter, avant de fréquenter, entre 1946 et 1950, d'autres grandes formations dont celles de Count Basie et de Mercer Ellington. Elle grave son premier disque sous le nom de Carmen Clarke avant d'entrer dans une assez longue période d'absence. Après son divorce en 1953, elle revient sur scène sous son nom de jeune fille, la voix intacte, nullement affectée par sa traversée du désert. Largement appréciée par le public américain, Carmen McRae va vite connaître un succès qui ne l'a plus quittée depuis. Entre les innombrables tournées et festivals auxquels elle participe avec son propre trio, mais aussi aux côtés de l'accordéoniste Matt Mathews ou du clarinettiste Tony Scott, elle s'impose parmi les grandes chanteuses de son temps. Héritière de Billie Holiday, dont elle fut d'ailleurs l'amie, Carmen McRae possède une voix cassée, presque blessée, travaillée dans le registre grave, avec une certaine propension à la nonchalance et à l'étirement qui la rapproche souvent de l'univers du blues. Au début des années 60, elle partagera l'affiche du show « The Real Ambassadors » monté par Dave Brubeck (p) et dans lequel elle rencontrera Louis Armstrong. À partir de 1964, elle entreprend une nouvelle carrière au Japon. Nights-clubs et festivals se l'arrachent littéralement et elle devient une des personnalités les plus adulées du public japonais. Elle mènera une vie de globe-trotter incessante, n'hésitant pas à collaborer aux albums de quelques amis musiciens dont le groupe latino-jazz de Cal Tjader ou – un duo réussi – sur un disque de sa collègue Betty Carter paru en 1988.

Red Garland (1923-1984)

Si Miles Davis ne l'avait pas embauché et estimé – « il m'apportait un toucher léger à la Ahmad Jamal, un petit peu d'Erroll Garner, auquel il ajoutait sa propre marque. Tout était là » –, le pianiste William « Red » Garland n'apparaîtrait peut-être jamais dans aucune historiographie du jazz. Discret, presque effacé, maîtrisant plusieurs langages du piano sans hausser le ton pour revendiquer une personnalité suffisamment affirmée, Red Garland a tout de même été vu en compagnie des plus grands, dès 1945 : Charlie Parker, Coleman Hawkins, Roy Eldridge, Billy Eckstine, Ben Webster... Son époque la plus glorieuse est vécue dans le quintette, puis sextette, de Miles Davis entre 1955 et 1958 (voir chapitre suivant). C'est peut-être cette disposition à intégrer les effets du bop dans un canevas classique, cette disponibilité stylistique qui consiste à évoquer Art Tatum, Bud Powell, Erroll Garner et l'aérien Ahmad Jamal que Miles affectionne tant, qui ont permis à Red Garland de se faire un nom, sans toutefois prétendre à la renommée ni à l'inscription de son patronyme en haut de l'affiche. Il a tout de même enregistré plusieurs disques en leader avec des coéquipiers que beaucoup pourraient lui envier : Ron Carter (b), Philly Joe Jones (dms), Nat Adderley (cnt), Richard Davis (b), Roy Haynes (dms)...

Philly Joe Jones (1923-1985)

Pour que l'on ne puisse pas le confondre avec son illustre prédécesseur Jo Jones (batteur de Count Basie), le batteur Joseph Rudolph Jones a été rebaptisé Philly Joe Jones en raison de sa ville d'origine : Philadelphie. À vingt ans, à peine libéré de ses obligations militaires, il passe son temps à *jammer* avec des groupes locaux ou des musiciens de passage et, dès 1945, il se joint au saxophoniste Benny Golson, avant de fréquenter Clifford Brown, Fats Navarro, Dexter Gordon et Ben Webster. Entre 1955 et 1958, il forme la rythmique du quintette de Miles Davis avec le contrebassiste Paul Chambers. Métronomique, luxuriant, toujours pertinent et généreux dans ses interventions, notamment dans l'utilisation contrastée de la pédale charleston et dans l'usage du *rim shot**, sèchement frappé sur le cerclage de la caisse claire, Philly Joe Jones établit avec Miles Davis une complicité que l'on peut presque qualifier d'extra-sensorielle : « Philly Joe était le feu qui faisait que beaucoup de choses se passaient. Il *savait* tout ce que j'allais faire, tout ce que j'allais jouer ; il m'anticipait, il sentait ce que je pensais. Si bien qu'il a pris l'habitude de marquer la fin de mon intervention d'un *rim shot* qui a pris le nom de "Philly lick", a fait sa célébrité et l'a propulsé au sommet de l'univers des batteurs. » Conjointement à sa collaboration avec Miles, il sera réquisitionné par les saxophonistes John Coltrane, Sonny Rollins, Johnny Griffin, Jackie McLean, les pianistes Wynton Kelly et Tadd Dameron, les trompettistes Art Farmer et Clark Terry, ainsi que par le grand orchestre de Gil Evans. À partir des années 60, Philly Joe Jones va s'élancer dans une carrière indépendante qui le conduira en Californie, au Japon et en Europe (où il enseignera son art dans une école parisienne fondée avec Kenny Clarke). Accompagnateur prolifique, que ce soit en tournées, disques ou festivals, il se confronte avec tous les leaders importants de l'ère post-bop, mais également avec des hommes apparentés au free jazz tels le saxophoniste Archie Shepp ou le poète-prêcheur LeRoi Jones. Après une vie bien remplie, parfois décousue et riche en excès de toutes sortes, il reviendra s'éteindre au bercail, à Philadelphie.

Pierre Michelot (1928-2005)

Les cordes de ce contrebassiste français n'ont soutenu que du beau linge : Rex Stewart, Sidney Bechet, Dizzy Gillespie, Thelonious Monk, Lester Young, Clifford Brown, John Lewis, Miles Davis, Bud Powell, Al Haig, Martial Solal, Django Reinhardt, Kenny Clarke, Stan Getz, et tant d'autres parmi lesquels ses deux complices Maurice Vander (p) et Bernard Lubat (dms)… Un son rond, épanoui, des lignes mélodiques solidement édifiées, un tempo à toute épreuve, des chorus vélocement débonnaires, le Parisien Pierre Michelot a hanté tous les clubs de la capitale à l'époque héroïque du bop (club Saint-Germain,

Ringside, Blue Note...), avant de se fixer durant les années 60 dans le trio Play Bach du pianiste dactylographique Jacques Loussier, avec Christian Garros à la batterie. Il a aussi eu l'occasion de révéler ses talents d'arrangeur à la tête de son propre grand orchestre. Peu de musiciens européens peuvent afficher un tel palmarès et son expérience lui confère une stature toute particulière auprès des grands leaders américains qui ne lui ont jamais caché leur admiration.

Betty Carter (1930-1998)

Née Lillie Mae Jones, la pétulante Betty Carter est une chanteuse souvent discutée. Certains voient en elle une vocaliste casse-cou, capable des plus hautes prouesses techniques, alors que d'autres lui reprochent une certaine affectation, des accents forcés et quelque peu maniérés. Pour lui rendre justice, il faut bien insister sur la sincérité de son propos et ses exceptionnelles facultés de scateuse. Si la technique peu paraître parfois contrainte et un peu apprêtée, il est plus pertinent de parler d'une savante domestication de ses qualités innées et d'un périlleux contrôle de la voix, souvent traitée à la manière d'un saxophone et maîtrisée sur le fil du rasoir pour en façonner toutes les possibilités sonores. Après des études de piano au conservatoire de Detroit et l'apprentissage du chant à l'église, elle travaille dans l'orchestre de Lionel Hampton entre 1948 et 1951, puis se produit sous son nom dans divers clubs et théâtres, jusqu'à ce jour de 1961 où elle passe à l'Apollo de Harlem, en première partie de Ray Charles et dont elle gagne la sympathie. Ils enregistrent ensemble un disque en duo pour la compagnie ABC-Paramount qui lui ouvrira les portes du succès. Par la suite, elle rencontrera Sonny Rollins, avec lequel elle se rendra au Japon en 1963, puis Miles Davis, Jay Jay Johnson, Dizzy Gillespie, John Coltrane... À partir de 1964, elle se rendra en Europe, notamment pour le Festival d'Antibes. De la fin des années 60 jusqu'au milieu des années 70, Betty Carter est relativement absente de la scène du jazz. Elle reviendra en fondant sa propre marque de disques, qui lui permet de produire ses albums, et retrouve peu à peu le chemin des tournées et festivals, en duo avec des pianistes (John Hicks ou Mulgrew Miller) ou à la tête de trios. Après avoir signé en 1987 avec le label Verve nouvellement ressuscité, elle continuera de propager avec enjouement un bop audacieux, servi par la pureté de son timbre.

Tommy Flanagan (1930-2001)

Du pianiste Tommy Flanagan, on pourrait se contenter de dire qu'il a accompagné Dexter Gordon, Oscar Pettiford, Jay Jay Johnson, Coleman Hawkins,

John Coltrane, Miles Davis, Ella Fitzgerald, Thad Jones, Milt Jackson, Kenny Dorham, Sonny Rollins, Hank Jones, James Moody... Toute une pléiade d'artistes prestigieux. Or, ce poète de l'églogue boppisante et du swing élégiaque balade son flegme parnassien et sa fantaisie bucolique, une pâquerette entre les dents, la démarche élastique, le nez aux quatre vents et l'œillet à la boutonnière. Sans être réellement maudit ni amalgamé aux laborieux rimailleurs, il n'a souvent été jugé par les anthologistes que comme un charmant et habile versificateur, plein de délicatesse. Mais cet homme élève tout ce qu'il touche, il récite en douceur ses sonnets sonores hors de tout calibrage systématique, il ennoblit le moindre quatrain obscur. Du *feeling* avant toute chose !

Wynton Kelly (1931-1971)

Enfant précoce, le pianiste Wynton Kelly fait ses débuts professionnels à douze ans et, trois ans plus tard, effectue sa première tournée dans les Caraïbes avec le saxophoniste ténor Ray Abrams. Il va passer ensuite cinq années avec des formations de blues et de rhythm'n blues, dans le voisinage des saxophonistes Eddie Lockjaw Davis et Hal Singer, ainsi que de la superbe vocaliste Dinah Washington (voir dernier chapitre). Entre 1951 et 1952, il grave plusieurs titres sous son nom pour le label Blue Note, joue avec Lester Young et Dizzy Gillespie, mais doit s'interrompre deux années pour aller faire son service militaire. Libéré de ses obligations, il retourne dans l'orchestre de Gillespie, y reste trois ans et décide de fonder son trio vers 1958. À cette même période, le trompettiste Miles Davis le recrute dans son quintette pour remplacer le pianiste Bill Evans (voir chapitre « Les inclassables »), et Wynton Kelly parvient à ménager sa propre carrière de leader tout en accomplissant à la perfection sa tâche de *sideman*. D'un côté, il enregistre abondamment avec son trio et de l'autre, il soutient remarquablement les saxophonistes John Coltrane, Cannonball Adderley ou Hank Mobley, partenaires à la solde de Miles Davis. « J'aimais sa manière, une combinaison de Red Garland et de Bill Evans ; il pouvait jouer presque tout. Et quel enfoiré derrière un soliste ! Cannonball et Trane l'adoraient aussi. » Miles parvient presque à oublier le départ de Bill Evans et, jusqu'en 1963, Wynton Kelly lui apporte une acuité rythmique qui aidera à maintenir la notoriété du quintette. Don d'anticipation, science de la relance discrète ou de l'impulsion abrupte, accords serrées et harmonies subtilement basiques, légitimées en grande partie par le déroulement de la ligne mélodique, son jeu est essentiellement celui d'un accompagnateur que l'on pourrait qualifier de naturel. Lorsqu'il quitte Miles Davis en 1963, Wynton Kelly va d'ailleurs travailler dans ce sens avec Paul Chambers (b) et Jimmy Cobb (dms), ses deux compagnons de l'expédition davisienne. À eux trois, ils constitueront une des sections rythmiques les plus brillantes des années 50-60.

Phineas Newborn Jr (1931-1989)

Comme le veut la tradition, le premier fils de la famille Newborn se prénommera Phineas (comme son père, batteur-chef d'orchestre) et s'assiéra rapidement devant le clavier familial (comme sa mère, chanteuse-pianiste). Enfant prodige, il fait quelques remplacements dès l'âge de onze ans dans des formations de la région de Memphis, puis va compléter son éducation musicale à l'université où il apprendra à jouer aussi de la trompette, des saxophones ténor et baryton, du cor et du vibraphone. Poly-instrumentiste accompli, il débute dans des orchestres de rhythm'n blues et dans le groupe familial dirigé par son père, avec son frère Calvin à la guitare et sa belle-sœur au chant, piano et trombone. Il rencontre sa première chance en 1950 lorsque Lionel Hampton lui demande de remplacer Milt Buckner. Phineas Newborn se plie aux contraintes du big band pendant deux ans, puis doit incorporer sa garnison pour servir sous les drapeaux. À sa libération, fin 1955, il réintègre l'orchestre de son père, part en Floride pour travailler à la radio et à la télévision. Impressionné par ses talents de pianiste, Count Basie le persuade de s'envoler pour New York et, en mai 1956, Phineas Newborn s'éloigne du rhythm'n blues et de ses fonctions de pianiste touche-à-tout pour se consacrer pleinement au jazz. En mai 1956, le voici donc programmé au Basin Street, puis au Birdland avec une rythmique onirique (Oscar Pettiford à la basse et Kenny Clarke aux tambours). Les engagement en clubs, les concerts, les enregistrements personnels se suivent et la critique le salue avec des propos unanimement dithyrambiques. En 1958, le contrebassiste Charles Mingus fait appel à lui pour interpréter la musique du film *Shadows,* de John Cassavetes. Peu après, il participe à une tournée européenne qui le conduit en France. Dès 1960, il va s'installer en Californie, se produit à la tête de son trio, signe plusieurs albums pour la marque Contemporary, mais ses apparitions en public se font de plus en plus rares. De sérieux problèmes de santé liés à un grave état dépressif l'amènent à fréquenter davantage les hôpitaux que les clubs. Ponctuée par d'interminables séjours hospitaliers, sa carrière avance en dents de scie, entre disques ponctuels et engagements éphémères, perturbée tout le long des années 70-80 par de fréquentes périodes de désertion inquiétante ou de résurrection aussi soudaine qu'inespérée. Si la virtuosité est l'apanage immédiat de son style, la force émotionnelle que dégage Phineas Newborn en appelle toujours à ses racines de bluesman. Héritier d'Art Tatum, Bud Powell et Erroll Garner, les brillances de sa technique ne sont jamais sources de performance ou d'excès. Une main gauche caracolante, des *block chords* efficaces, une frappe percussive (peut-être due aux premières influences paternelles), des jaillissements mélodiques dans la droite lignée du message parkérien, Phineas Newborn méritait mieux que ce destin désespéré et désespérant.

Phil Woods (1931-2015)

À l'âge de treize ans, Phil Woods décide de consacrer sa vie au jazz après avoir entendu une version de *Koko* par Charlie Parker. Épigone extatique du Bird, dont il épousera plus tard la veuve, Chan Parker, le jeune Woods va débarquer à New York en 1948 pour tenter sa chance. Après quatre années passées à la Juilliard School et quelques leçons avec le pianiste Lennie Tristano, il se lance enfin dans une carrière dont le parcours pourrait paraître labyrinthique s'il n'y avait le recours constant au fil conducteur du be-bop. Brillant *sideman* auprès de Jimmy Raney (elg), George Wallington (p), Friedrich Gulda (p), Dizzy Gillespie, Buddy Rich (dms), Quincy Jones (tp, arr), Benny Goodman, George Russell, Thelonious Monk..., il forme ensuite l'European Rhythm Machine lorsqu'il s'installe à Paris en 1968. Pendant quatre ans le groupe remportera un franc succès et comptera dans ses rangs Daniel Humair (dms) ainsi que George Gruntz (p) et Henri Texier (b), remplacés ensuite par Gordon Beck (p) et Ron Matthewson (b). De retour aux États-Unis en 1972, il se consacre à la composition, à l'enseignement et à la découverte de nouveaux talents, tout en se produisant à la tête de formations occasionnelles (notamment en quintette avec le trompettiste Tom Harrell) ou comme soliste invité. Son idolâtrie initiale pour le Bird s'est transformée au cours des ans en une fidélité révérencieuse, certes jamais exempte d'inévitables récurrences parkériennes mais agrémentée d'accents mélodiques volontiers lyriques ou de traits répétitifs fougueusement scandés. Puissant, véhément, virtuose et voltigeur du « néo-bop », Phil Woods est certainement l'altiste le plus intéressant de sa génération.

Jackie McLean (1932-2006)

La révélation avec Arnett Cobb, la conversion éblouie avec Lester Young et l'illumination définitive avec Charlie Parker, le new-yorkais Jackie McLean est entré en catéchèse grâce à sa fréquentation de l'Apollo, les émissions de radio et les reliques phonographiques qu'il écoute dans le magasin de disques de son beau-père. Après avoir fait ses dévotions à la New York School of Music, il fréquente le sanctuaire du Birdland dès 1949. Il s'y produit avec les apôtres Bud Powell et Thelonious Monk, puis part en pèlerinage avec Miles Davis (1951-1952). À cette même époque, il n'est pas rare que Charlie Parker lui demande de le remplacer pour certains concerts et le jeune McLean fait alors rapidement figure d'apôtre dévoué, au point de passer souvent pour un simple imitateur, une doublure zélée, un disciple sacrifié sur l'autel du bop. Il est vrai que l'alto de Jackie McLean a cette sonorité tranchante, ces découpes acérées et ces harmonies sulfureuses chères aux fidèles du Bird, mais une fréquente imprégnation bluesy, une profitable influence venue des langueurs de la côte ouest et des morsures du free jazz l'amèneront progressivement à transcender le message parkérien. En attendant, entre 1954 et 1957, Jackie McLean poursuit son périple avec Paul Bley (p), George Wallington (p), Charles Mingus (b) et les Jazz Messengers d'Art Blakey (dms). Bientôt privé de sa carte syndicale qui constitue un laissez-passer indispensable pour travailler en club, il se débat dans des problèmes que l'on qualifie souvent pudiquement de «personnels» pour ne pas allonger davantage la liste déjà trop longue des victimes de l'héroïne. De 1957 à 1961, il doit donc se produire en studio, dans la pièce de théâtre *The Connection,* avec laquelle il tournera en Europe. Lorsqu'il revient aux États-Unis, vers le début des années 60, il reprend ses activités régulières, travaille avec son propre groupe et côtoie une multitude de musiciens de la jeune garde, parmi lesquels Ornette Coleman, pour un enregistrement de *New and Old Gospel* qui confirme les désirs d'ouverture et d'émancipation stylistique de Jackie McLean. En 1967, il décide de rompre avec la drogue, s'intéresse à l'Islam et approfondit ses connaissances sur l'histoire musicale du peuple noir. Il s'éclipse alors de la scène du jazz, en profite pour étudier la flûte, pour se consacrer à l'enseignement et pour participer à des programmes de rééducation et de réinsertion pour toxicomanes. Grâce au soutien du label danois Steeple Chase, il va réapparaître dans le courant des années 70, regagner peu à peu les clubs, les tournées et les festivals, avec la complicité de son fils, le mordant saxophoniste Rene McLean, né en 1946. Le père et le fils étroitement réunis, senior et junior en communion pour porter la parole du mentor Parker, pour diffuser un bop aux prolongements multiples, nourris d'influences californiennes, africaines, latines et libertaires, sans jamais trahir l'esprit de famille.

Paul Chambers (1935-1969)

Oscar Pettiford va rencontrer un rival extrêmement sérieux avec l'arrivée du très redoutable Paul Chambers. À quatorze ans, ce jeune contrebassiste né à Pittsburgh, apparemment sensibilisé aux fréquences graves puisqu'il a fait aussi l'apprentissage du baryton et du tuba, va débuter dans le groupe du guitariste Kenny Burrell puis passera par les formations de Paul Quinichette, Jay Jay Johnson, Kai Winding et Benny Green avant de s'installer et de prendre ses aises chez Miles Davis. Dans l'entourage du trompettiste, entre 1955 à 1962, Paul Chambers va se signaler très rapidement comme l'un des contrebassistes déterminants de sa génération. Puissance de l'attaque, tempo plus que parfait, musicalité foisonnante à l'archet, sonorité grave sans être caverneuse ni diffuse, mais au contraire toujours précise et pleine de vigueur, des développements harmoniques très larges, le solide Chambers va être recherché par des leaders tels que Sonny Rollins (ts) ou John Coltrane (ts). Ce dernier lui dédiera d'ailleurs un morceau intitulé : *Mr P. C.* Après avoir quitté Miles Davis, il poursuivra dans la même voie avec le pianiste Wynton Kelly et le batteur Jimmy Cobb (autres transfuges davisiens), formant ainsi la section rythmique la plus en vogue de la décennie. Disparu trop tôt des suites d'une tuberculose, ce contrebassiste aura tout de même le temps d'assurer son tempo infaillible derrière le guitariste Wes Montgomery, le clarinettiste-saxophoniste Tony Scott ou le pianiste Barry Harris.

Lambert-Hendricks-Ross

L'origine du trio remonte à 1957 à la suite d'une tentative de Dave Lambert et Jon Hendricks, qui veulent interpréter des arrangements vocaux des succès du Count Basie Orchestra avec un groupe de choristes. Les premiers résultats s'avérant vite catastrophiques en raison du manque total de swing des choristes, les deux compères poursuivent l'expérience avec la seule Annie Ross (née en 1930), déjà connue pour avoir transcrit vocalement le solo de Wardell Gray (s) sur *Twisted.* Quant aux deux hommes, ils sont de vieilles connaissances. Dave Lambert (1917-1966), pionnier du chant be-bop, s'est produit avec Charlie Parker, Gene Krupa..., et Jon Hendricks (né en 1921), poète talentueux, n'a pas son pareil pour écrire des textes pétris d'un humour délicieusement hip. Les trois amis vont donc rester associés pour interpréter toutes les parties orchestrales en utilisant la technique du *re-recording* (réenregistrement). Le procédé vocal désigné par les Américains sous l'étiquette *vocalese* n'est pas nouveau et a déjà été initié par Eddie Jefferson, mais quoi qu'il en soit, propulsé par le succès de l'album *Sing a Song of Basie,* le trio devient vite célèbre, grave par la suite de nombreux recueils et se produit dans des festivals de renom. En 1962, Annie Ross, malade, doit quitter le groupe et céder sa place à Yolande Bavan. Le trio s'intitule désormais Lambert-Hendricks & Bavan, enregistre encore trois disques corrects pour RCA et est finalement dissout en 1964, après le départ de Dave Lambert. Capables de chanter d'une façon classique mâtinée de bop et d'improviser en scat, les partenaires du trio ont le mérite non seulement de restituer vocalement le phrasé des solistes, mais aussi de transcrire avec beaucoup de swing et de dynamisme toutes les nuances orchestrales. Le trio Lambert-Hendricks-Ross reste encore une référence pour les générations actuelles.

Les Double Six

L'ensemble vocal des Double Six est constitué en 1959 par Mimi Perrin, pianiste et chanteuse, qui a appartenu auparavant au groupe Les Blue Stars, dirigé par Blossom Dearie. À la suite du trio Lambert-Hendricks-Ross, Les Double Six réalisent de remarquables transpositions vocales de grands thèmes, fidèles à l'énoncé des chorus et aux orchestrations d'origine. Mimi Perrin, parolière et âme du groupe, réussit un tour de force en restituant les attaques, les inflexions et le phrasé d'un big band et des solistes par un modelage des syllabes sur les sons, au fil d'histoires poétiques et humoristiques. Ainsi, grâce à la technique et à l'interprétation de vocalistes hors pair, la langue française swingue avec brio. L'ingénieur du son Jean-Michel Pou-Dubois utilise une technique de *re-recording* particulière qui donne l'impression que les voix sont au nombre de douze (d'où le nom du groupe). Les Double Six se produisent sur scène aux États-Unis, au Canada et en Europe, enregistrent leur premier album en collaboration avec Quincy Jones (comp, arr) et gravent par la suite d'excellents disques, dont un avec Dizzy Gillespie. Au cours d'une carrière assez courte mais exceptionnellement féconde puisqu'elle se termine en 1966, la formation a vu défiler une quinzaine de vocalistes parmi lesquels on peut citer : Louis et Monique Aldebert, Claudine Barge, Hélène Devos, Jef Gilson, Christiane Legrand, Eddy Louiss, Bernard Lubat, Ward Swingle, Annie Vassiliu… Quant à Mimi Perrin (1926-2010), elle est devenue une des traductrices de l'anglais les plus sollicitées par le monde de l'édition. Elle a, entre autres ouvrages, traduit l'autobiographie de Dizzy Gillespie et celle de Nina Simone.

Cool et hard-bop

« Si je devais me soucier de la couleur des gens, je n'aurais jamais d'orchestre. »
Miles Davis

À l'aube des années 50, les États-Unis vont rompre avec l'isolationnisme prudent qui a souvent caractérisé leur politique. L'équilibre du monde est instable, la situation internationale se dégrade, et les contingents américains interviennent sur plusieurs fronts pour contrecarrer la puissance croissante des alliés d'hier que sont l'URSS et la Chine. Avec le plan Marshall, le président démocrate Harry Truman va soutenir l'Europe occidentale, menacée par l'effondrement économique, par le désordre social et, plus inquiétant encore aux yeux de la nation américaine toute entière, par la subversion politique venue des pays communistes. Le président républicain Dwight D. Eisenhower, successeur de Truman en 1952, va mettre fin à la guerre de Corée, engagée en 1950, mais il continuera d'entretenir plus d'une centaine de bases militaires sur tous les continents et tous les océans. Premier et dernier rempart face au bloc de l'Est, l'Amérique veut affirmer sa suprématie économique et stratégique. Pas moins de 143 milliards de dollars ont été dépensés entre 1945 et 1951 pour le soutien militaire à l'étranger et l'aide aux pays en difficulté financière. Telle est la rançon à payer pour conforter la supériorité d'un pays qui continue d'alimenter son propre mythe, celui de l'abondance, des progrès technologiques, du bien-être et du libéralisme. Réfrigérateurs rondement garnis, studios hollywoodiens, limousines rutilantes, parades optimistes, pique-niques familaux, conquête de l'espace, Coca-Cola triomphant, ponts suspendus, toasters chromés, blondes pulpeuses, déserts sauvages et juke-boxes scintillants, les États-Unis n'acceptent que les idées conformes à l'image traditionnelle que certains se font du « rêve américain ».

Guerre et paix

Cette terreur de l'agression soviétique et de la menace nucléaire entraînera à l'intérieur du pays une véritable psychose dont certains aspects prendront une tournure aussi tragique que puérile. Entre 1950 et 1954, Joseph McCarthy, sénateur du Wisconsin, déclenche une chasse aux sorcières et enquête sans scrupule sur le passé de ceux qu'il tient pour suspects de complaisance à l'égard du communisme. Il s'acharne en particulier sur d'anciens partisans du *New Deal* avec lesquels les républicains les plus conservateurs cherchent à régler de vieux comptes. McCarthy s'en prend à toutes les institutions fédérales, jusqu'à l'armée, et bien entendu au monde du spectacle, des lettres et du cinéma. Certains artistes seront condamnés au silence, à l'exil, ou pis encore, contraints à la délation.

En pleine guerre froide, l'Amérique blanche se retranche frileusement derrière le double rempart des « valeurs » nationales et de l'essor économique. L'industrie automobile est florissante, l'exploitation pétrolière prolifique et les affaires en pleine expansion. En revanche, pour la communauté noire, la situation reste inchangée tout au long des années 50, malgré l'apparition d'une petite bourgeoisie qui a su profiter des quelques opportunités d'emploi dans les centres urbains de l'après-guerre. Pour la plus grande majorité des hommes de couleur, la situation raciale n'évolue pas. Lynchages dans les états du Sud infectés de groupuscules klanistes, ségrégation, violences et mépris restent le lot quotidien. Il faut attendre décembre 1955 pour que la révolte noire prenne un tournant historique et pose les fondations d'une lutte à venir dont nous parlerons plus amplement dans le chapitre consacré au free jazz. L'incident survenu à Montgomery (Alabama) lors de l'hiver 1955 est un détonateur qui marquera tous les esprits. Une femme noire du nom de Mrs Parks, rentre d'une journée de travail épuisante et s'assied dans la partie de l'autobus réservée aux gens de couleur. Elle refuse de céder sa place à un Blanc qui la lui réclame en vertu d'une tradition depuis longtemps établie selon laquelle les Noirs doivent laisser leur place aux Blancs au fur et à mesure que le bus se remplit. Mrs Parks sera arrêtée par la police locale à la suite d'une altercation et l'événement prendra des proportions importantes lorsque le Negro National Congress et l'Association pour l'amélioration de Montgomery décideront de boycotter les autobus de la ville. Soutenu par 50 000 personnes, le mouvement durera plus d'un an et touchera d'autres secteurs, notamment le refus d'acheter dans les boutiques pratiquant la discrimination raciale. Finalement, la cour suprême déclarera illégale la ségrégation dans les transports de la ville, ainsi que dans d'autres localités de l'Alabama. Cette première action de type pacifique, couronnée par un succès juridique, contribuera également à distinguer le pasteur Martin Luther King, sur lequel nous reviendrons plus sérieusement lorsque nous aborderons les grandes étapes de la révolution noire des années 60 à travers le prisme d'un jazz libertaire et revendicateur. En attendant ce réveil en force de la communauté noire, les années 50 se rafraîchissent quelque peu. Après les incandescences et les impétuosités du be-bop, les musiciens de jazz vont donc s'orienter vers un art à la fois plus introspectif et plus détaché, savamment désabusé pour mieux masquer une profonde quête existentielle. Une paix qui s'affiche à l'extérieur avec une légèreté trop ostentatoire pour ne pas cacher quelques conflits intérieurs proches du désarroi. Malgré ces apparences de flottement, il ne s'agira nullement de réfrigérer le jazz ou d'en tiédir ses effets, mais plutôt de garder son sang froid après avoir subi le violent contrecoup du bop.

Les sept couleurs de l'arc-en-ciel

Durant cette décennie, nous entrons dans une époque de confusion stylistique qui donne lieu à un étiquetage aussi improbable qu'arbitraire. Sans aucun doute existe-t-il des dates marquantes, mais il faudra davantage comprendre les événements comme des prolongements du be-bop et des étapes évolutives sans chercher à les considérer comme des points de rupture radicale ou des effets de bascule irrémédiables. Nous parlerons davantage de sensibilités autonomes plutôt que de bouleversements historiques.

On peut globalement mettre en exergue sept phénomènes qui ont contribué à remodeler le paysage du jazz. Nous aborderons cette fresque musicale – dont le continuum apparemment heurté est cependant liée par la pérennité du swing en tant que notion fondamentale – à travers le parcours d'hommes isolés, de partenaires de circonstance ou bien de mouvements d'influence. Bonds en avant ou retours en arrière, rencontres épisodiques, expérimentations sinueuses, brouilles soudaines ou unions fidèles, perpétuation ou réactivation des valeurs, tous les acteurs qui se sont révélés après la phase pionnière du be-bop se répartiront dans un spectre que l'on peut graduer en sept couleurs, entrecroisées ou superposées, et dont le rayonnement et les différences de ton auront plus ou moins d'intensité. Avant d'aborder plus loin le développement des styles et des écoles à travers les notices biographiques des personnages essentiels, voici donc le découpage schématique des sept points d'ancrage qui vont définir les diverses orientations d'un jazz désormais fragmenté. Entre chaud et froid…

1. Nous parlerons tout d'abord de trois chefs d'orchestres blancs : le méconnu Claude Thornhill, le perspicace Woody Herman et le très contesté Stan Kenton, qui vont peu à peu s'affirmer et entretenir un vivier de jeunes musiciens dont certains, d'ailleurs, participeront successivement aux trois formules. Ces big bands, malgré des options sensiblement contrastées, constitueront le creuset de la sensibilité cool développée plus tard par les meilleurs solistes qui s'extrairont du rang. Entre ces trois gestionnaires d'orchestre, c'est Woody Herman qui restera dans les annales pour avoir su repérer, au cours des chaudes soirées du Pontrelli's Ballroom de Los Angeles, une section de quatre saxophonistes jouant dans la formation de Tommy de Carlo. Ils ont pour nom : Herbie Stewart, Zoot Sims, Jimmy Giuffre, Stan Getz, et se surnomment avec pertinence les *Brothers* (frères). Le répertoire utilisé chez Tommy de Carlo est d'inspiration « exotico-mexicaine », essentiellement consacré à la danse, mais ce pupitre étonnant présente une combinaison originale de quatre solistes jouant sur le même instrument : le saxophone ténor. Formule étrange et révolutionnaire pour l'époque, cette confrérie de souffleurs impose rapidement un nouveau style feutré, nonchalant, pudique et aérien qui fera école bien au-delà des clubs californiens. Le chef d'orchestre Woody Herman, toujours en quête de jeunes loups pour son cheptel, les remarque aussitôt et les recrute sur le champ. La bande des quatre « frères » se retrouve un temps séparée puisque Jimmy Giuffre reste sur la touche, remplacé par le baryton Serge Chaloff. Par la suite, Sam Marowitz complète la section à l'alto et les quatre compères deviennent cinq. Ils ont tous en commun cette même vénération inconditionnelle pour le jeu évanescent, limpide, économe et tendrement détaché de Lester Young. En décembre 1947, ils gravent ensemble le titre historique *Four Brothers*. Thème à l'enseigne de leur équipe (signé et arrangé par leur ex-coéquipier Jimmy Giuffre) et qui devient aussitôt le manifeste d'une nouvelle sensibilité, l'étendard qui annonce le jazz cool, en opposition au style plutôt *hot* et « nerveux » représenté encore par les boppers new-yorkais.

2. Miles Davis et Gil Evans. Un trompettiste et un arrangeur, un jeune bopper noir et un jeune marginal blanc vont s'unir pour donner naissance aux séances historiques de 1949 et 1950, regroupées sous le titre *Birth of the Cool* par le label Capitol. Soit deux années après la petite révolution hermanienne des Four Brothers, le tandem Davis-Evans va imaginer une formation à l'instrumentation singulière (trompette, cor, tuba, trombone, saxophones alto et baryton, piano, basse, batterie) pour tisser des orchestrations soyeuses, une polyphonie ombreuse et des contrepoints aériens, propres à envelopper la torpeur cristalline des interventions solistes de Miles Davis. À cette réalisation, il faut également associer les arrangements de Gerry Mulligan (bs), de John Lewis (p) et de Johnny Carisi (tp). Cependant Miles Davis lui-même sera surpris par l'utilisation du terme « cool » accolé à cette occasion : « Quant à ce titre ridicule, *Birth of the Cool*, je me demande où ils sont allés le chercher ! Quelqu'un a dû me coller cette étiquette. « Cool ». En fait je pense qu'ils veulent parler d'une sonorité douce, feutrée, pas perçante. Pour jouer ainsi il faut d'abord être décontracté, ne pas retarder, bien sûr ; mais on peut très bien placer un triolet de noires dans une mesure à quatre temps pour donner une impression de retard. Si c'est fait correctement, ça ne gênera jamais la rythmique. » L'irritation de Miles Davis se comprend parfaitement. En effet, la notion de jazz cool n'apparaît pas brutalement avec les Four Brothers ou l'enregistrement de *Birth of the Cool*. Loin s'en faut, la notion de détente préexistait dans les solos de Lester Young dès les années 30, ou même durant l'apogée du bop lorsque Miles Davis jouait *Chasin the Bird* avec Charlie Parker en 1947 ou quand le pianiste John Lewis improvisait derrière Dizzy Gillespie. Mais, quelles qu'aient été les motivations commerciales des producteurs, la naissance du cool comme phénomène médiatique s'est effectivement opérée *in vitro* dans ce laboratoire des *sessions* Capitol.

3. Lennie Tristano, un pianiste irréductible aux tendances de son époque, d'un esprit d'indépendance hors du commun, va fonder son art sur sa pratique de l'enseignement et l'analyse rigoureuse (presque clinique) des maîtres du jazz. S'il exprime ouvertement son admiration pour Charlie Parker, Dizzy Gillespie et Bud Powell, il s'insurge contre le bop établi en système et victime de sa propre sophistication : « Vous prenez *Groovin'High* et cinq disques de boppers connus pris au hasard, et vous comparez : les idées, les phrases... Vous constaterez que, si Charlie Parker voulait invoquer les lois sur le plagiat, il pourrait poursuivre en justice presque tous ceux qui ont fait un disque depuis dix ans ! Si j'étais Bird je ferais jeter en prison tous les meilleurs boppers du pays ! » Mais, en revanche, Lennie Tristano réfute son assimilation au mouvement cool, précisant fermement : « Cool jazz, pour moi, n'a aucun sens. C'est une étiquette commerciale qui fut collée sans aucune logique à la musique que j'ai enregistrée il y a quelques années avec mes groupes. "Cool jazz" est un terme stupide. Le jazz qu'on jouait, nous, n'était pas du tout "cool", je peux vous l'assurer. Il était décontracté, sans attitude spectaculaire, sérieux et engagé, ça oui, mais certainement pas "froid". » Déclaration d'une superbe sagacité de la part d'un gourou dont le paradoxe est d'avoir engendré toute une phalange de disciples la plupart du temps amalgamés au style cool ou west coast...

4. Cool. Voilà donc l'attitude qu'il faudra désormais adopter pour les jeunes musiciens de l'après-bop. Le terme « cool », que l'on traduit généralement par « froid » ou « frais », est un terme trop réducteur pour que l'on puisse s'en satisfaire complètement. Il s'agit plutôt d'une tendance à la décontraction, l'adoption d'une sonorité veloutée et vaporeuse, voire diaphane, l'atténuation ou la disparition du vibrato, la discrétion du timbre, la délicatesse du toucher, la sobriété de l'expression et une inclination pour le dépouillement. Nous évoquerons plus loin les spécificités de ce mouvement à travers l'œuvre de solistes blancs tels que Stan Getz, Chet Baker, Gerry Mulligan, les tristaniens Lee Konitz et Warne Marsh, ainsi que quelques autres instrumentistes désormais issus des orchestres de jazz blanc. En effet, exceptés Bix Beiderbecke pour la période new orleans et Benny Goodman pour le style swing, les musiciens blancs se sont illustrés jusqu'à présent dans l'ombre des grands leaders noirs. Dorénavant, grâce à l'émergence du jazz cool, ils pourront affirmer une autre sensibilité et rivaliser avec les meilleurs représentants de la communauté noire. Il n'est pas exagéré d'affirmer qu'à partir des années 50, l'appartenance raciale ne représente plus l'élément déterminant d'une quelconque qualité musicale et que le jazz devient réellement l'expression la plus symbolique du grand brassage américain.

5. West Coast Jazz. Cette curieuse appellation géographique, dont les frontières sont plutôt floues, correspond avant tout à un slogan publicitaire habilement lancé par les maisons de disques qui pensent ainsi stimuler une fructueuse compétition entre les musiciens new-yorkais et les californiens. Le trompettiste Shorty Rogers, l'un des représentants éminents du jazz de la côte ouest, dénoncera pourtant cette opposition stérile : « Vous savez, nous n'avons jamais eu l'intention de jouer quelque chose de différent et spécifique qui puisse être baptisé "jazz west coast". » Nous avons vu qu'après les tribulations de La Nouvelle-Orléans, l'époque glorieuse de Chicago et les nuits héroïques de Kansas City, c'est essentiellement à New York que le jazz a trouvé son centre de gravité. Mais l'industrie du cinéma et la floraison des studios sur les bords du Pacifique vont entraîner le déplacement de nombreux musiciens vers un pôle économique qui leur permet de gagner correctement leur vie tout en poursuivant une carrière autonome de jazzman. Il y a certainement des similitudes entre les protagonistes du jazz que l'on dit west coast. Nombreux joueront dans les orchestres de Woody Herman et de Stan Kenton, seront de bons lecteurs et de solides techniciens, auront recours aux arrangements contrapuntiques et aux alliages sonores sophistiqués, souvent marqués par l'esthétique cool énoncée dans le nonette de Miles Davis et parfois issus de l'école tristanienne, mais de nettes divergences musicales et de profondes différences comportementales ne permettent pas de mettre tous les *westcoasters* dans le même moule. Le jazz west coast ne peut donc pas être considéré comme un style défini, il s'agit plutôt d'une sensibilité.

6. Hard-bop. En réaction contre les évanescences mélodiques, la décontraction rythmique et l'expression alanguie du jazz cool, la communauté musicale noire de la côte est va connaître un nouveau sursaut dès la moitié des années 50. La plupart des jazzmen new-yorkais sont les tenants d'un jazz incisif, *hot,* nerveux et nourri des fulgurances parkériennes. Ils considèrent que le discours cool a dévitalisé et affadi l'énergie du jazz. Boppers confirmés de la première période ou jeunes loups fébriles, ils iront donc puiser aux sources mêmes de l'art afro-américain la simplicité écorchée du blues et la ferveur du gospel pour redynamiser les acquis du bop, dont le grand public s'est peu à peu détourné. Le hard-bop (littéralement : bop dur), dont nous approcherons plus loin les protagonistes et leurs différents apports stylistiques, entraînera l'émergence d'une multitude de solistes tels que les bouillants messagers d'Art Blakey et Horace Silver, ou les saxophonistes John Coltrane, Sonny Rollins et Cannonball Adderley. Mais, comme d'habitude, les barrières ne sont pas dressées de façon aussi simple que l'on pourrait le croire. Des musiciens de la côte ouest, indifféremment blancs ou noirs, seront aussi des propagateurs actifs d'un hard-bop à la fois subtil et virulent. Tout comme Miles Davis, que l'on retrouve décidément partout et qui ne sera pas étranger à cette résurgence des valeurs noires.

7. *The third stream**, que l'on peut traduire littéralement par « le troisième courant », ne sera certainement pas une lame de fond. Juste une nouvelle vague d'influence qui, à dater du milieu des années 50, se développera sous la houlette du pianiste John Lewis et du corniste Gunther Schuller. Une vision œcuménique de la musique va se dessiner sous la forme hybride d'un jazz partiellement écrit et raisonnablement improvisé, où s'intègrent les éléments de la tradition classique européenne (de la fugue jusqu'aux récentes expérimentation dodécaphoniques) et l'élaboration de formes orchestrales jusque là inusitées comme, par exemple, le quatuor à cordes. Théorie vertueuse de la synthèse, de l'ouverture, du collage et de l'amalgame, le troisième courant est avant tout un phénomène d'utopie culturelle qui préfigure les éclectismes et les éclatements du jazz contemporain.

Claude Thornhill : le méconnu

Ce n'est pas tant le pianiste – certes correct mais sans invention particulière – qu'il faut retenir mais plutôt le chef d'orchestre subtil et avisé. Né dans l'Indiana le 10 août 1909, Claude Thornhill apprend le piano vers l'âge de dix ans et suit les cours du conservatoire de Cincinnati avant de se perfectionner au Curtis Institute. Résidant à New York dès le début des années 30, il travaille comme pianiste-arrangeur pour les grands orchestres de Paul Whiteman, Benny Goodman, Ray Noble et pour le chanteur Bing Crosby. Il monte ensuite sa propre formation et s'occupe de la direction musicale de la vocaliste Maxine Sullivan. En 1940, il monte un big band dans lequel, dès l'année suivante, l'arrangeur Gil Evans va donner toute la mesure de sa science orchestrale et poser les bases d'un jazz à la coloration en camaïeu, à la texture veloutée et aux atmosphères légèrement nuageuses. Au sein de la formation de Thornhill va se développer ainsi une nouvelle conception de l'orchestration qui prévaudra, huit ans plus tard, aux *sessions* du disque *Birth of the Cool*, que Gil Evans signera aux côtés de Miles Davis. Ce dernier admettra d'ailleurs sans ambiguïté la filiation stylistique : « Cet album est né de séances où nous tentions de retrouver le son de l'orchestre de Claude Thornhill. Sauf que nous le voulions aussi petit que possible. » C'est chez Thornhill que Gil Evans emploiera ses premiers effets d'instrumentation tels que l'intégration de deux cors d'harmonie ou d'un tuba, bénéficiant également de la présence de jeunes musiciens comme Lee Konitz ou Gerry Mulligan. Dans le courant des années 50, Claude Thornhill se retirera peu à peu du milieu musical et mourra d'une crise cardiaque, à New York, le 1er juillet 1965. Trop souvent minimisé ou carrément passé sous silence, l'orchestre de cet homme tranquille, précurseur sans ostentation, constitue un des chaînons fondamentaux de l'ère post-bop.

Woody Herman : le troupeau

Né le 16 mai 1913 à Milwaukee (Wisconsin), le clarinettiste Woodrow Charles Herman, alias « Woody », aurait pu figurer parmi les représentants de l'ère swing, s'il n'avait tenu à se renouveler constamment, au point d'atteindre sa pleine maturité et de définir les caractéristiques de son style à l'approche des années 50. Apprenti saxophoniste à onze ans, avant d'étudier la clarinette à quatorze ans, il semble avoir fait preuve de facilités précoces si l'on tient cas du titre dont il hérite aussitôt : « The Boy Wonder of the Clarinet ». Mais, curieusement, cet enfant prodige à la technique fort honorable ne se considérera jamais comme un musicien de grande valeur, avouant même un certain déplaisir à jouer de la clarinette. Entre 1928 et 1934, il traverse diverses formations avant d'entrer dans l'orchestre d'Isham Jones (s, b, 1894-1956) dans lequel il se fixe deux années durant. Lorsque le groupe se dissipe à l'été 1936, Woody Herman reprend le personnel des Isham Jones'Juniors et devient ainsi directeur de son premier orchestre à l'âge de vingt-trois ans. Dès cet instant, il ne cessera de diriger différentes équipes jusqu'à sa dernière heure, montant et remontant de nouvelles formules, privilégiant toujours ses fonctions de meneur d'hommes plutôt que son rôle de musicien soliste pendant près d'un demi-siècle d'activité.

Aussitôt, la formation initiale affichera fermement, et sans équivoque, ses intentions musicales avec cette appellation en forme de slogan : « The Band that Plays the Blues ». Woody Herman rencontre le succès assez facilement avec le titre *Woodchopper's Ball,* enregistré en 1939, qui lui assurera une notoriété plus qu'appréciable dans la mêlée des big bands swing. Mais, en 1943, une étape décisive va être franchie. À la suite de nombreux changements de musiciens, l'orchestre est rebaptisé The First Herd (le premier troupeau) et s'en va transhumer sur de nouveaux territoires. Sonny Berman (tp), Pete Candoli (tp), Conte Candoli (tp), Shorty Rogers (tp), Flip Philips (ts), Bill Harris (tb), Billy Bauer (g), Chubby Jackson (b), Dave Tough (dms), Don Lamond (dms), ainsi que les arrangeurs Ralph Burns (p) et Neal Hefti, vont se succéder pour imposer un répertoire éclatant *(Caldonia, Apple Honey, North West Passage, The Good Earth, Wild Root...),* un style richement élaboré, partagé entre les flamboyances du swing et la modernité harmonique du bop. Captivé par le travail de l'orchestre, Igor Stravinsky écrira spécialement à son intention une pièce intitulée *Ebony Concerto* et dont la première mondiale aura lieu au Carnegie Hall, le 22 mars 1946. L'année suivante, Woody Herman va s'installer en Californie et, une fois de plus, le personnel est renouvelé. C'est avec The Second Herd, deuxième troupeau, qui compte dans ses rangs un pupitre de quatre saxophones aux colorations inhabituelles, que Woody Herman va entrer dans le cercle très estimé des novateurs, des initiateurs de mouvements et des chefs de file. Avec les Four Brothers, composé de Stan Getz, Zoot Sims, Herbie Stewart, Serge Chaloff, et grâce aux arrangements de Jimmy Giuffre (voir pages précédentes), Woody Herman est en parfaite adéquation avec les préoccupations de son époque et les devance même avec une intelligence intuitive. Les inflexions ouatées, les harmonisations langoureuses et les chorus relâchés du quarteron fraternel permettront à Herman de figurer à la pointe de l'esthétique cool. Dès lors, sans chercher à gérer davantage sa dimension historique en s'installant dans une orthodoxie purement cool, Woody Herman poursuivra son voyage orchestral avec éclectisme et acharnement, dirigeant un Third Herd aux accents énergiques et à l'enthousiasme festif, résistant au déclin des big bands avec la structure plus réduite des Woodchoppers, luttant sans se décourager pour maintenir en vie plusieurs Thundering Herds, où défileront Frank Tiberi (ts), Sal Nistico (ts), Phil Wilson (tb), Jake Hanna (dms) ainsi que de nombreux transfuges d'orchestres universitaires. Toujours à l'écoute des jeunes instrumentistes, il adaptera certaines compositions de John Coltrane ou de Chick Corea, et se laissera aller parfois à quelques incursions dans le jazz rock, sans pour autant abandonner la défense d'un swing accrocheur, marqué par l'enjouement et une certaine exubérance. Mais, poursuivi par une mauvaise étoile (fisc, problèmes financiers, manager sans scrupule, problèmes de santé, personnel instable...), Woody Herman va passer les dernières années de sa vie à s'accrocher désespérément à son bâton de berger pour tenter de faire survivre un troupeau affaibli et dispersé. Malgré le soutien et la mobilisation de ses fans (parmi lesquels on compte Peggy Lee, Frank Sinatra et Clint Eastwood), il meurt dans la ruine et la solitude, le 29 octobre 1987 à Los Angeles.

Stan Kenton : avant-garde et arrière-plan

S'il est un sujet épineux à aborder, c'est bien celui de l'extravagant Stan Kenton. Homme de l'excès, de l'emphase et du déraisonnable, musicien des expériences vaines, des boursouflures symphoniques et des tentatives mégalomaniaques, voilà aujourd'hui l'image laissée par Stanley Newcomb Kenton dans le milieu du jazz. Il y a évidemment une grande part de vérité dans la sévérité de ces jugements. Mais un tel acharnement à la démolition et la systématisation d'une critique péremptoire cachent forcément quelques qualités que l'on voudrait trop enfouir. Né dans le Kansas, le 19 février 1912, Stan Kenton débute comme pianiste et arrangeur à Los Angeles, où sa famille s'est installée. Il a dix-sept ans lorsqu'il commence à écrire pour divers orchestres locaux, pour la radio et le cinéma. En 1937, il reprend ses études de théorie musicale et d'harmonie, fréquente quelques formations californiennes, avant de monter son propre orchestre en 1941. Il doit attendre l'année 1944 pour connaître son premier succès commercial avec le titre *And Her Tears Flowed Like Wine,* chanté par Anita O'Day. Mais soudain piqué par le démon du progressisme à tout crin, Stan Kenton va abandonner un swing de facture traditionnelle, inspiré de Jimmie Lunceford, pour monter des super-machines déclamatoires et solennelles, dont les titres ampoulés révèlent une franche volonté de théâtralisation moderniste : Progressive Jazz Orchestra, Innovations in Modern Music, New Concepts in Artistry in Rhythm Orchestra, New Era in Modern Music, Neophonic Orchestra. Les structures de ces différents orchestres sont parfaitement huilées, le personnel irréprochable, les mises en place d'un perfectionnisme pointilleux et, malgré quelques glissements vers une exécrable musique de consommation, des adaptations pleines d'affectation de pièces wagnériennes ou d'hymnes nationaux, quelques incursions avortées dans le domaine de l'atonalité, des recherches dissonantes ou de l'afro-cubanisme, il faut reconnaître que durant la période s'étendant de 1950 à 1955, Stan Kenton a maîtrisé un langage original grâce au soutien de solistes remarquables. Parmi eux, nous retrouvons les saxophonistes Lee Konitz, Zoot Sims, Richie Kamuca, Bill Perkins, Lennie Niehaus, Art Pepper, Bud Shank, David Schildkraut, les trompettistes Maynard Ferguson, Conte Candoli, Shorty Rogers, les trombonistes Bill Russo, Frank Rosolino, Carl Fontana, Milt Bernhart, les batteurs Shelly Manne, Mel Lewis et Stan Levey, soit toute la fine fleur du jazz californien. Propagandiste halluciné de son art, hérétique du swing et manipulateur de paradoxes, fondateur de sa propre compagnie de disques (Creative World Records), modelant, diluant et remodelant diverses moutures orchestrales, Stan Kenton s'éteindra à Hollywood le 25 août 1979, laissant derrière lui plusieurs dizaines d'albums dont la plupart resteront certainement pour longtemps dans le purgatoire du jazz. Mais au-delà des commentaires acerbes dont il est souvent accablé, Stan Kenton est fréquemment réhabilité par les proches témoins de ses diaboliques tentatives. Ainsi, dès que l'occasion s'est présentée, le trompettiste Shorty Rogers a tenu à rectifier l'image de son ancien leader en parlant des rapports faciles et respectueux qu'entretenait Kenton avec son personnel : « C'était un rêve… Quand on avait un solo, on ne le jouait pas assis, il annonçait le soliste : “En solo, Buddy Childers ! Buddy, lève-toi, que les gens te voient.” Ça ne se faisait pas l'époque. Étant lui-même compositeur et arrangeur, Stan appréciait que d'autres puissent faire ce travail. Si on écrivait quelque chose qu'il aimait, il annonçait : “Ce morceau a été composé par Shorty Rogers. Shorty, lève-toi !”, et ainsi il attirait sur moi l'attention – je pense que ça n'a pas été sans effet sur ma carrière […] Je suis allé expliquer à Stan que j'avais la possibilité d'enregistrer en big band et que je voulais utiliser Shelly Manne, Art Pepper, Bud Shank, Buddy Childers,

Maynard Ferguson, Milt Bernhart, tous musiciens de son orchestre. Il m'a répondu : "Vas-y, tu as ma bénédiction." Voilà comment il était. »

Miles Davis : le monde du silence

Un demi-siècle de jazz se trouve tout entier réuni dans un seul et même personnage. Miles Dewey Davis, né à Alton (Illinois) le 25 mai 1926. Élevé à East Saint Louis, dans une famille de la bourgeoisie noire, le jeune garçon va vivre dans l'aisance et le confort entre un père chirurgien-dentiste et une mère mélomane, qui joue du piano, du violon, écoute Duke Ellington et Art Tatum. Pour son treizième anniversaire, son père lui offre une trompette et Miles apprend à jouer avec Elwood Buchanan, ancien musicien de l'orchestre d'Andy Kirk. Dès 1941, il participe à des *jam sessions* locales. En 1943, il fait partie des Blue Devils d'Eddie Randall et devient ami avec le trompettiste Clark Terry et le saxophoniste Sonny Stitt. Lorsqu'en 1944 il sort diplômé de la Lincoln High School, il part pour une courte tournée d'été avec les Six Brown Cats, dirigés par Adam Lambert. À son retour au bercail de Saint Louis, il apprend que l'orchestre de Billy Eckstine est de passage en ville. Charlie Parker et Dizzy Gillespie en sont les héros, et le jeune Miles rêve de les rencontrer. Il se précipite au Club Riviera avec sa trompette sous le bras et, coup de pouce du destin, on lui propose de s'intégrer à la section comme troisième trompette, pour quelques semaines de tournée dans la région. Miles Davis réalise bien le fossé qui le sépare des musiciens new-yorkais, mais sa décision est prise : il doit absolument tenter sa chance dans la « Grosse Pomme ». Précoce dans tous les domaines, il vient d'épouser Irène, une jeune fille de seize ans, et il obtient l'autorisation de son père pour aller étudier à la Juilliard School of Music. Miles cache évidemment ses réelles intentions. À New York, c'est moins la réputation de l'école qui l'attire que les maîtres de la 52e Rue. À peine débarqué, il s'en va à la recherche de Charlie Parker. Il fréquente le Minton's, le Three Deuces, l'Onyx Club, le Small's Paradise, erre dans La Rue et finit par dénicher Bird au Heatwave. L'Oiseau le prend sous sa protection et, désormais, Miles ne quittera pas le cénacle du bop. De moins en moins assidu à la Juilliard School, il a trouvé ailleurs ses professeurs. Il se produit dans les *jams* et suit les précieux conseils de Dizzy Gillespie, notamment l'apprentissage du piano et les développements harmoniques. « En Bird, j'admirais davantage le grand musicien que l'individu. Mais il me traitait comme son fils et, avec Dizzy, ils étaient pour moi des manières de figures paternelles. » Outre ses deux premières idoles, rencontrées à Saint Louis chez Billy Eckstine, il fait la connaissance de Thelonious Monk, Fats Navarro, Jay Jay Johnson, Max Roach, Freddie Webster (tp, 1916-1947) ; il a l'occasion de jouer avec Coleman Hawkins et Billie Holiday, de participer à sa première séance d'enregistrement en mai 1945, pour le saxophoniste Herbie Fields, et d'obtenir son premier engagement en club avec Eddie Lockjaw Davis. Mais l'événement le plus déterminant sera son entrée dans le groupe du Bird, dont il suivra les périples juqu'en 1948. Miles comprend vite qu'il ne peut pas lutter contre l'impétuosité et la vélocité de Dizzy. Le jeune dandy de Saint Louis se démarque et préfère se hâter lentement. Il trouve sa place en privilégiant l'élongation du temps, la ductilité du son et la prééminence de la note, il oppose une quiétude patiente et cendreuse aux combustions flamboyantes et urgentes du bop. Il trouvera une parenté spirituelle dans la personne de Gil Evans, arrangeur chez Claude Thornhill. Miles ne cache pas son admiration pour ce surdoué de l'écriture dont les alliages de timbres et les sonorités inouïes (dans tous les sens du terme) l'intriguent. «J'ai toujours eu le désir d'écrire comme Gil. Je donnerais mon bras droit pour y arriver… non, le gauche, pour pouvoir écrire les notes de la main droite ! » Miles Davis va former un ensemble de neuf musiciens, organiser les répétitions, confier les arrangements à Gerry Mulligan, John Lewis et John Carisi, tous habitués des réunions amicalement théoriques qui se déroulent dans l'appartement exigu de Gil Evans, le catalyseur de toutes les innovations et également auteur d'arrangements pour le projet de Miles. « Au travers de *Birth of the Cool,* Gil et moi sommes devenus de grands amis. Gil était vraiment le genre de type qu'on adore fréquenter, qui voit des trucs que personne d'autre ne voit. Il adorait la peinture, me faisait découvrir des choses que je n'aurais jamais vues [...] Il vous faisait toujours penser à des trucs. Il pénétrait dans la musique et en retirait des choses que personne d'autre n'aurait normalement entendues. » Ensemble, ils jettent les bases d'une alternative sereine à un bop revendicateur, débridé, heurté et lapidaire. Malgré le relatif échec public des concerts donnés par le nonette au Royal Roost, Miles Davis décrochera un contrat d'enregistrement avec la firme Capitol qui permettra de garder la trace d'une douzaine de titres, réunis plus tard sur le mythique *Birth of the Cool.* Avant toute chose, Miles est devenu l'incarnation d'un son. Une vibration singulière, un timbre qui se loge au creux du tympan, une note filée, effilée, au bord de la rupture, casilleuse comme une feuille de verre, une larme suave de vitriol. Quand d'autres travaillent dans la surcharge, la débauche technique et l'expressionnisme incantatoire, lui se contente seulement de l'épure, du feulement, de la sourde plainte. Il évoque, effleure et suggère, souffle quelques confidences secrètes, à peine ébauchées. Mais il sait avant tout manier l'ambivalence, jouant parfois sur l'incise pour mieux révéler l'évanescence. La nonchalance délicate n'est qu'apparence, elle cache une forte tension intérieure, une violence contenue, un drame trop profond pour être impudiquement déversé. Derrière la soie, il y a le métal, sous le frisson languide se cache une lame acérée, dans la fragilité vaporeuse veille une sévérité implacable. Miles Davis trouve son point d'équilibre dans le maniement du paradoxe, le plus et le moins de l'électrode, dans ce que l'on pourrait appeler un antagonisme complémentaire. Quel plus bel éloge que celui de son prestigieux aîné Dizzy Gillespie lorsque celui-ci déclare : « Miles prolonge une note, il la frappe puis il attend qu'elle se résolve. Je me souviens, il pratiquait cela avant. Il la tenait longtemps, longtemps... et on était là à faire "Ah"... »

Pendant l'année 1949, Miles Davis délaisse quelque temps ses coreligionnaires de l'esthétique cool, il fait partie du *all stars* élu par le magazine *Metronome,* joue en quintette avec Tadd Dameron et Kenny Clarke, puis va participer au Festival international de Jazz de Paris. Il y fréquente la troublante Juliette Greco, plonge dans les nuits de Saint-Germain-des-Près avec Boris Vian et goûte à la douceur des terrasses de bistrots en compagnie de Jean-Paul Sartre. « Je n'avais jamais éprouvé ça de ma vie. C'était la liberté d'être en

France et d'être traité comme un être humain, comme quelqu'un d'important [...] À notre retour de Paris, on ne pouvait pas trouver de travail : stars internationales, et pas de boulot. C'était des Blancs qui copiaient mon *Birth of the Cool* et qui ramassaient tout. Merde, ça me mettait à vif. » Mais malgré toutes ses déclarations intempestives et provocatrices, voire haineuses, à l'égard du monde blanc, Miles Davis continuera de faire appel à des instrumentistes de toutes races. Ce n'est pas tant des musiciens et des hommes dont il se méfie mais plutôt des institutions et des perversions de l'*establishment* américain. « C'est quand même curieux, on m'a toujours accusé d'être raciste, de détester les Blancs, enfin des conneries de ce genre. Et la formation que j'avais pour mon premier enregistrement ne comprenait presque que des Blancs. Comment ose-t-on dire que je les déteste ? » Il se retrouve donc, durant l'été 1949, désœuvré et déprimé dans Harlem, commence à se droguer, erre dans le milieu musical et joue avec Oscar Pettiford. Entre 1950 et 1955, Miles Davis va dériver dans une existence chaotique tout en menant pourtant une carrière féconde. Il enregistre avec Sarah Vaughan, Fats Navarro, Sonny Rollins, Art Blakey, Jackie McLean, Charlie Parker, Horace Silver, Thelonious Monk, Milt Jackson, Kenny Clarke, Percy Heath, Lee Konitz, George Russell, Max Roach. Il se débat toujours dans ses problèmes de dépendance à l'héroïne, est arrêté pour usage de stupéfiants et tente plusieurs cures de désintoxication. En 1953, il rencontre Frances Taylor, qui deviendra sa deuxième épouse, et l'année suivante, il fait également la connaissance du champion de boxe Ray Sugar Robinson. Alors que le langage be-bop se radicalise avec des formations aussi influentes que celles d'Horace Silver et d'Art Blakey, le trompettiste mûrit et persiste dans sa différence. Le discours reste aussi peu enclin aux débordements, toujours réfléchi et concentré sur la moindre bribe de phrase, le moindre silence suspendu, la moindre note indûment étirée sur le temps. Miles Davis continue de croire aux vertus de l'inattendu et de l'imprévisible. Toujours laconique, il dira : « Vous savez, ce n'est pas la peine de faire des tas de notes. Il suffit de jouer les plus belles... »

Lorsque le saxophoniste Sonny Rollins se retire du quintette régulier de Miles Davis en 1955, la succession sera assurée par un ténor jusqu'ici discret mais qui ne demande qu'à s'émanciper : John

Coltrane (voir chapitre suivant). Red Garland tient le piano, Paul Chambers la contrebasse et Phily Joe Jones la batterie. Miles sent tout de suite qu'il tient là un groupe miraculeux. La volubilité et la rugosité de John Coltrane mettent parfaitement en valeur la sobriété et la sensualité de Miles. L'opposition des styles aboutit à une parfaite homogénéité, ainsi qu'en témoignent les disques *Round About Midnight, Workin', Steamin', Relaxin'* et *Cookin'*. La réputation du quintette est croissante, mais devant l'attitude désastreuse de Coltrane et Philly Joe Jones, tous deux ruinés par la drogue et l'alcool, Miles est contraint de dissoudre une formation exceptionnelle dont il portera longtemps le deuil. Miles retrouve Gil Evans au mois de mai 1957. Avec son vieux compagnon des séances Capitol, il va graver cinq albums produits sous licence CBS par Teo Macero. *Miles Ahead* (1957), *Porgy & Bess* (1958), *Sketches of Spain* (1959-1960), où l'on retrouve une version dramatique du *Concerto de Aranjuez, Live at Carnegie Hall* (1961) et *Quiet Nights* (1962) sont autant de pièces concertantes, violemment introspectives ou lumineusement morbides, tissées par un Gil Evans en parfaite communion avec la solitude de Miles. Entre-temps, de nombreux épisodes vont émailler le parcours musical ou extra-musical de Miles Davis. En 1957, il va à Paris pour enregistrer la bande sonore du film *Ascenseur pour l'échafaud,* de Louis Malle. Autre séance légendaire, avec René Urtreger (p), Pierre Michelot (b), Barney Wilen (s) et Kenny Clarke (dms). Écran noir, nuit blanche, musique en noir et blanc, improvisation ascensionnelle, lippe boudeuse de Jeanne Moreau, le cerveau de Miles à vingt-quatre images/seconde et la trompette abyssale, plus pathétique et plus seule que jamais. Tout un condensé du mythe davisien que l'on retrouve deux ans plus tard dans le célèbre *Kind of Blue* avec Cannonball Adderley (as), John Coltrane (ts), Wynton Kelly (p), Paul Chambers (b), Jimmy Cobb (dms) et le somptueux pianiste Bill Evans (voir chapitre suivant). Une séance enracinée dans un blues sombre et méditatif, où le son de trompette semble irréel, gravement posé dans l'atmosphère, en suspension dans les accords ombrageux du piano d'Evans et soutenu par une rythmique tendue jusqu'à l'hypnose. Après un dernier album enregistré avec John Coltrane (*Someday my Prince Will Come,* 1961), Miles Davis va repeupler son univers avec une nouvelle génération de musiciens. Herbie Hancock (p), Ron Carter (b), Tony Williams (dms) et George Coleman (ts). «J'ai su tout de suite que ça allait être un putain de groupe. Pour la première fois depuis longtemps, je retrouvais une excitation intérieure. Ils avaient joué si superbement en quelques jours qu'on pouvait se demander ce que ce serait dans quelques mois.» Ce sera superbement exaltant, surtout après l'arrivée en 1964 du saxophoniste Wayne Shorter. Le quintette va fournir à Miles une occasion inespérée de rompre avec son autisme musical. La sonorité gagne en plénitude, le discours s'aventure vers un nihilisme plus allusif que franchement destructeur. Il se met en danger de mort avec délectation, il avance en terrain piégé. Poussé dans ses retranchements par la densité pointilliste et le lyrisme ambigu de Wayne Shorter, les explorations harmoniques de Herbie Hancock, les audaces déconcertantes de Ron Carter et le *drumming* télépathique et déstructuré de Tony Williams, Miles va abondamment enregistrer : *Live in Berlin* (1964), *ESP* (1965), *Live at Plugged Nickel, Chicago* (1965), *Miles Smiles* (1966), *Nefertiti* (1967), *Miles in The Sky* (1968), *Filles de Kilimandjaro* (1968). En 1967, quelques changements importants vont avoir lieu dans la vie personnelle de Miles. Il a une liaison avec l'actrice Cecily Tyson dont le portait illustrera la pochette du disque *Sorcerer,* et il rencontre également Betty Marbry, sa future épouse, dont le visage apparaîtra également sur l'album *Filles de Kilimandjaro.* Sur cette production, apparaissent aussi pour la première fois le pianiste Chick Corea et le bassiste Dave Holland. Timidement, par touches successives, Miles va intégrer des instruments électriques, ici un piano, là une basse, puis il décide de brancher sa trompette sur le courant et prend un tournant à 90 degrés. *In a Silent Way* est enregistré en 1969 avec un jeune guitariste anglais, John McLaughlin. Mais ceci est l'amorce d'une autre aventure que nous retrouverons plus tard, à l'aube des années 70. Histoire à suivre…

Gil Evans : le grand aiguilleur

Si étonnant que cela puisse paraître, l'un des plus grands compositeurs-arrangeurs du jazz (et certainement du XXe siècle) est un pur autodidacte. Ian Ernest Gilmore Green, dit Gil Evans, est né le 13 mai 1912 à Toronto (Canada) et a grandi en Californie, à une centaine de kilomètres de San Francisco. L'oreille collée à la radio familiale, il écoute les enregistrements de Louis Armstrong, Benny Goodman, Duke Ellington, Fletcher Henderson et des McKinney's Cotton Pickers dirigés alors par Don Redman. Fasciné par l'univers des sons et doué d'une perception auditive particulièrement affinée (il dira plus tard qu'il pouvait reconnaître n'importe quel modèle de voiture au simple ronflement du moteur), l'adolescent s'initie à l'écriture musicale de façon empirique en relevant les disques de ses idoles. Entre 1933 et 1938, il monte un premier orchestre pour lequel il compose ses premières pièces. En 1939, la direction de l'ensemble passe entre les mains de Skinnay Ennis, mais Gil Evans continue de collaborer aux arrangements qu'il partage avec Claude Thornhill. Lorsque ce dernier bâtira son big band en 1941, il appellera Gil Evans à la rescousse. Comme bon nombre de formations blanches de l'époque, l'orchestre de Thornhill propose un swing apprivoisé et policé, voué aux dancings et à l'*entertainement.* Il se distingue cependant par des associations de timbres inédites, une répartition non conventionnelle des pupitres et une texture exempte de vibrato. Chez Thornhill, la sensibilité de Gil Evans s'épanouira et fera merveille. Rajout de cors d'harmonie et d'un tuba aux sections des cuivres, climats amples, profonds, aux limites de l'éthéré, il y dessine de nouvelles perspectives d'orchestration avec la complicité d'un autre arrangeur qui fera parler de lui : le saxophoniste baryton Gerry Mulligan. Mais, en 1948, Gil Evans commence à somnoler dans une formation où l'esprit créatif fait place maintenant à un immobilisme conceptuel. Il fréquente alors l'agitation de la 52e Rue, traîne dans les clubs pour écouter tout ce qui peut bien s'y tramer et devient l'ami de Charlie Parker et des avant-gardistes du be-bop. L'antre exigu dans lequel il loge est rapidement le repère de toute la faune new-yorkaise. Une atmosphère d'amitié fébrile que l'on retrouve dans les souvenirs de Miles Davis : « L'appartement de Gil, dans un sous-sol de la 55e Rue, était le lieu de passage de nombreux musiciens. L'endroit était si sombre qu'on ne savait jamais s'il faisait jour ou nuit. Max, Diz, Bird, Gerry Mulligan, George Russell, Blossom Dearie, John Lewis, Lee Konitz et John Carisi étaient des habitués […] Gil était une vraie mère poule pour nous. Il était si relax qu'il calmait tout le monde. C'était quelqu'un de bien, qui adorait être avec des musiciens. Et nous aimions être avec lui, à cause de tout ce qu'il nous apprenait, sur la manière de s'intéresser aux gens, à la musique, à l'arrangement en particulier. Je crois même que Bird s'y est installé quelque temps. Gil pouvait supporter Bird quand plus personne n'y arrivait. » La rencontre avec Miles Davis sera décisive et une amitié indéfectible liera désormais les deux hommes. Le trompettiste achève une tournée de cinq mois dans le big band de Billy Eckstine, après plusieurs années passées dans le groupe de Parker, et il ne cache pas son trouble devant la sonorité de l'orchestre Thornhill. Il envisage alors de travailler sérieusement avec Gil Evans : « Mes conversations avec Gil sur l'expérimentation des *voicings* plus subtils m'excitaient. Gerry Mulligan, Gil et moi avions réfléchi à la formation de ce groupe. Neuf musiciens nous semblait être un bon nombre. » Le nonette commence à répéter durant l'été 1948 et se produit dans une indifférence quasi générale au Royal Roost de Broadway. Heureusement, la maison Capitol gravera les séances de 1949 et 1950 pour la postérité. *Boplicity* et *Moon Dreams,* les deux titres dûs exclusivement à la plume de Gil Evans, déterminent de façon définitive la vigueur et la portée de l'œuvre engagée. Une musique détendue et sophistiquée, un éparpillement d'ingrédients sonores, légers et souples, une trame rythmique fluide, exceptionnellement élastique, autant d'éléments fourmillants qui bouleversent, tout en tact et en douceur, l'approche orchestrale du jazz.

Suivra une période de relatif désœuvrement qui durera sept ans. Pour un artiste de moindre niveau ce serait une activité débordante, mais pour un personnage aussi impérial que Gil Evans, il s'agit presque d'une traversée du désert. Orchestrateur pour la radio et la télévision, il écrit des partitions pour les vocalistes Pearl Bailey, Tony Bennett, Peggy Lee, Johnny Mathis, Lucy Redd, le trompettiste Billy Butterfield, les vibraphonistes Teddy Charles et Don Eliott, les orchestres de Benny Goodman et Gerry Mulligan, le groupe vocal de Dave Lambert, sans oublier des plages pour Parker chez Verve et une splendide session avec la chanteuse Helen Merrill sur le label Emarcy. En 1957, Gil Evans va être de nouveau mis à contribution par Miles Davis et il accédera enfin à une notoriété de dimension internationale, avec l'enregistrement du prestigieux *Miles Ahead,* qui sera suivi par quatre autres albums phares de la production davisienne (*Porgy & Bess, Sketches of Spain, Live at Carnegie Hall* et *Quiet Nights*). Ces concertos pour trompette et orchestre permettent à Gil Evans de déployer des formations imposantes au sein desquelles on retrouve les cors et le tuba, et où un ensemble de flûtes et de bois (clarinette, clarinette basse, cor anglais, hautbois et basson) va se substituer à la section traditionnelle des saxophones. Une estampille indélébile du son evansien. Dès lors, conjointement à sa collaboration avec Miles, il entame une carrière discographique sous son nom. Tout d'abord, *Gil Evans Plus Ten* (1957), une *session* enjouée et libérée à laquelle participent Steve Lacy (ss), Lee Konitz (as), Jimmy Cleveland (tb), John Carisi (tp) et Nick Stabulas (dms). Puis, en 1958, c'est *New Bottle Old Wine,* construit sur fond de standards entièrement adaptés et rafraîchis de main de maître par un Gil Evans en pleine maturité, avec le concours de Cannonball Adderley (ts), John Coles (tp), Frank Rehal (tb), Chuck Wayne (g), Art Blakey ou Philly Joe Jones (dms). L'année suivante, ce sera *Great Jazz Standard,* sept bijoux du répertoire jazzistique, ciselés par Budd Johnson (ts, cl), Steve Lacy, John Coles, Curtis Fuller (tb), Ray Crawford (g) et le jeune Elvin Jones (dms). Un autre sommet d'intensité bleutée est gravé à la fin de l'année 1960, *Out of The Cool,* que l'on pourrait considérer comme l'œuvre maîtresse du coloriste s'il n'y avait l'impressionnant *The Individualism of Gil Evans* (1963-1964), disque de l'apothéose et du couronnement. Mais une fois encore, Gil Evans va se mettre légèrement en retrait de la scène musicale et emprunter le chemin d'une assez longue retraite méditative (non sans avoir livré auparavant le bouleversant et sombre album du guitariste Kenny Burrell *Guitar Forms,* 1964-1965). Il repart à l'écoute de son époque, s'intéresse aux synthétiseurs, au rock, à la musique soul, à la pop, aux musiques ethniques, et se passionne pour la sauvagerie électrique du guitariste héros Jimi Hendrix. Il ne tarde pas à revenir en force et plein état de grâce avec, entre autres, les albums *Svingali* (1973), *Live in Montreux* (1974), *Plays Jimi Hendrix* (1974), *There Comes a Time* (1975), *Priestess* (1977), *Live at Royal Festival Hall* (1978), *Live at The Public Theater,* vol. 1 et vol. 2 (1980), *The Monday Night Orchestra Live At Sweet Basil,* vol. 1 et vol. 2 (1984), *Bud and Bird* (1986). Son big band (enfin régulier) est alors une écurie de luxe où les plus jeunes et les plus fringants poulains du jazz se lancent à corps perdu dans une musique de télescopage multicolore, en apparence ébouriffée et exubérante, mais extrêmement précise dans ses structures. Musique de fusion, de dilatation et de condensation, de moellosité et de stridence, de quiétude et de tension, où tous les vecteurs de la musique afro-américaine convergent ou rayonnent sous les directives bon enfant d'un vieux monsieur aux allures d'éternel beatnik. À la fin des années 50, Gil Evans avait déjà déclaré : «Je n'aime pas que l'on me traite comme un ancêtre. Je suis toujours actif, j'apprends toujours, j'écris toujours [...] Être un vieux bonhomme arrivé, c'est peut-être bien commode pour quelqu'un qui ne veut pas établir de nouveaux points de repère, mais ce n'est pas ma voie.» Alors qu'il atteint un âge déjà respectable et commence à ressentir les effets de la fatigue, son point de vue ne varie pas d'un pouce : «Je ne vais pas demander aux jeunes musiciens actuels de jouer du be-bop. Alors, je ne leur demande pas de "swinguer", mais plutôt, faute d'un meilleur terme, de jouer du "funk". Mais un funk qui puisse correspondre à l'harmonie des vieux standards. Le swing considéré comme une méthode, c'est mortellement ennuyeux. Et tant pis si beaucoup de vieux jazzmen ont cessé de m'écouter depuis mes disques avec Miles à la fin des années 50.» Avant de disparaître le 20 mars 1988 à Cuernavaca (Mexique), Gil Evans a eu le temps de participer à des arrangements pour le chanteur Sting, de collaborer discrètement à certaines productions binaires de Miles Davis, de jeter un œil protecteur sur les séances des trompettistes Lew Soloff et Shunzo O'No, de fêter ses retrouvailles avec Helen Merrill, de tourner et d'enregistrer avec le big band Lumière, du pianiste Laurent Cugny, de concocter un duo avec Steve Lacy. À soixante seize ans, Gil Evans donnait encore l'impression de vouloir commencer sa carrière... Toujours en éveil, à la pointe des événements, modeste, souriant et paisible, il a déambulé avec la grâce juvénile des vieux sages qui n'ont plus d'âge à force de nous faire croire à l'éternité.

Lennie Tristano : le professeur

Second enfant d'une famille originaire du sud de l'Italie, Leonard Joseph Tristano, dit Lennie, naît à Chicago le 19 mars 1919. Les complications d'une grippe affectent gravement sa vue et dès l'âge de dix ans, la cécité est presque totale. Auparavant, il a appris des rudiments de piano avec sa mère, également chanteuse, et il va se perfectionner dans un institut pour aveugles dont il sortira à l'âge de dix-neuf ans afin de poursuivre sa formation à l'American Conservatory de Chicago. En 1943, il obtient deux diplômes, un de composition et un de piano. Tout d'abord partagé entre son poste d'enseignant à la Christiansen School of Popular Music et des emplois alimentaires de saxophoniste et de clarinettiste (instruments qu'il a également appris durant son adolescence, ainsi que la guitare, la trompette et la batterie), Lennie Tristano va peu à peu privilégier ses fonctions de professeur et abandonner les orchestres de danse pour se consacrer au piano purement jazz. Instrumentiste doué d'une virtuosité, d'une efficacité et d'une facilité déroutantes, placées sous l'influence multiple d'Earl Hines, Teddy Wilson, Nat King Cole et bien entendu d'Art Tatum, à qui il reproche pourtant un certain manque de musicalité et un « pianisme frénétique », Tristano va très rapidement s'imposer comme un prodige du clavier. Doigté fondé sur un déferlement de *single notes* à la main droite, indépendance et agilité contrapuntique de la main gauche, subversion de l'espace rythmique, juxtaposition et combinaison des formules métriques sont les caractéristiques les plus perceptibles de son style. Mais au-delà du travail instrumental, sa contribution majeure à l'histoire du jazz se situera dans des registres jusqu'ici peu abordés, ceux de la transmission pédagogique, de l'analyse formelle et de la spéculation théorique. Préconisant le refus d'un certain expressionnisme, la dissection des standards et le renouvellement du matériau thématique, le modelage du son à travers la frappe et l'influx, l'extension des schémas rythmiques, Lennie Tristano fait souvent figure d'intellectuel abstrait, de théoricien intransigeant et glacé. Pourtant cette froideur apparente du discours n'est autre qu'une volonté de rigueur, un désir de discipline intérieure et d'exigence esthétique pour domestiquer pleinement les procédés d'improvisation et, ainsi, mieux préserver sa liberté. Il insistera toujours sur le caractère intuitif de sa conception pour se débarrasser de cette image encombrante de « penseur ». Il faut donc le considérer davantage comme un précurseur et un innovateur.

Installé à New York dès 1946, Lennie Tristano, qui vient d'épouser la chanteuse Judy Moore l'année précédente, va élargir le cercle de ses élèves (de ses disciples, devrions nous dire) qui compte déjà les fidèles Lee Konitz (as), Bill Russo (tb), Arnold Fishkin (b) et Billy Bauer (g). Ainsi viendront se joindre Ted Brown (ts) et Warne Marsh (ts), sans oublier Ronnie Ball (p), Al Levitt (dms), Lenny Popkin (ts), Connie Crothers (p), Sal Mosca (p), Peter Ind (b), Liz Gorrill (p), qui suivront assidûment son enseignement. Mais s'il donne beaucoup de son temps aux autres, Lennie Tristano n'en oublie pas pour autant sa propre carrière. Soutenu par le critique Barry Ulanov, il va participer à plusieurs reprises aux curieuses « batailles » radiophoniques (1947) qui opposent un groupe de jazz classique de tendance dixieland à une formation avant-gardiste. Bien entendu, Tristano fera partie de la deuxième catégorie aux côtés de Charlie Parker, Dizzy Gillespie, Fats Navarro, Max Roach, Ray Brown, Tommy Potter, Billy Bauer, etc. Il enregistre également en solo et en trio, se retrouve au sein du *all stars* de la revue *Metronome*, qui l'a élu « musicien de l'année ». De 1949 à 1950, il monte un quintette avec Lee Konitz et Warne Marsh. Au mois de juin 1951, il ouvre un studio au 317, East 32, à New York, et y joue régulièrement avec ses élèves. Le lieu devient vite un point de rencontre et de recherche. Outre ses concerts réguliers, Tristano s'y produit lors de soirées hebdomadaires. Après 1955, ses apparitions publiques se feront plus rares (excepté quelques prestations au club Half Note) ; il se consacrera essentiellement à ses étudiants, acceptera tout de même une tournée en Europe en 1965 et enregistrera de temps à autre dans son studio personnel, où il peut laisser libre cours à ses expérimentations, surimprimant à loisir plusieurs parties de piano grâce au moyen du *re-recording* (réenregistrement). Lorsqu'il meurt le 18 novembre 1978, il laisse derrière lui un héritage musical considérable qui s'étend bien au-delà de ses proches admirateurs. Artiste libre et insubordonné à tout diktat, il a préféré répondre aux critiques acerbes et à l'incompréhension par la solitude et un silence doux amer. De Bach à Parker, de Mozart à Hines, de Chopin à Roy Eldridge, de Beethoven à Lester Young, il a tout écouté, tout analysé, tout abordé, tout décrypté, pour mieux essayer de comprendre de quelle matière il était lui-même pétri. Le pianiste est exceptionnel, le compositeur hors du commun, l'enseignant inventif, mais c'est encore la qualité de l'homme qui perce le plus insidieusement au travers de l'œuvre. Peut-être cette cécité, qui l'a isolé dès l'enfance, a-t-elle été un des facteurs déterminants de sa capacité d'écoute, de ses facultés novatrices, de sa clairvoyance spirituelle et de son intelligence des situations. Personnalité parfois contradictoire, mais toujours intègre, Lennie Tristano est de ces musiciens de l'ombre, rarement exposés au grand jour, et qui nécessitent d'être en permanence réhabilités et révélés.

Cool

« Beaucoup de musiciens blancs comme Stan Getz, Chet Baker ou Dave Brubeck – que mes disques avaient influencés – enregistraient partout. Ils appelaient ce qu'ils faisaient "cool jazz". Ce devait être probablement une sorte d'alternative au be-bop, à la musique noire ou au jazz "hot" qui, dans la tête des Blancs, signifiait "noir". C'était toujours la même rengaine, les Noirs se faisaient encore dépouiller. » En dehors de l'amertume évidente (et en partie justifiée) du taciturne Miles Davis, il y a dans ces propos un constat indéniable. La seule alternative pour tous ceux qui ont cherché à s'exprimer après les prodigieuses fulgurances du bop sera de prendre le contre-pied. Convaincus qu'il n'est pas possible d'aller au-delà des sommets atteints par Charlie Parker, la jeune génération s'écarte de l'esthétique dominante. Mais il faut aussitôt rétablir une vérité première : aucun des musiciens cool ne pourra rejeter ou même négliger l'esprit de recherche des boppers dans le domaine harmonique. La seule différence notable sera une approche rythmique plus classique, inspirée de la pulsation régulière de l'orchestre de Count Basie. La polyrythmie du bop va s'aplanir, se simplifier, parfois se déliter, et, par conséquent, la ligne mélodique va se relâcher, s'apaiser et se mouvoir sans insolence ni désir d'altération ou de détournement. En ce sens, les *coolmen* ont souvent été qualifiés de rétrogrades ou de conservateurs, leur projet considéré comme indigent et moins audacieux. Mais l'audace et l'innovation, ou du moins certaines formes d'impertinence, se situeront ailleurs. Tout d'abord dans la sonorité, une absence d'attaque, un relâchement de l'expression, un amenuisement du vibrato, un fréquent recours au legato ; mais aussi dans l'utilisation d'arrangements et d'amalgames instrumentaux insolites qui sont autant de renoncements à la spécificité « nègre » du jazz et les rapprochent de la tradition européenne. Ceci explique sûrement l'émergence de nombreux solistes blancs dont le *background* culturel est évidemment différent. Toutefois, ce serait oublier que plusieurs de ces artistes blancs connaissent une certaine forme de marginalité dans la société américaine, plusieurs viennent des communautés juive, slave, irlandaise ou italienne. De plus, il convient de rappeler que certains représentants de la mouvance cool (ou west coast) sont noirs tels Curtis Counce, Buddy Collette, Leroy Vinnegar, Chico Hamilton, Hampton Hawes, etc. Les choses ne sont donc pas aussi simples que l'on croit. La césure entre le jazz cool en tant qu'esthétique et le jazz west coast, qui en est sa simple émergence régionale, reste on ne peut plus floue, voire impossible à déterminer, surtout lorsqu'il s'agit d'assimiler un musicien marquant indifféremment les deux domaines. Ainsi, nous avons préféré situer Stan Getz, Chet Baker, Gerry Mulligan, ainsi que quelques autres sous le pavillon du jazz cool, pour aborder plus loin, les *west-coasters* rangés sous la bannière de Stan Kenton ou du trompettiste Shorty Rogers.

Stan Getz : la goutte de poison dans le miel

Dans les fumées lourdes des industries sidérurgiques de la côte est, dans ce paysage d'acier et de vapeur du port de Philadelphie, Stanley Getz naît le 2 février 1927. Au début des années 30, sa famille s'installe à New York, dans le quartier hostile du Bronx.

Jeunesse difficile dont il se souviendra toujours : « Rien que l'ordinaire. On attend le petit Juif dans un coin, vous savez, et on se dit "cassons-lui la gueule". C'est la même chose avec les Noirs… Si vous vivez environné d'Irlandais et que vous êtes juif, on doit vous casser la figure. » Malgré ces tracas familiers et la rudesse du marasme social de l'après-krach boursier, Stan Getz passe une enfance studieuse, ponctuée par l'apprentissage précoce du basson et de la contrebasse. La passion de la musique envahit vite son existence et il finit par fixer son choix sur le saxophone, qu'il étudie brillamment puisqu'il fait ses débuts en tant que musicien professionnel à l'âge de quinze ans dans l'orchestre de Dick « Stinky » Rodgers (1942) puis dans celui du Trombone Jack Teagarden. Rapidement, sa réputation de jeune musicien s'affirme puisqu'il traverse les formations de Dale Jones, Bob Chesterton ainsi que les grandes machines à pupitres de Stan Kenton (1944), Jimmy Dorsey et Benny Goodman. Il faut avoir entendu le premier chorus enregistré en 1945 par Stan Getz, alors âgé de dix-huit ans, pour se rendre compte de la personnalité et de la maturité stupéfiantes de cet adolescent surdoué. Ce *Give Me a Simple Life* avec le big band de Goodman est une vraie pièce de collection : deux chorus de clarinette du patron, le chant alerte de Lisa Morrow, puis arrivent les huit mesures de ténor. Pas une note de trop, une construction concise, épurée, claire, qui préfigure déjà tout ce qui fera la spécificité de Getz. De la violence du Bronx, il ne transparaît plus rien, seulement une force retenue, contrôlée, transcendée au service du chant.

À partir du milieu des années 40, ses activités s'intensifient, il joue derrière des leaders aujourd'hui oubliés tels Randy Brooks, Buddy Morrow ou Herbie Fields, grave quelques plages avec des boppers de renom parmi lesquels Max Roach, puis décide de partir pour Los Angeles. En 1947, il débarque au Swing Club de Hollywood après un passage rapide sous la direction de Butch Stone. Getz découvre alors la douceur de vivre typiquement californienne. Mais il ne s'éternise pas à l'ombre des palmiers. Il monte son propre trio, joue aux côtés du vibraphoniste Joe Roland et participe aux soirée chaudes du Pontrelli's Ballroom dans l'orchestre de mambo de Tommy de Carlo. Le répertoire d'inspiration exotico-mexicaine est exclusivement consacré à la danse, mais Stan Getz rencontre dans la section d'anches de jeunes jazzmen de sa génération : Herbie Stewart, Zoot Sims et Jimmy Giuffre. Les « Brothers » sont réunis. Engagés par Woody Herman, ils graveront en 1947 la fameuse version du titre *Four Brothers,* dont nous avons parlé plus haut. Un an plus tard, Stan Getz enregistrera, toujours chez Herman, la non moins célèbre improvisation d'*Early Autumn* qui finira de l'installer parmi les maîtres à penser du nouveau courant. L'impact de ce sommet discographique est déterminant pour la suite de sa carrière. Il devient le premier des « Brothers », s'impose comme le ténor dont le son est le plus significatif de l'esthétique cool. Ses solos sont développés avec un sens aigu du paradoxe, l'audace et la paresse y sont intimement unies. Le timbre est vaporeux, languide et sensuel. Getz détourne la mélodie sans jamais s'en écarter, souffle avec fluidité. Les notes s'envolent délicatement comme des bruissements d'ailes dans une brume de chaleur d'avant l'orage. À vingt et un ans, celui que l'on surnommera « The Sound », devient un symbole pour tous les jeunes saxophonistes du monde. Il décide néanmoins de quitter le *herd* confortable de Woody Herman l'année suivante (1949) et forme à New York un quartet avec le pianiste Al Haig. C'est un nouveau virage. Le jeu se durcit peu à peu, gagne en volume, en plénitude et les tempos se déchaînent. Son sens de l'ébauche veloutée se transforme doucement en une attaque mordante, à la fois ample et acérée, plus proche des tendances à venir du hard-bop. Il enregistre, durant les années 50, des faces qui constituent certainement les meilleures traces de sa volumineuse discographie : en 1953 au Storyville de Boston avec le guitariste Jimmy Raney et en 1954 au Shrine Auditorium de Los Angeles avec le tromboniste Bob Brookmeyer. Accompagné par des rythmiques musclées et nerveuses où l'on retrouve, entre autres, Teddy Kotick (b) et Tiny Kahn (dms), Stan Getz révèle l'autre facette de sa personnalité. Il expose pleinement sa trouble dualité d'inspiration, alternant entre générosité et abandon, exaspération et tendresse, douleur et suavité, détresse et songe. Le personnage est plus complexe qu'il n'y paraît au premier abord. C'est à cette époque qu'il réussit à entremêler les influences du Bird et du Prez, opérant une délicate synthèse stylistique entre cool et hot, enfer et paradis, glace et chaleur. De 1951 à 1955, il voyage en Europe, s'associe avec le pianiste Horace Silver, participe au JATP (1957-1958), collabore à de nombreuses séances en compagnie de Gillespie, Hampton, J. J. Johnson, Stitt..., tourne sans relâche, jusqu'au jour où il décide de s'installer sur le Vieux Continent. La décision est sage. Perturbé par des problèmes de drogue et inquiété pour l'attaque d'un drugstore à Seattle, il quitte le pays et se fixe trois ans en Scandinavie. Cette période d'accalmie n'est pas étrangère aux interprétations fréquentes et nostalgiques qu'il donnera plus tard du fameux *Dear Old Stockholm.* En Février 1961, il retourne aux États-Unis. Trois années ont passé et New York l'a déjà oublié. Le public américain a la mémoire courte. John Coltrane (voir chapitre suivant) et Sonny Rollins (voir notice plus loin) viennent d'émerger de l'ombre et Getz doit une fois de plus conquérir sa place au soleil. Il n'hésite pas à entamer une seconde carrière et réussit un retour en force avec l'enregistrement de *Focus,* album d'une grande originalité formelle sur fond d'orchestre à cordes et d'arrangements raffinés, dus à Eddie Sauter. L'accueil est très bon mais Getz, échaudé par les désillusions de son difficile *comeback,* envisage d'asseoir sa notoriété auprès d'un large public populaire. Le guitariste Charlie Byrd, de retour du Brésil, vient de découvrir la bossa-nova; il propose au saxophoniste de collaborer à l'enregistrement de quelques thèmes fétiches. En février 1962, l'album J*azz Samba* est gravé et remporte un succès immédiat, rarement dépassé dans toute l'histoire du jazz. Les ventes sont impressionnantes, le son ouaté de Getz envahit les juke-boxes et les *charts* internationaux. Il devient du même coup une star consacrée de la musique de consommation. *Baia, Desafinado, Samba de un note so, The Girl From Ipanema* font partie du répertoire désormais imposé à l'artiste. Stan Getz gagne en popularité, en reconnaissance sociale et en monnaie trébuchante, mais il perd tout crédit auprès des fans de la première heure. Certes, on peut lui reprocher certaines complaisances dans le choix parfois racoleur de ses thèmes, mais pendant cinq années de musique brésilienne aux côtés de João et Astrud Gilberto, Luiz Bonfa ou Carlos Jobim, le *sound* profond, nonchalant, chaleureux et indolent est resté intact, sans aucune altération, tout aussi magnétique qu'à ses débuts. Malgré cette soudaine pluie de dollars et ce vedettariat fracassant, Stan Getz commence à se sentir piégé dans son rôle contraignant d'artiste peaufiné et commercial. Il n'oublie pas le jazz et s'entoure à nouveau de musiciens exceptionnels tels que Gary Burton (vib), Steve Swallow (b) ou Chick Corea (p), s'affirmant aussi comme un découvreur de jeunes talents. À la surprise générale, il n'hésite pas à se remettre en question une fois de plus. Il aborde la fin des années 60 avec la volonté d'éviter les dangers du confort standardisé. Son jeu gagne en fermeté et en plénitude. Getz revient en Europe (1970) et y forme un magnifique groupe où figurent les Français Eddy Louiss (org), Bernard Lubat (dms) et le Belge René Thomas (g). Il travaille ensuite sous son seul nom à la tête de formations assez réduites. Sa prédilection pour les pianistes dont il jouera toujours les compositions ne se dément pas. L'impétueux Andy LaVerne, l'énergique Joanne Brackeen, le ténébreux Kenny Barron ont collaboré à la musique de Getz, tout comme le précieux Jimmy Rowles, qui fut redécouvert par ses soins. Jusqu'à ses derniers chefs-d'œuvre *Voyage, Anniversary, Serenity* ou *People Time,* Getz continue de proposer un jazz serein, naturel et élégant, malgré les terribles souffrances d'un cancer qui finit par l'abattre le 6 juin 1991.

Stan Getz est sûrement le personnage le plus monolithique et le plus polymorphe de l'histoire du jazz. À l'écart des courants faussement novateurs ou académiques, il reste un musicien singulier par sa faculté déconcertante à se placer toujours hors champ. Vous l'attendez en petit formation, il revient en big band, vous pensez qu'il continue de s'engluer dans la bossa violonneuse, il resurgit, tel un diable sortant de sa boîte, prêt à mordre avec la génération montante. Là où Miles Davis met un point d'honneur à rouler tout droit, bille en tête, sans regarder dans son dos, Getz préfère musarder, zigzaguer, feuilleter l'album de famille, badiner avec ironie, déambuler tout en conservant sa force capiteuse et irrésistible de souffleur de charme. Stanley « The Sound » Getz l'enchanteur manie l'illusion. Il captive, envoûte et ensorcelle. Une goutte de poison dans le miel.

Chet Baker : un ange passe…

Des errances du jeune playboy à la lippe sensuelle et au sourire angélique jusqu'aux souffrances du vieil *outlaw* au visage émacié et buriné, il va se passer quelques années de vagabondages tumultueux. Né dans l'Oklahoma le 23 décembre 1929, Chesney H. Baker, alias Chet, passe sa prime jeunesse dans un milieu paysan de l'Oklahoma et, à l'âge de dix ans, débarque en Californie, où ses parents ont émigré dès 1934 pour échapper à la crise. Il grandit dans une famille ouverte à la musique mais il abandonne rapidement le trombone que son père, admirateur inconditionnel de Jack Teagarden, lui a offert. L'instrument est trop encombrant pour la taille chétive du garçon qui troque bientôt la coulisse pour les pistons d'une trompette. Il apprend des rudiments de solfège à la Junior High School, étudie la technique instrumentale par ses propres moyens en écoutant des saxophonistes comme Lester Young, Wardell Gray et Dexter Gordon, et se frotte à quelques orchestres de danse californiens. À dix-sept ans, Chet s'engage dans l'armée et part pour Berlin, où il joue dans le 298e Army Band. Avec le contrebassiste Don Bagley, futur kentonien né en 1927, Chet Baker découvre les enregistrements de Parker-Gillespie et se passionne pour les orchestres de Stan Kenton et de Woody Herman. Démobilisé en 1948, il rentre à Los Angeles et commence à participer aux *jam sessions* qui se multiplient dans différents clubs de la ville. Suite à une déception sentimentale, Chet Baker s'engage de nouveau en 1950. Il est incorporé dans l'orchestre de la VIe armée, basée à San Francisco, le Presidio Army Band. Le jour, il répète et perfectionne sa technique ; le soir, il fait le mur et fréquente les clubs *after hours,* notamment le Bop City, où il jamme avec Dexter Gordon (ts), Hampton Hawes (p), Paul Desmond (as)... En 1951, il est transféré à Fort Herachuca, un bataillon disciplinaire situé en plein désert de l'Arizona, dont il s'évadera au bout de quelque temps. Après plus d'un mois de désertion, il se rend aux autorités militaires et finit par obtenir sa réforme pour motifs psychiatriques. Il revient à Los Angeles en 1952, reprend le chemin des *jam sessions,* fait partie du groupe du saxophoniste Vido Musso, joue brièvement avec Stan Getz et, lorsque Charlie Parker débarque en Californie, Chet va rejoindre la cohorte de trompettistes venus auditionner au Tiffany Club d'Hollywood pour accompagner le maître du bop. Bird recherche un partenaire pour son séjour californien et, sans l'ombre d'une hésitation, il va porter son choix sur ce jeune trompettiste de vingt-deux ans dont il pressent et apprécie la singulière faculté à se déjouer de l'orthodoxie be-bop. Complètement enthousiasmé par sa nouvelle recrue, Charlie Parker téléphone à Dizzy Gillespie et à Miles Davis pour leur dire : « Il y a un jeune blanc-bec sur la côte qui pourrait vous en faire baver ! » De son côté, Chet Baker est tétanisé par le trac et réalise difficilement la chance qui lui est offerte de se faire remarquer : « Jouer avec lui a été de loin la plus grande expérience de ma vie. Mais j'étais trop jeune et trop bête pour en bénéficier comme je l'aurais pu. Je peux témoigner qu'il m'a conseillé de me tenir à l'écart des drogues, et qu'il me protégeait de certaines personnes qui auraient pu m'entraîner là-dedans. J'avais vingt-deux ans alors, et je n'ai commencé à me droguer qu'à vingt-sept. » Malgré des chorus encore hésitants, la sonorité de trompette est déjà délicate, avec ce sens bien particulier de la paraphrase boudeuse et de l'esquisse pulpeuse. Loin des cascades anguleuses, des phrases véloces et des montées dans l'aigu, chères à Dizzy Gillespie, le jeu de Chet Baker se caractérise avant tout par un souci du moindre effet. Au premier abord, l'édifice semble précaire, un peu fragile, presque fêlé mais, il s'insinue, au fil de l'écoute, une impression sourde et tenace de communication pudique, de complicité tranquille, de relation secrète, de choses non dites et qui n'ont pas besoin de l'être. Comme ces enfants rêveurs qui jouent au funambule sur le bord des trottoirs, les bras écartés, en équilibre instable, entre le bitume et le caniveau, pour éviter une chute fatale et dérisoire.

Quand Charlie Parker décide de s'envoler pour New York, Chet Baker rejoint le groupe de Gerry Mulligan (voir notice suivante). Le *pianoless quartet* (quartette sans piano) du saxophoniste baryton présente une instrumentation originale, jusque-là inusitée, qui remportera un franc succès public. On se bouscule aux portes des clubs et Chet Baker devient un des solistes les plus influents de la côte. Après plusieurs disques superbes en quartette, mais aussi dans une formation agrandie où l'on compte dix instrumentistes, Chet Baker va quitter son leader pour former un groupe avec le pianiste Russ Freeman, au printemps 1953. L'activité phonographique est intense et Chet grave ses premiers vocaux. Son chant détimbré et murmuré se marie avec le fil ténu de la trompette, au point parfois de se fondre ou de se confondre dans la même veine. « Si je n'avais pas été trompettiste, je ne sais pas si j'en serais arrivé à chanter de cette manière. Probablement que non. Je ne sais pas si je suis un trompettiste qui chante ou un chanteur qui joue de la trompette. J'aime faire les deux. » L'année 1954 est celle de la consécration, la revue *Metronome* le sacre premier trompettiste de l'année et quatrième meilleur chanteur. Mais Chet n'est pas dupe, il avoue sa gêne devant une adulation aussi soudaine qu'exagérée : «Je n'y croyais pas moi-même, je n'y ai jamais cru, je n'ai jamais senti que j'avais l'aisance ou la connaissance technique de Dizzy et Miles et de tant d'autres merveilleux trompettistes. » À l'automne de l'année suivante, Chet part en Europe avec Dick Twardzik (p), Jimmy Bond (b) et Peter Littman (dms). À la tête de son quartette, il se produit au Benelux, en Suisse, en Allemagne, en Angleterre et en France, où il enregistre pour la maison Barclay. Mais, le 21 octobre, Dick Twardzik est retrouvé mort d'une overdose dans la chambre de son hôtel parisien. Le pianiste n'avait que vingt-quatre ans et la personnalité de son style lui laissait espérer un superbe avenir. Chet ressort moralement détruit par ce drame qui touche un musicien avec lequel il se sentait de réelles affinités. Il poursuit cependant son expérience européenne, continue d'enregistrer et de se produire sur scène avec, selon les occasions, Jean-Louis Chautemps (ts), Francy Boland (p), Bobby Jaspar (ts), Charles Saudrais (dms), René Urtreger (p), Raymond Fol (p), Eddie DeHaas (b)... Au début de 1956, il rentre aux États-Unis et reprend contact avec le milieu, mais c'est également à cette époque qu'il plonge dans la spirale de la drogue. «Je voulais voir ce que c'était. J'étais fasciné mais sans jamais céder à la tentation. En bref, j'ai sauté dedans. » Arrêté pour possession de stupéfiants, il fait un séjour de deux mois au Lexington Federal Hospital dans le Kentucky. À sa sortie, il enregistre énormément, entre autres avec Bud Shank (tp), Art Pepper (as), Phil Urso (as, ts), Russ Freeman (p)... Le 3 décembre 1957, il retrouve son ancien complice Gerry Mulligan. Ils graveront ensemble *Reunion* avec Henry Grimes (b) et Dave Bailey (dms). Mais les démêlés avec la police et la justice ne cessent de s'aggraver. Il sombre dans un tourbillon ahurissant qui le conduit de l'hôpital de désintoxication à la prison, toujours inquiété par des contrôles et vivant dans une liberté très surveillée. En 1959, il est arrêté à Harlem et écope d'un séjour à Rikers Island. C'est un responsable de la compagnie Riverside qui le fait libérer sous caution. L'état physique de Chet se dégrade sensiblement, la gueule d'ange ne parvient pas à sortir de l'enfer de l'héroïne. Il décide donc de se faire quelque peu oublier en partant tenter sa chance en Europe. Il réapparaît en Italie, où il fonde un club à Milan. En 1960, il tente de se désintoxiquer définitivement mais ses efforts restent vains. Il est appréhendé par la brigade des stupéfiants de Lucques et un tribunal le condamne à seize mois de prison. Sa réputation de toxicomane l'accable et le poursuit. Ses séjours en Suisse, en RFA et en Angleterre seront tous marqués par l'annonce d'expulsion, de pseudo-réinsertion ou de sombres histoires d'altercations, de falsifications d'ordonnances et de consommation de drogues diverses. Cependant, il continue de tourner et d'enregistrer pour plusieurs compagnies européennes, jusqu'au moment où il décide de faire un *come back* à New York. Il effectue une rentrée triomphale derrière Stan Getz au Festival de Newport, mais son disque *Chet Sings Billie Holiday* (1965) est boudé par le public et la critique. Pourtant l'album est une réussite, Chet Baker y chante les standards favoris de Lady Day et joue du bugle, un instrument qu'il utilise désormais depuis le vol de sa trompette à Paris, une Conn « Constellation » qu'il n'aura plus les moyens de se payer. Il déménage ensuite pour la Californie, où il survit tant bien que mal en se produisant dans des petits clubs. Une nuit, en rentrant du cabaret The Trident, situé à Sausalito, il est très violemment agressé par cinq jeunes loubards dealers (certainement une histoire de règlement de comptes) qui lui écrasent la lèvre supérieure, lui fracturent la mâchoire et lui cassent les dents. Chet Baker est réduit au silence. Il réapprend patiemment à jouer avec un dentier, suit un traitement de méthadone (substitut de l'héroïne) et vivote chez sa mère à San José, avec sa femme et ses trois enfants, grâce aux allocations de l'assistance publique. Et pourtant, l'ancien enfant chéri du public américain et de la presse spécialisée va resurgir de l'ombre en 1973, alors que tous le croient irrémédiablement perdu pour la musique. Chet traîne sa réputation de toxicomane notoire comme un boulet et malgré le soutien actif de Dizzy Gillespie, de bons disques enregistrés avec Gerry Mulligan, Paul Desmond (as), Lee Konitz (as), Jim Hall (g), il va retomber dans la drogue pour oublier la froideur de l'accueil et masquer sa déception. Il revient en Europe en 1975 et, pendant plus de dix ans, il va mener une existence chaotique, faite de rémissions inespérées et de chutes vertigineuses, d'allers et retours incessants entre les États-Unis et le Vieux Continent. Les disques, les festivals et les engagements en clubs vont s'enchaîner à une allure folle, les partenaires vont se succéder avec autant d'urgence : Keith Jarrett (p), Tony Williams (dms), Ron Carter (b), Niels-Henning et Oersted-Pedersen (b), Doug Raney (g), Philip Catherine (g), Michel Graillier (p), Riccardo Del Fra (b), Jean-Louis Rasinfosse (b), Enrico Rava (tp), Archie Shepp (ts), Charlie Haden (b), Enrico Pieranunzi (p), Kirk Lightsey (p)... Chet se laisse aller dans une ronde infernale où il s'épuise et se perd chaque jour davantage. Cependant, le son gagne en profondeur, se pose encore plus, s'arrondit, toujours plus bas, plus grave, plus crépusculaire, la voix emprunte le même dédale obscur et torpide : « J'aime jouer dans le grave, je joue du bas de l'instrument jusqu'au *do* ou *ré* aigu. Je peux atteindre deux octaves et demi, mais à l'intérieur de ces deux octaves et demi, je peux dire tout ce que j'ai à dire. On travaille jusque tard dans la nuit, on doit se lever à temps le lendemain pour prendre le train, on arrive, on mange un peu, il est temps d'aller jouer, on va dormir et il faut se lever tôt, sans arrêt... Ça continue toujours comme ça, c'est un cercle vicieux. » Tout s'arrête un vendredi 13 du mois de mai 1988 à Amsterdam. Le corps de Chet Baker est retrouvé sans vie au pied d'un hôtel. Deux étages plus haut sa fenêtre est ouverte. Suicide ? Accident ? Chet ne pouvait s'en aller sans nous laisser une fois de plus dans le mystère.

Gerry Mulligan : le félin

Tout comme Chet Baker, l'activité de ce New-Yorkais souvent associé au milieu musical de la côte ouest déborde largement du strict cadre californien. Gerald Joseph Mulligan, né le 6 avril 1927, est un musicien complet qui outre le saxophone baryton, dont il est le grand spécialiste, a étudié également le piano, la clarinette l'alto et l'écriture musicale. Dès 1945, il débute donc en tant qu'arrangeur et baryton dans les orchestres d'Elliott Lawrence et de Gene Krupa, puis passe dans le big band de Claude Thornhill, où il fait la connaissance de Gil Evans. Rencontre déterminante qui lui vaudra d'être associé au projet du nonette de Miles Davis et des fameuses séances Capitol (1949-1950). À cette occasion, il composera *Jeru* et *Venus de Milo,* et signera également les arrangements de *Godchild* et *Rocker.* Fort de cette expérience, il retourne chez Claude Thornhill en 1951 et commence aussi à enregistrer sous son nom. L'année suivante, il quitte New York en auto-stop, sillonne les États-Unis et arrive à Los Angeles, franchement déterminé à s'y faire une place au soleil. Stan Kenton le sollicite pour quelques arrangements et Gerry Mulligan monte conjointement un quartette sans piano qui défraie la chronique en raison d'une instrumentation qui en déroute plus d'un. Pourtant, la formule n'est pas révolutionnaire en soi. On se souvient de Sidney Bechet et Muggsy Spanier jouant avec le soutien d'une guitare et contrebasse, ou dans un autre registre, du Quintette du Hot Club de France avec Reinhardt et Grappelli. Mais la formation *pianoless* (sans piano) de Mulligan joue la carte de l'entrecroisement des solistes, des contrepoints spontanés, des riffs naturellement aérés; un dépouillement mélodique qui, en l'absence du clavier, libère totalement le lyrisme et la souplesse du phrasé de ses interprètes. L'option est clairement définie : «Je suis résolu à produire une musique de qualité, agréable à écouter et qui puisse intéresser le plus grand nombre d'auditeurs avisés, en faisant le meilleur usage possible du matériau musical choisi.» Avec Gerry Mulligan, le saxophone baryton, habituellement massif et pesant, devient une voix légère et cajoleuse, volatile, acérée et susurrée sans à-coup. Dans la lignée d'un Harry Carney, qui avait déjà fait pousser des ailes au baryton chez Ellington, Mulligan libère totalement l'instrument et s'impose avec caractère. Excepté son brillant aîné Serge Chaloff (1923-1957), trop tôt disparu, et le tranchant Pepper Adams (1930-1986), Gerry Mulligan attendra longtemps avant de trouver un rival sérieux. Au sein de différents combos, il va poursuivre dans la même voie. Le tromboniste Bob Brookmeyer succédera à Chet Baker en 1954, puis ce seront des improvisateurs aussi pertinents que Zoot Sims (as) et Jon

Eardley (tp, flh) en 1955, ou Art Farmer (tp) en 1958. Après une ambitieuse tentative de formation à treize musiciens qui avortera rapidement en 1960, Gerry Mulligan deviendra la *guest star* officielle du quartette de Dave Brubeck. À partir du début des années 70, il se consacre davantage à la composition et aux expérimentations avec de jeunes musiciens souvent issus d'orchestres universitaires. Tout le long de sa prolifique carrière et jusqu'à sa mort en 1996, Gerry Mulligan a multiplié les rencontres et croisé toute une phalange de noms illustres parmi lesquels nous retiendrons : Thelonious Monk, Billie Holiday, Paul Desmond, Tommy Flanagan, Ben Webster, Johnny Hodges, Charles Mingus, Stéphane Grappelli et le bandonéonniste argentin Astor Piazzola. S'il a revendiqué avant toute chose l'importance de son travail d'écriture et ses talents d'orchestrateur, Gerry Mulligan n'en fut pas moins un instrumentiste prompt à se lancer dans la moindre échauffourée, comme ces félins véloces et racés, avançant à pas de velours, toujours aux aguets et prêts à bondir pour feuler, vagir et vrombir avec leurs compagnons de meute.

Al Cohn (1925-1988)

Ce saxophoniste ténor, né à Brooklyn, s'est formé à l'écoute des big bands de Benny Goodman et de Count Basie, et n'a pas échappé lui non plus à l'influence de Lester Young. Après des études académiques de piano et de clarinette imposées par une famille mélomane, il choisit le ténor, s'abreuve d'émissions de radio et de disques de jazz, et s'en va traîner du côté des studios de répétition new-yorkais où il espère trouver un remplacement au sein d'un quelconque big band. C'est chose faite en 1945, lorsqu'il entre chez Joe Marsala. Ensuite, il part en tournée avec Georgie Auld, passe chez Alvino Rey et Buddy Rich, et se fait enfin remarquer lorsqu'il rejoint le Second Herd de Woody Herman en 1947. Il prend la place d'Herbie Stewart et s'intègre aux Four Brothers aux côtés de Stan Getz, Serge Chaloff et Zoot Sims. De retour à New York en 1949, il travaille avec Charlie Ventura, Artie Shaw, et commence à enregistrer sous son nom. Vers le milieu des années 50, il se consacre à la composition, au travail de studio, ainsi qu'aux arrangements pour la radio, le cinéma et la télévision. Parallèlement à ses activités alimentaires, il s'associe avec son ami Zoot Sims (rencontré auparavant chez Herman) pour divulguer un jazz lyrique, frais et élégant. Le duo va se produire durant une douzaine d'années et Al Cohn verra son style s'épanouir progressivement. Sa sonorité *a priori* un peu frêle s'assombrira et se chargera de vibrato vers les dernières années.

Zoot Sims (1925-1985)

Le parcours de ce saxophoniste (ténor, alto et soprano) ressemble nettement à celui de son complice Al Cohn, à ceci près que Zoot Sims est originaire de la Californie et qu'il manifestera un esprit d'ouverture plus fructueux. Il commence également par la clarinette et fourbit ses premières armes dans divers orchestres d'obédiences swing (Kenny Baker, Bobby Sherwood, Benny Goodman, Big Sid Catlett...). Entre 1947 et 1949, il partage le pupitre des Four Brothers chez Woody Herman, puis joue avec Stan Getz (1949), retrouve l'orchestre de Benny Goodman (1950) avant de s'installer chez Stan Kenton (1952). Son travail au sein des grandes formations ne l'empêche pas de former un quartette avec lequel il enregistre sous son nom, et de fréquenter des solistes de premier plan tels que Miles Davis, Clifford Brown, Gerry Mulligan ou Bob Brookmeyer. Saxophoniste au style fluide, doué d'une grande faculté d'élocution et d'adaptation, Zoot Sims a peu à peu remplacé la minceur et la joliesse de sa sonorité par une épaisseur et une robustesse qui donneront plus de poids et de maturité à ses dernières productions.

Lee Konitz (1927)

Embauché dans l'orchestre du clarinettiste Jerry Wald dès l'âge de seize ans, le saxophoniste alto Lee Konitz va parfaire son éducation musicale avec Lennie Tristano, qu'il rencontre à Chicago au milieu des années 40. Il joue ensuite pendant deux années chez Claude Thornhill (1947-1948) et, grâce aux recommandations de Gil Evans et de Gerry Mulligan, il va participer au nonette de Miles Davis, sur scène au Royal Roost et bien sûr en studio pour les séances de *Birth of the Cool*. À vingt et un ans, il fait déjà partie du sérail rénovateur et sa sonorité policée, sans grain et sans effusion, fait grincer quelques dents dans le milieu du jazz. Satisfait par la couleur sonore de cet alto qui refuse d'imiter servilement le jeu parkérien, Miles Davis le considère comme un partenaire idéal : « Beaucoup de Noirs s'en sont pris à moi, disant qu'ils n'avaient pas de travail et que j'engageais des Blancs. Je leur ai dit simplement que s'il y en avait un qui pouvait jouer aussi bien que Lee Konitz – c'est ce qui les rendaient le plus dingues, parce qu'il y avait beaucoup d'altistes noirs –, je l'engagerais, et que je me foutais qu'il soit vert à pois rouges. » Lee Konitz va poursuivre ses humanités avec Lennie Tristano, et en la compagnie amicale d'un autre élève du même âge que lui : le saxophoniste ténor Warne Marsh (voir notice suivante). Considérant l'enseignement de Tristano comme un tremplin et non comme un carcan, les deux disciples vont enregistrer ensemble dès 1949. Après un séjour européen en 1951, Lee Konitz travaille dans le tumultueux orchestre de Stan Kenton et joue conjointement avec Gerry Mulligan. Puis il revient à New York en 1954, retrouve Tristano et Marsh, avec lesquels il se produit en club ou en studio. Dès lors, l'itinéraire transmusical de Lee Konitz est un incessant aller-retour entre la côte ouest et la côte est, entre l'Europe et les États-Unis, entre les clubs, les salles de concerts et les festivals étrangers, entre les discours libres de Roswell Rudd (tb), Anthony Braxton (s), Derek Bailey (g) et les conventions raffinées de Dave Brubeck (p) ou de Shelly Manne (dms), entre la précision aristocratique de Gil Evans et la profusion volcanique de Charles Mingus (b). De toute évidence, Lee Konitz est l'homme de la tolérance, de la curiosité, de l'innocence et du plaisir partagé. C'est d'ailleurs dans la forme confidentielle du duo qu'il semble avoir trouvé son mode d'expression optimal. Que ce soit avec Warne Marsh (ts), Joe Henderson (ts), Richie Kamuca (ts), Jim Hall (g), Sal Mosca (p), Red Mitchell (b), Jimmy Giuffre (cl), Martial Solal (p), Michel Petrucciani (p), Harold Danko (p), Albert Mangelsdorff (tb), Chick Corea (p)... Autant de rendez-vous informels, intenses et fugitifs, comme certaines conversations entre amis dont les bribes nous reviennent en mémoire les soirs de nostalgie.

Warne Marsh (1927-1987)

«Je n'existe que parce que Miles Davis et Lester Young ont vécu et joué leur musique. Aussi, mon respect pour la musique noire est-il fondamental, plus grand encore que mon respect pour Bach.» Voilà qui a le mérite d'être clair. Warne Marsh désamorce ainsi cette réputation de musicien distant, d'analyste glacial et de théoricien sévère que certains ont voulu lui faire endosser. Ce fils d'une violoniste d'origine russe a commencé sa carrière de saxophoniste ténor vers l'âge de dix-sept ans, avec le chanteur-pianiste Hoagy Carmichael. Après une tournée dans l'orchestre de Buddy Rich en 1948, Warne Marsh quitte sa Californie natale pour retrouver le pianiste Lennie Tristano, dont il devient l'un des principaux disciples. Comme son mentor auquel il restera toujours fidèle, Warne Marsh est attaché au marquage régulier du tempo et à une métrique parfaitement rigoureuse qui permettent aux solistes de s'exprimer sans retenue et sans souci des contraintes mélodiques. Improvisateur à la sonorité lissée, au phrasé complexe, mobile, accentué, voire accidenté, il a transmis la philosophie tristanienne en se consacrant activement à l'enseignement. Outre ses diverses associations avec Lennie Tristano et Lee Konitz, il a enregistré, entre autres, avec Art Pepper (as), Jimmy Giuffre (cl), Bill Evans (p), Chet Baker (tp), Lew Tabackin (s), ainsi qu'avec le groupe Supersax. Il y a chez Warne Marsh quelque chose de furieusement janséniste qui, de prime abord, semble difficilement accessible. Il considère avant tout la discipline et l'organisation logique comme des clés qu'il faut savoir saisir pour atteindre un dépassement de soi-même. Il meurt sur la scène d'un club de Los Angeles, en pleine improvisation sur un standard au titre éminemment symbolique : *Out of Nowhere* (hors de nulle part).

Bob Brookmeyer (1929-2011)

Ce spécialiste du trombone à pistons est aisément identifiable, non seulement par la netteté du son et la tonicité des attaques dues à la nature même de l'instrument, mais aussi parce qu'il aime surfiler les lignes mélodiques et excelle particulièrement dans le tissage de subtils contrepoints. S'il se produit au piano dans les orchestres de Ray McKinley, Louis Prima, Claude Thornhill, Terry Gibbs et Woody Herman, il opte définitivement pour le trombone à pistons dès 1953, quand il joue avec Stan Getz. Recherché pour sa science du contre-chant et des harmonies, il jouera ensuite avec Gerry Mulligan (1954-1957), Jimmy Giuffre (1957-1958), puis codirigera un quintette avec Clark Terry entre 1961 et 1966. Entre-temps, il écrit des arrangements, participe au Concert Jazz Band de Mulligan ainsi qu'au big band de Thad Jones-Mel Lewis. En 1968, il part travailler à Los Angeles, essentiellement pour la télévision, mais trouve le temps de proposer ses services en tant que musicien free-lance, souvent avec Mulligan et Thad Jones-Mel Lewis, mais aussi en duo avec Jim Hall (g) et à la tête de son propre quintette.

Helen Merrill (1930)

D'origine yougoslave, Helen Merrill est née à New York, sous le nom de Jelena Ana Milcetic. Chanteuse de la confidence légère, de l'effleurement fugitif et du soupir retenu, elle a tourné très tôt le dos à l'école bop pour tracer une voie personnelle à l'écart des succès commerciaux et essentiellement fondée sur une étroite complicité avec les partenaires instrumentistes qu'elle a eu la chance (et le bon goût) de fréquenter. Après avoir été la chanteuse du grand orchestre d'Earl Hines en 1952, elle enregistre sous son nom dès 1954, avec la complicité de Quincy Jones (arr), Clifford Brown (tp), Oscar Pettiford (b),

Gil Evans (arr)... Imperméable aux modes et aux écoles, Helen Merrill ne se laisse guider que par son émotion, se jouant (ou se déjouant) de sa fragilité et de sa ferveur, de ses élans voluptueux et de ses déchirements intérieurs. Sa carrière restée relativement en demi-teinte (quoique émaillée de quelques francs succès) s'est soudain épanouie et ouverte à un large public, après quelques années aventureuses pendant lesquelles elle n'a cessé de défendre son indépendance : tournées aux États-Unis, en Europe et au Brésil, installation au Japon entre 1967 et 1972, direction d'un orchestre de dix musiciens, fondation d'une maison d'édition aux côtés de John Lewis, enregistrements réguliers... Particulièrement sensible à l'atmosphère languide des ballades auxquelles elle confère toujours une dimension dramatique, Helen Merrill n'est jamais aussi superbement vulnérable et livrée à elle-même que lorsqu'elle s'exprime dans le cadre de duos ou de petits comités, que ce soit avec John Lewis (1976), Gordon Beck (1984), Stéphane Grappelli et Steve Lacy (1986), Gil Evans (1987), Ron Carter (1988), Stan Getz et le Trio Joachim Kühn, Daniel Humair, Jean-François Jenny-Clark...

West Coast

Chemisettes à fleurs et bermudas, ciel bleu, palmiers et sable fin, *ice creams* et sodas pétillants, bikinis et cabriolets, la douceur de vivre californienne engendre toute une imagerie attirante, faite de légèreté, d'insouciance et de loisirs. Mais derrière cette façade rieuse et un tantinet frivole, la Californie va paradoxalement devenir le berceau d'un jazz tranquillement désabusé et distancié, affichant sans illusion une déroute existentielle et une vision du monde romantiquement désespérée. Si New York est incontestablement la ville-phare du jazz, une intense activité musicale s'est développée sur la côte ouest à la suite de la Seconde Guerre mondiale. De nombreux clubs ouvrent leurs portes à Los Angeles, notamment dans le quartier de Little Tokyo vidé de ses habitants, et les *jam sessions* se multiplient. À leur retour du front du Pacifique, les GI's s'installent en Californie pour oublier les années d'horreur et goûter à une paix enfin retrouvée dans une région particulièrement clémente. En outre, la population noire venue travailler dans les industries a plus que doublé entre 1940 et 1950, passant de 97 847 à 211 585 habitants en à peine dix ans. Tous ces facteurs conjugués à un développement florissant des studios d'enregistrement, de cinéma et de télévision, vont créer une véritable dynamique autour de la scène musicale.

Mais, avant que n'apparaisse la jeune génération des *coolmen,* il ne faut pas croire que la côte ouest soit un désert musical, à l'écart de toute actualité. Les principales vedettes du swing mais également du bop ont souvent fait escale en Californie, comme le rappelle justement le saxophoniste Sonny Criss : « Contrairement à ce que l'on a dit, Bird et Dizzy n'ont pas joué devant des auditoires de dix ou douze personnes. Le Billy's Berg était un club unique en son genre. Situé en plein cœur d'Hollywood, il attirait à grand renfort de publicité une clientèle réellement cosmopolite. Blancs et Noirs s'y côtoyaient sans problèmes […] Toutes les stars et les gens du show business y venaient, ainsi que beaucoup de gens de couleur. » Ainsi, la Californie a d'abord connu une période de consommation du jazz avant de devenir un pôle de création.

Le Lighthouse Cafe, créé en 1949 et idéalement installé à Hermosa Beach, à peine à trois quarts d'heure de Hollywood, va devenir le lieu de rencontre des musiciens de la côte ouest. Situation stratégique, bord de plage, scène ouverte et clientèle jeune, le club va rapidement cristalliser tous les ingrédients d'un jazz cool et rafraîchissant, hâtivement baptisé west coast par quelque producteur en mal de devise publicitaire. Le trompettiste Shorty Rogers, représentant éminent de cette esthétique, et stakhanoviste des studios d'enregistrement, parle de l'ambiance bien particulière qui régnait alors au Lighthouse Cafe : « Nous étions libres le lundi et le mardi, mais le dimanche on jouait de deux heures de l'après-midi à deux heures du matin. C'était physiquement très dur, mais nous étions jeunes, et puis l'endroit était formidable. Les consommations n'étaient pas chères, il n'y avait pas de droit d'entrée… C'était toujours bourré. Comme l'océan était à quelques mètres, il y avait souvent, dès l'ouverture, un spectateur en maillot de bain. Et parfois, à deux heures du matin, il était encore là en maillot de bain. » Le même Shorty Rogers précise d'ailleurs que l'expression « jazz west coast », n'est rien d'autre qu'une invention des critiques et des compagnies de disques : « Je n'ai jamais essayé d'instituer un jazz de la côte ouest ou de la côte est. Mon seul but était de jouer et de me faire plaisir. On aurait dû parler plutôt de "jazz de plaisir"... » Le batteur Shelly Manne abonde dans le même sens : « S'il s'est passé quelque chose de spécial à cette époque en Californie, c'est parce que nous étions un petit groupe de musiciens qui travaillions toujours ensemble, qui échangions des idées. Quand je faisais un disque, les autres étaient sur mon disque et quand ils en faisaient un, j'étais dessus. Si le son était tellement particulier, reconnaissable, c'est qu'il venait du même groupe de gens. Quel que soit le leader, c'était le même son [...] Nous étions très proches les uns des autres. D'abord parce que nous avions vécu ensemble les tournées des grands orchestres – Giuffre, Rogers et moi dans l'orchestre de Woody Herman, ou dans celui de Stan Kenton avec Bud Shank, Art Pepper, Shorty... Avant de nous installer sur la côte ouest, nous avions déjà passé des années ensemble. » Parmi ce contingent d'instrumentistes, dont la plupart sont les piliers des séances de l'industrie phonographique et cinématographique, nous mettrons en relief les solistes les plus emblématiques, sans toutefois oublier de citer : Pete Rugolo (p, comp, arr, 1915), Chico Hamilton (dms, 1921), Buddy Collette (s, fl, cl, comp, 1921), John Carisi (tp, comp, arr, 1922), Bob Cooper (s, arr, 1924), Bill Perkins (ts, bs, fl, 1924), Conte Candoli (tp, 1926), Russ Freeman (p, comp, 1926), Bud Shank (as, bs, fl, 1926), Claude Williamson (p, 1926), Curtis Counce (b, arr, 1926-1963), Frank Rosolino (b, 1926-1978), Don Fagerquist (tp, 1927-1974), Bill Holman (ts, arr, 1927), Joe Gordon (tp, 1928-1963), Herb Geller (as, arr, 1928), Lou Levy (p, 1928), Leroy Vinnegar (b, comp, 1928), Jack Montrose (ts, arr, 1928), Lennie Niehaus (s, arr, 1929), Richie Kamuca (ts, 1930-1977), Jack Sheldon (tp, 1931), Pete Jolly (p, acc, 1932), Vic Feldman (p, vib, comp, arr, 1934-1987) ...

Dave Brubeck (1920-2012)

Nul n'a pu échapper à ces deux énormes succès que sont *Take Five* et *Blue Rondo a la Turk,* déversés à satiété sur les ondes du monde entier. Dave Brubeck, musicien comblé par la consécration du public et le revenu substantiel de ses ventes de disques, est souvent considéré comme un personnage à l'ambiguïté suspecte. Ancien élève de Schœnberg et de Darius Milhaud, ce pianiste pétri de références classiques occidentales a pourtant acquis sa renommée dans le milieu du jazz. Il a certes composé quatre cantates, des musiques de ballet, un oratorio, une messe et une multitude de pièces pour piano, mais c'est essentiellement avec son quartette formé en 1951 qu'il rencontrera les foules. Entouré du solide Gene Wright (b), du délicat Joe Morello (dms) et, surtout, de l'admirable styliste Paul Desmond (as), Dave Brubeck va cultiver jusqu'en 1967 un jazz de chambre (ou d'antichambre ?) habile, flatteur, rassurant, propulsé par un piano « hygiéné », comme désinfecté des scories d'un swing qu'il voudrait gommer faute de ne pouvoir en saisir les plus fines particules. Utilisant à l'envi les rythmes impairs (3/4, 5/4, 7/4, 11/4, 9/8...), les cassures de tempo et les passages fugués, ce pianiste, à la technique adroitement calibrée, a beaucoup perdu après le départ de Paul Desmond, remplacé par Gerry Mulligan (pour un bref passage), puis par Jerry Bergonzi (ts) et Bill Smith (cl). Malgré une activité toujours débordante, Brubeck n'a jamais retrouvé l'état de grâce vécu dans les volutes poétiques de Desmond. Un seul alto vous manque et tout est dépeuplé.

Shelly Manne (1920-1984)

New-Yorkais d'origine, formé à l'école des grandes formations de music-hall, partenaire de swingmen ou de boppers comme Johnny Hodges, Don Byas, Barney Bigard, Coleman Hawkins, Dizzy Gillespie et Oscar Pettiford, le batteur Shelly Manne sera pourtant l'un des musiciens les plus recherchés de la côte ouest. Sûrement pour son excellence dans l'usage des balais, sa subtile maîtrise des accentuations rythmiques et ses touches de cymbales frémissantes, il sera sollicité par des solistes tels que Shorty Rogers, Stan Getz, Kai Winding, Jimmy Giuffre ou Russ Freeman, de même qu'il fera plusieurs va-et-vient remarqués dans les orchestres de Stan Kenton et de Woody Herman. En 1954, il forme un quintette baptisé : Shelly Manne and His Men (avec Conte Candoli, Bill Holman, Russ Freeman et Leroy Vinnegar) et dont il présentera plusieurs moutures. Il participe également à des centaines d'enregistrements comme musicien free-lance, pour la télévision et le cinéma, monte son propre club à Los Angeles, le Shelly's Manne Hole, et continue de faire preuve d'un bel esprit d'ouverture lors de rencontres (régulières ou éphémères) avec Ray Brown (b), Barney Kessel (g), Sonny Rollins (ts), Ornette Coleman (s), Don Cherry (tp), Bill Evans (p), Lee Konitz (as). Jusqu'à ce qu'une chute de cheval et des complications cardiaques le contraignent à ranger définitivement sa batterie, Shelly Manne a su écouter les autres et les servir, sans se laisser aller à l'autosatisfaction et sans jamais déroger à quelques-unes de ses intimes convictions qu'il se plaisait à rappeler : «Je ne développe pas les mélodies à l'aide des rythmes, je développe les rythmes en pensant la mélodie.» Ou bien : «Jouer doucement, en donnant un sens à ce que l'on joue, voilà ce qui m'intéresse.» Autant de déclarations qui se passent de commentaires...

Jimmy Giuffre (1921-2008)

Faute de mieux nous situerons ce musicien kaléidoscopique parmi les protagonistes d'un jazz que l'on dit west coast. Mais avec le Texan Jimmy Giuffre, nous atteignons déjà d'autres rives dont le profil escarpé et les sinuosités abruptes ne seront abordés qu'au cours des prochaines étapes de l'odyssée du jazz. L'équivoque naît avec le thème *Four Brothers,* qui, incontestablement, est le point de départ de la réputation westcoastienne de Jimmy Giuffre. Le succès rencontré avec cette pièce brillamment défendue par le troupeau de Woody Herman l'auréole d'une gloire, certes restreinte au strict cercle musical, mais qui lui permet de figurer dans toutes les expériences californiennes. Tout d'abord, dans les Lighthouse All Stars avec Howard Rumsey, puis dans les Giants de Shorty Rogers, avant de diriger des petites formations sans piano, en compagnie de Jim Hall (g), Bob Brookmeyer (tb) et Ralph Peña (b). Il se consacre ensuite à l'enseignement dans le Massachusetts et écrit une flopée d'arrangements, avant de s'associer au début des années 60 avec le pianiste Paul Bley et le bassiste Steve Swallow. Ce splendide trio fondé sur une liberté interactive, où la clarinette ondoie entre la nacre et le soufre, erratique et irrévérencieuse, proche des séismes du free jazz, fera place dans les années 70 à des tentatives de musique électronique dans les traces d'un jazz-rock dont la fusion par trop sommaire gomme peut-être le souffle purificateur de Giuffre. «Je refuse de m'exprimer dans un idiome défini, j'essaie d'être différent», dit-il. Sans aucun doute, Jimmy Giuffre réussit a être dissemblable au risque même de paraître disparate, mais soucieux de ne pas perdre le fil de son histoire, il sait se dissiper sans se disperser, disséminer sans s'éparpiller. Giuffre joue sur le fil du rasoir, un rasoir qu'il affûte patiemment et qu'il manipule avec l'adresse paisible et la confiance sereine de ceux qui sont sûrs de leurs gestes.

Paul Desmond (1924-1977)

Fils d'un pianiste de cinéma muet, Paul Desmond étudie la clarinette à l'école polytechnique et au collège d'État de San Francisco. Il porte définitivement son choix sur l'alto en 1950 et, dès l'année suivante, il devient le partenaire de Dave Brubeck au sein d'un quartette qu'il ne quittera pas avant 1967. Auteur du fameux *Take Five,* enregistré en 1959, il obtient une reconnaissance internationale qui lui permet d'enregistrer sous son nom de nombreux disques toujours inspirés où l'on retrouve avec jubilation la grande pureté de sa sonorité, un swing vivace, enveloppé dans les mèches brumeuses d'un phrasé retenu, en suspens, presque ralenti. Après avoir quitté Brubeck, ce saxophoniste toujours troublant continuera de se produire dans différents festivals américains, ainsi que dans des tournées à l'étranger (Europe, Japon, Australie). Il enregistrera un dernier album de retrouvailles en duo avec Brubeck, quelques mois avant de succomber à un cancer du poumon dont il souffrait depuis plusieurs années.

Shorty Rogers (1924-1994)

Né Milton Michael Rajonsky, le très actif Shorty Rogers démarre sa carrière à New York, vers l'âge de dix-huit ans. Après avoir étudié la trompette à la High School of Music & Arts, il se produit avec Will Bradley (tb), Red Norvo (vib), Cozy Cole (dms), Earl Swope (tb) et Emmett Carls (ts). En 1945, il entre dans le First Herd de Woody Herman, pour lequel il écrit ses premiers arrangements. Après un court intermède dans les formations de Charlie Barnet (s, cl) et de Butch Stone (voc, s), il rejoint le Second Herd d'Herman vers la fin de l'année 1947. Il y côtoie les Four Brothers, continue de livrer des compositions et des *scores* d'orchestration où l'on compte quelques uns des principaux succès du big band. En janvier 1950, Shorty Rogers va poursuivre son double emploi de trompettiste-arrangeur dans l'orchestre Innovations in Modern Music de Stan Kenton. Compositeur fécond, à l'écriture rigoureuse et aux alliages équilibrés, fidèle à un swing de facture classique proche de Count Basie, respectueux de la personnalité des intervenants et volontiers dispendieux dans ses longues plages de liberté contrôlée, Shorty Rogers est également un instrumentiste accompli que la sonorité moelleuse, la mise en place précise et l'éternelle décontraction contribuent à placer en tête de la faune californienne. Lorsqu'il quitte Kenton en juillet 1951, il n'hésite pas à revendiquer une carrière personnelle. Cette année-là, il grave *Modern Sounds* sous son nom en utilisant une formule orchestrale proche du nonette de Miles Davis. Avec ses amis du Lighthouse Cafe (Howard Rumsey, Jimmy Giuffre, Shelly Manne...), il sera de toutes les virées expérimentales, notamment dans le groupe Jazz Giants, qu'il dirigera avec ferveur, en dépit d'un changement constant de personnel. Directeur musical chez Atlantic en 1955, il passe l'année suivante chez RCA-Victor pour y occuper les fonctions de producteur. Le travail en studio ainsi que pour le cinéma et la télévision l'accapare à un tel point qu'il ne reviendra sur la scène du jazz qu'en 1982, au sein d'une nouvelle version des West Coast Giants, avec une soif de jouer toujours intacte.

Art Pepper (1925-1982)

«J'ai reçu un don. Un don qui a plusieurs aspects. Le don de pouvoir supporter les choses, d'en accepter certaines, d'accepter d'être puni pour ce que la société trouve mal. Le don de pouvoir aller en prison. Je n'ai jamais donné quiconque. Quant à la musique, tout ce que j'ai fait, je l'ai fait "comme ça". Je n'ai jamais étudié, jamais travaillé. Je suis de l'espèce de ceux qui savent qu'ils peuvent le faire. Je n'avais qu'à tendre la main.» L'histoire du saxophoniste Arthur Edward Pepper ressemble à s'y méprendre à un volume scabreux de la Série noire. Drogues dures, condamnations, longues peines de prison, états de manque, course à la dose, démêlés sentimentaux, désintoxication, rechute, délinquance, re-prison, hospitalisation, dépression, la vie du ténébreux Art Pepper fut un véritable calvaire. Mais ce qu'il faut essentiellement retenir, c'est la passion, le lyrisme, une sensibilité écorchée, le chant bouleversé, la tendresse désespérée, le don de soi et la perte de tout, la violence éblouissante et la rage d'émerger enfin dans ce flot de notes, dans ce trop-plein d'amours déçus et de rêves floués, pour combler la fêlure et sortir la tête haute avec ce qu'il reste de dignité et de grandeur d'âme. Benny Carter, Lee Young, Stan Kenton, Warne Marsh, Shorty Rogers, Shelly Manne, Buddy Rich et beaucoup d'autres l'ont vu travailler, vaciller, résister ou errer à leurs côtés, mais seules comptent les traces discographiques que nous a laissées ce westcoaster atypique, étranger des plages et des douceurs du Pacifique.

Hard-bop

En avril 1959, le saxophoniste Sonny Rollins déclarait : «Si hard-bop signifie *a hard way of playing* (une façon dure de jouer), alors je joue hard-bop, ou tout au moins j'essaie. Remarquez bien que toute cette terminologie est nouvelle pour moi, et ne signifie pas grand chose : j'ai toujours eu une tendance à jouer "joli" et je me suis de tout temps appliqué à la sonorité plus qu'au swing. Si ça swingue, tant mieux, et si je suis hard-bop, tant mieux aussi. Mais je n'ai jamais essayé de swinguer, c'est dans mon tempérament. » Une fois de plus, cette déclaration nous met face au sempiternel problème de l'étiquetage et du cloisonnement (souvent hasardeux) du jazz qui se veut avant tout l'expression d'une libre pensée musicale et d'une émancipation durement conquise, comme le souligne nettement cette affirmation du batteur Art Blakey : « Notre musique est un défi à toutes les humiliations et à toutes les injustices que nous avons dû subir depuis des générations. » Mais derrière ces propos, il est évident que les préoccupations raciales demeurent vivaces pour la communauté musicale noire qui voit arriver d'un œil circonspect (et d'une oreille relativement tolérante) toute la génération des *coolmen* et autres *westcoasters.*

Réflexe identitaire, sursaut d'amour-propre et de fierté culturelle, les musiciens noirs new-yorkais vont reprendre à leur compte une partie des apports du bop, tout en s'en démarquant par des rythmes moins complexes et par un retour aux sources du blues et du gospel. Sur cette montée en force d'un bop « endurci », le pionnier Dizzy Gillespie pose un regard bienveillant, partisan, certes, mais nuancé et clairvoyant : « Le style cool m'a toujours fait penser à la musique des Blancs. Il manquait de tripes et de swing aussi. Les Lee Konitz, Lennie Tristano et autres ne transpiraient pas sur scène. Pourtant le jazz est une musique "triparde", qui exige qu'on se déboutonne. Mais je suppose que ces gars-là voulaient éliminer ce côté nature, "sauvage", excitant, que nous avions. Le jazz pour moi, c'est ça, une musique dynamique qui fait tout sauter. Ils l'ont assagie, édulcorée, mais sans changer sa dimension essentielle : la profondeur. Son sens profond. […] Miles, lui, n'était pas cool de cette manière. Il est originaire de ce coin de Saint Louis qui a vu naître le blues. C'est seulement un aspect de son jeu qui est cool. Et c'est justement cet élément que les autres ont annexé, sans prendre le reste, le côté blues, ou bien en passant à côté. […] Contrastant avec l'école "cool", un autre mouvement prit naissance qu'on baptisa "hard-bop", parce qu'il remettait au premier plan le rythme et le côté blues de notre musique, et que ses interprètes mouillaient leur chemise et le reste en jouant comme des fous. […] Le hard-bop, avec sa vigueur spontanée et ses résonances de chants religieux, amena une foule de nouveaux adeptes noirs vers cette musique. Et au bout du compte, ces deux mouvements, hard-bop et cool, ont élargi l'audience et la popularité du jazz moderne. » Il y a dans les propos de Dizzy Gillespie l'essentiel de ce que l'on doit retenir sur ce phénomène qui va régénérer le jazz à partir du milieu des années 50. En précisant tout de même que le triomphe du rhythm'n blues dans la communauté noire (voir chapitre correspondant) n'est pas étranger à cette redistribution des cartes. Simplification des grilles harmoniques proches des séquences d'accords du blues, exacerbation du discours soliste, emprunt et réactualisation du répertoire *churchy,* sections rythmiques moins anguleuses que lors de l'avènement du bop afin d'établir une relation plus directe au public, mélange de tous ces éléments dans des thèmes d'inspiration bop et en utilisant l'instrumentation en combo (quintette, sextette), voilà globalement les valeurs réinjectées par les hard-boppers. Pour ajouter aux confusions stylistiques, on parle également d'un courant *funky,* indissociable du hard-bop, qui préconise un retour au jeu *dirty,* à la notion de *soul,* et à des rythmiques plus hypnotiques, scandées avec insistance. Le grand propagateur de ce jazz funky est le pianiste Horace Silver (voir notice plus loin) qui, pour sa part, préfère évoquer une prééminence de la sensibilité noire, un goût personnel pour la mise en tension et le paroxysme, plutôt qu'un courant déterminé.

Si Art Blakey et Horace Silver sont les héros du hard-bop, tout comme les différents membres des Jazz Messengers, ou les saxophonistes Sonny Rollins et Cannonball Adderley, il convient d'ajouter que d'anciens compagnons de Charlie Parker, notamment Max Roach avec son alter ego Clifford Brown, ou certains musiciens auparavant assimilés au cool, vont également se distinguer dans la mouvance funky-hard-bop. En effet, Miles Davis, géniteur du cool, ne sera pas un des moindres dans la renaissance des valeurs bop (dès le début des années 50). Dans le même ordre d'idée, en quoi le nonchalant saxophoniste Hank Mobley est-il plus hard-bopper que le virulent californien Art Pepper ? Peut-on considérer le puissant pianiste Hampton Hawes (originaire de Los Angeles) uniquement comme un musicien west coast alors que certains new-yorkais n'ont pas son énergie ? Plus que jamais, le maelström du jazz connaît des variations atmosphériques qui emportent l'auditeur au gré des vents et des courants.

Art Blakey : le pépiniériste

Entre Kenny Clarke, l'aîné, et Max Roach, le benjamin, il manquait Art Blakey, le cadet, né le 11 octobre 1919, pour compléter le triumvirat de la batterie bop. S'il apparaît seulement à cette étape de l'odyssée du jazz, Art Blakey n'en a pas moins été l'un des artisans fondateurs du renouveau rythmique dès le milieu des années 40. Cependant, son rôle déterminant dans l'émergence du hard-bop fait de lui l'homme-charnière des années 50. Il y a une grande part de légende sur la genèse de ce musicien qui a dû se plaire à brouiller les pistes de sa biographie. Tout d'abord pianiste, il prétend s'être mis à la batterie sous la contrainte : «Je suis devenu batteur le jour où un gangster m'a ordonné, en me braquant un calibre sous le nez : "Tu veux travailler ici, petit, alors mets-toi à la batterie et ne discute pas."» On raconte aussi qu'il aurait laissé la mine et l'aciérie pour entrer en musique. Toujours est-il qu'on le retrouve dans l'orchestre de Fletcher Henderson en 1939, puis en compagnie de la pianiste Mary Lou Williams, l'année suivante. Dès le début des années 40, Art Blakey fréquente les clubs de la 52e Rue, se frotte aux boppers, se lie d'amitié avec Thelonious Monk, puis travaille dans le big band de Billy Eckstine (entre 1944 et 1947), où il rencontre Dizzy Gillespie. «Au début, je ne savais pas trop que penser du nouveau style. Tout allait trop vite et je n'avais pas le temps d'y réfléchir. Seulement celui de jouer. De toute façon, c'était ce qu'il y avait de mieux à faire : jouer. À cette époque-là, Diz était le directeur musical. Le vrai patron, quoi. C'était l'orchestre de Billy Eckstine, mais c'était Diz le chef, qui s'occupait de toutes les questions musicales… Une fois, je me souviens, j'essayais des trucs à la batterie, un genre de *shuffle,* et il m'a arrêté en plein milieu, avec les gens sur la piste, et tout, pendant que les autres musiciens continuaient… "Blakey, qu'est-ce que tu cherches à faire ? – Je n'en sais rien… – Alors, pourquoi le fais-tu ? Si on avait voulu un *shuffle* derrière nous, on aurait engagé Cozy Cole. Si tu es là, c'est pour jouer à ta manière."»

Le batteur va vite trouver le style et la manière. Avant tout, une assise rythmique inébranlable qui porte les solistes sur des hauteurs que certains rêvaient d'atteindre, ensuite un penchant pour les roulements fracassants et les appels de caisse claire, prétextes à relancer la vigueur des chorus, une inclination pour les silences soudains afin de rallier les troupes et de mieux repartir à l'assaut dans un croisement et un doublement de figures rythmiques fortement inspirées des percussions africaines, et enfin, un sens de la liaison, une volonté d'entraide et une écoute attentive qui permettent de souder les différents éléments du groupe. Après un passage chez Lucky Millinder en 1949 et chez Buddy DeFranco entre 1951 et 1953, Art Blakey crée sa propre formation avec la complicité du pianiste Horace Silver. Entourés de Kenny Dorham (tp), Hank Mobley (ts) et Doug Watkins (b), les deux hommes partagent quelque temps le *leadership* du quintette avant qu'Horace Silver ne se mette en retrait et laisse Blakey prendre la direction des affaires. Le cachet du hard-bop faisant foi, les messagers du blues, du gospel et du be-bop, intimement liés, vont porter leur missive avec urgence, pour renouer les liens avec un public quelque peu éloigné des sophistications parkériennes. « Si nous voyons certaines personnes qui ne marquent pas la mesure du pied et de la tête pendant que nous jouons, nous savons que nous ne faisons pas ce qu'il faut. Parce que chaque fois que notre message passe, les têtes et les pieds remuent… » Les membres du personnel (ou plutôt, les habitués du cercle) seront nombreux. Certains messagers feront plusieurs virées amicales, d'autres en profiteront pour obtenir une splendide carte de visite. Art Blakey n'hésite jamais à renouveler ses musiciens, laissant la bride sur le cou à tous ceux qui désirent porter la parole ailleurs. Il sait s'enrichir des apports nouveaux, utiliser les particularités de chacun, conduisant des quintettes (parfois augmentés en sextettes) plus ou moins revendicateurs, plus ou moins toniques, mais invariablement fédérés autour d'un répertoire en mouvement qui compte quelques-uns des thèmes historiques du jazz : *Blues March, Moanin', The Chess Players, Dat Dere, Along Came Betty, Ugetsu,* etc., souvent composés par les musiciens du groupe car chaque hôte de marque aura à cœur d'accroître le patrimoine des Messengers. « On ne peut pas vivre uniquement dans le passé ;

il faut aller écouter les plus jeunes et se mettre à leur hauteur. Après tout, nous avons plus d'expérience que les jeunes, pas vrai ? » Tout est dit. Art Blakey n'attend pas que ses jeunes recrues le rejoignent pour se hisser aussitôt à sa hauteur. Non, il leur laisse le temps d'éclore, il préfère se pencher vers eux, tendre la main et les aider à gravir un à un les échelons. Art Blakey cultive le terreau de sa pépinière et chaque pousse prendra racine pour essaimer à son tour. *Sideman* épisodique lorsque des amis lui réclament un soutien, notamment derrière Thelonious Monk au début des années 70 ou avec Ray Brown (b) et James Williams (p) à la fin des années 80, Art Blakey va consacrer la plus grande partie de sa vie à son œuvre messagère, produisant une foule d'albums parmi lesquels ceux qui furent enregistrés en public restituent le mieux la foudre divine et créatrice des tambours : « Pour moi, la scène est une Terre sainte. On y monte pour jouer. Si un musicien se lève de son lit de mort, c'est pour jouer. » Nul doute que ce jour du 16 octobre 1990 où Art Blakey a quitté la terre et s'est élevé au dessus des nuages, il s'est organisé là-haut une *jam session* mémorable.

Les messagers du jazz

Il est bien entendu impossible de citer tous les membres qui, un jour ou l'autre, sont apparus dans la saga des Jazz Messengers. Certains ont prêté main forte pour des manifestations ponctuelles, d'autres y ont pris leurs quartiers. Art Blakey a toujours choisi ses musiciens après de très soigneuses auditions, faisant souvent preuve d'un remarquable discernement. En plus de trente années d'exercice, se sont succédé entre autres : les trompettistes Kenny Dorham, Donald Byrd, Bill Hardman, Lee Morgan, Freddie Hubbard, Charles Tolliver, Chuck Mangione, Woody Shaw, Valery Ponomarev ; les saxophonistes Hank Mobley, Jackie McLean, Johnny Griffin, Benny Golson, Lou Donaldson, Wayne Shorter, Gary Bartz, Bill Harper, Franck Mitchell, Dave Schnitter, Bobby Watson ; les trombonistes Curtis Fuller, Julian Priester ; les pianistes Horace Silver, Sam Dockery, Bobby Timmons, Cedar Walton, Keith Jarrett, Walter Davis ; les bassistes Doug Watkins, Gene Ramey, Spanky de Best,

Jimmy Merritt, Reggie Workman, Reggie Johnson, Stanley Clarke... Sans oublier les petits chérubins faussement candides des années 80 qui se feront les dents avec Papy Blakey, avant d'aller diffuser un néo hard-bop dont nous parlerons dans un futur chapitre : les frères Wynton (tp) et Branford (s) Marsalis, Terence Blanchard (tp), Wallace Roney (tp), Donald Harrison (s), Jean Toussaint (s), Kenny Garrett (s), Javon Jackson (s), Mulgrew Miller (p)...

Parmi cette escouade, nous livrerons le *curriculum vitae* de ceux qui nous semblent les plus symboliques des premières générations de messagers. Certains autres, nés ultérieurement, auront l'occasion de faire parler d'eux dans les chapitres à venir.

Kenny Dorham (1924-1972)

Miles Davis n'a pas été avare de compliments pour son homologue Kenny Dorham : « Kenny était un sacré trompettiste – un beau style, entièrement personnel. J'aimais son ton, sa voix. Il était vraiment créatif, imaginatif, un artiste de l'instrument. Il n'a jamais eu toute la reconnaissance qu'il méritait. » Né au Texas, il touche sa première trompette à quinze ans et se lance dans des études de pharmacie qu'il ne finira pas puisqu'on retrouve sa trace à New York, dans l'orchestre de Dizzy Gillespie (1945), puis de Billy Eckstine (1946), de Lionel Hampton (1947) et de Mercer Ellington (1948). Parcours sans faute qu'il poursuit aux côtés de Charlie Parker, en remplacement de Miles Davis. Musicien free-lance, il entre dans les Jazz Messengers en 1955 et y apportera un superbe lyrisme bluesy, typique de sa région d'origine. Après une année faste, que l'on peut considérer comme le point de crête de sa carrière, il décide de fonder le groupe The Jazz Prophets, singulièrement calqué sur le modèle des Jazz Messengers. En 1956, il remplace aussi Clifford Brown dans le quintette de Max Roach, autre activiste hard-bop. Ses dernières années seront bien remplies, il montera diverses formations et enregistrera également avec Sonny Rollins (ts), John Coltrane (ts), Cecil Taylor (p), Helen Merrill (voc), Barney Wilen (ts)... S'il ne figure pas au panthéon du jazz, Kenny Dorham n'en est pas moins un des plus importants gardiens du temple.

Lou Donaldson (1926)

S'il n'a pas été longtemps pensionnaire chez les Messengers d'Art Blakey, le saxophoniste alto Lou Donaldson est néanmoins un parfait représentant du hard-bop. Naviguant entre blues et gospel, entre un bleu vibrant et un noir intense, ce fils de prêcheur de Caroline du Nord, a énormément écouté Charlie Parker avant de se retrouver en studio à deux pas du pianiste Horace Silver. Soliste fétiche du prestigieux label Blue Note durant les années 50-60, il va graver pas moins de vingt-six albums en tant que leader, plus quelques autres pour d'autres marques. Pilier des clubs Five Spot et Half Note, il fréquente alors tout le gotha du be-bop (orthodoxe ou revisité) et enregistre notamment avec Clifford Brown, Milt Jackson, Thelonious Monk, Jimmy Smith… À partir de la fin des années 60, il manifeste une nette aversion à l'égard du free jazz, qu'il conspue avec une franche acrimonie. Sa carrière reste en veilleuse jusqu'à ce qu'il se remette en selle grâce aux tendances revivalistes du be-bop qui sévissent dans les années 80. Malgré l'éclipse, Lou Donaldson n'a rien perdu de sa belle alacrité, de sa sonorité contrastée et de son swing impérieux.

Horace Silver (1928-2014)

« Tout le jazz authentique est étroitement apparenté aux spirituals. Le middle jazz vient directement des gospels des Holly Rollers Singers, comme le dixieland provient des chants de funérailles. Mais je ne crois pas que vous devez attacher une importance spéciale au mot "funky" : si quelqu'un joue funky, c'est que ça fait partie de son tempérament. En réalité, le funky existe depuis toujours. Regardez Milt Jackson : qui peut jouer plus funky que Milt Jackson ? […] Je ne pense pas qu'il puisse exister une école funky, quelques musiciens jouent plus funky que d'autres, mais ils ne le font pas d'une façon conventionnelle. Je n'essaie pas de jouer funky, je joue comme cela. Si vous voulez analyser le funky techniquement, vous pouvez y arriver, mais quelqu'un qui essaiera de jouer selon vos théories, s'il ne ressent rien, sonnera *corny* (vieillot). » Mieux vaut s'en tenir à cette explication du pianiste Horace Silver, artisan majeur du hard-bop, pour qui la fièvre des temples, l'encens, la sueur et l'esprit du swing n'ont aucun secret. Tout en étudiant le saxophone, Horace Ward Martin Tavares Silver prend ses premiers cours de piano avec un organiste d'église, et écoute les chants du cap Vert que fredonne sa famille. « Mes ancêtres viennent de possessions portugaises, et je me souviens encore de petites *jam sessions* aussi folkloriques que familiales, où mes oncles chantaient et jouaient sur leur guitare des airs portugais. Mon vrai nom, et ceci va vous confirmer mes origines, est Silva […] mais, dès que j'ai su écrire, je l'ai orthographié à l'américaine. » Mais s'il choisit la sonorité vif-argent d'un patronyme anglo-saxon, le jeune Horace n'oubliera jamais vraiment les roulis languides

des tropiques originels. Pianiste percussif et généreux en scansions répétitives, presque hypnotiques, imprégné de blues, mais aussi de boogie-woogie dont il affectionne les motifs *shuffle,* Horace Silver est également un excellent harmoniste et un compositeur prolixe *(Opus de Funk, The Preacher, Doodlin', Señor Blues, Song for My Father, Nica's Dream, The Process of Creation Suite...).* Cet admirateur inconditionnel de Bud Powell et de Thelonious Monk va connaître sa première chance lorsque Stan Getz le découvre, en 1950, dans un club obscur d'Hartford et l'emmène à la conquête de New York. En quatre ans seulement, il se taille une solide réputation, accompagnant sur scène ou en studio des interprètes de poids tels que Coleman Hawkins, Oscar Pettiford, Jay Jay Johnson, Lester Young, Roy Haynes, Sonny Stitt, Howard McGhee, Al Cohn, Art Farmer, Miles Davis, Sonny Rollins, Milt Jackson... En 1954, il fonde les Jazz Messengers avec Art Blakey, batteur qu'il a déjà sollicité deux ans auparavant, pour graver son premier album en leader. Horace Silver prend en main la destinée des Jazz Messengers avant que la passation des pouvoirs ne s'effectue en faveur d'Art Blakey. En 1956, le pianiste reprend sa liberté et forme un nouveau quintette. Tout comme son ancien compagnon Art Blakey, il fera œuvre de découvreur et permettra à nombre de jeunes solistes de s'épanouir : Carmell Jones (tp), Woody Shaw (tp), Tom Harrell (tp), Stanley Turrentine (ts), Joe Henderson (ts), Bennie Maupin (ts), Michael Brecker (ts), Bob Berg (ts), Ralph Moore (ts), Vincent Herring (ts)... Dans une semi-retraite à partir des années 80, il monte sa propre maison de disques, Silveto Records, et retrouve une totale indépendance après trente années de mariage discographique avec la marque Blue Note.

Benny Golson (1929)

Saxophoniste ténor à la sonorité large et médulleuse, caractérisé par un expressionnisme forcené, aussi souplement ondoyant sur les tempos lents qu'il peut être emporté sur les thèmes incisifs, le fécond Benny Golson est un compositeur totalement immergé dans l'idiome hard-bop. On lui doit des standards comme *Blues March, Stablemates, I Remember Clifford, Whisper Not, Along Came Betty, Killer Joe...* qui seront les morceaux de prédilection des Jazz Messengers, dont il fait partie dès 1958. Avant cela, il a appris le métier à l'école du rhythm'n blues dans la formation de Bull Moose Jackson où ses camarades de pupitres avaient pour noms : John Coltrane, Red Garland, Philly Joe Jones... Il a joué ensuite chez Tadd Dameron, Johnny Hodges et au sein du big band de Dizzy Gillespie. Lorsqu'il arrive chez les Jazz Messengers, il occupe la fonction de directeur musical, mais il ne tarde pas à partir pour créer le Jazztet avec Art Farmer, à la fin de 1959. Le groupe dure deux ans, puis Benny Golson se consacre essentiellement à la composition et à l'arrangement (cinéma, télévision, variétés…), tout en enregistrant conjointement plusieurs disques sous son nom. Lorsqu'il réapparaît dans le cénacle du jazz, au début des années 80, il s'exprime sur le soprano sans pour autant négliger le ténor. Il rencontre les faveurs du public, avec un Jazztet reconstitué, proposant un bop de fort bon aloi et évitant de resservir des formules réchauffées qui, sur le tard, auraient pu paraître indigestes, après tant d'années de couvre-feu.

Hank Mobley (1930-1986)

Lorsqu'il entre dans les Jazz Messengers en 1954, Hank Mobley ne sait peut-être pas qu'il entre du même coup dans l'histoire. À vingt-quatre ans, il devient le premier saxophoniste d'une formation qui en verra défiler quelques-uns, et non des moindres. Malgré son âge encore tendre, il fait preuve d'une solide maturité, sûrement due à sa fréquentation de l'orchestre de rhythm'n blues dirigé par Paul Gayten (p), sa participation au groupe de Max Roach, un engagement dans le big band du Duke et une tournée avec Tadd Dameron (p) et Clifford Brown (tp). Le léger voile de sa sonorité, enrichie de fines granulosités, une nonchalance bluesy que l'on pourrait prendre pour une élégante paresse s'il n'y avait, toujours sous-tendu, un sens aigu de la ponctuation, voici les caractéristiques essentielles d'un saxophoniste ténor qui n'a jamais oublié les langueurs de sa Georgie natale et qui conjugue sans scrupule l'esprit du jazz cool avec la lettre du bop. En 1956, il suivra Horace Silver et gravera huit albums en tant que leader pour la marque Blue Note. Fréquemment interdit d'exercer sa profession pour usage de stupéfiants, Hank Mobley parvient tout de même à s'insérer dans des aventures de haut vol, notamment en 1961, dans le quintette de Miles Davis. À partir de 1965, sa carrière va prendre un rythme un peu plus régulier. Il joue avec ses anciens compagnons (Lee Morgan, Kenny Dorham, Donald Byrd…), codirige un quintette avec le pianiste Cedar Walton et se consacre à la composition avant que des opérations aux poumons et une usure physique ne le contraignent à cesser ses activités dans le courant des années 70.

Curtis Fuller (1934)

Tromboniste à l'ampleur généreuse, très attaché aux accents du blues et particulièrement à l'aise sur les tempos vifs, Curtis Fuller possède un palmarès on ne peut plus enviable. Après s'être essayé au saxophone baryton, il porte définitivement son choix sur le trombone en 1953, lors de son service militaire qu'il effectue dans l'orchestre du régiment avec les frères Adderley (voir notice plus loin) et le pianiste Junior Mance. En 1955, il joue avec Kenny Burrell (g), puis l'année suivante avec Yusef Lateef. Lorsqu'il s'installe à New York en 1957, il côtoie Miles Davis, Lester Young et se fait embaucher dans le big band de Dizzy Gillespie. À partir de ce moment, il sera fréquemment appelé à participer aux séances du label Blue Note pour enregistrer avec des solistes de la stature de John Coltrane (ts) ou de Bud Powell (p). Art Blakey l'invite alors à rejoindre les Jazz Messengers et Curtis Fuller s'y fixera jusqu'en 1961. Après son départ de la tribu Blakey, il mène une carrière free-lance plus qu'honorable. Plus d'une trentaine d'albums gravés sous son nom, clubs, festivals, apparitions dans les orchestres de Count Basie et de Lionel Hampton au cours des années 70, le très énergique Curtis Fuller poursuit son voyage avec une belle ardeur.

Lee Morgan (1938-1972)

Pour l'anniversaire de ses quatorze ans, Lee Morgan reçoit en cadeau sa première trompette, offerte par son père, pianiste dans les chorales d'église. L'année d'après, il se produit dans des orchestres de danse et se lance dans la mêlée des *jam sessions* où il se mesure à Clifford Brown, John Coltrane, Benny Golson et… Art Blakey. Il fait ses premiers pas en studio, vers dix-huit ans, avec Horace Silver et Hank Mobley. Entre 1956 et 1958, il s'installe sur les sièges électrisés du big band de Dizzy Gillespie, avant de devenir une voix prépondérante des Jazz Messengers. Lee Morgan a seulement vingt ans mais il connaît toutes les ruses de son instrument : faux doigtés, maîtrise de l'embouchure, glissandos en puissance, vélocité des arpèges, tranchant des attaques, excellente connaissance du phrasé bop, imprégnation de blues, il place le débat très haut jusqu'à son départ en 1961. Après un interlude dans divers groupes, notamment avec Barry Harris (p) et Joe Henderson (s), il rempile chez Art Blakey pour deux années (1964-1965). Leader ou *sideman* de prestige, il va ensuite graver plusieurs centaines de titres en compagnie de Jackie McLean (as), McCoy Tyner (p), George Benson (g), George Coleman (ts), Grachan Moncur III (tb), etc. Son dernier chorus au club Slug's est stoppé en plein vol par une balle de revolver que lui avait réservée une ancienne compagne à l'humeur plutôt querelleuse.

Sonny Rollins : le colosse

Theodore Walter « Sonny » Rollins naît à New York le 7 septembre 1930 et grandit dans le quartier de Sugar Hill, où vivent de nombreuses célébrités du jazz. Après des études de piano, il choisit l'alto, mais c'est au ténor qu'il débute vers 1947, dans des orchestres de rhythm'n blues (Louis Jordan, Milton Larkins...). Invité par le chanteur Babs Gonzales, en 1948, pour participer à sa première séance, il se fait remarquer par Art Blakey (1949), puis joue avec Bud Powell et Tadd Dameron (1950), et passe ensuite six mois dans le groupe de Miles Davis (1951). « Je ne pourrais pas vous dire quand j'ai décidé de me lancer dans le jazz moderne, car il me semble que j'ai toujours joué comme cela ! Je crois que mon phrasé était déjà trop moderne dans les orchestres de rhythm'n blues que j'ai traversés, et je dois dire que mes collègues musiciens me regardaient avec un sale œil parce que je ne sautais pas en l'air et que je ne me trémoussais pas comme c'était l'habitude, alors ça ne doit pas faire partie de mon tempérament ! » C'est donc le plus naturellement du monde que Sonny Rollins est adopté par ses aînés boppers. Jusqu'en 1955, l'ascension se fait tranquillement et le disciple de Charlie Parker (pour la liberté d'improvisation) et de Coleman Hawkins (pour la sonorité lumineuse) mène une carrière exemplaire de musicien free-lance. Il enregistre énormément, avec John Lewis et le MJQ, Miles Davis, Thelonious Monk, Art Farmer, Kenny Dorham, Art Blakey, Max Roach, Roy Haynes, Tommy Flanagan, Ray Bryant, Red Garland... Apprécié comme instrumentiste, il montre aussi un talent rare pour la composition, comme le prouvent ces souvenirs de Miles Davis : « Sonny, c'était quelqu'un. Quelqu'un de brillant. Intéressé par l'Afrique, il avait inversé le mot Nigeria et intitulé un thème *Airegin*. Il avait fait aussi *Doxy*. En fait, il arrivait avec les thèmes et les réécrivait dans le studio. Il prenait un bout de papier et notait une mesure, une note, un accord, une grille. On entrait en studio, et je lui demandais : "Où est le thème ?" Il répondait : "Je l'ai pas encore écrit", ou bien : "Je l'ai pas encore fini." Je jouais ce qu'il avait, il partait dans un coin et griffonnait des trucs sur des bouts de papier, puis revenait au bout d'un moment et annonçait : "OK, Miles, c'est fini." C'est comme ça qu'il a écrit *Oléo.* Le titre vient de l'oléomargarine, un succédané de beurre bon marché qui se vendait alors très bien. » En 1956, Sonny Rollins rejoint le quintette de Max Roach, où il partage la vedette avec Clifford Brown. Après la mort brutale du trompettiste – survenue la même année – Rollins continue quelque temps avec le groupe du batteur puis s'en retourne à sa destinée itinérante et solitaire. Pour les labels Blue Note, Riverside, Prestige, Contemporary ou Verve, il grave de nombreux disques aux options pour le moins hétérogènes. « Tous les disques que j'ai enregistrés jusqu'en 60 avaient cette particularité, si j'ose dire, de ne pas se ressembler. Ils mettaient en évidence, non pas un, mais plusieurs styles. » Du solo intégral – hommage avoué à Coleman Hawkins – au trio avec basse-batterie, du quartette au big band de studio, Sonny Rollins ne perd pas une minute et se plaît à provoquer des rencontres fructueuses : les rythmiques Oscar Pettiford-Max Roach ou Ray Brown-Shelly Manne, John Coltrane pour un *Tenor Madness* très musclé en 1956, suivi la même année par le mémorable *Saxophone Colossus,* des individualités fortes comme Thelonious Monk, Horace Silver, Jay Jay Johnson, le guitariste belge René Thomas… Mais entre-temps, John Coltrane (voir chapitre suivant) prend une place considérable dans le monde du jazz et passe à la vitesse supérieure, supersonique même. Sonny Rollins, tout d'abord fasciné, va bientôt vivre les audaces de son rival avec un sentiment d'écrasement obsédant qui le conduit à une impasse dont il parle avec une contrariété lucide : « Coltrane est de cette sorte d'hommes qui m'incite à mieux jouer et à donner le meilleur de moi-même. Avec lui, toutes les fois qu'on se rencontre, c'est une sorte de lutte à mort, une espèce de compétition qui me permet de savoir jusqu'où je puis aller. » L'état de crise intérieure de Rollins est également renforcé par l'apparition d'un autre agitateur dénommé Ornette Coleman (voir chapitre « Free jazz »). Assailli par le doute, Rollins est un géant aux pieds d'argile, un colosse qui se sait fragile, mais qui s'alimente de ses angoisses et de ses incertitudes. Rarement satisfait par la qualité de ses disques qu'il réécoute rarement, souvent en proie au pessimisme après un concert dont le public sort pourtant ravi, Sonny Rollins cultive un perfectionnisme aussi idéal qu'illusoire. «Je veux simplement atteindre un niveau où je ne cesserai de progresser. Je sais que je ne serai jamais satisfait de moi tous les soirs. C'est probablement impossible, mais j'essaie d'améliorer mon niveau. Je devrais être meilleur que je ne le suis. Pour que, même les mauvais soirs, je ne sois pas si mauvais que j'en sois désespéré. » Il décide alors de se retirer totalement de la scène du jazz, et, de 1958 à 1962, on le voit parfois jouer dans les parages du pont de Williamsburg. Une légende naît autour d'un Sonny Rollins solitaire, perdu dans le brouillard de la nuit new-yorkaise, à peine éclairé d'un halo de lumière, à la recherche de son ombre, levant son saxophone comme une corne de brume. Mais le mythe – superbe cliché pour une production cinématographique en mal d'imagination – est complètement détruit par le saxophoniste lui-même : « On en a fait toute une histoire, mais la vérité est bien plus simple que tout ce qu'on a pu raconter à ce sujet. J'habitais à cette époque avec ma femme dans un petit deux pièces très inconfortable, à deux minutes du pont de Williamsburg qui unit Manhattan à Brooklyn. Les locataires de mon immeuble se plaignaient constamment du bruit que je faisais en répétant et je dois reconnaître que même le plus inconditionnel de mes fans aurait eu rapidement la tête cassée par mes gammes et mes exercices. Comme je répétais généralement le soir, c'était devenu infernal dans la maison et personne ne pouvait plus dormir jusqu'au soir où je suis allé répéter sur le pont. On en a fait tout un plat, on a fait croire que je faisais ça pour des questions de publicité ou de folie douce, mais comprenez-moi : quel endroit plus idéal qu'un pont pour jouer la nuit sans ennuyer ses voisins ? » Il revient en 1962, rasséréné, avec le disque le plus épuré qu'il n'ait jamais produit, *The Bridge,* en compagnie du pudique guitariste Jim Hall. La même année, Rollins décide aussi de marquer son territoire en enregistrant *On The Outside* avec les hommes d'Ornette Coleman : Don Cherry (tp) et Billy Higgins (dms). Un album qui sera son unique incursion véritable dans le free jazz. L'année d'après, c'est la rencontre au sommet avec son maître Coleman Hawkins, déchirante et phénoménale bataille de ténors. Durant les années 60, la production sera de qualité, volubile ou déchirée, démesurée ou allègre, acerbe ou légère. Mais il choisira de vivre une seconde retaite à la fin de la décennie, il suit l'enseignement de maîtres zen en Inde et au Japon. «Je cherchais une raison à la vie et aussi une méthode de vie. Auparavant, je fumais et buvais beaucoup, je me droguais aussi mais je ne voulais pas être comme lâché dans ce monde sans contrôle de moi-même. J'ai étudié le bouddhisme et le yoga afin de gagner en self-control.» À partir de 1972, Sonny Rollins est en paix avec lui-même et ses vieux démons qui le tiraillent depuis longtemps entre Hawk, le faucon, et Bird, l'oiseau. Sans avoir la force tourmentée d'autrefois (notamment quelques productions électrifiées qui ont sacrifié à la mode du jour), ses disques n'en gardent pas moins intacts son instinct de puncheur, son pouvoir d'émotion et sa capacité à ouvrir les horizons (nombreuses références au calypso et aux rythmes caribéens, une participation médiatique à l'album *Tatoo You* des Rolling Stones en 1981, une collaboration avec Pat Metheny (elg), etc.). À l'approche d'une vieillesse que l'on a du mal à lui voir endosser, il conserve toute sa puissance et ses prestations *live* comptent encore parmi les moments les plus joyeusement bouleversants auxquels il est donné d'assister en une fin de siècle qui perd ses héros. Cailloux et torrents, sables et galets, paillettes et pépites, le saxophone de Sonny Rollins roule et coule à flots pour que les territoires du jazz ne connaissent jamais l'aridité, la sécheresse et la désolation.

Cannonball Adderley : le souffle du boulet

C'est peu de temps après la mort de Charlie Parker que Julian Edwin Adderley arrive à New York et se fait remarquer en 1955, lors d'une *jam session* au Café Bohemia. Sa prestation est si brillante, et la disparition brutale du Bird laisse un vide si béant, qu'il est catapulté rapidement sur le ring du bop endeuillé, comme « le nouveau Charlie Parker ». Apparu trop tôt ou pas assez, ce saxophoniste alto a donc la malchance de commencer dans les pas d'un géant. Poursuivi (ou devancé) par un fantôme trop envahissant, il va souffrir de cette condition de doublure. Pourtant, ce technicien hors pair, né à Tampa (Floride) le 15 septembre 1928, avait tous les atouts pour se faire une place au soleil sans craindre l'ombre des trop bons génies. Fils d'un père cornettiste professionnel, il s'initie d'abord à la trompette, mais passe rapidement au saxophone et fait ses études musicales au lycée de Tallahassee. À vingt ans, il dirige l'orchestre de la Dillard High School de Fort Lauderdale et c'est à cette période qu'un camarade, le batteur Lonnie Haynes, le surnomme « Cannibal » à cause d'un appétit forcené. « Cannibal » se transforme en « Cannonball », et l'image du replet glouton est dorénavant associé à un boulet de canon. Pendant son service militaire, il étudie à la US Naval School of Music et dirige l'orchestre militaire de Fort Knox entre 1952 et 1953. Après deux nouvelles années à Fort Lauderdale, il débarque à New York dans le royaume du bop, qui lui ouvre grand les portes de la reconnaissance. Dès 1956, les maisons de disques lui déroulent le tapis rouge et il enregistre à la tête de son propre quintette où l'on aperçoit son cadet Nat Adderley (né en 1931), cornettiste chaleureux mais un tantinet effacé. Ce groupe, très inspiré de celui de Bird et Diz, connaîtra une brève existence. Cannonball est appelé en renfort par Miles Davis, qui l'apprécie : « Dès son arrivée dans le groupe, tout le monde a aimé Cannonball. C'était un grand type, jovial, toujours en train de rire, vraiment charmant, un gentleman, très chic. » De 1957 à 1959, Adderley jouera avec le trompettiste aux côtés de John Coltrane, Red Garland ainsi que de Bill Evans (p), Paul Chambers (b), Philly Joe Jones (dms) puis de Jimmy Cobb (dms). Dans cet intervalle, il affirme peu à peu sa personnalité, surtout dans sa sonorité plus ample et ronde. En 1959, après un bref passage dans la formation du pianiste George Shearing, il reforme avec son frère cadet le quintette d'origine, qui s'étoffera en sextette l'année suivante. Il entre fréquemment en studio pour Riverside jusqu'en 1963, puis signe chez Capitol, avant de rejoindre le label Fantasy en 1973, essayant toutes sortes d'instrumentations et de formules orchestrales, du combo au big band, en passant par les orchestres à cordes ou les groupes d'inspiration latino-américaine. À partir de 1966, Cannonball Adderley électrifie ses formations, et, avec les claviéristes Joe Zawinul et George Duke, il se dirige vers un jazz plus funky, dans le sens où on l'entend durant cette décennie, essentiellement une musique aux rythmes binaires et aux mélodies simples. Il poursuit dans cette voie jusqu'au jour du 8 août 1975, où il meurt à Gary (Indiana) d'une congestion cérébrale. Après ses premiers coups de semonce annonciateurs de batailles épiques, Cannonball Adderley est monté au front du hard-bop avec panache et a traversé l'histoire d'un souffle virulent, mais sans une stratégie suffisamment inventive qui aurait pu lui permettre de faire table rase de l'emprise envahissante du Bird.

Le troisième courant

Rejeton du Vieux Continent et de la jeune Amérique, enfant convoité des amours souvent consommées du swing et de la musique classique, le *third stream* (troisième courant) est sûrement l'un des avatars du jazz les plus décriés, alors qu'il ne se veut rien d'autre que le prolongement d'une curiosité déjà bien aiguisée. Si l'on excepte Anton Dvořák qui s'inspira du negro spiritual *Goin'Home* pour le deuxième mouvement de sa *Symphonie du Nouveau Monde,* il est communément admis que Claude Debussy fut un des premiers compositeurs à s'intéresser de près au mariage des harmonies savantes de l'académie avec les syncopes fiévreuses du ragtime (*Golliwog's Cake Walk, Children's Corner...*). Et cela, bien avant la grande déferlante de 1917 qui amena en Europe les légions ferraillantes de Jim Europe *(sic)* et ses Hell Fighters. D'autres compositeurs suivront les sentiers fraîchement tracés par les pionniers du jazz : Erik Satie dans son ballet *Parade,* Maurice Ravel et son fox-trot dans *l'Enfant et les sortilèges,* Igor Stravinski et l'*Ebony Concerto* créé par Woody Herman. La liste serait longue, Darius Milhaud, Béla Bartók, Francis Poulenc, Kurt Weill..., toutes ces grandes plumes contemporaines ont eu contact, de près ou de loin, de façon occulte ou avouée, intriguée ou admirative, avec ce que l'on nomme communément la musique afro-américaine. Dans un juste effet de miroir, il était normal que des musiciens de jazz fussent eux aussi attirés par l'union synthétique de leur langage avec l'univers formel de la musique européenne, dite classique ou contemporaine.

Plusieurs tentatives ont déjà eu lieu. On se souvient du « jazz symphonique » et des cavaleries redondantes de Paul Whiteman au cours des années 20. Excepté le mixage particulièrement roué de George Gershwin dans sa *Rhapsodie in Blue,* créé en 1924, les pantomimes du « King of Jazz » ont abouti à des résultats détestables. Avec plus de réussite, Bix Beiderbecke a lui aussi flirté avec l'impressionnisme dans des pièces pour piano fort attachantes telles que *In a Mist* ou *In the Dark.* Duke Ellington lui-même s'est exprimé à travers des œuvres à caractère symphonique mais sans jamais se laisser aller à une quelconque trahison de la musique noire. Après la Seconde Guerre mondiale, sont apparus Stan Kenton et Dave Brubeck, deux compositeurs blancs dont les recherches, les collages et les pièces hybrides ont amorcé l'osmose entre une écriture étalonnée et le langage spontané. Dans le prolongement de ces diverses expériences, le *third stream* n'est autre qu'un terme « officiel » apparu à la fin des années 50 et servant à désigner un système d'écriture qui prend en compte à la fois la tradition héritée de l'Europe et les codes d'improvisation du jazz. Les deux plus importants représentants de cette tendance sont le pianiste John Lewis et le compositeur-musicologue Gunther Schuller, auquel il faut ajouter son élève le plus discipliné, le pianiste Ran Blake. D'autres musiciens pourraient être assimilés à ce troisième courant pour avoir manifesté quelques sympathies épisodiques ou réalisé des travaux de laboratoire allant dans le même sens. Notamment le clarinettiste Jimmy Giuffre, déjà rencontré plus haut, qui est un westcoaster au parcours capricieux et à la culture protéiforme, mais également le contrebassiste Charles Mingus et le compositeur George Russell (voir chapitre suivant), qui ont parfois creusé cette veine, l'un dans le cadre d'ateliers convulsifs et l'autre dans l'installation du système modal. Mais ces deux derniers personnages sont trop inclassables pour se glisser dans un seul courant.

Enfin, il convient de citer le Parisien André Hodeir (1921-2011), personnage unique et sans comparaison aucune, qui ne se fond certes pas dans le *third stream* mais dont le rigorisme et la réflexion prospective ont contribué pour une large part à établir un discours savant sur l'adéquation entre les formes les plus pures du jazz et le formalisme de l'écriture occidentale. Éminent théoricien dont les propos ont fait grincer quelques dents, écrivain à la plume leste et précise, compositeur méticuleux et ouvert, ancien violoniste formé à l'école du conservatoire et transformé au contact des jazzmen (Django Reinhardt, Kenny Clarke, Martial Solal...), André Hodeir est resté dans l'esprit du public le signataire d'*Anna Livia Plurabelle* comme (dans un autre registre) Carl Orff semble être l'homme d'une seule œuvre : *Carmina Burana*. Mais ce serait oublier son travail pour le cinéma (plus de trente musiques de films), tout un bouquet de pièces pour petites formations de jazz, groupes vocaux, ensembles contemporains, sans compter les ouvrages littéraires dont nous recommandons bien entendu la consultation. Sans dogmatisme, avec une émotion contrôlée mais sincère, André Hodeir est un homme à la vision trop éclatée pour s'en tenir à un aléatoire troisième courant.

John Lewis (1920-2001)

Élevé à Albuquerque, dans l'État du Nouveau-Mexique, le jeune John Aaron Lewis étudie la musique et l'anthropologie, tout en apprenant à jouer du piano. En 1945, il décide de devenir musicien professionnel grâce aux recommandations de Kenny Clarke, qu'il a rencontré durant son service militaire. Le batteur le présente à Dizzy Gillespie, qui l'embauche dans son big band. John Lewis y remplace Thelonious Monk et s'acquitte plutôt bien de sa tâche en ajoutant à ses qualités de pianiste celles de compositeur puisque, en 1947, sa *Toccata For Trumpet* est créée par le grand orchestre de Dizzy au Carnegie Hall. Lors d'une tournée européenne de la formation, John Lewis en profitera pour prendre quelques cours avec Germaine Tailleferre. Accompagnateur précis, doué d'une belle indépendance des deux mains, la droite ciselant et enjolivant des lignes graciles pendant que la gauche aère, ponctue et soutient tout en pleins et déliés, il joue, entre 1947 et 1951, avec Charlie Parker, Illinois Jacquet, le fameux nonette de Miles Davis (pour qui il signe deux arrangements), Lester Young, ainsi que Jay Jay Johnson, Zoot Sims et King Pleasure (voc, 1922-1981). Dès l'année 1951, il se produit dans le Milt Jackson Quartet (qui deviendra vite le Modern Jazz Quartet) avec Kenny Clarke (toujours dans les parages) et le bassiste Ray Brown bientôt remplacé par Percy Heath. Quatre ans plus tard, Kenny Clarke connaît des dissensions avec John Lewis et cède son poste à Connie Kaye. Le groupe ainsi constitué restera inchangé pendant quatre décennies sous la direction musicale de John Lewis. Une stabilité rare due à un esprit collectif farouchement animé par chaque membre soucieux d'apporter sa force vitale, sa science du bel ouvrage policé et de la séduction mélodique. Avec des invités de luxe comme Jimmy Giuffre, Paul Desmond ou Sonny Rollins, mais aussi avec des quatuors à cordes ou des ensembles symphoniques placés sous la direction de Gunther Schuller *(Concertina For Jazz Quartet & Orchestra)*, le Modern Jazz Quartet instille une distinction toute aristocratique, que l'on prend à tort pour du maniérisme, dans un jazz cependant tissé avec les vertus fondamentales du blues, du gospel (notamment dans le vibraphone de Milt Jackson) et du swing le plus densément fluide. Smokings, nœuds papillons et présence courtoise, le MJQ ne sert pas uniquement une musique sur canapé pour cocktail mondain. Au-delà de cette image guindée qui séduit souvent les auditeurs les plus réfractaires au jazz, il y a une volonté de renouvellement à travers les compositions (à noter le superbe standard *Django*, écrit par Lewis en hommage au guitariste manouche), un lyrisme épanoui et des élans aventureux. Conjointement à son activité au sein du MJQ, John Lewis participe à la création de la Jazz and Classical Music Society ainsi que de l'Orchestra USA, deux ensembles dévoués à la cause du *third stream*. Conseiller musical du Festival de Monterey, il s'organise aussi pour enseigner dans une école de jazz d'été à Lenox (Massachusetts) puis au City College de New York. Entre 1974 et 1981, le MJQ reste en sommeil. Période de dilution plutôt que de dissolution absolue. Tous les membres du quartette s'égaillent dans la nature et John Lewis en profite pour provoquer quelques rencontres, avec Helen Merrill, Hank Jones ou le guirariste Christian Escoudé, tout en se consacrant davantage à la pédagogie, à la composition et à l'étude des œuvres du répertoire classique. En 1981, il reprend la tête du Modern Jazz Quartet et enregistre conjointement *le Clavier bien tempéré* de J. S. Bach. Pianiste de la décontraction contrapuntique, du prélude et de la *blue note*, de la fugue et du swing, du minimalisme et de la polyphonie, John Lewis a toujours su tremper son clavier dans un alliage composite particulièrement allégé.

Gunther Schuller (1925-2015)

À la lisière de l'œcuménisme pragmatique et de l'universalisme onirique, à la frontière des utopies réalistes et des vaines chimères, le cornettiste, chef d'orchestre, pédagogue et musicologue Gunther Schuller déambule sur un astéroïde en gravitation perpétuelle. Fils d'un violoniste de l'orchestre philharmonique de New York, il suit des cours de cor à la Manhattan School of Music, puis fait partie de l'orchestre symphonique de Cincinnati de 1943 à 1945, ainsi que de celui du Metropolitan Opera entre 1949 et 1959. Loin de se cantonner dans le domaine strictement classique, il cherche à fréquenter des musiciens de jazz dès le début des années 50 et participe notamment au nonette de Miles Davis. Après l'écriture d'une *Symphony for Brass and Percussion,* il collabore fréquemment avec John Lewis et le Modern Jazz Quartet, pour lequel il compose. Avec un parti pris prononcé pour l'échange des genres, la conversation radicale entre les mondes musicaux, manipulant tous les effets d'orchestration dont il acquiert et finit par dominer l'usage (polytonalité, atonalité, sérialisme, canon, forme concertante, marche contrapuntique...), Gunther Schuller s'édicte peu à peu en théoricien du troisième courant. Il enseigne dans le cadre des universités, propose des conférences à travers le monde sous couvert du département d'État, rédige maints articles analytiques, publie un livre sur la genèse du jazz et fonde le New England Conservatory Jazz Repertory Orchestra, dans lequel il utilise des virtuoses classiques pour reconstituer les œuvres anciennes de Scott Joplin (nombreux ragtimes ainsi que l'opéra *Treemonisha*) et des adaptations du répertoire d'Ellington, Earl Hines, Paul Whiteman, Bennie Moten, Sam Wooding, McKinney's Cotton Pickers. Préhistorien plus qu'historien, il continue son travail d'archéologue-musicologue en dirigeant le Columbia Chamber Ensemble et le département « Third Stream » du New England Conservatory, où son disciple le pianiste Ran Blake (né en 1935) occupe également des responsabilités pédagogiques. Officialisé et patronné par les structures institutionnelles, Gunther Schuller ne se lasse pas d'explorer une troisième voie qu'il croit être la seule issue de secours d'un jazz prétendument victime d'amnésie. Mais l'histoire immédiate des années 60-70 prouvera rapidement le caractère infondé d'une telle proposition, certes louable dans ses intentions mais trop radicale pour générer un véritable espace de liberté.

Les francs-tireurs d'élite

Décennie rayonnant en faisceau d'influences multiples, d'écoles hypothétiques ou de mouvements stratégiques, de certitudes ou de paradoxes, de forfaiture ou de droiture, période foisonnante d'affirmations formelles ou de contradictions solennelles, de suavité exaltée ou de virilité retrouvée, de fondamentalisme ou de scepticisme, d'assurance ou d'errance, il y a dans le cortège des années 50 quelque chose d'indiscernable et de difficilement localisable, qui fait du jazz un art plus que jamais en quête d'identité, en apparence éparpillé pour mieux se rassembler, jouant la fission pour retrouver la fusion. Il existe cependant des musiciens qui se tiennent à l'écart des mouvements, pour mieux les anticiper, les rattraper ou les synthétiser, et qui rallient en même temps tous les suffrages. Ce sont des instrumentistes tout-terrain, des solistes d'élite, peut-être plus incontrôlables parce que francs-tireurs convaincus, mais néanmoins bien représentatifs des fastes de leur époque.

Oscar Peterson : le sage

Une carrière exemplaire comme on en rêve, une existence qui pourrait servir de modèle, un parcours où l'on cherche en vain la faille, Oscar Peterson est un sage. Sans surprise, disent certains. Sans détresse, faudrait-il rétorquer. C'est à Montréal, où il naît le 15 août 1925, qu'il passe toute son enfance et commence son apprentissage musical par la trompette, dès l'âge de six ans. Immobilisé par une tuberculose pendant plus d'une année, il choisit d'étudier le piano. Travailleur acharné, il suit les cours de Paul de Marquis, pianiste classique hongrois, dont il revendiquera toujours l'influence, en ajoutant bien sûr le choc déterminant de sa première écoute d'Art Tatum et une passion pour Teddy Wilson et Nat King Cole. Oscar Peterson devient professionnel vers 1944 dans l'orchestre de Johnny Holmes et interprète du boogie-woogie dans des programmes de radio jusqu'au jour où le producteur Norman Granz, de passage au Canada, l'écoute sur les ondes et décide aussitôt de l'engager dans les tournées prestigieuses du JATP Le 18 septembre 1949, Oscar Peterson est révélé au public américain et remporte un succès immédiat. Il fonde son premier trio en 1951 avec Ray Brown (b) et Barney Kessel (g) ; ce dernier sera remplacé deux ans plus tard par Herb Ellis. Décidant d'effacer la guitare au profit d'une batterie, Peterson fait appel au *drummer* Gene Gammage en 1958, puis à Ed Thipgen l'année suivante. Durant les années 60 et 70, Oscar Peterson va connaître quelques partenaires de haut lignage : les batteurs Louis Hayes, Bobby Durham, Ray Price, Louis Bellson ou Martin Drew; les bassistes Sam Jones, George Mraz,

Niels-Henning Oersted Pedersen, John Heard, ainsi que le guitariste Joe Pass, qui se joint occasionnellement au trio. Curieusement, Oscar Peterson, connu pour être un parangon des formules triangulaires, révèle n'être jamais aussi performant que dans la solitude : «Je pense que le meilleur disque que j'aie jamais enregistré, c'est le premier album en solo pour MPS *(My Favorite Instrument)*. Peut-être parce que c'est le premier album où j'ai été complètement libre et dans lequel j'ai pu penser quand je l'ai désiré. J'ai choisi les tempos, les clefs dans lesquelles je désirais jouer, et si je devais changer de clef au cours d'une interprétation, il n'y avait aucun problème, parce que j'étais tout seul devant mon piano, seul sans personne pour me poser des problèmes.» Il est vrai qu'Oscar Peterson sait tout faire avec sa main gauche qui peut jouer un écart de douze notes pendant que la droite fuse avec la rapidité d'un éclair dont on ne peut voir le point d'impact tant la lumière est fulgurante. Agile et brillant, certes, mais aussi raffiné dans son lyrisme aux inflexions pétries de blues et dans ses citations séductrices sans être démagogiques. Défenseur d'un swing de facture somme toute classique, il est d'un éclectisme qui frise parfois la versatilité. Ce sont toutes ces raisons objectives qui le mèneront à côtoyer les plus grands noms lors de séances prestigieuses, notamment pour le label Pablo, de Norman Granz, dont il est le pianiste fétiche, au même titre qu'il fut le pilier du JATP pendant de longues années : Louis Armstrong, Benny Carter, Roy Eldridge, Ella Fitzgerald, Stan Getz, Dizzy Gillespie, Stéphane Grappelli, Lionel Hampton, Coleman Hawkins, Milt Jackson, Billie Holiday, Buddy Rich, Charlie Parker, Anita O'Day, Zoot Sims, Sonny Stitt, Sarah Vaughan, Lester Young, Ben Webster… et bien entendu son grand ami Count Basie, avec lequel il s'associera en duo. Le Count redoutant ces rencontres amicales avec un pianiste qu'il qualifie le plus souvent de « monstrueux » tant l'aisance et l'abattage semblent surhumains : «Je suis là, assis dans les coulisses à le regarder et à l'écouter, parce que ce qu'il fait est proprement incroyable. Je veux dire que personne ne peut s'asseoir au piano et jouer et penser aussi vite que ça. C'est impossible. On ne peut pas penser aussi loin à l'avance. Et lui, il se contente de poser ses mains sur le clavier, et ses doigts se mettent à jouer. Il ne regarde même pas le piano. Il tend les mains, c'est tout. Et moi je suis là, à le regarder. Et lui là-bas il sourit, parce que ses doigts viennent de jouer quelque chose qui lui plaît. » Bouddha à l'embonpoint triomphant et au sourire paisible, Oscar Peterson sait pourtant que son art n'est autre que le fruit d'un travail régulier et serein, un ouvrage de passementier sans cesse remis sur le métier, tissé d'or, frangé d'argent et galonné de soie, avec le souci de ne pas trahir ses ascendants et le désir qu'un jour ses héritiers prennent la relève. « Cela heurte ma pudeur d'en parler, mais je voudrais laisser un testament musical pour les générations qui nous suivent, qu'on se souvienne de moi comme d'un artiste qui a été très consciencieux et qui laisse derrière lui une œuvre pour aider les jeunes pianistes à percer. »

Ahmad Jamal : la bulle d'air

Sur les bords du fleuve Ohio, dans la ville de Pittsburgh (Pennsylvanie), Fritz Jones, alias Ahmad Jamal, naît le 2 juillet 1930. Son père est ouvrier dans une aciérie et sa mère fait des ménages. Le garçon pianote à l'instinct dès l'âge de trois ans, prend des leçons à sept ans, fréquente la Westinghouse High School et attaque sa carrière à dix-sept ans. Du trio au big band, de l'accompagnement de chanteurs (Dinah Washington, Johnny Hartman) au combo avec les frères Turrentine, l'adolescent gravit peu à peu les échelons du métier. Lorsqu'il monte son premier trio, The Three Strings, au début des années 50, il s'inspire largement de la formule dictée par Nat King Cole : Piano-guitare-contrebasse, avec Ray Crawford (g) et Tommy Sewell (b), ce dernier bientôt remplacé par Eddie Calhoun puis par Israel Crosby. Se produisant à Chicago ou à New York, le trio obtient un honnête succès d'estime, notamment avec l'arrangement du standard populaire *Billy Boy*. Mais il se trouve des détracteurs et quelques pisse-froid pour dédaigner la délicatesse discrète et les vapeurs de silence savamment glissées dans une architecture harmonique riche en renversements d'accords. Comme son prédécesseur Erroll Garner, autre natif de Pittsburg et influence déterminante, le jeune Ahmad Jamal est affublé de l'étiquette « pianiste de bar » par des cuistres à l'encre pâle. Heureusement, la venue de Miles Davis va progressivement changer le cours des événements. Le trompettiste fait d'incessantes références au pianiste, parle abondamment de l'importance fondamentale qu'il revêt à ses yeux et finit par convaincre et troubler ses amis musiciens ainsi que quelques critiques influents. «J'avais été séduit par la façon de jouer et les concepts musicaux d'Ahmad Jamal, que ma sœur Dorothy m'avait fait connaître en 1953. Elle m'avait téléphoné d'une cabine téléphonique du Persian Lounge à Chicago, et m'avait dit : "Junior..., je suis en train d'écouter un pianiste qui s'appelle Ahmad Jamal, et je crois que tu l'aimerais." J'étais allé l'entendre une fois que je passais par là, et sa conception de l'espace, la légèreté de son toucher, sa retenue, sa façon de phraser notes, accords et traits, m'en avaient mis plein la vue. De plus, j'aimais les thèmes qu'il jouait, des standards comme *Surrey With a Fringe On Top, Just Squeeze Me, My Funny Valentine, I Don't Wanna Be Kissed, Billy Boy, A Gal in Calico, Will You Still Be Mine, But Not for Me*... mais aussi ses compositions originales, *Ahmad's Blues, New Rumba*... J'aimais son lyrisme au piano, sa façon de jouer, l'espace qu'il utilisait dans le *voicing* d'ensemble de ses groupes.» Pour entériner ses dires, Miles propose même, en guise d'hommage, deux titres de Jamal (*Ahmad's Blues* et *Billy Boy*) à sa section rythmique du moment (Red Garland, Paul Chambers, Philly Joe Jones), mais il s'empresse de situer cette révélation dans sa propre démarche, non pas pour la minimiser mais pour rétablir sa juste valeur : «Quand on dit que Jamal m'a beaucoup influencé, c'est vrai; mais il ne faut pas oublier que j'aimais ce genre de feeling et que je jouais dans cette veine longtemps avant d'entendre parler de lui. Il m'a simplement aidé à recentrer mon jeu sur ce que je faisais depuis toujours. Il m'a simplement ramené sur moi-même.» Dès 1956, Ahmad Jamal va abandonner l'instrumentation avec guitare pour adjoindre au trio la batterie de Walter Perkins. Lorsque celui-ci, deux ans plus tard, cède la place à Vernell Fournier, épaulé du contrebassiste Israel Crosby, le pianiste donne l'une de ses plus belles pages à la littérature du trio acoustique. Le succès commercial des disques *But not for Me* (107 semaines au hit parade du magazine *Billboard*), ainsi que *At The Pershing, Alhambra*, etc., installe définitivement la notoriété d'un groupe extrêmement soudé. Tout repose sur la colonne vertébrale de la basse pneumatique et inébranlable d'Israel Crosby, les tambours sans tapage et les balais souples de Vernell Fournier qui dialoguent (plus qu'ils n'accompagnent) dans un foisonnement d'accords parsemés avec parcimonie, d'astuces rythmiques, de décalages finement esquissés et de phrases perlées comme des bulles d'air nacrées, prêtes à éclater. En 1962, Ahmad Jamal doit cependant s'accommoder du départ de ses deux coéquipiers, qui rejoignent le pianiste George Shearing. À cette même époque, il divorce, peu de temps après avoir fermé son club de Chicago, l'Alhambra. Toujours fidèle aux mouvements vernaculaires du swing, il ne se laisse pas abattre et tente de monter un nouveau trio avec le contrebassiste Jamil Nasser (alias Jamil Sulieman) et le batteur Frank Gant. La formation grave de beaux albums pour le catalogue d'Impulse mais ne retrouve pas vraiment la grâce de l'édition précédente. Boudé par la critique, Ahmad Jamal traverse la fin des années 60 sur la pointe des pieds, patauge dans la tourmente post-free et s'embourbe dans des productions sur lesquelles il vaut mieux garder un silence charitable, eu égard à la contribution historique des années antérieures. Il faut attendre 1984 pour qu'il revienne au jazz en formant un trio avec basse électrique, transformé en quartette par l'adjonction d'un percussionniste. Mélange gazeux d'acoustique et d'électricité, bouillonnant d'enthousiasme et pétillant de fraîcheur, la nouvelle machine d'Ahmad Jamal préfère désormais jouer dans l'effervescence.

Wes Montgomery : le coup de pouce

Avant que Cannonball Adderley n'aille le dénicher dans le club Missile Room d'Indianapolis en 1959, le guitariste Wes Montgomery vivote au sein d'un trio familial, en compagnie de ses deux frères, Buddy le pianiste-vibraphoniste et Monk le bassiste. Le jour, Wes est ouvrier dans une usine de composants électroniques et, la nuit, il se produit dans les clubs de sa ville natale où il est né le 6 mars 1925. Autodidacte surdoué, il n'a touché sa première guitare que vers l'âge de dix-neuf ans. Il étudie l'instrument en écoutant simplement les disques de Charlie Christian et, à l'exception d'engagements locaux, sa seule véritable expérience professionnelle a lieu entre 1948 et 1950 dans l'orchestre de Lionel Hampton. Lorsque Wes Montgomery revient s'installer au pays, il retrouve le trio fraternel et tout aurait pu continuer de la sorte s'il n'y avait eu le coup de pouce du destin en la personne du perspicace Cannonball.

Wes a trente-quatre ans lorsqu'il débarque dans les studios de la maison Riverside. Il était temps de le découvrir. En à peine neuf ans, jusqu'à ce qu'une attaque cardiaque interrompe sa fulgurante ascension le 15 juin 1968, il va enregistrer quelques disques étincelants de pudeur et de vivacité qui transfigureront définitivement l'approche guitaristique. Depuis l'avènement du be-bop, nombre de guitaristes se sont engouffrés dans la brèche ouverte par Charlie Christian, mais Wes Montgomery trouve une voie personnelle qui, dès lors, fera autorité. Par une technique toute singulière qui lui permet d'obtenir un son incisif et moelleux en attaquant les cordes avec le seul pouce, sans recours au médiator, un sens intuitif de la note exacte, de la respiration rythmique et de la construction harmonique, une rapidité d'élocution spectaculaire, une mobilité étonnante dans ses chorus en accords et en jeux d'octaves, un goût prononcé pour les ballades lyriques et les blues mélancoliques tissés avec retenue, Wes Montgomery est une référence incontournable pour tous les guitaristes qui suivront. Soliste rapidement consacré et récompensé par tous les magazines d'influence, il grave des albums à la perfection miraculeuse, notamment l'album culte *The Incredible Guitar of Wes Montgomery* réalisé avec Tommy Flanagan (p), Percy Heath (b) et Albert Heath (dms). Accompagnateur de rêve ou leader clairvoyant, il sait se mettre au service et à l'écoute de ses partenaires, parmi lesquels on compte les frères Adderley, Jon Hendricks (voc), Harold Land (ts), Hank Jones (p), Johnny Griffin (ts), Wynton Kelly (p), Jimmy Smith (org), Vic Feldman (p), Barry Harris (p), Milt Jackson (vib), le grand orchestre d'Oliver Nelson... Même s'il faut bien admettre que ses trois dernières années sont consacrées à des productions plus complaisantes, Wes Montgomery a toujours conservé ce ton de l'aparté confidentiel, de la courtoisie chaleureuse et de l'humilité virtuose.

Parmi ses héritiers directs, le guitariste George Benson (né en 1943) poursuivra son œuvre avec la même clarté d'interprétation et la même aisance technique, mais glissera peu à peu vers des productions économiquement plus rentables où ses cordes vocales remplaceront peu à peu celles de la guitare, au service d'un répertoire de crooner, parfois mièvre et sucré mais régulièrement inspiré.

Jimmy Smith : le jazz organique

Balzac disait : « L'orgue est un orchestre entier, auquel une main habile peut tout demander ; il peut tout exprimer. » Il aurait dit encore davantage s'il avait pu un jour se remplir et s'enivrer de l'orgue sublime et capiteux de James Oscar « Jimmy » Smith, né le 8 décembre 1925 à Norristown, Pennsylvanie. Le jazz tout entier s'y exprime dans des tourbillons de basses telluriques et d'accords célestes, où l'on retrouve les grains de poussière du blues et les griseries du gospel, les bourrasques plaintives du Sud et les vents fuligineux du Nord, la moiteur des bars et la transe religieuse, la faconde chaloupée du swing, les galops dévastateurs du rhythm'n blues et les embardées fougueuses du bop. Toute les aventures musicales afro-américaines s'épanouissent dans l'orgue Hammond de Jimmy Smith, comme autant d'organes vitaux qui se développeraient dans un corps en pleine santé, débordant d'énergie et de souplesse. Entouré des meilleurs solistes de la maison Blue Note, tels Art Blakey, Donald Byrd, Lou Donaldson, Lee Morgan, Jackie McLean, Stanley Turrentine et les guitaristes Kenny Burrell et Grant Green, l'organiste enregistre des albums dont le succès public est immédiat. Il poursuit dans la même euphorie avec l'écurie Verve, en compagnie du big band d'Oliver Nelson en 1962, du guitariste Wes Montgomery en 1966, etc. Au cours des années 70, il ralentit le rythme des tournées et s'occupe de la direction de son propre club. On peut le réentendre cependant dans quelques festivals ou concerts de prestige au début des années 80, aux côtés du guitariste George Benson sur le disque *Off the Top* et dans un bref solo derrière Michael Jackson sur l'album *Bad*. Mais la partie majeure de sa production se trouve sans conteste dans le somptueux catalogue du label Blue Note, comme autant de volumes reliés avec cœur qui viennent s'ajouter à la condition humaine du jazz.

Les inclassables

«Je n'ai aucune tendance musicale, j'écris seulement de la musique. Et je n'écris que la musique que j'aime – si ça ne me plaît pas, je la déchire et je fais autre chose.»
Charles Mingus

À la croisée des chemins, partagés entre swing, bop, cool et hard-bop, certains musiciens ont emprunté des voies sinueuses, difficilement repérables, traversant des paysages jusque-là inexplorés, inventant leur propre topographie, bifurquant vers des itinéraires non balisés, explorant, défrichant et déchiffrant de nouveaux langages. Trop libres pour suivre le moindre canal stylistique, trop visionnaires pour s'en tenir à une seule école, ces interprètes hors-normes ont eu la témérité de s'aventurer dans des contrées isolées, au risque de déplaire, ne craignant pas de rester parfois incompris et de couper les ponts avec l'*establishment,* mais sans jamais renier l'influence de leurs maîtres ni oublier d'où ils sont issus. Exubérants ou introspectifs, solitaires ou communautaires, exaltés mystiques ou engagés politiques, ils ont fini par créer leur espace de pleine liberté. George Russell, homme d'orchestre, artificier de la musique modale; Bill Evans, pianiste de la luminescence; Charles Mingus, contrebassiste tellurique et champion des causes désespérées; John Coltrane, saxophoniste de la colère et de l'extase. Ces quatre hommes se sont mis en danger, à contre-courant des mouvances confortables de leur époque. Il furent certes suivis, épaulés et compris par des compagnons de route dévoués à leur art, mais sans que personne ait été capable de vraiment leur succéder. Au-delà des genres…

George Russell : le leader lydien

« Ça fait quarante ans que je suis dans le métier. J'ai enregistré avec les plus grands sans jamais copier personne. Qu'on ne me demande pas pourquoi je fais ceci ou cela. On peut se reporter à tous mes disques si on veut en savoir plus, c'est tout... » Cette déclaration d'humeur que fit George Allan Russell dans les années 80 pourrait bien résumer l'oubli, le rejet et l'ingratitude que ressentit ce musicien abondamment cité par ses pairs mais fort curieusement délaissé par les musicologues et le grand public. Né le 23 juin 1923 à Cincinnati, ce fils de professeur de musique est aussitôt immergé dans le bouillon sonore de sa famille. Il évolue tout naturellement entre deux lignes de portée, nourri de dièses et de bémols alors qu'au même âge, d'autres enfants se gorgent de confiserie. On peut certainement voir là une explication plausible à son goût de la pédagogie et à sa passion des problèmes didactiques. Il débutera très tôt sa carrière, à l'âge de quinze ans, tout en poursuivant des études générales. Batteur et percussionniste, il commence à travailler avec Benny Carter, Earl Hines, ainsi qu'avec de nombreux orchestres de Chicago. Parallèlement à sa pratique instrumentale, il s'initiera prudemment à l'arrangement avec une pièce intitulée *New World* pour la formation de Carter. Après quelques années de maturation et d'évolution paisible, il décide en 1947 de se rendre à New York. Impressionné par les bouleversements de la musique monkienne, il s'installe au cœur de la mêlée du bop. Charlie Parker l'engage comme batteur mais le sort voudra qu'il déserte rapidement le poste. Une tuberculose le cloue à l'hôpital pendant seize mois. Loin de se désespérer, il profite de l'alitement forcé pour travailler intensément l'écriture et la direction d'orchestre.

À sa sortie d'hôpital, il donnera à Gillespie l'une de ses œuvres les plus vantées : *Cubana-Be Cubana-Bop*. Le big band de Dizzy l'enregistre en 1947 et remporte le succès que l'on connaît. Dès lors, les commandes affluent et George Russell compose et arrange pour les orchestres de Lee Konitz, Buddy DeFranco, Claude Thornhill, Art Farmer, Artie Shaw, Charlie Ventura... Conjointement, il travaille le piano pour approfondir davantage des conceptions personnelles qui fermentent peu à peu, germent dans l'ombre et finissent par éclore dans un ouvrage à l'aspect sévère mais au contenu détonnant : *The Lydian Concept of Tonal Organisation,* publié en 1953. La somme de ses recherches antérieures y est synthétisée avec un souci de clarté qui lui permettra de faire école. « Ma théorie de la musique est née des efforts que j'ai dû faire pour m'éduquer moi-même… Le concept lydien ne doit pas être juste un apprentissage livresque, c'est seulement une façon de regarder, d'approcher la musique. » Les idées principales de George Russell dérivent fondamentalement de la tradition du blues qui prévalait plus ou moins jusque-là. Il a su s'inspirer dans une large mesure des principes de Bartok ou de Stravinsky, voire d'Olivier Messiaen, et les adapter à l'idiome particulier du jazz. Sa démarche est essentiellement modale, s'appuyant sur le mode lydien (un des systèmes de gamme de la musique grecque) composé des degrés de *do, ré, mi, fa* dièse, *sol, la, si* et que l'on peut retrouver, pour éclairer le propos, dans l'adagio du *Quinzième Quatuor* de Beethoven. Toutes les perspectives esthétiques des jazzmen se trouveront transformées à la lecture de ce pavé théorique. Mais si sa réputation de « penseur » et son image de compositeur « intellectuel » le rapprochent du milieu musical, le public, quant à lui, boudera l'hermétisme du théoricien, préférera souvent les disciples au maître et réservera son accueil aux cohortes de suiveurs qui sauront exploiter le filon de la nouvelle tendance.

À la fin des années 50, Russell, tout en poussant davantage ses études modales, se consacre à l'enseignement dans l'illustre Lenox School of Jazz. Les élèves qui fréquentent ses cours ont pour nom Art Farmer (tp), Roland Kirk (s), Eric Dolphy (s), Carla Bley (p) (voir index)… C'est dire l'influence prédominante du personnage pendant toutes ces années de gestation. Miles Davis, de son côté, sera un farouche propagateur du mouvement et avouera l'influence du concept lydien de Russell à maintes occasions : « La musique modale, c'est sept notes pour chaque gamme […] C'est une gamme par note […]. Le compositeur-arrangeur George Russell avait coutume de dire qu'en musique modale le *do* se trouve où le *fa* devrait être. Que tout le piano commence à *fa.* Ce que j'ai appris de la forme modale, c'est que quand on joue de cette manière, quand on va dans cette direction, on peut continuer à l'infini. Inutile de se soucier de grilles ou de trucs comme ça. On peut tirer davantage de la ligne musicale. Quand on travaille de façon modale, le défi c'est de voir à quel point on peut devenir inventif sur le plan mélodique. Ce n'est pas comme quand on se base sur des accords, quand on sait au bout de trente-deux mesures que les accords sont terminés, qu'il n'y a rien d'autre à faire qu'à se répéter avec des variantes. J'allais vers des façons mélodiques de faire les choses. Et l'approche modale me semblait riche de possibilités. »

Mais loin de s'enfermer dans un nouvel académisme, George Russell, gourou de la jeune génération, revient – de façon trop ponctuelle malheureusement – dans l'actualité du jazz à la tête de différentes formations allant du sextette au big band. Il fera appel notamment à Paul Bley (p), Bill Evans (p), Sheila Jordan (voc), Don Cherry (tp), Don Ellis (tp), Eric Dolphy (s), Jan Garbarek (s)… pour graver quelques albums épars qui marqueront chaque fois une étape importante.

À diverses occasions, il séjourne en Europe et s'installe, à partir de 1964, en Scandinavie. Là, il s'intéresse de très près à la lutherie électronique et se lance dans des expériences ambitieuses. En 1968, *Electronic Sonata for Souls Loved by Nature* voit le jour, suivi de *Vertical Form VI,* où interviennent pas moins de vingt-quatre instrumentistes. Il réalise pleinement que son système d'écriture est souple, sans restrictions, perméable à d'autres formes d'improvisation (rock, free…), d'une élasticité fonctionnelle qui permettra l'assimilation de tous les courants musicaux.

De retour aux États-Unis, au début des années 70, il forme un big band et enseigne au New England Conservatory de Boston. Sa carrière avance en dents de scie, avec des périodes d'accalmie, de repli intérieur et de brusques émergences en public (Village Vanguard, 1978). Il enregistre la plupart du temps pour de petites maisons de disques (italiennes le plus souvent) jusqu'au jour où il signe un contrat avec Bruce Lundvall, le président de Blue Note. La réputation mondiale du label apporte un crédit qui jusque-là faisait défaut à ses œuvres enregistrées. Après quelques dizaines d'années ombragées, l'intérêt du public commence à se manifester. Le Living Time Orchestra, à la tête duquel il se produit, est une grande structure originale avec des musiciens américains, britanniques et scandinaves. Le répertoire repose sur une accumulation savante d'une infinité de détails, la plupart du temps insoupçonnables à la première écoute. George Russell y brasse avec jubilation l'acoustique et l'électronique. Il renverse l'accord, bouleverse le tempo, bouscule la métrique, pulvérise la gamme, pétrit le son, parfois brutal, souvent goguenard. « Cela doit me consumer, m'exalter, me brûler comme si j'étais un auditeur, pas un musicien », dit-il au risque d'effrayer son public. George Russell ne laisse jamais indifférent, on rejette ou l'on vénère mais on ne peut rester tiède et circonspect. Il n'est pas homme de compromis ou de demi-mesure, et il faut parfois faire preuve d'une tenace curiosité pour le suivre dans ce dédale magnifiquement scabreux où il semble être le seul à pouvoir circuler. Frappé par la maladie d'Alzheimer, cet homme d'esprit s'éteint le 27 juillet 2009, à Boston. Mais son œuvre toujours ardente n'est pas prête de vaciller. Avant de partir, Russell a pris soin d'enregistrer assez d'incendies discographiques pour que la braise continue de couver.

Bill Evans : le réformiste

La patience et l'acharnement au travail ont dominé les premières années de ce pianiste introspectif qui dut attendre un certain temps avant de gagner l'admiration de ses pairs et de s'imposer comme une référence majeure sur un instrument qui compte pourtant quelques modèles difficiles à surpasser. Né le 16 août 1929 à Plainfield (New Jersey) dans une famille bourgeoise et mélomane, William John Evans va connaître ses toutes premières émotions musicales dans l'église orthodoxe où sa mère, d'origine russe, le conduit régulièrement. Il commence à étudier le violon à six ans, puis la flûte et enfin le piano, auquel il se consacre avec assiduité. Il poursuivra ses études au Southeastern Louisiana College de La Nouvelle-Orléans pendant quatre ans et en sortira diplômé. Après un bref interlude dans l'orchestre de danse du saxophoniste Herbie Fields, Bill Evans va s'engager dans l'armée et vivra trois années sous les drapeaux tout en se permettant quelques escapades dans des clubs de Chicago situés non loin de ses cantonnements. Lorsqu'il retrouve sa liberté en 1954, il opte pour une carrière de jazzman et ses premiers emplois restent assez obscurs : premier enregistrement avec un orchestre de danse dirigé par le clarinettiste Jerry Wald, accompagnement de la chanteuse Lucy Reed. C'est en 1956, alors qu'il a déjà vingt-sept ans, que Bill Evans va rencontrer le très impressionnant George Russell, premier partenaire digne de son talent et dont les conceptions harmoniques, notamment le travail sur l'organisation modale, seront déterminantes. Cette même année, Bill Evans va graver son premier album personnel : *New Jazz Conceptions* avec Teddy Kotick (b) et Paul Motian (dms). Le pianiste s'affirme et son intelligence musicale commence à intriguer le milieu du jazz. Miles Davis, à qui rien n'échappe, le repère rapidement dans l'orchestre de Charles Mingus et sollicite bientôt sa présence lors d'une séance, en mai 1958, dont on retrouve les traces dans *Basic Miles.* La symbiose entre les deux hommes est immédiate et le disque historique *Kind of Blue* en est la plus magistrale illustration. Miles Davis ne cache pas son admiration pour un musicien qu'il considère davantage comme un pionnier que comme un simple équipier : « C'est sûr que j'ai appris bien des choses avec Bill Evans. Il joue du piano juste comme il faut en jouer. Il connaît tous les modes ; il est capable de jouer sur un 5/4, et des tas d'autres choses fantastiques. » Mais au bout de quelques mois, Evans va demander à retrouver sa liberté prétextant une lassitude face aux voyages incessants du groupe. Miles révélera la véritable motivation de son pianiste : « Certaines des raisons du départ de Bill me faisaient mal. Par exemple cette merde que certains Noirs lui balançaient parce qu'il était blanc et jouait dans notre orchestre. Beaucoup estimaient que puisque j'avais la meilleure petite formation de jazz, puisque j'étais celui qui payait le mieux, il me fallait un pianiste noir. Je marche pas dans ces conneries ; j'ai toujours voulu avoir les meilleurs musiciens, et je me fous bien qu'ils soient noirs, blancs, bleus, rouges ou jaunes. Pourvu qu'ils sachent jouer ce que je veux. Mais je sais que ça courait sur le haricot de Bill, ça le mettait mal à l'aise. C'était quelqu'un de très sensible, et il ne lui en fallait pas beaucoup pour le faire partir. Et puis, il y avait tous ceux qui disaient qu'il ne jouait pas assez vite, pas assez dur, qu'il était trop délicat. » Cette délicatesse, Bill Evans ira la protéger dans le seul écrin qui soit réellement favorable à la préservation de son esthétique : le trio. Nul autre que lui n'a su mieux se lover dans les replis acajou d'une contrebasse et s'envelopper dans des vagues de cymbales légères ou de peaux balayées avec pudeur. La silhouette voûtée, les bras pliés à angle droit, le front volontaire, le dos arrondi, presque recroquevillé comme pour mieux s'engloutir dans le reflet du piano, se plonger dans le miroir d'ébène et d'ivoire, se glisser entre ombres blanches et lumières noires, Bill Evans n'aura de cesse d'explorer toutes les possibilités offertes par les 88 touches de son clavier : « Si j'aime le piano, ce n'est pas seulement parce que c'est un instrument complet (l'orgue, qui offre les mêmes possibilités, ne m'attire pas), c'est surtout parce que le piano est pour moi du cristal, du cristal qui chante et produit l'impalpable : un son qui s'étire dans l'air comme un rond de fumée… » Tout d'abord marqué par les influences, aussi diverses que complémentaires, de Bud Powell et de Lennie Tristano, mais également de Nat King Cole, de George Shearing et de Horace Silver, le jeu de Bill Evans va peu à peu s'illuminer, se clarifier, s'épurer pour atteindre une singulière limpidité qu'il se plaît pourtant à teinter de quelques touches opaques et parfois obscures. S'il est souvent catalogué parmi les pianistes impressionnistes, adeptes des nuances fugitives et des délicatesses sentimentales, Bill Evans va bien au-delà de cette étiquette un peu trop réductrice d'interprète diaphane. Ce serait oublier la robustesse de sa main gauche, son *voicing* à l'architecture complexe, la netteté, la précision et l'ampleur de ses longues séquences, l'énergie de ses phrases introductives, ses arpèges de notes serrées, ramassées qui révèlent plus un souci de ponctuation que de pondération et contribuent à rendre subtilement translucide ce que l'on croit trop simplement transparent. Il y a chez Bill Evans un mélange de fraîcheur et de funèbre, de dentelle et de coutil, de force et de vulnérabilité, de romantisme frissonnant et de scientisme innovant, que l'on retrouve tout le long d'un répertoire dont le processus récursif ne gêne en rien le constant renouvellement. Que ce soit autour de ses pièces maîtresses telles *Waltz For Debby*, *Peace Piece* ou dans l'univers mélodique de standards inlassablement explorés, Bill Evans creuse la même veine avec acharnement sans jamais craindre de la tarir, avec cette espérance d'en extraire une étincelle mystérieuse, un élément jusque-là insoupçonné, déclarant qu'« il ne suffit pas de créer une musique, il faut vivre avec elle... » et précisant qu'« il vaut mieux travailler le même morceau vingt-quatre heures que vingt-quatre morceaux à l'heure ».

Entre tous les trios conduits par Bill Evans, il en est un qui domine sans conteste et qui tient plus de la rencontre miraculeuse entre trois hommes libres (chacun soucieux de la liberté des deux autres) que de l'association musicale (si aboutie fût-elle). Avec le contrebassiste Scott LaFaro et le batteur Paul Motian, il s'instaure aussitôt un climat de sincérité pudique, d'ivresse digne et de dialogues fraternels. Un exceptionnel équilibre poétique, dramatiquement brisé quelques jours après l'enregistrement du 26 juin 1961 au Village Vanguard. Disque mythique gravé dix jours avant que le jeune Lafaro ne périsse dans un accident de la route. Bill Evans mettra longtemps à soigner sa douleur et, malgré les bassistes talentueux qui tenteront de combler le vide et d'atténuer la blessure, il ne retrouvera jamais complètement une symbiose équivalente. Amputé de son alter ego, le pianiste va cependant poursuivre sa quête. Les excellents bassistes Chuck Israels, Gary Peacock, Eddie Gomez et Marc Johnson se succéderont. Après le départ de Paul Motian en 1964, il y aura d'autres batteurs : Larry Bunker, Joe Hunt, Philly Joe Jones, Marty Morrell, Eliott Zigmund et Joe LaBarbera. De nombreux albums voient le jour et la qualité des productions n'est jamais prise en défaut. En marge du format triangulaire qu'il privilégiera jusqu'à la dernière heure, Bill Evans va parfois s'entourer d'invités tels que Jim Hall (g), Shelly Manne (dms), Stan Getz (ts) ou Toots Thielemans (hca), il se produira également en solo, poussant l'introspection jusqu'à converser avec lui-même grâce au procédé du *re-recording*, nouant et dénouant le fil ténu de ses recherches dans de somptueux entrelacs improvisés. Plus enclin à reconstruire qu'à démolir, Bill Evans a choisi la voie douce et patiente de la réforme, du changement progressif, fomenté de l'intérieur, avec constance et fermeté, persuadé que la pérennité des idées s'acquiert rarement dans les gesticulations éphémères et les fureurs transitoires. Depuis ce jour du 15 septembre 1980, où il est retourné au silence, l'histoire ne cesse de lui donner raison.

Les compagnons de Bill Evans

« Je crois aux groupes stables et si je garde longtemps mes musiciens, c'est parce que je ne les engage pas à la légère. Je ne prends personne avec moi sans être absolument persuadé de son talent. Et j'ai la conviction que, pour garder un groupe, il faut faire une place de choix à chacun de ses composants, mettre chaque musicien dans son élément pour qu'il donne le meilleur de lui-même. Bien sûr, il m'est arrivé de faire de bons disques avec des musiciens de studio que je ne connaissais pas, mais ce sont des accidents [...] Cette accoutumance à jouer avec des musiciens avec lesquels on se sent bien est pour moi quelque chose d'essentiel. » La conception familiale (presque conjugale) du groupe sera une donnée constante chez Bill Evans, qui ne s'entourera jamais d'artistes mineurs et qui jouera la carte de la constance, de l'équilibre et de la cristallisation amicale avec ses interlocuteurs. Au fur et à mesure que sa réputation ira croissante, le trio du pianiste constituera une carte de visite pour tous les rythmiciens qui auront su y gagner leurs galons.

Scott LaFaro (1936-1961)

Mort dans un accident de la route à l'âge de vingt-cinq ans, Scott LaFaro a laissé derrière lui quelques-unes des envolées les plus prodigieuses que l'on puisse espérer d'une contrebasse. Dans la lignée de Jimmy Blanton, Oscar Pettiford, Red Callender ou Charles Mingus, il a superbement (superlativement, serait plus juste) contribué à l'émancipation de l'imposante et ronflante aïeule des instruments à cordes. Pourtant, il ne commence à jouer de la contrebasse qu'à dix-sept ans, après s'être essayé à la clarinette classique et au saxophone ténor. Il débute dans des orchestres de rhythm'n blues puis, en 1956, il s'installe en Californie, où il accompagne Chet Baker. Scott Lafaro passe ensuite deux ans à Chicago où il fréquente Ira Sullivan (tp, s), se produit avec Barney Kessel (g) et fait la connaissance de Charlie Haden (b). Lorsqu'il revient sur la côte ouest en 1958, il travaille avec Stan Getz (ts), Vic Feldman (p, vib, dms, comp) et Cal Tjader (vib, p, dms, comp). Sa carrière prend soudainement une autre envergure quand Bill Evans l'invite à le rejoindre au sein d'un trio finement soutenu par le batteur Paul Motian. En deux ans d'étroite coopération, les trois musiciens vont atteindre une renommée internationale et la virtuosité époustouflante du bassiste n'est pas étrangère à cette réussite. Sans jamais perdre de vue ses fonctions d'accompagnement et sans s'approprier le devant de la scène, LaFaro dialogue, intervient, répond, questionne, commente, converse avec une pudeur audacieuse, des lignes mélodiques fulgurantes, souvent empreintes d'un sentimentalisme et d'une charge émotionnelle qui confinent à l'état de grâce. Parallèlement au trio, il se permettra des incursions chez Gunther Schuller pour participer à des œuvres concertantes, ainsi qu'une participation au disque *Free Jazz* d'Ornette Coleman (voir chapitre suivant). Il remplacera d'ailleurs Charlie Haden au sein du quartet colemanien. Une option esthétique qui entraîne de fait certaines conjectures sur le développement d'une carrière brisée en plein élan. Quelques décennies après son départ prématuré, on s'interroge encore sur ce qu'aurait pu devenir un tel musicien qui, à peine âgé d'un petit quart de siècle, avait déjà touché du bout des doigts une perfection technique jusque là inenvisageable.

Paul Motian (1931-2011)

Voici l'autre héros du fabuleux trio. Le virtuose des balais, de la ponctuation feutrée, de la suggestion mélodique et de la discrétion scintillante. Mais, loin de s'évanouir dans une désagrégation nébuleuse, Paul Motian s'épanouit, au contraire, dans une cristallisation méticuleuse. Sans en faire un système figé, il apportera sa précieuse et aérienne science rythmique à des artistes de tous horizons, dès l'année 1954. George Wallington (p), George Russell, Oscar Pettiford (b), Lennie Tristano (p), le tandem Al Cohn-Zoot Sims (s), Coleman Hawkins (ts), Thelonious Monk (p), Billie Holiday (voc), John Coltrane (ts), Paul Bley (p), Martial Solal (p), Charlie Haden (b), Carla Bley (comp), Albert Ayler (s), Don Cherry (tp), Mose Allison (p, voc)… S'il se trouve un nombre de pianistes impressionnant parmi ces personnages, c'est que Paul Motian se plaît à dialoguer sur le même registre qu'un instrument tout à la fois mélodique et percussif. Les six années vécues avec Bill Evans marquent certainement un sommet dans sa carrière, mais avec la rencontre de Keith Jarrett en 1968, Paul Motian va retrouver un interlocuteur de rêve. Il va également enregistrer sous son nom pour le label ECM, la plupart du temps avec des formations réduites privilégiant un jazz de climats, de raffinements et de colorations pastel. Toujours attentif aux nouveaux venus dans le monde du piano, il suit de près l'ascension de la gracieuse Geri Allen, avec laquelle il a formé un trio, superbement enveloppé par les rondeurs lyriques du contrebassiste Charlie Haden.

Chuck Israels (1936)

Ce contrebassiste aux mélodies fines et à l'élégante virtuosité eut la tâche difficile (et ingrate) de succéder à Scott LaFaro. Redoutable défi dont il saura très intelligemment tirer parti en construisant des lignes d'accompagnement véloces, enrubannées de glissandos et de traits legatos qu'il sait placer avec pertinence, sans jamais en abuser. Guitariste et violoncelliste de formation, il s'intéresse au jazz après avoir suivi des études brillantes et exercé quelque temps ses talents dans un environnement symphonique. Entre 1954 et 1958, il joue avec Billie Holiday, Max Roach, Tony Scott, Cecil Taylor et John Coltrane, puis il accompagne Bud Powell en 1959 à Paris et, l'année suivante, il va travailler avec George Russell à New York. Il enregistre également avec le saxophoniste Eric Dolphy et s'associe avec le guitariste Charlie Byrd, avant de rejoindre Bill Evans pour tenter de combler le vide laissé par la disparition de LaFaro. Il reste trois ans avec le pianiste, tout en fréquentant les formations de Stan Getz ou de Jay Jay Johnson. À partir de 1966, il se consacre à la production (notamment pour le label Vanguard), à la composition et à l'enseignement, tout en dirigeant des formations ponctuelles où il peut expérimenter ses recherches d'écriture.

Eddie Gomez (1944)

Une volubilité toute latine, une prolixité confondante, une sensibilité épidermique et par-dessus tout une virtuosité virevoltante, le contrebassiste Eddie Gomez possède tout ce que l'on attend d'un digne héritier de Scott LaFaro : l'élégance et la brillance. Né à Porto Rico, mais élevé non loin de Harlem, il commence ses études instrumentales à onze ans à la Music and Art High School de New York. À dix-neuf ans, il entre à la fameuse Juilliard School of Music et fréquente des orchestres d'étudiants. Un an après, il travaille dans le trio de Marian McPartland (p) et le voilà parti sur les routes ou derrière les micros d'enregistrement avec Milford Graves (dms), Paul Bley (p), Gerry Mulligan (bs), Jeremy Steig (fl) ou Jim Hall (g). En 1966, il est engagé par Bill Evans et il restera fidèle au pianiste durant onze années où ils verront défiler successivement les batteurs Philly Joe Jones, Marty Morell et Jack DeJohnette. Mais cette très longue collaboration ne l'empêche pas de se produire et d'enregistrer avec une foule d'autres leaders, et non des moindres : Miles Davis, Lee Konitz, Jay McShann, Gerry Mulligan, Albert Mangelsdorff, etc. Ses qualités seront souvent sollicitées et il n'aura que l'embarras du choix quand il cessera de suivre Bill Evans en 1977. Partagé entre un intensif travail de studio et des collaborations plus spécifiquement jazz avec Chick Corea (p), Jack DeJohnette (dms), John

Abercrombie (g), Ralph Towner (g), McCoy Tyner (p)..., Eddie Gomez devient un redoutable contrebassiste tout-terrain. Il peut tout faire, aussi à l'aise avec les chanteurs de variétés, dans les combos caribéens ou les musiques de film, que sur les standards les plus éculés du jazz ou dans le répertoire classique. Mais cette image de « requin » de studio s'efface tout naturellement derrière son activité au sein du groupe Steps (dont il est un des membres fondateurs), aux côtés du trompettiste Randy Brecker, du pianiste Michel Petrucciani, ou dans le Manhattan Jazz Quintet avec, entre autres, Lew Soloff (tp). S'il est impossible de dénombrer les disques auxquels il a participé, Eddie Gomez a tout de même enregistré sous son nom (il aura prudemment attendu la quarantaine pour se risquer à un album personnel) avec, notamment, son ami et partenaire régulier, le batteur Steve Gadd (né en 1945). Le tandem Gadd-Gomez constitue d'ailleurs l'une des rythmiques les plus soudées de cette génération.

Marc Johnson (1953)

Dernier contrebassiste de Bill Evans, Marc Johnson s'est glissé dans les cordes laissées vacantes par Eddie Gomez dès 1977. Après avoir suivi un enseignement musical poussé à la North Texas State University, il entre dans l'orchestre de Woody Herman en 1977, puis passe trois ans chez Bill Evans. À la mort du pianiste, il monte un trio avec les frères LaBarbera (Pat au saxophone et Joe à la batterie) et joue en duo avec John Lewis (p). En 1980, il tient la basse dans le grand orchestre de Mel Lewis et se produit conjointement avec une pléiade de musiciens : Bob Brookmeyer (tb), Bill Frisell (g), Bill Connors (g), John Scofield (g), Jim Hall (g), Stan Getz (ts), Jimmy Gourley (g), Toots Thielemans (hca), Enrico Pieranunzi (p), Lyle Mays (p), Jim McNeely (p)... En 1985, il fonde son propre groupe Bass Desires (avec Frisell, Scofield et le batteur Peter Erskine) et continue de mener une carrière de *sideman* de haut niveau, à la manière d'Eddie Gomez, dont il est l'héritier le plus direct. Même souplesse, même facilité technique, même sens de la repartie, à cette différence près que Marc Johnson possède sûrement une sonorité plus chaleureuse que son aîné.

Charles Mingus : les fables du Titan

« Prends donc une basse, Mingus. Tu es noir. Aussi doué que tu sois, tu ne feras jamais rien de bon dans la musique classique. Tu veux jouer, il faut que tu joues d'un instrument noir. Jamais tu ne feras *slapper* un violoncelle. Alors apprends la basse et joue *slap.* » Lorsque le jeune Charles entend les conseils de son ami Buddy Collette (s, fl, comp, 1921), il sent bien qu'il n'y a pas d'autre issue pour un garçon noir de dix-sept ans, élevé dans le district de Watts à Los Angeles. Les problèmes de lecture qu'il rencontre dans l'orchestre symphonique de la Jordan High School et les réflexions racistes du professeur de musique lui renvoient une fois de plus l'image de sa marginalité raciale, sociale et culturelle. Une injustice discriminatoire contre laquelle il lui a déjà fallu se battre tout le long de son enfance. Né à Nogales, dans l'Arizona, le 22 avril 1922, Charles Mingus a passé ses premières années dans un ghetto situé à cinq kilomètres au sud-est du centre de Los Angeles. Dans cette banlieue à dominante noire, il découvre très tôt la difficulté d'être un métis à la peau malheureusement trop claire pour être accepté par les *black brothers,* et décidément trop sombre pour pouvoir fréquenter le monde blanc. Cette expérience du rejet et ces problèmes d'identité contribuent sans aucun doute à forger une profonde solitude et un éternel sentiment de révolte. D'emblée, Charles Mingus va se situer à la croisée de plusieurs influences. Avec ses sœurs, il va tout d'abord étudier la musique classique européenne, pratiquant le trombone avant d'opter pour le violoncelle. Conjointement, il fréquentera très tôt les offices de la Holiness Church avec sa belle-mère Mamie Carson et découvrira les transes extatiques de la musique religieuse, unique contact avec la tradition afro-américaine. Mais c'est vers dix ans qu'il subit son premier choc musical en écoutant, sur un vieux poste à galène, *East Saint Louis Tootle-Oo* par l'orchestre de Duke Ellington. Lorsqu'il abandonne le violoncelle au profit de la contrebasse, il demande conseil à Red Callender, dont les cours lui fournissent les bases nécessaires pour se produire avec des groupes locaux. Tout d'abord dans des orchestres d'étudiants avec son ami Buddy Collette, puis dans le sextette du batteur Lee Young (frère de Lester Young) ainsi que dans la formation d'Alvino Rey. Les capacités techniques de Mingus s'affirment rapidement, les vedettes de passage sur la côte ouest sollicitent sa collaboration. Après quelques séances de répétition avec l'immense Art Tatum et un projet de collaboration vite avorté,

Charles Mingus va accompagner le clarinettiste Barney Bigard, au sein d'un orchestre swing qui compte le tromboniste Kid Ory dans les pupitres. Louis Armstrong, de passage pour tourner *Cabin in the Sky* dans les studios hollywoodiens, repère le contrebassiste et l'engage en 1941. Charles Mingus restera avec Satchmo jusqu'en 1943, date à laquelle il participe à sa première séance officielle dans le big band du trompettiste. De retour à Los Angeles, il travaille essentiellement avec des musiciens locaux tels que Lucky Thompson (ts), Buddy Collette (as, cl), Britt Woodman (tb) ou Oscar Bradley (dms), il fréquente également les studios et enregistre avec Howard McGhee (tp), Illinois Jacquet (ts), Dinah Washington (voc) ou Ivie Anderson (voc). À cette même époque, il perfectionne aussi sa technique d'archet avec Hermann Rheinshagen, un ancien contrebassiste du New York Philharmonic Orchestra venu s'installer en Californie. Lorsqu'au début de l'année 1947, le contrebassiste Joe Comfort lui propose la place qu'il occupe dans le grand orchestre de Lionel Hampton, Charles Mingus ne laisse pas passer sa chance. L'engagement est providentiel et lui permet de signer ses premiers arrangement sur des titres de sa composition. L'ouverture d'esprit de Hampton lui donne un sérieux coup de pouce et le morceau *Mingus Fingers* (sorte de pièce concertante pour contrebasse et orchestre) s'inscrit désormais au répertoire du big band. Les deux années passées chez Hamp sont bénéfiques mais, quand Charles se retrouve à nouveau à Los Angeles en 1949, il vivote dans un emploi provisoire de postier, malgré quelques prestations de *sideman* et deux enregistrements en tant que leader pour des labels confidentiels, sous l'étrange appellation de Baron Mingus and His Symphonic Airs. L'année suivante, le vibraphoniste Red Norvo le recrute pour former un trio avec le guitariste Tal Farlow. Le succès de ce jazz de chambre intimiste révèle un contrebassiste déjà dans la plénitude de son art mais, au bout de deux ans, l'expérience se solde par un camouflet qui humiliera profondément Mingus. Il est évincé d'une prestation télévisée du trio pour des raisons raciales et devant la lâcheté du leader, Charles préfère donner sa démission. Il s'installe donc à New York comme musicien free-lance et ne tarde pas à accompagner, autant sur scène qu'en studio, des musiciens de l'avant-garde comme

Charlie Parker, Dizzy Gillespie, Stan Getz, Miles Davis, George Wallington, Oscar Pettiford ou Billy Taylor. En 1952, grâce au petit pécule amassé chez Norvo, Mingus fonde le label Debut avec son ami Max Roach pour s'opposer au pouvoir tyrannique des grandes maisons de disques. Le 15 mai 1953, il organise, et enregistre pour sa nouvelle compagnie, le fameux concert de Massey Hall à Toronto, réunissant un quintette de luxe avec Bud Powell, Charlie Parker, Dizzy Gillespie, Max Roach et lui-même. Cette même année, il réalise un rêve d'enfance en remplaçant Wendell Marshall dans le grand orchestre de Duke Ellington. Mais au bout de deux semaines, le Duke doit le congédier à la suite d'une violente altercation sur scène avec le tromboniste Juan Tizol. Dès lors, Charles Mingus va aborder le milieu des années 50 à la tête de ses propres formations, notamment sous forme d'ateliers expérimentaux et de combos dévastateurs dont les improvisations collectives, les éclats tumultueux et les débordements spontanés ne sont cependant pas exempts d'une certaine rigueur harmonique et d'une volonté de mise en forme. Épaulé par le saxophoniste, compositeur et producteur Teo Macero, Charles Mingus va développer une ambiguïté stylistique où les fortes traditions du blues, du gospel et de l'esprit ellingtonien, ainsi que les clameurs et les riffs instinctifs, vont se frotter aux formalismes de l'écriture classique occidentale, la précision des arrangements et le souci des contrepoints. Dynamiteur exigeant, Mingus saura utiliser la potentialité de chaque instrumentiste, à l'instar de son maître Ellington. Chaque intervenant doit se fondre à l'univers du contrebassiste entre spasme et jubilation, partitions pointilleuses et indications orales, changements brusques de tempo et cadences soutenues, chaos mélodique et reproduction impeccable du thème. Le télescopage de ces œuvres entraînera souvent une certaine incompréhension du public, de la critique ou du milieu musical, mais Charles Mingus se moquera (ou feindra de se moquer) des rejets et des conventions. Personnage à la fois tendre et bourru, pudique et vociférant, passant des coups de gueule aux coups de cœur avec la même sauvagerie innocente, il entretiendra des rapports parfois houleux avec ses partenaires, mais tous, du plus illustre au plus effacé, reconnaissent la puissance et l'intégrité du créateur derrière les passions coléreuses de l'homme. Miles Davis, que l'on sait peu enclin à la flatterie, a toujours parlé de Mingus avec une fascination intriguée : « Beaucoup ne le supportaient pas mais n'osaient pas le lui dire en face. Moi si. Sa taille ne m'en imposait pas. C'était un type gentil, charmant, qui n'aurait fait de mal à personne, sauf quand on le cherchait. Alors là, il fallait faire attention. On se disputait toujours en hurlant. Mais Mingus ne m'a jamais menacé de me frapper [...] Mingus, comme Ellington, était en avance sur son temps. Il jouait vraiment différent. Tout à coup, presque d'un jour à l'autre, il s'est mis à faire cette étrange musique. Attention, rien n'est "faux" en matière de musique et de sons. Vous pouvez faire n'importe quel accord. La musique est grande ouverte à tout. Je le charriais : "Mingus, pourquoi tu joues comme ça?". Par exemple, il pouvait attaquer *My Funny Valentine* en majeur alors que c'est censé être en ré mineur. Il se contentait d'afficher son doux sourire et continuait imperturbable. Mingus, c'était quelqu'un, un pur génie. »

Capable de faire le pont entre un passé lourd d'histoire(s) et les expérimentations les plus déroutantes, Mingus déstabilise son public dès les premières notes ou le cloue sur place jusqu'au dernier point d'orgue. Parmi les nombreux disques gravés en une vingtaine d'années, il est impossible de faire un choix tant la générosité, la vivacité et l'authenticité du discours imprègnent chaque séance d'enregistrement. *Pithecanthropus Erectus, The Clown, Tijuana Moods, Ah-Uhm, Blues & Roots, At Antibes, Mingus, Reincarnation of a Lovebird, Mingus Presents Mingus, Mysterious Blues, Oh Yeah, The Black Saint & The Sinner Lady, At Monterey, The Great Concert, Paris 1964,* etc., autant d'albums admirables où l'on peut feuilleter l'évolution et l'existence d'un musicien tout entier dévoué à son art et à son peuple, comme en témoignent ses prises de positions radicales qui l'ont conduit sur le terrain de toutes les luttes. En 1960, il se verra refuser par la firme Columbia sa composition *Fables of Faubus,* brûlot acide et représailles musicales contre un sénateur raciste de l'Arkansas. Durant cette même année 1960, il organisera une contre-offensive protestataire, non loin du podium officiel du Festival de Newport, pour en étouffer le caractère institutionnel. Soutenu par des musiciens de toutes générations tels Coleman Hawkins (ts), Roy Eldridge (tp), Max Roach (dms), Eric Dolphy (as), Ornette Coleman (s), Jo Jones (dms), Don Cherry (tp), etc., Charles Mingus fera une fois de plus souffler le vent de la révolte sur les carcans commerciaux. « Si j'étais né dans un autre pays, ou si j'avais été blanc, j'aurais tout de même fini par exprimer mes idées, mais elles n'auraient pas été aussi bonnes, en effet lorsque l'on naît libre – j'ai du mal à me l'imaginer, mais j'ai la conviction que les choses sont plus faciles –, le combat et l'initiative ne sont pas aussi urgents pour un homme libre que pour quelqu'un qui doit se battre et par conséquent a davantage de choses à dire. »

Le 17 septembre 1962, Mingus connaîtra une fugace journée d'apaisement et certainement une de ses plus fortes émotions lorsqu'il se retrouvera en studio avec Max Roach à la batterie, et juste à deux pas, assis devant le piano, celui qu'il continue toujours de vénérer avec la même affection : Duke Ellington en personne. Ils graveront ensemble *Money Jungle,* l'un des trios les plus décapants et oniriques de l'histoire. S'il en était besoin, Charles Mingus y démontre ses impressionnantes capacités instrumentales. La crosse dressée vers le ciel, la pique plantée dans le bitume, Mingus enlace et pétrit sa contrebasse lustrée à la sueur de son front têtu et meurtri. Féminoïde érection, caisse ronde et opulente, hanches larges d'érable marbré et de sapin veiné, long cou d'ébène moiré, la contrebasse de Mingus est unique. Peut-être pas la plus bavarde, la plus flatteuse, la plus démonstrative. Non, tout simplement unique. Gigantesque et titanesque, grattée du bout des ongles ou malaxée entre les doigts, agacée de la pointe de l'archet, chatouillée en longues glissades ou frappée à pleine main, la contrebasse de Mingus n'obéit qu'à son maître. Elle se taira pourtant pendant quelques années lorsque, à la suite d'une expulsion de son loft en novembre 1966, Charles Mingus va connaître une longue période de lassitude et de dépression, sûrement accentuée par le choc du récent décès de son ami, le saxophoniste Eric Dolphy (juin 1964), sûrement l'un des rares proches et fidèles confidents, avec le trompettiste Fats Navarro. Ce retrait de la scène dure jusqu'en 1970 et Mingus resurgit soudainement du silence en se lançant dans de longues tournées internationales, en clubs et festivals. Il publie un livre de mémoires : *Beneath the Underdog* (Moins qu'un chien), ouvrage autobiographique où les fantasmes le disputent au réel dans un virulent et délirant brassage d'exploits sexuels, de rebellions, d'éclats de rire, de spéculations philosophiques, d'amertume, d'espoir et, accessoirement, de musique. Durant les années 70, Mingus va révéler de nouveaux instrumentistes, consacrer beaucoup de son temps à la scène, enregistrer quelques disques et apparaître à la première place de nombreux référendums. Mais sa santé décline et il est contraint de s'aider d'une canne pour soutenir sa carrure massive. Le 23 novembre 1977, les médecins diagnostiquent une sclérose amyotrophique latérale, maladie rare et incurable. Il apparaît encore le 18 juin de l'année suivante à la Maison-Blanche, où le Président Jimmy Carter lui rend hommage en compagnie d'autres jazzmen prestigieux. Il est terrassé par une crise cardiaque le 5 janvier 1979 à Cuernavaca, une bourgade du Mexique où il s'est isolé pour vivre ses derniers jours. Conformément à ses volontés, ses cendres seront dispersées dans le Gange.

La dynastie de Mingus

De ses premiers pas en studio avec Louis Armstrong jusqu'aux guitares incisives de Philip Catherine et de Larry Coryell, en passant par les géants du be-bop, les disciples tristaniens, les « jungleries » du Duke, les west-coasters raffinés ou les incendiaires du free jazz, Charles Mingus semble avoir tout connu de l'histoire du jazz. L'énorme discographie du bassiste, comme leader ou *sideman,* retrace presque à elle seule le panorama étoilé de la musique noire américaine. Les relations que Mingus a entretenu avec son personnel furent extrêmement passionnelles. « Impossible d'être soi-même avec lui, il est toujours en train de vous imposer une façon de jouer », rapporte le saxophoniste Shafi Hadi, avant d'avouer : « Il m'a permis de toucher la fibre la plus intime de mon saxo. Et il m'a enseigné qu'une composition n'est pas plus importante que les interprètes qui la jouent. » En effet, tout comme Duke Ellington, Mingus est prêt a abandonner une parcelle de ses prérogatives de leader et à relâcher son autorité sur les individualités les plus affirmées, dans l'intérêt de la cohésion orchestrale. « Je prends en considération le style de chaque musicien. Je leur donne le choix entre différentes phrases musicales : ils choisissent celle qui leur plaît et la jouent dans leur style, sauf quand je désire un effet particulier. En ce sens, je peux garder l'esprit de ma composition dans mes interprétations et, de leur côté, les musiciens gardent leur liberté individuelle aussi bien dans les passages collectifs que dans les solos. »

Les troupes dirigées par le baron Mingus ont parfois nécessité une pléthore d'instrumentistes pour servir des compositions luxuriantes. On ne peut envisager de les citer tous ici. Nous nous bornerons donc à en énumérer quelques uns et nous prendrons le temps de nous attarder sur ceux qui ont essayé de perpétuer son œuvre, soit sous leur propre nom, soit sous l'étendard du groupe Mingus Dynasty. Ainsi, les ateliers de Mingus ont vu défiler : Roland Kirk (s), Booker Ervin, Clifford Jordan, Woody Shaw (tp), Jackie McLean (as), Horace Parlan (p), Roland Hanna (p), Shafi Hadi (alias Curtis Porter), Hamiet Bluiett (s), Eddie Preston (tp), Doug Watkins (b), Ted Curson (tp), Charles McPherson (as), Jack Walrath (tp), Ricky Ford (ts)…

Jaki Byard (1922-1999)

S'il a joué fréquemment avec Mingus tout au long des années 60, le pianiste Jaki Byard n'en est pas moins l'un de ses coéquipiers les plus indépendants. Technicien atypique, difficilement discernable, il présente cette rare originalité de ne représenter aucune école et de les revendiquer toutes à la fois. Le *stride*, le blues, le swing, le bop, le cool, l'atonalité et la déstructuration rythmique de l'avant-garde se retrouvent brassés avec brio par un seul homme. Par facilité, on évoque souvent l'univers monkien en raison d'un toucher percutant et d'une propension à corrompre la tradition. Cette filiation se justifie, tant l'originalité domine le discours de ce pianiste insaisissable qui a su se glisser sans souci aux côtés d'Earl Hines (en duo), Kenny Clarke, Earl Bostic, Charlie Mariano, Maynard Ferguson, Art Blakey, Eric Dolphy, Sam Rivers, Roland Kirk… Entre de nombreuses tournées, la direction d'orchestres personnels et divers enregistrements, il se consacrera également à l'enseignement dans des universités et des séminaires à travers le monde.

Jimmy Knepper (1927-2003)

Tromboniste né à Los Angeles, Jimmy Knepper a rencontré très tôt Mingus au hasard de quelques formations californiennes. Il émigre vers la côte est dès la fin des années 40, se produit une semaine avec Charlie Parker, joue dans des ensembles de moindre intérêt et retourne parfaire ses études musicales à Los Angeles avant de se lancer à nouveau dans le métier. En 1957 il fait son entrée dans le groupe de Mingus, tout en tournant conjointement avec les orchestres de Stan Kenton, Herbie Mann et Benny Goodman. Mais, en 1962, après une violente dispute avec un Mingus de fort méchante humeur, Knepper perd une dent et doit intenter un procès à son leader pour coups et blessures compromettant gravement ses activités instrumentales. Il gagne devant les tribunaux et Mingus écope d'une condamnation. Désormais la carrière du tromboniste devient autonome. Il promène sa sonorité ample, savamment modulée à la sourdine, son phrasé souple, tranquille et pétri d'accents bluesy dans le big band de Thad Jones-Mel Lewis, le nonette de Lee Konitz ou la grande formation de Lew Tabackin-Toshiko Akiyoshi. Sans rancune, il sera l'un des fondateurs du Mingus Dynasty en 1979.

Dannie Richmond (1935-1988)

Porte-drapeau des batailles mingusiennes, le batteur Dannie Richmond est intimement associé à l'aventure du contrebassiste dès 1956. La collaboration durera près de vingt-trois ans, en dépit de quelques interruptions passagères. Tout d'abord saxophoniste ténor, il s'initie tardivement à la batterie et sa carrière ne s'écartera jamais vraiment des chantiers animés par Mingus. Tambours rageurs, fracas de cymbales, polyrythmie foisonnante, Dannie Richmond est un percussionniste énergique et virulent qui peut cependant contraster son jeu en déployant ses balais avec une subtile retenue. Il a également accompagné Chet Baker, Herbie Nichols, Chico Freeman, Zoot Sims, de nombreux partenaires rencontrés chez Mingus tels Adams-Pullen, Jimmy Knepper, Horace Parlan, Ricky Ford, Booker Ervin, ainsi que sous son propre nom. Entre 1970 et 1973, il a quelque peu déserté le jazz pour servir des chanteurs de pop rock comme Johnny Almond, Joe Cocker ou Elton John et, à la mort de Mingus, il a pris en charge la direction du groupe Mingus Dynasty (1979-1980), dernier hommage à celui dont il fut le plus fidèle compagnon.

George Adams (1940-1992)

Saxophoniste (ténor et soprano), mais aussi flûtiste et chanteur, George Adams est découvert par Mingus en 1973 dans le groupe de Roy Haynes, chez qui il est installé depuis cinq ans. Auparavant, il a roulé sa bosse avec des bluesmen (Howlin'Wolf, Little Walter, Elmore James, Lightnin'Hopkins...), dans des formations de rhythm'n blues ou de soul music (Sam Cooke), mais également dans des combos dirigés par des organistes comme Bill Doggett ou Eddie Baccus. Son lyrisme ravageur, ses rugosités spectaculaires et son immersion dans la veine bleue ne pouvaient que séduire l'auteur de *Blues and Roots.* George Adams quittera Mingus en 1976 mais son intinéraire restera marqué par les effusions vécues aux côtés du contrebassiste. Avant de mourir à cinquante-deux ans des suites d'une opération chirurgicale, il partagera avec son compère Don Pullen la direction d'un groupe où se réuniront des anciens de la troupe mingusienne.

Don Pullen (1944-1995)

Les connaissances pianistiques de Charles Mingus n'ont certainement pas facilité ses rapports avec les titulaires du clavier. Des conceptions très personnelles que l'on retrouve dans un album de piano solo (*Mingus Plays Piano,* 1963) ainsi que dans d'autres albums dont *Oh Yeah,* 1961) démontrent clairement son attachement à l'instrument, mais aussi la suspicion qu'il conservera toujours à l'égard des pianistes, exceptés Bud Powell et Jaki Byard. Les consignes de Mingus ont souvent été tyranniques pour les pianistes qui l'ont accompagné. «J'en ai eu assez... dès le premier mois!», déclarera Don Pullen avant de reconnaître: «J'ai pris beaucoup de plaisir à chaque fois que j'ai joué dans cet orchestre.» Il y restera plus de trois ans avant d'aller se produire sous son nom ou avec le quartette cofondé avec son ami George Adams. Musicien singulier, alternant les passages débridés, déstructurés et dissonants avec de longues accalmies plus traditionnelles, voire bucoliques et mélancoliques, Don Pullen se plaît à coudre et découdre un patchwork constitué de blues, de be-bop ou de réminiscences caribéennes. Il s'est également produit avec Muhal Richard Abrams (s), Milford Graves, Charles Williams (s), Nina Simone (voc) ou Art Blakey (dms)...

John Coltrane: l'amour suprême

Avant de franchir les portes de l'Olympe du jazz à pas de géant, le saxophoniste John Coltrane a piétiné timidement sur le seuil de la gloire jusqu'à la trentaine, caché à l'ombre des leaders et souvent confiné dans des emplois subalternes. Né le 23 septembre 1926 à

Hamlet (Caroline du Nord), ce fils unique a grandi entre une mère pianiste à l'église et un père tailleur, violoniste amateur. Il commence par jouer de la clarinette puis de l'alto, et interprète ses premiers morceaux à treize ans dans une fanfare de scouts. En 1945, il est mobilisé dans la marine et passe une année dans l'orchestre de l'US Navy à Hawaii avant d'être libéré en juin 1946. Il décroche alors son premier emploi à Philadelphie et se produit essentiellement dans des formations de rhythm'n blues, notamment les grands orchestres de Joe Webb et de King Kolax, ainsi que les groupes de la chanteuse Big Maybelle et du saxophoniste Eddie «Cleanhead» Vinson. Il joue ensuite à Harlem dans le grand orchestre de l'Apollo Theatre, fréquente des musiciens de Philadelphie tels que Benny Golson, Jimmy Heath, Percy Heath ou Philly Joe Jones et, en novembre 1949, il est engagé dans la section de saxophones de la grande machine explosive de Dizzy Gillespie. «Je suis resté chez Diz un an et demi ou deux, de 1949 à 1951. C'était l'époque folle de Dizzy, celle où il désirait trouver un nouveau public en jouant une sorte de rhythm'n blues de sa façon, avec Joe Caroll (voc). C'était très amusant, mais je ne sais pas si ce que nous faisions était toujours suffisamment apprécié ! » Lorsque John Coltrane quitte le big band et le sextette de Gillespie, il revient à la musique populaire avec des groupes de Philadelphie menés par Lonnie Slappery, Earl Bostic ou Gary Cross. En 1953, l'altiste Johnny Hodges, qui vient de déserter les rangs ellingtonniens, fait appel à ses services. Coltrane lui donne la réplique quelque temps, puis navigue d'un groupe à l'autre, sans réellement oser prendre son destin à bras-le-corps, soufflant ici avec Jimmy Smith (org), là avec Shirley Scott (org), peu après dans la troupe afro-cubaine de Bill Carney. «Je suis resté très longtemps dans l'obscurité, parce que je me contentais de jouer ce qu'on attendait de moi, sans chercher à ajouter quoi que ce soit. J'ai vu tant de types se faire virer d'un orchestre parce qu'ils tentaient d'innover que ça m'avait un peu dégoûté de faire autre chose ! Je crois que c'est chez Miles Davis, en 1955, que j'ai commencé à prendre conscience de ce que je pouvais faire d'autre. » Il faudra effectivement attendre que la sagacité et la clairvoyance de Miles Davis servent une fois de plus de détonateur. Sonny Rollins vient de quitter le quintette du trompettiste et John Coltrane va le remplacer, profitant du même coup de la notoriété du groupe pour se débarrasser peu à peu de cette image conventionnelle de ténor bop que ses employeurs précédents exigeaient. Une étroite complicité s'installe rapidement entre Miles et celui que l'on surnomme désormais « Trane ». Avec Red Garland (p), Paul Chambers (b) et Philly Joe Jones (dms), ils vont graver quelques faces à l'esprit « boppisant » où le saxophone tragique, tendu et déchirant du Trane répond, se mêle et parfois s'oppose à la trompette dramatique, éthérée ou perçante de Miles. Tous deux plongent dans le pathétique le plus sombre avec des moyens souvent paradoxaux. L'un jouant sur la dureté de l'anche pour développer un phrasé rude, sauvage et violent, l'autre domptant l'embouchure pour développer une sonorité adamantine et douloureusement gracieuse. Cependant, malgré cette communion spirituelle et une estime réciproque, les rapports humains seront troublés. Miles reproche à Coltrane une dépendance trop importante à la boisson et à l'héroïne qui nuit au professionnalisme. Les remarques sont souvent justifiées mais la personnalité complexe du leader n'aide en rien à clarifier les relations. De plus, Coltrane continue chaque jour à s'émanciper, il prend de l'ascendant et manifeste de plus en plus une propension aux longs solos, un goût prononcé pour d'interminables séquences improvisées qui finissent par gêner Miles, qui souhaiterait davantage de concision. Coltrane perçoit nettement le malaise : « Miles est un type assez bizarre : il ne parle pas beaucoup et il est très rare qu'il discute musique. On a toujours l'impression qu'il est de mauvaise humeur, et que ce que font les autres ne l'intéresse ou ne le touche pas. C'est très difficile, dans ces conditions, de savoir exactement ce qu'on doit faire, et c'est peut-être à cause de cela que je me suis mis à faire ce que je voulais. » Un premier schisme a lieu au début de l'année 1957, et Coltrane part travailler avec Thelonious Monk au Five Spot de New York. Il ne cache pas sa satisfaction : « Monk est exactement à l'opposé de Miles : il parle tout le temps de sa musique, et il désire tellement que vous le compreniez que si, par hasard, vous lui demandez quoi que ce soit, il passera des heures s'il le faut à vous l'expliquer. » Ensemble, les deux hommes passeront des nuits entières chez la baronne Nica de Kœnigswarter à répéter inlassablement, à échanger leurs opinions en écoutant les bandes enregistrés en club. Chez Monk, le ténor de Coltrane va gagner davantage en liberté, en originalité et en force de caractère. Il marque radicalement son indépendance face aux conformismes bop qui paralysent la plupart des saxophonistes empêtrés dans les clichés parkeriens. Lorsqu'il retourne chez Miles en 1958, il a encore gagné techniquement : aisance confondante dans la tessiture de l'instrument avec trois octaves parfaitement maîtrisées, précision du discours, puissance sonore et, surtout, une imagination souveraine, riche, déferlante et volubile. Autre événement d'importance, Coltrane ne consomme plus d'alcool ni de drogues, et au sein du sextette de Miles Davis (dont le personnel sera relativement changeant), il ne connaîtra aucune défaillance d'élocution. Que ce soit sur le terrain modal ou tonal, il ne s'agit plus pour lui d'organiser l'agencement des notes mais plutôt de créer une spirale ascensionnelle où le flux sonore, la tension expressive et l'éclatement des registres débordent largement du cadre harmonique, et même rythmique. Aux côtés des pianistes Red Garland, Bill Evans et Wynton Kelly, des batteurs Philly Joe Jones et Jimmy Cobb, du bassiste Paul Chambers et du saxophoniste alto Cannonball Adderley, qui traverseront successivement l'univers de Miles, les interventions tourbillonnantes de Trane vont laisser leur empreinte sur des pièces désormais légendaires, parmi lesquelles : *Straight No Chaser, So What, Freddie Freeloader,* ou l'hypnotique *All Blues.* En 1957, durant l'intermède monkien, le saxophoniste a déjà gravé un album personnel, *Blue Train,* où il a posé les jalons de son style. Alors qu'il participe encore activement au sextette de Miles, il récidivera sous son nom pour les marques Prestige et Atlantic, avec notamment le détonnant album *Giant Steps.* Après la tournée européenne de 1960, John Coltrane quitte définitivement le groupe de Miles Davis pour monter son propre quartette. En parfaite osmose avec Elvin Jones (dms) McCoy Tyner (p) et Jimmy Garrison (b), il plonge à corps perdu dans une musique de tourmente, d'arabesques vertigineuses, de mélopées, d'éraillements frénétiques, de chuchotements hantés par un mouvement rotatif continuel, une musique d'ensorcellement, d'incantation, de prolifération et d'insurrection qui puise aux sources d'un répertoire universel. Tradition modale hispanisante, scansions obsessionnelles et fulminantes de l'Afrique, résonances ondoyantes et inépuisables des ragas indiens, Coltrane se jette dans la transe mystique, à la recherche d'une plénitude et d'une vérité dont il ne semble jamais complètement satisfait. Alternant le ténor et le soprano (instrument sur lequel il imprime un style révolutionnaire, s'affirmant ainsi comme l'héritier le plus flamboyant de Bechet), il enregistrera une multitude de disques dont les titres (on ne peut plus symboliques) dénotent tous une volonté de communion planétaire, de partage et de recueillement religieux : *Olé, Africa Brass, Impressions, Afro Blue Impressions, Crescent, A Love Supreme, Kulu Sé Mama, Infinity, Ascension, Meditations, Om, Cosmic Music…* Exceptée une étape paisible avec *Ballads,* un album de standards feutrés dont les qualités mélodiques feront taire tous les détracteurs qui doutaient de ses réelles capacités techniques, ainsi qu'une unique et singulière rencontre au sommet avec Duke Ellington, John Coltrane va traverser les studios d'enregistrement et les scènes internationales avec une urgence éblouissante, étirant à l'infini des thèmes hiératiques, générateurs d'extases violentes, et dont le titre-phare *My Favorite Things* est l'exemple le plus typique. Désormais chaque morceau est une longue et mystérieuse aventure qui se joue de l'espace, du temps, du rêve et du cauchemar, où le psaume lyrique et le cri de révolte se confondent. Pour se risquer dans cette dérive, John Coltrane va au-delà de l'atonalisme désordonné ou d'un simple usage de la modalité : «Je vais vous expliquer le mécanisme de ces solos qui n'en finissent pas : nous avons un certain nombre de points de repère donnés qui nous indiquent à chacun la suite immédiate. Évidemment, il n'est pas question de placer toujours ces points de repère à la même place, mais simplement de les intervertir ou bien de les abandonner parfois. C'est ce qui donne du suspense : mes musiciens ne savent jamais ce que je vais leur donner comme points de repère ! Si nous devons jouer plus court, j'en arrive immédiatement à un certain endroit près de la fin du morceau ; lorsque je sais que nous avons tout notre temps, je reviens parfois sur un point de repère. Cette façon d'opérer nous permet de ne pas avoir à nous inquiéter de l'immédiat dans nos morceaux, et de ne jamais être pris de court. Voilà comment je joue : je pars d'un point et je vais le plus loin possible. Mais, malheureusement, il ne m'arrive jamais de me perdre en chemin. Je dis malheureusement, car ça m'intéresserait fort de découvrir des voies que je ne soupçonne peut-être pas… » Derviche tourneur d'un jazz mystico-libertaire, John Coltrane va interrompre la formule du quartette en 1965 et s'entourer de jeunes musiciens du free jazz (voir chapitre suivant) pour qui il est devenu un maître aussi fascinant qu'envahissant. Après avoir connu le compagnonnage familier du saxophoniste Eric Dolphy en 1960-1961, il s'associe, dès 1966, à d'autres souffleurs tels que Pharoah Sanders, Archie Shepp et Albert Ayler, le batteur Rashied Ali, Alice Coltrane (son épouse) au piano. Seul le bassiste Jimmy Garrison reste fidèle à son poste de vigile rythmique. Dès lors, John Coltrane va attiser l'incendie et brûler ses derniers feux. Incandescences, rages et halètements, exaltations tourmentées, vont alterner avec des phases de sérénité, de calme retrouvé, de quiétude secrète, voire de béatitude, jusqu'à ce jour du 17 juillet 1967 où Trane cesse de lutter contre les souffrances d'un cancer du foie et s'éteint à New York, en paix avec lui-même et avec cet architecte suprême dont il aura essayé de percer les mystères de la création jusqu'au dernier feulement. Le deuil fut immense et plongera le milieu musical dans un profond désarroi, comme le prouve ce témoignage de Miles Davis : « Sa mort a créé un certain chaos dans la *free thing*, dont il était le leader. Pour tous les musiciens qui s'en réclamaient, il était une sorte de Bird, un dieu. À sa mort, il s'est produit la même chose que pour Bird – avec tous ces musiciens be-bop qui comptaient que Bird leur indique une orientation, même s'il était lui-même désorienté depuis des années. Ornette Coleman était toujours là, certains se sont tournés vers lui. Mais pour la plupart, c'était Trane le phare. Après son départ, on aurait dit des gens perdus dans une barque en plein océan sans boussole ni rames. Ce qu'il représentait musicalement semblait s'être évanoui avec lui. » Bien sûr, la tentation est grande de se convertir à une telle opinion et de se ranger auprès de tous ceux qui ont accordé au génie de John Coltrane une dimension messianique, au point de dire qu'après son passage, il existera deux époques du jazz selon qu'elles se situent avant ou après J.-C

À bord du train bleu

Entre tous les musiciens embarqués dans la grande épopée coltranienne, nous retiendrons essentiellement les trois membres de sa formation historique, entre 1960 et 1965. Trois instrumentistes qui ont accompli une alchimie occulte, faite d'imbrications complexes entre constructions mentales, dépassements techniques et aspirations mystiques, au point de changer radicalement la conception du travail en quartette. Selon le batteur Elvin Jones : « La chose la plus impressionnante, quand on travaillait avec Trane, c'était le sentiment d'apprendre constamment, et collectivement. » Quant au pianiste McCoy Tyner : « Le quartette était une sorte de creuset dans lequel nous nous exprimions à quatre voix, tout naturellement. Lorsque je rencontre Elvin Jones, il nous arrive d'évoquer cette période et de nous demander la raison de ce complet amalgame entre nous quatre. Sans pouvoir vraiment apporter une réponse, je crois simplement que ça s'est trouvé comme cela, naturellement, parce qu'il fallait que nous nous rencontrions. Pour nous quatre, ça a été une expérience unique et vivifiante [...] Coltrane ne s'est jamais imposé comme un leader, il ne nous a jamais donné de fil conducteur, de direction à suivre. Notre seul mot d'ordre a toujours été : jouer, jouer jusqu'à plus soif, les uns pour les autres, les uns en fonction des autres. »

Elvin Jones (1927-2004)

Frère cadet de l'exemplaire famille Jones qui compte un pianiste (Hank) et un trompettiste (Thad), le batteur Elvin a bouleversé le monde de la batterie, bien au delà de sa participation au quartette légendaire de Trane. Pur autodidacte, il débutera avec ses frères, avant de jouer dans un orchestre de l'armée entre 1946 et 1949. À sa libération, il se produira pendant trois ans dans un club de Detroit, mais ce n'est qu'en 1955 qu'il attire l'attention lors du Festival de Newport avec Charles Mingus. L'année d'après, il accompagne Bud Powell, puis travaille derrière Pepper Adams (bs), Donald Byrd (tp), Harry Edison (tp), Jay Jay Johnson (tb), Sonny Rollins (ts), Miles Davis (tp) et Gil Evans (arr). En 1960, John Coltrane fait appel à lui mais doit attendre quelques semaines avant qu'Elvin Jones soit libéré de prison où le retient une affaire de stupéfiants. Durant cinq années, les deux hommes vont littéralement torpiller la métrique et les structures traditionnelles du jazz. La véhémence de la frappe, les battements et les relances, l'amoncellement furieux des roulements, les cataractes métalliques des cymbales, l'entrecroisement complexe des figures rythmiques, vont stimuler, attiser et pousser dans ses retranchements le saxophone incandescent de Coltrane. Mais l'adjonction d'un nouveau batteur au groupe (Rashied Ali) froissera l'orgueil d'Elvin Jones, qui préférera allumer ses brasiers sous d'autres cieux orageux plutôt que de partager la forge coltranienne, déclarant avec agacement : « Et Trane m'a foutu ce rigolo avec moi à la batterie, et il fallait rester des heures sur un seul morceau, à en être complètement crevé... » Quant à Rashied Ali, engagé d'abord comme percussionniste, il essaiera de justifier sa présence : « Je n'avais nullement l'intention de jouer aux côtés d'un autre batteur ; par contre, ce qui est sûr, c'est que j'avais envie de jouer avec Trane. Aussi, quand il m'a proposé l'affaire, j'ai saisi l'occasion. Les types de l'orchestre, Elvin surtout, pensaient que j'étais joliment prétentieux, et probable que je l'étais : j'avais mes idées et ils avaient les leurs. » À partir de ce moment, Elvin Jones va tracer seul sa route. Dès le début des années 70, il dirigera divers groupes où se croiseront Joe Farrell (tp), Billy Greene (p), Wilbur Little (b), Jimmy Garrison (b), et dans lesquels souffleront souvent deux saxophonistes (Frank Foster, Steve Grossman, Azar Lawrence, Dave Liebman...). Il faut au moins ça pour tenter d'effacer la douloureuse absence de Coltrane. Partageant ses prestations entre des concerts prestigieux aux États-Unis, en Europe, au Japon, et des tournées dans des écoles, des prisons ou des hôpitaux. Dans les années 80, le batteur forme le Elvin Jones Jazz Group et poursuit sa quête fiévreuse à travers le monde entier, toujours à la recherche d'une étincelle qui pourrait allumer de nouveaux incendies : « Il ne m'est encore jamais arrivé d'avoir le sentiment de n'avoir rien à apprendre. D'ailleurs, il y a toujours quelque chose qui vous résiste et vous vous demandez comment parvenir à le surmonter. C'est précisément ce qu'il y a de plus passionnant et de stimulant avec la batterie. En fait, il faut considérer toute prestation comme un nouveau défi. »

McCoy Tyner (1938)

Si l'histoire retient essentiellement les cinq années passées dans les volutes de Coltrane, le pianiste McCoy Tyner n'en a pas moins mené une carrière autonome digne du plus grand intérêt. Natif de Philadelphie, il apprend le piano à la Granoff School of Music, avant de débuter professionnellement avec le trompettiste Calvin Massey en 1954. Ses voisins, les frères Richie et Bud

Powell, l'initient à l'harmonie et lui donnent quelques conseils sur la technique instrumentale. C'est en 1956 qu'il rencontre John Coltrane pour la première fois, lors d'une semaine en club. Puis, il est engagé en 1959 dans le Jazztet d'Art Farmer et Benny Golson, avec qui il effectue sa première séance d'enregistrement. L'année suivante il retrouve Coltrane et contribue avec le batteur Elvin Jones et les bassistes Steve Davis, Reggie Workman puis Jimmy Garrison, à l'ascension du saxophoniste. « Le fait que moi-même, dans mon plus jeune âge, j'ai été fortement impressionné (et influencé) par le jeu intriguant de Thelonious Monk a peut-être contribué à donner à John un terrain similaire à celui qu'il avait rencontré chez Monk, lorsque je suis entré dans son quartette. Monk lui avait ouvert la porte d'un monde d'écriture et d'expression qu'il ne soupçonnait pas, et avec moi il s'est retrouvé en terrain déjà exploré et connu. » Parallèlement à sa collaboration avec Coltrane, il va enregistrer abondamment pour lui-même, avec des invités tels que Roy Haynes (dms), Clark Terry (tp), Thad Jones (tp) ou Wayne Shorter (ts). Lorsque McCoy Tyner quitte Coltrane en décembre 1965, il décide de parcourir le monde à la tête de son propre trio. Au début des années 70, on l'aperçoit dans l'orchestre rhythm'n blues d'Ike et Tina Turner, avant qu'il ne constitue un quartette avec, notamment, le saxophoniste Sonny Fortune et le violoniste John Blake. Il va aborder la quarantaine en pleine sérénité, peu à peu délesté du poids tutélaire de John Coltrane. De clubs en festivals, de studios en tournées internationales, il continue de mener sa carrière avec bonheur, que ce soit avec un All Star du label Milestones constitué en 1978 de Sonny Rollins (ts), Ron Carter (b) et Al Foster (dms), en séance pour la compagnie Blue Note ou en concerts d'hommage lors du vingtième anniversaire de la mort de Coltrane (1987). La facture décorative de son jeu d'accompagnement, riche en parures harmoniques, en nappes sonores, en traits délicats et en ornementations d'inspirations africaine ou extrême-orientale, la conviction de ses attaques et son goût pour les tendres ballades ou les longues chevauchées improvisées en font un des pianistes les plus complets de sa génération. Fidèle à la mémoire de ses prédécesseurs, il est souvent resté lucide sur son propre parcours et relativement sage dans ses intentions : « Je pense qu'il est bon de se servir du passé comme d'une base ; il est bon pour quiconque d'avoir des fondations qu'il peut utiliser comme base de départ, car plus les fondations sont solides et profondes, plus il sera à même de progresser ; il ne s'agit pas de devenir le technicien le plus habile, mais plutôt de s'explorer soi-même intérieurement. »

Jimmy Garrison (1934-1976)

Contrebassiste volontairement sobre, à l'assise indéfectible et à la stabilité sécurisante, Jimmy Garrison s'inscrit dans cette tradition parfois ingrate des rocs inébranlables qui gardent fermement le cap contre vents et marées. Rythmiques basiques, harmonies solides, pulsion constante, discours dépouillé, justesse impeccable, larges accords en double ou triple corde, Garrison fait figure de classique chez les modernes. Avant de soutenir et de propulser le quartette de Coltrane, il a accompagné Bill Evans, Lennie Tristano, Warne Marsh, Lee Konitz, Benny Golson et Ornette Coleman. Il succède à Reggie Workman en 1962 et son arrivée apportera beaucoup à la musique de Coltrane, comme le rappelle McCoy Tyner : « Ce que je peux dire de Jimmy, c'est que, par sa respiration et le choix de ses notes dans la ligne de basse, il était le meilleur de tous les bassistes que John avait utilisés. Il se tenait davantage en arrière, et c'était exactement ce que John voulait. » Après la mort de Coltrane, Jimmy Garrison va jouer avec Archie Shepp, Elvin Jones et Joe Farrell, enseigner à l'université et poursuivre le métier de façon moins soutenue, jusqu'à ce qu'un cancer ne vienne interrompre sa tranquille assurance.

Free jazz

> « *Une figure rythmique répétée, hurlée, obstinément poussée au-delà de la musique. La haine, la privation, le secret et le désespoir. Cela jaillissait d'une culture à diphtongues et venait renforcer le culte noir de l'émotion. Pas de compromis, pas de raffinement ennuyeux, seulement l'élégance d'une chose trop laide pour être décrite et qu'on ne dilue qu'à ses risques et périls.* »
>
> LeRoi Jones (Amiri Baraka)

Dans une société de la libre entreprise et du libéralisme économique forcenés, prônant ostentatoirement la liberté d'opinion, de culte, du travail, de la propriété, de la presse et de la circulation – toutes ces valeurs plastronnant sous la carcasse hautement symbolique de *Lady Liberty* en plein port de New York –, vont surgir quelques libres penseurs qui ne se satisfont plus de cette liberté de parade, de cette liberté provisoire, sous caution ou surveillée, sélective et factice, accordée parcimonieusement par un *establishment* blanc jaloux de ses prérogatives, de son pouvoir économique et de son ascendant politique. La colère de la communauté noire a déjà grondé contre un système social opprimant qui maintient toujours les descendants des anciens esclaves en marge de l'*American Way of Life* . Des tentatives d'évasion dans les plantations du Sud au XIXe siècle jusqu'au boycott des bus à Montgomery en 1955, en passant par les jacqueries de Harlem durant le mois d'août 1943, nous avons déjà senti sourdre une révolte qui va bientôt s'amplifier et exploser durant les années 60. Depuis plus d'un siècle, les Noirs ont frappé à la porte de la citoyenneté, en réclamant une intégration dans la société blanche, ou du moins une insertion équitable, historiquement justifiée par leur importante contribution à la construction des États-Unis, autant dans le domaine économique

que militaire, social, spirituel, artistique… Lorsque le président démocrate John Kennedy arrive à la Maison Blanche en 1960, il doit une partie de ses voix à l'électorat noir, mais malgré la nomination de son frère Bob à la tête d'un ministère destiné à vérifier l'application des premières dispositions antiségrégationnistes, il se verra confronté à la rigidité du système administratif, à la mauvaise volonté de certains membres de sa propre équipe, aux résistances des pouvoirs locaux et aux mentalités irréductiblement réactionnaires du Sud. Quand le président sera assassiné en 1963, quelques illusions et quelques espoirs s'en iront aussi avec lui. Autant d'éléments qui conforteront dans la communauté noire l'urgence salutaire d'une idéologie de la libération d'où émergent plusieurs leaders charismatiques. Pour tous ceux qui veulent crever l'abcès de la question raciale, le discours se radicalise, lié souvent à une vision tiers-mondiste favorisée par l'accession à l'indépendance de pays africains. Désormais, il n'est plus possible d'attendre le bon vouloir et la condescendance de la société blanche, il est temps d'avoir enfin les coudées franches et le champ libre.

Intégration ou séparation

Tous les Noirs américains (auxquels il faut bien entendu associer la population métisse), globalement et indifféremment désignés sous la dénomination *colored people* (gens de couleur), sont évidemment d'accord sur le but à atteindre. Ils veulent en général l'égalité des droits et l'affirmation de l'identité noire. Mais les moyens pour y parvenir, les méthodes d'action et les revendications à promouvoir vont donner lieu à des différences d'appréciation parfois incompatibles que l'on peut schématiquement répartir selon trois tendances : la graduation progressive, l'intégration immédiate ou la séparation radicale.

La NAACP (National Association for the Advancement of Colored Peoples), organisation doyenne fondée en 1909 par William Edward Burgardt DuBois, va défendre une conception légaliste qui repose essentiellement sur la lutte parlementaire, le réflexe procédurier et une démarche plus individualiste que collective. Essentiellement dirigés par des cadres de l'élite noire et de la bourgeoisie libérale ou des pasteurs aux idées prudentes, les nombreux bureaux de la NAACP font un travail de terrain dans le domaine de l'administration, de la justice, de la législation et de l'éducation. À force de harceler la Cour suprême sur les violations de la loi, la NAACP a peu à peu gagné en puissance et en respectabilité, assurant ainsi sa longévité, mais la portée de l'action légaliste est restée limitée, malgré des réussites appréciables en matière de déségrégation scolaire ou de recours à la justice régulière (en remplacement des lynchages sommaires). Le gradualisme de l'intégration se perd souvent dans une nébuleuse confuse de procédures longues et coûteuses dont les effets en profondeur et les résultats à long terme ne présentent pas une attraction spectaculaire. Pour cette raison, la NAACP bénéficie peu de l'appui des masses. Encore présente et active aujourd'hui, le nombre de ses adhérents va déclinant au fil des ans et concerne surtout une certaine élite sociale noire. On retrouve la même conception gradualiste dans la « Ligue urbaine », créée en 1911 par quelques philanthropes blancs. Proche de la méthode défendue par la NAACP, cette organisation effectue aussi un travail discret sur les questions pratiques, mais sans projets politiques de fond. Pour la « Ligue urbaine », toujours attentive au respect de son principe initial : *Not alms, but opportunity* (pas d'aumônes, mais des moyens), la remise en cause de la discrimination raciale nord-américaine passe surtout par le biais des organisations syndicales ou des associations locales.

Une nouvelle impulsion va être donnée par le CORE (Congress of Racial Equality), fondé en 1942 par George Houser, un étudiant en théologie de Chicago qui sera bientôt supplanté par James Farmer, un jeune Noir du Texas. Inspirés de la philosophie jaïniste de Gandhi, les membres du CORE vont développer des *sit-in* de protestation, des manifestations pacifistes, des actions passives de paralysie dans les restaurants, les banques, les commerces, les salles de spectacle, les patinoires et tous les lieux publics réservés aux Blancs ou refusant l'embauche des Noirs (piquets en faction, boycotts, manifestants volontairement enchaînés aux colonnes du palais de justice de New York avec des panneaux exhibant chacun l'une des lettres du mot *Freedom*…). Constitué à l'origine par des adhérents recrutés dans la petite bourgeoisie ou parmi les jeunes intellectuels, le CORE va reposer peu à peu sur une assise populaire et interraciale dont le dynamisme éclipsera les actions de la NAACP.

D'entre ces artisans de l'intégration immédiate, le nom de Martin Luther King va émerger. Personnalité révélée lors du boycott de 1955 à Montgomery, ce pasteur de l'Église baptiste s'est formé à la lecture des œuvres de Sartre, Niebuhr, Nietzsche, Thoreau et Gandhi et a insufflé une doctrine non violente particulièrement efficace dans le mouvement noir de libération. Préconisant le pacifisme pour éviter toute répression de masse, la désobéissance civile pour satisfaire le désir d'action des jeunes militants et l'intégration pour bâtir un projet cohérent d'union interraciale, sans exclusion ni ambiguïté, le pasteur Martin Luther King préside aux destinées de la SCLC (Southern Christian Leadership Conference), fondée à Atlanta (Georgie) en 1956. Les prêches vibrants de King contribuent à rassembler des foules considérables qu'aucun autre leader noir n'a pu déplacer jusque-là. Sa science du sermon où se mêlent étroitement la philosophie existentialiste, l'esprit évangélique, les citations shakespeariennes, le lyrisme épidermique et la clairvoyance intellectuelle le place sans comparaison possible en tête de tous les chefs de file qui œuvrent pour les *civil rights* (droits civiques). Sous son impulsion, le SNCC (Student Non violent Coordinating Committee) sera créé en 1960 et jouera un rôle très important dans l'inscription des Noirs sur les listes électorales. Se heurtant aux forces de police, disposant d'un budget fort modeste et d'une organisation plutôt souple, le SNCC va accomplir sa mission avec un judicieux pragmatisme, jusqu'à ce que son président, Stoke Carmichael, décide de durcir les positions et de devenir l'un des porte-parole les plus violents du pouvoir noir, en lançant le fameux slogan *Black Power.*

Cette idée de pouvoir noir qui propose une solution de type nationaliste et réclame la séparation du pays en deux états distincts, l'un blanc et l'autre noir, va trouver un écho chez les *Blacks Muslims* (Musulmans noirs). Se rattachant à l'africanisme du leader Marcus Garvey, qui raviva la fierté noire au cours des années 20 mais dont le projet de retour à l'Afrique originelle se solda par un cuisant échec, le mouvement des *Blacks Muslims* accroît considérablement le nombre de ses membres après la Seconde Guerre mondiale. D'un millier en 1945, l'effectif des adhérents passe à cent mille en 1960. Née dans les années 20, la tendance islamique a connu au début quelques déboires liés à des luttes d'influence entre ses prétendus prophètes et autres maîtres fondateurs, mais le mouvement prendra un nouveau départ en 1945, quand Elijah Muhammad, né Robert Poole, en Georgie, rassemble plusieurs adeptes dans un temple de Chicago pour reconstruire la nation de l'Islam sur le territoire nord-américain. L'appel des musulmans noirs est largement entendu dans les ghettos et dans les centres urbains défavorisés où les agents recruteurs du mouvement n'ont pas de mal à convaincre une population livrée au désespoir. Beaucoup de Noirs abandonnent le christianisme, parce qu'ils considèrent que le christianisme les abandonne. La faillite de la religion chrétienne et surtout son incapacité à résoudre les misères des peuples de couleur sont parmi les arguments les plus efficaces. Comment ne pas penser cela lorsque dans les États du Sud, par exemple, il est impossible de se mélanger aux Blancs dans les églises alors qu'il s'agit de prier le même Dieu ? Bien sûr, il peut sembler qu'un retour aux cultes animistes de l'Afrique noire aurait été une réaction plus logique, du moins historiquement naturelle, mais le discours religieux des *Blacks Muslims* s'accompagne surtout d'une volonté politique de séparation radicale qui doit conduire à la création d'une république noire. De plus, il suffit parfois de prendre un nom musulman pour que l'accès à des lieux prohibés aux Noirs soit curieusement possible. L'attitude lamentable des ségrégationnistes blancs devient plus lamentable encore lorsqu'ils se prêtent à ce jeu pour le moins farce. La plupart des représentants de la hiérarchie des Blacks Muslims vont faire suivre leur prénom d'un X, marque symbolique de leur rupture avec leur ancienne servitude puisque leur patronyme n'est autre que celui des propriétaires d'esclaves. Parmi eux, Malcolm X, dont le nom musulman est El Hadj Malik Shabbaz, va mener une lutte virulente pour la séparation des deux nations, ne négligeant pas le recours éventuel aux armes et aux violences extrêmes. Rompant avec les musulmans noirs vers la fin de 1963 pour continuer son combat dans la mouvance marxiste, il adoptera ensuite des positions moins tranchées et s'alignera même sur les idées de certains intégrationnistes modérés. Entièrement chapeauté par les directives de Muhammad, les *Blacks Muslims* vont se replier sur eux-mêmes, sans vraiment aboutir à rassembler les bienveillances de la majeure partie de la communauté noire et des sympathisants blancs. Le mouvement musulman devient (ou reste) essentiellement un phénomène idéologique à la géographie limitée (les grandes villes du Nord et de l'Ouest). Armée secrète et parallèle, publications propagandistes, prosélytisme acharné, meetings, création d'écoles musulmanes avec séparation des filles et des garçons, fondations de coopératives, de commerces et d'entreprises rentables, rachat d'immeubles..., lorsqu'Elijah Muhammad meurt, en 1975, il transmettra à son fils Wallace une organisation forte de cent mille membres, quinze mille acres de terres, de nombreux magasins et ateliers, un journal dont le tirage est de cinq cent mille exemplaires, sans compter bien entendu un actif de 75 millions de dollars.

Dans cette même idée séparatiste, les *Blacks Panthers* (Panthères noires), fondées en 1966 à Oakland (Californie), animées par Bobby Seale, Huey Newton et Eldridge Cleaver, vont ouvertement s'engager dans la lutte armée la plus intransigeante. Inspiré par les guerillas d'Amérique latine et d'Afrique, le mouvement se développe autour d'une structure militaire dont le but est de harceler la police, la justice et les institutions blanches. Mais la terreur et la violence conduisent vite à l'impasse et les *Black Panthers*, dévorées par des luttes intestines, vont rapidement s'user devant la multiplication des procès, les infiltrations d'agents et les condamnations.

Entre tous ces mouvements qui vont du réformisme le plus sage au radicalisme le plus vain, l'histoire des luttes de la communauté noire est d'une complexité telle qu'il serait bien trop long d'en dénouer ici tous les fils. Menacés de récupération et de déviation lorsque la méthode est trop précautionneuse, mais voués à l'échec lorsque l'activisme devient meurtrier, les mouvements noirs se sont souvent étiolés. D'évidence, la démarche entreprise par Martin Luther King semble avoir été la seule à rassembler les masses, à les fédérer autour d'un projet rationnel, à procurer une réelle couverture médiatique et à tenir compte de toutes les données historiques d'un peuple désormais indissociable de la terre américaine. À ce sujet, rappelons simplement les propos du grand écrivain noir James Baldwin, que l'on ne peut soupçonner d'aucune complaisance à l'égard du pouvoir blanc : « Le Noir a été formé par cette nation pour le meilleur et pour le pire et n'appartient à aucune autre, pas à l'Afrique, et certainement pas à l'Islam. Le paradoxe, et un terrible paradoxe, c'est que le Noir américain ne peut avoir d'avenir ailleurs, sur aucun continent, aussi longtemps qu'il refuse d'accepter son passé. Accepter son passé, son histoire, ne veut pas dire s'y noyer, mais apprendre à s'en servir. Un passé inventé ne peut être utilisé : il s'écroule devant les réalités de la vie. »

La révolution noire

À la suite des succès obtenus lors du boycott de Montgomery en 1955, que l'on peut considérer comme le point de départ de la révolte noire, d'autres actions pacifistes vont se déclencher spontanément dès 1960. Les premières expériences d'opposition sont surtout des occupations silencieuses de lieux publics où la ségrégation est toujours tenace (restaurants, plages, piscines, églises, quartiers réservés...). Que ce soit dans les États du Sud, mais aussi dans l'Ohio, le Nevada ou l'Illinois, ces mouvements de *sit-in* vont enclencher de nombreuses plaintes devant les tribunaux pour que le 14e amendement soit enfin appliqué. En novembre 1961, la Cour suprême finira par invalider la ségrégation dans les restaurants. Entre-temps, le CORE lance une nouvelle forme d'action en mai 1961, destinée à mettre un terme à la discrimination dans les transports publics. Le projet consiste à envoyer dans les états du *Deep South*, plusieurs autobus chargés de Blancs et de Noirs en provenance de Washington pour défier les lois locales. Ces *Freedom Riders* (compagnons ou guides de la liberté) se confrontent rapidement à la police qui les accueille durement et provoquent des émeutes dont certaines se solderont par plusieurs blessés et des arrestations. Malgré le but pacifique de ces actions, la violence réapparaît donc et montre les limites de l'opposition pacifique. On constate le même phénomène lors des tentatives d'admission à l'université. La résistance du pouvoir blanc est tout aussi farouche (l'inscription du premier Noir à l'université du Mississippi, James Meredith, entraînera une terrible émeute), mais quelques résultats symboliques encouragent les Noirs à poursuivre une lutte qui connaîtra son point culminant en 1963. Une énorme manifestation est tout d'abord organisée dans le bastion raciste de Birmingham (Alabama). Après plusieurs jours de *sit-in* et de manifestations silencieuses, la police lance une opération de répression et seule la menace d'une intervention des troupes fédérales pourra arrêter le carnage. Durant l'été de cette même année, le mouvement engagé par Martin Luther King connaît son apogée, le 28 août, avec la marche sur Washington. Près de 250 000 personnes se rassemblent devant le mémorial de Lincoln et le pasteur King y prononce sa fameuse allocution : « J'ai un rêve… », celui de connaître un jour son pays débarrassé de tous préjugés raciaux, un pays où l'égalité régnerait enfin entre les hommes. Le prix Nobel de la Paix vient couronner l'action de Martin Luther King et une ébauche de rêve s'officialise lorsque, l'année suivante, le président Lyndon Johnson promulgue le *Civil Rights Act,* qui exclut définitivement les discriminations raciales dans le travail, l'école, l'armée, les lieux publics, les transports, l'administration locale et fédérale. Mais cet acte de bonne volonté ne revêt qu'un caractère purement officiel et change peu la réalité des faits, comme le démontre cette déclaration du président Johnson : « Pour la grande majorité de race noire, les pauvres, les sans-emploi et tous ceux qui ne possèdent rien, la tragédie n'est pas terminée. Ils vivent encore dans une nation différente de la nôtre… » Le constat est effectivement indéniable. Les cadres légaux ne suffisent pas à endiguer la misère, la surpopulation, la sous-alimentation, le chômage, l'insalubrité et l'analphabétisation qui continuent de régner dans les ghettos des grands centres industriels comme Chicago, Detroit, Omaha, Cleveland, Philadelphie, dans les quartiers de Harlem à New York ou de Watts à Los Angeles, ainsi que dans toutes les zones d'exclusion du Sud profond. Une nouvelle loi sur les droits civiques *(Voting Rights Bill)* va être adoptée le 6 août 1965, interdisant toute restriction du droit de vote (notamment en supprimant les tests d'aptitude et la taxe électorale en vigueur dans le Sud depuis… la guerre de Sécession). Mais beaucoup de Noirs ne se font pas enregistrer sur les listes, souvent par manque d'éducation ou par crainte des représailles. En outre, l'action légale est entachée de méfiance et de doutes, nombreux préfèrent une action plus directe avec des résultats tangibles, si infimes soient-ils. Au cours de l'été 1965, des troubles sans précédents (33 morts, 800 blessés, 3000 arrestations et 175 millions de dollars de dégâts) vont agiter le district de Watts, qui compte environ 90 000 habitants. De plus en plus de jeunes Noirs sont attirés par le courant du *Black Power* qui encourage la violence pour riposter aux exactions arbitraires de la police. La lutte pour la déségrégation fait place à un activisme brutal qui vise désormais à obtenir le pouvoir immédiat. L'attitude des aînés ne convainc plus autant et leur charisme va déclinant. Malcolm X, peu à peu rallié à la mouvance intégrationniste, est mystérieusement assassiné en 1965, mais selon les derniers éléments, tout prête à croire qu'il fut victime du châtiment de ses anciens coreligionnaires. Les leaders du *Black Power* ou des *Black Panthers* vont maintenant faire recette auprès des jeunes générations. Lorsque Martin Luther King est à son tour assassiné à Memphis en 1968 (par un tueur blanc, dans des circonstances non encore élucidées), les réformistes sont plongés dans le désarroi et le chagrin, pendant que les tendances dures s'engouffrent davantage dans la voie de la violence qui ne fait qu'aggraver l'image du séparatisme, entraînant de plus en plus le désenchantement des militants. Au début des années 70, force est de constater les limites de la politique d'intégration et l'échec prévisible du nationalisme noir. Sans leadership réellement efficace, la communauté noire va s'orienter vers une coexistence sociale et économique dans le cadre légal des États-Unis. Une attitude médiane qui, loin de résoudre les problèmes de fond, maintient en suspens les rancœurs, les regrets et les frustrations. Malgré les quelques acquis de cette révolution dont on mesurera progressivement les légères améliorations péniblement conquises, l'injustice séculaire de l'exclusion raciale nord-américaine est loin d'être résolue.

Les rebelles

Profondément imbriqué dans le tissu social américain, le monde du jazz n'échappe pas aux bouleversements qui secouent la communauté noire toute entière. Les tensions du climat politique auront des effets directs ou indirects sur la création des musiciens et surtout sur la façon d'appréhender leur art. De tout temps, les jazzmen ont dû s'adapter à la situation du pays. Qu'ils aient choisi de serrer les dents devant la discrimination raciale en décidant que rien ne pourrait les abattre (Louis Armstrong, Duke Ellington, Dizzy Gillespie...), ou qu'ils aient trop souffert de leur marginalisation et cherché à oublier dans le refuge éphémère et l'amnésie illusoire des drogues (Billie Holiday, Lester Young, Charlie Parker...), les musiciens n'ont jamais été étrangers ou imperméables aux réalités de leur condition. Bopper des premiers combats puis agitateur des années 60, le batteur Max Roach parle de cette différence d'attitude née pourtant d'un même constat sur l'état de la société nord-américaine : « D'un autre côté, la différence de conception spirituelle entre Bird et Diz peut expliquer leurs divergences. Mais de toute façon, ils démontrent l'un et l'autre un point de vue très important. Bird a toujours déclaré que le gouvernement était responsable des problèmes des Noirs. En déambulant dans Harlem, il disait souvent : "Pourquoi croyez-vous qu'on trouve un bar à chaque coin de rue ? Et de la drogue sous chaque pavé ? Le whisky et la drogue, ça s'achète plus facilement que du lait." Telle était sa vision politique et sociale des choses. Quand il est mort à trente-quatre ans, Diz avait à peu près le même âge et était célèbre lui aussi, une grosse vedette. Il faut donc recevoir de façon positive le message différent que chacun d'eux nous adresse : d'un côté, il y a toute cette merde qui existe, cet effort acharné pour détruire le peuple noir. Et je pense que Billie Holiday elle aussi l'a ressenti profondément. Mais d'un autre côté, il y a l'effort tout aussi acharné de Dizzy, parallèle à celui de Duke d'ailleurs, pour prouver qu'il est possible de survivre à cette situation, comme tous deux l'illustrent constamment. » Miles Davis est aussi un des exemples les plus parlants de cette dichotomie : « Le savoir c'est la liberté, l'ignorance c'est l'esclavage, et je n'arrivais pas à croire qu'on pouvait être aussi près de la liberté et ne pas en profiter. Je n'ai jamais compris pourquoi les Noirs ne saisissaient pas tout ce qui leur tombait sous la main. Comme si une mentalité de ghetto leur disait qu'ils n'étaient pas censés faire certaines choses, qu'elles étaient réservées aux Blancs. Quand je disais ça aux autres musiciens, ils m'envoyaient balader. Je continuais donc mon bonhomme de chemin, sans rien leur dire. »

Dès la fin des années 40, l'islamisation a déjà gagné du terrain dans le milieu musical, comme l'explique Dizzy Gillespie : « Rudy Powell, de l'orchestre d'Edgar Hayes, fut un des premiers à adopter l'islamisme et prit le nom musulman de Ahmidyah. D'autres suivirent pour des raisons plutôt sociales que religieuses me sembla-t-il alors, si tant est que l'on puisse les départager. "Écoute, si tu te fais musulman tu n'es plus noir, tu deviens blanc", disait-on. "Tu prends un nouveau nom et terminé, tu ne seras plus un « nègre »." Et tout le monde a commencé à se convertir parce qu'il semblait assez avantageux de ne plus être noir à l'époque de la ségrégation. J'y ai pensé moi aussi, mais je me suis dit que la plupart de mes congénères essayaient seulement de devenir n'importe quoi plutôt que de rester des "nègres". Ils n'avaient pas pris conscience de l'identité de leur race et cherchaient simplement à se débarrasser de ce qu'ils croyaient être une tare. Quand tous ces gens-là ont su par exemple qu'Idrees Sulieman [*NdA :* à l'origine, Leonard Graham, tp, as, né en 1923], qui venait de se faire musulman, pouvait se permettre d'entrer dans les restaurants réservés aux Blancs et ramener des sandwiches aux autres parce que lui n'était plus "noir", ils se mirent à se convertir par fournées. Les musiciens commencèrent à faire porter dans la case "race" de leur carte d'identité la lettre W pour *White* (Blanc). Kenny Clarke me montra la sienne en me disant : "Regarde ça, négro, je ne suis pas noir, je suis blanc." Il avait adopté le nom arabe Liaqat Ali Salaam. »

Durant les années 60, avec la montée en puissance des *Black Muslims,* davantage de musiciens adopteront la religion musulmane et changeront leur nom (Art Blakey se baptisera Abdullah Ibn Buhaina), d'autres s'engageront dans des mouvements politiques et suivront les actions menées par les associations culturelles (concerts de soutien, tournées dans les prisons, etc.). Indissociable de l'environnement socio-politique, des prises de conscience et des révoltes qui en résultent, le jazz va chercher à s'extraire de toutes classifications et de toutes contraintes d'écoles. Plus encore que l'éclosion d'un style nouveau qui succéderait au be-bop ou au cool, il se veut avant tout une réappropriation de tous les éléments de la culture noire, notamment dans ses aspects les plus injustement oubliés (blues, gospel, fanfares…). Jazz de la libération, de l'aspiration à la liberté, de la libre inspiration, son intitulé même affichera ce désir de dynamitage des valeurs établies. L'expression *free jazz* (littéralement : jazz libre) apparaît dès 1960, issue du titre d'un disque-manifeste enregistré par Ornette Coleman (voir notice plus loin), tournant fondamental dans la redistribution des rôles instrumentaux au sein de l'orchestre.

Peu auparavant, l'onde de choc coltranienne a amorcé un mouvement irréductible d'éclatement thématique et d'exacerbation sonore. Mais il ne faut pas oublier non plus les *free forms in jazz* préconisées par le pianiste Lennie Tristano, les improvisations libres du trio Jimmy Giuffre-Shelly Manne-Shorty Rogers, pas plus que l'indomptable Charles Mingus, qui a miné le terrain dans ses ateliers de déconstruction, provoquant les foudres de sa maison de disque lorsqu'il enregistra ses *Fables of Faubus* à l'attention d'un sénateur raciste. Écho immédiat de ces premières insurrections musicales, le free jazz va en accentuer et en exaspérer les effets. Sans qu'il y ait négation de l'histoire, il y aura cependant une remise en question (systématique ou empirique) des règles tacites instituées au fil du temps. En premier lieu, on constate la suppression de la notion de swing considérée jusqu'alors comme le garant de l'institution rythmique. Hors de ce balancement régulier, les musiciens de free jazz vont redistribuer partiellement les cartes au sein du groupe. Solistes et accompagnateurs joueront un rôle égalitaire, accru par l'installation d'improvisations collectives et spontanées. Cette juxtaposition et cette superposition de climats sonores seront favorisées par un rejet du thème et de sa grille harmonique en tant que matériaux de base, contribuant ainsi à entrecroiser des sinuosités mélodiques et des figures rythmiques, en apparence autonomes et disparates, mais liées par un souci de l'énergie et de l'intensité collectives (appels, réponses, réactions…), considérées comme détonateurs essentiels de l'exaltation communautaire. À cela, il faut ajouter un parti pris d'archaïsme dans la technique instrumentale. Refusant l'académisme, la joliesse du timbre, la sophistication virtuose et l'orthodoxie technique, les instrumentistes du free jazz vont s'attacher davantage à l'élocution paroxystique, aux cris et aux jaillissements impromptus considérés comme éléments de révolte ou manifestations d'une innocence retrouvée. Les sons *dirty*, volontairement parasités, les effets de *growl* ou de *slap*, les dérapages plus ou moins contrôlés, la sublimation des « erreurs », les bruitages, les accessoires percussifs et les sonorités venus d'Afrique, d'Amérique latine ou d'Orient (dans un désir d'ouverture aux musiques du tiers-monde et aux cultures extra-nord-américaines et extra-européennes), les longues plages d'improvisations extatiques refusant le minutage et le temps calibré, sont autant de transgressions qui mènent à l'émancipation hors des clivages commerciaux et esthétiques, selon un processus à la fois cérébral et instinctif, humoristique et poétique, politique et festif, spirituel et émotionnel. Le grand écrivain LeRoi Jones, alias Amiri Baraka (né à Newark en 1934), dont les poèmes (les prêches ?) ont été enregistrés aux côtés d'Albert Ayler, Don Cherry, Sunny Murray et Sun Ra, a parlé mieux que quiconque des bouleversements révolutionnaires d'une musique que certains ont baptisée *New Thing* (Nouvelle Chose), appellation révélatrice d'un certain malaise critique et qui marque sans ambiguïté la cassure d'un maillon dans les enchaînements stylistiques du jazz : « Cette musique, c'est aussi la lourde évidence que quelque chose se passe vraiment [...] Bien qu'ignorée généralement et/ou injuriée par la majeure partie des critiques (blancs pour la plupart), qui ne comprennent pas le contexte émotionnel dont cette musique charge la vie. Les gens qui font cette musique sont des intellectuels ou des mystiques (ou les deux à la fois). La sensibilité du blues et l'énergie du rythme noir sont projetés dans l'aire de la réflexion. »

On a souvent considéré à tort que le free jazz s'est développé loin du public populaire, mais les déplacements de foules pendant les concerts et festivals des années 60 ainsi que les dizaines (ou centaines) de milliers d'exemplaires de disques vendus par les plus importants représentants du genre démentent complètement les allégations servies avec une mauvaise foi hargneuse par les détracteurs du jazz libertaire. Plus féroce encore que la lutte entre anciens et modernes pendant la genèse du be-bop, la polémique autour du free jazz va alimenter (et continue d'alimenter) les colonnes des revues spécialisées ou les discussions d'amateurs. Comme au bon vieux temps d'après-guerre qui opposa les *mouldy figs* (figues moisies, partisans du vieux style) aux *sour grapes* (raisins aigres, partisans de la jeune génération bop), il y aura des détracteurs belliqueux et des défenseurs acharnés. Les uns clouant au pilori pour motif de haute trahison au swing, d'illégitimité rythmique et de subversion mélodique, les autres justifiant à l'emporte-pièce l'attitude chaotique de certains musiciens dont l'histoire nous a révélé ensuite le peu d'intérêt. Avec le recul, les passions se sont relativement apaisées, et il faut bien reconnaître que certains critiques de l'époque ont sacrifié aux opinions dominantes du gauchisme ambiant pour donner des arguments réducteurs et des justifications souvent fort éloignées de toute préoccupation musicale. S'il est indéniable que le free jazz ne peut être désolidarisé des effervescences socio-politiques (guerre au Vietnam, mai 68, luttes anti-colonialistes, mouvement noir…), l'héritage qu'il laisse est avant tout un message universaliste. Écoute du monde et regard sur les autres, imprégnation, donation et échange, régénérescence à partir de l'enracinement culturel noir américain, résurgence de la religiosité et de la métaphysique au travers de discours mystiques empruntés à l'hindouisme, l'animisme, l'islam, le bouddhisme ou le christianisme, on constate aujourd'hui que les musiciens du free jazz ont surtout préféré lier et souder les interférences esthétiques et spirituelles, plutôt que de rompre et fracturer le cours de l'histoire. Parmi tous ces rebelles qui ont animé une décennie tapageuse, nous parlerons surtout des figures de proue, sans toutefois oublier de citer quelques personnages importants se rattachant de plus ou moins près au mouvement du free jazz tels que Bill Dixon (tp, comp, 1925-2010), Ed Blackwell (dms, 1929-1992), Sam Rivers (ts, ss, p, fl, cl, 1930-2011), Dewey Redman (as, ts, cl, 1931-2006), Leroy Jenkins (v, 1932-2007), Giuseppi Logan (s, fl, cl, 1935), Marion Brown (as, 1931-2010), Roswell Rudd (tb, 1935), Steve McCall (dms, 1933-1989), Buell Neidlinger (b, 1936), John Tchicai (as, ts, ss, fl, cl, 1936-2012), Sunny Murray (dms, 1936), Burton Greene (p, 1937), Julius Hemphill (s, fl, 1938-1995), Andrew Cyrille (dms, perc, 1939), Jeanne Lee (voc, 1939-2000), Joe McPhee (tp, flh, ts, ss, 1939), Alan Silva (b, v, cello, 1939), Sonny Sharrock (elg, 1940-1994), Arthur

Blythe (as, ss, 1940), Milford Graves (dms, 1941), Oliver Lake (as, fl, 1942), Byard Lancaster (as, ts, cl, fl, p, voc, 1942), Frank Lowe (s, fl, 1943-2003), Henry Threadgill (as, ts, bs, cl, fl, perc, 1944), Chico Freeman (ts, ss, fl, cl, 1949), Anthony Davis (p, 1951), James Newton (fl, 1953), David Murray (ts, ss, cl, fl, 1955)…

Ornette Coleman : parfum de soufre

Initiateur du free jazz, il est celui par qui le scandale est arrivé alors que rien dans sa nature paisible, discrète et patiente ne le prédisposait à porter le fardeau de cette paternité sulfureuse. Né à Fort Worth (Texas), le 19 mars 1930, le saxophoniste alto et ténor Ornette Coleman commence à tourner avec des orchestres de rhythm'n blues dans les États du Sud, puis il part s'installer à Los Angeles au début des années 50. Les débuts californiens sont difficiles, il trouve un emploi de liftier et met à profit son temps libre pour étudier la théorie musicale et s'essayer à quelques expérimentations harmoniques. « Un jour, j'étais dans la rue, très déprimé, portant cet uniforme de garçon d'ascenseur. Je rentre dans une galerie de peintures et je me trouve nez à nez avec un tableau représentant une très jolie femme blanche qui, assurément, était très riche mais qui pleurait. Son expression était celle d'une personne qui a tout perdu dans la vie. Elle était pourtant entourée de tout ce que l'on peut désirer. J'ai ressenti exactement la même chose mais tout en ne possédant rien. Je suis revenu dans l'ascenseur et j'ai commencé à composer. C'est comme ça que j'ai écrit *Lonely Woman* (femme solitaire). » Par chance, ses premières compositions sont repérées par le contrebassiste Red Mitchell, qui en fait part à Lester Kœning, directeur du label Contemporary. Peu conformes à l'esprit west coast de la maison de disques, les œuvres de Coleman vont tout de même voir le jour en 1958 : « J'ai reçu un coup de fil de Contemporary Records, qui voulaient que je leur vende quelques compositions. Je leur en ai vendu sept. Plus tard Lester Kœning m'a appelé pour me confier qu'il ne trouvait personne capable de jouer ces morceaux et me demander si je pouvais les exécuter ! Il m'a proposé de monter un groupe, d'enregistrer et de sortir un disque. En fait c'est lui qui a formé ce premier groupe avec Don Payne (b), Walter Norris (p), Don Cherry (tp) et Billy Higgins (dms). » Ce premier album porte déjà bien son titre : *Something Else!!!* (Quelque chose d'autre!!!), tout un programme qui augure bien des polémiques. Cette même année, Coleman, en compagnie de Cherry, Higgins et du contrebassiste Charlie Haden, va former le quintette du pianiste Paul Bley (voir notice plus loin) et se produire à Los Angeles. « J'ai invité Charlie et Don à la maison et j'ai essayé de leur expliquer qu'afin d'enrichir leur jeu – puisqu'ils jouaient be-bop et sonnaient comme tout le monde – et d'être plus eux-mêmes, ils devraient tenter de créer les idées comme elles viennent au lieu de les pré-élaborer, car il est plus gratifiant de conserver intacte la sensation première. Alors je leur ai montré comment j'y parvenais et je leur ai dit que s'ils étaient intéressés, on pouvait se réunir et travailler jusqu'à ce qu'ils y arrivent. » Ornette Coleman, insatisfait par les canons du bop, donne donc naissance à son propre système musical qu'il baptisera « harmolodie », un concept hermétique aux définitions restées toujours floues, cherchant à prouver que l'harmonie n'est pas l'élément essentiel du jazz, lui préférant l'idée de *spiritual feeling*. La musique harmolodique tend à privilégier tous les sons dans tous les contextes, utilisant les éléments basiques (harmonie, mélodie, rythme, unisson) pour les fondre dans une expression totalement personnelle. « Compositeur, pour moi, c'est fournir des données aux autres musiciens et leur en laisser prendre conscience par eux-mêmes. Ensuite, ils me les renvoient. Dans l'harmolodie, l'instrumentiste devient lui-même compositeur et le compositeur, instrumentiste. L'harmolodie permet à chacun d'être un individu qui n'a à imiter personne d'autre. » Intéressé par l'approche théorique et les conceptions de Coleman, le pianiste John Lewis apporte son aide en lui octroyant une bourse d'étude pour la School of Jazz de Lenox pendant l'été 1959. Don Cherry en bénéficiera également. Dans la foulée, le quartette se retrouve à New York, dès l'automne 1959, et se produit au Five Spot. L'accueil est orageux et Coleman, armé d'un saxophone en plastique blanc, doit affronter les foudres de la critique et d'une partie du public. À la suite de cette « bataille d'Hernani » particulièrement féroce, le saxophoniste ne récolte pas vraiment les fruits de son scandale. Il tourne assez peu dans la région de New York mais grave tout de même des disques importants avec sa formation régulière, des productions dont les titres révèlent une détermination peu commune : *The Shape of Jazz to Come, Change of The Century, This Is Our Music*… L'esthétique s'affirme chaque fois avec davantage de force jusqu'à ce jour de 1960 où paraît l'opus *Free Jazz* chez Atlantic. Enregistrement révolutionnaire en double-quartette qui, outre l'originalité de l'instrumentation, va bouleverser l'approche de la tonalité, du thème et de la métrique. « À cette époque, le public new-yorkais était plus mûr qu'à L.A., alors j'ai décidé d'élargir ma philosophie de la musique le plus possible afin de voir jusqu'où je pouvais la pousser. C'est ainsi que j'ai décidé de tenter quelque chose que je n'avais jamais osé, avec Scott LaFaro (b), Ed Blackwell (dms), Freddy Hubbard (tp), Eric Dolphy (bcl), Don Cherry (cnt), Charlie Haden (b), Billy Higgins (dms). C'est précisément à ce moment-là que je me suis résolu à m'engager dans l'écriture et l'improvisation de musique altérée et non altérée afin que celle-ci sonne de manière "compositionnelle". » Quoique parfois abscons et ésotérique, le discours de Coleman trouve toute sa justification dans la mise en pratique. Effacement du rôle de leader, effets de masse, imbrications des timbres, harmonisation hors cadre, jubilation intuitive et explosions aléatoires, on perçoit cependant une note de fraîcheur et d'allègre fluidité dans le magma colemanien, comme des gouttes légères, moqueuses et pétillantes, qui viendraient grésiller sur une coulée de lave en fusion. Après l'événement polémique suscité par ce que l'on considère comme le manifeste discographique du free jazz, Ornette Coleman va garder le silence et maintenir son mystère intact pendant deux années. Il revient en trio avec Charles Moffett (dms, 1929) et David Izenzon (b, 1932-1979) et, en plus de son alto, il commence à utiliser la trompette et le violon. Sans prétendre en jouer réellement, il se joue de ces instruments pour servir une œuvre davantage portée sur l'écriture expérimentale. « Il se peut que je ne sois pas un virtuose […] La connaissance des instruments qui doivent interpréter ma musique m'est très utile. » Parallèlement à de nombreuses prestations scéniques qui le mènent jusqu'en Europe, Ornette

Coleman va se consacrer davantage à la composition et animer de multiples rencontres à l'Artist House, son loft new-yorkais situé au 131, Prince Street, lieu de concerts, de répétitions, d'expositions, de projections, de cours… La musique de film *Chappaqua Suite* est gravée en 1965, mais c'est avec l'œuvre *Skies of America,* interprétée en 1972 par un quartette et un orchestre symphonique, qu'il commence à réunir les suffrages d'un plus large public. Les détracteurs du free jazz reconnaissent en lui un compositeur de talent et les distinctions officielles de la presse spécialisée le couronnent parmi les grands créateurs de thèmes. Ironie du sort et quiproquo cocasse pour ce démiurge de la chose improvisée. Au début des années 70, Ornette poursuit son aventure avec des musiciens marocains, dans le village de Joujouka, perdu dans les montagnes du Rif, pour de longues heures de communion musicale et spirituelle. Il engrangera aussi dans ses tiroirs quelques bandes enregistrées avec des musiciens chinois de Pékin et des instrumentistes du Nigéria. « Franchement je pense musique. Point. Pour moi, il n'en existe que deux sortes : la musique avec et sans parole. Je suis absolument pour les deux. J'aime la musique faite avec des cuillères, j'aime la musique jouée à partir de n'importe quel signal-son et qui, grâce à lui, donne à chacun, via les sens, un état émotionnel et une identité. Je n'ai aucun présupposé concernant un type de musique particulier ou d'ethnie. » Avec le soutien de son fils Denardo, batteur et manager des affaires paternelles, le groupe Prime Time est créé dans un tourbillon décapant de rock, free, funk où s'illustre le guitariste James Blood Ulmer (né en 1942). Sans se départir de sa sonorité écartelée, tranchante et lyrique, lancinante ou déchirée, Ornette Coleman conduit plusieurs moutures du Prime Time et révélera un des bassistes électriques les plus étonnants des années 80 en la personne de Jamaladeen Tacuma. Difficilement repérable, volontairement en porte à faux, astucieusement polymorphe, Ornette va reformer son quartette historique avec Cherry, Haden et Higgins en 1987, prouvant ainsi qu'il n'a pas dévié sa route et que le Prime Time n'est qu'un des prolongements ou approfondissements du concept de création harmolodique. Deux ans auparavant, en 1985, le guitariste Pat Metheny (voir chapitre Fusion) a d'ailleurs créé la surprise en invitant Ornette

Coleman à l'enregistrement d'un album *(Song X)*, séance réalisée dans le plus strict respect des pratiques harmolodiques et révélant la profonde influence de son œuvre sur un jeune musicien que tout le monde croyait assez éloigné de l'univers colemanien. Soutenu par le label texan Caravan of Dreams, Ornette aborde la fin de siècle avec une énergie renouvelée et des projets tous azimuts (symphonies, rencontres pluriculturelles, ouvrage théorique, école, tournées de concerts, enregistrements…).

Né au Texas, révélé en Californie, propulsé à New York et diffusé dans le monde entier, on ne sait pas très bien où il faut situer ce musicien partagé entre l'ingénuité et l'habileté, la réflexion et la danse, la partition et l'improvisation, le narcissisme et l'altruisme, l'impudeur et le secret, l'exhibition et l'introspection. Sifflé ou acclamé, entre haines et louanges, mais toujours imperméable aux diatribes, Ornette Coleman est resté ce candide joueur et ce sphinx inaltérable dont Cannonball Adderley a dit avec respect : « Ornette a été une grande force dans le jazz moderne ; il a inspiré un tas de gens, il en a dégoûté un tas d'autres, mais il a obligé tout le monde à penser. »

Don Cherry : in the pocket

Comme Dizzy Gillespie et sa trompette coudée sont inévitablement assimilés à l'univers du be-bop et de Charlie Parker, Don Cherry et sa petite trompette de poche sont le plus souvent associés au free jazz et à Ornette Coleman. Pourtant, ce musicien, né à Oklahoma City le 18 novembre 1936, a fréquenté d'autres compagnons de route et emprunté tout un faisceau de chemins pour trouver sa propre liberté. Le petit Donald Cherry, métis de Noir et d'Indien, grandit à Los Angeles, où son père est barman au fameux Plantation Club. Lorsqu'il commence à apprendre la trompette, vers douze ans, le garçon a déjà pratiqué le piano et étudié la danse, et c'est tout naturellement qu'il se tourne d'abord vers des orchestres de rhythm'n blues. À quinze ans, il fréquente Dexter Gordon, Wardell Gray et Red Mitchell, puis monte un quartette en 1957 avec le saxophoniste ténor James Clay (né en 1935). Cette même année, Don Cherry fait la rencontre déterminante d'Ornette Coleman, dont il va désormais suivre la piste aventureuse. Ils enregistrent ensemble les albums *Something Else!!!* et *Tomorrow is the question!* pour Contemporary, et partagent en 1959 le même stage musical à la Lenox School of Jazz, dirigée par le pianiste John Lewis. Don Cherry s'investit pleinement dans les productions de son leader et participe aux albums gravés pour Atlantic dont, bien entendu, le légendaire *Free Jazz* de 1960 constitue la pièce maîtresse. L'été de cette même année, le trompettiste cosigne un disque avec John Coltrane *(The Avant-Garde),* pour lequel il propose l'interprétation de *The Blessing,* un titre signé par Coleman, prétexte aux premières envolées de Trane au soprano. De toute évidence, Don Cherry recherche la compagnie des saxophonistes et il ne choisit pas les moindres. En 1961, il s'acoquine à Steve Lacy (voir notice plus loin) pour la séance de l'opus *Evidence* puis, dès l'année suivante, il déserte les rangs du groupe d'Ornette Coleman pour se joindre à une tournée de Sonny Rollins, avec lequel il enregistrera *Our Man in Jazz.* Il collabore ensuite au groupe New York Contemporary Five avec un autre bec de jazz pour le moins pointu : Archie Shepp (voir notice plus loin). L'orchestre, qui comprend également John Tchicai (s), Don Moore (b) et J.C. Moses (dms), laissera quelques traces discographiques et partira en tournée européenne en 1963. Don Cherry y découvre notamment la Scandinavie, qui bientôt fera partie intégrante de sa vie. En attendant, il retourne aux États-Unis, joue avec le saxophoniste Albert Ayler (voir notice plus loin), enregistre *New York Eye and Ear Control* et part une nouvelle fois au Danemark en 1964. De passage à Paris, Don Cherry forme un quintette avec Gato Barbieri (ts), Karl Berger (p, vib), Jean-François Jenny-Clark (b) et Aldo Romano (dms). Il travaille ensuite avec le compositeur italien Giorgio Gaslini dans le cadre d'un orchestre de dix musiciens au service d'une musique alternative, oscillant entre composition sérielle et improvisations libres. Don Cherry prend part également aux recherches de George Russell, avant de revenir à New York, où il signe sous son nom plusieurs albums sur le prestigieux label Blue Note, en compagnie de quelques saxophonistes de caractère tels Gato Barbieri ou Pharoah Sanders (voir notices plus loin). Sans s'imposer par des débauches techniques et des prouesses instrumentales, mais cherchant plutôt à revendiquer une approche empreinte d'humilité, fondée sur la concentration de traits mélodiques ramassés en arpèges de notes concises, une sonorité fine, sans effets claironnants, légèrement pincée, volontiers suraiguë, mais toujours mélodieusement émouvante, Don Cherry s'est façonné un style immédiatement identifiable, que l'on retrouve tout entier résumé dans la franchise de cet aveu : « Le chant a toujours été l'essence de mon approche de la trompette. Je n'ai jamais vraiment voulu être trompettiste, mais plutôt chanteur. » Sollicité pour participer à diverses expériences et formules orchestrales, Cherry ne refusera aucune invitation, surtout lorsque les propositions émanent de personnages aussi inventifs que Carla Bley *(Escalator Over The Hill)*, Charlie Haden et son Liberation Music Orchestra ou, une fois de plus, Ornette Coleman pour des retrouvailles new-yorkaises en studio. À l'aube des années 70, Don Cherry va marquer avec panache son désaccord avec la politique américaine menée par Nixon, notamment au sujet des bombardements au Cambodge. Il décide alors de s'exiler en Suède, où il se marie avec Moki, une artiste plasticienne d'origine lapone. À partir de cette nouvelle terre d'accueil, il organise de nombreuses pérégrinations à travers le monde, provoquant diverses rencontres communautaires avec des musiciens de l'Inde du Nord, de Turquie, d'Afrique du Sud, se frottant aussi à la musique contemporaine occidentale sans *a priori* ni restrictions stylistiques. Globe-trotter avide de dialogues, il prend cependant le temps de se ménager de longues plages de recueillement au sein de l'Organic Music Theatre, une communauté qu'il anime avec son épouse, lieu d'échanges féconds où il peut prendre un certain recul pour canaliser son énergie, se régénérer et méditer, partager son savoir et se nourrir de l'expérience des autres, afin de repartir à l'assaut de terres vierges dont il veut inlassablement percer les secrets. En 1980, Don Cherry forme le trio Codona avec Nana Vasconcelos (berimbau, perc) et Colin Walcott (tablas, sitar, perc). Trois albums naîtront chez ECM (voir chapitre suivant) jusqu'à ce que Walcott périsse dans un accident de la route après quatre ans de collaboration. En 1982, Don Cherry se mêle au groupe Rip Rig and Panic, sorte d'agrégat de funk jazz, tendance new wave, avec sa fille adoptive Neneh Cherry, qui, depuis, bâtit une carrière autonome de chanteuse soul-dance-rap, fidèle à l'héritage éclectique de son père. Homme de trouvailles, de retrouvailles et de conversations impromptues, ce musicien aux semelles de vent qui eut l'audace et le privilège de jouer avec le guitariste Jimi Hendrix en 1970 ou le chanteur de rock Lou Reed en 1978, ne cessera de poursuivre sa quête sans jamais se préoccuper du poids des années ni des classifications conventionnelles. Que ce soit avec Charlie Haden pour la résurrection du Liberation Music Orchestra, avec Ornette Coleman pour une collaboration au Prime Time ou bien la reformation en 1987 du quartette historique des années 60, ou encore à la tête de son propre groupe avec le ténor James Clay autrefois rencontré à Los Angeles (*Art Deco,* 1988), Don Cherry est resté fidèle à ses premières amitiés, à ses options spirituelles et au message harmolodique dont il est un fervent propagateur. « Vous savez, pour moi, Ornette est une sorte de gourou musical, j'ai toujours à apprendre avec lui. » La moue sensuellement provocante, l'œil malin et curieux, la trompinette *in the pocket* pour mieux barouder, ce musicien du monde poursuit son périple de routard tout-terrain, de griot épanoui et de pèlerin mystique, avec la liberté sereine de ceux qui n'ont pas vraiment besoin de chercher pour trouver, toujours plus libres quand ils ne savent pas encore ce qui les attend derrière la ligne d'horizon. Don Cherry posera définitivement ses bagages le 19 octobre 1995, dans la ville de Malaga, en Espagne.

Eric Dolphy : contre vents et marées

Nous avons déjà rencontré Eric Dolphy dans les traces du contrebassiste Charles Mingus ou aux côtés de John Coltrane. Ce musicien aurait bien pu figurer parmi ces inclassables, ces hors-la-loi dont la trajectoire se situe en dehors des modes, parfois pour mieux les devancer. Eric Dolphy, né à Los Angeles le 20 juin 1928, a souvent intrigué et parfois irrité une bonne partie du public et de la critique, plongeant dans une perplexité tous ceux qui ont voulu analyser ou référencer son jeu peu orthodoxe, d'une grande originalité formelle, placé au départ sous la double influence d'un Lee Konitz pour l'évanescence et d'un Jackie McLean pour la flamboyance, et aboutissant soudain à un débordement des codes harmoniques du bop dans une exaltation rigoureuse, presque ascétique, sobrement joyeuse, lyriquement austère, délectablement dissonante, subtilement chaotique et d'une belle humeur communicative. Formé à l'école californienne aux côtés de Buddy Collette (s, fl, cl), Gerald Wilson (comp, arr) ou Chico Hamilton (dms), ce saxophoniste alto (également adepte de la clarinette basse) ne tarde pas à se faire remarquer, notamment lors de ses interventions de flûte aux friselis aériens et tendrement bucoliques. Lorsqu'il débarque à New York en 1959, il rejoint le Workshop de Charles Mingus, avec lequel il participera aux *sessions* mythiques de 1960 pour la marque Candid, ainsi qu'aux rebellions du Festival de Newport. Dans le courant de la même année, Eric Dolphy enregistre sous son nom trois albums pour Prestige avec, entre autres, Booker Little (tp), Freddie Hubbard (tp), Jaki Byard (p), Roy Haynes (dms)… Cette période fastueuse est encore ponctuée par sa collaboration au légendaire double quartette du disque *Free Jazz,* d'Ornette Coleman. Le parcours est étonnamment fulgurant. Qu'il se serve du saxophone alto, de la flûte ou de la clarinette basse, Dolphy s'exprime avec une fougue dont on perçoit la douloureuse urgence. En 1961, il vient renforcer le quartette de John Coltrane pour diriger et arranger les somptueuses séances de l'album *Africa Brass,* mais il trouve encore le temps de travailler avec George Russell, Ron Carter, Max Roach, Mal Waldron (p), Oliver Nelson (s, comp), avant de s'envoler pour l'Europe, où il enregistrera avec des musiciens de toutes nationalités (Scandinaves, Hollandais, Allemands). De retour aux États-Unis, il œuvre pour plusieurs labels avec des instrumentistes de poids tels que Freddie Hubbard (tp), Herbie Hancock (p), Benny Golson (s), Woody Shaw (tp), Bobby Hutcherson (vib), John Lewis (p), Clifford Jordan (ts, ss), Tony Williams (dms), Ed Blackwell (dms), Cannonball Adderley (as), Gil Evans (comp, arr), Teddy Charles (vib), Andrew Hill (p)… C'est au sein du nouveau sextette de son ami Charles Mingus qu'Eric Dolphy décide de repartir pour l'Europe en 1964, envisageant même de s'y installer définitivement après la tournée. Mais hélas, il n'aura pas le temps de goûter aux charmes du Vieux Continent et mourra à Berlin, le 29 juin 1964, d'une crise d'urémie. Instrumentiste météorique, à la recherche d'un éternel dépassement de soi-même, Eric Dolphy est un saxophoniste-charnière qui joint idéalement les lignes mélodiques à l'articulation huilée avec un expressionnisme démantelé, parfois sorti hors de ses gonds. Marginal entre les marginaux, il n'a jamais dilué ses conceptions personnelles dans un discours aux justifications improbables. Son propos était tout simplement d'une droiture désarmante : « Vous me dites que mes hennissements sont anti-musicaux et que mes envolées dans les couinages heurtent l'oreille. D'accord, mais même si tous les gens fuyaient dès que j'embouche l'un de mes trois instruments, si aucune firme ne consentait à m'enregistrer et si je devais crever de faim pour jouer ce que je ressens, eh bien, je continuerai à jouer, contre vents et marées. Parce que justement je le ressens. »

Albert Ayler : le maudit

Autre musicien à la trajectoire brève et fulgurante, Albert Ayler fait partie de ces hommes qui effraient, éternellement entourés de réprobations et toujours poursuivis par l'anathème des bien-pensants. Il est vrai que ce saxophoniste, né à Cleveland le 13 juillet 1936, a conduit sa carrière sans prendre de précautions particulières et sans craindre les excommunications. Tout d'abord formé à l'école des fanfares et de l'église où son père joue du ténor, le garçon va bientôt suivre les cours de l'Academy of Music puis de la John Adams High School avant de se produire dans des orchestres de blues et de rhythm'n blues (Little Walter et Lloyd Pearson). Lorsqu'il part pour le service militaire à l'âge de vingt-deux ans, il est expédié dans une base en France, près d'Orléans, où il joue dans l'orchestre de l'armée. Il en profite également pour essayer de se produire dans quelques *jam sessions* nocturnes à Paris mais l'originalité de ses conceptions ne trouve aucun écho. Après sa démobilisation en 1961, Albert Ayler regagne les États-Unis et décide de tenter sa chance. Mais très vite, il est confronté aux réticences du milieu musical et à l'incompréhension des auditeurs qui voient arriver d'un mauvais œil ce saxophoniste au discours radical, aux préoccupations mystiques, aux juxtapositions stylistiques paradoxales, au vibrato parfois grandiloquent, à la sonorité dure et épaisse (ou plutôt, volontairement endurcie et épaissie). Ayler se résout à quitter l'hostilité de son pays pour trouver refuge en Suède, qu'il a déjà visitée lors de sa période militaire. Repéré dans le métro par un producteur, il enregistre son premier disque en 1962 et, l'année suivante, il grave avec Niels Bronsted (p), Niels-Henning Oersted Pedersen (b) et Ronnie Gardiner (dms), un deuxième album pour la radio danoise, *My Name is Albert Ayler,* où il livre une version du standard *Summertime* particulièrement déchirante. Ce séjour scandinave lui donne aussi l'opportunité de fréquenter Don Cherry, Cecil Taylor, Sunny Murray ainsi que Don Byas et Dexter Gordon. De retour à New York en 1963, Albert Ayler va commencer à se produire dans les lieux avant-gardistes de Greenwich Village avec Jimmy Lyons (s, 1932-1986), Henry Grimes (b, 1935-1984), Call Cobbs (p, 1911-1971), et former un trio avec Sunny Murray (dms) et Gary Peacock (b) pour enregistrer son premier album américain sous label ESP. Toujours victime du même rejet, il s'éloigne quelque temps pour tourner au Danemark avec sa formation, à laquelle se joint Don Cherry. De nouveau rentré au bercail en 1965, il remonte un quartette avec son frère, le trompettiste Don Ayler (né en 1942), Charles Tyler (s), Lewis Worrell (b) et le fidèle batteur Sunny Murray. John Coltrane vient fréquemment lui rendre visite lors des *sessions* de Town Hall ou du Village Gate, et lui apporte son soutien, autant moral que financier, intervenant même auprès de la maison de disques Impulse pour que son ami obtienne un contrat sérieux. « Albert Ayler m'est très proche. Je trouve qu'il est en train de déplacer la musique dans des fréquences encore plus élevées. C'est peut-être là où je me suis arrêté qu'il commence mais cela ne veut pas dire qu'il copiera ceci ou cela mais seulement qu'il a rempli un espace que je n'avais pas encore touché », déclarera Coltrane dont la caution spirituelle ne sera pas étrangère à l'intérêt tout relatif qu'Albert Ayler va peu à peu susciter. En 1966, il se retrouvera en compagnie de Don Cherry, John Tchicai, Roswell Rudd, Gary Peacock et Sunny Murray pour graver la musique du film *New York Eye and Ear Control,* réalisé par Michael Snow. À la mort de Coltrane, en 1967, Albert Ayler exauce les dernières volontés de son ami en interprétant *Truth is Marchin in* pendant la cérémonie d'enterrement. En juillet 1970, il donne deux concerts véritablement historiques à la fondation Maeght de Saint-Paul-de-Vence, deux soirées qui constitueront son testament musical. Jusqu'au bout, Ayler fera figure d'agitateur et provoquera le traumatisme, ne parvenant jamais vraiment à réconcilier ses détracteurs et ses laudateurs. Musicien apatride et universel, héros cassé et fracassant, laboureur de sillons qu'un sang trop pur abreuva jusqu'à plus soif, Ayler n'a cessé de se complaire dans l'ambiguïté et la contradiction, entre la psalmodie ébouriffante, l'illumination incantatoire et un curieux goût pour les mélodies surannées des marches militaires, comme cette *Marseillaise* interprétée devant le public français, hymne transfiguré et implosif, craché d'un seul souffle aux accents glorieux de « Vive la Transe ! », une version taillée au sabre et coulée dans le bronze qui sera malheureusement poussée à l'échafaud par un sinistre cortège de sans-jugeote. Une fois de plus, le désaxé du sax fait scandale, avec un plein sac de décompositions savantes et de sauvageries ravagées, un wagon de doubles croches inversées, un tombereau de décibels en acier trempé. De toute évidence, l'essentiel de la musique d'Albert est ailleurs. C'est ce qu'il reste quand tout vient de s'éteindre, le parfum d'encens de la poudre quand on vient de tirer à boulets rouges. Une fois de plus, citons le poète LeRoi Jones, qui avant tout le monde avait pressenti cette tenace malédiction : « Albert Ayler est un maître aux dimensions stupéfiantes, et il est irritant de penser que bien des gens pourraient mettre longtemps à s'en apercevoir. » Le 25 novembre 1970, le corps d'Albert Ayler est retrouvé dans l'East River. Le rapport officiel de la police parle de noyade. D'autres soupçonnent un suicide. Le mystère demeure.

Roland Kirk : Rahsaan le terrible

À part, voilà où il faut situer ce troubadour protéiforme, jongleur musical et accessoiriste sonore. Tout simplement à part. Hors gabarit et loin des réflexes taxinomiques, pour respecter complètement son impertinente singularité et son désir de non-conformisme : « Avant, les gens ne fichaient pas d'étiquette sur la musique. On ne pouvait pas classer les orchestres et, de toute façon, personne n'y aurait pensé. Maintenant les gens n'écoutent même plus, ou à peine. Ce qui les intéresse, c'est de pouvoir mettre un petit carton avec un mot écrit dessus. Après, vous pouvez faire n'importe quoi, ça ne les intéresse plus : vous êtes classé. C'est déprimant. » Cet instrumentiste polyvalent, né à Columbus (Ohio) le 7 août 1936 et atteint de cécité dès l'âge de deux ans, va suivre ses études dans un collège pour aveugles où ses talents musicaux sont rapidement révélés. Il choisit la trompette vers l'âge de neuf ans mais doit se résigner au saxophone sur avis médical. À quinze ans, il se produit pour la danse avec son propre orchestre de rhythm'n blues et connaît une double révélation lors d'un rêve qui s'avérera déterminant : « Dans mon songe, je me suis vu jouer de trois saxophones à la fois. La sonorité étrange que j'avais entendue m'obsédait. Je me suis mis alors à fouiller les magasins d'instruments et les antiquaires, jusqu'au jour où, enfin, j'ai découvert dans une arrière-boutique les instruments de mon rêve, ce manzello et ce stritch qui, ajoutés au ténor, sont parvenus à reproduire la sonorité que j'avais entendue une nuit. » De ce sommeil prémonitoire surgira également son surnom « Rahsaan » qui suivra désormais son patronyme. Durant quatre années, il perfectionne un style de prime abord extravagant mais dont les résultats s'avèrent bientôt performants et profondément originaux. Il est alors capable de jouer de trois saxophones en même temps. Utilisant une bonne quarantaine d'instruments et de gadgets sonores dont toute la famille des saxophones, clarinettes, flûtes, trompettes, sifflets divers, sirènes variées, ainsi que le flexaphone, le cor anglais et ces deux fameux strich et manzello (sortes de grands saxophones soprano et alto dont les sonorités sont inversées), Roland Kirk est avant tout un créateur d'atmosphères multiphoniques, de parfums d'accords, de tapissages à l'unisson, d'entrelacs harmoniques qu'il se plaît à brasser dans des bruits de la vie quotidienne (restitués sous forme d'éléments préenregistrés), à mêler dans un maelström d'humour tragique et d'extravagance douloureuse, exploitant pour cela toute la palette des langages musicaux enracinés dans la tradition noire américaine (blues, new orleans, swing, bop, free et plus tard jazz-rock) ainsi que les influences prégnantes des musiques indiennes ou tibétaines. « Lorsqu'on fait des choses qui paraissent difficiles ou étranges aux autres mais qui vous semblent naturelles, il est difficile de les expliquer. Mais prenons un exemple : lorsque je compose, j'entends très distinctement tous les instruments jouer en même temps ; quand je joue, je pense que le même phénomène doit se produire. J'arrive à doser l'air dans chaque instrument et, comme je n'ai presque plus de problème de doigté, c'est exactement comme si je composais en moi-même et que je jouais simultanément ma composition. Ce qui complique un peu l'affaire, c'est que je passe mon temps à improviser dans les parties qui ne sont pas écrites. Comme je contrôle à moi tout seul toute la section mélodique de mon quartette, je n'ai pas non plus de problèmes d'individualités, ce qui est, en un sens, bien commode ! » Effectivement, l'exploit technique pourrait sembler invraisemblable et se cantonner à son aspect le plus spectaculaire, mais chez Rahsaan le terrible, il n'y a aucune volonté d'esbroufe et de tape-à-l'œil. Interrogé sur les problèmes de respiration, il s'amuse à désamorcer la prouesse en répondant avec une ingénuité malicieuse (et plus chargée de sens qu'il n'y paraît) : « Je respire par les oreilles... »

Après avoir gravé un premier disque à l'âge de vingt ans, il est enfin reconnu avec la sortie de son deuxième enregistrement en 1960. Cette année-là, il entre dans l'orchestre de Charles Mingus et y reste quatre mois, le temps de participer à la séance du superbe album *Oh Yeah !*. Puis Roland Kirk s'envole pour l'Europe avec sa formation, y rencontre un franc succès certainement renforcé par l'aspect « clownesque » de ses prestations. Pendant la décennie, son ascension est croissante et il enregistre d'abondance pour les labels Prestige et Mercury. Tout en poursuivant une carrière de leader, il aura aussi l'occasion de se produire avec Dexter Gordon, Johnny Griffin et de collaborer à des séances organisées par Quincy Jones. À dater de 1970, l'esprit de sa musique s'électrifie et fait appel à la rencontre du rock et du jazz. Ce nouvel élan ne l'empêche pas de privilégier tout autant son travail instrumental et ses talents d'arrangeur, toujours aussi fascinants dans la mise en scène de ses interventions multi-solistes. Il fondera ensuite la Vibration Society, avec laquelle il tournera dans le monde entier et retrouvera Charles Mingus pour l'enregistrement d'un concert au Carnegie Hall en 1974. Mais, l'année d'après, une attaque d'hémiplégie le diminue et le contraint à mettre au point une nouvelle technique qui lui permet tant bien que mal de poursuivre ses activités. Malgré ses efforts pour lutter contre la maladie, Roland « Rahsaan » Kirk finit par rendre son dernier souffle le 5 décembre 1977 à Bloomington, dans l'Indiana.

Pharoah Sanders : le missionnaire

Deux ans avant que John Coltrane ne meure, un jeune saxophoniste de vingt-cinq ans est venu l'épauler dans sa quête mystique. *Sideman* en parfaite symbiose avec son leader, il s'agit là d'un disciple étonnant dont l'histoire se fond intimement avec celle de son guru. Farrell « Pharoah » Sanders naît le 13 octobre 1940 à Little Rock dans l'Arkansas et, après s'être essayé sur divers instruments, opte pour le ténor, dont il joue dans l'orchestre de son école. Dès 1959, il s'en va en Californie pour jouer du rhythm'n blues et du rock'n roll. Attentif aux productions de Sonny Rollins, d'Eric Dolphy ou d'Ornette Coleman, il s'intéresse de plus en plus au jazz avant-gardiste, jusqu'au jour où il décide de se rendre à New York pour tenter sa chance. Installé dans la Grosse Pomme en 1962, il vivote grâce à des engagements peu glorieux en compagnie du batteur Billy Higgins, puis commence à travailler avec Don Cherry, Rashied Ali (dms), John Gilmore (ts) et Sun Ra (keyb). C'est en 1965 que sa vie prend un tournant décisif. Il rencontre John Coltrane, pour qui il ne cache pas sa fascination, et il a la chance de l'accompagner pendant deux ans. À la mort de son maître à penser (et à jouer), il perpétuera la parole du Trane dans un mouvement paroxystique fait de longues tirades flexueuses, de sonorités exacerbées, de grappes de notes aléatoires, d'harmoniques écorchées, d'accrocs effilés et de tortures instrumentales. En premier lieu, avec Alice Coltrane de 1967 à 1969, puis à la tête de ses propres formations, Pharoah Sanders mène une perpétuelle recherche spirituelle, empreinte de toutes les mythologies du monde. «J'aime toutes les religions, pourvu qu'elles parlent d'*un* créateur», précise-t-il. Entre les cultes millénaires, passés ou pérennisés, venus d'Inde, d'Afrique, d'Égypte ou d'Extrême-Orient, et sa vénération pour le message musical de John Coltrane, il va mener une investigation extrême avec une tribu d'apôtres de toute confiance : Billy Hart, Clifford Jarvis, Roy Haynes ou Norman Connors à la batterie; Ron Carter, Cecil McBee, Stanley Clarke, Reggie Workman ou Richard Davis à la contrebasse; Leon Thomas au chant; Julius Watkins au cor; Marvin «Hannibal» Peterson ou Woody Shaw à la trompette; Joe Bonner ou Lonnie Liston Smith au piano... Cependant, entre 1977 et 1982, Pharoah Sanders abandonnera quelque peu sa liturgie coltranienne pour se dévouer aux mirages du dieu Dollar et à ses angelots pervers du jazz-rock et de la disco. Période de vacuité (ou de rédemption) dont il ressortira miraculeusement indemne pour repartir en pèlerinage avec un quartette constitué de John Hicks (p), Walter Booker (b) et Idriss Muhammad (dms). Se référant à un be-bop plus classiquement agencé, Pharoah Sanders semble désormais contrôler ses stridulations et emmailloter ses échardes sonores, comme s'il s'agissait de retourner ainsi aux sources de sa croyance et de se rapprocher toujours plus près du Seigneur qu'il a dévotement élu entre tous.

Archie Shepp : la mémoire

Lucide, vigilant, sensible, observateur et pertinent, le saxophoniste Archie Shepp s'est donné la tâche généreusement ambitieuse de valoriser tous les aspects de la culture noire américaine. Plus qu'un simple gardien du mémorial, il est avant tout celui par qui la mémoire est savamment entretenue et passionnément réactivée. Né à Fort Lauderdale (Floride) le 24 mai 1937, il passe sa jeunesse à Philadelphie, où il apprend successivement le piano, la clarinette et le saxophone alto. Il entretient une solide amitié avec le trompettiste Lee Morgan et, comme beaucoup de jeunes musiciens de sa génération, il se produit dans des orchestres de rhythm'n blues. De 1955 à 1959, Archie Shepp fréquente l'université, où il étudie la musique, mais aussi la littérature. Il se passionne pour le théâtre au point d'écrire sa première pièce et prend fortement conscience des problèmes politiques liés à la condition de son peuple. En 1960, il s'établit à New York, subit le choc coltranien en assistant à un concert au Five Spot et décide alors de jouer du ténor. Rapidement engagé par le pianiste Cecil Taylor, il commence à enregistrer (*The World of Cecil Taylor* et l'album *Peace* aux côtés du trompettiste Bill Dixon). Il présente également sa première pièce théâtrale, *The Connection*, dans laquelle se produit Cecil Taylor. C'est en 1963 qu'il part en tournée dans les pays de l'Est et en Scandinavie avec le New York Contemporary Five, où officient Don Cherry, John Tchicai et la section rythmique composée de J.C. Moses et Don Moore, puis, l'année suivante, il grave *Four for Trane* chez Impulse sous la protection de John Coltrane. Avec ce dernier, Archie Shepp établira des relations fraternelles qui l'amèneront à participer à l'album *Ascension,* pièce phare de Coltrane qui fera date dans la nouvelle mouvance moderniste du jazz. Entre-temps, Shepp a collaboré à la fondation de la Jazz Composers Guild en compagnie de Cecil Taylor, Sun Ra, Roswell Rudd, John Tchicai, Paul et Carla Bley… Il est désormais considéré comme l'une des voix dominantes de la New Thing, et sa carrière se partagera entre de longues tournées mondiales à la tête de ses quartettes ou quintettes (Festivals panafricain d'Alger en 1969, d'Antibes en 1970, de Montreux et de Massy en 1975, parmi les plus représentatifs de cette période), l'écriture de pièces de théâtre engagées dont *The Communist,* mais aussi, l'enseignement de l'histoire, de la sociologie et de la musique à l'université d'Amherst dans le Massachusetts, ainsi qu'une participation active aux plus importantes manifestations politiques. Porte-parole des rébellions et des croyances de sa communauté, Archie Shepp est un des rares musiciens théoriciens du jazz qui ne récusent pas leur image d'intellectuel. Volontiers disert, il porte un jugement éclairé et sans complaisance sur l'histoire du peuple noir et son évolution musicale dont il est certainement un des plus fins connaisseurs, comme en témoigne cette déclaration sur l'impact du free jazz : « Les discordances deviennent de plus en plus grandes entre jazz et musique populaire dans la culture afro-américaine […] Dans les années 60, à New York, c'est Harlem qui a été fermé : finies les *jam sessions* […] Quand Ornette Coleman a débarqué au

Five Spot en 1959, le foyer du jazz s'est déplacé, cela s'est manifesté par l'exode des musiciens de Harlem vers Greenwich Village. D'un point de vue symbolique, cela signifiait que la musique devenait extérieure à la communauté qui lui avait donné naissance. »

Influencé au départ par des aînés tels Coleman Hawkins, Ben Webster ou Johnny Hodges, puis bouleversé par les déviations de John Coltrane et d'Ornette Coleman, Shepp a vite trouvé son propre chant intérieur. Qu'il joue du ténor, du soprano, parfois de l'alto, ou à l'occasion du piano et de la flûte, il condense à lui seul toute la saga du jazz. Du blues au bop, du gospel au free, de Bessie Smith à Charlie Parker, de Scott Joplin à Thelonious Monk et Charles Mingus, sans oublier Duke Ellington, qu'il considère comme son père spirituel avec tout ce que cela comporte d'amour excessif et de rejet, Archie Shepp traverse les légendes musicales en y joignant sa voix révoltée et sa tendresse sauvage, un son ample, rauque, chargé de meurtrissures, un vibrato large et sensuel. Entre ses innombrables enregistrements libertaires en petites formations, ses duos poignants avec le pianiste Horace Parlan, son unique expérience de big band pour le disque *Attica Blues* (1971), ses retours jubilatoires vers le rhythm'n blues et ses prestations scéniques où le cri blessé rivalise avec la plainte du saxophone, il est difficile de choisir. Qu'il troque ses tenues africaines bariolées pour des costumes-cravates impeccablement arborés, le style d'Archie Shepp demeure. Ses contrastes et ses volte-face ne sont qu'apparence et, s'il évolue vers une expression plus « traditionnelle », en ce sens qu'il s'immerge dans le terreau noir américain, s'il replonge dans un répertoire toujours plus nostalgique et sobre, c'est pour mieux embrasser toute la richesse contradictoire des siens : « Je joue avant tout la musique de mon peuple, du peuple américain de couleur. »

Cecil Taylor : le malentendu

La jeunesse de Cecil Percival Taylor, né le 15 mars 1933 à Long Island City, non loin de New York, contient déjà tous les germes d'une existence submergée par la musique et les mythologies multiraciales de l'Amérique. Métis de Noirs, d'Ecossais et d'Indiens, issu d'une famille de musiciens amateurs qui compte le batteur Sonny Greer parmi ses proches, Cecil Taylor étudie très tôt le piano, la musique classique, puis les percussions en s'entraînant à imiter le batteur Chick Webb. Il s'intéresse à la danse, au boogie-woogie, à Fats Waller et se passionne également pour les big bands de Jimmie Lunceford et de Cab Calloway, qu'il a l'occasion d'aller écouter fréquemment avec un oncle musicien. Après une expérience malheureuse dans un orchestre de danse blanc dont il est renvoyé pour de basses raisons liées à la couleur de sa peau, il va s'installer à Boston, en 1951, afin de suivre les cours d'harmonie, d'arrangement et de piano au New England Conservatory. Il commence alors à fréquenter le milieu musical, en particulier le saxophoniste Andy McGhee, qui lui fait découvrir le be-bop. À cette époque, il a la chance d'entendre Charlie Parker sur scène, adhère aux conceptions stylistiques de Bud Powell après avoir écouté le thème *Un Poco Loco,* s'intéresse de près à l'œuvre d'Ellington, pour laquelle il avait jusque-là montré quelques réticences. Il est aussi impressionné par Dave Brubeck, Lennie Tristano, Mary Lou Williams, Dick Twardzik, Thelonious Monk et surtout Horace Silver, dont il aime la manière très physique de faire sonner l'instrument. En 1953, il se jette à l'eau et décide de monter son groupe avec le soutien du vibraphoniste Earl Griffith, mais l'aventure est de courte durée. Il fait alors quelques remplacements chez Hot Lips Page ou Johnny Hodges, donne des cours pour subsister et comptera le saxophoniste Steve Lacy (voir notice plus loin) parmi ses élèves. C'est d'ailleurs avec ce dernier qu'en 1957 il se produira en quartette au Five Spot, le haut lieu de l'avant-garde, ainsi qu'au Festival de Newport. L'année suivante, Cecil Taylor enregistre un album pour le label United Artists avec John Coltrane, Kenny Dorham (tp), Chuck Israels (b) et Louis Hayes (dms), sans qu'il ait pu réellement choisir ses partenaires. Une séance au cours de laquelle on décèle peu sa facture intime et qui d'ailleurs sera rééditée, trente plus tard, en format CompactDisc sous le nom de John Coltrane *(Coltrane Time).* À partir de 1962, Taylor trouve la formule adéquate avec le saxophoniste Jimmy Lyons et le batteur Sunny Murray. Les tournées en Europe, les prestations en clubs et les enregistrements témoignent dorénavant de l'état de ses recherches stylistiques. Abandon des structures traditionnelles, tempo sans contrainte et accords plaqués sans successions préétablies, déroulements harmoniques inaccoutumés, martèlement du clavier, jets de notes lancées à une vitesse parfois hallucinante, excentricité comportementale, combat chorégraphique avec l'instrument, réitérations frénétiques des figures ou plongées en spirale dans le silence, recompositions inlassablement remises en chantier, Cecil Taylor n'est pas un pianiste qu'il est facile d'écouter à brûle-pourpoint, il peut même être dérangeant, voire épuisant, si l'on attend d'avoir l'oreille élégamment flattée. À moins d'être totalement en harmonie avec sa logique, on ne peut écouter les pièces de Taylor que dans les moments d'extrême réceptivité et de totale disponibilité d'esprit.

Durant les années 60, il ne refusera pas les rencontres. Au théâtre avec la pièce *Connection* d'Archie Shepp, en studio avec le bassiste polyvalent Buell Neidlinger pour un magnifique album paru chez Candid *(New York R & B)*, sur la scène du Lincoln Center en 1963 avec Albert Ayler, dans le creuset de la Jazz Composers Guild, de Bill Dixon en 1964 ou du Jazz Composer's Orchestra, de Michael Mantler en 1968, dans les nuits mauves de la fondation Maeght en 1969... Il y a également quelques enregistrements notables à la tête de formations personnelles et dont les partenaires ont pour nom Eddie Gale (tp), Ken McIntyre (s), Henry Grimes (b), Andrew Cyrille (dms), Bill Dixon (tp), Alan Silva (b) et bien entendu le très constant Jimmy Lyons (as), qui restera fidèle jusqu'au jour de sa mort, le 19 mai 1982, un peu à la manière d'un Charlie Rouse avec Thelonious Monk. Très souvent confronté aux réticences des maisons de disques, Cecil Taylor crée son label, Unit Core, au début des années 70, afin de maîtriser sa production. De cette tentative vite avortée, naîtront seulement deux disques : un en solo, l'autre en quartette. Conjointement à une activité d'enseignant dans divers collèges d'État, des créations pour ballets avec les danseurs chorégraphes Diane McIntyre et Mikhail Baryshnikov, des expériences ponctuelles avec le pianiste Friedrich Gulda ou le batteur Max Roach, Cecil Taylor tourne et enregistre avec son Unit, groupe au personnel variable où l'on trouve, outre l'indéfectible Lyons, des hommes de tempérament tels que Ramsey Ameen (v), David Ware (s), Mark Edwards (dms), Raphé Malik (tp), Jerome Cooper (dms, perc), Ronald Shannon Jackson (dms, perc), etc. Les années 80 sont abordées avec la même soif d'interactions musicales, aux côtés de l'Art Ensemble of Chicago (voir notice plus loin) ou au sein d'un *all stars* éclectique et sans frontières, constitué de l'Italien Enrico Rava (tp), du Polonais Tomasz Stanko (tp), de l'Américain Frank Wright (ts, bcl), du Danois John Tchicai (s, fl, cl), de l'Allemand Gunter Hampel (multi-instrumentiste)... Dans un flux bouillonnant d'éléments percussifs, de textes déclamés, de combustions vocales, de cristallisations sonores ou de fissions harmoniques, Cecil Taylor approfondit une écriture qui marie les paradoxes, les allers-retours entre lectures classiques et conjectures hypothétiques. « Ce que je trouve de plus passionnant, quand je travaille avec des musiciens, c'est de voir qu'aussi précises soient-elles, mes compositions ne sont jamais achevées. À l'instant où le musicien se met à jouer, d'autres idées surgissent. On cherche alors à assimiler ce qu'ils apportent, on interroge, ils font de même... C'est un des aspects magiques du processus; le contraire de la mathématique... » Autant pour ceux qui ne perçoivent qu'une vision clinique et une approche trigonométrique dans les agencements thématiques et les interactions non préméditées de cet humaniste pétri d'utopies fertiles. La critique a rarement été tendre avec Cecil Taylor, et ses collègues musiciens encore moins. Ainsi, ces réflexions de John Coltrane : « Personnellement, je préfère jouer avec un pianiste, parce qu'il vous apporte un certain soutien, mais pas lorsque le pianiste s'appelle Cecil Taylor. J'ai joué avec Cecil. C'est bien trop compliqué ! » Charles Mingus, fidèle à ses habitudes, n'y va pas par quatre chemins : « C'est de la merde. Les morceaux que Gil Evans lui a écrits, ça va encore, mais après ! Avec Gil, il semble qu'il suit encore ce qu'il fait. » Quant à Miles Davis : « Beaucoup de notes, des notes pour des notes; quelqu'un qui exhibait sa technique. Un soir, je me souviens, quelqu'un nous avait traînés, moi, Dizzy et Sarah Vaughan, au Birdland, où Cecil Taylor jouait. Après en avoir entendu un peu, je suis parti. Je ne le haïssais pas, pas plus qu'aujourd'hui; simplement, je n'aimais pas ce qu'il faisait. » Ces trois avis énoncés par des musiciens qui, eux-mêmes, ont dû subir des critiques souvent féroces, marquent bien le fossé, le gouffre pourrait-on dire, qui sépare Cecil Taylor de la communauté musicale. Une « malédiction » sciemment entretenue par lui-même, disent certains. Un « malentendu » malheureusement vécu dans la solitude, disent d'autres. Le public reste seul juge.

Muhal Richard Abrams : le rassembleur

L'essentiel de la trajectoire de ce pianiste va graviter autour de la ville de Chicago, où il naît le 19 septembre 1930. Considéré comme le père-fondateur de l'AACM (Association for the Advancement of Creative Musicians), Muhal Richard Abrams a longtemps laissé sous le boisseau sa carrière personnelle pour consacrer son énergie au développement de cette association éminemment symbolique des luttes socio-musicales des années 60. Comme d'autres formules communautaires précédemment créées à New York, telles la Jazz Composer's Orchestra Association, de Bill Dixon ou la Jazz Artist's Guild, de Charles Mingus, l'AACM est une coopérative de musiciens qui a pour but d'améliorer les conditions de la profession en privilégiant la notion d'échange et d'entraide. En premier lieu, il s'agit de diffuser la musique issue de la communauté noire et que l'on tient à revaloriser en la baptisant désormais : *Great Black Music,* fierté revendicatrice de la négritude dans son aspect culturel le plus émergé. Entre autres objectifs, l'AACM s'attache à provoquer et multiplier les rencontres entre musiciens, compositeurs et orchestres, propager un enseignement axé sur l'apprentissage instrumental et la connaissance de la culture noire, créer un lien étroit entre diverses pratiques artistiques telles que la danse, le théâtre ou les arts plastiques, apporter un soutien juridique (et parfois matériel) aux adhérents en difficulté et tenter de faire rayonner les travaux de l'association à travers une production discographique relativement autonome et maîtrisée. Parmi la cinquantaine d'artistes noirs affiliés à l'AACM, on comptera quelques-uns des principaux talents de la nouvelle génération qui sauront dépasser leur succès local pour divulguer leur esthétique sur la scène internationale : les saxophonistes Anthony Braxton, Chico

Freeman, Henry Threadgill, Roscoe Mitchell, Joseph Jarman, John Stubblefield, Maurice McIntyre ; le flûtiste Douglas Ewart ; le violoniste Leroy Jenkins ; les trompettistes Lester Bowie, Leo Smith, Frank Gordon ; les trombonistes George Lewis, Lester Lashley ; les pianistes Claudine Amina Myers, Steve Colson, Chistopher Gaddy ; les contrebassistes Reginald Wallace, Malachi Favors, Charles Clark, Fred Hopkins ; les batteurs-percussionnistes Stave McCall, Jack DeJohnette, Kahil El Zabar, Alvin Fielder ; ainsi que des poètes, chanteurs et danseurs.

Il va sans dire que Muhal Richard Abrams, premier président de l'association, a dû passer l'essentiel de son temps à fédérer les forces musicales de la ville, animer les ateliers et les cours, se débattre dans des problèmes financiers et des tracas d'organisation, qui ont sensiblement occulté son développement individuel. Plus qu'une simple autorité, cet homme altruiste exercera un fort ascendant moral et une sorte de tutelle sur les musiciens de Chicago. Entre ses débuts professionnels dès 1950 et la création de l'AACM en 1965, il a joué dans tous les clubs de la Windy City, écrivant des arrangements pour le pianiste King Flemming, participant au Modern Jazz Two + 3, aux côtés de Nicky Hill (ts), Paul Serano (tp), Bob Cranshaw (b) et Walter Perkins (dms), accompagnant des solistes prestigieux de passage tels que Miles Davis, Sonny Rollins, Zoot Sims, Dexter Gordon, Johnny Griffin, Roland Kirk… Avec l'Experimental Band, qu'il monte au début des années 60, naît l'embryon orchestral qui préfigure la création de l'AACM dont il deviendra le catalyseur naturel. Il faut attendre 1973 pour que Muhal Richard Abrams sorte des frontières de Chicago et se décide enfin à divulguer son œuvre jusqu'en Europe. Lorsqu'il s'installera à New York en 1977, suivant ainsi le mouvement de nombreux musiciens de Chicago qui ont émigré vers la côte est, il donnera toute la mesure d'un art qui hésite souvent entre la convention et la provocation. Car, curieusement, ce musicien viscéralement attaché à l'improvisation va se livrer à un intense travail d'écriture orchestrale, partagé entre compositions structurées et arrangements fortement référencés, exploitant toutes les formules orchestrales (du duo à l'orchestre symphonique en passant par le big band). Proche d'une tendance brillamment défendue par Ornette

Coleman, Cecil Taylor ou Anthony Braxton (voir notice plus loin), Muhal Richard Abrams avoue sa fascination pour l'école de Vienne ou pour l'écriture contemporaine d'Olivier Messiaen et de Pierre Boulez, mais son approche procède davantage du collage d'influences que d'une refonte œcuménique. Sa discographie que l'on retrouve sur le label italien Black Saint fait alterner les expériences improbables et les réussites lapidaires, sans vraiment parvenir à convaincre de façon définitive sur l'intérêt de ces assemblages de baroquisme fiévreux, de bop orthodoxe, d'incursions free, de formalisme polyphonique, d'agencements emphatiques... Si les pièces sont souvent intelligemment pensées, elles souffrent cependant d'un trop-plein de mise en scène disparate et d'une théâtralisation volontiers solennelle. À trop se préoccuper de ses fonctions de meneur d'hommes et de grand rassembleur d'idées, Muhal Richard Abrams n'a peut-être pas pu entièrement renouer les fils de son histoire personnelle ce qui lui aurait permis d'unir magistralement la mémoire sépia du ragtime avec le radicalisme de l'atonalité.

Art Ensemble of Chicago : le grand carnaval

Émanation directe de l'AACM, l'Art Ensemble of Chicago se soude dès 1967 autour d'un quartette composé de Lester Bowie (tp, né le 11 octobre 1940 à Frederik, Maryland), Joseph Jarman (s, né le 14 septembre 1937 à Pine Bluff, Arkansas), Roscoe Mitchell (s, né le 3 août 1940 à Chicago) et Malachi Favors (b, né le 27 août 1937 à Lexington, Mississippi), bientôt rejoints en 1969 par Don Moye (dms, né le 23 mai 1946 à Rochester, New York). Leurs visages grimés, leurs déguisements bigarrés, leur fanfare chaotique et leur bizarrerie carnavalesque font maintenant partie du folklore scénique de toute une période mouvementée de la culture afro-américaine. Figure révolutionnaire des années 70, l'Art Ensemble of Chicago a toujours su mettre en forme et en mouvement une musique de connivence, de rencontre, de désespoir exhibitionniste, d'engagement, de cris, de parodie, de danger, d'ironie décapante et de fête rageuse. D'entre les nombreux témoignages discographiques dont certains avec des invités de prestige comme Muhal Richard Abrams ou Cecil Taylor, il est difficile d'extraire un album plus représentatif qu'un autre, mais le somptueux *Urban Bushmen,* gravé en mai 1980, est certainement le reflet le plus abouti de l'écoute mutuelle et attentive d'une formation essentiellement vouée aux planches. D'une longévité exceptionnelle, l'Art Ensemble of Chicago doit sans doute sa stabilité au sentiment de liberté totale vécu par chacun de ses membres. Conjointement à la maintenance résolue de cette remarquable institution coopérative, ces porte-parole de la *Great Black Music* (appellation qui trouve ici toute sa charge d'émotion et de passion) mènent des carrières personnelles très actives. Le trompettiste Lester Bowie, venu du blues, a participé au *Special Edition* de Jack DeJohnette (voir chapitre suivant), au sextette des Leaders et dirige son Brass Fantasy, superbe nonette de cuivres aux accents gospel. Roscoe Michell suit une route solitaire de polyinstrumentiste, mène ses propres combos, collabore au Creative Orchestra, d'Anthony Braxton ou réunit régulièrement son New Chamber Orchestra. Joseph Jarman réalise aussi des disques personnels avec une circonspection et un souci du détail à la mesure de ses envolées périlleuses. Malachi Favors promène sa contrebasse sur les terres amicales de Jimmy Lyons, Archie Shepp, Muhal Richard Abrams, Lester Bowie et Roscoe Mitchell, sans négliger d'enregistrer en solo pour dénouer les lignes sismiques de ses cordes épaisses et charnues. Don Moye frappe ses tambours au sein des Leaders, fréquente avec jubilation Don Cherry, Arthur Blythe, Chico Freeman, Kirk Lightsey, Cecil McBee ou Don Pullen, lance ses messages aux terres africaines avec des percussionnistes de Sierra Leone et partage l'étendue de son savoir avec ses collègues Milford Graves ou Andrew Cyrille. Si les musiciens de l'Art Ensemble of Chicago se plaisent à suivre des directions parallèles, ils n'en restent pas moins unis comme les cinq doigts d'une même main fraternelle, tantôt brandie en poing serré pour clamer la révolte, tantôt largement ouverte pour accueillir et recueillir, mais résolument tendue vers un avenir où tout semble encore possible.

Sun Ra : intergalactique

Le fils du soleil est né dans une obscure nébuleuse que des déclarations elliptiques n'ont pu clarifier. « Mon signe du zodiaque : gémeaux; le mois : mai; zone d'arrivée : États-Unis. » Selon les dernières observations, cet extra-terrestre du jazz aurait pu voir le jour un 22 mai 1914 à Birmingham dans l'Alabama, bien qu'il ait prétendu être arrivé sur terre depuis au moins l'an 1055. De son état civil, on connaît également peu de chose. Mais peu importe de savoir qu'il s'appelle probablement Herman Blount ou Herman Lee, et que son surnom d'enfant est effectivement Sonny, l'essentiel est d'admettre les proclamations de cet afro-saturnien, sans se soucier de rationalité. À savoir qu'il n'appartient pas à la race humaine mais à celle des anges célestes, qu'il est sur cette planète au service de la lumière et du créateur cosmique et qu'il a volontairement choisi de faire figurer sur son passeport, vers 1948, le nom suivant : « Le Sony'r Ra ». « Le » en mémoire de son possible nom originel (Lee), « Sony » pour d'ésotériques raisons « héliocentriques », le « r » pour parvenir au chiffre symbolique de neuf lettres et « Ra » en hommage au dieu solaire égyptien. On l'aura compris, nous sommes ici en présence d'un esprit pour le moins original. Parmi le peu de choses que l'on connaît sur la période précédant les années 50, il est admis que Sun Ra (son nom de scène à partir de la fin des années 40) joue du piano dès l'âge de dix ans, écoute très jeune tous les disques de Louis Armstrong, suit des études à la A & M University en Alabama, s'intéresse aux compositeurs européens parmi lesquels Scriabine, joue avec l'orchestre de John Fess Whatley dans les années 30, s'inscrit au syndicat des musiciens à Chicago le 15 décembre 1934, écrit des arrangements pour les revues du club DeLisa, se produit comme pianiste avec l'orchestre de Fletcher Henderson et participe à sa première séance « officiellement » avérée en 1948 avec les Dukes of Swing, dirigés par le contrebassiste Eugene Wright.

À compter de cette époque, Sun Ra monte un trio, à Chicago, avec le saxophoniste Laurdine « Pat » Patrick et le batteur Robert Barry, et se produit la plupart du temps dans des boîtes à strip-tease de Calumet City. Précurseur dans l'utilisation des claviers électriques (dont certains sont inventés par lui-même), il va peu à peu étoffer sa formation avec un personnel à géométrie variable : Art Hoyle (tp), Vic Sproles (b), Richard Evans (b), James Scales (as), Julian Priester (tb), Marshall Allen (s), Ronald Boykins (b), Clifford Jarvis (s), Wilbur Ware (b), Charles Davis (s), Ahmed Abdullah (tp), Graig Harris (tb), Vincent Chancey (frh), June Tyson (voc) et surtout, le superbe saxophoniste ténor John Gilmore (admiré par Coltrane), avec qui Sun Ra crée de solides liens d'amitié et une précieuse connivence musicale. « C'est Sun Ra qui m'a poussé à jouer aussi de la batterie – j'avais toujours été attiré par les percussions, mais je n'avais jamais osé en jouer, dira Gilmore, c'est lui aussi qui nous a demandé de chanter, de réciter de la prose, des poèmes – aussi loin que je puisse me souvenir, il y a toujours eu des mots avec la musique… Comme je n'ai ni femme ni enfant, ma famille, ce serait plutôt l'Arkestra. » Désormais, Sun Ra va diriger des formations importantes où se mêleront danse, théâtre, poésie, mime, maquillage, tenues de scène rituelles, décors et cérémonials qui s'épanouiront dans différentes formules d'un « Arkestra » souvent précédé de qualificatifs aussi cabalistiques et interplanétaires qu'Omniverse Arkestra, Intergalactic Arkestra, Myth Science Arkestra, Cosmo Discipline Arkestra, Astro Infinity Arkestra, Solar Arkestra, Blue Universe Arkestra, Intergalactic Infinity Arkestra, Outer Space Arkestra, Intergalactic Research Arkestra… Installé dans un loft new-yorkais dès le début des années 60, Sun Ra dirige ses troupes avec un sens certain de l'autorité et de la rigueur. Sans que l'on puisse assimiler l'Arkestra à une secte ni à une coopérative autogérée, il convient de préciser qu'une formation aussi énorme (parfois hypertrophiée) n'aurait pu survivre si longtemps sans être tenue de main de maître. Une attitude de discipline et de tyrannie bon enfant justifiée par le roi soleil en personne : « Toute l'humanité est soumise à des contraintes et des interdits, mais eux sont dans la prison de Sun Ra, et c'est la meilleure du monde », avant d'ajouter : « Ma musique va d'abord faire peur aux gens. Elle représente le bonheur et ils n'en ont pas l'habitude. » Car il est vrai que la musique de Sun Ra se veut toujours une concentration d'énergie positive, de rayonnement spirituel et de sonorités épanouissantes. « Dès que j'ai commencé à jouer, j'ai dédié ma musique non à l'homme mais au Créateur de l'Univers, afin de lui montrer que, sur cette planète pleine de mort et de destruction, quelqu'un comprend tout ce qu'Il a fait de beau [...] J'espère aussi enseigner ce qu'a pu produire la race noire : autre chose que des idées religieuses et politiques, que toutes ces futilités habituelles... » Derrière l'africanisme de parade et la science-fiction onirique, il y a dans l'œuvre de Sun Ra une volonté didactique facilement détectable sous le fatras pharaonique et le décorum astral. Réminiscence des big bands traditionnels (on ne peut s'empêcher de penser parfois à Henderson, Ellington ou Basie), relectures des ragtimes et du répertoire de Jelly Roll Morton, réactivation du boogie-woogie, hommage à Charles Mingus et Thelonious Monk, on trouve un peu de tout dans l'Arche de Noé de l'Arkestra. Un peu de tout et essentiellement le désir d'échapper au cauchemar du peuple noir en transcendant ses œuvres lumineuses, la volonté de fuir le désastre de la politique intérieure du pays, les murs lépreux et les cages d'escaliers des ghettos, en embarquant le public à bord du grand vaisseau sidéral et intermusical. En créant sa propre compagnie de disques (Saturn), Sun Ra tentera aussi de maîtriser sa production. Techniques d'enregistrements plus qu'artisanales, illustrations des pochettes par des amis plasticiens, textes-poèmes signés par le maître d'œuvre lui-même, distribution confidentielle viendront alimenter la mythologie du personnage (on parle de près de deux cents albums sans répertorier les pirates). Il y aura également quelques labels européens pour conserver sur bandes hautement magnétiques, la musique de Sun Ra dans la voie lactée des tournées, entre deux escales, avant qu'il ne retourne régulièrement se réfugier dans son laboratoire installé à Philadelphie à partir de la fin des années 70. Comme un ultime pied de nez, c'est dans sa ville natale de Birmingham, sa base d'atterrissage terrestre que, le 29 mai 1993, Sun Ra a quitté sa planète d'adoption pour rejoindre les étoiles du jazz.

Autour du Free

À l'orée des territoires explorés par les agitateurs que nous venons de passer en revue, il se trouve quelques musiciens attirés par les turbulences du free et qui en ont perverti ou transcendé les effets. Qu'ils soient directement issus du mouvement pour s'en détacher progressivement ou qu'ils aient pris à leur compte les idéologies socio-musicales des années 60 après des débuts de carrière relativement conventionnels, ces musiciens sont avant tout les dépositaires du changement des mentalités opéré à partir de la fracture coltranienne et de la rupture colemanienne. Selon des attitudes diverses, parfois divergentes mais qui dénotent toujours d'une exemplaire ouverture d'esprit, les instrumentistes qui ont entamé leur carrière à partir des années de révolution ne pourront plus ignorer ce pan de l'histoire qui a bouleversé en profondeur toutes les attitudes. Il en va ainsi pour les artistes dont nous dressons plus loin les notices biographiques. La liste aurait pu encore s'allonger tant la métamorphose du free jazz a laissé ses stigmates inéluctables. Auparavant, nous mentionnerons tout de même les novations virtuoses et les patchworks du trompettiste Don Ellis (1934-1978), les introspections du pianiste béninois Tchangodei, qui a enregistré en duo avec Mal Waldron, Steve Lacy ou Archie Shepp, l'âme tragique de la pianiste-vocaliste Amina Claudine Myers, les relectures mouvantes du groupe Air avec Henry Threadgill (s), Fred Hopkins (b) et Steve McCall (dms), les feulements écorchés, les attaques saignantes et la souplesse d'exécution du World Saxophone Quartet, composé de Julius Hemphill (as), Oliver Lake (as), David Murray (ts), Hamiet Bluiett (bs), le très troublant et inventif saxophoniste John Zorn, et combien d'autres encore... Qu'il s'agisse de retrouver ses repères culturels en travaillant dans l'enracinement ou en proclamant sa foi dans une fusion plurielle, ils sont un peu partout, ils ne craignent pas l'inconnu, ils ne méprisent pas les voisins et ils n'ont pas peur des étrangers, ils voyagent en pays vierges sans imposer de diktat. Bref, ils sont libres et ont du savoir-vivre. De peur de les enfermer dans des cadres trop rigides, c'est à peine si l'on ose figer leurs portraits et dresser leurs fiches signalétiques...

De nombreux instrumentistes du Vieux Continent ont également gravité autour du free jazz et nous aborderons les principaux représentants de la musique improvisée européenne dans le chapitre consacré à l'expression d'un jazz universel.

Mal Waldron (1925-2002)

Personne ne sait jamais trop bien où il faut situer ce pianiste dont le parcours est ponctué d'expériences diverses et nettement connotées. Des débuts professionnels à vingt-quatre ans avec Big Nick Nicholas (ts, voc) et Ike Quebec (ts), des tournées dans des formations de rhythm'n blues, une complicité avec Charles Mingus entre 1954 et 1957, des engagements successifs dans les orchestres de Lucky Millinder, Lucky Thompson (ts, as) et Gigi Gryce (as), ainsi que l'insigne honneur d'avoir été le dernier pianiste de Billie Holiday (1957 à 1959), font de Mal Waldron un instrumentiste que l'on devrait logiquement assimiler à une certaine forme de classicisme. Après la mort de Lady Day, il affirmera son ego et prouvera qu'il est autre chose qu'un brillant accompagnateur. Il joue tout d'abord avec Eric Dolphy, puis compose abondamment pour le cinéma avant de s'expatrier en Europe (Italie, Allemagne, France...) et au Japon. Aux côtés de son ami Steve Lacy, (voir notice plus loin) avec qui il partage la même passion pour l'œuvre de Duke Ellington et de Thelonious Monk, il gravera quelques-uns de ses meilleurs albums. Sa technique peut facilement être identifiée dans cette propension singulière à réitérer les leitmotiv jusqu'au vertige, à improviser par séquences serrées, à construire des figures rythmiques fantasques, souvent déhanchées et soudain profondément assises, à traiter les thèmes avec une économie de moyens qui n'exclut pas un pétrissage en force, parfois à l'arraché, dans une trituration harmonique sobrement dissonante. Certes, Mal Waldron n'est pas réellement un musicien free. Il est simplement libéré de toutes contraintes et si l'on en croit ses propos, nul ne pourra jamais le saisir vraiment: «Je change de jour en jour, de minute en minute.»

Abbey Lincoln (1930-2010)

Née Anna Maria Wooldridge, à Chicago, la belle Abbey Lincoln a commencé curieusement sa trajectoire en 1951 dans des boîtes californiennes puis à Hawaii comme chanteuse de variétés. C'est sous le nom de Gaby Lee que l'on suit sa trace jusqu'en 1956. Après avoir sévi dans des œuvres plutôt légères, elle décide de changer de nom, conseillée par le parolier Bob Russell, et enregistre un premier disque sous la direction de Benny Carter. De 1957 à 1960, Abbey Lincoln grave trois albums chez Riverside avec des partenaires de poids tels que Max Roach, Sonny Rollins, Wynton Kelly, Curtis Fuller, Philly Joe Jones... Mais les mutations musicales et sociales des années 60 l'amènent à collaborer avec des rebelles de la carrure de Max Roach (qui deviendra son mari), Oscar Brown Jr, Booker Little, Olatunji… Elle enregistre en 1961 pour Candid ce qui constitue son disque le plus abouti : *Straight Ahead.* Avec Max Roach, elle travaille pour les labels Mercury, Impulse, Byg et tournera pour le cinéma et la télévision. En 1970, elle divorce, se consacre davantage au septième art, sans renier son engagement politique dans la communauté noire et décide de s'appeler désormais Aminata Moseka. Parallèlement, elle se consacre à l'écriture (poésie, théâtre…) et à la mise en scène. Sa production discographique à partir des années 80 n'est alimentée que de façon épisodique et ne présente que des œuvres mineures, alourdies par une voix déclinante. Sans être une fabuleuse technicienne du chant, Abbey Lincoln a eu une influence prépondérante sur les chanteuses noires qui suivront. Ses revendications, ses accents polémiques, sa conscience des racines culturelles, son sens de la mémoire du peuple afro-américain l'ont amenée à traiter sa voix dans le registre ardent et traînant des *preachers* traditionnels. Elle doit essentiellement à Max Roach (et peut-être à une plastique avantageuse) d'avoir pu transfigurer et transcender une carrière qui s'annonçait, au début, plutôt plate et orthodoxe, sans l'apparition salutaire de son mari. Prouvant, une fois de plus, que si l'amour rend souvent aveugle, il peut aussi parfois rendre… sourd.

Paul Bley (1932-2016)

Ce pianiste canadien, né à Montréal, a tout juste dix-sept ans lorsqu'il succède à son idole Oscar Peterson, parti faire carrière aux États-Unis. Diplômé du McGill Conservatory à onze ans, il a déjà joué en clubs avec son quartette fondé dès l'âge de quatorze ans. C'est donc un musicien prodige qui s'installe sur le fauteuil de Peterson en 1949. L'année d'après, Paul Bley décide de se fixer à New York pour poursuivre des études de composition et de direction d'orchestre à la Juilliard School. Il ne tardera pas à fréquenter le gotha du jazz et gravera son premier disque, en 1953, avec une rythmique particulièrement huppée : Charles Mingus à la contrebasse et Art Blakey aux tambours. Les débuts sont plus que prometteurs. Entre 1955 et 1958, Paul Bley s'installe en Californie et les rencontres y sont également fabuleuses : une collaboration avec Chet Baker, un trio avec Charlie Haden (b) et Billy Higgins (dms) auxquels il adjoindra Ornette Coleman et Don Cherry, sans compter la participation occasionnelle du contrebassiste Scott LaFaro. Retour à New York en 1959 avec un engagement dans l'orchestre de Charles Mingus aux côtés d'Eric Dolphy. Paul Bley participe aussi à l'enregistrement de *Jazz in The Space Age,* de

George Russell en compagnie de Bill Evans. Entre 1961 et 1962, il vit l'expérience élégamment périlleuse du trio historique formé avec Jimmy Giuffre (cl) et Steve Swallow (b). Il se mettra encore en danger dans un trio éphémère avec Don Ellis (tp) et Gary Peacock (b). Aidé par sa bonne étoile, Paul Bley joue avec Sonny Rollins de 1963 à 1964 et participe ainsi à la séance légendaire qui voit s'affronter Sonny Rollins, le fils et Coleman Hawkins, le père. Pour ne pas perdre le fil d'une histoire en effervescence dont il est l'acteur innocent et naturel depuis ses débuts dans la profession, Paul Bley répond présent lorsqu'il s'agit de fonder la Jazz Composer's Guild avec Bill Dixon, dans le sillage de Cecil Taylor ou d'Archie Shepp. Après une brève période où il se passionne pour les synthétiseurs (de 1969 à 1972), il va revenir définitivement au piano acoustique, dont il sait exploiter toutes les nuances avec une invention toujours renouvelée. Traits mélodiques fluidement déliés, mise en jeu de sa culture classique dans une complète liberté harmonique, tension et dilatation de l'atmosphère tout en crescendos et ruptures, palpitations des silences, distanciation et distinction, frottement des cordes et effleurement des touches, doigté retenu, concentration contenue et vibrations ténues, Paul Bley demeure fort bizarrement un pianiste pour initiés alors qu'il a eu une des carrières les plus miraculeuses de l'histoire du jazz. Touché par la grâce des compositions de la rugissante Carla Bley (voir notice plus loin) dont il fut l'époux de 1957 à 1964, il manie le répertoire écrit et l'improvisation débridée avec un égal bonheur, à la tête de trios ou de quartettes où l'on retrouve toute la fine fleur des rythmiciens: les contrebassistes Mark Levinson, Kent Carter, Dave Holland, Jesper Lundgaard...; les batteurs Pete LaRoca, Paul Motian, Barry Altschul, Billy Hart... Mais c'est encore en solo que Paul Bley est le plus poignant, jusque dans ses doutes dont il nous fait partager la terrible urgence. Si la tentation est toujours présente chez les pianistes de renouer avec les vieux démons de l'égotisme et du repli intérieur, force est de constater que ce culte du moi et cette poursuite exclusive du développement personnel tournent souvent à la farce chez certains instrumentistes. Sans conteste, Paul Bley échappe constamment à cette tendance et dresse son autoportrait à grands coups de brosse, il peint en douceur comme un aquarelliste, il dilue chaque note, étire chaque soupir, avec l'intime conviction que ce sera là son dernier trait de pinceau.

Steve Lacy (1934-2004)

Le saxophoniste soprano Steve Lacy multiplie les performances et les paris hasardeux avec une jubilation de garnement turbulent. Au début des années

50, c'est avec un appareil photo en bandoulière qu'il entre en contact avec le milieu du jazz. Le jeune Steve Norman Lackritz, alias Steve Lacy, fréquente les concerts new-yorkais pour dresser le portrait des musiciens. Il rencontre alors Cecil Scott (cl, s, 1905-1964), qui lui enseigne la clarinette. Puis il s'initie au soprano, et commence à jouer des deux instruments avec des vétérans du jazz traditionnel comme Pops Foster, Zutty Singleton, Willie The Lion Smith, Hot Lips Page, Henry Red Allen, Pee Wee Russell, Buck Clayton, Dicky Wells, Rex Stewart... Conjointement à cette formation sur le terrain, Steve Lacy parfait son éducation à la Schillinger School de Boston et la Manhattan School of Music, où il pratique tous les saxophones ainsi que la flûte. Son choix définitif se porte sur le soprano, instrument ingrat et difficile dont il parvient à déjouer les problèmes techniques et avec lequel il se sent en complète harmonie. Avec le pianiste Cecil Taylor, il passe la large frontière qui sépare ses premières expériences dixieland avec les recherches libertaires, sans vivre l'inévitable passage initiatique du be-bop. C'est cependant avec Taylor que Lacy va découvrir l'idiome de Thelonious Monk, maillon magnifiquement symbolique entre l'archaïsme et l'avant-gardisme. En 1954, il enregistre deux albums de dixieland « progressif » avec le trompettiste Dick Sutton, puis participe à la première *session* de Cecil Taylor pour un album au titre évocateur : *In Transition.* Steve Lacy fait ensuite partie de l'orchestre de Gil Evans pour l'enregistrement de *Big Stuff,* en 1957. Les deux hommes se retrouveront fréquemment, en 1962 et 1964 pour envelopper les solos acides de Miles Davis, en 1963 pour graver *The Individualism of Gil Evans* aux côtés de Dolphy, Phil Woods et Wayne Shorter, puis plus tard en 1987 dans un splendide duo intitulé *Paris Blues.* Steve Lacy revendique enfin son premier album sous son nom en 1957, en compagnie de Wynton Kelly (p), Buell Neidlinger (b) et Dennis Charles (dms). L'année suivante, il grave sept compositions de Monk avec Mal Waldron (p) et Elvin Jones (dms). Les références à l'univers monkien ne cesseront plus d'envahir le travail de Lacy, constituant les pierres fondatrices et les continuelles sources de régénérescence de son œuvre. C'est après avoir appelé à la rescousse la rythmique de Monk (le bassiste John Ore et le batteur Roy Haynes) pour graver chez Candid l'irréprochable opus *The Straight Horn of Steve Lacy* qu'il entre enfin en contact avec son maître à penser. Il se produit pendant quatre mois avec le quintette du pianiste (aux côtés du saxophoniste Charlie Rouse). Le rêve est devenu réalité et, dès lors, Steve Lacy semble vivre l'image tutélaire de son père spirituel avec une obsession plus sereine. Après avoir côtoyé Sonny Rollins dans les brumes mythiques du pont de Williamsburg, le sopraniste va diversifier ses fréquentations dans un faisceau presque inextricable de relations aussi fécondes qu'éclectiques : Ornette Coleman, Don Cherry, Ed Blackwell, Billy Higgins, Cecil Taylor, Roswell Rudd, Archie Shepp, Clark Terry, les contrebassistes Henry Grimes, Bob Cunningham ou Lewis Worrell, les membres du Jazz Composer's Orchestra parmi lesquels Michael Mantler, Jimmy Lyons, John Tchicai, Paul Bley, Steve Swallow, Kent Carter, Barry Altschul, Milford Graves… En 1965, Steve Lacy fait son premier voyage européen, pour jouer à Copenhague avec Don Cherry. Après plusieurs déambulations en Suède, en Italie, en Allemagne, quelques retours hésitants aux États-Unis, un détour par l'Argentine, des prestations en festivals et des *jams* ponctuelles, des enregistrements en tant qu'invité (le compositeur Girogio Gaslini, le vibraphoniste Gary Burton, le Jazz Composer's Orchestra et le fidèle Gil Evans…), Steve Lacy décide de s'installer en Italie. Il y reste de 1968 à 1970 et fréquente, entre autres, Enrico Rava (tp), Max Roach et Abbey Lincoln, Richard Teitelbaum (synth)… Il se fixe ensuite en France, où il enregistre avec Michel Graillier (p), Jean-François Jenny-Clark (b), Aldo Romano (dms), Michel Portal (s, bcl), Alan Silva (b)…, fréquentant avec fébrilité tous les représentants du free jazz parisien. Dans le courant des années 70, il fonde un groupe solide et régulier constitué de Steve Potts (ts), Oliver Johnson (dms), Kent Carter (b) bientôt remplacé par Jean-Jacques Avenel (b), les pianistes Michael Smith, Takashi Kako et Bobby Few, ainsi qu'Irene Aebi (voc, v, cello). Par respect pour l'admirable travail de Steve Lacy, nous aurons l'indulgence de ne pas insister sur le maniérisme engoncé d'Irene Aebi qui prouve qu'un seul grain de poussière peut parfois enrayer la plus performante des machines. Immergé sans retenue dans des expériences en solo, en duo (notamment avec Mal Waldron), des rencontres multiculturelles avec des musiciens japonais tels que Masahiko Togashi (perc) et Masahiko Sato (p), ou indiens comme le sitariste Subroto Roy Chowdhury et le joueur de tablas Shibsankar Roy, des improvisateurs européens dont Derek Bailey (elg), Maarten Altena (b), Kranz Koglmann (tp), Didier Levallet (b), Eric Watson (p), des chorégraphes (Shiro Daimon, Susan Buirge…) et des poètes (Brion Gysin), le soprano de Steve Lacy est un des plus racés et somptueusement épanouis qu'il ait été donné d'entendre depuis Sidney Bechet. Sonorité à la fois chaude et acérée, phrasés à la causticité décapante, harmonies détruites et aussitôt reconstruites, lyrisme ascétique exempt de sentimentalisme, exaltation des rigueurs foisonnantes de Monk et imprégnation de blues sans revivalisme aucun : « Le blues, c'est la carcasse, la chair et le sang de ma musique. C'est irréductible et irrépressible, c'est quelque chose d'universel et d'ancien : pourquoi fait-on de la musique ? Une des raisons fondamentales, c'est pour soulager la tristesse. Peut-être que la musique a commencé par un blues... », nous sommes ici en présence d'un instrumentiste vif et profond qui pense chaque note avant de l'offrir, mais qui sait aussi frustrer l'attente de l'auditeur, ne pas tout donner dès les premières mesures, retenir son souffle, augmenter la tension, puis lâcher du lest, doser les efforts, nuancer ses interventions, pour parvenir au dépassement de ses premières intentions.

Gato Barbieri (1934-2016)

Ce saxophoniste argentin a commencé sa carrière en jouant du *requinto* (petite clarinette) dans des orchestres de milonga à Buenos Aires. Touché très tôt par la grâce du jazz, il étudie tout d'abord le saxophone alto (probablement en raison de son admiration pour Charlie Parker) avant de se spécialiser au ténor. Il travaille dans plusieurs grands orchestres argentins, dont celui de Lalo Schifrin, puis va s'installer en Europe au début des années 60. À Rome, il accompagne Jim Hall et Ted Curson puis, à Paris, il rencontre Don Cherry, qui l'entraînera à New York pour graver deux albums chez Blue Note. Gato Barbieri s'intègre rapidement au milieu musical américain et enregistre sous son nom dès 1967. Il se produit également en duo avec le pianiste Dollar Brand, participe à l'album *Escalator Over The Hill,* de Carla Bley ainsi qu'au Liberation Music Orchestra, du contrebassiste Charlie Haden. Gato Barbieri abordera les années 70 avec une rare énergie, enregistrant abondamment pour les labels Flying Dutchman et Impulse. Il se lance à corps perdu dans une musique fiévreuse, lyrique, vociférante, gorgée de mélodies pulpeuses et de cris rauques, de roulements lascifs et de messages véhéments, profondément inspirée par les racines populaires de l'Amérique du Sud. *Bolivia, The Third World, Under Fire, El Pampero* et les quatre volumes *(Chapter One* à *Chapter Four)* consacrés au continent latino américain, où il mêle des instrumentistes de tous les horizons, constituent les œuvres majeures de sa carrière, ainsi que sa contribution à la musique du film *Dernier Tango à Paris,* de Bernardo Bertolucci. Depuis le début des années 80, sa carrière évolue en dents de scie, partagée entre le souvenir réchauffé de ses frasques d'antan et la production d'une musique indigente et commerciale, sorte de minestrone musical à base de tropicalisme kitsch et de racolage sirupeux.

Dollar Brand (Abdullah Ibrahim) (1934)

Pianiste sud-africain, né d'un père bushman et d'une mère basuto, Dollar Brand prend des cours de musique dès l'âge de sept ans, sur les encouragements de sa grand mère qui tient le clavier lors des cérémonies d'église. Il commence à se produire assez tôt dans des groupes locaux et côtoie notamment la chanteuse Miriam Makeba. À vingt-deux ans, il crée un septette comportant quatre cuivres, puis participe à plusieurs tournées africaines au sein de diverses formations parmi lesquelles les Jazz Epistles (dont il est le leader) parviennent à s'imposer comme le premier groupe noir dans le catalogue de la compagnie sud-africaine Continental. En 1962, Dollar Brand s'envole pour l'Europe et se produit à Zurich en trio (Johnny Gertze à la contrebasse et Makaya Ntshoko à la batterie). Repéré et soutenu par Duke Ellington, le groupe enregistre un album à Paris. S'ensuit une tournée en France, en Italie, en Allemagne, au Danemark et en Grande-Bretagne. Après avoir épousé, en 1965, la chanteuse sud-africaine Sathima Bea Benjamin (née en 1937), Dollar Brand se rend aux États-Unis, où il bénéficie toujours du soutien et des conseils du Duke, qui n'hésite d'ailleurs pas à lui confier le piano de son big band lors d'une tournée sur la côte est. La prise de contact avec le milieu new-yorkais est excellente, Dollar Brand obtient une bourse de la fondation Rockefeller, fréquente Ornette Coleman, John Coltrane, Sunny Murray, Don Cherry, Ed Blackwell et enregistre dans le quartette d'Elvin Jones. Trois ans après son arrivée aux États-Unis, il repart pour l'Europe, où il joue avec Don Cherry, Gato Barbieri et John Tchicai, avant de revenir en Afrique. Entre le Zwaziland, la ville de Johannesbourg et la région du Cap, Dollar Brand, récemment converti à l'islam et rebaptisé désormais Abdullah Ibrahim, s'engage dans une multitude d'activités. Il enregistre abondamment, joue de temps à autre du soprano et de la flûte en bambou, fait plusieurs tournées à l'étranger, essaie de monter une école de musique, organise un festival de musique en Afrique du Sud mais doit bientôt quitter son pays, en 1976, pour fuir les lois de l'apartheid, auxquelles il est sans cesse confronté. Depuis, il se produit soit en solo soit en duo (avec Archie Shepp au Japon en 1978), soit à la tête de grosses formations. À partir du milieu des années 80, Dollar Brand monte le septette Ekaya avec, entre autres, Ricky Ford (ts), Carlos Ward (as, fl), Cecil McBee (b), Ben Riley (dms)..., il continue de se produire sur la scène internationale, signe la musique du film *Chocolat* (1988), réalisé par Claire Denis et enregistre régulièrement pour différents labels. Technicien accompli, volontiers percussif, à la main gauche tonique et à la main droite souplement articulée, il développe une musique hypnotique, cyclique, au balancement répétitif, proche parfois de la prière ou de la danse incantatoire, surtout révélée dans les traces enregistrées avec ses condisciples du Cap (l'altiste Kippie Moeketzi ou le ténor Basil Coetzee). Car il s'agit bien littéralement de traces, de lieux de passage, d'empreintes écrasées avec vigueur ou ébauchées sur la pointe des pieds. Malgré une allégeance non dissimulée aux maîtres américains (Ellington, Monk...), c'est encore dans l'évocation de la terre africaine que le pianiste est le plus à même de créer des scènes imaginaires, des plans ralentis, des paysages de chaleur, de poussière et de douleur, dans une fresque multisonore à la gloire du continent noir.

Un peu à la manière de Dollar Brand, le pianiste new-yorkais Randy Weston (né en 1926), d'origine jamaïcaine, se rattache aussi à l'univers d'Ellington et de Monk, dans un perpétuel effet de miroir avec la tradition musicale africaine. Avec ses suites *Uhuru Africa* (composée sur un texte de Langston Hughes) et *Three African Queens*, il rend hommage à une terre originelle sur laquelle il a séjourné à diverses reprises (Afrique de l'Ouest, Maroc...). L'œuvre de ce zulu solitaire de Brooklyn peut être rattachée aux préoccupations des générations frondeuses de Chicago, notamment les membres de l'Art Ensemble. Explorateur du clavier (lignes rythmiques, sonorité, contrôle de l'énergie...), il promène inlassablement une musique profonde et chatoyante qui évoque avec respect les ghettos américains, les rivages du Nigeria, les gospels virginiens ou les confins du Sahel. Dépaysement garanti.

Chris McGregor (1936-1990)

Un autre pianiste sud-africain, blanc cette fois-ci, qui s'exila lui aussi pour avoir osé défier les lois racistes de l'apartheid en montant les Blue Notes, un sextette où il réunit des musiciens noirs qui ont pour nom Mongezi Feza (tp), Dudu Pukwana (as), Nikele Moyake (ts), Johnny Dyani (b) et Louis Moholo (dms). Chris McGregor émigre donc vers l'Europe en 1964 avec cette formation multiraciale. Après avoir joué au Festival d'Antibes et profité du soutien de Dollar Brand en Suisse, c'est à Londres que les Blue Notes s'installent. Dès la fin des années 60, Chris McGregor agrandit la cellule de base du groupe pour fonder le big band Brotherhood of Breath, une Confrérie du Souffle où se mêlent également des instrumentistes de la scène anglaise comme John Surman (s), Mike Osborne (s), Harry Beckett (tp), Mark Charig (tp), Nick Evans (tb)... Diatribes afro-romantiques, palabres cuivrées, scansions populaires, suggestion des chorales protestantes (d'où est issu McGregor) et évocation des townships, épaisseur torride des riffs, assemblages polyphoniques joyeusement indignés, roulis rythmique incompressible, le jazz du Brotherhood of Breath va porter la parole africaine dans de nombreux festivals européens. Après quatre disques et la musique du film *Kongi's Harvest*, Chris McGregor dissout son grand orchestre en 1975. Les propositions de concerts se font rares et son ami des premiers combats, Mongezi Feza, est mort. Désormais, il se retranche en France, dans une ferme près d'Agen, se produit en solo avec une technique pianistique certes fruste et rudimentaire mais riche en climats. Il remet sur pied les Blue Notes (sous forme de quartette), tente de refonder le big band en 1981 avec des musiciens européens (Louis Sclavis (cl), François Jeanneau (s), John Tchicai (s), Didier Levallet (b)...), à l'occasion du Festival d'Angoulême. En 1987, après quelques années d'escale et d'accalmie, Chris McGregor regonfle les voiles du bateau errant. L'équipage change, certains anciens ont disparu (notamment Johnny Dyani et sa contrebasse en bois sauvage, en 1986), d'autres voguent vers d'autres rivages, mais le maître à bord tient bon le cap, domine son sujet, maîtrise les moindres manœuvres, contrôle les avant-postes sans oublier de laisser la voie libre à des hommes d'expérience tels que Harry Beckett, Chris Biscoe (as, cl), Fayyaz Virji (tb), Jeff Gordon (ts, cl), Gilbert Matthews (dms, perc), Steve Williamson (ts, as), Ernest Mothle (b)... Malheureusement, alors que sa confrérie connaît un troisième souffle régénérateur, Chris McGregor meurt d'un cancer à cinquante-quatre ans, dans sa retraite du Lot-et-Garonne.

Charlie Haden (1937-2014)

Contrebassiste sobre et concis, aux solos réfléchis, à la sonorité pleine et grave, au tempo infaillible, Charles Edward Haden, dont on s'accorde à relever toujours la splendide (et efficace) discrétion, n'est jamais aussi envahissant que dans ses silences lourds de sens. Après avoir gazouillé du country and western à la radio dans sa prime jeunesse, il taquine la contrebasse d'un de ses frères et part étudier la musique au Westlake College of Modern Music de Los Angeles. Dès 1957, il devient l'accompagnateur d'Art Pepper, puis de Paul Bley, Elmo Hope (p) et Hampton Hawes (p), avant de participer à l'aventure d'Ornette Coleman entre 1959 et 1962. Il interrompt quelque temps ses activités pour reposer et soigner un organisme malmené par l'absorption régulière de drogues et ne resurgit qu'en 1964 aux côtés du pianiste Denny Zeitlin, avec qui il reste deux années. C'est en 1967 que Charlie Haden renoue avec l'univers de Coleman pour le Festival de Monterey et une tournée en clubs qui mènera le groupe jusqu'en Europe. Lié au Jazz Composer's Orchestra, avec lequel il se produit et enregistre dès la fin des années 60, le contrebassiste s'associe à Carla Bley, qui lui écrit des arrangement afin de monter le Liberation Music Orchestra, formation étendard d'un jazz free, révolutionnaire, politique, polémique et militant, où le répertoire est émaillé de citations de chansons de la guerre civile espagnole et de chants de luttes latino-américains. Une musique de blessures, de révoltes et d'exaltation au combat qui sera défendue par des instrumentistes tels que Gato Barbieri (ts), Dewey Redman (as, ts), Don Cherry (cnt, fl), Mike Mantler (tp), Roswell Rudd (tb), Perry Robinson (cl), Howard Johnson (tuba), Bob Northern (frh), Sam Brown (g), Paul Motian (perc), Andrew Cyrille (perc) et bien entendu Carla Bley (p). Le Liberation Music Orchestra sera exhumé plusieurs fois dans les années 80 avec un changement de personnel qui n'altérera pas l'ardeur de sa flamme. Homme de toutes les audaces, Charlie Haden va ensuite multiplier les rencontres que ce soit en duo, au sein de groupe dont il assume la codirection (Old and New Dreams, Quartet West) ou comme simple accompagnateur, il fait preuve de la même attention dans l'écoute de ses interlocuteurs, notamment avec Alice Coltrane, Keith Jarrett (p), Ornette Coleman (encore et toujours!), Archie Shepp, Paul Motian (dms), Hampton Hawes, Ernie Watts (s, fl), Jan Garbarek (s), Egberto Gismonti (g, p), Christian Escoudé (elg), Alan Broadbent (p), Billy Higgins (dms), Pat Metheny (elg), Geri Allen (p)... Homme de la célébration ludique et de la préoccupation sociale, de l'espoir et de la nostalgie, Charlie Haden est aussi un remarquable compositeur dont la sensibilité peut autant s'exprimer dans des hommages bouleversés au Che Guevarra, à Mao ou à Ornette Coleman, que sur des mélodies légères, fraîches et sereinement aérées.

Carla Bley (1938)

Si l'on peut penser sans complaisance qu'Abbey Lincoln ne fut avant tout que la moitié de Max Roach, il n'est pas question d'évoquer le même phénomène pour celle qui fut l'épouse du pianiste Paul Bley pendant huit ans. Née Carla Borg dans une famille d'origine scandinave, cette jeune californienne suit quelques leçons avec son père, organiste et maître de chœur à l'église, avant de partir sur les routes pour débarquer dans les clubs de jazz de New York où elle est vendeuse de cigarettes. Elle a dix-neuf ans lorsqu'elle épouse Paul Bley et malgré une formation d'autodidacte, elle propose toute une série de compositions qui séduisent – outre son mari – des musiciens de renom tels que

Jimmy Giuffre, George Russell ou Art Farmer. Ses talents d'écriture forcent rapidement l'admiration mais Carla Bley travaille comme habilleuse dans un théâtre avant de franchir le pas en 1964. Elle se sépare de Paul Bley, commence à se produire en club avec Pharoah Sanders (s), Charles Moffett (dms) et Alan Shorter (b), puis adhère à la Jazz Composer's Guild, de Bill Dixon, avant de créer la JCOA. (Jazz Composer's Orchestra Association) avec son deuxième mari, le trompettiste allemand Mike Mantler. Au sein de cette formule associative (élaborée selon un élargissement et une diversification des actions entreprises par Dixon), Carla Bley va se délecter d'un certain nomadisme musical qui la conduira sur le Vieux Continent (Hollande, Allemagne, Italie, France), où elle enchaîne les concerts, les émissions de radio et de télévision, notamment avec une formation baptisée Jazz Rarities, où l'on trouve Mike Mantler (tp), Peter Brötzmann (s), Steve Lacy (ss), Kent Carter (b) et Aldo Romano (dms). Parallèlement à l'écriture d'un concerto pour Gary Burton *(A Genuine Tong Funeral)* et à sa collaboration avec le Liberation Music Orchestra de Charlie Haden pour qui elle concocte de superbes arrangements, Carla Bley passe quatre années (1968 à 1971) à peaufiner un opéra magistral dont le livret est signé par le poète Paul Haines. *Escalator Over The Hill,* chef d'œuvre de mosaïques musicales sans aucun souci des frontières stylistiques, est gravé avec la complicité généreuse de personnalités venues du jazz, du rock, de la new thing ou de la variété pop, aussi diverses que Don Cherry, Linda Ronstadt, Gato Barbieri, Jack Bruce, John McLaughlin, Roswel Rudd, Paul Jones, Charlie Haden, Sheila Jordan, Jeanne Lee, etc. À partir de 1973, avec la fondation du label Watt, sa propre compagnie phonographique, Carla Bley va pouvoir enregistrer et surtout diffuser son œuvre sur tous les continents. Entre une apparition remarquée (et alors controversée) dans le Jack Bruce Band aux forts relents de rock en 1974-1975 et son squatt spectaculaire du Vienna Art Orchestra, qu'elle augmente de ses propres bataillons et remodèle en Europamerican Big Band pendant l'année 1985, Carla Bley ne va pas cesser de tourner, de composer, d'arranger et de déranger. Ses albums *European Tour 1977, Musique Mécanique, Dinner Music, Social Studies, Heavy Heart* attestent de son insatiable appétit sonore, une faim d'expériences qu'il ne faut pas confondre avec une quelconque boulimie, car tout est pertinemment dosé et mitonné avec goût chez Carla Bley. S'il semble parfois qu'elle se délecte à satiété de masses de cuivres orgiaques, de blues grasseyant, d'électrification relevée, de tempos brisés et d'unissons feuilletés, de percussions piquantes, d'orgue nappé et de basses moelleuses, c'est pour mieux affriander, affrioler ou allécher. Tout est question d'hospitalité, de fragrances et de couleurs, de bonne humeur et de santé, chez cette femme qui n'utilise jamais de recettes préconçues. Compositrice prolixe et très rarement prise en défaut, Carla Bley est une de ces voix majeures qui ont su revitaliser le répertoire du jazz, avec des thèmes de factures variées, standards libres ou calibrés, jamais figés, tels que *Floater, Ida Lupino, Jesus Maria, Sing Me Softly of The Blues, Ad Infinitum, Wildlife, The Girl Who Cried Champagne, Reactionary Tango, Funnybird Song, And Now The Queen, Wrong Key Donkey, India Song, Minor And Other Patriotic Songs, Dreams So Real, Walking Batterie Woman, Fleur Carnivore* ... et tant d'autres titres que l'on pourrait énumérer s'il ne fallait aussi mentionner les gaillards qui se sont mis au service de cette musique expansive et réjouissante : Hiram Bullock (elg), Gary Valente (tb), Larry Willis (p), Victor Lewis (dms), Tom Nicolaus (perc)..., sans oublier le compagnon de bien des aventures, le contrebassiste et bassiste électrique Steve Swallow (né en 1940), que l'on a déjà (et souvent) cité aux côtés de Jimmy Giuffre, Paul Bley, George Russell, Stan Getz, etc. Avec ce complice attentionné, Carla Bley privilégie désormais le duo intimiste, sans toutefois négliger sa grosse machine à sons. Près de trente ans ont passé et sa crinière ébouriffée, sa silhouette élancée, son sourire carnassier n'ont pas bougé. Seule sa musique a évolué avec les contraintes de l'époque ou les humeurs amoureuses du moment. Si, en toile de fond, on note parfois les préoccupations politiques des jeunes années, il faut bien constater que les engagements d'alors se sont bien émoussés avec l'âge. Mais toute la folie sauvage de la lionne rebelle des années baba-cool est loin d'être épuisée. Carla Bley nous réserve encore quelques surprises de taille qu'elle doit sûrement cacher dans son sac à malices.

Anthony Braxton (1945)

Entre tous les membres de l'AACM, le musicien le plus énigmatique et déroutant est certainement le polysaxophoniste Anthony Braxton. Natif de la Windy City, il rejoint l'association de Muhal Richard Abrams dès 1966 et y enseigne l'harmonie, qu'il a étudié auparavant à la Chicago High School of Music et au Chicago Musical College. En 1968, il grave ses premiers disques sous son nom, soit en solo absolu soit avec des membres de l'AACM. L'année suivante, il est à Paris avec Leroy Jenkins (v), Leo Smith (tp) et Steve McCall (dms). Alternant plusieurs séjours européens avec de fréquents retours aux États-Unis, Anthony Braxton va désormais se frotter à toutes les personnalités musicales qu'il lui sera possible de rencontrer : Gunter Hampel, Jeanne Lee (voc), Willem

Breuker (s, cl), Alan Silva (b), Michael Smith (p), Oliver Johnson (dms), Peter Warren (b), Chick Corea (p) au sein du groupe Circle avec Dave Holland (b) et Barry Altschul (dms), mais aussi Dave Brubeck (p) en compagnie de Lee Konitz (as), sans oublier Derek Bailey (elg), Sam Rivers (fl, s), Tete Montoliu (p), Niels-Henning Orsted Pedersen (b), George Lewis (tb), Kenny Wheeler (tp), Ray Anderson (tb), John Lindbergh (b), Mark Helias (b), Ed Blackwell (dms), Gerry Hemingway (dms), Muhal Richard Abrams (p), Max Roach (dms), Richard Teitelbaum (synth), Roscoe Mitchell (s)... Derrière cette pléiade d'instrumentistes, il ne faut surtout pas imaginer une versatilité confuse ou une dispersion pathologique. Anthony Braxton est un homme de rigueur qui cherche seulement à saisir tous les éléments propices à la cristallisation de ses concepts musicaux. Instrumentiste au lyrisme explosif, grand manipulateur de typhons métalliques ou boisés (saxophones ténor, alto, soprano, sopranino, clarinettes basses ou en *si* bémol, flûte), il allie la plus parfaite déstructuration hasardeuse avec une écriture complexe, intelligente et ambitieuse, réfléchie et périlleuse, que sa vaste culture musicale (de Scott Joplin à John Cage, d'Ellington à Stockhausen, en passant par Parker ou Coleman) conduit dans des sphères parfois élitistes mais toujours cernées avec authenticité. En solitaire, en conversations duales, en quartette ou à la tête de quatre orchestres symphoniques réunis de concert pour une hypertrophie polyphonique, Anthony Braxton immerge le jazz dans les abysses et l'auditeur n'a d'autre recours que de plonger en apnée, emporté dans une spirale dont il ne perçoit pas toujours les effets euphorisants.

Fusion

« J'essayais maintenant de rejouer la musique de mon enfance ; ce machin de gargote, de honky-tonk, funky, sur lequel les gens dansaient le vendredi et samedi soir. »
Miles Davis

Après les heurts sociaux et les affrontements raciaux qui ont ébranlé les États-Unis durant les années 60, les décennies 70-80 vont connaître une période de confusion partagée entre l'inquiétude et l'arrogance, entre la crise et la croissance, entre le retrait prudent et l'hégémonie forcenée, la diplomatie circonspecte et l'intervention militaire, les désillusions et les réussites, le chômage et l'abondance, les frictions interraciales et un consensus émollient. Après avoir vécu le traumatisme des assassinats de John F. Kennedy et de Martin Luther King, l'opinion publique commence à tirer les conséquences du conflit désastreux mené au Vietnam et supporte de plus en plus difficilement de voir les soldats du contingent décimés à l'autre bout du globe. Conduites par Henry Kissinger, les négociations aboutissent enfin à l'évacuation des troupes en janvier 1973. Pour la première fois de leur histoire, les États-Unis d'Amérique perdent une guerre et subissent l'humiliation de la défaite. Quelques mois plus tard, le scandale du Watergate entraînera la démission (8 août 1974) du président Nixon. Quoique l'autorité de la fonction présidentielle en sorte affaiblie, les institutions démocratiques résistent au choc et prouvent leur efficacité. Avec le président démocrate Jimmy Carter, la société américaine va vivre une époque de troubles et d'incertitudes, ponctuée d'accalmies fragiles et de replis intérieurs, perturbée par la crise économique inaugurée en 1973. À partir de 1980, qui voit triompher le candidat républicain Ronald Reagan, les États-Unis veulent effacer le syndrome vietnamien et affichent leur intention de retrouver leur prépondérance mondiale. Politique monétariste, retour en force des traditions individualistes américaines et du dogme de la libre entreprise, désengagement de l'État fédéral, diminutions sévères des budgets de l'aide sociale et de l'éducation, souci d'inviolabilité du territoire, initiative stratégique de défense et escalade de l'armement qui, d'ailleurs, entraîneront bientôt les deux blocs à renoncer à la guerre froide et à ralentir la course vers la terreur nucléaire. Malgré les effets pervers de cette politique qui s'accompagne d'un déficit du budget national et de la balance commerciale, d'un taux de chômage inquiétant, d'une recrudescence de la délinquance et de quelque trente-cinq millions d'habitants vivant au-dessous du seuil de pauvreté, le pays renouvelle sa confiance au républicain George Bush, qui continue d'accroître l'image impérialiste des États-Unis avec l'intervention savamment orchestrée en Irak, favorisée en cela par la dislocation des pays de l'Est, mais sans toutefois parvenir à régler les graves problèmes intérieurs qui affectent le pays (misère, baisse des emplois, drogue, augmentation de la criminalité, exclusion des minorités...). Lorsque le démocrate Bill Clinton accède au pouvoir en 1993, il hérite d'une superpuissance dont le rôle politique mondial est prépondérant, mais aussi d'un bilan intérieur particulièrement délicat à gérer.

En à peine vingt ans, l'état du monde a donc considérablement changé et les États-Unis reflètent, catalysent, anticipent ou suivent symboliquement l'essentiel des préoccupations de cette fin de siècle incertaine. Du premier pas sur la lune, le 21 juillet 1969, par un astronaute dénommé Armstrong *(sic)* jusqu'aux promesses d'un président-saxophoniste qui recueille une Amérique essoufflée, il s'est produit une évolution (où la notion de progrès n'est pas forcément induite) dans les rapports sociaux et économiques qui ne sont pas sans conséquence sur le devenir du jazz. En toute logique, le milieu musical vivra dans le mouvement tourbillonnaire de l'histoire, oscillant entre des vagues d'euphorie et des moments de pessimisme, entre la crise économique et le brassage multi-ethnique, la crise d'inspiration et le melting-pot rythmique, entre le simplisme du rock blanc et la sophistication du jazz, un désir de reconnaissance populaire et un dandysme élitaire, progressivement tiraillé par le cynisme des rapports d'argent, l'obsession de la rentabilité, l'invasion des médias audiovisuelles et le *star system*, la restructuration des compagnies discographiques (l'un des exemples les plus parlants est le rachat de la firme CBS par le groupe japonais Sony), la standardisation des produits et l'invasion des techniques de marketing. De cette confusion surgira le jazz fusion, originellement appelé jazz-rock, selon un terme aussi pratique que flou, renvoyant à cette idée de mélange ou de croisement des différents avatars de la musique noire américaine. Un genre qui traduit parfaitement la société dans laquelle il se développe et où, plus que partout ailleurs, on peut rencontrer le meilleur comme le pire.

Entre jazz et rock

Après les turbulences hiératiques et les épanchements parfois hermétiques du free jazz, de nombreux musiciens vont chercher à renouer le contact avec une audience plus large par le truchement d'une expression immédiatement accessible. Mais plus qu'une triviale attitude opportuniste, il s'agit de développer les acquis émancipateurs de la *new thing*, en y mêlant des ingrédients aisément perceptibles à la première écoute et des éléments directement assimilables par le plus grand nombre. Contrairement aux paliers évolutifs que nous avons abordés précédemment, il ne s'agit pas ici d'un changement de forme stylistique, mais plutôt d'un travail de greffe dont les résultats sont plus ou moins convaincants. Transplantation réussie ou rejet désastreux, l'opération qui consiste à obtenir une symbiose des genres en empruntant une parcelle à chacun dépendra le plus souvent de la personnalité, de l'originalité et du bon goût de chaque intervenant. Lorsqu'il s'agit de fusionner, tout est affaire de dosage. Cette idée n'est pas nouvelle et a déjà préoccupé certains instrumentistes des époques antérieures. On se souvient des rencontres de Charlie Parker avec les rythmes afro-cubains promus par le chef d'orchestre-percussionniste Machito (1912-1984), ainsi que de la complicité de Dizzy Gillespie avec le percussionniste Chano Pozo, comme en témoignent les propos du trompettiste cubain Mario Bauza : « Quand Dizzy a organisé son orchestre avec Chano, le batteur Max Roach avait un sacré travail pour essayer de s'adapter. Au début, la conga les arrêtait, et il a fallu que la rythmique trouve une approche, une nouvelle structure pour intégrer les différents plans, assurer la fusion entre les deux pays. » Les mêmes préoccupations ont dominé la carrière d'un Stan Kenton ou des représentants du Third Stream dans une tentative d'union avec la musique classique européenne. De leur côté, le saxophoniste Stan Getz et le guitariste Charlie Byrd ont réussi un mariage de raison et de passion avec la bossa-nova brésilienne. Dès le début des années 60, Stan Getz tenait déjà ces propos : « Les mélodies de Joao Gilberto et d'Antonio Carlos Jobim furent une véritable bouffée d'air frais sur la scène musicale américaine. Leur musique arriva au moment où notre propre musique souffrait visiblement d'anémie et de confusion. Le besoin d'innovation à tout prix avait atteint des proportions inquiétantes. La musique de jazz devenait de plus en plus prétentieuse, complexe, tournant en rond par excès de théories et d'analyse. Les orchestres se désintégraient ; certains solistes et accompagnateurs engageaient de véritables marathons. Ils perdaient souvent le contact avec le public et, pire encore, avec leurs confrères musiciens. » Même si l'intention se limite souvent à de simples assaisonnements plus ou moins poivrés ou douceureux, les influences de la musique antillaise, de la salsa cubaine ou de la bossa sur le jazz ont souvent donné des résultats convaincants en vertu des racines communes liées aux polyrythmies africaines et en raison de mélodies aussi superbes que rassurantes. Mais il serait abusif et injuste de reléguer les instrumentistes du free jazz dans une marginalité ou prévaudraient le nombrilisme instrumental et le repli théorique. Reproches infondés si l'on pense à la curiosité insatiable d'Ornette Coleman et de Don Cherry, la conscience tiers-mondiste de Charlie Haden, les embardées latino-américaines de Gato Barbieri, les initiatives de Steve Lacy, l'africanisme coloré de l'Art Ensemble of Chicago ou les extravagances de Roland Kirk, qui participent évidemment de cette volonté d'interaction entre les cultures et de revitalisation par l'emprunt.

À l'aube des années 70, le phénomène d'amalgame et d'imprégnation prendra une toute autre ampleur avec l'apparition d'un rock enfin expurgé de sa niaiserie mélodique, de ses paroles béates, de ses accents benêts et de ses rythmiques gauchement adolescentes, assené dans les années 50 par de jeunes musiciens blancs souvent inexpérimentés qui ont abondamment pillé et défiguré le blues noir pour diffuser une musique futile, interprétée avec approximation et rigidité. La rénovation du rock va venir de Grande-Bretagne avec l'émergence des Beatles, inspirés à l'origine par le rhythm'n blues de Chuck Berry avant que John Lennon et Paul McCartney ne cisèlent quelques-unes des mélodies les plus superbement achevées de l'histoire des musiques populaires, ainsi qu'avec l'arrivée des Rolling Stones, dont la rudesse, l'énergie viscérale et les talents de composition du tandem Mick Jagger-Keith Richard renvoient aux références noires d'un Muddy Waters ou d'un John Lee Hooker. Intrigués, séduits puis fascinés par ce rock en pleine phase de maturité qui déplace des foules considérables, les musiciens de jazz vont lorgner du côté d'une musique capable de drainer un énorme public de jeunes dont le pouvoir économique récemment acquis favorise des records de ventes discographiques sans précédent. En pleine période de contestation sociale, de lutte contre la guerre au Vietnam et d'éclosion de communautés hippies, des artistes américains blancs, tels que Bob Dylan (marqué par les *protest songs* de Woodie Guthrie), Joan Baez, Country Joe McDonald, Stephen Stills, les groupes Grateful Dead ou Jefferson Airplane (baptisé ainsi en hommage à Blind Lemon Jefferson), engagent le rock dans une mouvance politique où les références au blues et à la country music s'étoffent et se sophistiquent peu à peu dans une profusion d'électricité, d'outillages électroniques, d'innovations dans les techniques d'enregistrement, favorisant ainsi les climats hallucinogènes (musique psychédélique, acid rock...) et exploitant avec astuce l'efficacité rythmique et les colorations cuivrées du rhythm'n blues et de la soul music. Car, désormais, rien ne peut être envisagé sans les apports essentiels de cet autre pan considérable de la musique noire. Le rhythm'n blues, la soul music et peu après le funk, styles musicaux issus d'une extrapolation festive du blues et du gospel (voir dernier chapitre) et voués à la danse, constituent un espace de régénération sur lequel plus personne ne peut faire l'impasse. Les musiciens de rock partent donc à la découverte des grands bluesmen noirs, et la vogue du blues va submerger les productions d'artistes blancs qui sauront tirer partie de cet engouement qui dépasse maintenant le cadre restreint des ghettos noirs. À la fin de l'année 1968, le guitariste blanc John Mayall faisait ce constat : « Aux États-Unis, la scène du blues est principalement animée par des Blancs établis sur la côte ouest. Les musiciens noirs sont confinés dans les ghettos de villes comme Chicago et jouent pour la plupart de la musique soul. »

La scène anglaise sera également fertile en groupes de « rock progressif » tels que le très dadaïste Soft Machine, fondé par Robert Wyatt (dms), Kevin Ayers (b) et Daevid Allen (elg), mais aussi Caravan des cousins David et Richard Sinclair, ainsi que Matching Mole, Hatfield and the North, National Health, Brand X, et l'étrange Gong, formation franco-anglaise bercée par l'humour pataphysique et les recherches de Daevid Allen (transfuge de Soft Machine), Didier « Bloomdido » Malherbe (s) et Steve Hillage (elg). Ce rock teinté de jazz, aujourd'hui un peu daté, connaîtra un succès important durant les années 70. Aux États-Unis, le guitariste Frank Zappa mènera une même démarche d'ouverture en exhibant avec intelligence son talent de touche-à-tout, aussi à l'aise dans le rock'n roll, le blues, le disco que dans les harmonisations jazzy ou la musique contemporaine. Il convient de noter qu'au sein de ses Mothers of Invention, Zappa révélera des instrumentistes de jazz comme Jean-Luc Ponty (v) ou George Duke (keyb), qui sauront mettre à profit la notoriété obtenue avec le groupe.

Face à cette déferlante de rockers blancs énergiques qui n'hésitent pas à puiser aux sources de la musique noire (et à ses différents avatars) pour enrichir leur répertoire souvent élémentaire, on se demande évidemment ce que deviennent les jazzmen, toujours sous les doubles influences harmoniques et rythmiques du bop et du cool, et à peine remis des premières déviances du free jazz. Le saxophoniste Archie Shepp fait, à ce sujet, une remarque aussi clairvoyante qu'implacable : « Le rock aux États-Unis, on pourrait le décrire comme un spectacle de *minstrels* blancs. Pour bien comprendre cela, il faut considérer l'histoire. Quand, dans les années 20, King Oliver est arrivé à Chicago, les musiciens blancs ont voulu le tenir à l'écart, lui et Louis Armstrong, de leur syndicat [...]

Ils obligeaient ainsi les musiciens noirs à former leur propre syndicat. Puis vint la période swing et, le roi du swing, ce ne fut ni Ellington ni Basie, mais Goodman. Il y eut ensuite ce qu'on a appelé le be-bop et les honneurs n'allèrent pas à Charlie Parker mais à Stan Getz, Gerry Mulligan, l'école cool. » Si les historiens ont depuis rendu justice aux créateurs noirs fondamentaux, il est vrai que la déclaration polémique de Shepp met surtout l'accent sur le problème de l'exploitation financière et des retombées publicitaires immédiates dont les Blancs ont souvent pu bénéficier, au détriment de leurs collègues de couleur. Autre aspect relevé par Archie Shepp : « La plupart des Noirs écoutent du rock. Le prétendu jazz est devenu comme les danses à claquettes, un art mourant, moribond […] À présent que les Noirs s'intègrent de plus en plus à l'Amérique blanche, ces traditions sont en voie de disparition […] Le jazz a toujours été un reflet de son époque et, depuis que le monde devient de plus en plus régulé, contrôlé – comme dans *1984,* d'Orwell –, le jazz tend lui aussi à être de plus en plus ennuyeux. » L'effet de miroir est bien entendu à double sens. De nombreux jazzmen vont s'engager progressivement dans une simplification de leur art et dans l'utilisation d'instruments électrifiés pour gagner en puissance de communication et s'attacher une audience proche du rock blanc ou de la musique populaire noire américaine. Bouleversé et hypnotisé par le génie dévastateur et douloureux du fulgurant guitariste Jimi Hendrix (voir dernier chapitre), envoûté par le funk violemment torride et sensuel de Sly Stone (voir dernier chapitre), captivé par la richesse de tons des artistes de rhythm'n blues, effaré devant les énormes rassemblements musicaux des festivals de Woodstock, de Monterey ou de l'île de Wight, un musicien, que nous avons déjà fréquenté dans le chapitre consacré au cool et hard-bop, va relever le gant, provoquer un sursaut de réaction, capter l'air du temps, impulser un regain de dynamisme et imprimer une nouvelle ligne esthétique qui remettra en question la façon d'appréhender l'héritage du jazz. Ce personnage ne pouvait être qu'un homme indomptable et déterminé, un dissident au passé hétérodoxe et aux interrogations maintes fois résolues. Un certain Miles Davis…

Miles Davis : le second souffle

Nous avons laissé Miles en 1969, alors qu'il entre en studio avec le guitariste anglais John McLaughlin (page 347). Le trompettiste vient de vivre une période de déstabilisation métrique, de dramaturgie prostrée, de nihilisme lumineux et contemplatif, toute une remise en cause climatique (harmonique et rythmique) amorcée avec les claviers de Herbie Hancock et de Chick Corea, le saxophone de Wayne Shorter, les basses de Dave Holland et de Ron Carter, la batterie de Tony Williams. Dès 1967, il a déjà perçu de façon intuitive les bouleversements à venir : «J'évoluais déjà vers un son de guitare, à force d'écouter James Brown – j'aimais beaucoup son utilisation de la guitare. J'ai toujours aimé le blues, j'adore le jouer. À cette époque, j'écoutais donc Muddy Waters, B.B. King, et je cherchais un moyen d'introduire ce type de *voicing* dans ma musique. J'avais beaucoup appris de Herbie, Tony, Wayne et Ron, et je venais juste de finir d'absorber tout ce que je leur avais pris au cours des presque trois années que nous avions passées ensemble. Je pensais maintenant à d'autres manières d'approcher ma musique. Je sentais naître un désir de changer, mais je ne savais pas encore en quoi consistait ce changement. Je savais que ça avait quelque chose à voir avec la guitare. Je me suis donc intéressé à ce que les intruments électriques pouvaient m'apporter. Quand j'écoutais Muddy Waters à Chicago le lundi soir, dans la 33e Rue et Michigan, quand il passait et que j'étais en ville, je savais que je devais intégrer à ma musique certaines des choses qu'il faisait. Vous savez, le son des tambours à 1,50 $, l'harmonica et le blues à deux accords. Je voulais en revenir à ça, parce que ce que nous faisions devenait vraiment abstrait. C'était bien, mais je voulais retourner vers ce son d'où je venais.» À la suite du jeune guitariste Joe Beck (né en 1945) qu'il a employé de façon ponctuelle, Miles découvre donc le très britannique John McLaughlin (voir notice plus loin), avec lequel il établit aussitôt une rare et féconde connivence. Leur passion commune pour Jimi Hendrix les réunit autour d'une même conception de la guitare. Les albums *In a Silent Way* et surtout *Bitches Brew*, gravés en 1969, marquent irrémédiablement la fracture avec un jazz aux colorations acoustiques encore dominantes. Jusque-là intégrés par stratifications prudentes, les éléments électriques vont maintenant déborder du cadre de la simple illustration sonore. Musique de profusion et de saturation, de scansions mécaniques, de nappes percussives, de stridences anguleuses, d'interférences synthétiques, de schémas simples et répétitifs, de trépidations cosmopolites, le jazz-rock insufflé par Miles Davis réunit toutes les contradictions (jazz noir-rock blanc) pour mieux les ingurgiter, les digérer et les régurgiter sous l'aspect d'une masse tantôt compacte, tantôt fluide, trop amalgamée pour s'accomoder de définitions restrictives. Une tentative réussie de vampirisation stylistique et de transmutation technologique où la trompette de Miles, branchée sur l'électricité et souvent dénaturée par des effets wa-wa, de réverbération et d'écho réservés jusqu'à présent aux guitaristes, conserve cependant ce lyrisme friable, fourmillant et parcimonieux, obscurément fredonné et fragilement magnifié. « Au cours de cette période et des cinq années suivantes, j'ai utilisé beaucoup de musiciens différents sur mes disques (et dans ma formation de travail), parce que je cherchais quelles combinaisons jouaient de la meilleure façon. Je faisais appel à tant de gens que j'ai bientôt cessé d'en garder la trace. » En effet, autant sur scène que sur la multitude d'albums enregistrés à cette époque parmi lesquels *Big Fun, Live=Evil, Jack Johnson, Get up With It, Black Beauty, Miles Davis at Fillmore, On The Corner, Dark Magus, Agharta, Pangea,* on retrouve une foule de musiciens aux personnalités contrastées tels que les saxophonistes Wayne Shorter (qui, même après son départ, continue de collaborer en studio), Gary Bartz, Carlos Garnett, Steve Grossman, John Stubblefield, Sonny Fortune, Dave Liebman ; les pianistes-claviéristes Chick Corea, Herbie Hancock, Keith Jarrett, Larry Young, Lonnie Liston Smith et Joe Zawinul ; les bassistes Harvey Brooks, Dave Holland, Ron Carter, Michael Henderson ; les batteurs Billy Cobham, Jack DeJohnette, Al Foster, Billy Hart ; les percussionnistes Airto Moreira, James « Mtume » Heath ; les guitaristes Reggie Lucas, Pete Cosey, Dominique Gaumont ; ainsi que des musiciens indiens (sitar, tablas, perc…) comme Khalil Balakrishna, Bihari Sharma et Badal Roy. Essayant sans relâche toutes les combinaisons instrumentales possibles, remaniant le répertoire autour de cellules sans cesse réactivées,

Miles assigne avec une autorité intelligemment relâchée les tâches dont chaque instrumentiste devra s'acquitter. « Chacun apporte quelque chose, et chacun réagit à l'apport des autres. Parfois on retire un truc, on supprime le rythme par exemple et on ne laisse passer que les sons aigus. On élimine les idées qui sont celles d'un autre, mais on en garde le caractère. Il faut toujours que mes musiciens arrivent à se dépasser, à aller au-delà de ce qu'ils se croient capables de faire. Et puis à réagir vite aussi [...] Je dresse des obstacles, des barrages comme les flics dans la rue, mais avec ma trompette. Je les oblige à dévier, à changer de direction. » Le résultat n'est pas du goût de tout le monde, notamment les collègues et anciens partenaires des années 50 qui critiquent avec une jalousie féroce ce succès triomphal obtenu, selon eux, grâce à des concessions aux lois du marché, des débordements électroniques qui n'ont plus aucun rapport avec le jazz. Miles se moque de leur avis, ne tient compte d'aucunes remarques et poursuit ses recherches avec frénésie. «J'enregistrais tant à cette époque que j'ai oublié une grande partie de ce qui se passait dans le studio, et parfois les images s'entrechoquent, je ne sais plus quoi est quoi. » Mais dans la bourrasque des succès discographiques, des tournées de promotion et des festivals prestigieux, Miles reste conscient de sa position au sein de la communauté noire : « Tout le monde écoutait Sly et James Brown tout en essayant d'être aussi cool que moi. J'étais mon propre modèle, avec une pincée de Sly, de James Brown et des Last Poets. » La mythologie qui entoure Miles Davis est effectivement entretenue avec un luxe d'attitudes qui l'élève au rang de star intouchable : interviews provocatrices ou condescendantes, regard caché derrière des verres fumés, passion pour les voitures de grosses cylindrées, tenues vestimentaires bigarrées, voix brisée, comportement distant et attitude hautaine, Miles Davis, que l'on surnomme « le prince des ténèbres » ou « le sorcier », sait parfaitement qu'il dérange autant qu'il fascine. Conscient de sa différence, il manie son image sans forcer le naturel. « Je ne dis jamais rien, je ne montre jamais rien ! Ils ne savent pas interpréter ce qu'il y a dans mes yeux ! A-t-il peur, va-t-il éclater de rire ? Voilà ce qu'ils se demandent, ils pensent que je suis seul à savoir ce que je pense. De plus, il y a encore tellement de gens qui pensent que je suis un accident. »

A dater de 1975, Miles va rentrer dans une longue retraite, après une opération à la hanche particulièrement douloureuse (un accident de voiture, survenu trois ans auparavant, lui laissera de profondes séquelles aux jambes). Épuisé, affaibli, saturé de musique, il s'enferme dans une vie d'ermite et laisse la communauté musicale et ses accompagnateurs dans le trouble. « De 1975 à début 1980, je n'ai pas touché mon instrument ; pas une fois en plus de quatre ans. Je passais devant, le regardais, songeais à essayer. Mais au bout de quelque temps, ça ne m'a même plus effleuré. Ç'a été chassé de mon esprit par d'autres choses ; d'autres choses qui pour l'essentiel n'étaient pas bonnes pour moi. » Déambulations nocturnes, cocaïne, prison pour non paiement de pension alimentaire, prostration dans la solitude de son appartement, amours chaotiques, santé précaire et hospitalisations fréquentes, l'existence de Miles est silencieuse et douloureuse. Grâce au soutien attentif de rares amis et de l'actrice Cicely Tyson, qui deviendra sa femme en 1981, le trompettiste réapparaît miraculeusement après six années de doute existentiel et de souffrance physique. Le retour du héros est fêté avec faste et envahit toute l'actualité du jazz, malgré un disque peu innovant, *The Man With The Horn,* suivi bientôt par *We Want Miles* en 1982 et le très réussi *Star People* en 1983, un album où il renoue encore avec la quintessence du blues. Miles fait la une des festivals et des magazines, décroche tout un lot de récompenses honorifiques. Il est de nouveau courtisé comme une diva capricieuse et la firme CBS le voit partir pour la concurrente Warner après l'enregistrement de *Decoy* (1984) et *You're Under Arrest* (1985). La plupart des accompagnateurs, scrupuleusement sélectionnés par Miles pour ses séances, sont de jeunes musiciens à la forte personnalité et dont l'anonymat lui permet de façonner ses nouvelles fantasmagories musicales sans pâtir des problèmes d'ego liés au vedettariat. Avec les guitaristes Mike Stern, John Scofield, Barry Finnerty, Robben Ford, Joseph Foley McCreary ; les saxophonistes Bill Evans (à ne pas confondre avec le pianiste), Bob Berg, Gary Thomas, Kenny Garrett, Rick Margitza ; les claviéristes Adam Holzman, Robert Irving III ; les batteurs Al Foster (l'ancien), Vincent Wilburn (neveu de Miles), Ricky Wellman ; les bassistes Marcus Miller, Felton Crews, Darryl Jones,

Benny Rietveld; les percussionnistes Sammy Figueroa, Steve Thornton, Mino Cinelu, Marilyn Mazur, Rudy Bird..., les productions revendiquent sans honte une allégeance aux mécanismes commerciaux (reprises de tubes de Cindy Lauper ou de Michael Jackson), aux programmations synthétiques et aux recettes éprouvées du funk le plus subtilement massif. Attitude que beaucoup de passéistes lui reprocheront mais qui fera dire à Quincy Jones : « Les gens veulent des hits. Miles Davis aussi. Pour moi, il faut être demeuré pour dire : "Je ne veux pas que qui que ce soit aime ma musique." » Après avoir participé à l'album collectif *Sun City* contre l'apartheid, Miles Davis enregistre le disque *Tutu* pour sa nouvelle maison de disques, avec le concours du précieux Marcus Miller (voir plus loin), qui supervise l'essentiel du travail de studio. Toujours plus immergé dans la musique populaire de son temps, Miles fréquente le chanteur Prince (voir dernier chapitre), pour qui il ne cache pas une grande admiration et apparaît également sur des albums de différentes formations rock ou pop (Toto, Chaka Khan, Cameo, Scritti Politti). Avec un album en 1989 (*Amandla*), une incursion dans la musique du film *Hot Spot* en compagnie de John Lee Hooker, un rôle au cinéma dans le film *Dingo*, des solos indélébiles dans la bande originale du film *Siesta* (toujours avec Marcus Miller à la composition) et dans le disque *Aura* du trompettiste danois Palle Mikkelborg, Miles diversifie ses activités, accepte des projets éclectiques et semble vivre sans être érodé par les vicissitudes de l'âge, avec rapidité, concentration et intensité, à la mesure des urgences de son temps. « La musique nous parviendra sous forme de phrase musicale en deux mesures, comme un spot publicitaire... » Seul l'intéressent le présent, l'éphémère, le contrepied et l'esquive pour déjouer les souvenirs, la volonté de se dégager du temps ou mieux encore, le désir d'intemporel. Lorsqu'il meurt à Santa Monica le 28 septembre 1991, des suites d'une pneumonie, son dernier disque, *Doo Bop*, enregistré avec la complicité du rapper Easy Mo Bee, n'est pas encore mixé. Œuvre posthume, pétrie de martèlements urbains, de klaxons new-yorkais, de violence sourde, de ronflements sensuels, de prêche dédiée à sa propre gloire, de relents de bitume et d'arrière-cours, de fureur métallique et de somptueuse arrogance, jetée comme un dernier défi, un dernier pont tendu entre la mémoire glorieuse et la destinée hasardeuse du peuple noir américain.

Les enfants de Miles

« Les musiciens étaient bien payés pour les séances d'enregistrement, et jouer avec moi leur faisait une sacrée réputation. Je frime pas, c'était comme ça. On joue avec moi, puis on devient leader, parce qu'après, tout le monde le dit, c'est tout ce qu'il vous reste à faire. C'est flatteur, mais je ne l'ai pas cherché. Mais je n'ai eu aucun problème à accepter ce rôle. » Parfois Miles souffre du départ d'un partenaire et ne le cache pas, d'autres fois il s'en accomode très bien, d'autant plus facilement qu'il commence à se lasser de la formule orchestrale ou qu'il envisage déjà d'emprunter une nouvelle bifurcation. Le repérage des jeunes recrues se fait souvent par la bande (cassettes de démonstration transmises par des *sidemen,* coups de téléphone, auditions informelles, recommandations d'anciens...). Certains sont doués, d'autres franchement surdoués. S'ils n'ont pas tous éclos dans le nid de Miles, ayant parfois pris leur premier envol avec les messagers d'Art Blakey et dans des formations aux accents hard-bop, il est indéniable qu'ils ont acquis leurs galons au service de Miles Davis. Bien sûr, nous ne pourrons pas nous attarder sur tous ces luxueux *sidemen* et nous mettrons particulièrement en exergue ceux qui se sont nettement affirmés après avoir coupé le cordon ombilical. À la direction de leurs formations personnelles, ces artistes de haut vol ont fait fructifier l'expérience du jazz-rock entamée sous la férule de Miles. Certains reviendront parfois à des préoccupations musicales plus classiques, alternant instrumentations acoustiques et électriques, mais tous garderont en souvenir les leçons de leur ancien leader. Le 8 juillet 1991 à Montreux et le 10 à Paris, deux concerts de prestige ont permis à Miles Davis de voir défiler sur scène une cinquantaine de musiciens qui avaient joué avec lui durant les décennies précédentes. Retrouvailles émouvantes et hommage historique à la dimension d'un personnage dont plusieurs générations d'intrumentistes se sentent désormais orphelins. En dehors des artistes dont nous dressons les notices biographiques suivantes, il se trouvera de nombreux autres représentants de la progéniture davisienne, éparpillés çà et là dans ces pages consacrées au jazz fusion.

Ron Carter (1937)

Avant d'entrer dans la légende avec le quintette historique de Miles Davis en 1963, le contrebassiste Ronald Levin Carter a suivi une formation musicale de type académique tout en se déniaisant avec des groupes locaux de Rochester (New York). En 1959, il entame son parcours professionnel de belle manière avec Chico Hamilton (dms), puis aux côtés de Gil Evans (p), Cannonball Adderley (as), Eric Dolphy (s, bcl, fl), Jaki Byard (p), Randy Weston (p), Mal Waldron (p)... Ces quatre années d'expérience lui suffisent pour s'imposer, dès l'âge de vingt-six ans, au sein de la section rytmique de Miles. Instrumentiste à la sonorité charnue et généreuse, à la vélocité très contrôlée, aux attaques différées, comme en suspension pour mieux retenir l'impact et enfin libérer la note, Ron Carter est un exceptionnel musicien dont l'influence dépassera largement le groupe de Miles, qu'il finit par quitter en 1968. En ce sens, sa présence parmi les héros de la fusion peut sembler ici choquante et malvenue. Cependant, si Ron Carter s'est assez peu (et raisonnablement) mêlé au langage binaire et aux incursions électriques, il n'en reste pas moins l'acteur fondamental de l'évolution davisienne, le passeur inspiré dans une conception particulière du balancement rythmique. Souvent, son jeu sera élogieusement cité en référence par les bassistes des générations à venir (si éloignés soient-ils de son choix esthétique). À partir des années 70, ses activités de *sideman* et ses participations à une pléthore d'enregistrements sont telles qu'il est impossible d'en dresser une liste exhaustive. Ron Carter semble être pourvu du don d'ubiquité et son nom apparaît aux côtés de Lena Horne (voc), Michel Legrand (p, comp), Lionel Hampton (vib), Joe Henderson (ts), McCoy Tyner (p), George Benson (elg), Freddie Hubbard (tp), Grover Washington (s), Aretha Franklin (voc), Kenny Barron (p), Sonny Rollins (ts), Al Foster (dms), Wynton Marsalis (tp), Richard Galliano (acc)..., sur plusieurs albums de chanteurs de variétés, dans des musiques de films, mais aussi avec des groupes tels que le New York Jazz Quintet, VSOP composé de Herbie Hancock (p), Wayne Shorter (s), Tony Williams (dms) et Hubbard, le Great Jazz Trio avec Hank Jones (p) et Williams... Ses diplômes obtenus à l'Eastman College of Music de Rochester et à la Manhattan School of Music lui permettent également d'aller enseigner le jazz, la théorie musicale et l'improvisation à la John Lewis School de New York. Capable de s'exprimer avec justesse et souplesse sur le violoncelle (dès ses débuts avec Eric Dolphy en 1961) ou la basse piccolo (avec le soutien confraternel du contrebassiste Buster Williams), Ron Carter écrit aussi, pour ses propres formations, de superbes arrangements qu'une pratique polyinstrumentale (v, cl, tb, g, tuba) lui permet de maîtriser avec panache.

Herbie Hancock (1940)

Au départ, tout prédisposait le jeune Herbert Jeffrey Hancock, dit Herbie, à une carrière de pianiste classique. Enfant prodige, il est soliste du Chicago Symphony Orchestra à onze ans et interprète des concertos de Mozart ou de Bach. Mais il abandonne son avenir de concertiste pour se consacrer au jazz, après avoir entendu Oscar Peterson et George Shearing. Tout en poursuivant des études d'ingénieur à la Grinnell University dans l'Iowa, il commence à jouer avec des groupes locaux qui accompagnent des solistes de passage. Il se fait remarquer auprès de Lee Morgan (tp), Hank Mobley (ts), Coleman Hawkins (ts) et, surtout, Donald Byrd (tp), qui l'invite à le suivre à New York et le convie à une séance pour Blue Note en 1961. Herbie Hancock fréquente souvent les studios du label pour participer à de nombreux disques jusqu'au jour où il signe un opus personnel, *Takin'off* en 1962. Premier disque et premier succès populaire avec le thème *Watermelon Man*, morceau d'inspiration funky-rhythm'n blues souplement servi par des *sidemen* de luxe : Freddie Hubbard (tp), Dexter Gordon (ts), Butch Warren (b) et Billy Higgins (dms). Après une incursion chez Eric Dolphy, il est engagé par Miles Davis en 1962 et se retrouve aux côtés de Ron Carter, Tony Williams et George Coleman (ce dernier étant bientôt remplacé par Wayne Shorter). Excellent compositeur, pianiste à la sonorité délicate, au phrasé sobre et cependant émaillé de traits mélodiques brillamment ciselés, à la main gauche omniprésente, aux interventions toujours pertinentes et à l'énergie communicative, Herbie Hancock est un des piliers de la formation et contribue à la gestation rapide du jazz-rock. Lorsqu'il quitte Miles Davis en 1968, il possède aussi quelques réussites personnelles à son actif : les albums *Inventions and Dimensions, Maiden Voyage* ou *Empyrean Isles* chez Blue Note, des collaborations avec Stan Getz, Wayne Shorter, Bob Brookmeyer, la composition de la musique du film *Blow up,* de Michelangelo Antonioni. En 1970, il décide de monter le groupe Mwandishi, entre fusion et tradition, entre free jazz électrique et rhythm'n blues, où les schémas du hard-bop sont progressivement gommés en faveur d'esquisses

jazz-rock. Trois disques sont réalisés avec Eddie Henderson (tp), Julian Priester (tb), Bennie Maupin (s), Buster Williams (b) et Billy Hart (dms), auxquels s'ajoutent des percussions. Toujours marqué par l'influence évidente de Miles Davis (pour lequel il continue d'intervenir en studio), Herbie Hancock met à profit l'enseignement de son mentor et radicalise soudain son propos en fondant le groupe Headhunters, en 1973, avec un personnel remanié, où l'on retrouve tout de même le saxophoniste Bennie Maupin. « Plutôt que travailler avec des jazzmen sachant jouer du funk, j'ai travaillé avec des musiciens de funk sachant jouer du jazz » dira Hancock, parfaitement conscient de ce virage brutalement négocié. Avec une musique ouvertement électrique, puisant aux sources de la funk music et poussée par la basse roulante de Paul Jackson intimement soudée à la batterie d'Harvey Mason et aux claviers synthétiques du leader, le premier album, *Headhunters,* remporte aussitôt un énorme succès avec plus d'un millions d'exemplaires vendus. Ce triomphe laisse un goût d'amertume à Miles, qui a l'impression de ne pas récolter les fruits d'une musique dont il a cultivé les premières pousses. Il ne cachera pas ses sentiments : « Columbia a sorti *On The Corner* en 1972, mais ne l'a pas poussé. Il n'a donc pas marché comme on croyait. Cette musique était destinée à être entendue par les jeunes Noirs, mais ils l'ont traitée comme n'importe quel autre disque de jazz, ils en ont fait la pub de la même façon [...] Un an plus tard, quand Herbie Hancock a sorti son disque *Headhunters* et qu'il s'est vendu comme des petits pains parmi les jeunes Noirs, chez Columbia tout le monde a dit : "Ah, c'est de ça que parlait Miles !" Mais il était trop tard pour *On The Corner* et, à voir la façon dont *Headhunters* se vendait, ça m'a encore plus mis les boules. »
En s'installant à Los Angeles, Herbie Hancock va prendre un certain recul et gérer ses acquis avec un redoutable à-propos, en scindant sa carrière en trois objectifs distincts. Artiste sensible mais homme d'affaires pragmatique, il décide de suivre une voie de facture classique au sein du groupe acoustique VSOP (composé de Ron Carter, Wayne Shorter, Tony Williams et du trompettiste Freddie Hubbard), monté à l'occasion du Festival de Newport en 1976 mais perpétué avec conviction, renouvelé et enrichi plus tard par le trompettiste Wynton Marsalis (se substituant à Hubbard). À côté de ce *all star,* Hancock maintient son groupe Headhunters pour diffuser une fusion foisonnante et se lance aussi dans la production d'une musique populaire dédiée à la danse et au hit parade. Alternant ainsi le jazz d'obédience hard-bop, le jazz-rock électrique et le rock funk bétonné, il évolue avec le plus grand naturel

dans un constant aller-retour entre le piano à queue et les synthétiseurs, les concerts amicaux avec Michael Brecker (ts), Bobby Hutcherson (vib), Al Foster (dms) et le recueillement solitaire en studio, les finesses d'un quartette confidentiel et le triomphe lucratif des titres *Rock It, Feets* ou *Monster,* le duo intimiste avec son compagnon Chick Corea (p) en 1978 et un Oscar pour la musique du film *Autour de minuit* en 1987, entre expression savante et distraction ludique, entre les exigences de l'esprit et les élans du corps.

Chick Corea (1941)

Né Armando Anthony Corea, dans une famille mélomane originaire de Sicile et de Calabre, ce pianiste évolue peu ou prou selon les mêmes inclinations que son homologue Herbie Hancock. Études de musique classique et écoute précoce de Charlie Parker, Dizzy Gillespie ou Bud Powell amènent le jeune homme à diversifier ses centres d'intérêt et à développer une belle ouverture d'esprit. Après un passage dans l'orchestre de Phil Barboza et dans le cours supérieur de piano de la Juilliard School, Chick Corea joue quelque temps avec les percussionnistes Mongo Santamaria (1962) et Willie Bobo (1963), passe deux années avec Cal Tjader (vib, p, dms, perc, 1925-1982) puis entre en studio aux côtés de Woody Shaw (tp), Joe Farrell (ts, ss), Steve Swallow (b) et Joe Chambers (perc). En 1966, il enregistre son premier disque personnel, *Tones For Joan's Bones,* et répond à l'appel de Stan Getz pour succéder au vibraphoniste Gary Burton. Deux ans plus tard, il déserte le quartette de Getz, réalise un deuxième album très remarqué, *Now He Sings, Now He Sobs,* avec Miroslav Vitous (b) et Roy Haynes (dms), accompagne Sarah Vaughan et débarque enfin dans l'équipe de Miles Davis. Le trompettiste l'installe devant un clavier électrique et parvient à vaincre les réticences initiales de son nouveau *sideman.* « Chick Corea s'est mis à jouer sur le piano électrique Fender Rhodes en arrivant chez moi – comme Herbie Hancock, qui l'avait aimé tout de suite. […] Chick n'était pas très sûr. C'est moi qui lui en ai fait jouer. Il n'aimait pas beaucoup que je lui indique de quel instrument jouer. Quand il s'y est mis, il a vraiment aimé et c'est là-dessus qu'il s'est fait une réputation. » Une fois de plus, le sorcier Miles s'occupe de connecter ses apprentis sur les outillages et les vibrations de son époque. Chick Corea y gagnera en maturité et sortira de l'expérience avec une véritable carte de visite, fort de sa participation aux séances de *In a Silent Way, Bitches Brew, Big Fun, Live=Evil…* En 1970, il crée le trio Circle avec Dave Holand (b) et Barry Altschul (dms), rejoint l'année d'après par le saxophoniste Anthony Braxton. Corea explore ensuite d'autres chemins et poursuit seul ses recherches. Il grave, pour le label ECM, les deux volumes des *Piano Improvisations* ainsi que le premier disque de son nouveau groupe électrique voué à la fusion et dont il tirera toute sa popularité : Return To Forever. Cette formation composée en 1972 de Joe Farrell (s), Flora Purim (voc), Stanley Clarke (b) et Airto Moreira (perc, dms), obtient les suffrages d'un large public international. Chick Corea trouve cependant le temps de jouer en duo avec le vibraphoniste Gary Burton et de graver le très raffiné *Crystal Silence*, toujours sur label ECM. Une seconde version de Return To Forever est montée en 1973 avec le bassiste Stanley Clarke (voir plus loin), le guitariste Bill Connors, le batteur Lenny White et le percussionniste Mingo Lewis. Autrefois imprégné de climats électro-acoustiques et d'influences latines ou classiques, le groupe s'oriente maintenant vers un jazz-rock musclé, exubérant et exhibitionniste, alourdi parfois par une fâcheuse tendance à la démonstration virtuose qui atteindra son apogée avec l'arrivée du guitariste Al Di Meola, dont la densité rythmique et la verve hispanisante ajouteront une touche d'exotisme flamboyant et spectaculaire à l'édifice. Avant que Return to Forever ne se délite en 1976 à la suite du départ de Stanley Clarke et d'Al Di Meola, Chick Corea s'engage dans des aventures personnelles aux côtés d'Eddie Gomez (b), Steve Gadd (dms), Jean-Luc Ponty (v), Bunny Brunel (elb)... Il décide alors de se fixer sur la côte ouest et d'emprunter les directions musicales les plus variées, en ne s'embarassant d'aucune restriction stylistique, en refusant de se laisser cataloguer et en n'écoutant que son bon plaisir. C'est ainsi qu'il provoque des duos avec Herbie Hancock, Gary Burton (pour de magnifiques retrouvailles), Keith Jarrett (p), Friedrich Gulda (p), John McLaughlin (g), monte des trios ou quartettes où il croise Miroslav Vitous et Roy Haynes (autres retrouvailles !) mais aussi Gary Peacock (b), Joe Henderson (ts), Michael Brecker (ts), Lee Konitz (as), Freddie Hubbard (tp), Eddie Gomez (b), Paco De Lucia (g), etc., enregistrant également le *Concerto pour deux pianos et orchestre* de Mozart, se recueillant en solo ou composant pour piano-violon-violoncelle les délicates pièces d'inspiration contemporaine *Children's Songs* . En 1986, l'année où il présente son ambitieux *Concerto pour piano et orchestre en trois mouvements,* Chick Corea forme l'Elektric Band. Entouré de John Patitucci (b, elb), Dave Wekl (dms), Eric Marienthal (s) et Frank Gambale (elg), jeunes loups aux dents affutées, avec lesquels il défend une philosophie musicale où domine le désir d'écoute mutuelle. «Je ne suis pas attiré par le solo sur claviers électriques, je préfère le son d'un orchestre et je n'exerce aucun contrôle sur le son des autres. Nous jouons ensemble, tout repose sur un jeu d'interactions... » Avec cet Elektric (parfois Akoustic) Band, renouvelé par l'arrivée de Mike Miller (g), Jimmy Earl (b) et Gary Novak (dms), Chick Corea laisse libre cours à sa technique expansive, sinueuse et latine, d'un romantisme bondissant, tantôt boisée tantôt électrisée, habillée de scintillements synthétiques ou, mieux encore, enveloppée du son clair et sans appel d'un Bösendorfer largement déployé.

John McLaughlin (1942)

Ce musicien britannique qui a appris seul la guitare, dès l'âge de onze ans, en écoutant Muddy Waters et Blind Lemon Jefferson, quitte son Yorkshire natal et débarque à Londres au début des années 60 pour jouer dans des groupes de rock et de blues. Après avoir aiguisé ses chorus auprès de Georgie Fame, Alexis Korner, Graham Bond et Brian Auger, il passe six mois dans l'orchestre allemand de Gunter Hampel et enregistre *Extrapolation*, un remarquable premier album avec le soutien de John Surman (s), Brian Odges (b) et Tony Oxley (dms). L'année suivante, le batteur Tony Williams, (voir notice suivante) qui vient de quitter Miles Davis, monte son groupe Lifetime et embauche John McLaughlin sur les recommandations de Dave Holland. Installé aux États-Unis en 1969, le guitariste collabore activement au groupe mais fréquente surtout la faune musicale new-yorkaise. Il a l'occasion d'enregistrer avec Jimi Hendrix, Buddy Miles (dms) et Dave Holland (b) lors d'une *jam session* dont les bandes sont toujours restées inédites. Dès son arrivée, tout va très vite. Miles Davis l'appelle pour participer à la séance du disque *In a Silent Way* : « Il assurait comme un fou, je lui ai demandé de faire cette séance. Il m'a dit qu'il m'écoutait depuis longtemps, qu'il risquait d'être nerveux en entrant en studio avec l'une de ses idoles. » Si nerveux qu'il soit, John McLaughlin apporte cette sonorité piquante et déchirée que recherche Miles pour mener à terme la gestation du jazz-rock. Les deux hommes sont branchés sur les mêmes longueurs d'ondes électriques et gravent ensemble sept disques entre 1969 et 1972. Durant cette période, John McLaughlin a mené une quête spirituelle personnelle et, en 1970, il est devenu le disciple du guru Sri Chinmoy, qui lui a donné le nom de Mahavishnu (le Créateur). Entre la pratique du yoga et de la méditation, il trouve le temps de graver *My Goal's Beyond* en solo, avant de monter son groupe : le Mahavishnu Orchestra, où se retrouvent le batteur Billy Cobham, le bassiste Rick Laird, le claviériste Jan Hammer et le violoniste Jerry Goodman. Quintette électro-mystique et brillamment inspiré, le Mahavishnu obtient un succès considérable, grave trois albums et se dissout en 1973. Une deuxième mouture est reconstituée l'année d'après avec notamment la participation de Gayle Moran (keyb, voc) et de Jean-Luc Ponty (v). Période d'enregistrement prolifique, McLaughlin grave *Visions of The Esmerald Beyond, Apocalypse* avec l'orchestre symphonique de Londres, et aussi *Love Devotion Surrender* avec l'excellent Carlos Santana, collègue d'instrument et de prière puisque tous deux ont le même guru. Cependant, en 1975, John McLaughlin rompt avec son maître à penser Sri Chinmoy et, du même coup, disperse son orchestre. Il s'installe alors en France, abandonne les décibels, renoue avec la guitare acoustique et fonde le groupe Shakti avec les musiciens indiens L. Shankar (v), Zakir Hussein (perc) et Raghavan (perc). Lorsque John McLaughlin crée son One Truth Band en 1978, il garde à ses côtés le violoniste L. Shankar tout en retrouvant sa veine électrique la plus bleutée. À partir du début des années 80, il va balancer entre les tentations acoustiques et les débordements électroniques, l'Orient et l'Occident, les formules intimistes et les rassemblements hypertrophiés, avec des réussites majeures et des résultats parfois décevants. « Je ne cherche pas une fusion indo-jazz, je veux une musique nouvelle où on aura le parfum de toutes les cultures et bien sûr quelque chose en plus. » Doué d'une vélocité époustouflante, délibérément staccato, parfois sèche et serrée, mais toujours d'une précision exceptionnelle, John McLaughlin va s'associer à Chick Corea et David Sanborn (s), Billy Cobham (dms), Stu Goldberg (keyb), Fernando Saunders (elb), François Couturier (p, keyb), Jean-Paul Celea (b), l'esthétique mais sténographique pianiste classique Katia Labèque, se produire en trio aux côtés du fabuleux guitariste de flamenco Paco De Lucia et de Larry Coryell (ce dernier laissant la place à Al Di Meola), reformer occasionnellement le Mahavishnu avec, entre autres, le saxophoniste Bill Evans et le bassiste Jonas Hellborg, installer une conversation d'estime avec le guitariste manouche Christian Escoudé, retrouver Miles Davis pour l'enregistrement de l'album *You're Under Arrest,* créer son concerto pour guitare et orchestre *(Mediterranean)* avec le Los Angeles Philharmonic, participer au film *Autour de minuit,* réchauffer encore les vapeurs d'encens du Mahavishnu pour graver *Adventures in Radioland,* se produire en trio avec le percussionniste indien Trilok Gurtu et le bassiste Jeff Berlin, connaître quelques griseries vertigineuses avec le bassiste Dominique Di Piazza… Sincèrement passionné (et presque possédé) par toutes les musiques du monde, du blues authentique aux ragas de Ravi Shankar, en passant par ses illustres aînés Django Reinhardt ou Tal Farlow, le rock'n roll ou le flamenco, McLaughlin cultive les paradoxes avec grâce et transparence. Si l'on ironise souvent en disant qu'il joue plus vite que son ombre, c'est que sa vélocité est d'une luminosité aveuglante et que les musiciens de trop bonne foi engendrent toujours le doute.

Tony Williams (1945-1997)

À peine dix-sept ans, et le jeune Tony Williams fait déjà figure de héros mythique lorsqu'il dynamite la section rythmique de l'orchestre de Miles Davis. Jusqu'au dernier jour, le Prince des ténèbres dira qu'il s'agissait là du meilleur batteur qu'il ait jamais eu : « Il a mis le feu aux fesses de tout le monde dans le groupe, il m'a tellement fait jouer que j'en ai oublié cette douleur dans les articulations qui me préoccupait tant. Je commençais à réaliser que Tony et ce groupe pouvaient jouer tout ce qu'ils voulaient. Tony était toujours le centre autour duquel tournait le son de l'orchestre. C'était quelqu'un [...] Je l'aimais comme un fils. Tony jouait au son, et ajoutait des choses *hip,* très astucieuses, à ce qu'il entendait. Il changeait sa manière de jouer tous les soirs, prenait des tempos différents pour chaque son chaque soir. Pour jouer avec Tony Williams, il fallait être toujours en alerte, faire attention à tout ce qu'il faisait, ou bien il vous semait en une seconde, vous vous retrouviez hors tempo, en retard, et vous étiez mal... » Installé derrière les tambours, dès l'âge de huit ans, dans l'orchestre de son père, saxophoniste, le garçon impose rapidement une admiration unanime. Intrigués et subjugués, Art Blakey et Max Roach le laissent jammer avec leurs formations respectives, avant que l'adolescent ne côtoie brièvement Sam Rivers (s), Toshiko Akiyoshi (p), Charlie Mariano, et suive Jackie McLean à New York en 1962 pour jouer dans *The Connection.* Vient ensuite la rencontre décisive et miraculeuse avec Miles Davis. L'entente est idyllique, l'admiration du trompettiste est inconditionnelle et Tony Williams devient l'une des figures marquantes du groupe, sans pour autant voler la vedette à ses compagnons. Après plus d'une douzaine d'albums gravés aux côtés de Miles, le passage vers le jazz-rock s'opère sous le commandement de ses baguettes pour l'enregistrement du fameux *In a Silent Way.* Lorsque Tony Williams décide de voguer sous sa propre bannière, il fonde le groupe de fusion Lifetime, pour lequel il recrute le guitariste John McLaughlin. Auparavant, il a déjà signé deux albums chez Blue Note avec Wayne Shorter (s), Herbie Hancock (p) ou Sam Rivers (s), mais c'est réellement avec sa formation électrique qu'il revendique son rôle de meneur d'hommes et de compositeur au même titre que ses fonctions de batteur. « On est toujours en retrait, au fond de la scène, derrière une batterie… Il est difficile pour le public – et pour les autres musiciens – de considérer le batteur comme un leader. De plus, nous avons longtemps été considérés comme les moins intelligents du lot, ceux qu'on paye en dernier… » Malheureusement, l'aventure du Lifetime ne s'étendra guère au-delà des années 70. À l'intérieur du groupe, défileront Jack Bruce (elb), Larry Young (org), Ron Carter (elb), Don Alias (perc), Allan Holdsworth (elg), Tony Newton (voc, elg)… Batteur phénoménal, en ce sens qu'il sort de l'ordinaire, Tony Williams donne cette impression à la fois étrange et naturelle de savoir tout faire. Polyrythmie désarticulée, lovée dans un tempo sans cesse suggéré et sous-tendu, enjolivures impeccables et ossature immuable, discours ponctué, dialogues à la fois percussifs et mélodiques, accords parfaits des fûts, sonorité aussitôt identifiable, ce batteur-accompagnateur a cependant quelque chose d'inabouti et de dispersé dans son expérience de batteur-leader. Dans les contextes électro-binaires, son drumming perd un peu de cette magie fantaisiste et il s'attache surtout à maintenir un tempo droit, exclusif et rigoureux, reposant sur l'after-beat de la caisse claire en réponse aux ouvertures de la cymbale charleston. C'est essentiellement au service de projets menés par d'autres grands leaders (Stan Getz, George Russell, Gil Evans, Sonny Rollins, McCoy Tyner…) que Tony Williams va donner la vraie mesure de sa musicalité. Il n'est jamais aussi à l'aise et extraordinairement détendu que lorsqu'il s'intègre à une structure collective où le leadership est équitablement partagé, tels le groupe VSOP (Hancock, Shorter, Carter, Hubbard), le Great Jazz Trio (Carter, Hank Jones), The Joy of Flying avec Cecil Taylor (p), Stanley Clarke (b), George Benson (elg), Herbie Hancock (p), un autre trio éphémère avec McLaughlin et le bassiste Jaco Pastorius. Les dernières années de sa vie, Tony Williams animera des groupes de néo-bop où il assumera et assurera sans problème d'identité son rôle de passeur d'influences avec de jeunes musiciens que nous aborderons dans le chapitre suivant, tels que Mulgrew Miller (p), Wallace Roney (tp), Charnett Moffett (b), Bill Pierce (s)… Quadragénaire (et bientôt quinquagénaire) à la carrure historique, Tony Williams a continué de jouer avec l'enthousiasme et le regard enfantin des surdoués précoces qui n'ont pas vraiment eu le temps de réaliser qu'ils avaient grandi et rejoint la cour des très grands.

Weather Report : beau fixe

À la suite des premières secousses sismiques du jazz-rock, déclenchées et activées par Miles Davis, qui domine les fluctuations du temps et se plaît à dire : « Chaque fois que la météo change, votre comportement s'en trouve modifié », deux transfuges de l'observatoire davisien vont se réunir pour monter, vers la fin de 1970, le groupe le plus explosif et emblématique de la fusion. Lorsque le pianiste-claviériste Joe Zawinul et le saxophoniste Wayne Shorter décident de fonder le groupe Weather Report (bulletin météo), ils s'adjoignent une superbe section rythmique avec le bassiste Miroslav Vitous, le batteur Alphonse Mouzon et le percussionniste Airto Moreira. Autour de la direction bicéphale Shorter-Zawinul vont graviter différents instrumentistes engagés au gré des courants, de l'air du temps et des agitations de la vie musicale, parmi lesquels on compte, dans l'ordre d'entrée en scène, les bassistes Alphonso Johnson (1970), Jaco Pastorius (1976), Victor Bailey (1982) ; les batteurs Eric Gravatt (1972), Peter Erskine (1978), Omar Hakim (1982) ; les percussionnistes Dom Um Romao (1971), Alex Acuna (1976), Manolo Badrena (1977), Robert Thomas, Jr (1982), Jose Rossy (1983), Mino Cinelu (1984). Turbulences sonores, synthétiseurs orageux ou nappés, congas caniculaires et basses cycloniques, cymbales grêlées, standards dégagés et compositions arcs-en-ciel, Weather Report va définir, pendant une quinzaine d'années, les conditions climatiques dans lesquelles une multitude d'instrumentistes, de compositeurs, de leaders et de groupes évolueront après dissipation des brouillages musicaux...

Nous nous attarderons principalement sur trois piliers du Weather Report : les deux cofondateurs Zawinul et Shorter et le bassiste Jaco Pastorius. D'autres membres du groupe apparaîtront plus loin dans leur catégorie instrumentale respective.

Joe Zawinul (1932-2007)

Après une enfance mouvementée et perturbée par les événements de la Seconde Guerre mondiale, le pianiste autrichien Josef Zawinul commence à jouer dans des orchestres de bal et quelques clubs de jazz de Vienne. Capable de s'exprimer au piano, à la trompette, au vibraphone, à l'accordéon, à la clarinette, aux percussions ou à l'orgue Hammond, il obtient de nombreux engagements, se lie d'amitié avec Friedrich Gulda, écrit des arrangements, travaille pour la radio et finit par obtenir une bourse d'études qui lui permet de s'expatrier aux États-Unis et de s'inscrire à la Berklee School of Music de Boston, en 1959. Quelques jours après son arrivée, on lui propose de remplacer au pied levé le pianiste d'Ella Fitzgerald. Zawinul relève le défi, accompagne la diva et provoque l'enthousiasme du batteur Jake Hanna, qui le recommande à Maynard Ferguson (tp). La chanteuse Dinah Washington lui demande alors de venir travailler dans son orchestre et Joe Zawinul y reste jusqu'en 1961. Il entre ensuite dans la formation de Cannonball Adderley pour une collaboration qui durera près de dix ans. Parallèlement, le pianiste ne se privera pas d'enregistrer avec de nombreux leaders tels Coleman Hawkins, Clark Terry, Ben Webster, Charlie Rouse, Oliver Nelson, Yusef Lateef, Jay Jay Johnson, Curtis Fuller, Roy Haynes, Philly Joe Jones... En 1966, lors d'une participation à un jury musical qui le conduit dans son pays natal, Joe Zawinul a l'occasion d'enregistrer le *Concerto pour deux pianos et orchestre* composé (et également interprété) par son ami Friedrich Gulda. En 1968, Miles Davis le contacte pour l'intégrer dans son groupe et le faire participer à certains enregistrements d'importance : « J'avais entendu Joe Zawinul jouer du piano électrique sur *Mercy, Mercy, Mercy* avec Cannonball Adderley. J'aimais le son de cet instrument, je le voulais dans mon orchestre [...] J'avais téléphoné à Joe Zawinul d'apporter de la musique en studio – j'adorais ses compositions. Il est venu avec *In a Silent Way,* qui a donné son titre au disque. » Après avoir collaboré aux sessions de *Bitches Brew, Live=Evil, Big Fun,* Joe Zawinul fonde Weather Report avec le saxophoniste Wayne Shorter et se consacrera au groupe pendant une quinzaine d'années. Compositeur fécond et particulièrement récompensé (son thème *Birdland* devient un standard qui contribue au triomphe du disque d'or *Heavy Weather* et sera repris par une foule d'artistes), grand manipulateur de machines électroniques et alchimiste des synthétiseurs, il privilégie les mélodies d'inspiration populaire, les bruitages et les effets de nappes avec un goût prononcé pour les ambiances exotiques et les incongruités bucoliques offertes par l'électronique. Lorsque le groupe est dissout en 1985, Joe Zawinul tente l'aventure vite déçue de Weather Update avec le batteur Peter Erskine, le bassiste Victor Bailey, le guitariste Steve Khan et le percussionniste Robert Thomas, Jr. Il retourne alors au duo avec Friedrich Gulda, puis met sur pied le Zawinul Syndicate en 1988, avec Alex Acuna (dms), Cornell Rochester (dms), Gerald Veasley (b),

Abraham Laboriel (b), Scott Henderson (elg), Lynne Fiddmont-Lindsey (voc, perc), Munyungo Jackson (perc)... Avec la précision horlogère des séquenceurs, la rigueur implacable des échantillonneurs et la mémoire mathématique des ordinateurs, Zawinul, en bon technicien affuté de l'industrie du disque, aurait pu attiser les nostalgies d'une époque révolue, se préoccuper de rentabilité harmonique, supprimer une partie du personnel et jouer la carte (très perforée) de la robotique mais, loin de là, il préfère s'entourer d'assistants hautement qualifiés, sachant bien que rien ne peut remplacer le travail d'équipe et l'esprit de corps.

Wayne Shorter (1933)

Pour bien saisir l'importance du saxophoniste Wayne Shorter dans la progression stylistique de Miles Davis en particulier, et dans l'évolution du jazz en général, on peut se reporter à l'une des déclarations respectueuses et fascinées de Miles lui-même : « Wayne avait toujours été du genre à faire des expériences *sur* la forme plutôt que *sans* elle. C'est pourquoi je le pensais parfait pour l'orientation que je voulais donner à ma musique. Wayne était alors la seule personne de ma connaissance à écrire comme Bird, la seule [...] Il écrit la partition d'orchestre, les parties de chacun, exactement comme il veut que ça sonne. [...] En utilisant des règles musicales pour travailler, Wayne nous a aussi apporté une sorte de curiosité. Si elles ne fonctionnaient pas, il les enfreignait, mais musicalement. Il comprenait que la liberté, en musique, c'était de connaître les règles pour les infléchir jusqu'à satisfaction, selon son goût. Wayne était toujours là-haut dans son petit avion, en orbite autour de sa propre planète. Alors que tous les autres membres de l'orchestre avaient les pieds bien sur terre. Il ne pouvait pas faire chez Art Blakey ce qu'il faisait chez moi. Dans mon groupe, le compositeur s'est épanoui. Voilà pourquoi je dis qu'il était le catalyseur musical intellectuel du groupe, par les arrangements qu'il faisait de ses compositions que nous enregistrions. » Il est évident que le discret et modeste Wayne Shorter est un des personnages les plus complexes de toute l'histoire du jazz. Stan Getz le considérait d'ailleurs comme le plus grand compositeur vivant depuis la mort de Duke Ellington. C'est dire l'importance de ce saxophoniste formé très tôt à l'écoute du poste de radio paternel et instruit pendant quatre ans à la New York University. À la sortie de deux années de service militaire, il fait la connaisance de Joe Zawinul dans l'orchestre de Maynard Ferguson durant l'été 1959, soit quelque temps avant d'enregistrer son premier album au mois de novembre *(Introducing)*. Le trompettiste Lee Morgan le contacte pour remplacer Hank Mobley dans les Jazz Messengers d'Art Blakey. Il y reste jusqu'en 1964 et y occupe rapidement les fonctions de directeur musical. Arrangeur et compositeur d'envergure, il se fait aussi remarquer par la singularité de son jeu de saxophone. Les premières longues embardées rageuses, les attaques franches et pugnaces, tout d'abord empreintes des influences coltraniennes, se dégagent peu à peu, s'aèrent et s'écourtent, à peine éraillées, ponctuées et contrastées avec un sens du lyrisme teinté d'une douce nostalgie. Sa carrière de leader menée conjointement sur les labels Vee-Jay et Blue Note en révèlent tous les aspects : *Second Genesis, Wayning Moments, Night Dreamer, Ju-Ju, Speak No Evil.* Après avoir intensément tourné dans le monde entier avec les messagers d'Art Blakey et bâti sa réputation de compositeur, Wayne Shorter va être engagé par Miles Davis durant l'été 1964. Il restera dans le groupe du trompettiste jusqu'en 1970 et y développera encore sa science de l'écriture, des tonalités équivoques et des flottements rythmiques, toujours sous-jacentes sous la précision des scores : « Wayne écrivait quelque chose, me le portait et repartait. Il ne disait rien. Juste : "Voilà, monsieur Davis, j'ai écrit de nouveaux thèmes." Monsieur Davis ! Je regardais, et c'était formidable. » En adoptant le soprano à partir de 1968, Shorter réussit un mariage harmonieux avec l'environnement électrique de ses partenaires, travaillant davantage l'incision sans se départir de cet art délicat et caractéristique de la note filée. La création du groupe Weather Report sera l'autre étape importante d'une carrière déjà exemplaire. Entre l'éther et la densité, les substances sonores gazeuses ou le poids massif des rythmiques funk, le saxophone (ténor ou soprano) de Wayne Shorter est plus économe, sélénite et onirique que jamais. Si son rôle de leader s'efface peu à peu au profit des nuages synthétiques de Joe Zawinul et des basses orageuses de Jaco Pastorius, il n'en reste pas moins le malin génie du groupe dans la pertinence aiguë de ses interventions. Un peu las de cette grosse machine à démonter le temps, il rejoint Herbie Hancock au sein du quintette VSOP et finit par se mettre en rupture du Weather Report en 1986. Il fréquente alors des artistes tout-terrain : la chanteuse Joni Mitchell, les guitaristes Pino Daniele et Carlos Santana, le percussionniste Milton Nascimento ou le groupe Steely Dan. Il poursuit désormais sa route en toute indépendance, le regard fixé sur les quatre lignes de l'horizon, entouré d'une nuée de *sidemen* où l'on peut admirer la ravageuse percussionniste Marilyn Mazur, les talentueuses pianistes Geri Allen et Renee Rosnes et la superbe « batteuse » Terri Lyne Carrington. Loin de se laisser griser, étourdir ou flatter, par ces accompagnatrices de charme, l'intègre Wayne Shorter maintient le cap, garde toute son humilité et, faute de réponses qui puissent le satisfaire, continue de chercher un sens aux doutes qui n'ont jamais cessé de l'assaillir. « Je me pose souvent la question : ce que je fais vaut-il quelque chose ? Pour moi, créer quelque chose de valeur dans la vie, cela équivaut à un sentiment d'immortalité, tu as le sentiment d'être éternel... et tu peux vivre sans peur. La musique est une illusion [...] mais si je peux transformer cette illusion, en faire un enfant éternel, c'est formidable. En d'autres termes, je ne fais pas ce que je suis, je suis ce que je fais... »

Jaco Pastorius (1951-1987)

L'enfance de John Francis Pastorius, alias « Jaco », né le 1er décembre 1951 à Norristown (Pennsylvanie), est bercée par les mélopées de Frank Sinatra et des grosses machines à swing que son père, chanteur de jazz professionnel, lui fait écouter. Installé en Floride dès l'âge de sept ans, le jeune Jaco évolue donc dans une ambiance familiale baignée de musique et se consacre très tôt à la batterie. Un bras cassé lors d'un match de football se ressoude mal et contraint le garçon à se tourner vers d'autres instruments réclamant moins de force physique. Il commence ainsi à jouer du saxophone et de la guitare dans des groupes locaux de rhythm'n blues et avec des artistes de passage tels que les Temptations, les Supremes, les Four Seasons, le chanteur soul Wayne Cochran ou les C.C. Riders, tout en écrivant ses premiers arrangements pour le grand orchestre du tromboniste Peter Graves et le Baker's Dozen du trompettiste-saxophoniste Ira Sullivan. Adolescent rebelle, Jaco Pastorius dévore la vie avec rage et fait les quatre cents coups dans une Floride paisible, qu'il traverse dans un fracassant va-et-vient de voitures « empruntées », de rock'n roll et de *steel bands* de Trinidad, de bagarres rangées et de virées nocturnes. « J'étais complètement dingue. On était des durs. On faisait n'importe quoi pour faire les fous. On n'allait jamais dans les boums, parce que les boums, c'était nous-mêmes. » Après une opération chirurgicale qui lui permet de retrouver le parfait usage de son bras en 1968, il se met sérieusement à la basse électrique dont il devient rapidement un technicien accompli. À tel point qu'un soir de 1969, un guitariste noir à l'allure dégingandée vient lui proposer une place de bassiste dont beaucoup aurait rêvé. « J'ai refusé parce que je savais déjà ce que je voulais faire comme musique et, de toute façon, je ne suis qu'un chien errant. » Le guitariste s'appelait Jimi Hendrix... Toujours fixé en Floride au début des années 70, Jaco Pastorius écume les clubs, joue sur des bateaux de croisière qui sillonnent les Caraïbes, enseigne quelque temps à l'université de Miami, s'intéresse autant au rock qu'au reggae jamaïcain, au country and western qu'à la soul ou au jazz. Il fait la connaissance du guitariste Pat Metheny, tourne et enregistre avec divers groupes dont le célèbre Blood, Sweat and Tears en 1976. Cette année-là est décisive. Soutenu par le batteur Bobby Colomby de Blood, Sweat And Tears, Jaco Pastorius grave son premier album personnel, se produit également avec Albert Mangelsdorff (tb) et prend la relève d'Alphonso Johnson dans le groupe le plus célèbre et aguerri de la décennie : Weather Report. En engageant ce nouveau phénomène de la basse électrique, Wayne Shorter et Joe Zawinul abattent une de leurs cartes maîtresses. Coup de poker réussi, soit un brelan d'as (Shorter, Zawinul, Pastorius) suivi d'une paire rythmique gagnante. L'arrivée de cet enfant terrible va provoquer quelques remous sur la scène du jazz ainsi que quelques problèmes d'ego et de répartitions des rôles au sein du quintette, mais contribuera à installer définitivement la formation au firmament du jazz-rock. Les commentaires de Wayne Shorter sont éloquents : « Jaco nous a apporté un côté visuel qui nous a amené un public plus jeune. Ses cheveux longs, ses bonds sur scène. Et ce qu'il racontait dans les interviews aussi ! » Ludion fantasque, gesticulant et grandiloquent, Jaco Pastorius vit sa carrière à la vitesse supersonique d'une rock star. Mais avant tout, c'est la prodigieuse technique instrumentale qui prime sur le comportement spectaculaire du personnage. Précurseur révolutionnaire de la *fretless bass* (basse sans barrettes), il déploie une sonorité énorme, large et puissante, comme un râle orgastique venu du fond de la gorge, une plainte douloureuse arraché aux entrailles. Une sonorité absolument unique, servie par une vélocité hallucinante, un vibrato poignant, un placement rythmique sans aucune faille, un somptueux à-propos harmonique, une intuition rare du trait mélodique, un sens aiguisé de la note juste et irréprochable. Jaco Pastorius est davantage qu'un géant de la basse électrique, il transcende tout ce qu'il touche et envahit de sa présence toutes les expériences auxquelles il participe, que ce soit aux côtés de Pat Metheny pour l'album *Bright Size Life* chez ECM, avec la chanteuse Joni Mitchell sur scène et en studio *(Hejira, Don Juan's Reckless Daughter, Mingus)*, en compagnie du rocker Ian Hunter ou d'Herbie Hancock, Bob Mintzer (ts), Tom Scott (s) et Mike Stern (elg)... En 1982, il quitte Weather Report pour réaliser un vieux rêve d'enfance en montant son grand orchestre. Arrangeur foisonnant, prolixe en effets cuivrés et en percussions latines, il signe quelques albums remarquables d'intelligence et d'énergie maîtrisée *(Word of*

Mouth, Jaco Pastorius Big Band, Twins I & II 2 vol.). Batteur et pianiste sur ses propres productions phonographiques, il s'entoure d'une pléiade d'excellents instrumentistes lors des prestations scéniques où l'on retrouve, entre autres, Peter Erskine (dms), les frères Brecker (tp et s), Othello Molineaux (steel drums)… Mais les soucis inhérents à l'organisation d'un big band, une fragilité mentale mise en danger par des responsabilités difficiles à assumer vont sérieusement aggraver l'état psychique et physique de Jaco Pastorius, qui sombre peu à peu dans la déprime, l'alcool et la drogue. Tantôt frénétique ou autistique, violent ou abattu, rasséréné ou déstabilisé, Jaco Pastorius poursuit ses extravagances juvéniles (scandales, arrestations, accidents, hospitalisations, internements…), alterne les phases d'intense création avec de longues périodes de prostration. Après un divorce pénible en 1985, il erre dans des tournées scabreuses aux côtés de Mike Stern (elg), Brian Melvin (dms) ou Bireli Lagrene (elg), et multiplie ses excentricités au point de briser son image de *bass-hero* et de décevoir ses fans les plus inconditionnels. Après un énième scandale, Jaco Pastorius sort de prison, il erre dans les parcs de Fort Lauderdale, avec son instrument pour seul compagnon. Imbibé d'alcool, réduit à l'état de clochard, il tente de rentrer un soir dans un club de Miami mais les videurs lui refusent le passage. Le « chien errant » insiste et les deux molosses du service d'ordre le tabassent, le rouent de coups de pieds et s'acharnent sur son corps jusqu'à ce qu'une ambulance récupère l'épave pour la conduire aux services des urgences. Le 21 septembre 1987, Jaco Pastorius expire à l'hôpital Broward après avoir lutté contre la mort pendant plusieurs jours. Il avait trente-cinq ans.

Les maîtres de forges

Art de l'absorption, de la concentration, de l'intégration ou de l'assimilation, le jazz fusion va révéler des solistes de qualité qui s'extrairont peu à peu d'un creuset musical où se liquéfient, se fondent, se confondent, se cristallisent, se réduisent ou se solidifient tous les alliages stylistiques. Jazz électrique et binaire, avec parfois d'épisodiques allers-retours vers le ternaire et des incursions résurgentes vers le son acoustique, la fusion brasse une coulée de matières ardentes et plonge dans le même moule les effusions caribéennes, les langueurs latines, les pulsions africaines, les vapeurs extrême-orientales, les braises rageuses du rock et les rigueurs pointillistes occidentales. Mais davantage qu'un style résolument typé et unifié, il s'agit avant tout d'une affaire d'individus, d'humeurs et de personnalités, de conscience culturelle et de curiosité plus ou moins vives, de doutes et de révélations, de convictions plus ou moins profondes. Certains instrumentistes s'affirmeront comme des leaders de poids après avoir souvent joué les sidemen hautement qualifiés dans l'industrie lourde du disque. Lingots patiemment affinés ou simple scories métalliques, les résultats seront souvent fonction de la maîtrise dont chacun saura faire preuve pour alimenter une forge en perpétuelle activité.

Freddie Hubbard (1938-2008)

Trompettiste à la technique impressionnante, à la sonorité ronde et ample, à la rapidité fulgurante, aux harmonies précises, aux attaques puissantes et volubiles, Freddie Hubbard est une des références majeures de son instrument mais reste cependant un musicien en perpétuelle recherche d'identité. Ce sont sûrement toutes ces qualités enviables, liées à des dons certains de caméléon, qui l'ont conduit à se frotter à des artistes aussi variés que Wes Montgomery, Ornette Coleman, John Coltrane, Eric Dolphy, Art Blakey, Count Basie, Friedrich Gulda, Sonny Rollins, Max Roach, Bill Evans, Randy Weston ou Milt Jackson… Du fameux album *Free Jazz* jusqu'aux formules *all stars* des années 80 (avec Chick Corea, Elvin Jones, Stanley Clarke, Michael Brecker, Joe Henderson, Larry Coryell, Michel Petrucciani, etc.), en passant par les Jazz Messengers, les confrontations avec ses collègues Dizzy Gillespie, Clark Terry ou Woody Shaw, des albums en leader et des fonctions de *sideman* avec Dexter Gordon, Oliver Nelson, Jackie McLean, Curtis Fuller…, ou bien ses prestations explosives dans le VSOP d'Herbie Hancock, le trompettiste le plus courtisé de sa génération n'a jamais vraiment trouvé un souffle suffisamment intime et novateur pour compenser cette image de versatilité. S'il n'est pas un musicien totalement représentatif du courant fusion, il n'en demeure pas moins un exemple par sa capacité à réunir tous les risques d'une histoire dont il possède les clés. Exceptées, peut-être, celles qui pourraient le mener à sa réserve personnelle, car dans la production de Freddie Hubbard, il y a à boire et à manger, du fluide et de l'indigeste, tantôt grisant tantôt écœurant. Pour éviter les mauvaises surprises, il suffit de prêter attention aux périodes et surtout aux maisons de disques. L'époque Blue Note entre 1958 et 1965 est sûrement la plus faste, du moins la plus sincère, la traversée chez Atlantic qui va de 1966 à 1970 pose déjà quelques interrogations, le naufrage disco-électrique des années CTI entre 1970 et 1975 est à oublier, quant aux efforts produits pour CBS à dater de 1974, on y ressent ce complexe avoué du rejeton surdoué, écrasé par la paternité envahissante de Miles Davis. Car là est le problème le plus tenace de Freddie Hubbard, qui, malgré son immense talent, s'efforce de chercher sa petite lumière intérieure dans l'ombre intouchable de son maître. « Miles possède un contrôle immense sur le son. Et ce truc, il se peut qu'on y arrive ou qu'on y arrive pas. Je suis en train d'y arriver. » Il n'est pas encore sûr qu'il y parvienne après la disparition du père. Le dernier silence de Miles sera encore long à décrypter car il est bien connu que les héros mythiques sont souvent plus grands morts que vivants.

Mike Mainieri (1938)

Vibraphoniste féru d'électronique et précocement intéressé par les synthétiseurs, Mike Mainieri va renouveler le langage d'un instrument dominé jusqu'alors par les figures historiques de Lionel Hampton et de Milt Jackson, sans oublier bien entendu le gracile Red Norvo. Après des débuts plutôt orthodoxes avec Paul Whiteman en 1952, puis dans le big band de Buddy Rich et aux côtés d'Erroll Garner et de Coleman Hawkins, le jeune Mainieri enregistre son premier album en 1959. Sa passion pour les nouvelles technologies se déclare durant les années 60 au contact de musiciens de sa génération parmi lesquels on compte Larry Coryell (elg), Joe Beck (elg), Randy Brecker (tp), Jeremy Steig (fl), avec qui Mike Mainieri collaborera au sein d'un groupe curieusement nommé : Satyrs. Rien de cyniquement indécent pourtant dans ces prémices d'un jazz-rock plutôt consensuel, si ce n'est un penchant pour une légère provocation dans l'utilisation de l'électricité. Partagé entre des activités alimentaires (publicité, séances de variétés...) et des expérimentations collectives comme le grand orchestre White Elephant, mastodonte orchestral composé des frères Brecker, de Tony Levin (elb), George Young (s), Steve Gadd (dms), Frank Vicari (ts, fl), Jon Faddis (tp)..., le vibraphoniste fait preuve d'une énergie peu commune et travaille sur tous les fronts. Après une période de répit durant laquelle il met au point un « syntivibe », instrument hybride associant les sons de synthèse au vibraphone, Mainieri revient en force avec le groupe Image dès 1972, sans pour autant négliger quelques *sessions* lucratives pour le cinéma et la télévision. « J'ai toujours été très curieux de parcourir différentes sortes de musique. L'autre raison est que cela m'a permis de nourrir mes sept enfants ! » Musicien disposé à toutes les rencontres (les vedettes de variétés-rock comme Billy Joel, Linda Ronstadt, Dire Straits ou Paul Simon), Mike Mainieri va enfin obtenir une importante reconnaissance internationale lorsqu'il monte le groupe Steps (voir plus loin) avec Steve Gadd (dms), Eddie Gomez (b) et Michael Brecker (ts). Dès lors, il va consacrer l'essentiel de son temps à ce groupe dont le personnel évoluera au gré des disponibilités de chacun. Rebaptisé Steps Ahead, le groupe verra défiler plusieurs solistes de renom et présentera en 1989 une de ses meilleures formules avec le bassiste Victor Bailey, le guitariste Jimmy Tunnel, la pianiste Rachel Nicolazzo et le saxophoniste Bendik. Farouche défenseur du jazz fusion, dont il revendique le terme sans honte ni équivoque, Mike Mainieri ne bouleverse pas l'approche harmonique du vibraphone mais il en remodèle toute la palette sonore, grâce à une exploitation délicate des échantillonneurs et des synthétiseurs. Préoccupé par l'installation de climats contrastés, où se mêlent des références pluri-ethniques et une recherche de lignes mélodiques sobres, Mike Mainieri s'impose surtout comme un leader soucieux de maîtriser son outil de travail (société de production et de management personnelle, label discographique…) et de privilégier l'écriture à travers des thèmes et des arrangements toujours plus épurés. « La force d'un orchestre réside plus dans les compositions que dans la virtuosité de chacun. »

Jack DeJohnette (1942)

Ce batteur exceptionnel, né à Chicago, a débuté par l'étude du piano (pendant plus d'une douzaine d'années), mais également du saxophone et de la contrebasse avant d'opter pour la batterie. Armé d'un diplôme du conservatoire, il s'inscrit à l'université et commence à jouer avec des groupes locaux. Il fréquente alors les membres de l'AACM et travaille avec le bluesman T. Bone Walker. En 1966, il quitte la cité des Vents pour tenter sa chance à New York. À peine installé, les propositions affluent et Jack DeJohnette accompagne Jackie McLean (as), Charles Lloyd (as), Betty Carter (voc), Abbey Lincoln (voc), Bill Evans (p), Stan Getz (ts), John Coltrane (ts, ss) ou Thelonious Monk (p). Entre 1970 et 1972, Jack DeJohnette tient la batterie dans le groupe de Miles Davis. Comme toujours, une carte de séjour obtenue chez le trompettiste ouvre de nombreuses portes, notamment celles des studios où DeJohnette fréquente George Benson (elg), Joe Henderson (ts), Bobby Hutcherson (vib), Freddie Hubbard (tp), McCoy Tyner (p), Chick Corea (p), Joe Farrell (s, cl, fl), etc. À dater du début des années 70, le batteur se lie d'amitié avec le pianiste Keith Jarrett et leur complicité musicale durera plus d'une décennie. Entre-temps, Jack DeJohnette fonde le groupe Directions en 1975, avec le guitariste John Abercrombie, le saxophoniste Alex Foster et le bassiste Peter Warren, remplacé ensuite par Mike Richmond (b). Trois ans plus tard, la formation s'appelle New Directions et s'enrichit de Lester Bowie (tp) et d'Eddie Gomez (b). En 1979, Jack DeJohnette se lance dans une autre aventure en créant Special Edition, orchestre modulable et souvent remanié, qui verra défiler de nombreux solistes de références tels que John Purcell (s), Chico Freeman (s), Rufus Reid (b), Howard Johnson (tuba), David Murray (s), Arthur Blythe (s), Greg Osby (s), Gary Thomas (s), Mick Goodrick (elg), Lonnie Plaxico (b, elb) ou Nana Vasconcelos (perc)... Parallèlement à ses activités de leader, DeJohnette va former le somptueux trio Gateway, avec John Abercrombie et le bassiste Dave Holland, une rencontre égalitaire, étincelante de liberté et d'inspiration toujours frémissante. Il collaborera également à la rencontre discographique d'Ornette Coleman et de Pat Metheny *(Song X)* ainsi qu'au trio de Keith Jarrett avec Gary Peacock à la basse. Batteur au discours délibérément débridé, aussi à l'aise sur les découpes binaires que ternaires, subtil organisateur d'atmosphères sonores, percuteur délicat et fourmillant, lustreur de cymbales et bouilleur de fûts, Jack DeJohnette se caractérise avant tout dans l'art de frapper au-delà du tempo avec autant de subtilité que d'énergie. Des qualités de mélodistes conjuguées à une science de la suggestion métrique que l'on retrouve également dans un traitement original du piano (et accessoirement du mélodica) lorsqu'il décide parfois de brouiller les pistes en délaissant ses peaux de tambours pour les touches du clavier.

Jean-Luc Ponty (1942)

Après un quart de siècle passé sur le sol des États-Unis, on peut considérer ce violoniste français comme l'une des figures incontournables du jazz américain. Fils de deux professeurs de musique, il étudie le violon dès l'âge de cinq ans et abandonne l'école assez tôt pour se consacrer entièrement à l'instrument. Entré au Conservatoire national supérieur de Paris à seize ans, il en ressort deux ans plus tard avec un premier prix de violon. S'il envisage au début une carrière de concertiste classique et travaille aux concerts Lamoureux, il bifurque vite vers le jazz sous l'influence de son aîné Stéphane Grappelli et de l'écoute assidue des disques de Miles Davis ou de John Coltrane. À partir de 1961, Jean-Luc Ponty collabore à l'orchestre de Jef Gilson, sans tout à fait abandonner le répertoire classique, mais il décide de franchir le pas en 1964, tourne en Europe (clubs, festivals...) et se révèle brillamment dans le superbe trio HLP, constitué en 1966 avec le batteur Daniel Humair et l'organiste Eddy Louiss. Lors d'un premier voyage aux États-Unis pour participer au Festival de Monterey, il prend contact avec la scène américaine et y reçoit un accueil plus que favorable. En 1969, il joue avec le guitariste rock Frank Zappa, qui lui fait découvrir les possibilités offertes par l'électronique et l'amplification. Après un bref retour en France, où il se produit entre 1970 et 1972, le violoniste retourne aux États-Unis pour y retouver les Mothers of Invention de Zappa aux côtés de la fine fleur du rock progressif. Lorsque Jerry Goodman, autre pionnier du violon électrique quitte le Mahavishnu Orchestra, Jean-Luc Ponty est appelé à sa succession par John McLaughlin. Fort de cette double expérience au sein de formations extrêmement populaires, Ponty va désormais enregistrer sous son nom une musique qui le place sans ambiguité dans le peloton de tête des artisans du jazz-rock fusion. Technique évidemment irréprochable, vélocité sans abus, souplesse rythmique, recherches électroniques, bruitages, séquences, arrangements synthétiques, goût prononcé pour les masses symphoniques, sens de la mélodie aimable et aisément détectable, Jean-Luc Ponty est un astucieux contrebandier du son et un habile trafiquant de technologies. Né dans l'académisme, déniaisé par le jazz et encanaillé par le rock, il a vécu sa maturité dans l'union de ses trois premières amours sans avoir jamais eu le sentiment d'en trahir le souvenir. On regrette pourtant ses premières innocences.

Gary Burton (1943)

Autre orfèvre du vibraphone, Gary Burton se situe à mi-chemin entre un classicisme élégamment virtuose et une fusion à peine effleurée du bout des mailloches. Après être passé par le piano et la marimba, il fixe son choix sur le vibraphone, sur lequel il fait ses débuts professionnels, en 1960, à Nashville auprès de guitaristes country chevronnés, dont le célèbre Chet Atkins. Il se rend ensuite à Boston pour suivre les cours de jazz du trompettiste Herb Pomeroy, éminent pédagogue de la Berklee School of Music. Gary Burton a la chance de signer son premier album en 1961 pour la firme RCA, alors qu'il est encore étudiant. Installé à New York, deux ans plus tard, il travaille avec le pianiste George Shearing, qui n'hésitera pas à intégrer les compositions du jeune vibraphoniste à son répertoire. Suivront deux années actives chez Stan Getz (concerts, tournées mondiales, musiques de films...), puis la création de sa propre formation en 1967 avec le guitariste Larry Coryell, le bassiste Steve Swallow et le batteur Roy Haynes, ce dernier étant bientôt remplacé par Bob Moses. Désormais, Gary Burton va faire évoluer sa carrière avec grâce et raffinement, en évitant avec beaucoup de vigilance les écueils du binaire électrique, les déviances du free jazz ou les somnolences du revivalisme. Gary Burton a toutes les raisons de rester raisonnable car il sent bien que sa technique magistrale et l'originalité de son jeu ne peuvent se développer que dans la plus complète liberté stylistique. Chapelets d'accords serrés ou déliés, ramassés en *block chords* grâce à une utilisation virtuose de quatre mailloches (parfois six), harmonies toujours fouillées et polyphonies recherchées sans pour autant nuire à la simplicité mélodique, sonorité de cristal et frappe claire, Gary Burton déroute autant qu'il subjugue par son aisance apparemment innocente. Qu'il interprète *A Genuine Tong Funeral,* la superbe pièce de Carla Bley aux côtés de Steve Lacy, Michael Mantler, Howard Johnson ou Gato Barbieri, qu'il dialogue avec les pianos de Keith Jarrett ou de Chick Corea, qu'il s'acoquine avec la basse d'Eberhard Weber, qu'il enseigne à la Berklee School ou qu'il enregistre avec des partenaires aussi prisés que Stéphane Grappelli (v), Ralph Towner (g), John Scofield (elg), Mick Goodrick (elg), Danny Gottlieb (perc), ce vibraphoniste traverse les épreuves et les maisons de disques (RCA, Atlantic, ECM et GRP) avec un tact délicat, une vélocité pudique et une invention toujours renouvelée.

Randy Brecker (1945)

On parle souvent des Brecker Brothers comme d'une association familiale indéfectible, mais chacun des deux frères a une carrière autonome riche de rebondissements et d'expériences diverses. Nés dans une famille mélomane où le père, avocat, joue du piano jazz en amateur et où la sœur pratique le piano classique, les fils Brecker s'initient tout naturellement à la musique. Randy, l'aîné, étudie la trompette et la théorie musicale à l'université d'Indiana avant de s'installer à New York en 1966. Il joue avec le groupe Blood, Sweat and Tears, Janis Joplin, les big bands de Clark Terry et de Duke Pearson, mais aussi Lew Tabackin (ts, fl), Art Blakey et le chanteur Stevie Wonder. Il participe également au quintette d'Horace Silver et, en 1969, il enregistre son premier disque en tant que leader, *Score,* en compagnie de Larry Coryell, qu'il côtoie aussi dans le groupe Eleventh House. Lorsque son frère Michael débarque à New York à la fin des années 60, Randy Brecker va l'introduire dans le milieu du jazz et lui déblayer l'entrée des studios. Sur un nombre incalculable d'albums de toutes tendances, le duo fraternel va constituer l'une des sections de cuivres (trompette-saxophone) les plus sollicitées de l'industrie discographique. Entre 1970 et 1973, ils montent ensemble le groupe Dreams avec John Abercrombie à la guitare, Will Lee à la basse et Billy Cobham à la batterie, puis après un intermède commun chez Horace Silver, ils reforment un orchestre dont ils partagent la direction et qu'ils baptisent, on ne peut plus explicitement, les Brecker Brothers. Six albums sont gravés entre 1975 et 1981 et assurent une solide renommée internationale au tandem. Conjointement, Randy Brecker participe à plusieurs centaines d'albums mais ses activités de requin de studio ne l'empêchent nullement de conserver une forte personnalité et d'assener parfois quelques chorus d'inspiration hard-bop dans des contextes souvent complètement étrangers au jazz. Une superbe technique rompue à toute épreuve, alliée à une recherche élaborée dans les sonorités électriques (il est l'un des premiers à brancher sa trompette) font de Randy Brecker un des improvisateurs les plus intéressants du jazz-rock, particulièrement mis en valeur lorsqu'il se produit avec son propre groupe, qui comprend sa femme, la brésilienne Eliane Elias (p, keyb, voc) mais aussi Mark Egan (b), Dan Gottlieb (dms) et Nana Vasconcelos (perc).

Michael Brecker (1949-2007)

Le cadet des Brecker Brothers a évidemment bénéficié des appuis de son frère Randy, qui lui a largement débroussaillé le terrain de la jungle new-yorkaise. Avant de rejoindre la Grosse Pomme, Michael Brecker a étudié la clarinette, le saxophone alto et a finalement choisi de privilégier le ténor. Outre un court séjour à l'université d'Indiana où il s'initie à la musique classique et à la flûte, il s'entraînera à recopier les solos de Parker et de Coltrane sans pour autant se priver d'écouter du rhythm'n blues, Jimi Hendrix ou Eric Clapton. Quand il arrive à New York, à l'âge de dix-huit ans, il s'intègre donc facilement à la faune musicale et suit son frère dans les aventures de Dreams, des Brecker Brothers, du groupe d'Horace Silver et, bien sûr, dans le tourbillon des séances d'enregistrement. À son actif, on dénombre un peu plus de quatre cents disques en tant que *sideman* parmi lesquels ceux de Diana Ross, Billy Joel, Frank Sinatra, Martha and The Muffins, Michael Franks… Pour exemple, il a été constaté que les frères Brecker ont joué sur plus de la moitié de la production discographique américaine pour la seule année 1978. Après avoir brûlé quelques planches dans la formation de Billy Cobham, Michael Brecker va participer activement au groupe Steps Ahead, dont la création a eu lieu de façon spontanée au Seventh Avenue South, le club new-yorkais dirigé par les deux frères Brecker. Antre du jazz fusion et des *jam sessions* impromptues, ce haut lieu fermera ses portes en 1985, mais entre-temps le ténor de Michael va gagner en plénitude et en assurance au sein d'un groupe homogène, progressivement versé dans l'électronique et où il adoptera le saxophone EWI (Electronic Wind Instrument), instrument à vent synthétique dont il devient rapidement le très grand spécialiste. «J'ai électrifié mon saxophone mais ça n'a jamais été satisfaisant. L'EWI a changé ma vie si je puis dire. De plus, le saxophone m'est apparu après cette expérience comme un instrument d'une fraîcheur inouïe. Ceci dit, le saxophone est toujours "number one" pour moi [...] Lorsque je veux m'exprimer par un intense solo, j'empoigne le ténor.» Après avoir décliné plusieurs propositions de contrats de maisons de disques, il décide enfin de graver son premier album en tant que leader, pour Impulse en 1987. «En fait pour être franc je vais vous confier ceci : c'est la peur qui m'a bloqué et empêché de réaliser plus tôt mes propres disques!» Un premier essai réussi, couronné dans tous les référendums, et bientôt transformé par l'excellent opus *Don't Try This at Home.* Avant de convoquer ses amis Pat Metheny (elg), Charlie Haden (b), Jack DeJohnette (dms), ou bien Mike Stern (elg), Jeff Andrews (elb), Adam Nussbaum (dms) ou le très prometteur Joey Calderazzo (p), Michael Brecker a longtemps reculé les échéances, se contentant d'apporter son savoir-faire à d'autres musiciens, car cet homme sait effectivement tout faire. Pleurer comme un nouveau-né, rugir comme un centaure, crachoter de dégoût, sussurrer des sucreries, bramer comme un animal pris au piège, fredonner du bout des lèvres, beugler sa colère, s'égosiller à pleins poumons. Mais à trop vouloir en faire, ce perfectionniste cherche avant tout à masquer pudiquement une sensibilité inquiète et une vulnérabilité touchante que l'on croit percevoir sous ce modeste aveu : «Mes erreurs sont souvent ce que j'aime le plus dans mes disques.»

Dave Liebman (1946)

Très attaché à son indépendance et d'une exigence redoutablement rigoureuse, le saxophoniste Dave Liebman se singularise par une allégeance à la musique coltranienne (manifeste dans son utilisation du ténor et du soprano) mais qui, phénomène rare, n'entrave en rien l'affirmation d'une voix foncièrement originale. Après avoir pris des leçons particulières avec des pédagogues de pointe comme Charles Lloyd (s) ou le très influent Lennie

Tristano, il se frotte au milieu musical et pousse ses premiers chorus lors de rencontres ponctuelles avec Steve Swallow (elb), Bob Moses (dms), Chick Corea (p), Eddie Gomez (b)... Une participation à l'album *My Goal's Beyond,* de John McLaughlin, un engagement dans le groupe de rock Sawbuck aux cotés de Pee Wee Ellis (ts), la fréquentation de la coopérative musicale Free Life Communication et un séjour remarqué dans le groupe d'Elvin Jones entre 1971 et 1973 vont lui permettre de bénéficier des hautes recommandations de Dave Holland et de Chick Corea pour intégrer le sanctuaire de Miles Davis. Il y restera deux années au cours desquelles il gravera aux côtés du trompettiste les albums *Get up With It* et *Dark Magus.* En 1974, le groupe Lookout Farm est formé avec Richie Beirach (p), Frank Tusa (b), Jeff Williams (dms) et Badal Roy (perc), mais Dave Liebman ne se prive pas de collaborer conjointement au groupe Open Sky, où officie le batteur Bob Moses. Après avoir produit quelques albums en leader, Dave Liebman part pour San Francisco en 1976 et monte un orchestre avec son ami Pee Wee Ellis. Devant l'insuccès de cette formule funk jazz-rock, Dave Liebman rejoint l'orchestre de Chick Corea dès l'année suivante, puis forme un nouveau quintette avec le japonais Terumasa Hino (tp), ainsi que John Scofield (elg), Ron McClure (b) et Adam Nussbaum (dms). Après deux ans de tournées avec cette formation, Dave Liebman vit l'aventure du groupe Quest en fort bonne compagnie puisqu'il y retrouve Richie Beirach, Eddie Gomez et le batteur Billy Hart. Alternant avec équilibre sa carrière individuelle, sa présence active au sein de Quest et des fonctions d'enseignant auxquelles il attache beaucoup d'importance, Dave Liebman creuse la veine coltranienne sans pour autant occulter sa vraie nature (*Hommage to Coltrane* puis *Tribute to John Coltrane* avec Shorter, gravés en 1987). Toujours lyrique et parfois emporté, mais avec un parfait sens du contrôle rythmique, goûtant volontiers les paroxysmes aigus au soprano et une plénitude hargneuse au ténor, tour à tour rectiligne ou sinueux, Dave Liebman est un disciple aussi frondeur que respectueux.

Kip Hanrahan (1954)

Cet éternel beatnik du Bronx, né d'un père irlandais et d'une mère russe juive, longtemps partagé entre la sculpture et le cinéma, cultive la marginalité et les assemblages hétéroclites avec une science et un bonheur toujours renouvelés. Et pour cela, il a besoin de se sentir bien entouré. Alors il choisit parmi ses amis et dresse patiemment la liste des invitations : Carla Bley (comp), Carlos Ward (s), Dave Liebman (ss), Chico Freeman (s, fl, cl), Steve

Swallow (b), Lew Soloff (tp), John Stubblefield (ts), Jamaladeen Tacuma (elb), Jerry Gonzales (tp, perc), Astor Piazzola (comp, bandonéon), George Adams (ts, ss), Jack Bruce (elb), Kenny Kirkland (p), Billy Hart (dms), Fernando Saunders (elb)… La série est trop impressionnante pour être exhaustive. Un plateau de luxe trié sur le volet, une brochette de stars ou de premières lames dévouées à la musique débridée, provocante et sensuelle du maître de céans. Tenter de trouver une seule étiquette aux thèmes-chansons-saynètes de Kip Hanrahan serait ridicule, tout comme il ne servirait à rien de rechercher un qualificatif capable d'exprimer ce que le compositeur a osé. Sa démarche est trop personnelle, trop en dehors des sentiers battus pour que l'on s'essaye à une quelconque définition. C'est du blues mais ça n'en a pas l'air, c'est du tango mais pas trop, c'est latino mais il ne faut pas s'y fier, on pourrait croire que c'est du rock mais pas du tout, c'est du free mais pas vraiment, de la fusion ou presque, quant au swing… Allez donc savoir. Une poule n'y retrouverait pas ses petits.

Pat Metheny (1954)

Ce jeune homme tranquille, né à Lee's Summit, un petit village perdu dans le Midwest, a réussi le pari de mener sans équivoque une carrière à deux facettes. D'un côté, une fusion aux mélodies flatteuses et séduisantes, de l'autre, un jazz plus radical imprégné de la science harmolodique d'Ornette Coleman. Dans un domaine où l'on apprécie généralement les options et les choix clairement définis, il est encore plus curieux de constater que Pat Metheny recueille les suffrages d'un public très large qui, la plupart du temps, adhère sans problème aux modes d'expression que l'artiste choisit au gré des humeurs et des circonstances. Bien sur, l'unanimité n'est pas parfaite, mais dans l'ensemble, cette bipolarité a fini par être acceptée et, mieux encore, appréciée. Contrairement à ce que l'on pourrait croire, ce guitariste n'est pas venu au jazz après avoir joué du rock. Pour un musicien de sa génération, il s'agirait presque d'un paradoxe mais cet intérêt précoce pour les œuvres de Miles Davis et d'Ornette Coleman s'explique surtout par la proximité de la turbulente Kansas City, que cet adolescent du Missouri fréquentera dès l'âge de treize ans. « Au fur et à mesure que je m'intéressais au jazz, et de surcroît me trouvant à Kansas City, j'ai forcément assimilé cette tradition comme tous les jeunes musiciens du coin. Mais j'ai écouté tout d'abord ce que faisait Miles Davis à l'époque. C'était mon chouchou. Bien sûr en tant que guitariste, Wes Montgomery et Jim Hall m'ont grandement influencé. » Après avoir débuté à la trompette, dès l'âge de huit ans, il doit changer d'instrument pour cause d'appareil dentaire récalcitrant et se tourne donc vers la guitare. Il joue alors dans des trios locaux (guitare-orgue-batterie) et obtient une bourse du magazine *Down Beat* pour participer à un stage estival où il rencontre le guitariste Attila Zoller, qui l'encourage à poursuivre son apprentissage. Pat Metheny se produit en clubs avec des musiciens du cru et donne des leçons particulières pour survivre, jusqu'au jour où il obtient une nouvelle bourse qui lui permet de s'inscrire à l'université de Miami. Particulièrement doué, il aura bientôt l'occasion d'y donner quelques cours et rencontrera sur le campus le bassiste Jaco Pastorius, avec qui il se lie d'amitié. En 1974, le vibraphoniste Gary Burton l'engage dans sa formation et Pat Metheny y reste jusqu'en 1977. Entre-temps, il va également enseigner à la Berklee School de Boston et graver un premier album en leader, le splendide *Bright Size Life,* entouré de Jaco Pastorius (elb) et de Bob Moses (dms). Les retrouvailles avec son ami d'enfance, le claviériste Lyle Mays (né en 1953), au Festival de Wichita en 1975, seront déterminantes, et c'est avec ce nouveau compagnon de route que Pat Metheny décide de monter son groupe lorsqu'il quitte Burton en 1977. Dès lors, sa discographie va présenter deux visages contrastés mais insidieusement complémentaires. Tout d'abord, avec le Pat Metheny Group, le guitariste va privilégier la construction patiente d'un répertoire simple, aux mélodies clairement intelligibles, aux rythmes souplement articulés et facilement accessibles, à base de sons synthétiques, de percussions latines, d'électricité tamisée et de climats cristallins. Soutenu au départ par des équipes efficaces où défileront Mark Egan (b), Danny Gottlieb (dms), Nana Vasconcelos (perc), David Blamires (voc), etc., Pat Metheny va peu à peu stabiliser la cellule de base du groupe et cette permanence du personnel deviendra un des atouts fondamentaux pour l'épanouissement du leader, qui peut se reposer sans souci sur le bassiste-contrebassiste Steve Rodby, le batteur Paul Wertico, le percussionniste Armando Marcal et le multi-instrumentiste Pedro Aznar (s, perc, voc, keyb, g), sans oublier bien entendu le fidèle Lyle Mays, dont la collaboration est étonnamment durable dans un monde musical où les rencontres sont souvent éphémères. Pat Metheny a parfaitement conscience de la rareté d'une telle complicité et des avantages qu'elle procure : « Je crois que nous sommes déjà très surpris tous les deux de la longévité de cette relation. Nous l'apprécions de plus en plus avec le temps et j'ai le sentiment que nous travaillerons toujours ensemble d'une manière ou d'une autre, bien qu'il réalise ses propres disques et moi des projets personnels. Nous n'avons aucune raison de nous séparer, notre symbiose porte ses fruits et, de plus, il est un des rares musiciens de mon âge dont je me sens très proche. » En effet, Pat Metheny, si l'on excepte son amitié avec Jaco Pastorius, préfère toujours se nourrir du savoir de ses anciens, tels Charlie Haden (b), Jack DeJohnette (dms), Billy Higgins (dms), Dewey Redman (as, ts, cl) ou Michael Brecker (ts), avec qui il aborde le versant résolument jazz de sa carrière. « Pour moi, le jazz est le terrain le plus facile, le plus naturel. C'est amusant d'entendre souvent cette idée qu'après avoir joué avec mon groupe, revenir à des petites formations [...] serait un défi. C'est l'inverse. Le jazz est la musique dans laquelle j'ai grandi. Je n'aime pas dire qu'un genre est plus ou moins exigeant qu'un autre. Dans le jazz, il y a plus d'espaces, plus d'options. » C'est ainsi qu'il élargit son champ de liberté avec des enregistrements et des concerts où il s'associe à quelques *all stars* de luxe : l'album *80-81,* en compagnie de Brecker, Redman, Haden, DeJohnette (ce dernier remplacé par Higgins pour la tournée de promotion), la séance en trio de *Rejoicing* (1983) avec Haden et Higgins, puis le rêve d'enfant enfin concrétisé, avec le disque *Song X* aux côtés de son héros, Ornette Coleman, en 1985. Après avoir enregistré plus d'une dizaine d'albums pour le label ECM, Pat Metheny signe chez Geffen Records en 1985 sans pour autant modifier sa politique d'ouverture. Qu'il joue sur une vieille Gibson à caisse ou utilise une guitare couplée au Synclavier, qu'il s'empare d'une Guild à cordes d'acier ou d'une Ovation à cordes de nylon, qu'il évolue dans la profusion orchestrale des synthétiseurs et l'écriture structurée de son groupe régulier ou qu'il renoue avec les agapes en quartette acoustique lors de la tournée Secret Story (1993) avec le vénérable Billy Higgins et les jeunes talents que sont Joshua Redman (ts) et Christian McBride (b), Pat Metheny déploie sa virtuosité volatile, sa sonorité fluide et diaphane, ses effets legato et ses finesses harmoniques avec une soif de découvertes jamais rassasiée. C'est ainsi qu'il a accompagné la chanteuse Joni Mitchell en 1979 (tout comme Jaco Pastorius), voyagé au Brésil pour participer à plusieurs albums avec des artistes du pays, collaboré avec Sonny Rollins en 1981, interprété une œuvre écrite à son intention par le compositeur Steve Reich, retrouvé Gary Burton en studio (1989) aux côtés de Will Lee (elb), Peter Erskine (dms) et Mitchell Forman (p), travaillé pour la télévision et plusieurs musiques de films, accepté d'apparaître comme invité vedette lorsqu'il s'agissait de prêter main forte à de jeunes musiciens encore peu connus. Car Pat Metheny n'a jamais eu l'attitude un peu arrogante des parvenus ou l'autosatisfaction facile des nouveaux riches. Il reste modeste, serein, curieux, exigeant envers lui-même et généreux avec les autres, infatigable travailleur, nomade souriant et paisible, conscient de ses lacunes toutes relatives et appréciant sans forfanterie ses nombreuses et remarquables réussites.

ECM : éthique de l'esthétique

Si la qualité d'un musicien repose essentiellement sur sa technique, sa force de caractère, son travail et ses options personnelles, il est indéniable que l'habillage sonore et la ligne esthétique de ses témoignages discographiques dépendent aussi de la compétence de sa maison de production. Certaines compagnies ont su capter mieux que d'autres l'air du temps et les novations de leur époque. Leur nom est souvent directement associé à une image et à un style, telles les firmes Pacific et Contemporary pour le jazz cool, ou Blue Note pour le hard-bop. Ce phénomène sera d'ailleurs très sensible, voire déterminant, lorsque nous aborderons l'évolution du rhythm'n blues (voir dernier chapitre). Le jazz-rock, ou ce qu'il convient plutôt d'appeler le jazz fusion, n'échappe pas à cette règle tacite que les musiciens observent avec vigilance. D'autant plus que les vecteurs technologiques et l'évolution rapide des matériels exigeront une plus grande maîtrise du studio et de ses accessoires périphériques.

Avec l'apparition du label allemand ECM (Editions of Contemporary Music), c'est avant tout une philosophie nouvelle qui va redistribuer les cartes sur un marché souvent embrouillé. Fondée par Manfred Eicher en 1969, cette compagnie indépendante basée à Munich va redéfinir les lois de la production en proposant un nouveau type de relations avec les artistes et en manifestant un respect scrupuleux pour le public. Paradoxalement, le fameux slogan « ECM, le plus beau son après le silence » va quelque peu dénaturer l'image d'une entreprise qui pourtant ne se limite pas à une conception figée du son (faussement perçu comme une uniformisation esthétique). La diversité des signatures en témoigne. S'il existe un véritable esprit de famille au sein de la maison, il n'y a en revanche aucun contrat de mariage définitif entre l'éditeur et l'artiste. Les musiciens sont généralement dorlotés, particulièrement soignés, attentivement écoutés, et travaillent souvent dans des conditions optimales. Mais chacun reste libre de son destin, sans exclusive aucune. Pour les séances d'enregistrement, Eicher fait appel à deux maîtres de cérémonies en qui il a toute confiance, les ingénieurs du son Martin Wieland à Ludwigsburg (Allemagne) et Jan Erik Kongshaug à Oslo. «J'attache beaucoup d'importance à l'atmosphère, au feeling entre les musiciens qui sont souvent déterminants pour la qualité de la musique improvisée [...] Le son dépend tellement de la musique ! En fait, le son que vous entendez sur votre chaîne est la résultante du son du musicien, de l'idée du producteur et de celle de l'ingénieur», explique sans détour Manfred Eicher. Même préoccupation esthétique pour l'emballage graphique confié à Dieter Rehm et à Barbara Wojirsch. Une fois de plus, Eicher justifie ses choix : «Je porte beaucoup d'attention à la première impression que me fait un livre. J'aime que, d'emblée, sa couverture soit signifiante, claire, élégante, qu'elle dégage par elle-même une certaine qualité. Et puis il y a le toucher. N'utilise-t-on pas le même mot pour dire que la musique nous touche ?» Pochettes extrêmement soignées, illustrations et photographies recherchées, en totale adéquation avec le discours des musiciens, chaque projet est mené en concertation étroite avec l'interprète dans le seul but de créer une proximité avec l'auditeur.

Le vibraphoniste Gary Burton, un des piliers de la maison, définit avec pertinence le rôle déterminant du travail de Manfred Eicher : «Je pense qu'ECM restera dans l'histoire, au moins pour deux raisons. D'abord, cette petite structure a démontré qu'il y avait un marché pour les petites compagnies, au moment où, outre-Atlantique, elles ne pouvaient que disparaître ou se faire racheter par de plus importantes. La seconde raison découle de la première : ECM, label européen, a prouvé qu'il y avait, en Europe, de la musique à prendre au sérieux...» En ce sens, il est effectivement indéniable qu'aucun catalogue au monde n'a réussi jusqu'à ce jour la fusion des genres et des cultures comme l'a si parfaitement réalisé la compagnie ECM, où l'on peut retrouver pêle-mêle le guitariste brésilien Egberto Gismonti, le percussionniste suisse Pierre Favre, le compositeur estonien Arvo Pärt, le clarinettiste français Louis Sclavis, le contrebassiste allemand Eberhard Weber, la vocaliste anglaise Norma Winstone, le trompettiste italien Enrico Rava… Nombre de chefs-d'œuvre du jazz des années 70-80 se trouvent réunis sur ce label de qualité pour la simple raison qu'il s'agit avant tout d'une histoire de passion. Des dissonances éthérées du contrebassiste Barre Phillips aux mélodies gracieuses de Pat Metheny, en passant par les luxuriances de Chick Corea, les délicatesses de Gary Burton, les millions d'exemplaires de Keith Jarrett, les rigueurs échevelées de Dave Holland, les confidences planantes du guitariste Ralph Towner, les fracas libertaires de l'Art Ensemble of Chicago, les orphéons claironnants du Brass Fantasy, de Lester Bowie, la gravité du Liberation Music Orchestra, de Charlie Haden, l'éloquence du Bass Desires, de Marc Johnson, les pulsations festives du Special Edition, de Jack DeJohnette, les joyaux de Paul Bley ou les états d'âme de Paul Motian, il y a tout un panorama du jazz qui a défilé dans l'esprit d'un producteur hors du commun qui a eu la folle sagesse de vivre ses utopies, comme le dit si bien Chick Corea : « ECM est le rêve de Manfred Eicher – un très beau rêve. ECM est créatif, parce que c'est le rêve d'un homme. »

Les quelques portraits d'artistes qui vont suivre sont avant tout une invitation à découvrir les jalons lumineux ou les faces cachés de la planète ECM et à se pencher de plus près sur un catalogue aussi imposant que prestigieux.

Charles Lloyd (1938)

S'il n'est pas exclusivement un artiste issu de l'écurie ECM, il n'en reste pas moins vrai que Charles Lloyd a trouvé auprès de Manfred Eicher un soutien infaillible pour continuer d'explorer sa voie, ou mieux encore pour creuser une mine qui est loin d'être tarie. Originaire de Memphis où il a eu l'occasion de jouer avec B.B. King, Charles Lloyd s'est expatrié en Californie vers le milieu des années 50. Il va fréquenter tous les lieux de Los Angeles où le jazz fait loi, collaborer avec les orchestres de Gerald Wilson et de Chico Hamilton, avant de passer deux années dans le sextette de Cannonball Adderley. Aussi à l'aise à la flûte qu'au ténor, sa réputation est déjà bien installée lorsqu'il décide de former son propre quartette avec Keith Jarrett au piano, Jack DeJohnette à la batterie et Cecil McBee à la contrebasse (remplacé peu après par Ron McClure). Le groupe obtient un triomphe au Monterey Jazz Festival en 1966 et devient rapidement populaire auprès du jeune public. À dater de 1969, Charles Lloyd va peu à peu s'éloigner du milieu musical pour devenir professeur de méditation transcendantale. Les quelques disques produits dans les années 70 seront tous teintés d'une spiritualité cosmique, faite d'évocations évanescentes et de naturalisme sublimé qui s'inscrivent dans l'esthétique New Age. Il faudra toute la force de persuasion de Michel Petrucciani pour qu'il revienne parmi ses frères de son. Le pianiste français lui apportera son soutien et mettra son lyrisme élégant et vivifiant au service d'un quartet régénéré. En signant avec ECM vers la fin des années 80, Charles Lloyd va prouver à ceux qui l'avaient déjà enterré qu'il n'a rien perdu de son souffle. Avec Bobo Stenson au piano, Palle Danielsson à la contrebasse et Jon Christensen à la batterie, il va donner quelques œuvres d'une grande beauté formelle. Cette figure historique surprendra encore lors de la publication de l'album *The Water Is Wide*, magnifiquement ciselé en compagnie du pianiste Brad Mehldau (très inspiré), du contrebassiste Larry Grenadier (très solide), du batteur Billy Higgins (très brillant) et du guitariste John Abercrombie (très éloquent). Alors que son style est demeuré inchangé au cours des années, il aura fallu du temps à ce brillant saxophoniste pour devenir une véritable référence.

Keith Jarrett (1945)

«J'ai un besoin maladif de progresser. J'ignore si je suis individualiste, mais il y a une chose que je sais bien, c'est que je me sens très seul. C'est le prix qu'il faut payer si l'on veut rester soi-même. Et ne croyez pas que je n'en souffre pas, mais il me semble que je n'ai rien à dire à la plupart des gens et c'est peut-être ça qui me fait passer pour un timide.» Cette déclaration que fit le pianiste Keith Jarrett en 1969 pourrait très bien être reprise *in extenso* quelques années plus tard. Autour de ce personnage que l'on dit souvent introverti, capricieux, sombre, secret, lunatique et distant il s'est bel et bien créé un trouble constant qui a fini par toucher au mythe ou au culte. Les solitaires ne finissent pas de fasciner et Keith Jarrett sait cultiver son mystère avec un rare génie. Assis devant un clavier dès l'âge de trois ans, un premier concert à sept ans et un récital de ses œuvres à dix-sept ans, il fait déjà preuve d'une personnalité bien affirmée lorsqu'on lui accorde une bourse d'études à la Berklee School de Boston. Installé à New York en 1965, il travaille quelque temps en free-lance, puis est embauché par Art Blakey dans les Jazz Messengers. Son passage est de courte durée, puisqu'il ne tarde pas à suivre le saxophoniste Charles Lloyd, qui lui offre une place de choix au sein de son groupe. Keith Jarrett y dispose souvent de plages en solo lors des concerts et s'affirme assez rapidement comme la nouvelle révélation du piano, notamment lors d'une prestation mémorable au Festival d'Antibes en 1966. Quand Charles Lloyd met sa carrière en veilleuse à partir de 1968, Keith Jarrett décide de monter un trio avec Charlie Haden (b) et Paul Motian. Il enregistre ses premiers albums, se produit dans plusieurs festivals européens puis, en 1970, il entre dans le cénacle de Miles Davis : « Keith avait son propre groupe, mais il n'y avait pas d'interférence, nous séparions les emplois du temps de manière qu'il puisse faire les deux [...] Je savais ce que Keith faisait avant d'arriver chez moi et où il pouvait aller. Jusque-là il détestait les instruments électriques, il a changé d'avis pendant son séjour dans mon groupe. De plus, il a appris à s'étendre un peu plus, à jouer dans différents styles. » Pourtant Keith Jarrett n'hésitera pas à déclarer en 1976 : « Je trouve que la musique électrique est quelque chose d'extrêmement dangereux. » En pleine tempête technologique, dans la pluie des décibels et dans le survoltage du jazz-rock, ce musicien reste avant tout attaché à son piano acoustique comme on s'accroche désespérément au dernier vestige d'un radeau en perdition. Rameur solitaire, explorateur d'espaces inconnus, naufragé volontaire du swing, musicien au long cours, seul maître à bord après Dieu, Keith Jarrett va s'immerger dans le solo absolu. Soutenu par la maison ECM, il grave plusieurs disques en studio ou en concerts dont la qualité est souvent inégale, mais où on peut rencontrer quelques fulgurances exceptionnelles si l'on est capable d'en supporter les longueurs inutiles, les facilités racoleuses et les bavardages pompeux. Après l'énorme triomphe commercial obtenu avec le fameux *Köln Concert* (1975), disque extatique généralement fort prisé par ceux qui détestent le jazz, Jarrett va se laisser aller à une production mégalomaniaque (par exemple : un coffret de dix disques solo est proposé en 1976) qui n'apportera rien à son crédit de musicien, si ce n'est à son compte en banque. Cependant, Keith Jarrett rompt parfois avec la solitude et reprend contact avec les humains. Aux commandes d'un quartette américain (Haden, Motian et le saxophoniste Dewey Redman), bientôt supplanté en 1974 par un autre quartette européen avec le saxophoniste Jan Garbarek, le contrebassiste Palle Danielsson et le batteur Jon Christensen, le pianiste le plus adulé de son époque va tourner abondamment et enregistrer quelques-unes des meilleures plages de sa discographie pléthorique, dialoguant avec un réel bonheur dans une relation interactive au lyrisme somptueusement tendu. Mais, à dater du milieu des années 70, Keith Jarrett sacrifiera une fois de plus à son facheux onanisme pianistique, composant et interprétant des œuvres pour orchestre de chambre ou symphonique, improvisant un interminable album sur des grandes orgues du XVIIIe siècle, autant de pièces emphatiques et naïvement romantiques qui ne transfigureront certainement pas l'histoire de la musique. Pas plus que les séances de clavecin ou une version du *Clavier bien tempéré,* de Bach, dont le baroquisme astucieusement calibré ne parvient jamais à convaincre pleinement. Keith Jarrett est en revanche magistral lorsqu'il s'attaque à bras le corps aux standards du jazz avec ces partenaires de rêve que sont Gary Peacock (b) et Jack DeJohnette (dms). Trio superlatif où l'on peut réellement goûter l'ostinato de la main gauche, les figures obsessionnelles de la main droite dans une alternance incessante de traits immédiatement identifiables tels que les appoggiatures*, les retards de frappe, les jeux de résonance, les flous mélodiques et les décalages rythmiques toujours maîtrisés, au bord de la rupture, comme oscillant sur une crête écorchée. Avec l'âge, Keith Jarrett enregistre avec un peu plus de modération et distille ses apparitions publiques au compte-gouttes. Il a donc peut-être compris qu'il perdait une part de son mystère à trop nous abreuver et que son public n'était jamais autant grisé que lorsqu'il était habilement sevré.

Jan Garbarek (1947)

Ce saxophoniste norvégien subit l'influence de musiciens libertaires tels que John Coltrane, Albert Ayler, Archie Shepp ou Pharoah Sanders, avant de débuter sa carrière chez George Russell, qui le recrute pour son grand orchestre en 1965. Adepte du concept lydien de Russell (alors installé en Scandinavie), Jan Garbarek participe aux enregistrements de *Othello Ballet Suite* et de l'*Electronic Sonata for Souls Loved by Nature.* Toujours sous la férule du guru Russell (cette fois en tant que producteur), le saxophoniste enregistre son premier album avec le contrebassiste Arild Andersen, le batteur Jon Christensen et le guitariste Terje Rypdal. En 1970, il bénéficie d'une bourse pour étudier aux États-Unis et, un bonheur ne venant jamais seul, il signe un contrat avec le label ECM. Jan Garbarek sera donc un des premiers artistes de la firme munichoise, à laquelle il restera fidèlement attaché. Pratiquant le saxophone basse, le ténor, le soprano et le sopranino, mais également la clarinette et la flûte, il se singularise par la qualité d'un son ample et totalement maîtrisé, volontiers plaintif, un vibrato subtil, une rigueur mélodique résistant à tout compromis et un goût pour les atmosphères d'inspirations folklorique ou médiévale qui touche à l'intemporel. Les fresques de Jan Garbarek reposent avant tout sur l'installation d'un climat comme si un vent tiède venu du bout de la terre soufflait sur des paysages de givre à peine irrisés par un rayon solaire oblique et bleuté. Qu'il soit étroitement lié à Keith Jarrett (à partir de 1974) ou qu'il dirige ses propres projets avec l'aide, entre autres, de Bobo Stenson (p), Palle Danielsson (b), Jon Christensen (dms), Art Lande (p), Ralph Towner (elg), Egberto Gismonti (g), Bill Connors (elg), Gary Peacock (b), Jack DeJohnette (dms), Kenny Wheeler (tp), Eberhard Weber (b), Charlie Haden (b), Bill Frisell (elg), Moss Trout (elg)..., sans oublier le magnifique percussionniste finlandais Edward Vesala (né en 1952), ce saxophoniste venu du nord s'impose comme l'un des plus originaux saxophonistes d'une fusion extrêmement nuancée. Cependant, il y a des disques de Garbarek qui tiennent en haleine jusqu'à la dernière note frisée et d'autres dont on peut aisément se passer à moins d'être insomniaque. Mais, même si elle tourne parfois en rond et finit par s'assoupir, la musique de ce saxophoniste engendre toujours une incompréhensible fascination.

Oregon

Groupe emblématique des options esthétiques du label ECM, Oregon voit le jour en 1971 mais, très curieusement, ne rentrera dans le catalogue munichois qu'en 1983. Composé du guitariste-pianiste Ralph Towner, du sitariste et joueur de tabla Collin Walcott, du contrebassiste Glen Moore et du clarinettiste-saxophoniste Paul McCandless, Oregon va rencontrer, dans les années 70, un vif succès auprès d'un public sensible aux spiritualités orientales, aux problèmes écologiques, aux accents folkloriques et aux matériaux nobles. Le cristal de Towner, l'érable de Moore, les peaux de Walcott et l'ébène cuivrée de McCandless vont se diluer dans des vapeurs de ragas, des méditations mélodieuses et des encens acoustiques qui garantiront une fusion de culture biologique sans pesticides électroniques ni engrais promotionnels. Lorsque Collin Walcott meurt en 1984 dans un accident de la route en Allemagne, le groupe a cependant commencé à flirté avec un jazz-rock de chambre aux fragrances indo-européennes qui ne cherche plus à échapper aux pluies acides des synthétiseurs (*Crossing* chez ECM). Après la perte de Walcott, les membres d'Oregon continueront dans cette voix capiteuse de la désillusion et du fatalisme avec le percussionniste indien Trilok Gurtu.

John Surman (1944)

Cet excellent saxophoniste baryton britannique mène une carrière discrète et pleine de sagesse. Après avoir chanté dans la chorale de son église, le jeune Surman va s'offrir une clarinette pour compenser la mue soudaine de sa voix.

A dix-huit, il quitte Plymouth pour s'installer à Londres avec son ami Mike Westbrook (p, comp), dans l'orchestre de qui il a commencé à jouer du baryton. Il fréquente alors John McLaughlin (elg), Chris McGregor (p), Dave Holland (b), Ronnie Scott (ts, ss), Mike Gibbs (tb, comp), puis il s'associe à Barre Phillips (b) et Stu Martin (dms), en 1969, pour fonder The Trio, formule triangulaire qui sera enrichie l'année suivante de Michel Portal (s, cl) et de Jean-Pierre Drouet (perc) pour l'enregistrement d'un album. John Surman tourne ensuite en free-lance, collabore à l'orchestre de Mike Westbrook, crée le trio de saxophones SOS avec Mike Osborne et Alan Skidmore. Entre 1974 et 1979, il travaille essentiellement avec la danseuse-chorégraphe américaine Carolyn Carlson, qui sollicite aussi les services de Barre Phillips. La rencontre de John Surman avec le producteur Manfred Eicher va consituer une des rencontres les plus somptueusement abouties et passionnantes du label ECM : « Manfred Eicher m'a apporté un avantage considérable : ses oreilles et son jugement. Il entend et se prononce avec une rapidité étonnante. Je pouvais en toute confiance m'en remettre, à tout moment des séances d'enregistrement, à son jugement objectif. » De ses premières échappées libertaires jusque dans ses apparitions avec le big band de Gil Evans ou le quartette de Paul Bley, à la fin des années 80, en passant par ses albums solos et ses dialogues avec Miroslav Vitous (b) ou Jack DeJohnette (dms), John Surman entretient une belle plénitude du son, parfois suraiguë au baryton et à la clarinette basse, ainsi qu'une propension aux nostalgies oniriques, accentuées par des effets de miroirs répétitifs et hardiment développées dans un élan de ferveur toujours empreint d'une certaine religiosité : « Ma première grande passion musicale fut Jean-Sébastien Bach. Elle l'est d'ailleurs restée. Je ne peux toujours pas écouter la *Passion selon saint Matthieu* sans être profondément bouleversé. » John Surman aurait-il décelé les traces d'un certain gospel européen ?

Dave Holland (1946)

Contrebassiste de Miles Davis entre 1968 et 1970, le britannique Dave Holland a fréquenté les pupitres des orchestres symphoniques et les musiciens d'avant-garde de la scène londonienne (Evan Parker, John Surman, Kenny Wheeler…), avant de partir pour les États-Unis. Avec Miles, il côtoiera la crème du jazz américain, tournera copieusement et participera avec un bel appétit aux enregistrements de plusieurs albums importants : *Water Babies, Filles de Kilimandjaro, In a Silent Way, Bitches Brew, Big Fun, Live=Evil.* Contrebassiste d'airain (éventuellement bassiste électrique lorsque Miles l'y invite), à la technique impeccable, au tempo sûr et à la grosse sonorité, Dave Holland collabore, dès 1970, au groupe Circle, composé de Chick Corea (p), Barry Altschul (dms) et Anthony Braxton (s). Lorsque Corea quitte la formation, le contrebassiste monte un quartette avec les deux autres membres rescapés de Circle, rejoints par le saxophoniste Sam Rivers. C'est l'occasion de graver *Conference of The Birds*, en 1972, l'un des disques les plus réjouissants, intuitifs, rigoureusement spontanés, bref, intelligents, qu'il soit donné d'entendre sur le catalogue d'ECM. Cet album n'est pas la première expérience de Dave Holland avec le label allemand. L'année d'avant, il a enregistré un fabuleux duo de contrebasse avec le grand Barre Phillips. Comme il se doit, Manfred Eicher (ancien contrebassiste avant de devenir le producteur que l'on sait) en a été le catalyseur essentiel. Dave Holland ajoutera quelques cordes à son arc en utilisant le violoncelle, dont il est un honnête technicien et avec lequel il réalisera en 1982 un album de cello solo, toujours pour ECM. *Sideman* de prestige, ou plutôt compagnon de voyage, auprès de Stan Getz, Paul Bley, Dave Liebman, Sam Rivers, Steve Lacy, Don Cherry, George Adams, Carla Bley, Joe Henderson et tant d'autres, Dave Holland va constituer, dans les années 80, un quintette d'excellente tenue qui n'est pas sans rappeler les meilleurs groupes mingusiens, avec notamment le trompettiste Kenny Wheeler et le saxophoniste Steve Coleman.

Terje Rypdal (1947)

Autre musicien né dans les embruns des fjords, le guitariste et compositeur Terje Rypdal est assurément l'un des représentants majeurs du catalogue munichois. Aurores boréales, brumes laiteuses, expressionnisme diaphane ou flamboiement métallique, appel du large et chants saturés des sirènes, il emprunte les traces historiques de Charlie Christian, Wes Montgomery et Kenny Burrell, mêlées aux influences harmoniques de Gustav Mahler ou de George Russell. De sa fréquentation du contrebassiste Barre Phillips et du saxophoniste Jan Garbarek jusqu'aux tentations symphonico-lyriques actuelles, en passant par les traversées courageuses entreprises avec son groupe Odyssey (à dater de 1975), le très vaillant Terje Rypdal n'a pas fini d'explorer les secrets d'un art dont il ne perçoit encore que les mystérieux contours.

L'esprit de groupe

Une fois encore, nous citerons Miles Davis, dont le regard aigu sur ses héritiers permet souvent de mettre au jour quelques évidences : « Des groupes de fusion, il en sortait de partout : le Weather Report, de Wayne Shorter et Joe Zawinul ; le Return to Forever, de Chick Corea, le groupe de Herbie Hancock, Mwandishi ; puis un peu plus tard, John McLaughlin a formé son groupe, le Mahavishnu Orchestra. Tout le monde psalmodiait, parlait de paix et d'amour. » Miles se plaisait aussi à répéter : « Il faut se souvenir que ce sont les membres d'un orchestre, la qualité des musiciens qui font un grand groupe. Si vous avez des musiciens talentueux, de qualité, disposés à travailler dur, à jouer dur et à le faire *ensemble,* alors ce grand groupe est à votre portée. » Mais ce serait oublier qu'il doit exister aussi une forte communion autour d'un seul et même projet musical, ainsi qu'une visée à long terme, pour que l'idée de groupe résiste au leadership de certains membres et à la frustration des plus anonymes. Calqué sur le modèle commercial du rock, le jazz fusion va donner naissance à une multitude de formations réunies sous des noms qui globalisent. Mais, comme pour le rock, perverti par un *star system* envahissant (on pense à Paul McCartney et John Lennon avec les Beatles, Mick Jagger et Keith Richard dans les Rolling Stones, Peter Gabriel et Phil Collins pour Genesis, le chanteur Sting avec Police), il y a toujours une prise de pouvoir qui s'effectue au sein d'un groupe de fusion instrumentale et des leaders vont s'en extraire tout naturellement. N'échappant pas à ce phénomène, la plupart des formations de jazz-rock sont donc souvent minées par des problèmes internes liés à l'affirmation de l'ego et à des oppositions conceptuelles, mais certains feront face et sauront s'adapter pour assurer la pérennité de l'aventure. Voici donc quelques-uns des groupes vendeurs du jazz-rock fusion (Spyro Gyra, Yellowjackets, Steps Ahead, Magma), auxquels on aurait pu ajouter Stuff, Pieces of Dream, Special EFX, Azymuth, The Crusaders, Koinonia, Level 42, ainsi que la formation québecoise Uzeb avec notamment Alain Caron (elb), Michel Cusson (elg), Paul Brochu (dms), Jean Saint-Jacques (dms), Michel Cyr (keyb)…, le rassemblement afro-franco-antillais Sixun avec Alain

Debiossat (s), Louis Winsberg (elg), Paco Sery (dms), Michel Alibo (elb), Jean-Pierre Como (p, keyb) et les percussionnistes Jaco Largent, Idrissa Diop, Abdou M'Boup, le cocktail poivré d'Ultramarine avec Mario Canonge (p, keyb), Nguyen Le (elg), Pierre-Olivier Govin (s), Etienne Mbappé (elb) et Mokhtar Samba (dms), le groupe Abus, dirigé par le guitariste Pierre-Jean Gaucher, autant de formules contrastées, dévelopées hors du circuit américain mais qui peuvent prétendre rivaliser sans complexe avec leurs homologues d'outre-Atlantique.

Spyro Gyra

Fondé en 1975 par le pianiste Jeremy Wall et le saxophoniste Jay Beckenstein, le groupe Spyro Gyra va voir défiler dans ses rangs quelques grosses pointures de studio tout au long des années 80 : Tom Schuman (keyb), Chet Catallo (elg), David Wollford (elb), Eli Konikoff (dms), Dave Samuels (vib), Julio Fernandez (elg), Oscar Cartaya (elb), Richie Morales (ds), Manolo Badrena (perc)..., augmentés au gré des besoins du marketing par des invités vedettes comme Randy Brecker (tp), Hiram Bullock (elg), Marcus Miller (elb), Steve Gadd (dms), Lew Soloff (tp), Toots Thielemans (hca), etc. Exhibant une virtuosité aussi vide qu'évidente, sur des thèmes aussi usés qu'usants, les albums passe-partout de ce groupe sont réalisés avec une indéniable vitalité et un sens de la démonstration bon chic qui permettent de masquer efficacement la vacuité dans le fatras sonore d'un cocktail disco-funk-bossa-rock très mode. Bref, le genre de fusion inoffensive qui peut parfaitement accompagner un voyage en autoroute. Juste ce qu'il faut de bonne humeur crispée pour aider à supporter la note douloureuse du péage.

Yellowjackets

Le bassiste Jimmy Haslip, le claviériste Russell Ferrante, le guitariste Robben Ford et le batteur Ricky Lawson fondent le groupe Yellowjackets au tout début des années 80. Le succès n'est pas immédiat mais se cristallise peu à peu autour d'une formule de « happy jazz » californien, différente de Spyro Gyra en ce sens que les références au rhythm'n blues et à un jazz de facture assez traditionnelle sont nettement plus marquées. En 1985, Marc Russo (s) remplace Ford, puis ce sera le tour de William Kennedy (dms), qui vient prendre les fonctions de Ricky Lawson. La couleur des Yellowjackets se ravive avec l'arrivée des nouveaux venus mais, dans l'ensemble, leurs productions conservent la même teinte, toujours bien léchées, technologiquement peaufinées, sans réelle surprise ni grain de folie salvateur, malgré une tentative de régénération louable lorsqu'ils enregistrent « The Spin » dans le studio norvégien de Jan Erik Kongshaug, l'ingénieur du son d'ECM. Excepté cet effort d'ouverture, les Yellowjackets restent les dépositaires d'une fusion essentiellement centrée sur le modèle culturel yankee qui tend toujours à uniformiser ou à ignorer les différences : « Aux États-Unis, nous vivons entourés de cultures et de traditions multiples. Nous n'avons pas grandi au même endroit, ni écouté les mêmes musiques. L'étendue de ce pays fait que d'un État à l'autre les couleurs, les parfums et les mentalités varient radicalement. Notre objectif est de parvenir à distiller nos influences diverses pour les fondre au sein d'un exposé musical cohérent. » Cette déclaration des Yellowjackets n'est autre que l'affirmation de l'étrange paradoxe d'une musique qui prétend s'ouvrir sur le monde alors qu'elle se replie davantage sur de bien faibles certitudes.

Steps Ahead

Un soir de 1979, Mike Mainieri a l'idée sympathique de réunir quelques compagnons de virées musicales pour se produire au Seventh Avenue South, le club new-yorkais des Brecker Brothers. Sur la scène, autour du vibraphone de Mainieri, il y a le bassiste Eddie Gomez, le batteur Peter Erskine, le saxophoniste Michael Brecker et la pianiste Eliane Elias, femme de Randy Brecker. Le groupe Steps est ainsi né du hasard d'une *jam session*. Après une tournée triomphale au Japon et l'enregistrement de trois disques sous licence niponne, avec Steve Gadd à la batterie et sans la présence d'Eliane Elias, le groupe change de nom en 1982 et s'appelle Steps Ahead, tout simplement parce qu'il existait déjà une formation baptisée Steps en Caroline du Nord. Avec une fusion électro-acoustique beaucoup plus jazz que rock, Steps Ahead est un des rares groupes, avec Return to Forever, de Corea, à avoir drainé un public presque aussi important que l'illustre Weather Report. Don Grolnick (keyb), Warren Bernhardt (p, keyb), Victor Bailey (elb) et Chuck Loeb (elg) vont défiler dans le groupe pour remplacer les défections, et le personnel sera profondément remanié lorsque Michael Brecker et Peter Erskine s'en iront pour gérer avec fortune leur propre destin. Désormais, il convient d'ajouter à la liste les noms de Bendik (s), Rachel Nicolazzo (p, keyb) et Jimmy Tunnel (elg). Aujourd'hui, sous l'autorité de Mike Mainieri, seul membre d'origine, la formation Steps Ahead est surtout le reflet des recherches d'un leader unique, avoué et reconnu.

Magma

Formé en 1970 par le batteur Christian Vander, fils du pianiste Maurice Vander, le groupe français Magma aurait pu obtenir un énorme succès, aussi considérable que les formations américaines, s'il avait pu bénéficier d'une réelle promotion hors des frontières hexagonales. Avec le chanteur Klaus Blasquiz, le pianiste François Cahen et le saxophoniste Richard Raux, Magma est fondé autour d'un nébuleux projet philosophique défendu par Christian Vander, qui n'hésite pas à inventer le Kobaïen, une langue spécifique au groupe. En dehors de cet aspect quelque peu dérisoire et anecdotique, la musique de Magma est foncièrement originale, lancinante, dense, impulsive, parfois hallucinée, propulsée par un prodigieux déferlement de batterie. En dépit de dissensions internes et parfois d'un manque de cohérence, Magma a proposé une alternative intéressante face au jazz-rock américain, une fantasmagorie électrochoc que l'on peut retrouver sur plusieurs albums, aujourd'hui considérés historiques, où s'illustrent et s'affirment, en autres, le violoniste Didier Lockwood, les bassistes Bernard Paganotti et Jannick Top. Dans les années 80, Vander s'engagera dans une autre épopée en fondant le groupe acoustique Offering, dédié à la mémoire de John Coltrane.

Les artisans de la fusion

Si la paternité du jazz-rock (autant sur la forme que sur le fond) est souvent attribuée à Miles Davis, il faut rappeler qu'avant lui, le quartette de Gary Burton avec Larry Coryell (elg), Steve Swallow (elb) et Roy Haynes (dms) s'est déjà lancé, à la fin des années 60, dans l'intégration des nouvelles technologies instrumentales au service d'une forme musicale volontairement hybride. Une primauté conceptuelle nettement revendiquée par Burton lui-même : « Il n'y a pas de mots pour décrire notre musique… Elle couvre beaucoup de genres. Elle est issue d'un ensemble de musiques : le blues, la country music, l'électronique, le jazz. C'est nous qui l'avons créée avec des petits bouts d'un peu de tout ce qui a été fait auparavant. » L'apparition d'instruments composites tels la basse électrique, le développement rapide de la lutherie électronique, l'électrification de certains cuivres, les pédales d'effet, les sons de synthèse, les boîtes à rythmes, les ordinateurs, les échantillonneurs, les séquenceurs et les innombrables perspectives offertes par les studios multipistes vont automatiquement générer une mutation du jazz qui jusque-là se portait garant des institutions acoustiques. Une évolution logique défendue avec conviction par Miles Davis : « Les musiciens doivent utiliser les instruments qui reflètent leur époque, la technologie qui leur donnera ce qu'ils veulent entendre. Et les puristes de traîner à gauche et à droite en proclamant que les instruments électriques finiront par ruiner la musique. C'est la mauvaise musique qui ruinera la musique, pas les instruments que les musiciens choisissent. Je ne vois rien de mal dans ces instruments électriques, tant qu'on fait appel à de grands musiciens qui en jouent comme il faut. » Comme toujours, les solistes ont le souci de contrôler un discours cohérent mais, dorénavant, ils ont également le devoir de maîtriser toute la technologie qui les entoure. Qu'ils soient victimes de la modernité ou qu'ils en dominent ses effets, il leur faut apprendre les lois harmoniques et la technique instrumentale, tout en façonnant une sonorité qui leur permette de se singulariser. Voilà bien un des problèmes fondamentaux du jazz fusion. Comment se servir des machines offertes par un marché florissant et tentateur, tout en affirmant sa personnalité et en conservant sa force de caractère ? Après un apprentissage patient (ou parfois brouillon) pour expérimenter les nouveautés technologiques, quelques artisans de la fusion ont forcément fait des erreurs inhérentes aux tâtonnements mais certains ont aussi fait l'effort de ne pas utiliser systématiquement toutes ces sonorités emboîtées à la chaîne, prédigérées et stérilisées, car nombre d'entre eux gardent une passion toujours intacte pour le bel ouvrage fait main.

Les bassistes

La contrebasse va gagner du volume tout en perdant soudain du poids lorsque le luthier Leo Fender met au point sa première guitare basse électrique en 1951. La Fender Precision Bass et la Fender Jazz Bass sont les modèles de référence, mais il existera une quantité d'autres marques qui lanceront leurs propres exemplaires revus et corrigés et, bien sûr, une série de contrefaçons exécrables. Une planche de bois plein *(solid body),* un manche divisé en demi-tons par des barrettes, quatre cordes accordées en quarte *(mi, la, ré, sol)* tendues entre un chevalet et des clés métalliques, un micro magnétique au centre du corps, deux boutons de réglage (volume et tonalité) et une prise pour le cordon jack qui relie à l'amplificateur, voilà l'instrument qui va peu à peu se substituer à la vieille contrebasse joufflue, aux formes épanouies. L'un des premiers bassistes électriques de l'histoire est Monk Montgomery (frère du guitariste Wes Montgomery), qui en jouera chez Lionel Hampton et au sein du quartette Mastersounds. Durant les années 50-60, de nombreux musiciens de rhythm'n blues, de soul music et de rock'n roll emploieront la basse électrique, bien avant que les musiciens de jazz ne commencent à s'y intéresser. Ce sont surtout les bassistes de jazz-rock qui vont porter l'instrument sur des hauteurs que l'on n'avait tout d'abord pas soupçonnées. Parmi eux, Stanley Clarke aux côtés de Chick Corea et de Jaco Pastorius dans Weather Report vont faire figure de héros, déversant sans peur et sans reproche une virtuosité effarante qui leur conférera un rôle de soliste à part entière. Basse *fretless* (sans barrettes) ou basse bâton (sans corps ni clés), usage des effets de réverbération, d'écho, de saturation ou de delay, toucher moelleux ou frappc cn *slap,* stacatto claquant ou grondements massifs, la guitare basse électrique est sûrement l'instrument qui a le plus évolué ces dernières années. Alors que Stanley Clarke revient fréquemment à sa contrebasse traditionnelle pour avoir trop abusé de ses déferlantes électriques et que Jaco Pastorius s'est brûlé les ailes à trop vouloir toucher le soleil, leurs nombreux héritiers gèrent souvent les acquis avec un sens du spectaculaire qui ne cesse de provoquer de nouvelles vocations. Avant de dresser le portrait de certains d'entre eux (pionniers et suiveurs), nous nous contenterons de citer quelques bassistes électriques choisis parmi les plus intéressants : Louis Johnson, Abraham Laboriel, Anthony Jackson, Nathan East, Will Lee, Ralph Armstrong, Rick Laird, Jack Bruce, Mark Egan, Tim Landers, Steve Swallow, Hugh Hopper, Jeff Andrews, Bunny Brunel, Jeff Berlin, Mark King, Victor Bailey, Darryl Jones, John Patitucci, Benny Rietveld, Jannick Top, Marc Bertaux, Alain Caron, Etienne Mbappé, Michel Alibo…

Miroslav Vitous (1947)

Par commodité, nous situerons cet impeccable instrumentiste dans un genre qu'il a largement alimenté, mais qui ne reflète pas toute la palette de son talent et de ses possibilités. Car Miroslav Vitous est un contrebassiste (et très accessoirement bassiste électrique) particulièrement incommode à localiser. Né à Prague, il commence par étudier le violon et le piano avant de jouer de la contrebasse. À dix-huit ans il forme un trio avec Jan Hammer, autre musicien praguois, qui tiendra plus tard les claviers dans le Mahavishnu Orchestra, de John McLaughlin. Miroslav Vitous s'installe aux États-Unis après avoir obtenu une bourse d'étude pour la Berklee School de Boston. Il décline tout d'abord une proposition d'engagement de Cannonball Adderley pour se consacrer sérieusement à ses cours, puis, dès 1966, il joue avec Charlie Mariano, Bob Brookmeyer, Clark Terry, avant de passer une semaine dans le quintette de Miles Davis pour suppléer à une absence de Ron Carter. Miroslav Vitous travaille ensuite avec Art Farmer, Freddie Hubbard, Herbie Mann, Stan Getz, Larry Coryell, Herbie Hancock, Chick Corea, Roy Haynes et quantité d'autres musiciens de premier ordre, jusqu'à l'année 1971, où il participe à la fondation du légendaire Weather Report avec Wayne Shorter et Joe Zawinul. Période plutôt « planante » pour Miroslav Vitous, qui retrouve son indépendance en 1973. Il prend un peu de recul et revient sur la scène, en 1976, à la tête de ses propres groupes ou pour s'associer à diverses expériences : quartette avec Herbie Hancock (p), Jack DeJohnette (dms) et Airto Moreira (perc), mais aussi avec John Surman (s), Jon Chritensen (b) et Kenny Kirkland (p), enregistrements avec Terje Rypdal, duo avec Stanley Clarke (b, elb) ou trio aux côtés de Chick Corea (p) et Roy Haynes (dms), enseignement du jazz au New England Conservatory of Music de Boston... Miroslav Vitous s'est amusé (plus qu'il n'en a abusé) de la basse électrique, dont il jongle avec adresse, mais c'est essentiellement à la contrebasse qu'il se révèle le plus virtuose, inventif, expressif et mélodieusement inspiré. Et si l'on veut avoir un aperçu de ses talents d'instrumentiste et d'organisateur, il suffit d'écouter l'un de ses disques personnels les plus achevés : le fameux *Moutain in The Clouds,* gravé en compagnie de John McLaughlin, Herbie Hancock, Jack DeJohnette et Joe Henderson.

Michael Henderson (1951)

Six ans passés chez Miles Davis (entre 1969 et 1975) ont donné à Michael Henderson ses lettres de noblesse. Embauché par le trompettiste pour la régularité de son *drive,* son roulis lancinant et sensuellement hypnotique, sa sonorité pleine et chargée d'âme, ce bassiste relativement discret est retourné ensuite à ses premières amours, celles qu'il avait déjà vécu dans les groupes soul de Stevie Wonder ou d'Aretha Franklin. Il deviendra donc tout naturellement chanteur de soul pour le label Buddah mais, malgré quelques réussites sympathiques, sa carrière restera tout aussi discrète.

Stanley Clarke (1951)

S'il n'a pas l'envergure charismatique de Jaco Pastorius ni son épaisseur musicale, Stanley Clarke en est cependant très proche sur un plan purement technique. Virtuose magistral de la contrebasse et de la basse, qu'il pratique indifféremment avec une même aisance stupéfiante, Stanley Clarke a commencé dans des groupes de rock et chez Aretha Franklin, après être sorti du conservatoire de Philadelphie à la fin des années 60. Fixé à New York en 1970, il travaille successivement avec Horace Silver, Art Blakey, Gil Evans, le Thad Jones-Mel Lewis Big Band, Joe Henderson, Pharoah Sanders et Stan Getz. À vingt et un ans, il a déjà un lourd passé et un disque personnel sur sa carte de visite, lorsque Chick Corea l'invite à jouer dans le groupe Return to Forever. Son effarante vitesse, toujours clairement articulée et impressionnante de précision, sa science du placement rythmique, couplée à une étonnante faculté de réflexe qui lui permet de se mettre en valeur dès qu'il s'agit de glisser un trait fulgurant au moment le plus propice, fait vite de lui l'un des premiers héros du jazz-rock. Belle sonorité mordante à la contrebasse ou claquement de métal à la basse électrique (dû en grande partie à son art du *slap*), Stanley Clarke collectionne les séances de studio lorsque Return to Forever s'éteint en 1976. Des disques en leader et des collaborations avec Jeff Beck (elg), Carlos Santana (elg), Jan Hammer (keyb), une association avec Ron Wood (elg) et Keith Richards (elg), des Rolling Stones, pour la tournée du groupe des New Barbarians, des séances avec Paul McCartney, le funk-rock du Clarke-Duke Project avec le claviériste George Duke, des retrouvailles acoustiques en compagnie de Freddie Hubbard, ce prodigieux bassiste ne saura pas toujours faire les choix judicieux et offrira des productions parfois assommantes à force de décibels, d'exhibition et d'autosatisfaction.

Alphonso Johnson (1951)

Il débute à la contrebasse classique de son école avant de jouer de la basse électrique à la fin des années 60. Lorsqu'il se retrouve dans le groupe d'Horace Silver en compagnie de Michael Brecker, Tom Harrell et Alvin Queen, il pratique indifféremment les deux instruments. Après avoir travaillé avec Chuck Mangione (tp), Billy Cobham (dms) et les frères Adderley, il prend la succession de Miroslav Vitous au sein de Weather Report. Il y reste deux ans et sera remplacé par Jaco Pastorius. Il ne quittera plus les studios d'enregistrement, devenant un des bassistes les plus recherchés de l'industrie discographique. Outre quelques albums personnels sans grand intérêt, des collaborations remarquées aux côtés de Freddie Hubbard (tp), John McLaughlin (elg), Joe Henderson (s) et des Crusaders, le très adroit Alphonso Johnson a promené sa basse funky, nerveuse, claquante et à la sonorité un peu sèche dans des environnements incroyablement variés. Il compte parmi ses disciples le décapant Jonas Hellborg, bassiste suédois né en 1956, dont la singulière technique en jeux d'accords, la précision des solos, la facilité technique et la rage de jouer ont apporté une touche élégamment punk (mâtiné de funk) à un jazz-rock que l'on devrait plutôt baptiser rock-jazz.

Jamaladeen Tacuma (1956)

Né Rudy McDaniel, ce bassiste fétiche d'Ornette Coleman changera de nom au milieu des années 70, après s'être converti à l'islam. C'est donc sous l'appellation de Jamaladeen (beauté de la foi) Tacuma qu'il dirigera conjointement deux formations aux conceptions nettement séparées. Tout d'abord, le groupe Jamaal, fondé sur les principes harmolodiques de Coleman en compagnie de Rick Iannacone (elg), James R. Watkins (s), Cornell Rochester (dms) et Ron Howerton (perc), puis le groupe Cosmetic, au registre davantage commercial et d'inspiration soul-funk. Avant cela, Jamaladeen Tacuma a travaillé à Philadelphie dans l'ensemble du chanteur de rhythm'n blues Edwin Birdsong, où il est repéré par Reggie Lucas (guitariste de Miles Davis). Ce dernier en parle élogieusement à Ornette Coleman, qui le convoque pour une audition à New York et l'engage au sein du Prime Time Band. L'arrivée du bassiste contribue à la combustion free-funk qui désormais va alimenter l'œuvre colemanienne. Un son acéré et profondément compressé, une découpe rythmique syncopée, un tempo en acier galvanisé, des lignes en boucles serrées, Jamaladeen Tacuma fait preuve d'une énergie stupéfiante et se confronte à divers projets tout en épaulant Ornette Coleman et en menant ses deux propres formations. Il joue aussi en duo avec Cornell Rochester (dms), en trio avec Max Roach et Carlos Santana, avec Jeff Beck (elg), dans les Golden Palominos aux côtés de Bill Laswell, mais encore avec Kip

Hanrahan, les guitaristes James Blood Ulmer et Kazumi Watanabe, la cantatrice Wilhelmenia Wiggins Fernandez... Un visage de funk-star taillé dans l'ébène, une dégaine de dandy géant tiré au cordeau, Jamaladeen Tacuma poursuit une carrière solo sans pour autant défrayer les chroniques. Funk tranchant, harmolodie studieuse, hommage aux maîtres, blues urbain et arpèges gracieux, les productions de Jamaladeen Tacuma affichent ouvertement une seule prétention. Celle de ne pas déparer dans le catalogue stroboscopique d'un juke-box chromé au fond d'un studio underground.

Bill Laswell (1956)

Producteur réputé, organisateur d'événements discographiques, catalyseur d'influences et manipulateur de sons, Bill Laswell ne fait pas partie des phénomènes de la basse. Il utilise plutôt son instrument comme un accessoire de coloration, au service d'une musique syncrétique, souvent plus proche de la confusion jubilatoire que de la fusion des genres. À la tête d'un groupe au nom interchangeable (Material, Golden Palominos, Massacre, etc.) et au personnel mouvant (excepté l'immuable claviériste Bernie Worrell), Bill Laswell se plaît à organiser des rencontres informelles, des cocktails musicaux, sans mondanité, ni alibis théorisants. Particulièrement prompt à capter le sens du vent – sans pour autant être une girouette versatile – Laswell est recherché pour sa science de la prise de son et du mixage. Mick Jagger, Yoko Ono (veuve de John Lennon), Herbie Hancock, le punk Johnny Rotten, The Last Poets, les Africains Fela, Toure Kounda et Manu Dibango ont fait appel à ce touche-à-tout habilement immergé dans le brassage et les trépidations new-yorkaises.

Marcus Miller (1960)

Cet autre bassiste-producteur est d'un calibre nettement supérieur à l'astucieux Bill Laswell. Durant l'adolescence, il s'intéresse avant tout à la musique funk et pop, mais étudie sérieusement la clarinette à la Music and Art High School de New York. Il ne découvre le jazz que vers l'âge de quatorze ans et touche sa première basse assez tardivement, après avoir écouté les Jackson Five. Il subit évidemment l'influence capitale de Jaco Pastorius et ses dons exceptionnels pour l'instrument sont vite révélés. En 1977, il participe à une tournée avec le batteur Lenny White (voir plus loin) puis se retrouve en studio avec le pianiste Lonnie Liston Smith et la flûtiste Bobbi Humphrey. Sollicité pour diverses séances, il néglige ses études de clarinette mais acquiert une aisance et une réputation qui font de lui un des musiciens de studio les plus recherchés. Dès lors, l'ascension de Marcus Miller est impressionnante. Il se retrouve aux côtés du saxophoniste David Sanborn (voir plus loin) dans le spectacle télévisé Saturday Night Live et sur l'album *Voyeur.* Il passe ensuite un an et demi avec la chanteuse Roberta Flack, produit plusieurs titres d'Aretha Franklin (voir dernier chapitre), enregistre avec les Brecker Brothers et, en 1981, il fait la rencontre de Miles Davis, auprès de qui il accède à une large notoriété. L'association fait merveille jusqu'en 1983. Puis Marcus Miller reprend une intense activité de studio pour une pléiade de leaders et de projets divers. C'est en 1986 qu'il retrouve Miles pour l'enregistrement de l'album *Tutu* dont il est le factotum en se chargeant de la composition, de la réalisation et de l'enregistrement de presque toutes les parties instrumentales. L'année suivante il écrit la musique du film *Siesta,* où intervient de nouveau Miles. D'un point de vue technique, Marcus Miller est surtout partisan d'une basse ronde et moelleusement compressée, où les graves profonds alternent avec des *slaps* métalliques particulièrement incisifs, s'éloignant relativement peu des fondamentales d'accords. Outre la multitude de séances extrêmement variées auxquelles il a collaboré, les albums gravés sous son nom révèlent également un chanteur de musique funk efficace, notamment dans le registre des ballades. Capable de s'exprimer sur une vingtaine d'instruments (guitare, claviers, batterie, saxophones, clarinette, percussions, programmation synthétique, etc.), Marcus Miller a toujours fait l'admiration de Miles Davis, qui considérait ce surdoué comme le dernier enfant gâté de sa grande famille musicale : « En studio, Marcus a une concentration qui fout les jetons. Il ne rate rien et peut travailler nuit et jour sans se déconcentrer. Il pousse tout le monde à se donner à fond. Et il s'amuse en travaillant, rit de vos histoires et vos plaisanteries, entretient la décontraction. Mais il mène le disque à bien [...] En studio nous formons une grande équipe. Marcus est tellement *hip,* tellement dans la musique qu'il *marche* même en mesure. Il est toujours en mesure quoi qu'il fasse. »

Les batteurs

Dans son constat des bouleversements amorcés par le jazz-rock fusion, Miles Davis disait ceci : « La boîte à rythmes a ça de bien qu'on peut toujours prendre ce qu'elle fait à un endroit et le mettre ailleurs, puisqu'elle garde le même tempo. La plupart des batteurs perdent le tempo ou le précipitent, et ça peut foutre en l'air ce que vous faites [...] Dans la musique que nous jouons *live,* les sections changent sans cesse, ce qui relance un batteur qui peut suivre le flux. Quand on joue *live,* il faut soutenir l'intérêt, et alors, un grand batteur est préférable à une machine. »

Si provocatrice qu'elle puisse paraître, cette déclaration soulève surtout le problème de la rythmique binaire et de la fonction désormais dévolue aux batteurs. Contrairement à leurs prestigieux aînés – on pense évidemment aux ponctuations complexes de Kenny Clarke, au chant percussif de Max Roach, aux polyryhtmies d'Art Blakey, aux flux libérateurs d'Elvin Jones et à quelques autres qui ne cessent d'émouvoir –, les batteurs de jazz-rock vont simplifier (sans pour autant alléger) les conceptions d'un instrument qui, jusque-là, n'a cessé d'évoluer depuis la genèse du jazz. Grosse caisse plombée, after-beat écrasé sur la caisse claire, breaks rigoureux sur les fûts, colorations calibrées des cymbales, pulsation soulignée avec la volonté de rester basiquement sobre (parfois rudimentaire), les batteurs vont souffrir de l'expansion électronique avec l'arrivée des *drum machines* (boîtes à rythmes) qui remplissent souvent le même office lors des séances de studio. En s'inféodant aux canons rythmiques du rhythm'n blues et du rock'n roll, les batteurs de fusion vont en quelque sorte vivre cette avancée de la technologie comme un formidable retour en arrière. Cela dit, il serait un peu expéditif de s'en tenir à ce seul aspect. Des batteurs d'exception, tels que Tony Williams ou Jack DeJohnette, abordés plus haut, ne considéreront pas la simplification rythmique comme une régression, bien au contraire, ils sauront rebondir sur cette nouvelle conception, en l'enrichissant, en l'alimentant et en l'apprivoisant pour mieux la capturer. Les meilleurs batteurs de fusion sont en fait ceux qui acceptent leur nouvelle condition d'ajusteurs métronomiques, sans renoncer toutefois aux souples mouvances du jazz dit ternaire ni aux désarticulations de l'école bop, et sans se priver d'infléchir leur discours par quelques digressions luxuriantes. En ce sens, la réflexion de Miles s'avère on ne peut plus juste, aucune machine (si fiable soit-elle dans le marquage régulier du tempo) ne pourra jamais remplacer les fragments d'humeur, la part de hasard et les étincelles déraisonnables des hommes d'exception. Nous dessinerons donc le parcours de quatre percussionnistes symboliques de leur époque, sans oublier de mentionner les bonnes références que sont Alphonse Mouzon, Bernard Pretty Purdy, Leon Ndugu Chancler, Narada Michael Walden, Harvey Mason, John Guerin, Vinnie Colaiuta, Omar Hakim, Christian Vander, André Ceccarelli, Manu Katché, Dave Wekl..., et les batteurs-percussionnistes Don Alias, Airto Moreira, Trilok Gurtu, Mino Cinelu...

Al Foster (1944)

Batteur énergique et vigoureux, Al Foster n'a cependant rien à voir avec les catcheurs du jazz fusion. Il contrôle trop bien sa frappe pour se laisser aller à cogner et préfère laisser une chance à l'intuition, à la souplesse du *drive* et aux subtilités. Autodidacte, il commence son apprentissage vers l'âge de treize ans et c'est à seize ans qu'il commence à jouer professionnellement chez Hugh Masekela, puis Ted Curson (tp), Illinois Jacquet (ts), Blue Mitchell (tp), Erskine Hawkins (tp), Lou Donaldson (as), Kai Winding (tb). En 1967, il s'installe au club Cellar dans le quartette du bassiste Earl May et y séjourne cinq ans jusqu'à ce que Miles Davis y passe par hasard : « J'ai remplacé Jack DeJohnette par Al Foster. J'étais tombé sur lui en allant au Cellar, dans la 95e Rue à Manhattan [...] Il y avait un certain Larry Willis au piano, et j'ai oublié les autres. Mais Al Foster était à la batterie. Il avait un tel *groove* qu'il m'a tué. C'était exactement ce que je cherchais. Je lui ai demandé d'entrer dans le groupe. » Bien entendu, Al Foster ne refuse pas une telle proposition. De 1972 à 1975, il participe activement et étroitement au travail du groupe et lorsque Miles prend sa retraite et se replie dans le mutisme, Al Foster retrouve tout naturellement ses habitudes au club Cellar. Conjointement, il accompagne sur scène ou en studio des leaders tels qu'Abbey Lincoln (voc), Walter Bishop (p), Duke Jordan (p), Red Garland (p), George Adams (ts), Frank Foster (ts), Sonny Rollins (ts), McCoy Tyner (p) ou Ron Carter (b)... En 1980, il retrouve Miles qui resurgit de sa claustration. Al Foster reprend donc la route des tournées et des studios aux côtés du trompettiste mais, au début de l'année 1985, il ne suit pas la nouvelle orientation du groupe et Miles en est désolé : « Il n'a jamais aimé le rock. Je lui demandais sans cesse de jouer les contretemps funky, mais il ne le faisait pas. » Ce sera donc Vincent Wilburn, neveu de Miles, qui le remplacera. Effectivement, Al Foster n'aime pas suffisamment les bûcherons du rock, ni les sirènes du show-business qui le contraindraient à trahir la haute idée qu'il se fait du jazz. En somme, un phénomène d'intégrité plutôt sympathique.

Billy Cobham (1944)

Révélé au grand public, en 1971, avec le Mahavishnu Orchestra, Billy Cobham n'est cependant pas un inconnu lorsqu'il rencontre John McLaughlin. Il a auparavant collaboré au quintette d'Horace Silver, au groupe Dreams avec les frères Brecker, à plusieurs disques de Miles Davis, sans compter les nombreuses séances de studio pour la télévision, le cinéma et la publicité. Robustesse, virtuosité et puissance sont les trois caractéristiques que l'on repère à la première écoute de son jeu de batterie, mais à s'y pencher de plus près on décèle toute une fine combinaison de figures polyrythmiques, de ruptures, de breaks et de roulements de caisse claire qui en font un instrumentiste plus subtil qu'il n'y paraît de prime abord. Pionnier dans l'adaptation des effets électroniques à la batterie en utilisant le *phasing*, l'écho, les séquenceurs, ainsi que les pads et les convertisseurs qui lui permettent de piloter des générateurs de sons, il a aussi modifié l'approche de la batterie en accordant chacun de ses toms avec vigilance, en employant la double grosse caisse et la cymbale dite « China ». Lorsque le Mahavishnu Orchestra est dissout en 1973, Cobham s'affirme en tant que leader et enregistre le disque *Spectrum*, qui remporte un franc succès auprès d'une grande variété d'auditeurs, rock et jazz confondus. Le titre de ce disque sera ensuite repris pour baptiser le groupe avec lequel il se produit à partir de 1975, accompagné par George Duke (keyb) et John Scofield (elg). Se partageant entre de nombreuses *sessions* freelance, l'enseignement de son instrument, la direction de groupes ponctuels, la participation à l'orchestre Consortium mené par l'Allemand Johannes Faber (tp) et la réalisation d'albums assez insipides, Billy Cobham semble tourner en rond durant toutes les années 80, cherchant à retrouver la fraîcheur de ses prouesses d'autrefois, souvent gâchées par un manque de retenue et de recul clairvoyant. Billy Cobham a malheureusement donné une image un peu réductrice de son talent, sorte de « Monsieur Muscle » de la batterie dont les exhibitions ont frôlé parfois l'attraction foraine. Parfois, l'éloquence de Cobham ressemble à de la harangue, une sorte de logorrhée percussive comme pour mieux se sécuriser d'avoir si peu de choses à dire. Et puis le lendemain, il est facétieux, délicat, audacieux, inventif, altruiste, apaisé, presque discret. Alors, on se demande simplement s'il s'agit d'un rusé ou d'un instable. Ni l'un ni l'autre, c'est seulement Billy Cobham.

Steve Gadd (1945)

Il suffit de fouiner au hasard dans les bacs des disquaires pour rencontrer le nom de Steve Gadd derrière un nombre invraisemblable de pochettes de disques qui n'ont souvent aucun rapport avec le jazz. À croire que cet homme passe sa vie dans les studios d'enregistrement. Toutes les vedettes du show business américain ont, un jour ou l'autre, fait appel à ce batteur multifonctions. Steve Gadd sait tout faire et ne s'en prive pas. Quand il n'accompagne pas les stars du rock ou de la variété, il se frotte à des musiciens de jazz ou de jazz-rock tels que Chet Baker (tp), Chick Corea (p), Ben Sidran (p, voc), Al DiMeola (elg), Joe Farrell (ts), Herbie Hancock (p), Steve Kahn (elg), Ron Carter (b), George Benson (elg), Roland Hanna (p). Il a également été le membre fondamental de deux groupes phares de la fusion, la formation Stuff mais surtout le brillant Steps Ahead. Steve Gadd représente un modèle à suivre pour nombre de jeunes batteurs en herbe car il possède une technique tout à fait exemplaire. Aussi à l'aise sur le binaire que sur le ternaire, doué d'une rigueur horlogère qui ne contraint jamais la souplesse de l'accompagnement, capable de tenir n'importe quel tempo sans en bouger, aussitôt identifiable par la sonorité mate de ses fûts, il n'est pas étonnant que Maître Gadd, entre deux concerts de son Gadd Gang, créé en 1988, soit recherché par ses collègues mais aussi par tous les producteurs soucieux de professionnalisme. Le son sec, net et précis de sa caisse claire a largement été pillé par les échantillonneurs électroniques, mais il semble que la crise de l'emploi n'est pas prête de le toucher.

Peter Erskine (1954)

Ce technicien étourdissant, dont le jeu plein de relief et de méticulosité n'est jamais noyé par la puissance de la frappe ou les exigences de la mise en place, peut s'exprimer dans toutes sortes d'environnements musicaux. En big band chez Stan Kenton (1972 à 1976) ou Maynard Ferguson (1976 à 1978), avec les groupes Weather Report (1978 à 1982) ou Steps Ahead (1982 à 1986), partenaire comblé dans le Bass Desires de Marc Johnson (b) avec Bill Frisell (elg) et John Scofield (elg), dans le quartette de John Abercrombie (elg), le big band de Bob Mintzer (s, b) ou le Word of Mouth de son complice Jaco Pastorius, *sideman* de choix dans l'éphémère Weather Update, de Joe Zawinul, ou invité d'honneur par l'Orchestre national de jazz (France), le prolifique Peter Erskine est capable aussi de s'affirmer en tant que leader (un premier album personnel en 1982), pédagogue (une méthode de batterie publiée) ou bien compositeur (la musique de scène du *Richard II* de Shakespeare). Attentif aux innovations techniques, il mêle harmonieusement les éléments électroniques au matériel plus traditionnel de sa batterie, dont la sonorité à la fois irisée et chatoyante est une des plus originale (et repérable) de sa génération.

Les guitaristes

Instrument fondateur et fondamental dans la gestation et l'évolution du blues, la guitare occupe cependant une place singulièrement discrète dans le domaine du jazz, contrairement à d'autres instruments solistes tels que le saxophone, la trompette ou le piano. Après avoir assuré la magnifique fonction d'accompagnatrice (Bud Scott chez Kid Ory, Johnny Saint Cyr chez Louis Armstrong, et bien sûr Freddie Green chez Count Basie), la guitare a rencontré ses premiers solistes avec Lonnie Johnson puis Eddie Lang, et son grand héros avec le génial Django Reinhardt. Essentiellement acoustique et bientôt brillamment électrique sous la poussée d'Eddie Durham et du lumineux Charlie Christian, la guitare jazz a été ensuite défendue avec talent par toute une génération post-bop dont les représentants les plus talentueux sont Barney Kessel, Jimmy Raney, Jimmy Gourley, Tal Farlow, Kenny Burrell, Grant Green, René Thomas... L'arrivée du lyrique Wes Montgomery et du mélodique Jim Hall marquera encore une nette progression dans l'affirmation de la fonction soliste, avant que n'apparaisse le météorique Jimi Hendrix, dont les effusions bouleversantes restent jusqu'à ce jour les points de référence. Dès la fin des années 60 et pour les décennies à venir, les guitaristes vont donc intégrer les discours du blues, du rhythm'n blues et du rock, poussés en cela par le modèle hendrixien. Le jazz-rock, dans son désir de séduction et d'ouverture au public, sera un grand pourvoyeur de guitaristes dont beaucoup auront (et ont toujours) un impact spectaculaire auprès des jeunes auditeurs. Déferlement de gadgets électroniques (distorsion, wa-wa, flanger, chorus, delay, compresseur, octaver, réverbération, écho...), effets de larsen, apparition de la guitare synthétiseur capable de gérer des banques de sons, résurgence des guitares acoustiques (cordes nylon ou métal, mais aussi douze cordes) souvent sous l'influence des musiques brésiliennes, accordages non conventionnels, instruments à double manche, etc., la panoplie des guitaristes est de plus en plus variée et complexe. Mais dans son réflexe constant à revenir puiser dans les racines du blues ou dans les ryhmiques soul-funk, on est en droit de se demander s'il y a eu une véritable révolution dans l'approche harmonique de l'instrument. Si l'on en croit Pat Metheny, qui connaît tout de même bien la question, il semble que les innovations soient toujours assez limitées : « C'est très difficile de faire "vocaliser" une guitare lorsqu'on joue du jazz. C'est bien plus facile lorsqu'il s'agit de guitare rock. Il est très difficile de devenir un bon improvisateur sur n'importe quel instrument. Avec une guitare c'est encore plus difficile, parce que c'est un instrument qui s'accommode aisément des clichés. D'ailleurs les guitaristes ont tendance à jouer et rejouer toujours les mêmes trucs dès qu'ils savent les maîtriser, au détriment des plans spontanés. Bref, l'association de ces deux constats a empêché la guitare d'être une voix majeure dans le jazz. Pour moi, le roi de la guitare jazz, c'est Django Reinhardt. Il a probablement été plus loin que n'importe qui en se jouant de ce dont je viens de parler… »

Face à la foule de talents apparus depuis le milieu des années 60, nous nous attarderons spécialement sur six personnages révélateurs des effervescences guitaristiques, en prenant soin de citer auparavant quelques-uns de leurs collègues : Earl Klugh, Bill Connors, Barry Finnerty, Mick Goodrick, Larry Carlton, Jeff Beck, Al DiMeola, Allan Holdsworth, Hiram Bullock, Lee Ritenour, Eric Gale, Dominique Gaumont, Mark Whitfield, Toninho Horta, Steve Kahn, Frank Gambale, Leni Stern, Louis Winsberg, N'Guey Le, Khalil Chahine, Eric Löhrer…

Larry Coryell (1943)

Autodidacte à la virtuosité élégante, Larry Coryell découvre le jazz vers l'âge de quinze ans, après s'être déjà formé au country and western et au rock. Lorsqu'il s'installe à New York pour y tenter sa chance, il est engagé par Charles Lloyd, puis traverse les formations de Chico Hamilton, Gary Burton, Herbie Mann et le Jazz Composer's Orchestra. Il enregistre ensuite sous son nom pour le label Vanguard (*Lady Coryell,* 1968, *Coryell,* 1969) avant de monter, en 1973, son groupe, Eleventh House, où l'on retrouve entre autres le batteur Alphonse Mouzon, le pianiste Mike Mandel et le trompettiste Randy Brecker. À partir de 1977, Larry Coryell va enregistrer et tourner à la tête de formations diverses, tout en louant son talent dans des environnements variés. Comme beaucoup de ses confrères, il aime se retrouver en famille et dialoguera sans complexe ni arrière-pensée avec d'autres guitaristes tels que Philip Catherine, John McLaughlin, Al Di Meola, Paco de Lucia, Christian Escoudé, Emily Remler ou Brian Keane. Mordant, saturé et percuteur, mais également raffiné, élégant et précieux, entre rock et jazz, puissance et grâce, fluidité et écrasement, Larry Coryell est un guitariste extrêmement véloce et toujours très impressionnant dans son contrôle des effets larsen. Un parfait exemple du jazz en fusion.

John Abercrombie (1944)

«J'ai découvert la guitare très tôt en écoutant surtout des disques de rock'n roll. J'étais attiré par le son de cet instrument, sa forme et tout l'imaginaire que celui-ci pouvait m'inspirer...» Vers 1956, le jeune lycéen Abercrombie joue dans des formations locales de rock (Greenwich, Connecticut) mais découvre le jazz avec un professeur de musique qui lui fait écouter Miles Davis et Dave Brubeck. Il se passionne alors pour le jeu de Barney Kessel, mais aussi de Jimmy Raney et de Tal Farlow. En 1962, il prend la décision d'aller étudier à la Berklee School de Boston. Parmi ses camarades d'études il y a Keith Jarrett ou Sadao Watanabe. À sa sortie en 1966, il commence à se produire aux côtés de Johnny Hammond Smith puis collabore au groupe Dreams (avec Billy Cobham et Randy Brecker) en 1969. John Abercrombie va mûrir lentement mais sûrement et prendra le temps de passer chez Chico Hamilton ou Gato Barbieri, de croiser le flûtiste Jeremy Steig ou l'orchestre de Gil Evans, avant de participer au New Directions, de Jack DeJohnette. Il va peu à peu mener une aventure de leader avec le soutien de son ami Jan Hammer (keyb) et livrer sur disque un des monuments du catalogue ECM, avec le trio Gateway, où il s'illustre en compagnie de Dave Holland (b) et de Jack DeJohnette (dms). Guitariste profondément éclectique, John Abercrombie fait appel à une multitude d'influences. Qu'il s'exprime sur des compositions simples et répétitives doublées d'une mélodie flottante ou sur des thèmes très librement ouverts, il manie avec une égale réussite les débordements du free, les références multi-ethniques, les embardées rageuses du rock ou les évocations régulières du classicisme d'un Jim Hall. Privilégiant une sonorité fougueusement luminescente et fluidement rageuse, John Abercrombie a essayé toutes les possibilités de son instrument (effets, synthétiseurs...) et empoigne parfois une guitare-mandoline dont il tire des phrases particulièrement aiguës et vives. En quartette avec Richie Beirach (p), George Mraz (b) et Peter McDonald (dms), en trio avec Marc Johnson (b) et Peter Erskine (dms), en aparté avec John Scofield (elg), Ralph Towner (elg), Enrico Rava (tp), Kenny Wheeler (tp), Andy Laverne (p) ou Michel Petrucciani (p)..., le bouillant Abercrombie reste attaché aux vertus de la simplicité et suit sa route avec détermination. Voici en quelques mots, la carrière d'un jazzman qui s'est intelligemment penché sur l'Histoire, sans jamais faire son deuil des premières passions de sa propre histoire... « En réalité, je ne fais qu'apporter une coloration rock à ma musique, même si au départ j'ai caressé l'espoir de devenir un guitariste de rock'n roll à part entière... »

John Scofield (1951)

Après la fusion free jazz *on the rocks* d'Abercrombie, nous rentrons de plain-pied dans un cocktail de fusion jazz-blues bien frappé, servi avec brio par le guitariste John Scofield, qui a commencé à apprendre la guitare vers onze ans. L'adolescent s'intéresse uniquement au blues, au rhythm'n blues et joue dans de petits groupes de rock : « Je jouais comme B. B. King et tous ces gars-là. J'écoutais alors tous les bluesmen que je pouvais trouver. Puis je suis allé à Berklee et j'ai essayé d'apprendre l'harmonie et le be-bop. » Il passe trois ans dans la pépinière de Boston et améliore sa technique au contact de Mick Goodrick. En 1974, Gerry Mulligan l'embauche dans sa formation, et c'est l'occasion pour Scofield de graver un album *live* derrière le tandem Mulligan-Baker. À la fin de l'année, il se retrouve dans le groupe de Billy Cobham (en remplacement d'Abercrombie) aux côtés des frères Brecker. Le guitariste participe ensuite aux tournées et aux trois disques du George Duke-Billy Cobham Band, et redevient musicien free-lance en 1976. Il glisse quelques chorus dans un album de Charles Mingus *(Three or Four Shades of Blues)* aux côtés de Larry Coryell, travaille dans le quartette de Gary Burton (en remplacement de Pat Metheny), se produit au Japon avec le trompettiste Terumasa Hino. Il rejoint ensuite Dave Liebman (de 1978 à 1980) tout en enseignant et en fréquentant Tony Williams (dms), Ron Carter (b), Niels-Henning Orsted Pedersen (b), Lee Konitz (as)... En 1979, il monte un magnifique trio avec Steve Swallow (b) et Adam Nussbaum (dms), avant d'enregistrer en duo avec John Abercrombie (1982). L'année 1983 est marquée par la rencontre de Miles Davis, qui l'intègre à son groupe sur les recommandations du saxophoniste

Bill Evans. L'entente musicale entre le guitariste et le trompettiste est excellente : «Avec l'arrivée de John Scofield, je me suis mis à jouer davantage de blues, alors que Mike Stern était plus orienté rock. Le blues, c'était le truc de John, avec une bonne touche de jazz, je me sentais donc à l'aise pour jouer avec lui.» Scofield participe au travail de scène, aux albums *Star People, Decoy* et *You're Under Arrest,* puis reprend son autonomie en 1985. Sans refuser de collaborer aux travaux de Paul Bley, George Adams-Don Pullen, Bennie Wallace (s), Franco Ambrosetti (tp) ni de participer aux grands orchestres de l'ONJ et de McCoy Tyner, ou au Bass Desires, de Marc Johnson, John Scofield va désormais diriger ses propres formations dont le personnel est souvent remanié : Omar Hakim (dms), Darryl Jones (elb), Bob Berg (s), Dennis Chambers (dms), Gary Grainger (elb), Mitch Forman (keyb), Anthony Cox (elb), Jim Beard (keyb)... Produisant environ un album par an, John Scofield creuse chaque fois davantage la veine du blues en travaillant inlassablement des grilles d'accords simples, des improvisations fluides, soudain torturées par des effets de cordes tirées, des accords larges parfaitement posés sur le temps, des saturations légèrement enveloppées dans une réverbération subtilement dosée. Fidèle à l'enseignement de son ancien leader Miles Davis, ce guitariste s'immerge dans «une sorte de bleu» parce qu'il croit farouchement à la pérennité de certaines valeurs : «La musique que je joue est plus du rhythm'n blues que du rock'n roll [...] Mais tout le rhythm'n blues que j'aime est rythmiquement proche du jazz. Je crois qu'il en est de même pour Miles. Et même aujourd'hui, la musique de Prince, c'est également du rhythm'n blues.»

Bill Frisell (1951)

Cet autre diplômé de la Berklee School n'a absolument rien à voir avec les guitaristes de sa génération. Nourri des mêmes influences et formé à la même enseigne que ses camarades d'études, Bill Frisell s'est aussitôt singularisé dans le vaste paysage guitaristique. Dès la fin des années 70, il a été sollicité pour travailler avec Paul Motian (dms), Jan Garbarek (ts), Eberhard Weber (b), Bob Moses (dms), le Liberation Music Orchestra, de Charlie Haden (b), Mike Mantler (tp), Carla Bley (arr, comp), Julius Hemphill (s, fl), Lyle Mays (p, keyb), John Scofield (elg), John Zorn (as, cl), Peter Erskine (dms)... Sa production démarre à partir du milieu des années 80, où il s'illustre dans son remarquable usage de la pédale du contrôle volume, mais aussi dans l'utilisation de la guitare synthétiseur qu'il déploie dans des volutes glissando qui ne sont pas sans rappeler la *pedal steel guitar.* La musique de cet homme est une des plus étranges et envoûtantes qu'il nous soit donné d'entendre en cette fin de siècle assez tapageuse. La résonance métallique d'un loft désaffecté, le sourire grinçant et grimaçant d'un jazz-clown triste, les hallucinations déjantées du rock industriel, les brumes fumeuses des docks de l'Hudson, les gigues désarticulées d'une country-party bien arrosée, le feu des turbo-réacteurs du Kennedy Airport et les dernières bouffées de chlorophylle à Central Park. Tout New York, ses ghettos et sa campagne environnante, ses cages de verre et ses caniveaux défilent, s'agglutinent et se répandent dans la guitare cabalistique de Bill Frisell. Les états d'âme d'un musicien qui ne craint pas de nous mettre l'âme dans tous les états.

Mike Stern (1953)

Après avoir touché sa première guitare à douze ans, Mike Stern étudie à Berklee dès 1971, où il a pour professeur Pat Metheny, qui le recommande, en 1976, au groupe Blood Sweat and Tears. Il y reste jusqu'en 1978, puis retourne aux études en 1979 et approfondit sa connaissance du jazz avec Charlie Banacus à Boston. L'année suivante, il rejoint la formation de Billy Cobham. De 1981 à 1983, il est le guitariste de Miles Davis *(The Man With The Horn, We Want Miles, Star People)* mais sa santé physique et son attitude deviennent inquiétantes. Trop de drogue, trop d'alcool, Mike Stern est au bord du précipice. Son état ne s'améliore guère lorsqu'il collabore, en 1984, au groupe de Jaco Pastorius. Il décide alors de se mettre en *stand by* pour suivre une cure de désintoxication, puis revient chez Miles en 1985, pour un court laps de temps, avant de partir en tournée avec le saxophoniste David Sanborn et de collaborer à Steps Ahead. L'année suivante, on entend la guitare de Mike Stern aux côtés de Michael Brecker (ts), Jeff Andrews (elb), Adam Nussbaum (dms) et Joey Calderazzo (p, keyb). Impétueux, tonique et écorché, fortement imprégné de blues, capable d'alterner de fines séquences bop avec des mitraillages de hard-rock, se déjouant de tous les styles et se moquant des avis critiques avec une goguenardise de gamin turbulent, Mike Stern est un leader toujours très soucieux de la construction des compositions et ses disques personnels *(Upside Downside, Time in Place…)* témoignent avec justesse de ses recherches hebdomadaires menées dans le refuge amical du Bar 55, situé 55, Christopher Street dans West Village, un repère new-yorkais propice à toutes les audaces : « Je ne peux pas me classer moi-même, il me faut faire de tout. J'essaie seulement de faire de la musique. » Après bien des passages difficiles dus à une tendance suicidaire et à une vulnérabilité psychologique, Mike Stern semble avoir recouvré toute sa sérénité. «Je fais du mieux possible en étant le plus honnête possible. Je répète, je travaille dur... Disons que je me débrouille pas mal.»

Stanley Jordan (1959)

Les discussions sur l'avenir de ce surdoué vont bon train depuis qu'il s'applique à ne pas tenir toutes les promesses espérées à la suite de ses premiers albums. Créateur d'une technique très personnelle (et exceptionnelle) où les deux mains frappent simultanément les touches à la manière d'un pianiste, Stanley Jordan joue essentiellement en solo. Il faut dire que son jeu ultra-sensitif, riche d'harmoniques, de renversements d'accords, de basses suggérées, de phrases enrubannées et agencées avec complexité, se suffit à lui-même. D'autres que lui (notamment Jimi Hendrix) avaient employé cet effet du *hammering on* qui consiste à marteler la corde sur la touche sans la pincer, mais Stanley Jordan en a fait son mode d'expression principal. Après des études de piano classique, il a étudié la théorie et la composition à la Princeton University avant d'aller jouer dans les rues de Chicago. Quand il arrive à New York en 1983, il se produit encore à ciel ouvert sur les trottoirs de Manhattan mais se fait vite repérer par des guitaristes comme Mike Stern, Emily Remler ou James Blood Ulmer. Une audition positive lui permet de se produire l'année suivante au Festival de New York, où il obtient un triomphe. Aussitôt, la presse unanimement dithyrambique annonce son arrivée dans la grande fête du jazz et les propositions de tournées et d'enregistrements affluent. Doit-on voir un symbole dans le fait qu'il ait signé son premier album pour fêter la résurrection du célébrissime label Blue Note (*Magic Touch,* 1985) ? S'il a depuis faibli dans sa conception musicale en s'entourant de *sidemen* inutiles, on peut cependant ouvrir les paris sans risque sur ce prodige qui n'est jamais aussi fabuleux que dans la solitude.

Les saxophonistes

Si les bassistes, les batteurs et les guitaristes ont largement bénéficié de l'engouement pour le jazz-rock dans un jeu de miroir logique avec l'instrumentation en vigueur dans le rock'n roll, il n'en va pas de même pour les saxophonistes. Si l'on excepte Wayne

Shorter, Michael Brecker et le marginal Dave Liebman, on ne constate aucune flambée d'importance dans la génération du jazz-rock ou parmi les jeunes souffleurs des années 80. Comme si tout avait déjà été dit et redit maintes fois ; comme si le poids de l'histoire était trop lourd à porter et à supporter ; comme s'il n'y avait plus de brèches à entrouvrir après les percées successives de Coleman Hawkins, Lester Young, Johnny Hodges, Benny Carter, Ben Webster, Charlie Parker, Dexter Gordon, Stan Getz, Jimmy Giuffre, John Coltrane, Sonny Rollins, Ornette Coleman, Eric Dolphy et Albert Ayler, il semble que le saxophone soit tombé dans une impasse. Nous verrons dans le prochain chapitre toute l'importance d'une certaine forme de revivalisme liée au bop et hard-bop. Cette jeune école va produire des solistes extrêmement performants d'un point vue strictement technique mais la virtuosité et les meilleures intentions n'engendrent pas forcément la richesse d'inspiration et la novation. Des saxophonistes qui ont touché au jazz-rock fusion tels qu'Azar Lawrence, Gary Bartz, Steve Marcus, Ernie Watts, Larry Williams, Rick Margitza, Eric Marienthal, Bob Berg, Bill Evans, Alain Debiossat, etc., ne peuvent pas prétendre (et il ne le prétendent d'ailleurs pas) relever d'une école spécifiquement jazz-rock. Toute leur éducation musicale s'est déroulée dans le souvenir des anciens maîtres du middle jazz, des critères harmoniques et rythmiques du be-bop et de certaines déviations sonores du free. Aucun saxophoniste de jazz actuel ne peut échapper à ce parcours initiatique et malgré les avancées technologiques, notamment les contrôleurs à vent combinant l'expressivité de l'instrument avec les possibilités du synthétiseur tels que l'EWI 1000 (accompagné de son module EWV 2000) de la marque Yamaha et le Lyricon, qui fait déjà aujourd'hui figure d'ancêtre, ainsi que les compatibilités avec les échantillonneurs *(samplers)*, ne peuvent permettre de dépasser les limites d'un instrument en pleine crise de doute. Ces nouveaux moyens techniques sont le plus souvent des enjoliveurs (ou des cache-misère) propices aux expérimentations sonores, sans que le langage propre aux doigtés de l'instrument ne soit vraiment remis en cause. Les saxophonistes qui se sont exclusivement consacrés à la fusion sont tout de même assez rares, ils ont tous, un jour ou l'autre, flirté avec un jazz de facture plus traditionnelle. Même l'exécrable John Klemmer et l'insipide Kenny G. ont vécu leur courte période de fantasme acoustique et ternaire, avant de verser leur tonnes de mièvreries sirupeuses. Car, paradoxalement, le saxophone reste un argument commercial et se vend même toujours très bien. Séduction, sensualité, haleine chaude, éclat lumineux, objet de luxe et de désir, cette idée du métal nu et du geste rêvé ne cesse d'exercer une mystérieuse fascination sur le public. Il n'est donc pas étonnant que le commerce s'en soit emparé. Parmi les souffleurs de charme et de cajoleries, il en est deux dont on ne peut ignorer les noms et qui ont réussi le tour de force d'exploiter leur gros impact commercial sans renier pour autant leur personnalité et sans la négliger.

Grover Washington, Jr (1943-1999)

Jusqu'à l'âge de vingt-huit ans, Grover Washington, Jr va connaître les galères ordinaires du musicien qui supporte bon an mal an son infortune. Une multitude de petits groupes de rhythm'n blues et de clubs obscurs, une place d'organiste derrière une chorale d'église, deux années dans une fanfare militaire, entrecoupées par des emplois d'assistant dentaire et d'agent de sécurité dans un entrepôt, un travail dans les grands magasins Sears ou chez un distributeur de disques. Bref, rien d'extravagant, jusqu'au jour où il entre dans les Jazz Interactions, de Billy Cobham, se fait remarquer dans le groupe de Charles Earland, avant d'obtenir, en 1971, un contrat miraculeux de Creed Taylor, patron du label CTI, qui l'appelle pour enregistrer l'album *Inner City Blues* en remplacement d'Hank Crawford (as, ts, bs). Le disque marche aussitôt et les ventes sont excellentes. Le producteur se frotte les mains et fait entrer son nouveau poulain en studio pour aligner quelques opus dont le succès ira croissant et ne se démentira jamais. *Winelight* atteint rapidement le million d'exemplaires et le suivant, *Mister Magic,* obtiendra davantage encore. Quant aux autres disques, c'est une affaire qui tourne. Un son lisse et enjôleur, une belle maîtrise harmonique, un choix de standards de bon goût, des compositions tendres et prudentes, le tout sur des arrangements fusion, propres et sans vulgarité, Grover Washington, Jr connaît la recette. Il a une manière bien à lui de tourner autour de la mélodie, de la soulever négligemment de la pointe du bec, de la renifler prudemment, de s'en écarter très légèrement, de revenir humer pour finalement daigner la consommer. Grover Washington, Jr est un magnifique roublard qui vous fait supporter les longs voyages en ascenseur, les piétinements dans les halls de gare et les attentes aux caisses des galeries marchandes. Une sorte de climatisation musicale qui tantôt réchauffe tantôt rafraîchit selon les fluctuations du temps.

David Sanborn (1945)

« Moi je ne suis pas un musicien de jazz. Plutôt un musicien funk-pop-rhythm'n blues. Il m'arrive de jouer dans un contexte jazz, mais je ne maîtrise pas suffisamment le vocabulaire, tous les aspects de l'idiome. » Voilà qui est clair et sans appel. David Sanborn ne pèche pas par fausse modestie, il est simplement modeste et sincèrement conscient de ses limites. Pourtant, il ne faut pas s'y tromper. Ce saxophoniste est un fin limier et sent aussitôt ce qu'il doit faire (et tout ce qu'il lui est possible de faire) dès que l'on pose une partition devant le pavillon de son alto. Impeccable technicien, à la sonorité veloutée et câline, avec juste ce qu'il faut d'acidité pour agacer les tympans, une science de l'harmonie en perpétuel renouvellement mais qui renvoie éternellement aux pentatoniques et au registre basique du blues, David Sanborn est le saxophoniste fétiche des studios et s'il joue avec des artistes de la musique pop tels que David Bowie, Stevie Wonder, Rickie Lee Jones ou Steely Dan (pour ne citer que les meilleurs), il n'en reste pas moins un musicien intact lorsqu'il retrouve ses confrères du jazz, un peu à la manière du batteur Steve Gadd. Avec le big band de Gil Evans (pendant plusieurs années), les frères Brecker, Chick Corea, George Benson, Larry Coryell, Hiram Bullock, John McLaughlin, Harvie Swartz (b), Jaco Pastorius, John Scofield, Eddie Palmieri (p), Bob Berg (s), il jouera d'égal à égal sans se soucier de savoir s'il est ou non un véritable musicien de jazz. L'accueil de ses amis leaders suffit à le combler. Par contre lorsqu'il se retrouve à la tête de ses propres groupes et enregistre ses disques (dont les ventes sont plutôt conséquentes), il propose une musique de fusion souple et peaufinée, plus séductrice et plus proche de ses préoccupations « populaires ». Car David Sanborn n'a rien renié de son illumination de jeunesse lorsque le rhythm'n blues se révéla à lui par la voix de Ray Charles et de son saxophoniste Hank Crawford : « C'était du jazz parce qu'il y avait une harmonie sophistiquée et du swing, c'était du r'n'b à cause de la structure des thèmes, c'était du gospel à cause de la qualité émotionnelle du chant. Il y avait une certaine simplicité, une émotion directe. Hank symbolisait pour moi cette clarté, cette simplicité. »

Les claviers

À l'image des saxophonistes, les pianistes prêtent le flanc aux mêmes inquiétudes et aux mêmes questionnements. La place prépondérante occupée jusque-là par le piano acoustique va se réduire au profit des claviers électriques et des synthétiseurs dont l'évolution va rapidement s'accélérer et même s'emballer. Malgré les réticences initiales (public, musiciens et critiques réunis), les rejets boudeurs ou les anathèmes, les instruments électroniques vont peu à peu envahir la scène. Du déjà « classique » piano électrique Fender Rhodes jusqu'au luxueux Synclavier en passant par le premier synthétiseur mis au point par Robert Moog en 1964, la lutherie moderne va s'enrichir d'une palette d'instruments dont les sonorités vont légitimement bouleverser la création musicale. S'il reste toujours des farouches partisans du piano en bois (on pense à Keith Jarrett), tous les jeunes pianistes auront l'occasion, dans leur carrière, de se pencher sur un synthétiseur. Nécessitant un toucher moins percutant et une certaine adaptation en raison du temps de réponse et de l'inertie du clavier, le synthétiseur est surtout utilisé pour l'installation de nappes de sons et de matelas harmoniques. Autre phénomène plus cocasse, le pianiste veut lui aussi bouger et récolter sa part de gloire sur le devant de la scène en portant son synthétiseur en bandoulière comme les guitaristes héros du rock et du jazz-rock.

Clavinet, Clavioline, ARP 2600, Prophet V, Korg, Moog, Yamaha DX 7 ou WX7, expander TX 81 Z, vocoder, sampler Akaï S 900, les instruments des claviéristes réclament la connaissance d'un langage technique et ésotérique sur lequel nous pourrions nous étendre davantage à condition d'y consacrer un ouvrage entier. Malgré toute cette sophistication et cet hermétisme codé, les instruments dont disposent aujourd'hui les musiciens n'en sont encore qu'aux balbutiements. Il ne se passe pas une année, un mois ou une semaine qui n'amène son lot de nouveautés et de merveilles « indispensables ». Globalement, on peut cependant retenir de toute cette débauche de matériel, l'interface MIDI qui permet d'établir un échange d'informations entre différents appareils. Ainsi le synthétiseur ne se présente plus seulement sous la forme d'un clavier, mais sous l'aspect d'un simple module qui peut être câblé, grâce au système MIDI, sur d'autres instruments tels que la guitare, le saxophone ou la batterie. De même les *samplers* (échantillonneurs) donnent la possibilité de capturer et de mémoriser n'importe quel son (musique, voix, bruits de la nature, etc.) pour le réutiliser ensuite sur un instrument disposant d'un interface MIDI. Il n'est donc pas rare d'entendre le son de Miles Davis joué par un saxophoniste ou un chant d'oiseau sous les doigts d'un guitariste. Enfin, les ordinateurs sont apparus dans le jazz et les compositeurs ne se privent pas d'utiliser l'informatique pour agencer leur œuvre, calibrer les sons, jouer en temps réel, programmer toutes les parties sur multi-pistes et éditer la partition sur papier. Mais le nec plus ultra des appareils disponibles (au jour où sont écrites ces lignes) est le Synclavier, qui regroupe toutes les fonctions (piano, synthétiseur, séquenceur, échantillonneur, ordinateur, éditeur de musique et studio mobile digital).

Derrière Herbie Hancock, Chick Corea et Joe Zawinul, que nous avons abordés plus haut, nous nous contenterons de citer les noms de pianistes qui se sont immergés sans *a priori* et avec des résultats souvent remarquables, dans les différents synthétiseurs au point d'en devenir des spécialistes et des techniciens attitrés : Stu Goldberg, Dave Grusin, Lyle Mays, Jan Hammer, Greg Phillinganes, Masabumi Kikuchi (auteur du remarquable *Susto*), Rob Mounsey, Richard Tee, Adam Holzman, Mitch Forman, Jim Beard, Philippe Saisse..., ainsi que quelques excellents pianistes acoustiques qui ont expérimenté les synthétiseurs avec pondération sans jamais oublier leur piano, tels Jim McNeely, Andy Laverne, Don Grolnick, Kenny Kirkland, Rachel Nicolazzo, Gordon Beck... La liste serait interminable si l'on voulait détecter tous ceux qui se sont laissés tenter. Mais le tableau serait franchement incomplet, si l'on passait sous silence le pianiste George Duke, qui, toujours soucieux de rester à la pointe de l'actualité electronique, mérite qu'on s'appesantisse particulièrement sur son énorme carrure.

George Duke (1946)

Ce californien d'origine suit de très sérieuses études au conservatoire de San Francisco, dont il sort avec un diplôme de composition en 1967. Il n'a pas attendu d'être dignement récompensé pour fréquenter les clubs locaux et monter un trio dont il tient le piano, dès 1965. Après avoir poursuivi sa formation et approfondi ses connaissances à l'université de Californie, il tourne au Mexique et apparaît au Festival de Monterey avec un groupe vocal, The Third Wave, pour qui il compose la plupart des thèmes. À cette même époque, George Duke a aussi l'occasion d'accompagner des leaders d'envergure comme Dizzy Gillespie, Bobby Hutcherson (vib), Harold Land (ts), Kenny Dorham (tp), etc. Après avoir passé la moitié de l'année 1969 dans la formation du trompettiste Don Ellis, il entre dans les Mothers of Invention, de Frank Zappa, où il restera jusqu'en 1975, malgré un intermède dans le quartette de Cannonball Adderley (de 1971 à 1972) et la carrière de son propre trio aux côtés des batteurs Leon Ndugu Chancler ou Chester Thompson, et des bassistes Tom Fowler ou Alphonso Johnson. Associé au batteur Billy Cobham en 1975 puis *sideman* avec Sonny Rollins, George Duke est ensuite coleader d'un groupe avec le bassiste Stanley Clarke où il produit un jazz-rock de pure démonstration. Sensible à l'attrait des charts, il met sa science du studio, sa connaissance de la musique afro-américaine et son flair pour les formules efficaces au service d'un nombre impressionnant de productions dont le jazz est le parent pauvre. Parallèlement à son activité de réalisateur artistique-compositeur-conseiller musical, George Duke va se consacrer à une fusion qui lorgne vers les rythmiques funk et se teinte souvent d'influences brésiliennes (notamment, aux côtés de Flora Purim et Airto Moreira). Quel que soit le défi, qu'il s'agisse des vocalistes Phil Bailey ou Patti Austin, de Frank Zappa (pour quelques retrouvailles à partir de 1986), du guitariste John Scofield, du groupe Steps Ahead, de l'immense Miles Davis ou de la toute jeune chanteuse Rachelle Ferrell, ce touche-à-tout surdoué domine toujours son champ d'action par sa grande intelligence des situations et sa science du matériel électronique, dont il est un des plus habiles manipulateurs. Évidemment, on peut préférer ses premières productions fortement imprégnées de blues et où transpiraient à grosses gouttes des lignes de basse martelées avec un *groove* irrépressible, mais il convient d'admettre que son usage des synthétiseurs (entre autres chez Zappa) est toujours exempt de vulgarité et de niaiserie, dénotant même une réelle recherche d'originalité et un désir de personnalisation dans un univers sonore souvent trop standardisé.

Jazz universel

> « *Le jazz n'est plus un phénomène purement américain, aujourd'hui c'est devenu un art universel.* »
> Dizzy Gillespie

Et le jazz aujourd'hui? Le mot lui-même garde-t-il encore un sens? À l'écoute des dernières productions et d'après les propos sceptiques de nombreux musiciens, l'appellation d'origine semble être devenue tout à fait incontrôlable. Autrefois, Duke Ellington émettait des doutes dont la justesse s'avère d'une actualité toujours vive : « La plupart des gens ne connaissent encore rien au jazz et, s'ils écoutent de la musique, ça n'est pas parce que c'est du jazz ou parce que ça n'en est pas : c'est plus simplement parce qu'ils n'y connaissent rien et se contentent d'écouter. Et d'ailleurs, c'est justement lorsqu'ils s'y connaissent un peu et commencent à différencier que les choses se gâtent : c'est là qu'arrivent les ennuis! Et puis, qui sait où commence et où finit le jazz?... Aujourd'hui surtout! » Charles Mingus, ellingtonien de cœur, tenait sensiblement le même raisonnement mais avec davantage d'amertume et de sévérité : « Même le mot "jazz" est déjà un terme insultant, c'est déjà une discrimination. Ce terme, le "jazz", est vraiment impropre. Des musiciens comme Jacki Byard peuvent jouer n'importe quoi sur leurs instruments, sans être limités. Moi-même j'ai joué du classique quand j'étais gosse, et ce terme de "jazz" me choque, parce qu'il me place d'un seul côté de la musique, et naturellement du mauvais. » Dans l'imagerie commune du profane, le jazz est souvent la musique d'une époque révolue, celle des bateaux à aubes, des cabarets de la prohibition, et éventuellement des retrouvailles euphoriques de l'après-guerre. Pour nombre d'auditeurs déjà initiés, le jazz s'est arrêté soudain avec les fractures des musiciens free. Pour les jeunes amateurs nés avec le rock, le jazz n'est qu'un vague feeling de coloration et n'existe qu'à travers les représentants de la fusion, du funk et même parfois du rap. Ils n'imaginent pas que ces esthétiques puissent avoir une source plus profonde. Le succès de la reprise funk-pop-rap du titre *So What*, en 1992, par le guitariste Ronny Jordan (1962-2014) l'a démontré une fois de plus. Parmi les acheteurs du disque, ils étaient très peu à connaître le nom du compositeur et l'existence de la version historique de Miles. On peut donc effectivement se poser la question sur l'appellation d'une musique désormais diluée dans l'inconscient collectif. Après l'avènement du jazz-rock et de ses avatars de fusion interculturelle, l'esprit du jazz se niche un peu partout et il ne faut pas être plus effaré qu'il ne convient lorsqu'on entend tel ou tel artiste de pop-rock se réclamer du jazz. On peut toujours lui laisser l'illusion d'y croire.

On peut dire de manière abrupte et peu élégante que chaque génération a pris le jazz dans l'état dans lequel elle l'a trouvé. Un jeune homme des années 40 qui s'est étourdi dans les caves de Saint-Germain-des-Prés aura du mal, à l'approche de la cinquantaine, à comprendre les effusions libertaires de son fils qui, à son tour, s'étourdira au son du free jazz. Tout comme le petit-fils de ce jeune homme d'après-guerre, désormais retraité, s'étourdira de musique binaire électrique au grand dam des deux générations précédentes. Il en va ainsi de toute chose et le cas de figure est désespérément ordinaire. Les liens d'intimité qui s'établissent entre une génération et ses héros se dévoilent souvent dans une familiarité de ton et une promiscuité affective, presque familiale. On parle volontiers de Dizzy, Miles, Chet ou Ornette, sans préciser le nom, ou l'on se contente d'employer les surnoms Satchmo, Bean, Prez, Bird… Corollaire de ce constat : l'amateur de jazz pratique le plus souvent une écoute parcellaire et ne s'attarde qu'à une ou deux étapes de l'odyssée. Il faut pourtant avoir une bonne connaisance de l'ère swing pour saisir toutes les subtiles réminiscences et les destructurations provocatrices du be-bop, tout comme il peut sembler aberrant de porter un intérêt exclusif à la période new orleans tout en boudant par ailleurs les bluesmen archaïques du *Deep South* ou les prêcheurs du Gospel. De telles attitudes sont cependant assez fréquentes et empêchent parfois de communiquer entre amoureux d'une seule et même expression musicale. Le free jazz est-il plus libre que le Hot Five d'Armstrong ? On peut en douter. Et le jazz-rock est-il plus énergique et dévastateur que le swing du Cotton Club ? On doute encore. Pourtant, si l'on tient cas de l'histoire dans sa globalité, il est possible de franchir toutes les passerelles tendues entre les courants. Un amateur de musique dite « classique occidentale » est souvent capable de franchir les ponts entre Couperin, Mozart, Beethoven, Schubert, Wagner, Ravel ou Chostakovitch. Il devrait en être de même pour le jazz qui souffre trop fréquemment des esprits de chapelle et des luttes d'école, des conflits de génération, et pourquoi le nier, d'un certain snobisme dans l'affirmation d'un bon goût qui se convertit trop vite en mauvaise foi.

État des lieux

Il faudrait davantage de recul pour dresser un constat clairvoyant du jazz actuel. Cependant, malgré ce manque de distance, on peut déjà extraire de la masse phonographique des œuvres plus marquantes que d'autres et des instrumentistes dont la présence, la vitalité et l'inventivité sont indéniables. On verra plus loin que le jazz a essaimé un peu partout sur le globe et que les musiciens européens mais aussi ceux du Japon, des Antilles, du Brésil et d'autres terre, ont apporté leur contribution. Il est toutefois évident que le territoire américain (en particulier le terreau urbain) continue de faire pousser les voix de ralliement. La Nouvelle-Orléans, Chicago, New York et Los Angeles sont toujours les grands centres de germination. Autrefois, l'apprentissage des musiciens se faisait sur le terrain, dans les serres surchauffées des clubs, lors de *jam sessions* où les jeunes avaient une chance de se frotter aux anciens. La transmission du savoir (qui s'accompagnait parfois d'une révolte de l'élève) se déroulait ainsi de fil en aiguille. L'apparition des écoles de jazz, favorisée par une mutation du système social, la fermeture de certains clubs propices aux échanges et l'extinction progressive des sessions *after hours*, vont quelque peu modifier les données. Les célèbres Juilliard School (New York) et Berklee School (Boston), suivis bientôt par les académies de musique, les conservatoires, les cours privés, les stages d'été, les ateliers et les séminaires divers vont désormais proposer un enseignement souvent correct qui permet de gagner du temps, mais dont l'orthodoxie uniformise le paysage musical. Pour aussi doués et férus d'harmonie que soient les diplômés de ces institutions, il reste encore une belle part aux autodidactes s'ils parviennent à résoudre les difficultés instrumentales en les mettant au service d'une sensibilité intacte et d'une volonté d'expression non entravée par les académismes.

Entre un Joe Henderson (né en 1937), solide garant de la tradition du ténor hard-bop, et un Chico Freeman (né en 1949) qui contribue chaleureusement à la pérennité des avant-gardismes de l'AACM, entre les tenants d'une fusion électrique, le démonstratif Bobby McFerrin (voc, né en 1950) et les nouveaux phénomènes du piano acoustique que sont Michel Camilo, David Kikoski, Niels Lan Doky, Aydin Esen, Gonzalo Rubalcaba, Rodney Kendrick, entre les monstres consacrés qui survivent dans leur gloire et les jeunes isolés qui vivent dans l'espoir, il apparaît deux mouvances qui se détachent nettement dans un panorama jazzistique au visage multiple et aux expressions plurielles, chaque fois plus difficile à décrypter. Tout d'abord, nous parlerons de ce que l'on appelle le néo-bop, faute de pouvoir trouver un terme plus satisfaisant. Défendu par le trompettiste Wynton Marsalis, cette relecture du patrimoine bop, apparue au début des années 80, soulève bien évidemment la problématique d'un quelconque renouveau du jazz, mais va surtout donner naissance à une pléiade d'instrumentistes de très haut niveau dont la plupart sont à peine nés durant les années 60 ou 70. Le deuxième mouvement, apparu vers la fin des années 80, va concerner des musiciens new-yorkais qui écartent l'appellation « jazz » tout en s'inscrivant dans le long continuum de la musique noire américaine. Il s'agit du M'Base, mouvement collectif mené par le saxophoniste Steve Coleman, d'où s'extraient quelques-uns des plus notables solistes du début du XXIe siècle.

Néo-bop : la continuité dans le changement

En choisissant délibérément de s'exprimer dans les traces des boppers historiques (Parker, Gillespie), dans le prolongement des incursions davisiennes et le lignage des messagers d'Art Blakey, certains jeunes prodiges du jazz acoustique vont troubler l'idée que l'on se fait (souvent à tort) d'une évolution graduée, cyclique, presque mécanique, amenant chaque génération à pousser la précédente. Raisonnablement, la décence devrait nous interdire toute sévérité à l'égard de musiciens qui jouent aussi bien (trop bien, disent certains) avec beaucoup de compétences, d'intelligence et de cœur. Mais il est fréquemment reproché à l'ensemble de ces néo-boppers de ressembler par trop à un catalogue de références au gotha du be-bop, hard-bop, et de virer parfois au clean-bop, soft-bop ou stakhano-bop. Pourtant ces musiciens ne se contentent pas d'être de simples épigones. Ils ressentent le besoin impérieux de s'exprimer sur un matériel thématique de leur propre cru, comme en témoignent les abondantes compositions originales qu'ils ne cessent de fournir.

Il ne s'agit certainement pas d'une restauration, dans le sens strictement revivaliste que l'on connaît (le dixieland de l'après Seconde Guerre mondiale) et qui consisterait à rétablir exactement les schémas antérieurs. Il ne s'agit pas plus d'une modernisation. Pour être modernisé, encore eût-il fallu que le bop soit démodé. Encore moins d'une réhabilitation, car les anciens de la 52e Rue ont longtemps porté la parole du Bird. On pense plutôt à un processus actif (et pas seulement intellectuel) de décomposition-recomposition. Comme s'il fallait rénover un édifice ancien qui aurait souffert des intempéries ou des agressions, comme s'il était nécessaire de faire le point, de reprendre l'ouvrage laissé en l'état pour le démonter pièce après pièce, le répertorier afin de le reconstruire, le remodeler et l'intégrer enfin dans un environnement qui a lui aussi évolué (prise de son, structures professionnelles, lieux d'écoute, supports discographiques, influences intermédiaires…). Ainsi, l'idée d'une rénovation du bop correspond davantage au travail entrepris par les maîtres d'œuvre de ce que l'on appelle par facilité le néo-bop.

Jusque dans leur attitude scénique, les néo-boppers vont présenter les traits les plus symboliques et anecdotiques de leur rapprochement aux maîtres. Dûment costumés et cravatés, soignés avec une certaine affectation, souvent sérieux et réfléchis, un brin distants, volontiers cabotins, brefs conscients de leur valeur, ils vont renouer avec un certain classicisme que l'on croyait balayé par les extravagances festives, mystiques et carnavalesques du free, ou même par le psychédélisme du jazz-rock et les joggings chronométrés de la fusion californienne. Derrière cette volonté affichée de reconnaissance et de prise en considération du be-bop en tant que phare musical majeur de la culture noire américaine, cette jeune école va jouer la carte de l'héritage et du patrimoine avec une efficacité et des résultats sûrement supérieurs aux revendications du *Black Power* dont on a vu l'impasse. « Le jazz n'est pas le genre de musique dont on dit : "C'est ce que j'écoutais quand j'avais quinze ans." Il est de trop bonne qualité pour être l'objet de modes passagères. Vous pouvez le découvrir à tout âge ; vous vous direz : "Cette musique est magnifique" », clame haut et fort le trompettiste Wynton Marsalis. En ce sens, la question du critique François Lacharme s'avère aussi pertinente qu'impertinente : « Le bop se paye-t-il une deuxième jeunesse ou l'ère classique ne commence-t-elle que maintenant ? » Si d'évidence les néo-boppers ne révolutionnent en rien le jazz, ils ont au moins le mérite d'en défendre les acquis, d'en souligner la sophistication savante et d'en réhabiliter la dignité.

Nous ne pouvons bien sûr donner qu'un aperçu parcellaire et provisoire de cette mouvance, mais plusieurs noms s'imposent sans contestation. Parmi les chefs de file, nombreux ont été révélés dans l'orchestre d'Art Blakey durant les années 80, mais également aux côtés d'Horace Silver, Miles Davis, Roy Haynes, Elvin Jones ou Tony Williams, ce dernier ne tardant pas à les rejoindre pour faire figure de mentor et de passeur historique. Parmi les trompettistes, il faut citer en premier lieu Wynton Marsalis, personnage « historique » de cette tendance (voir notice plus loin), suivi de près par les excellents Terence Blanchard, Wallace Roney, Bill Mobley, Philip Harper et le stupéfiant Roy Hargrove (voir notice plus loin). Parmi les saxophonistes s'illustrent bien sûr Branford Marsalis (voir notice plus loin), ainsi que Donald Harrison, Bobby Watson, Bill Pierce, Jean Toussaint, Kenny Garrett, Gary Thomas, Ralph Moore, Justin Robinson, Wesley Anderson, Todd Williams, auxquels on peut ajouter l'aîné John Stubblefield (né en 1945) qui, comme Tony Williams, vient leur prêter main-forte dans l'entreprise de rénovation. Pour les trombonistes, on pense aux moelleux Frank Lacy et Wycliff Gordon. Les pianistes sont dominés par la présence du magnifique et prolifique Mulgrew Miller, mais Kenny Kirkland, Marcus Roberts, James Williams, Stephen Scott, Rodney Kendrick ne sont pas des moindres. Les contrebassistes, aussi discrets qu'efficaces, s'appellent Charnett Moffett, Robert Leslie Hurst, Ira Coleman, Reginald Veal, Michael Bowie. Quant aux batteurs, outre le patron Tony Williams, nous pouvons mentionner Jeff Watts, Winard Harper, Kenny Washington, Tony Reedus, Carl Allen, Turu Alexander, Herlin Riley... Bien évidemment, la liste est loin d'être exhaustive, et va sûrement s'allonger avec les années, mais elle donne un juste aperçu de la richesse et de la diversité de cette option néo-bop incontestablement dominée par les frères Marsalis : Wynton le surdoué et Branford le survolté.

Wynton Marsalis (1961)

Né à la Nouvelle-Orléans et fils du pianiste Ellis Marsalis (1934), le jeune Wynton est prénommé ainsi en hommage à Wynton Kelly. On lui offre sa première trompette à l'âge de six ans et ses dons pour l'instrument sont étonnants. Il se fait remarquer à huit ans lors d'un stage musical où il obtient un prix et il interprète à quatorze ans le *Concerto pour trompette* de Haydn avec l'orchestre philharmonique de la ville. Il étudie la musique classique au New Orleans Center for Creative Arts, tout en profitant de l'enseignement du jazz que lui divulgue son père et en jouant dans des fanfares ou des groupes de funk. En 1979, Wynton Marsalis décide de quitter le creuset régional et familial pour se rendre à New York. Il s'inscrit à la Juilliard School et, la même année, il se présente à une audition dans un club où se produisent les Jazz Messengers d'Art Blakey. Enthousiasmé, le batteur engage sans hésiter ce jeune trompettiste phénoménal sur lequel tous les projecteurs vont bientôt se braquer. Une fois de plus, Blakey a servi de détonateur (et il poursuivra avec Branford Marsalis, Bill Pierce, Donald Harrison, Terence Blanchard, Wallace Roney, etc.). On dénombre certes les multiples influences de Dizzy Gillespie (pour les cataractes vertigineuses), une touche de Clifford Brown (dans la clarté mélodique) et une pointe de Lee Morgan (dans les astuces techniques et les relances énergiquement articulées), évidemment enveloppées par les ombres de Miles Davis (période 50/60 avec sourdine brumeuse) et même de Louis Armstrong (pour le timbre parfois claironnant), mais au bout du compte, il reste un son Marsalis, une identité propre (personnelle et non pas hygiénique) qui va se développer et s'affirmer en une courte décennie menée tambour battant. Tout d'abord aux côtés des membres du VSOP (Hancock, Carter, Williams) qui voient en lui le successeur miraculeux du Miles de jadis, puis à la tête de sa propre formation (le plus souvent en quintette) pour des enregistrements très maîtrisés : *Wynton Marsalis* (1982), *Think of One* (1983), *Hot House Flowers* (1984), *Black Codes* (1985), *J Mood* (1986), *Standard Time-Volume 1* (1987) et *Live at Blues Alley* (1988), mais aussi des tournées triomphales dans le monde entier. Sa vénération pour le répertoire classique et sa fascination pour le trompettiste Maurice André le conduisent naturellement en studio pour graver des disques de musique classique (concertos de Haydn, Hummel, Leopold, Mozart…). « Le style, c'est tous les styles, être confronté à toutes sortes de styles comme on est confronté à toutes sortes de gens. » En octobre 1988, Wynton Marsalis décide d'enregistrer *The Majesty of the Blues*, hommage à sa ville natale et à l'art du blues. Enregistrement sublimissime qui, en dehors de la réussite esthétique, pose le problème épineux de l'avenir du jazz. Quelle issue ? Quelle voie emprunter ? Y a-t-il seulement un avenir pour une certaine idée de la musique afro-américaine (respect des racines, souci de l'acoustique, mystique de l'improvisation, mémoire des spirituals, des premières notes bleues, des *brass bands* ou de la jungle ellingtonienne…) ? Quand tout semble avoir déjà été fait, puis impitoyablement défait, il n'y a peut-être plus qu'à refaire. Une fois encore, Marsalis soulève les vraies questions. *Majesty of the Blues* est un disque d'importance, une tentative de psychanalyse du jazz en une seule séance. Suivront des albums de réminiscences transcendées tels que *Crescent City Christmas Card* (1989), les *Standard Time - Volume 2 et 3* (1990-91), le tryptique des *Soul Gestures in Southern Blue* (1991), *Blue Interlude* (1992) et le très beau *Citi Movement* (1993), autant de jalons où l'on retrouve des musiciens souvent issus de terres voisines, tels Herlin Riley (dms) de La Nouvelle-Orléans, Wycliff Gordon (tb) d'Augusta en Georgie, Todd Williams (ts, ss, cl) de Saint Louis, Wesley Anderson (as), né à Brooklyn mais ayant fait ses classes à la Southern University de Baton Rouge en Louisiane… Quand on sait que l'encyclopédique Ellis Marsalis (sur qui la gloire du fils a immanquablement rejailli) a aussi donné naissance aux excellents Delfeayo (tb, prod) et Jason (dms), on se surprend à rêver d'un Marsalis Band auquel il ne manquerait finalement qu'un rejeton bassiste. Lorsque Wynton déclare : «Je crois au jazz, mais avant tout je crois aux gens. Cette musique parle des gens, de leur vie. Je veux leur dire que le jazz est beau, raffiné, chaleureux, agréable, sérieux, intelligent, qu'il enrichit la vie, rend heureux et parle à tous – pas seulement aux initiés... », il semble qu'il se considère comme le porte-parole d'une foi profonde et le catéchumène rayonnant d'une aventure dont il connaît tous les martyrs. Loin des stygmates d'une critique apostasique, seule l'Histoire jugera sur pièces les œuvres apocryphes de l'apostolique Wynton...

Branford Marsalis (1960)

La jeunesse de Branford ressemble bien évidemment à celle de son cadet Wynton. Apprentissage du solfège et de l'harmonie, sept ans d'études de clarinette au New Orleans Center for Creative Arts, formation classique qui lui donne l'occasion d'enregistrer avec l'English Chamber Orchestra, cours de jazz avec le clarinettiste Alvin Batiste à la Southern University de Baton Rouge, puis départ pour New York à la Juilliard School. Après un premier emploi dans le big band du trompettiste Clark Terry, il rejoint son frère Wynton en 1980 devant les pupitres d'Art Blakey. Altiste, ténor et sopraniste, Branford se révèle un exceptionnel technicien. Une attaque et une sonorité tour à tour tendues ou relâchées, une parfaite connaissance du bop remodelée par des trouvailles d'articulations et de découpages, une liberté mélodique et un lyrisme pudique qu'il va mettre au service de son frère Wynton avant d'enregistrer son premier album en leader (1983), prologue à une suite d'opus remarquables tels que *Crazy People Music, The Beautiful Ones are not yet Born, I Heard You Twice the First Time.* Après avoir lâché le quintette de son frère, Branford va collaborer au travail de Miles Davis *(Decoy)* puis rejoint le groupe du chanteur Sting avec lequel il tourne, enregistre et connaît une popularité qui déborde largement le simple cadre du jazz. Les critiques de Wynton sont alors assez dures, lui reprochant de se laisser séduire par le charme des sirènes électriques et binaires. Mais il est curieux et assez ironique de constater que tout ce qui contribue à séparer les Marsalis Brothers finit, dans le fond même des choses, par les rapprocher. Il y a chez ces deux frères (pas si ennemis que ça) un amour commun pour leurs origines culturelles, linguistiques, voire biologiques. Quand Wynton prêche l'orthodoxie rigoureuse, Branford prône un œcuménisme forcené au contact des *charts* sataniques. Mais le résultat reste sensiblement le même. À ce seul détail près que Branford est beaucoup plus profond, intègre et austère qu'il n'avait voulu le laisser paraître lors de ses premières années, comme le prouvent deux de ses plus beaux disques personnels, les superbes *Trio Jeepy* (1989) et *Bloomington* (1993) avec les contrebassistes Milt Hinton, Delbert Felix ou Robert Hurst et le batteur Jeff « Tain » Watts, séances en trio acoustique absolu, épreuves sans filet harmonique pianistique subtilement franchies par un saxophoniste qui ne passe pas son temps à copier les illustres (Hawkins, Webster, Byas…), mais qui sait avant tout les admirer. « L'arbre ne vient-il pas de ses racines ? » clame son frère Wynton, et il semble que Branford, après des tentatives réussies chez les zoulous du funk-pop-rock, ait décidé de ne jamais oublier de quel sol il est issu.

Terence Blanchard (1962)

Miles Davis disait de lui qu'il était « le plus brillant des nouveaux trompettistes ». Une affirmation que l'on veut bien entendre comme une parole d'évangile. Il est vrai qu'il y a quelque chose de respectueux, de détendu et de sagement souple dans les ciselures cuivrées de Terence Blanchard. Ce natif de La Nouvelle-Orléans, issu de la petite bourgeoisie noire louisianaise, a une jeunesse des plus orthodoxes : cours de piano classique jusqu'à l'âge de dix-huit ans et apprentissage de la trompette dès huit ans. En 1976, il côtoie assidument Ellis Marsalis et suit une solide formation théorique. Quatre ans plus tard, il s'inscrit à la Rutgers University de New Brunswick (New Jersey) afin d'y parfaire sa technique de trompette selon une approche purement académique. Remarqué par le saxophoniste et enseignant Paul Jeffrey qui joue chez Lionel Hampton, il se retrouve naturellement dans le big band et y fait ses classes scéniques sans pour autant négliger son cursus pédagogique. Lorsque Wynton Marsalis décide de quitter les Messengers d'Art Blakey, en 1982, il propose aussitôt d'être remplacé par Terence Blanchard. Le garçon est plus que sérieux, il est exemplaire. Il devient rapidement le directeur musical du groupe et y reste près de cinq années. Jusque-là, Terence Blanchard fait un parcours sans faute. Et il poursuivra ainsi tout le long de sa carrière. En s'associant avec le saxophoniste Donald Harrison, il produit sept disques de hard bop cousu main à la tête d'un quartet luxueux, préludes à ses propres albums désormais revendiqués sous son seul nom à partir des années 1990. À cette même époque il écrit des musiques de film pour Spike Lee avec lequel il installe une connivence à long terme. Méthodiquement et sûrement, Terence Blanchard bâtit ses projets autour d'un noyau dur d'instrumentistes et d'intervenants toujours triés sur le volet. Son album *Flow* produit en 2005 par Herbie Hancock a reçu un très bel accueil, tout comme sa présence dans le groupe de McCoy Tyner a été particulièrement remarquée, sur le très réussi *Illuminations*. Nommé directeur artistique du Thelonious Monk Institute of Jazz à l'université de Los Angeles, il trouve aussi le temps de jouer le *sideman* de prestige à l'occasion d'événements importants et prestigieux. Mais une nouvelle orientation s'amorce en 2009 avec le label Concord. Son album *Choices* intègre le superbe chanteur soul Bilal ainsi que Dr Cornel West, écrivain, philosophe et activiste, pour des lectures de textes. De retour dans sa bonne ville de La Nouvelle-Orléans, le trompettiste semble renouer avec un jazz plus en phase avec certaines réalités. Sans être rude ni provocatrice, cette collaboration donne enfin davantage d'épaisseur à un répertoire souvent trop calibré. Conformément aux propos de Miles Davis qui l'avait adoubé, Terence Blanchard est en effet brillant, mais contrairement au Prince des Ténèbres, il mène une existence suffisamment rangée, une carrière assez conventionnelle pour ne pas pouvoir prétendre au statut d'icône. Davantage de sueur et de fantaisie, voire de folie et de risque, aurait pu faire de lui un des héros de l'odyssée.

Roy Hargrove (1969)

Ce garçon né à Waco au Texas débute au cornet vers l'âge de neuf ans, et passe assez vite à la trompette pour assurer ses premières prestations lors des soirées de son lycée à Dallas. Ses influences principales sont Clifford Brown, Fats Navarro, Lee Morgan et Freddie Hubbard, mais également David « Fathead » Newman, ancien souffleur chez Ray Charles. Choisir ses maîtres est toujours déterminant et il y a là des signes qui ne trompent pas. C'est donc porteur d'une histoire et conscient du travail de ses aînés qu'il débarque en 1988 à la Berklee School de Boston. Il a déjà été repéré, dans son lycée texan, par Wynton Marsalis qui l'engage à poursuivre ses efforts, le conseille, lui écrit des arrangements et le recommande à des gens d'influence. Tout en poursuivant ses études, Roy participe à des *jam sessions*, tourne en Europe et aux Etats-Unis, enregistre avec Bobby Watson, Ricky Ford, Carl Allen ou Don Sickler. Bref, peu d'étudiants peuvent se targuer d'avoir un tel agenda à vingt ans. En 1990, il enregistre son premier album personnel *Diamond In The Rough* pour le label Novus chez RCA. Opus plus que prometteur, préfigurant une série de cinq pour ce même label avant de signer pour Verve puis Emarcy. Dessiner la trajectoire de Roy Hargrove est assez complexe, il convient davantage d'évoquer un chassé-croisé de stars internationales, une succession de rencontres prestigieuses, une production régulière d'albums de belles factures, souvent récompensés. Entre autres événements, il monte une formation afro-cubaine qu'il baptise Crisol, en 1996. Deux ans plus tard, un Grammy Award vient couronner le disque *Habana* issu de cet hommage aux musiques latines. Si Roy Hargrove collectionne les distinctions et les citations honorifiques, il traverse cependant la célébrité avec simplicité, sans perdre sa curiosité ni son goût du risque. Une de ses expérimentations les plus réussies et enthousiasmantes est la création de The RH Factor, un groupe fusionnant le jazz, le gospel, le funk, la soul et le hip hop, rivalisant d'énergie et de malice, tout comme le luxueux big band qu'il dirige sur son disque *Emergence* (2009). Citer tous les leaders qui l'ont sollicité revient à dresser une liste du Gotha : Sonny Rollins, Jackie McLean, Diana Krall, Abbey Lincoln, Herbie Hancock, Carmen McRae, Michael Brecker, Slide Hampton, Shirley Horn, Jimmy Smith, mais également plusieurs stars du show business américain telles que Diana Ross, John Mayer, Toto, Erykah Badu, D'Angelo, Q-Tip… Le plus frappant à la première écoute de Roy Hargrove est assurément sa propension à la démesure, sa revendication du brio et de la virtuosité, son goût pour les embardées paroxystiques. Mais ces allégations sont réductrices pour peu qu'on lui prête une oreille plus attentive. S'il manque parfois de retenue et que le silence semble lui faire peur, c'est qu'il a beaucoup de choses à dire et que son appétit est trop gros pour être aussitôt rassasié. Car ce musicien raffiné peut s'avérer tout à fait capable de contenir ses élans et de susurrer une ballade sans presser le pas, soucieux de la ligne mélodique, respectueux des contraintes harmoniques, seulement préoccupé par la plénitude du son et le poids de la note. Si autant d'artistes d'envergure ont convié Roy Hargrove à les rejoindre, c'est qu'il est capable de s'adapter. Qu'on l'invite pour des orgies de notes extravagantes ou des collations discrètes et retenues, il ne déçoit jamais ses hôtes, ni le public qui assiste aux agapes. Et c'est peut-être le signe de son exceptionnelle popularité. Il ne fait jamais semblant d'être là.

M'Base : portes ouvertes

Derrière les arcanes du sigle M'Base (Macro Basic Array of Structured Extemporisation) se cache avant tout un mouvement collectif qui lutte contre l'idée d'un certain darwinisme selon lequel les genres musicaux sont issus les uns des autres par une sélection naturelle. En effet, si l'on est souvent contraint (par souci de clarté ou de volonté didactique) de procéder à une division du jazz dans un système plus ou moins fiable d'écoles et d'étapes, on ne répétera jamais assez que le cartésianisme a ses limites. L'opinion malheureusement trop répandue d'un transformisme où les styles dériveraient par mutations successives, l'un terrassant l'autre avant d'être à son tour chassé, s'avère souvent erronée. Les musiciens new orleans ont trouvé leur place dans les big bands d'entre-deux-guerres, les héros du swing se sont nourris des apports du bop, les hard-boppers se sont retournés vers le blues et le gospel, dans un perpétuel mouvement de flux et de reflux qui rend d'ailleurs la lecture historique du jazz assez complexe. La musique noire américaine s'est toujours ressourcée dans la réunion d'éléments disparates et la rencontre de voix hétérogènes. Musique impure par essence et par excellence, le jazz peut présenter des découpages stylistiques (aléatoires mais tout de même pratiques), uniquement parce qu'il y a eu des facteurs favorables à la synchronisation des différentes influences et personnalités.

Si l'on en croit le chef de file de M'Base, le saxophoniste Steve Coleman, les membres de M'Base ne sont intéressés que par l'expression de la vie (à travers tous ses aspects) dans la musique : « M'Base est moins une identité musicale qu'une attitude envers la vie et le quotidien. En d'autres termes, des gens, unis par le même *background* – celui des Noirs grandis dans les faubourgs des métropoles de la côte est, Chicago, Detroit –, la même formation musicale, les mêmes idées complémentaires, se sont associés pour s'exprimer en toute liberté et solidarité artistique. Nous ne sommes pas obsédés par le culte des racines, par l'histoire du jazz, un mot qui, au début, n'avait guère de sens pour nous, comme "avant-garde" d'ailleurs [...]. Comme jadis Louis Armstrong, Bird et James Brown. M'Base est un miroir tourné vers le présent : on est influencé par tout ce qui nous entoure, le cinéma, les *cartoons*, les ordinateurs, les *micro-waves...* » Ainsi, l'existence d'une interaction va dominer tout le projet de M'Base. Considérant que tous les événements culturels ou musicaux se valent, les musiciens affiliés au groupe font appel à chacun des éléments de leur culture. Musique patchwork, faite de stratifications, de rappels et de séquences, d'entrelacs instrumentaux, de blocs sonores, d'enchevêtrements rythmiques, d'écriture et de liberté, de tête-à-tête intimes et d'emboîtements communautaires, de télescopages électro-acoustiques et de frictions acoustico-électriques, le M'Base ne constitue pas pour autant l'un des derniers avatars du jazz-rock fusion qui, lui, se contente souvent de collecter les différences pour les phagocyter, ou du moins les arrondir. Le M'Base s'impose tout au contraire comme une entreprise de démolition des conventions du jazz, mais pas à la manière du free, plutôt comme une main tendue, un désir d'ouvrir grand les portes, d'accueillir et de donner pour mieux recevoir.

Excepté certains albums sous appellation générique comme *M'Base Collective* et *Strata Institute,* chacun des membres importants de M'Base (notamment les fondateurs) va enregistrer sous son nom, sollicitant le soutien des autres, se croisant et se recroisant selon les besoins ou les dispositions d'esprit. Si la conception du leadership est souvent dénoncée et les rapports leader-*sidemen* gommés, il n'en reste pas moins que les représentants du courant ne révolutionnent pas les normes de l'industrie du disque et signent de leur nom les albums dans lesquels ils ont décidé de s'investir. Parmi ces hors-la-loi new-yorkais on compte le pilier fondateur Steve Coleman (s) et son acolyte Greg Osby (s), mais aussi la saisissante Cassandra Wilson (voc), le solide Lonnie Plaxico (b, elb), l'infatigable Marvin « Smitty » Smith (dms), les décapants David Gilmore (elg), Kevin McNeal (elg) et Jean-Paul Bourelly (elg), les fidèles Paul Samuels (dms) et Mark Johnson (dms), les efficaces Samuel Weidman (keyb), Andy Milne (keyb) et Graham Haynes (tp), les puissants Kevin « Bruce » Harris (b) et Reggie Washington (b), les épisodiques Robin Eubanks (tb) et Kevin Eubanks (elg), plus quelques femmes de passage comme l'étonnante Geri Allen (p) et la captivante Terri Lyne Carrington (dms) qui frappe à fleur de peau, la foisonnante Cindy Blackman (dms), la savante Michele Rosewoman (p, comp) et la sympathisante Renee Rosnes (p)… Une déferlante qui noie bien entendu certains personnages desquels on espère beaucoup, mais que l'on peut tous retrouver dans la discographie déjà abondante des quatre têtes d'affiche sur lesquels nous allons nous attarder davantage.

Steve Coleman (1956)

«J'ai grandi avec les tubes de James Brown, Stevie Wonder, Kool and the Gang et toute la panoplie populaire de l'époque sixties-seventies. Pas de jazz à strictement parler qui était, lui, l'apanage discographique de mes parents.» Le ton est donné. Pourtant, Steve Coleman connaîtra la révélation des envolées parkériennes avec son père qui est un admirateur inconditionnel du Bird. Élevé dans le South Side de Chicago, l'adolescent se passionnera surtout pour la musique soul et funk, tout en s'essayant au violon dans l'orchestre du lycée. Lorsqu'il touche son premier saxophone alto, il travaille sur les disques de Charlie Parker. «Je transcrivais ses compositions, piquait ses chorus sans comprendre, trop fasciné par sa technique, la profonde humanité de sa musique.» Puis Steve Coleman se retrouve à New York, il n'a que vingt-deux ans et ses qualités de lecteur lui permettent de trouver ses premiers engagements. *Sideman* dans le Thad Jones-Mel Lewis Big Band, chez Sam Rivers, Bob Brookmeyer, Slide Hampton, Cecil Taylor et quantité d'autres musiciens, il apprend le métier, mais c'est dans les rues de Manhattan qu'il respire le mieux l'air musical de son époque avec ses compagnons Mark Johnson (dms) et Graham Haynes (tp). Conjointement à quelques emplois auprès de Doug Hammond (dms) ou Abbey Lincoln, Steve Coleman entre en studio avec Branford Marsalis, Chico Freeman, Michele Rosewoman et Dave Holland (pour une collaboration d'une dizaine d'années dont un magnifique duo *Phase Space* en 1991). Après deux albums en tant que leader avec son groupe Five Elements – *Motherland Pulse* (1985) et *World Expansion* (1986-1987), il grave *Sine Die* (1987-1988) sous la protection du chanteur Sting qui a requis ses services en alternance avec Branford Marsalis. Suivent ensuite des productions pour le label RCA *Novus, Black Science, Rhythm in Mind, Drop Kick,* entre 1990 et 1992, avant qu'il ne décide de monter Rebel X, son propre label au sein du mouvement M'Base dont il est le chef de file naturel, défendant avec ses amis une musique ronflante où la vitalité, l'urgence et la pulsion sensuelle dominent, où bouillonnent les percussions traditionnelles et les *computers*, le claquement brut des cuivres et les recherches synthétiques. Ni plagiat de Miles, ni funk-rap de ghetto, ni free-bop, le M'Base brûle les étapes et présente une originalité fondée sur l'art du contraste et de l'encastrement, sans que le son incisif du soprano et les dérives musclées de l'alto de Coleman ne souffrent d'aucune comparaison. Entre Bill Coleman, Ornette Coleman et George Coleman, le jeune Steve a réussi à se faire un prénom. Si, avec Wynton Marsalis, l'ère classique ne fait que commencer, on pourrait presque dire qu'avec Steve Coleman, la Great Black Music commence à se faire.

Cassandra Wilson (1955)

Cette jeune femme que l'on a vu sévir avec le gang conduit par Steve Coleman est la révélation des années 80 et s'avère la porte-parole, la muse et la styliste de sa génération. Née à Jackson (Mississippi), Cassandra Wilson travaille le piano dès l'âge de huit ans, puis la guitare et le chant. Elle collabore à une multitude de groupes de rhythm'n blues et se tourne vers des études relatives aux métiers de la télévision. Elle veut devenir metteur en scène et réalise un court-métrage : *Jazz comes to Jackson.* Mais sa rencontre avec le batteur Alvin Fielder marque une étape capitale et amorce un processus sans cesse renouvelé de maturation fébrile et d'appétit de création. Elle vit un certain temps à La Nouvelle-Orléans avec son mari, le saxophoniste Kidd Jordan, et en profite pour étudier, jouer, se confronter aux meilleurs représentants du milieu musical louisianais : Ellis Marsalis, Earl Turbinton, etc. Puis elle se rend à New York où elle écume les clubs (Sweet Basil, Village Vanguard, Small's Paradise...) dans des contextes aussi variés que les groupes de Woody Shaw, Dave Holland, Doug Hammond, Geri Allen, Henry Threadgill... En 1985, elle grave le premier album produit sous son nom, accompagnée par toute la bande de Steve Coleman. Depuis, quelques autres disques ont rapidement suivi, qui laissent présager une inscription définitive dans la grande histoire du jazz. Cassandra Wilson symbolise à elle seule la capacité d'une nouvelle génération à intégrer la tradition culturelle du jazz aux débordements de la musique binaire, à rassembler l'acoustique pure, l'orthodoxie ternaire avec la violence urbaine et ses aventures technologiques. Une vision synthétique de l'histoire musicale afro-américaine.

Geri Allen (1957)

« "Jazz" est un mot qui ne fait pas partie de mon vocabulaire. En vérité, je ne l'aime pas, car ce ne sont pas les musiciens qui ont choisi d'appeler ainsi leur musique et je préfère éviter de coller ce nom à celle dans laquelle je suis impliquée. » Geri Allen, la belle égérie du mouvement M'Base (avec lequel elle prend toutefois quelques distances) tient un discours auquel il convient de s'accoutumer. Comme Steve Coleman, Greg Osby, Cassandra Wilson et beaucoup d'autres, cette pianiste refuse de se laisser classifier dans un genre défini. Élevée à Detroit dans un milieu familial boulimique de jazz, elle n'écoute cependant que de la pop, du rhythm'n blues et du funk, notamment

James Brown et les artistes du catalogue Motown. Comme beaucoup de jeunes de sa génération, elle ne découvre réellement le jazz que sur le tard. À sept ans, ses parents l'ont confiée à un professeur de piano, un certain Pat Wilhelm, à qui elle dédiera plus tard nombre de ses albums et avec qui elle étudie jusqu'à son entrée à la Howard University de Washington. Puis Geri Allen suit les cours de l'université de Pittsburgh, obtient une maîtrise d'ethno-musicologie et commence à jouer avec le saxophoniste Nathan Davis. À partir de là tout s'enchaîne très vite, elle se produit avec Oliver Lake, Lester Bowie, James Newton, The Five Elements de Steve Coleman, Andrew Cyrille, Anthony Cox… Elle forme ensuite le groupe Open on all Sides (1986) aux options funky, travaille avec Wayne Shorter (1988), puis en trio avec Charlie Haden (b) et Paul Motian (dms) avec qui elle grave *Etudes, In the Year of the Dragon…* Entre les secondes de silence fatidiques du bassiste et les friselis scintillants du batteur, la douce Geri Allen tisse des gammes malignes et enjôleuses, énergiques et désarmantes, qui dénotent une grande culture pianistique. À l'image de son aïeule Mary Lou Williams, Geri Allen est une pianiste libérée des préjugés attachés à sa condition de femme et nul doute qu'elle ne parvienne un jour à la rejoindre dans le Panthéon.

Greg Osby (1960)

Trublion de la scène new-yorkaise depuis le milieu des années 80, ce saxophoniste originaire de Saint Louis a fourbi ses premières armes dans des petits groupes de rhythm'n blues et de funk de sa région avant de poursuivre des études musicales au sein de la Howard University, puis de la fameuse Berklee School of Music. À la fois sopraniste et altiste, Greg Osby est vite sollicité par Jack DeJohnette, Andrew Hill, Herbie Hancock et Muhal Richard Abrams. À cette même époque, il participe au M'Base Collective avec Steve Coleman, Geri Allen, Gary Thomas et Cassandra Wilson. Dans la lignée de ses compagnons de route, il enregistre son premier album solo *Sound Theatre* (1987) pour le label JMT. Après trois albums dans cette structure discographique qui a activement contribué à la reconnaissance du mouvement, Greg Osby décide de rejoindre un monument de l'establishment en signant chez Blue Note. Il n'en perd pas pour autant sa singulière capacité à expérimenter de nouvelles formules orchestrales. Ses allers-retours constants entre l'avant-garde, le free funk, le post-bop et ses convictions issues du M'Base en font un artiste sophistiqué et complexe. La profusion d'enregistrements qui jalonnent les années 90 va l'installer définitivement parmi les têtes d'affiche de sa génération.

A commencer par *Man-Talk For Moderns, Vol.X*, publié en 1990, album estimable sans être tout à fait abouti, en passant par *3-D Lifestyles* (1993) et *Black Book* (1995), deux disques mal reçus par la critique mais qui n'en sont pas moins de très belles réussites d'amalgame stylistique, jusqu'aux très jubilatoires et tonifiants *Art Forum* (1996), *Zero* (1998), *Invisible Hand* (2000) ou *Inner Circle* (2002), Greg Osby se joue de toutes les tendances, manipulant avec dextérité le hip hop, fouillant les harmonies d'un bop classique, déambulant à son aise dans n'importe quelles structures rythmiques. Ce garçon à la vitalité irrépressible aime quand ça frotte, pulse, roule, claque et tangue. Toujours extrêmement identifiable, ce qui constitue une qualité majeure pour un souffleur d'anche, il déploie un jeu énergique et dense, parfois alambiqué et fiévreux, alliant avec précision la rudesse et la cérébralité, l'instinct et la science. On retrouve cette pâte bouillonnante et malléable, triturée avec fureur, sur l'album B*anned in New York* (1998) enregistré en public au club Sweet Basil, dans des conditions d'urgence. Servi par le batteur Rodney Green (à peine dix-neuf ans), le bassiste Atsushi Osada et le pianiste Jason Moran, le saxophone se déverse à foison durant une heure de concert ininterrompu, sans annonces de scène ni pauses entre les morceaux. Une heure de spontanéité incandescente, jetée en plein visage, avec juste la volonté de se dire la vérité, de ne pas tricher et d'avouer ses faiblesses pour mieux connaître sa force. Greg Osby aime se faire peur, jouer sur le fil du rasoir, que l'on tremble pour lui et que l'on se réjouisse de le voir sortir indemne et grandi. Une telle attitude est toujours digne de respect.

2001, odyssée de l'espoir ?

Les festivités pharaoniques qui ont accompagné le nouveau millénaire ont déroulé le film d'un XXe siècle chaotique et foisonnant sans en saisir réellement toutes les mutations musicales. Que vont devenir le jazz et ses multiples avatars dans le marché mondial des loisirs culturels, l'illusoire euphorie économique de l'Occident, les crises morales de la finance et l'eldorado des technologies nouvelles ?

Plus que jamais, l'industrie du disque et les rouages promotionnels deviennent déterminants. On le regrettera certainement mais il faut bien constater que les carrières d'aujourd'hui se jouent souvent dans les officines des producteurs et dans les arrière-boutiques des médias. Dire pour autant que la notion simpliste du marketing se substitue à la sacro-sainte idée du feeling serait abusif. Il existe heureusement des réussites inattendues et des succès inespérés, hors des empires financiers et à contre-courant des opinions lénifiantes. Malgré l'artillerie lourde des multinationales, les inévitables relents de snobisme et quelques effets de mode aussi dérisoires que passagers, bon nombre d'artistes parviennent à force d'abnégation et de conviction à se frayer un chemin qui les mènera jusqu'à la reconnaissance. À condition qu'ils maintiennent leurs efforts, en revendiquant leur singularité et sans rien trahir de leur nature ou de l'authenticité de leur projet, ils pourront peut-être survivre face aux tirs groupés des pourvoyeurs d'influence et des décideurs indécis.

S'il s'accentue dangereusement, ce phénomène de vampirisation mafieuse n'est pourtant pas nouveau dans l'histoire houleuse des musiques noires, et du jazz en particulier. La spoliation des droits d'auteurs, les mises à l'écart stratégiques, les réputations usurpées, les injustices raciales, la misogynie larvée, les producteurs sans scrupules, les trahisons esthétiques et les vertus anesthésiantes de la finance ont trop souvent jalonné le chemin de croix des créateurs.

Cependant, il existe aujourd'hui une différence notable dans les règles du jeu qu'entretiennent le business et les médias avec la poignée d'artistes sur qui ils ont jeté leur dévolu. On gère leur carrière avec efficacité, on développe leur image, on investit prudemment sur les courants d'époque, on spécule sur leur longévité et on observe de près leur rentabilité. Bref, on alimente l'illusion d'un gros gâteau dont les créateurs pourraient éventuellement croquer quelques miettes. Avec l'érosion prévisible du marché du disque, l'affairisme brutal d'antan a fait place à un cynisme de bon aloi. Il serait stupide de jeter la pierre à ces musiciens qui ont besoin de travailler et qui ont bien raison de ne pas vouloir rejoindre la cohorte des artistes maudits. Mais le danger d'un discours convenu, d'une attitude scénique rassurante et d'une discographie formatée les guette lorsqu'ils ne sont pas assez vigilants pour repérer les manipulations ou lorsqu'ils se laissent étourdir par les compliments éphémères.

Fort heureusement, les francs-tireurs n'ont pas dit leur dernier mot et les irréductibles de l'indépendance sont encore et toujours là pour alimenter des contre-courants salutaires. L'audace, l'esprit de liberté, la pugnacité poussée jusqu'à l'acharnement, l'autofinancement élevé au rang de grand art, l'imagination, le sens du réseau et la fidélisation d'un public initié, tous ces éléments incontrôlables et porteurs d'espoir permettent des réactions constructives et nous rassurent sur la faculté de détournement (ou de retournement) des créateurs, qu'ils soient musiciens candides ou producteurs en herbe.

À ce constat ordinaire d'une époque qui l'est tout autant, il faut ajouter l'effritement des anciens repères stylistiques et l'accentuation toujours plus marquée du brassage multiculturel. Ces dernières années ont été le théâtre d'un décloisonnement qui conforte la pluralité du jazz, comme première et véritable « musique du monde », en ce sens où l'expression musicale est désormais invariablement traversée et télescopée par une multitude d'apports jusque-là inouïs. Quelle relation peut-il y avoir entre le melting-pot explosif et fourmillant du pianiste afro-cubain Omar Sosa et les expériences maghrébines du fabuleux guitariste franco-vietnamien Nguyên Lê ? Existe-t-il un rapport entre les volutes véloces et orientalisantes du contrebassiste franco-catalan Renaud Garcia-Fons et la brillante austérité classique du violoniste roumain Florine Niculescu ? Aucune, à la première écoute, si ce n'est ce même rêve de fraternité rythmique et de retrouvailles harmoniques, ce même désir de peindre un paysage multisonore où la palette historique du jazz américain pourrait servir de toile de fond, de signe de reconnaissance et de langage commun. Les codes du swing ou du bop ne sont plus que des outils pour tisser des liens de connivence, des clés connues de tous pour mieux établir le contact. Au-delà de cet esperanto, chacun apporte sa touche culturelle, ses ingrédients ethniques et ses parfums familiaux. L'ouverture au monde est la nature même du jazz. Que ce soit par le biais des nouvelles technologies numériques ou par la vibration éternelle des instruments acoustiques, le repeignage des standards ou le métissage des idiomes, l'essence de cette musique est de ne jamais refuser une invitation au voyage. Le guitariste Pat Metheny ayant longtemps souffert d'un étiquetage réducteur, déclare sainement en mars 2000 (*Jazz Magazine*, n° 502) : « De plus en plus, je réalise que fonctionner en musicien polystylistique est une qualité essentielle de notre époque. Toutes ces musiques différentes qu'on voudrait « ségrégationner » deviennent une seule et même musique dans mes mains. Et ce point de vue qu'on croirait polystylistique est en fait toujours jazz... »

Il convient donc de rester attentif aux mutations des jazz, car dans cet univers pluriel où tout est absorbé, digéré et aussitôt régurgité, il sera de plus en plus difficile aux musiciens de paraître singuliers. Aujourd'hui, suivre l'itinéraire d'un artiste que l'on vient de découvrir, c'est avant tout tenter de poursuivre sa trace.

Les porte-paroles

Les vocalistes sont des artistes singuliers. Peut-être les plus musiciens des musiciens. Ils ont leur corps et rien d'autre. Ils se présentent nus, délestés de tout artifice matériel, sans le paravent instrumental, et ce n'est pas chose aisée que de se livrer ainsi sans se dévoiler, en gardant sa part de mystère, en portant sa seule voix pour tout bagage. Tout au long de cette odyssée, on en a croisé de splendides, des divas enveloppées de strass et de douleur, des apôtres rugissants ou caressants. Mais il est loin le temps des crooners à la chevelure gominée, au smoking impeccable et aux dents éclatantes de promesse. Elle est derrière nous cette époque où les jeunes filles en fourreau de soie et corsages vaporeux jouaient des coudes pour trouver leur place devant les big-bands. Depuis les effusions du bop et les contestations du free, autant d'étapes dont ils ont su tirer des leçons d'indépendance, les chanteurs de jazz veulent désormais dépasser le seul cadre de l'ornementation et de la représentation. Chacun tente d'imprimer sa marque, défendant son identité et luttant courageusement pour le faire savoir. Qu'ils ou elles aient le buste droit ou le déhanchement félin, l'oeil droit malicieux ou l'oeil gauche rassurant, l'arcade sourcilière légèrement circonflexe ou la bouche boudeuse, le port de tête toujours altier ou la démarche décontractée, tous les vocalistes ont le désir de s'affirmer dans un monde où l'image prime, où le paraître envahit la scène et l'écran, où les artistes pop-rock et « marketés » prédominent. Tout en sachant très bien qu'ils ont choisi un genre musical exigeant et générant relativement peu de ventes, il leur arrive parfois de flirter avec les sirènes du show business pour élargir leur audience. Le pari peut-être tentant. Mais ce n'est pas en troquant le costume trois-pièces ou la robe longue pour une tenue de jogging ou un jeans élimé que les vocalistes de jazz vont drainer un public plus large.

Au fil des saisons, chaque label nous propose sa cohorte de chanteuses et de chanteurs. Livrés en pâture à la critique et au public, ils tentent d'émerger dans un maelström d'artistes dont on finit souvent par ne plus identifier le grain, différencier le timbre, ni même l'enveloppe. À trop se conformer à un genre statufié, le chant peut se désincarner. Ce n'est pas tant la prouesse technique que l'on recherche, quoiqu'elle fasse tout de même partie des outils de séduction, mais c'est essentiellement une personnalité forte et attachante qui saura nous embarquer au-delà du répertoire et de son habillage orchestral. Voici quelques-unes des voix fortement contrastées vers lesquelles on peut tendre l'oreille sans risque d'être déçu : Madeleine Peyroux, Karrin Allyson, Denise King, Mina Agossi, Sara Lazarus, Patricia Barber, Jeri Brown, Angélique Kidjo, Sandra N'Kake, Claudia Acuña, Kurt Elling, Elisabeth Kontomanou, John Pizzarelli, Melody Gardot, Youn Sun Nah, David Linx, Terez Montcalm, Cécile McLorin-Salvant…

Dee Dee Bridgewater (1950)

Un timbre éminemment sensuel, un tempo d'acier dans une voix de velours, il ne fait pas de doute que Dee Dee Bridgewater possède tous les atouts pour porter sa carrière sur les plus hauts sommets. Née à Memphis (Tennessee), elle monte très tôt son premier trio alors qu'elle est encore lycéenne. Elle chante également avec son père, le trompettiste Matthew Garrett, et participe au festival de l'université de l'Illinois (1969). Après son mariage avec le trompettiste Cecil Bridgewater, elle gagne New York pour travailler avec le Thad Jones-Mel Lewis Big Band. Elle restera dans cet orchestre de 1970 à 1974. Très appréciée par les musiciens de la Grosse Pomme, elle ne tarde pas à rejoindre les groupes de Max Roach, Dizzy Gillespie, Dexter Gordon, Sonny Rollins, Pharoah Sanders, Norman Connors, Stanley Clarke, etc. Attirée par la comédie elle collabore à *The Wiz,* puis à une autre revue *Sophisticated Ladies,* qui la conduit en 1984 à Paris où elle décide de s'installer. On retrouve Dee Dee Bridgewater dans *Lady Day* en 1986-1987, une pièce théâtrale et musicale dans laquelle elle joue le rôle de Billie Holiday. Incarner la grande chanteuse mythique de la musique afro-américaine est un défi difficile à relever, mais Dee Dee

Bridgewater, dotée de qualités vocales et esthétiques en adéquation avec son rôle, réussit admirablement à camper son personnage. Depuis, bénéficiant du succès international de son duo avec Ray Charles (*Precious Thing*-1989), elle ne cesse de relever les défis (une singulière version jazz de l'opéra *Carmen* en 1993 au festival de Vienne), de tourner et d'enregistrer avec son propre groupe où l'on compte quelques musiciens parmi les plus talentueux du jazz français et européen (le batteur André Ceccarelli, le bassiste Hein Van de Geyn, le pianiste Thierry Eliez…). Chanteuse expressive et nuancée au registre large et au scat énergique, elle peut être considérée comme une musicienne à part entière.

Dianne Reeves (1956)

Avec la superbe Cassandra Wilson, voici la chanteuse qui marquera sa génération. Inscrite dans une tradition finement revisitée de l'art vocal afro-américain, Dianne Reeves est une diva de grande classe. Son visage de madone discrète et sa grâce naturelle ne manquent pas d'évoquer le rayonnement d'une Sarah Vaughan ou la présence d'une Dinah Washington, autant d'icônes légendaires dont elle est l'héritière digne et toujours inventive. Née à Detroit, elle commence à chanter avec l'orchestre de son lycée et reçoit les encouragements de Clark Terry avec lequel elle se produit lors de son passage à l'université du Colorado. C'est à Los Angeles, en 1976, qu'elle commence à fréquenter les studios d'enregistrement, cherchant sa voix entre les méandres de la pop, du jazz, du rhythm'n blues et des musiques africaines. Son style n'est pas encore clairement défini et elle accepte de suivre en tournée des vedettes du show-business telles que Sergio Mendes (1981) ou Harry Belafonte (1984). Parmi les quelques albums gravés durant les années 80, il convient de mettre en exergue le splendide *I Remember*, pour la marque Blue Note et qui annonce les futures réussites qui éclateront six ans plus tard sur ce même label. À cette occasion, Dianne Reeves s'est entourée des meilleurs : Donald Brown, Mulgrew Miller ou Billy Childs au piano, Charnett Moffett ou Chris Severin à la contrebasse, Billy Kilson ou Marvin « Smitty » Smith à la batterie, auxquels viennent se joindre des invités de luxe comme Bobby Hutcherson au vibraphone, Greg Osby à l'alto et Kevin Eubanks à la guitare. C'est dire le niveau très élevé de cette séance et les instants mémorables qu'elle recèle. Notamment une interprétation lumineuse du titre *Afro Blue* de Mongo Santamaria, ainsi que des reprises implacables comme *Love for Sale, Softly as in a Morning Sunrise* ou *How High The Moon.* Après cette belle incursion dans un univers exclusivement consacré au jazz, Dianne Reeves produit une poignée de disques sans grand intérêt jusqu'en 1994, une des années les plus importantes de sa carrière. Elle décide alors de se consacrer pleinement au jazz et entre définitivement dans l'écurie Blue Note en signant un disque au titre explicite : *Quiet after the Storm.* Cette paix soudaine après quelques doutes orageux, cette sérénité retrouvée et enfin révélée vont lui permettre d'aligner bon nombre d'albums qui comptent parmi les fleurons de l'art vocal. Le nom de la diva devient familier aux connaisseurs, elle apparaît à l'affiche des manifestations les plus prestigieuses et bénéficie du soutien sans faille de sa maison de disques. En 2001, elle se lance dans un défi pour le moins osé en rendant hommage à Sarah Vaughan. Loin d'être une célébration compassée et quelque peu affectée, cet enregistrement s'avère d'une intelligence aiguë. Nappée de violons soyeux, drapée dans une enveloppe rythmique scintillante, Dianne défile dans un tourbillon de morceaux finement choisis qui ne souffrent d'aucune comparaison avec la divine Sarah. Le pari est réussi, à la hauteur des exigences du projet. Tour à tour retenue et virtuose, pudique et exubérante, enjôleuse et détachée, discrète et brillante, elle excelle autant dans le scat démonstratif que dans le blues chuinté. Enregistré rapidement, dans les conditions de spontanéité de la grande époque, cet instant de rêve se joue des conventions et des références. Les situations vertigineuses et les prises de risques vont si bien à cette chanteuse qui a mis trop de temps pour entrer au Panthéon du swing.

Kevin Mahogany (1958)

Enfant de Kansas City, ce chanteur subtil et puissant a tout d'abord étudié la clarinette et le saxophone baryton. Deux façons de souffler dans des registres opposés, voilà peut-être le secret de sa différence et de l'amplitude de son éventail vocal. C'est dans le cadre très discipliné et studieux de la Baker University qu'il fonde ses premiers groupes vocaux : The Apollos et l'ensemble Mahogany avec lesquels il tourne et apprend son métier tout au long des années 1980. Il attend 1993 pour offrir *Double Rainbow,* son premier opus chez Enja Records. Avec une régularité quasi métronomique, il livrera plusieurs disques très aboutis, consécutivement chez Enja, Warner, Telarc et, enfin, sur son propre label Mahogamy Music créé en 2004. Parmi les innombrables rencontres suscitées par ce chanteur ancré dans la tradition de Kansas City et maître incontesté du scat, il convient de mentionner deux moments d'exception en compagnie du scintillant Cyrus Chestnut (p) ou du fracassant Elvin Jones (dms). Juste retour de l'histoire, le réalisateur Robert Altman lui donne le rôle d'un personnage directement inspiré de l'explosif *blues shouter* Big Joe

Turner (1911-1985) lorsqu'a lieu le tournage du film *Kansas City* en 1996. Kevin Mahogany aime à divulguer son savoir, il a enseigné à la Berklee School ainsi qu'à l'université de Miami. Cette fonction de pédagogue est d'autant plus logique qu'il brasse à lui seul de multiples influences dont il s'attache à moderniser les effets. Ce chanteur est frappant par sa capacité à partager et transmettre sans se sentir inféodé. Bien entendu, on ne peut s'empêcher de penser à Joe Williams, Johnny Hartman ou Eddie Jefferson, mais Mahogany a suffisamment de culture et de maîtrise musicales pour s'affranchir de telles références. Il pourrait faire sienne une formule certes usée mais parlante qui consiste à revendiquer la continuité dans le changement.

Rachelle Ferrel (1961)

Née en Pennsylvanie, la jeune Rachelle va baigner très tôt dans une atmosphère familiale dominée par la passion de la musique. Des parents mélomanes, des études précoces de violon et les chœurs de gospel à l'église locale vont donc contribuer à sa formation de base. En 1976, elle décide seule d'apprendre le piano et la composition, puis approfondit ses connaissances à la Berklee School où elle croise Branford Marsalis (ts, ss), Victor Bailey (elb), Jeff Watts (dms), Donald Harrison (ts), Marvin Smitty Smith (dms)… Se produisant pour l'essentiel en clubs sur la côte est, Rachelle Ferrell rencontre une estime confidentielle, circonscrite au milieu musical, mais n'apparaît au yeux du grand public qu'à partir de 1989, grâce à Bruce Lundval qui lui propose un double contrat avec Blue Note pour le jazz et Capitol pour la pop, permettant ainsi à la chanteuse de jouer sur les deux tableaux qu'elle affectionne. Avec un disque acoustique *(Something Else)* où l'on peut apprécier le soutien d'Eddie Green (p), Gil Goldstein (p), Tyrone Brown (b), Doug Nelly (dms), Stanley Clarke (b), Lenny White (dms), Wayne Shorter (ts), Michel Petrucciani (p), et un disque de funk ouaté et de mélodies câlines produit par George Duke, elle s'impose comme la vocaliste que l'on n'osait plus espérer. Pour tous ceux qui s'inquiéteraient d'entendre cette voix virtuose filer dans de mauvaises voies, la troublante Rachelle Ferrell nous fait cette révélation : « Un de mes fantasmes est de mêler les deux genres de façon à ce que, lorsque les gens pensent à moi ou m'entendent, ils ne pensent qu'à moi, pas au jazz ou à la pop. » On attend donc que cette artiste sans tabou, au registre nuancé et varié, aux improvisations bouleversantes, au swing irréprochable et à la tessiture ample, nous dévoile ses intentions et fasse valser les étiquettes sans aucun complexe.

Diana Krall (1964)

Jambes croisées et décroisées, chevelure platine savamment entretenue, talons aiguilles et lippe boudeuse, regards langoureux et décolleté prometteur, il vaut mieux ne pas s'attarder sur les charmes trop évidents de cette artiste si l'on veut écouter son travail en toute sérénité. Cette canadienne née à Nanaimo, dans la province de la Colombie britannique, a pris des leçons de piano classique dès l'âge de quatre ans et s'est progressivement initiée au jazz grâce à la discothèque de son père, grand amateur de stride et fan inconditionnel de Fats Waller. À quinze ans, elle se produit dans des petits clubs de sa région, avant d'obtenir une bourse d'étude pour la Berklee School. Elle passe un an et demi à Boston et suit ses cours avec détermination avant de retourner à Nanaimo où Ray Brown, de passage en ville, la repère aussitôt lors d'un concert en club. Le contrebassiste la persuade de se rendre à Los Angeles pour étudier avec le pianiste Jimmy Rowles. Diana écoute son mentor et s'installe en Californie pendant trois ans. Après une brève halte à Toronto, Diana Krall finit par s'installer à New York en 1990, ravie d'être enfin immergée dans le cœur même où palpite la musique de son enfance. Elle y forme un trio et écume les nuits de Manhattan avant d'enregistrer, trois ans plus tard, son premier disque intitulé *Steppin' Out* sous étiquette Justin Time. Les événements vont se précipiter lorsque le label GRP la contacte pour produire un deuxième opus. *Only Trust Your Heart* est à peine gravé que son contrat est transféré dans la prestigieuse maison Impulse. C'est à dater de 1995 que sa renommée va réellement traverser les frontières et s'installer durablement. Un frémissant hommage au trio de Nat King Cole, modestement baptisé *All for You*, la propulse au sommet des charts dont elle deviendra coutumière. Une onctuosité envoûtante, une attaque moelleuse, une agilité câline, des murmures ondulants, il y a de quoi troubler le plus cynique des auditeurs. Impossible d'échapper à ce charme tranquille et à cette sensualité romantique. Au-delà de son indéniable talent vocal, Diana Krall est aussi une bonne pianiste. Un phrasé clair, des nuances bien maîtrisées, une parfaite connaissance des enrichissements harmoniques contribuent à instiller cette charge musicale et cette densité d'interprétation qui font parfois défaut aux vocalistes. Musicienne à part entière, elle attache une attention particulière au choix de ses partenaires. Le contrebassiste Chris McBride et le guitariste Russell Malone font partie de son intimité immédiate, dans la grande tradition du trio telle que défendue par Nat King Cole. Gâtée par le destin, elle aura la chance de travailler avec Johnny Mandel, orfèvre de l'arrangement, pour l'album *When I Look in Your Eyes* enregistré en 2000. Diana Krall ne cachera pas son admiration effarée devant les enluminures orchestrales: «Je n'avais jamais songé à enregistrer avec des cordes avant de recevoir cette proposition de Johnny Mandel. Mais j'avais envie de quelque chose de nouveau. À partir de là, comment pouvais-je refuser la collaboration d'un musicien aussi mythique et talentueux?» Il est vrai que l'écrin est richement orné, logeant quelques perles aux reflets pastel dont on se lasse difficilement. Le producteur Tommy Lipuma, également président de Verve, ne lésine pas sur les moyens et il a raison car rien n'est trop beau pour une artiste aussi radieuse, même si l'on sent parfois qu'elle aimerait se dévoiler sans fard, ni artifices. Car en bâtissant une stratégie marketing racoleuse autour de l'imagerie hollywoodienne de mademoiselle Krall, sa maison de disques occulte quelque peu une personnalité plus fine et complexe qu'il n'y paraît. Avec les années, ses traits faneront sûrement un peu alors que son talent demeurera intact. Cette artiste sensible trouvera peut-être la paix lorsque les marques du temps lui permettront de révéler enfin sa nature profonde. Dans un registre plus ou moins apparenté, et certainement moins brillant, on peut signaler la fluette Lisa Ekdahl dont les minauderies au demeurant charmantes ne permettent absolument pas de la comparer à Lady Day dont elle voudrait tant être l'héritière susurrante. Cette chanteuse suédoise aurait pu envisager une carrière plausible si elle n'avait été entourée d'éloges trop précoces et si son succès n'avait été boursouflé par des louanges frisant parfois le ridicule dans les colonnes dites spécialisées. À trop chercher les révélations, on s'attarde souvent sur des clones au visage trop pâle.

Stacey Kent (1968)

Quand Stacey Kent s'approche du micro, certains s'ennuient et la trouvent soporifique alors que d'autres frissonnent et tombent sous le charme. Il y a donc là le signe d'une véritable personnalité capable de provoquer des réactions épidermiques. Quoi qu'il en soit du dédain qu'elle suscite ou de l'enthousiasme qu'elle soulève, Stacey Kent poursuit son parcours avec une tranquille conviction. Née à South Orange dans le New Jersey, cette jeune artiste intellectuelle instaure avec le langage une relation intime qui va façonner l'essentiel de son oeuvre. Elle obtient un diplôme en littérature comparée au Sarah Lawrence College de New York, et s'envole pour Londres afin d'étudier à la Guildhall School of Music and Drama. Elle se consacre à l'italien, à l'allemand et au français, langue qu'elle a apprise dans son enfance avec son grand-père d'origine russe. Sa rencontre à Oxford avec le saxophoniste, clarinettiste et compositeur britannique Jim Tomlinson (1966) sera déterminante. Au-delà de leur histoire amoureuse qui aboutira à un mariage en 1991, ils s'embarquent tous deux dans une aventure musicale où le travail de l'un et la réussite de l'autre sont indissociables. Tournées mondiales, disques médiatiques et ventes conséquentes, événements retentissants (une version jazz d'un poème du dramaturge élisabéthain Christopher Marlowe dans une adaptation de *Richard III* de Shakespeare (1995), une invitation par Clint Eastwood pour chanter à son 70e anniversaire), signature avec le label Blue Note en 2007, décorations et remises de prix, tout semble réussir à ce couple en complète harmonie. En 2010, l'album *Raconte-moi*, totalement enregistré en français, est une petite merveille d'élégance, d'équilibre et de butinage romantique, en parfaite adéquation avec le grain ténu et le feutre suave de Stacey Kent. Tout est distillé sans fioritures, dans un art consommé des petites touches, des presque rien et des effleurements. On ne peut pas faire la fine bouche devant autant d'ingénuité et de sensibilité minimaliste. Alors pourquoi bouder ce plaisir simple ? Pourquoi ne pas céder à cette douce tentation ? Ne serait-ce que pour sa sublime reprise du titre-culte de Charles Trenet, le délicat *Que reste-t-il de nos amours ?* (*The Boy Next Door* – Candid 2003), qu'elle parvient à hisser au sommet, avec la même classe qu'un Joao Gilberto. Oui, Stacey Kent sait rendre hommage avec panache et modestie, exercice délicat s'il en est, et c'est bien la raison qui nous invite à la suivre sur ces chemins de traverse où elle a trouvé sa voix.

Gregory Porter (1972)

Un père absent, une mère dévouée qui élève seule huit enfants, une jeunesse passée à Bakersfield, une ville du sud de la Californie partagée entre l'agriculture et le pétrole, le jeune Gregory Porter traîne son enfance entre l'école et l'église. Sa mère est pasteur et c'est dans la chorale du temple que le garçon apprend l'essentiel de ce qui imprégnera son chant profond. Une bourse d'études lui permet de s'inscrire à l'université de San Diego où il se destine à une carrière de footballeur. Grand gabarit, carrure impressionnante, cou massif et mâchoire volontaire, il est promis à un bel avenir, mais les Dieux du Jazz en ont décidé autrement. Une méchante blessure à l'épaule le contraint à renoncer à ses rêves de gloire sportive. Il renoue alors avec le chant qui n'a, en fait, jamais cessé de l'habiter et de le poursuivre. Il rôde dans les clubs de jazz locaux, commence à côtoyer la faune musicale et fait la connaissance du pianiste, saxophoniste et compositeur Kamau Kenyatta. Ce dernier saisit rapidement tout le potentiel de Gregory Porter dont le registre est déjà très varié. Il le présente au flûtiste Hubert Laws qui, aussitôt séduit par la puissance de feu phénoménale de Porter, en parle à suffisamment de gens pour qu'il lui soit proposer de participer à la comédie musicale *It Ain't Nothing But The Blues*. Au terme d'une longue tournée triomphale qui le conduit jusqu'à Broadway, Gregory Porter envisage sérieusement d'enregistrer un premier album. Les compositions sont prêtes et c'est tout naturellement vers son ami Kamau Kenyatta que son choix se porte pour en assurer la production. En août 2009, l'équipe qui est constituée autour de lui répond à la perfection au projet. Quelques jeunes loups de la scène new-yorkaise, soutenu par la présence de James Spaulding (as), parviennent à créer une passerelle entre jazz, soul et gospel. Pour un premier opus, *Water* est davantage qu'une réussite, il s'agit déjà d'un classique. Poussé par le destin, Gregory Porter a en outre la chance de faire un hit avec le titre *1960 What ?*. Cette chanson en hommage à Martin Luther-King est construite sur la scansion hypnotique d'un seul accord, avec motif lancinant de contrebasse, syncopes très sobres au piano, batterie funky free, leitmotiv nonchalant et serpentin de la section de cuivres. La formule n'est pas novatrice, mais elle a le roulis efficace et un peu *vintage* d'une soul contestataire. En fait, ce type de composition et d'arrangement ne fonctionne pleinement qu'avec une voix d'exception, une voix puissante, contrôlée et renarde qui rassemble les foules, sermonne, fustige et gémit. Il faut pas mal de colère et beaucoup de tendresse pour être à la hauteur d'un tel défi. Et ce ne sont pas les remixes house pour les noctambules du clubbing qui renforceront l'objet du délit. Tout au plus, s'agira-t-il de divulguer les prédications de Gregory Porter au plus grand nombre. Son deuxième album *Be Good* est sculpté dans la même matière en fusion, tapissé de braises précieuses et de cristaux incandescents. Fidèle à sa communauté, désormais installé à Brooklyn dans le quartier de Bedford-Stuyvesant, il vit sereinement sa renommée soudaine. Il sait ce qu'il doit à ses maîtres Nat King Cole et Bill Withers, et n'oublie jamais ses premières émotions au sein de l'église maternelle. Ses incantations sur les grands classiques du gospel sont toujours de splendides oraisons, des psalmodies retenues, oscillant entre les sueurs du corps et les vapeurs de l'esprit. *Crooner, scatter, entertainer, groover, preacher,* ce Porter peut tout faire et il le fait avec coeur.

Lizz Wright (1980)

La bourgade de Géorgie où est née cette chanteuse se nomme Hahira, un de ces lieux un peu perdus du fin fond de l'Amérique, où les rêves palpitent encore sous le poids des conventions. Lizz Wright est la fille d'un pasteur sudiste, également pianiste et directeur musical de la paroisse, et sa musicalité innée est profondément enracinée dans le terreau de la religiosité. Les hymnes et les psaumes classiques n'ont donc aucun secret pour cette ravissante vocaliste que le *Wall Street Journal* présente comme une « âme réfléchie et sensible ». Comme dans toute famille imprégnée de musique, elle s'intéresse très tôt au blues et au jazz dans toute leur diversité. Elle suit des cours à la Houston County High School, s'impliquant avec rigueur dans la chorale de l'établissement, puis elle s'en va étudier le chant à la Georgia State University d'Atlanta, avant de rejoindre la New School de New York. De retour à Atlanta en 2000, elle intègre le quartet vocal In The Spirit, unanimement loué par la presse. Deux ans plus tard, Lizz Wright accepte la proposition du label Verve qui veut l'inscrire à son catalogue. L'album *Salt* sort en 2003, enregistré en partie sous la houlette de Brian Blade (dms, prod), aussitôt salué par le métier et le public. L'accueil pour le deuxième disque intitulé *Dreamind Wide Awake* (2005) est encore plus enthousiaste. Suivra le très réussi *The Orchard* (2008) avant un émouvant retour aux frissons sacrés de l'église avec *Fellowship* (2010) sur lequel interviennent des amies de renom telles que Angélique Kidjo et Me'Shell Ndegeocello. Sans pour autant nuire à sa carrière, Lizz Wright se permet de faire quelques apparitions très remarquées sur des productions où personne ne l'attend vraiment telles que *Closer* de David Sanborn (2005), *One More For The Road* de Toots Thielemans (2006) ou *Supply And Demands* d'Amos Lee (2006). Gospel, blues, jazz, soul ou country, Lizz Wright se sent partout chez elle : « Tout dépend de l'esprit dans lequel on fait les choses. Ce qui me plaît, c'est justement la possibilité d'associer des univers musicaux qui a priori n'ont pas grand-chose en commun. Précisément parce qu'on parle plus de fond que d'apparence. » Le message est limpide. Il s'agit d'oeuvrer dans l'oecuménisme, pour une saine réconciliation des genres. Ainsi soit-il ! Mais il faut en effet se méfier des apparences. Lizz Wright est douce, charmante, paisible, ouatée, presque angélique, mais elle peut s'avérer d'une séduction redoutable, presque diabolique, sans toutefois être sulfureuse.

Une meute aux aguets

Les jeunes loups sont prolifiques. Solistes aux dents longues, *sidemen* affamés de reconnaissance, traceurs de piste débonnaires, rabatteurs d'influence, virtuoses aux aguets, improvisateurs rusés, compositeurs encyclopédiques ou puristes égarés, ils sont nombreux à débarquer chaque année dans le paysage avec la réjouissante intention d'imposer leur voix.

Les jeunes musiciens français de talent sont légion et l'on compte plusieurs figures de proue sur la scène internationale. Cette qualité spécifique du jazz hexagonal nous conduit à les réunir plus loin sous la même bannière black-blanc-blues. Méthode paradoxale si l'on fait cas de l'universalité de ces musiciens français sous influences multiples mais qui se justifie par l'importance des intervenants d'envergure. Le même constat prévaut pour les artistes européens que nous aborderons également dans les pages suivantes.

Dresser un panorama complet des artistes d'une époque en mouvement perpétuel est un exercice toujours périlleux, mais parmi les générations du renouveau, il est d'ores et déjà possible de citer les noms de ceux qui n'ont pas fini de faire jaser :

Les pianistes Bill Carrothers, Cyrus Chestnut, Anthony Coleman, Marc Copland, Sophia Domancich, Chano Dominguez, Taylor Eigsti, Eliane Elias, Robert Glasper, Aaron Goldberg, Yaron Herman, James Hurt, D.D. Jackson, Carlos Maza, Bheki Mseleku, Aziza Mustapha-Zadeh, Danilo Perez, Eric Reed, Marcus Roberts, Matthew Shipp, Craig Taborn, Laurent de Wilde, Diederik Wissels, Bojan Zulfikarpasic…

Les bassistes Omer Avital, Scott Colley, Essiet Essiet, James Genus, Larry Grenadier, Christian McBride, Linley Marthe, Reuben Rogers…

Les batteurs Joey Baron, Jim Black, Gregory Hutchinson, T.S. Monk, Leon Parker, Matt Wilson, Karim Ziad…

Les guitaristes Gilad Hekselman, Wayne Krantz, Marc Ribot, Kurt Rosenwinkel, Nelson Veras…

Les saxophonistes Chris Cheek, Ravi Coltrane, Jesse Davis, Stefano Di Battista, Marty Ehrlich, Ellery Eskelin, Russell Gunn,

Craig Handy, Antonio Hart, David Krakauer, Jorge Pardo, David Sanchez, Akosh S, Greg Tardy, Mark Turner, Ken Vandermark, Miguel Zenon…

Les trompettistes Axel Dörner, Dave Douglas, Ingrid Jensen, Pino Manafra, Kermit Ruffin…

Les violonistes Regina Carter, Florine Niculescu…

Les orchestrateurs Django Bates, Uri Caine, Maria Schneider…

Les vocalistes Karrin Allyson, Mina Agossi, Patricia Barber, Sara Lazarus, Térez Montcalm, Youn Sun Nah, Cécile McLorin-Salvant…

Donald Brown (1954)

Voilà un musicien dont on parle trop peu. Ou alors avec tellement de condescendance et de légèreté que cela devient parfois indécent. Né dans l'État du Mississipi, Donald Brown est plus naturellement associé à la bouillonnante Memphis où il s'est très tôt installé. Il étudiera la batterie, jouera du baryton dans des marching-bands, commencera sa carrière comme bassiste, avant d'obtenir un diplôme universitaire en tant que trompettiste, pour finalement devenir un pianiste renommé. C'est dire l'étendue du registre de cet homme-orchestre qu'il convient avant tout de considérer comme un des plus grands compositeurs du patrimoine noir américain. Compagnon de route de Mulgrew Miller et James Williams, deux autres excellents pianistes de Memphis avec lesquels il a partagé les bancs de l'université, Donald Brown va bientôt rejoindre les Jazz Messengers d'Art Blakey pour y forger ses premiers outils de compositeur-arrangeur. Accompagnateur solide et attentif, soliste toujours inspiré, il est vite sollicité par des poids lourds comme Art Farmer, Freddie Hubbard, Milt Jackson, Toots Thielemans, Donald Byrd, Eddie Lockjaw Davis ou Johnny Griffin. En 1990, grâce à l'une de ses compositions baptisée *The Insame Asylum* enregistrée pour la première fois par Wynton Marsalis sur l'album *J Mood* et nominée pour un Grammy Award, il est unanimement salué par la critique et ses pairs comme l'un des compositeurs les plus doués de sa génération. Dès lors, cette facette de son talent sera particulièrement mise en lumière par de nombreux leaders tels Elvin Jones, Ralph Peterson, Jon Faddis, Billy Drummond, Javon Jackson ou Renee Rosnes, qui feront appel à sa plume afin d'enrichir leur répertoire. Outre cette activité pour laquelle il obtient une seconde nomination en 1995 avec le titre *Theme for Malcolm*, Donald Brown s'engage dans une carrière personnelle en publiant plusieurs albums racés dont on retrouve la plupart sous étiquette Muse entre 1987 et 1994. Entouré avec soin par des amis de haute lignée, il marque son territoire avec modestie, sans brûler les étapes, privilégiant l'esprit collectif, le respect des partenaires, le soutien et l'interaction, une certaine idée de la musique où chacun fait corps avec un projet sans y flatter son ego. Le *voicing* très maîtrisé du piano, le choix judicieux des accords de transition, le sens du placement rythmique toujours pertinent, une facilité à laisser libre cours à des chorus chargés d'histoire, tout l'art de Donald Brown réside dans la recherche d'un perpétuel équilibre entre la sophistication et la rugosité. Sous l'impulsion sacerdotale du producteur français Xavier Felgeyrolles, esthète très éclairé et défricheur iconoclaste du business, Donald Brown va entamer une nouvelle carrière discographique d'une belle cohérence sur le label Space Time Records. *Piano Short Stories* (1996) gravé dans un recueillement solitaire qui n'oublie jamais la générosité et le partage, *Wurd on the Skreet* (1998) gorgé d'accents du Sud et de roulis rhythm'n blues, *Enchanté* (1999) scintillant d'émotions sous les baguettes du légendaire Billy Higgins, *French Kiss* (2000) en vibrant hommage à un pays qu'il visite désormais régulièrement, *At this Point of My Life* (2001) comme une synthèse énergétique de toutes ses racines culturelles, *Autumn in New York* (2002) avec le fidèle Essiet « the bushman » Essiet à la contrebasse et le subtil Billy Kilson à la batterie, il n'y a pas une seule production mineure dans cette discographie. Qu'il s'agisse de pièces en solo très intimistes, de combos fourmillants ou de trios fraternels, chacun de ces récents albums est une pierre de taille qui contribue à l'élévation d'un édifice à l'architecture robuste et raffinée, à la fois savante et spontanée. Donald Brown est un bâtisseur de monuments qui revendique son terroir sans jamais avoir l'air rustique, qui traverse la lumière des villes sans se laisser éblouir. Un maître d'œuvre…

Joshua Redman (1969)

Le fils du grand saxophoniste ténor Dewey Redman a emprunté des voies bien opposées au modèle paternel pour parvenir aux sommets. Comme de nombreux musiciens de sa génération, ce saxophoniste né à Berkeley en Californie, va très vite suivre la voie royale et orthodoxe de l'enseignement. Il étudie consciencieusement son instrument sans pour autant négliger sa formation scolaire. Diplômé du Harvard College, il renonce à ses études de droit après avoir été le brillant lauréat de la Thelonious Monk International Jazz Saxophone Competition. À cette occasion, il gagne un contrat d'enregistrement avec Warner et enregistre son premier album, publié en 1993. Dès lors, on le retrouve propulsé sur le devant de la scène et son portrait est exhibé à la une des plus importants magazines. Ce bon technicien ne sera probablement jamais un grand innovateur mais son savoir-faire est indéniable. Élégant pour ne pas dire aimable, très raffiné faute de ferveur, son saxophone mériterait d'être traité avec davantage de rage, de combustion et de risques. Après s'être frotté à Pat Metheny sur scène et avec Chick Corea lors d'une tournée, on regrette qu'il n'ait pas poursuivi ce jeu fructueux des rencontres pour s'aguerrir enfin en vivant d'autres expériences constructives. Durant les années 90, Joshua Redman va s'installer dans un rythme de croisière, jalonné d'albums de post-bop bon teint où l'on relève parfois des pointes de soul-jazz funky. En 1994, son premier quartette stable compte quelques pointures efficaces: Brad Mehldau au piano, Christian McBride à la contrebasse et Brian Blade à la batterie qui l'accompagnent notamment sur l'album *MoodSwing*. L'année suivante, il participe à la bande-son du film *Kansas City* de Robert Altman. Un deuxième quartette est constitué en 1998 avec le pianiste Aaron Goldberg, le contrebassiste Reuben Rogers et le batteur Greg Hutchinson. Cette formation particulièrement soudée défend un répertoire cohérent, élaboré sur un ton de connivence familière, volontairement référencé et porteur d'images rassurantes. Le disque *Passage of Time*, publié en 2001, en est le point d'aboutissement. La démonstration plutôt exemplaire d'un jazz équilibré, où les improvisations répondent confortablement aux passages écrits. Avec un tel sens de la gestion du patrimoine, de la célébration des héros, du culte de la mémoire culturelle et des sensibilités populaires, il n'est donc pas surprenant que Joshua Redman soit un saxophoniste comblé par l'existence puisqu'il joue dans une époque où domine la nostalgie.

James Carter (1969)

Entouré d'affection par les critiques, ce saxophoniste de Detroit force souvent l'admiration autant qu'il peut parfois agacer, mais il fait indéniablement partie des musiciens les plus surprenants et courageux de son époque. Gamin surdoué, il a commencé à jouer vers l'âge de onze ans et a étudié la musique avec le trompettiste Marcus Belgrave. À dix-sept ans, il se retrouve dans le groupe de Wynton Marsalis qui décèle aussitôt le potentiel de sa jeune recrue. Mais loin de s'enfermer dans une esthétique qu'il juge trop revivaliste à son goût, James Carter va se frotter à la formation de Lester Bowie et multiplier les expériences sur les scènes new-yorkaises. Le premier album publié sous son nom, *JC on the Set* en 1993, va déclencher un petit séisme dans le monde du jazz. Ce ne sont pas tant ses initiales christiques qui le rapprochent inévitablement de son modèle apostolique John Coltrane, mais plutôt ses facultés à digérer et à régurgiter toute l'histoire du jazz qui font de lui une vraie révélation. Ce disque volontairement œcuménique dresse des passerelles naturelles entre les standards ellingtonniens et l'écriture de Sun Ra. Il suffit d'écouter les interprétations de titres tels que *Sophisticated Lady* et *Hour of Parting* pour comprendre que ce musicien s'exprime avec l'évidence des artistes élus. Respectueux du texte mais toujours prompt à s'en éloigner, tantôt calin, tantôt rageur, maniant avec la même virtuosité le ténor, l'alto ou le baryton, impressionnant d'aisance lorsqu'il s'agit de quitter les sillages convenus pour se lancer dans la tempête, James Carter a réussi une entrée magistrale, affirmant ainsi qu'il serait là pour longtemps.

Sans jamais cesser de croiser d'autres musiciens pour lesquels il s'investit autant que dans ses propres projets (Cyrus Chestnut, Frank Lowe, Julius Hemphill, Lincoln Center Jazz Orchestra…), James Carter va offrir des productions toujours très soignées et exigentes, notamment pour le label Atlantic. Parmi ces sessions, il convient de mettre en avant celles gravées en l'an 2000, pour marquer la fin du millénaire avec faste. Pas moins de deux albums en sortie simultanée. Un bel hommage à Django Reinhardt intitulé *Chasin' The Gypsy* où James Carter se réapproprie l'univers du génie manouche en souvenir de ses années adolescentes lorsqu'ils découvraient les mirages du QHCF sur la radio de Detroit. Loin de restituer une musique fidèle à un modèle qu'il sait insurpassable, il y fait preuve d'une sensibilité pudique, respectueuse de l'univers reinhardtien sans en suivre benoîtement la lettre. Aidé de Regina Carter au violon, de Jay Berliner et de Romero Lubambo aux guitares, il marie avec tact la tension de l'acier et la souplesse du nylon, les vibrations nostalgiques de l'accordéon tenu par Charlie Giordano et les envolées de saxophone, toujours empreintes d'humour, de lyrisme sinueux et de violence contenue. Le deuxième opus baptisé *Layin' In The Cut* est construit de façon radicalement opposée, comme pour mieux démontrer la vaste étendue de son talent. James Carter ne cherche pas à jouer le paradoxe, il affirme haut et fort qu'il possède tous les idiomes de sa culture. Pour ce projet aux accents binaires, mâtiné de funk urbain et de décharges électriques, l'avant-garde new-yorkaise vient lui prêter main forte : les guitaristes Jef Lee Johnson et Marc Ribot, le bassiste Jamaladeen Tacuma et le batteur Calvin Weston. L'enregistrement alterne scansions brûlantes et torpeurs ouatées, peut-être en deçà de ce que l'on pouvait espérer d'un tel groupe mais tout de même bien au-delà de la moyenne convenue qui caractérise ce type de disques fusionnels. La seule réserve que l'on pourrait émettre sur ce musicien inattendu tient surtout dans son attitude parfois un peu arrogante et naïvement ostentatoire, un brin de mégalomanie et de frime qui s'estomperont sûrement avec l'âge. À moins que la sagesse ne soit pas la voie recherchée par ce jazzman qui aime flirter avec le vertige des cimes.

Brad Mehldau (1970)

Parmi la pléthore de jeunes pianistes qui prêtent allégeance au style de Bill Evans et revendique leur filiation avec une innocente soumission, il en est un qui se détache du lot par sa capacité à s'ouvrir sur son époque afin de régénérer les discours ambiants contraints par l'académisme. Né à Jacksonville en Floride, il débute le piano à l'âge de quatre ans et poursuit de solides études classiques. Après avoir été initié très tôt au jazz dans l'orchestre de son lycée de Hartford dans le Connecticut, il gagne un concours organisé par la Berklee School of Music. Il complétera sa formation à New York, au sein de la prestigieuse New School of Social Research, avec des professeurs aussi expérimentés que Fred Hersch, Junior Mance, Kenny Werner ou Jimmy Cobb. Bardé de références, ce jeune homme brillant ne va pas tarder à se frotter à la scène avec plusieurs formations dont celle de Cobb, jusqu'à ce qu'il rencontre le saxophoniste Joshua Redman avec lequel il va collaborer sur l'album *MoodSwing* en 1994. Les deux complices partiront pour une longue tournée d'un an et demi à travers le monde, épaulés par Christian McBride à la contrebasse et Brian Blade à la batterie. Auparavant, Brad Mehldau a eu le temps d'enregistrer son premier disque pour le label catalan Fresh Sound lors d'un concert en trio dans un club barcelonais. Sans être complètement révélateur de sa forte personnalité, *When I Fall In Love* annonce les prémices d'un jeu singulier, fondé sur l'introspection et le lyrisme. On y entend déjà l'excellent batteur Jorge Rossy, fidèle compagnon de route avec lequel Mehldau va vivre de multiples expériences. Il faudra attendre son entrée chez Warner, avec le disque *Introducing Brad Mehldau* en 1995, pour qu'éclosent enfin pleinement toute la variété de tons, les nuances de coloration, les touches pointillistes et les élans aériens qui caractérisent son interprétation. Brad Mehldau est avant tout un styliste, un brodeur de canevas harmoniques et un ciseleur de balades subtiles, sous lesquels on sent sourdre une mélancolie, une spiritualité parfois sombre qui n'exclut pas certaines fulgurances lumineuses. Revendiquant son héritage classique, notamment l'écriture de Schubert, Schumann, Brahms ou Beethoven, il cite volontiers ses illustres aînés dont il a subi les multiples influences. On pense évidemment à Oscar Peterson, Wynton Kelly, McCoy Tyner ou Keith Jarrett mais son désir de creuser la note le rapproche inévitablement de Bill Evans. Sans craindre d'être cruel, on peut dire que chez Bill Evans on reçoit toujours une trouvaille alors que chez Brad Mehldau on perçoit souvent le travail. Pourtant, Brad Mehldau n'est pas inféodé au seul modèle evansien, ce serait limiter ses intentions, nier sa propre respiration et entretenir du même coup une réputation de romantique inspiré dont il entend peu à peu se départir. Après avoir gravé cinq volumes intitulés *The Art of The Trio*, de 1997 à 2000, auquel il convient d'ajouter deux opus: *Elegiac Cycle* (1999) et *Places* (2000), le pianiste s'associe au producteur et multi-instrumentiste Jon Brion pour graver *Largo* (2002), un disque atypique qui augure d'un changement de cap aussi étonnant que détonnant. Travaillant à l'envi sur les effets sonores, utilisant toutes les composantes techniques du studio et les ingrédients électroacoustiques, il offre un bel exemple d'expérimentation œcuménique en écrivant des pièces personnelles très libres tout en s'attaquant à des titres d'anthologie des Beatles, d'Antonio Carlos Jobim ou du groupe de rock Radiohead. Il prouve ainsi que la texture même de son piano peut s'adapter à des environnements très contrastés. Brad Mehldau aime aussi qu'on le sollicite pour intervenir comme simple sideman sur certains projets et il a raison de se prêter au jeu des croisements. Il y excelle souvent. Que ce soit avec Lee Konitz, Charles Lloyd, Charlie Haden, Wayne Shorter ou le guitariste Peter Bernstein, il répond toujours présent et se révèle un superbe accompagnateur, capable de s'intégrer à un univers autre sans effacer sa personnalité. On peut parfois être agacé par certains maniérismes du phrasé, des gestes théâtraux de repli intérieur très marqués par Keith Jarrett, des déclarations d'intention faussement modestes, mais il convient d'être beau joueur et de voir en lui l'une des valeurs sûres d'un jazz élégant, intime et spéculatif, entre alcôve et boudoir, d'un jazz sans cesse miraculé qui se nourrit de sa propre histoire.

Kurt Rosenwinkel (1970)

Il y a aujourd'hui quelque chose d'ingrat à se frotter aux six cordes d'une guitare quand on sait les cimes atteintes par les anciens. Dans le domaine, il y a pléthore de bons et d'honnêtes instrumentistes. Beaucoup de postulants et, finalement, assez peu d'élus. On peut même dire qu'il y a surpopulation et qu'il est ardu de se détacher du lot. Alors pourquoi, lui, Kurt Rosenwinkel ? Qu'a-t-il fait pour mériter d'être mis ainsi en avant ? Peut-être est-il seulement un des rares guitaristes aussitôt identifiable, assez original pour être détecté dès la première note ébauchée. Attelé au piano dès l'âge de neuf ans, puis harnaché d'une guitare à douze ans, ce garçon de Philadelphie passe par l'étape Berklee School comme de nombreux musiciens de sa génération. À cette différence près qu'il y étudie les deux instruments, pour finalement jeter son dévolu sur la guitare. À vingt et un ans, il tourne avec Gary Burton qui le soutient financièrement et lui permet de s'installer à New York. Il ne tarde pas à être recruté comme *sideman* auprès d'une cohorte de leaders dont le prestige lui permet d'asseoir sa réputation : Paul Motian, Chris Cheek, Mark Turner, Joshua Redman, Brad Mehldau... En 1996, il grave sous son nom *East Coast Love Affair* chez Fresh Sound en compagnie d'Avishai Cohen (b) et Jorge Rossy (dms). Dès ce premier disque capté en public au Smalls, le fameux club new-yorkais, Kurt Rosenwinkel donne aussitôt à entendre un discours aiguisé, fluide et dense, d'une précision impeccable, imaginatif et dynamique sans jamais chercher à impressionner. Plusieurs autres disques personnels, notamment chez Verve, vont suivre et lui apportent le respect de vétérans comme Pat Metheny et John Abercombrie qui ne tarissent pas d'éloges sur ce nouveau venu. Kurt Rosenwinkel joue maintenant dans la cour des grands.

Avishai Cohen (1970)

Né à Jérusalem dans une famille de musiciens, ce contrebassiste israélien n'a pas attendu trop longtemps avant d'user ses premiers fils de crin sur l'acier boisé d'une contrebasse. Pianiste de formation, il découvre les fulgurances de Jaco Pastorius vers l'âge de quatorze ans et passe logiquement à la basse électrique. Toutefois, il n'abandonne pas encore le clavier qu'il taquine au sein de l'orchestre de jazz du lycée. Il participe également en tant que bassiste à quelques *gigs* dans des clubs locaux. Après avoir effectué ses deux années de service militaire, il décide de se mettre sérieusement à la contrebasse. Son choix pour l'acoustique, le ronflement de l'érable et la pureté de l'ébène est clairement établi, et le pousse à travailler l'instrument avec détermination. En 1992, il tente l'aventure américaine et débarque à New York sans contacts ni aucunes recommandations. Il survit en faisant des petits boulots alimentaires, flaire l'atmosphère nocturne du jazz dans une multitude de clubs où il tente sa chance. Opiniâtre, il est persuadé d'avoir fait le bon choix et continue d'écumer les lieux où la musique fermente. Il croise la route de Wynton Marsalis, Joshua Redman, Roy Hargrove, Ravi Coltrane, Paquito D'Rivera, Leon Parker, dans des *gigs* improvisés où il creuse patiemment son sillon. Danilo Perez lui propose d'intervenir sur son album *Panamonk* en 1996. Cette même année, Kurt Rosenwinkel publie un disque *live* où le contrebassiste se fait remarquer. La côte d'Avishai Cohen est en hausse progressive, jusqu'au jour où Chick Corea le prend sous sa protection. Non seulement, il l'embauche pour tourner et enregistrer dans son New Trio, mais aussi dans son sextet baptisé Origin. La complicité entre les deux hommes a la force de l'évidence, Avishai constituant l'épine dorsale de la rythmique que ce soit avec le batteur Adam Cruz (en *live*) ou avec Jeff Ballard (en studio). Chick Corea propose également au contrebassiste de signer sur son label Stretch, lui permettant ainsi de sortir *Adama*, son premier album en 1998. Les productions qui suivront tout au long des années 2000 mettront également en valeur son talent de compositeur, marqué par des influences hispaniques, flirtant volontiers avec des thèmes d'inspiration orientale, toujours attentif à la préservation d'une ligne mélodique clairement affirmée. Avishai Cohen n'est jamais aussi à l'aise et prolixe que lorsqu'il s'exprime dans le cadre d'un trio. La seule présence d'un Steinway à ses côtés l'invite au dialogue, tout comme les découpes d'une batterie l'incite à se mouvoir dans des canevas rythmiques complexes dont il maîtrise parfaitement tous les accents. Technicien accompli, il est capable de couler des notes amples et robustes dans un plomb sans scories, mais aussi de soutenir des tempos rapides avec des phrasés papillonnant dans les aigus. Legato ou staccato, la contrebasse d'Avishai Cohen est palpitante, frissonnante sous les attaques de l'archet, impertinente sous la caresse des *pizzicati*. Les principaux partenaires de son trio sont successivement Sam Barsh, Shai Maestro, Nitai Hershkovitz et Omri Mor au piano ; Mark Guiliana, Itamar Douari, Amir Bresler à la batterie et aux percussions. Partagé entre son pays et les États-Unis, globe-trotter infatigable, porteur d'un discours d'ouverture, créateur de son propre label (Razdaz Record) mais enregistrant pour Blue Note depuis 2010, il est devenu peu à peu le porte-drapeau d'une génération de musiciens israéliens dont certains sont promis à un très bel avenir. Et si, depuis 2009, Avishai Cohen est directeur artistique du Red Sea Jazz Festival de la ville portuaire d'Elat, à la frontière de l'Égypte et de la Jordanie, c'est assurément pour créer un îlot de rencontres et d'échanges sur une terre qu'il voudrait apaisée par le seul pouvoir de l'art et de la musique.

Chris Potter (1971)

Sous l'apparence trompeuse d'un homme rangé, presque caricatural au point d'évoquer davantage un employé de l'administration ou un guichetier de banque plutôt qu'un artiste ébouriffé, transfiguré par la création, le prolifique

Chris Potter est un des phénomènes du saxophone. Enfant prodige, né à Chicago mais ayant passé sa jeunesse à Columbia en Caroline du Sud, il évolue dans un milieu bourgeois intellectuel et apprend plusieurs instruments (piano, guitare, batterie, alto, ténor, soprano…) au point de pouvoir s'exprimer sur l'un ou l'autre avec la même aisance. Il choisit finalement de se consacrer aux saxophones et joue en professionnel dès l'âge de treize ans. Il rejoint bientôt la Manhattan School of Music pour parfaire son éducation musicale et, très vite, le milieu new-yorkais l'accueille à bras ouverts. En 1990, le vétéran Red Rodney l'invite à faire ses premières gammes en studio. En 1992, le label hollandais Criss Cross lui permet d'enregistrer son premier album. L'année suivante, la pianiste Marian McPartland a recours à ses services et le met en contact avec le label Concord chez qui il poursuit son aventure discographique. Mais son rôle de leader ne l'empêche pas de servir d'autres causes. Chris Potter est animé d'une généreuse curiosité et il ne refuse jamais d'aller jouer avec des musiciens aux personnalités marquées tels que Paul Motian, Kenny Werner, Renee Rosnes, Dave Holland, Mike Mainieri, Joanne Brackeen, John Scofield, Jim Hall, Enrico Pieranunzi, James Moody, Joe Lovano, Steve Swallow ou le groupe Steely Dan. Au sein de ses propres formations, il est entouré par des compagnons de route d'excellent niveau comme Wayne Krantz (elg), Kevin Hays (p), Craig Taborn (p), Scott Colley (b), Adam Cruz (dms), Bill Stewart (dms), Brian Blade (dms)… Au saxophone ténor, qu'il privilégie désormais, on perçoit nettement une forte influence coltranienne mâtinée cependant d'inflexions proches de Dewey Redman et nourrie des sonorités pulpeuses d'un Michael Brecker. Quoi qu'il en soit de ces multiples références, inhérentes à l'héritage colossal laissé par les maîtres de l'instrument, le talentueux Chris Potter parvient à dégager une ligne personnelle inventive, s'élançant dans des développements harmoniques inhabituels, travaillant la matière du son et l'épaisseur sinueuse du discours. Lauréat du prestigieux Jazzpar Price en 2000, il s'affirme aussi en tant que compositeur et arrangeur, consécration logique pour un instrumentiste protéiforme qui symbolise à lui seul l'idée que l'on pourrait se faire d'un homme-orchestre.

Nicholas Payton (1973)

La Cité du Croissant a enfanté tellement de trompettistes historiques que nous ne sommes presque plus surpris quand surgit un nouveau prétendant à la couronne. Né à La Nouvelle-Orléans, le fils du contrebassiste Walter

Payton fréquente les *brass bands* de la ville où il acquiert toute l'expressivité de son jeu. Cependant, il n'échappe pas à un enseignement académique et suit les cours de Clyde Kerr Jr., ainsi que ceux d'Ellis Marsalis à l'université. Durant les années 1980, il continue d'étudier tout en embrasant les fanfares de la ville, il est également crédité sur les albums d'Ellis Marsalis (p), de Teresa Brewer (voc), d'Amani Murray (s) et de Marcus Roberts (p). En 1990, il remporte le Wynton Marsalis Award au concours de trompette « Louis Armstrong » de Washington. Désormais Nicholas Payton est une valeur montante. Il signe avec Verve, deux plus tard, et offre *From This Moment* où l'on retrouve Mark Whitfield (elg), Mulgrew Miller (p) et Monte Croft (vib). Un premier disque étonnamment mûr qui présage une série d'autres enregistrements, chaque fois plus construits et resserrés, articulés autour d'un jeu de trompette touffu, précis, élastique et cinglant. En 1997, son duo avec le trompettiste nonagénaire Doc Cheatham (1905-1997), témoin de l'époque pionnière et héritier d'Armstrong, lui permet de dérouler le fil de l'histoire et de converser avec émotion sur un terreau patrimonial commun. Un Grammy Haward couronne la rencontre. Sa carrière est quelque peu ralentie à la suite d'un accident de la route. Une épreuve dont il ressort renforcé et ragaillardi, revenant sous les feux de la rampe avec deux albums lyriques et véloces : *Mysterious Shorter* (2006) et *Into The Blue* (2008). Il se lance en 2011 dans une fresque discographique aventureuse où il tient à assumer toutes les parties instrumentales. Résolument électrique et funky, *Bitches* retrace les étapes d'une liaison amoureuse, de la rencontre jusqu'à la rupture, évoquant ainsi une partie intime de sa vie. Pour lui donner la réplique, il a recours, entre autres, aux voix de Cassandra Wilson et d'Esperanza Spalding. Nicholas Payton n'aime pas le terme « jazz » et se refuse à l'employer, lui préférant la notion de Black American Music. Mais cette B.A.M. dont il fait son credo n'est rien d'autre qu'une revendication déjà maintes fois exprimée par tous les rebelles victimes de la ségrégation et de la spoliation. À l'ère de la communication tous azimuts, il crée la polémique sur cette question à travers son blog et on peut reconnaître qu'il a au moins le mérite de provoquer une effervescence « idéologique » dont on sentira peut-être les effets à terme. Il n'empêche que son approche du jazz s'inscrit dans la tradition déjà séculaire de l'histoire artistique des Noirs américains, et c'est bien là l'essentiel de ce qu'il faut retenir de Nicholas Payton. Peu importe l'étiquette, pourvu que persiste l'ivresse.

Jason Moran (1975)

Dans la sphère du jazz, ce pianiste texan est un électron extrêmement libre. Et il l'est d'autant plus qu'il connaît le prix de cette liberté. Touché par la grâce monkienne, comme s'il avait été foudroyé par une révélation mystique au contact des mystères de Thelonious, le très jeune Jason Moran ne tardera pas à quitter Houston pour se frotter aux lumières de la Mecque new-yorkaise en s'inscrivant à la Manhattan School of Music. Pour avoir beaucoup étudié avec des passeurs de flambeaux tels que Jaki Byard et Andrew Hill, il sait parfaitement ce qu'il doit aux artisans du passé. Il ne cesse d'évoquer les anciens, il a le sens de la filiation et le respect des maîtres : « Andrew Hill m'a appris à être libre vis-à-vis du rythme, Jaki Byard m'a appris à être libre vis-à-vis de l'histoire. » Il ne s'agit pas d'un paradoxe chez cet apprenti studieux mais davantage d'un assujettissement aux dogmes parfaitement consenti pour aboutir à une émancipation bien maîtrisée. S'il ingurgite de multiples influences, c'est pour mieux se situer et s'affranchir enfin du poids de l'histoire. Il tourne un temps avec Greg Osby, l'accompagne en studio d'enregistrement, mais ne traîne pas pour affirmer ses propres convictions. Dès 1999, Blue Note l'héberge dans son écurie et Jason forme l'un des trios les plus excitants de sa génération. Soudé à une paire rythmique de poids constituée par le robuste Nasheet Waits (dms) et l'élastique Tarus Mateen (b), le piano gorgé de groove de Jason Moran peut s'exprimer en toute confiance. L'interaction entre les protagonistes du Bandwagon Trio est optimale, sans cesse régénérée, toujours prête à se coltiner des expérimentations risquées. Car ces trois-là, aussi aguerris soient-ils aux différents courants stylistiques, viennent de la même culture urbaine. Ils ont été biberonnés au hip hop et à tous les avatars du rhythm'n'blues. Jason Moran n'hésite donc pas à jouer de la complicité de son trio pour explorer un éventail très large, allant de Brahms à Björk en passant par Albert King, Afrika Bambataa, Cecil Taylor ou Conlon Nancarrow. Il s'amuse souvent à insérer des voix préenregistrées ou des extraits d'émissions de télévision lors de ses concerts, tout comme il entremêle un *sample* de larsen de Jimi Hendrix sur son album *Ten*. Ludique et inventif, le pianiste s'en réfère constamment au maître spirituel qui a bouleversé sa vie et, en 1999, il bâtit un spectacle multimédia intitulé *In My Mind*, fondé sur le concert historique de Town Hall donné en 1959 par Thelonious Monk. Dans la même veine, il collabore avec des plasticiens et des artistes contemporains (Joan Jonas, Adrian Piper, Glenn Ligon…) lors de performances où il intervient sans a priori ni complexe, avec seulement l'envie de découvrir et de partager. Parallèlement à cette débauche d'activités, il prend le temps de croiser les routes de Steve Coleman, Cassandra Wilson, Joe Lovano, Lee Konitz, Don Byron, Charles Lloyd… Bref, ce garçon vit intensément et il n'a pas assez de vingt-quatre heures dans une journée. Il bouillonne d'énergie et il ne respire bien que dans le souffle régénérant de la musique.

Ambrose Akinmusire (1982)

Dans le club très fermé des instrumentistes d'exception, il y a toujours une jeune révélation qui force la porte et s'installe à la meilleure place avec la ferme intention de ne pas en déloger. Né à Oakland, d'un père nigérien et d'une mère originaire du Mississippi, ce parfait Californien a baigné très tôt dans les chants de l'église baptiste. Passionné par la musique, l'enfant tapote le piano et la batterie, rêve de chevaucher un violoncelle mais finit pas choisir la trompette sans trop de conviction : « Parce qu'avec ses trois pistons, elle me semblait plus facile à jouer ! » déclare-t-il avec ironie. Il s'aperçoit bien vite que l'apprentissage de la trompette est un travail de forçat. Il s'accroche, ne lâche rien et obtient son diplôme de la Berkeley High School en 2000. Steve Coleman, venu animer un atelier, s'entiche du phrasé virtuose de l'élève et l'invite à le suivre en tournée. Ambrose se prête au jeu, fait quelques concerts, enregistre aux côtés du saxophoniste (*Resistance Is Futile* - 2001), mais il estime qu'il lui reste encore beaucoup à apprendre. Il repart pour six ans d'études supplémentaires, cette fois au sein de la Manhattan School Of Music où Terence Blanchard est un de ces professeurs, puis à l'Université de Californie du Sud. Bardé de diplômes, en 2007, il se présente aux deux plus prestigieux concours de jazz (Thelonious Monk International Jazz Competition et Carmine Caruso International Jazz Trumpet Solo Competition) et il les remporte haut la main. Cette même année, le label-pépinière Freshsound sort *Prelude To Cora*, le premier disque d'Ambrose Akinmusire avec, en soutien amical, Aaron Parks (p), Walter Smith III (ts), Justin Brown (dms), Joe Sanders (b) et Chris Dingman (vib). Nombreux vont être les artistes qui sollicitent ses services comme simple *sideman* et le trompettiste se prête au jeu avec Aaron Parks, Esperanza Spalding, Walter Smith III, ainsi qu'avec le pianiste John Escreet, le saxophoniste David Binney ou le clarinettiste Michel Portal (*Baïlador* – 2010). C'est avec son deuxième album *When The Heart Emerges Glistening*, sorti chez Blue Note en 2011, qu'il s'installe définitivement en tête de course, parmi les trompettistes les plus prometteurs de sa génération. Ce surdoué a évité le piège des trop bons élèves qui ne peuvent se dégager des références. Son intelligence, son humilité, sa sensibilité pudique et sa soif constante de liberté se révèlent au grand jour aux côtés de partenaires impeccables dont le très efficace contrebassiste Harish Raghavan. Influencé par Booker Little pour sa façon de penser et d'aborder la musique, Ambrose Akinmusire ne veut pas se laisser enfermer dans une école stylistique, il cherche toujours à apprendre davantage des autres tout en préservant sa sacrosainte liberté : « Lorsque je joue, je veux surtout oublier que j'ai un morceau de métal dans la main ». Mieux que du talent, Ambrose a du coeur et du tempérament.

Christian Scott (1983)

Encore un trompettiste né dans le giron légendaire de La Nouvelle-Orléans, encore un enfant du sérail adoubé par ses pairs. On pourrait avoir le sentiment que l'histoire ne varie guère mais c'est, bien au contraire, très réjouissant d'observer qu'elle se régénère par stratifications fines, par glissements progressifs, par ajouts ponctuels. Le talentueux Christian Scott est de ces jeunes pousses qui viennent s'inscrire dans un terroir où l'exception confirme la règle. Sa mère et sa grand-mère lui offre sa première trompette à douze ans. Le cadeau est inestimable et le défi est immense. Son oncle, le saxophoniste Donald Harrison (1960), un ancien des Jazz Messengers d'Art Blakey, joue les mentors et procède à l'instruction de Christian. Entre cinq et sept heures d'exercices par jour, pendant huit ans, voilà de quoi forger le caractère. Un autre maître le prend en charge, le fameux trompettiste Clyde Kerr Jr (1943-2010), le formateur de Terence Blanchard et Nicholas Payton. Il y a ensuite le passage désormais imposé par la Berklee School (2000) où il se met en lumière au point d'être sélectionné pour représenter l'école dans le Berklee Quartet spécialement configuré pour le Festival de Monterey. Pendant ses quatre années d'études, il participe à de nombreuses rencontres et il joue sur l'album *Real Life Stories* de Donald Harrison. Le neveu marche sur les pas de l'oncle mais ne tardera pas à tracer sa route dès 2006. Sous contrat avec le label Concord, il sort *Rewind That*, télescopant rhythm'n'blues, rock et phrasés bop, affirmant d'emblée son désir de dépassement des clivages. 2007 est l'année d'*Anthem*, comme un écho douloureux mais porteur d'espoir à la suite de l'ouragan Katrina qui ravagea la Nouvelle-Orléans. Après un *Live At Newport* (2008), il accompagne Marcus Miller en tournée pour *Tutu Revisited*, puis concocte *Yesterday You Said Tomorrow* (2010). Son projet le plus ambitieux paraît en 2012 sous la forme d'un double album baptisé *Christian aTunde Adjuah*. Affublé d'une tenue traditionnelle indienne, il revisite la culture des Black Indians de La Nouvelle-Orléans et du sud de la Louisiane, dans un patchwork hallucinant et risqué de rythmiques ethniques, de funk, de rock sombre, de jazz anguleux, de pop mélodique et de jungle mélancolique. L'oeuvre en gestation de Christian est riche parce qu'elle se nourrit de ses allers-retours permanents entre New York (où il vit depuis 2004) et sa cité d'origine dont il mesure toute la puissance historique, mais surtout parce qu'il s'est ouvert au monde, de l'Afrique à l'Asie, convaincu que l'avenir de sa musique se joue aux quatre points cardinaux. Prenant le contrepied des controverses qui ergotent sur la définition du jazz, Christian Scott préfère parler de *stretch music*. Si ce mot évoque une matière extensible que l'on peut étirer sans se soucier des points de rupture, alors la définition semble tout à fait recevable. Et l'on accepte l'idée d'une dénomination s'inscrivant hors des cadres conventionnels. Mais la route est longue pour ceux qui veulent bouleverser les moeurs. Les révolutions se nourrissent des errances et des lumières du passé, se fomentent en profondeur, lentement et patiemment, demandant parfois quelques compromissions avant de s'incarner et d'éclater.

Esperanza Spalding (1984)

Esperanza est gâtée par la nature : belle mais sans ostentation ; douée mais sans morgue ; irrésistible mais sans arrogance. Née à Portland dans l'Oregon, elle est élevée par une mère courageuse qui élève seule ses deux enfants. La petite Esperanza voit le violoncelliste Yo Yo Ma à la télévision et c'est la révélation. Elle n'a que quatre ans mais pressent que sa vie va se passer entre les cordes. Avec le soutien maternel, elle se met au violon dès l'année suivante puis joue dans un orchestre classique amateur (Chamber Music Society Of Oregon) où elle reste jusqu'à l'âge de quinze ans. Elle y découvre le pouvoir attractif de la contrebasse qui la toise du haut de sa crosse. Esperanza relève le défi. En dépit d'une scolarité quelque peu chaotique, elle intègre les classes de musique de l'université de Portland où elle travaille surtout le classique. Conjointement, elle pratique la basse électrique et fait des *gigs* dans des petits clubs locaux. Étudiante plus que prometteuse, elle obtient une bourse pour rejoindre Boston à l'inévitable Berklee School. À vingt ans, elle passe du statut d'élève à celui de professeur. Elle est la plus jeune enseignante de toute l'histoire de la Berklee. Ses lignes de basse sont souples et toniques, à la fois déliées et serrées, à l'image d'une posture toujours décontractée mais néanmoins rigoureuse de l'interprète. Ça bondit et rebondit, ça frotte et frémit, ça s'enflamme et caresse, et tout ceci en chantant de la plus belle façon, avec un placement rythmique implacable, des graves satinés et des aigus cristallins, une exaltation du swing jamais affectée. Esperanza Spalding n'est pas une poseuse, elle est totalement investie dans son art. La contrebassiste et la vocaliste se fonde dans un alliage subtil. Et les albums qu'elle produit sont fidèles à cette ligne de conduite honnête et scrupuleuse. Dès 2006, elle grave son premier témoignage en trio (*Junjo*) et s'élance dans une carrière discographique dont la cristallisation s'opère en douceur et cohérence : le très élégant *Esperanza* (2008) pour confirmer le premier essai, le sophistiqué *Chamber Music Society* (2010) où apparaît Milton Nascimento, et surtout le lumineux et énergétique *Radio Music Society* qu'elle défend sur tous les fronts avec pugnacité : « Je souhaite que *Radio Music Society* puisse se retrouver là où le jazz n'a plus sa place, voire même plus le droit d'aller ». Un Grammy Award, une invitation de Barack Obama pour la remise du prix Nobel de la Paix, des festivals de grand prestige, des prestations télévisées, des distinctions honorifiques, des ventes en croissance régulière, il semble qu'une bonne étoile protège cette musicienne aux élans généreux. Elle joue ou chante également pour soutenir ses amis, toujours partante pour des retrouvailles autour du micro avec Terri Lyne Carrington (*The Mosaic Project*), Joe Lovano (*Bird Songs*), Nicholas Payton (*In + Out*), Jack DeJohnette (*Sound Travels*). Au-delà de son image de jeune femme surdouée et gracieuse dont elle a nettement conscience mais dont elle n'abuse jamais, elle affirme haut et fort son appartenance à une famille musicale intègre, où prévaut l'exigence artistique et le souci du partage. En ce sens, elle se plaît à répéter : « Le jazz, ce n'est pas l'histoire d'une personne mais de toute une communauté. » Le rayonnement de cette artiste charismatique permet au jazz d'être éclairé sous un nouveau jour.

Tigran Hamasyan (1987)

Ce musicien arménien, né à Gyumri, semble avoir été enfanté par les entrailles d'un piano. Tout petit, à peine âgé de trois ans, il est greffé au clavier et se nourrit de gammes. Passionné par l'improvisation et étudiant assidument les grands maîtres du jazz (Ellington, Tatum, Monk, Powell...), il poursuit néanmoins un cursus très classique au conservatoire d'Erevan lorsque ses parents emménagent à la capitale. En 2000, pendant le festival de jazz d'Erevan, l'adolescent prodige est repéré par Chick Corea, Avishai Cohen, Jeff Ballard et, particulièrement, par le pianiste français Stéphane Kochoyan qui l'invite à se produire sur plusieurs scènes européennes. Dès lors, les dates de concerts se succèdent et les rencontres s'accélèrent (Wayne Shorter, John

McLaughlin, Joe Zawinul, Herbie Hancock, John Patitucci, Danilo Perez...). En 2006, Tigran Hamasyan obtient le prix du Thelonious Monk Institute Of Jazz, se perfectionne à l'université de Californie du Sud et enregistre *New Era*, son deuxième album, soutenu par les frères Moutin, François (b) et Louis (dms), ainsi que Vardan Grigoryan au *duduk* (instrument arménien, à perce cylindrique et à anche double). Après s'être installé à New York (2008), le pianiste poursuit son écriture mêlée de jazz contemporain et de chants traditionnels arméniens. Il publie *Red Hail* en 2009, avec Areni Agbabian (voc), Ben Wendel (ts), Charles Altura (g), Sam Minaie (b) et Nate Wood (dms), et en 2010, le très impressionnant album solo *A Fable*, chez Verve. Son sens de la fracture rythmique a quelque chose de démoniaque, il est difficile de dissocier l'inné de l'acquis dans ces déboulés successifs, ces ressacs de notes qui perlent et se glissent avec vivacité pour mieux déjouer les écueils harmoniques. Il y a parfois, chez ce virtuose bouillonnant, une certaine volonté de démonstration mais il n'en oublie jamais de rester au plus près de la matière musicale. Son impétuosité et ses facilités techniques ne l'écartent pas de l'essentiel : la précision, la sensibilité introspective, le sens de la mémoire patrimoniale et, chose peu évoquée, une sensualité toujours pudique.

L'internationale du jazz

Dans un univers musical en pleine expansion, il est peut-être osé et utopique de penser que tous les jazzmen du monde se donnent la main, se serrent les coudes ou s'accueillent à bras ouverts, mais dans le grand concert international, on constate une nette augmentation des échanges et des rencontres. Nous avons déjà consacré quelques pages à des personnages de poids venus d'horizons lointains et qui ont innové loin du foyer américain. À commencer par les deux monuments que sont Django Reinhardt et Stéphane Grappelli. Nous avons entr'aperçu des *sidemen* de toutes nationalités aux côtés des leaders historiques, sans oublier de croiser le contrebassiste Pierre Michelot dans la foulée du bop ainsi que le groupe vocal Double Six, mais aussi l'Argentin Gato Barbieri, les Sud-Africains Dollar Brand et Chris McGregor, les Scandinaves Jan Garbarek (s) et Terje Rypdal (elg), les Britanniques John McLaughlin (g), John Surman (s) et Dave Holland (b), le Tchécoslovaque Miroslav Vitous (b) et l'Autrichien Joe Zawinul (p, keyb). Si, lors des festivals d'été, les affiches présentent une multitude d'artistes américains que l'on est toujours ravi d'accueillir en Europe et qui donnent souvent le ton des mutations en cours, il n'en reste pas moins vrai que d'autres musiciens étrangers à la communauté américaine ont trouvé un langage particulier et fort intéressant. Bien sûr, on peut encore considérer le jazz créé actuellement aux États-Unis comme l'un des plus féconds, dans la mesure où il est porteur d'une longue histoire et où ses acteurs sont directement immergés dans sa culture. En s'intéressant aux talents prometteurs de Joshua Redman (ts), Kenny Drew, Jr (petit-fils de Kenny Drew), Gabrielle Goodman (voc), Patricia Barber (voc, keyb, comp), de la fine Jane Ira Bloom (as, ss, fl), des iconoclastes John Zorn (as) et Hank Roberts (cello), de l'intarissable Joe Lovano (ts) ou des très confirmés Kirk Lightsey (p), Arthur Blythe (as) et Steve Grossman (ts), on affine chaque fois ses connaissances, on découvre les musiciens de demain et l'on redécouvre ceux que l'on avait trop rapidement occultés ou qui n'avaient pas encore récolté suffisamment d'honneurs. Toutefois, quand les programmateurs sollicitent les musiciens d'Europe ou d'ailleurs et leur laissent une réelle chance de s'exprimer, on s'aperçoit que la création est tout aussi vivace et vivifiante dans d'autres parties du globe.

Sans se préoccuper des frontières, nous commencerons donc par dresser la carte du jazz français, avant de traverser l'Europe, d'est en ouest, puis nous nous rendrons au Japon avant d'aborder les côtes antillaises, et notamment Cuba, pour conclure notre odyssée sur la terre brésilienne. Le plus symbolique aurait été de boucler la boucle en terminant notre périple sur le continent africain, mais la musique qui se joue aujourd'hui en Afrique n'a que des rapports de lointain cousinage avec la musique afro-américaine. Certes, dans un inévitable retour des choses, le jazz a imprégné le berceau originel, notamment dans l'instrumentation, mais la musique africaine n'a pas longtemps résisté à la force des musiques ancestrales qui ont vite repris le dessus pour donner vie à des genres hybrides (high-life ghanéen, ju-ju, soukous, rumba congolaise, mbalax sénégalais, mbaqanga et jive en Afrique du Sud...). Dans la lignée des figures historiques que sont le Camerounais

Manu Dibango (s) et son célèbre *Soul Makossa*, le Soudanais Ahmed Abdul-Malik (b, oud) et le Sud-Africain Hugh Masekela (tp) qui enregistrèrent aux États-Unis, le charismatique Fela Anikulapo Kuti (s) du Nigeria, les autres artistes africains vont se consacrer à une musique pour l'essentiel vouée à la danse (sous des formes très diversement nuancées) et désignée sous le terme « afro-beat », genre qui en appelle aux racines traditionnelles mais aussi au jazz, au rhythm'n blues, à la soul, au funk, au rock, et qui à nouveau ira porter ses fruits outre-Atlantique et en Europe.

Il manquerait quelques parfums à ce voyage si nous n'évoquions pas la Turquie, représentée par le pianiste Aydin Esen qui s'exprime avec brio dans la modernité du jazz, et la jeune chanteuse Senem Diyici qui se meut sur une musique de tradition passée au crible d'un jazz subtil, enrichi des interventions contrapuntiques du grand percussionniste Okay Temiz. Il nous faut aussi parler de l'Inde dont la musique mystique et la complexité éthérée des ragas ont fait rêver, méditer et s'envoler des jazzmen tels John Coltrane, Don Cherry, Miles Davis, Yussef Lateef, Don Ellis (tp), Charlie Mariano (as, ss, fl), Steve Lacy, John McLaughlin… Parmi les musiciens indiens qui ont flirté avec le jazz, on note Ravi Shankar (sitar), Latif Khan (tabla), Trilok Gurtu (perc), Palghat Raghu (perc), L. Shankar (v), Subramaniam (v), Zakir Hussein (tabla), Hariprasad Chaurasia (fl), Ali Akbar Khan (luth), Badal Roy (perc)… Enfin, nous devons faire un rapide survol de l'Argentine dont on ne peut ignorer le tango qui, à la manière du jazz, a puisé aux sources du candombé noir des carnavals de Buenos Aires et Montevideo, avant d'investir les maisons closes, les cabarets, les dancings et enfin les salles de concert. Le méconnu et superbe Oscar Aleman (g, 1909-1980), le polyvalent Lalo Schifrin (p, comp) et le turbulent Gato Barbieri (ts) ont plongé dans l'univers du jazz d'un seul élan, alors que d'autres ont préféré se tenir à la lisière du tango pour créer un blues argentin particulièrement troublant : le maître du bandonéon Astor Piazzola (avec Gerry Mulligan, Kip Hanrahan ou Gary Burton), ses héritiers directs Rodolfo Mederos et Juan Jose Mosalini, les guitaristes Tomas Gubitsch et Osvaldo de Lio, les pianistes Osvaldo Calo, Horacio Salgan et Gustavo Beytelmann…

Jazz made in France

Sans craindre de prêter le flanc à une quelconque accusation de chauvinisme, nous commencerons par les acteurs de la scène française dont le rayonnement est l'un des plus importants du jazz européen. Presse spécialisée, labels indépendants et productions discographiques régulières, clubs aux programmations contrastées, nombreux festivals de renommée internationale, stages instrumentaux, écoles (CIM, IACP, ARPEJ...), public attentif et réseau d'organisateurs dont le bénévolat et le grand dévouement sont souvent exemplaires, le jazz hexagonal se porte plutôt bien, même s'il ne trouve pas toujours le relais nécessaire et l'écho mérité auprès des chaînes de radio et, encore moins, de télévision.

La France peut s'enorgueillir d'avoir été le premier pays au monde à organiser des festivals de jazz. Dès 1948, la ville de Nice s'est transformée en terre d'accueil pour Louis Armstrong et son *all stars.* Plus d'un demi-siècle plus tard la tradition se perpétue le long des golfes clairs. D'autres manifestations ont pris le pas, implantées maintenant depuis longtemps et souffrant parfois de leur gigantisme. Les festivals deviennent peu à peu des structures difficiles à gérer, parfois éloignées de l'esprit originel. Il faut donc savoir fouiner, faire le tri, s'accorder une halte et jouer la surprise. C'est certainement dans la fréquentation des clubs que l'on peut avoir le plus de chance d'être en contact direct avec les musiciens et de vivre quelques états de grâce que seules procurent les prestations publiques.

Au risque de froisser quelques susceptibilités, nous ne pourrons malheureusement pas citer tous les musiciens qui ont animé les nuits du jazz hexagonal. Dans le style new orleans, dixieland et classique, on mentionnera Claude Abadie (cl), Hubert Fol (as), Claude Luter (cl), Pierre Braslawsky (ss), André Rewellioty (cl), Mowgly Jospin (tb), Maxim Saury (cl), Marc Lafferrière (ss), Michel Devilliers (tp), Michel Attenoux (as), François Rilhac (p), Philippe Baudouin (p), Irakli (tp), les formations Sharkey et Hot Antic Jazz Band et... Boris Vian (trompinette, critique pataphysicien et génie littéraire). Autant dans le jazz mainstream que dans le be-bop, on compte une multitude d'interprètes de haut niveau dont Raymond

Fonsèque (tb), Michel Roques (ts, fl), Claude Guilhot (vib), Marcel Zanini (ts), Roger Guérin (tp), Christian Garros (dms), Raymond Fol (p), Bernard Peiffer (p), Jean-Claude Fohrenbach (ts), André Persiany (p), Henri Renaud (p), Georges Arvanitas (p), Jacky Samson (b), Charles Saudrais (dms), Ralph Schecroun alias Erroll Parker (p), Claude Tissendier (as, ts), Maurice Vander (p), René Urtreger (p), Michel Gaudry (b), François Guin (tb), Claude Bolling (p), Gilbert Rovère (b)… La liste est très loin d'être exhaustive.

Une tradition de big bands est toujours défendue avec vivacité malgré les difficultés économiques de telles entreprises. Il en va ainsi pour Gérard Badini, saxophoniste ténor qui a longtemps soutenu à bout de bras un grand orchestre énergiquement propulsé dans la meilleure veine basienne, et dont l'originalité a consisté en 1991 à produire un album fondé sur une relecture et une interprétation intelligemment ciselée de thèmes du compositeur Claude Debussy. À signaler également l'Europamerica du pianiste-compositeur Jef Gilson, véritable lieu de fermentation orchestrale dans lequel sont passés tous les musiciens d'importance, ainsi que le Pandemonium du saxophoniste François Jeanneau, le Caravanserail du tromboniste Jacques Bolognesi, le big band Ornicar mené par le trompettiste Philippe Laudet, le Onztet du contrebassiste Patrice Caratini, le big band Lumière du pianiste Laurent Cugny, l'Orchestre national de jazz successivement dirigé par François Jeanneau, Antoine Hervé, Claude Barthélémy, Denis Badault, Laurent Cugny, Didier Levallet, Paolo Damiani, Claude Barthélémy (deuxième époque), Franck Tortillier, Daniel Yvinec…

Dans le sillage du Quintette du Hot Club de France (voir chapitre « Swing »), il existe toujours une école spécifiquement française du violon, de la guitare d'inspiration manouche et des ensembles à cordes. Après Michel Warlop, Stéphane Grappelli et Jean-Luc Ponty, les mousquetaires de l'archet se nomment Didier Lockwood, Pierre Blanchard et Dominique Pifarely, auquel on peut ajouter Hervé Cavelier, Régis Huby et Scott Tixier ; les violoncellistes Jean-Charles Capon et Vincent Courtois. Derrière le génie insurpassable de Django Reinhardt, auquel se sont toujours référés ses compagnons Sarane et Matelo Ferret, on dénombre les guitaristes Babik Reinhardt (fils de Django), Boulou Ferré (et son frère

Elios), Angelo Debarre Romane, mais aussi trois instrumentistes moins assujettis au souvenir : le très swinguant Christian Escoudé, l'électrique Bireli Lagrene et le remarquable (et trop peu écouté) Raphaël Faÿs. Toute une approche esthétique très connotée (références impressionnistes, QHCF, tradition classique occidentale, musique tzigane d'Europe centrale, bals populaires, swing de chambre, blues du *Deep South*...), condensée dans les travaux du contrebassiste Didier Levallet, leader du Swing Strings System, ainsi que dans les trios Cordacor ou Fernando Jazz Gang. Un tableau éminemment français qui ne peut occulter l'accordéon défendu autrefois par le phénoménal Gus Viseur, et enrichi ensuite par les fabuleux Marcel Azzola et Richard Galliano, entre swing et musette, jazz et java.

Dans le courant libertaire et parmi ceux assimilés au free mais dont beaucoup préfèrent, à juste titre, le terme de « musique improvisée européenne » : Michel Marre (tp), Raymond Boni (g), André Jaume (s), Gérard Siracusa (perc), Sylvain Kassap (s), Beb Guérin (b), Jean-Jacques Avenel (b), Jean-Louis Mechali (dms) et François Mechali (b), François Tusques (p), Annick Nozati (voc), Joëlle Léandre (b), Bernard Vitet (tp), Jean Bolcato (b), Jac Berrocal (tp), Jef Sicard (s), Jacques Di Donato (s), Jacques Thollot (dms), Doudou Gouirand (s), les groupes Cohelmec, Matchi-Oul, Zhivaro, Cossi Anatz, Workshop de Lyon, Marmite Infernale...

Parmi les musiciens déjà confirmés ou les jeunes en passe de le devenir, nous en citerons quelques-uns, regroupés par famille d'instrument.

Les guitaristes Noël Akchoté, Jérôme Barde, Claude Barthélémy, Lionel Benhamou, Gilles Clément, Philippe Deschepper, Marc Ducret, Marc Fosset, Philippe Gaillot, Jean-Michel Kajdan, Eric Löhrer, Sylvain Luc, Richard Manetti, Gérard Marais, Jacques Panisset, Gérard Pansanel, Philippe Petit, Michel Perez, Frédéric Sylvestre, Patrice Thomas, Louis Winsberg, ...

Les pianistes ou claviéristes Bruno Angelini, Franck Avitabile, Emmanuel Bex (org), Michel Camilo, François Couturier, Benoît Delbecq, Pierre de Bethmann, Guillaume de Chassy, Thierry Eliez, Andy Emler, Thomas Ehnco, Laurent Fickelson, Jean-Pierre Fouquey, Michel Graillier, Olivier Hutman, Alain Jean-Marie,

Philippe Le Baraillec, Jean-Christophe Levinson, Francis Lockwood, Jean-Marie Machado, Jean-Pierre Mas, Bernard Maury, Benjamin Moussay, Stephan Oliva, Jean-Michel Pilc, François Raulin, Manuel Rocheman, Michel Sardaby, Hervé Sellin, Benoît Sourisse, Baptiste Trotignon, Benoît Wideman…

Les trompettistes François Biensan, François Chassagnite, Médéric Collignon, David Ehnco, Nicolas Genest, Antoine Illouz, Éric Le Lann, Jean-Lou Longnon, …

Les trombonistes Daniel Casimir, Denis Leloup, Sébastien Llado, Thierry Madiot, Yves Robert, …

Les tubistes Michel Godard, Marc Steckar, François Thuillier…

Les saxophonistes Sophie Allour, Yvan Avice, Éric Barret, Sylvain Beuf, Francis Bourrec, François Corneloup, Alain Debiossat, Laurent Dehors, Stéphane Guillaume, Jean-Michel Goldberg, Géraldine Laurent, Julien Lourau, Hervé Meschinet, Christophe Monniot, Jean-Marc Padovani, Bobby Rangell, Xavier Richardeau, Eric Séva, Sébastien Texier…

Les batteurs et percussionnistes Franck Agulhon, Joël Allouche, Matthieu Chazarenc, André Cecarelli, Vincent Cordelette, Manuel Denizet, Xavier Desandre, Éric Échampard, Denis Fournier, Daniel Garcia-Bruno, Thomas Grimmonprez, Simon Goubert, Benjamin Henocq, Stéphane Huchard, Xavier Jouvelet, Manu Katché, François Laizeau, François Laudet, Jacques Mahieux, Christophe Marguet, François Merville, Youval Micenmacher, Louis Moutin, Georges Paczynski, Tony Rabeson, Yoann Serra, Sydney Thiam, François Verly…

Les bassistes ou contrebassistes Zacharie Abraham, Jean Bardy, Stéphane Bertrand, Emmanuel Binet, Richard Bona, Sébastien Boisseau, Pierre Boussaguet, Marc Buronfosse, Paul Celea, Jean-Michel Charbonnel, Bruno Chevillon, Arnault Cuisinier, Alby Cullaz, Dominique Di Piazza, Benoît Dunoyer de Segonzac, Philippe Gareil, Jean-Marc Jafet, Jean-François Jenny-Clark, Hélène Labarrière, Philippe Lacarrière, François Moutin, Jean-Luc Ponthieux, Claude Tchamitchian, Jean-Jacques Vidal, Rémy Vignolo, Daniel Yvinec…

Les vocalistes Cyrille Aimée, Raphaëlle Atlan, Elise Caron, Anne Ducros, Elisabeth Kontomanou, André Minvielle, Claudia Solal…

Et bien sûr, tous ceux que nous oublions de citer ou que nous trouverons plus loin avec les personnalités du jazz français, derrière la bannière du magistral Martial Solal, pianiste à la carrure internationale et compositeur hors normes.

Martial Solal (1927)

L'impérial Solal voit le jour au cœur d'Alger la blanche, sur les bords de la Méditerranée noyée de lumière. Vers l'âge de six ans, il tapote avec curiosité sur le piano familial. À sa demande pressante, ses parents trouvent un professeur de musique. L'enfant travaille l'inévitable répertoire académique… et commence à extrapoler dangereusement quelques improvisations hardies sur les rhapsodies de Liszt au cours d'une audition d'élèves. Ce goût pour la liberté et le risque ne le quittera pas. Il rencontre vers dix ans un brillant multi-instrumentiste du nom de Lucky Starway qui l'initie à la pratique du jazz. Dès l'âge de quatorze ans, Martial Solal fréquente les musiciens locaux et obtient un premier engagement professionnel dans une brasserie avec l'Orchestre de jazz d'Alger. Lorsqu'il s'installe en métropole dès 1950, sa technique pianistique, déjà brillante et solide, lui permet de se produire dans les orchestres de Noël Chiboust, Benny Bennett et Aimé Barelli jusqu'en 1952. Puis il joue avec Roger Guérin (tp) au Club Saint-Germain où il accompagne Django Reinhardt, côtoie des Américains de passage : Lucky Thompson, Don Byas, Sidney Bechet, Dizzy Gillespie, J.-J. Johnson, Stan Getz, Eric Dolphy, Kenny Clarke… Dès 1953, il enregistre son premier disque en trio et continue de se produire en club (Ringside, Club Saint-Germain…). Ce module réduit avec le seul soutien basse-batterie sera tout au long de sa carrière un format idéal pour le développement de ses improvisations et de sa créativité foisonnante. Bientôt, il est saisi par le démon de la composition pour grand orchestre et grave son premier album avec big band en 1956. Mais il ne faut pas penser que ce parfait autodidacte de l'orchestration considère le big band comme une simple extension de son piano. Il envisagera toujours l'orchestre comme une structure symphonique à part, avec une formulation spécifique et des thèmes autonomes, sans jamais renier l'idiome du jazz. C'est dans ces deux domaines à la fois distincts et complémentaires (piano/écriture orchestrale) que Martial Solal imposera son image unique, insolite et intarissable. Duke Ellington ne s'était pas trompé en disant de Solal qu'il avait « en abondance, les éléments essentiels à un musicien : sensibilité, fraîcheur, créativité et une technique extraordinaire ». Qualités fondamentales auxquelles on peut ajouter la rigueur de l'écriture, un humour volontiers caustique et une réflexion aiguë sur les problématiques du jazz. Il a souvent été de bon ton de cataloguer Martial Solal en technicien virtuose, froid, rigide, voire austère et trop intellectuel. Martial Solal n'est absolument pas un musicien cérébral dans le sens où on l'entend, avec sa litanie de théories, de redondances et de préjugés. Il se contente tout simplement d'être intelligent. Son œuvre est imprégnée et submergée d'une générosité spontanée, une imagination prolifique, une émotivité et une humanité souvent dissimulée sous un foisonnement instrumental, une désinvolture affable, une verve ironique qui refuse d'être narquoise. Il maîtrise seulement son exubérance latine, contrôle son énergie, discipline sa fougue incendiaire en utilisant une écriture rigoureuse, articulée, calibrée en séquences, et un répertoire sans cesse renouvelé, porté vers l'avenir sans négliger l'histoire.

Dès 1959, en signant *La Suite en ré bémol,* il applique à la cellule réduite du trio ce qu'il a abordé au piano solo. Il inaugure toute une série de pièces structurées selon le principe de la discontinuité rythmique. Le mariage même entre le jazz ternaire et les apports de Stravinsky ou Bartók, une juxtaposition harmonieuse entre cet élément mystérieux communément appelé « swing » et les tentations contemporaines. En 1962, il enregistre *Frise* qui devient *Suite pour une frise* à Newport en 1963. Avec la présence de Guy Pedersen (b) - Daniel Humair (dms) ou Gilbert Rovère (b) - Charles Bellonzi (dms), Solal explore davantage ce procédé d'alchimie entre des éléments rythmiques antagonistes durant toutes les années 60. *Dermaplastic, Ouin-Ouin, Vice-Versa, Morceau de Cantal, Libéré sous potion,* autant de titres à l'humour caustique qui témoignent de cette recherche, de ces trouvailles osées et qui imposent définitivement une signature. Il poursuivra ces tentatives au contact d'autres grands maîtres de l'écriture. Pour preuve, sa collaboration avec André Hodeir pour son œuvre intitulée *Jazz et Jazz* (1960), avec Michel Magne pour *électrodes* (1965), ainsi que Marius Constant pour *Stress* (1979). Là, Martial Solal s'intégrera comme intervenant dans un univers musical étranger, sans pour cela oublier son propre langage. Il passera le cap supérieur en 1966 lorsqu'il s'affichera comme compositeur et interprète avec la *Petite Pièce pour piano, clavecin et contrebasse,* puis lorsqu'il écrira le *Concerto pour trio de jazz et orchestre* (1981), *Nuit étoilée* et *Concerto pour piano* (1990). Progressions architecturées, contrepoints brodés avec délicatesse, édifices oniriques et fragiles, improvisations simulées, reprises violentes et syncopées, discours torrentiel et contrôlé jusque dans son propre dépassement, Martial Solal répand à profusion ses illuminations savantes et son autorité chaleureuse. Consacré par de nombreux référendums, primé par des académies prestigieuses et plusieurs fois classé parmi les meilleurs pianistes mondiaux en raison de sa virtuosité souveraine, Martial Solal est célébré sur toutes les scènes internationales : États-Unis (Newport, Monterey, Carnegie Hall...), Europe (Philharmonie de Berlin, Opéra de Rome, La Haye...), Antilles, Canada ainsi que la plupart des pays de l'Est. Sa contribution à d'innombrables partitions de commandes, à une trentaine de films *(A bout de souffle, Léon Morin prêtre, Deux Hommes dans Manhattan...)*, la reconnaissance de ses pairs, ses nombreuses prestations en duo aux côtés de Lee Konitz, Joachim Kühn, Michel Portal, Stéphane Grappelli, Toots Thielemans..., font de ce musicien d'exception un des représentants les plus illustres du jazz français. Et s'il doit souvent diffuser son rayonnement fécond et cultiver sa sagesse volubile loin de l'Hexagone, c'est que nul n'est vraiment prophète en son pays. Martial Solal se moque des frontières, il vit sa musique et le temps joue en sa faveur.

René Urtreger (1934)

Né à Paris dans une famille de Juifs polonais immigrés dès les années 1920, le jeune Utreger traverse les douleurs de la guerre et sa cohorte de drames avant de faire ses premières gammes sur le piano familial. De formation classique, il découvre très tôt les émotions du swing à l'écoute d'Ella Fitzgerald, Duke Ellington ou Erroll Garner. Mais le vrai choc esthétique sera incarné par Bud Powell, le héros du bop auquel il vouera une véritable vénération. Sur les traces de son maître, il développe rapidement une technique solide, à la fois sobre et véloce, qui lui permet d'écumer les clubs et de se faire remarquer par le milieu. Il joue avec Stan Getz, Chet Baker, Jay Jay Johnson, Zoot Sims, Lionel Hampton, Stéphane Grappelli, Bobby Jaspar, René Thomas... Il fréquente tout le gotha, dont son idole Bud Powell qu'il côtoie au quotidien, et accompagne régulièrement Miles Davis avec lequel il grave la bande mythique du film *Ascenseur pour l'échafaud.* Autre fait saillant, il accompagne le chant du cygne de Lester Young pour son ultime disque gravé à Paris en 1959.

Dans les années 1960, il loue ses services de haut vol à plusieurs artistes de variétés. Il fait le métier sans aigreur ni remords, et s'il déroge à ses amours intimes, il supporte avec élégance ces batifolages loin des accents du jazz. En dépit de ces trop nombreuses incursions alimentaires, il n'en reste pas moins un pianiste fondamentalement ancré dans son terreau stylistique et conserve le respect de ses pairs.

Avec Daniel Humair et Pierre Michelot, il fonde le trio HUM qui, en seulement trois albums répartis sur quarante ans, a été récompensé par une multitude de trophées et de distinctions, s'inscrivant ainsi parmi les formations triangulaires d'exception. Compositeur de musiques de film et de titres originaux aux allures de standards, Urtreger n'a jamais cessé d'explorer les mystères de son clavier, refusant le confort et les facilités, soucieux de renouveler son langage et de varier ses improvisations sans toutefois trahir l'idiome du be bop. Alors que l'âge venant, il aurait pu s'installer dans la gestion tranquille de sa notoriété, il continue de graver quelques disques où il s'acoquine avec les nouvelles générations. Ce pianiste qui n'hésite pas à se ranger « dans la catégorie des musiciens qui estiment que le jazz est une conversation à plusieurs », considère sincèrement que la musique ne vaut que si elle est partagée et offerte.

Epaulé, étayé, porté, presque enveloppé par une rythmique de rêve composée du contrebassiste Yves Torchinsky et du batteur Eric Dervieu, le jeu d'Urtreger n'a rien perdu de sa fluidité, de sa précision rythmique, de son voicing flexueux, de ses embardées lyriques toujours retenues pour mieux en apprécier la construction savante. Un sens de la note juste qui brille par son humilité. En 2016, la romancière Agnès Desarthe lui a consacré un essai tout simplement intitulé *Le Roi René*… Il est vrai que René Urtreger compte parmi les monarques dont le long règne discret aura laissé des traces éblouissantes dans l'histoire du jazz.

François Jeanneau (1935)

Saxophoniste et flûtiste, mais aussi claviériste et compositeur, ce Parisien va traverser plusieurs époques avec le même élan enthousiaste. Des prémices plutôt orthodoxes en clubs au début des années 60, puis une plongée dans le free jazz en pleine période d'effervescence, des séances tous azimuts avec des chanteurs de variétés et un passage dans le groupe pop Triangle, un retour au jazz vers le milieu des années 70 (notamment dans le trio Humair-Texier-Jeanneau), la formation d'un grand orchestre en 1978 (Pandemonium), l'écriture d'un jazz-opéra *(Desmodus Minor)*, le Quatuor de Saxophones avec Jean-Louis Chautemps, Jacques Di Donato et Philippe Maté, plusieurs musiques de films ou de ballets, des pièces de commande et des rencontres amicales (Martial Solal, Joachim Kühn, Chris McGregor, Katia Labèque…), la direction de la première version de l'Orchestre national de jazz, une activité d'enseignant dans des conservatoires parisiens ou à l'île de La Réunion, un vif intérêt pour les synthétiseurs… Il faudrait des heures pour parler correctement de ce musicien généreux, saxophoniste rigoureux et lyrique, compositeur fécond et homme de goût.

Michel Portal (1935)

Diplômé du Conservatoire, bardé de prix internationaux, clarinettiste classique acclamé sur toutes les scènes (Mozart, Brahms, Schumann…) et sollicité par les compositeurs contemporains (Boulez, Stockhausen, Berio…), Michel Portal mène en fait une double vie. D'autres que lui seraient tombés dans un abîme schizophrénique à vouloir jongler aussi avec le jazz, l'improvisation collective, les sons de synthèse, les folklores du pays Basque (dont il est originaire) et de l'Espagne (qui ne lui est pas étrangère), les musiques de film *(L'Ombre rouge, La Cecilia, Le Retour de Martin Guerre…)*, les polyrythmies africaines et les spirales orientales, le bandonéon et le saxophone, la clarinette basse et le *computer,* les lustres d'apparat et les *sunlights.* Il ne s'agit absolument pas de savoir si ce musicien est un jazzman ou un mutant. La question serait déplacée. Michel Portal est un musicien, tout simplement. Un faiseur de bruits et de silences. Homme de l'alchimie, du dosage et de l'expérience contrôlée, Michel Portal semble cependant toujours plus à son aise dans le laboratoire de l'enregistrement que dans les conditions d'urgence du concert. Ses albums en studio (*Turbulences,* 1986, *Any Way,* 1993) font preuve de cette capacité rare qui consiste à canaliser les pulsions, à dominer la logorrhée instrumentale et à maîtriser ainsi la richesse du discours. Alors qu'au contraire ses prestations *live* le mettent en situation de danger et le plongent dans des traquenards dont il ne sort pas toujours indemne, tant les jazzmen expérimentés qui l'entourent (Martial Solal, Bernard Lubat, Jack DeJohnette, Dave Liebman, Daniel Humair, Jean-François Jenny-Clark, Mino Cinelu, John Surman…) donnent le sentiment de tirer vers eux la couverture (sur le dos du leader).

Barney Wilen (1937-1996)

Voilà un autre homme insaisissable, un de ceux qui symbolisent une époque et qui se plaisent à faire un pied de nez au temps qui passe. Le saxophoniste a eu l'insigne privilège de côtoyer les plus grands alors qu'il débarquait à peine de Nice, sa ville natale. Pilier du Tabou et des caves enfumées à partir de 1953, il accompagne Henri Renaud, Bobby Jaspar, Jimmy Gourley, Roy Haynes, Bud Powell, John Lewis, Jay Jay Johnson, Thelonious Monk, Dizzy Gillespie et une flopée de musiciens américains de passage dans l'Hexagone. C'est en 1957 qu'il touche au mythe et connaît une énorme popularité en enregistrant la bande-son du film *Ascenseur pour l'échafaud* (Louis Malle) aux côtés de Miles Davis. Le monde du cinéma le convoquera à nouveau pour participer à la musique des *Liaisons dangereuses* (Roger Vadim) composée par Thelonious Monk, puis Édouard Molinaro lui passera commande pour l'écriture et l'interprétation des bandes originales de *Des femmes disparaissent* et *Un témoin dans la ville.* Kenny Clarke, Milt Jackson, Kenny Dorham et Duke Jordan représentent l'ordinaire de son accompagnement musical et Barney Wilen le vit le plus naturellement du monde. Une éclipse de quelques années vient cependant interrompre cette fulgurante ascension qu'il n'avait pas échafaudée. Lorsqu'il revient dans la seconde moitié des années 60, Barney Wilen se lance à corps perdu dans cette nouvelle chose que l'on appelle le free jazz. Intérêt pour la musique indienne, les collages sonores, voyage en Afrique, tentative de musique contemporaine, il se disperse dans un faisceau d'expériences avant de disparaître à nouveau. Dans les années 80, le saxophoniste est de retour, poussé par la vague du bop réactivé. Incontestablement, tout le monde attendait sa réapparition et l'événement marquant de cette décennie est la parution d'un beau projet en hommage à sa carrière, associant un album de bande dessinée (*La Note bleue* par Loustal et Paringaux), inspiré de sa vie et illustré par un disque dont il signe la réalisation. Souvent assimilé à l'école de Lester Young, son saxophone sait aussi être rageur et impétueux, agitateur dans la langueur, aguicheur dans les ruptures, un brin provocateur dans le velouté. Car ce saxophoniste, certes fidèle à l'esthétique du Président, ne s'est jamais contenté d'être une doublure. Fût-elle de velours.

Eddy Louiss (1941-2015)

D'origine martiniquaise, né à Paris, Eddy Louiss suit ses premières leçons de piano à cinq ans, étudie le solfège et l'harmonie au conservatoire, puis part sur les routes des vacances avec le combo de son père trompettiste. Paso, rumba et cha-cha sont au programme et laisseront des traces indélébiles dans la mémoire du garçon. Après avoir tâté de la trompette, du vibraphone et de l'orgue, il fréquente les *jam sessions* des clubs de jazz parisiens et Mimi Perrin lui propose de rejoindre les Double Six. Eddy Louiss reste dans le groupe vocal, le temps d'enregistrer avec Dizzy Gillespie et Quincy Jones, puis part au service militaire. À sa libération, il se lance sérieusement dans une carrière d'instrumentiste et privilégiera l'orgue comme moyen d'expression. Près de treize années passées derrière le chanteur Claude Nougaro ne l'empêcheront pas de garder un pied dans le monde du jazz. Parallèlement, Eddy Louiss poursuit une carrière indépendante. Il joue dans l'orchestre d'Ivan Julien, en duo avec Jimmy Gourley, puis s'associe à Daniel Humair (dms) et Jean-Luc Ponty (v) dans le trio HLP qui donne naissance à trois disques superbes. Sonorité sensuelle et torrentielle, alizés légers et tourbillons cycloniques, basses chaloupées et nappes cuivrées, calypso-blues et mambo-bop, bourbon ambré et rhum blanc, Eddy Louiss va faire naviguer l'orgue Hammond entre les continents, à l'assaut de tous les bastions stylistiques. En trio avec les batteurs Kenny Clarke, Aldo Romano ou Bernard Lubat, et les guitaristes Pierre Cullaz ou René Thomas, en club avec le saxophoniste Johnny Griffin, en studio et en tournée avec Stan Getz, à la direction d'un big band pour accompagner Henri Salvador, des rencontres impromptues avec Michel Portal, John Surman ou Michel Petrucciani, à la proue de son orchestre Multicolor Feeling auquel il joint une fanfare de cinquante musiciens (professionnels et amateurs), Eddy Louiss est l'organiste chaleureux, généreux et inventif, que l'on n'osait espérer depuis l'avènement de Jimmy Smith.

Bernard Lubat (1945)

Prodigieux multi-instrumentiste (batterie, percussions, piano, vibraphone, accordéon, bandonéon, claviers, chant, composition), Bernard Lubat s'est formé avec son père dans les bals populaires, puis au conservatoire de Bordeaux et au Conservatoire national supérieur de Paris dont il ressort en 1963 avec un premier prix de percussion. Un engagement dans le big band de Jef Gilson, des séances d'enregistrement derrière des vedettes de variétés, des fonctions de vibraphoniste avec Jean-Luc Ponty et Martial Solal, ou de batteur avec Eddy Louiss et Stan Getz, une collaboration aux Double Six de Mimi Perrin (1965), diverses participations à des œuvres contemporaines (Berio, Xenakis, Varese et... Bartók), une présence d'activiste multisonore dans le mouvement free (avec Barre Phillips, Michel Portal, Jean-Louis Chautemps, Henri Texier, François Jeanneau, Bernard Vitet...), un trio en compagnie de René Thomas et Eddy Louiss, la création de la Compagnie Lubat (1977) et du Festival d'Uzeste dans son village natal, l'accompagnement de Claude Nougaro aux côtés de Maurice Vander (p) et Pierre Michelot (b), ce rythmicien de l'extrême, implacable, écorché, terrien, extraverti ne tient dans aucune catégorie. Défenseur de la batterie en danger, baroudeur du tempo, rassembleur d'hommes, mercenaire des studios et dynamiteur d'événements, il est tout à fait incongru de chercher un style à ce splendide musicien gascon aux multiples facettes. « Je ne me doutais pas que les polkas avaient quelque chose à voir avec Bud Powell, avec Thelonious Monk, avec le bop. C'est en me nourrissant de la musique des papis d'Uzeste que j'ai réentendu la cadence. J'ai tout recommencé à zéro… Le mythe de l'ailleurs me fatigue, il existe *ici* un terreau traditionnel que l'on avait transformé en non-lieu. »

Henri Texier (1945)

Contrebassiste fidèle des clubs Blue Note et Le Chat Qui Pêche au début des années 60, Henri Texier a la chance de se former au contact de Chet Baker, Kenny Drew, Donald Byrd, Johnny Griffin, Bill Coleman… Il fréquente également l'orchestre de Jef Gilson, offre ses services à Don Cherry, Mal Waldron Steve Lacy, Barney Wilen, René Thomas, Lee Konitz, Dexter Gordon… et dès son retour de l'armée en 1967, il accompagne Hampton Hawes, Slide Hampton, Art Farmer… C'est dire l'impressionnante carte de visite qu'il peut présenter lorsqu'il débarque dans l'European Rhythm Machine de Phil Woods, en 1968. Une sonorité ronde et généreuse, un tempo en granit, une curiosité ouverte vers le grand large, Henri Texier est le contrebassiste de toutes les rencontres. Au sein du groupe Total Issue de coloration folk-rock, avec Jean-Luc Ponty, ou du Piano Conclave de George Gruntz, en album solo (b, elb, fl, perc, p, voc, cello, oud marocain…), dans un bel entrecroisement de cordes avec Didier Lockwood (v) et Jean-Charles Capon (cello), en trio avec Humair et Jeanneau, dans le Unit de Michel Portal, en parfait équilibre avec Aldo Romano (dms) et Eric Barret (ts), en quintette avec Joe Lovano (s), Kenny Wheeler (tp) et Dewey Redman (s)…, ou mieux encore, à la tête de sa formation Transatlantik Quartet menée d'une main fermement amicale aux côtés de Louis Sclavis (cl), Éric Le Lann (tp), Philippe Deschepper (g), Jacques Mahieux (dms) ou Bernard Lubat (dms)… et de nombreux invités de luxe, l'exceptionnelle trajectoire d'Henri Texier n'est qu'un éternel défi aux conventions, aux engourdissements et aux somnolences, comme s'il voulait nous embarquer dans la brise revigorante d'un voyage inconnu dont lui seul posséderait la boussole et les cartes marines.

Louis Sclavis (1953)

« Si je faisais un orchestre avec tous les gens que j'aime bien et avec qui j'ai déjà travaillé, ça ferait un big band de trois cents personnes. Pour moi, la musique est une question d'individualités, pas une question de continent.

Toutes les formes musicales existent partout et c'est à la globalité de l'univers musical tel qu'il existe actuellement qu'il faut laisser plus de place.» Parmi les plus marquantes des innombrables expériences de ce parfait clarinettiste-saxophoniste, on peut mentionner celles de l'Arfi (Association à la recherche d'un folklore imaginaire), du Workshop de Lyon et de la Marmite Infernale où il développe son sens du partage musical et de l'échange culturel. Une période fondatrice aux côtés de Maurice Merle (s), Jean Bolcato (b), Christian Ville (dms)..., dont il retrouvera l'esprit au sein de la Compagnie Lubat en 1977. En quartette de clarinettes avec Michel Portal, Jacques Di Donato et Jean-Louis Chautemps, en villégiature dans le Brotherhood of Breath de Chris McGregor, en collaboration étroite avec Dominique Pifarely (v), George Lewis (tb), Anthony Braxton, Jean-Marc Padovani (ts, ss), Cecil Taylor et quantité d'autres partenaires, Louis Sclavis ne manque jamais à sa parole et entretient le dialogue, les entrevues au pied levé, les conversations à bâtons rompus, les aveux intimes, les conférences au sommet ou les tête-à-tête confidentiels. Aucun effet d'emphase dans son jeu dépouillé, presque ascétique s'il n'était toujours émaillé de fantaisies, à peine piqueté de quelques éclats pailletés, comme pour donner davantage de reflet à une musique de l'audace et de la réconciliation. Dès les débuts de sa production discographique (*Ad Augusta per Angustia* (1981) jusqu'à ses récents opus (1992, *Ellington on the Air* sur le label français IDA Records et *Rouge* chez le prestigieux munichois ECM) en passant par les albums *Clarinettes, Rencontres* et *Chine,* Louis Sclavis s'avère toujours un musicien pur et limpide que rien ne peut troubler.

Didier Lockwood (1956)

Violoniste dont l'essentiel du discours se situe dans le jazz fusion, Didier Lockwood aurait pu figurer dans le chapitre précédent, mais s'il apparaît ici, parmi ses collègues français, c'est que nous ne l'apprécions jamais autant que dans des expériences à résonances typiquement européennes où il peut toucher la corde sensible et la fibre émotionnelle de son instrument. Ainsi, lorsqu'il ne joue pas un jazz-rock un peu mécanique, où les facilités mélodiques et l'épate électronique prennent le dessus, Didier Lockwood retrouve l'âme de son violon, en digne héritier de son aîné Stéphane Grappelli. Non pas qu'il soit renégat ou fanfaron, mais il ne peut pas résister au plaisir de lustrer son violon prototype, de jouer avec les gadgets synthétiques, d'ouvrir les boîtes à sons composites avec une exaltation parfois naïve, comme si chaque concert était un matin de Noël riche en cadeaux du ciel. Pourtant, le sapin n'est jamais aussi lumineux que lorsque Lockwood l'empoigne aux côtés des guitaristes Philip Catherine et Christian Escoudé ou dans un quartette composé de Gordon Beck (p), Cecil McBee (b) et Billy Hart (dms). Lyrique, tendu, enthousiaste et doué d'une technique impressionnante, Lockwood gagne à ne pas être noyé sous les décibels ou dans les scansions rudimentaires. Éduqué dans l'académisme, débloqué dans les groupes Magma, Zao et Surya, confronté aux meilleurs musiciens européens, acclamé par les foules, managé avec tact, Didier Lockwood est le violoniste le plus capé et prisé de sa génération, mais il ne faut pas non plus oublier de prêter une oreille très attentive à ses deux collègues, Pierre Blanchard et Dominique Pifarely, dont les trajectoires moins médiatisées présentent pourtant le plus grand intérêt.

Eric Lelann (1957)

Né dans les Côtes-d'Armor, le jeune Eric est initié à la trompette par son père avant de s'installer à Paris dès l'âge de vingt ans. Pour avoir acquis une certaine assurance scénique en jouant adolescent aux côtés de Bill Coleman, Stéphane Grappelli ou Claude Luter, le jeune Le Lann est accueilli de bonne grâce par la faune de Paname. Premier prix du Concours national de la Défense, premier album sous son nom, premiers engagement de luxe auprès de René Urtreger, Henri Texier, Aldo Romano, Jean-Louis Chautemps, Bernard Lubat, il prend toute sa place auprès de musiciens exigeants qui reconnaissent en lui une voix originale et une capacité d'adaptation hors norme. Dès lors, sa carrière est lancée sur les chapeaux de roue. Il collabore au groupe de Pepper Adams, au onztet de Patrice Caratini, au big band de Martial Solal, part en tournée avec Henri Salvador ou Bernard Lavilliers, forme son propre quartet avec Olivier Hutman (p), Cesarius Alvim (b) et André Cecarrelli (dms), part en Inde avec le trio Humair-Texier-Jeanneau, joue dans le film *Autour de minuit* de Bertrand Tavernier, compose également pour le cinéma, sillonne la planète à la tête de diverses formations où l'on retrouve Tony Rabeson (dms), Louis Winsberg (elg), Paco Sery (dms), Mike Stern (elg), Eddie Gomez (b), Mino Cinelu (perc)... Après quelques incartades dans la fusion, il se pose dans le somptueux écrin orchestral de Martial Solal sur des thèmes de Piaf et Trenet. De leur lointaine collaboration, naît également le duo Solal-Le Lann qui, sans craindre les superlatifs, est un des plus puissants et émouvants que l'on ait pu entendre dans ce registre. Le trompettiste aime à établir des complicités fortes et son association avec

Archie Shepp relève de cette même volonté de s'unir pour mieux forcer le destin. Toujours curieux de nouvelles instrumentations, Eric Le Lann renoue avec ses racines bretonnes en composant *Origines*, une œuvre magistrale pour 25 musiciens partagée entre culture celte et sophistications harmoniques. Le tour de force est reçu avec faste lors du festival Inter-Celtique de Lorient avant d'être gravé dans le marbre. Mais les expérimentations ne s'arrêtent pas là. Eric Le Lann retourne à la fusion mâtinée d'électro, de samples et de sons frappés dans l'acier. Avec la basse de Jannick Top, la guitare de Lionel Loueke et la batterie de Damien Schmitt, la trompette s'envole alors dans des séquences hypnotiques et des fulgurances telluriques. Après ces déluges de décibels toujours subtils, il pacifie son univers en rendant hommage à Chet Baker avec Nelson Veras (g) et Gildas Boclé (b), dans cette formule du trio intime où la trompette retrouve toute sa chair.

Une carrière protéiforme, des goûts éclectiques, des choix judicieusement risqués, un planning très chargé et des collaborations contrastées, une production abondante et des tournées marathon, on est assurément en présence d'un homme qui croque le jazz à pleines dents. Mais tout s'inscrit dans une cohérence savamment pensé, en dépit des coups de cœur et des bifurcations parfois instinctives. Ce trompettiste veut tout goûter, tout connaître, tout appréhender, sans toutefois renoncer à sa singularité, à la typicité de sa sonorité qui oscille entre la mélancolie et l'attaque incisive, entre la fragilité et la violence, entre l'amertume voluptueuse et les chatoiements harmoniques. Il y a ainsi des musiciens que l'on reconnaît aussitôt dès la première note murmurée. Eric Le Lann fait indéniablement partie de cette espèce trop rare.

Nguyên Lê (1959)

D'origine vietnamienne, ce musicien né à Paris plonge dans la musique dès l'adolescence. Après avoir joué de la batterie et de la basse, il jette son dévolu sur la guitare qu'il étudie en autodidacte, partageant une même passion pour le rock et le jazz. Armé d'une licence d'arts plastiques et d'une maîtrise de philosophie, mais surtout animé d'une furieuse envie d'en découdre sur scène, Nguyên Lê fonde Ultramarine en 1983, avec entre autres le pianiste Mario Canonge. Au même titre qu'Uzeb ou Sixun, ce groupe représente ce qui se fait de plus performant en pleine époque d'un jazz-rock festif, démonstratif et caracolant. Conjointement aux enregistrements et prestations d'Ultramarine, Nguyên Lê ballade sa guitare acérée et flamboyante dans des contextes très éclectiques : Eric Le Lann (tp), Marc Ducret (g), Eric Barret (s), Safi Boutella, Yves Robert (tb)… De 1987 à 1989, il fait partie de l'ONJ dirigé par Antoine Hervé. En 1990, le guitariste signe *Miracles*, son premier album, et les musiciens qui l'épaulent sont Art Lande (p), Marc Johnson (b) et Peter Erskine (dms). Un parrainage de haut vol qui en dit long sur ses ambitions de jeune leader. Dès lors, sans jamais renoncer à servir les projets de ses amis (Vince Mendoza, Michel Portal, Andy Emler, Silvin Marc, Paolo Fresu, Aldo Romano, Terri Lyne Carrington…), il se consacre pleinement à sa carrière personnelle avec le soutien de Siegfried Loch, le patron du prestigieux label allemand Act. S'ensuivent une série d'albums parfaitement produits et contrastés : *Zanzibar* (1992), *Million Waves* (1995), *Tales From Viêt-Nam* (1996), *Maghreb & Friends* (1998), *Purple* (2002), *Songs Of Freedom* (2011), ainsi que de nombreuses tournées internationales où se frottent pêle-mêle toutes les influences d'un musicien sans souci des frontières. Hommages au répertoire de Jimi Hendrix, évocations du Maghreb, réminiscences asiatiques, visites décalées des standards de la pop et du rock, quel que soit le paysage il est difficile d'énumérer toutes les expérimentations développées par Nguyên Lê qui sait toujours s'entourer avec beaucoup de pertinence. Qu'il s'agisse de chanteuses gnawa ou de musiciens traditionnels vietnamiens, la cristallisation et la juxtaposition des univers ne sont jamais factices ni contraintes. Lorsqu'il se produit et enregistre en trio (un format orchestral qu'il affectionne), il opère des mariages toujours très judicieux, notamment avec André Cecarelli (dms) et François Moutin (b) (*Init*, 1993) Renaud Garcia-Fons (b) et Tino di Geraldo (dms) (*Bakida*, 2000), Peter Erskine (dms) et Michel Bénita (b) (*E-L-B*, 2001), Mieko Miyazaki (koto) et Prabhu Edouard (tablas) (*Saiyuki*, 2008). En dehors du développement de sa propre carrière, son travail avec la chanteuse vietnamienne Huong Thanh constitue l'une de ses plus belles réussites. *Moon And Wind* (1999), *Dragonfly* (2001), *Mangustao* (2004), *Fragile Beauty* (2007) dessinent une fresque onirique où les climats orchestraux tantôt brumeux tantôt lumineux s'étirent en volutes au service d'une voix aiguisée comme une pointe de feu. Il faut une certaine maestria dans le dosage orchestral, une perception à la fois savante et instinctive du son, un rare sens de l'équilibre pour tenir sur un fil aussi ténu sans faire un seul faux pas. Le monde du cinéma se prive de grands créateurs en ne sollicitant pas davantage de musiciens de jazz doués d'un tel pouvoir d'évocation. Mais Nguyên Lê est-il un musicien de jazz ? Oui, et sans aucun doute, si l'on considère qu'il incarne au plus haut niveau l'universalisme d'une musique ouverte au monde et à toutes ses composantes. Homme curieux, humble, cultivé, courageux, il possède les qualités, somme toute fort rares, d'un catalyseur d'influences et d'un rassembleur de talents. Et s'il interroge ainsi le monde, s'il n'a de cesse de tout remettre en jeu, se plongeant volontiers dans les flots les plus tumultueux, c'est sûrement pour mieux se laisser porter par les courants de la vie.

Erik Truffaz (1960)

Une qualité de son très spécifique, une attitude posée et réfléchie, une grande cohérence discographique, une volonté de séduire sans jamais se trahir, voilà qui caractérise ce trompettiste français né en Suisse. Erik Truffaz est de ceux qui se renouvellent constamment avec le souci de bouger ses lignes de force de façon très fine, presque imperceptible. Il procède par lentes décoctions et fermentations progressives, jamais à court d'audace, osant des mélanges sonores et des assemblages harmoniques aux contrastes prononcés mais en évitant de forcer les proportions, privilégiant les fondus-enchaînés, les sous-entendus et les apartés intimes. Durant ses années adolescentes, il balbutie ses premières notes dans l'orchestre paternel voué à la danse, taquine l'embouchure dans divers groupes locaux, avant d'être touché par la révélation mystico-musicale du *Kind of Blue* de Miles Davis. Il entre alors au conservatoire de Genève pour y faire ses classes sur le répertoire classique et y acquérir une technique plus complète. Après un passage dans l'Orchestre de la Suisse romande et quelques expériences dans des groupes de pop-rock, Erik Truffaz fonde Orange, une formation qui obtient une mention spéciale au Concours de La Défense de Paris et se produit au festival de Montreux. C'est en 1996 qu'il signe avec Blue Note. Soudain propulsé sur le devant de la scène avec l'auréole prestigieuse du label new-yorkais, Erik Truffaz égrène avec une régularité métronomique plusieurs opus de belle facture avec les fidèles Marcello Giuliani (b, elb) et Mark Erbetta (dms), sans oublier les claviéristes Patrick Muller et Benoît Corboz. Tout en déroulant un jazz fusion très personnel, teinté d'harmonies méditatives, de hip hop ludique et de clairs obscurs oniriques, le trompettiste multiplie les rencontres avec un égal bonheur : le vocaliste soul Sly Johnson, les musiciens indiens Apurba Mukerje (tablas) et Indrani (voc), le compositeur contemporain Pierre Henry, le chanteur-rapper Nya, le compositeur mexicain Murcof, le joueur de tablas indo-anglais Talvin Singh… Pop, jazz, électro-funky, world music, soul ou rock, entre éther et convulsion, Erik Truffaz se plaît à brouiller les pistes dans une nébuleuse cristalline et feutrée, sur des tapis rythmiques hypnotiques et suaves, des harmonies obsessionnelles qui se jouent des conventions et des écoles stylistiques.

Michel Petrucciani (1962-1999)

« La terre et le monde sont en train de partir complètement dans une direction qui me déplaît, les gens sont prodigues de violence, de méchanceté et de déshonneur. Avec la musique, je veux donner de jolies choses et j'en ai besoin. Moi, je suis comme je suis, je joue comme je joue, mon talent je ne le dois à personne. Mon talent, il est à moi, c'est Michel, c'est ma sueur, mes doigts, mon cœur et mon travail. » Ainsi s'exprime le pianiste Michel Petrucciani qui, après avoir dû surmonter le handicap d'une grave maladie osseuse, est parvenu au sommet de l'affiche. Avant de signer sur le label Blue Note et de s'expatrier aux États-Unis où il fréquente tout le gratin du jazz : Charles Lloyd, Wayne Shorter, Freddie Hubbard, Jim Hall, Joe Henderson, les bassistes Andy McKee, Gary Peacock, Charlie Haden, Eddie Gomez, Cecil McBee, Buster Williams, les batteurs Eliott Zigmund, Roy Haynes, Jack DeJohnette, ce pianiste français s'est installé au piano familial pour huit années de travail acharné et s'est forgé une technique dont les maîtres avoués sont Bill Evans (souvent) et McCoy Tyner (parfois). Un toucher raffiné, gracieux et délicat d'où jaillit soudain un trait foudroyant, une vélocité toute en pointillé, des placages d'accords dynamiques, un peu serrés et secs, une aisance mélodique aussitôt identifiable dans les développements improvisés sont les éléments les plus notables de son jeu. Après avoir débuté dans sa région provençale au sein d'un groupe qui comprend son père à la guitare et son frère à la contrebasse, Michel Petrucciani se fait aussitôt remarquer par le milieu professionnel et commence à enregistrer et à se produire avec Aldo Romano (dms), Mike Zwerin (tb), Jean-François Jenny-Clark (b)… En 1982, l'année où il grave à Paris un pur chef-d'œuvre en duo avec Lee Konitz *(Toot Sweet),* il décide de s'installer aux États-Unis où il rencontre très vite la faveur du public. La publication de son album *Music* en 1989 marque une mutation dans l'instrumentation et l'entourage orchestral. Une métamorphose en douceur qui se confirme avec les enregistrements suivants où le désir de séduction se fait davantage sentir, notamment dans l'utilisation de programmes synthétiques et de rythmiques binaires plus édulcorées. Fort heureusement, la publication, en 1993, d'un album solo consacré à la mémoire d'Ellington viendra rassurer ses fans et prouver ainsi qu'il n'était pas prêt de déroger à ses premières passions. Emporté par une infection pulmonaire à l'âge de trente-sept ans, Michel Petrucciani laisse toute la communauté du jazz profondément émue et marquée par sa disparition.

Renaud Garcia-Fons (1962)

Instrumentiste de l'extrême, Renaud Garcia-Fons est un des grands voltigeurs de la contrebasse. Né à Boulogne-Billancourt, ce garçon d'origine catalane, commence ses études musicales dès l'adolescence dans le cadre du conservatoire, mais c'est avec son maître François Rabbath qu'il explore les registres les plus vastes et les plus secrets de l'instrument. Après avoir côtoyé des musiciens *mainstream* de renom tels que Roger Guérin (tp), Kenny Clarke (dms) ou Sam Woodyard (dms), il rejoint l'Orchestre de Contrebasses (1987 à 1993), s'inscrit dans des contextes aussi variés que le jazz contemporain (Gérard Marais, Gianluigi Trovesi, Nguyên Lê, Michael Riessler) ou la world music (collaboration avec la chanteuse grecque Angélique Ionatos, le joueur de *oud* Rabih Abou Khalil, le joueur de *zarb* Pablo Cueco, le chanteur Dhafer Youssef, le joueur de *ney* Kudsi Ergüner, le guitariste flamenco Gerardo Nuñez). Entre 1989 et 1991, il est membre de l'ONJ sous la férule de Claude Barthélémy, avant de s'engager plus avant dans une carrière personnelle, avec le soutien du label allemand Enja. En solo absolu, en duo avec l'accordéoniste Jean-Louis Matinier, au sein de ses diverses formations (trio avec Arcoluz ou quartet avec Alborea), ce musicien-voyageur vogue de l'Inde à l'Andalousie en passant par les langueurs orientales et les fureurs tziganes. Garcia-Fons est un navigateur d'harmonies au long cours, un flibustier de rythmiques acérées que sculpte le ressac entêtant de la Méditerranée. Lorsqu'il atteint des registres d'alto ou de violoncelle, tout là-haut, très très haut au sommet de la gamme, perché sur les derniers nuages de la portée, virevoltant au-dessus de la clé de fa, Renaud Garcia-Fons est simplement vertigineux. Aucun contrebassiste n'a atteint jusque-là ce funambulisme nomade.

Jacky Terrasson (1966)

On dit parfois de lui qu'il est le plus américain des pianistes français ou le plus français des pianistes américains. Pour être facile, la formule n'en est pas moins juste. Cet artiste né à Berlin, d'une mère américaine et d'un père français, a creusé son nid au cœur de Manhattan sans toutefois renier ses racines hexagonales, voire européennes. Fer de lance du label Blue Note chez qui il a gravé une dizaine d'albums rayonnants et implacables, on peut le considérer aujourd'hui comme l'un des très grands orfèvres du piano. Installé devant le clavier dès l'âge de cinq ans, il poursuit un cursus des plus classiques durant son adolescence avant de s'initier au jazz sous l'impulsion attentive de Jeff Gardner. Il part ensuite pour Boston afin d'étudier à la Berklee School. En

1993, il remporte le prestigieux concours Thelonious Monk et part en tournée avec Betty Carter. À dater de cette période, il s'installe définitivement à New York et, porté par cette reconnaissance soudaine, il entre au catalogue de Blue Note. Désormais, les sentiers semblent tracés pour toucher à la gloire, mais c'est avec prudence, raison et humilité qu'il bâtit consciencieusement son œuvre. Longtemps associé au batteur Leon Parker et au contrebassiste Ugonna Okegwo, il va privilégier la forme du trio comme le parfait écrin et réceptacle d'une virtuosité contrôlée au service d'une veine lyrique jamais tarie. Jacky Terrasson s'impose dès lors comme l'héritier d'une tradition du jazz dont les héros souvent cités sont Powell ou Jamal, Ellington ou Monk, mais également comme l'artisan d'une résurrection impressionniste puisée à la source de compositeurs français tels que Ravel, Fauré, Debussy ou Satie. Outre ses enregistrements en trio, il s'associe à Cassandra Wilson pour le très remarqué *Rendez-Vous* (1997), un succès tout à la fois critique et public, ainsi qu'à Michael Brecker et Mino Cinelu pour *What It Is* (1999). Musicien à l'écoute de ses pairs, Jacky Terrasson collabore à de nombreux projets dans lesquels il s'investit toujours avec le même enthousiasme, notamment aux côtés de Dee Dee Bridgewater, Ry Cooder, Dianne Reeves, Jimmy Scott, Charles Aznavour… Après avoir concocté l'introspectif *Mirror*, son premier album solitaire en 2007 mais également son dernier opus pour Blue Note, il effectue un bref passage chez Concord en 2010 pour un superbe trio (*Push*) avec Ben Williams (b) et Justin Faulkner (dms). Passé chez Universal en 2012, il enregistre l'album *Gouache* avec une section rythmique composée d'Earl Travis (b, elb) et Justin Faulkner (dms), l'intervention de remarquables invités comme Stéphane Belmondo (tp), Michel Portal (cl) et Minino Garay (perc), révélant également la toute jeune et virevoltante vocaliste Cécile McLorin-Salvant (elle aussi lauréate du concours Thelonious Monk). Comme souvent, il s'amuse à jouer et déjouer un répertoire éclectique où se télescopent standards et compositions inédites, chansons populaires et pièces classiques, où la rue entre dans le salon, où le savant se frotte au profane. Cette vision kaléidoscopique lui va à merveille et il aurait tort d'y renoncer. Au-delà de ses nombreuses qualités techniques, de sa rigueur d'écriture, de ses figures rythmiques saisissantes, de sa redoutable main gauche, de son toucher précis et délicat, de son *groove* naturel et de sa brillance expressive, Jacky Terrasson a une vertu essentielle qui manque souvent à certains de ses confrères. C'est un homme qui n'oublie jamais d'être élégant.

Stéphane Belmondo (1967)

Avant qu'il ne devienne ce trompettiste incontournable dont le patronyme est définitivement gravé sur les tablettes de la renommée, l'émouvant et généreux Stéphane Belmondo a longtemps été associé à son frère Lionel (né en 1963) dont les talents de saxophoniste, compositeur et arrangeur sont également à mettre en exergue. Cependant, la destinée du cadet s'avère des plus exceptionnelles en ce sens que chacune des étapes de sa carrière a été vécue comme une exception. Né à Hyères dans une famille de musiciens où le tango des bals musette rythme la vie, Stéphane est tout d'abord initié à la batterie ainsi qu'à l'accordéon classique qu'il étudie très tôt au conservatoire d'Aix-en-Provence. Il jette ensuite son dévolu sur le cornet à pistons et la trompette, entrant au conservatoire de Marseille à l'âge de seize ans. Son premier prix de trompette en poche, il monte à Paris en 1986 et fréquente aussitôt tout le gratin du jazz, notamment sur la scène du Club Saint-Germain. Entre *jam sessions*, concerts d'un soir ou programmations plus régulières, il forge ses armes et se fait repérer par les leaders qui comptent. En 1987, Laurent Cugny lui demande de travailler dans son big band Lumière avec lequel Gil Evans collaborera étroitement. À cette même époque, Chet Baker remarque Stéphane Belmondo et l'invite à le rejoindre sur la scène du New Morning, déclarant avec conviction qu'il s'agit là d'un des jeunes trompettistes européens les plus prometteurs. Dès lors, Stéphane Belmondo joue dans le quartet de Kirk Lightsey (p) ainsi que dans le quintet de Pierre Boussaguet (b), ce dernier lui donnant l'occasion, lors d'une séance d'enregistrement, de rencontrer l'un de ses héros, le trompettiste Tom Harrell. Il est également sollicité pour travailler en big band, notamment avec l'orchestre de Michel Legrand ou le Big One de Jean-Michel Pilc, mais surtout dans la grande formation dirigée par le saxophoniste québécois François Théberge et son frère Lionel. Car les frères Belmondo, en un binôme éclatant d'enthousiasme et de fraîcheur, se lancent à chorus débridés dans toutes les aventures qui s'offrent à eux, notamment une collaboration très réussie avec Dee Dee Bridgewater. Leur quintet tourne et enregistre avec régularité, recueillant les commentaires les plus dithyrambiques de la presse, le soutien croissant du public et les éloges flatteurs d'illustres anciens comme Horace Silver. En 1995, Stéphane Belmondo fait le choix de s'installer à New York et ne tarde pas à s'immerger dans la jazzosphère de la Grosse Pomme, fréquentant tout le Gotha du jazz. Tout en dirigeant son propre quartet composé de James Hurt (p), Ugonna Okegwo (b) et Nasheet Waits (dms), il se partage désormais entre la France et les Etats-Unis.

À son actif, parmi une pléthore de projets, il faut mentionner la participation au disque de François Théberge autour de Lee Konitz, l'interprétation d'œuvres de Fauré, Ravel et Lili Boulanger, intelligemment réorchestrées par Lionel, la formation d'un duo solaire avec le guitariste Sylvain Luc.
Cet amoureux de la soul des années 70, principalement de Stevie Wonder et de Donny Hathaway, est toujours prêt à partager ses admirations. Farouche défenseur du colossal Freddie Hubbard, il en a parfois les accents, la tonicité, le discours savant, le phrasé diaboliquement incisif et la sinuosité sensuelle. Mais, au cours de ses très nombreux engagements, il a su s'affranchir de cette tutelle et acquérir une stature originale. En 2004, il signe enfin son premier disque sous son seul nom – prénom, devrait-on dire – en rendant hommage au « Little Genius » dans le très remarqué *Wonderland*. L'année suivante, les frères Belmondo cosignent un émouvant album avec le saxophoniste et flûtiste de légende Yussef Lateef, l'accompagnant également en tournée à travers le monde. Lionel et Stéphane se lancent également dans une autre collaboration, en 2008, avec le magnifique Milton Nascimento, icône des langueurs brésiliennes. Enfin, en 2011, Universal accueille dans son catalogue, le deuxième opus personnel de Stéphane, intitulé *The Same As It Never Was Before*. Amicalement épaulé par le pianiste Kirk Lightsey, le batteur Billy Hart et l'excellent contrebassiste Sylvain Romano, remplaçant le non moins excellent Clovis Nicolas, il produit là un disque totalement abouti et serein. En optant de plus en plus souvent pour la caresse pulpeuse et la rondeur du bugle, Stéphane Belmondo se rapproche davantage de ce qui caractérise son expression naturelle : fluidité et souplesse, franchise et moelleux de l'attaque, inventivité mélodique, rigueur rythmique, subtilité harmonique, enthousiasme de l'expression. Mais en dehors de l'excellence musicale et de la parfaite maîtrise instrumentale, Stéphane Belmondo a également une forte présence scénique, une personnalité puissante et tonifiante qui occupe généreusement l'espace et rend le spectacle chaque fois plus vivant. Indéniablement, voilà une voix qui compte, qui porte et qui sait se faire entendre.

Ibrahim Maalouf (1980)

Il y a des musiciens dont on sait aussitôt qu'ils seront importants. Au premier souffle, à la première note offerte, on perçoit l'évidence. Et peu importe l'âge, peu importe l'origine culturelle ou l'orientation stylistique. Ce brillant trompettiste franco-libanais fait partie de ces oiseaux rares qui s'envolent très haut, à peine sortis du nid. Issu d'une famille artiste et cultivée, contrainte de se réfugier en France alors que la guerre civile ravage le pays, ce jeune garçon de Beyrouth passe sa jeunesse en banlieue parisienne. Excellent élève, il peut aisément prétendre à de brillants résultats dans le domaine scientifique, mais le pouvoir de la musique semble vite irrépressible. Dès l'âge de sept ans, il a été initié à la trompette par son père Nassim, ancien élève de Maurice André, qui lui apporte une solide formation technique et une approche plutôt éclectique : répertoire baroque, classique et contemporain auquel s'ajoute l'étude des musiques orientales. Nassim Maalouf est l'inventeur de la trompette microtonale, dite à quarts de tons, permettant d'interpréter le système modal de la musique arabe. Fort de cet apprentissage complexe, le jeune Ibrahim est le dépositaire de plusieurs traditions qui, de l'Orient à l'Occident, lui ouvrent des espaces infinis. Discipliné et talentueux, il présente toutes les qualités pour affronter les plus grandes difficultés du répertoire classique. Il suit alors un cursus académique on ne peut plus sérieux et conventionnel. Premier prix du Conservatoire national supérieur de Paris, lauréat d'une quinzaine de concours à travers le monde, bardé de diplômes et de mentions honorifiques, soliste invité auprès de nombreux orchestres symphoniques ou de chambre, Ibrahim Maalouf ne se contente pas d'être un interprète rigoureux et surdoué. Il n'en oublie pas pour autant de vivre la musique dans tous ses états, ses composantes et ses diversités. Sollicité en studio par des représentants de la pop ou de la chanson française plutôt honorables (Sting, Mathieu Chedid, Lhasa de Sela…), il acquiert une expérience de l'enregistrement qui le fortifie dans l'élaboration de ses propres projets. Depuis son plus jeune âge, il compose et mûrit une œuvre fondée sur son enracinement multiculturel. S'il écrit dans une veine classique (pour exemple : *Metamorphise*, pièce concertante pour trompette et orchestre symphonique), il se nourrit aussi du jazz et de ses avatars, à savoir le funk, la soul ou l'électro. Sa trompette y trouve matière à la combustion des sens et à la fermentation des influences, lascive ou impertinente, pudique ou bavarde, soupirante ou mystique, suave comme un filet de miel ou piquante comme une goutte de champagne. Ibrahim Maalouf est un ensorceleur et l'on se laisse attirer par ces entre-deux qui frisent l'oreille, ce jeu de cache-cache entre l'ombre et la lumière, ces méditations joyeuses, ces sinuosités caressantes, ces esquisses mélancoliques et ces éclats de vie. En seulement trois albums : *Diasporas* (2007), *Diachronism* (2009), *Diagnostic* (2011), il s'installe définitivement parmi les grands créateurs de sa génération. Son album new-yorkais (*Wind*, 2012) enregistré avec Frank Woeste (p), Mark Turner (s), Larry Grenadier (b) et Clarence Penn (dms) poursuit cette même volonté de dresser des paysages cinématographiques, des ambiances tour à tour crépusculaires et solaires. Ibrahim Maalouf possède cet art inouï d'offrir une surprise à chaque note, une émotion inattendue au détour d'une phrase frissonnante, ne nous laissant aucun doute sur son avenir lourd de promesses.

La communauté du jazz européen

Si la France est particulièrement gâtée, d'autres pays d'Europe présentent aussi des instrumentistes, compositeurs et arrangeurs de grande qualité. L'Italie, où les petits labels ont fleuri, connaît aussi ses fièvres festivalières et ses sérénades jazzy avec Francesco Bearzatti (s), Stefano Bollani (p), Flavio Boltro (tp), Franco D'Andrea (p), Stefano di Battista (s), Furio Di Castri (b), Paolo Fresu (tp), Giorgio Gaslini (p, comp), Pino Manafra (tp), Nico Morelli (p), Enrico Pieranunzi (p), Enzo Pietropaoli (b), Enrico Rava (tp), Aldo Romano (dms, g), Fabrizio Sferra (dms), Rossano Sportiello (p), Oscar Valdambrini (tp)… L'Espagne a produit assez peu de musiciens de jazz, mais la présence de Tete Montoliu (p) compense l'état embryonnaire du jazz espagnol. Cependant, les choses commencent à changer, notamment avec l'impact obtenu par le guitariste flamenco Paco de Lucia aux côtés de John McLaughlin et Al Di Meola. Le nom de ce prodigieux virtuose de la guitare acoustique est cité en référence par les musiciens du monde entier ainsi que celui de son bassiste, l'agile Carlos Benavent. En Grande-Bretagne, l'accueil précoce de musiciens venus des États-Unis a développé un public de fidèles et alimenté, en retour, les orchestres américains avec des musiciens britanniques avantagés par la proximité de la langue anglaise. De nombreux échanges ont eu également lieu avec le continent. Parmi les musiciens britanniques influents, on peut citer Mike Westbrook (comp, p), Kenny Wheeler (tp), Ronnie Scott (ts, ss), Tony Coe (s, cl), George Shearing (p), Victor Feldman (p, vib, dms, perc, comp), Gordon Beck (p), Tony Oxley (dms), Derek Bailey (g), Andy Sheppard (s) et l'éclatant Courtney Pine (ts, ss). En Allemagne, pays où la production phonographique est très active, quelques musiciens ont pu donner de la voix dans un concert toujours dominé par le modèle américain. Il en va ainsi pour Ernst-Ludwig Petrowsky (as, ss, ts, bs), Alexander Von Schlippenbach (p), Ulrich Gumpert (p), Manfred Schulze (s, cl), Günter Sommer (dms), Peter Brötzmann (s, cl), Conrad Bauer (tb), Nein Becker (tp), Albert Mangelsdorff (tb), Gunter Hampel (p, cl, vib, fl, s, comp), Barbara Dennerlein (voc), Joachim Kühn (p), Michael Wallny (p)... La Suisse n'est pas restée neutre, avec des instrumentistes de la trempe de Franco Ambrosetti (tp), George Gruntz (p, comp), Pierre Favre (perc), Léon Francioli (b, cello), Irène Schweizer (p, perc), Maurice Magnoni (comp, arr, cl, fl), Daniel Humair (dms), Samuel Blaser (tb). Tout comme la Belgique qui aligne dans ses rangs Toots Thielemans (hca, elg), Philip Catherine (g), René Thomas (g), Francy Boland (p, tp, arr), Bobby Jaspar (ts, cl, fl), Serge Lazarevitch (elg), Fred Van Hove (p), Steve Houben (s), Jozef Dumoulin (p) ; et la Hollande avec Han Bennink (dms), Maarten Altena (b), Jasper Van't Hof (p, org), Hein Van De Geyn (b), Misha Mengelberg (p), Willem Breuker (s, cl, arr). Nous ne pouvons clore cette énumération lapidaire sans parler de la Scandinavie où nombre de jazzmen noir-américains ont trouvé refuge, soutien et sérénité. Notamment en Suède avec le regretté Esbjörn Svensson (p), leader charismatique du trio ESP, en Norvège avec le trompettiste iconoclaste Nils Petter Molvaer, et au Danemark où se sont illustrés Palle Mikkelborg (tp, comp), John Tchicai (as, ts, ss, cl, fl), Niels Henning, Oersted Pedersen (b), Sven Asmussen (v), Pierre Dorge (g), Niels Lan Doky (p), Hasse Poulsen(g), Mark Solborg (g)...

Et à l'Est, quoi de nouveau ? La chute du mur de Berlin, l'ouverture récente des frontières, les bouleversements politiques, les heurts sociaux et les émergences ethniques vont probablement changer les données culturelles et révéler des instrumentistes jusque-là mis sous le boisseau. En attendant, nous parlerons de certains qui, parfois au prix de leur sécurité, ont osé écouter les ondes de la station « Voice of America » pour plonger dans les remous du jazz. Dans l'ex-URSS, Vyacheslav Ganelin (émigré en Israël fin 1987), Vladimir Chekasin (multi-instrumentiste), Vladimir Tarasov (dms)... En Pologne, Zbigniew Namylowski (s), Tomasz Stanko (tp), Michal Urbaniak (v), Urszula Dudziak (voc), Zbigniew Seifert (s, v), le brillant Adam

Makowicz (p)…, et en Hongrie, Yoshk'o Seffer (s) dont la fille Debora Seffer semble suivre les traces au violon.

Voici donc quelques-uns des grands représentants du jazz européen qui n'ont pas à rougir de la comparaison avec leurs collègues d'outre-Atlantique. La plupart de ces artistes se fréquentent, s'invitent lors de festivals ou pour la création de groupes. Certains ont réussi de beaux parcours entre New York et Los Angeles, d'autres ont privilégié les scènes européennes et nombreux se sont croisés dans des orchestres communautaires, au sens où l'entendent les autorités administratives de Bruxelles. L'Europe du jazz a commencé de se bâtir bien avant les balbutiements politiques, et des étapes importantes ont été franchies, comme l'Orchestre franco-allemand dirigé au début des années 80 par Albert Mangelsdorff et Jean-Louis Chautemps. De tous ces créateurs, nous choisirons d'en présenter une dizaine, en invitant les auditeurs à rester vigilants lors des lectures des programmes estivaliers. Les bonnes surprises ne viennent pas forcément toutes des États-Unis…

Toots Thielemans (1922-2016)

L'harmonica, instrument fétiche du blues et symbolique des pérégrinations du *Deep South*, a trouvé son jazzman en Belgique. Jean-Baptiste Thielemans, alias « Toots », a soufflé dans son premier « orgue à bouche » en 1939, après avoir joué un peu d'accordéon. Fasciné par Django Reinhardt, il s'achète aussi sa première guitare en 1942. Le voilà donc équipé pour mener une des plus étranges (et improbables) carrières qui soient. Après s'être produit dans des clubs de l'armée américaine, il a la chance d'être engagé par Benny Goodman lors d'une tournée européenne (1950-1951). Invité à se rendre aux États-Unis, il s'y produit tout d'abord en club pour des *jam sessions,* puis accompagne Dinah Washington avant de s'installer pendant six ans dans le groupe du pianiste George Shearing. Au début des années 60, Toots Thielemans décide de s'installer en Suède où il joue de la guitare tout en sifflant avec une virtuosité qui n'a rien à envier aux meilleurs boppers. À cette même époque, il compose son célèbre titre *Bluesette,* un tube qui n'a pas encore fini d'être vendu. Vers 1965, il retourne aux États-Unis et Quincy Jones lui propose de travailler pour la chaîne de télévision ABC. Dès lors, le guitariste-harmoniciste-siffleur va vivre dans les studios d'enregistrement. Publicités, illustrations sonores, musiques de films, variétés (Paul Simon,

Peggy Lee...), mais aussi jazz de la meilleure veine avec Oscar Peterson à Montreux, en studio aux côtés de Dizzy Gillespie ou Ella Fitzgerald, mais surtout Bill Evans pour un tendre album (*Affinity*, 1978) et Jaco Pastorius pour le fameux *Word of Mouth* en 1981. Soudain sanctifié par ces participations prestigieuses, ce vieux monsieur un peu atypique va balader son harmonica avec une grâce presque enfantine sur toutes les scènes du monde et provoquer quelques frissons avec Pierre Michelot, Eddy Louiss, Martial Solal, Shirley Horn... Un jeu pétri d'éloquence be-bop, un lyrisme teinté d'impressionnisme, une finesse d'accentuation et une sonorité onctueusement filée, Toots Thielemans a sorti l'harmonica de son terroir.

Tete Montoliu (1933-1997)

Aveugle de naissance, le pianiste espagnol (catalan) Tete Montoliu s'est forgé une solide culture jazzistique avec sa mère (passionnée de Tatum, Ellington et Fats Waller) tout en poursuivant ses études musicales au conservatoire (piano, orgue, harmonie et composition). Habitué du Hot Club de Barcelone, il a l'occasion d'y jouer avec le saxophoniste Don Byas et d'y rencontrer Lionel Hampton qui l'emploie pour l'enregistrement d'un disque en 1956. Il va tourner ensuite dans toute l'Europe, visitant les clubs de Berlin et de Copenhague, se produisant au Festival de Cannes et côtoyant des musiciens tels que Doug Watkins (b), Art Taylor (dms), Chet Baker (tp), Kenny Dorham (tp), Archie Shepp (s), Roland Kirk (s), Dexter Gordon (ts)... Il profite d'un premier séjour à New York pour entrer en studio avec Richard Davis (b) et Elvin Jones (dms), mais le disque ne sortira pas. Il poursuit sa route à travers l'Europe (Hollande, Danemark...), enregistre sous son nom notamment de nombreux thèmes brésiliens, sud-américains et catalans, s'associe lors de tournées avec Bobby Hutcherson (vib), travaille avec Anthony Braxton (s), George Coleman (ts), Barney Wilen (s), ou en duo avec Chick Corea... Pianiste profondément marqué par Bud Powell, il se dégage cependant de cette lourde influence en accentuant les effets de frappe, les références au blues, les brisures dans les énoncés et les emballées brutales dans les phases paroxystiques de ses improvisations.

Mike Westbrook (1936)

Tout à fait inclassable, le compositeur-arrangeur Mike Westbrook aime autant la littérature, le cinéma, le théâtre, les arts plastiques, la radio, la télévision que la musique de Rossini, le jazz, le rock, les big bands, les chanteurs de rues et les fanfares, les orchestres de chambre classiques, les trios, les œuvres de commande rigoureuses ou les pièces composées d'un premier jet, la précision anarchique ou le chaos organisé. Bref, Mike Westbrook, souvent en présence de son épouse, la chanteuse Kate Barnard, ne fait le sacrifice d'aucun excès. À la tête du Concert Band, du Cosmic Circus, du Solid Gold Cadillac, du Brass Band ou de formations ponctuelles réunies autour de textes poétiques (Rimbaud, Lorca, Blake, D.H. Lawrence...), d'hommage au Duke, à Don Quichotte ou à l'opéra, le singulier Mike Westbrook juxtapose, enchâsse, amoncelle, parsème et rassemble les bribes de sa mémoire, au risque de se confronter parfois au miroir et à son reflet déformant.

Daniel Humair (1938)

On croit souvent que ce grand batteur est Français tant il est intimement lié au tissu musical parisien. Né à Genève, Daniel Humair a pourtant commencé sa colossale carrière dans les bals suisses des années 50. Installé à Paris en novembre 1958, il travaille avec Barney Wilen et Michel Hausser (vib), avant de rejoindre le trio de Martial Solal avec lequel il collabore jusqu'en 1965 (soit sept albums et plusieurs musiques de films). Conjointement, Daniel Humair est réclamé sur tous les fronts : Double Six, Elek Bacsik (elg), Jean-Luc Ponty (v)... Lorsqu'il quitte Solal, il se retrouve avec les Swingle Singers dirigés par l'Américain Ward Swingle, puis en trio avec Ponty et Eddy Louiss, avant d'atterrir dans l'European Rhythm Machine de Phil Woods. Il y installe sa batterie pendant quatre ans sans se priver d'enregistrer avec Jim Hall (g), Barney Kessel (g), Lee Konitz (as), Ray Nance (tp, v)... D'abord versé dans l'orthodoxie bop, puis propulsé par les influences d'un Tony Williams et d'un Elvin Jones, son jeu de batterie va gagner en personnalité en bénéficiant de la fréquentation assidue des meilleurs solistes, mais aussi en multipliant les initiatives avec ses compères Michel Portal, Joachim Kühn, François Jeanneau, Henri Texier, etc. Batteur au tempo inébranlable et au soutien plus que sécurisant, il se singularise surtout par son art de la ponctuation, de l'écoute interactive et de la répartition des timbres. En trio régulier avec Kühn et Jean-François Jenny-Clark, en collaboration avec David Friedman, Bob Berg, John Scofield et tant d'autres, comme leader ou co-leader (du premier album personnel *The Connection* en 1960 jusqu'au *Triple Hip Trip* de 1979), Daniel Humair a tout connu de l'histoire du jazz et de ses mystères. Et s'il regrette parfois de ne pas avoir épinglé à son palmarès les noms de Miles Davis et Sonny Rollins, c'est qu'il sent bien toute l'importance du chemin parcouru.

« La chance des musiciens de ma génération est d'avoir eu la possibilité de côtoyer les plus grands à une époque où l'échange se vivait au quotidien. Tout le monde jouait avec tout le monde et je pense que c'est la meilleur façon d'apprendre. » Ainsi parle modestement ce batteur émérite, également peintre de talent (plusieurs expositions importantes à son actif), qui continue de tremper ses baguettes, ses balais et ses pinceaux dans le creuset coloré et chatoyant d'un art libre, fécond, sans cesse renouvelé.

Enrico Rava (1939)

Grande figure du jazz européen, ce trompettiste italien, né à Trieste, reçoit de plein fouet le magnétisme de Miles Davis lors d'un concert à Turin en 1957. Après s'être essayé au piano et au trombone, il opte définitivement pour la trompette à la suite de cette révélation, bientôt confirmée par la découverte de Chet Baker. Il fréquente alors les clubs de Turin à la recherche de contacts et de *jam sessions*. Il s'aguerrit chaque soir au contact de la faune musicale, participe à son premier enregistrement et, en 1962, il est engagé dans la formation du contrebassiste Giorgio Buratti. Deux ans plus tard, sur les conseils de Gato Barbieri qu'il a rencontré lors d'un concert à Milan, le jeune Enrico Rava franchit une étape importante en s'installant à Rome. Là, il partage les aventures libertaires d'une horde cosmopolite et bouillonnante, plusieurs musiciens d'envergure parmi lesquels on retrouve Steve Lacy, Mal Waldron, Kent Carter, Aldo Romano, Don Cherry, ainsi que les pianistes-compositeurs Franco D'Andrea et Giorgio Gaslini. En 1966, Enrico Rava part à Buenos Aires avec le quartet de Steve Lacy. Il reste un moment en Argentine avant de s'envoler pour New York où il décide de s'installer. Dès lors, ses activités scéniques et discographiques vont se développer de façon intensive. Il est assez malaisé de retracer la carrière de ce musicien dans ses moindres replis et méandres tant les aventures et les rencontres s'entrecroisent. Mais cette hyperactivité et cette ouverture permanente aux projets les plus divers le conduisent, que ce soit à la tête de ses propres formations ou au service de leaders, à jouer avec Carla Bley, Mike Mantler, Cecil Taylor, Roswell Rudd, Rashied Ali, Lee Konitz, Bill Dixon, John Abercrombie, Jack DeJohnette... Plusieurs superbes albums sont gravés sous étiquette ECM (*The Pilgrim And The Stars, The Plot, Ah, Opening Night...*) où le trompettiste s'entoure de partenaires confirmés tels Jean-François Jenny-Clark, Giovanni Tommaso, Palle Danielsson ou Jon Christensen, mais aussi de jeunes recrues comme le contrebassiste Furio di Castri. En 1977, Enrico Rava est de retour en Italie et ne rompt pas avec l'esthétique free, travaillant au sein de plusieurs ensembles dirigés par Cecil Taylor (Globe Unity Orchestra et Orchestra Of Two Continents). Il s'investit peu à peu dans un travail de compositeur exigeant et iconoclaste, enregistrant pour le cinéma, arrangeant des pièces inspirées d'opéras de Puccini et de Bizet, ou du *Stabat Mater* de Pergolese, confrontant ensembles à cordes et orchestres de jazz. Partagé entre ses accompagnateurs italiens comme Stefano Battaglia (p), Battista Lena (g), Bruno Tommaso (b), Riccardo Bianchi (g), Marco Micheli (b) ou Roberto Gatto (dms) et ses amis français tels François Méchali (b), Marc Ducret (g), Alex Grillo (vib), François Cotinaud (ts) ou Jean-Michel Pilc (p), il se produit et enregistre abondamment, privilégiant désormais un jeu de trompette subtil et aéré, aussitôt identifiable. Rejoignant le label ECM, il s'impose alors comme la figure de proue d'une musique improvisée européenne qui, forte de ses exactions passées, effectue un retour serein vers des structures plus formelles. D'autres musiciens ont fait le même chemin qu'Enrico Rava, à certaines époques plus apaisées de leur vie, mais lui seul semble avoir renoué avec la mélodie de la façon la plus naturelle tant la séduction mélodique et l'expression lyrique font partie intégrante de sa culture. Cependant il n'en oublie jamais de prendre des risques, d'oser, d'innover, de transgresser, remettant régulièrement ses principaux atouts sur le tapis, comme s'il lui fallait toujours parier sur les mystères du son. Il joue en inventant ses propres règles du jeu, ce qui est le moyen le plus efficace pour emporter la mise.

Adam Makowicz (1940)

Né en Tchécoslovaquie parce que ses parents ont fui la Pologne envahie par les Allemands, le destin d'Adam Makowicz est marqué très tôt par le signe de l'errance et de l'exil. Il retourne au pays à l'âge de six ans, étudie le piano classique dans la province de Rybnik, découvre le jazz avec les premiers émois de l'adolescence sur la station de radio « Voice of America », poursuit ses études à Cracovie et atterrit à Varsovie pour faire ses premiers concerts avec Michal Urbaniak (v) et Urszula Dudziak (voc). John Hammond, qui ne se trompe jamais, le découvre en 1977, lui procure un permis de travail pour les États-Unis et lui fait enregistrer un album chez Columbia. Nouvelle déambulation à travers l'Europe de l'Est pour une longue tournée, puis installation définitive à New York. Galères de l'Ouest profond, circuit des clubs-restaurants, administration tatillonne et ascension scabreuse, Adam Makowicz a tout connu. Sans amertume et sans rancœur, il s'est imposé grâce à un travail acharné, une puissance remarquable et une vélocité teintée de réminiscences classiques. Sans craindre le sacrilège, on peut dire qu'aujourd'hui la Pologne nous offre le nouveau pape jazzy… du piano romantique.

Aldo Romano (1941)

Ce fils d'émigrés italiens installés en France ne s'est intéressé à la batterie que vers l'âge de vingt ans, mais il a su rapidement faire sa place parmi les meilleurs percuteurs européens. Tout d'abord impliqué dans le mouvement free où il est associé à Bernard Vitet (tp), François Tusques (p), Don Cherry (tp), Gato Barbieri (ts), Enrico Rava (tp), Steve Lacy (ss), Giorgio Gaslini (p, comp), Michel Portal (cl, s)…, il glisse ensuite avec une progression très contrôlée vers des contextes moins avant-gardistes avec Eddy Louiss (org), Jean-Luc Ponty (v), Phil Woods (s), Charles Tolliver (tp)…, puis des rythmiques binaires à dominante rock avec le groupe Total Issue aux côtés de Georges Locatelli (elg), Henri Texier (b) et Chris Hayward (fl). Après la dissolution de Total Issue, Aldo Romano mène une carrière de *sideman* exemplaire (Charlie Mariano, Enrico Rava, Roswell Rudd, Philip Catherine, Michel Petrucciani…) tout en enregistrant ses propres disques avec des collaborateurs de premier plan : Michel Portal, Didier Lockwood, Jean-François Jenny-Clark, Claude Barthélémy, Jean-Pierre Fouquey… Parmi les récentes réussites en collaboration, Aldo Romano a joué en trio avec Henri Texier et Éric Barret, avec un groupe italien constitué de Paolo Fresu (tp), Franco D'Andrea (p) et Furio Di Castri (b), et a gravé deux albums dont un dédié à l'œuvre d'Ornette Coleman et un autre dans les vapeurs d'orgue d'Emmanuel Bex. Son jeu de batterie foisonnant, porté par une frappe dynamique, parfois envahissant lorsqu'il est pris dans le feu de l'action, sa capacité à jouer autant en ternaire qu'en binaire, son discours mobile et fureteur lui confèrent une originalité évidente. Mais ses talents de batteur ne doivent pas occulter ses dons de compositeur-chanteur-guitariste qu'il dispense avec une grâce mélodique à laquelle ses origines italiennes ne doivent pas être étrangères.

Philip Catherine (1942)

Guitariste belge dans la droite tradition de Django Reinhardt et René Thomas, le trop discret Philip Catherine est un homme de tapisseries harmoniques, de tissages mélodiques et de surfilages rythmiques. Après avoir accompagné l'organiste Lou Bennett, il travaille avec Jean-Luc Ponty et Charlie Mariano, puis tourne et enregistre en duo avec Larry Coryell (1977), avec qui il se retrouvera d'ailleurs en studio pour accompagner Charles Mingus *(Three or Four Shades of Blues)*. Attiré un temps par le jazz-rock avec John Lee (b) et Gerry Brown (dms), il s'acoquine ensuite en trio avec Didier Lockwood (v) et Christian Escoudé (g) avant de jouer régulièrement avec le trompettiste Chet Baker. Il a signé sous son propre nom plusieurs albums à la tête de formations plus ou moins régulières où il brode une musique de la discrétion et de la note rare, nonchalante, cristalline et diaphane. Celui que Mingus avait rebaptisé « Young Django » est assurément l'un des plus grands représentants de son instrument. Son album *The String Project*, enregistré en public dans l'enveloppe ouaté d'un orchestre à cordes, donne à entendre (et comprendre enfin) que l'humilité d'un musicien participe aussi à l'immensité de son œuvre.

Willem Breuker (1944-2010)

Saxophoniste et clarinettiste hollandais, né à Amsterdam, Willem Breuker est avant tout un metteur en scène d'événements et un grand rassembleur musical. Maîtrisant avec brio toute la famille des saxophones, il s'impose surtout en tant que chef d'orchestre et compositeur. Homme d'action et de réflexion, il fonde en 1967 l'Instant Composers Pool (structure de groupe tout autant que syndicat des musiciens improvisateurs) avec Misha Mengelberg (p) et Han Bennink (dms). En 1973, il s'éloigne de l'ICP et monte ensuite son propre orchestre, le Willem Breuker Kollektief, et sa propre compagnie de disques (Bvhaast). Dès lors, il va produire ses albums en toute liberté et partir sur les routes pour faire tourner une formation d'une dizaine de musiciens obtenant souvent un excellent accueil, maniant aussi bien les souvenirs des limonaires, des orchestres de rue, des carillons et des big bands que la satire sociale, l'humour théâtral, les tentatives contemporaines, le pastiche et la fête, l'humour et la démesure, la liberté et l'écriture, sans aucune vulgarité ni facilités. «J'aime aussi transgresser le bon goût, et de la façon la plus extrême ; il y a des moments où cela devient gênant : cela dépasse le mauvais goût [...]. Il faut oser aller trop loin.»

Joachim Kühn (1944)

Ce pianiste allemand, tenaillé entre les démons romantiques de Liszt, Schumann, Brahms et les maîtres du jazz, mène sa vie de musicien dans un constant état de duplicité. Aucun jésuitisme ni fausseté d'intentions, mais plutôt un tiraillement et un duel intérieur qu'il exprime avec honnêteté. Doué d'une technique aux possibilités énormes, virtuose sensuel, parfois impudique, mélodiste fourmillant ou étiré, Joachim Kühn s'est intéressé à des genres extrêmement contrastés, allant du free jazz au rock, en passant bien entendu par le répertoire classique mais également la musique contemporaine. C'est pourtant dans le jazz qu'il a rencontré le plus d'estime, notamment aux côtés de Jean-Luc Ponty, Jeremy Steig (fl), son frère Rolf Kühn (cl), Daniel Humair, Jean-François Jenny-Clark, Helen Merrill, Stan Getz… S'il s'est installé en France, dans les années 80, c'est peut-être qu'il y a trouvé un moyen terme entre ses premières effusions rigoureusement germaniques et les appels du swing d'outre-Atlantique.

Paolo Fresu (1961)

Cet enfant de la Sardaigne a claironné ses premières gammes dans la fanfare de son village avant de lustrer le pavillon de sa trompette dans des petits groupes locaux. À dix-neuf ans, il aborde enfin les rivages du jazz lorsqu'il reçoit de plein fouet la lumière rédemptrice de Miles Davis. Il s'inscrit alors au conservatoire de Cagliari dont il ressort diplômé, puis il rejoint l'université de Bologne. Ses premiers emplois en tant que professionnel ont lieu en 1982 dans le cadre d'émissions pour la RAI, sous la baguette du chef d'orchestre Bruno Tommaso (b, comp, arr). En 1985, il sort son premier album *Ostinato*, prélude à un deuxième enregistrement baptisé *Inner Voices* avec Dave Liebman. Très vite récompensé par de nombreux prix, plusieurs fois nommé « meilleur trompettiste jazz » en Italie, il s'impose sans tarder auprès des chroniqueurs spécialisés, des organisateurs de festivals et, surtout, d'un public toujours plus nombreux, séduit par son souffle à l'angélisme crépusculaire, ses silences en retrait, ses notes aiguisées, ses traits veloutés, parfois fugitifs et vulnérables, comme lâchés au bord de l'abîme. Et si l'ombre de Miles plane souvent sur ses épaules, il sait cependant en dissiper les effets ténébreux en invoquant les fulgurances lumineuses de son île. Paolo Fresu est un musicien trop expérimenté et trop intelligent pour se laisser enfermer dans cette image réductrice du disciple, aussi inspiré fût-il. Sa discographie pléthorique et ses collaborations en attestent. Ses groupes, sous divers formats, ont vu défiler Tino Tracana (s), Roberto Cipelli (p), Attilio Zanchi (b), Ettore Fioravanti (dms), Luca Flores (p), Furio di Castri (b), Antonello Salis (p, acc), Aldo Romano (dms)… Parmi les musiciens européens avec lesquels il a tourné, on compte Enrico Rava (to), Enrico Pieranunzi (p), Michel Portal (bcl), Daniel Humair (dms), sans oublier les leaders américains qui ont fait appel à ses services, comme Bob Brookmeyer (tb), Gerry Mulligan (bs), Phil Woods (as) ou Carla Bley (p, dir)… Adepte des formules intimistes, Paolo Fresu n'est pas avare de rencontres impromptues : duo avec Gianluca Petrella (tb), Ralph Towner (elg), Nils Petter Molvaer (tp) ou Omar Sosa (p) ; trio avec Nguyên Lê (elg) et Dhafer Youssef (voc) ou avec Omar Sosa (p) et Trilok Gurtu (perc, dms)... La liste est loin d'être exhaustive. Très actif sur tous les fronts de la scène internationale, il coordonne de nombreux projets multimédia, coopère avec des acteurs de théâtre, des danseurs et des chorégraphes, des peintres, des sculpteurs ou des poètes, écrit des musiques de films (fictions et documentaires), échafaude d'ambitieux hommages à son pays en réunissant musiciens traditionnels et chanteurs sardes. Mais cette débauche d'énergie n'est en rien de la gloutonnerie. Paolo Fresu est davantage gourmet que gourmand, toujours très sélectif avec ses invités, très pointilleux dans le choix du menu orchestral. Et comme s'il lui fallait encore dire tout ce qu'il n'a pas pu exprimer avec son instrument, il écrit et publie un gros ouvrage intitulé *Musica Dentro* : « J'ai commencé à écrire des petites réflexions sur l'art, la vie, mes rencontres, mes voyages, le rapport entre la musique et le son de la langue, la Sardaigne. » Paolo Fresu est un artiste de l'intérieur, un insulaire du jazz, un homme qui parcourt le monde pour mieux comprendre et retrouver la terre qui l'a enfanté.

Japon

Au pays du soleil levant, les adeptes du jazz sont légion. Festivals, concerts de prestige, labels et studios, public éduqué, techniques de pointe des reproductions audiovisuelles, le jazz est servi avec les honneurs par les Japonais. Le yen triomphant a permis également la mainmise de Sony sur le catalogue CBS, sûrement le plus beau patrimoine discographique américain. Mais en dehors du phénomène commercial, des infrastructures éminemment favorables, de l'intérêt du public et de son pouvoir d'achat, il existe de nombreux instrumentistes qui animent la scène du jazz et cherchent une identité musicale : Toshiko Akiyoshi (p, arr), Sadao Watanabe (as, ss, fl), Terumasa Hino (tp), Makoto Ozone (comp, arr), Masahiko Togashi (perc), Masahiko Sato (p), Takashi Kako (p), Itaru Oki (tp), Kazuo Yashiro (p), Masaaki Kikuchi (p), Hiroshi Suzuki (tb), Takeshi Inomata (dms), Sadanori Nakamura (g), Akira Fukuhara (tp), Junko Onishi (p), Aki Takase (p), Chihiro Yamanaka (p)... S'ils lorgnent volontiers au-delà du Pacifique et prennent inévitablement leurs références chez les créateurs américains, ils ne négligent pas pour autant les aspects les plus profonds de leur culture ancestrale qu'ils essaient d'assimiler à la modernité et à la jeunesse d'un art dont ils savent percevoir l'histoire à peine séculaire.

Toshiko Akiyoshi (1929)

Née en Mandchourie, cette pianiste ne rejoindra le Japon qu'en 1946. Très jeune, elle étudie le piano classique, et à l'adolescence, elle s'intéresse au jazz en se perfectionnant avec différentes petites formations de Tokyo. Alors qu'elle se produit avec son groupe en 1951, Hampton Hawes et Oscar Peterson l'entendent et l'encouragent à venir aux États-Unis. Puis Norman Granz la découvre, lui fait enregistrer son premier disque en 1954. Elle s'installe à Boston, s'inscrit à la Berklee School of Music et joue au Festival de Newport. En 1959, elle épouse le saxophoniste Charlie Mariano avec lequel elle se produit régulièrement, tant aux États-Unis qu'au Japon. Toshiko Akiyoshi est de plus en plus souvent demandée, en solo, trio ou quartette, et même en grand orchestre (Town Hall en 1967). Après avoir divorcé, elle se remarie avec l'excellent Lew Tabackin (né en 1940), saxophoniste et flûtiste avec lequel elle joue en quartette au Carnegie Hall en 1971. Après une tournée japonaise, ils forment ensemble un big band dont ils partagent la direction, se produisant tout d'abord en Californie puis à New York, ainsi que dans de nombreux festivals de renom. En 1980, l'orchestre est reconnu comme le« meilleur de l'année » et Toshiko Akiyoshi est également consacrée « meilleur compositeur et arrangeur » au référendum du magazine *Down Beat.* Pianiste particulièrement habile dans l'utilisation des contrastes et des effets de timbres, privilégiant souvent un toucher puissant, voire exubérant, qu'elle parvient à nuancer en y mêlant une délicatesse toute romantique, Toshiko Akiyoshi est aussi une pertinente orchestratrice dont l'écriture de facture classique, légère et bondissante, est parfois ponctuée de réminiscences empruntées à la musique traditionnelle japonaise.

Sadao Watanabe (1933)

Ce clone de Charlie Parker a appris l'essentiel au contact des musiciens américains de passage dans l'archipel. Après avoir étudié seul la clarinette, il s'essaie au saxophone alto et, lorsqu'il s'installe à Tokyo en 1951, il monte un petit groupe pour se produire dans les bases américaines situées à Yokohama. Repéré par Toshiko Akiyoshi, mais aussi par le pianiste Shotaro Moriyasu qui lui révèle le génie du Bird, le jeune Sadao Watanabe va peu à peu s'intégrer dans le milieu du jazz nippon. En 1953, il joue dans le quartette de la pianiste Akiyoshi et, lorsque celle-ci part étudier à la Berklee School trois ans plus tard, Sadao reprend la direction du groupe et grave son premier album en tant que leader. C'est en 1962 qu'il décide enfin de franchir l'océan pour se ruer vers l'est, la terre promise du jazz et de la Berklee School où il étudie pendant trois années. Il en revient auréolé de sa participation aux disques de Chico Hamilton (dms), Gary McFarland (vib) ou Gabor Szabo (g), et grâce au soutien de la société Yamaha, il fonde une école de jazz. À partir du milieu des années 70, sa carrière va prendre une autre envergure. Il enregistre avec Charlie Mariano (ts), Laurindo Almeida (g), Baden Powell (g), Chick Corea (p), tourne aux États-Unis avec son groupe, parcourt l'Afrique, l'Indonésie et l'Inde. Vers la fin des années 70, il enregistre abondamment (exagérément même) et la plupart de ses productions sont tournées vers les gros marchés de la variété. Avec des confrères japonais ou en compagnie de pointures américaines comme Steve Gadd, Marcus Miller, Eric Gale, etc., le saxophone toujours plus racoleur de Sadao Watanabe flirte avec la facilité mélodique des *charts,* certes avec une technique exceptionnellement fluide, rapide et affûtée, mais sans toutefois se débarrasser du poids parkérien qu'il porte sur ses épaules depuis tant d'années.

Latin Jazz

Nous savons déjà toute l'importance des influences caribéennes qui sont venues régulièrement pimenter le jazz. Contrairement à leurs frères des États-Unis, les esclaves africains déportés aux Antilles, mais aussi au Venezuela et au Brésil, ont pu conserver leur rites musicaux et préserver la polyrythmie. Situés à quelques encablures du territoire nord-américain, les musiciens cubains et portoricains ont, dès les années 20, fait le voyage pour New York où les jazzmen les ont souvent accueillis : Rod Rodriguez (p) chez Benny Carter, Juan Tizol (tb) chez Ellington... Après les premières tentatives de jazz afro-cubain que sont les titres ellingtoniens (signés Tizol) *Caravan, Conga Brava* et *Perdido,* les rythmes des Caraïbes vont se développer dans le be-bop avec le trompettiste Mario Bauza, le chef d'orchestre-percussionniste Machito et surtout le grand Chano Pozo (voir chapitre « Be-bop »). Dans les années 50, le trompettiste cubain Chico O'Farrill s'est imposé comme un des arrangeurs les plus astucieux dans les colorations latines qu'il a su donner aux orchestres de Dizzy Gillespie, Count Basie, Clark Terry, Benny Goodman ou Stan Kenton. Vers la même époque, le percussionniste Mongo Santamaria, disciple de Chano Pozo, a contribué à l'expression d'un afro-cubano-hard-bop particulièrement torride, avant de monter ses propres formations.

Parallèlement à l'histoire du jazz, la musique cubaine s'est développée de façon autonome aux États-Unis, notamment dans le « Barrio », quartier hispanique de New York. Ce que l'on appelle aujourd'hui la salsa n'est autre que l'expression d'un mélange explosif d'influences diverses (Cuba, Porto Rico, Panama, Saint-Domingue…, mais aussi jazz) par la communauté hispanique des États-Unis. La salsa connaît ses héros mythiques (le compositeur cubain Beny Moré), ses stars incontournables comme Tito Puente, Perez Prado, Oscar De Leon, Willie Colon, Ray Barretto, Johnny Pacheco, Eddie Palmieri, Ruben Blades, son label de référence (la maison de disques Fania)… et sa diva fatale, l'exceptionnelle Celia Cruz, certainement l'équivalent d'une Oum Kalsoum, d'une Maria Callas ou d'une Billie Holiday dans l'histoire des musiques du monde.

Techniciens exceptionnels des percussions, mais aussi du piano et de la trompette, ils vont être sollicités pour participer à de nombreuses aventures du jazz. Certains d'entre eux, s'ils ne renient et n'abandonnent jamais leur musique d'origine, vont même se lancer dans des carrières à dominante jazz tout en y intégrant des éléments propres à l'héritage caribéen. Parmi ces représentants d'un jazz afro-cubain dont l'expressionnisme torride, lorsqu'il est porté à son point d'incandescence, fait toujours un magnifique tabac, nous ne présenterons que les plus connus, sans oublier toutefois de prêter une oreille au prometteur jeune trompettiste Charlie Sepulveda qui a forgé sa technique entre le Bronx et Porto Rico, ainsi qu'à Roberto Fonseca, pianiste volcanique dans la grande tradition des anciens brasiers.

Ray Barretto (1929-2006)

Entre le quartier de Brooklyn où il est né et l'île de Porto Rico où il a ses origines, ce percussionniste new-yorkais a choisi la voie du partage. Parfaitement à l'aise dans les formations de jazz puisqu'il aura l'occasion de frapper ses congas avec Charlie Parker, Dizzy Gillespie, Max Roach, Lou Donaldson, Roy Haynes, Wes Montgomery, Red Garland, il n'en est pas moins un des maîtres de la salsa, en digne fils spirituel de Tito Puente chez qui il jouera également. Convoqué en studio dès qu'il s'agit d'apporter un flux rythmique latin, Ray Barretto a participé à des centaines de séances dont il perd lui-même les traces. Au début des années 60, il monte son propre orchestre et connaît depuis un succès international qui dépasse souvent le simple milieu des *aficionados*.

Eddie Palmieri (1936)

Pianiste d'origine portoricaine né à New York, le très agile Eddie Palmieri n'hésite jamais à se ménager de longues plages improvisées entre les riffs de cuivres de son orchestre de salsa, afin de pouvoir placer un chorus d'inspiration très bop ou hard-bop, entre les influences de Monk et de McCoy Tyner embrumées de teintes evansiennes. Travaillant en séquences successives d'accords, en jeux d'octaves syncopés où il glisse des filets de notes bleues toujours extrêmement bien placés, d'un lyrisme étourdissant, Eddie Palmieri ne retient pas ses effusions et donne parfois une coloration tragique, sombre et volontiers cérébrale, sur un *background* percussif et un répertoire festif qui ne perd jamais son allure cambrée et ses refrains enjoués. Son frère aîné Charlie Palmieri (1927) est également un très bon pianiste.

Chucho Valdés (1941)

Fils de l'immense Bebo Valdés (1918-2013) dont tous les pianistes cubains se réclament, il est évident que Chucho se devait d'être à la hauteur en s'asseyant devant les 88 touches du clavier familial. Le poids de l'image paternelle est écrasant mais l'enfant fait preuve d'un caractère bien trempé en relevant le défi. Il faut dire que le vieux Bebo est aimant et généreux, partageant son savoir et indiquant la conduite à tenir face au répertoire de la grande île. Chucho a vu le jour à Quivican, au sud de La Havane. Il a baigné dans une atmosphère familiale où le piano faisait office d'autel religieux. Formé au conservatoire de La Havane, il monte son premier trio à l'âge de seize ans et aiguise son oreille en écoutant les disques d'Art Tatum, Bud Powell, Bill Evans et McCoy Tyner afin d'en relever les solos et d'en transcrire les grilles harmoniques. Il participe à de nombreuses *jam sessions* puis il entre, en 1963, dans l'orchestre du Théâtre municipal de La Havane. Il dirige ensuite un groupe populaire dont le chanteur Armando Borcela, alias Guapacha, est la vedette. En 1967, il rejoint les rangs de l'Orquesta Cubana de Música Moderna mais il lui faut attendre trois années supplémentaires pour obtenir enfin une reconnaissance internationale lors du festival Jamboree de Pologne où il impressionne autant le public que les artistes qui partagent l'affiche avec lui. Dave Brubeck et Gerry Mulligan sont stupéfaits par ce jeune pianiste aux dons exceptionnels et à la technique ahurissante. 1972 est une année décisive pour Chucho Valdés puisqu'il fonde Irakere avec Carlos Emilio Morales (elg), Arturo Sandoval et Jorge Varona (tp), Paquito D'Rivera et Carlos Averoff (s), Carlos Puerto (b), Enrique Pla (dms), Oscar Valdés et Jorge Alfonso (perc). La direction musicale est naturellement confiée à Chucho qui apporte toute sa science de la composition. Entre tous les titres écrits par le pianiste, *Misa negra* fait partie de ces chefs d'œuvre qui s'enrichissent davantage au fil des écoutes sans jamais livrer entièrement leurs secrets. Incorporant les rythmes afro-cubains des tambours sacrés *batá*, Irakere se démarque avec sensibilité des formations habituelles et imposent son identité. Le groupe reçoit un Grammy Award en 1978 pour l'album *Live At Newport.* Malgré la désaffection de Paquito D'Rivera et Arturo Sandoval qui fuient le pays au début des années 1990, le groupe poursuivra sa route avec le même succès, surmontant toutes les désaffections et les changements de personnel. Mais Chucho Valdés n'est pas seulement le patron du légendaire Irakere. Il est avant tout un pianiste dont les prestations solos ou en format orchestral réduit sont toujours très attendues. En 1998, il est de nouveau à l'honneur aux Grammy Awards avec la formation Crisol, due à l'initiative du trompettiste américain Roy Hargrove. Voyageur infatigable, Chucho n'a pas eu besoin de quitter Cuba pour mener une carrière internationale. Accueilli dans les festivals les plus prestigieux, signé sur plusieurs labels étrangers dont Blue Note (*Bele Bele en La Havana, Briyumba Palo Congo, Live At The Village Vanguard, New Conceptions*), il revient inlassablement se ressourcer dans son île, conscient de son statut de géant mais sans chercher à faire de l'ombre à tous les musiciens en herbe qui cherchent leur place au soleil.

Paquito D'Rivera (1948)

Ce saxophoniste et clarinettiste, né à La Havane, étudie la musique et découvre le jazz (Benny Goodman, Benny Carter, Artie Shaw, Charlie Parker, Buddy DeFranco...) avec son père Tito D'Rivera (saxophoniste et chef d'orchestre). Sa sérieuse formation classique et des talents précocement révélés lui permettent de jouer en soliste avec l'Orchestre symphonique national de Cuba dès l'âge de dix-neuf ans. Il fait ensuite partie de l'Orquesta cubana de musica moderna subventionné par l'Etat. Lorsque la formation est dissoute, faute de subsides, le pianiste Chucho Valdés crée le groupe Irakere dans lequel on trouve Oscar et Tapo Valdés (perc, voc), Carlito Puente (g), Jose Varona (tp) bientôt effacé par Arturo Sandoval (tp) et... Paquito D'Rivera. Le saxophoniste participe activement à la renommée de l'orchestre, mais profitant d'une tournée en Europe, il décide de quitter son pays, et d'aller s'installer à New York. Il joue d'abord avec l'orchestre de Dizzy Gillespie (qu'il a connu lors de *jam sessions* à La Havane), puis avec McCoy Tyner, avant de se lancer dans une carrière personnelle. Avec son jeu impétueux et lyrique, pétri d'allusions bop au saxophone et proche de Goodman à la clarinette, capable de douceur et de finesse mais volontiers exagéré et déclamatoire, Paquito D'Rivera se plaît à pousser ses chorus dans les extrêmes, au bord de la cassure.

Arturo Sandoval (1949)

Trompettiste né à Artemisa, une bourgade à la périphérie de La Havane, Arturo Sandoval sort diplômé de la Escuela Nacional de Arte à l'âge de dix-huit ans. Embauché dans l'Orquesta cubana de musica moderna, il passe naturellement dans le groupe Irakere en 1974. Il y connaît un vif succès grâce à sa technique incendiaire, ses montées explosives dans les notes suraiguës et une acrobatie dont il abuse parfois au détriment de sa superbe qualité de son. Élu meilleur trompettiste de Cuba de 1982 à 1984, il décide cependant de fuir son pays en 1990, en se réfugiant à l'ambassade américaine de Rome lors d'une tournée de l'United Nation Orchestra dans lequel il avait été invité par Dizzy Gillespie, son maître incontesté. Qu'il soit à la tête de son propre groupe ou aux côtés de Herbie Hancock, Stan Getz, John McLaughlin, Dave Grusin, ce trompettiste surdoué s'est imposé dans le domaine du jazz sans gommer les caractéristiques spécifiquement cubaines de son jeu. Conjointement à une activité d'enseignant à l'université de Miami, il poursuit une carrière de musicien classique et a joué avec l'orchestre symphonique de Leningrad ou le London Symphonic Orchestra.

Gonzalo Rubalcaba (1963)

Né à La Havane, ce jeune pianiste révélé au début des années 90, salué par la critique internationale et acclamé par des publics avertis, n'est pas le fruit d'un engouement passager et ne doit rien aux effets de mode ou à une promotion savamment orchestrée. Il est tout simplement devenu une des voix majeures de son instrument en l'espace de quelques années. Contrairement à D'Rivera ou Sandoval, il continue de vivre à Cuba et bénéficie d'une certaine liberté de mouvement qui lui permet de tourner dans le monde entier, d'enregistrer pour des labels étrangers (Messidor, Blue Note...) et de figurer désormais en tête des ambassadeurs de la musique cubaine. « La musique, au moins, n'a pas besoin de visa », dit-il. Avec son groupe cubain composé de Reynaldo Melian (tp), Felipe Cabrera (b) et Julio Barretto (dms) ou lors de ses rencontres (duo ou trio) avec Charlie Haden, Paul Motian et Jack DeJohnette, le jeune Gonzalo Rubalcaba est devenu l'un des pianistes les plus rafraîchissants et enthousiasmants des années 90.

Omar Sosa (1965)

Parmi tous les jeunes prétendants qui veulent s'émanciper du poids des traditions, ce pianiste s'affirme comme l'un des plus aventureux et novateurs. Né à Camaguey, Omar Sosa étudie très tôt les percussions, le piano et l'orchestration au sein de l'École nationale de musique de La Havane, puis à l'Institut supérieur de l'art. À vingt-trois ans il crée le groupe Tributo avec lequel il part en tournée en Angola, au Nicaragua, au Congo et en Éthiopie. Jusqu'en 1993, ses activités dans le milieu musical cubain sont essentiellement liées aux vocalistes Vincente Feliu et Xiomara Laugart pour lesquels il affûtera ses armes d'arrangeur. Lorsqu'il décide de s'installer à Quito en Équateur, il poursuit ses tâches de directeur musical et d'animateur au sein de plusieurs formations avant de s'envoler pour les États-Unis, à San Francisco, où il prend enfin le temps de bâtir sa propre carrière solo. C'est avec le superbissime album *Free Roots* qu'il se fait connaître en Europe, notamment en France où ses prestations publiques vont révéler ses capacités d'improvisateur inspiré. Le public comme la critique réalisent vite que chacune des apparitions de ce musicien protéiforme est totalement inespérée. Un état de grâce auquel il est impossible de résister. Ses productions discographiques, aussi achevées soient-elles, se trouvent miraculeusement transcendées sur scène. Une combustion harmonique savamment entretenue, un jaillissement d'idées détonantes au détour de chaque phrase, un patchwork multisonore finement cousu, une belle humeur contagieuse et un sens du recueillement jamais contraint, Omar Sosa est un artificier de génie, un embraseur de foule et un torpilleur de standards. Chez cet homme épris de liberté, fidèle à la mémoire de son peuple et habité par une spiritualité pacificatrice, il y a toujours ce même désir œcuménique de s'abreuver à toutes les sources des musiques afro en entrelaçant culte yoruba, jazz new-yorkais, hip hop des ghettos, scansions gnawa du maghreb, rhythm'n blues lascif et chants incantatoires. Avec un tel rassembleur, Cuba tient encore là un nouveau créateur d'exception, suffisamment fou et visionnaire pour porter loin ses paroles de sagesse.

Roberto Fonseca (1975)

Le biceps saillant sous le débardeur échancré, Roberto Fonseca joue volontiers de son animalité sensuelle. Il fait partie de ces artistes qui ne peuvent s'empêcher de vouloir séduire et se donne sans pudeur lorsqu'ils sentent le public succomber. Pour autant, il ne se répand jamais en facilités racoleuses. Chacun de ses chorus ou de ses exposés est offert avec une intensité toujours maîtrisée. Technicien exceptionnel, conforme au brio de l'école cubaine, il passe son enfance dans une famille musicienne et s'initie très tôt aux percussions et la batterie. Cet apprentissage n'est pas innocent et laissera des traces notables dans son jeu de piano lorsqu'il se collera au clavier dès l'âge de huit ans. Il est révélé au public vers quinze ans pendant le Havana Jazz Festival et les sollicitations vont très vite le mener à fréquenter tous les musiciens importants de l'île. Armé d'un diplôme de l'Instituto Superior de Arte, il fait véritablement ses classes auprès du chanteur Augusto Enriquez ou du saxophoniste Javier Zalba. Il devient familier des studios où il enregistre ses premiers albums avec le groupe Temperamento qu'il a cofondé, ainsi qu'en solo, puis il produit plusieurs artistes, crée des musiques de film, avant d'être recruté par le Buena Vista Social Club d'Ibrahim Ferrer et d'Omara Portuondo avec lesquels il fait le tour du monde pour des concerts et sessions appartenant déjà à la légende. Boleros, mambos, son montuno…, aucun des innombrables styles cubains, dans leur complexité rythmique et leurs savantes digressions harmoniques, ne lui sont étrangers. Nourri de ce terreau exceptionnel, il produit un disque monumental (*Zamazu*, 2007) dans lequel se croisent une vingtaine de musiciens issus de cultures multiples. Scansions afro-cubaines, improvisations jazz, réminiscences de musique classique, chansons traditionnelles y sont brassées avec tact et assurance, un sens très aigu des proportions et des interactions. Très impliqué dans la nouvelle scène cubaine, Roberto Fonseca soutient les jeunes générations baignés dans l'afro-jazz, le hip-hop, le reggaeton, la funk ou le R&B. Tout en lui respire la musique. Aucun projet ne l'effraie et il répond présent pour peu qu'on lui propose des frissons inconnus. Son album *Yo* enregistré à Paris avec une quinzaine de partenaires répond en tous points à cette façon de recevoir le talent d'autrui pour le fondre dans son propre langage. Unanimement salué par la presse internationale, adulé par un public toujours sensible à ses démonstrations sulfureuses, Roberto Fonseca reste cependant humble, gardien de la tradition insulaire et respectueux des maîtres. Il ne s'épanche jamais inutilement et se porte garant de l'esprit collectif. Pour preuve, son album *At Home* enregistré en public au festival de Marciac avec la sublime chanteuse malienne Fatoumata Diawara. L'intensité de cette captation pourrait résumer à elle-seule tout l'art d'un pianiste solaire, pour ne pas dire incandescent, toujours prêt à se brûler les ailes pourvu que le feu soit nourri par de belles âmes.

Brésil

Avec le saxophone de Stan Getz et la guitare de Charlie Byrd, la bossa-nova s'est répandue hors des frontières brésiliennes au début des années 60 et a imbibé toutes sortes d'expressions musicales. Fruit pulpeux, né « de la rencontre du jazz et de la samba », selon la définition du pianiste et compositeur Antonio Carlos Jobim qui est considéré comme l'initiateur du mouvement, la bossa-nova (expression signifiant « nouveau machin ») s'articule autour de grilles harmoniques sophistiquées, riches en accords de substitution, et un balancement rythmique aux syncopes régulières (accentuées sur les temps faibles), aux pulsions souples, langoureuses et nonchalantes. Sur les textes émouvants du poète-chanteur Vinicius de Moraes, Carlos Jobim compose des titres qui vont rapidement se greffer au répertoire des standards du jazz. Parmi les guitaristes influents, il convient de citer Baden Powell, Luis Bonfa, Toquinho… et parmi les vocalistes : Joao Gilberto, Chico Buarque, Astrud Gilberto, Jorge Ben, Elis Regina, Gilberto Gil, Caetano Veloso, Joao Bosco, Djavan, Maria Creuza, Milton Nascimento…

Hors du mouvement bossa-noviste, les musiciens brésiliens ont également participé à l'histoire du jazz en apportant à la samba les éléments constitutifs du swing, du bop et cool (et vice-versa). Les pionniers de cet aller-retour d'influences sont le guitariste Laurindo Almeida (g, 1917-1995) et le pianiste-compositeur Jose Alfredo da Silva (alias Johny Alf, né en 1929). Les percussionnistes Airto Moreira (marié à la chanteuse Flora Purim), Paulinho Da

Costa et Nana Vasconcelos (spécialiste du berimbau) ont été très sollicités à partir des années 70 pour participer à des groupes et des séances de jazz, de fusion ou de pop, et ils restent encore très présents dans la production phonographique actuelle. Le guitariste Toninho Horta, avec qui collabore souvent Pat Metheny, est également un musicien dont on parle de plus en plus, notamment depuis qu'il enregistre sous licence américaine. Tout comme la pétulante pianiste Tania Maria. Mais entre tous, nous nous attacherons à Hermeto Pascoal, l'un des personnages les plus marginaux et extravagants que le Brésil nous ait envoyés.

Hermeto Pascoal (1936)

Avec sa longue barbe blanche de patriarche, sa chevelure broussailleuse et son capharnaüm d'accessoires hétéroclites, Hermeto Pascoal est avant tout un grand collecteur de sons, un bouilleur de crus amazoniens. Terres arides du Sertao, enfants aux yeux vides, cris de volaille, forêts luxuriantes, Texaco déserts, matchs de football, chorus de cochons scateurs, robinets à bémols, l'éolien, épicurien et dyonisiaque Hermeto Pascoal est davantage un compositeur-dérangeur qu'un instrumentiste. Il joue pourtant de l'accordéon, du piano, des saxophones, de la flûte, de la guitare et de toutes sortes d'objets ou de tuyaux invraisemblables, mais l'essentiel de son travail repose sur la collecte, l'assemblage, le dépeçage et la transfusion d'éléments aussi divers que swing classique, folklore, free, électricité, bruitages, séquences cycliques, narrations… Fortement attaché à la musique du Nordeste, sa région natale, il a commencé par jouer de l'accordéon dans des groupes locaux, avant de tenter sa chance à Rio de Janeiro. En 1964, Airto Moreira le fait entrer dans le Quarteto Novo, défenseur et propagateur de la musique nordestine. Après la dissolution du groupe, Hermeto Pascoal rejoindra son ami percussionniste à New York où Miles Davis, fasciné par la personnalité et les compositions de Pascoal, l'invite à jouer sur l'album *Live=Evil* (1970). De retour à Rio, l'année suivante, Hermeto Pascoal va poursuivre ses impertinences dans plusieurs festivals, enregistrer des disques souvent mal diffusés, jusqu'à ce qu'il y ait une véritable vogue Hermeto Pascoal à partir du milieu des années 80. Théâtral, insolite et débordant de facéties, tout ce tapage autour de sa personne n'est pas pour lui déplaire et il serait même prêt à en rajouter un peu .

Rhythm'n blues

« *Say it loud, I'm black and I'm proud.* »
(Dis-le fort, je suis noir et j'en suis fier.)
James Brown

Il existe une musique populaire noire-américaine que l'on ne peut passer sous silence – n'en déplaise aux puristes – tant ses racines plongent profondément dans le même terreau que le jazz, et tant elle domine la production mondiale actuelle. Le rhythm'n blues né dans l'immédiate après-guerre a sa propre histoire. Il est à lui seul une odyssée et nous ne pourrons aborder dans cet ouvrage que quelques-uns de ses héros et de ses courants les plus marquants. Sexe et religion, paillettes et souffrances, gloires éternelles et rêves fugaces, ghettos et palaces, parfums de sueur et mélodies sucrées, chemises à jabots ou blue-jeans rapiécés, désirs d'intégration et cris de rébellion, force, séduction, vitalité, émotion, le rhythm'n blues est une musique terriblement contagieuse.

Les fondations

Le 25 juin 1949, le magazine *Billboard* substitue le terme *rhythm'n blues* à celui de *race records* qui jusqu'alors a désigné l'ensemble de la production discographique destinée aux Noirs (gospel, blues, jazz...). Plus qu'un simple changement d'étiquette, le passage soudain à une appellation moins péjorative est une des conséquences des mutations tant sociales que psychologiques qui agitent la société noire d'après-guerre. L'emploi dans les villes industrielles du nord et les chantiers navals de la côte ouest a certes entassé la population de couleur dans des ghettos misérables, mais a aussi permis l'avènement d'une nouvelle bourgeoisie noire dont le poids économique sera plus important.

L'essor du bop, musique volontiers élitiste et dont les sophistications rebuteront les danseurs, va amoindrir l'attrait populaire que le jazz a connu durant la période swing. De plus, après les mouvements de grève du syndicat de Petrillo (voir chapitre « Be-bop ») et les perturbations apparues dans l'industrie du disque à la suite du manque de matières premières, une multitude de labels indépendants vont se créer (Savoy, Specialty, Imperial...). Bénéficiant du soutien des radios, des disc-jockeys dont le pouvoir promotionnel va croissant, et de la prolifération des juke-boxes, ces petits labels vont concurrencer les grandes compagnies en développant une musique composée par les Noirs, destinée aux Noirs et répondant à leurs aspirations.

Mêlant tradition et innovation, le rhythm'n blues est le résultat d'une interférence, voire d'un amalgame, entre différents courants musicaux noirs-américains. À l'origine, les artistes du rhythm'n blues emprunteront aux grands orchestres swing et puiseront aux racines les plus profondes du blues. Personnalité exubérante et spectaculaire, le saxophoniste et chanteur Louis Jordan (voir notice plus loin) aura une influence prépondérante sur la gestation et l'essor du rhythm'n blues. À la tête de son Tympani Five, Jordan distille une musique simple et swinguante qui évoque avec humour les situations quotidiennes du ghetto. Dès 1946, ses disques se vendent à quelques millions d'exemplaires et font la joie des surprises-parties harlémites. Dans ce même domaine, le trompettiste Hot Lips Page, que nous avons déjà abordé durant la période swing, jouera un rôle important. Avec ses blues ancrés dans le terroir et délivrés sur fond orchestral, il contribuera à donner une nouvelle direction à la musique populaire noire. Tout comme les gouailleux et mordants saxophonistes Earl Bostic et Illinois Jacquet, le chanteur Jimmy Witherspoon, le saxophoniste-chanteur Eddie Cleanhead Vinson, le guitariste Tiny Grimes, le trompettiste King Kolax, l'organiste Bill Doggett, le pianiste Buddy Johnson et tant d'autres solistes des formations de Lionel Hampton, Lucky Millinder, Jay McShann, etc., qui ont su saisir le goût du public et y répondre avec des thèmes denses, des mélodies basiques et des rythmiques harcelantes relevées d'un expressionnisme fougueux. Simplification, efficacité, ouverture, séduction immédiate, scansion appuyée sur les deuxième et quatrième temps de la mesure, jeu de scène extraverti, présence érotique et déploiement d'énergie, tous ses ingrédients réunis vont peu à peu infiltrer la musique noire-américaine et donneront vie à un genre qui va évoluer en marge du jazz.

Les labels

L'histoire du rhythm'n blues est intimement liée au développement économique. Après guerre, la reprise des activités est phénoménale dans le monde du disque. De 109 millions d'exemplaires vendus en 1945, on passe à 218 millions l'année suivante. Les grosses compagnies restent cependant timides et prudentes malgré les ventes considérables de certains artistes comme Louis Jordan. On assiste alors à l'éclosion d'une multitude de petits labels dont l'importance ira croissant au fil des années. La plupart sont créés et dirigés par des Blancs qui ont rapidement compris tout l'intérêt qu'il y avait à puiser dans le réservoir musical des Noirs pour constituer un catalogue exploitable à satiété. Le procédé est immuable, comme le montre cette déclaration de Memphis Slim : « Joe McCoy avait écrit *Why Don't You Do Right,* que chanta d'abord la Noire Lil Green, puis la Blanche Peggy Lee. Celle-ci, bénéficiant de toute la publicité, en fit un immense succès, mais il nous fallut, nous musiciens, nous cotiser pour pouvoir enterrer Joe McCoy. » La plupart du temps, les auteurs-compositeurs et même les artistes interprètes cèdent leurs droits pour une somme globale, que le disque soit un succès ou pas. Les prises de risques existent mais, généralement, l'affaire se révèle rentable pour les producteurs qui parviennent à pratiquer le *cover,* procédé consistant à faire interpréter un titre du répertoire noir par un artiste blanc permettant ainsi de toucher un plus vaste public. Sur les dizaines de labels fondés jusqu'au début des années 50, on ne compte que trois compagnies menées par des Noirs : Vee-Jay à Chicago, Peacock à Houston et Red Robin à New York.

Certaines petites maisons de disques connaissent une réussite aussi importante que brève avant de faire faillite, mais d'autres parviennent à se tailler un belle part du marché et à devenir de grosses structures avec un investissement initial souvent minime. Ainsi les labels Savoy et Capitol en 1942, Specialty en 1944, Modern et King en 1945, Mercury en 1946, Atlantic et Imperial en 1947, Chess en 1949 vont jouer leur rôle dans la cristallisation d'une musique noire éminemment populaire.

La Nouvelle-Orléans, Chicago, New York, Los Angeles : encore et toujours…

Entre le swing et le blues, le gospel et le chant profane, les premiers morceaux de rhythm'n blues trouvent vite une forme facilement identifiable par le grand public et aussitôt repérable par les disc-jockeys dont le pouvoir de décision commerciale (rejet ou engouement) va en augmentant. La production connaît bientôt ses standards esthétiques et ses canons un peu uniformisés. Plus que jamais, la différence entre tous ces artistes qui doivent répondre aux mêmes critères de vente, se trouvera dans leur personnalité et leur charisme. Souvent, l'implantation d'origine est déterminante. Qu'ils viennent du Sud profond ou des douceurs californiennes, des rues froides de Chicago ou du tourbillon new-yorkais, les artistes amènent avec eux une charge émotive et culturelle qui façonnera leur interprétation.

Les artistes de rhythm'n blues sont liés à des labels mais aussi à des écoles que l'on pourrait qualifier de « régionales ». Ainsi, les deux représentants principaux de La Nouvelle-Orléans que sont Fats Domino et Little Richard (voir notices plus loin) sont respectivement chez Imperial et chez Specialty, alors que des musiciens de Chicago comme Chuck Berry et Bo Diddley (voir notices plus loin) travailleront tous deux pour Chess. Il existera aussi une tendance californienne plus apaisée et intime dans un cocktail blues-boogie-ballade représenté par Charles Brown (voc, p), Ivory Joe Hunter (voc, p), Amos Milburn (voc, p), Roy Milton (voc, dms) ou Joe Liggins (voc, p). Mouvement hétérogène par essence, le rhythm'n blues présente une diversité invraisemblable de situations qui rendent difficile un quelconque repérage fiable. La multiplicité des labels, parfois leur déclin, leur remplacement ou leur résurrection, la circulation des influences, la mobilité du personnel instrumental, les concessions au marché vont entraîner ce genre musical dans un mouvement de perpétuelle spirale. Les revenus substantiels que peut procurer un marché en pleine expansion provoquent de très nombreuses vocations. Notamment chez les vocalistes sur qui se portent les feux de la rampe. Pour les chanteuses, il faut citer la tragique Little Esther, la mutine Ruth Brown, la sous-estimée LaVern Baker, la puissante Big Maybelle, la torride Etta James, la volcanique Willie Mae « Big Mama » Thornton (également batteur et harmoniciste), auquel il faut ajouter Helen Humes rencontrée précédemment dans l'ère swing. Toutes ces figures du chant sont dominées cependant par Dinah Washington (voir notice plus loin). Pour les hommes, si l'on excepte Jimmy Rushing que nous avons abordé avec l'embarcation de Count Basie, on notera le *shouter* Big Joe Turner, l'extravagant Screamin' Jay Hawkins, l'émouvant Percy Mayfield, le vibrant Chuck Willis, et quantité d'autres qui seront éclipsés par le phénoménal Ray Charles (voir notice plus loin) qui aurait pu avoir un concurrent sérieux avec Sam Cooke parti trop tôt.

Outre les nombreux combos où soufflent les ténors velus de Jack McVea, Hal Singer, King Curtis, John Hardee, Red Prysock, Sil Austin, Tab Smith et Arnett Cobb, ce sont surtout les groupes vocaux, dits aussi *doo wop*, qui emporteront la vedette. Selon une tradition déjà bien inscrite dans l'histoire musicale du peuple noir (*work song*, negro spirituals, jug band, gospel…), les quartettes ou quintettes vocaux vont foisonner dans tous les labels (le chiffre de 15 000 groupes *doo wop* a été avancé, concernant les seules années 50). Parmi eux, The Ravens, The Orioles, The Dominoes, The Drifters, The Clovers, The Coasters, The Five Royales, The Fortunes, The Midnighters avec Hand Ballard, les Platters…

Louis Jordan (1908-1975)

Ce fils d'un professeur de musique, né dans l'Arkansas, prendra réellement conscience de l'orientation future de sa carrière pendant son séjour de deux ans dans l'orchestre de Chick Webb. Jusqu'à la mort de ce dernier, survenue en 1939, Louis Jordan exercera ses talents de saxophoniste et de chanteur, mais avant tout de maître de cérémonie et d'amuseur. Il montera ensuite son propre ensemble : les Tympani Five. Le succès ne se fait pas attendre. De nombreux titres : *Is You Is or Is You Ain't My Baby, Knock Me a Kiss, Rusty Dusty Blues, Caldonia, Choo Choo Ch'Boogie, Let the Good Time Roll, Psycho Loco,* etc., enregistrés entre 1938 et 1954 dans les studios de la compagnie Decca, occupent les premières places des *charts* et font de lui un des personnages les plus cotés de la scène américaine. Les raisons de cette réussite foudroyante sont multiples. Portés par des arrangements efficaces concoctés par Bill Doggett (org) et Wild Bill Davis (p), les musiciens du groupe remplissent leur rôle avec un talentueux professionnalisme, mais à ceci s'ajoutent les qualités de saxophoniste du leader dont la sonorité ronde ou rocailleuse, particulièrement mise en valeur sur les blues et les boogie woogie, s'agrémente d'une voix claire, précise, et d'une présence scénique pleine d'humour et de gouaille. Privilégiant la dérision et la moquerie, évitant toute dramatisation excessive, il chante, prêche et raconte des pièces tirées de la vie quotidienne du peuple noir, avec un souci constant de mise en scène partagée entre le réalisme et l'onirisme. De nombreuses vidéos issues des courts, moyens et longs métrages hollywoodiens auxquels il a participé, sont heureusement là pour nous prouver toute l'envergure du musicien, ses facéties inénarrables d'*entertainer* et la place prépondérante qu'il occupe dans la gestation du rhythm'n blues. Durant les années 50, Louis Jordan sera cependant victime de la mode envahissante du rock'n roll et, avant de mourir à Los Angeles, il connaîtra une fin de carrière paisible, marquée par des enregistrements pour les labels Aladdin, Mercury et JSP qui le montrent encore capable de réaliser de bonnes productions.

Dinah Washington (1924-1963)

De son vrai nom Ruth Lee Jones, celle que l'on surnommera *The Queen of the Blues* et qui servira de modèle à Dionne Warwick, Esther Phillips, Nancy Wilson ou… Diana Ross, a vu le jour à Tuscaloosa (Alabama). Du Sud profond, elle ne gardera que peu de souvenirs car sa famille se fixera très tôt à Chicago. La jeune Ruth joue du piano et chante dans les églises de la *Windy City,* remporte un concours de chant pour amateur au Regal Theatre et commence à se produire dans les clubs de la ville. Elle part ensuite en tournée avec le groupe de Sallie Martin, tout d'abord comme pianiste puis comme chanteuse soliste. Cette expérience lui sera profitable dans la mesure où elle perfectionnera son art en travaillant le maniérisme expressionniste des vocalistes de gospel. En 1943, elle est engagée par Lionel Hampton qui, selon une légende tenace mais souvent controversée, lui donnera le surnom de Dinah Washington. Elle reste dans l'orchestre jusqu'en 1946, année durant laquelle elle signe un contrat exclusif avec la maison de disques Mercury. Les revenus deviennent vite substantiels. Dinah conquiert tout d'abord la clientèle noire avec une série de blues dont les paroles à double sens ravissent le public des ghettos et atteignent les premières places des *rhythm'n blues charts (Get Lost, TV is the Thing this Year, Long John Blues, I Don't Hurt Anymore, Teach Me Tonight...).* En 1959, elle s'attaque au marché blanc avec *What a Difference a Day Makes* qui figure dans les *Top 50 Hot Disks of the Year* et lui vaut un prestigieux Grammy Award. Avec un sens musical très poussé, la perfection de son phrasé, la clarté de sa diction et sa faculté exceptionnelle de personnaliser un titre en y apportant l'émotion justement dosée, tour à tour grinçante ou voluptueuse, Dinah Washington sait embrasser tous les genres et s'imposer sur tous les fronts. Qu'elle soit accompagnée par la fine fleur des musiciens de jazz (Max Roach, Clifford Brown, Wynton Kelly, Clark Terry...) ou enveloppée dans des cascades de violons melliflues, elle restera profondément immergée dans le blues le plus authentique et, couronnée de son titre de *Queen of the Blues,* elle s'attachera à défendre la tradition de celle qu'elle considérera toujours comme sa référence majeure : l'impératrice Bessie Smith. Lorsqu'en 1962, elle quitte Mercury pour le label Roulette, Dinah gravera parfois des faces très commerciales mais dans l'ensemble de bon niveau. Durant cette période, elle est une vedette adulée. Elle possède plusieurs cabarets dans Harlem ainsi qu'une agence de spectacle. Son comportement sur scène comme dans la vie courante est celui d'une véritable diva, à la fois fantasque et fragile. Son caractère entier et excessif la pousse à des comportements regrettables et à provoquer des incidents toujours spectaculaires. Sa vie personnelle est agitée par une succession de liaisons qui dénotent un désarroi extrême dans sa quête d'un idéal inaccessible. Pas moins de six mariages officiels et un nombre impressionnant d'amants contribueront à la déstabiliser davantage. Soucieuse d'un embonpoint chaque jour plus visible, Dinah se met à absorber des médicaments pour maigrir. La nuit du 14 décembre 1963, la combinaison de somnifères et d'alcool lui est fatale. Elle a tout juste trente-neuf ans.

Chuck Berry (1926)

Né en Californie, le guitariste-chanteur Charles Edward Berry, dit « Chuck », va grandir à Saint Louis et débarquer à Chicago en 1955. Formé au contact du blues du Missouri, mais sensible au jazz et nourri de gospel qu'il chante en famille à l'église, c'est donc un jeune homme au registre très complet qui arrive dans la Windy City. Sur l'initiative de Muddy Waters, il grave pour le label Chess le titre *Maybellene.* Le succès est immédiat et d'autres s'enchaîneront *(Rollover Beethoven, Too Much Monkey Business, Schoolday, Rock'n Roll Music, Sweet Little Sixteen, Johnny B Goode, Carol...).* Entouré des meilleurs musiciens de blues de Chicago, Chuck Berry va mener une carrière explosive, perturbée par quelques histoires de mœurs et des peines de prison qui contribueront à créer la mythologie de cette première star du rock'n roll, abondamment pillée par les vedettes du rock blanc.

Fats Domino (1928)

Le pianiste-chanteur Antoine Domino, né à La Nouvelle-Orléans dans une famille de dix enfants, est surnommé «Fats» vers l'âge de dix ans lorsqu'il traîne dans les *honky tonk* de la ville. À quatorze ans, il quitte l'école, trouve un emploi dans une usine de matelas (le jour) et joue du piano (la nuit). Après un accident du travail où il manque perdre une main, il décide de se consacrer exclusivement au piano. Grâce à Dave Bartholomew (voc, tp, arr, prod), il signe chez Imperial et enregistre son premier disque en 1949. Le rôle de Bartholomew est fondamental dans la production de Fats Domino mais surtout dans la coloration typiquement orléanaise de ce rhythm'n blues dansant, enjoué, à la gaieté communicative. Après un premier triomphe avec *The Fat Man,* Fats Domino va connaître une ascension irrésistible et vivra une carrière confortable, passant d'une maison de disques à l'autre, tournant sans discontinuer et transportant même son embonpoint débonnaire jusque dans les festivals de jazz. Pionnier dans le passage du rhythm'n blues au rock'n roll, il composera quelques bluettes un peu insipides *(Blueberry Hill)* qui rassureront le public blanc alors tourné vers les hoquets de rockers à bananes gominées.

Bo Diddley (1928-2008)

Autre enfant du Mississippi, Bo Diddley est abandonné très tôt par sa mère et passe sa jeunesse à Chicago, dans une famille d'adoption. Élevé dans un quartier dur de Chicago, il joue de la guitare dans les rues jusqu'au jour où il tente sa chance en se présentant aux bureaux du label Chess. La fortune sourit aux audacieux et Bo Diddley remporte un triomphe dès son premier disque. Personnage caustique, à la voix rude, jetée sur les accords d'une guitare assez sommaire et répétitive, il a marqué de son humour acide et de sa provocation sauvage toute la génération des rockers qui le suivront.

Little Richard (1935)

Beaucoup plus attaché au gospel que Fats Domino qui se réfère davantage au blues, le pianiste-chanteur Little Richard (né Richard Penniman en Georgie) est découvert par le chanteur Lloyd Price. Arrangés par le producteur Bumps Blackwell et soutenus par l'orchestre de Dave Bartholomew, ses hits *(Tutti Frutti, Long Tall Sally, Rip it up, Lucille...)* sont le prétexte à des exubérances scéniques particulièrement endiablées. Entretenant délibérément un trouble autour de son image et de sa sexualité, fréquemment maquillé et coiffé à la Pompadour, enroulé dans une cape dont il sait admirablement jouer en se déshabillant sur scène, il n'est pas une vedette de rock qui n'ait succombé à son jeu de scène frénétique et qui ne l'ait imité un jour ou l'autre. Après avoir été adulé des foules, il retournera au sein de l'Église pour se consacrer au gospel dont il n'a jamais trahi la foi, toujours imprégné de cette fièvre religieuse, écorchée et douloureuse, énergiquement instillée dans un rhythm'n blues annonciateur du rock'n roll.

Ray Charles (1930-2004)

Né à Albany (Georgie), ce fils d'un poseur de rails de chemin de fer et d'une blanchisseuse à domicile est atteint de cécité vers l'âge de sept ans. Il entre à l'institution pour aveugles de San Augustine où il fait l'apprentissage de la musique (p, cl, s) et participe au chœur de l'église. Il anime également des goûters et des soirées à l'extérieur de l'école en interprétant des airs de country and western. Lorsque sa mère meurt en 1945, Ray Charles décide de quitter l'institut pour tenter sa chance dans la musique. Il n'a que quinze ans et les débuts sont difficiles. En 1948, il rencontre le guitariste Gisady McGee et le bassiste Milt Gareed. Ils formeront ensemble le trio McSon et enregistreront quelques titres dans lesquels Ray Charles s'attachera à imiter fidèlement son modèle et maître Nat King Cole. En 1950, Ray Charles se rend à Los Angeles et il est engagé par le producteur Jack Lauderdale de la marque Swingtime pour tourner avec les bluesmen Lowell Fulson (g) et T. Bone Walker (g). Deux ans plus tard, il signe chez Atlantic, accompagne quelque temps Guitar Slim à La Nouvelle-Orléans, puis la chanteuse Ruth Brown au Texas, et obtient ses premiers succès de vente, notamment avec *I Got a Woman* en 1955. Réussissant une synthèse riche et subtile où se mêlent le jazz, le blues et le gospel, Ray Charles trouve un style éminemment personnel et se dégage vite de l'influence de Nat King Cole. Dramatique ou malicieuse, fervente ou humoristique, mélancolique ou pétillante, sensuelle ou rageuse, la voix de Ray Charles évolue du soupir suave au cri rauque avec une aisance étonnante et exprime aussi bien toute la palette des sentiments humains que l'ambiguïté des registres profanes et religieux souvent entretenue par la communauté noire américaine. Durant plus d'un quart de siècle, les hits vont alimenter les *charts* et s'enchaîner à une belle cadence *(Allelujah, I Love Her so, I Want to Know, Yes Indeed, I Got News for You, Georgia on My Mind, What I'd Say, Hit The Road Jack, I Can't Stop Loving You, Ol'Man River, The Cincinnati Kid, Drifting Blues, What Have They Done to My Song...)* et Ray Charles, désormais baptisé *The Genius,* va arpenter toutes les grandes scènes internationales avec le soutien indéfectible des Raelets, chœur féminin où s'illustreront les chanteuses Mary Ann Fisher et Margie Hendrix, ainsi que de grosses formations dont l'une des plus fameuses est constituée au début des années 60 avec Marcus Belgrave, John Hunt, E.V. Perry et Lamar Wright aux trompettes, James Harper, Graham Moncur III, Calvin Jones et Henderson Chambers aux trombones, David Newman, Donald Wilkerson, Leroy Cooper, Rudy Powell et Hank Crawford aux saxophones, Edgar Willis à la basse et Milt Turner à la batterie.

Superstar mondiale et apôtre du rhythm'n blues, Ray Charles a mené une existence mouvementée dont les aspects les plus visibles et marquants donnent un aperçu quelque peu anecdotique de sa carrière : problèmes de désintoxication et d'arrestation liés à l'abus d'alcool et d'héroïne, tournées extravagantes à travers le monde (jusqu'à trois cents concerts dans l'année), quelques tournages de films *(Swingin'Along, Ballad in Blue, Blues Brothers...),* des concerts de soutien à l'action de Martin Luther King, un accident d'avion dont il sort indemne, une tentative d'assassinat lors d'un concert de bienfaisance où un spectateur illuminé tente de l'étrangler avec une corde en hurlant : « Ray Charles verra Dieu et Dieu viendra ce soir ! », la publication d'une autobiographie, des décorations et des distinctions officielles, plusieurs divorces, quelques rumeurs croustillantes sur ses innombrables conquêtes féminines, la création de sa propre compagnie de disques Tangerine Records, la construction d'un immeuble abritant à Los Angeles les bureaux de Ray Charles Enterprises et un studio d'enregistrement... Mais, sous les signes extérieurs de cette réussite exemplaire, de ces débordements médiatiques et de cette vitalité professionnelle, se cachent toujours une dimension tragique et une souffrance nettement perceptible lorsqu'il se laisse aller à clamer ou fredonner le blues. Genre fondateur auquel il reste avant tout attaché, comme un éternel hommage à sa culture d'origine, pour mieux se faire pardonner certains écarts vers la musique country, rock ou de variétés dont les retombées financières l'ont parfois poussé à commettre de dommageables concessions.

Sam Cooke (1931-1964)

Cet enfant du Mississippi, élevé à Chicago, chante dans la chorale de l'église dès l'âge de neuf ans, sous la férule de son père, le révérend Charles S. Cook. Après un passage dans le groupe de gospel Highway QC's, il devient le leader des Soul Stirrers avec lesquels il obtient un succès notable auprès du public et des fidèles grâce à une interprétation aussi spirituelle que sensuelle, entre sacré et profane. De la porte du temple jusqu'au sommet des *charts*, il n'y a qu'un pas que Sam Cooke franchit allégrement avec la ballade *You Send Me*, l'un de ses grands tubes. Sa carrière est malheureusement interrompue dans un motel d'Hollywood par une balle de revolver, dans des circonstances encore restées mystérieuses.

Les années soul

Le déclin du rhythm'n blues s'amorce avec l'arrivée de jeunes musiciens blancs suffisamment habiles pour en piller la lettre (sinon l'esprit) et suffisamment bien promus pour accaparer l'attention des foules. Le refrain nous est déjà familier. L'histoire de la communauté noire est un éternel recommencement. En pleine période des mouvements hippies, du rock blanc et du free jazz, de la contestation, des luttes pour les droits civiques, de la guerre au Viêtnam et des menaces extérieures, la musique populaire noire va gagner en incandescence et en paroxysme. Sous la pression de James Brown (voir notice plus loin), le rhythm'n blues s'endurcit et s'enfièvre, s'électrifie et se gorge de cuivres piquetés, de scansions répétitives et de dramatisation scénique, le discours se radicalise quelque peu et revendique la fierté de l'héritage noir sans pour autant effacer la dimension de plaisir, de balancement corporel et de frisson. La musique soul est avant tout l'expression de l'âme à travers les pulsions du corps. Les héros sont nombreux mais aucun n'égale le « parrain » Brown. Des artistes de talent comme les chanteurs Ben E. King, Wilson Pickett, Percy Sledge, Joe Tex, O.V. Wright, Allen Toussaint, Lee Dorsey vont marquer leur territoire et affirmer leur particularisme. Dans le label Stax situé à Memphis vont se développer des artistes de poids tels que le vétéran Rufus Thomas et le jeune Otis Redding dont le destin sera trop vite brisé (voir notice).

Aretha Franklin que nous avons déjà abordée avec le gospel (voir page 36) enflamme la scène des années 60 et sa réputation de « Lady Soul » occulte un peu la précieuse Dionne Warwick proche des variétés ou la sombre Nina Simone intensément engagée aux côtés de sa communauté. On pourrait s'arrêter davantage sur la place plus intéressante occupée par la sensuelle et dynamique Tina Turner qui, avec son mari Ike, propose une musique soul légèrement plus déportée vers le rock. Car la décennie 60 est avant tout celle des sons saturés, des festivals à ciel ouvert, des tentations hallucinogènes et des rêveries psychédéliques, une époque qui finira sur la mort désastreuse d'un héros météorique : Jimi Hendrix (voir notice), guitariste messianique dont la carrière a débuté sous les auspices du rhythm'n blues et qui laissait présager les plus surprenantes aventures. Car, pour ne pas être un musicien typiquement soul, Jimi Hendrix n'en est pas moins proche dans sa grandeur d'âme.

James Brown (1928-2006)

Cireur de chaussures, livreur en épicerie, cueilleur de coton, coupeur de canne, rabatteur pour une maison de passe tenue par sa tante, garçon de course, James Brown passe une enfance difficile et solitaire, dans l'hostilité raciste de la Georgie. Élevé dans la rue, il se passionne pour le base-ball, la boxe et la musique, mais il côtoie aussi la délinquance et se retrouve derrière les barreaux à seize ans. Il sort de prison au bout de trois années de détention et entre dans le groupe vocal des Famous Flames où il apprend à traverser les embûches du spectacle. Le 4 février 1956, James Brown entre en studio et grave son premier titre pour la compagnie King : *Please, Please, Please* qui devient aussitôt numéro un dans les *charts*. Empruntant à la transe du gospel et au sermon des prêcheurs, James Brown est un chanteur de la déchirure (toujours béante) et de la souffrance (qu'il faut surpasser). Il serre les dents, il a appris à être dur, à affronter la misère et l'injustice, il chante avec la rébellion des indomptables. Voix cassée mais toujours puissante, cri rauque et blessé mais toujours présent, il installe un rituel inamovible comme s'il s'agissait de danser, de marteler et de s'étreindre selon une liturgie pleine de rudesse, dont il connaîtrait seul l'ordonnancement. Soutenu par un orchestre ronflant et indestructible, mené d'une poigne de fer avec l'aide du saxophoniste Maceo Parker, James Brown va tourner jusqu'au fin fond des États-Unis pour délivrer son message, prônant une revendication orgueilleuse de la négritude dans un pays où subsiste encore « l'esclavage économique » de ses frères, selon ses propres termes. Pendant quelques décennies, il va graver tout un chapelet de titres *(Try Me, I Got You, It's a Man's Man's Man's, Bring it up, I Got the Feeling, Say it Loud, Hot Pants, My Thang…)* puisant à la même source du blues, du spiritual et de la transe rythmique, dont le célèbre *Sex Machine* sera l'emblème stylistique. Puissance, sensualité et danse, trois notions qu'il garde intactes lors de l'avènement du funk puis du rap, nouveaux prolongements du rhythm'n blues et de la soul dont il est respectivement le frère et le père spirituel. Copieusement pillé par les échantillonneurs électroniques ou simplement imité jusque dans ses pas de danse les plus virtuoses, James Brown sait quelle place est la sienne : « Je suis le seul de ma communauté à avoir eu trois stations de radio et le premier à posséder un avion privé. Si j'ai souvent été le premier, c'est que Dieu l'a voulu et que les gens m'ont apporté leur appui. Merci à Dieu et à vous ! »

Bill Withers (1938)

Dernier rejeton d'une famille de six enfants, Bill naît dans le patelin de Slab Fork en Virginie occidentale. Son père travaille à la mine et meurt alors que le gamin n'a que treize ans. La famille survit avec difficultés et Bill ne voit pas d'autre issue que de s'engager dans la marine à l'âge de dix-sept ans. Il restera neuf années sous les drapeaux. À son retour au pays, l'existence est tout aussi précaire. Il décide de s'installer à Los Angeles et travaille comme ouvrier dans une usine Ford. Le jour, il trime à la chaîne ; la nuit, il écrit des chansons et se produit dans des bars obscurs. Il finance lui-même ses premières démos et les propose à qui veut bien lui prêter une oreille. En 1971, il signe un premier album intitulé *Just As I Am* avec le label Sussex Records et le titre *Ain't No Sunchine* devient aussitôt un triomphe. Peu sûr de lui, méfiant à l'égard du show-business et de ses aléas, il garde son emploi à l'usine tout en continuant de composer. Avec le succès tout aussi retentissant de *Still Bill*, son deuxième album paru l'année suivante, il s'engage définitivement dans le métier et pond plusieurs hits tels que *Lean On Me, Lovely Day, Use Me, Grandma's Hands, Who Is He…* Rejoignant, en 1980, le *smooth jazz* du languide Grover Washington sur l'album *Winelight*, il atteint l'apogée de sa carrière avec le titre

Just The Two Of Us, expression ultime de la parade amoureuse sur *dancefloor*. Il faut dire que l'entourage est tout simplement renversant. Outre les saillies du saxophoniste, on y retrouve Eric Gale (elg), Marcus Miller (elb), Steve Gadd (dms) et Ralph MacDonald (perc). En 1985, Bill Withers s'éloigne du milieu musical et s'en va couler des jours paisibles en famille, sur la côte californienne. Cependant, son oeuvre ne cesse d'être présente dans l'actualité musicale, au point de renaître à chaque saison tant les titres sont abondamment utilisés, empruntés, revisités et samplés par des artistes de toutes générations et de toutes familles esthétiques. Cette capacité toujours renouvelée à écrire des pièces élégantes et populaires, dans un genre assez proche du génial Burt Bacharach, classe Bill Withers parmi les rares créateurs de standards universels. Être un *songwriter* n'est pas une mince affaire. S'asseoir devant son piano et attendre d'être touché par la grâce d'une mélodie limpide, d'un thème évident, d'une phrase imparable, d'un gimmick obsédant, voilà qui relève d'un don proche du divin.

Solomon Burke (1940-2010)

À peine âgé de vingt ans, ce garçon de Philadelphie est déjà surnommé « The King of Rock'n'Soul ». Il faut dire qu'il a déjà à son actif plusieurs disques de gospel (gravés entre 1955 et 1958) et qu'il a vécu de fortes expériences scéniques au sein de la communauté religieuse. Immergé dès neuf ans dans la chorale de l'église que dirige son père, il se fait vite remarquer par son tempérament et sa faculté naturelle à captiver l'auditoire. Celui que l'on appelle alors « The Wonder Boy Preacher » tourne abondamment dans le circuit et prêche régulièrement à l'antenne dans l'émission de radio « Solomon's Temple ». Au sortir de l'adolescence, il signe chez Atlantic et le succès est immédiat. La chanson *Just Out Of Reach* grimpe dans les charts, bientôt suivie par une kyrielle de tubes tous plus efficaces les uns que les autres (*Cry To Me, Everybody Needs Somebody To Love, If You Need Me, Got To Get You Off My Mind...*). Jusqu'aux années 1980, Solomon Burke promène sa silhouette gaillarde, sa voix de stentor, ses costumes tape-à-l'oeil, ses bagues en or, ses colliers ostentatoires, son sceptre et sa bouteille de bourbon. Il décide alors de retourner aux prêches sous le nom de Bishop Burke et de se consacrer en priorité au gospel. Ce n'est qu'en 2002 qu'il renoue avec le monde du spectacle à l'occasion de la sortie de *Don't Give Up On Me*. Dès lors, oscillant entre sa carrière profane et son engagement d'homme de foi, il gère les affaires courantes (son église, son entreprise de pompes funèbres, sa société de location de limousines, ses rencontres avec les Rolling Stones ou les Blues Brothers, ses multiples distinctions honorifiques...). Glorifié sur ses vieux jours pour son apport considérable au patrimoine des musiques noires américaines, il trimballe sa lourde carcasse de monarque sanctifié sur des scènes consacrées à sa propre légende et il meurt à l'aéroport d'Amsterdam alors qu'il se rendait au Pays-Bas pour un concert. Le « King of Rock'n'Soul » s'était préparé depuis bien longtemps à entrer au royaume des cieux.

Otis Redding (1941-1967)

Originaire de Georgie comme ses maîtres Ray Charles, Little Richard et James Brown, le chanteur Otis Redding a une enfance on ne peut plus classique. Il fait bien entendu partie de la chorale de son église, joue un peu de piano et de batterie, forme un petit groupe vocal avec des camarades de sa région. Il commence à faire des tournées dans des conditions pénibles, au cours desquelles il se forme aux réalités du métier. Son chant racé, félin et frémissant, particulièrement poignant lorsqu'il tente d'en adoucir la raucité, va bientôt séduire la compagnie Stax. Il sera le poulain fétiche de l'écurie de Memphis, enfilant les tubes les uns après les autres comme des perles rares, jusqu'au jour où son avion s'abîme dans les eaux du lac Monoma alors qu'il se rendait à un concert dans le Wisconsin avec son groupe, les Bar-Kays. Quelques semaines plus tard grimpait en haut de tous les hit-parades son titre *The Dock of the Bay* dont il n'entendit jamais le mixage définitif.

Isaac Hayes (1942-2008)

Pour le grand public, ce musicien du Tennessee est avant tout l'homme de *Shaft*, disque désormais voué à un véritable culte. Il faut dire que cette production est parfaite de bout en bout et pas un seul de ses thèmes ne sont à jeter. Bande originale d'un film réalisé en 1971, dans la plus pure veine de la *blaxploitation*, la musique d'Isaac Hayes apportera un retentissement planétaire à l'oeuvre signée par le réalisateur Gordon Parks. Guitare wa-wa hypnotique, charleston acéré, flûte vagabonde, section de cuivres au cordeau, violons ouatés et voix caverneuse, il y a là tous les ingrédients pour distiller une musique canaille, propice à générer tous les fantasmes d'un groove livré à la nuit. Mais avant cet état de grâce, Isaac Hayes a appris son métier dans les moiteurs de Memphis. Orphelin dès son plus jeune âge, il est élevé par ses grands-parents. Il commence à chanter, à jouer du piano, de l'orgue et du saxophone en autodidacte. Il écume les boîtes à la recherche de *gigs* où il rencontre la plupart des jeunes loups de Memphis avec lesquels il collaborera dans des groupes plus ou moins éphémères. Désormais aguerri, il grave ses premières chansons pour des labels locaux. Il peut enfin abandonner l'artisanat précaire de ces petites structures lorsqu'il signe chez Stax Records en 1964. Au sein de la fameuse écurie, il participe à plusieurs sessions, notamment pour Otis Redding, et il lui arrive de remplacer Booker T. Jones au clavier. Tout en développant son activité de *sideman*, il s'acoquine avec David Porter, autre chanteur et multi-instrumentiste, avec lequel il écrit plusieurs tubes très efficaces pour Sam and Dave (*Hold On I'm Comin', Soul Man, When Something Is Wrong With My Baby*...) et Carla Thomas (*B-A-B-Y*). Au-delà de leurs fonctions de compositeurs et d'arrangeurs, le binôme Hayes-Porter forme le groupe vocal Soul Children en 1968 (avec Norman West, John Colbert, Anita Louis et Shelbra Bennet). Porté par Booker T. Jones (p, org), Steve Cropper (elg), Donald Dunn (elb) et Al Jackson Jr (dms), autrement dit toute la fine fleur du label Stax, les voix du groupe s'élèvent dans les classements R'n'B avec des titres comme *The Sweeter He Is* ou *Give 'Em Love.* Mais Isaac veut voler de ses propres ailes et abandonne l'aventure pour se consacrer pleinement à ses projets personnels. Entre 1967 et 1971, il grave pas moins de cinq albums, mais c'est avec le raz-de-marée de *Shaft* qu'il acquiert définitivement le statut de star pour lequel il s'est battu et qu'il mérite amplement. Après avoir quitté Stax à la suite de litiges sur des versements de royalties, Isaac Hayes crée sa propre société de production. Mais l'homme groove davantage qu'il ne gère puisque l'expérience se solde par une faillite au bout d'une année. Dès lors, il change souvent de label et continue d'égrener les disques avec un opportunisme de bon aloi qui flirte avec les tendances sans jamais renier l'esprit de la soul. *A Man And A Woman,* un double album ambitieux avec Dionne Warwick pour qui il a beaucoup d'estime, est à mettre en exergue dans sa discographie pléthorique. Mais Isaac Hayes ne tient pas en place et diversifie davantage ses activités avec un appétit toujours réjoui. Acteur pour le cinéma et la télévision, il participe à de nombreux films et il lui arrive même d'interpréter son propre personnage. Pendant neuf ans, il prête sa voix à Chef, truculent cuisinier érotomane dans la série de dessins animés corrosifs *South Park.* Il se lie d'amitié avec la famille royale du Ghana, voyage régulièrement en Afrique, tourne dans de nombreux festivals et collabore aussi à l'album *Song In A Minor,* premier opus de la surdouée Alicia Keys. Au terme d'une carrière et d'une existence bien remplies, son coeur finit par lâcher et il s'éteint en plein été, à son domicile de Memphis.

Curtis Mayfield (1942-1999)

Cet autre enfant de Chicago débute sa carrière à l'âge de quatorze ans quand il rejoint The Roosters, un groupe *doo wop* débarqué du Tennessee et constitué de Sam Gooden, Richard Brooks et Arthur Brooks. Un autre élément est également intégré en la personne de Jerry Butler. Dans une veine classique, inspiré par le gospel et influencé par le rhythm'n'blues, The Roosters développe un répertoire frais et équilibré, d'une parfaite cohésion harmonique. Bientôt rebaptisés The Impressions, les vocalistes du quintet produisent plusieurs tubes de grande classe pour l'excellente maison de disques Vee Jay : *For Your Precious Love, Amen, Gypsy Woman...* Lorsque surviennent quelques changements de personnel (entre autres, le départ de Jerry Butler et l'arrivée de Fred Cash), Curtis en profite pour assumer le leadership. Il y voit l'opportunité d'asseoir sa popularité en ciselant des compositions toujours plus abouties telles que *Keep On Pushin', People Get Ready, This Is My Country, Choice Of Colors...* Toutes ces chansons rencontrent un puissant écho dans les quartiers noirs et les ghettos désoeuvrés, prouvant ainsi que l'on peut être funky tout en ayant une conscience politique, sociale et morale. À tel point que le Black Power choisit *We're A Winner* pour en faire son hymne et que le titre *Keep On Pushing* devient l'étendard du *mouvement des droits civiques.* Curtis Mayfield attend 1970 avant de quitter The Impressions pour pouvoir exprimer et revendiquer ses propres convictions, autant esthétiques qu'idéologiques. Il signe un contrat avec le label indépendant Curtom Records qui compte de nombreux artistes soul à son catalogue. En 1972, avec la musique de *Superfly*, autre film mythique de blaxploitation tourné par Gordon Parks Jr (fils du réalisateur de *Shaft*), Curtis Mayfield signe son plus gros succès. De sa voix légère, aérienne et sensuelle, chaloupée en douceur et troublante d'innocence, il assène des propos engagés, pointant du doigt la politique gouvernementale, les difficultés de la communauté noire, les ravages de la drogue, l'état désastreux des ghettos et la mise au ban des défavorisés. Héraut d'une négritude que l'on porte haut et fier, Curtis Mayfield fait entendre sa parole de griot funky tout le long des années 1970 et 1980, enregistrant avec régularité et traversant le pays de part en part pour y délivrer une musique qui ne déroge jamais à l'esprit du blues. Mais, le 14 août 1990, alors qu'il joue sur scène, un projecteur s'effondre sur lui et le laisse paralysé. Désormais, il ne pourra plus jamais jouer de guitare. Tenace et déterminé à ne pas se laisser abattre, Curtis continue de chanter et de composer, mais il doit lutter quotidiennement contre le diabète. Son état s'aggrave lorsqu'il est amputé d'une jambe. En dépit d'un courage exemplaire, il finit par s'éteindre en Géorgie, avec le sentiment d'avoir accompli son devoir, enfin délivré de son calvaire.

Jimi Hendrix (1942-1970)

Complètement autodidacte, James Marshall Hendrix apprend la guitare en écoutant Chuck Berry, Eddie Cochran, ainsi que Robert Johnson, Muddy Waters et B. B. King. Il trouvera ses premiers emplois avec des artistes de blues et rhythm'n blues : B. B. King, Wilson Pickett, Curtis Knight, Ike & Tina Turner, Little Richard, Sam Cooke… Installé à New York en 1965, il joue dans le quartier de Greenwich Village jusqu'au jour où le bassiste Chas Chandler l'invite à venir se produire en Angleterre. À Londres, le guitariste monte son premier trio, le Jimi Hendrix Experience avec Noël Redding (elb) et Mitch Mitchell (dms). Le succès obtenu avec le titre *Hey Joe* annonce une gloire qui pourtant s'avérera douloureuse. Malgré un noyau dur de fidèles qui le suivent inconditionnellement, il sera toujours confronté à une certaine incompréhension ou du moins à une certaine méprise sur ses réelles intentions musicales. Les succès des albums *Axis Bold as Love* (1967) et *Electric Ladyland* (1968) le placent sans conteste en tête de tous les guitaristes et le conduisent devant des foules qui n'attendent de lui que la partie la plus visible de son art (débauche du volume sonore, chorus avec les dents ou avec la guitare dans le dos, exploitation extrême de l'électricité, tenues vestimentaires psychédéliques, provocation sexuelle…). Mais avant toute chose, Jimi Hendrix s'inscrit dans la longue tradition du blues et se réapproprie des spécificités culturelles noires investies par la musique commerciale blanche. Et si l'on accorde souvent plus d'importance à son spectaculaire travail de soliste, Hendrix est aussi (et peut-être principalement) un rythmicien exceptionnel qui joue sur les flottements et les placements décalés, aidé en cela par des doigtés complexes et personnels, développés sur des grilles harmoniques simples qu'il rehausse en tournant autour de l'accord, en choisissant des notes intermédiaires au bord de la rupture, manipulant avec une maîtrise inouïe les effets de *feedback, wa-wa,* distorsion, réverbération et larsen. Jimi Hendrix apporte au blues son art de la suspension rythmique et de la démesure sonore, notions certes préexistantes mais qu'il magnifie avec une provocation particulièrement notable lorsqu'il met en lambeau l'hymne américain *(Star Spangled Banner)* au festival de Woodstock. Qu'il soit accompagné d'une rythmique exclusivement noire (Billy Cox et Buddy Miles) ou mixte (Billy Cox et Mich Mitchell), Jimi

Hendrix ne trouve pas toujours les partenaires dignes de se hisser dans ses sphères. Les derniers mois de sa vie seront vécus dans le doute et il envisage une nouvelle orientation musicale. Il côtoie des musiciens de jazz : John McLaughlin, Dave Holland et Buddy Miles avec qui il grave une *jam session* improvisée, encore jamais éditée. Fan de Roland Kirk depuis longtemps, le guitariste sent qu'il lui faut se débarrasser de cette image restrictive que l'industrie du spectacle réclame et il projette de travailler avec le tandem Miles Davis - Gil Evans. Mais le rêve est brisé à Londres dans un mélange fatal d'alcool et de barbituriques. Dernier « flash » pour ce guitariste culte qui a laissé le monde musical sous électrochoc.

Donny Hathaway (1945-1979)

Destin tragique que celui du flexueux et fervent Donny Hattaway, né à Chicago. Tout a pourtant commencé de la façon la plus paisible. Une éducation religieuse auprès de sa grand-mère dans l'église du quartier, des études de piano à Lake Saint Louis dans le Missouri et un talent très tôt repéré qui lui donne accès à la Howard University de Washington, voilà quelques éléments fondateurs qui pourraient presque en faire un modèle d'équilibre. Mais le jeune homme ne passera que trois ans à la faculté, bouillant d'impatience à l'idée de rejoindre le Ric Powell Trio avec lequel il vivra ses premières émotions musicales. Il n'attend pas son diplôme pour partir à la conquête du monde et retourne à Chicago en 1967 afin de se faire embaucher par le label Twilight Records. Employé discret, il officie en tant qu'ingénieur du son, réalisateur artistique, puis accompagnateur au piano et enfin compositeur. Cette expérience lui permet de travailler avec The Staple Singers, Aretha Franklin, Curtis Mayfield et Jerry Butler. Affuté par ces nombreuses heures vécues en studio, il propose un projet personnel à la maison de disques Atco en 1970. Il y publie son premier album *Everything Is Everything* sur lequel il signe deux chansons qui seront des classiques de son répertoire : le titre éponyme, puis *The Ghetto*, plaidoyer lascif à la gloire des quartiers noirs. Il obtient le respect de la profession et des critiques, et il lui faut attendre la parution de son deuxième album pour rencontrer les faveurs du public. C'est également en 1971, qu'il enregistre *You've Got A Friend*, en duo avec Roberta Flack, une amie qui a partagé les mêmes bancs que lui à la Howard University et qu'il tient en haute estime. Poussés par les records de vente du single, ils décident de produire un LP sous leurs deux noms. La chanson *Where Is The Love ?* est un triomphe commercial et la collaboration est honorée d'un Grammy Award. Donny Hathaway brille sur tous les fronts. On lui commande une musique de film (*Come Back Charleston Blue*), un thème pour une série télévisée. Simultanément, il réunit des bandes de concert et publie son album *Live*, une intense captation publique, reflétant parfaitement sa capacité à communier autant avec ses musiciens qu'avec l'auditoire. Après cet album qui constitue probablement son plus beau témoignage, Donny plonge soudain dans une dépression terrifiante. Il est régulièrement hospitalisé, subit des traitements lourds et sa santé décline sous l'effet des psychotropes. La période est douloureuse pour cet artiste fragile, d'une sensibilité exacerbée, porteur d'un désespoir dont la cause reste un mystère. Plus de cinq ans d'absence, de silence et de repli l'éloignent de la scène, des studios et de ses amis. Il retrouve cependant Roberta Flack entre 1977 et 1978 pour partager le micro autour du titre *The Closer I Get To You*. Le succès du single est fulgurant, le duo est accueilli avec encore plus d'enthousiasme qu'auparavant. Donny Hathaway semble sorti d'affaire, l'avenir lui sourit à nouveau. Mais les démons intérieurs resurgissent. On retrouve son corps écrasé sur le bitume de New York. La fenêtre de sa chambre, au quinzième étage de l'hôtel Essex, est restée ouverte. La thèse du suicide est officiellement retenue. Roberta Flack ne comprend pas ce qui a bien pu se passer, le public est sous le choc et la soul music se remettra difficilement d'une aussi lourde perte.

Al Green (1946)

Attention, séducteur incandescent ! L'irrésistible Al Green est de cette engeance redoutable des lamineurs d'émotions et des pourfendeurs d'âmes. Issu d'un milieu très modeste, ce fils d'un métayer de l'Arkansas est le sixième d'une fratrie de dix enfants. À l'âge de neuf ans, il forme les Green Brothers avec trois de ses frères, un quartet vocal dans la grande tradition du negro spiritual, copieusement émaillée d'accents gospel. Au milieu des années 1950, la famille déménage à Grand Rapids dans le Michigan. Le jeune Al Green fonde un nouveau groupe vocal avec des amis de lycée. Parmi eux se trouvent Curtis Rogers et Palmer James, les créateurs d'un petit label indépendant. Leader incontesté, Al Green (and The Soul Mates) enregistre un titre pour la marque de ses compagnons de route. Premier titre, premier tube. Le prodige défraie aussitôt la chronique. C'est à ce moment charnière que le chanteur rencontre un homme providentiel. Le producteur Willie Mitchell (1928-2010), surnommé « Papa Willie », est un des responsables du label Hi Records à Memphis. Il prend Al sous sa protection et veille sur la plupart des séances. En s'appuyant sur l'oreille aiguisée et la science orchestrale du réalisateur, Al Green enchaîne les hits à une cadence effrénée : *You Say It, Right Now- Right Now, I Can't Get Next To You, Tired Of Being Alone, Let's Stay Together, You Ought To Be With Me, I'm Still In Love With You, Call Me, Here I Am, Sha La La, L-O-V-E...* La liste est tout simplement insensée. La voix puissante et enjôleuse, contrôlée à la perfection, survole omniprésente au-dessus d'une ligne de basse en acier trempé qu'enveloppent des claviers finement tissés, des guitares incisives et des sections de cuivres déployées à foison. Le 18 octobre 1974, un drame domestique vient interrompre cette ascension. Mary Woodson, compagne d'Al Green, lui jette de la pâte de maïs bouillante sur le corps alors qu'il se dirige vers la douche. Il hurle de douleur, la brûlure est très grave. Mary s'enfuit, s'enferme dans la chambre et se suicide. D'après les conclusions de l'enquête, la femme, psychologiquement perturbée, aurait agi de la sorte à la suite d'un refus de demande en mariage qu'elle aurait faite au chanteur. Cette tragédie marque profondément Al Green qui y voit un signe de Dieu. Il prie et s'en remet au Seigneur. Son retour à la religion est radical. Il achète une église et décide d'être ordonné pasteur du Full Gospel Tabernacle à Memphis. Al Green a changé, sa musique suit la même voie de la rédemption. Il dit adieu aux hit-parades, aux paillettes du rhythm'n'blues et à sa collaboration avec Willie Mitchell. Il fonde son propre label pour y enregistrer des thèmes exclusivement gospel et il réserve sa voix aux offices religieux. Vers la fin des années 1980, il refait quelques incursions dans le domaine profane, notamment un duo avec Annie Lennox. Quand il est d'humeur joueuse, il lui arrive d'alterner une production rhythm'n'blues avec un enregistrement sacré. Le Révérend Al Green tourne régulièrement à travers les États-Unis, soutenu par un orchestre d'une douzaine d'éléments dont ses trois filles Rubi, Kora et Alva au choeur, car chez Al Green, la foi dans la musique et le Christ s'accompagne aussi d'un petit business familial non négligeable. Avec l'âge, il ne se résout pas à renoncer aux longues pérégrinations mais l'essentiel de ses prestations se déroulent dans la chaleur de son temple. En attendant de rejoindre son Seigneur, Al Green reste maître de son destin et l'Esprit demeure intact.

Motown : l'empire contre-attaque

Face à la soul défendue par les labels Atlantic et Stax, va se dresser un empire qui, au départ, n'est rien d'autre qu'un petit label de Detroit monté par Berry Gordy, un ouvrier noir des usines Ford. Avec un flair aiguisé, un grand sens du marketing et des conceptions musicales très précises (voix legato des chanteurs solistes, violons et cuivres arrangés avec un soin précieux, rythmiques propices à la danse sans toutefois envahir l'espace, basses fondamentales au seul service de la scansion…), Berry Gordy va produire des artistes qu'il destine autant au public blanc que noir. Rien ne sera laissé au hasard (prise de son, tenues de spectacles, chorégraphie, distribution…). Les studios de la Motown (et de ses sous-marques) vont affirmer une identité stylistique grâce au travail indéfectible de musiciens de séances souvent anonymes mais d'un professionnalisme rompu à toute épreuve (le bassiste James Jamerson, les batteurs Benny Benjamin, Uriel Jones et Richard Allen, les guitaristes Robert White, Eddie Willis ou Joe Messina, les claviéristes Eral Van Dyke ou Johnny Griffith…). Motown va produire des groupes vocaux de très grande qualité : les Miracles, les Supremes d'où sortira la vamp Diana Ross, les Four Tops avec Levi Stubbs, Martha and the Vandellas avec Smokey Robinson, Mary Well and the Marvelettes, les somptueux Temptations, les Commodores d'où émergera le chanteur Lionel Richie, et bien sûr les Jackson Five, célébrissime fleuron d'un catalogue déjà richement fourni. Avec les cinq frères Jackson (Jackie, Tito, Jermaine, Marlon, Michael et Randy), Gordy va pulvériser les hit-parades et mener des campagnes de promotion publicitaire orchestrées avec une stratégie implacable (posters, badges, tee-shirts, fan club, vidéos, shows télévisés…). Motown est le berceau de Michael Jackson (1958-2009) qui réalisera plus tard la carrière que l'on sait chez Epic, sans jamais oublier tout ce qu'il doit à Berry Gordy. Quitte à froisser quelques puristes, on ne peut passer sous silence la méga-star internationale de la musique noire qui, malgré une dépigmentation hasardeuse et une métamorphose plastique frisant la paranoïa, n'en est pas moins inscrite dans le sillage de ses illustres prédécesseurs. Danseur génial tel Bill « Bojangle »

Robinson ou James Brown, showman aguerri, chanteur et compositeur inspiré, homme d'affaires avisé comme Cab Calloway, Louis Jordan, Nat King Cole ou… James Brown, cet enfant-roi du show business perpétue la tradition d'une déjà longue litanie d'*entertainers*. Mais, entre tous, les deux artistes qui symbolisent à merveille l'école Motown dans toute sa variété et sa subtilité sont les chanteurs Marvin Gaye et Stevie Wonder.

Marvin Gaye (1939-1984)

Formé à l'école du gospel, ce fils de pasteur, né à Washington DC, ne tarde pas à se frotter au monde profane en participant à des groupes de doo-wop, notamment les Rainbows. Après son service militaire, il travaille avec les Marquees qui deviennent vite les Moonglows, sous la direction de Harvey Fuqua (comp, arr, prod). Ce dernier lui permet d'entrer dans la très active écurie de Motown où Marvin Gaye devient le batteur des Miracles jusqu'en 1961, date à laquelle il entame une carrière de chanteur. En solo, ou en duo avec Mary Wells, Kim Weston, Tammi Terrell et Diana Ross, il va gravir toutes les marches de la reconnaissance professionnelle puis des *charts* internationaux dans un subtil mélange d'élans mystiques et d'évocations sexuelles, de puissance et de fragilité, de suavité et de cris blessés. Personnage magnifiquement ambigu, partagé entre une religiosité épidermique et une sensualité mystique, Marvin Gaye va obtenir la consécration en 1971 avec l'album *What's Going on* et représenter du même coup l'image du parfait *platine lover*. Pour travailler en toute autonomie et mener à bien ses conceptions musicales, il n'hésite pas à rentrer en conflit avec la direction de Motown. Une lutte d'indépendance qui lui donnera la possibilité de s'imposer à la fois comme compositeur, producteur, instrumentiste et chanteur. Superpositions de voix, contrepoints entrelacés, rythmiques dépouillées, mélodies étirées et harmonies langoureuses, ses derniers opus publiés chez Columbia (avec la complicité de son mentor Harvey Fuqua) renforceront cette image de séducteur lascif et désespéré, objet de désir délicat, tour à tour proche et distant. Le soir du 1er avril 1984, le torride et ténébreux Marvin Gaye est tué à coups de revolver par son père, au cours d'une querelle familiale dont les causes sont restées assez obscures. Les mystères de la foi sont insondables.

Stevie Wonder (1950)

Pianiste et aveugle comme son aîné Ray Charles, le jeune Steveland Morris né dans le Michigan, commence sa carrière à neuf ans sous le haut parrainage de

Berry Gordy qui le rebaptise «Wonder» (Merveille) et prend un pari sur l'avenir en lui faisant enregistrer ses premiers 45 tours. Harmoniciste et pianiste, mais avant tout chanteur à la voix ingénue, gorgée de swing, le jeune Mozart de la soul, que l'on baptise «Little Genius» en référence à Ray Charles, grave quelques disques sans grand succès jusqu'à ce que le titre *Fingertips* soit propulsé tout en haut des hit-parades rhythm'n blues. Stevie Wonder gardera cette image d'enfant prodige tout au long des années 60, obtenant un nouveau triomphe avec le disque *12 Years-Old Genius* ou des reprises de succès comme le fameux *Blowin' in the Wind* de Bob Dylan. Jusque-là chapeauté par la direction artistique de Motown, Stevie Wonder décide de prendre en charge la totale production de ses œuvres à partir du début des années 70. Une émancipation obtenue par contrat qui lui permet de composer et peaufiner ses enregistrements sans intervention extérieure. Bourreau de travail, enfermé nuit et jour dans son studio, capable de jouer presque toutes les parties instrumentales sur multi-pistes (piano, synthétiseurs, batterie, basse, percussions et machines programmables, chœurs), il va réaliser des albums toujours parfaitement construits autour de mélodies toujours inventives, mais c'est avec *Songs in the Key of Life,* double album dédié à la mémoire du Duke et en hommage au peuple noir, qu'il grave son chef-d'œuvre absolu. Après ce diptyque miraculeux, il lui sera difficile (voire impossible) de faire mieux. Entre des tournées toujours très attendues et des disques produits avec soin, Stevie Wonder gère désormais une carrière qui parfois n'échappe pas à la monotonie ou à certaines facilités, mais qui ne néglige jamais ses préoccupations politiques et sociales toujours présentes dans son œuvre (apartheid, date anniversaire de la mort de Martin Luther King, relations inter-raciales...).

Les années funk

Les années 70 sont partagées entre plusieurs directions. D'une part, la permanence d'un rhythm'n blues-soul de qualité défendu par des personnalités bien installées tels James Brown, Aretha Franklin, Stevie Wonder... ; d'autre part, l'apparition de nouvelles voix qui viennent assurer la relève du courant comme Randy Crawford, Whitney Houston, Chaka Khan, Anita Baker, Bobby Womack et sa famille nombreuse, Roberta Flack, Millie Jackson, l'acrobatique Al Jarreau à qui le jazz doit beaucoup (et l'inverse est encore plus vrai)… ; puis, phénomène regrettable, l'explosion du disco, genre mastodonte et sirupeux avec Donna Summer en égérie et Barry White en étalon. Cependant, plusieurs groupes vont se constituer pour revitaliser l'énergie, la souplesse et le balancement sensuel dans ce que l'on appelle désormais le « funk ». Mot ancien déjà rencontré précédemment (voir chapitre « Cool et hard-bop ») qui revêt une connotation sexuelle, en opposition aux indigences rythmiques du disco mais avec assez d'adresse pour s'inspirer de son simplisme efficace. Une situation parfois équivoque, à la frontière floue, dont le parrain James Brown dira : « Le disco n'a aucun sens… C'est une très petite partie du funk, la partie répétitive et superficielle… C'est facile pour les artistes d'en faire, car justement il n'y a rien à faire […]. Les compagnies adorent le disco parce que c'est une musique de producteurs. Pas besoin d'artistes, les machines sont dociles et ne réclament pas d'argent. Le disco est une affaire d'avocats, de juristes… Et il a tué la musique vivante. »

Les groupes de funk se multiplient, tels les Commodores, Slave, Kool and The Gang, Cameo, Graham Central Station, The Gap Band…, ainsi que les formations à coloration plus jazz que sont Defunkt du tromboniste Joseph Bowie, les Headhunters ou les Sound Systems d'Herbie Hancock, certaines formations d'Ornette Coleman et, évidemment, de Miles Davis…

Entre tous ces groupes réunis sous l'étiquette funk, nous en retiendrons trois qui s'imposent comme des références historiques et les justes reflets d'un style au visage contrasté.

Sly Stone (1944)

De son vrai nom Sylvester Stewart, le tonitruant Sly Stone enregistre son premier disque à quatre ans, se produit avec un groupe de son école, devient ensuite disc-jockey, s'amuse quelque temps à faire le producteur pour le label Autumn, puis monte un groupe intitulé les Stoners, rebaptisé sans tarder Sly and The Family Stone lorsqu'il signe chez Columbia en 1966. Pionnier du funk dont il assume la double paternité avec James Brown, Sly chante d'une voix un peu traînarde aux tonalités caustiques, entre une nonchalance réelle et un cynisme feint. Empruntant largement au rhythm'n blues mais aussi au rock, au country et aux groupes psychédéliques californiens, la Familly Stone est un groupe multi-racial dont la mixité délibérément affichée participe des mouvements revendicatifs des années 60. Le rêve ne durera pas longtemps et s'effondrera avec les déceptions des luttes noires, laissant le maître de cérémonie Sly en deuil de sa famille Stone hétéroclite et un peu folle.

Earth, Wind & Fire

Sous les baguettes de Maurice White, les éléments déchaînés du groupe Earth,Wind & Fire vont faire de sérieux ravages dans les *charts* tout au long des années 70 et au début de la décennie suivante. Orchestre phare de la musique funk, le légendaire Earth, Wind & Fire est avant tout l'œuvre et la volonté d'un homme. Batteur né à Memphis mais élevé à Chicago, Maurice White a frappé ses tambours pour la compagnie Chess derrière les vedettes maison Fontella Bass, Muddy Waters, Etta James ou Chuck Berry. Il tournera ensuite pendant quatre ans avec le pianiste Ramsey Lewis. C'est à Los Angeles durant l'année 1971 qu'il décide de monter le groupe Earth, Wind & Fire avec le soutien de son frère Verdine, bassiste élastique et d'une rigueur métrique redoutablement efficace. Producteur, auteur-compositeur, chanteur, batteur et joueur de kalimba, Maurice White va indiquer et contrôler toutes les options esthétiques du groupe. Richesse des chœurs, contraste des voix *lead* dans une opposition finement dosée entre la profondeur de timbre du batteur et le falsetto très haut perché de Philip Bailey, lignes de basse mobiles et virevoltantes, retenues par la scansion martelée de la grosse caisse, l'ouverture scintillante de la charleston et un *after beat* nettement marqué sur la caisse claire, synthétiseurs à vocation sidérale, riffs de guitare nerveux, attaques tranchées et arrangements luxuriants de la section des cuivres tenue par les Phoenix Horns, le groupe Earth Wind & Fire constitue un modèle du genre si l'on veut avoir une idée précise de la musique funk. Versé dans l'astrologie et l'égyptologie, Maurice White a souvent privilégié l'emphase scénique et l'imagerie ésotérique au profit d'une musique qui flirte parfois avec la facilité. Revenu à de meilleures intentions, il réapparaîtra en force au début des années 90, avec ses trois éléments fondamentaux que sont la terre pour la force tellurique, le vent pour le souffle cuivré et le feu pour consumer les passions…

Parliament, Funkadelic, etc…

Le funk connaît son expérience communautaire et ses utopies avec les sympathiques et frénétiques délires de la tribu du chanteur George Clinton, alias Dr Funkenstein, honoré aussi du titre de Supreme Maggot Minister of Funkadelia. Entouré du bassiste Bootsy Collins (ex-accompagnateur de James

Brown) et du claviériste Bernie Worrell, le surréaliste George Clinton va réunir des dizaines de musiciens dans diverses formules dont le culte du funk est le dénominateur commun : Parliament, Funkadelic, Bootsy's Rubber Band, The Brides of Funkenstein, The P. Funk all Stars, Mutiny, The Bridesmaids... Frisant parfois le mauvais goût (ou y plongeant délibérément avec une réelle jubilation), les prestations publiques de ces divers groupes mettent en avant une excentricité provocatrice et une anarchie spectaculaire où toutes les influences sont brassées avec une ironie mordante, une débauche de costumes bariolés et surréalistes, une profusion de références éclatées qui vont donner vie à un funk où se mêlent le gospel psychédélique, le rock biscornu et les divagations sexuelles, la soul démente et la bande dessinée, les langages grotesques et désopilants. Cette nef des fous du funk prendra l'eau dans les années 80 et le chanteur Prince épongera quelques dettes dans lesquelles commençaient à se noyer le Dr Funkenstein.

Le rap : détournement de sons

Phénomène violemment controversé, le rap est aujourd'hui la manifestation musicale la plus populaire au sein de la communauté noire. La culture *hip hop*, née dans les ghettos noirs urbains, est accompagnée d'un rituel extrêmement codé dont les danses réalisées à même le trottoir *(break dance, smurf...)*, ainsi que les postes de radio-cassette portatifs *(ghettoblaster)*, les graffitis *(tags)* et les tenues vestimentaires (baskets montantes, casquettes à visière sur la nuque, etc.) sont les traits les plus spectaculaires, exhibés comme autant de signes de reconnaissance et d'appartenance. Au-delà de l'aspect anecdotique de ce mouvement de mode, les rappers issus du *hip hop* veulent avant tout une remise en cause des notions artistiques préexistantes et lancent un véritable défi aux conventions esthétiques. Une fois encore, la communauté de couleur allume une mèche qui n'est pas près de s'éteindre.

Après la relaxe des policiers qui ont tabassé le chauffard récidiviste noir Rodney King (frappé à terre vingt-six fois en 81 secondes selon l'expertise de la vidéo prise par un témoin), les émeutes qui vont éclater à Los Angeles en 1992 se solderont par cinquante-quatre morts et près de deux mille blessés. Mais dans cette actualité douloureuse, on constate davantage une révolte exprimant la frustration plutôt qu'une véritable rébellion sociale. Pillages de magasins (vêtements, vidéos...) et assassinat de commerçants d'origine asiatique ont révélé la réaction épidermique d'une population à la fois aliénée par un mode de vie proposé par les médias blancs et frustrée de ne pouvoir y accéder. Nous n'assistons donc plus à une révolte pour les droits civiques et à un réveil de la conscience noire mais plutôt à la réaction d'une jeunesse qui définit désormais son identité africaine à travers une culture politique autonome où la publicité, la destruction des structures parentales, la faillite des systèmes scolaires et le fantasme des séries télévisées alimentent un complexe d'exclusion toujours plus important. Pour la communauté de couleur, les inégalités se sont accrues durant l'ère Reagan : diminution des crédits sociaux, analphabétisation, criminalité, problèmes de santé, drogue, chômage, manque de logements... Les chiffres sont suffisamment éloquents et, une fois n'est pas coutume, laissons parler quelques statistiques :

– 34 % de Noirs vivent au-dessous du seuil de pauvreté contre 5 % de Blancs.

– le revenu familial noir atteint 58 % du revenu familial blanc, soit 21 000 dollars pour une famille noire et 37 000 dollars pour une famille blanche.

– le taux de chômage dans la communauté noire dépasse 13 % alors qu'il n'est que de 5,5 % dans la communauté blanche.

– le meurtrier noir d'un Blanc risque dix fois plus souvent la peine de mort que si la victime est noire.

– la communauté noire représente 12 % de la population du pays et fournit 45 % des prisonniers.

En s'exprimant dans la grande tradition noire des griots d'Afrique occidentale, des prêcheurs de l'Église, des *field hollers* et des *street hollers,* les rappers renouent avec le sermon, l'incantation et les cris de désespoir d'une communauté blessée et humiliée. D'autres, avant eux, ont utilisé le procédé et il suffit d'écouter les fondateurs historiques (bluesmen, vocalistes de gospel et de rhythm'n blues confondus) pour trouver les premières traces du rap. Cette forme moderne du radicalisme et de l'urgence verbale a ses pionniers. En 1970, paraît à New York le premier disque d'un groupe inconnu : The Last Poets. Trois poètes scandent leurs textes incendiaires comme autant d'appels à la révolte noire et à l'insurrection armée. Trois voix folles de rage face aux arrestations et aux assassinats des leaders des Black Panthers par le FBI. Le disque des Last Poets est interdit sur les radios, mais la force des textes, soutenus exclusivement par des congas, est telle qu'il s'en vendra plus d'un million d'exemplaires. Les trois membres originaux sont : Alafia Pudim, Omar Ben Hassen et Abiodun Oyewole. Au cours de l'histoire du groupe, le personnel connaîtra diverses modifications mais Alafia Pudim, devenu Jalal Udin Mansur Nuridin après une conversion à l'islam, en restera le leader incontesté et le seul élément fixe.

Un autre grand personnage va apporter sa pierre philosophale à l'édifice du rap naissant. Il s'agit de Gil Scott-Heron, dont l'art du *spoken word* (que l'on peut traduire littéralement par « mot parlé » mais qui signifie davantage « poésie orale ») est maîtrisé à un tel niveau d'exigence stylistique et de sensibilité épidermique qu'il trouve peu d'équivalent à cette époque pionnière de l'incantation urbaine. Un homme dont l'existence a souvent été semée d'embûches et pavée de désillusions, mais toujours chargée d'une vibrante humanité, peuplée d'envolées visionnaires et de frissons salvateurs. Un homme rare.

Gil Scott-Heron (1949-2011)

L'esprit et le corps, une mère bibliothécaire et un père footballeur professionnel, voilà qui marquent une ascendance. Le petit Gil naît à Chicago de cette union entre une jeune Américaine lettrée et un sportif professionnel d'origine jamaïcaine. Mais le couple divorce et l'enfant est envoyé chez sa grand-mère Lillie Scott, à Jackson dans le Tennessee. L'air du Sud est doux mais Lillie n'est pas éternelle et, à treize ans, Gil part rejoindre sa mère à New-York. L'adolescence dans la zone du Bronx puis dans le quartier de Chelsea le marque au fer rouge. Il y côtoie les réalités de sa communauté et décèle vite tout ce qui se cache sous les apparences. Il écrit des poèmes, des nouvelles, des bouts de textes qui l'accompagnent et le soutiennent. Après des études secondaires à la De Witt Clinton High School et à la Fielston High School, il obtient une bourse pour s'inscrire à la Lincoln University, située en Pennsylvannie. Ce choix n'est pas innocent. Gil Scott-Heron veut suivre les traces d'un poète et romancier qu'il vénère, le fameux Langston Hughes (1902-1967) qui est issu de la communauté noire et dont il connaît toute l'oeuvre. Pendant ses études, Gil écrit davantage. La rencontre du pianiste et flûtiste Brian Jackson, également étudiant à la Lincoln, lui donne l'opportunité de mettre ses textes en musique. Conjointement, il achève un recueil de poèmes et un premier roman *The Vulture* (*Le Vautour* – Points Seuil), une oeuvre sombre en plusieurs tableaux qu'il parviendra à faire publier en 1969. Période faste puisqu'il signe, l'année suivante, son premier album chez Flying Dutchman, sous l'impulsion du brillant producteur Bob Thiele. En publiant *Small Talk At 125th And Lennox*, Gil Scott-Heron pose les fondations d'une oeuvre prophétique et d'une poésie acérée dont il ne dérogera jamais. Sur fond de congas et bongos, il y martèle ses mots avec ferveur et frappe juste : « Il y a trois siècles, j'étais un esclave ; il y a dix ans, j'étais un nègre ; aujourd'hui, je suis un homme noir, citoyen de seconde classe... ». Gil défie le micro et frotte sa plume pour dénoncer une société américaine vérolée par la cupidité, l'inculture, le racisme, le conservatisme politique, l'inertie de la middle-class noire, les méfaits de la drogue. *The Revolution Wil Not Be Televised, The Subject Was Faggots, Whitey On The Moon*..., autant de pierres précieuses déversées généreusement par celui que l'on baptise « The New Black Poet ». L'année suivante, il sort un autre roman *The Nigger Factory*, mais surtout *Pieces Of A Man*, un nouvel album moins scandé, plus mélodique, mais tout aussi puissant. Les *sidemen* ont pour nom : Ron Carter (b), Bernard Purdie (dms), Hubert Laws (fl), Bert Jones (elg) et, en maître de cérémonie, Brian Jackson (p) avec lequel il entame une longue et fructueuse coopération. Le son oscille entre jazz et soul, les paroles sont taillées au scalpel et le maître de la déclamation s'avère être un brillant chanteur : *Home Is Where The Hatred Is, Pieces Of A Man, I Think I'll Call It Morning, Lady Day And John Coltrane*... Toujours la même force de frappe, mais il n'y a jamais rien de militant. Pas de pensums massifs, de propositions sclérosées par les diktats. Gil Scott-Heron libère sa parole du poids contraignant des idéologies en vogue. Sa poésie est dégagée, refusant d'être niaisement engagée, tour à tour dépoitraillée et rigoureuse, affranchie et référencée, souvent teintée d'une ironie mordante, d'une compassion moqueuse ou d'une distanciation caustique. Il en sera toujours ainsi au fil des diverses productions qui suivront. Jusqu'au début des années 1980, il poursuit son travail de salubrité morale avec des chansons qui claquent et caressent, bousculent et renversent comme *The Bottle* (*Winter In America*, 1974), un de ses succès les plus importants, mais aussi *Johannesburg* (*From South*

Africa To South Carolina, 1975), *We Almost Lost Detroit* (*Bridges,* 1977), *Angel Dust* ou *Three Miles Down* (*Secrets,* 1978), *Your Daddy Loves You* (*Real Eyes,* 1980), *Grandma's Hands* ou *Is That Jazz ?* (*Reflections,* 1981). Lui qui a si ardemment dénoncé la drogue et ses ravages, tombe cependant dans le piège. Peut-être est-il trop vulnérable, trop tendre, trop sensible aux désastres du monde, trop violemment meurtrie par la médiocrité ambiante. Quoi qu'il en soit, il connaît le destin réservé à ceux qui plongent dans l'addiction. Gil Scott-Heron, considéré comme le père de la protest soul et du rap, celui que le gouvernement américain met à l'index et décrit comme « le plus dangereux musicien vivant », va traverser un désert de solitude, de silence et d'abandon, entre séjours en prison, errances affectives, course aux produits et dégradation physique. En 1994, il a tout de même la force de sortir l'album *Spirits,* plus feutré, presque apaisé, avec un texte dédié aux rappeurs (*Message To The Messengers*) à qui il reproche certaines facilités ou certains comportements, mais il ne tient pas à leur donner une leçon de morale. Il se contente de leur infliger une leçon de style. Puis à nouveau, il disparaît du circuit. On le dit au bout du rouleau, entre alcool et cocaïne, et atteint du sida, ce qui sera confirmé plus tard. Gil Scott-Heron est au plus mal mais il reste droit, digne dans le désastre, le regard doux et l'intelligence toujours aux aguets, toujours noble dans la posture. En 2001, il est incarcéré pour consommation de drogues et refus de cure de désintoxication. Le crack et la cocaïne le rongent lentement. Il est trop lucide pour ne pas savoir que la fin de son histoire est déjà écrite. Dans un ultime sursaut, comme resurgi de nulle part, amaigri, vieilli, usé, il revient avec *I'm New Here* en 2010. Un titre qui en dit long sur son ironie toujours intacte. Entre électro, jazz et folk, Gil n'a plus la qualité de voix d'antan ni les mêmes facilités rythmiques, mais il réussit le tour de force de captiver encore, peut-être davantage, en jouant sur la brisure, le grain de la gorge, la fragilité de l'expression. L'accueil critique est excellent, les fans de la première heure y croient à peine. Gil Scott-Heron est enfin de retour, il jette ses derniers feux sur la scène, mais, à bout de souffle, épuisé, il s'éteint sans colère dans un hôpital new-yorkais. Nul doute que son oeuvre à la perfection formelle – où l'on ne trouve pas de déchets contrairement à certains porte-paroles rattrapés par l'affairisme – lui survivra longtemps et s'affirmera au fil des décennies comme le témoignage d'un homme hors du commun qui avait tout compris de son époque. Gil Scott-Heron nous manque cruellement. Il y a ainsi des artistes pour lesquels on peut se permettre d'être dithyrambique. Rien n'est assez excessif quand il s'agit de louer leur vertu.

Dans la mouvance directe des Last Poets et de Gil Scott-Heron, les rappers vont mêler l'usage de nouveaux procédés électroniques à une vocalisation déjà traditionnelle. Né dans les rues des ghettos ou les parcs publics, dans les discothèques ou les caves *underground,* le rap est souvent pratiqué sur deux platines tourne-disques reliées à une petite table de mixage multipistes. Le DJ (disc-jockey) manipule le matériel pendant que le MC (maître de cérémonie) délivre son texte la plupart du temps improvisé. Le DJ emploie différentes techniques pour intervenir sur les plages des disques et provoquer des interférences, des bruitages, des collages, des fractures ou des relances rythmiques. Le *scratch mixing* consiste à superposer ou mixer les sons d'un disque sur ceux d'un autre disque ; le *punch phrasing* reprend l'esprit du riff en faisant sauter l'aiguille sur une phrase musicale pour créer un *gimmick* répétitif imprimé sur le déroulement de l'autre disque ; le *scratching* consiste simplement à rayer le disque avec l'aiguille pour obtenir un son grinçant. Toutes ces techniques peuvent bien sûr être combinées entre elles et la qualité des variantes détermine souvent le talent du DJ. Là où le jazz emprunte pour transfigurer, le rap s'approprie pour recycler. C'est encore plus vrai avec l'utilisation de l'échantillonnage *(sampling)* numérique des sons, des bruits et des voix. L'appropriation du contenu peut porter autant sur les tubes populaires de la musique noire que sur la musique classique, le hard rock, les génériques de la télévision, les *jingles* publicitaires, les commentaires de reportages ou des fragments de discours de Malcolm X et de Martin Luther King. Détournement de sons plutôt que simple pillage, le rap reprend en compte tout l'héritage musical mais refuse d'y voir une forme figée, permanente et intouchable. Les rappers des ghettos veulent simplement prendre leur revanche, comme le clame le groupe Public Enemy dans son titre *Can't Trust it :* « Je vais te raconter une histoire noire / Encore plus hardcore que l'holocauste / Une histoire qui dure encore / Je sais d'où je viens, du continent premier / Envahi et souillé par ceux qui nous ont arnaqués / À cause de ça maintenant je dois payer / Mais les haïs ont appris la haine, d'où les gangs… / Les esclaves tombent par centaines /Le sang qu'ils perdent, c'est le mien / J'ai mal pour eux, mon âme est encore esclave / Je prie Dieu, et en moi je sens la rage / Je prie de pouvoir tuer celui qui tient le fouet. »

Ces thèmes figurent majoritairement dans la production discographique des rappers. L'idée selon laquelle les Noirs seraient victimes d'un génocide fait son chemin. Livrés depuis trop longtemps à la décomposition économique, à la violence des gangs qui s'affrontent pour contrôler le marché de la drogue (on parle de mille gangs où se répartissent 150 000 Noirs et Hispaniques pour la seule ville de Los Angeles, avec une moyenne de trente armes à feu par gang et une arme blanche par membre), les nouvelles générations du quartier de Watts à L.A., du South Side à Chicago ou du Bronx à New York recrutent par le verbe et la musique rap les bataillons du nouveau radicalisme noir. Un potentiel de colère cynique que l'on retrouve dans ce refrain du rapper Ice T *(New Jack Hustler)* : « J'ai une migraine capitaliste / Faut que j'me fasse du fric / Baise mon cul et fais péter le champagne / Me balance pas ta morale / Tu me vois bosser dans une entreprise… / J'aime la dope et les présidents assassinés / La fin justifie les moyens, le système veut ça / On me l'a dit à l'école, j'avais rien et je voulais tout / J'ai ma bande avec moi, on est les rois / On a trop de cash, mon obsession c'est les kilos et les devises / Un cauchemar ? Combien le rêve américain ? » Ainsi va le rap, fruste et colérique, obscène et réaliste, violent et désabusé, dernier avatar d'une musique populaire noire toujours prête à rebondir, à réagir (souvent), à se réjouir (rarement), vivante, vivace, vivifiante, et dont voici quelques-uns des héros : Ice T, L.L. Cool, Run DMC, Public Enemy, Fat Boys, D.C. Basehead, Jazzy Jeff & The Fresh Prince, Stetsasonic, Melle Mel, Big Daddy Kane, Kool Moe Dee, Arrested Development, mais aussi MC Pooh, Too Short, Eric B & Rakim, Kris Kross, Naughty by Nature, DelaSoul, 2 Live Crew, Tone Loc, Tupak Shakur, Dr Dre, Notorious B.I.G., Puff Daddy, Snoop Dog, The Roots, A Tribe Called Quest…

Rhythm'n swing'n bop'n cool'n rock'n soul'n funk'n rap'n blues

Dans le blues et le jazz, comme dans tous les courants de la musique noire qui en résultent, l'heure des bilans n'est jamais venue. Seules les perspectives comptent. Le rap en fait désormais partie. Son évolution rapide due à une commercialisation bien gérée par les maisons de disques amène le mouvement à se faire piller à son tour. En envahissant les publicités télévisées, les émissions de variétés, bref, en s'édulcorant au passage des caisses enregistreuses et des machines à sous de l'industrie phonographique, le rap tel qu'il existait au début des années 90 a forcément évolué vers des formes que l'on ne soupçonnait pas encore à ses débuts mais dont on devinait les contours, notamment dans la recherche d'interventions instrumentales humaines et dans un recalibrage mélodique qui penche du côté du jazz.

Le rhythm'n blues est un invraisemblable chassé-croisé d'influences. Alors que James Brown est toujours sur la brêche avec son album *Universal James* (1993), on voit arriver le jeune groupe londonien Jamiroquai qui reprend l'esprit de la Motown avec une pointe de son très *british*, les gentillets Charles & Eddie tentent de faire oublier des duos que l'on avait connus plus gaillards du temps de Slim & Slam, alors que le guitariste Keziah Jones parvient à imposer un blues funk qui rappelle (ce qui est un comble) l'existence d'un rock noir. Plus que jamais les étiquettes sont hasardeuses et ne revêtent aucun sens, mais les maisons de disques s'acharnent à trouver de nouvelles cases où classer des artistes dont les projets musicaux sont de plus en plus diffus.

Difficile et hasardeux de définir exactement ce que font les chanteurs Bobby Brown et Omar, ou leur exquise collègue Sade, tout comme le prometteur Tevin Campbell et la déjà confirmée Siedah Garrett, le groupe vocal Shai inspiré des groupes *doo wop* mais dans une version beaucoup plus musclée. Encore plus malaisé de situer la fantastique chanteuse Mary J. Blige entre rap, funk et soul, tout comme les prodigieuses Erykah Badu et Jill Scott qui ne cessent de dévoiler leurs vertus au fil des saisons... Il faudra donc attendre que le temps fasse décanter les choses pour savoir si la soul britannique représentée par Neneh Cherry, Soul II Soul, Massive Attack ou Seal n'est qu'un feu de paille; si le raggamuffin de Shabba Ranks, Cobra ou Cocoa Tea tiendra aussi longtemps que le reggae mystique du magnifique Bob Marley; si l'acid jazz anglais de Galliano, Brand New Heavies, Young Disciples ou Gang Starr est vraiment une chose sérieuse, tout comme les électrobruitistes de garage que sont les musiciens techno...

Bien au-dessus de ce maelström, il existe des musiciens qui ont compris depuis longtemps que tout était dans tout (et inversement). Nous bouclerons donc la boucle avec deux musiciens de générations et de formations différentes, mais dont les parcours sont moins paradoxaux qu'il n'y paraît. Tous deux alimentés des mêmes influences, ils partagent une même connaissance profonde de la musique et de la culture noire américaine, le même sens de la continuité historique et la même volonté de brassage, la même admiration pour le jazz et pour Miles Davis en particulier, la même ouverture d'esprit vers les mouvements issus de la rue, le même goût pour l'argent, le pouvoir et les jolies femmes. Bref, ces deux hommes que l'âge aurait pu éloigner, l'un né au début des années 30, l'autre à la fin des années 50, incarnent le même désir de reconnaissance et d'innocence retrouvée.

Quincy Jones (1933)

Le rêve américain doit exister, Quincy Delight Jones l'a rencontré. Né à Chicago, il étudie sérieusement la musique avant de trouver son premier emploi de trompettiste chez Bumps Blackwell, puis Jay McShann et Lionel Hampton (1953). Arrangeur de studio, il affûte sa plume pour différentes productions dont la célèbre rencontre entre Clifford Brown et Helen Merrill, et participe ensuite à une tournée du big band de Dizzy Gillespie en 1956. L'année suivante, il s'installe en France, travaille pour la maison de disques Barclay (Henri Salvador, Charles Aznavour), arrange entre autres un album des Double Six, tout en étudiant avec Nadia Boulanger. Entre 1958 et 1961, Quincy dépense toute son énergie (et quelques subsides) dans un grand orchestre qui compte dans ses rangs Zoot Sims, Phil Woods, Clark Terry, Joe Newman, Harry Edison, Kenny Burrell, etc. (*The Birth of a Band,* 1959). Engagé par Irving Green, président de Mercury, Quincy Jones va être le premier Noir à occuper des fonctions de direction dans une importante compagnie blanche. Il réalise alors de nombreux albums de variétés, de rhythm'n blues (Ray Charles), sans pour autant négliger le jazz avec des artistes tels que Sarah Vaughan, Billy Eckstine, Frank Sinatra, Ella Fitzgerald et Count Basie... Progressivement, il va mettre ses talents d'arrangeur au service d'artistes soul et devenir l'éminence grise de nombreuses productions (Aretha Franklin, Roberta Flack, Al Jarreau...). Sa participation à la direction artistique d'une séance, l'à-propos de ses arrangements et ses conseils pertinents constituent la plupart du temps un gage de réussite. Mais c'est avec l'album *Thriller*

(1982) de Michael Jackson que cet homme de l'ombre, déjà bardé de distinctions et entouré d'estime, va réellement connaître une notoriété internationale. En collaboration étroite avec l'ingénieur du son Bruce Swedien, Quincy Jones va jouer du studio comme on dirige un orchestre. Aucune finesse technologique ne lui échappe, aucune sophistication électronique ne l'effraie. Habile, patient, en pleine communion avec les artistes qu'il dirige, coloriste aux nuances larges, allant sans complexe du gospel à l'*electro-beat*, en passant par les violonnades cotonneuses ou les guitares *heavy metal*, Quincy Jones est un Pygmalion heureux. Grâce au phénoménal succès de Michael Jackson, il monte sa propre maison de production QWest, située à Los Angeles, et poursuit son œuvre de catalyseur avec Patti Austin, Donna Summer, James Ingram, George Benson… et de découvreur de talents avec Siedah Garrett et le jeune Tevin Campbell à qui il prédit une carrière digne des plus grands. En 1989, la parution de son album *Back on The Block* va faire l'effet d'une bombe. Pour l'occasion, il réunit un plateau historique où l'on retrouve tout un condensé de la musique noire, du be-bop au hip hop, soit Ella Fizgerald, Dizzy Gillespie, Sarah Vaughan, Miles Davis, James Moody, Herbie Hancock, Joe Zawinul, George Benson, Al Jarreau, Bobby McFerrin, Barry White, James Ingram, Chaka Khan, Take Six… Pour Quincy Jones, une certaine idée du rêve américain existe bel et bien.

Prince (1958-2016)

Un père pianiste de jazz (John Nelson) et une mère fascinée par Billie Holiday, le jeune Roger Nelson naît à Minneapolis (Minnesota) dans un de ces quartiers noirs du Midwest où le gospel, le blues, le jazz, le rhythm'n blues et le rock se côtoient sans complexe. Un premier enregistrement publié en avril 1978 *(For You)*, lui permet de se faire remarquer et de dévoiler ses dons de multi-instrumentiste. Enfermé dans la solitude d'un studio pendant cinq mois, il a composé, arrangé et enregistré toutes les parties instrumentales (guitares, claviers, basses, batterie, percussions et voix) d'un album encore frais et naïf, mais qui le place déjà parmi les surdoués de sa génération. Avec les albums suivants, notamment *Dirty Mind* (1980), *1999* (1982) et *Purple Rain* (1984), il va trouver un ton personnel où les influences de James Brown (pour le bois de chauffe), Jimi Hendrix (pour l'électricité), Marvin Gaye (pour les veillées chaudes et tamisées), Louis Jordan (pour l'ébriété), George Clinton (pour l'orgie) et bien sûr Little Richard (pour la dualité sexuelle) sont clairement revendiquées sans pour autant en faire un clone ou un quelconque hybride du rhythm'n blues. Prince, qui se baptise ainsi en raison de l'appartenance de son père au Prince Rogers Trio, va s'imposer avec force, entouré de son groupe Revolution où les charmantes Wendy Melvoin (elg) et Lisa Coleman (keyb) sont particulièrement mises en avant. Tournées monstres et mises en scène grandioses, succession d'albums peaufinés avec un perfectionnisme presque pathologique au point de refuser *in extremis* la publication d'un disque qui ne lui convient pas (*The Black Album,* en 1988, sauvé de la destruction et vendu illégalement sous le manteau), maxi-singles expérimentaux, tournage de films *(Purple Rain, Under The Cherry Moon, Graffiti Bridge...),* création d'une énorme structure d'édition, de production avec son propre label Paisley Park, lancements d'artistes (souvent féminines), vidéo-clips à gros budget, collaboration avec Miles Davis, il s'est passé tellement de choses importantes autour de ce lutin-monarque qu'il semble impossible d'en dresser la liste complète. En une seule décennie, Prince a déjà bâti sa légende, entretenu les rumeurs et connu ses scandales telle la publication du resplendissant album *The Jam* (1993) sorti en deux versions, une plutôt « soft » expurgée du titre *Sexy Motherfucker,* une autre plus « hard », c'est-à-dire intégrale. Car Prince dérange, effarouche, agace ou provoque la morale des Américains « bien-pensants ». Pattes de velours ou toutes griffes dehors, plainte extatique, souffle tentateur, murmure orgastique, râle libérateur, Prince gère son propre mythe et s'en amuse. Il laisse dire, toujours secret dans ses exhibitions, toujours énigmatique dans son libertinage. Un mystère qu'il entretient avec jubilation sur le titre *I Would Die 4 U (Purple Rain)* lorsqu'il chante « Je ne suis pas une femme, je ne suis pas un homme, je suis quelque chose que vous ne comprendrez jamais ». Il y a effectivement quelque chose qui dépasse l'entendement dans le charisme princier, quelque chose de surnaturel, comme une volonté chaste d'atteindre le sexe des anges, un trouble incomparable qui faisait l'admiration du ténébreux Miles Davis : « Prince est très gentil, très timide, et c'est un petit génie. Il sait ce qu'il peut faire et ne pas faire, en musique comme dans tout le reste. Il s'entend avec tout le monde parce qu'il réalise les illusions de chacun. Il a ce côté vulgaire, un peu mac et pute fondus dans la même image, ce côté travesti. Mais quand il chante ses trucs classés X, à propos de sexe et de femmes, il le fait avec une voix haut perchée, presque une voix de fille. Que je dise « Va te faire foutre » à quelqu'un, on appelle la police. Prince le dit, avec sa voix de fille, tout le monde trouve ça mignon. Et il reste un mystère pour beaucoup. Lui et Michael Jackson sont faits du même bois. Mais comme son nom le dit, quand on le connaît, c'est vraiment un prince. »

Lexique

De nombreux termes issus de l'anglais et du vocabulaire musical sont ici rassemblés pour permettre au lecteur de se familiariser avec le langage codé couramment employé dans le monde du jazz. Sans être exhaustive, cette liste succincte aidera ceux qui, au long des chapitres, pourraient buter sur des mots utilisés de façon parfois exclusive dans la musique afro-américaine.

A capella. Chant (une ou plusieurs voix) sans aucun accompagnement instrumental.

Accentuation. Mise en valeur d'une note, d'un temps ou d'un ensemble de sons.

Accord. Production simultanée de plusieurs sons.

Ad lib. (latin, *ad libitum.* Trad. : à volonté). Jouer de façon improvisée sans tenir compte de la structure harmonique ou mélodique.

After beat (trad. : *après le temps*). Temps faible ou contretemps. Le deuxième et le quatrième temps dans une mesure à quatre temps (4/4). L'*after beat* est particulièrement marqué dans le jazz (notamment celui consacré à la danse où l'*after beat* est mis en valeur par la cymbale charleston), en opposition aux critères de la musique occidentale où dominent les temps forts (1er et 3e temps d'une mesure 4/4).

After hours (trad. : *après les heures*). Rencontres de musiciens après leurs concerts habituels, la plupart du temps tard dans la nuit, pour expérimenter de nouvelles formes musicales ou jouer sans contraintes (et sans cachets).

All-in (trad. : *tous ensemble*). Reprise du thème principal d'un morceau par tous les membres d'un orchestre, après les chorus improvisés.

All stars (trad. : *tous vedettes*). Orchestre constitué exclusivement de célébrités du jazz.

Altération. Signe placé à côté d'une note pour en modifier la hauteur sans en changer le nom. Le dièse élève la note d'un demi-ton, le bémol la baisse d'un demi-ton et le bécarre annule les altérations précédentes.

Appoggiature. Note d'ornement qui précède la note réelle.

Arpège. Exécution successive (et non simultanée) de toutes les notes d'un accord.

Arrangement. Transformation d'une œuvre musicale écrite ou orale pour plusieurs voix ou instruments. Élaboration d'une architecture sonore souvent liée à l'orchestration et à la restructuration du morceau.

Arrangeur. Musicien qui écrit un arrangement et détermine la couleur musicale d'un orchestre.

Atonalité. Système moderne d'écriture où les douze tons de la gamme chromatique sont égaux et où les accords sont autonomes et neutres. En opposition au système tonal, où la musique est écrite dans un ton déterminé, fidèle aux règles de l'harmonie.

Background. Trame sonore, écrite ou improvisée, tissée par les instruments mélodiques d'une formation pour soutenir l'exécution d'un solo.

Ballade. Morceau lent, souvent nostalgique et puisé dans le répertoire populaire, sur lequel les instrumentistes ou les chanteurs peuvent mettre en valeur tous les aspects de leur personnalité.

Beat (trad. : *temps, unité d'une mesure*). (Voir *after beat*). Le *down beat* est le premier temps de la mesure. Le *two beats* signifie le fait d'accentuer les temps forts et le *four beats* consiste à marquer tous les temps. La manière de battre la mesure détermine la pulsation d'un morceau (voir la définition de swing).

Be-bop (ou bop). Courant musical apparu au début des années 40, en réaction au jazz classique d'avant-guerre.

Big band. Grand orchestre de jazz dont l'effectif est variable (entre 15 et 20 musiciens). La plupart du temps constitué de trois sections instrumentales (anches, trombones et trompettes) et d'un trio ou quatuor rythmique.

Binaire. Musique où la décomposition de chaque temps se fait en deux parties égales. Formule rythmique surtout employée dans le jazz-rock ou la musique afro-cubaine (voir *ternaire).*

Blindfold test (trad. : *épreuve des yeux bandés*). Consiste à écouter un disque et à en reconnaître les interprètes, le morceau et la date d'enregistrement sans consulter la pochette. Passe-temps favori des amateurs exégètes du jazz.

Block chords (trad. : *bloc d'accords, accords groupés*). Style pianistique apparu au début des années 40 grâce à Milt Buckner. Technique consistant à unir les deux mains pour frapper des accords de quatre, cinq sons ou plus et reproduire l'effet de puissance des sections de cuivres.

Blues. Forme de musique négro-américaine née vers la fin du XIXe siècle aux États-Unis.

Blue note (trad. : *note bleue*). Notes particulières (troisième et septième degrés de la gamme) infléchies d'un demi-ton vers le grave. Altération de la gamme permettant de traduire certains climats émotionnels.

Bluesy. Teinté de blues ou proche de l'esprit du blues.

Bœuf. Équivalent français de la *jam session* (voir ce mot). «Faire» ou « taper le bœuf» est une expression familière couramment employée par les musiciens de l'hexagone.

Boogie-woogie. Style pianistique issu du blues et développé dans les années 20. La main gauche emploie des figures répétitives (huit croches par mesure) tandis que la main droite dessine des phrases mélodiques sous forme de riffs (voir ce mot). Également, musique de danse rythmée et rapide.

Bopper. Musicien de be-bop. Par extension, se dit parfois d'un auditeur adepte du bop.

Bottle neck (trad. : *goulot de bouteille*). Bouteille utilisée à l'origine par les guitaristes de blues pour glisser le long des cordes à la place de la main gauche afin d'obtenir des sons vibrants et nasillards. Aujourd'hui, tube de métal que l'on passe à l'auriculaire pour effectuer les glissandos.

Break (trad. : *cassure*). Phrase mélodique ou fantaisie rythmée, jouées sans l'accompagnement de la section rythmique (en fin de phrase ou début de chorus). Le *break solo* est dû à un seul instrumentiste, le *break orchestral* est exécuté par plusieurs musiciens ensemble, et le *break blanc* est un arrêt soudain de toute la section rythmique.

Bridge (trad. : *pont*). Passage musical qui vient s'insérer à l'intérieur d'un thème. Dans une structure classique de 32 mesures du type A A B A, la partie B constitue le bridge (appelé aussi pont ou *middle part*).

Chabada. Onomatopée utilisée par les musiciens français pour désigner le rythme ternaire basique des batteurs.

Charleston. Cymbale double actionnée par une pédale, élément souvent utilisé de façon continue par les batteurs en jazz classique. Désigne aussi une danse vive et soutenue, très en vogue dans les années 20.

Chase (trad. : *chasse*). Échange et joute musicale entre des solistes de la même famille instrumentale lors d'une *jam session.*

Chicago. Jazz des années 20 très proche du style nouvelle-orléans, essentiellement joué par des musiciens blancs tels Bix Beiderbecke, Mezz Mezzrow, Eddie Condon,etc.

Chiffrage. Système anglo-saxon de notation des accords consistant à désigner la fondamentale de l'accord par une lettre de l'alphabet (A = *la,*

B = *si,* C = *do,* D = *ré*...) AM^7 = *la* septième majeur ; A^{b5+} = *la* bémol quinte augmentée, etc. Conventions désormais universelles.

Chorus (trad. : *chœur* ou *refrain*) Solo instrumental ou vocal, variation improvisée sur la structure harmonique d'un thème défini.

Chromatique. Qui procède par demi-tons consécutifs. Opposé à diatonique. Il y a douze demi-tons entre une note et son octave immédiate.

Coda. Partie qui finit un morceau après le chorus et le dernier exposé du thème.

Combo (dérivé de l'anglais : *combination*). Petite formation de jazz ne dépassant jamais neuf musiciens (en général entre cinq et huit membres).

Contretemps (Voir *after beat*).

Cool (trad. : *frais*). Tendance du jazz apparu dans les années 50 sur la côte ouest. Opposé à *hot* (voir ce mot).

Degré. Position d'une note par rapport à la tonique (ou fondamentale).

Deep South (trad. : *Sud profond*). Les États du Sud qui se réunirent en confédération avant la guerre de Sécession. Région où est né le jazz.

Diatonique. Qui procède par tons et demi-tons consécutifs. Opposé à chromatique.

Dirty (trad. : *sale*). Adjectif utilisé pour qualifier une sonorité instrumentale volontairement transformée et parfois « enlaidie » pour en accroître l'expressivité. Parmi les différents procédés employés : paumes des mains sur le clavier, sourdine pour accentuer le raclement d'une trompette, couinement d'anche, etc.

Dixieland (trad. : *terre de Dixies,* autrement dit *terre du Deep South*). Style nouvelle-orléans, souvent joué par des orchestres de musiciens blancs.

Drums (trad. : *tambours*). Batterie. Le *drummer* est le batteur et le *drumming* la façon dont il joue de la batterie.

Feeling (trad. : *sentiment*). Capacité d'émotion, façon personnelle et intime d'interpréter la musique.

Flare up (trad. : *rappel*). Note ou accord tenus par un musicien en fin de solo. Souvent pour annoncer une improvisation collective.

Free jazz (trad. : *jazz libre*). Style de jazz apparu dans les années 60. Musique sans conventions harmoniques ni contraintes rythmiques, où les musiciens dialoguent, improvisent et s'expriment en toute liberté.

Front line (trad. : *première ligne*). Les musiciens qui ne font pas partie de la section rythmique. Essentiellement les instrumentistes mélodiques.

Funk. Musique populaire fondée sur une rythmique binaire, souvent électrique et synthétique, issue du rhythm'n blues et où domine un balancement propice à la danse.

Funky (argot. trad. : *vieux, périmé*). Forme de jazz qui eut cours dans les années 50-60 et dont le pianiste Horace Silver fut le principal représentant. Blues, chants d'évangiles et swing y sont fondus dans une interprétation profonde et généreuse. Se dit aujourd'hui d'une musique imprégnée de l'esprit *funk,* dans laquelle les contretemps sont accentués.

Fusion (Voir *Jazz-rock*).

Gimmick (trad. : *astuce*). Phrase souvent courte et répétitive, voire obsessionnelle, qui donne un esprit différent et particulier au morceau.

Gospel (trad. : *évangile*). Musique religieuse rythmée, interprétée par la communauté noire des États-Unis.

Groove, in the (trad. : *dans la rainure*). S'emploie quand un orchestre fait tourner un morceau à la perfection, notamment sur le plan rythmique.

Growl (trad. : *grognement*). Sonorité rauque, feulement âpre et rude, parfois grinçant.

Harmonie. Combinaison de sons perçus simultanément. Formation et succession des accords qui sous-tendent la mélodie ou l'improvisation.

Harmonique. Son étranger ou fréquence inhabituelle obtenus à l'aide d'un artifice d'interprétation (corde effleurée sur une guitare ou note sifflante sur un saxophone).

Hard-bop (trad. : *bop dur*). Prolongement du bop dans les années 50 en opposition à la tendance cool. Style très influencé par les rythmes afro.

Hip. À la page, dans le vent. L'amateur de jazz est appelé *hipster.*

Honky tonk (trad. : *bouge, beuglant*). Cabaret ou tripot de La Nouvelle-Orléans où débutèrent de nombreux pianistes de jazz.

Hot (trad. : *brûlant*). Jazz virulent et bouillonnant en vogue dans les années 30. Opposé à *straight* (voir ce mot).

Improvisation. Mode d'expression libre qui consiste à jouer et à composer sur-le-champ, sans préparation préalable. Les jazzmen improvisent souvent des variations mélodiques sur un thème donné et sur une trame harmonique.

Introduction. Partie interprétée avant l'exposition du thème.

Jam session. Réunion de musiciens au cours de laquelle chacun joue et improvise de façon libre et spontanée.

Jazz-rock. Musique apparue après le début des années 70, qui mêle jazz, rock et funk. Rythmique binaire, recherche du son, arrangement carré et haute technicité instrumentale en sont les principaux ingrédients.

Jazzy. Qui se rapproche plus ou moins de l'esprit du jazz. Mot employé souvent pour des musiques fort éloignées du jazz mais qui en montreraient les aspects les plus superficiels tels que la présence de cuivres, la tentative de scat ou des harmonies un peu sophistiquées. Mot excessivement galvaudé.

Jungle. Style rendu célèbre par Duke Ellington. Évocation exotique d'une jungle fantasmagorique par l'utilisation primitive des cuivres et de la batterie.

Lead (trad. : *en tête*) Partie principale dans un morceau orchestré pour plusieurs instruments ou voix. Un *lead man* est un musicien qui joue la voix principale dans une section.

Live (trad. : *sur le vif*). Concert en direct. Un disque *live* est enregistré sur scène lors d'une manifestation en public.

Mainstream (trad. : *courant principal*). Terme américain désignant le jazz fidèle au swing des années 30-40. On dit aussi *middle jazz* pour désigner la musique de la période classique du jazz comprise entre le nouvelle-orléans et le bop.

Middle jazz (voir *mainstream.*)

Middle part (voir *Bridge.*)

Minstrels (trad. : *ménestrels*). Dès le milieu du XIXe siècle, orchestres populaires dont les membres parodiaient les musiciens noirs.

Mode. L'ordre de succession des intervalles (tons et demi-tons) de la gamme détermine le mode. La première note d'une gamme est la tonique. Selon la tonique choisie, on obtient un ordre différent des tons et demi-tons. La musique modale est bâtie sur l'organisation des différents modes possibles.

Modulation. Changement de tonalité au cours d'un morceau.

Mood (trad. : *atmosphère, état d'esprit*). Terme apparu au début des années 30 pour qualifier certaines musiques sophistiquées et subtilement complexes (Duke Ellington). Le mot est devenu peu à peu péjoratif et a fini par signifier la platitude de certains morceaux.

Negro spirituals (voir *gospel*).

New orleans (ou *nouvelle-orléans*). Jazz de la première époque, jusqu'aux années 30. Musique héritée des fanfares et du blues, caractérisée par la prédominance du son collectif et la cohésion rythmique fondée sur une mesure à deux temps (voir *dixieland*).

Phrasé. Ponctuation rythmique par rapport à la mélodie et au tempo.

Pick up band (trad. : *orchestre de rencontre*). Formation de circonstance montée pour une exécution ponctuelle.

Polyphonie. Plusieurs sons ou voix joués conjointement.

Polyrythmie. Plusieurs rythmes combinés dans une même interprétation.

Polytonalité. Plusieurs tonalités employées simultanément.

Pont (voir *bridge, middlepart*).

Ragtime. Style pianistique issu du mariage des airs de danse blancs avec le folklore nègre (fin XIXe, début XXe siècles). Le plus souvent conçu en seize mesures, selon une structure A B A B. Le représentant le plus important du ragtime est le pianiste et compositeur Scott Joplin.

Rhythm and blues. Musique populaire noire, basée sur l'héritage du blues et qui privilégie l'accentuation de l'*after beat* (voir ce mot). Le rhythm'n blues a inspiré largement les pionniers du rock'n roll (voir ce mot).

Riff. Phrase brève mélodique ou rythmique qui vient ponctuer un morceau de façon répétée.

Rim shot. Coup sec frappé avec la baguette sur le bord cerclé de la caisse claire d'une batterie.

Rock and roll. Musique apparue dans les années 50. Version abâtardie et simplifiée d'un mélange niais (souvent rudimentaire) de blues, rhythm'n blues et musique country. Principaux acteurs : Elvis Presley, Eddie Cochran, Bill Haley... Dès les années 60, l'apparition des Beatles a donné au genre ses lettres de noblesse par l'apport de mélodies brillantes. Un autre groupe anglais, les Rolling Stones, a su puiser dans l'héritage noir l'énergie et le feeling qui ont permis la régénération d'un style musical souvent assez puéril.

Scat. Intervention vocale où des onomatopées fantaisistes remplacent les paroles d'une chanson.

Score. Partition. Parties écrites d'une orchestration.

Section. Un orchestre est souvent composé de deux sections. Les cuivres et les anches sont regroupés dans la section mélodique tandis que la batterie, la contrebasse, le piano et la guitare forment la *section rythmique.* Parfois est rajoutée une *section de cordes* constituée de violons, violoncelles et contrebasses, semblable aux orchestres classiques de chambre.

Session. Séance d'enregistrement en studio.

Shouter (trad. : *hurleur*). Musicien (ou chanteur) qui joue avec énergie, puissance ou violence.

Shuffle (trad. : *frottement de pieds*). Anciennement, une danse en usage dans le sud des Etats-unis. Puis figure rythmique utilisée dans le boogie-woogie.

Sideman (trad. : *adjoint, assistant*). Membre d'un orchestre qui n'occupe pas un rôle de leader. Souvent employé pour les musiciens de pupitres des big bands et pour les accompagnateurs des solistes vedettes.

Slap (trad. : *claque*). Technique consistant à frapper ou à gifler les cordes d'une contrebasse ou d'une basse électrique.

Slide. Technique de glissando que les guitaristes, notamment de blues, effectuent avec un bottle neck (voir ce mot).

Soul (trad. : *âme*). Mot s'apparentant à *feeling* ou *funk* (voir ces mots). Style musical populaire, dédié à la danse et très prisé dans la communauté noire à partir des années 60-70.

Sourdine. Accessoire que l'on place devant ou à l'intérieur du pavillon d'un instrument (trompette, trombone, etc.) afin d'en adoucir et d'en modifier la sonorité et le timbre.

Square. Terme d'argot désignant un individu vieux jeu, hors du coup, absolument pas au fait de l'actualité musicale. Une personne qui n'est pas *hip* (voir ce mot).

Standard. Morceau issu du répertoire populaire américain et qui est devenu un classique à force d'être joué et enregistré par les musiciens de jazz.

Stomp (trad. : *empreinte*). S'applique aux morceaux enlevés, rapidement rythmés et particulièrement *hot* (voir ce mot).

Stop chorus. Chorus pendant lequel le soliste n'est plus accompagné par la section rythmique.

Straight (trad. : *droit*). Opposé à *hot.* Le fait de jouer un morceau de façon rigoureuse et carrée, sans jamais s'en écarter et sans aucune originalité.

Stride (trad. : *enjambée*). Style pianistique découlant du *ragtime* (voir ce mot). Le rôle difficile de la main gauche y est prépondérant et consiste à alterner une note basse jouée sur les temps forts avec un accord plaqué sur les temps faibles. Le fondateur du genre est James P. Johnson et le représentant le plus brillant est Art Tatum.

Swing (trad. : *balancement*). Qualité rythmique fondamentale, pulsation propre à la musique de jazz. Définit aussi l'époque dite « classique » à partir des années 30.

Tap dancing (trad. : *danse à claquettes*). Danse très populaire dans les années 30-40. Figures rythmiques exécutées essentiellement avec les pieds. Les chaussures munies de petites plaques métalliques suivent le rythme ou répondent à la mélodie d'un morceau.

Tempo. Vitesse d'exécution. Le respect du tempo, la régularité du mouvement définissent la qualité d'une interprétation.

Ternaire. Formule rythmique propre au jazz consistant à décomposer chaque temps d'une mesure en triolet de croches (c'est-à-dire, la division par trois du temps). S'oppose à la conception binaire où chaque temps est décomposé en deux croches égales.

Thème. Idée mélodique, rythmique et harmonique servant de base aux interprètes et aux arrangeurs. Un morceau de jazz peut être constitué de plusieurs thèmes répartis en couplet, refrain et pont. La structure la plus courante est celle de 32 mesures sous forme de 4 phrases de 8 mesures (A A B A).

Third stream (trad. : *troisième courant*). Mouvement, né à la fin des années 50, consistant à rechercher la synthèse entre le jazz et la musique classique occidentale. Gunter Schuller en est le principal représentant.

Variation. Modification d'un thème par un procédé quelconque (transposition modale, changement de rythme, modifications mélodiques). La variation rythmique est souvent employée afin de transposer sous forme de jazz, des morceaux qui, à l'origine, en était fort éloignés.

Verse (trad. : *couplet*). Partie introductive avant la mélodie.

Vibrato. Procédé technique des musiciens de jazz pour obtenir le tremblement léger et rapide d'un son. Aussi bien utilisé par les instrumentistes que les vocalistes.

Voicing. Manière d'organiser les notes d'un accord sur un instrument harmonique tel que le piano ou la guitare.

Walking bass (trad. : *basse en marche*). Consiste à jouer la ligne de basse à raison d'une note par temps. Procédé d'accompagnement développé dans les années 30-40 et dû à l'initiative du contrebassiste Walter Page.

Washboard (trad. : *planche à laver*). Instrument rudimentaire constitué d'une tôle ondulée que l'on frotte et percute avec des dés à coudre. Ancêtre de la batterie.

Wa-wa. Effet de sons successivement ouverts et fermés, obtenus par l'utilisation de la *sourdine* (voir ce mot). Son obtenu également par les guitaristes électriques grâce à une pédale d'effet branchée entre la guitare et l'amplificateur.

West coast (trad. : *côte ouest*). Tendance du courant *cool* (voir ce mot) développée sur la côte ouest des États-Unis pendant les années 50.

Work song (trad. : *chant de travail*). Mélopée, sans accompagnement, que les esclaves chantaient dans les champs pendant le travail.

Zydeco (déviation du mot français : *les haricots*). Musique du Sud louisianais, correspondant à la tendance noire de la musique *cajun* (les *cajuns* sont les descendants des *acadiens,* colonie française émigrée du Canada vers la Louisiane au XVIIIe siècle, après la conquête anglaise). L'accordéoniste Clifton Chénier en est le principal représentant.

Discographie CD

Cette liste a été établie avec la complicité amicale de **René Colin,** *discographe accompli. Nous ne proposons que les enregistrements actuellement disponibles sur le marché en format Compact Disc et régulièrement distribués. Certaines compilations hasardeuses, des versions « pirates » rares et des « imports » étrangers trop onéreux ont été écartés pour éviter certains doublons et pour des raisons évidentes de coût. Les artistes sont regroupés sous les chapitres dans lesquels ils ont été traités précédemment.*

Des artistes de la période classique (new orleans et swing) ont fait l'objet de travaux de réédition chronologique particulièrement intelligents et consciencieux dans les collections « Classics » et « Masters of Jazz ». Chaque volume de ces intégrales ne mentionnent que les années de production.

Nous avons cependant signalé les séances publiées dans les majors d'origine quand il était possible de le faire. Il va sans dire que la plupart de ces enregistrements sont disponibles en téléchargement sur les sites spécialisés.

Mais avant de brancher les appareils, rappelons-nous ce que déclarait judicieusement le pianiste Billy Taylor dans Jazz Magazine *en mai 1982 : « Si vous devez juger un musicien sur ses disques, vous n'aurez pas une idée très juste de ce qu'il joue, et encore heureux quand il enregistre ! C'est même très injuste de juger les musiciens sur leurs seuls disques. »*

Negro-spiritual et gospel song

Histoire du Negro spiritual et du Gospel

Murderer's Home
Negro Worksongs

Mahalia Jackson
Gospels, Spirituals and Hymns
In the Upper Room
The Mahalia Jackson Story

Golden Gate Quartet
Historical Recording from the Forties and Fifties
Swing Down Chariot

Aretha Franklin
And the Reverend C.L. Franklin, *Songs of Faith*

Abbyssinian Baptist Choir
Shakin the Rafters

Montreal Jubilation Gospel Choir
Glory Train
Jubilation

Arc Gospel Choir
Bound for the Promise Land

Edwin Hawkins Singers
Oh Happy Days

Staple Singers
Pray on

Good News
22 Gospel Greats

Oh Happy Day
80 Gospel Greats

Gospel Songs
Les Plus Beaux Négro Spirituals

Marion Williams
Spirituals

Clara Ward Singers
The Clara Ward Singers

Sister Rosetta Tharpe
Live in Paris 1964

Louis Armstrong
The Good Book

5 Blind Boys of Mississippi
My Desire and *There's a God Somewhere*

The Sensational Nightingales
Heart and Soul and *You Know not the Hour*

Take Six
Doo Be Doo Wop Bop

Blues

Big Bill Broonzy
The 1955 London Sessions
Big Bill Blues
Good Time Tonight

Clarence Gatemouth Brown
Real Life

Blind Boy Fuller
East Coast Piedmont Style

John Campbell
A Man and his Blues

Johnny Copeland
Boom Boom

James Cotton
Live & On the Move

Robert Cray
Bad Influence

Jimmy Dawkins
Feel the Blues

Willie Dixon
Coffret Chess
The Big Three Trio

Champion Jack Dupree
The Death of Louis Armstrong

Snooks Eaglin
Out of Nowhere

Ronnie Earl & Broadcasters
They Call Me Mr Earl

Lowell Fulson
It's a Good Day

Anson Funderburgh
She Knocks Me out
Rack' Em Up

Guitar Slim
The Things that I Use to Do

Buddy Guy
Stone Crazy
Breaking out
Drinking TNT, Smokin' Dynamite

Heartsman
Sacramento

John Lee Hooker
Boogie Chillun
House Rent Boogie
It Serve you Rigth to Suffer
Never Get out this Blues Alive

Lightnin' Hopkins
Texas Blues
Shake it Baby

Walter Horton
Mouth Harp Maestro

Son House
Death Letter

Howlin' Wolf
Howlin' For my Baby

Elmore James
Shake your Moneymaker
Dust my Broom

Blind Lemon Jefferson
The Blind Lemon Jefferson

Robert Johnson
The Complete Recordings

Albert King
Live
Live Wire/Blues Power

B.B. King
Lucille
Spotlight on Lucille
The Best of, vol. 1
The Best of, vol. 2
Live at St Quentin

Earl King
Sexual Telepathy

Freddie King
Texas Sensation
The Best of Freddie King

Lazy Lester
Lazy Lester

Leadbelly (avec W. Guthrie)
Sings Folks Songs

Little Milton
The Sun Masters

Little Walter
Boss Blues Harmonica

Louisiana Red
Always Played the Blues

Magic Sam
West Side Guitar

Magic Slim
Gravel Road

Memphis Slim
Memphis Blues

Bessie Smith
The Complete Recordings, vol. 1 et 2

Muddy Waters
Coffret Chess
Sings Big Bill Broonzy
Rollin' Stone
Hard Again

Fred MacDowell
Mississippi Delta Blues

Professor Longhair
New Orleans Houseparty

Jimmy Reed
Big Boss Man

Duke Robillard
You Got Me

Jimmy Rodgers
That's All Right

Slim Harpo
I'am a King Bee
The Best of

Taj Mahal
The Natch'l Blues
Giant Step/Ole Folks at Home

Sonny Terry/Brownie McGhee
Midnight Special

Big Mama Thornton
Ball and Chain

Stevie Ray Vaughan
In Step

T. Bone Walker
Low Down Blues

Wolfman Washington
Woolf at the Door

Junior Wells
Messin' with the Kid

Bukka White
The Complete Sessions

Big Joe Williams
Shake your Boogie

Sonny Boy Williamson
King Biscuit Time
The Best of

American Folk Blues Festival
American Folk Blues Festival' 65
American Folk Blues Festival

Blues of Alligator
Best of the Blues

Albert Collins
Ice Pickin'
Live in Japan

A. Collins, R. Cray, J. Copeland
Showdown

Hound Dog Taylor
Natural Boogie

Little Charlie & The Nightcats
All the Way Crazy

Kenny Neal
Walking on Fire

Saffire
The Uppity Blueswomen

Koko Taylor
Live from Chicago

Live Chicago Blues vol. 1-4

Ragtime et Stride

Scott Joplin
Elite Syncopations
King of Ragtime Writers

The Greatest Ragtime
Of the Century

Jelly Roll Morton
His Complete Victor Recording
Piano Solo

James P. Johnson
From Ragtime to Jazz
Carolina Shout

Willie Smith « The Lion »
Pork and Beans
Piano Solos

Fats Waller
The Most Important Recording
Thats' Fats
Piano Solos (1929-1941)

New Orleans

Henry Red Allen
1933-1935
1935-1936
1936-1937

Lil Hardin Armstrong
1936-1940

Louis Armstrong
Hot Fives, vol. 1
Hot Fives, Hot Sevens, vol. 2
Hot Fives, Hot Sevens, vol. 3
Louis in New York, vol. 5
Saint Louis Blues, vol. 6
Plays W.C. Handy
Satch Plays Fats
Louis Armstrong and Earl Hines
The Good Book
The Great Reunion
Porgy and Bess
Ella & Louis
Intégrale de 1925 à 1940 disponible dans la collection Classics

Sidney Bechet
1923-1936
1937-1938
1938-1940
1940
1940-1941
The Bluebird Sessions
Olympia Concert 55

Bix Beiberbecke
Singin' the Blues, vol.. 1
At the Jazz Band Ball, vol. 2
Vol. 1 - 1924-1926
Vol. 2 - 1927

Vol. 3 - 1927
Vol. 4 - 1927-1928

Eddie Condon
All Stars (avec Bud Freeman)

Johnny Dodds
1927-1928
1928-1940

Red Nichols
Original Performances (avec Miff Mole)

Jimmy Noone
1923-1928
1928-1929
1929-1930

King Oliver
Coffret 2 CD, Music Memoria
1923-1926
1926-1928
1928-1930
1930-1931

Original Dixieland Jazz Band
The Complete ODJB, 1917-1936
Jazz Band in England (1919-1924)

Kid Ory
Tailgate Trombone (avec Creole Jazz)
New Orleans Jubilee (avec Teddy Buckner)

Pee Wee Russel
Portrait of Pee Wee
Jazz Reunion (avec C. Hawkins)

Jabbo Smith
1929-1938

Jack Teagarden
That's a Serious Thing
The Indispensable

Joe Venuti
Vol. 1, (avec Eddie Lang)

We Dig Dixieland Jazz
(B. Hackett, S. Bechet, J. Marsala, E. Condon...)

Swing

Mildred Bailey
Me and the Blues

Count Basie
The Essential, vol. 1
The Essential, vol. 2
The Essential, vol. 3
April in Paris
Basie at Newport
Live in Japan
Atomic Basie

Don Byas
A Night in Tunisia

Cab Calloway
1930-1931
1931-1932
1932
1932-1934
1938-1939

Hoagy Carmichael
Stardust and Much More

Benny Carter
1936
1937-1939
1939-1940
1940-1941
The Verve Small Group Sessions

Charlie Christian
The Genius of the Electric Guitar

Nat King Cole
The King Cole Trio

Bill Coleman
Great Parisian Session

Tommy Dorsey
Yes Indeed

Roy Eldridge
Uptown (with the Gene Krupa Orchestra)
Little Jazz

Duke Ellington
1924-1927
1927-1928
1928
1928-1929
1929
1929-1930
1930, vol. 1
1930, vol. 2
1930-1931
1931-1932
1932-1933
1933
The Okeh Ellington (1927-1939)
1940's Small Groups
Solo, Duets, Trios
Black, Brown and Beige
Black, Brown and Beige (1958)
Back to Back
Money Jungle
Piano in the Background
First Time, (avec Count Basie)
Far East Suite

Ella Fitzgerald
1935-1937
1937-1938
1938-1939
1939
1939-1940
Sings the Cole Porter Songbook, vol. 1 et 2
Sings the George and Ira Gershwin Songbook
Clap Hands, Here Comes Charlie
Ella in Rome
Ella à Nice
Speak Love (with Joe Pass)

Frank Foster
No Count

Erroll Garner
Penthouse Serenade
The Original Misty
Concert by the Sea
Body and Soul
Dancing on the Celling

George Gershwin
Rare Recordings 1931-1935

Paul Gonsalves - Ray Nance
Just a Sittin and a Rockin

Benny Goodman
Benny Goodman Sextet Featuring Charlie Christian (1939-1941)
Small Groups (1941-1945)
Sing, Sing, Sing

Stéphane Grappelli
1947-1961

Lionel Hampton
1 coffret 4 CD, Music Memoria
Hamp et Getz

Coleman Hawkins
Tenor Giants (compil. avec B. Webster)
Body and soul
Hollywood Stampede
The Hawk's Return
1934-1937
1937-1939
1939-1940

Fletcher Henderson
1924-1925
1925-1926
1926-1927
1927
1927-1931
1931
1931-1932
1932-1934
1934-1937
1937-1938

Earl Hines
Basin Street Blues
Hines Tune

Johnny Hodges
Blues for Madeleine, (avec W.B. Davis)

Billie Holiday
The Quintessential, vol. 1
The Quintessential, vol. 2
The Quintessential, vol. 3
The Quintessential, vol. 4
The Quintessential, vol. 5
The Quintessential, vol. 6
The Quintessential, vol. 7
The Quintessential, vol. 8
Lady in Satin
The Complete American Decca Recording
Lady Sings the Blues
Songs for Distingué Lovers
Integrale Verve
Billie's Blues

Lena Horne
Stormy Weather

Hot Lips Page
1938-1940

Helen Humes
Songs I Like to Sing

Illinois Jacquet
Illinois Flies Again
The Black Velvet

Jo Jones
The Jo Jones Special

Andy Kirk
1938

Eddie Lockjaw Davis
Jaw's Blues

Jimmie Lunceford
1930-1934
1934-1935
1935-1937
1940-1941

Mc Kinney's Cotton Pickers
1929-1930

Glenn Miller
The Popular Recording 1938-1942

Bennie Moten
1923-1927
1929-1930
1930-1932

Don Redman
1933-1936
1936-1939

Django Reinhardt
Souvenirs
War Clouds 1940
Memorial 1910-1953
Swing in Paris, 1936-1940

Luis Russell
1926-1929

Artie Shaw
Beguin the Beguin
Best of Big Bands

Art Tatum
The Complete Pablo Group
The Complete Pablo Solo
The Tatum Group Masterpieces
The Complete Capitol Recording
The Complete Capitol Recording
The V discs
Standards
The Complete Trio Session

Clark Terry
And his Jolly Giants

Benny Waters
Hearing is Convincing

Chick Webb
1929-1934
1935-1938

Ben Webster
Blues for Yolanda
Meets Oscar Peterson
Gone with the Wind
Meets Bill Coleman

Paul Whiteman
A Great Combination

Cootie Williams
The Big Challenge with Rex Stewart

Joe Williams
Joe Williams Sings
Harry Sweets Edison

Mary Lou Williams
Free Spirits
1927-1940

Teddy Wilson
Blues for Thomas Waller
1937-1938
1938
1939
1939-1941

Lester Young
Lester-Amadeus
The President Plays...
Pres et Teddy
Blue Lester
The Master's Touch
Jazz Immortal Series, the Pres

Jazz in V discs
Vol. 1
Vol. 2
Vol. 3

Compilations Jazz Time
Americans and Europeans - Occupation and Liberation
Americans in Paris
- vol. 2 *(1931-1940)*
- vol. 4 *(1935-1939)*
Ellingtonians in Paris (Hodges, Anderson,...) (1950-1964)
Harlem Rhythm (1932-1933)
Hot Club de France, Spécial Quintette à cordes (1936-1939)
Maîtres du jazz français :
Trompettistes, 1930-1941, vol. 1
Saxophonistes, 1937-1944, vol. 2
Swing Accordéon, 1926-1942

Be-bop

Gene Ammons - Sonny Stitt
Boss Tenors

Clifford Brown
The Complete Emarcy Recording
Memorial Album
The Complete Paris Sessions
In Concert (with Max Roach)

Ray Brown
Don't Forget the Blues
The Red Hot

Kenny Burrell
Jazzmen Detroit
Live at the Vanguard

Betty Carter
The Be-Bop Girl
Droppin' Things

Kenny Clarke
The Trio
Telefunken Blues
Bohemia After Dark

Sonny Clark
Cool Struttin
Leapin' and Lopin'

Buddy DeFranco
Chip of the Old Bop

Double Six
Rencontrent Quincy Jones
Dizzy Gillespie and the Double Six

Dizzy Gillespie
The Champ
Groovin High
For Musicians Only
School Days
Duets
Sonny Side Up
The Most Important Recordings
Dizzy Mood's

Dexter Gordon
Our Man in Paris
Dexter Calling
Doin' Alright
Go
Dexter Rides Again
Bouncin' with Dex

Benny Green
Greens
Lineage

Grant Green
The Matador
Born to the Blue

Johnny Griffin
A Blowin' Session
The Cat

Roy Haynes
We Three

Jon Hendricks
Freddie Freeloader

Milt Jackson
Milt Jackson
Opus de jazz
Roll' em Bags
Jackson's Ville

Jay Jay Johnson
The Trombone Master
Jazz Quintet
The Eminent J.J. Jonhson, vol. 1

Hank Jones
Quartet Quintet

Jo Jones
The Jo Jones Special

Duke Jordan
Trio et Quintet
Do it Yourself Jazz

Barney Kessel
Kessel and Friends
Autumn Leaves
Kessel Plays Carmen

Lambert, Hendricks and Ross
The Swingers
Sing a Song of Basie

Howard McGhee
And Milt Jackson

Jackie McLean
Let Freedom Ring
Tippin the Scales
4, 5 and 6
New Soil

Carmen McRae
Carmen Sings Monk
My Greatest Song

Thelonious Monk
The London Collection
Genius of Modern Music, vol. 1 et 2
Straight no Chaser, (1967)
Underground
The Composer
Brillant Corner
Blue Monk
Thelonius Himself
The Way You Look Tonigtht
Giant of Jazz in Berlin

James Moody
Honey

Fats Navarro
Nostalgia
In the Beginning the Bop
Memorial
The Fabulous Fats Navarro, vol. 1 et 2

Newborn Jr
A World of Piano
The Great Jazz Piano

Charlie Parker
The Complete Charlie Parker on Verve
Swedish Schnaps
Bird, the Original Recording
Bird and Diz
Now's the Time
On Dial Completed
At Storyville
Charlie Parker Memorial, vol. 1 et 2
The Charlie Parker Story
The Genius of Charlie Parker
The Bird' Return
Newly Discovered Sides by Charlie Parker
The Greatest Jazz Concert Ever

Cecil Payne
Patterns of Jazz

Joe Pass
Virtuoso

Bud Powell
The Amazing Bud Powell, vol. 1, 2 et 3
Salt Peanuts
Blues for Bouffemont
The Genius of Bud Powell

Red Rodney
Fiery

Sonny Stitt
Sits in With the Oscar Peterson Trio
Autumn in New York
Sonny Side Up

Sarah Vaughan
Sassy Swings the Tivoli
Vocal Classics
The G. Gershwin Songbook, vol. 1 et 2
In the Land of Hi-Fi
Songbook One
Songbook Two
It's You or no One

George Wallington
Trio

Chuck Wayne
The Jazz Guitarist

Kai Winding
Jay and Kai

Jazz West Coast Live
Hollywood Jazz, vol. 1, 2 et 3
(Avec Howard McGhee – Wardell Gray – Dexter Gordon – Hampton Hawes – Sonny Criss – Barney Kessel – Trumy Young – Connie Kay …)

Cool et Hard Bop

Cannonball Adderley
Presenting Cannonball
Somethin' Else
Cannonball and Coltrane
Know What I Mean
Things are Getting Better
Arriving Soon
Bossa Nova
Them Dirty Blues
In Europe

Nat Adderley
That's Nat
Work Song

Monty Alexander
Trio Live at the Montreux Festival

Elek Bacsik
The Electric Guitar of…

Chet Baker
Chet in Paris, vol. 1, 2, 3 et 4
Strollin
The Touch of Your Lips
Diane
The Last Great Concert, vol. 1 et 2
Chet
Plays the Best of Lerner
Let's Get Lost
The Route (with Art Pepper)
Sings Again
Mister B.

Ronnie Ball
All About Ronnie

Kenny Barron
What if ?
Quickstep

Gordon Beck
For Evans Sake

Art Blakey
Midnight Session
1958-Paris Olympia
Les Liaisons dangereuses
A Night in Tunisia
Moanin'
Mosaic
Like Someone in Love
A Night at Birdland, vol. 1 et 2
Au club Saint-Germain
Theory of Art
Caravan
With Thelonious Monk
Blues March
For Minors Only

Bob Brookmeyer
Oslo

Dave Brubeck
Time out
Jazz Goes to College
All the Things We Are
The Last Set at Newport
Moscow Night

Ray Bryant
Plays Basie and Ellington
Montreux 77

Donald Byrd
A New Perspective
Free Form
Byrd in Hand
Byrd's Word
Groovin' for Nat

Charlie Byrd
Jazz Recital

George Cables
Cables Fables

Conte Candoli
Quartet

Ron Carter
Nonet Eight Plus
Where
Heart and Soul

Serge Chaloff
The Fable of Mable

Al Cohn
Cohn's Tones
Body and Soul

George Coleman
Big George
My Horns of Plenty

Buddy Collette
Quintet
Flute Talk

Chris Connors
Cool Chris

Junior Cook
On a Misty Night

Bob Cooper
For All We Know

Stanley Cowell
Sienna
Departure 2

Ray Crawford
Smooth Groove

Harold Danko
Alone but not Forgotten

Miles Davis (première partie)
Birth of the Cool
Volume one
Volume two
Bag's Groove
Round About Midnight
Miles Ahead
Ascenseur pour l'échafaud
Milestones
Porgy and Bess
Kind of Blue
Sketches of Spain
Miles and Coltrane
Someday my Prince Will Come
At Carnegie Hall
Sorcerer
Seven Steps to Heaven
Miles in Antibes
Four and More/My Funny Valentine
ESP
Miles Smiles
Nefertiti

Walter Davis Jr
Scorpio Rising

Paul Desmond
Easy Living
Two of a Mind

Lou Donaldson
Quartet, Quintet, Sextet
The Natural Soul

Kenny Dorham
Afro Cuban
Una Mas
Trumpeta Toccata
Blue Spring

Bob Dorough
Clankin' on Tin Pan Alley

Kenny Drew
Impressions
New York Stories

Teddy Edwards
Mississippi Lad

Don Ellis
Out of Nowhere

Herb Ellis
Jazz Concord
Soft and Mellow
After You've Gone

Bill Evans
Affinity
Alone
Blue in Green
How My Heart Sings
Moon Dreams
Waltz for Debby
You Must Believe in Spring
Intuition
At Shelly's Manne-Hole
At the Village Vanguard
Explorations
Sunday at the Village Vanguard
The Complete Riverside
Intermodulation
At the Montreux Jazz Festival
Consecration I
Quiet Now

Gil Evans
The Individualism of Gil Evans
Heroes
Anti-Heroes
Plays Jimmy Hendrix
Live at Sweet Basil, vol. 1, Part. 1
vol. 1, Part. 2
New Bottle Old Wine

Jon Faddis
Jon and Billy
Legacy

Art Farmer
Foolish Memories
Gentle Eyes
Perception

Vic Feldman
On Vibes

Maynard Ferguson
The Blues Roar
Magnitude
Body and Soul

Tommy Flanagan
Giant Steps
Confirmation

Carl Fontana
The Great Fontana

Mitchell Forman
Only a Memory

Gary Foster
Make Your Own Fun

Curtis Fuller
Blues-ette
Images of Curtis Fuller
Jazztette
Imagination
Jazz… it's Magic !

Larry Gales
A Message from Monk

Hal Galper
Ivory Forest
Portrait

Herb Geller
Stax of Sax
A Jazz Songbook

Stan Getz
Opus de Bop
Chamber Music by Quintet
Voyage
But Beautiful
Stan Getz and Bill Evans
At the Opera House
The Bossa Nova Years
Getz and Oscar Peterson Trio
Getz-Gilberto
People Time
Anniversary
Serenity
Focus
Getz Plays

Jimmy Giuffre
Dragonfly
Flight, Bremen 1961
Fusion, Thesis 1961

Benny Golson
Benny Golson Quartet
Benny Golson

Jimmy Gourley
Good News

Grant Green
The Matador
Feelin' the Spirit
Reaching out

Gigi Gryce
Nica's Tempo

Al Haig
Trio

Jim Hall
Jazz Guitar
Three
All Across the City
Live at Town Hall, vol. 1 et 2

Chico Hamilton
Reunion

Scott Hamilton
The Right Time

Slide Hampton
World of Trombones

Roland Hanna
Perugia

Bill Hardman
What's up

Billy Harper
Destiny is Yours

Wilbur Harden
Mainstream 1958
Tanganyika Strut

Tom Harrell
Moon Alley
Form

Eddie Harris
Echoes of Harlem
Live in Berlin

Gene Harris
Allstar Big Band

Hampton Hawes
Everybody Like Hampton Hawes
High in the Sky

Louis Hayes
The Crawk

Joe Henderson
Inner Urge
Our Thing
Page One
An Evening With…
The Standard Joe

Woody Herman
Blowin up a Storm
Blues on Parade

John Hicks
Friends Old and New
Two of the Kid

Andrew Hill
Point of Departure
But not Farewell
Eternal Spirit

Richard Holmes
Grovin' with Jug

Shirley Horne
The Garden of the Blues
Close Enough for Love

Freddie Hubbard
Hub Cap
Times are Changin
Open Sesame
Out Post
Minor Mishap
Topsy

Bobby Hutcherson
Oblique
Total Eclipse

Ahmad Jamal
At his Very Best
Live at Pershing, Spotlite and Alhambra
At the Pershing
Live in Paris

Bobby Jaspar
At Ronnie Scott's

Pete Jolly
Sweet September
Little Bird

Hank Jones
Bluebird
Quartet-Quintet

Philly Joe Jones
Mo' Joe

Thad Jones
Mad Thad
Three and One

Clifford Jordan
Firm Roots
Four Play

Sheila Jordan
The Crossing
Sheila

Wynton Kelly
Kelly Blue
Piano

Stan Kenton
New Concepts of Artistry
Rhapsody in Blue

Lee Konitz
Konitz Meets Mulligan
Lone Lee
Jazz a Juan
Motion

Steve Kuhn
Mostly Ballads

Harold Land
Damisi

Michel Legrand
My Funny Valentine

Lou Levy
Nocturne

John Lewis
Private Concert

Mel Lewis
Naturally

Ramsey Lewis
Wade in the Water
Electric Collection

Kirk Lightsey
Shorter by Two

Booker Little
Lookin' Ahead
Out Front

Jackie McLean
New Soil
Tippin' the Scale
Let Freedom Ring

Junior Mance
Smokey Blues

Albert Mangelsdorff
Art of the Duo

Herbie Mann
Yardbird Suite
At the Village Gate

Shelly Manne
Deep People
A Night of the Coast

Charlie Mariano
It's Standard Time, vol. 1 et 2

Ellis Marsalis
Trio

Warne Marsh
Sax of Kind
For the Time Being
A Ballad Album

Roonie Mathews
American Pie

David Matthews
Waltz for Debbie

Helen Merrill
With Clifford Brown and Gil Evans
Collaboration
Cole Porter Album
No Tears, no Goodbyes
Music Makers

Pierre Michelot
Bass and Bosses

Red Mitchell
Three for All
With Jimmy Rowles

Hank Mobley
Soul Station
Workout
Peckin' Time
Straight no Filter
A Caddy for Daddy
Another Workout

Modern Jazz Quartet
Concorde
Django
Pyramid
For Ellington
The Quartet
Place Vendôme

J.R. Monterose
In Action

Wes Montgomery
Round Midnight
Boss Guitar
Full House
Guitar on the Go
The Artistry of Wes Montgomery
The Incredible Jazz Guitar of Wes
So Much Guitar
Tequila
Movin' Wes
Plays the Blues

Tete Montoliu
Tootie's Tempo
Lush Life
Temas hispano americanos
Meditation

Jack Montrose
Blues and Vanilla

Frank Morgan
Gene Mornan Presents

Lee Morgan
Candy
The Sidewinder
Tom Cat
The Gigolo
Search for the New Land

Gerry Mulligan
At Storyville
Reunion
Meets Ben Webster
Getz Meets Mulligan in Hi-Fi
Mulligan Plays Mulligan
Re-Birth of the Cool
Carnegie Hall Concert
What is There to Say ?
Paris-Los Angeles

Oliver Nelson
Sound Pieces

Phineas Newborn Jr
Why My Lady Sleeps
Stockholm Jazz Session, vol. 1

Lennie Niehaus
Patterns

Anthony Ortega
New Dance

Marty Paich
The Picasso of Big Band Jazz
Quartet (with Art Pepper)

Joe Pass
Virtuoso
Appassionato
Autumn Leaves

Art Pepper
With Warne Marsh
Modern Jazz Classics
Meets the Rhythm Section
Gettin' Together

Modern Art
The Art of Art Pepper
The Return of Art Pepper
Two Altos
Surf Ride

Oscar Peterson
Motions and Emotions
Hello Herbie
The Trio
Trio with Milt Jackson
We Get Request
Oscar Peterson Live
Nigerian Marketplace
If You Could See Me Now

Jimmy Raney
Jimmy Raney Visits Paris
Stolen Moments
Duets

Buddy Rich
Tuff Dude

Shorty Rogers
Collaboration

Sonny Rollins
A Night at the Village Vanguard, vol. 1 et 2
Newk's Time
Volume One
Volume Two
Way out West plus
Contemporary Leaders
Don't Stop the Carnival
Falling in Love with Jazz
Freedom Suite
Les Chefs-d'oeuvre
Moving out
Plus Four
Rollins Plays for Bird
Saint-Thomas
Saxophone Colossus
Sonny Rollins with the MJQ
Sonny Boy
Tenor Madness
The Cutting Edge
The Sound of Sonny
Way out West
Work Time
The Bridge
On the Outside
All the Thing You Are
On Impulse

Tony Scott
A Day in New York
Song Heroes

Bud Shank
Misty Eyes

Woody Shaw
Lotus Flower

George Shearing
Plays Cole Porter

Horace Silver
Blowin' the Blues Away
Doin' the Thing
Song for my Father
Finger Poppin'
Horace-Scope
The Cape Verdean Blues
Horace Silver Trio
And the Jazz Messengers
Natives are Restless Tonight

Zoot Sims
Down Home
The Art of Jazz
Zoot at Ease
Tonight Music Today

Jimmy Smith
House Party
The Sermon
Cool Blues

Crazy Baby
Midnight Special
The Cat

Lew Soloff
But Beautiful

Supersax and L.A. Voices
The Complete Edition
The Swingle Singers
Jazz Sebastian Bach
Place Vendôme

Lew Tabackin
Desert Lady

Art Taylor
A. T. S. Delight

Toots Thielemans
For my Lady
Man Bites Harmonica
Live in Netherlands

René Thomas
Guitar Genius

Claude Thornhill
Tapestries

Bobby Timmons
In Person

Charles Tolliver
Grand Max

Lennie Tristano
Live in Toronto
The New Tristano

Stanley Turrentine
Joyride
Wonderland
La Place
That's Where it's at

Dick Twardzik
1954 Improvisation

Cedar Walton
Trio

Bill Watrous
In London, Live 1982

Chuck Wayne
The Jazz Guitarist

Buster Williams
And Hancock, Shorter...

Barney Wilen
Jazz sur Seine
La Note bleue
Paris Moods
Newport'59

Les inclassables

George Russell
The London Concert
Smalltet-Jazz Workshop
So What
Sextet-Ezz-thetics
The Outer View
The African Game
The Stratus Seekers

John Coltrane
John Coltrane et Johnny Hartman
A Love Supreme
Ballads
Crescent
First Meditations
Impressions
Interstellar Space
Japan Concert
Live at the Village Vanguard
The Major Works of John Coltrane
Expression
The Other Village

Mastery of John Coltrane (Jupiter Variation)
Newport (with A. Shepp)
Afro Blue Impressions
Black Pearls
Bye Bye Blackbird, His Greatest Concert Performance
Coltrane
Coltrane Jazz
Coltrane's Sound
Dakar
Giant Steps
My Favorite Things
Soultrane
The European Tour
The Last Trane
Antibes 65-Paris 65
Coltrane/Davis, Live in Stockholm 60
Coltrane/Davis, Live in Copenhagen 60
Live in Stockholm 1963
A Love Supreme, on Concert
Complete Paris Concert 1961
The Legendary Masters

Charles Mingus
3 or 4 Shades of Blues
Blues and Roots
Live at Antibes
Mingus at Monterey
Oh Yeah
Pithecanthropus Erectus
The Charles Mingus Quintet
The Complete Debut Recordings
New Tijuana Moods
The Black Saint and the Sinner Lady
Charlie Mingus Presents Charlie Mingus
Mingus
Reincarnation of a Lovebird
Mysterious Blues
Mingus in Europe, vol. 1 et 2
New York Sketchbook
Abstractions
Live
Jazzical Moods
Mingus Three
Complete Candid
Jazz Workshop
Amsterdam 1964, vol. 1
Paris, TNP 1970
Mingus Ah Um
Shoes of the Fisherman's Wife
Live in Oslo 1964
Trio
Jazz Composers Workshop
Live Châteauvallon 72
Live in Paris, vol. 2
Live in Oslo 1964
Meditation

McCoy Tyner
Tender Moments
Enlightenment
Supertrio
The Real McCoy

Free Jazz

Art Ensemble of Chicago
A Jackson in your House
People in Sorrow
Urban Bushmen
Ancient to the Future
Complete Live in Japan 1984
Naked
The Alternate express
Dreaming of Master Suite
Live at Tokyo Music Joy 90
Thelonious Sphere Monk
Soweto
America-South Africa

Albert Ayler
The First Recording, vol. 2
Black Revolt
Truth in Marching-in
Lorrach and Paris, 1966
Vibrations
Witches and Devils
Spiritual Unity

Gato Barbieri

In New York City
Caliente
Ruby, Ruby
Tropico
Hamba Khale
Under Fire
Bolivia
Chapter One : Latin America
Chapter Two : Hasta Siempre
Chapter Three : Viva Emiliano Zapata
Chapter Four : Alive in New York

Carla Bley

The Very Big Carla Bley Band
Escalator over the Hill
Musique mécanique
Fleur carnivore
Dinner Music
Social Studies
Live
Sextet
Duets

Paul Bley

In a Row
Paul Bley/Nhop
Questions
My Standard
Live Again
Solo Piano
Be-Bop
Paul Plays Carla
Open to Love

Lester Bowie

Serious Fun
My Way
Organizer
Funky T., Cool T.
The 5th Power
All the Magic

Anthony Braxton

One in Two-Two in One
7 Compositions for Trio 1989
Tristano Compositions for Warne Marsh
Dortmund Quartet 1976
What's New in the Tradition
Six Monk's Compositions

Willem Breuker

Baal, Brecht, Handke
Parade

Marion Brown

Back to Paris

Don Cherry

Multikulti
Art Deco
Old and New Dreams-Playing
Codona
Codona 2
Codona 3
Tribute to Blackwell

Ornette Coleman

Dancing in Your Head
Love Call
New York is Now
Free Jazz
Something Else
Tomorrow is the Question

Eric Dolphy

Stockholm Sessions
Vintage Dolphy
Candid Dolphy
Berlin Concerts
The Uppsala Concert, vol. 1
With Champs-Élysées all Stars
Out to Lunch
Far Cry

Leroy Jenkins

The Legend of a Glatson

Roland Kirk

Live in Paris, vol. 1 et 2

Rip, Rig and Panic
We Free Kings

Steve Lacy
Only Monk
The Straight Horn of Steve Lacy

Abbey Lincoln
Straight Ahead
Abbey Sings Billie
You Gotta Pay The Band
The World is Falling Down

David Murray
N.Y.C, 1986
Deep River
Ballads
Remembrances
Shakill's Warrior
David Murray Big Band
Special Quartet
Ming

Sunny Murray`
Indelicacy

Amina Claudine Myers
Salutes Bessie Smith

Newport Rebels
Newport Rebels

Pharoah Sanders
Africa
Moon Child
Welcome to Love
Journey to the One
Shukuru
A Prayer Before Dawn

Archie Shepp
Goin' home
Trouble in Mind
Steam
Soul Song
Looking at Bird
Mama Rose
Body and Soul
A Sea of Faces
Freedom
In Memory of...
Lover Man
Duet Shepp-Dollar Brand

Alan Silva
My Country
Take Some Risks

Sun Ra
Live at Pit-Inn Tokyo Japan
Sunrise in Different Dimensions
Love in Outer Space
A Night in East Berlin
Dancing Shadows

Cecil Taylor
Dark to Themselves
Garden Part. 1
Garden Part. 2
The World of Cecil Taylor
New York City R & B
Silent Tongues
Live in Bologna
Conquistador
For Olim

John Tchicai
Satisfaction

Mal Waldron
Art of the Duo
Songs of Love and Regret

Fusion

John Abercrombie
Animato
Trio Live

Abus
Japanese Bop

Acoustic Alchemy
Early Alchemy

Tuck Andress
Reckless Precision

Patti Austin
Live

Bass Talk (compilation de bassistes)
Volume 1
Volume 2

George Benson
In Concert Carnegie Hall
Bad Benson
The Electrifying
Breezin'
Give Me the Night
Big Boss Band

Bob Berg
Steppin, Live in Europe
In the Shadow

Jerry Bergonzi
Standard Gonz

Jeff Berlin
Champion
Pump it

Brecker Brothers
Collection, vol. 1 et 2

Michael Brecker
Don't Try This at Home
Michael Brecker

Bunny Brunel
Dedication

Gary Burton
Times Like These
Reunion 1990
Crystal Silence

Larry Carlton
Alone but Never Alone
Strikes Twice

Caron-Ecay-Lockwood
Caron-Ecay-Lockwood

Casino Lights
Live at Montreux

Khalil Chahine
Mektoub

Rémy Chaudagne
Amazonians

Stanley Clarke
Schooldays
Hideway
Find out
Live 1976-1977

Billy Cobham
Warning
The Best of...

Michel Cusson
Wild Unit

Jean-Pierre Como
Padre

Chick Corea
Trio Music
Return to Forever
My Spanish Heart
Akoustic Band
Elektric Band
Alive 1991

Larry Coryell
Welcome my Darling
Together
Live Recording 1971

The Crusaders
Street Life
The Golden Years

Eddie Daniels
Mepenthe

Miles Davis (suite)
Filles de Kilimanjaro
In a Silent Way
Bitches Brew
Big Fun
Tribute to Jack Johnson
Pangea
Agartha
The Man with the Horn
We Want Miles
Decoy
You're Under Arrest
Aura
Tutu
Amandla
Dingo
Doo Bop

Alain Debiossat
Dan Mandingue

Al DiMeola
Elegant Gypsy
Tour de force-Live
Electric rendez-vous
Splendido Hotel

George Duke
A Brazilian Love Affair
Clarke/Duke Project

Eliane Elias
Illusions

Peter Erskine
Sweet Soul
Transition

Kevin Eubanks
Shadow Prophets

Robin Eubanks
Karma

Bill Evans (Sax)
Live at the Blue Note
The Gambler

Raphaël Faÿs (et Pierre Blanchard)
Gypsy Touch

Robben Ford
And the Blue Line

Mitchel Forman
What Else

Bill Frisell
Is That You

Steve Gadd
Gaddabout

Eric Gale
In the Shade of a Tree

Frank Gambale
Thunder Form Down Under

Roberto Gatto
Ask-live

Eddie Gomez
Gomez

GRP Super Live
In Concert

Dave Grusin
Havana
Migration
The Gershwin Connection

Don Grusim
No Borders

Guitar Workshop
Tribute to Otis Redding

Omar Hakim
Rhythm Deep

Herbie Hancock
Takin' off
Maiden Voyage
Speak Like a Child
Empyrean Isles
My Point of View
Inventions and Dimensions
Head Hunters
Quartet

Jonas Hellborg
Bass
Group

Scott Henderson
Illicit
Nomad

Allan Holdsworth (avec F. Gambale)
Truth in Shredding

Bob James
One on One
Grand Piano Canyon

Marc Johnson
Bass Desires-Second Sight

Jean-Michel Kajdan
Blue Scales

Steve Khan
Public Access

Koinonia
Celebration
Talk About it

Charles Lloyd
Forest Flower : Live in Monterey
All My Relations
Canto
The Water Is Wide

Eric Löhrer
Trio
Dans le bleu

Didier Lockwood
The Kid
Live in Montreux
Phoenix 90

Paul McCandless
Premonition

John McLaughlin
Adventures in Radioland
Shakti
Electric Guitarist
Extrapolation
Live at the Royal Festival Hall
Friday Night in San Francisco

Mahavishnu Orchestra
Between Nothingness and Eternity
Birds of Fire
Apocalypse
Vision of the Esmerald Beyond

Eric Marienthal
Voices of the Heart

Pat Martino
El hombre

Pat Metheny
80/81
Group Travels
Bright Size Life
First Circle
Offramp
Still Life Talking
Letter from Home
Question and Answer
Song
My Secret Story
Blue Asphalt Live 1977

Bob Mintzer
I Remember Jaco

Alphonse Mouzon
Now

New York Voices
Hearts of Fire

Ray Obiedo
Iguana

Jaco Pastorius
Donna Lee
Jazz Street
Stuttgart Aria
Honestly
Live in Italy
Live in New York City, vol. 1 et 2
Natural
Word of Mouth

John Patitucci
On the Corner

Jean-Luc Ponty
Tchokola
Cosmic Messenger

Return To Forever
Romantic Warrior
Live

Lee Ritenour
Earth Run
Stolen Moments

Thom Rotella
Thom Rotella Band

Joe Sample
Oasis

David Sanborn
Taking off
Voyeur
Hideway
Backstreet

Diane Schuur
In Tribute

John Scofield
Shinola
Time on my Hands
Live

Tom Scott
Flashpoint

Wayne Shorter
Wayning Moments
Night Dreamer
Adam's Apple
Juju
Speak no Evil
Joy Ride
Native Dancer

Dwight Sills
Second Wind

Sixun
Explore
Live
L'Eau de là
Nomad's land

Spyro Gyra
Catching the Sun
Point of View
Collection

Steps Ahead
Magnetic
Modern Times
Steps Ahead

Leni Stern
Secrets

Mike Stern
Upside Downside
Jigsaw
Odds or Evens

Jamaaladeen Tacuma
Pink inc

Uncle Festive
The Paper and the Dog

Miroslav Vitous
Guardian Angels

Chad Wackerman
Forty Reasons

Grover Washington, Jr
Winelight
The Best is Yet to Come
Come Morning
Strawberry Moon

Kazumi Watanabe
To Chi Ka

Sadao Watanabe
Bossa Nova Concert
California Shower

Weather Report
Heavy Weather
Black Market
Mr Gone
8:30 Live

Tony Williams
Springs
Native Heart
Angel Street

Louis Winsberg
Camino

Zawinul Syndicate
Lost Tribes
Black Water

Jazz universel

Rabi Abou-Khalil
Al-Jadida

Ambrose Akinmusire
Prelude To Cora
When The Heart Emerges Glistening

Joey Alexander
My Favorite Things

Geri Allen
Segments

Arild Andersen
Sagn

Franco Ambrosetti
Movie

Ray Anderson
Blues Bred in the Bone

Denis Badault
En vacances au soleil

Gérard Badini
Mister Swing Meets Debussy

Eric Barret
Quartet

Gary Bartz
There Goes the Neighborhood

Richie Beirach
Tribute to Chet

Lionel et Stéphane Belmondo
Influence (avec Yusef Lateef)
For All Friends
Hymne au Soleil

Stéphane Belmondo
Wonderland
The Same As It Never Was Before

Lionel Benhamou
Fruits cuits, fruits crus

Michel Benita
Préférences

Bex-Pino-Teslar
Triple idiome

Gustavo Beytelmann
Corps perdus

Terence Blanchard
Simply Stated
Choices
Emergence

Terence Blanchard-Donald Harrison
Discernment

Jacques Bolognesi
Caravanserail

Anouar Brahem
Barzakh

Pascal Brechet
Song for Sissy

Dee Dee Bridgewater
Keeping Tradition

Donald Brown
Piano Short Stories
Wurd On The Skreet
Enchanté !
French Kiss
At This Point Of My Life
A Poetry Of Standards

Jane Bunnet
New York Duets

Don Byron
Tuskegee Experiments

Michel Camilo
Why not
On Fire
Michel Camilo

Caratini-Fosset
Half Nelson

James Carter
JC On The Set
Chasin' The Gypsy
Layin' In The Cut

Philip Catherine
I Remember You
Moods
Spanish Nights
The String Project-Live in Brussels

Jean-Paul Celea-François Couturier
Passaggio

André Ceccarelli
Dansez sur moi

R. Charmasson-C. Tchamitchian
Caminando

Jean-Louis Chautemps
Jean-Louis Chautemps

Tony Coe - Tony Oxley
Mutty

Avishai Cohen
Adama
Duende

Steve Coleman
Rhythm in Mind
Drop Kick

Denis Colin
Trois

Vincent Courtois
Cello News

Laurent Cugny
Santander

David Darling
Cycles

Jack Dejohnette
Special Edition

Laurent De Wilde
Colors of Manhattan

Michel Delakian
Biarritz

Barbara Dennerlein
Straight Ahead

Senem Diyici
Takalar

Chris Min Doky
The Sequel

Niels Lan Doky
The Truth

Marc Ducret
Le Kodo

Victor Dvoskin
Live in Grenoble

Lisa Ekdahl
Back To Earth

Eliane Elias
Plays Jobim

Andy Emler
Head Gems

Sidsel Endersen
So I Write

David Enhco
La Horde
Layers

Thomas Enhco
Fireflies
Feathers

Christian Escoudé
Live at the Village Vanguard

Boulou Ferré
Trinity

Rachelle Ferrell
Jazz Album

Ricky Ford
Manhattan Blues

Michael Formanek
Wide Open Spaces

Marc Fosset
Crooner

Denis Fournier
Belleville

Paolo Fresu
Angel
Melos
Sonos 'E Memoria
Morph
Stanley Music !

Richard Galliano
New Musette
Spleen
Solo in Finland

Jan Garbarek
Legend of the Seven Dreams
Magico
I Took up the Runes
Star

Renaud Garcia-Fons
Alborea
Navigatore
Arcoluz
Méditerranées

Kenny Garret
Introducing Kenny Garret

Egberto Gismonti
Danca dos escravos
Sol do meio dia
Duas vozes

Michel Godard
Le Chant du serpent

Jerry Gonzalez
Obatala

Simon Goubert
Haïti

Doudou Gouirand
La Nuit de Wounded Knee

Daniel Goyone
Third Time

Haze Greenfield
Five for the City

George Gruntz
Blues'n Dues et Cetera

Tomas Gubitsch
Contra vientos y mareas

Trilok Gurtu
Living Magic

Tigran Hamasyan
New Era
Red Hail
A Fable

Kip Hanrahan
Vertical Currency
Days and Nights of Blue Luck Inverted

Roy Hargrove
Public Eye
The Vibe

The Harper Brothers
Artistry

Antonio Hart
For the First Time

Dave Holland
Extensions
Conference of the Birds

Daniel Humair
Update 3.3

Zakir Hussain
Making Music
Zakir Hussain and Rhythm Experience

Abdullah Ibrahim (Dollar Brand)
South Africa
The Mountain
Banyana

L'Impossible Trio
Impossible Trio

Itchy Fingers
Live

Keith Jarrett
Still Live
Facing You
Tribute

The Cure
My Song
Standards, vol. 1 et 2
Personal Mountains
The Köln Concert
Silence

André Jaume
Something

Alain Jean-Marie
Latin Alley

François Jeanneau
Taxiway

Jean-François Jenny-Clark
Unison

Takashi Kako
Klee

Keezer
World Music

Eleni Karaindrou
Music for Films

Stacey Kent
The Boy Next Door
Raconte-moi

Stéphane Kochoyan
Chausseur de femmes

Diana Krall
All For You
The Look Of Love

Joachim Kühn
From Time to Time Free

Christof Lauer
Bluebells

Nguyên Lê
Zanzibar
Million Waves
Tales From Viêt-Nam
Maghreb & Friends
Songs of Freedom

Joëlle Léandre - Eric Watson
Palimpseste

Joëlle Léandre - Carlos Zingaro
Écritures

Didier Levallet
Eowyn

Dave Liebman
New York Nites

Erica Lindsay
Dreamer

Joe Locke
Longing

Lounge Lizards
Voices of Chunk

Ibrahim Maalouf
Diasporas
Diachronism
Diagnostic
Wind

M-Base Collective
Anatony of a Groove

Trio Machado
Father Son

Kevin Mahogany
Double Rainbow

Gérard Marais
Katchinas

Charlie Mariano
Live

Branford Marsalis
Trio Jeepy
Crazy People Music
The Beautiful Ones are not Yet Born
I Heard you Twice The First Time

Delfayo Marsalis
Pontius Pilate's Decision

Wynton Marsalis
Standard Time, vol. 1, 2 et 3
Blue Interlude
The Majesty of the Blues

Brad Mehldau
The Art Of The Trio, vol. 1
The Art Of The Trio, vol. 2
The Art Of The Trio, vol. 3
The Art Of The Trio, vol. 4
The Art Of The Trio, vol. 5
Largo

Ralph Moore
Round Trip

Jason Moran
Modernistic
Same Mother
Ten

Juan José Mosalini
Violento

Paul Motian
Bill Evans

Pablo Nemirovsky
Tierra del fuego

Judy Niemack
Long as You're Living

Nptolpqsivrt
Malaise

Orchestre de contrebasses
Les Cargos

Orchestre National de Jazz
ONJ 86-François Jeanneau
ONJ 88-89 African Dream-A. Herve
ONJ 89-90 Claire-C. Barthelemy
ONJ 92 À plus tard-Denis Badauld

Ornicar Big Band
L'Incroyable Huck

Orpheon Celesta
Anoulanouba

Greg Osby
Banned In New York
3-D Lifestyles
Inner Circle

Georges Paczynski
8 Years Old

Jean-Marc Padovani
Nimeño
Tres horas de sol

Nicholas Payton
Mysterious Shorter
Into The Blue
Bitches

Paris Musette
Paris musette (Azzola, Galliano…)

Danilo Perez
Danilo Perez

Ivo Perelman
Children of Ibesi

Ralph Peterson
Ornettology

Michel Petrucciani
Michel Plays Petrucciani
Power of Three
Pianism
Promenade with Duke

Jean-Michel Pilc
Funambule

Courtney Pine
Within the Realms of Our Dream

Valery Ponomarev
Trip to Moscow

Michel Portal
Men's Land
9.11 pm Town Hall
Turbulence
Any Way

Gregory Porter
Water
Be Good

Chris Potter
Gratitude
Ultrahang

Quest
Quest

Richard Raux
Under the Magnolias

Enrico Rava
The Pilgrim And The Stars
The Plot
"Ah"
Opening Night
What a Day

Joshua Redman
Joshua Redman
Passage Of Time

Dianne Reeves
I Remember
The Calling: Celebrating Sarah Vaughan

Emily Remler
Catwalk

Marcus Robert
Alone with Three Giants
The Truth is Spoken

Manuel Rocheman
Trio urbain

Claudio Roditi
Milestones

Aldo Romano
To Be Ornette to Be

Wallace Roney
Verses
Intuition

Kurt Rozenwinkel
East Coast Love Affair

Gonzalo Rubalcaba
Images

Hilton Ruiz
A Moment Notice

Terje Rypdal
The Singles Collection
Waves

Michel Sardaby
Night Blossom

Louis Sclavis
Clarinettes
Chine
Ellington on the Air

Christian Scott
Rewind That
Christian aTunde Adjuah

Shankar
Song for Everyone

Ben Sidran
Cool Paradise

Martial Solal
Suite for Trio
The Solosolal
Et si c'était vrai

Günter Sommer
Cordes sur ciel

Esperanza Spalding
Junjo
Esperanza
Chamber Music Society
Radio Music Society

Steckar Tubapack
Tubakoustic

Bill Stewart
Think Before You Think

John Surman
Private City
Upon Reflection
The Amazing Adventures of S. Simon
Adventure in Playground

Tamia-Pierre Favre
De la nuit… le jour

Okay Temiz-Sylvain Kassap
Istambul da eylül

Jacky Terrasson
Rendez-Vous
What It Is ?
Mirror
Push
Gouache

Henri Texier
Izlaz
Colonel Skopje
La compañera

Gary Thomas
Code Violations

Claude Tissendier
Saxomania - Benny Carter

Erik Truffaz
Out Of A Dream
The Walk Of The Giant Turtle
In Between
El Tiempo De La Revolucion

T.S.F
Drôlement vocal

René Urtreger
Masters
Récidive
HUM
Tentatives

Chucho Valdès
Solo Live In New-York
Jazz Bata
Chucho's Steps
Yemaya (avec Irakere)

Malo Vallois
Dans les arbres

Maurice Vander
Dreyfus Jazzline

Vienna Art Orchestra
Suite for the Green Eighties

Eberhard Weber
Orchestra

Liz Wright
Dreaming Wide Awake
Fellowship

West Indies Jazz Band
Medley for Marius

Mike Westbrook
On Duke's Birthday

Cassandra Wilson
Dance to the Drums Again
New Moon Daughter

Karen Young - Michel Donato
Contredanse

John Zorn
News for Lulu
Cobra

Latin jazz

Laurindo Almeida-Charlie Byrd
Brazilian Soul

Ray Barretto
Handprints

Paquito D'Rivera
Tico Tico

Roberto Fonseca
Yo
At Home

Tania Maria
The Real Tania Maria : Wild
Love Explosion
Bela Vista

Tito Puente
Un poco loco
Salsa Meets Jazz

Flora Purim - Airto Moreira
The Sun is out

Poncho Sanchez
El Mejor
Chile con Soul

Arturo Sandoval
Dream come true

Mongo Santamaria
Soca Me Nice

Cal Tjader
A fuego vivo

Rhythm'n blues

Erykah Badu
Baduizm
New Amerykah (vol 1 et vol 2)

Hank Ballard
Let' Em Roll
Dave Bartholomew
In The Alley

Chuck Berry
Greatest Hits

Big Maybelle
The Okeh Sessions

Earl Bostic
Blows a Fuse

James Brown
In The Jungle Groove
Live at the Apollo- Part 1 & 2
The CD of JB-Vol I & II
I'm Real

Solomon Burke
Soul Alive
Don't Give Up On Me

Ray Charles
Genius + Soul = Jazz
Ingredients in a Recipe for Soul
Soul Brothers, Soul Meeting
Ray Charles and Betty Carter

Commodores
Rise Up (avec Lionel Richie)

Sam Cooke
The World of Sam Cooke

Defunkt
Heroes

Bo Diddley
Diddley Daddy

Fats Domino
Greatest Hits on Stage

Earth, Wind & Fire
All'n All
Gratitude
I Am
Powerlight
Raise

Funkadelic
Maggot Brain

Marvin Gaye
Dream of a Lifetime
Midnight Love

Al Green
Greatest Hits

Donny Hathaway
Everything is Everything
Live

Screamin' Jay Hawkins
Screamin' the Blues

Isaac Hayes
Hot Buttered Soul
Shaft
A Man And A Woman (avec Dionne Warwick)

Jimi Hendrix
Electric Ladyland
Live at Monterey Pop Festival
Live - Isle of Wight, 1970

Jackson Five
Victory
Triumph

Michael Jackson
Off the Wall
Thriller

Millie Jackson
Caught Up

Etta James
Tell Mama

Quincy Jones
Back on the Block

Louis Jordan
Let the Good Times Roll - The Complete Decca Recordings
Rock'n' Roll
I Believe in Music

Curtis Mayfield
There's no Place Like America
Superfly

Maceo Parker
Roots Revisited

Wilson Pickett
Greatest Hits

Parliament
Rhenium

P. Funk
Live at the Beverly Theater

Prince
1999
Purple Rain
Lovesexy
Diamonds and Pearls

Public Enemy
Yo ! Bum Rush the Show

Otis Redding
The Otis Redding Story
Best of - The Dock of the Bay

Little Richard
His 3 Original Albums

Sam & Dave
Hold on I'm Coming

Gil Scott-Heron
Small Talk At 125th & Lenox
Pieces Of A Man
Bridges
Spirits
I'm New Here

Sly Stone
Dance to the Music

Percy Sledge
Best of - When a Man Loved a Woman

Ike & Tina Turner
Skin Deep

Eddie Vinson
Back in Town

Dionne Warwick
Anthology (1962/1971)

Dinah Washington
Dinah Jam
In the Land of HI-FI
Sings the Blues

Bill Withers
Still Bill
Just As I Am
Winelight

Jimmy Witherspoon
Meets the Jazz Giants

Bobby Womack
The Womack Live

Stevie Wonder
Songs in the Key of Life

Bibliographie

Pour l'écriture de ce livre, de nombreux documents ont été consultés, notamment les revues Jazz Hot, Jazz magazine, Jazzman (le Monde de la musique), Soul Bag, Swing Journal, les Cahiers du jazz, Jazz ensuite, Jazz Forum (Pologne), Down Beat (U.S.A.), Wire (G.B.)... *Certaines de ces publications ont aujourd'hui disparu mais l'achat des mensuels spécialisés, régulièrement disponibles en kiosque, est le meilleur moyen pour tout amateur de jazz de se tenir au courant des dernières productions discographiques, des nouveaux acteurs de la scène internationale ainsi que des programmes de concerts, festivals et radios.*

Les citations des musiciens ont été extraites de ces journaux, ainsi que des livres dont nous dressons la liste ci-dessous. Entre les autobiographies souvent touchantes de certains musiciens, les biographies et les essais de spécialistes compétents, ainsi que quelques ouvrages de pédagogie musicale, le lecteur pourra trouver de nombreux compléments d'information.

Et pour conclure, nous ne résisterons pas au plaisir de citer cette déclaration ironiquement dubitative et moqueuse que faisait déjà le saxophoniste baryton Harry Carney dans la revue Rhythm *de juin 1939 : « Les critiques prennent tout cela trop au sérieux. Ils écrivent des théories, ils parlent de l'histoire du jazz, de la jungle, des tams-tams et de l'influence blanche. Il ne faut pas s'exciter là-dessus : on joue du jazz pour le plaisir qu'on en retire, et non pour prendre place dans l'histoire. »*

Autobiographies et biographies

Armstrong, Louis, *Ma Nouvelle-Orléans,* Julliard, 1952.

Balen, Noël, *Billie Holiday, corps et âme,* Arte Éditions/Mille et Une Nuits, 2000.

Balen, Noël, *Miles Davis, l'ange noir,* Arte Éditions/Mille et Une Nuits, 2001.

Balen, Noël, *Django Reinhardt, le génie vagabond,* Éditions du Rocher, 2003.

Basie, Count (avec Albert Murray), *Good Mornin Blues,* Filipacchi, 1988.

Béthune, Christian, *Charles Mingus,* Éditions du Limon (coll. Mood Indigo), 1988.

Billard, François, *Lennie Tristano,* Éditions du Limon (coll. Mood Indigo), 1988.

Broonzy, Big Bill (avec Yannick Bruynoghe), *Big Bill Blues,* Ludd, 1987.

Buzelin, Françoise et Jean, *Willem Breuker,* Éditions du Limon (coll. Mood Indigo), 1992.

Coleman, Bill, *Trumpet Story*, Cana, 1981.
Cugny, Laurent, *Las Vegas Tang, Une vie de Gil Evans*, P.O.L., 1989.
Dance, Stanley, *Duke Ellington par lui-même et ses musiciens*, Filipacchi, 1976.
Danchin, Sebastian, *B.B. King*, Éditions du Limon (coll. Mood Indigo), 1993.
Daverat, Xavier, *John Coltrane*, Éditions du Limon (coll. Mood Indigo), 1995.
Davis, Miles (avec Quincy Troupe), *l'Autobiographie*, Presses de la Renaissance.
Delannoy, Luc, *Lester Young, Profession Président*, Denoël, 1987.
Delaunay, Charles, *le Roi du jazz : Louis Armstrong*, Eric Losfeld, 1968.
Giddins, Gary, *Celebrating Bird, le Triomphe de Charlie Parker*, Denoël, 1989.
Gillespie, Dizzy (avec Al Fraser), *To be or not to bop*, Presses de la Renaissance, 1981.
Grappelli, Stéphane, *Mon violon pour tout bagage*, Calmann-Lévy, 1992.
Haskins, Jim, *Ella Fitzgerald, Une vie à travers le jazz*, Filipacchi, 1992.
Herzhaft, Gérard, *John Lee Hooker*, Éditions du Limon (coll. Mood Indigo), 1991.
Holiday, Billie, *Lady Sings The Blues*, Parenthèses, 1984.
Lacombe, Alain, *Ella Fitzgerald*, Éditions du Limon (coll. Mood Indigo), 1988.
Lalo, Thierry, *John Lewis*, Éditions du Limon (coll. Mood Indigo), 1991.
Lomax, Alan, *Mister Jelly Roll*, Flammarion, 1964.
Martin, Florence, *Bessie Smith*, Éditions du Limon (coll. Mood Indigo), 1994.
Mezzrow, Mezz, *la Rage de vivre*, Robert Laffont, 1949, Réédition, Buchet-Chastel, 1989.
Mingus, Charles, *Moins qu'un chien*, Parenthèses, 1982.
Nisenson, Eric, *Un portrait de Miles Davis*, Denoël, 1983.
O'Meally, Robert, *Billie Holiday, les Multiples Facettes de Lady Day*, Denoël, 1992.
Paudras, Francis, *la Danse des infidèles, Bud Powell*, Éditions de L'Instant, 1986.
Pepper, Art, *Straight Life*, Parenthèses, 1982.
Reisner, Robert, *Bird, la Légende de Charlie Parker*, Belfond, 1989.
Rouy, Gérard, *Chet Baker*, Éditions du Limon (coll. Mood Indigo), 1992.
Russell, Ross, *Bird, la Vie de Charlie Parker*, Filipacchi, 1980.
Simone, Nina (avec Stephen Cleary), *Ne me quittez pas*, Presses de la Renaissance, 1992.
Smith, Geoffrey, *Stéphane Grappelli*, Filipacchi, 1988.
Tercinet, Alain, *Stan Getz*, Éditions du Limon (coll. Mood Indigo), 1989.
Thomas, J.-C., *Chasin' The Trane, John Coltrane*, Denoël, 1984.

Viva, Luigi, *Pat Metheny*, Filipacchi, 1990.
Williams, Patrick, *Django*, Éditions du Limon (coll. Mood Indigo), 1991.

Essais, histoires, dictionnaires et documents

Adler, Philippe et de Chocqueuse, Pierre, *Passeport pour le jazz*, Balland, 1995.
Arnaud, Gérald et Chesnel, Jacques, *les Grands Créateurs de jazz*, Bordas, 1990.
Arnaud, Gérald (sous la direction de), *Un demi-siècle de jazz*, Jazz Hot/Éditions de L'Instant, 1985.
Arnaudon, Jean-Claude, *Dictionnaire du blues*, Filipacchi, 1987.
Balen, Noël (sous la direction de), *les Grandes Voix du jazz*, Jazz Hot/Éditions de L'Instant, 1989.
Balen, Noël, *Histoire du Negro Spiritual et du Gospel*, Fayard, 2001.
Berendt, Joachim Ernst, *le Grand Livre du jazz*, Editions du Rocher, 1988.
Bergerot, Franck et Merlin, Arnaud, *l'épopée du jazz*, 2 vol., Découvertes-Gallimard, 1991.
Billard, François, *la Vie quotidienne des jazzmen jusqu'en 1950*, Hachette, 1988.
Billard, François et Yves, *Histoire du saxophone*, Joseph Clims, 1986.
Boorstin, Daniel, *Histoire des Américains*, Robert Laffont (Bouquins), 1991.
Buin, Yves, *Thelonious Monk*, P.O.L., 1988.
Carles, Philippe; Clergeat, André; Comolli, Jean-Louis, *Dictionnaire du jazz*, Robert Laffont (Bouquins), 1988.
Carles, Philippe et Comolli, Jean-Louis, *Free Jazz Black Power*, réédition Galilée, 1979.
Constant-Marin, Denis et Levallet, Didier, *l'Amérique de Mingus*, P.O.L., 1989.
Fohlen, Claude, *Les Noirs aux états-Unis*, PUF (Que sais-je ?), 1979.
Francis, André, *Jazz*, Seuil, 1991.
Gerber, Alain, *le Cas Coltrane*, Parenthèses, 1985.
Gerber, Alain, *Portraits en jazz*, Renaudot et Cie, 1990.
Herzhaft, Gérard, *Encyclopédie du blues*, Seghers, 1990.
Herzhaft, Gérard, *le Blues*, PUF (Que sais-je ?), 1986.
Hess, Jacques. B, *le Ragtime*, PUF (Que sais-je ?), 1992.
Hodeir, André, *Hommes et problèmes du jazz*, Parenthèses, 1981.
Hodeir, André, *les Mondes du jazz*, U.G.E. (10/18), 1970.
Hodeir, André, *Jazzistiques*, Parenthèses,1984.

Hofstein, Francis, *le Rhythm and blues*, PUF (Que sais-je ?), 1991.
Jalard, Michel-Claude, *Le jazz est-il encore possible ?*, Parenthèses, 1986.
Langel, René, *Le Jazz orphelin de l'Afrique*, Payot, 2001.
Levet, Jean-Paul, *Talkin' That Talk*, Hatier, 1992.
Malson, Lucien, *Histoire du jazz et de la musique afro-américaine*, U.G.E. (10/18), 1976.
Malson, Lucien, *Des musiques de jazz*, Parenthèses, 1983.
Malson, Lucien, *Les Maîtres du jazz*, PUF (Que sais-je ?), 1989.
Malson, Lucien et Bellest, Christian, *le Jazz*, PUF (Que sais-je ?),1987.
Martin, Roger, *Amerikkka*, Calmann-Lévy, 1989.
Mongan, Norman, *Histoire de la guitare dans le jazz*, Filipacchi, 1986.
Nabe, Marc-Edouard, *l'Âme de Billie Holiday*, Denoël, 1986.
Nabe, Marc-Edouard, *la Marseillaise (Albert Ayler)*, Le Dilettante, 1989.
Newton, Francis, *une Sociologie du jazz*, Flammarion, 1966.
Paraire, Philippe, *les Noirs américains, Généalogie d'une exclusion*, Hachette, 1993.
Postif, François, *Les grandes interviews de* Jazz Hot, Éditions de l'Instant, 1989.
Réda, Jacques, *l'Improviste, Une lecture du jazz*, Gallimard.
Réda, Jacques, *Anthologie des musiciens de jazz*, Stock, 1981.
Rémond, René, *Histoire des états-Unis*, PUF (Que sais-je ?),1992.
Tercinet, Alain, *West Coast Jazz*, Parenthèses, 1986.

Méthodes et analyses musicales

Baudoin, Philippe, *Jazz mode d'emploi, Petite Encyclopédie des données techniques de base*, Outre Mesure, 1990.
Ballester, Tony, *la Basse électrique*, Salabert, 1987.
Cullaz, Pierre, Technique pour guitaristes de tous styles, Alphonse Leduc, (4 volumes), 1978-1986.
Gilson, Jef, *l'Harmonie du jazz*, Palm, 1982-1983 (3 volumes).
Goldberg, Michel, *Méthode pour sax jazz*, Eden-Arpej (2 volumes + cassettes), 1988.
Gousset, Claude, *Une approche de l'improvisation jazz*, Paul Beuscher, 1983.
Goyone, Daniel, *Manuel pratique d'improvisation*, Chappell.
Goyone, Daniel, *Percevoir et comprendre le rythme*, Musicom.
Lancry, Chris et Moulou, Patrick, *le Grand Livre du blues*, Hit Diffusion (2 volumes + 2 cassettes audio), 1991.
Solal, Martial, *Jazz Solal*, Boosey & Hawkes (Londres) (3 volumes), 1986.

Vidéographie

Si les documents cinématographiques sont moins abondants que la production discographique, ils constituent cependant une source de témoignage fort intéressante. De nombreux films attendent encore d'être exhumés, une multitude d'archives restent inexploitée, mais la cassette vidéo permet désormais aux amateurs de voir en mouvement des artistes aujourd'hui disparus. Cette liste établie avec les conseils d'Alain Tomas, critique émérite et spécialiste du genre, donne un aperçu succinct des titres actuellement disponibles sur un marché qui n'a pas fini de se développer.

Gospel Joy (58', couleur) HEN 2035
A Live Celebration.

The Gospel at Colonus (90', couleur, stéréo, 1985) HEN 2159
Robert E.Jones, The Five Blind Boys of Alabama, The Original Soul Stirrers.

The Blues (46' 30", N & B) VID JAZZ13
Bessie Smith, Big Bill Broonzy...

Memphis Slim (85', couleur) HEN 2039
At Ronnie Scott's (& S. Gaillard).

John Lee Hooker (87', couleur) HEN 2186
Survivors.

88 Key Boogie (48', N & B) VIDJAM
Meade Lux Lewis, Mabel Lee, Pat Flowers, Lynn Albritton, Maurice Rocco, Johnny & George, Dorothy Dandridge.

Rhythmania (48', B & N) VIDJAM
Hilda Rogers, Edna Mae Harris & The Lenox Lindy Hoppers...

Big Band Bounce (48', N & B, 17 tracks) VIDJAM
Will Bradley, Claude Thornhill, Charlie Spivak...

Mo' Jive (48', N & B, 17 tracks) VIDJAM
Louis Jordan, Dallas Bartley, Skeets Tolbert, June Richmond & Roy Milton...

Boogie Woogie (53', N & B) VVD 762
Albert Ammons & Pete Johnson, Meade Lux Lewis, Maurice Rocco, Gene Rodgers, Lynn Albritton, Harry « The Hipster » Gibson, Robert Crum, Ray Sinatra, Will Bradley, Martha Davis, Lionel Hampton, Count Basie.

Louis Armstrong (57', N & B) VID JAZZ 1

Movies & TV Shows, 1932-1959.
Louis Armstrong (41', N & B) VID JAZZ 21
Stockholm 1962.
Dixieland Jazz -Vol.1 (58', N & B) VVD 758
The Bobcats (1951), Jack Teagarden (1951).
Vol.1 : The Big Bands (57 ', N & B) VVD 865
Duke Ellington, Cab Calloway, Count Basie, Lucky Millinder.
Vol.2 : The Headliners (50', N & B) VVD 866
Fats Waller, Louis Armstrong, Louis Jordan.
Vol.3 : Rhythm in Harmony (54', N & B) VVD 867
Mills Brothers, Delta Rythm Boys, Deep Rover Boys, Charioteers, Jubilaires.
Vol.4 : Jivin' Time (60', N & B) VVD 868
Nat King Cole, Henry « Red » Allen, Bob Howard, Skeets Tolbert, Musical Madcaps, Dallas Bartley, Dorothy Dandridge, Sister Rosetta Tharpe/Lucky Millinder, Mabel Lee, Bill Robinson, June Richmond, Vanita Smythe, Edna Mae Harris.
The Swing Orchestras - Vol. 1 (48', N & B) VVD 760
Stan Kenton, Les Brown, Tony Pastor, Claude Thornhill, Donny Dunham, Larry Clinton, Glen Gray, Alvim Rey, Buddy Rogers.
- Vol. 2 (48', N & B) VVD 761
Jimmy Dorsey, Gene Krupa, Al Dowahne, Victor Young, Will Bradley, Charlie Spivak, Johnny Long, Johnny Messner.
The Big Bands - Vol.1 (63', N & B) VVD 869
Duke Ellington (1952) et Lionel Hampton (1951-52).
- Vol.2 (47', N & B) VVD 870
Charlie Barnet (1950), Tony Pastor (1951), Les Brown (1951), Ralph Flanagan (1952).
The Small Jazz Groups (48', N & B) VVD 756
Count Basie (1950), Cab Calloway (1950), George Shearing (1950).
The Vocalists (60', N & B) VVD 757
Peggy Lee (1950), Sarah Vaughan (1951), June Christy (1950), Mel Tormé (1950).
Vintage Collection - Vol.1 (50', N & B) 903174506-3
1957 - « Sound of Jazz » avec Count Basie, Billie Holiday, Jimmy Giuffre, Thelonious Monk, Red Allen, Lester Young...
(Existe aussi en Kay Jazz KJ013)
Vintage Collection - Vol.2 (45', N & B) 903174507-3
Extraits du film *Jazz from Studio 61* avec Ahmad Jamal et Ben Webster

(version complète sur Kay Jazz KJ010) et de *Sound of Miles Davis* avec John Coltrane et Gil Evans (aussi disponible sur Kay Jazz KJ021).

The Last of the Blue Devils (91', couleur, 1979)
Big Joe Turner, Jay Mc Shann, Count Basie, Charlie Parker, Dizzy Gillespie...

Jazz on a Summer's Day (77', couleur) HEN 2239
Festival de Newport (1958), Louis Armstrong, Dinah Washington, Big Maybelle, Chuck Berry, Eric Dolphy...

Count Basie (48' 45", N & B) VID JAZZ 6.
Live in Berlin 1968.

Count Basie (49', N & B) VID JAZZ 17
Zurich, 1959 - Newport, 1961.

Duke Ellington (43', couleur) VID JAZZ 8
In Berlin 1969.

Duke Ellington (56', N & B) VID JAZZ 11
In Europe 1963 - 1964.

Benny Goodman (49' 30", N & B) VID JAZZ 30
USA - Europe

Erroll Garner (54', N & B) VID JAZZ 7
London 1964 - Copenhage, 1970.

Nat King Cole (1950 - 1952) (50', N & B) VVD 895

Nat King Cole
Volume 1 (100', N & B) CMP 7011.
Volume 2 (100', N & B) CMP 7012.
Volume 3 (100', N & B) CMP 7013.

Stéphane Grappelli (60', couleur) HEN 2192
Live in San Francisco.

Stéphane Grappelli (60', couleur) HEN 2262
In New Orleans.

Coleman Hawkins (42' 30", N & B) VID JAZZ 14
& Harry Edison Quintet.

Teddy Wilson (41', N & B) VID JAZZ 24
European Tour.

Dizzy Gillespie (86', couleur) HEN 2193
A Night in Havana.

Dizzy Gilespie (50', N & B) VID JAZZ 9
The Dizzy Gillespie Ages.

Thelonious Monk (45' 50", N & B) VID JAZZ 18
Monk Quartet in Europe.

Bop & Hard Bop (52' 30", N & B) VID JAZZ 27
Charlie Parker, Thelonious Monk, Art Blakey...
Mingus (58', N & B) 034 KJ
Documentaire de Thomas Reichman.
Charles Mingus (54' 17", N & B) VID JAZZ 15
Live in Norway, 1964.
Anita O'Day (56', couleur) HEN 2040
At Ronnie Scott's.
Nina Simone (57', couleur) HEN 2017
At Ronnie Scott's.
Art Blakey (58', couleur) HEN 2019
At Ronnie Scott's.
Miles Davis (51' 38", N & B) VID JAZZ 5
& John Coltrane, New York 1959 - 1966.
*Woody Herma*n (52', N & B) VID JAZZ 23
Zurich Concert.
Stan Kenton (43' 38, N & B) VID JAZZ 16
In USA.
Archie Shepp (couleur) VID JAM 032
«Je suis jazz... C'est ma vie » (Réalisation : Frank Cassenti).
Toots Thielemans (60', couleur) HEN 2260
In New Orleans.
Keith Jarrett :Standards II (91', couleur) 081780-3
Filmé le 26 octobre 1986.
Lee Ritenour - Dave Grusin (55', couleur) 081786-3
Filmé le 14 août 1985.
James Brown (60', couleur) MMGV 007
Soul Jubilee.

Collection Jazz Averty - I.N.A. - FNAC (10 volumes)

Louis Armstrong and The All Stars (60' 52")
Juan-Les-Pins, le 26 juillet 1967.
Art Blakey and The Jazz Messengers (53' 16")
Théâtre des Champs-Elysées, le 15 novembre 1959.

Dizzy Gillespie (59' 15")
Festival de Cannes, les 12 et 13 juillet 1958.
Festival d'Antibes - Juan-Les-Pins, le 22 juillet 1962.
Memphis Slim - Vol. 1 (52' 41")

ORTF, le 2 février 1970 et le 27 mars 1973.

Vol. 2 (52' 54")

ORTF, le 27 mars 1973.

Bud Powell- Erroll Garner (60' 55")

Club Saint-Germain, octobre 1959.

Blue Note, 1959.

ORTF, le 29 mai 1972.

Count Basie & His Orchestra (60' 54")

Festival d'Antibes, le 20 juillet 1961 et le 23 juillet 1968.

Kid Ory & His Creole Jazz Band (61' 01")

Salle Pleyel, le 4 octobre 1959.

Wilbur De Paris (59' 59")

Festival d'Antibes, les 9, 10, 11 et 12 juillet 1960.

Claude Bolling-Sidney Bechet-Don Byas-John Coltrane (59' 15")

High Society, le 16 mai 1958.

Festival de Cannes, juillet 1958.

Festival de Cannes, le 10 juillet 1958.

Festival d'Antibes, le 27 juillet 1965.

Index

ABADIE, Claude : 618
ABDUL-MALIK, Ahmed : 617
ABDULLAH, Ahmad : 475
ABERCROMBIE, John : 415, 416, 523, 526, 535, 555, **558**-559, 606, 646
ABNEY, Don : 212
ABRAHAM, Zacharie : 621
ABRAMS, Muhal Richard : **470**, 473, 490, 585
ABRAMS, Ray : 323
ABRAMS, Richard : 425, 489
ABUS : 542
ACUÑA, Alex : 513, 514
ACUÑA, Claudia : 590, 600
ADAMS, George : 316, **424**, 425, 529, 540, 553, 560
ADAMS, Pepper : 365, 431
ADDERLEY, Cannonball : 290, 292, 307, 323, 336, 346, 378, **390**, 401, 428, 453, 457, 504, 514, 534, 547, 568
ADDERLEY, Nat : 320, 391
ADDISON, Charlie : 164
AEBI, Irene : 482
AGBABIAN, Areni : 615
AGOSSI, Mina : 590, 600
AGOSTINI, Dante : 293
AGULHON, Franck : 621
AIKEN, Gus : 141
AIMÉE, Cyrille : 621
AIR : 477
AKBAR KHAN, Ali : 590
AKCHOTÉ, Noël : 620
AKINMUSIRE, Ambrose : **611**, 612
AKIYOSHI, Toshiko : 424, 511, 622, 651, **652**, 653
AKOSH S : 592
ALBERT, Don : 91
ALDEBERT, Louis : 328
ALDEBERT, Monique : 328
ALEMAN, Oscar : 617
ALEXANDER, Maurice : 251
ALEXANDER, Monty : 317
ALEXANDER, Texas : **55**, 56, 65, 128
ALEXANDER, Turu : 575
ALEXANDER, Van : 199
ALFONSO, Jorge : 656
ALI, Rashied : 430, 432, 463, 646
ALIAS, Don : 512, 553
ALIBO, Michel : 542, 546
ALLEN'S BRASS BAND : 106, 107
ALLEN, Carl : 575, 579
ALLEN, Daevid : 496
ALLEN, Ed : 134
ALLEN, Fletcher : 252
ALLEN, Geri : 415, 487, 516, 582, **584**, 585
ALLEN, Henry Red : 90, 99, 137, 139, **140**, 164, 175, 204, 233-235, 244, 481
ALLEN, Jap : 233
ALLEN, Marshall : 475
ALLEN, Moses : 198
ALLEN, Richard (évêque) : 27
ALLEN, Richard (dms) : 684
ALLISON, Mose : 415
ALLOUCHE, Joël : 621
ALLOUR, Sophie : 621
ALLYSON, Karrin : 600
ALMEIDA, Laurindo : 317, 653, 660
ALMOND, Johnny : 424
ALTENA, Maarten : 482, 642
ALTMAN, Robert : 592, 602
ALTSCHUL, Barry : 480, 482, 490, 507, 540
ALTURA, Charles : 615
ALVIM, Cesarius : 631
AMBROSETTI, Franco : 560, 642
AMEEN, Ramsey : 469
AMMONS, Albert : 88, 89, **90**, 195
AMMONS, Gene : 306, 308, 309, 315
ANATZ, Cossi : 620
ANDERSEN, Arild : 537
ANDERSON, Buddy : 276
ANDERSON, Cat : 170, **179**, 238
ANDERSON, Ivie : 168, 418
ANDERSON, Ray : 490
ANDERSON, Wesley : 575, 576
ANDRÉ, Maurice : 576, 640
ANDREWS, Jeff : 527, 546, 561
ANGELIC CHOIR, the : 33
ANGELINI, Bruno : 620
ANSERMET, Ernest : 118
ARCENAUX, Fernest : 70
ARCHEY, Jimmy : 134
ARLEN, Harold : 148, 212
ARMSTRONG, Louis : 48, 49, 57, 86, 99, 100, 102, 104, 107, 109, **110**, 119, 120, 121, 124-129, 131-135, 137, 139-141, 144, 151, 152, 162, 163, 172, 177, 195, 196, 210, 212, 215, 216, 221, 225, 234-237, 244-246, 251, 254, 260, 280, 284, 291, 297, 311, 314, 320, 348, 398, 418, 422, 444, 474, 497, 556, 571, 576, 581, 609, 618

ARMSTRONG, Ralph : 546
ARRESTED DEVELOPMENT : 695
ART ENSEMBLE OF CHICAGO : 469, **472**, 494, 534
ARVANITAS, Georges : 619
ASHBY, Harold : 174
ASHFORD, Clem : 39
ASMUSSEN, Sven : 642
ATKINS, Chet : 524
ATLAN, Raphaëlle : 621
ATTENOUX, Michel : 618
AUGER, Brian : 509
AULD, Georgie : 310, 366
AUSTIN HIGH SCHOOL GANG, the : 103, 129
AUSTIN, Lovie : 48, 135
AUSTIN, Patti : 568, 698
AUSTIN, Sil : 667
AUTREY, Herman : 86
AVENEL, Jean-Jacques : 482, 620
AVEROFF, Carlos : 656
AVICE, Yvan : 621
AVITABILE, Franck : 620
AVITAL, Omer : 599
AYERS, Kevin : 496
AYLER, Albert : 415, 430, 447, 454, **458**, 468, 537, 563
AYLER, Don : 459
AZNAR, Pedro : 530
AZNAVOUR, Charles : 637, 697
AZZOLA, Marcel : 620

BACCUS, Eddie : 425
BACH, Jean-Sébastien, 78, 225, 354, 539
BACHARACH, Burt : 676
BACSIK, Elek : 617
BADAULT, Denis : 619
BADINI, Gérard : 182, 619
BADRENA, Manolo : 513, 542
BADU, Erykha : 696
BAEZ, Joan : 495
BAGLEY, Don : 360
BAILEY, Benny : 282
BAILEY, Buster : 48, 49, 116, 164, 176, 202, 206
BAILEY, Dave : 362
BAILEY, Derek : 368, 482, 490, 641
BAILEY, Mildred : 191, 208, **214**, 245, 319
BAILEY, Pearl : 181, 349
BAILEY, Philip : 568, 688
BAILEY, Victor : 513, 514, 522, 543, 546, 593
BAKER, Anita : 686
BAKER, Chet : 293, 311, 319, 335, 354-355, **359**, 365, 369, 413, 424, 479, 555, 570, 624, 629, 632, 638, 644, 646, 649
BAKER, Harold : 171, 172, 215
BAKER, Josephine : 83, 119, 250
BAKER, Kenny : 367
BAKER, LaVern : 667
BALAKRISHNA, Khalil : 499
BALDWIN, James : 28, 40, 440
BALL, Ronnie : 353
BALLARD, Hand : 667
BALLARD, Jeff : 607, 614
BAMBATAA, Afrika : 610
BAQUET, George : 98, 118
BAR-KAYS : 677
BARBARIN, Paul : 134
BARBER, Patricia : 590, 600, 616
BARBERA, Joe : 412
BARBIERI, Gato : 13, 454, **483**-484, 487-488, 494, 525, 558, 615, 617, 646, 648
BARBOZA, Phil : 507
BARCELONA, Danny : 116
BARDE, Jérôme : 620
BARDY, Jean : 621
BAREFIELD, Eddie : 237
BARELLI, Aimé : 622
BARGE, Claudine : 328
BARKSDALE, Everett : 219
BARNARD, Kate : 645
BARNES, F.C. : 33
BARNET, Charlie : 247, 299, 311-314, 375
BARNET, Woody : 161
BARON, Joey : 599
BARRET, Eric : 621, 629, 632, 648
BARRETT SISTERS, the : 32, 39
BARRETTO, Julio : 658
BARRETTO, Ray : 283, **654**-655
BARRON, Kenny : 315, 359, 504
BARRY, Robert : 474
BARSH, Sam : 607
BARTHÉLÉMY, Claude : 619, 620, 636, 648
BARTHOLOMEW, Dave : 670-671
BARTÓK, Bela : 623, 628
BARTZ, Gary : 381, 499, 563
BASIE, Count : 13, 68, 89, 148, 152, 155-159, 161, 169, 171, 172, 180-**182**, 197, 199, 201, 210, 212, 217, 221, 227, 229, 232, 233, 235, 241, 242, 244, 247, 259, 260, 273, 283, 301, 307, 310, 313, 319, 320, 324, 366, 375, 386, 398, 520, 556, 654, 667, 697
BASS, Fontella : 688
BATES, Django : 600
BATISTE, Alvin : 577

BATTAGLIA, Stefano : 647
BATTLE, Chappie : 157
BAUDOUIN, Philippe : 618
BAUER, Billy : 339, 353
BAUER, Conrad : 642
BAUZA, Mario : 199, 309, 310, 494, 653
BAVAN, Yolande : 328
BEALE STREET BOYS, the : 48
BEARD, Jim : 560, 567
BEARZATTI, Francesco : 641
BEATLES, the : 495, 605
BEAU, Chicago : 69
BECHET, Sidney : 48, 85, 90, 99, 106, 115, **118**, 125, 131, 136, 137, 141, 144, 175, 192, 230, 243, 244, 246, 291, 321, 365, 429, 482, 622
BECK, Gordon : 325, 370, 567, 631, 641
BECK, Jeff : 65, 548, 549, 557
BECK, Joe : 498, 521
BECKENSTEIN, Jay : 542
BECKER, Nein : 642
BECKETT, Harry : 485-486
BEETHOVEN, Ludwig van, 354, 571, 604
BEIDERBECKE, Bix : 102, 104, **121**, 124, 125, 129-131, 162, 177, 202, 239, 254-393
BEIRACH, Richie : 528, 559
BELAFONTE, Harry, 591
BELGRAVE, Marcus : 602, 672
BELL, Aaron : 172, **181**
BELAFONTE, Harry, 591
BELLONZI, Charles : 623
BELLS OF JOY, the : 31
BELLSON, Louie : 171, **181**, 194, 205, 239, 397
BELMONDO, Lionel : 638-639
BELMONDO, Stéphane : 637, **638**, 639
BEN HASSEN, Omar : 691
BEN, Jorge : 660
BENAVENT, Carlos : 639
BENDIK : 522, 543
BENHAMOU, Lionel : 620
BÉNITA, Michel : 633
BENJAMIN, Benny : 684
BENJAMIN, Joe : 174, 307
BENJAMIN, Sathima Bea : 484
BENNET, Shelbra : 678
BENNETT, Benny : 622
BENNETT, Lou : 293, 648
BENNETT, Tony : 349
BENNINK, Han : 649, 642
BENSON, George : 37, 242, 386, 402-403, 504, 512, 522, 565, 694
BERG, Bob : 384, 501, 560, 563, 565, 645
BERGER, Karl : 454
BERGONZI, Jerry : 373
BERIGAN, Bunny : 162, 205
BERIO, Luciano : 626, 628
BERLIN, Irving : 148, 212, 214
BERLIN, Jeff : 510, 546
BERLINER, Jay : 603
BERMAN, Sonny : 339
BERNHARDT, Warren : 543
BERNHART, Milt : 341, 342
BERNIE, Ben : 214
BERNSTEIN, Peter : 605
BERROCAL, Jac : 620
BERRY, Chu : 164, 185, 224, 242, **246**
BERRY, Chuck : 495, 666, **669**-670, 680, 688
BERRY, Emmett : 90, 186, 243
BERTAUX, Marc : 546
BERTON, Vic : 130
BERTRAND, Jimmy : 135, 236
BERTRAND, Stéphane : 621
BETHMANN, Pierre de : 620
BEUF, Sylvain : 621
BEX, Emmanuel : 620, 648
BEYTELMANN, Gustavo : 617
BIANCHI, Riccardo : 647
BIENSAN, François : 182, 621
BIG DADDY KANE : 695
BIGARD, Barney : 109, 115, 168-171, **176**, 252, 373, 418
BINET, Emmanuel : 621
BINNEY, David : 611
BIRD, Rudy : 502
BIRDSONG, Edwin : 549
BISCOE, Chris : 486
BISHOP, Walter : 553
BIZET, Georges : 647
BJÖRK : 610
BLACK, Jim : 599
BLACK PANTHERS, the : 691
BLACK SWAN TROUBADOURS, the : 163
BLACKMAN, Cindy : 582
BLACKWELL, Bumps : 671, 697
BLACKWELL, Ed : 448, 451, 482, 484, 490
BLACKWELL, Scrapper : 60
BLADE, Brian : 598, 602, 604, 608
BLADES, Ruben : 654
BLAIR, Robert : 31
BLAKE, Blind : **53**
BLAKE, Eubie : 71, 73, 74, 82, **83**, 237
BLAKE, John : 433
BLAKE, Ran : 393
BLAKE, Sonny : 63

BLAKEY, Art : 271, 272, 280, 305, 306, 309, 314, 315, 326, 336, 345, 350, 377-**379**, 384, 386, 402, 423, 425, 479, 503, 511, 515-516, 520, 525, 535, 536, 548, 552, 573, 574, 575, 577, 578, 600, 612
BLAMIRES, David : 530
BLANCHARD, Pierre : 619, 631
BLANCHARD, Terence : 382, 574, **578**, 579, 611, 612
BLANTON, Jimmy : 170, 171, **180**, 298, 413
BLASER, Samuel : 642
BLASQUIZ, Klaus : 544
BLEY, Carla : 407, 455, 465, 480, 483, **487**, 525, 528, 540, 560, 646, 650
BLEY, Paul : 326, 374, 408, 415, 450, 465, **479**, 482, 486-487, 489, 534, 540-541, 560
BLIGE, Mary J. : 696
BLOOD SWEAT AND TEARS : 518, 525, 561
BLOOM, Jane Ira : 616
BLOOMFIELD, Mike : 69
BLUE DEVILS, the : 183, 189, 244
BLUE RYTHM ORCHESTRA, the : 85
BLUE STARS, the : 328
BLUES BROTHERS, the : 677
BLUIETT, Hamiet : 423, 477
BLYTHE, Arthur : 448, 473, 523, 616
BLYTHE, Jimmy : **87**, 90
BOBO, Willie : 507
BOCLE, Gildas : 632
BOISSEAU, Sébastien : 621
BOLAND, Francy : 293, 362, 642
BOLCATO, Jean : 620, 630
BOLDEN, Arnold : 86
BOLDEN, Buddy : 98, 99, 104-**105**-108, 111, 133
BOLLANI, Stefano : 641
BOLLING, Claude : 619
BOLOGNESI, Jacques : 619
BOLTRO, Flavio: 599, 641
BONA, Richard : 621
BOND, Graham : 509
BOND, Jimmy : 362
BONFA, Luis : 358, 660
BONI, Raymond : 620
BONNER, Joe : 464
BOOKER, Walter : 464
BORCELA, Armando : 655
BOSCO, Joao : 660
BOSTIC, Earl : 247, 423, 426, 664
BOULANGER, Lili : 639
BOULANGER, Nadia : 697
BOULEZ, Pierre : 626
BOURELLY, Jean-Paul : 582
BOURREC, Francis : 621
BOUSSAGUET, Pierre : 317, 621, 638
BOUTELLA, Safi : 633
BOWIE, Joseph : 687
BOWIE, Lester : 471-473, 523, 534, 585, 602
BOWIE, Michael : 575
BOYD, Nelson : 278
BOYKINS, Ronald : 475
BRACKEEN, Joanne : 359, 608
BRADFORD, Perry : 47, 113
BRADLEY, Leroy : 291
BRADLEY, Will : 375
BRADY, Pauline : 207
BRAFF, Ruby : 189
BRAHMS, Johannes : 78, 604, 610, 626, 649
BRAND, Dollar : 296, 483-**484**-485, 615
BRAND NEW HEAVIES : 696
BRASLAWSKY, Pierre : 618
BRASS FANTASY, the : 473
BRAUD, Wellman : 135, **175**, 189, 206
BRAXTON, Anthony : 296, 368, 470-473, **489**, 507, 540, 630, 644
BRECKER BROTHERS, the : 526, 551,
BRECKER, Michael : 13, 384, 507-508, 520, 522, **526**, 531, 543, 549, 561, 563, 580, 608, 637
BRECKER, Randy : 416, 521, **525,** 542, 543, 558
BREMBLY, Paul : 38
BRESLER, Amir : 607
BREUKER, Willem : 490, 642, **649**
BREWER, Theresa : 609
BRIDGEWATER, Cecil : 590
BRIDGEWATER, Dee Dee : **590**, 591, 637, 638
BRIGGS, Arthur : 252
BRIGGS, Pete : 113, 114
BRIGHT, Ronnell : 307
BRION, Jon : 605
BROADBEN, Alan : 487
BROCHU, Paul : 541
BROCKMAN, Gail : 275
BRONSON, Art : 226
BRONSTED, Niels : 459
BROOKMEYER, Bob : 357, 365, 367, **369**, 374, 505, 547, 583, 650
BROOKS, Arthur : 679
BROOKS, Harvey : 499
BROOKS, Randy : 356
BROOKS, Richard : 679
BROOKS, Roy : 312
BROONZY, Big Bill : **62**, 63, 70
BROTHERHOOD OF BREATH, the : 485, 486, 630
BRÖTZMANN, Peter : 488, 642

BROWN Jr, Oscar : 479
BROWN, Bobby : 696
BROWN, Charles : 666
BROWN, Clarence « Gatemouth » : 65, 176
BROWN, Clifford : 238, 272, 295, **304**, 307, 311, 321, 367, 369, 378, 382-383, 385-386, 388, 576, 579, 669, 697
BROWN, Donald : 575, 591, **600**, 601
BROWN, Gerry : 649
BROWN, James : 498, 500, 581, 583, 585, 663, 673-**674**-675, 677, 685-687, 696, 698
BROWN, Janice : 33
BROWN, Jeri : 590, 600
BROWN, Justin : 611
BROWN, Lawrence : 168, 172, 180, 231
BROWN, Marion : 448
BROWN, Pete : 206
BROWN, Ray : 212, 229, 277, 282, 283, 300, 314, **316**, 353, 373, 381, 388, 394, 397, 594
BROWN, Ruth : 667, 671
BROWN, Sam : 487
BROWN, Ted : 353
BROWN, Tom : 101
BROWN, Tyrone : 593
BRUBECK, Dave : 320, 354, 366, 368, **372**, 375, 393, 467, 490, 558, 656
BRUCE, Jack : 488, 512, 529, 546
BRUN, Philippe : 250, 254
BRUNDY, Walter : 136
BRUNEL, Bunny : 508, 546
BRUNIS, George : 103, 130,
BRYANT, Ray : 212, 242, 295, 387
BRYANT, Willie : 221, 232, 233
BUARQUE, Chico : 660
BUCHANAN, Elwood : 342
BUCKLEY, Neal : 121
BUCKNER, Milt : 157, 182, 238, **248,** 324
BUENA VISTA SOCIAL CLUB : 659
BULLOCK, Hiram : 489, 542, 557, 565
BUNKER, Larry : 412
BURATTI, Giorgio : 646
BURKE, Solomon : **676**
BURNET, Bob : 139
BURNS, Ralph : 339
BURNSIDE, Vi : 207
BURONFOSSE, Marc : 621
BURRELL, Kenny : 283, 327, 350, 386, 402, 540, 556, 697
BURTON, Gary : 255, 359, 482, 488, 507-508, **524**, 530, 531, 533-534, 544, 557, 559, 606, 617
BUTLER, Billy : 58
BUTLER, Jerry : 679, 681
BUTTERFIELD, Billy : 349
BUTTERFIELD, Paul : 69
BYARD, Jaki : **423**, 425, 457, 504, 569, 610
BYAS, Don : 224, 232, 237, **247,** 289, 293, 373, 459, 578, 622, 644
BYRD, Charlie : 314, 358, 415, 494, 592, 660
BYRD, Donald : 381, 385, 402, 431, 505, 600, 629
BYRON, Don : 611

C. C. RIDERS, the : 517
CABRERA, Felipe : 658
CAESAR, Shirley : 33, 39
CAGE, John : 490
CAHEN, François : 544
CAINE, Uri : 600
CALDERAZZO, Joey : 527, 561
CALDWELL, Happy : 134
CALHOUN, Eddie : 399
CALLAS, Maria : 654
CALLENDER, Red : 219, 228, 413, 417
CALLOWAY, Blanche : 113, 196, 233, 244, 245
CALLOWAY, Cab : 13, 35, 65, 151-154, 157, 159, 197, **200**, 221, 233, 246, 281, 282, 467, 685
CALO, Osvaldo : 617
CAMELIA ORCHESTRA, the : 132
CAMEO : 502, 687
CAMILO, Michel : 572, 620
CAMPBELL, Brun : 75
CAMPBELL, Tevin : 696, 698
CANDIDO : 283
CANDOLI, Conte : 339, 341, 372-373
CANDOLI, Pete : 339
CANONGE, Mario : 542, 632
CAPON, Jean-Charles : 619, 629
CARATINI, Patrice : 255, 619, 631
CARAVANS, the : 32, 35
CAREY, Mutt : 99, 118, 132-134
CARISI, John : 333, 343, 349-350, 372
CARLS, Emmett : 375
CARLTON, Larry : 557
CARMICHAEL, Hoagy : 121, 148, 215, 368
CARMICHAEL, Stoke : 438
CARNEY, Bill : 426
CARNEY, Harry : 168, 174, 178, 231, 365
CAROLINA COTTON PICKERS, the : 179
CAROLINA FIVE, the : 176
CAROLL, Joe : 426
CARON, Alain : 541, 546
CARON, Élise : 621
CARR, Leroy : **60**
CARRINGTON, Terri Lyne : 516, 582, 614, 633

CARROLL, Joe : 283, 308
CARROTHERS, Bill : 599
CARTAYA, Oscar : 542
CARTER, Benny : 152, 153, 157, 164, 177, 190-192, 194-196, 202, 207, 209, 210, 219, 221, 229, **231**, 235, 237, 242, 243-247, 252, 283, 301, 307, 312-314, 319, 376, 398, 406, 478, 563, 580, 653, 656
CARTER, Betty : 320, **322**, 522, 637
CARTER, Jack : 139
CARTER, James : **602**, 603
CARTER, Kent : 480, 482, 488, 646
CARTER, Regina : 600, 603
CARTER, Ron : 318, 320, 347, 364, 370, 433, 457, 464, 498, **504**, 512, 547, 553, 692
CARVER, Wayman : 199
CARY, Dick : 116
CASA LOMA ORCHESTRA, the : 154, 164, 204
CASEY, Al : 86
CASH, Fred : 679
CASIMIR, Daniel : 621
CASSAVETES, John, 249
CATALLO, Chet : 542
CATHERINE, Philip : 364, 422, 558, 631, 642, **648**
CATLETT, Big Sid : 115, 120, 195, 233, **246**, 276, 294, 367
CAVELIER, Hervé : 619
CECARELLI, André : 553, 591, 621, 631
CELEA, Jean-Paul : 510, 621
CÉLESTIN, Papa : 132, 134, 136, 137
CHAHINE, Khalil : 557
CHAIX, Henri : 179
CHALOFF, Serge : 186, 333, 339, 365-366
CHAMBERS, Dennis : 560
CHAMBERS, Henderson : 672
CHAMBERS, Joe : 507
CHAMBERS, Paul : 321, **327**, 346, 391, 400, 427
CHANCEY, Vincent : 475
CHANCLER, Leon Ndugu : 553, 568
CHANDLER, Chas : 680
CHAPUT, Roger : 252
CHARBONNEL, Michel : 621
CHARIG, Mark : 485
CHARLES, Dennis : 481
CHARLES, Ray : 37, 190, 300, 322, 565, 579, 591, 667, **671**-672, 677, 685-686, 697
CHARLES, Teddy : 349, 457
CHASSAGNITE, François : 621
CHASSY, Guillaume de : 620
CHAURASIA, Hariprasad : 617
CHAUTEMPS, Jean-Louis : 362, 625, 628, 630-631, 643
CHAUVIN, Louis : 75
CHAZARENC, Matthieu : 621
CHEA, Alvin : 39
CHEATHAM, Doc : 200, 609
CHÉDID, Mathieu : 640
CHEEK, Chris : 599, 606
CHEEKS, Julius : 31
CHEKASIN, Vladimir : 642
CHENIER, Clifton : 70
CHERRY, Don : 373, 389, 408, 415, 421, 447, 450, 451, **453**, 459, 463, 465, 473, 479, 482-484, 487-488, 494, 540, 617, 629, 646, 648
CHERRY, Neneh : 456, 696
CHESTNUT, Cyrus : 592, 599, 603
CHESTERTON, Bob : 356
CHEVILLON, Bruno : 621
CHIBOUST, Noël : 622
CHILDERS, Buddy : 341
CHILDS, Billy : 591
CHOCOLATE DANDIES, the : 232
CHOPIN, Frédéric, 72, 74, 78, 85, 217, 354
CHOSTAKOVITCH, Dimitri, 571
CHOWGHURY, Roy : 482
CHRISTENSEN, Jon : 535-537, 547, 646
CHRISTIAN, Buddy : 48
CHRISTIAN, Charlie : 57, 65, 66, 159, 178, 202, 209, 237, **240**, 242, 292, 313, 401, 540, 556
CINELU, Mino : 502, 513, 553, 626, 631, 637
CIPELLI, Roberto : 650
CLAPTON, Eric : 37, 69, 526
CLARCK SISTERS, the : 32
CLARK, Charles : 471
CLARK, June : 140, 231
CLARK, Sonny : 309, 313
CLARKE, Kenny : 192, 230, 261, 262, 269, 272, 275, 282, 283, 285, 287, 290, **291**, 294, 300, 315, 319, 321, 324, 344-346, 379, 394, 423, 445, 552, 622, 627-628, 636
CLARKE, Stanley : 382, 464, 508, 512, 520, 546-**548**, 568, 590, 593
CLAY, James : 453, 456
CLAYTON, Buck : 157, 185, 190, **192**, 194, 207, 225, 234, 237, 247, 481
CLEARWATER, Eddie : 69
CLEAVER, Eldridge : 440
CLÉMENT, Gilles : 620
CLEVELAND SINGERS, the : 33
CLEVELAND, James : 35-37
CLEVELAND, Jimmy : 350
CLINTON, George : 688, 689, 698
CLOVERS, the : 667
COASTERS, the : 667

COBB, Arnett : 196, 238, 243, 325, 667
COBB, Jimmy : 307, 318, 324, 327, 391, 428, 604
COBBS, Call : 459
COBHAM, Billy : 509-510, 526, 549, **554**, 558, 559, 561, 564, 568
COBRA : 696
COCHRAN, Eddie : 680
COCHRAN, Wayne : 517
COCKER, Joe : 424
COCOA TEA : 696
COCTEAU, Jean, 252
CODONA, trio : 455
COE, Tony : 641
COETZEE, Basil : 485
COHELMEC : 620
COHEN, Avishai : **606**, 607, 614
COHN, Al : **366**, 367, 384, 415
COLAIUTA, Vinnie : 553
COLBERT, John : 678
COLE, Cozy : 164, 200, 222, 225, 237, 240, **245**, 248, 276, 375, 379
COLE, Nat King : 194, 208, **219**, 228, 237, 300, 314, 352, 397, 399, 411, 594, 597, 671, 685
COLE, Richie : 312
COLEMAN, Anthony : 599
COLEMAN, Bill : 86, 137, 190, 232, **243**, 252, 583, 629, 631
COLEMAN, Charlie : 494
COLEMAN, Earl : 301
COLEMAN, George : 347, 386, 505, 583, 644
COLEMAN, Ira : 575
COLEMAN, Lisa : 699
COLEMAN, Michael : 69
COLEMAN, Ornette : 326, 373, 388, 389, 414, 421, 430, 434, 446, **449**, 453-457, 463, 465, 472, 482, 484, 486, 487, 520, 523, 529, 531, 549, 563, 570, 583, 648
COLEMAN, Steve : 540, 572, 581, 582, **583**, 584, 585, 611, 687
COLES, John : 350
COLLETTE, Buddy : 355, 372, 417, 418, 457
COLLEY, Scott : 599, 608
COLLIGNON, Médéric : 621
COLLINS, Albert : 69
COLLINS, Bootsy : 688
COLOMBY, Bobby : 518
COLON, Willie : 654
COLSON, Steve : 471
COLTRANE, Alice : 463, 487
COLTRANE, John : 13, 152, 173, 272, 280, 282, 283, 287, 288, 300, 316, 322, 323, 327, 336, 339, 345, 346, 358, 382, 384, 386, 388, 391, 405, 415, **425**, 431, 433, 454, 456, 457, 459, 463, 464-467, 469, 484, 520, 522, 523, 537, 544, 563, 603, 617
COLTRANE, Ravi : 599, 606
COLUMBUS, Christopher : 180, 196
COMBELLE, Alix : 224, 232, 250, 252
COMFORT, Joe : 418
COMMODORES, the : 684, 687
COMO, Jean-Pierre : 542
CONDON, Eddie : 103, 120, 121, 126, **129**, 130, 137, 140, 177, 192, 238, 244, 246
CONNORS, Bill : 416, 508, 538, 557
CONNORS, Norman : 464, 590
CONSTANT, Marius : 623
COODER, Ry : 69, 637
COOK, Will Marion : 118
COOKE, Doc : 108, 134, 136, 137
COOKE, Sam : 31, 36, 425, 667, **673**, 677
COOPER, Al : 154
COOPER, Bob : 372
COOPER, Jerome : 469
COOPER, Leroy : 672
COPELAND, Johnny : 69
COPLAND, Marc : 599
CORBOZ, Benoît : 634
CORDELETTE, Vincent : 621
COREA, Chick : 13, 316, 339, 347, 359, 368, 415, 490, 498, 499, **507**, 509, 510, 522, 525, 528, 534, 540, 541, 546-548, 555, 565, 567, 602, 607, 614, 644, 653
CORNELOUP, François : 621
CORNER, Alexis : 509
CORNISH, Willie : 105
CORYELL, Larry : 255, 422, 510, 520, 521, 525, 544, 547, **557**, 559, 565, 648
COSEY, Pete : 499
COTINAUD, François : 647
COTTON, James : 63
COTTRELL, Louis : 136
COUNCE, Curtis : 355, 372
COUPERIN, François, 571
COURTOIS, Vincent : 619
COUTURIER, François : 510, 620
COX, Anthony : 560, 585
COX, Billy : 680
COX, Ida : 34, 47, 65, 84, 244
CRANSHAW, Bob : 471
CRAWFORD, Hank : 564, 565, 672
CRAWFORD, James : 198
CRAWFORD, Randy : 686
CRAWFORD, Ray : 350, 399

CRAWFORD, Rosetta : 84, 119, 138
CRAYTON, Pee Wee : 65
CREATH, Charlie : 134, 137, 138
CREOLE JAZZ BAND, the : 109, 112
CREUZA, Maria : 660
CREWS, Felton : 501
CRISS, Sonny : 371
CROFT, Monte : 609
CROPPER, Steve : 678
CROSBY, Bing : 115, 116, 128, 157, 162, 187, 204, 337
CROSBY, Bob : 159, 204
CROSBY, Israel : 164, 399-401
CROSS, Gary : 426
CROTHERS, Connie : 353
CRUSADERS, the : 541, 549
CRUZ, Adam : 607, 608
CRUZ, Celia : 13, 654
CUECO, Pablo : 636
CUGNY, Laurent : 351, 619, 638
CUISINIER, Arnault : 621
CULLAZ, Alby : 621
CULLAZ, Pierre : 628
CULLEN, Countee : 150
CUNNINGHAM, Bob : 482
CURSON, Ted : 423, 483, 553
CURTIS, King : 37, 667
CUSSON, Michel : 541
CYRILLE, Andrew : 448, 468, 473, 487, 585

D'ANDREA, Franco : 641, 646, 648
D'RIVERA, Paquito : 606, **656**-658
D'RIVIERA, Tito : 656
D.C. BASEHEAD : 695
DA COSTA, Paulinho : 660
DA SILVA, Alfredo : 660
DAMERON, Tadd : 215, 282, 292, 297, 300, 303, 304, **310**, 312, 313, 315, 321, 344, 384, 385, 387
DAMIANI, Paolo : 619
DANIELE, Pino : 516
DANIELSSON, Palle : 535, 536, 538, 646
DANKO, Harold : 368
DARENSBOURG, Joe : 116
DAVIS Jr, Sammy : 187
DAVIS, Anthony : 449
DAVIS, Blind Gary : **54**
DAVIS, Charles : 475
DAVIS, Clarence : 58
DAVIS, Eddie « Lockjaw » : 187, **195**, 323, 343, 600
DAVIS, Jesse : 599
DAVIS, Miles : 13, 116, 120, 225, 261, 269, 271, 272, 276-278, 280, 286, 287, 292, 295, 299, 300, 302, 304, 309, 310, 315, 320-324, 326, 327, 333-335, 337, **342**, 349-351, 354, 359, 361, 365, 367, 368, 375, 378, 382, 384-387, 391, 394, 396, 400, 407, 410, 415, 419, 420, 426, 428, 430, 431, 469, 471, 481, **498**, 503, 504, 505, 507, 509, 510, 513-516, 521-523, 528, 529, 536, 539, 541, 544, 545, 547, 549, 551, 553, 554, 558-561, 567, 568, 570, 574, 576-579, 583, 617, 624, 627, 634, 645-646, 650, 661, 681, 687, 697-699
DAVIS, Nathan : 585
DAVIS, Peter : 111
DAVIS, Richard : 307, 320, 464, 644
DAVIS, Steve : 433
DAVIS, Tiny : 207
DAVIS, Walter : 381
DAVIS, Wild Bill : **179**, 668
DE BEST, Spanky : 381
DE CARLO, Tommy : 332, 356
DE LEON, Oscar : 654
DE LIO, Osvaldo : 617
DE LUCIA, Paco : 508, 510, 558, 613
DE MORAES, Vinicius : 660
DEARANGO, Bill : 308
DEARIE, Blossom : 328, 348
DEBARRE ROMANE, Angelo : 620
DEBIOSSAT, Alain : 541, 563, 621
DEBUSSY, Claude : 619, 637
DECOU, Walter : 107
DEEMS, Barett : 116
DEFRANCO, Buddy : 186, 301, **314**, 319, 380, 406, 656
DEFUNKT : 687
DEHAAS, Eddie : 362
DEHORS, Laurent : 621
DEJOHNETTE, Jack : 415, 471, 473, 499, **522**, 527, 531, 534,-538-539, 547, 552, 553, 558, 585, 614, 626, 635, 646, 658
DEL FRA, Riccardo : 364
DELASOUL : 695
DELAUNAY, Charles : 250, 254
DELBECQ, Benoît : 620
DELTA RHYTHM BOYS, the : 31, 212
DENIZET, Manuel : 621
DENNERLEIN, Barbara : 642
DENT, Cedric : 39
DEPARIS, Wilbur : 137
DERVIEU, Eric : 625
DESANDRE, Xavier : 621
DESCHEPPER, Philippe : 620, 629

DESMOND, Paul : 360, 364, 366, 373, **374**, 395
DESVIGNES, Sidney : 140
DEVILLIERS, Michel : 618
DEVOS, Hélène : 328
DEWEY, Lawrence : 118
DIAWARA, Fatoumata : 660
DI BATTISTA, Stefano : 599. 641
DI CASTRI, Furio : 641, 646, 648, 650
DI DONATO, Jacques : 620, 625, 630
DI MEOLA, Al : 508, 510, 555, 557, 558, 641
DI PIAZZA, Dominique : 510, 621
DIAL, Harry : 86
DIBANGO, Manu : 550, 617
DICKENSON, Vic : 186, 232, **244**
DICKERSON, Carroll : 113, 117, 137, 141, 159, 216
DIDDLEY, Bo : 666, **670**
DINGMAN, Chris : 611
DIOP, Idrissa : 542
DIXIE HUMMING BIRDS, the : 31
DIXON, Bill : 448, 465, 468, 470, 480, 488, 646
DIXON, Charlie : 157, 199
DIXON, George Washington : 41
DIXON, Jessy : 33, 39
DIXON, Willie : **63**
DIYICI, Senem : 617
DJAVAN : 660
DOCKERY, Sam : 381
DODDS, Johnny : 57, 99, 109, 113, 132, **135**, 136, 202
DODDS, Warren « Baby » : 109, 113, 120, **136**
DOGGETT, Bill : 425, 664, 668
DOLPHY, Eric : 296, 316, 407, 408, 415, 420, 421, 423, 430, 451, 456, 463, 478, 479, 481, 504, 505, 520, 563, 622
DOMANCICH, Sophia : 599
DOMINGUEZ, Chano: 599
DOMINO, Fats : 666, **670,** 671
DOMINOES, the : 667
DONALDSON, Lou : 381, **382**, 402, 553, 655
DOPSEE, Rockin' : 70
DORGE, Pierre : 642
DORHAM, Kenny : 269, 280, 295, 323, 380-**382**, 385, 387, 467, 568, 621, 644
DÖRNER, Axel : 600
DORSEY, frères : 128, 154, 158, 164, 239
DORSEY, Jimmy : 157, 162, 227, 282, 356
DORSEY, Lee : 673
DORSEY, Thomas A. : 32-34
DORSEY, Tom : 48, 62
DORSEY, Tommy : 129, 159, 160, 162, 181, 198, **204**, 215
DOUARI, Itamar : 607
DOUBLE SIX, les : **328**, 615, 627-628, 645, 697
DOUGLAS, Dave : 600
DOUGLAS, Tommy : 191
DOZIER, Lamont : 37
Dr DRE : 695
DREW Jr, Kenny : 616
DREW, Kenny : 293, 305, 309, 314, 616, 629
DREW, Martin : 397
DRIFTERS, the : 667
DROUET, Jean-Pierre : 538
DRUMMOND, Billy : 600
DUBOIS, William Edward Burgardt : 436
DUCROS, Anne : 621
DUCRET, Marc : 620, 632, 647
DUDZIAK, Urszula : 642, 647
DUKE, George : 391, 496, 548, 554, 559, **567**, 593
DUKE, Vernon : 148
DUMOULIN, Jozef : 642
DUNCAN, Hank : 140
DUNLOP, Frankie : 309
DUNN, Donald : 678
DUNN, Johnny : 48
DUNOYER DE SEGONZAC, Benoît : 621
DUNSEN, Frankie : 136
DURHAM, Bobby : 397
DURHAM, Eddie : **158**, 184, 198, 202, 207, 240, 556
DUTREY, Honoré : 109, 136
DYANI, Johnny : 485
DYLAN, Bob : 52, 242, 495, 686

E. KING, Ben : 673
EAGER, Allen : 308, 311
EAGLE BAND, the : 106, 109
EARDLEY, Jon : 365, 366
EARL, Jimmy : 509
EARLAND, Charles : 564
EARTH, WIND & FIRE : **688**
EAST, Nathan : 546
EASY MO BEE : 502
ECHAMPARD, Eric : 621
ECKSTINE, Billy (Mr B.) : 187, 196, 217, 274-276, 282, 292, 297, 303, 306, **309**, 310, 313, 315, 320, 697
ECKSTINE, Billy (William Clarence) : 342, 343, 349, 379, 382
EDISON, Harry : 185, **194**, 195, 210, 229, 234, 313, 431, 697
EDOUARD, Prabhu : 633
EDWARD, Mark : 469
EGAN, Mark : 526, 530

EGAN, Nathan : 546
EHNCO, Thomas : 620, 621
EHRLICH, Marty : 599
EICHER, Manfred : 532, 533, 538, 540
EIGSTI, Taylor : 599
EKDAHL, Lisa : 595, 600
EKYAN, André : 224, 232, 250, 252
EL ZABAR, Kahil : 471
ELDRIDGE, Joe : 235
ELDRIDGE, Roy : 115, 126, 129, 137, 164, 182, 188, 189, 203, 209, 210, 219, 221, 225, 229, 232-**234**, 239, 243, 244, 246, 249, 259, 269, 270, 283, 284, 296, 299, 311, 314, 315, 319, 320, 398, 420
ELEK BACSIK : 645
ELEKTRIC BAND, the : 508
ELGAR, Charlie : 108, 141, 177
ELIAS, Eliane : 543, 599
ELIEZ, Thierry : 591, 620
ELIOTT, Don : 349
ELKINS, Leon : 114
ELLING, Kurt : 590, 610
ELLINGTON, Duke : 34, 57, 110, 119, 140, 148, 151, 152, 154, 156, 159, 163, **165**, 171, 182, 192, 194, 197, 200, 201, 212, 214, 215, 221, 225, 230, 232, 233, 247, 249, 251, 253, 254, 259, 260, 267, 282, 283, 286, 296, 297, 299, 310, 311, 315, 319, 348, 382, 393, 396, 417, 421, 422, 429, 444, 467, 478, 484, 515, 569, 614, 622, 624, 635, 637, 644, 653
ELLINGTON, Mercer : 178
ELLIS, Don : 408, 477, 480, 568, 617
ELLIS, Herb : 314, 397
ELLIS, Seger : 128
ELLIS, Wee Pee : 528
EMER, Michel : 252
EMLER, Andy : 620, 633
ENNIS, Skinnay : 348
ENRIQUEZ, Augusto : 659
ERBETTA, Marc : 634
ERGÜNER, Kudsi : 636
ERIC B & RAKIM : 695
ERSKINE, Peter : 416, 513, 514, 519, 531, 543, **555**, 559, 560, 633
ERVIN, Booker : 423, 424
ERWIN, Pee Wee : 205
ESCOUDÉ, Christian : 395, 487, 510, 558, 572, 620, 629, 649
ESCREET, John : 611
ESEN, Aydin : 572, 617
ESKELIN, Ellery : 599
ESSIET, Essiet : 599, 601
ESTES, Sleepy John : **59**
ESTHER, Little : 667
EUBANKS, Kevin : 582, 591
EUBANKS, Robin : 582
EUREKA BRASS BAND, the : 132
EUROPE, James Reese : 75, 155, 249, 392
EUROPEAN RHYTHM MACHINE, the : 629, 645
EVANS, Bill (p) : 13, 323, 346, 369, 391, 405, 408, **409**, 415, 416, 428, 434, 480, 520, 522, 563, 604, 605, 635, 644, 655
EVANS, Bill (s) : 501, 510, 560
EVANS, Gil : 321, 333, 337, 343, 346, **347**, 365, 367, 370, 431, 457, 469, 481, 482, 504, 512, 539, 548, 558, 638, 681
EVANS, Herschel : 161, 185, 186, **190**, 224, 226, 237
EVANS, Nick : 485
EVANS, Richard : 475
EWART, Douglas : 471
EWELL, Don : 85
EXCELSIOR BRASS BAND, the : 131, 140

FABER, Johannes : 554
FADDIS, Jon : 521, 600
FAGERQUIST, Don : 372
FAME, Georgie : 509
FAMOUS FLAMES : 674
FARLOW, Tal : 245, 418, 511, 556, 558
FARMER, Art : 234, 238, 293, 305, 366, 384, 385, 387, 406, 407, 433, 488, 547, 600, 629
FARRELL, Joe : 432, 434, 507, 508, 522, 555
FAT BOYS : 695
FAULKNER, Justin : 637
FAURÉ, Gabriel : 637, 639
FAVORS, Malachi : 471-473
FAVRE, Pierre : 533, 642
FAŸS, Raphaël : 620
FELA ANIKULAPO KUTI : 550, 599
FELDMAN, Vic : 372, 413, 641
FELGEYROLLES, Xavier : 601
FELIU, Vicente : 658
FELIX, Delbert : 578
FENDER, Leo : 545
FENTON, Nick : 261, 292
FERGUSON, Maynard : 341, 423, 514, 515, 555
FERNANDEZ, Julio : 542
FERRANTE, Russell : 542
FERRÉ, Boulou : 619
FERRÉ, Elios : 619
FERRELL, Rachelle : **593**
FERRET, Matelo : 619
FERRET, Sarane : 619

FERRER, Ibrahim : 659
FEW, Bobby : 482
FEZA, Mongezi : 485, 486
FICKELSON, Laurent : 620
FIDDMONT-LINDSEY, Lynne : 515
FIELDER, Alvin : 471, 584
FIELDS, Herbie : 343, 356, 409
FIGUEROA, Sammy : 502
FINEGAN, Bill : 157
FINNERTY, Barry : 501, 557
FIORAVANTI, Ettore : 650
FISHER, Mary Ann : 672
FISHKIN, Arnold : 353
FITZGERALD, Ella : 116, 160, 187, 193, 199, 208, **211**, 215, 235, 263, 306, 318, 323, 398, 624, 644, 697
FIVE BLIND BOYS OF ALABAMA, the : 31
FIVE BLIND BOYS OF MISSISSIPPI, the : 31
FIVE ROYALES, the : 667
FLACK, Roberta : 551, 681-682, 686, 697
FLANAGAN, Tommy : 212, 293, **322**, 366, 387, 401
FLEMMING, Herb : 138
FLEMMING, King : 471
FLORES, Luca : 650
FOHRENBACH, Jean-Claude : 619
FOL, Hubert : 618
FOL, Raymond : 182, 362, 619
FOLEY McCREARY, Joseph : 501
FONSECA, Roberto : 654, **659**-660
FONSÈQUE, Raymond : 619
FONTANA, Carl : 341
FORD SMITH, Willie Mae : 33
FORD, Ricky : 423, 424, 484, 579
FORD, Robben : 501, 542
FORMAN, Mitchell : 531, 560, 567
FORTUNE, Sonny : 433, 499
FORTUNES, the : 667
FOSSET, Marc : 255, 620
FOSTER, Al : 433, 499, 501, 504, 507, 523, **553**
FOSTER, Frank : **161**, 187, 188, 432, 553
FOSTER, Pops : 99, **134**, 206, 481
FOUAD, Pierre : 253
FOUQUEY, Jean-Pierre : 620, 648
FOUR BROTHERS, the : 334, 339, 366, 367, 375
FOUR KEYS, the : 212
FOUR SEASONS, the : 517
FOUR TOPS, the : 684
FOURNIER, Denis : 621
FOURNIER, Vernell : 400, 401
FOWLER, Billy : 138, 160
FOWLER, Tom : 568
FRANCIOLI, Léon : 642
FRANCIS, George : 167
FRANCIS, Panama : 200, 201, 243
FRANKLIN, Aretha : 33, **36**, 242, 504, 548, 551, 674, 681, 682, 697
FRANKLIN, L.C. (Révérend) : 36, 37
FREEMAN, Bud : 103, 124, **129**, 205, 227, 244
FREEMAN, Chico : 424, 449, 471, 473, 523, 528, 572, 583
FREEMAN, Russ : 361, 362, 372, 373
FRESU, Paolo : 599, 633, 641, 648, **650**-651
FRIEDMAN, David : 645
FRISELL, Bill : 416, 538, 555, **560**
FUKUHARA, Akira : 651
FULLER, Blind Boy : **54**
FULLER, Curtis : 302, 350, 381, **385**, 478, 514, 520
FULLER, Walter Gil : 282, 300
FULSON, Lowell : 55, 65, 91, 671
FUNKADELIC : **689**
FUQUA, Harvey : 685

G., Kenny : 564
GABRIEL, Martin : 134
GADD, Steve : 416, 508, 521, 522, 542, 543, **555**, 565, 653, 676
GADDY, Christopher : 471
GAILLARD, Slim : 137, 162, **248**
GAILLOT, Philippe : 620
GAINES, Grady : 69
GALE, Eddie : 468
GALE, Eric : 557, 653, 676
GALLAGHER, Rory : 69
GALLIANO, Richard : 504, 620, 696
GAMBALE, Frank : 508, 557
GAMMAGE, Gene : 397
GANELIN, Vyacheslav : 642
GANG STARR : 696
GANT, Frank : 401
GANT, Willie : 176
GAP BAND, the : 687
GARAY, Minino : 637
GARBAREK, Jan : 408, 487, 536, **537**, 540, 560, 615
GARCIA-BRUNO, Daniel : 621
GARCIA-FONS, Renaud : 588, 633, **636**
GARDNER, Jeff : 636
GARDONI, Fredo : 251
GARDOT, Melody : 590
GAREED, Milt : 671
GAREIL, Philippe : 621

GARLAND, Ed : 109
GARLAND, Red : **320**, 346, 384, 387, 391, 400, 427, 428, 553, 655
GARNER, Erroll : 89, 208, **222**, 320, 325, 399, 521, 624
GARNETT, Carlos : 499
GARRETT, Kenny : 382, 501, 575
GARRETT, Matthew : 590
GARRETT, Siedah : 696, 698
GARRISON, Jimmy : 428, 430, 432-**434**
GARROS, Christian : 229, 230, 322, 619
GARVEY, Marcus : 438
GASLINI, Giorgio : 454, 482, 641, 646, 648
GATTO, Roberto : 647
GAUCHER, Pierre-Jean : 542
GAUDRY, Michel : 182, 619
GAUMONT, Dominique : 499, 557
GAYE, Marvin : **685**, 694
GAYTEN, Paul : 182, 385
GELLER, Herb : 305, 372
GENEST, Nicolas : 621
GENUS, James : 599
GEORGIA JAZZ BAND, the : 48
GERALDO, Tino di : 633
GERSHWIN, George : 148, 162, 393
GERSHWIN, Ira : 212
GERTZE, Johnny : 484
GETZ, Stan : 13, 191, 193, 210, 283, 293, 299, 325, 316, 321, 332, 335, 339, 354, **355**, 360, 363, 366, 369, 370, 373, 384, 398, 412, 413, 415, 416, 419, 489, 494, 497, 505, 507, 512, 515, 522, 524, 539, 547, 548, 563, 622, 624, 628, 650, 657, 660
GIBBS, Mike : 539
GIBBS, Terry : 369
GIL, Gilberto : 660
GILBERTO, Astrud : 358, 660
GILBERTO, Joao : 358, 494, 596, 660
GILLESPIE, Dizzy : 68, 101, 116, 121, 152, 162, 174, 180, 188, 196, 200, 215, 217, 225, 229, 232, 236, 237, 246, 248, 259, 262-267, 269, 270, 272, 275, 276, 279-**281**, 285, 289, 291-293, 295-297, 299, 300, 302-304, 306, 307, 309-311, 313-316, 318, 321-323, 325, 328, 334, 342-344, 353, 358, 361, 363, 373, 377-379, 382, 384, 386, 394, 398, 406, 419, 426, 444, 445, 453, 494, 507, 520, 568, 570, 573, 575, 590, 622, 626-627, 644, 654-655, 657, 697-698
GILLUM, Jazz : 61
GILMORE, David : 582
GILMORE, John : 463, 475
GILSON, Jef : 328, 523, 619, 628, 629
GIORDANO, Charlie : 603
GISMONTI, Egberto : 487, 533, 538
GIUFFRE, Jimmy : 130, 194, 315, 332, 333, 339, 357, 368, 369, 373, **374**, 375, 393, 395, 446, 480, 488, 563
GIULIANI, Marcello : 634
GLASPER, Robert : 599
GLENN, Lloyd : **90**
GLENN, Tyree : 115, 171, 176, 237
GLUSKIN, Lud : 250
GODARD, Michel : 621
GOLDBERG, Aaron : 599, 602
GOLDBERG, Jean-Michel : 621
GOLDBERG, Stu : 510, 567
GOLDEN GATE QUARTET, the : 31, **37**
GOLDEN LEAF ORCHESTRA, the : 132
GOLDEN PALOMINOS : 550
GOLDKETTE, Jean : 123, 125, 127, 128, 205, 224
GOLDSTEIN, Gil : 593
GOLSON, Benny : 283, 311, 321, 381, **384**, 386, 426, 433, 434, 457
GOMEZ, Eddie : 318, 412, **415**, 508, 522, 523, 528, 543, 631, 635
GONG : 496
GONSALVES, Paul : 171, 174, **180**, 186, 282, 315
GONZALES, Babs : **312**, 387
GONZALES, Jerry : 529
GOODEN, Sam : 679
GOODMAN, Benny : 49, 125, 126, 128-130, 154, 158, 159, 164, 165, 178, 181, 191, 192, **201**, 210, 214, 215, 221, 232, 235, 237, 239-242, 245-248, 313, 318, 325, 337, 348, 349, 356, 366, 367, 424, 643, 654, 656, 657
GOODMAN, Gabrielle : 616
GOODMAN, Jerry : 509, 524
GOODRICK, Mick : 523, 525, 557, 559
GORDON, Bob : 305
GORDON, Dexter : 232, 238, 249, 283, 290, 293, **297**, 306, 313, 321, 322, 360, 453, 459, 462, 471, 505, 563, 590, 629, 644
GORDON, Frank : 471
GORDON, Jeff : 486
GORDON, Joe : 372
GORDON, Wycliff : 575, 576
GORDY, Berry : 684, 686
GORRILL, Liz : 353
GOTTLIEB, Danny : 525, 526, 530
GOTTSCHALK, Louis Moreau : **71**
GOUBERT, Simon : 621

GOUIRAND, Doudou : 620
GOURLEY, Jimmy : 231, 416, 556, 626, 628
GOVIN, Pierre-Olivier : 542
GRAHAM CENTRAL STATION : 687
GRAILLIER, Michel : 364, 482, 620
GRAINGER, Gary : 560
GRANT, Henry : 166
GRANVES, Milford : 415, 425
GRANZ, Norman : 187, 210, 212, 225, 229, 270, 277, 279, 303, 397, 398, 652
GRAPPELLI, Stéphane : 13, 128, 218, 224, 252, **253**, 293, 365, 366, 370, 398, 523, 525, 615, 619, 624, 630-631
GRATEFUL DEAD, the : 495
GRAVATT, Eric : 513
GRAVES, Milford : 449, 473, 482
GRAVES, Peter : 517
GRAY, Glen : 154, 158, 159, 204
GRAY, Wardell : 186, 203, 249, 298, 309, **313**, 327, 360, 453
GREAT JAZZ TRIO, the : 318
GRECO, Juliette : 344
GREEN, Al : 31, 33, 39, 682-683
GREEN, Benny : 275, 308, 312, 327
GREEN, Charlie : 49, 164
GREEN, Eddie : 593
GREEN, Freddie : 185, 186, 188, **191**, 556
GREEN, Grant : 402, 556
GREEN, Irving : 697
GREEN, Lil : 665
GREEN, Rodney : 586
GREENE, Billy : 432
GREENE, Burton : 448
GREER, Sonny : 166, 171, **175**, 181, 467
GRÉGOR ET SES GRÉGORIENS : 250
GRENADIER, Larry : 535, 599, 640
GREY, Al : **196**
GRIFFIN, Bessie : 32
GRIFFIN, Johnny : 195, 238, 288, 293, 309, 321, 381, 462, 471, 600, 628-629
GRIFFITH, Earl : 467
GRIFFITH, Johnny : 684
GRIGORYAN, Vardan : 615
GRILLO, Alex : 647
GRIMES, Henry : 362, 459, 468, 482
GRIMES, Tiny : 219, 276, 664
GRIMMONPREZ, Thomas : 621
GROLNICK, Don : 543, 567
GROSSMAN, Steve : 432, 499, 616
GRUNTZ, George : 325, 629, 642
GRUSIN, Dave : 567, 657
GRYCE, Gigi : 238, 286, 305, 308, 478
GUBITSCH, Tomas : 617
GUÉRIN, Beb : 620
GUERIN, John : 553
GUÉRIN, Roger : 253, 293, 619, 622, 636
GUÉRINO : 251
GUILHOT, Claude : 619
GUILIANA, Mark : 607
GUILLAUME, Stéphane : 621
GUIN, François : 619
GULDA, Friedrich : 242, 325, 468, 508, 514, 520
GULLION, Tom : 302
GUMPERT, Ulrich : 642
GUNN, Russell : 599
GURTU, Trilok : 510, 537, 553, 617, 651
GUTHRIE, Woodie : 495
GUY, Buddy : 64
GUY, Joe : 261

HACKETT, Bobby : 129, 130, 137, 244
HADEN, Charlie : 364, 413, 414, 450, 451, 455, 456, 479, 483, **486**, 488, 494, 527, 534, 536, 538, 560, 585, 605, 635, 658
HADI, Shafi : 422, 423
HADNOTT, Billy : 91
HAGOOD, Kenny : 308
HAIG, Al : 276, 277, 283, 308, 321, 357
HAKIM, Omar : 513, 553, 560
HALL, Adelaïde : 168, 218
HALL, Edmund : 116
HALL, Jim : 129, 368, 369, 374, 389, 412, 415, 416, 483, 529, 556, 558, 608, 635, 645
HALL, Minor : 109
HAMASYAN, Tigran : **614**, 615
HAMILTON, Chico : 355, 372, 457, 504, 534, 557, 558, 653
HAMILTON, Jimmy : 171
HAMILTON, John : 86
HAMMER, Jan : 509, 547, 548, 558, 567
HAMMOND, Doug : 583, 584
HAMMOND, John : 36, 38, 49, 69, 89, 185, 191, 193, 203, 209, 221, 240, **241**, 647
HAMPEL, Gunter : 469, 490, 509, 642
HAMPTON, Lionel : 115, 141, 179, 190-192, 195, 196, 202, 209, 219, 220, 231, **236**, 241, 242, 248, 297, 299, 303, 305, 311, 312, 322, 324, 358, 382, 386, 398, 401, 418, 504, 521, 546, 578, 624, 644, 664, 668, 697
HAMPTON, Slide : 580, 583, 629
HANCOCK, Herbie : 347, 457, 498, 499, 504, **505**, 508, 511, 512, 516, 541, 547, 550, 555, 567, 579, 580, 585, 615, 657, 687, 698

HANDY, Craig : 600
HANDY, John : 140
HANDY, W.C. : **58**
HANNA, Jake : 339, 514
HANNA, Roland : 423
HANRAHAN, Kip : **528**, 550, 617
HARDEE, John : 667
HARDIN, Lil : 109, 112, 113, 115
HARDING, Buster : 157
HARDMAN, Bill : 381
HARDY, Emmett : 121
HARGROVE, Roy : 574, **579**, 580, 606, 656
HARMONIZING FOUR, the : 31
HARPER, Bill : 381
HARPER, James : 672
HARPER, Philip : 574
HARPER, Winard : 575
HARRELL, Tom : 325, 384, 549, 638
HARRIS, Barry : 216, 271, 309, 327, 386
HARRIS, Benny : 275, 304
HARRIS, Bill : 339
HARRIS, Estella : 88
HARRIS, Graig : 475
HARRIS, Kevin : 582
HARRISON, Donald : 382, 575, 578, 593, 612
HARRISON, Jimmy : **139**, 164
HART, Antonio : 600
HART, Billy : 464, 480, 499, 506, 528, 529, 631, 639
HART, Clyde : 276, 308
HARTMAN, Johnny : 399, 593
HARVEY, Bob : 91
HASLIP, Jimmy : 542, 549
HATHAWAY, Donny : 639, **681**-682
HAUSSER, Michel : 642
HAWES, Hampton : 293, 313, 355, 360, 378, 486, 487, 629, 652
HAWKINS, Coleman : 48, 115, 126, 141, 164, 192, 195, 209, 222, **223**, 227, 229, 232-235, 237, 244, 246, 248, 249, 252, 259, 260, 269, 296, 297, 299, 300, 303, 312, 318, 320, 322, 343, 373, 384, 387-389, 398, 415, 420, 466, 480, 505, 514, 521, 563, 578
HAWKINS, Erskine : 553
HAWKINS, Screamin' Jay : 667
HAWKINS, Tramaine : 33
HAYDEN, Scott : 75
HAYES, Edgar : 291, 445
HAYES, Isaac : 677-678
HAYES, Louis : 397, 467
HAYNES, Graham : 582, 583
HAYNES, Lonnie : 391
HAYNES, Roy : 279, 288, 307, 312, 316, 320, 384, 387, 424, 433, 457, 464, 481, 508, 514, 525, 544, 547, 574, 626, 635, 655
HAYS, Kevin : 608
HAYWARD, Chris : 648
HEADHUNTERS : 506, 687
HEARD, JC : 200
HEARD, John : 398
HEARTSMAN, Johnny : 69
HEATH, James Mtume : 426, 499
HEATH, Percy : 283, 287, 300, 305, 345, 394, 401, 426
HEFTI, Neal : **160**, 187, 305, 339
HEGAMIN, Lucille : 47
HEKSELMAN, Gilad : 599
HÉLIAN, Jacques : 293
HELIAS, Mark : 490
HELLBORG, Jonas : 510, 549
HELLIS, Herb : 319
HEMINGWAY, Gerry : 490
HEMPHILL, Julius : 448, 477, 560, 603
HENDERSON, Eddie : 506
HENDERSON, Fletcher : 48, 49, 109, 112, 113, 138, 140, 141, 144, 148, 152, 153, 156, 157, 159, 160, **163**, 177, 178, 190, 202, 206, 210, 224-227, 231, 233, 235, 242, 246, 348, 379, 474
HENDERSON, Horace : 164, 178, 231
HENDERSON, Joe : 368, 374, 386, 504, 508, 520, 522, 539, 547-549, 572, 635
HENDERSON, Michael : **547**
HENDERSON, Rosa : 47
HENDERSON, Scott : 515
HENDRICKS, Jon : **327**, 401
HENDRIX, Jimi : 52, 456, 497, 498, 509, 517, 526, 556, 562, 610, 633, 674, **680**-681, 698
HENDRIX, Margie : 672
HENNING, Niels : 642
HENOCQ, Benjamin : 621
HENRY, Pierre : 634
HERBERT, Mort : 116
HERMAN, Woody : 115, 193, 245, 249, 299, 300, 302, 319, 332, **338**, 357, 360, 366, 367, 369, 372, 373, 375, 392, 416
HERMAN, Yaron : 599
HERRIFORD, Leon : 133
HERRING, Vincent : 384
HERSCH, Fred : 604
HERSHKOVITZ, Nitai : 607
HERVÉ, Antoine : 619, 633
HEYWOOD, Eddie : 244
HIBBLER, Al : 170

HICKS, John : 322, 464
HIGGINS, Billy : 318, 389, 450, 451, 463, 482, 487, 505, 531, 535, 601
HILL, Alex : 157
HILL, Andrew : 457, 585, 610
HILL, Chippie : 87, 113
HILL, Nicky : 471
HILL, Teddy : 177, 190, 232, 235, 236, 243, 246, 261, 281, 291
HILLAGE, Steve : 496
HIMES, Chester : 149
HINES, Earl : 114, 115, 120, 127, 134, 136, 141, 159, 161, 178, 179, 190, 193, 208, 215, **216**, 218, 220, 221, 231, 245, 267, 275, 276, 281, 282, 299, 306, 309, 313, 352, 369, 396, 406, 423, 528, 559
HINO, Terumasa : 528, 559, 651
HINTON, Joe : 31
HINTON, Milt : 200, 578
HITE, Les : 65, 114, 236, 243
HODEIR, André : 144, 393, 394, 623
HODES, Art : 137, 139
HODGES, Johnny : 168, 172, 173, 175, 180, 192, 194, 196, 198, 209, 210, 222, **230**, 247, 299, 366, 373, 384, 426, 466, 467, 563
HOLDSWORTH, Allan : 512, 557
HOLIDAY, Billie : 13, 115, 141, 155, 157, 186, 191, 192, 203, 204, 208, **209**, 215, 221, 226, 227, 242, 291, 292, 306, 314, 319, 320, 343, 366, 398, 415, 444, 478, 590, 654, 698
HOLIDAY, Joe : 182
HOLLAND, Dave : 318, 347, 480, 490, 498, 499, 507, 509, 523, 528, 534, **539**, 558, 583, 584, 608, 615, 681
HOLLEY, Major : **249**
HOLMAN, Bill : 372, 373
HOLMES, Johnny : 397
HOLZMAN, Adam : 501, 567
HOOKER, John Lee : **65**, 495, 502
HOPE, Elmo : 486
HOPKINS, Claude : 141, 159, 244, 291
HOPKINS, Fred : 471
HOPKINS, Lightnin' : 55, **56**, 425
HOPPER, Hugh : 546
HORN, Shirley : 580, 641
HORNE, Lena : 188, 504
HORNSBY, George : 291
HORTA, Toninho : 557, 661
HOT ANTIC JAZZ BAND : 617
HOT FIVE, the : 113, 114, 134, 135, 216
HOT SEVEN, the : 113, 114, 134
HOUBEN, Steve : 642
HOUSE, Son : **51**, 63
HOUSTON, Whitney : 686
HOWARD, Darnell : 109
HOWARD, Paul : 236
HOWERTON, Ron : 549
HOYLE, Art : 475
HUBBARD, Freddie : 381, 451, 457, 504, 508, **520**, 522, 547, 548, 549, 579, 600, 635, 639
HUBY, Régis : 619
HUCHARD, Stéphane : 621
HUDSON, Will : 157
HUGHES, Langtson : 84, 150, 262, 485, 692
HUM : 625
HUMAIR, Daniel : 325, 370, 524, 623, 625, 626, 628-629, 631, 642, **645**, 650
HUMES, Helen : 186, **192**, 249, 667
HUMPHREY, Bobbi : 550
HUNT, Joe : 412
HUNT, John : 672
HUNTER, Alberta : 47, 85, 119, 137
HUNTER, Charles : 75
HUNTER, Gregg : 39
HUNTER, Ian : 518
HUNTER, Ivory Joe : 666
HURST, Robert : 575, 578
HURT, James : 599, 638
HUSSEIN, Zakir : 510, 617
HUTCHERSON, Bobby : 457, 507, 522, 568, 591, 644
HUTCHINSON, Gregory : 599, 602
HUTMAN, Olivier : 620, 631
HUTTON, Ina Ray : 207

IANNACONE, Rick : 549
ICE T. : 695
ILLOUZ, Antoine : 621
IMPERIAL ORCHESTRA, the : 106
IMPRESSIONS, the : 679
IND, Peter : 353
INDRANI : 634
INGRAM, James : 698
INK SPOTS, the : 212
INOMATA, Tateshi : 651
IONATOS, Angélique : 636
IRAKERE : 656, 657
IRAKLI : 618
IRVING III, Robert : 501
IRVIS, Charlie : 167
ISRAELS, Chuck : 412, **415**, 416, 467
IZENZON, David : 451

JACKSON FIVE, the : 550, 684
JACKSON Jr, Al : 678
JACKSON, Anthony : 546
JACKSON, Brian : 692
JACKSON, Bull Moose : 384
JACKSON, Chubby : 339
JACKSON, Cliff : 82
JACKSON, D.D. : 599
JACKSON, Dewey : 134
JACKSON, Jackie : 684
JACKSON, Javon : 382, 600
JACKSON, Jermaine : 684
JACKSON, Mahalia : **33**, 36, 172
JACKSON, Marlon : 684
JACKSON, Michael : 402, 502, 684, 698-699
JACKSON, Millie : 686
JACKSON, Milt : 188, 277, 282, 283, 287, 292, **299**, 311, 315, 317, 323, 345, 383, 384, 395, 401, 520, 521, 600, 627
JACKSON, Munyungo : 515
JACKSON, Paul : 506
JACKSON, Quentin : 171, 172, 176
JACKSON, Randy : 684
JACKSON, Shannon : 469
JACKSON, Tito : 684
JACKSON, Tony : 75, **79**, 118
JACQUET, Illinois : 186, 238, 243, 248, 301, 303, 394, 553, 664
JAFET, Jean-Marc : 621
JAGGER, Mick : 495
JAMAL, Ahmad : 220, 320, **399**, 637
JAMERSON, James : 684
JAMES, Elmore : **52**, 425
JAMES, Etta : 663, 667, 684
JAMES, Harry : 159, 161, 175, 181, 203, 204, 206, 247
JAMES, Palmer : 682
JAMES, Skip : **51**
JAMIROQUAI : 696
JARMAN, Joseph : 471-473
JARREAU, Al : 686, 697
JARRETT, Keith : 83, 364, 381, 415, 487, 499, 508, 523, 525, 534, **535**, 536-538, 558, 566, 605, 606
JARVIS, Clifford : 464, 475
JASPAR, Bobby : 302, 362, 624, 626, 642
JAUME, André : 620
JAZZ MESSENGERS, the : 305, 326, 378, 381, 382, 384-386, 516, 520, 535, 575, 578, 600, 612
JAZZY JEFF & THE FRESH PRINCE : 695
JEAN-MARIE, Alain : 620
JEANNEAU, François : 486, 619, **625**, 628-629, 631, 645
JEFFERSON AIRPLANE : 495
JEFFERSON, Blind Lemon : 32, 55, 56, 65, 66, 312, 327, 495, 509
JEFFERSON, Eddie : **312**, 593
JEFFERSON, Hilton : 199
JEFFREY, Paul : 578
JEFFRIES, Herb : 170
JENKINS, Leroy : 448, 471, 489
JENNINGS, Bill : 180
JENNY-CLARK, Jean-François : 370, 454, 482, 621, 626, 635, 645-646, 648, 650
JENSEN, Ingrid : 600
JETERPILLARD, Orchestre : 291
JOBIM, Antonio Carlos : 359, 494, 605, 660
JOHN, Elton : 424
JOHNSON, Alphonso : 513, 518, **548**, 568
JOHNSON, Bill : 108, 136
JOHNSON, Budd : 233, 282, 350
JOHNSON, Buddy : 664
JOHNSON, Bunk : 99, **106**, 107, 111, 118, 136-139
JOHNSON, Charles L. : 75
JOHNSON, Charlie : 140, 141, 160, 190
JOHNSON, Dee : 107
JOHNSON, Gus : 186, **193**, 196
JOHNSON, Howard : 282, 487, 523, 525
JOHNSON, James P. : 49, 82, **84**, 85, 119, 140, 166, 167, 183, 231, 285
JOHNSON, James Weldon : 150
JOHNSON, Jay Jay : 186, 196, 232, 290, 293, 297, **301**, 307, 312, 315, 322, 327, 343, 358, 384, 388, 394, 415, 434, 514, 622, 624, 626
JOHNSON, Jef Lee : 603
JOHNSON, Jimmy : 105
JOHNSON, Johnny : 126
JOHNSON, Lonnie : 55, **56**, 59, 60, 65, 66, 128, 192, 240, 556
JOHNSON, Marc : 412, **416**, 534, 555, 559, 560, 633
JOHNSON, Margaret : 119
JOHNSON, Mark : 582, 583
JOHNSON, Oliver : 482, 490
JOHNSON, Pete : **89**, 90, 184, 195
JOHNSON, Reggie : 382
JOHNSON, Robert : 51, **52**, 63, 680
JOHNSON, Sly : 634
JOHNSON, Thomas : 31
JOHNSON, Tommy : **51**, 52
JOHNSON, Walter : 303

JOHNSON, Willie : 38
JOLLY, Pete : 372
JOLSON, Al : 43
JONES, Anna : 85
JONES, Bert : 692
JONES, Booker T. : 678
JONES, Calvin : 672
JONES, Carmell : 384
JONES, Clarence : 113, 137
JONES, Claude : 164, 199
JONES, Dale : 356
JONES, Darryl : 502, 546, 560
JONES, Dick : 205
JONES, Elvin : 350, 428, **431**, 433, 434, 481, 484, 520, 528, 552, 574, 592, 600, 644-645
JONES, Hank : 212, 292, 316, **318**, 319, 323, 395, 504, 512
JONES, Isham : 157, 338
JONES, Jimmy : 307
JONES, Jo : 185, 186, **191**, 193, 196, 219, 245, 248, 273, 290, 291, 294, 296, 320, 421
JONES, Keziah : 696
JONES, LeRoi : 321, 447, 460
JONES, Little Hat : 55
JONES, Paul : 488
JONES, Philly Joe : 311, **320**, 346, 350, 384, 391, 400, 412, 415, 426-429, 478, 514
JONES, Quincy : 37, 194, 238, 307, 325, 328, 369, 462, 502, 599, 627, 643, **697**-698
JONES, Richard M. : 109
JONES, Richie Lee : 565
JONES, Sam : 397
JONES, Slick : 86
JONES, Thad : 161, 187, 188, 234, 323, 369, 424, 433, 548
JONES, Uriel : 684
JONHSON, Budd : 217, 308
JONHSON, Charlie : 246
JONHSON, Louis : 546
JOPLIN, Janis : 525
JOPLIN, Scott : 74-**76**, 79, 83, 396, 490
JORDAN, Clifford : 423
JORDAN, Duke : 277, 278, 302, 308, 553, 627
JORDAN, Kidd : 584
JORDAN, Louis : 179, 195, 199, 212, 387, 664-665, **667**-668, 685, 698
JORDAN, Ronny : 570
JORDAN, Sheila : 408, 488
JORDAN, Stanley : **562**
JORDAN, Taft : 170, 199, 243
JOSPIN, Mowgly : 618
JOUVELET, Xavier : 621
JULIEN, Ivan : 628

KAHN, Tiny : 357
KAJDAN, Jean-Michel : 620
KAKO, Takashi : 482, 651
KALSOUM, Oum : 654
KAMINSKY, Max : 130, 205
KAMUCA, Richie : 235, 341, 368, 372
KAN-D-KIDS, the : 222
KANSAS CITY FIVE, the : 159
KANSAS CITY SEVEN, the : 227
KANSAS CITY SIX, the : 227
KASSAP, Sylvain : 620
KATCHÉ, Manu : 553, 621
KAYE, Connie : 292, 300, 394
KEANE, Brian : 558
KELLY, Peck : 126
KELLY, Wynton : 312, **323**, 327, 346, 401, 428, 478, 481, 605, 669
KENDRICK, Rodney : 572, 575
KENNEDY, William : 542
KENT, Stacey : **595**, 596
KENTON, Stan : 319, 332, **340**, 355, 356, 360, 367, 368, 372, 373, 375, 376, 393, 424, 555, 654
KENYATTA, Kamau : 597
KEPPARD, Freddie : 99, **108**, 109, 133, 136
KERN, Jerome : 148, 212
KERR, Charles : 128
KERR JR, Clyde : 609, 612
KESSEL, Barney : 210, 229, 255, 301, **313**, 314, 316, 373, 397, 413, 556, 645
KEYS, Alicia : 678
KHALIL, Rabih Abou : 636
KHAN, Ali Akbar : 617
KHAN, Chaka : 502, 686, 698
KHAN, Latif : 617
KHAN, Roger Wolfe : 126, 128
KHAN, Steve : 514, 555, 557
KIBBLE, Mark : 39
KIDJO, Angélique : 590, 598
KIKOSKI, David : 316, 572
KIKUCHI, Masaaki : 651
KIKUCHI, Masabumi : 567
KILSON, Billy : 591, 601
KINCAIDE, Dean : 205
KING, Albert : 610
KING, B. B. : 57, 65, **66**, 68, 152, 498, 534, 559, 680
KING, Denise : 590
KING, Mark : 546
KING, Martin Luther : 28, 34, 331, 438, 440, 442, 443, 491, 672, 684, 694

KIRBY, John : 139, 164, 177, 199, **206**, 233, 237, 244, 289, 307
KIRK, Andy : 35, 151, 152, 154, 159, 181, 195, 215, 227, 233, 243, 247, 303, 311, 318, 342
KIRK, Roland : 293, 407, 423, **460**, 471, 494, 644, 681
KIRK, Walter : 226
KIRKLAND, Kenny : 529, 547, 567, 575
KLEMMER, John : 564
KLUGH, Earl : 557
KNEPPER, Jimmy : **423**
KNIGHT, Curtis : 680
KNIGHT, Mary : 35
KOCHOYAN, Stéphane : 614
KŒNIGSWARTER, Nica de : 271, 272, 280, 286, 288, 427
KOGLMANN, Kranz : 482
KOLAX, King : 426, 664
KONIKOFF, Eli : 542
KONITZ, Lee : 293, 335, 337, 341, 345, 349, 350, 353, 364, **367**, 369, 373, 377, 406, 415, 424, 434, 457, 490, 508, 605, 611, 624, 629, 635, 639, 645-646
KONTOMANOU, Elisabeth : 590, 600, 621
KOOL AND THE GANG : 583, 687
KOOL MOE DEE : 695
KOOPER, Al : 69
KOTICK, Teddy : 357, 410,
KRAKAUER, David : 600
KRALL, Diana : 580, **594**, 596, 600
KRANTZ, Wayne: 599, 608
KRESS, Carl : 128
KRIPPEN, Katie : 183
KRISS KROSS : 695
KRUPA, Gene : 117, 159, 181, 203, 204, 209, 235, 237, **238**, 314, 319, 327
KÜHN, Joachim : 370, 624-625, 642, 645, **649**
KÜHN, Rolf : 650
KUTI, Fela Anikulapo : 617
KYLE, Billy : 116, 206

L.A FOUR, the : 317
L.L. COOL : 695
LA ROCCA, Nick : 100
LA VELLE : 39
LABARBERA, frères : 416
LABARRIÈRE, Hélène : 625
LABBA, Abba : 82
LABÈQUE, Katia : 510, 624
LABORIEL, Abraham : 515, 546
LACARRIÈRE, Philippe : 621
LACHARME, François, 578
LACY, Frank : 575
LACY, Steve : 350, 351, 370, 454, 467, 477, 478, **480**, 488, 494, 525, 540, 617, 629, 646, 648
LADNIER, Tommy : 48, 49, 107, 120, 127, 137, **138**, 164
LAFARO, Scott : 412, **413**, 415, 451, 479
LAFFERRIÈRE, Marc : 618
LAFITTE, Guy : 182
LAGRENE, Bireli : 519, 620
LAINE, « Papa Jack » : 100, 104
LAIRD, Rick : 509, 546
LAIZEAU, François : 621
LAKE, Oliver : 449, 477, 585
LAMB, Joseph : 75, 76, **79**
LAMBERT, Adam : 342
LAMBERT, Dave : 239, **327**, 349
LAMBERT, Donald : 82
LAMOND, Don : 339
LAN DOKY, Niels : 572, 642
LANCASTER, Byard : 449
LAND, Harold : 295, 401, 568
LANDE, Art : 538, 633
LANDERS, Tim : 546
LANG, Eddie : 57, 103, 127, **128**, 129, 162, 202, 251, 254, 556
LANGFORD, William : 38
LANIGAN, Jim : 103
LARGENT, Jaco : 542
LARKINS, Ellis : 212
LARKINS, Milton : 387
LAROCA, Pete : 480
LAROCCA, Nick : 103
LASHLEY, Lester : 471
LAST POETS, the : 500, 550, 587, 694
LASWELL, Bill : 549, **550**
LATEEF, Yusef : 386, 514, 617, 639
LAUDERDALE, Jack : 671
LAUDET, François : 621
LAUDET, Philippe : 619
LAUGART, Xiomara : 658
LAUPER, Cindy : 502
LAURENCE DUNBARD, Paul : 150
LAURENT, Géraldine : 621
LAVERNE, Andy : 359, 559, 567
LAVILLIERS, Bernardi : 631
LAWRENCE, Azar : 432, 563
LAWRENCE, Elliott : 365
LAWS, Hubert : 597, 692
LAWSON, Ricky : 542
LAZAREVITCH, Serge : 642
LAZARUS, Sara : 590, 600
LE BARAILLEC, Philippe : 621

LEADBELLY : 40, **55**
LEADERS, the : 473
LÉANDRE, Joëlle : 620
LE BARAILLEC, Philippe : 621
LEE, Amos : 598
LEE, George E. : 274
LEE, Jeanne : 490
LEE, John : 649
LEE, Peggy : 340, 349, 644, 665
LEE, Thomas « Peaches » : 91
LEE, Will : 526, 531, 546
LEE JOHNSON, Jef : 603
LEGRAND, Christiane : 328
LEGRAND, Michel : 504, 638
LELANN, Eric : 629, **631**-632
LELOUP, Denis : 621
LENA, Battista : 647
LENNON, John : 495
LEONARD, Harlan : 154, 274
LESLIE HURST, Robert : 579
LEVALLET, Didier : 482, 486, 619, 620
LEVEY, Stan : 277, 341
LEVIN, Tony : 521
LEVINSON, Jean-Christophe : 621
LEVINSON, Mark : 480
LEVITT, Al : 353
LEVY, Lou : 212, 372
LEWIS, Franck : 105
LEWIS, Furry : **58**
LEWIS, George : 107, 140, 471, 490, 630
LEWIS, Jimmy : 186
LEWIS, John : 278, 282, 292, 300, 321, 333, 334, 336, 343, 348, 370, 387, 393, **394**, 396, 410, 450, 454, 457, 626
LEWIS, Meade Lux : **88**-90, 242
LEWIS, Mel : 341, 369, 416, 424, 548
LEWIS, Mingo : 508
LEWIS, Ramsey : 688
LEWIS, Ted : 127
LEWIS, Victor : 302, 489
LIBERATION MUSIC ORCHESTRA : 560
LIEBMAN, Dave : 432, 499, **527**, 528, 540, 559, 563, 626, 650
LIFETIME : 509, 511
LIGGINS, Joe : 666
LIGHTSEY, Kirk : 364, 473, 616, 638
LINCOLN, Abbey : 296, **478**, 482, 487, 522, 553, 580, 583
LINCOLN CENTER JAZZ ORCHESTRA : 603
LINDBERGH, John : 490
LINX, David : 590, 600
LIPUMA, Tommy : 595
LISTON, Virginia : 119
LISZT, Franz : 74, 649
LITTLE, Booker : 295-296, 548, 612
LITTLE, Wilbur : 432
LITTMAN, Peter : 362
LLADO, Sébastien : 621
LLOYD, Charles : 522, 527, **534**, 535, 557, 605, 611, 635
LOCATELLI, George : 648
LOCH, Siegfried : 633
LOCKJAW DAVIS : Eddie, 592, 600
LOCKWOOD, Didier : 544, 602, 619, 629, **630**-631, 648-649
LOCKWOOD, Francis : 621
LOCKWOOD, Robert Jr : 63
LOEB, Chuck : 543
LOGAN, Giuseppi : 448
LÖHRER, Eric : 557, 620
LOMAX, Alan : 81
LONGNON, Jean-Lou : 621
LOPEZ, Vincent : 205
LOUEKE, Lionel : 632
LOUIS, Anita : 678
LOUISS, Eddy : 328, 359, 524, **627**-628, 644-645, 648
LOURAU, Julien : 621
LOUSSIER, Jacques : 322
LOVANO, Joe : 608, 611, 614, 616, 629
LOVE COATES, Dorothy : 32
LOVE, Clarence : 89, 301
LOWE, Frank : 449, 603
LUBAMBO, Romero : 603
LUBAT, Bernard : 321, 328, 359, 598, 626, **628**-629, 631
LUC, Sylvain : 620, 639
LUCAS, Reggie : 499, 549
LUCIA, Paco (de) : 641
LUNCEFORD, Jimmie : 148, 151, 152, 154, 157-160, 169, 196-**197**, 201, 210, 215, 247, 310, 340, 467, 480
LUNDGAARD, Jesper : 480
LUNDVAL, Bruce : 593
LUTER, Claude : 120, 618, 631
LYONS, Jimmy : 459, 468, 473, 482

M'BASE : 572, 580-585
M'BOUP, Abdou : 542
MAALOUF, Ibrahim : **639**-641
MAALOUF, Nassim : 640
MACEO, Big : **62**
MACERO, Teo : 419
MACHADO, Jean-Marie : 621

MACHITO : 279, 300, 493, 653
MACKEL, Billy : 237
MACKNIGHT, Claude V. : 39
MADIOT, Thierry : 621
MADISON, Bingie : 160
MAESTRO, Shai : 607
MAGMA : **544**, 631
MAGNE, Michel : 623
MAGNOLIA ORCHESTRA, the : 109, 134
MAGNONI, Maurice : 642
MAHAVISHNU ORCHESTRA : 509, 541, 547, 554
MAHIEUX, Jacques : 621, 629
MAHLER, Gustav : 541
MAHOGANY, Kevin : **592**, 593, 600
MAINIERI, Mike : **521**, 543, 608
MAKEBA, Miriam : 484
MAKOWICZ, Adam : 242, 643, **647**
MALACHI, John : 307
MALHERBE, Didier : 496
MALIK, Raphé : 469
MALLE, Louis : 627
MALONE, Earl : 31
MALONE, Russell : 594
MANAFRA, Pino : 600, 641
MANCE, Junior : 195, 386, 604
MANDEL, Johnny : 187, 594, 595
MANDEL, Mike : 558
MANETTI, Richard : 620
MANGELSDORFF, Albert : 368, 415, 518, 642-643
MANGIONE, Chuck : 381, 549
MANHATTAN JAZZ QUINTET, the : 416
MANN, Herbie : 307, 424, 547, 557
MANNE, Shelly : 305, 314, 316-317, 341, 368, 372, **373**, 375, 376, 388, 412, 446
MANTLER, Michael : 468, 482, 487, 488, 525, 560, 646
MARABLE, Fate : 111, 121, 134-138, 140, 180
MARAIS, Gérard : 620, 636
MARC, Silvin : 633
MARCAL, Armando : 530
MARCUS, Steve : 563
MARES, Paul : 103, 121
MARGITZA, Rick : 501, 563
MARGUET, Christophe : 621
MARIA, Tania : 661
MARIANO, Charlie : 423, 511, 547, 617, 648, 652-653
MARIENTHAL, Eric : 508, 563
MARLEY, Bob : 696
MARMAROSA, Dodo : 308, 314
MARMITE INFERNALE : 620, 630
MAROWITZ, Sam : 333
MARRE, Michel : 620
MARRERO, Lawrence : 107
MARSALA, Joe : 129, 137, 140, 366
MARSALA, Marty : 103
MARSALIS, Branford : 382, 574, 575, **577**, 578, 583, 593
MARSALIS, Delfeayo : 577
MARSALIS, Ellis : 575, 576, 578, 584, 609
MARSALIS, frères : 577
MARSALIS, Jason : 577
MARSALIS, Wynton : 504, 506, 572, 574, **575**, 576-579, 583, 600, 602, 606
MARSH, Harry : 141
MARSH, Warne : 335, 353, **368**, 376, 434
MARSHALL, Arthur : 75
MARSHALL, Kaiser : 164
MARSHALL, Wendell : 171, 419
MARTHA AND THE VANDELLAS : 684
MARTHE, Linley : 599
MARTIN, Roberta : 32, 33
MARTIN, Sallie : 668
MARTIN, Sara : 85, 119
MARTIN, Skip : 157
MARTIN, Stu : 538
MARY WELL AND THE MARVELETTES : 684
MAS, Jean-Pierre : 621
MASEKELA, Hugh : 553, 617
MASON, Harvey : 506, 553
MASSACRE : 550
MASSEY, Calvin : 432
MASSIVE ATTACK : 696
MATCHI-OUL : 620
MATÉ, Philippe : 625
MATEEN, Tarus : 610
MATERIAL : 550
MATHEWS, Lewis : 132
MATHEWS, Matt : 320
MATHIS, Johnny : 349
MATINIER, Jean-Louis : 636
MATTHEWS, Artie : 75
MATTHEWS, Gilbert : 486
MATTHEWSON, Ron : 325
MAUPIN, Bennie : 384, 506
MAURY, Bernard : 621
MAY, Billy : 157, 247
MAY, Earl : 553
MAYALL, John : 69, 496
MAYBELLE, Big : 426, 667
MAYFIELD, Curtis : 37, **679**, 681
MAYFIELD, Percy : 667
MAYS, Lyle : 416, 530, 560

MAZA, Carlos : 599
MAZUR, Marilyn : 502, 516
MBAPPÉ, Etienne : 542, 546
MC POOH : 695
McBEE, Cecil : 464, 473, 484, 534, 631, 635
McBRIDE, Christian : 531, 594, 599, 602, 604
McCALL, Steve : 448, 471, 474, 489
McCANDLESS, Paul : 537
McCARTNEY, Paul : 495
McCLURE, Ron : 528, 534
McCOMB, Liz : 39
McCOY GREEN, Joe : 665
McCOY, Gene : 233
McDONALD, Joe : 495
McDONALD, Peter : 559
McDONALD, Ralph : 675
McDONNEL, Shorthy : 275
McFARLAND, Gary : 653
McFERRIN, Bobby : 572, 698
McGEE, Gisady : 671
McGHEE, Andy : 467
McGHEE, Brownie : 54
McGHEE, Howard : 194, 225, 277, 297, 300, 303, **311**, 384, 418
McGREGOR, Chris : **485**, 539, 615, 625, 630
McINTYRE, Ken : 468
McINTYRE, Maurice : 471
McKAY, Claude : 150
McKEE, Andy : 635
McKENDRICK, Gilbert : 120
McKENNA, Dave : 239
McKENSIE, Red : 128-130, 239
McKIBBON, Al : 282, 308
McKINLEY, Ray : 312, 369
McKINNEY'S COTTON PICKERS, the : 157, 177, 231-232, 235, 246, 248, 348, 396
McLAUGHLIN, John : 347, 488, 498, 508, **509**, 524, 528, 539, 541, 547, 549, 554, 558, 565, 615, 617, 641, 657, 681
McLEAN, Jackie : 316, 321, **325**, 345, 381, 402, 423, 457, 511, 520, 522, 580
McLEAN, Rene : 326
Mc LORIN-SALVANT, Cécile : 600, 637
McNEAL, Kevin : 582
McNEELY, Jim : 416, 567
McPARTLAND, Dick : 103
McPARTLAND, Jimmy : 103, 123, 129, 202
McPARTLAND, Marian : 415, 608
McPHEE, Joe : 448
McPHERSON, Charles : 309, 423
McRAE, Carmen : 292, 307, **319**, 580
McSHANN, Jay : 154, 184, 193, 195, 233, 272, 274, 415, 664, 697
McTELL, Blind Willie : **53**
McVEA, Jack : 667
MECHALI, François : 620, 647
MECHALI, Jean-Louis : 620
MEDEROS, Rodolfo : 617
MEHLDAU, Brad : 535, 602, **604**, 605, 606
MELIAN, Reynaldo : 658
MELLE MEL : 695
MELROSE BRASS BAND, the : 109
MELROSE, Lester : 61
MELVIN, Brian : 519
MELVOIN, Wendy : 699
MENDES, Sergio, 591
MENDOZA, Vince : 633
MENGELBERG, Misha : 642, 649
MENUHIN, Yehudi : 254
MERLE, Maurice : 630
MERRILL, Helen : 305, 309, 349, 351, **369**, 382, 395, 650, 697
MERRITT, Jimmy : 382
MERVILLE, François : 621
MESCHINET, Hervé : 621
MESSINA, Joe : 684
METCALF, Louis : 244
METHENY, Pat : 316, 390, 452, 487, 518, 523, 527, **529**, 534, 557, 559, 561, 588, 602, 606, 657
MEYER, Sig : 127
MEZZROW, Mezz : 50, 90, 103, 120, 125, 134, 137, 138, 192
MICENMACHER, Youval : 621
MICHELI, Mario : 647
MICHELOT, Pierre : 230, 253, 290, 293, **321**, 346, 615, 625, 628, 644
MIDDLETON, Velma : 116
MIDNIGHTERS, the : 667
MIKKELBORG, Palle : 502, 642
MILBURN, Amos : 666
MILES, Buddy : 509, 680-681
MILEY, Bubber : 137, 166-167, **176**, 178, 234
MILLER, Glenn : 125, 130, 154, **158**, 204, 314
MILLER, Marcus : 501, 502, 542, **550**, 612, 653, 676
MILLER, Max : 319
MILLER, Mike : 509
MILLER, Mulgrew : 322, 382, 575, 591, 600, 609
MILLER, Ray : 127, 205
MILLER, Rice : **63**
MILLINDER, Lucky : 35, 152, 190, 194-196, 206, 243, 247, 299, 380, 478, 664
MILLS BLUE RHYTHM BAND, the : 140
MILLS BROTHERS, the : 188

MILLS, Florence : 83
MILLS, Irving : 167, 200
MILNE, Andy : 582
MILTON, Roy : 666
MINAIE, Sam : 615
MINGUS, Charles : 13, 173, 218, 219, 237, 245, 272, 279-280, 296, 324, 326, 366, 368, 393, 405, 410, 413, **416**, 425, 431, 446, 457, 462, 463, 469, 470, 476, 478, 479, 559, 569, 649
MINNIE, Memphis : **59**
MINTON, Henry : 261
MINTZER, Bob : 518, 555
MINVIELLE, André : 621
MIRACLES, the : 684-685
MISTINGUETT : 252
MITCHELL, Blue : 553
MITCHELL, Franck : 381
MITCHELL, Joni : 516, 518, 531
MITCHELL, Louis : 119, 249
MITCHELL, Mitch : 680
MITCHELL, Red : 245, 368, 449, 453
MITCHELL, Roscoe : 471, 472, 490
MITCHELL, Willie : 682-683
MIYAZAKI, Mieko : 633
MOBLEY, Bill : 574
MOBLEY, Hank : 293, 323, 378, 380, 381, **385**, 386, 505, 516
MODERN JAZZ QUARTET, the : 13, 300, 394-396
MOEKETZI, Kippie : 485
MOFFETT, Charles : 451, 488
MOFFETT, Charnett : 512, 575, 591
MOHOLO, Louis : 485
MOLE, Miff : 128, 130,
MOLINARO, Édouard : 627
MOLINEAUX, Othello : 519
MOLVAER, Nils Petter : 642, 651
MONCUR III, Graham : 386, 672
MONK, T.S. : 591, 599
MONK, Thelonious : 13, 130, 215, 225, 271-272, 275, 279, 282, **285**, 289, 292, 295, 299-300, 311, 315-316, 325, 326, 343, 345, 366, 379, 381, 383, 384, 387, 388, 394, 415, 427, 433, 461, 467, 468, 476, 478, 481, 522, 599, 610, 614, 626-627, 629, 637, 655
MONNIOT, Christophe : 621
MONTCALM, Térez : 600
MONTGOMERY, Little Brother : 45
MONTGOMERY, Monk : 546
MONTGOMERY, Wes : 238, 327, **401**, 520, 529, 540, 546, 556, 655
MONTOLIU, Tete : 490, 641, **644**
MONTROSE, Jack : 372
MOODY, James : 282, 308, 312, 323, 608, 698
MOORE, Big Chief Russel : 115
MOORE, Don : 454, 465
MOORE, Glen : 537
MOORE, Judy : 353
MOORE, Kenny : 39
MOORE, Oscar : 220
MOORE, Ralph : 316, 384, 575
MOR, Omri : 607
MORALES, Carlos Emilio : 657
MORALES, Richie : 542
MORAN, Gayle : 510
MORAN, Jason : 586, **610**
MORÉ, Beny : 654
MOREIRA, Airto : 499, 508, 513, 547, 553, 568, 660
MORELL, Marty : 415
MORELLI, Nico : 641
MORELLO, Joe : 373
MORGAN, Frank : 309, 313
MORGAN, Lee : 381, 385, **386**, 402, 464, 505, 516, 576, 579
MORGAN, Sam : 140
MORIYASU, Shotaro : 652
MORRELL, Marty : 412
MORRIS, Thomas : 85
MORROW, Buddy : 356
MORROW, George : 295
MORROW, Lisa : 356
MORTON, Benny : 164, 185, 243
MORTON, Jelly Roll : 58, 61, 75, **80**, 90, 97, 105, 109, 110, 120, 134, 135, 137, 139, 155, 158-159, 177, 184, 188-190, 226, 233, 245, 247, 476
MOSALINI, Juan Jose : 617
MOSCA, Sal : 353, 368
MOSES, Bob : 528, 530, 560
MOSES, J. C. : 454, 465
MOSLEY, Edgar : 107
MOTEN, Bennie : 154, 227, 244, 396
MOTHLE, Ernest : 486
MOTIAN, Paul : 410, 412, **414**, 415, 480, 487, 534, 536, 560, 585, 606, 608, 658
MOUSSAY, Benjamin : 621
MOUTIN, François : 615, 621, 633
MOUTIN, Louis : 615, 621
MOUZON, Alphonse : 513, 553, 558
MOYAKE, Nikele : 485
MOYE, Don : 472, 473
MOZART, Wolfgang Amadeus : 202, 354, 505, 508, 571, 580, 626
MRAZ, George : 397, 559
MSELEKU, Bheki : 599

MUHAMMAD, Elijah : 439, 440,
MUHAMMAD, Idriss : 464
MUKERJE, Apurba : 634
MULLER, Patrick : 634
MULLIGAN, Gerry : 191, 193, 240, 333, 337, 343, 348, 349, 355, 361, 362, **364**, 367-369, 373, 415, 497, 559, 617, 650, 656
MUMFORD, Jefferson : 105
MUNDY, Jimmy : **159**, 202, 217
MURCOF : 634
MURRAY, Amani : 609
MURRAY, David : 449, 477, 523
MURRAY, Don : 103
MURRAY, Sunny : 447, 448, 459, 467, 484
MUSSO, Vidao : 360
MUSTAPHA-ZADEH, Aziza : 599
MWANDISHI (groupe) : 505, 541
MYERS, Amina Claudine : 471, 477
MYERS, Sammy : 63

N'KAKE, Sandra : 590
NAH, Youn Sun : 590, 600
NAKAMURA, Sadanori : 621
NAMYLOWSKI, Zbigniew : 642
NANCARROW, Conlon : 610
NANCE, Ray : 171, 172, **178**, 645
NANTON, Joe « Tricky Sam » : 167, 171, **176**
NAPOLEON, Marty : 116
NAPOLEON, Phil : 128
NASCIMENTO, Milton : 516, 614, 639, 660
NASSER, Jamil : 401
NAUGHTY BY NATURE : 695
NAVARRO, Fats : 203, 225, 269, 272, 290, 297, 300, **303**, 304, 309-311, 315, 321, 343, 345, 353, 421, 579
NDEGEOCELLO, Mc Shell : 598
NEAL, Kenny : 69
NELLY, Doug : 593
NELSON, John : 698
NELSON, Louis « Big Eye » : 98, 118, 137
NELSON, Oliver : 402-403, 457, 514, 520
NELSON, Ozzie : 158
NESBITT, John : 157
NEW ORLEANS FEETWARMERS, the : 138
NEWBORN, Phineas : 293, 316, **324**
NEWMAN, Dave « Fathead » : 91, 579
NEWMAN, David : 672
NEWMAN, Joe : 186, 238, 243, 697
NEWTON, Frankie : 206, 210, 244
NEWTON, Huey : 440
NEWTON, James : 449, 585
NEWTON, Tony : 512
NGUYÊN, Lê : 542, 567, 588, **632**-633, 636, 645
NICHOLAS, Albert : 109, 120, **139**, 177
NICHOLAS, Big Nick : 478
NICHOLS, Herbie : 424
NICHOLS, Red : 126, 128-**130**, 258, 162, 202, 239
NICOLAS, Clovis : 639
NICOLAUS, Tom : 489
NICOLAZZO, Rachel : 522, 543, 567
NICULESCU, Florine : 588, 600
NIEHAUS, Lennie : 341, 372
NIGHTHAWK, Robert : 63
NISTICO, Sal : 339
NIXON, Hammie : 59
NOBLE, Ray : 129, 158, 337
NOONE, Jimmie : 99, 108, 125, 132-134, **135**, 137, 139, 175, 176, 195, 202, 221
NORRIS, Al : 198
NORRIS, Walter : 450
NORTHERN, Bob : 487
NORVO, Red : 162, 193, 210, 215, **245**, 248, 297, 375, 418, 521
NOTORIOUS B.I.G. : 695
NOUGARO, Claude : 627-628
NOVAK, Gary : 509
NOZATI, Annick : 620
NTSHOKO, Makaya : 484
NUÑEZ, Gerardo : 636
NUBIN, Katie Bell : 35
NUSSBAUM, Adam : 527, 528, 561
NYA : 634

O'BRIEN, Floyd : 103
O'DAY, Anita : 239, **319**, 340, 398
O'FARRILL, Chico : 282, 653
O'NO, Shunzo : 351
ODGES, Brian : 509
OKEGWO, Ugonna : 634, 637
OKI, Itaru : 651
OLATUNJI : 479
OLD EXCELSIOR, the : 106
OLIVA, Stephan : 621
OLIVER, King : 61, 99, 100, 104, **108**, 110-112, 118, 128, 131-136, 138-140, 152, 155, 167, 177, 227, 496
OLIVER, Sy : **160**, 187, 196-198, 205, 310
OLIVIER, Adam : 106
OLYMPIA ORCHESTRA, the : 108, 109, 131
OMAR : 696
ONISHI, Junko : 651
ONWARD BRASS BAND, the : 99, 106, 109
ORCHESTRE NATIONAL DE JAZZ, l' : 555, 625
ORE, John : 481
OREGON : **538**

ORIGINAL CREOLE BAND, the : 108, 136
ORIGINAL DIXIELAND JAZZ BAND, the : 100, 103, 104, 108
ORIOLES, the : 667
ŒRSTED PEDERSEN, Niels-Henning : 364, 398, 490, 559, 459, 600, 614
ORY, Kid : 91, 99, 109, 111, 113, 118, **132**-136, 139, 141, 175, 177, 418, 556
OSADA, Atsushi : 590
OSBORNE, Mike : 485, 538
OSBY, Greg : 523, 582, 584, **585**, 586, 591, 610
OTIS, Johnny : 195
OWENS, Henry : 38
OXLEY, Tony : 509, 641
OYEWOLE, Abiodun : 691
OZONE, Makoto : 651

PACZYNSKI, Georges : 621
PACHECO, Johnny : 654
PADOVANI, Jean-Marc : 621, 630
PAGANOTTI, Bernard : 544
PAGE, Hot « Lips » : 137, 184, 189, 190, 192, 194-196, **244**, 248, 318, 467, 481, 664
PAGE, Walter : 159, 183-186, **189**, 191, 227, 244, 247
PALMER, Roy : 136
PALMIERI, Charlie : 655
PALMIERI, Eddie : 565, 651, 654-**655**
PALMIERI, Remo : 276
PANASSIÉ, Hugues : 36, 250, 271
PANISSET, Jacques : 620
PANSANEL, Gérard : 620
PARDO Jorge : 600
PARENTI, Tony : 137
PARKER, Charlie : 120, 217, 222, 229, 246, 264, 266, 269, 271-**272**, 282-283, 289, 290, 294-295, 297, 300, 302, 304, 306, 309-311, 315, 316, 318, 320, 325-327, 334, 342, 345, 348, 349, 353, 354, 360, 361, 378, 383, 387, 390, 394, 398, 406, 419, 424, 444, 453, 467, 483, 493, 497, 507, 563, 573, 581, 583, 652, 655-656
PARKER, Erroll : 619
PARKER, Evan : 539
PARKER, Junior : 63
PARKER, Leon : 599, 606, 637
PARKER, Maceo : 675
PARKS, Aaron : 611
PARKS, Gordon : 677
PARKS Jr, Gordon : 679
PARLAN, Horace : 423, 424, 466
PARLIAMENT : **688**
PARRISH, Dan : 250
PART, Arvo : 533
PASCOAL, Hermeto : **661**
PASS, Joe : 212, 283, 398
PASTORIUS, Jaco : 512, 513, 516, **517**, 530, 531, 546, 548-550, 555, 561, 565, 606, 644
PATERSON, Don : 315
PATITUCCI, John : 508, 546, 615
PATRICK, Laurdine : 474
PATTON, Charley : **51**, 52, 66
PAUDRAS, Francis : 290
PAYNE, Cecil : 282, 308
PAYTON, Walter : 609
PAYNE, Don : 450
PAYNE, Sonny : 187, **196**
PAYTON, Nicholas : 599, **608**, 609, 612, 614
PEACOCK, Gary : 412, 459, 480, 508, 523, 538, 537, 635
PEARSON, Duke : 525
PEARSON, Lloyd : 458
PEDERSEN, Guy : 623
PEIFFER, Bernard : 619
PEÑA, Ralph : 374
PENN, Clarence : 640
PEPPER, Adam : 631
PEPPER, Art : 341, 362, 369, 372, **376**, 378, 486
PEREZ, Danilo : 599, 606, 615
PEREZ, Manuel : 98, 99, **106**, 109, 131, 134, 136
PEREZ, Michel : 620
PERGOLESE, Giovanni Battista : 647
PERKINS, Bill : 341, 372
PERKINS, Dave : 136
PERKINS, Walter : 400, 471
PERRIN, Mimi : 328, 627-628
PERRY, Doc : 166
PERRY, E. V. : 672
PERSIANY, André : 619
PETERSON, Marvin : 464
PETERSON, Oscar : 193, 212, 220, 229, 233, 249, 254, 283, 293, 300, 313-316, 319, **397**, 479, 505, 605, 644, 652
PETERSON, Ralph : 600
PETIT, Buddy : 118
PETIT, Philippe : 620
PETRELLA, Gianluca : 651
PETROWSKY, Ernst-Ludwig : 642
PETRUCCIANI, Michel : 316, 368, 416, 520, 535, 559, 593, 628, **635**, 648
PETTIFORD, Oscar : 171, 247, 282, 292-293, 295, **298**, 302, 309, 324, 327, 345, 369, 373, 384
PETTIFORD, Oscar : 388, 413, 415, 419

PEYROUX, Madeleine : 590
PEYTON, Bennie : 119, 138
PEYTON, Dave : 109, 133, 137
PHENIX HORNS : 688
PHILIPS, FLip : 243, 339
PHILLINGANES, Greg : 567
PHILLIPS, Barre : 534, 540, 541, 628
PHILLIPS, Esther : 668
PIAZZOLA, Astor : 366, 529, 617
PICKETT, Wilson : 31, 673, 680
PICOU, Alphonse : 98, 108, **131**
PIECES OF DREAM : 541
PIERANUNZI, Enrico : 364, 416, 608, 641, 650
PIERCE, Bill : 512, 575
PIERCE, Charlie : 127, 129
PIERCE, Nat : 152, 157, 187-188, 243
PIETROPAOLI, Enzo : 641
PIFARELY, Dominique : 619, 630-631
PILC, Jean-Michel : 621, 638, 647
PINE, Courtney : 641
PIRON, Armand : 134
PIZZARELLI, John : 590, 600
PLA, Enrique : 656
PLATTERS, the : 667
PLAXICO, Lonnie : 523, 582
PLEASURE, King : 394
POLITTI, Scritti : 502
POLL WINNERS, The : 314, 316
POLL, Léo : 250
POLLACK, Ben : 126, 127, 157-158, 202
POLLARD, Harry : 250
POMEROY, Herb : 524
PONOMAREV, Valery : 381
PONTHIEUX, Jean-Luc : 621
PONTY, Jean-Luc : 496, 508, 510, **523**, 619, 628-629, 645, 648, 650
POPKIN, Lenny : 353
PORTAL, Michel : 482, 538, 611, 624, **626**, 628-630, 633, 637, 645, 648, 650
PORTER, Cole : 148, 212
PORTER, David : 678
PORTER, Gregory : **596**, 597
PORTUONDO, Omara : 659
POTTER, Chris : 599, **607**, 608
POTTER, Tommy : 302, 308, 353
POTTS, Steve : 482
POULSEN, Hasse : 642
POWELL, Baden : 254, 295, 653, 660
POWELL, Benny : 187
POWELL, Bud : 178, 215, 271, 272, 278-280, 282, 285-286, **289**, 293, 299, 302, 304, 315-316, 318, 320-321, 325-326, 334, 384, 386, 387, 411, 415, 419, 425, 431, 433, 467, 507, 614, 624, 626, 629, 644, 655
POWELL, Chris : 304
POWELL, Mel : 243
POWELL, Richie : 295
POWELL, Rudy : 86, 243, 445, 672
POWERS, Ollie : 138
POZO, Chano : 282, **309**, 493, 623
PRADO, Perez : 654
PRESTON, Eddie : 423
PRICE, Lloyd : 671
PRICE, Ray : 397
PRICE, Sammy : 35, **90**, 107, 134, 195, 299
PRIESTER, Julian : 381, 475, 506
PRIMA, Louis : 130, 369
PRINCE : 502, 560, 689, **698**-699
PRINCE, Wesley : 220
PROCOPE, Russell : 164, 171, **177**, 206
PRYOR, Arthur : 74, 155
PRYSOCK, Red : 667
PUBLIC ENEMY : 694-695
PUCCINI, Giacomo : 647
PUDIM, Alafia : 691
PUENTE, Carlito : 657
PUENTE, Tito : 13, 16, 654-655
PUERTO, Carlos : 656
PUFF DADDY : 695
PUKWANA, Dudu : 485
PULLEN, Don : **425**, 473, 560
PURCELL, John : 523
PURDIE, Bernard : 692
PURDY, Pretty : 553
PURIM, Flora : 508, 568, 660

QUEBEC, Ike : 200, 243, 478
QUEEN, Alvin : 549
QUEST (groupe) : 528
QUINICHETTE, Paul : 187, **195**, 307, 327
QUINTETTE du HOT CLUB DE FRANCE : 243, 250, 252, 619

RABBATH, François : 636
RABESON, Tony : 621, 631
RADIOHEAD : 605
RAGHAVAN, Harish : 612
RAGHU, Palghat : 617
RAINEY, Ma : 32, 47, **48**, 49, 65, 79, 87, 113, 157, 163, 244
RAMEY, Gene : 187, 381
RANDALL, Eddie : 342
RANEY, Doug : 364
RANEY, Jimmy : 245, 325, 357, 556, 558

RANGELL, Bobby : 621
RANK, Bill : 103, 162
RANKS, Shabba : 696
RAPPOLO, Leon : 103
RASINFOSSE, Jean-Louis : 364
RAULIN, François : 621
RAUX, Richard : 544
RAVA, Enrico : 364, 469, 482, 534, 559, 641, **646**-648, 650
RAVEL, Maurice : 571, 637, 639
RAVENS, the : 667
RAWLS, Lou : 31
RAY, Sugar : 69
RAZAF, Andy : 86
RED HOT PEPPERS, the : 81
RED, Tampa : 32, 48, 61, 62
RED, Willie : 55
REDD, Lucy : 349
REDDING, Noël : 680
REDDING, Otis : 674, **677**-678
REDMAN, Dewey : 448, 487, 531, 536, 601, 608, 629
REDMAN, Don : 49, 141, 153, **157**, 159, 164, 196, 246, 247, 348
REDMAN, Joshua : 531, 599, **601**, 602, 604, 606, 616
REED, Eric : 599
REED, Jimmy : **64**
REED, Lou : 456
REED, Lucy : 410
REEDUS, Tony : 575
REEVES, Dianne : **591**, 592, 600, 637
REGINA, Elis : 660
REHAL, Frank : 350
REICH, Steve : 531
REID, Rufus : 302, 523
REINHARDT, Babik : 619
REINHARDT, Django : 224, 232, 243, 252, 254, 321, 365, 394, **511**, 556, 557, 603, 615, 619, 622, 643, 648
REINHARDT, Joseph : 252
REISMAN, Leo : 176
REMLER, Emily : 558, 562
RENA, Kid : 132
RENARD, Alex : 250
RENAUD, Henri : 293, 300, 619, 626
RETURN TO FOREVER : 508, 541, 543, 548
REVOLUTION : 699
REWELIOTTY, André : 120, 618
REY, Alvino : 366, 417
REYNOLDS, Tommy : 303
RH FACTOR, the : 580
RIBOT, Marc : 599, 603
RICE, Thomas « Daddy » : 42
RICH, Buddy : 205, 229, 239, 325, 366, 368, 376, 398, 521
RICH, Freddie : 158
RICHARD, Keith : 495
RICHARD, Little : 31, 666, **671**, 677, 680, 698
RICHARDEAU, Xavier : 621
RICHIE, Lionel : 684
RICHMOND, Dannie : **424**
RICHMOND, Mike : 523
RIDDICK, Clyde : 38
RIESSLER, Michael : 636
RIETVELD, Benny : 502, 546
RILEY, Ben : 315, 484
RILEY, Herlin : 575, 576
RILHAC, François : 618
RIP RIG AND PANIC : 455
RITENOUR, Lee : 557
RIVERS, Sam : 423, 448, 490, 511, 540, 583
ROACH, Max : 173, 192, 232, 247, 262, 269, 272, 277-279, 282, **294**, 302, 304-305, 316-317, 343, 345, 353, 356, 378, 379, 382, 385, 387, 388, 415, 419, 421, 444, 457, 468, 478, 479, 482, 490, 494, 511, 520, 549, 552, 590, 655, 669
ROBERT, Yves : 621, 633
ROBERTS, Hank : 616
ROBERTS, Lucky : 82, 167, 183
ROBERTS, Marcus : 575, 599, 609
ROBICHAUX, John : 118, 131, 133, 137
ROBINSON, Bill « Bojangles » : 35, 137, 151, 685
ROBINSON, Justin : 575
ROBINSON, Perry : 487
ROBINSON, Smokey : 684
ROBINSON, Willard : 126, 214
ROCHÉ, Betty : 170
ROCHEMAN, Manuel : 621
ROCHESTER, Cornell : 514, 549
RODBY, Steve : 530
RODGERS, Richard : 148
RODNEY, Red : 239, 279, 308, 608
RODRIGUEZ, Rod : 653
ROGER, Curtis : 682
ROGERS, Dick « Stinky » : 356
ROGERS, Reuben : 599, 602
ROGERS, Shorty : 194, 232, 335, 339, 341, 355, 371, 373, **375**, 376, 446
ROLAND, Joe : 356
ROLLING STONES, the : 52, 390, 495, 677
ROLLINI, Adrian : 123, 125, 128, 130, 239

ROLLINS, Sonny : 225, 283, 286-287, 290, 295, 299-300, 305, 312, 315-316, 321-323, 327, 345, 358, 373, 376, 378, 382, 384, **387**, 395, 426, 431, 433, 454, 463, 471, 478, 481, 504, 512, 520, 531, 553, 563, 568, 580, 590, 645
ROMANO, Aldo : 454, 482, 488, 627-629, 631, 633, 635, 641, 646, **648**, 650
ROMANO, Sylvain : 639
ROMANS, Alain : 254
RONEY, Wallace : 382, 512, 574, 575
RONSTADT, Linda : 488
ROOSTERS, the : 679
ROOTS, the : 695
ROQUES, Michel : 619
ROSENWINKEL, Kurt : 599, **605**, 606, 607
ROSEWOMAN, Michele : 582, 583
ROSNES, Renee : 516, 582, 600, 608
ROSOLINO, Frank : 341, 372
ROSS, Allie : 176
ROSS, Annie : **327**
ROSS, Diana : 668, 684-685
ROSS, Doc : 126
ROSSY, Jose : 513
ROSSY, Jorge : 604, 606
ROSTAING, Hubert : 253
ROUSE, Charlie : 186, 287, 288, 305, **315**, 468, 481, 514
ROVÈRE, Gilbert : 619, 623
ROWLES, Jimmy : 210, 212, 314, 359, 594
ROY, Badal : 499, 528, 617
ROY, Shibsankar : 482
ROYAL, Ernie : 243
ROYAL, Marshall : 186, 238, 243
RUBALCABA, Gonzalo : 572, **657**-658
RUDD, Roswell : 368, 449, 459, 465, 482, 487, 488, 646, 648
RUFFIN, Kermit : 600
RUGOLO, Pete : 372
RUMSEY, Howard : 295, 374, 375
RUN DMC : 695
RUSH, Otis : **64**
RUSHING, Jimmy : 89, 184, 186, **189**, 191-194, 667
RUSSELL, Bob : 478
RUSSELL, Curley : 276, 308
RUSSELL, George : 13, 272, 282, 325, 345, 348, 393, 405, **406**, 410, 415, 454, 457, 480, 488, 489, 512, 537, 540
RUSSELL, Luis : 114, 134, 137, 139-141, 177, 244, 316
RUSSELL, Pee Wee : **130**, 481
RUSSELL, Snookum : 301, 303
RUSSO, Bill : 341, 353
RUSSO, Marc : 542
RUTHEFORD, Rudy : 186
RYPDAL, Terje : 537, **540**, 547, 615

SADE : 697
SAINT CYR, John : 113, **133**, 134
SALGAN, Horacio : 617
SALIS, Antonello : 650
SALVADOR, Henri : 628, 631, 697
SAM, Magic : **64**
SAM, Washboard : 61
SAMBA, Mokhtar : 542
SAMPSON, Edgar : **159**, 199, 202
SAMSON, Jacky : 619
SAMUELS, Dave : 542
SAMUELS, Paul : 582
SANBORN, David : 510, 551, 561, **565**, 598
SANCHEZ, David : 600
SANDERS, Joe : 611
SANDERS, Pharoah : 430, 454, **463**, 488, 537, 548, 590
SANDOVAL, Arturo : 283, 656-**657**-658
SANE, Dan : 58
SANTAMARIA, Mongo : 283, 507, 591, 654
SANTANA, Carlos : 510, 516, 548, 549
SARDABY, Michel : 621
SATIE, Erik : 637
SATO, Masahiko : 482, 651
SAUDRAIS, Charles : 362, 619
SAUNDERS, Fernando : 510, 529
SAURY, Maxim : 618
SAUTER, Eddie : 214, 358
SAVOY SULTANS, the : 152
SAWYER, Bobby : 230
SCALES, James : 475
SCHIELDS, Eagle Eye : 141
SCHIFRIN, Lalo : 283, 483, 617
SCHILDKRAUT, David : 341
SCHMITT, Damien : 632
SCHNEIDER, Maria : 600
SCHNITTER, Dave : 381
SCHUBERT, Franz, 571, 604
SCHULLER, Gunther : 283, 336, 393, **395**, 414
SCHULZE, Manfred : 642
SCHUMAN, Tom : 542
SCHUMANN, Robert : 604, 626, 649
SCHWEIZER, Irène : 642
SCLAVIS, Louis : 486, 533, **629**-630
SCOFIELD, John : 416, 501, 525, 528, 554, 555, **559**, 560, 565, 568, 608, 645
SCOTT, Bud : **133**, 556

SCOTT, Cecil : 190, 481
SCOTT, Christian : **612**, 613
SCOTT, James : 75, 76, **78**, 79
SCOTT, Jill : 696
SCOTT, Jimmy : 637
SCOTT, Lloyd : 230
SCOTT, Ronnie : 539, 641
SCOTT, Shirley : 426
SCOTT, Stephen : 575
SCOTT, Tom : 518
SCOTT, Tony : 320, 327, 415
SCOTT-HERON, Gil : **691**-694
SEAL : 696
SEALE, Bobby : 440
SEALS, Son : 69
SEARS, Al : 171, 292, 228
SEDRIC, Gene : 86
SEFFER, Debora : 643
SEFFER, Yoshk'o : 643
SEIFERT, Zbigniew : 642
SELA, Lhasa de : 640
SELLIN, Hervé : 621
SENSATIONAL NIGNTINGALES, the : 31, 39
SEPULVEDA, Charlie : 654
SERANO, Paul : 471
SERRA, Yoann : 621
SERY, Paco : 542, 631
SÉVA, Eric : 621
SEVEN GALLON JUG BAND, the : 85
SEVERIN, Chris : 591
SEWELL, Tommy : 399
SFERRA, Fabrizio : 641
SHADE, Will : 58
SHAI : 696
SHAKTI : 510
SHANK, Bud : 317, 341, 362, 372
SHANKAR, L. : 510, 617
SHANKAR, Ravi : 510, 617
SHARKEY : 618
SHARMA, Bihari : 499
SHARROCK, Sonny : 448
SHAVERS, Charlie : 205, 206, 225, 243
SHAW, Artie : 154, 158, 204, 210, 235, 244, 313, 366, 406, 656
SHAW, Arvel : 115
SHAW, Woody : 381, 384, 423, 457, 464, 507, 520, 584
SHEARING, George : 254, 391, 401, 411, 505, 524, 641, 643
SHEPP, Archie : 296, 321, 364, 430, 434, 454, **464**, 468, 473, 477, 480, 482, 484, 487, 497, 537, 632, 644
SHEPPARD, Andy : 641
SHERRILL, Joya : 170
SHERWOOD, Bobby : 367
SHIHAB, Sahib : 308
SHIPP, Matthew : 599
SHORTER, Alan : 488
SHORTER, Wayne : 347, 381, 433, 481, 498, 499, 504, 505, 511, 513-**515**, 518, 541, 547, 563, 585, 593, 605, 614, 635
SICARD, Jef : 620
SICKLER, Don : 579
SIDRAN, Ben : 555
SILVA, Alan : 448, 468, 482, 490
SILVER, Horace : 292, 300, 336, 345, 357, 378, 381, **383**, 386, 388, 411, 467, 525-527, 549, 554, 574, 638
SIMON, Paul : 643
SIMONE, Nina : 30, 328, 425, 674
SIMS, Zoot : 188, 193, 195, 203, 249, 293, 305, 315, 332, 339, 341, 357, 365-**367**, 394, 398, 415, 424, 471, 624, 697
SINATRA, Frank : 116, 187, 194, 205, 340, 517, 697
SINCLAIR, David : 496
SINCLAIR, Richard : 496
SINGER, Hal : 323, 667
SINGH, Talvin : 634
SINGLETON, Zutty : 99, 112, 114, **137**, 139, 176, 481
SIRACUSA, Gérard : 620
SISSLE, Noble : 83, 119, 120, 138, 176, 243, 250, 276
SIXUN : 541, 632
SKIDMORE, Alan : 538
SLAPPERY, Lonnie : 426
SLAVE : 687
SLEDGE, Percy : 673
SLIM, Guitar : 671
SLIM, Memphis : 60, 194, 665
SMITH, Bessie : 34, 47-**49**, 78, 84, 85, 113, 128, 152, 157, 163, 214, 244, 306, 669
SMITH, Bill : 373
SMITH, Byther : 69
SMITH, Charlie : 140, 316
SMITH, Clara : 47, 163
SMITH, Eddie : 134, 135
SMITH, Floyd : 159, 24
SMITH, Hammond : 558
SMITH, Jabbo : **141**, 234
SMITH, Jimmy : 383, 402, **403**, 426, 580, 628
SMITH, Joe : 48, 49, 164
SMITH, John : 86

SMITH, Leo : 471, 489
SMITH, Lonnie Liston : 499, 550
SMITH, Mamie : 34, **47**, 85, 119, 176, 223
SMITH, Marvin Smitty : 582, 591, 593
SMITH, Michael : 482, 490
SMITH, Paul : 212
SMITH, Pine Top : **88**
SMITH, Stuff : 233, 243, 283
SMITH, Tab : 157, 186, 193, 667
SMITH, Trixie : 113, 120
SMITH, Willie : **246**
SMITH, Willie « The Lion » : 82, **84**, 167, 183, 197, 246, 481
SMITH III, Walter : 611
SNOOP DOG : 695
SNOW, Valaida : 289
SNOWDEN, Elmer : 135, 166, 177, 190
SOFT MACHINE : 496
SOLAL, Claudia : 621
SOLAL, Martial : 13, 253, 293, 321, 368, 394, **622**, 623, 624-626, 628, 631, 644-645
SOLBORG, Mark : 642
SOLOFF, Lew : 351, 416, 529, 542
SOMMER, Günter : 642
SOSA, Omar : 588, 651, **658**
SOUL II SOUL : 696
SOUL STIRRERS, the : 31, 673
SOUND SYSTEMS : 687
SOURISSE, Benoît : 621
SOUSA, John Philip : 74, 155
SOUTH, Eddie : 250, 252
SPALDING, Esperanza : 609, 611, **613**, 614
SPAND, Charlie : 32
SPANIER, Muggsy : 103, **127**, 177, 365
SPAULDING, James : 597
SPECIAL EFX : 541
SPENCER, O'Neil : 206
SPHERE (groupe) : 315
SPIRIT OF MEMPHIS, the : 31
SPIRITS OF RHYTHM, the : 312
SPIVEY, Victoria : 47, 57
SPORTIELLO, Rossano : 641
SPRINGSTEEN, Bruce : 242
SPROLES, Vic : 475
SPYRO GYRA : **542**
St CYR, Johnny : 99, 177, 556
STABULAS, Nick : 350
STAFORD, Jo : 205
STANKO, Tomasz : 469, 642
STAPLE SINGERS, the : 32, 681
STARK, Bobby : 198
STARK, John : 75, 77-79
STARS OF FAITH, the : 32, 39
STARWAY, Lucky : 622
STEADMAN, Frances : 32
STECKAR, Marc : 621
STEELY, Dan : 516, 608
STEIG, Jeremy : 415, 521, 558, 650
STENSON, Bobo : 535, 538
STEPS AHEAD : 416, 522, 526, **543**, 555, 568
STERN, Leni : 557
STERN, Mike : 501, 518, 519, 527, 560, **561**, 562, 631
STETSASONIC : 695
STEWART, Bill : 608
STEWART, Herbie : 332, 339, 357, 366
STEWART, Priscilla : 87
STEWART, Rex : 120, 139, 164, 168-169, 171, **177**, 225, 234-235, 246, 252, 321, 481
STEWART, Slam : 219, 222, **247**, 249, 276
STILLS, Stephen : 495
STING : 351, 577, 583, 640
STITT, Sonny : 283, 290, 293, 302, 309, 311, **314**, 342, 358, 384, 398
STOCKHAUSEN, Karlheinz : 626
STOKES, Frank : **58**, 59
STONE, Butch : 356, 375
STONE, Sly : 497, **687**-688
STRAIGHT, Charlie : 123, 127
STRAVINSKI, Igor : 623
STRAYHORN, Billy : 157, 169, 171-172, 174, **179**
STREISAND, Barbra : 116
STUBBLEFIELD, John : 471, 499, 529, 575
STUBBS, Levi : 684
SUBRAMANIAM : 617
SULIEMAN, Idrees : 445
SULLIVAN, Ira : 413, 517
SULLIVAN, Joe : 103, 242
SULLIVAN, Maxine : 206, 337
SUMMER, Donna : 687, 698
SUN RA : 447, 463, 465, **474**, 603
SUNSET ROYAL ORCHESTRA, the : 179
SUPERIOR BAND, the : 106
SUPERSAX : 369
SUPREMES, the : 517, 684
SURMAN, John : 485, 509, **538**, 547, 615, 626, 628
SURYA : 684
SUTTON, Dick : 481
SUTTON, Ralph : 139
SUZUKI, Hiroshi : 651
SVENSSON, Esbjörn : 642
SWALLOW, Steve : 255, 359, 374, 480, 482, 489, 507, 525, 528, 529, 544, 546, 559, 608

SWAN SILVERSTONES, the : 31
SWARTZ, Harvie : 565
SNEDIEN, Bruce : 698
SWEETHEARTS OF RHYTHM, the : 159
SWINGLE, Ward : 328, 645
SWINGLE SINGERS : 645
SWOPE, Earl : 375
SYKES, Roosevelt : **60**
SYLVESTRE, Frédéric : 620
SYNCOPATING FIVE, the : 130
SZABO, Gabor : 653

TABACKIN, Lew : 369, 424, 525, 652
TABORN, Craig : 599, 608
TACUMA, Jamaladeen : 452, 529, **549**, 603
TAKASE, Aki : 651
TAKE SIX : 39, 698
TARASOV, Vladimir : 642
TARDY, Greg : 600
TATE, Buddy : 185, 192, **193**, 195
TATE, Erskine : 86, 108, 113, 141, 159, 216
TATUM, Art : 76, 83, 89, 115, 126, 192, 208, **217**, 220-222, 233, 242, 248, 260, 267, 274, 289, 309, 314, 318, 320, 325, 352, 397, 417, 614, 644, 655
TAYLOR, Art : **309**, 644
TAYLOR, Billy : 86, 168, 419
TAYLOR, Cecil : 216, 296, 382, 415, 459, 465, **466**, 472, 473, 480-482, 512, 583, 610, 630, 646-647
TAYLOR, Eddie : 64
TAYLOR, Eva : 119
TAYLOR, Freddy : 243
TAYLOR, Jasper : 236
TCHAMITCHIAN, Claude : 621
TCHANGODEI, : 477
TCHICAI, John : 448, 454, 459, 465, 469, 482, 484, 486, 642
TEAGARDEN, Jack : 103, 111, 115, **126**, 130, 162, 245, 356, 360
TEE, Richard : 567
TEITELBAUM, Richard : 482, 490
TEMIZ, Okay : 617
TEMPERAMENTO : 659
TEMPTATIONS, the : 517, 684
TERRASSON, Jacky : **636**-637
TERRELL, Tammi : 685
TERRY, Blind Sonny : **54**
TERRY, Clark : 171-172, 186, 188, 194, 243, 321, 342, 369, 433, 482, 514, 520, 525, 547, 577, 591, 651, 654, 669
TESCHEMACHER, Franck : 103, 129, 239
TEX, Joe : 673
TEXIER, Henri : 325, 396, 397, 625, 628-**629**, 631, 645, 648
TEXIER, Sébastien : 621
THANH, Huong : 633
THARPE, Sister Rosetta : 32, 35, 151, 292
THÉBERGE, François : 638
THIAM, Sydney : 621
THIELE, Bob : 692
THIELEMANS, Toots : 283, 412, 416, 542, 598, 600, 624, 642-**643**-644
THIES, Henry : 205
THIPGEN, Ed : 397
THOLLOT, Jacques : 620
THOMAS Jr, Robert : 513, 514
THOMAS, Carla : 678
THOMAS, David : 39
THOMAS, Gary : 501, 523, 575, 585
THOMAS, Joe : 197
THOMAS, Leon : 464
THOMAS, Patrice : 620
THOMAS, René : 359, 388, 556, 624, 628-629, 642, 648
THOMAS, Rufus : 674
THOMAS, Todd : 579
THOMPSON, Chester : 568
THOMPSON, Lucky : 186, 224, 277, 300, 418, 478, 622
THOMPSON, Sir Charles : 243, 276
THORNHILL, Claude : 332, **337**, 343, 348, 349, 365, 367, 369, 406
THORNTON, Steve : 502
THORNTON, Willie Mae : 667
THREADGILL, Henry : 449, 471, 477, 584
THUILLIER, François : 621
TIBERI, Frank : 339
TIMMONS, Bobby : 381
TINDLEY, Albert : 27
TIO, Lorenzo : 98, 118, 135, 139, 176
TISSENDIER, Claude : 619
TIXIER, Scott : 619
TIZOL, Juan : 168, 169, 171, **175**, 653
TJADER, Cal : 320, 413, 507
TOGASHI, Masahiko : 482, 651
TOLLIVER, Charles : 381, 648
TOMASO, Giovanni : 646
TOMLINSON, Jim : 596
TOMMASO, Bruno : 647, 650
TOMPKINS, Eddie : 197
TONE LOC : 695
TOO SHORT : 695
TOP, Jannick : 544, 546, 632

TOQUINHO : 660
TORCHINSKY, Yves : 625
TORTILLIER, Franck : 619
TOTAL ISSUE : 629, 648
TOTO : 502
TOUGH, Dave : 129, 205, 339
TOURE KOUNDA : 550
TOUSSAINT, Allen : 673
TOUSSAINT, Jean : 382, 575
TOWNER, Ralph : 416, 525, 534, 538, 559, 651
TRACANA, Tino : 650
TRAVIS, Earl : 637
TRENT, Alphonso : 160, 240
TRENT, Jo : 167
TRIBE CALLED QUEST, a : 695
TRIBUTO : 658
TRISTANO, Lennie : 325, 334, **352**, 367, 368, 377, 411, 415, 434, 446, 467, 527
TROTIGNON, Baptiste : 621
TROUT, Moss : 538
TROVESI, Gianluigi : 636
TRUEHEART, John : 198
TRUFFAZ, Erik : 600, **634**
TRUMBAUER, Frankie : 103, 123, **125**, 128-130, 162, 227, 254
TUNNEL, Jimmy : 522, 543
TUPAK SHAKUR : 695
TURBINTON, Earl : 584
TURNER, Big Joe : 89, 91, 593, 667
TURNER, Charlie : 86
TURNER, Ike : 433, 674, 680
TURNER, Joe : 184
TURNER, Mark : 600, 606, 640
TURNER, Milt : 672
TURNER, Tina : 433, 674, 680
TURNER, Troy : 69
TURPIN, Tom : 75
TURRENTINE, Stanley : 384
TUSA, Frank : 528
TUSQUES, François : 620, 648
TUXEDO BRASS BAND, the : 99, 132, 134
TWARDZIK, Dick : 362, 467
TWELVE CLOUDS OF JOY, the : 215
2 LIVE CREW : 695
TYLER, Charles : 459
TYNER, McCoy : 386, 416, 428, 431, **432**, 434, 504, 512, 522, 553, 579, 605, 635, 655, 657
TYSON, June : 475

ULMER, James Blood : 452, 550, 562
ULTRAMARINE : 542, 636
UM ROMANO, Dom : 513
URBANIAK, Michal : 642, 647
URSO, Phil : 362
URTREGER, René : 230, 346, 362, 619, **624**, 631
UZEB : 541, 632

VADIM, Roger : 627
VALDAMBRINI, Oscar : 641
VALDES, Bebo : 655
VALDÉS, Chucho : **655**-657
VALDÉS, Oscar : 656
VALDÉS, Tapo : 657
VALENTE, Gary : 489
VAN DE GEYN, Hein : 591, 642
VAN DER ZEE, James : 150
VAN DYKE, Eral : 684
VAN HOVE, Fred : 614, 642
VAN JONES, Jerome : 39
VANCE, Dick : 157
VANDER, Christian : 544, 553
VANDER, Maurice : 253, 293, 321, 544, 619, 628
VANDERMARK, Ken : 600
VAN'T HOF, Jasper : 642
VARESE, Edgar : 628
VARONA, Jorge : 656
VARONA, Jose : 657
VASCONCELOS, Nana : 455, 523, 526, 530, 661
VASSAR, Milton : 138
VASSILIU, Annie : 328
VAUCHANT, Léo : 250
VAUGHAN, Sarah : 13, 91, 187, 206, 217, 232, 275-277, 282, 292, 305, **306**, 307, 309-310, 319, 345, 398, 469, 507, 591, 592, 697
VAUGHAN, Stevie Ray : 69
VAUGHN, Maurice John : 69
VEAL, Reginald : 575
VEASLEY, Gerald : 515
VELOSO, Caetano : 660
VENTURA, Charlie : 240, 308, 366, 406
VENTURA, Ray : 250
VENUTI, Joe : 103, **127**, 128, 162, 202
VERAS, Nelson : 599, 632
VERLY, François : 621
VESALA, Edward : 538
VIAN, Boris : 174, 271, 344, 618
VICARI, Frank : 521
VIDAL, Jacques : 621
VIGNOLO, Rémy : 621
VILLE, Christian : 630
VINNEGAR, Leroy : 355, 372, 373
VINSON, Eddie Cleanhead : 178, 193, 426, 664

VIRGINIA MINSTRELS, the : 42
VIRJI, Fayyaz : 486
VISEUR, Gus : 620
VITET, Bernard : 620, 628, 648
VITOUS, Miroslav : 508, 513, 539, **547**, 549, 616
VOICES OF TABERNACLE, the : 33
VOLA, Louis : 252
VON SCHLIPPENBACH, Alexander : 642
VSOP : 506, 512, 516, 520, 576

WADE, Louis : 118
WAGNER, Richard : 571
WAITS, Nasheet : 610, 638
WALCOTT, Colin : 455, 537
WALD, Jerry : 367, 409
WALDEN, Michael : 553
WALDRON, Mal : 210, 457, 477, **478**, 481, 482, 504, 629, 646
WALKER, Joe Louis : 69
WALKER, T. Bone : 55, **65**, 66, 91, 137, 522, 671
WALL, Jeremy : 542
WALLACE, Bennie : 560
WALLACE, Cedric : 86
WALLACE, Reginald : 471
WALLACE, Sippie : 47, 119
WALLER, Fats : 83, **85**, 114, 129, 137, 141, 157, 162, 167, 183, 218, 243, 248, 467, 594, 644
WALLINGTON, George : 308, 325, 326, 415, 419
WALLNY, Michael : 642
WALRATH, Jack : 423
WALTER, Little : **63**, 425, 458
WALTON, Cedar : 302, 381, 385
WARD SINGERS, the : 32
WARD, Carlos : 484, 528
WARD, Clara : 32, 36
WARD, Gertrude : 32
WARDWICK, Otto : 166
WARE, David : 469
WARE, Wilbur : 475
WARLOP, Michel : 224, 250, 619
WARNER, Albert : 107
WARNER, William : 105
WARREN, Butch : 505
WARREN, Earle : 185, 243
WARREN, Mervin : 39
WARREN, Peter : 490, 523
WARWICK, Dionne : 668, 674, 678
WASHINGTON, Dinah : 68, 238, 300, 323, 399, 418, 514, 591, 643, 667-**668**-669
WASHINGTON, Grover : 504, **564**, 675
WASHINGTON, Kenny : 575
WASHINGTON, Reggie : 582
WATANABE, Kazumi : 550
WATANABE, Sadao : 558, 651-**652**-653
WATERS, Ethel : 47, 83, 84, 157, 163, 165, 208, **213**, 245, 247
WATERS, Muddy : 36, 51, **63**, 495, 498, 509, 669, 680, 688
WATKINS, Doug : 380, 381, 423, 644
WATKINS, James R. : 549
WATKINS, Julius : 464
WATSON, Bobby : 381, 575, 579
WATSON, Eric : 482
WATSON, Johnny « Guitar » : 65
WATSON, Leo : 31, 249, 312
WATTS, Docteur : 34
WATTS, Ernie : 487, 563
WATTS, Isaac : 25
WATTS, Jeff : 575, 578, 593
WAYNE, Chuck : 350
WEATHER REPORT : **513**, 516, 518, 541, 543, 546, 547, 549, 555
WEBB, « Speed » : 218
WEBB, Chick : 115, 139, 140, 152, 154, 160, 177-178, 185, 190, **198**, 201, 206, 211, 230, 232, 294, 467, 667
WEBB, Joe : 426
WEBB, Speed : 234, 244
WEBER, Eberhard : 525, 533, 538, 560
WEBSTER, Ben : 164, 170, 171, 175, 180, 184, 192, 200, 203, , 209-210, 219, 224, 231, **233**, 237, 300, 314, 320, 366, 389, 466, 514, 563, 578
WEBSTER, Freddie : 343
WEBSTER, Katie : 69
WEBSTER, Paul : 197
WEIDMAN, Samuel : 582
WEINRICH, Percy : 75
WEKL, Dave : 508, 553
WELLES, Orson : 132, 136, 137
WELLMAN, Ricky : 501
WELLS, Dicky : 164, 185, **190**, 192, 241-244, 252, 301, 481
WELLS, Mary : 685
WENDEL, Ben : 615
WERNER, Kenny : 604, 608
WERTICO, Paul : 530
WESS, Frank : 161, 187, **196**
WEST, Norman : 678
WESTBROOK, Mike : 539, 641, **644**-645
WESTON, Calvin : 603
WESTON, Kim : 685
WESTON, Paul : 205

WESTON, Randy : 196, **485**, 504, 520
WHATLEY, John Fess : 474
WHEELER, Kenny : 490, 538, 540, 559, 629, 641
WHETSOL, Arthur : 166
WHITE, Barry : 687, 698
WHITE, Bukka : **52**, 66
WHITE, Gonzelle : 183
WHITE, Josh : **54**
WHITE, Lenny : 508, 550, 593
WHITE, Maurice : 688
WHITE, Robert : 684
WHITE, Verdine : 688
WHITEMAN SISTERS, the : 188
WHITEMAN, Paul : 123, 125-128, 144, 157, 159, **161**, 164, 201, 202, 205, 214, 224, 245, 337, 393, 396, 521
WHITFIELD, Mark : 557, 609
WHITTET, Ben : 86
WHYTE, Zack : 160
WIDEMAN, Benoît : 621
WILBURN, Vincent : 501, 553
WILCOX, Edwin : 157, 198
WILDE, Laurent de : 599
WILEN, Barney : 293, 346, **626**-627, 629, 644-645
WILEY, Lee : 130
WILKERSON, Donald : 672
WILKING, Ernie : 157
WILLIAMS, Ben : 637
WILLIAMS, Big Joe : **52**
WILLIAMS, Buster : 315, 505, 506, 635
WILLIAMS, Charles : 425
WILLIAMS, Clarence : 48, 49, 85, 107, 109, 113, 118, 119, 128, 155
WILLIAMS, Cootie : 168-172, **178**, 193, 195, 202, 225, 231, 234, 237, 242, 286, 289
WILLIAMS, DeNiece : 33
WILLIAMS, Fess : 140, 141, 177
WILLIAMS, James : 381, 575, 600
WILLIAMS, Jeff : 528
WILLIAMS, Joe : 187-188, **194**, 593
WILLIAMS, John : 215
WILLIAMS, Larry : 563
WILLIAMS, Lucie Eddi Campbell : 27
WILLIAMS, Marion : 32, 36
WILLIAMS, Mary Lou : 157, 202, 208, **215**, 240, 244, 285, 379, 467, 585
WILLIAMS, Sandy : 199
WILLIAMS, Skippy : 286
WILLIAMS, Todd : 575, 576
WILLIAMS, Tony : 318, 347, 364, 498, 504, 505, **511**, 552, 559, 574, 575, 645
WILLIAMSON, Claude : 372
WILLIAMSON, Sonny Boy : **62**, 63
WILLIAMSON, Steve : 486
WILLIS, Chuck : 667
WILLIS, Eddie : 684
WILLIS, Edgar : 672
WILLIS, Larry : 489, 553
WILSON, Cassandra : 582, **584**, 585, 591, 609, 611, 637
WILSON, Edith : 47
WILSON, Gerald : 457, 534
WILSON, Lucille : 151
WILSON, Matt : 599
WILSON, Nancy : 668
WILSON, Orlandus : 38
WILSON, Phil : 339
WILSON, Teddy : 134, 141, 191, 192, 202, 208, 210, **220**, 225, 227, 233, 237, 242-243, 246
WILSON, Teddy : 352, 397
WILSON, Willie : 51
WINBURN, Anna Mae : 207
WINDING, Kai : 129, 302, 307-308, 315-316, 327, 373, 553
WINSBERG, Louis : 542, 557, 620, 631
WINSTONE, Norma : 534
WINTER, Johnny : 65, 69
WISSELS, Diederik : 599
WITHERS, Bill : 597, **675**-676
WITHERS, Frank : 119
WITHERSPOON, Jimmy : 192, 664
WOESTE, Frank : 640
WOLF, Howlin' : **52**, 425
WOLLFORD, Davis : 542
WOLVERINES, the : 121
WOMACK, Bobby : 686
WOOD, Nate : 615
WONDER, Stevie : 525, 548, 565, 583, 639, **685**-686
WOODCHOPPERS, the : 339
WOODE, Jimmy : 172, 181
WOODING, Sam : 138-140, 250, 396
WOODMAN, Britt : 418
WOODS, Phil : **325**, 481, 621, 642, 645, 648, 697
WOODSON, Mary : 683
WOODYARD, Sam : 172, **181**, 636
WOORHE, Don : 128
WORKMAN, Reggie : 383, 433, 434, 464
WORKSHOP DE LYON : 620, 630
WORLD SAXOPHONE QUARTET, the : 477
WORRELL, Bernie : 550, 689

WORRELL, Lewis : 459, 482
WRIGHT, Clyde : 38
WRIGHT, Eugene : 474
WRIGHT, Frank : 469
WRIGHT, Gene : 373
WRIGHT, Lamar : 672
WRIGHT, Lizz : **598**
WRIGHT, O. V. : 31, 673
WRIGHT, Pearl : 213
WYATT, Robert : 496

X, Malcolm : 439, 443, 694
XENAKIS, Yannis : 628

YAGED, Sol : 179
YAMANAKA, Chihiro : 651
YANCEY, Jimmy : **88**
YASHIRO, Kazuo : 651
YELLOWJACKETS : **542**
YOUNG, Arthur : 254
YOUNG, Bernie : 141
YOUNG, George : 521
YOUNG, Larry : 499, 512
YOUNG, Lee : 228, 417
YOUNG, Lester : 126, 129, 159, 161, 185-187, 189-192, 195, 203, 209-210, 220-221, 225, **226**, 241, 244, 246, 248, 259-260, 273-274, 277, 280, 293, 297, 313, 316, 321, 323, 325, 333, 360, 366, 368, 376, 384, 386, 394, 398, 444, 563, 624, 627
YOUNG, Snooky : 197
YOUNG, Trummy : 115, 198, 243, 301
YOUNG, Willis Handy : 226, 233
YOUNG DISCIPLES : 696
YOUSSEF, Dhafer : 636, 651
YOYOMA : 613
YVINEC, Daniel : 619, 621

ZALBA, Javier : 659
ZANCHI Attilio : 650
ZANINI, Marcel : 182, 601
ZAO : 631
ZAPPA, Frank : 496, 524, 568
ZARDIS, Chester : 107
ZAWINUL, Joe : 381, 499, **513**, 516, 518, 541, 547, 555, 567, 615, 616, 698
ZEITLIN, Denny : 242, 486
ZENON, Miguel : 600
ZHIVARO : 620
ZIAD, Karim : 599
ZIGMUND, Eliott : 412, 635
ZOLLER, Attila : 530
ZORN, John : 477, 560, 616
ZULFIKARPASIC, Bojan : 599
ZWERIN, Mike : 635

TABLE DES MATIÈRES

Remerciements 11
Avant-propos 13
Abréviations 17

Negro spiritual et gospel song 19
La grande blessure 19
Le chant de la douleur 23
When the saints... 27
Les apôtres du gospel 31
Mahalia Jackson : Et la lumière fut 33
Sister Rosetta Tharpe : l'âme sœur 35
Aretha Franklin : la fille du révérend 36
Golden Gate Quartet : aux quatre coins 37
Le gospel aujourd'hui : la survivance de la foi 38

Blues 41
Les faux-frères 41
Les cordes sensibles 43
Sur la route 44
Plusieurs sortes de bleu 45
Les classic blues singers 47
Mamie Smith : la première galette 47
Ma Rainey : la mère du blues 48
Bessie Smith : l'impératrice 49
Le blues du Delta 50
Charley Patton - Tommy Johnson - Son House - Skip James - Big Joe Williams - Bukka White - Robert Johnson - Howlin' Wolf - Elmore James
Le blues du Sud-Est 53
Blind Blake - Blind Willie McTell - Blind Gary Davis - Blind Boy Fuller - Josh White - Blind Sonny Terry
Le blues du Texas 54
Blind Lemon Jefferson - Texas Alexander - Leadbelly - Lightnin' Hopkins
La Nouvelle-Orléans : entre jazz et blues 56
Lonnie Johnson
Le blues de Memphis 57
W.C.Handy - Frank Stokes - Furry Lewis - Memphis Minnie - Sleepy John Estes
Le blues de Saint Louis 59
Roosevelt Sykes - Leroy Carr
Le blues de Chicago 60
Big Bill Broonzy - Sonny Boy Williamson - Big Maceo - Rice Miller - Muddy Waters - Little Walter - Willie Dixon - Jimmy Reed - Otis Rush - Buddy Guy - Magic Sam

Trois inclassables 64
T. Bone Walker - John Lee Hooker - B.B. King
Le blues aujourd'hui 67

Ragtime, stride et boogie-woogie 71
Louis Moreau Gottschalk : le croisé 71
Le temps déchiré 72
Les brass bands 74
Les écoles du ragtime 75
Scott Joplin : le Père 76
James Scott : le Fils 78
Joseph Lamb : le Saint-Esprit 79
Tony Jackson : la danse nue 79
Jelly Roll Morton : la race des seigneurs 80
L'école de Harlem : le stride 82
Eubie Blake : le chêne 83
James P. Johnson : The King of Stride 84
Willie Smith : le lion 84
Fats Waller : le bateleur 85
Boogie-Woogie 87
Jimmy Blythe - Jimmy Yancey - Pine Top Smith - Meade Lux Lewis - Pete Johnson - Albert Ammons - Sammy Price - Lloyd Glenn

New orleans 93
Bamboula au Congo Square 93
Nuits chaudes à Storyville 95
Welcome in Chicago 99
Nuits blanches 102
Buddy Bolden : le mystère 105
Manuel Perez : en marche 106
Bunk Johnson : échec au roi 106
Freddie Keppard : le régent 108
King Oliver : le monarque déchu 108
Louis Armstrong : le règne de Satchmo 110
Sidney Bechet : l'ambassadeur 118
Bix Beiderbecke : le jeune prince 121
Quelques Chicagoans 124
Frankie Trumbauer - Jack Teagarden - Muggsy Spanier - Joe Venuti - Eddie Lang - Eddie Condon - Bud Freeman - Pee Wee Russell - Red Nichols
Quelques hérauts du new orleans 131
Alphonse Picou - Kid Ory - Bud Scott - Johnny St Cyr - Pops Foster - Johnny Dodds - Jimmie Noone - Warren «baby» Dodds - Zutty Singleton - Tommy Ladnier - Albert Nicholas - Jimmy Harrison - Red Allen - Jabbo Smith

Swing 143
L'ère swing 144
Harlem Renaissance 149
L'âge d'or des big bands 153
Tout peut s'arranger 155
Don Redman - Glenn Miller - Eddie Durham - Jimmy Mundy - Edgar Sampson - Sy Oliver - Neal Hefti - Frank Foster
Paul Whiteman : faux coupable 161
Fletcher Henderson : vrai témoin 163
Duke Ellington : l'homme-orchestre 165
Les hommes du Duke 174
Wellman Braud - Juan Tizol - Sonny Greer - Bubber Miley - Joe «Tricky Sam» Nanton - Barney Bigard - Rex Stewart - Russell Procope - Harry Carney - Cootie Williams - Ray Nance - Billy Strayhorn - Cat Anderson - Wild Bill Davis - Jimmy Blanton - Paul Gonsalves - Louie Bellson - Aaron Bell - Sam Woodyard
Count Basie : l'As du Kansas 182
Les hommes du Count 189
Walter Page - Jimmy Rushing - Dicky Wells - Herschel Evans - Freddie Green - Jo Jones - Buck Clayton - Helen Humes - Gus Johnson - Buddy Tate - Harry «Sweets» Edison - Joe Williams - Paul Quinichette - Eddie «Lockjaw» Davis - Frank Wess - Al Grey - Sonny Payne
Jimmie Lunceford : le rebond 197
Chick Webb : les tambours du Savoy 198
Cab Calloway : Mister Hi-De-Ho 200
Benny Goodman : le bien nommé 201
Tommy Dorsey : le frère de Jimmy 204
John Kirby : format de poche 206
Sweethearts of Dreams : belles de jazz 207
Les grands solistes 208
Billie Holiday : la dame aux gardénias 209
Ella Fitzgerald : l'éclat du cristal 211
Ethel Waters : Sauvée par la foi 213
Mildred Bailey : Rockin' Chair Lady 214
Mary Lou Williams : Little Piano Girl 215
Earl Hines : Fatha 216
Art Tatum : la nuit étoilée 217
Nat King Cole : crooner pur style 219
Teddy Wilson : l'équilibriste 220
Erroll Garner : le grand écart 222
Coleman Hawkins : corps et âme 223
Lester Young : le Président 226
Johnny Hodges : le lapin buissonnier 230
Benny Carter : l'érudit 231
Ben Webster : Dr Benjamin & Mr Webster 233
Roy Eldridge : Little Jazz 234
Lionel Hampton : bonnes vibrations 236

Gene Krupa : la force de frappe 238
Charlie Christian : guitare éclectique 240
John Hammond : l'éminence grise 241
Petits leaders et grands sidemen 242
Bill Coleman - Vic Dickenson - Hot Lips Page - Red Norvo - Cozy Cole - Big Sid Catlett - Chu Berry - Willie Smith - Don Byas - Slam Stewart - Milt Buckner - Slim Gaillard - Major Holley
Swing sur Seine 249
Django Reinhardt : le génie vagabond 251
Stéphane Grappelli : l'âme du violon 253

Be-bop 257
La déflagration 257
La rue qui ne s'endort jamais 260
Le grand chambardement 263
To be or not to bop 268
Charlie Parker : l'oiseau rare 272
Dizzy Gillespie : le trapéziste 281
Thelonious Monk : la quadrature du cercle 285
Bud Powell : le fabuleux 289
Kenny Clarke : Mister Klook 291
Max Roach : le rebelle 294
Dexter Gordon : la chasse au ténor 297
Oscar Pettiford : premier de cordée 298
Milt Jackson : le gentleman 299
Jay Jay Johnson : les coulisses du bop 301
Fats Navarro : le poids des notes 303
Clifford Brown : le météore 304
Sarah Vaughan : la divine 306
Quelques boppers 308
Billy Eckstine - Chano Pozo - Tadd Dameron - Howard McGhee - Eddie Jefferson - Babs Gonzales - Wardell Gray - Barney Kessel - Buddy DeFranco - Sonny Stitt - Charlie Rouse - Roy Haynes - Ray Brown
Dans la foulée du bop 317
Hank Jones - Anita O'Day - Carmen McRae - Red Garland - Philly Joe Jones - Pierre Michelot - Betty Carter - Tommy Flanagan - Wynton Kelly - Phineas Newborn Jr - Phil Woods - Jackie McLean - Paul Chambers - Lambert- Hendricks-Ross - Les Double-Six

Cool et hard-bop 329
Guerre et paix 330
Les sept couleurs de l'arc-en-ciel 331
Claude Thornhill : le méconnu 337
Woody Herman : le troupeau 338
Stan Kenton : avant-garde et arrière-plan 340
Miles Davis : le monde du silence 342
Gil Evans : le grand aiguilleur 347

Lennie Tristano : le professeur 352
Cool 354
Stan Getz : la goutte de poison dans le miel 355
Chet Baker : un ange passe... 359
Gerry Mulligan : le félin 364
Al Cohn - Zoot Sims - Lee Konitz - Warne Marsh - Bob Brookmeyer - Helen Merrill
West Coast 370
Dave Brubeck - Shelly Manne - Jimmy Giuffre - Paul Desmond - Shorty Rogers - Art Pepper
Hard Bop 376
Art Blakey : le pépiniériste 379
Les messagers du jazz 381
Kenny Dorham - Lou Danaldson - Horace Silver - Benny Golson - Hank Mobley - Curtis Fuller - Lee Morgan
Sonny Rollins : le colosse 387
Cannonball Adderley : le souffle du boulet 390
Le troisième courant 392
John Lewis - Gunther Schuller
Les francs-tireurs d'élite 396
Oscar Peterson : le sage 397
Ahmad Jamal : la bulle d'air 399
Wes Montgomery : le coup de pouce 401
Jimmy Smith : le jazz organique 403

Les inclassables 405
George Russell : le leader lydien 406
Bill Evans : le réformiste 409
Les compagnons de Bill Evans 413
Scott LaFaro - Paul Motian - Chuck Israels - Eddie Gomez - Marc Johnson
Charles Mingus : les fables du Titan 416
La dynastie de Mingus 422
Jaki Byard - Jimmy Knepper - Dannie Richmond - George Adams - Don Pullen
John Coltrane : l'amour suprême 425
A bord du train bleu 431
Elvin Jones - McCoy Tyner - Jimmy Garrison

Free jazz 435
Intégration ou séparation 436
La révolution noire 441
Les rebelles 443
Ornette Coleman : parfum de soufre 449
Don Cherry : in the pocket 453
Eric Dolphy : contre vents et marées 456
Albert Ayler : le maudit 458
Roland Kirk : Rahsaan le terrible 460
Pharoah Sanders : le missionnaire 463
Archie Shepp : la mémoire 464

Cecil Taylor : le malentendu 466
Muhal Richard Abrams : le rassembleur 470
Art Ensemble of Chicago : le grand carnaval 472
Sun Ra : intergalactique 474
Autour du free 476
Mal Waldron - Abbey Lincoln - Paul Bley - Steve Lacy - Gato Barbieri - Dollar Brand (Abdullah Ibrahim) - Chris McGregor - Charlie Haden - Carla Bley - Anthony Braxton

Fusion 491
Entre jazz et rock 493
Miles Davis : le second souffle 498
Les enfants de Miles 503
Ron Carter - Herbie Hancock - Chick Corea - John McLaughlin - Tony Williams
Weather Report : beau fixe 513
Joe Zawinul - Wayne Shorter - Jaco Pastorius
Les maîtres de forges 519
Freddie Hubbard - Mike Mainieri - Jack DeJohnette - Jean-Luc Ponty - Gary Burton - Randy Brecker - Michael Brecker - Dave Liebman - Kip Hanrahan - Pat Metheny
ECM : éthique de l'esthétique 532
Charles Lloyd, Keith Jarrett - Jan Garbarek - Oregon - John Surman - Dave Holland - Terje Rypdal
L'esprit de groupe 541
Spyro Gyra - Yellowjackets - Steps Ahead - Magma
Les artisans de la fusion 544
Les bassistes 545
Miroslav Vitous - Michael Henderson - Stanley Clarke - Alphonso Johnson - Jamaladeen Tacuma - Bill Laswell - Marcus Miller
Les batteurs 551
Al Foster - Billy Cobham - Steve Gadd - Peter Erskine
Les guitaristes 556
Larry Coryell John Abercrombie - John Scofield - Bill Frisell - Mike Stern - Stanley Jordan
Les saxophonistes 562
Grover Washington Jr - David Sanborn
Les claviers 566
George Duke

Jazz universel 569
État des lieux 571
Néo-bop : la continuité dans le changement 573
Wynton Marsalis - Branford Marsalis - Terence Blanchard - Roy Hargrove
M'Base : portes ouvertes 580
Steve Coleman - Cassandra Wilson - Geri Allen - Greg Osby
2001, odyssée de l'espoir ? 586
Les porte-paroles 589
Dee Dee Bridgewater - Dianne Reeves - Kevin Mahogany - Rachelle Ferrel - Diana Krall - Stacey Kent - Gregory Porter - Lizz Wright

Une meute aux aguets 599
Donald Brown - Joshua Redman - James Carter - Brad Mehldau - Kurt Rosenwinkel - Avishai Cohen - Chris Potter - Nicholas Payton - Jason Moran - Ambrose Akinmusire - Christian Scott - Esperanza Spalding - Tigran Hamasyan
L'internationale du jazz 615
Jazz made in France 618
Martial Solal - René Urtreger - François Jeanneau - Michel Portal - Barney Wilen - Eddy Louiss - Bernard Lubat - Henri Texier - Louis Sclavis - Didier Lockwood - Eric Lelann - Nguyên Lê - Erik Truffaz - Michel Petrucciani - Renaud Garcia-Fons - Jacky Terrasson - Stéphane Belmondo - Ibrahim Maalouf
La communauté du jazz européen 641
Toots Thielemans - Tete Montoliu - Mike Westbrook - Daniel Humair - Enrico Rava - Adam Makowicz - Aldo Romano - Philip Catherine - Willem Breuker - Joachim Kühn - Paolo Fresu
Japon 651
Toshiko Akiyoshi - Sadao Watanabe
Latin Jazz 653
Ray Barretto - Eddie Palmieri - Chucho Valdés - Paquito D'Rivera - Arturo Sandoval - Gonzalo Rubalcaba - Omar Sosa - Roberto Fonseca
Brésil 660
Hermeto Pascoal

Rhythm'n blues 663
Les fondations 663
Les labels 665
La Nouvelle-Orléans, Chicago, New York, Los Angeles : encore et toujours 666
Louis Jordan - Dinah Washington - Chuck Berry - Fats Domino - Bo Diddley - Little Richard - Ray Charles - Sam Cooke
Les années soul 673
James Brown - Bill Withers - Solomon Burke - Otis Redding - Isaac Hayes - Curtis Mayfield - Jimi Hendrix - Donny Hathaway - Al Green
Motown : l'empire contre-attaque 684
Marvin Gaye - Stevie Wonder
Les années funk 686
Sly Stone - Earth, Wind & Fire - Parliament, Funkadelic, etc...
Le rap : détournement de sons 689
Gil Scott-Heron
Rhythm'n swing'n bop'n cool'n rock'n soul'n funk'n rap'n blues 695
Quincy Jones - Prince

LEXIQUE 701
DISCOGRAPHIE CD 711
BIBLIOGRAPHIE 749
VIDÉOGRAPHIE 753
INDEX 759

Septième réimpression

Cet ouvrage a été achevé d'imprimer en octobre 2016
dans les ateliers de Normandie Roto Impression s.a.s.
61250 Lonrai
N° d'impression : 1604050
Dépôt légal : octobre 2016

Imprimé en France